北堂圖書館藏西文善本目録

附録部分

國家圖書館出版社

重印説明

《北堂圖書館藏西文善本目録》由我社2008年出版。北平北堂天主教堂與我社頗有淵源：其一是北平北堂天主教堂即西什庫天主教堂，與我社毗鄰；其二是教堂圖書館的外文藏書於1958年由北京圖書館（今國家圖書館）接收。北堂藏書的數量，曾先後有過幾次統計。1862年狄仁吉神父曾編製目録，統計有5930册。1949年《北堂圖書館書目》中著録圖書4101種5133册。1958年北京圖書館接收北堂藏書時，清點發現祇比惠氏書目少3册。1993年北京圖書館善本部的文章中説是3663種5144册。李國慶、孫利平等認爲《北堂圖書館書目》是比較準確的。這一書目對於整理、研究和利用北堂藏書至關重要。

2008年11月，我社將《北堂圖書館書目》影印出版，廣受好評，2009年6月即重印，後亦售罄。此後陸續有學者求購，爲方便讀者研究北堂藏書，我社决定再次重印此書，以饗讀者。

國家圖書館出版社

2024年9月

目　録

前　言

北平北堂天主教堂（即西什庫天主教堂）圖書館收藏着相當數量的古籍善本書，那都是葡萄牙和法國耶穌會傳教士和傳信會傳教士留下的遺産。日益擴大的首都學術界渴望利用這些深藏不露的寶藏，他們中的一些人通過美國使館秘書來安（C.B.Lyon）先生向教會當局表達了他們的這一願望。而由主教滿德貽（Mgr. Paul Montaigne）神父和代理主教兼遣使會會長德（Gustave Vanhersecke）神父爲代表的後者欣然同意，并擬定了實際的項目實施計劃。要解决的問題是將所有這些古籍收藏到一個特殊的書庫，并根據現代編目規則爲這些書編輯目録。天主教傳教士們專門騰出一部分房屋作爲新圖書館，并承擔配置諸如書架、書橱、小閲覽室等必要設施之費用。輔仁大學校長兼聖言會會長雷冕（Rudolph Rahman）神父同意負責編輯索引和目録的工作，并委托學校教授魯（Theodore Ruhl）神父親擔此事。感謝燕京大學校長司徒雷登（Leighton Stuart）博士和北華學校（college of chinese studies）校長裴德士（William Pettus）博士的參與，感謝北京協和醫學院院長胡恒德（Henry S. Houghton）博士和該院博文（Trevor Bowen）先生的合作，感謝洛克菲勒基金慷慨解囊贊助索引和目録的編纂工作。然而事實證明這項工作遠比預料的更繁重和困難。編目工作剛於1939年開始，八個月後發生的戰争就差不多使整個項目瀕臨停頓。魯先生已在六月離開了中國，接任的輔仁大學圖書館館長葛爾慈（Joseph Goeris）博士工作一段時間後，又輪到他也被迫告假兩年。北堂圖書館館長原本是要被送至濰縣集中營的，但由於健康原因被日本當局允許續留圖書館。目前的國際局勢已使與歐美各國的聯繫全部中斷，那曾是我們寄期望獲取本地無法獲得的信息之所在。爲了不消磨掉那些對這部分古籍感興趣的人們的耐心，我們無法等到分類索引全部完成再開始印刷，衹能出版一個在很多方面尚不完善的書目。但是由於材料與人工的價格十分昂貴，如果没有神的眷顧，這項工作就會再次停滯。由於尊敬的法國使館大使戈斯默（Henry Cosme）先生慷慨資助，北堂印書館纔得以完成書目的第一册，這部分包括了這個老圖書館的法文圖書。

我們曾希望戰争的勝利能够結束我們的麻煩，這真是可憐的自欺欺人。緊接着爆發的國内戰争使這些麻煩日益惡化。幸運的是洛克菲勒基金會再次成爲我們的救星，感謝人道事務助理法斯（Charles B Fahs）先生善意相援，爲我們争取到一筆新的資助。於是我們得以在1948年出版第二和第三册，這是早在1944年就承諾出版的，并終於完成了分類索引（第四册）交付出版。

我們誠摯地感謝所有尊貴的人士，他們的協同合作使得這項工作得以完成。這個書目是屬於他們的，我們僅僅是編輯者。我們還要感謝那些用真知灼見和鼓勵幫助過我們的人們。需要感謝的人太多，我們無法向他們一一表達我們衷心的謝意。然而我們不能不提及法國領事杜伯秋（Jean-Pierre Dubose）先生的同情心給予我們的極大幫助，還有耶穌會神父裴化行（Henry Bernard，S. J.），他的博學多識使我們可以永無止息地獲取幫助。

傳教士惠澤霖（H. Verhaeren，C. M.）

北堂書及其研究利用：歷史與現狀

李國慶　孫利平[1]

我們現在所説的北堂書，一般是指北京圖書館接收、保存的原北京西什庫教堂圖書館的外文藏書。據惠澤霖[2]的《北堂圖書館史略》和方豪[3]的《北堂圖書館藏書志》，這些書在歷史上曾分屬北京東、南、西、北四個教堂和外省教堂及個人。其中南堂歷史最久，由利瑪竇[4]建於1605年。南堂遺留下來的圖書包括利氏藏書、金尼閣[5]遺書（即所謂的明季西書7000部），以及後來收藏的圖書。東堂是葡萄牙耶穌會在北京的第二所住堂，1655年建立，當年寄住的教士多供職欽天監，并富於著述，藏書不少。北堂是法國耶穌會士於1693年建成的，當年藏書爲四堂之冠，亦最有價值，然遺留下來的并不多。西堂是遣使會教士所有，但耶穌會以外的教士都寄寓在此。教廷專使嘉樂[6]主教1720年來華時帶來許多書籍，皆贈於西堂，從而建立了其圖書館。這些内容極其廣泛的早期西文圖書在向中國宣傳西方的科學、文化和宗教，促進西學東漸上産生過重大的影響。幾百年的天灾人禍使這些書四散飄零，衹有一小部分殘留了下來，最後統歸北堂。1958年這批西文圖書轉交給北京圖書館，其後30年塵封未動。直到1987年北京圖書館遷入紫竹院新址後，纔開箱清點。

一、北堂書的種類和册數

北堂書到底有多少？根據狄仁吉[7]神父1862年所編的目録，有5930册。據方豪記述1944年時尚有5000册以上：約3000册爲教會書，2000册爲科學書。1949年惠澤霖在書目中著録圖書4101種共5133册。1988年北圖研究館員李鎮銘的文章則説，北圖1958年接收北堂書時，外文善本書與北堂書目核對，衹少4本（筆者核查檔案，見原始記載是衹少3册）。後來善本部查點，數目却是3662種，5144册，少了439種，多了11册。最新的數字出於北圖善本部拓曉堂1993年的文章，爲3663種，5144册。

這些數字可靠嗎?

我們發現并不可靠。

先看總數。方豪、李鎮銘和拓曉堂的文章中都有按文種的統計，現列表如下：

1　李國慶，美國俄亥俄州立大學教授；孫利平，中國國家圖書館館員。

2　惠澤霖（H.Verhaeren，生卒年不詳），原北堂圖書館館長。

3　方豪（1910—1980），原臺灣大學教授，中西交通史專家。

4　利瑪竇（Matteo Ricci，1552—1610），意大利人，1582年來華傳教，死後葬於北京滕公栅欄墓地，今北京市委黨校内。

5　金尼閣（Nicolas Trigault，1577—1628），法國耶穌會士，1611年來華，死於杭州。

6　嘉樂（Giovanni Ambroyis Mezzabarba），亞歷山大里亞城總主教，來華傳達教皇的教諭，并與康熙帝談儀式問題。

7　狄仁吉（Jean Baptiste Raphael Thierry，1823—1880），法國遣使會教士，1855年來華，死後葬於北京正福寺。

文种	方豪	李镇铭	拓晓堂
拉丁文	2826	2826	2426
法文	709	709	709
意大利文	409	409	409
葡萄牙文	214	214	214
西班牙文	126	126	126
德文	112	112	112
希臘文	55	55	55
荷蘭文	23	23	23
英文	8	8	8
希伯來文	3	3	3
波蘭文	3	3	3
斯拉夫語	1	1	1
補遺（法文）	2	2	2
總數	4491	4491	4091

它們都跟惠氏書目的總數不符。查方豪兩篇文章提供的數字，在《北堂圖書館法文書及拉丁文書書目》中拉丁文書目爲2426種，在《北堂圖書館藏書志》中則是2826種。李鎮銘的數字顯然沿襲《北堂圖書館藏書志》一文，而拓曉堂引用的則是《北堂圖書館法文書及拉丁文書書目》。幸好他們没有誤引方豪的另一個數字：在《北堂圖書館藏書志》中，他說除法文和拉丁文圖書外，其他文種的書共966種。然而按他開列的細目（如上表）實際算下來却衹有956種。所以我們没有采用這個數字，而是采用他細目中的數字。如果我們用《北堂圖書館法文書及拉丁文書書目》中的拉丁文書目2426種計算，三家的數字就一致了。但這仍比惠氏所説的4101少10種。由於是整數，誤算的可能性極大。經查，果然發現英文圖書數量有誤，應是18種（編號4075–4092）而非8種。這樣，惠氏所説的4101種就全了。

再看主題分類。惠氏、李鎮銘、拓曉堂都有統計（方豪的著作中没有這類統計），現列表如下：

主題（李保華[1]譯）	惠氏	李鎮銘	拓曉堂
聖經	205	205	205
教父學	123	123（教士著述）	123（教士著述）
神學教義及倫理學	637	637（神學教義以及道行）	627
辯證神學及神秘主義	204	204（神學論辯與神秘論）	204（神學論辯與神秘論）
教規法及民法	305	305（教規與民事法）	305（教規與民事法）
布道及教義問答	300	300（布道講義）	300（布道講義）
歷史	531	531	531
禱告書	173	173（祈禱詞）	173（祈禱詞）
禁欲主義	700	700（苦行主義）	700
哲學	265	265	265
幾何學及水文學	96	96（地理與水路學）	96（地理與水文學）
文學	178	178	178
數學	378	378	378
天文學及日晷測時學	438	438（天文學與測時學）	438（天文學與測時學）

1 李保華，原國家圖書館館員。

物理及化學	178	178	178（物理學與化學）
機械學及工藝學	131	131	131（機械與工藝）
自然史	148	148	148
醫藥學	308	308	308（醫學與藥學）
語言學	120	120	120
傳記	196	196	196
雜類	316	316（其他綜合圖書）	316（其他綜合圖書）
總數（册）	5929（實爲5930）	5929（實爲5930）	5920

如果我們假定拓曉堂文中“神學教義及倫理學”一類的“627”乃是筆誤，那麽這些數字是一致的，其來源也可能是一樣的。這裏的問題有兩個。一是這些主題的譯名有待商榷。如Geography是譯成“幾何學”還是“地理學”，Scripture是譯成“教父學”還是“教士著述”，等等。而更重要的是統計有誤。共計有5930册書，比惠氏目録中實際所列5133册多出797册，顯然不對。李鎮銘説他的數字是“根據（惠澤霖）所編《北堂圖書館目録》1949年版所記載”。查惠氏原文，他指明這個分類統計根據的乃是狄仁吉神父1862年所編的目録。拓文也説他的數字是“根據Thierry（狄仁吉）神父的分類統計”而來的。由此可見，他們三個人的數字來源一樣，都不能代表惠氏編目時北堂書的情況，更不能代表現存北堂書的情況。

再看來源。經過查核，我們可以肯定地説，方氏、李氏和拓氏都是據惠氏書目中的《史略》得來的數字。雖然原來三家都有表，爲避免煩瑣，這裏衹列一份：

1	南堂：教皇保羅五世贈書	534種	457册
	聖勞瑞特（又作聖洛朗[1]）所有書	23種	29册
	原中國教區藏書	200種	143册
	後增加圖書	546種	738册
2	東堂：		13册
3	北堂：	202種	290册
4	西堂：	62種	102册
5	嘉樂主教藏書	51種	69册
6	索智能主教藏書	93種	115册
7	湯亞立山主教藏書	228種	512册
8	各地教堂，包括：		
9	濟南	75種	82册
	鎮江	44種	42册
	杭州	31種	35册
	淮安	37種	43册
	南京	68種	67册
	正定		16册
	開封	5種	6册
	上海		8册
	武昌		6册
	絳州	5種	7册
9	原屬於遣使會藏書	39種	75册
10	來源不詳的圖書		2278册
共計			5133册

1　聖洛朗（J. de S. Laurent），蘭斯神學院院長、杜埃皇家學院希臘文教授，臨終將藏書贈給弟弟帶往中國。

原惠氏書目中的《史略》所列之表并無種數，衹是在詳述來源的章節中纔分別指明種數、册數或并列種數和册數。把它們羅列成表始於方豪。後來兩家文章一采用惠氏做法，一采用方氏做法。5133的册數符合惠氏對當時北堂書的統計，但種數并不符合。試把該表的種數相加（不注明種數的假定爲一册一種），總數爲4564，比惠氏統計的4101種多出463種。因此衹能假定那些不注明種數的類别當中有一種數册和一册數種的情況存在，或者從來就没有弄清楚過。例如來自開封教堂的書。方氏的表上列爲5種6册。查惠氏原文，表中衹列出6册。詳述文字見《史略》第七章，“住堂圖書館”，第七節，“開封、上海、武昌、絳州”。惠氏説：“我們衹有很少幾册（volumes）書是從這幾個地方來的。5册來自開封……”没有提到5種6册。估計方氏爲符合表中的6册之數，將這的“5”自定爲5種了。

最後説一説介紹北堂書的歷家著述都會提到的金尼閣遺書，即所謂的明季西書7000部，它們在北堂書中究竟有多少？惠氏是最早比較詳細深入地探討這個問題的人。他在《史略》中經過梳理目録，得出結論：“這三部分書（指教皇贈書、聖洛朗贈書和其他金氏携來書）合起來共有757種629册。”李鎮銘没有細加探究，而是含糊其詞道：“依據惠澤霖教士後來統計：教皇贈書保存下來的有534種457册；金尼閣由歐帶回全部圖書，現存757種629册。由此可見，當今北堂藏書中包括了7000部遺留下來的部分圖書，這是勿庸置疑了。不過這些數字是否可靠尚待進一步核實。”拓曉堂則照搬惠氏的説法：“今保存在北堂書中的金尼閣遺書包括

教皇保羅五世贈書	534種	457册
S. J. 勞瑞特圖書	23種	29册
	200種	143册
共計金尼閣遺書爲	757種	629册。”

真正對惠氏的統計做了核實的是方豪。他根據惠氏目録（凡金尼閣携來之教堂贈書，均注明Bibl. Trig.，不能確定、但惠氏個人判斷必屬無疑者，加問號），詳列了金氏遺書的目録號，統計出的數字爲確定者428種，有問號者151種，跟惠氏《史略》所記不一致：579種對757種。要注意的是，記載方氏這一統計的《明季西書七千部流入中國考》也有好幾個版本。最初發表在1937年《新北辰》雜志第3卷第4期，1943年修改後發表在《文史雜志》第3卷第1、2期合刊上，1948年又修改後收入《方豪文録》，1967年第四次修正後收入《明史論叢》，最後一次修正是在1968年，收入《方豪六十自定稿》。最後一稿有這樣一段話：“《方豪文録》在北平出版時，北堂圖書館目録尚未出齊；1952年，又在巴黎惠澤霖神父處，獲見更正與增補表；蓋有以後發現者，有當初不敢確定而後確定者……”所以他這一次統計的數字，比《方豪文録》那一稿分別多出確定者198種，有問號者12種。

綜上所述，有關北堂書的種種統計都需要進一步核實，尤其是在惠氏編目之後又過去了50多年，北堂書又經歷了多次搬遷的今天。

二、惠氏及其他人對北堂書的整理

從以上的描述可以看到，惠氏書目對整理、研究和利用北堂書至關重要。這本目録大致可以分爲三個部分。《前言》介紹了目録編纂的緣起和經過，《史略》梳理了藏書的來源和現狀，再加正文和附録。《前言》至今未見中文翻譯。不過我們發現方豪的《北堂圖書館法文書及拉丁文書書目》一文可以算是個概譯。由於此文刊於1948年的《上智編譯館館刊》第3卷第2期，一般人不易看

到。現將相關部分照録如下，括號裏的説明爲筆者所加。

> 北平北堂（即西什庫天主堂）圖書館爲遠東著名圖書館之一，藏有三百餘年來中國天主教士所曾利用之各種書籍。凡教士所介紹之西方科學及有關宗教之書籍之底本，大多尚獲保存至今，實爲研究東西文化交流史及中國基督教史之寶庫。惟北堂圖書館爲教會私有性質，故以往并不開放，亦少整理，管理方面更未臻妥善，學者至感不便。
>
> 惟北平外國學者久已注意及此，渴望能及早整頓，改爲現代化之圖書館，以便學者利用。乃由前美國大使館秘書Mr.C. B. Lyon於民國二十七年（1938）向教會表達此意，前任北平主教滿德貽（Mgr Paul Montaigne）與味增爵會（現通譯爲遣使會）會長德神父（Vanhersecke）即欣然同意，并共擬整理計劃。最主要之工作有二：一爲使圖書館有獨立之建築，一爲編製最新式之目録。關於第一點，教會方面立即讓出一部分房屋爲新圖書館之用，所有書架、書櫃、閱覽室及館屋之修理、建置等費，概由教會擔負。關於第二點，則由前任輔仁大學校務長及聖言會會長雷冕司鐸（Rudolph Rahman）接受辦理，雷校務長委其事於輔大教授Theodore Ruhl。而編印卡片及目録之費用，則曾獲得洛氏基金（Fondation Rockefeller）之協助，此爲前任燕京大學校長現任美駐華大使司徒雷登（Dr. Leighton Stuart）、華語學校（College of Chinese Studies）校長Dr. William Pettus、協和醫院院長 Dr. Henry S. Houghton 與該院Mr. Trever P. Bowen所共同促成者。
>
> 二十八年（1939）一月開始編製目録；工作之繁重及困難，遠出預料之上，因是稽延甚久。及太平洋戰爭爆發，工作遂不得不暫告中輟。是年六月，Ruhl司鐸離華，乃由輔仁大學圖書館主任葛爾慈司鐸（Joseph Goerts）繼起工作，旋亦離去。時北堂圖書館館長爲惠澤霖司鐸（H. Verhaeren），原亦當送往濰縣集中營，但敵軍因其患病，又以其爲學者，遂得幸免。
>
> 在此艱苦時間，歐美各國消息已完全斷絶，學術上之磋商及援助已不可再得，然惠司鐸仍努力不懈，卒於民國三十三年（1944）出版北堂圖書館之第一部書目，即法文書目録。前任法駐華大使戈斯默（Henry Cosme）與法國領事Mr. Jean-Pierre Dubosc，對此均曾襄助。

由此可知，北堂書目的編撰工作實際上并非惠氏一人所爲，還有輔仁大學的相關人員。另外，最初這個書目是分四册出版的。第一册法文書目出版於1944年，第二、三册拉丁文書目和其他文種書目出版於1948年，第四册《史略》和附録出版於1949年。現在流行的合訂本則是1949年出版的（見參考書目）。

《史略》這部分乃是目前追踪北堂書源流的主要依據。李保華將其譯成中文，嘉惠不識外文的學者，功莫大焉。曾耳聞北堂書目有中文版，但未得見。疑是訛傳。這樣李譯就是唯一的中文譯本。這篇《史略》洋洋三萬多字，所述多爲幾百年前的事，牽涉的人、事極爲繁雜，實在不好譯。李譯中可商榷的地方不少。這裏舉出一些例子以供切磋。

一是外國人的譯名。比如北堂圖書來源的列表中，有“索薩主教”藏書一項。查原文此人是P.de Souza，有中文名曰索智能，字睿公，1697年生，葡萄牙人，1725年來中國，1740年12月17日任北京主教，1757年5月26日死於北京。以索薩（Souza，Sousa）爲名來華的教士不少，音譯容易混淆。同表中的戈維亞主教（A. de Gouvea）也是如此。方豪稱他爲湯亞立山（拓曉堂文稱湯亞立仙，疑是筆誤或誤植），因A代表亞歷山大（Alexander）。方豪是研究中西交通史的專家，精通多種語言，又是神職人員，他引用的稱謂當較爲可信。比如索薩，他就是用的索智能。又，叫戈維亞的著名傳教士還有一個，Antonio de Gouvea，中文名爲何大化，字德川，葡萄牙人，1592年生，1636年來中國，1677年死於福州。衹音譯而不注原文全名，極易産生混淆。

二是中國人名。比如惠氏提到最早述及金尼閣携西書七千卷來華的《代疑篇》《代疑續篇》及其作者時，用的是韋氏拼音，Yang T'ing-yun，李譯爲楊天簇、《代疑編》和《代疑續篇》。兩個書名中的篇或編應當一致，這尚是小事，但"天簇"二字的所來却頗費我們猜想。楊氏在歷史上算不得大名人，所以許多辭書并無記載，唯《辭海》有"楊廷筠"一條，説他是杭州人，字仲堅，號淇園。1557至1627年在世，做過不小的官，與徐光啓、李之藻結交。入了天主教，竭力推廣西學，協助傳教。又查他人著述和書目，皆稱他爲楊廷筠，未見有"天簇"之稱。Yang T'ing-yun這個名字在《史略》中凡兩見。除了提到《代疑篇》的那一處之外，另外一處在第一章述説沈漼教案一事中，原文爲"Micheal Yang T'ing-yun"，緊接着保羅・徐光啓和列奥・李之藻之後，可知是同一個楊廷筠，衹不過他跟徐、李一樣有個英文名字。李譯作"米歇爾・楊霆雲"，與另一處所譯完全不同，顯然是誤認爲兩個人了。

三是文中出現的一些中文名字，其實是外國人的，然因不注明原文全名，也讓人疑惑。細加追究，就發現了問題。《史略》第一章第三節"後來的獲得物"中有這樣一段：

> 1723年福建巡撫驅逐了本省的牧師。他的命令送到北京不僅得到批准而且蔓延到整個帝國。皇帝批准了這項命令，下令扣留所有傳教士送往廣州。
>
> 但是令人迷惑不解的是，北京的教堂照常開放，神父們也能够繼續履行他們的職責。戴進賢和徐日升仍留在欽天監，爲以後的工作制訂許多計劃。這是從1732年9月23日張誠神父致蘇西神父的一封信中獲得的證據。

這裏的幾個人名：戴進賢、徐日升、張誠，完全是中式姓名，然從上下文應知爲西人。查原文，戴是Kogler，推測是Ingance Kogler（1680—1740），字嘉賓，德國耶穌會士，1717年到北京，任欽天監正29年，後死於北京，譯文不誤。徐是Pereyra。查近代來華傳教士中叫徐日升者有二，一爲Nikolaus Fiva，瑞士人，字左恒，1609年生，1635年來中國，1640年死於杭州；一爲Pereyra Sancho，葡萄牙人，字寅公，1645年生，1666年來中國，1688至1694年間代理欽天監正，并重建南堂。因爲《史略》這一節描述的正是有關欽天監的事，看來指的是這後一個徐日升了。可是據記載，他於1708年12月24日死於北京。1723年以後的事就安不到他身上了。所以這兩個徐日升都對不上號。錯譯是因爲原文衹寫姓，没寫名。叫Pereyra或Pereira的來華傳教士還有許多，其中有一個是 Andre，或叫Jackson，Andreo，中文名爲徐懋德，字卓賢，1689年生，英國人，1716年來華，1727年被任命爲欽天監正戴進賢的助手（監副），1743年死於北京。筆者認爲1732年張誠神父信中所提到的Pereyra應該是徐懋德。

這個張誠也有疑問。近代來華的傳教士中確實有這樣一個人，字實齋，法國人，原名爲Jean-Francois Gerbillon，1654年生，1687年到中國，1699年任法國北京住院的會長，又是天文學家和地理學家。《史略》下文所説張誠神父致蘇西神父的信是耶穌會士亨利・貝爾納從巴黎天文臺德利勒的文件中發現的。或許是因爲這一點，李譯就將那封信跟這個張誠聯繫在一起了。然而張誠1707年3月25日死於北京，1732年顯然不可能有信發出。查原文，惠氏用的名字是Gaubil而非Gerbillon。再查Gaubil乃宋君榮的姓，他名叫Antoine，字奇英，法國人，1689年生，1721年來華，1723年4月9日到北京，1742至1748年任北京法國住院的會長，1754年在北京建立了法國傳教區的天文臺，1759年死於北京。筆者以爲《史略》中的Gaubil非宋君榮莫屬，而不會是張誠。順便説一句，發現這封信的亨利・貝爾納，Henri Bernard，也是有中文名字的，叫裴化行。詳見下文。

四是一些舊地名，如Wei-hsien，似應爲濰縣，即今山東濰坊市，而不是維縣；Shao-chow似應爲廣東韶州，而非紹州，等等。

再有就是有些外文詞的譯法。比如，李譯《史略》把宋君榮在北堂的職務librarian譯成了圖書管理員。這個詞當然有圖書管理員的意思，但多是在泛指職業的時候。如果在特指某一職務的時候，應視情況而定。比如美國大學圖書館館長，就有叫做某某大學 Librarian 的。副館長或助理館長稱University Assistant 或Associate Librarian。《史略》原文中這個詞的首字母是大寫，應該譯作館長。同樣的情況也發生在惠澤霖身上。《史略》最後所署的職銜也是Librarian，李保華也譯爲館員了。方豪及其他人文章中都稱他是館長，就連刊載李譯《史略》的《北京檔案史料》之説明文字也稱惠氏“1938年受命於北京主教出任北堂圖書館館長”，應該説這纔是準確的。

最後説《書目》的第三部分。這裏我們采用拓曉堂的歸納，因爲它相當準確完整：

> 這部目録著録項目完整，包括：
>
> 著者、著者生卒年、書名、出版者、出版地、出版時間；附録項中包括：頁數、尺寸、題記、簽名、印章。部分稀見的圖書還附有書影。從這些内容，讀者大體可以掌握每一部書的基本版本情況。
>
> 在此目録的首尾，惠澤霖分别附有《北堂書的歷史綫索》（即《史略》）和人名索引、主題索引。尤其是附録的人名、主題兩個索引，對於讀者了解和使用提供了便利。

還要説明一點，主編這份重要目録的惠澤霖神父，到目前爲止，除了這本目録，找不到其他有關的生平事迹。就連他是何國之人，目前也有兩種説法。一説他是荷蘭人。如方豪的《北堂圖書館藏書志》：“主編者：荷蘭惠澤霖”；拓曉堂：“主持此項工作的是教會方面委任的圖書館長，荷蘭人H.Verhaereu，即惠澤霖先生。”李鎮銘也持此説：“……重新編製目録，由荷蘭人惠澤霖教士主持其事。”想來他們都是沿用方氏的説法。然而方氏在《北平北堂圖書館小史》中又稱“北平主教乃委法籍惠司鐸H.Vernaeren爲館長……”，李保華譯《史略》的説明也説“本文作者惠澤霖神父是法國傳教士”，聽上去他又是法國人了。至於他的生卒年，我們也没發現任何記載。最後的消息是由方豪傳達的：1952年在巴黎還見過他。似乎是1949年後他回到巴黎，終老於斯了。

三、北堂藏書目録之流傳

惠氏的目録編完之際，正是中國以及世界局勢動蕩之時。所以拓曉堂説：“這部目録僅在學界小範圍内交流，其社會影響極爲有限。”方豪的《北平北堂圖書館小史》則説，編目時曾將“各珍本書名頁，攝成照片，彙同編目卡片、書本總目，分寄梵蒂岡教庭圖書館、美國國會圖書館及洛氏基金會。新編目録亦精印若干部，與世界大圖書館交换保存云”。這樣看來，國内國外應該都有遺存者。經查，海外現藏有惠氏1949年英文版書目者有芝加哥大學、哈佛大學、哥倫比亞大學、楊百翰大學圖書館和澳大利亞國家圖書館。後者并藏有一份微縮版。著録爲Cameronics Micropublishing 公司1990年製作，共8張膠片。

惠氏書目的1949年法文版未見著録，但有該版1969年的複印版。複製者爲巴黎的Les Belles Letters公司，藏家很多。美國有加州大學伯克利分校、聖迭戈分校、舊金山大學、華盛頓大學、耶魯大學、西北大學、芝加哥大學、印第安納大學、波士頓大學、哈佛大學、麻省理工學院、楊百翰大學、威斯康辛大學。加拿大有McMaster大學。歐洲有倫敦大學、牛津大學，以及法國的Ecole Nationale Superieure des Bibliothecaires等。

這當然僅是不完全的統計。比如方氏提到的美國國會圖書館和教廷圖書館都不在此處。限於條件，我們無法查遍各地的圖書館目録。不過據現有資料，我們可以説惠氏書目流傳不廣。1949年版當然難得，1969年的複印版也不算多。

我們見到的藏於哥倫比亞大學的1949年英文版目録，内封和法文書目部分的扉頁上有手寫簽名，因而知道該書原屬富路特教授（Luther Carrington Goodrich，1894—1986）。他出生在中國北京通州，1937年和1946年當過北京華語學校特邀講師，1951年去夏威夷大學任教。這本目録或許是當時從中國帶出去的。他從1953年起任教哥倫比亞大學，一生著述頗豐，是海外中國史研究領域的泰斗級人物。我們所見到的法文版目録是1969年的複印本，藏於威斯康辛大學。所謂法文版，經比較，除“序言”和“史略”兩部分爲法文外，在惠氏1949年的序言之後還附了一篇新序，署1969年1月21日，Henri Bernard-Maitre。這個人就是上文提到過的裴化行。他是法國傳教士，1897年生。在天津津沽大學當過教授，後在上海徐家匯天主教堂任職，直至解放後離華。他一生著述頗多，如《天主教十六世紀在華傳教志》《利瑪竇對中國的科學貢獻》等。這一法文版的内封上有一方篆文“榮振華印”。因此知道複印的底本原屬此人。他也是一個著名的近代來華傳教士，原名Joseph Dehergne（1903—1990），1936年來華，1951年回法國。這本書目想必是當時帶回去的。他回法國後做過巴黎郊區尚蒂伊哲學院的圖書館館長和法國教省的耶穌會檔案館的檔案員，他和寫序言的裴化行一起主持過三届國際漢學討論會。他的著述很多，中文有耿昇先生翻譯的《在華耶穌會士列傳及書目補編》和《中國猶太人》。

四、相關研究

北堂書長期以來“養在深閨人不識”，就連書目也不易見到，對它們的研究利用就更不理想了。就目前可以找到的文獻來看，最多的是對它們的介紹。比較早的也是最重要的自然要算惠氏書目中的《史略》。方豪教授這類文章共有三篇。其中《北堂圖書館法文書及拉丁文書目》主要是惠氏書目前言的概譯。《北平北堂圖書館小史》對北堂書的源流有概括介紹，然不出惠氏《史略》的範圍，其中值得注意的是他提到當時（1944年）北堂尚有中文書約8萬册，多爲善本，一部分爲清帝御賜，極其名貴。當年馬相伯、英斂之、陳援菴、徐潤農、伯希和、非化則（疑是裴化行之誤）等都曾經眼。最重要的是他的《北堂圖書館藏書志》，對北堂書的歷史、近況、目録、書的價值等都有較詳細的描述，可以跟惠氏的《史略》互相參照。此文對明季西書七千部也有簡略考證。對中文善本，他也舉出不少實例，讓後人可略知梗概。不過這裏他説中文藏書有2100册，跟上文所説的8萬相差太多。

方氏之後，幾十年中無人提起北堂書。近年的介紹文章中，楊寶華、韓德昌編的《中國省市圖書館概況》全然摘抄方氏的《北平北堂圖書館小史》。直到1988年李鎮銘的文章、1993年拓曉堂的文章出現，纔向世人披露了新的消息：1958年北京圖書館接收北堂書後，一直將其置於箱櫃之内，未及清點。1987年它們隨北圖遷入紫竹院新館，即將進行清點整理。5年之後拓曉堂又進一步報告了它們在新館的情况。“在這所現代化圖書館中，全封閉書架，温度和濕度的空調系（統），先進的防火系統，使這批珍貴的歷史遺産得到最佳保護。”他還簡介了其中一些珍貴圖書的情况。

海外對北堂書的介紹并不多。筆者曾看到1969年榮振華曾以宋君榮的資料爲基礎，介紹了18世紀前期在中國的法國傳教士藏書，即北堂圖書館藏書的文章。海外學者得以重新探訪這批寶藏是1995年以後的事。首先是大英圖書館的Lars Laamann先生受倫敦大學資助，專門來華看北堂書。回去後他給倫敦大學寫了一份正式報告，并在歐洲漢學圖書館員協會會刊上簡要介紹了這次訪書之旅的發現。文中他提到 “很偶然地在中國社會科學院大樓内發現數目不詳的部分北堂藏書”。在他之後，大英圖書館的Graham shaw 和Graham Hutt兩位先生也來到中國國家圖書館，費時10天，專訪北堂書。兩位專家在後來的評價報告中指出：1. 北堂書中早期歐洲印本圖書之全，不僅在遠東，而且在亞洲都是無與倫比的，其中包括11件手稿和4册摇籃本；2. 北堂書具有書史研究價值；3. 對北堂書的修復、裝幀和編目的建議 。同年葡萄牙總統MarioSoares博士訪華。該國使館組織了一個書展，陳列了一些跟北堂書中版本類似的圖書，以示中葡兩國文化交流歷史的久遠。這次書展的目録由Manuel Cadafaz de Matos 編輯出版，但很罕見。

第二類文獻是對北堂書的具體研究和利用。最早的也是方豪的。他的《明季西書七千部流入中國考》最初成稿於1937年4月，以後修訂數次，至今仍是這個題目的權威考證。1947年他又寫成《明清間譯著底本的發現和研究》，列舉了他在北堂書中發現的七種譯著底本：《坤輿萬國全圖》《奇器圖説》《名理探》《進呈鷹説》《獅子説》《比例規解》和《渾蓋通憲圖説》。後來修訂時又加了一種，《寰有詮》。可以這樣説，方氏是國内發現北堂書無與倫比價值的第一人。他在該文中還指出："北堂圖書館是一個寶庫，一塊學術工作的新園地，現在能利用而研究的人，衹有幾位教會神父和極少數的教外學者，但可研究的還多。"并呼吁："我們衹希望在這方面有興趣而同時有相當能力的人儘管來加以利用，加以研究，加以整理。"

他五十多年前的這一希望近年有了回聲。1999年北京大學教授沈弘發表了他的研究發現：北堂書中有"摇籃本"！據《哥倫比亞大百科全書》的定義，摇籃本是15世紀中在歐洲用活字印刷的西文書籍，目前已知的約有4萬種，分别由一千多家出版商製作，在世界印刷史上有重要意義。它們的基本特徵是大四開本，牛犢皮包木板封面，正文中飾有紅色大寫字首和花邊，書末有版本記録頁但書首没有帶標題的扉頁。世界上收藏摇籃本較爲著名的是歐洲的大英博物館、牛津大學Bodleian圖書館、美國的國會圖書館、哈佛和耶魯大學圖書館，以及巴黎、維也納、羅馬、米蘭、布魯塞爾等地的圖書館。中國以前没有發現過摇籃本。儘管方氏和拓氏以前都曾談到北堂書中有摇籃本，但或是語焉不詳，或是誤聽誤記。沈弘從惠氏書目上的4101個條目中梳理出四種：《安哲羅全集》《反异教大全》《亞里士多德倫理學著作》《托勒密的天文學大成》。沈教授的發現令人欣慰，但是我們認爲其研究成果也有應商榷修正和加以補充的必要。爲討論方便，讓我們先看看他的描繪：

> 善本部的同志爲我從書庫中實際提出了三部摇籃本，因爲《安哲羅全集》一書破損太嚴重，不能跟讀者見面；另外《反异教大全》的兩個複本，他們衹提出了其中的一本。作爲最早的西文活字印刷書籍，它們確實保存了許多早期印刷史方面的特點。
>
> 《亞里士多德倫理學著作》是阿吉羅皮婁·比贊廷諾翻譯成拉丁語，并於1480年首次在佛羅倫薩刊印的。書的封面呈青灰色，是布包木板，并非原始的裝訂。大概是由於封皮破損而在19世紀後期或20世紀初進行了重新裝訂。該書没有帶標題的扉頁，最前面的空白紙上有兩個醒目的圓形印章，其中一個帶十字圖形的是北堂圖書館的印章，上面的文字爲法語。文本保存了早期活字印刷書的許多特點，如没有頁碼，大寫字首繪有單色的裝飾性圖案，正文每頁分兩欄印刷等。紙張較薄，有竪形水紋，説明這是對折本。在歷經五百多年以後，紙已經發黄，但幸而未遭蟲蛀。書中鉛字分大小兩等，字體介乎於哥特體與羅馬體之間，接近意大利人斯韋恩海因與帕納茨於1465年所鑄的鉛字風格。書中已標有帖碼（a6，aa4，b—z6，A—B6，C7），在a帖和aa帖上印有索引、目録和前言，正文從b帖開始，前面有兩幅木刻插圖，刀法古樸凝重，内容是一位老師在給學生上課，另有兩名學生正在受試。此書還有一個特點，即它跟另一本題爲《黄金著作》（Almain，J. Aureaopuscule，Parrhisiis，1517）的書合訂在一起。

《托勒密的天文學大成》有棕色牛犢皮封面，可能也不是原始裝訂。空白頁上能看清由三個花盆狀圖案呈三角形烘托出一個大寫“P”的水印圖案。文本中也有單色的裝飾性大寫字首，但與前面那本書不同的是，它的正文已用單欄印刷，并以人工手寫的方式標上了頁碼。標葉碼是中世紀手抄本的慣例，即在每張羊皮紙的正面標上數碼，并以“R”（recto）表示正面，“V”（verso）表示反面。書的紙張厚薄適中，因是對折本，所以也有竪紋。字體屬不規範的羅馬體鉛字，其中保留了一些哥特體的字母形態，但就整體來説，大部分字母都已呈圓形，接近於斯韋恩海因和帕納茨的字體。書中的衆多圖例都畫在書頁旁的空白之處，還有一些用鋼筆補畫的圖例。書頁空隙間還可見用幾種不同手迹寫下的心得評語。書帖的紙張數目不甚規則（a10，b8，c6，d8，e6，f8，g6，h8，j6，k8，l6，m8，n6，o6，p8），書頁右下端尚無早期印刷書中常見的導詞，但已有注明卷數的頁頭標題。書尾題署中帶有一個代表印刷商的漂亮圖案，還注明該書爲1496年出版。

編號爲2948的《反异教大全》有藍色的封面，是用布包的硬紙板做成，所以也不是原始裝訂。扉頁上有一個帶十字的印章，上面用拉丁語寫有“Bibliotheca Domus S. S. Salvatoris”等字樣，可能它原屬於某位西方傳教士的私人藏書。這部書的印刷年代比前兩部都早，因此其特征更接近於中世紀的手抄本。既找不到有標題的扉頁，也没有標頁碼，就連帖碼也看不見。書中紙張較厚，其鏈紋和水印清晰可見，因是四開本，故均爲横紋。雖然有些地方已遭蟲蛀，但可以看出紙的質量不錯，歷經五個多世紀之後，其顔色仍然較白。此書最大的特點是正文中手工彩繪的大寫字首非常明亮，用紅、籃兩色相間勾出，并用金粉作爲底色，酷似手抄本。鉛字風格也近似斯韋恩海因和帕納茨的字體。書中雖然記載了兩位出版商的名字，但却未標明確切的出版日期。根據資料記載，印刷商弗朗茲·馮赫爾布朗於1471—1483年間在威尼斯開辦活字印刷所，并於1473—1477年間與另一位印刷商尼古拉斯·馮弗蘭克福特合伙經營。據此推斷，該書的出版時間應在1473至1477年間。

我們發現，第一，關於北堂書中有四種五册摇籃本的結論并不準確。《亞里士多德倫理學著作》一書（3119/886，北堂排架號/惠氏目録號，下同）惠氏著録正文説是刊印於1517年，附録中提到此書的第一版是1480年前後在佛羅倫薩刊印的（1sted. of Argyropulus version，Florence，ca. 1480）。沈弘先生似乎誤讀了惠氏目録。爲了弄明白這一點，我們再次請教了大英圖書館的哈特（GrahamHutt）先生。前文提到，他曾來北圖評估過北堂書，其報告中衹提及三種四册摇籃本。哈特先生再次證實該書并非1480年版。其次我們在惠氏目録中找到了旁證。由於此書跟其它兩本書裝訂在一起，所以在其他兩條著録下都有“互見”的描述。那兩本書分别是惠氏目録769和1388號，其“互見”條下都標明此書1517年刊印於巴黎。沈弘衹發現此書跟《黄金著作》裝訂在一起，而漏了另外一本*Questiones Logicese*。大約是因爲這三本書印刷風格類似，比如都是雙欄，單色的裝飾性首字母，正文鉛字分大小兩等之類。《黄金著作》印於1518年而非沈弘所説的1517年。*Questiones Logicese*未著録年代。因此我們認爲北堂書中的這一本《亞里士多德倫理學著作》不是1480年印於佛羅倫薩的那一版，不屬摇籃本。

第二，沈弘注明《反异教大全》有兩個複本（3600/2948，3601/2949），但衹見到前一本。我們對比了兩個本子，發現它們有這樣一些不同：2948書品較好，2949曾浸過水，有4葉8面爲手抄；2948高21公分，寬15.5公分，2949高19.5公分，寬15公分；2948首頁有金粉底方框一，約2寸見方，以青、藍、紅、紫作花樣圖案，2949此處空白；2948每章首字母大寫是紅色，2949全爲朱紅色；2948無目録，2949有，共10頁等。估計是它們儘管同時印刷，但製作者不同。又因際遇不同，它們現今各有各的價值，不能視爲普通的複本。

第三，沈先生没見到的《安哲羅全集》高16.5公分，寬11公分，淡黄色羊皮包木板，重裝過。正文四周原來寫有密密麻麻的批注，據此可以看出被裁過。然原書大小已不可知。書口切成弧形，塗上了藍色，有如現代形式。全書共527頁，卷首有前言和釋例（Explicit tabula），正文510頁，雙欄，標有頁碼。每章首字母彩繪大寫處留空。段落另起一行，但不縮格。其餘兩種摇籃本都不另起一行。卷尾有單色圖案一，欄外小字注明此書於1492年印於威尼斯。又，該書有帶標題的扉頁，并有三條題詞。可惜其中兩條被塗蓋了，否則它們或許可以提供某種遞藏關係的綫索。

第四，這三種四册摇籃本上都有同樣的藏書印。沈弘的文章中有兩處描述到這枚印。一是在《亞里士多德倫理學著作》上，"最前面的空白紙上有兩個醒目的圓形印章，其中一個帶十字圖形的是北堂圖書館的印章，上面的文字爲法語。"一是在《反异教大全》上，"扉頁上有一個帶十字的印章，上面用拉丁語寫有'Bibliotheca Domus S.S. Salvatoris'等字樣，可能它原屬於某位西方傳教士的私人藏書。"我們所見到的帶十字形的印祇有一枚，即沈弘文中提到的第二枚。文字爲拉丁，其義按字面直譯，約爲"最神聖的救主之住堂圖書館"。除上述字樣外，尚有"Peking"（北京）二字。耶穌會士視耶穌爲最神聖的救世主，其居住之所即爲教堂，所以這枚印應是教堂圖書館之印，而非私人藏書印。

對這三（四）種四（五）册摇籃本的考證研究祇能算是一個起步，不敢妄言孰是孰非。沈弘的文章是我們所見到的國内最近對北堂書之研究利用的唯一實例，實在難能可貴。

在海外我們也祇找到美國普林斯頓大學以及日本兩個機構藏有一本拉丁–葡萄牙–日文詞典。該書是根據北堂藏本於1950年複製的。其著録説原書是陸若漢（Jean Rodrignez，1561—1634，葡萄牙人，原在日本傳教，1614年來華。曾助明作戰，死於澳門）和其他耶穌會士於1595年編纂的。該底本仍在現存的北堂書中（3051/1182）。

五、結 語

如果以1583年9月10日，利瑪竇踏上中國大陸的土地，廣東肇慶算起，到明年就有420年歷史了。即使從他1605年8月27日建立南堂，啓始北堂藏書的歷史，至今也已近400年了。北堂書是世界走向中國、中西文化科技交流的重要見證，其文物價值和文獻價值同樣無比珍貴。我們謹以此文表示紀念。

如上所述，我們遺憾地看到，北堂書整理研究的現有成果很不理想。近年來，傳教士與近代中國的研究碩果纍纍，余三樂的《早期西方傳教士與北京》、樊洪業的《耶穌會士與中國科學》、顧長聲的《傳教士與近代中國》、黄時鑒的《東西文化交流史論稿》等一批專著都很有分量。然而他們對北堂書以及相關的人、事都鮮有闡述。其原因當然與此有關。這次我們盡了一切努力搜集相關的文獻資料，盡可能地給北堂書及其整理、研究和利用的歷史與現狀以準確的概括和客觀的評估。由於這批書的多文種性質和長遠歷史，任何個人都不可能把這一回顧性的評價做得盡善盡美。本文意在抛磚引玉，希望與海内外方家切磋探討。我們覺得，將惠氏的書目全文翻譯，跟現存書籍加以核對，做出修正，是整理、研究北堂書工作的起點。這樣一可以對這批書有個準確的統計和描述，二可以爲研究和利用這批書提供可靠的入門指南。至於籌措經費、網羅專業人員進行研究則是更長久的工作。

惠澤霖教士五十多年前寫到："對我們生活的這個世界來講，這座圖書館成爲東西方兩種偉大文明會合的媒介，這種會合并非像唐朝和六朝那樣的短暫，其間縱然有許多障礙，但這一切已成爲給雙方帶來巨大利益的一種永久性的聯繫。"今天，作爲後來者，我們很希望能爲東西方文明的會合再續寫新篇。

2009年9月16日

附識：

惠澤霖氏《北堂書目》重印，承編輯美意，上面這篇舊文得以附驥。

當年瀏覽文獻，遺漏計翔翔所著《金尼閣携西書七千部來華説質疑》一文（載《文史》第41輯，中華書局，1996）。此後新出的大致有毛瑞方《明清之際七千部西書入華及其影響》（《文史雜志》2006年第3期）和《關於七千部西書募集若干問題的考察》（《歷史檔案》2006年第3期），吉少甫、曉蓉《明末"七千部西書"東來尋踪》（《出版史料》 2007年第3期），郭生山、楊麗雲《寧夏圖書館館藏外文教會文獻初探》（《圖書館理論與實踐》2006年第1期）和《寧夏圖書館館藏外文教會文獻初探（二）——西什庫教堂及其藏書述略》（《圖書館理論與實踐》2007年第3期）這麼幾篇。其中衹有一篇透露了寧夏圖書館館藏外文教會文獻裏可能有一部分原屬北堂藏書，大多還是就第二、甚至第三手材料做文章。因而可以説，五年多過去了，北堂書的整理研究狀況并没有多少改變。這當然并不都是作者的錯。北堂書真正是"侯門一入深似海"，世人難得幾回逢。因此又得再次感謝國家圖書館出版社了。本尊真身不得見，退而求其次，惠氏《書目》實在是第一重要的材料了。所以它的重印，不説功在天下，對推動和加深北堂書的整理研究則一定會大有裨益的。

因爲上述緣故，舊文就不做修訂了，衹作一點説明。

惠氏《書目》有一篇"史略"，是後人瞭解北堂書的源流聚散，不説是唯一吧，但一定是最重要的依據。李保華先生1989年將其譯出（底本不詳），嘉惠不識外文的學者，功莫大焉。舊文所引"史略"文字，就皆從其出。然當時就覺得，譯文中明顯可商榷的地方不少（詳見舊文第二節），意義模糊不明或令人生疑的更多。比如"緒論"中惠氏説："我將主要論述那些能使我從中獲得知識的書籍。"這話是不通的，也不合該篇的主旨。查原文，乃知是"我將主要論述那些我能够憑借書籍本身提供的信息而確定出處的藏書"。但這篇《史略》洋洋近三萬字，所述多爲幾百年前的事，牽涉人衆、事雜、文種多，實在無暇一一細勘。這次《書目》重印，編輯盛情相邀，不揣冒昧，欣然據英文重譯。但舊文既然不做修訂，而所引文字亦無傷大雅，也就一乃其舊了。

再就重譯的"史略"多説兩句。

前人譯述，皆言"北堂圖書館史略"或"北堂圖書館小史"，竊以爲都是望文生義、以訛傳訛的誤解。"北堂書"和"北堂圖書館藏書"是兩個不同的概念。西文的"library"一詞所指實在比我們一般所理解的要寬泛。大到巍峨壯觀的國會圖書館，小到僅可容膝的私人書齋，或是一批特藏，以至於僅僅數十本一套的叢書，都可名之爲"library"。而《史略》所述，實在并不是一個圖書館實體，也不是某一個教堂圖書館的收藏，而是一批特定的圖書。惠氏《史略》開篇就强調這一點："爲了避免誤解，首先在此聲明，當時遣使會士接收的法國耶穌會藏書，衹是真正的北堂書中微不足道的一部分。北堂書當時已經存在，但是還分散在中國各地。" 狄仁吉神父編製第一份北堂書目時也特意指出：" 因爲藏書還會增加，我們在此確立以1862年10月20日爲新舊藏書之分界，這是必要和合適的。”而1949年惠氏編製《書目》時，北堂圖書館所藏圖書當不止這一些。雖然惠氏没有明說，但可以從《史略》文字中看出，他是沿用了狄仁吉神父編製第一份北堂書目時確立的規則的，即没有把以後入藏的西文書籍和大量的中文古籍列入。這也可以用有幸使用過北堂圖書館藏書者，如方豪先生的文章佐證。所以拙譯把《史略》題目譯爲《北堂書史略》，希望爲這批書正名，也確定我們研究的對象。寧夏圖書館館藏的外文教會文獻，如果是有一部分原屬北堂圖書館，但是否屬於惠氏《史略》所描述的這批藏書，也就是我們在討論的“北堂書”，還需要考證。

又，拙譯《史略》盡力給所牽涉到的主要人物和事件作了注，希望有助於理解《史略》。有些也可以補這篇舊作“北堂書及其研究利用：歷史與現狀”之不足。如湯士選（Alexander de Gouvea），當時采用了方豪的譯法“湯亞立仙”，未作深究，還是容易造成誤解或迷惑。

上述種種，皆一得之見，是否恰當，還有待方家指正。

李國慶

2008年1月30日

識於美國哥倫布小葉巷

參考書目：

樊洪業：《耶穌會士與中國科學》，中國人民大學出版社，1992。

方豪：《北京北堂圖書館小史》，《圖書月刊》3卷2期（1944）。收入李希泌和張椒華編《中國古代藏書與近代圖書館史料（春秋至五四前後）》，中華書局：1982，pp.524-530。

方豪：《明季西書七千部流入中國考》，《方豪六十自定稿》，臺灣學生書局，1969，pp.39-54。

方豪：《拉丁文傳入中國考》，《方豪六十自定稿》，臺灣學生書局，1969，pp.1-38。

方豪：《明清間譯著底本的發現和研究》，《方豪六十自定稿》，臺灣學生書局，1969，pp.55-62。

方豪：《北堂圖書館藏書志》，《方豪六十自定稿》，臺灣學生書局，1969，pp. 1833-1848。

方豪：《北堂圖書館法文書及拉丁文書書目》，《方豪六十自定稿》，臺灣學生書局，1969，pp. 2399-2400。

顧長聲：《傳教士與近代中國》，上海人民出版社，1991。

惠澤霖：《北堂圖書館目録》，（H. Verhaeren. Catalogue of the Pei-tang Library.）Peking: Lazarist Mission Press, 1949（Multiple languages）。

惠澤霖：《北堂圖書館史略》，李保華譯，《北京檔案史料》1989年第2期，pp.64-73；第3期、pp.84-87；第4期 pp.68-73。

黄時鑒：《東西文化交流史論稿》，上海古籍出版社，1998。

李鎮銘：《北堂藏書淵源研析》，《圖書館學通訊》1988年第4期，pp.47-51.

沈弘：《中國究竟有多少“搖籃本”？》，《中華讀書報》，1999年1月13日。

拓曉堂：《北堂善本書概述》，《北京圖書館館刊》1993年第3期，pp.110-118.

楊寶華、韓德昌：《北平北堂圖書館》，見《中國省市圖書館概況：一九一九—一九四九》，書目文獻出版社，1985。

余三樂：《早期西方傳教士與北京》，北京出版社，2001。

約翰·羅列士：《北京北堂圖書館略史》，原出處不詳，引文見《中國省市圖書館概況：一九一九—一九四九》，書目文獻出版社，1985，p.85。

Calepino, Ambrogio; Rodrigues Girão, João： Dictionarivm latino lvsitanicvm, ac iaponicvm, ex Ambrosii Calepini volumine depromptum ... Tokyo : Toyo bunko, 1950 （Latin）

Dehergne, Joseph（榮振華）; Gaubil, Antoine（宋君榮）： La bibliothèque des Jésuites français de Pékin au premier tiers du XVIIIe siècle. Paris : école française d'Extrême-Orient, 1969 （French）

Dehergne, Joseph（榮振華）著，耿昇譯：《在華耶穌會士列傳及書目補編》，中華書局，1995。

Lars Laamann. "The Current State of the Beitang Collection--Report from a Fact- finding Mission to the National Library of China." Bulletin of the European Association of Sinological Librarians. No. 9.

Matos, Manuel Cadafaz de. Intercambio cultural e científico entre a Europa e a China através do livro : sécs. XVI-XVIII . Pequim : s.n., 1995 （Portuguese）

北堂書史略

惠澤霖　原著
李國慶　譯注

概　論

北堂[1]書是一份歷史遺産，始於1583年9月10日耶穌會士利瑪竇來華，止於1773年耶穌會被取締，在兩個世紀内日積月纍，聚散無常，歷盡滄桑。

1785年，遣使會會士受教廷傳信會和法國政府指派，前來接收法國傳教團北堂。4月29日，他們抵達北京。5月6日，北京主教湯士選[2]宣告接收了北堂的宗教和世俗財産。

爲了避免誤解，首先在此聲明，當時遣使會士接收的法國耶穌會藏書，衹是真正的北堂書中微不足道的一部分。北堂書當時已經存在，但是還分散在中國各地。

遣使會士是在乾隆教難[3]期間到達的，所有被拘押的傳教士纔剛剛被遞解到北京。嘉慶進一步强化了他父親的禁教措施。他確實在算學館留下了三名傳教士，但是再未遞補，而算學館也在1826年被撤銷了[4]。從1785年延續到1826年的這場教難，摧毁了傳教士在中國的所有住堂，其藏書也就像沉船的殘骸，漂泊到了南堂，因爲北京的最後一位傳教士畢學源[5]作爲北京教區的主教，又在那裏苟延殘喘了12年。去世之前，他把這批書交給了俄國東正教團代管。1860年英法聯軍進京後，俄國教團又將這些書歸還給了首任代理主教孟振生[6]大人。於是這些書就進了老北堂的所在地[7]，形成了現有藏書的一部分。

北堂書可分爲以下幾類：

1　即西什庫天主堂，俗稱北堂，位於北京西城區西什庫大街33號。康熙三十二年（1693），康熙帝爲酬謝耶穌會傳教士洪若翰和劉應進奉西藥治愈他的瘧疾，在皇城内賜地給法國傳教士建堂一所，1703年建成，康熙帝御題“萬有真原”横匾及長聯，命名爲救世堂。曾經長期作爲天主教北京教區的主教座堂。

2　Alexander de Gouvea（1751—1808），葡萄牙籍，1785年就任北京教區主教，1788年後任欽天監右監副，後轉左監副，1806年始任監正。

3　乾隆十一年（1746）五月，福建巡撫周學健奏請緝拿教士，清廷密令各省都撫查索，自此爲始，各省教難大作。

4　算學館於康熙五十二年（1713）始設於暢春園蒙養齋，專門爲欽天監培養人才，教師由欽天監官吏承擔，所學課程都是欽天監所用的專門學問。該算學館一直存在到清末。

5　Cajetanus Pires（1763—1838），葡萄牙籍遣使會會士，北京教區署理主教兼南京教區的主教，1823年欽天監監副，1826年任監正，1837年告病辭職。從此欽天監不再用西洋人，西士任監正二百年，於是年結束。

6　Joseph-Martial Mouly（1807—1868），法國人，1846年任北京教區代理，1856年任北京教區主教。

7　在中南海的中海西邊、紫光閣以西、羊房夾道（即養蜂夾道）以南名叫蠶池口的地方，相當今文津街國家圖書館古籍館斜對過。

1. 北京四堂的全部遺存：屬葡萄牙耶穌會的南堂[1]和東堂[2]，屬法國耶穌會的北堂，屬傳信會的西堂[3]。

2. 三家私人藏書：嘉樂[4]主教（教皇克雷芒十一世的特使）藏書，耶穌會索智能[5]主教藏書，聖芳濟第三會湯士選主教藏書。

3. 内地傳教團并入的十家小型藏書。

4. 姓名不詳的傳教士留下的和來源不明的藏書。

我將主要論述那些我能够憑借書籍本身提供的信息而確定出處的藏書。

我將探討它們的來源、組成，以及最終進入北堂書的原因。結果一定很不完善，尤其是有關組成的情况。現存北堂書共4101種5133册，其中衹有一半多一點，即2281種2855册略爲有迹可循：書主的印鑒或簽名，給某個住堂、教團或圖書館的題識。其餘的書要不一片空白，要不就是其捐獻者或擁有者已無法查考了。

第一章　南堂藏書

葡萄牙南堂藏書歷史最長最豐富。它由利瑪竇神父及其同事所建立，在兩個世紀中經由耶穌會神父的不斷增添，從歐洲采購，以及施主的贈送而不斷擴大。其中耶穌會士金尼閣神父從教皇保羅五世那裏得到的那一部分最有價值。

第一節　基礎：利瑪竇藏書

利瑪竇神父於1601年1月24日就到了北京，但不得不等了將近五年纔買到一所房子，就是現在南堂所在的地方，時在1605年8月27日。所以我們可以將它作爲藏書始建的日子。從利瑪竇傳道的方式可以看出，他信奉的是借士人夫來征服民衆，又借歐洲科學來征服士大夫，因此書籍至關重要。他在書信中反復重申這種傳道方式的特殊需要：科學家和書籍。尤其是數學、天文學、宇宙學和自然科學的書籍。歐洲對他似乎十分慷慨，因爲他在1605年5月5日寫道："就幾何、計時和星盤學而論，我有很多書，可以説應有盡有。"

他經營了25年的藏書給我們留下了多少呢？非常難説。看他的中文著作似乎證據確鑿。他親口告訴我們他用過某某歐洲作者的著作。但是并不能由此斷定，目前我們圖書館所藏的這些作者的那幾部書就是他用過的。儘管根據此書是常見還是稀有，可以推測他用過的可能性的大小，我們還是希望有更多的證據。所以對那些渴望一睹利瑪竇藏書的采訪者，我通常先給他們看的是丁先生[6]所著的《天象學》（書目第1291號）[7]；作者題詞説是贈給他的學生的。其次是兩個版本的亞伯拉罕·奥

1　即宣武門天主堂，俗稱南堂，位於北京西城區前門西大街141號，始建於1605年，現存的建築建於1904年。

2　即王府井天主堂，俗稱東堂，又名聖若瑟堂、八面槽教堂，位於北京東城區王府井大街74號，是耶穌會士在北京城區繼宣武門天主堂之後興建的第二所教堂。

3　即聖母聖衣堂，俗稱西堂，坐落在西直門内大街南側，始建於1723年，時稱七苦聖母堂。現在建築爲1912年重建，并更爲今名。

4　Carlo Ambrogio Mezzabarba（1685—1741），亞歷山大里亞城總主教，來華傳達教皇教諭，并與康熙帝談禮儀問題的特使。

5　Policarpe de Souza（1697—1757），字睿公，葡萄牙人，1725年來中國，1740年12月17日任北京主教，1757年5月26日死於北京。

6　Christoph Clavius（1537—1612），第一代耶穌會士，羅馬學院教授，利瑪竇的老師。據説是最後一位支持托勒密學説的學者。

7　即利氏《渾蓋通憲圖説》之底本。

特利烏斯所著的《世界大觀》[1]；利瑪竇在他的信中曾描述過它的罕見和珍貴，并提到其裝幀的金碧輝煌。然後我有所保留地向他們展示一些利瑪竇活着的時候丁先生出版的書。還有一些更早的有關宇宙學和數學的、不屬於金尼閣藏書的，如《托勒密的天文學大成》（第2518號）、彼得魯斯·阿皮亞努斯的《宇宙學》（第819號）、約翰·舍恩納的《文集》（第2711號）、杰馬·弗里修斯的《宇宙天文學原理》（第1672號）。就這麼幾種是比較可信的了。在那些來源不明的書當中，也許還有。但是由於下述原因，對此我們并不能過於樂觀。

在利瑪竇去世六年後的1616年5月，南京禮部副侍郎沈漼[2]向朝廷控告新的外國宗教。8月20日北京禮部下令逮捕和驅逐傳教士。南京的住堂被賣掉并搗毁了，内地的教堂被關閉，傳教士們不是藏匿起來就是被驅逐出境了。在此期間，北京的天主教士徐光啓、李之藻和楊廷筠試圖以他們的影響力來取消禁令，却徒勞無功。根據1617年1月的皇帝諭旨，北京的神父也被驅逐到澳門，住堂被没收。他們3月18日動身，把利瑪竇神父在栅欄的墓地[3]交給兩位中國教徒照管。直到1623年，龍華民[4]和湯若望[5]纔重新進入他們的南堂住所。

在這7年中利瑪竇神父的藏書命運如何呢？

在南京目睹并親受迫害的曾德昭[6]神父説："我們的房子、家具，尤其是所有的書籍，都被洗劫一空。"也許在北京的書籍受灾要輕一些，因爲打擊不是那麼突如其來。它們可能被交給在栅欄的兩名中國教徒藏匿了起來；但是有多少書、是哪些書，没人提及過。

第二節　金尼閣藏書

利瑪竇神父在臨去世前制定過一項計劃，要改良中國歷法和翻譯歐洲基本科學著作。他跟徐光啓和李之藻討論過這個計劃。他寫過信尋求必需的人才和書籍。他的繼任人龍華民神父决定繼續實施這項計劃，派年輕同事金尼閣神父爲此前往歐洲，同時根據中國教徒的一般需要，給他的使命增添了其他一些項目。

1613年金尼閣從澳門啓程，於1614年11月底抵達羅馬。1617年1月2日，身在布魯塞爾的他就遠征的結果給北京發了一份饒有趣味的報告。這份報告由耶穌會士埃德蒙·拉瑪勒神父發表在1940年的《耶穌會史料匯刊》第九卷上，標題爲"金尼閣神父爲中國教會鼓吹（1616）"。淵博的編者同時還附了一篇追根究底的序言，爲我們提供了我稱之爲"金尼閣藏書"的珍貴信息。我們毫無疑問要把這一切歸功於金尼閣的熱誠。他自己説過，對他來説，没有什麼比收集這批藏書更重要或者更耗費他精力的了。我們甚至可以從他的報告中獲知龍華民神父接續的這項計劃之大概。"我們必須向教皇請求在北京建立一所中央圖書館。爲了易於達到這一目的，我們將奉獻給他《利瑪竇中國札

1　即利氏《坤輿萬國全圖》之底本。

2　沈漼，浙江烏程人，萬曆二十年（1592）進士。萬曆四十四年（1616），發動"南京教案"，疏請查辦外國傳教士。1617年1月16日明神宗諭旨下，稱西洋教士誤導民衆，參與謀反，令傳教士俱遣赴廣東，聽還本國。後來沈漼歸里，"南京教案"纔平息下來。

3　指滕公栅欄墓地，曾是一楊姓太監的别墅，由明萬曆皇帝賜葬利瑪竇，後來成爲西方傳教士在東方安息的一個最爲集中的所在。自17世紀末，又被人稱爲"荷蘭墓地"，以與正福寺附近的救世堂法國耶穌會士公墓 "法國墓地"相區分。現位於北京西城區阜成門外的北京行政學院院内。

4　Nicolas Longobardi（1565—1655），字精華，意大利人，1582年加入耶穌會，1597年前來中國傳教，1609年前往北京，擔任了耶穌會中國傳教區會長，一度參加了修訂曆法的活動。

5　Johann Adam Schall von Bell（1592—1666），字道未，德國人，學者。在意大利學完數學、物理、神學和天文學後，1611年加入耶穌會，1618年前來中國傳教，曾任欽天監監正，官居一品。

6　Alvaro Semedo（1585—1658），葡萄牙人，初用漢名謝務禄，耶穌會士，1613年到達中國南京，1636年返回歐洲，在旅途中完成了《大中國志》。

記》的譯本（即金尼閣所著《基督教遠征中國記》）。而教皇的肖像將是這一贈禮在中國人心目中的永久紀念。除了這個堪與歐洲第一流圖書館媲美的中央圖書館之外，我們還需要爲其他的中國住堂建立較小規模的圖書館。”

在羅馬，金尼閣神父的請求得到教皇保羅五世的熱情支持。這一點可以從《基督教遠征中國記》一書的獻詞上看出。他在獻詞中感謝教皇對中國的特殊體恤，特别是“這所圖書館的創立，它與教皇的榮耀相稱，將成爲基督教從羅馬教廷傳播到這個遥遠國度的不朽紀念碑”。一年後，金尼閣在一份呈送教皇的備忘録中説，由於教皇的慷慨資助，他已經收集了約500册左右的書籍。他懇求教皇完成捐贈承諾，於是又得到了1000金幣。耶穌會總長魏德萊神父也加贈了同樣的數額。這筆款項付給了里昂的裝訂師霍勒斯·卡登，當時他正在爲教皇圖書館的藏書做裝潢。1616年5月，金尼閣在德國和低地國家穿梭來往。在米蘭他帶上了鄧玉函[1]神父，一起拜訪了里昂、慕尼黑、法蘭克福、美茵茨和科隆等圖書重鎮，所到之處皆激發起對中國的同情。除了預備獻給中國皇帝和達官顯貴的珠寶和工藝品外，還收到了捐助、書籍、數學和天文儀器。金尼閣在從科隆前往他的家鄉杜埃、途經布魯塞爾時，從那裏給北京發了我前面提到的那份報告。他説收集工作完成了。耶穌會總長表示不希望他在低地國家收集，因爲她們正在遭受戰争的蹂躪；也不希望在西班牙收集，以免激怒菲利普三世來反對傳教事業。

在此金尼閣描述了教皇圖書館的内容。“除了文學、哲學和神學之外，天主學和其他種類的著作一般也包括在我們的收藏之中。這一部分包括醫學、教會法、民法和音樂。至於數學，我幾乎把現有的著作收羅備至了。説到書的豪華裝幀，它們一律是紅皮封面，烙有教皇的紋章和燙金的書名。我還努力收集大開本的書籍。”金尼閣補充説，他已經完成了組建圖書館的計劃，也得到了龍華民神父所要求的教皇的畫像。他忽略了一個細節：他所收集書的總數。他衹告訴我們，這批藏書，包括天文和數學儀器在内，價值達一萬金幣，還不包括運費。

他接着談了預定給其他教堂的小型藏書。他離開中國時有五個這樣的教堂，分别在韶州、南昌、南京、上海和杭州。其中南京最爲重要，金尼閣已經請求把它升級到跟南堂一樣的地位，授予學院名稱。他爲這所學院保留了一份藏書，出自家鄉杜埃他的家族。他的一位表兄讓·德·聖·洛朗是蘭斯神學院的院長和杜埃皇家學院的希臘文教授，把這些書留給了弟弟于貝爾·德·聖·洛朗。于貝爾是耶穌會士，正打算和金尼閣神父一起動身來中國，於是把這些藏書轉贈給了南京。

至於其他的住堂，金尼閣僅僅寫道：“我還有一份預定給我們教會的教皇贈禮尚未動用。那是西班牙主教們的戰利品，我可以任意從中挑選5000册，將來分給其他住堂。”我弄不懂“西班牙主教們的戰利品”是什麽。編者對此也未作解釋，不過提到，“金尼閣在這裏表達的希望似乎因樂觀而言過其實了”。我們知道他没有返回羅馬去挑選這些戰利品，所以這份贈禮的確還是“尚未動用”。這也可以解釋爲什麽在他的藏書裏面一本西班牙或葡萄牙文的書都没有了。

1618年4月，金尼閣從里斯本出發，於1620年7月22日抵達澳門。離開了七年以後，他發現傳教事業已因沈漼教難而土崩瓦解。教堂被燒的燒、關的關，教士教徒花果飄零。他的滿腔希望得到的是怎樣的回報啊！他的書也不得不留在澳門，直到1823年南堂重新開放。

現在該談這批書有多少流傳至今了。

1. 教皇贈書

經過仔細尋找，我認爲教皇贈書尚存534種457册。種數多於册數，是因爲金尼閣偏好外觀漂

1 Joannes Terentius（1576—1630）字涵玉，瑞士人，迦利略的學生，意外成爲耶穌會修士，跟金尼閣一起前來中國。1629年，他因精確預測出日全食而被明崇禎皇帝委以改革中國曆法之任，但不久就離奇死去。

亮的大開本，即“大部頭”。幾本同樣的著作被裝訂在一起，所以目録中頻頻出現“一册兩本”或“一册三本”的記載。他甚至把不同作者的書多至七、八種合訂起來，所以目録中就有了許多“合訂於×××”的記述。

在這457册書中，有三分之二，即302册仍然帶有教皇保羅五世的金色紋章（包括皇冠和鑰匙，有些有他們波爾蓋塞家族的盾徽，有些没有），另有耶穌會三聯字母“JHS”會徽。雖然許多書已失去了霍勒斯・卡登的紅色封皮，上面提到的紋章仍然可見，因爲燙金的熱烙鐵在封面板上留下了痕迹。

其餘的三分之一在中國重新裝訂過。這批書我們可憑如下特徵判斷其歸屬：（1）藍灰色書口；（2）書脊縫有雙帶橫肋；（3）一册裏含有尺寸不同或數量不等的著作；（4）刊印日期早於1618年；（5）没有捐贈人、書主、圖書管理員或其他人的印鑒或題識，這是出於對教皇這一貴重禮物的尊敬。

2. 聖・洛朗藏書

根據金尼閣神父的《不平凡的贈禮》，聖・洛朗藏書是如數携歸的，但如今我們衹能辨認出23種29册。他們都有聖・洛朗的簽名。其中兩本還有特製的藏書票（ex-libris）扉頁：“此書原屬蘭斯神學院院長和杜埃皇家學院希臘文學教授讓・德・聖・洛朗，他於逝世前將此書贈給了弟弟于貝爾。○○耶穌會記。”按照金尼閣神父的計劃，空白處是留着寫“南京”兩字的。可是等他從歐洲回來時，該住堂已烟消雲散，而原本可以更改受贈教堂的書主于貝爾・德・聖・洛朗也在來華途中故世了，所以其中至少有一部分書被轉交給了南堂，可能比我們現知的29册還多。我傾向於再加上一批1618年以前的法文書，主要是埃斯普里・奥貝爾、紀堯姆・德・薩吕斯特・杜・巴爾塔斯[1]、皮埃爾・沙爾東、若阿基姆・杜・貝萊[2]，及其他人的著作。金尼閣是不會爲中國購買這類書的。説他們繼承自杜埃學院院長的個人藏書倒是順理成章的。

3. 第三種藏書

這批書金尼閣没有專門提到，但一定是他德國和意大利之行的收獲物，因爲他曾經説過在那裏獲贈和購買了許多書。我統計共有200種143册。這些書從來没有算在教皇贈書裏，也均無教皇贈書的華麗裝幀，年代都在1618年以前，書名頁上都注有“中國教會”字樣，而且所有書上的這四個字都出自一人之手。有的書上還出現鄧玉函的名字或金尼閣名字的中文“金”字。有一些書上有“亞歷山大・羅饋贈中國教會”的題識，大多是數學和天文學書籍，是亞歷山大・羅給他兒子羅雅谷[3]神父的。羅雅谷是金尼閣在歐洲招募的傳教士之一。還有許多有關醫學、化學和煉金術的書，我認爲是鄧玉函神父的。他在成爲耶穌會士之前是著名的醫生。這就使我們聯想到，鄧玉函和羅雅谷跟于貝爾・德・聖・洛朗一樣，向中國教會捐贈了他們的私人藏書。最後，一些書上有其他的人名和題識，跟金尼閣途經的城市有關聯，如慕尼黑、因斯布魯克、因戈爾施塔特、盧萬等。

這三部分書合起來共有757種629册。我已經説過，金尼閣在他的報告中没有提到他收集了多少書，我也没有找到這方面的任何歐洲文件。但是一些中國的老先生一致聲稱總數達7000部（册）。楊廷筠在《代疑篇》和《代疑續篇》中首先給出了這一數字。然而這衹是以傳聞爲根據的大略估計，因爲在《代疑篇》完成的1621年，這些書還存在澳門裝箱未開。同樣我們也不能否認，李之藻

1 Guillaume du Bartas（1544—1590），法國基督教新教詩人。

2 Joachim du Bellay（1522—1560），法國七星詩社重要成員。

3 Jacobus Rho（1592—1638），字味韶，意大利人，1622年來華，與湯若望同時入欽天監供職。

在他的《天學初函》和艾儒略[1]的《職方外記》兩書的序言中重申了這個數字，王征的《奇器圖説》和他們之後的許多人也都如此説。我們能據此就斷定，這份藏書的十分之九都已遺失了嗎？似乎不太可能。這麼大的一場書劫應當會在歷史上留下蛛絲馬迹的。

金尼閣有兩句話易於讓人對中國作者的説法産生懷疑。他對這份藏書，包括數學和天文儀器在內，估價爲一萬金幣。這筆錢連裝訂7000册書都不够，更遑論購買了。他還説："我很願意給你們一份所有書的目録，但是做不到，因爲寫書已經寫得我喘不過氣來了。"很難設想一位代理人在旅途中會突發奇想，要編一份7000册書的目録來滿足讀者的好奇心。即使每册書衹需要一行字來描述，寫出來的目録也會是300頁的一大本呢。

那麼如何解釋"7000部"這一説法呢？這可能是按比例估算的。很顯然，本館所藏的中文書和歐洲書是不能按册對比的。一册木刻中文書不會小於30公分高20公分寬，衹有約100頁，每頁15到20行字。而金尼閣神父的最大開本書，如并非最大本的《聖伯爾納多全集》一書，高39公分，寬24公分，每頁76行字，共1353頁。這是一種極其不成比例的狀況。因此要給那些没有親臨圖書館的人描述這份藏書的規模，除了按中、歐兩種書的比例約估外，别無他法。然而即使準確，這種比例難道是等效的嗎？

第三節　後來的收藏

金尼閣藏書構成了南堂圖書館最古老和最豐富的部分，後來的收藏没有改變這種狀況。書當然有增加，因爲這所學院是副省的中心，也是在欽天監供職一個半世紀的傳教士的住堂。在這些書上我們也有有趣的發現，但是説來話長，我們還是專注於對這批藏書有重大影響的一些歷史事件吧。

在明清易代之際，即1644年5月李自成焚燒北京城時，圖書館也身臨險境。湯若望神父説，已經刻好了的天文學著作的版片竟然奇迹般地在大火中幸存了下來。圖書館的3000册書也安然無恙。

20年後又遇到了新的危險：楊光先教難。湯若望神父於1664年9月25日被下獄受審。11月，北京的神父被監禁，楊光先將南堂收爲自用。1665年1月，歐洲的科學方法被宣布爲邪術，湯若望神父和其他五位任職欽天監的傳教士被判處死刑，天主教受到查禁，内地的傳教士被驅逐到廣州。意外的轉機出現在康熙登基的1669年，他恢復了於1665年8月15日去世的湯若望神父的名譽，歸還了南堂，又命南懷仁[2]神父爲欽天監監正。利類思[3]神父在爲收回教堂呈給皇帝的請願書中説："由於楊光先的誣陷，我們的書被燒，我們的房被毁。"這句話説得太泛，不能當真。栅欄墓地是被破壞了，不過南堂還是幸存了下來。至於這些書，我想利類思神父的意思是指被禁了，以阻止天主教的傳播。楊光先在占據南堂的五年中，儘管有意銷毁對手作爲武器來證實他的愚昧的藏書，但因爲南堂的主人并没有真的被殺頭，并没敢把計劃付諸實施。

漫長的康熙盛世，他的注重科學、同情傳教士，有利於傳教事業的普遍發展，給了已有事業新生。然而在他的繼承人雍正治下，教難又開始了。1723年福建巡撫驅逐了本省的多明我會教士。他的禁教令報到北京，不僅得到批准，而且被傳到整個帝國。經皇帝認可，所有傳教士都被送往廣州監禁。

1 Giulio Aleni（1582—1649），字思及，意大利耶穌會傳教士，自1613年起在中國傳教36年，不僅是個神學家，也是個精通數學、天文學和地理學的學者。

2 Ferdinand Verbiest（1623—1688），字敦伯，一字勛卿，比利時人，耶穌會士。1658年來華，1669年接替湯若望任欽天監監副，也曾鑄造紅夷炮助清帝國。1688年逝世於北京，與利瑪竇、湯若望埋在同一個墓園。

3 Ludovicus Buglio（1606—1682），字再可，1622 年1月29 日入耶穌會，1637年來華，卒於北京。

奇怪的是，北京的教堂照常開放，神父也可以繼續工作。戴進賢[1]和徐懋德[2]仍留在欽天監，并有雄心勃勃的未來計劃。這是從1732年9月23日宋君榮[3]神父致蘇西神父的一封信中獲得的證據。耶穌會士裴化行[4]在巴黎天文臺的得里斯勒文件中發現了這封信，出於好意給了我一份。宋君榮時爲北堂的圖書館長，寫信是希望爲圖書館購買很多書籍。

爲了顯示北堂藏書的匱乏，他大贊葡萄牙同事的住堂南堂圖書館的富庶。他説："他們有一個很老的圖書館，歷史、聖經詮釋、神學、數學等方面的書非常齊全。還有許多極佳的醫學、外科學、拉丁文和法文的自然史、物理、天文、幾何等方面的書。他們决心爲這個國家建立一所完備的圖書館，花了很多錢從意大利、荷蘭、法國和英國購買書。這些費用加上他們花在設備上的錢，清楚地表明葡萄牙人一定從歐洲得到過大量援助。"

宋君榮神父在向他的祖國呼吁時或許有誇大其詞之嫌。他想打動巴黎的教會首長。不管事實到底如何，我們能確定的南堂藏書仍然是546種738册。

大部分書均有"北京耶穌會學院"或"副省"的標記。所有屬於耶穌會副省的書都歸入了這一類，儘管上面并没有住堂的標記。

1773年耶穌會被取締，還俗的耶穌會士和傳信會教士争奪該會財産。被葡萄牙人認可的湯士選主教到達，纔結束了這場争執。他獲得了南堂和他的教區内副省的全部財産。據記載，遣使會士取代耶穌會士，取得了屬於葡萄牙的南堂的管理權。這種説法并不完全準確。在湯士選主教去世後，三位遣使會士在一小段時期内管理了這個教區，但没有正式的頭銜，不過一直得到遣使會的批准和保護。

羅馬教廷最後决定取締北京教區，而最後一位代理主教孟振生予以拒絶，建議主教直接受傳信會管轄。1856年教廷接受了他的建議，此時纔把教堂劃歸了遣使會士，并任命孟振生主教作北京和直隸北境教區的首任主教。

第二章　東堂藏書

東堂是葡萄牙耶穌會在北京的第二所住堂，由利類思和安文思[5]神父開創。1647年張獻忠被擊敗，他們在四川被清軍俘虜，於1648年帶到北京，在理藩院扣留了幾年。1655年11月，順治帝釋放了他們，并賜給他們一所房子和銀兩。所以東堂圖書館比南堂圖書館晚50年，而且其重要性也從未超過南堂。東堂的神父從未超過兩三名，也從來不算學院，衹是南堂的附屬。其圖書館也爲南堂服務，實際上由南堂控制。後來，一場大火徹底地結束了它的圖書館。

在葡萄牙女王的要求下，遣使會士前來接收了耶穌會的澳門學院和東堂教區。福文高[6]和李拱辰[7]於1801年首批到達，受到湯士選主教的正式任命。

1　Ingance Kogler（1680—1740），字嘉賓，德國耶穌會士，1717年到北京，任欽天監監正29年，死於北京。

2　Andreo Jackson（1689—1743），字卓賢，英國人，1716年來華，1727年任欽天監監副，也死於北京。

3　Antoine Gaubil（1689—1759），字奇英，法國人，1721年來華，1742至1748年任北京法國傳教區會長。

4　Henri Bernard或Bernard-Maitre（1897—1975），法國人，20世紀20年代末來華傳教，49年後離去。

5　Gabriel de Magalhaens（1609—1677），字景明，葡萄牙人。1640年來華，先到杭州，後去成都與利類思共同傳教。張獻忠入川，命人找到二人，賜以館舍居住，并命他們製造天文儀器。清兵前來，張被清兵殺死，兩神父亦爲清軍俘獲，由肅王豪格送往京師，從此在清廷服務，受順治優遇。逝於北京，葬阜城門外。

6　Domingos Ferreira（？—1824），1801年10月授欽天監監副，1808年補授欽天監監正。死於北京。

7　Jose Ribeiro（？—1826），1801年來京，1805年授欽天監監副，1823年補授欽天監監正兼管算學館。死於北京。

高守謙[1]和畢學源於1804年到達。

一年之後，由於南堂的最後一位耶穌會士索德超[2]神父去世，欽天監的監正職位落到了聖方濟三會教士湯士選主教身上，福文高和李拱辰兩位遣使會士作監副。1808年7月6日主教去世。他的繼任是遣使會士若阿基姆・德・索薩・薩賴瓦，於1805年7月在澳門被祝聖，可是無法來北京，所以推薦了他的東堂同事李拱辰神父爲代理。李拱辰於是搬到了南堂。

現在我們談1812年的事。東堂的三位神父感到教難將臨，并知道他們會遭搜查，想要藏匿書籍和聖器。他們夜間工作時不慎失火，耶穌會士的和他們自己的書都燒了，住處的一部分也未能幸免，但是教堂保住了。然而皇帝命令他們移住南堂。他們隨身帶走了13册書，其中一本有教堂創建人利類思神父的簽名，另一本有安多[3]神父的簽名。所有的書上都有東堂的正式名號“聖若瑟堂”。

畢學源主教被任命爲南京主教，由湯士選接任北京主教，但一直未能離開京師。他從東堂轉到法國傳教士的北堂幫助南彌德[4]神父。北堂在1812年8月12日吉德明[5]神父去世後，80歲高齡的原耶穌會士賀清泰神父[6]是唯一健在的人。

第三章　北堂藏書

首批五名法國耶穌會士於1688年2月8日抵達北京，比利瑪竇神父遲了一個世紀多一點。他們是以法國“國王科學家”的身份奉國王之名來華的，由皇帝賜俸。其實他們既是科學家又是傳教士。康熙將張誠[7]和白晋[8]留在首都，寄居南堂。洪若翰[9]、李明[10]和劉應[11]神父與葡萄牙教士們一起遣往內地。張誠很快就有幸爲康熙效勞，跟南堂徐日升[12]一起，參與了1689年《尼布楚和約》的簽訂。此後不久，洪若翰以奎寧治愈了康熙的瘧疾。皇帝在皇城裏南海邊給了神父們一所房子，并慷慨地幫助他們建立教堂。1693年12月19日仕堂落成開放。它成爲法國傳教團在華的中心，并於1700年11月3日宣布脱離葡萄牙而獨立。

我們没有他們舊圖書館的材料，因爲除了上面引用的宋君榮神父的信，其他的差不多蕩然無存了。但是我們必須注意，他在討書的時候，自然會隱瞞所有而强調所需。他承認“他們有大量的代數、幾何、天文學等方面的書，還有建築學、醫學、外科學、自然史、物理學方面的書，以及大批宗教方面的書”。他還有《學院論叢》和《特雷武文叢》，想要收齊這些叢書。他也提到，他的圖書館裏有10部傳記、12部通史、4種教會法規、24種神學、13種聖經、7種教父著作集，13部各

1 Verissino Monteiro Sera，1804年來京，1820年北堂南彌德被逐，代欽天監監正，1826年被放逐澳門。

2 Joseph-Bernard d'Almeida（1728—1805），字越常，1759年進京，1781年補授欽天監監副，1793年升監正。

3 Antoine Thomas（1644—1709），比利時耶穌會士，1685年來華。

4 Louis Francois Lamiot，法籍遣使會士，1797年來華。

5 Jean-Joseph Ghislain，（1751—1812），法國人，1784年來華，死在北京，葬正福寺。

6 Louis de Poirot（1735—1814），法國耶穌會傳教士、畫家。1770年來華，不久便進入宮廷供職，卒於北京。

7 Jean Franois Gerbillon，（1654—1707），字實齋，法國人。1688年抵北京，與白晋同在宮廷供職，教習天文曆法、數學、醫學、化學等西洋科學知識。1689年，張誠被委任充當中俄尼布楚邊界談判的譯員。1690年入宮爲康熙帝講授歐幾里得原理、實用幾何學及哲學。1696年，從康熙帝親征噶爾丹。1707年卒於北京。曾主管北京法國會院，後來任耶穌會總會長。

8 Joachim Bouvet（1656—1730），字明遠，法國人。1678年加入耶穌會。除與張誠同在宮廷供職外，還與其他教士赴各省測量繪製《皇輿全圖》，又曾奉康熙帝命研究《易經》，著有《易經總旨》。後卒於北京。

9 Jean de Fontaney（1643—1710），字登時，法國人。

10 Louis-Daniel Le Comte（1655—1728）字復初，法國人。

11 Chaude de Visdelou（1657—1737），字聲聞，法國人。

12 Thomas Pereira（1645—1708），字寅公，葡萄牙人。1633年加入耶穌會，1672年來到澳門傳教，後到北京，在欽天監幫助修訂曆法，又擔任宮廷樂師。1691年負責耶穌會中國教區的事務。1706年擔任耶穌會中國教區副會長，不久在北京去世。

種詞典等。不過他還想要耶穌會及其傳教史，以及各種工藝實踐的書。他説：“我們没有在柏林，霍爾、彼得堡等地印刷的書，地圖很少，没有版畫……我們要反偶像崇拜、反自然神論等方面的書……聖經詮釋學很少，早期基督教作家的幾乎没有……”

當然總會長爲宋君榮神父盡了其所能。我們可以通過比較現存的書籍跟他的索書單來驗證。可是本文篇幅有限，這裏用也是由裴化行神父發表的一份較小的書單來證實。它是北堂上司即耶穌會會長巴多明[1]神父給德·弗雷蒙神父的，於1732年8月13日到達巴黎，比宋君榮神父的信早幾個月。在他尋求的22種書中，我發現尚存19種，其中3種有複本。但是這些書中有10册來自北堂，8册來自南堂，4册來歷不明。我們怎麼解釋法國人尋求的書南堂也有呢？裴化行神父也注意到了這點，認爲這是由於兩座教堂相互競争造成的。“他們當年進行着友好競争，以致常常重複購買了貴重的書籍，所以我們纔會看到南堂有的書北堂也有。”宋君榮神父也説過同樣的話，但更爲直截了當：“根據可靠的消息，我知道葡萄牙人……決心不惜一切代價，在所有方面都超過我們。”我們可以想見，他并不希望讓他們如願以償，所以兩個圖書館都大量采購。儘管如此，北堂圖書館的損失仍然令人惋惜。

爲了解釋這一切，我必須再回顧耶穌會被取締的那個關鍵時期。最後的神父們，特別是晁俊秀[2]和錢德明[3]，爲使他們的遺産交到法國人手中盡了最大努力。他們最終成功了。3位遣使會士羅廣祥[4]、吉德明神父和巴茂正[5]修士以教廷和法國國王的名義來接收遺産了。5月8日湯士選主教在教堂宣布傳信會的命令和國王路易十六的信，承認這一移交。還俗的耶穌會士在北堂的老住所與遣使會士和睦相處，繼續生活了28年。

當最後一位耶穌會士賀清泰神父於1813年12月13日去世時，最初的三位遣使會士已經不在了，祇有南彌德神父一人。

在法國，遣使會已經因大革命而被遣散了，儘管一些傳教士已經來到中國，像後來殉教的劉方濟[6]神父。但是自從1805年嘉慶下令禁教以後，没有人能再進入北京。當南彌德神父於1818年跟畢學源主教及三位中國傳教士還在繼續傳教時，劉方濟神父此前已在湖北被捕，被帶到武昌。審訊期間，發現他的上司是北京的南彌德神父。根據武昌當局的要求，南彌德於正福寺的法國墓地被捕。那天他是和他的神學院學生一起去那裏上課的。捕快們不許他回城，而是直接把他押送到武昌。在與劉方濟神父對質後，花費了一大筆銀子，他纔被宣布無罪釋放，但根據律法他被驅逐出境。在提名遣使會士薛瑪竇[7]神父爲北堂主持後，他動身去了廣州和澳門。薛神父是一位德高望重、謹慎細心的人，但是作爲一位中國人他不能接受歐洲人的財産，於是便叫南堂的高守謙來主持管理。

南堂的兩位遣使會士福文高於1824年去世，代理會長李拱辰神父於1826年去世，畢學源主教不得不去南堂做管區的主教，北堂祇剩高守謙神父獨自一人了。他假意告假去歐洲看望老母，試圖争取讓別人來北京代替。皇帝准了他的假，却叫他不必回來。這一下弄巧成拙，他不得不走了。

此事發生在1827年，北堂就此關門大吉。皇帝本人可笑地花了5000兩銀子買下北堂，拆毁了教堂，其餘房舍賜給了一位官吏。薛神父尚來得及搬走他的家具、書籍和衣物，和他的神學院學生一

1 Dominique Parrenin（1665—1741），字克安，法國人。1685年入耶穌會，1698年來華，1741年卒於北京。

2 Francois Bourgeois（1723—1792），字濟各，法國人。1767年到華。1789年製成圓明園銅版圖20幅。死於北京。

3 Jean Joseph Marie Amiot（1718—1793），字若瑟，法國耶穌會士，1750年奉派來華傳教。他也是一位大學者，著有《中國古今音樂篇》、《滿漢詞典》、《多體文字對照詞典》（梵文、藏文、滿文、蒙文、漢文），以及《孔子傳》等。

4 Nicolas-Joseph Raux（1754—1801），法國人，神學教授。1784年來華，1788年任欽天監監正。死於北京。

5 Charles Paris （1738—1804），法國人，1784年來華，死在北京，葬正福寺。

6 Fiancisous Clet，又名劉格來和劉克萊，遣使會會士，1820年以“蠱惑中國人民”和“冒犯皇上禁令”罪，在武昌被處死。

7 薛瑪竇（1847—1893），山西人，遣使會會士。

起去了南堂。兩年以後，他被指控拿走了北堂的財産，不得不逃到長城以北的蒙古，在西灣子[1]的小基督教中心駐留下來，并把它變成法國傳教團的中心。藏書被運送到正福寺墓地，委托給一位姓圖（T'u）的教友照管。他是皇族的後裔。

孟振生主教1835年在從澳門到西灣子的途中，在遣使會士和耶穌會士并肩長眠的這個小墓地停留了三天。1835年8月1日，他給傳信會總會長寫了一封感人泪下的信。在談了住堂、庭院和墓地之後，他提到了這批圖書。“右邊有一間大屋子，裏邊亂七八糟地堆放着許多歐洲書籍，原屬於豐富的法國北堂圖書館。耶穌會的神父以前從歐洲花了極大的代價纔收集到這些書，多可惜啊！在此艱難的歲月裏，我們無法帶着它們——即使不爲我們招灾惹禍，也是一種負擔。”孟振生主教來不及把這些書藏匿起來。他的到來已爲人所知，所以立即動身去了蒙古，甚至没能進城去見畢學源主教。不過他確實把一些中文書的雕版和一些外文書帶去了蒙古。一位中國遣使會士韓約瑟神父時常秘密地去正福寺，挑選一些孟振生主教需要的書。一位宣化府的商人定期去北京，經常把書藏在行李中帶到西灣子。不過這并未持續多久。1838年2月，西灣子一位名叫孔若望的教徒到太原府搬取朝鮮代理主教范世亨[2]的行李，打算放在正福寺，等朝鮮貢使新年來向皇帝進獻貢物時交給他們。可是他在途中遇到搶劫，驚動了官府，被跟强盜一起帶到了衙門審問。在那裏，范世亨主教的行李被發現，他也成了嫌疑犯。他供出了要把行李帶到正福寺。於是正福寺的看守人被捕，後來又逮捕了其他九位教徒。這些人都是皇族，跟圖教友一樣，他們的先人在雍正時由於信教而被流放，貶爲普通旗兵。就這樣，孔若望和他的十位同犯被處以流放。皇帝在諭旨中嚴厲斥責“這些不守祖墳、也不去京城爲他效力，却信仰异教、在正福寺守護外國墳墓的家族成員”。

這個家族的其他成員惶恐萬分，銷毁了一切帶洋味的迹象之後，離開了正福寺。孟振生神父寫道：“宗教物品丢了，家具賣了，書被埋在庭園地下。對我們來説，一切都毫無希望地失去了。”這場灾難過去六年後的1844年3月11日，他寫信給他在澳門的代理人吉耶神父，説：“我永遠不會停止要求。我們失去了一切。珍貴的藏書被埋在了地下，到發生范世亨主教行李事件時已全都化爲腐物了。”

這話還是有點誇張的。他有過三年的時間運書到西灣子。薛神父及他的學生也帶了一些去。我們至今還有290册（202種）有“北京耶穌會”題字的書。而這僅僅是被保存下來的部分。

1840年，孟振生神父被任命爲蒙古代理主教，兼北京教區主教。1847年他移住北京西南的一個天主教村莊，安家莊。十年之後，教廷改組了北京教區，將其分爲三個教區，任命孟振生爲北京和直隸北境主教。1857年7月17日任命他在西灣子的繼任孔主教[3]爲蒙古教區主教。他們倆把西灣子的藏書一分爲二，孔主教留下大部分，因爲孟振生主教將會拿到豐富的南堂藏書。

後來蒙古教區被斯格脱傳教團接管。1946年12月7日，一位年輕的傳教士正在編製一份所有以前耶穌會和遣使會的圖書目録時，一把火毁掉了一切。衹有兩本書幸存，是法國耶穌會的遺物。一本《超性學要》的初版本，是利類思神父從聖·托馬斯的《神學大全》翻譯而來的；另一本是孫璋[4]神

1 現爲河北省張家口市崇禮縣城。自從1700年天主教傳入西灣子村以後，這裏曾長期是天主教蒙古教區的主教座堂，成爲天主教向長城以外傳教的主要基地。以大教堂爲中心，西灣子逐漸發展成市鎮。1934年由張北縣析置崇禮設治局，1936年改設崇禮縣。

2 Laurent Marie-Joseph Imbert，一名英伯，曾在新加坡傳教。

3 Florent Daguin（1815—1859），法國人，遣使会士，1839年晋升神甫，1848年祝聖爲主教。

4 Alxander De la Charme（1695—1767），字玉峰，法國人。17歲入耶穌會，1728年 8 月抵北京，自此以後，終其生39年常駐北京。曾翻譯《禮記》爲法文、《詩經》爲拉丁文，并著有《性理真詮》。

父的《滿蒙法大辭典》手稿，這我們圖書館原來就有（第382號）。西灣子教區的現任主教石德懋[1]從濰縣返回途中，把他們的那一本留給了我們的圖書館寄存，因爲他的教區已被紅軍占領了。

第四章　西堂藏書

西堂是傳信會教堂，有時也稱意大利教堂，是北京四所老教堂中創建最晚的一個。它由1701年跟教廷特使鐸羅[2]一同奉派來中國的遣使會士德里格[3]神父創建。他在穿越美洲和菲律賓群島途中多次遇險，耽誤了行程。等他1711年2月5日抵達北京時，特使已經回去三年了。他也未能從皇帝那裏爲傳信會的教士要到一處專門住堂。皇帝説要傳教士統一居住。因此馬國賢[4]、山遥瞻[5]和德里格不得已去了北堂和南堂。

20年後，教皇克雷芒十一世爲了中國禮儀問題又派遣了一位新使節，即亞歷山大城主教嘉樂。1721年2月17 日他在海淀暢春園對面買下一處房子，在與康熙交涉期間就住在那裏。回國時他把房子留給了馬國賢神父，供傳信會的神父使用。但是德里格神父認爲，傳信會在城裏有房子和教堂纔合身份和有面子。1723年康熙駕崩，他如願以償，因爲他作爲宫廷音樂教師教過新皇帝雍正。

他在城的西北角買下一處房産，修繕後交給傳信會那些不依賴葡萄牙的教士使用，包括聖芳濟會士、奥古斯丁會士、聖衣會士、浸信會士等。那些住在海淀的人可能在1726年底遷入。

德里格11月25日向傳信會報告説：“我買這所房子是爲了傳信會的傳教士，我已請他們全都來這裏住了。”

其實來的人一直都不多。他們在這座城市裏没有教區，他們最近的傳教點在山東。而在宫廷裏供職的人繼續住在海淀。他們的藏書從未繁榮過。没有帶“西堂圖書館”標記的書。所以我把那些非葡萄牙或法國耶穌會教士的書歸在了西堂名下。許多書有這樣的標識，“屬於北京和山東的聖方濟各會”。有些書上有副會長康和之（Bennardin della Chiesa）主教，奥古斯丁會士山遥瞻、馬國賢神父，聖衣會士約瑟·瑪麗亞·聖特蕾莎（Joseph Maria Sta Theresa）等人的簽名。我統計了一下總數，僅有62種102册。其中最珍貴的部分是嘉樂主教留在海淀的書。我想這些書是傳信會的神父移住西堂時帶去的。

西堂最後創建，却最先瓦解。1811年6月19日，嘉慶頒旨，衹要南堂的三位遣使會士供職算學館，或許還有北堂的南彌德神父在宫廷當翻譯，其他人禁止離開住堂去傳教。留在西堂的有聖約翰和浸信會士孔福爾特[6]和王雅哥比[7]，奥古斯丁會教士德天賜[8]和安塞爾姆（Anselmo）。最終他們忍受不了嚴密的監視，寧願弃堂他去。朝廷准許他們賣掉財産，但無人敢買教堂和住房。最終還是皇帝買下并將其拆毁了。

1　Leone Giovanni M. De Smedt（1881—1951），比利時人，聖母聖心會士，1931年12月14日被任命爲西灣子代教區主教，1946年4月11日升爲西灣子教區主教，1951年11月24日在張家口監獄去世。

2　Charles Thomas Maillardde-Toumon。1705年4月5日到達廣州，12月抵達北京，3日在熱河行宫覲見了康熙帝。1706年被驅逐，押解到澳門。1710年死於澳門監獄中。

3　Teodoricus Pedrini（1670—1746），意大利人。來華後被康熙皇帝任命爲專門教授皇子西學的教師。西堂藏書裏有他寫的獻給康熙皇帝的奏鳴曲樂譜。紀念故宫博物院建院80周年時，中央音樂學院師生專門演奏了這部作品的部分章節。

4　Matteo Ripa（1682—1745），意大利人，1710年來華，後成康熙皇帝的宫廷畫師。詳見《清廷十三年——馬國賢在華回憶録》，上海古籍出版社，2004。

5　Guillaume Fabre Bonjour（1670—1715），意大利人，1710年來華，參與了測繪製作《皇輿全覽圖》。

6　Emmanuele Conforti，意大利人。

7　Giacomo Ferretti（1754—？），1783年來華，離華後去泰國傳教。

8　Adeodato di Sant' Agostino（1760—1821），1783年來華。

他們原打算把藏書移交給北堂的南彌德神父，可是他感到責任重大，無法承擔。幸好如此，不然它們就會在那裏被毁掉了。這些書於是被送到南堂，交給了代理主教李拱辰神父。

這批書最後由俄國教團保存了下來。

第五章　特使嘉樂主教藏書

鐸羅特使來華之後，康熙派艾若瑟[1]和陸若瑟[2]出使羅馬，期待教廷修改成命。可是教皇克雷芒十一世審視再三，仍然堅持鐸羅特使1706年1月25日在南京公布的1704年通諭[3]。

康熙皇帝等了十年，傳達他有意接受教皇通諭的信纔到達羅馬。所以羅馬教廷决定再派遣一位使節赴華。1720年3月25日，嘉樂主教從里斯本啓航，9月23日抵澳門，12月26日到北京。

但是不久情况就明瞭了，皇帝根本就没有改變主意。儘管特使作了一些讓步，皇帝却毫不退讓。特使受到比他的前任更差的對待。他在北京短暫逗留，3月1日受命辭行，第二天就得離去，以至於連藏書也無法帶走。這從那些書上的題識可以得到確認，“亞歷山大主教從羅馬携至北京的遺書”。“遺書”兩字表明他來不及安置。

這是一批爲旅途和特使將要會面的人而收集的書，很難算得上爲圖書館準備的專藏。在長達六個月的航行途中，他有的是閑暇，需要消遣。這些書總共有51種69册。除了一本尼古拉·德·費爾（Nicolas de Fer）的《地理學及地球史導論》是法文書外，其餘均爲拉丁和意大利文書。最多的是關於教規和民法的，共20册。珍本有《羅馬教廷通諭彙編》，即聖典學者法根尼（Fagnani）、貝爾納·凡·埃斯彭（Bernard van Espen）、科拉多（Corrado）、卡巴修（Cabassut）、貝萊蒂（Belletti）、巴爾沃薩（Barbosa）等人的注釋彙編。此外還有弗拉戈索（Fragoso）、路易絲·諾格拉（Louis Nogueira）、聖查爾斯·博羅梅奥（St Charles Borromco）和梅爾基奥爾·希托普（Melchior Hittorp）的著作。特使在長途旅行中似乎更喜愛讀歷史來打發時光。有通史、教皇史、羅馬史、低地國家獨立戰争史（第2878號）、征服墨西哥史（第3484號）等，共15種。他又帶了些實用性的書，如卡斯納迪（Casnedi）的《或然論辯》（此書當時剛在里斯本出版）、《J·B·塔韋尼耶土耳其和印度游記》（第3507號）、奧迪（Oddi）的《日晷儀》（第3382號）、弗朗西斯科·米隆尼（Francesco Miloni）神父的《議會裏的傳教士》，等等。

這批珍貴的藏書由於進入了西堂圖書館而幸存，後來送到南堂，再由俄國教團保存了下來。

第六章　主教藏書

北京的主教職位創立於1690年，一直持續到1856年。在這166年中，共有六位主教和四位代理主教，但是祇有兩位入駐過南堂，即耶穌會士索智能，1740到1757年；聖芳濟三會的湯士選，1785到1808年。

1　Antonio Francesco Giuseppe Provana（1662—1720），又名艾遜爵，法國人，1695年來華，1708年出使羅馬，1709年到達，1719年回程途中去世。

2　Jose Ramon Arxo（1663—1711），西班牙人，1684年來華，1708年出使羅馬後返回西班牙。

3　歷史上，利瑪竇等傳教士爲了傳教而采取的尊重中國文化的做法，引起了方濟各會、多明我會等傳教士的反對，由此爆發了著名的“禮儀之争”。1645年羅馬教廷向中國天主教徒正式發出了禁止稱造物主爲“上帝”和禁止尊孔祭祖的命令。鐸羅來華交涉，不敢正面反對康熙，在南京以公函形式公布了教宗的禁令。康熙知道後大爲震怒，立即下詔將鐸羅押解到澳門拘禁，要願在中國傳教的傳教士領“印票”，票上寫“西洋某某人，年若干，在某會，來中國若干年，永不回復西洋，已經來京朝覲陛見，爲此給票”，并簽名遵守利瑪竇規矩，凡拒絶領票者一律驅逐出境，同時派使節到羅馬交涉。

他們的藏書似乎是一次建成的，像教皇保羅五世的一樣，都是一樣的歐洲式裝潢，并有主教的印章。

第一節　索智能主教藏書

共有93種115册。大多有關教士和傳教，如神學、辯論、决疑、牧書、教會法和聖經，以及傳教學和耶穌會史。

我衹發現一册數學、一册天文學的書，没有异教史、地理學、科學等方面的書。這種書很常見，這位耶穌會主教要看想必可以在南堂找到。

第二節　湯士選主教藏書

共有228種512册，其重要性與教皇保羅五世的藏書相同，衹是更現代一些，因爲晚了兩個世紀。這也是其中有許多法文書的緣故，占藏書的三分之一，78種195册。另一特點是種類豐富。僅就法文部分而言，就有15種地理學，11種護教論，10種數學，6種教育學，5種藝術和手工業，其他則爲化學、物理、醫藥、機械、製版等。這是一份保護得最好的藏書，同索智能主教的書一樣，裝幀完好如初，在移交俄國教團保存之前，從未離開過南堂。

第七章　住堂藏書

在我們回顧的這兩個世紀中，内地的傳教團當然不如北京的穩固。他們有四次受到驅逐的威脅。 康熙1667年繼位之後，他們一度平安無事。到了1717年，因爲要他們領“票”，許多人就離去了。正好50年。在雍正和乾隆朝，他們逐漸衰落。隨着耶穌會的受壓制，内地的傳教士變得寥若晨星。當1773年克雷芒十四世取締耶穌會時，就衹剩下十個神父了。

12年後，當27名傳教士被捕送北京時，在内地找到的唯一一位耶穌會士是80高齡、雙目失明的石若翰[1]神父。他歿於途中。這些年中有十個小型藏書從荒廢的傳教住堂彙集到了南堂。它們都屬於葡萄牙副省。

第一節　濟南藏書

濟南住堂留給我們75種82册書。大部分書上有“濟南府住堂藏書”的字樣，而且筆迹相同。有幾本書簽着P・法伊拉（Faillat）的名字。我想這就是出生於布雷西亞的法安多[2]，1700年康熙朝時來山東的傳教士。

我要特别提一下由陸若漢[3]送給龍華民的3581號書。這是一個很好的例子，説明我們的書因爲所附帶的逸聞軼事而愈加珍貴。這位陸若漢神父在加入耶穌會前一直是日本邦戈（Bongo）[4]親王的士兵。1614年他被日本驅逐，來到了澳門。1630年被選爲葡萄牙炮兵隊的牧師兼翻譯，派到北方迎戰

1　Jean-Baptiste de La Roche（1704—1785），法國人，1740年來華。

2　Antonio Faglia（1663—1706），意大利人，1694年來華，先到廣州，1700年到山東，死於浙江嘉興。

3　João Rodrigues（1561—1633），葡萄牙人，1610年來華。此前在日本德川幕府中擔任通譯。

4　Prince of Bongo，在其他文獻中有拼作Bubgou或Bungo的（見何高濟譯《大中國志》第206頁，譯作“龐高王”），疑即日本戰國時代九州的豐後國（今大分縣）領主大友氏。其第二十一代領主大友宗麟（1530年1月31日—1587年6月11日），是位天主教大名，天主教洗禮名Don Francisco。

韃靼入侵者。他們的指揮官特謝拉[1]在山東登州之役中陣亡。當時登州城的司令是天主教徒孫元化[2]。

孫元化由於失職，和他的副將，也是天主教徒的張燾一起被處死。他的長官，名作家王征却由死刑改爲流放[3]。王征曾經鄧玉函神父受洗成爲天主教徒，并跟他學習機械。至於打開山東傳教大門的龍華民神父，每年都要從北京回到那裏呆上幾星期或幾個月，并且一直堅持到七十九歲高齡。這些都是費賴之[4]神父告訴我們的。

第二節　鎮江藏書

共44種42册，均有“此書屬於鎮江住堂，（副省會長）楊若望[5]”之類的題識，文字略有變化。鎮江的教堂和住堂由畢嘉[6]神父所建，但是幾乎立刻就在楊光先教難中毀掉了。楊若望神父任中國副省會長是在1727年，藏書可能也是在這個時期建立的。

第三節　杭州藏書

衹有31種35册。大多數書上有“杭州住堂”字樣，也是最老的一批，日期是1661年。其中4册屬於衛匡國[7]神父，他是那一年在杭州去世的。其他書上有“杭州副省會學院”或類似的字樣，其中年代最早的是1713年，表明那時它已是一所學院了。

第四節　淮安藏書

藏書不多，共37種43册。將近一半是法文的，兩種是佛拉芒文。除了“淮安教堂”字樣外，幾乎都有萬惟一[8]的名字。他生於布魯塞爾，説法語和佛拉芒語。他在這座城市工作了幾年後於1702年在那裏去世。很可能是他的上級下令將他的書交給這所教堂的。在第1995號書上有用拉丁文寫着這樣意思的話。

第五節　南京藏書

金尼閣神父在羅馬爲南京爭得了學院稱號，計劃把聖·洛朗藏書給他們。但在68種67册標有“中國南京副省會”的書上，没有一本有聖·洛朗院長或他弟弟于貝爾的藏書標志。除了6册耶穌會會規和章程外，這些書均晚於金尼閣的遠征，而這6册書并不可能屬於聖·洛朗藏書。由此我們可以斷定，金尼閣改變了那批藏書的目的地，在1623年把它們和那些能脱身的神父一起送到北京了。南京住堂在1634年由畢方濟[9]神父重建。

1 Goncalvo Teixeira（？—1632），舊譯公沙的西勞，率領100多名葡國軍士自澳門來華助戰。死後經兵部尚書熊明遇疏請追贈爲參將。

2 孫元化，字初陽，號火東，江蘇嘉定人，萬曆四十年舉人，曾師事徐光啓學習火器和數學。崇禎三年，孫元化爲登萊巡撫。

3 崇禎四年閏十一月，孫元化的下屬孔有德在吴橋叛變。崇禎五年，登州官兵與叛軍大戰於登州城東南，由於張燾所率的遼兵突然引退，且半降於賊，登州陷落。孫元化本人自刎不成，與宋光蘭、王征（監軍）等爲叛軍所擄。後雖被叛軍放回，却爲崇禎帝斬首弃市，王征則遭遣戍。

4 Louis Pfister（1822—1889）。

5 Jo ã o de Saa（1672—1731），一名楊若翰，葡萄牙人，1694年來華，1725至1728年間任中國副省會長。死於澳門。

6 Joannes Dominicus Gabiani（1623—1694），意大利人，字鐸民，1656年來華，長期在江南傳教，死於揚州，葬城外教徒墓。

7 Martinus Martini（1614—1661），意大利人，字濟泰，1632年加入耶穌會，1643年來華傳教，1661年6月2日病逝於杭州。

8 Guillaume Van Der Beken（1659—1702），比利時人，1694年來華，1702年2月2日死於淮安。

9 P.Franciscus Sambiasi（1582—1649），意大利人，字今梁。1610年抵澳門，三年後至北京，後又去上海嘉定、淮安、無錫。死於廣州。

第六節　正定府藏書

這16册書要歸功於高尚德[1]神父，他説這些書都是他買來或收集來的。4本來自馬國賢神父，其中有兩本購於1734年7月10日和20日。馬國賢神父帶着教廷賜給鐸羅特使的樞機主教帽子從羅馬來。在給康熙當了12年的畫師後，1723年帶着5名中國學生重返歐洲，希望在那不勒斯建立一所神學院，培養中國本土牧師。這所學院的第一批牧師於1734年抵達中國，而他的書正好是同年在北京買下的！

高尚德神父在正定府教團工作了28年，1723年教難時被召回北京，由一位中國教士接替了他。可能就是那次他帶走了一本聖經（第1353號），上面寫着："屬於正定府，因教難轉到北京。"

第七節　開封、上海、武昌、絳州

從這幾個地方來的書不多。開封五册，其中兩册屬於駱保禄[2]神父。他成功地與開封城裏的猶太人打成一片，是第一個向西方提供了有關中國猶太人詳情的人。上海八册，四種是關於教義問答和神修的。武昌府六册，注明"武昌府住堂"。山西絳州五種七册。

按：最後我要提一下39種75册屬於遣使會士的藏書，它們是錯入了北堂書的。當年在分檢舊書和新書時，由於缺乏其他證據，唯一能采用的標準是出版年代，即1785年，也就是遣使會士來華的時間。所有早於這個時間的書被歸於南堂藏書。後來發現，雖然有些書是1785年以前出版的，但却是後來購買的，比如第2139號和第3479號書，是1870年由田嘉壁[3]主教在羅馬購得的。他當時在羅馬列席梵蒂岡大公會議。但是這些書已經入册并已陳舊，將錯就錯，就不再動了。

第八章　移交俄國教團

這些書最後全部集中到了南堂。現在讓我們追溯它們從南堂到俄國教團、再到老北堂的踪迹。

第一節　俄國教團

俄國人在北京有兩處教産。較老的一處可追溯到1685年，一批俄國士兵在雅克薩之役中被俘，關押在北京東北角的一座塔裏。一位俄國教士在今天"北館"所在的空地上爲他們建立了一座教堂，一開始叫聖・尼古拉教堂，後來改爲"聖母安息"教堂[4]。

第二處教産隨公使薩拉・瓦拉迪斯拉維茨伯爵的到來而建立。根據1721年11月1日的條約，他被允許在公使館旁邊建立一座教堂和一座修道院。教堂至今還在俄國公使館的大院裏，名爲"伊帕帕特"，即"奉獻節教堂"，駐有一個教團，一名修士大司祭和兩三名修士，一些牧師，以及五名學語言的非聖職人員[5]。

東正教團有了自己的翻譯，不必煩勞清廷的耶穌會士就能直接與彼得堡聯繫了。直到1860年，

1　Carlos de Resende（1664—1746），葡萄牙人，字懷義，1696年來華，死於北京。

2　Jean-Paul Gozani（1659—1732），意大利人，又名陸恩德，1694年來華，死於澳門。

3　Louis-Gabriel Delaplace （1820—1884），一名田類斯，法國人。1843年成爲遣使會神甫。1852年被任命爲中國江西代牧區宗座代牧。1854年任浙江代牧區宗座代牧，駐扎寧波。1870年調任直隶北境代牧區宗座代牧，駐扎北京。

4　東正教在北京設堂是康熙二十四年（1685）。清政府在雅克薩城自衛反擊戰中俘虜的沙俄入侵者押來北京的有59人，其中一名是司祭，康熙帝就將東直門内胡家園胡同的一座關帝廟撥給他們作臨時祈禱所，這就是北京人所稱的"羅刹廟"或俄羅斯"北館"。

5　雍正五年（1727），中俄兩國簽訂《恰克圖條約》。根據該條約第五款的規定，俄羅斯東正教會可以定期向中國派遣傳教士和學習漢語的學生，准許在北京建立新教堂。新教堂地址定在東江米巷（即後來的東交民巷）。1732年正式落成，也叫俄羅斯南館。

俄國教團還保留着這種外交功能。也正是由於這個緣故，在教難期間它一直平安無事，因而能够幫助畢學源主教的教團。

俄國教團每十年更换一次人員，到南堂結束時共經歷了九次。第十届教團於1820年12月1日抵達，修士大司祭是彼得・卡緬斯基[1]，他的助手是魏若明[2]神父，還有四名修士和四位見習翻譯。

五個月後魏若明神父來北館學習漢語。他在中國人中間以才藝超群而廣受歡迎，使他成爲卡緬斯基的接班人。1830年11月，聖議會任命他爲第11届教團修士大司祭。1840年他返回俄國。我們的藏書得以幸存，要歸功於這兩位修士大司祭的好意，特别是這後一位。

第二節　藏書移交

我無法查到這批藏書移交給聖母安息教堂的確切日期。極有可能是秘密地分批移交的，因爲清廷一直對南堂的財産虎視眈眈。病魔纏身、奄奄一息的老主教於1830年7月6日立下遺囑，請求魏若明神父照料自己的喪事，守護栅欄墓地，作必要的修葺，賣掉主教的全部遺物，把所餘款項送往葡萄牙，交給合法的主人。

没有一個字提到藏書，這使我們相信，它已經被安排好了。好幾册書上有俄文的題識，但是我對這種語言一無所知，因而無法加入目録。這些題識有彼得大司祭的簽名，時間是1828年4月和5月。由此可知，藏書在此之前已經被移交了。有在俄國教堂寄存過痕迹的總共是170册，可以分爲兩類。一類是修道院教學藏書，均有一個編號，而且筆迹一致，從1到155號。它們全是拉丁和希臘經典，如演説家、現代和古代詩人、語法和詞典、詩韵學、修辭學、神話學、戲劇等等。關於科學、宗教和歷史的則一本也没有。我猜這些書是挑選出來供那些見習譯員使用的。第二類似乎是爲教士服務的，没有編號。在這一類裹我們發現的是聖經和關於教理、倫理和神修、聖母、耶穌會的書，以及三册關於俄國的書。這部分書有題識和批注；一些有彼得大司祭的簽名，另外的没有。

第三節　贈禮或賠償

有人説南堂藏書是作爲禮物送給俄國教團的。我在現有的文件裹未找到支持該觀點的任何材料。如果是贈禮，爲什麽他們又把這些書歸還了呢？總共5000册呢！畢學源主教所做的把教堂財産送回給葡萄牙主人的安排，表明他絶非那種“擅自作主”安置這批藏書的人。再説代理主教趙若望[3]神父和教士們也會提出异議的。我倒是找到一個相反的佐證。有一天凑巧有一位俄國人來訪，我請他爲我翻譯彼得・卡緬斯基寫在韋里塞利的《論使徒傳教》一書上的一段題識，大意是：“歐洲藏書中有兩本這種書，我就自作主張把一本放到俄國藏書裹了，因爲這本書討論的問題是所有傳教士都關心的。簽名：大司祭和騎士彼得，1828年4月27日。”注意，一是這裹有兩份藏書；二是僅僅移動一個複本就如此謹慎，在書上加注，并簽上名字和日期，顯然是以防效尤。書的主人是不會這麼做的，代管的人纔會。而我們的代管人又是多麽忠實啊！

還有一種説法，指這批藏書是畢學源主教抵償了所欠魏若明大司祭的債，其根據是一份官方文件。不錯，是有一份欽天監呈道光皇帝的奏摺，登在1839年1月的官方公報上，與主教的葬禮時隔不久。它説主教積病多年，債務累累，現請魏若明大喇嘛（大司祭）操辦後事，一應款項皆以變賣的教堂財産抵償。

1　Павел Иванович Каменский（1765—1845），俄國科學院院士，滿學家。

2　Fr. Benjamin，俄文名維尼阿明・莫拉契維奇。

3　Joao De França Castro E Moura，葡萄牙人，1830年來京助理，1831年被委爲江南代理，1838年畢學源逝世，南堂關閉，趙若望爲署理，至1846年回國爲止。

但是我們還有一封大司祭的信，和一封代理主教趙若望神父的信，可以證明此說純屬虛構。趙若望神父未能趕進城來參加葬禮，所以仁慈的大司祭纔獨自受命。他寫信給趙若望神父："朝廷大吏索要教堂和房產，無意移交給我們。需要反復而漫長的討論，纔能使他們承認我們應得的權利。"

就是在這樣的討論期間，他的代理人想出了以教堂財產抵債的計策。大司祭對此計的結果十分滿意："教堂的全部房産和墓地已都交還了。現在我們可以賣掉房產、保留墓地了……在變賣完一切可以折現的財產之後，我將非常高興，也理所當然，交還給閣下或您指定之人一切剩餘。至於我手中現有的錢和物品，我給你一份中文的清單。"由此可見，事情十分明白，大司祭所圖并非私利，代理人的計策也確實有效。

第四節　藏書復歸

在英法聯軍進入北京的1860年10月13日之前，帝國的攝政王恭親王曾邀請孟振生主教做他和聯軍之間的調停人。可是這位主教正躲在鄉下，未能及時露面。當他10月23日入京時，談判已經結束。額爾金[1]伯爵於24日簽署了條約，第二天葛羅[2]也簽了。條約要求歸還所有老教堂、老房産和老墓地。俄國首任駐華公使伊格納季耶夫將軍還根據戈薩克夫親王的指示，把由俄國教團保管的物產交還給葛羅。這當中無疑也包括藏書。有人説藏書是由鮑乃迪[3]修士大司祭交還的。這種説法的來由可能是因爲鮑乃迪協助副司令普提雅廷[4]伯爵談判了1858年天津條約的緣故。但是在1860年，他已經被固里[5]修士大司祭接替了，後者是1858年9月29日率領第十四屆教團抵達北京的。由於有了俄國公使，大司祭不再具有從前的外交官地位，衹是一個宗教人士，而且不久就住到北館去了。所以這批托管物應是由將軍而不是由大司祭歸還的。

由於南堂蕩然無存，孟振生主教入住北堂。北堂雖然也殘破，但至少還竪立着。那位1827年買下這塊地皮的于姓官員用教堂的材料建了一座新房子。這批藏書就被安置在那裏。

第五節　狄仁吉[6]神父的目録

兩年以後，和孟振生主教一起來北堂的狄仁吉神父開始給書籍分類和編目，更確切地説，是登記每一本書的書名、册數、尺寸、著者、編者、出版地、日期和其他特徵。

目録首篇是五頁拉丁文的序言，扼要回顧了這批藏書的歷史。根據狄仁吉神父的説法，移交給俄國教團的時間是畢學源主教死後的1839年，有天主教士參與其事。在介紹了北堂書埋入正福寺地下的情況後，他說："南堂藏書逃脱了厄運。俄國大司祭前來幫助天主教士，并答應爲他們保管這些書，直到形勢好轉再物歸原主。天主教士接受了他的好意。從那以後直到1860年，他和他的同事

1　Lord Elgin（1811—1863），英國貴族，1857年7月任英國對華全權專使，并率領一支陸海軍赴華。12月，與葛羅所率法軍在香港集結。12月29日，英法聯軍攻占廣州。次年春，北上天津。5月，攻陷大沽炮臺。6月，迫清政府簽訂《中英天津條約》。1859年回國。不久，重任英國對華全權專使，同葛羅復率英法聯軍來華。次年8月，又陷大沽炮臺，攻占天津。10月，進北京，焚毁圓明園。按英國外交部訓令，迫清政府簽訂《中英北京條約》，割讓"粵東九龍司"一地。1861年南下香港，依約劃割九龍。1862年調任印度總督，次年，死於任上。

2　Jean Baptiste Louis Gros（1793—1870），或譯作葛歷勞士，法國外交官。第二次鴉片戰争期間，他兩度被任命爲法國侵華軍全權代表。1862年（同治元年）調任駐英大使，次年退職。

3　即第13屆傳道團大司祭巴拉第・卡法羅夫，法號鮑乃迪。

4　Vasilevich Putiatin（1803—1884），俄國海軍上將，第二次鴉片戰争期間俄國全權代表。

5　Archimandrite Guri Karpov是第12屆傳道團的司祭，1858年受委任成爲第14屆傳道團的大司祭。

6　Jean-Baptiste-Raphaël Thierry（1823—1880），法國遣使會士，所編目録見《華裔學志》4（1939—1940），頁 605－615：Catalogus Bibliothecae Dom s Pe-tang Congregationis Missionis Pekini Sinarum 1861（北堂耶穌教遣使會1861年圖書目録）。

妥善地保管了這些書。”

我已經説過我斷定移交是在1828年的原因了。也許當時衹是出借或部分移交？不管怎麼説，它既非贈禮、亦非抵債是確鑿無疑的。

序言之後是20類書的主題和册數表。他統計出共有5400册書歸還了。“遣使會士從1860到1862年間增添了大約500册，總數（不包括中文書和一些短篇雜撰）爲5929册（實際是5930册）。因爲藏書還會增加，我們在此確立以1862年10月20日爲新舊藏書之分界，這是必要和合適的。”

狄仁吉神父最後説明了他爲編 這份目録而制定的一些規則。他也注意到，由於聚散多變，許多書已經殘缺破損了。

我複製了他的主題和册數表，因爲據此可以清楚地看出這批藏書的構成和相對的重要性。爲了便於比較，我也列出了本文討論的、包括他們的書在内的幾批藏書的情况。

狄仁吉神父目録		北堂書	
1.聖經	205	1.南堂：保羅五世贈書	457
2.教父學	123	南堂：聖・洛朗藏書	29
3.a.神學：教義及倫理	537	南堂：中國教區書	143
b.神學：辯論及奥義	204	南堂：後來所得書	738
4.教規法及民法	305	2.東堂	13
5.證道及教理講授	300	3.北堂	290
6.歷史	531	4.西堂	102
7.聖儀	173	5.嘉樂主教	69
8.神修	700	6.索智能主教	115
9.哲學	265	7.湯士選主教	512
10.幾何及水文學	96	8.濟南住堂	82
11.文學	178	9.鎮江住堂	42
12.數學	378	10.杭州住堂	35
13.天文及日晷測時學	438	11.淮安住堂	43
14.物理及化學	178	12.南京住堂	57
15.機械及工藝學	131	13.正定住堂	16
16.自然史	148	14.開封住堂	6
17.醫藥學	308	15.上海住堂	8
18.語言學	120	16.武昌住堂	6
19.傳記	196	17.絳州住堂	7
20.雜類	316	18.遣使住堂	75
總數	5929	共	2885
	（實爲5930）	來歷不明的書	2278
		總計	5133

從中減去遣使會士的75册書，我們從俄國教團手裏收回的書衹有5058册，比狄仁杰神父統計的5400册少了342册。根據他提供的目録，我們做出了一份失書單，發現主要是神學、決疑、神修、聖儀和教理講授等方面的小册子。簡而言之，是實用的傳教資料書。這些書裏大約有100册屬於副本，另外的是藏書中有其他作者的類似的書，所以損失不大。而且它們也不一定都是永久地丢失了。比如，天津和鎮江府的傳教士聽説我們在整理北堂書後，就送還了有我們圖書館印章的舊書。這也促使我産生過到各個住堂進行一次訪書之旅的念頭。但是十年來我一直未能離開京城，而現在爲時已晚，大部分住堂都已被洗劫一空了。

第六節　最後階段

這批藏書此後在老北堂安居了一段時間。狄仁吉神父在他的序言裏加的一條注告訴我們，1851年發生過一起火灾，燒掉了大部分建築，圖書館幸免於難，衹是所有的老檔案都化爲灰燼了。

1887年，北堂遷移到西什庫現址。這批藏書被安置在院内西北角的一間屋子裏。這一安排使其在1900年義和團的圍攻中又逃過一劫。因爲被靠近的皇城城墻擋着，避免了直接的攻打。朝西的窗户都被堵上了，沿城墻又挖了一條深壕，以確保没有地道通進來埋雷。所以三個月的圍攻過後，它幾乎毫髮無損。它同樣躲過了最近的日本對華戰爭的危害。這麽説也不完全準確。1943年3月6日夜裏，附近的房子失火。有一位日本衛兵進來，開始衹是維持秩序。後來負責的指揮官看到我們全都在竭盡全力搶救這批藏書，似乎仍然力所未及，便打電話叫來一連士兵。他們用了30分鐘時間，勉强出清了全部藏書，此時消防隊纔剛剛控制住火勢。我也必須心懷同樣的感激告訴大家，幾天之後，敵對國的公民都被遣送到濰縣集中營，我這個正在編這份書目的圖書館員却被豁免了，因爲這份書目將會是有益於全人類的。

結　語

這份簡史已遠遠超出了一份書目序言的篇幅，所以我不得不略去對歐洲來的摇籃本、手抄本、中國的雕版、日本和菲律賓的初版本，以及書目學家視如珍寶的其他善本書的介紹了。請讀者自己在書目中搜尋，享受發現的快樂吧！我自己就在其中發現過直到閲讀書目纔知道的寶貝，如第952、1246、2644、3673號等書。這些書本身的價值已無庸贅言，其真正的價值來自於它們所服務的人，那些偉大的先輩。有關天主教在中國的最初200年，它們是一份獨一無二的文獻。對我們生活的這個世界來説，這份藏書是一場東西方兩種偉大文明和平相會的媒介。這場相會不像唐朝的和元朝的那樣短暫。儘管歷經坎坷，雙方都獲益無窮的永久性聯繫畢竟由此而建立起來了。

我在寫這些文字的時候，一直對首都將被圍困而憂心忡忡。圍困終於在12月15日開始了，但圖書館至今爲止尚安然無恙，而和平談判也開始了。但願戰禍再次寬宥神父們留下的這份神聖遺産吧！

惠澤霖 傳教士 圖書館長

1949年1月21日於北京

Lazarist Mission, Peking

CATALOGUE

OF THE

PEI-T'ANG LIBRARY

Peking
Lazarist Mission Press
1949

Preface.

The library of the Catholic Mission, Peit'ang, Peking, possesses quite a considerable store of ancient books, the legacy of the Portuguese and French Missions of the Society of Jesus as well as of the Propaganda Mission. The intellectual centres of this capital, in ever increasing numbers, wished to have access to this hidden treasure, and those competent expressed, through the intermediary of Mr. C. B. Lyon, Secretary of the United States Embassy, their desire to the Mission Authorities. These latter, in the person of His Ex. Mgr. Paul Montaigne, Vicar Apostolic and Very Rev. Gustave Vanhersecke, Vicar General and Regular Superior, received the request most favourably and an accord was readily concluded for the practical realization of the project. The question was to gather all these ancient books into a special hall and to make a catalogue of them drawn up according to the rules of modern bibliography. The Catholic Mission set apart one of its buildings as a home for the new library and undertook to furnish the expenses of the necessary installations : shelves, presses, a small reading hall, etc... The Very Rev. Rudolph Rahman D. Ph., Superior of the Society of the Divine Word and Rector of the Fu Jen Catholic University, agreed to accept the charge of compiling a filing index and a catalogue, the execution of which was confided to the Rev. Theodore Rühl, professor of the University. Thanks to the active intervention of Dr. Leighton Stuart, President of the Yenking University and Dr. William Pettus, President of the College of Chinese Studies with the cooperation of Dr. Henry S. Houghton, President and of Mr. Trevor Bowen, Administrator of the Peking Union Medical College, the Rockfeller Foundation granted a generous subsidy for the work of compiling the filing index and the catalogue. The work, begun in 1939, proved more tedious and difficult than had been foreseen. For the war, coming eight months after the start, threatened to stop the undertaking altogether. Rev. Theodore Rühl had already left China during the month of June. His successor, the Rev. Joseph Goerts D. Ph., Librarian of the Catholic University, was compelled, in his turn, to absent himself for two years. The Librarian of the Peit'ang was expecting to be sent to the concentration camp at Weihsien : but the Japanese authorities, for reasons of health, permitted him to remain at his post. Up to the present time the international situation has interrupted all communication with Europe and America, whence we were hoping to obtain information not available here on the spot. Consequently we had to resign ourselves to publishing a work incomplete in many points and in order not to weary the patience of those interested we could not wait for the completion of the filing index to commence the printing of the catalogue. But the exorbitant price of the materials and labour would have arrested the work again, if Providence had not come to our assistance. It is thanks to the generous subsidies of His Ex. Mr Henry Cosme, Ambassador of France, that the Peit'ang Printing Press was able to complete the first section of the catalogue, that containing the French books of the old library.

We had hoped that the victory was going to put an end to our troubles : it was a pitiful deception. The civil war that immediately took place aggravated them from day to day. Fortunately once more the Rockefeller Foundation came to our succour, thanks to the kind intervention of Mr. Charles B. Fahs, Assistant Director of Humanities, who obtained for us a new subvention. We were thus able to publish in 1948 the fascicules 2 and 3, that had been promised since 1944, and finally achieve the classification of the files and the impression of the catalogue.

Our sincerest gratitude is due to all the distinguished personages whose harmonious cooperation has permitted the execution of the work : this catalogue is theirs : we are only the editors. Our acknowledgements are due, also, to so many persons who have helped us by their counsels and encouragement : the list is too long : to all our cordial thanks. However, we cannot pass over in silence Mr. Jean-Pierre Dubosc, French Consul, whose active sympathy has been of such great assistance to us, nor the Rev. Henry Bernard S. J., to whose competence we never ceased to have recourse.

H. VERHAEREN, C. M.

Historical sketch of the Peit'ang Library.

Introduction.

The Peit'ang Library is an ancient inheritance, which grew bit by bit, successively, through all sorts of vicissitudes, during a period of two centuries. Il started with the arrival in China of Matthew Ricci S.J., on the 10th Sept. 1583 and closed with the suppression of the Jesuits in 1773. The Vincentians (Lazarists) called by the Congregation of the Propagation of the Faith, and by the French Government to take over the French Mission of Peit'ang, arrived in Peking on the 29th April 1785, and on the following May 6th, Mgr Alexander de Gouvea, Bishop of Peking, published the decrees, establishing their possession of spiritual and temporal interests.

Let it be noticed right from the start to avoid error, that the Library of the French Jesuits, which passed then into the hands of the Lazarists, is but a feeble portion of the actual Library of Peit'ang. This exsisted already, at that time, but still dispersed over China.

The Lazarists arrived during the persecution ot Ch'ien-lung, who had just brought all Missioners prisoners to Peking. Chia-ch'ing aggravated his father's proscriptive measures. He did indeed tolerate the 3 priests at the Tribunal of Mathematics, but they were not to be replaced, and the Tribunal was abolished in 1826. This persecution, lasting fom 1785 to 1826, destroyed all Missioners' establishments in China, and their libraries, like wrecks, floated into Nant'ang, where the last Missioner, Mgr Pires, survived for 12 years, as Administrator of the diocese of Peking. Before his death he confided his books to the Russian Orthodox Mission, and these returned them to Mgr Mouly, C. M. when he came to Peking as first Vicar Apostolic after the Franco-British expedition of 1860. Thus the books entered the old Peit'ang residence, and became the present Library.

There are several categories to be distinguished in this collection.

1. All that remained from the 4 Peking churches : Nant'ang & Tungt'ang served by the Portuguese Jesuits; Peit'ang, French Jesuits and Sit'ang of the Missioners of the Propaganda. — 2. Three private libraries : Mgr Mezzabarba's (Legate of Pope Clement XI), Mgr Polycarp de Souza's, S.J. Bishop of Peking, and that of Mgr Alexander de Gouvea, Franciscan Tertiary, also Bishop. — 3. Ten little libraries coming from the inland Missions. — 4. Many books of unknown origine, left by unidentified priests.

I will mostly limit myself to those collections which I have been able to situate from information taken from the books themselves.

I will study their origine, composition, and the circumstances which brought them eventually into the actual collection. The result must be very imperfect, specially as to composition. From the 4101 works, in 5133 volumes, preserved at present in the library, a little more than the half, viz. 2281 works in 2855 volumes, give some kind of useful indication : a seal, or signature of owner, or attribution to some residence or religious Order, or library. The rest are silent or their indications are to unidentified donors or possessors.

Chapter 1. The Nant'ang Library.

The Portuguese Nant'ang Mission had the oldest and richest library. Founded by Fr Ricci and his companions, it grew during 2 centuries by successive contributions of the Jesuit fathers, purchases from Europe, and gifts of benefactors. The most valuable part was obtained from pope Paul V by Fr Trigault S.J.

§ 1. Foundation. The Ricci library.

Fr Ricci who arrived in Peking on January 24th 1601, had to wait almost 5 years to buy a house. He got one where the actual Nant'ang stands, and took possession on Aug. 27th 1605; from thence we may date the library. Seeing that in his method of evangelisation, Fr Ricci's principle was to conquer the people through the lettered classes, and these through European science, the library was of extreme importance. In his correspondence he insists on the special needs of this method : scientific men and books. Above all, books of mathematics, astronomy, cosmography, and natural sciences. It seems Europe was generous to him, seeing he wrote on May 5, 1605 : « As to geometry, clocks and astrolabes, I have so many books *que basta* it is sufficient ».

*
* *

What remains to us of his 25 years of book collecting ? It is hard to say exactly. From his Chinese works it may be evident, or he himself may inform us that he used such and such a European author, but hence it cannot be argued that the present work of this name in our library is the actual one he used, though it may be presumed more or less strongly, according as the book is common or rare, but more proof were desirable. Therefore to visitors desiring to see M. Ricci's books, I usually show first an *Astrolabium* of Fr Clavius (No. 1291, Catalog) : it is dedicated by the author to his pupil. Next come the 2 editions of the *Theatrum orbis terrae* of Abraham Ortelius (No. 2355—56), books rare and costly which Ricci describes in his letters, mentioning the gilt covers of the binding. Then I show them, with due reserves, the works of Clavius edited during Ricci's life, and some books on cosmography and mathematics of ancient date, prior to the Trigault library and not belonging to it; as *Almagest* of Ptolemy (No. 2518), *Cosmographicus liber* of Petrus Apianus (No. 819), the *Opera* of Johann Schöner (No. 2711), the *De principiis*

Astronomiae et Cosmographiae of Gemma Frisius (No. 1672). This is little and there may be others among the anonymous works; but history invites us to be discreet for the following reasons.

In May 1616, 6 years after Ricci's death, Shen Ch'iao, Vice-President of the Tribunal of Rites at Nanking, presented at Court an accusation against the preachers of the new, foreign religion. On the 20th August, a decision from the same Tribunal at Peking ordered the arrestation and exile of the Missioners. The Nanking residence were sold and destroyed; in the interior the Missions were closed and the priests either hid or were deported. During this time at Peking, the Catholic Doctors, Paul Hsü Kuang-ch'i, Leo Li Chih-tsao and Michael Yang T'ing-yün tried to use their influence for the repeal of the decree, but without avail. By Imperial decree of Jan. 1617 the Fathers of Peking were also deported to Macao and their residence confiscated. They departed on March 18th, leaving Fr Ricci's grave at Chala to the care of 2 Chinese brothers. Only in 1623 did FF. Longobardi and Schall re-enter their residence of Nant'ang.

What had happened during these 7 years to the library of Fr Ricci ?

Fr Semedo, who witnessed and suffered the persecution at Nanking says : « Our house, our furniture and above all our books were executed ». At Peking it was perhaps less of a desaster for the books, as it did not come so suddenly, and they could be confided to the 2 Brothers at Chala; but how many books, and which ones, does not appear.

§ II. The Trigault Library.

Shortly before his death Fr Ricci had drawn up a plan for reforming the Chinese Calendar and translating the essential scientific works of Europe. He discussed it with Doctors Hsü Kuang-ch'i and Li Chih-tsao. He had written to Europe for the men and books necessary. His successor Fr Longobardi decided to follow up the project and to send to Europe his young confrère Fr Nicolas Trigault, at the same time adding other objectives to the mission, bearing on the general needs of the Chinese apostleship.

In 1613 Trigault left Macao and arrived in Rome at the end of November 1614. From Brussels where he was on Jan. 2, 1617, he sent to Peking a very interesting relation on the results of his expedition. This relation has been published by Fr Edmond Lamalle S.J. in *Archivum historicum S.J.* Vol IX, ann. 1940, under the title : *Propaganda of Fr Nicolas Trigault in favour of the Chinese Mission (1616)* Preceded by a very searching introduction of the learned editor, it furnishes us with precious information on what I have called the « Library Trigault ». We owe it indeed to his enthusiastic zeal; he himself says nothing meant so much to him or cost him so much work as the collecting of this library. We even learn from him the plan traced by Fr Longobardi. « It is from the Sovereign Pontiff that we must hope for the principal library destined for Peking. To obtain this more easily, we will dedicate to him the translation of the Commentaries of Fr Ricci [that is Trigault's book *De christiana expeditione apud Sinas*] The portrait of the Pope, will perpetuate in the eyes of the Chinese the souvenir of the donation. Besides this principal library, which must vie with the best we have in Europe, we need others, more modest for the other houses in China ».

At Rome the petition of Fr Trigault was received most favourably by the Pope, Paul V. This is visible from the dedication of the *De christiana expeditione*, where he thanks the Holy Father for the unusual favours granted to China, and especially for the « institution of this Library, worthy of a Pontiff and which will be an eternal monument of the Catholic Faith transmitted from the Apostolic See to this far off country ». A year later, Trigault, in a memorandum to the Pope, estimates at about 500 volumes the total of works he has been able to collect thanks to his generous allowance. He begs the Pope to complete his gift, and receives a further grant of 1000 ducats, to which the General S.J., Fr Vitelleschi, adds as many more. This sum was destined to the bookbinder, Horace Cardon of Lyons, who was executing the rich exterior of the Pontifical Library. In May 1616, Trigault makes a rapid transit of Germany and the Low Countries. At Milan he takes with him Fr Terentius, and they visit the great library centres of Lyons, Munich, Franckfort, Mayence and Cologne. Everywhere they excite sympathy for China, and receive alms, books and instruments for mathematics and astronomy, besides objects of art and curios destined to be offered to the Emperor and the great Mandarins. From Cologne Trigault goes to Douay, his home town, passing by Brussels, from whence he sends to Peking the relation I am resuming here. His collect is finished. The General manifested the desire that he would not collect in the Low Countries as they were devastated by war, nor in Spain lest they provoke the government of Philip III against the Mission.

At this point Trigault describes the Papal Library. « As to the variety of the works contained, besides literature, philosophy & theology, the Fathers and other kinds of works usually to be found in our libraries, this Library contains many authors on medicine, Ecclesiastical law, civil law, and music; and as for mathematics, I collected whith hardly a single exception all that exsist. As to the splendour of the volumes, they are all bound in red skin, with the Papal arms and the titles in letters of gold. I also tried to get volumes of a big size ». Trigault adds that he has already had the plan of the library executed, and the portrait of the Pope as it had been decided by Fr Longobardi. One detail is missing to us : the total of books collected. We are only told that this library, with the astronomical and mathematical instruments, should be valued at 10,000 ducats, transport not included.

He next speaks of the minor libraries destined to the other houses. When he left China there were five : Shao-chow, Nan-ch'ang, Nanking, Shanghai, Hang-chow. Nanking being the most important, Trigault had asked that it be raised to the title of college like Nant'ang. He reserves to this new college a library which is offerred to him in his native town of Douay, and by his family. A cousin of his, Jean de St Laurent, Dean of the Collegial of Lens and Professor of Greek at the Royal college of Douay, had left these books to his brother Hubert de St Laurent. Hubert being a Jesuit and about to leave for China with Fr Trigault, disposes of this library in favour of Nanking.

As to the other residences, Trigault simply says : « I still have intact, a Pontifical donation, which allots to our mission, on the spoils of the Spanish bishops, 5000 volumes at my choice, which we will distribute among the other residences ». I have'nt been able to find out the meaning of the words « spoils of the Spanish Bishops », nor does the editor explain it, but he notes : « The hopes expressed here by Trigault seem augmented by his optimism ». We know he did not return to Rome to choose among these spoils, so the donation really remained « intact », and that would explain the absence of any Spanish or Portuguese books in his Library !

Trigault set out from Lisbon in April 1618, and arrived at Macao July 22, 1620. Having been absent for 7 years, he found the Mission shaken by the persecution of Shen Ch'iao, houses burned or closed, men dispersed. What a hard cross after all his hopes ! His books will have to remain at Macao till after the re-opening of Nant'ang in 1623.

*
* *

It is time to say how much of it has come down to our time.

I. For the Pontifical Library, after careful search, I think it can be reckoned at 534 works in 457 volumes. There are more works than volumes because Trigault preferred imposing exteriors, and in-folios, « *volumina grandiora* ». Several tomes of the same work have been bound together, hence the frequent note of the catalogue : 2 vol in 1, or 3 vol. in 1. etc. He even bound together several works of different authors, up to 7 or 8 of them, hence in the catalogue the many *Bound with*.

Among these 457 volumes, two thirds, that is 302, still show the arms of Pope Paul V, in gold, (the tiara and the keys, with or without his family arms, the Borghese, *cf.* No 1825) ; on the other side the trigram J.H.S. of the Company of Jesus. Though many have lost the red skin binding of Horace Cardon, the above mentioned arms still show because the red hot iron impression of the golding profoundly marked the boards of the covers.

For the one third which have been re-bound in China we can judge of their belonging to this collection by 1°. the blue-gray colour of the edges, 2°. the sewing on double nerves, very evident, 3°. the size or the number of different works in one volume, 4°. the date of editing, before 1618. 5°. the absence of any inscription of donor, owner, librarian or other, showing the respect felt for the Pope's princely gift.

II. The library of Abbé Jean de St Laurent was pretty well furnished, according to Fr Trigault, *non mediocriter instructam*. Of it we have only recognisable 23 works in 29 volumes. They bear the signature « *Joannis de St Laurens Duaceni* ». Two of them also have, printed on a special page, the following ex-libris : *Ex bibliotheca D. Joannis a Sancto Laurentio S. R. E. Protonotarii, ecclesiae collegiatae D. Virginis in Artesia Decani, ac Regii Graecarum Litterarum in Academia Duacensi Professoris ordinarij, quam moriens P. Huberto a S. Laurentio fratri suo testamento legavit; Hic... Societatis Jesu Collegio totam assignavit* ». The empty space was left for the word « Nanking », according to the project of Fr Trigault. But on his return from Europe this residence was gone, and the owner who could have changed the destination of the gift, Hubert de S. Laurent had died during the voyage. Therefore at least in part it was transferred to the college of Nant'ang, and possibly there are more than the 29 volumes we know. I feel inclined to add a group of French books of before 1618, and comprising works of Esprit Aubert, Guillaume de Saluste du Bartas, Pierre Chardon, Joachim du Bellay, and others. Trigault would not have bought books of this kind for China, but their presence is explained in a library, inherited from a Rector of the Academy of Douai.

III. There is a 3rd collection not expressly mentioned by Trigault, but which must have been the fruit of his passage through Italy and Germany where he says he received many by gift or purchase. I have counted 200 works in 143 volumes. None has the rich Papal binding, all date before 1618, and have the mention on the title-page : *Missionis Sinensis*. This never figures in the Papal collection.

Besides these two words written by the same hand in all books, there is sometimes the name Terentius, or the character 金 (Kin) Chinese name of Fr Trigault. Others have *Alexi Rhauds, J. C.. D. M. Ch.* [*Alexandri Rhaudensis, Juris consulti, donum Missioni Chinensi*] They are mostly books on mathematics and astronomy offered by Alexander Rhaud (or Rho) to his son Fr James Rho SJ., one of the Missioners recruited by Trigault. There are also many books on medecine, chemistry, and alchemy, coming, I think, from Fr Terentius, a famous doctor before he became a Jesuit. This makes one think that Terentius and Rho, like Hubert de St Laurent, offered to the China Mission their personal libraries. Lastly there are other names and dedications which recall the cities through which Trigault passed, viz. Munich, Inspruck, Ingolstadt, Louvain, etc.

*
* *

Joining up these 3 collections, we get a total of 757 works in 629 volumes. I have already remarked that Trigault in his relation does not say how many books he collected, nor have I found any European document on the subject. But the old Chinese authors are unanimous in stating the figure at 7000 vol. Doctor Yang T'ing-yun gives this total in the *Tai yi pien*, and the *Tai yi hsü pien*. This is only a general guess and based on hearsay, since the *Tai yi pien* is of 1621, when the books were still in their boxes at Macao. Still we can't reject it a priori. Li Chih-tsao repeats it in the prefaces of his *T'ien hsüeh ch'u han*, and *Chih fang wai chi* of P. Aleni. Also Wang Cheng in the *Ch'i ch'i t'u shuo,* and many others after them. Are we to conclude that the 9/10 of this library have been lost ? It seems unlikely, history would have preserved traces of such a desaster.

Two phrases of Trigault are apt to cast a doubt on this total of the Chinese authors. He estimated at 10,000 ducats the value of the library with the instruments for mathematics and astronomy. Now this sum would not even have sufficed to bind the 7000 volumes, let alone to buy them. He also says : « I would have liked to send you a catalogue of all these books, but I could not, being worn out with writings, *scriptione obrutus, non potui* ». It is not easy to imagine a procurator, on a voyage, getting the idea of writing out a catalogue of 7000 volumes to satisfy the curiosity of his readers. With only a line on each volume, he would need a 300 page copy book.

How then explain this total of 7000 vol. ? Maybe it is a calculation of proportion. It is evident that one could not compare the volumes in this library putting one Chinese against one European book. A Chinese volume engraved on wood does'nt depass 30 by 20 centim. and only contains about 100 leaves of from 15 to 25 lines a page, whereas one of the in-folios of Fr Trigault's, say the *Opera omnia Sti Bernardi,* and it is'nt the largest, measures 39 by 24 centim. and contains 1353 pages of 76 lines each. From this tremendous disproportion it follows that there is no way to give an adequate idea of the library to someone who has not seen it, except by an approximate equation between the two kinds of books. This is a guess, and even if true, what exactly is the coefficient of this equation ?

§ III. Ulterior acquisitions.

Fr Trigault's library constitutes the oldest and richest part of the Nant'ang library. Later acquisitions change nothing in the matter, but there are of course many additions because this college was the centre of the Vice-Province and the residence of the Priests affected to the Astronomy Office for a century and half. There are interesting observations to be found in the books themselves, but this would take us too far. We will simply note some historical events which had their repercussion on the library. At the change of the dynasty, when Li Tsu-ch'eng burned the city of Peking in May 1644, the library was in great danger. Fr Schall says the fire miraculously spared the xylographied boards of the astronomical works already composed; the library's 3000 volumes were also preserved.

Twenty years later, new danger : the persecution of Yang Kuang-hsien, and the trial of Fr Schall ordered on the 25th Sept. 1664. In November the Fathers at Peking are put in prison and Yang Kuang-hsien takes Nant'ang for his private residence. In January 1665 the scientific methods of Europe are condemned as bad, Fr Schall with five assessors of the Astronomy Board condemned to death, the Christian religion proscribed, and the Missioners of the interior deported to Canton. An unforeseen turnabout came with the accession of K'anghi in 1669. He re-established Fr Schall's good name, he having died in 1666, Aug. 15; Nant'ang was given back, and Fr Verbiest named head of the Astronomy Board. In Fr Buglio's petition presented to the throne for recovery of the church it was said : « On account of Yang Kuang-hsien's calumny, our books have been burned and our houses destroyed ». This phrase is too general to be taken litterally. Chala had been radically destroyed, but Nant'ang remained. As to the books, I suppose Fr Buglio meant the religious Chinese books suppressed to stop the spread of the Christian religion. But though Yang Kuang-hsien during his 5 years at Nant'ang might have liked to destroy the arsenal from which his adversaries took their arguments to show up his ignorance, still as long as they had not been actually executed he did not dare put his project into operation.

The long peaceful reign of K'anghsi, his taste for the European sciences, his sympathy for the Missioners, favoured the general development of the Mission, and gave new life to the exsisting ventures. Under his successor, Yungcheng, persecution began again. The governor of Fukien in 1723 proscribed the Dominicans of his province. Sent to Peking, his decree is not only approved but also extended to the whole Empire. The Emperor confirmed this, and ordered the Missioners be sent to Canton to be interned.

But strangely enough, the churches in Peking remain open and the Fathers can continue their work. Kogler and Pereyra remain at the Astronomy Board, and have great projects for the future. This is evident from a letter of Fr Gaubil addressed to Fr Souciet on Sept 23, 1732. This document was most kindly sent me by Rev. Fr Henri Bernard S.J. who had found it in the Delisle Papers at the Observatory of Paris. Gaubil, then Librarian at the Peit'ang, is pleading for his library, and would like to purchase many books.

To show his poverty he extolls the riches of Nant'ang, his Portuguese confreres' house. « They have, he says, a very old library, well furnished as regards history, Scripture commentaries, theology, mathematics etc. They have excellent books on medecine, surgery, Latin & French books on natural history, physics, astronomy, geometry. They have decided to have a complete library for this country, and they spend greatly to get books from Italy, Holland, France and England... These expenses plus what they spend on instruments, show clearly that the Portuguese must have received great succour from Europe. »

Fr Gaubil probably puts it on a little in his pleading *pro domo*. He wants to touch the Paris Procurator. However that be, from all these purchases of the Nant'ang library we still have 546 works in 738 vol.

Most are marked *Collegii S.J. Pekini*, or *Vice-Provinciae*. I have left in this series all volumes belonging to Jesuits of the Vice-Province, though there be no indication of residence.

At the suppression of the Company in 1773, there were competitions between the secularised Jesuits and the Propaganda Missioners as to the property. The arrival of Mgr Alexander de Gouvea, recognised by Portugal, put an end to this. He took possession of Nant'ang and all the goods of the

Vice-Province in his diocese. It has been written that the Lazarists succeeded the Jesuits in the administration of the Portuguese Mission of Nant'ang. This is not absolutely correct. Three Portuguese Lazarists, in the absence of the titular, governed the diocese for a while, after the death of Mgr de Gouvea, but always with the approbation and under the protection of the Padroad.

Only after Rome's decision to suppress the diocese of Peking, and after the refusal of Mr Castro y Moura, last Vicar General Administrator, to accept his nomination as Vicar Apostolic depending directly on the Propaganda, did Rome in 1856 confide the Mission to the Lazarists, and name Mgr Mouly as first Vicar Apostolic of Peking and Tchely North.

Chapter II. Library of Tungt'ang.

Tungt'ang is the second residence of the Portuguese Jesuits at Peking. It started with FF. Louis Buglio and Gabriel de Magalhaens. They were taken in Ssu-ch'uan by the Tartar troops in 1647 after the defeat of rebel Chang Hsien-chung, and brought to Peking in 1648. After several years detention at the Li-fan-yuan, foreigners quarter, Emperor Shun-chih set them free and gave them a house & rents. This was in November 1655. Tungt'ang library is therefore posterior by 50 years to Nant'ang's, and will never be as important. There were never more than 2 or 3 Fathers there, nor was it a college, but simply an annex of Nant'ang, whose library was at their service, and practically under their hand. A fire put a complete end to this library, under the following circumstances.

On demand of the Queen of Portugal, Lazarists came from there to take over the Jesuit college of Macao and the parish-mission of Tungt'ang. The first to come were Domingo Jose Ferreira and Jose Nunez Ribeiro. Mgr de Gouvea installed them in June 1801.

In 1804 came Verissimo de Serra and Gaetan Pereira Pires.

The year after, on the death of the last Jesuit of Nant'ang, Fr Bernard d'Almeida, the post of director of the Astronomy Board fell to Mgr de Gouvea, Franciscan Tertiary, with the two Lazarists, Ferreira and Ribeiro as Vice-Presidents. The Bishop died on July 6, 1808; his Coadjutor was Mgr Joachim de Souza Saraiva, Lazarist, consecrated at Macao in Oct. 1805. But as he could'nt come to Peking, he nominated Vicar General his confrere Fr Ribeiro of Tungt'ang, who then removed to Nant'ang. We have now come to 1812. The 3 Fathers at Tungt'ang feeling persecution coming, and knowing themselves liable to police searches, wished to safeguard their books and other religious objects. While working at night, they set the library on fire and could save neither the Jesuit books nor their own, nor part of the residence. The church, however escaped. The Emperor then obliged them to go to Nant'ang. They took with them 13 volumes, on one of which is the signature of Fr Buglio, founder of the house, and on an other that of Fr Antoine Thomas. All had *Ex residentia Sti. Josephi,* title of Tungt'ang.

Mgr Pires, named Bishop of Nanking, and consecrated by Mgr de Gouvea, had not been able to leave the capital. He went from Tungt'ang to the French mission of Peit'ang to help Fr Lamiot, who at the death of Fr Ghislain on Aug. 12, 1812, remained alone, except for the 80 year old ex-Jesuit Fr Louis de Poirot.

Chapter III. Library of Peit'ang.

The first 5 French Jesuits arrived in Peking on Feb. 8, 1688, a little more than a century after Fr Ricci. Officially recognised as Academicians, and subsidised by the King, they were Missioners and scientists. K'anghsi kept FF. Gerbillon and Bouvet in the capital, and they lodged at Nant'ang. FF. De Fontaney, Le Comte, and De Visdelou were sent into the interior with the Portuguese priests. Fr Gerbillon soon had the luck to do the Emperor a good turn by negotiating, Fr Pereyra of Nant'ang helping, a peace treaty with the Muscovites, signed at Nertschinck in 1689. Soon after, Fr de Fontenay cured the Emperor of a grave fever by the help of the powder of quinquina. The Emperor soon gave the Fathers a house inside the first enclosure of the Imperial city, at the West of Nanhai, and considerably helped towards building their church. The residence was opened on Dec 19, 1693. It was to be the centre of the French Mission of China, declared independent of Portugal, 3 Nov. 1700.

We have'nt material to speak of their old library, destroyed almost completely. Except for the above quoted letter of Fr Gaubil; but here we must remember that, as he is begging for books, he would naturally hide his stock, and lean on his needs. He recognises that « they have plenty of books on algebra, geometry, astronomy etc. Also on architecture, medecine, surgery, natural history, physics, and mostly on religious subjects ». He has also the Memoirs of the Academy, and those of Trevoux, and he wants these collections completed. He notes also in his library 10 biographies, 12 works on general history, 4 on Canon law, 24 on theology, 13 on Scripture, 7 on Patrology, 13 dictionaries of all kinds etc. But he would like the history of the Company and its Missions, practical books for arts. He says, « We have nothing that is printed at Berlin, Hall, Petersbourg... We are very poor on geographical atlases; no engraving,... we would like books against idolatry, deism etc... Very few Commentaries on Scripture, hardly have any Father of the church... »

Certainly the Procurator did all he could for Fr Gaubil. We could control it by confronting the list of demands with the books we have still. But we have no room for this. I verified the fact on a smaller list published also by Fr Bernard. It is addressed by Fr Parennin, superior of Peit'ang, to Fr de Frémont, and arrived in Paris on Aug. 13, 1732., a few months before Fr Gaubil's. Of 22 works asked for, I see we still have 19, 3 in double. But of these, 10 come from Peit'ang, 8 from Nant'ang, 4 are anonymous. How do we find these books asked by the French to be at Nant'ang ? Fr Bernard who also noticed this, thinks it is on account of the emulation between the two houses. « They were engaged in a friendly rivalry which often made them buy valuable works in double. Thus we are able to possess books at Nant'ang which also figured at Peit'ang. » Fr Gaubil says the same thing but more roundly : « I know from good sources that the Portuguese... have resolved to spare nothing to surpass us in everything ». We can see that he did'nt intend to let this happen, and thus both libraries gained immensely. Still the loss of the Peit'ang library is none the less regrettable.

*
* *

To explain this, I must again return to the critical point of the extinction of the Jesuits. The last Fathers, specially FF. Bourgeois and Amyot, did all they could so that their inheritance would fall into French hands, and they at last succeeded. In 1785 the 3 Lazarists, FF. Raux, Ghislain and Bro. Paris were sent to take the succession in the name of the Holy See and the King of France. On May 8 Mgr de Gouvea proclaimed in the cathedral the decrees from Propaganda and the letters from the King, Louis XVI, realising this substitution. The secularised Jesuits continued to live for 28 years in the greatest harmony with the Lazarists in their old residence at Peitang.

When the last, Fr de Poirot died on Dec. 13, 1813, the first 3 Lazarists had already disappeared. Fr Louis Lamiot was alone then.

In France the Lazarists had been dispersed by the Revolution, and though some missioners had come to China, like Fr Clet, the future martyr, none had been able to enter Peking since the edict of exclusion of Chia-ch'ing in 1805. Fr Lamiot, with Mgr Pires and 3 Chinese priests, was keeping the expiring mission on foot when he was arrested in 1818. Fr Clet had been arrested in Hupei and taken to Wu-ch'ang. During the interrogatory, it was discovered that his superior was Fr Lamiot of Peking. The latter, demanded by Wu-ch'ang, was arrested at Chen-fu-ssu, French cemetery. He had gone there with his seminarians for the day. The satellites would not let him return to the city, he was taken directly to Wu-ch'ang. After confrontation with Fr Clet, and by dint of much expense, Fr Lamiot was declared not guilty and set free, but to be expulsed according to the law. He left for Canton and Macao after having named Fr Matthew Hsüeh Lazarist, as superior of Peit'ang. A man of great virtue and prudence; but as a Chinese could not take over the goods of the Europeans, Fr Hsüeh had Fr Serra from Nant'ang come and take over the administration.

The two Lazarists of Nant'ang died, Fr Ferreira in 1824, and Fr Ribeiro, Vicar General, in 1826. Mgr Pires had to go to Nant'ang as Administrator Apostolic of the diocese. Fr Serra, alone at Peit'ang, asked for leave to go and console his old mother in Europe; he meant to try and get some one else into Peking, but the Emperor gave him leave to never come back. He had to go.

This was in 1827 and doomed Peit'ang. The Emperor bought the property himself for the laughable figure of 5000 taels, took down the church, and let the buildings to a mandarin. Fr Hsüeh had time to take away his furniture, books and vestments, and went to Nant'ang with his seminarists. Two years later being accused of having taken the goods of Peit'ang, he fled to Mongolia, North of the Great Wall, and stopped at the little Christian centre of Hsi-wan-tzu, which thus became the centre of the French Mission. The library had been transported to the cemetery of Cheng-fu-ssu and confided to a Christian Tartar named T'u, descendant from the princely family Surniama.

There it was when Mgr Mouly came in 1835, on his way from Macao to Hsi-wan-tzu, and stopped for 3 days at the little cemetery where Lazarists and Jesuits slept side by side. In a touching letter to his Superior General, Aug. 1st, 1835, after talking of the residence, garden and graveyard, he speaks of the library. « On the right hand side there is a large room where are kept without order a great quantity of European books, which used to be the rich library of French church of Peit'ang. The Rev. Jesuit Fathers had them from Europe at great expense formerly. Alas ! in these awful times we cannot keep them. They are a burden, if they don't even betray us ». Mgr Mouly did'nt have time to hide these books. His presence became known, so he set out for Mongolia, without having been able to enter the city to see his Bishop Mgr Pires. However he did get to Mongolia the xylographied boards of the Chinese books and some of the foreign books. A Chinese Lazarist, Fr Joseph Han would go to Cheng-fu-ssu on the quiet and select the books asked for by Mgr Mouly, and a Christian merchant of Hsüan-hua-fu, who came periodically to Peking, would take them to Hsi-wan-tzu among his luggage. But this did'nt last very long. In Feb. 1838, a Christian of Hsi-wan-tzu, named John Kung Shan-lin, had been to T'ai-yuan-fu for the effects of Mgr Imbert, Vicar Apostolic of Corea, meaning to take them to Cheng-fu-ssu where they would be handed over to the Corean Ambassadors when they would come at the New Year to offer hommage to the Emperor. But he was robbed on the way, and having accused the highway-men, was taken with them to the tribunal, where he soon became a culprit for having the baggage of Mgr Imbert. He admitted he was taking them to Cheng-fu-ssu, so the caretaker there was arrested, and later, nine other Christians. All of Imperial blood like T'u, their ancestors had been exiled under Yung-cheng, for the Faith, degraded and made simple banner-soldiers. So now John Kong and his 10 accomplices were sentenced to exile, and the Emperor in his verdict made severe reproaches « To these members of his family, who professed a foreign religion, and instead of guarding the tombs of their ancestors, or serving him in the city, were at Cheng-fu-ssu, watching over foreign tombs ».

The other members of this family were frightened by all this, and abandoned Cheng-fu-ssu, after destroying anything that looked foreign. Fr Mouly writes : « The religious objects have been lost, the furniture sold, the books buried in the garden, and all is without hope lost to us ». Six years after he tells of the ruin. Writing to Fr Guillet, his Procurator at Macao, 11 March, 1844, he says; « I would never finish saying what we need. We have nothing. The beautiful library was buried and rotted at the time of the trouble over the effects of Mgr Imbert ».

Still there is a little exaggeration here. For three years he had been having books taken to Hsi-wan-tzu. Fr Hsüeh had also taken some with him and his seminarians. We have still 290 volumes (202 works) inscribed *Patrum Gallorum Societatis Jesu Pekin.* And this is only a part of what was saved.

Fr Mouly was made Vicar Apostolic of Mongolia in 1840, and at the same time Administrator of the diocese of Peking, in 1847. He came to live at An-chia-chuang, a Christian village to the South-west of Peking. Ten years later Rome suppressed the diocese of Peking, divided it up into 3 Vicariates and made Mgr Mouly Vicar Apostolic of Peking and North Tchely. Mgr Daguin, his Coadjutor at Hsi-wan-tzu became Vicar Apostolic of Mongolia, the 17th July, 1857. They divided the Hsi-wan-tzu library between them to the advantage of Mgr Daguin, as Mgr Mouly would have the advantage of the rich Nant'ang library.

Later on, Mongolia was confided to the Scheut Mission, and while a young Missioner was making out the catalogue of all the old Jesuit and Lazarist books, the whole thing perished in the fire of the Mission by the Communists on Dec. 7, 1946. There remain only two books, relics of the French Jesuits. An edition princeps of *Ch'ao hsing hsüeh yao,* translation of St Thomas' *Summa theologica* by Fr Buglio, and a ms. dictionary Manchu-Mongol-French by Fr De la Charme, which our library has in double. (No 382) The actual Bishop of Hsi-wan-tzu, Mgr Desmet, on his return from internment at Wei-hsien, left them at our library, as a deposit, his Mission being overrun by Red armies.

Chapter IV. Library of Hsit'ang.

Hsit'ang, Mission of the Propaganda Fathers, sometimes called the Italian Mission, is the last of the old 4 churches of Peking. It originated with Fr Theodoric Pedrini, Lazarist, sent to China in 1701 following the Legate Mgr Charles de Tournon. His many adventures on the road through America and the Philippines kept him till 1711, when he reached Peking on the 5th February. The Legate had been gone for 3 years. Nor had he succeeded in getting from the Emperor a special residence for the Missioners from Propaganda. The Emperor said he wanted unity among the Missioners. So they, FF. Ripa, Fabre-Bonjour and Pedrini had to go to Peit'ang and Nant'ang.

Twenty years later the Pope Clement XI sent a new legate, for the same question of the Chinese Rites. This was Mgr Mezzabarba, patriarch of Alexandria. He, on Feb. 17, 1721, bought a house at Hai-tien opposite to the Imperial Palace called Ch'ang-ch'un-yuan, where he stayed during his negotiations with K'anghsi. On his departure he left it to Fr Ripa for the Propaganda Fathers. But Fr Pedrini felt the honour of Propaganda demanded a house and a church in the city. He got it in 1723, after K'anghsi's death, because as teacher of music at the court he had taught the new Emperor Yung-cheng.

He bought a property in the North-West corner of the city, fixed it up and offered it to the Congregation of Propaganda fide for the use of the

Priests who did not depend on Portugal : Franciscans, Augustinians, Discalced Carmelites, Baptistans etc. Those who had taken the house at Haitien probably came in at the end of 1726.

Pedrini wrote to the Sacred Congregation of Propaganda on Nov. 25 : « As my intention in buying this house was for the Missioners of Propaganda, I have invited them all to come and live here ».

They never came numerous. They had no parish in the city; their nearest mission was in Shantung; and those who worked in the palace continued to stay at Haitien. Their library never flourished. No books bear the title *Library of Hsit'ang*, so I have classed under Hsit'ang all those belonging to priests other than Portuguese or French Jesuits. Many books have the mention : *De PP. Ossti de St Franco. in Pekino e Xantung.* (*Of the FF. Minor of the Observance of St Francis at Peking and Shantung*) Several are signed P. Carolus Horatii a Castorano Vic. Gen. of Mgr Della Chiesa; or the Augustinian Fr Fabre-Bonjour; or Fr Ripa, or the Discalced Carmelite Joseph Maria a Sta Theresia, etc. As a total I only count 62 works in 102 volumes. The best thing of this library is the collection of books left at Haitien by Mgr Mezzabarba. I suppose it was transferred to Hsit'ang when the Propaganda Fathers went there. Of this collection more later.

Founded last, Hsit'ang disappeared first. Chia-ch'ing's edict on July 19, 1811 said the Emperor only wanted to keep the 3 Lazarists of Nant'ang, employed at the Board of Mathematics, and maybe Fr Lamiot of Peit'ang as interpreter at the Court. The others were not allowed to leave their residences to preach. There were at Hsit'ang FF. Conforti and Ferreti, priests of the Congregation of St John the Baptist, and FF. Adeodat and Anselm, Augustinians. Finding them-selves so strictly watched they preferred to go elsewhere and were authorised to sell their mobile goods. No one dared buy the church and residence, so the Emperor did and had them demolished.

The Fathers meant to confide the library to Fr Lamiot of Peit'ang. But he felt he could'nt take this responsability. Happily, for it would then have perished there. The books were then taken to Nant'ang and given over to Fr Ribeiro, Vicar General of the diocese.

They were eventually saved by the Russian Mission.

Chapter V. Library of the legate Mgr Mezzabarba

K'anghsi had sent to Rome FF. Provana and Arxo after the mission of Card. de Tournon. He wished for a change of the decisions. Clement XI after a new examination confirmed the decrees of 1704 published by de Tournon in his mandment of Nanking, Jan. 25, 1706.

The Emperor had been waiting for 10 years, when letters came from China to Rome expressing the hope that the Emperor would permit the decrees at last. So Rome decided on a new embassy, and Mgr Mezzabarba set sail from Lisbon, Mar. 25, 1720, arrived in Macao on Sep. 23, and at Peking on Dec. 26.

But it soon became evident that the Emperor had not changed at all. Though the Legate made some concessions, the Emperor was inflexible. The Legate got worse treatment than his predecessor, his sejourn at Peking was short; on the 1st Mar. he was called for his audience of farewell and had to leave next day without even taking his library. This seems to follow from the wording on the volumes : *Ex lib. relic. Pekni ab Illmo ac Rmo Pata Aleo.* [*Ex libris relictis Pekini ab Illmo ac Rmo. Patriarcha Alexandrino*], « Abandoned books » shows he had no time to dispose of them.

These books rather than a library are a collection got together in view of the voyage and the people the Legate would meet. During his leisures of 6 months travelling, he would need relaxation. There are 51 works in 69 volumes. Except for a French work of Nicolas de Fer intitled : *Introduction à la geographie, avec une description historique sur toutes les parties de la terre,* all the others are in Latin or Italian. The predominance goes to Canon and civil law. There are 20 volumes here, valuable ones : with *Magnum Bullarium Romanum,* the commentaries of the Canonists Fagnani, Bernard van Espen, Corrado, Cabassut, Belletti, Barbosa, besides the works of Fragoso, Louis Nogueira, St Charles Borromeo, and Melchior Hittorp. The Legate seemed to prefer history for his long voyage leisures. General history, the Popes, Rome, Modern history of the Beggars war in the Low Countries, (n° 2878) the Conquest of Mexico (n° 3484) etc.; 15 works in all. He added some books of actuality, as Controversies on Probabilism by Casnedi, (n° 1226) which had just appeared at Lisbon, the Travels of J. B. Tavernier in Turkey and India (n° 3507) Sundials of Oddi, (n° 3382) *Ecclesiastico in Corte* by Abbé Francesco Miloni. (n° 3367) etc.

This precious collection has been saved by its joining the Hsit'ang library and ending up at Nant'ang to be preserved by the Russian Mission.

Chapter VI. Episcopal libraries.

The Bishopric of Peking created in 1690 subsisted till 1856. During these 166 years, there were 6 bishops and 4 administrators. But only 2 bishops occupied the See of Nant'ang. Mgr Polycarp de Souza, S.J. from 1740 to 1757, and Mgr Alex. de Gouvea, Franc. Tert. from 1785 to 1808.

Their libraries as we have them, seem to have been created at one go, like that of Paul V. All have the same binding, European, and all have the Episcopal seal.

§ 1 Library of Mgr de Souza.

It holds 93 works in 115 volumes. Mostly ecclesiastic and missionary : Theology, controversy, casuistic, pastoral, Canon law, Scripture, besides missiology, history of the Jesuits.

I only found one volume on mathematics, and one on astronomy. None on profane history, geography, sciences etc. They were superfluous, the Jesuit bishop would find them at Nant'ang.

§ 2 Library of Mgr de Gouvea.

It contains 512 volumes for 228 works. Is about as important as that of the Pope Paul V. It is more modern, because two centuries later. This also explains the many French works : One third of the library, 78 works in 195 volumes. Besides great variety among the works. Only to examine the French section, we have 15 on geography, 11 on apologetics, 10 on mathematics, 6 on pedagogy, 5 on arts and trades, others on chemistry, physics, medecine, mechanics, cartography etc. It is the best conserved collection, with that of Bishop Souza. Both have their bindings intact, never having left Nant'ang till the Russian Mission saved them.

Chapter VII. Libraries of residences.

During the 2 centuries we are studying, the missions of the interior were naturally less stable than Peking. Four times were they threatened with expulsion. They had peace from K'anghsi's accession in 1667 till 1717 when the obligation to take the « *p'iao* » made many leave. Just 50 years. Then with Yung-cheng and Ch'ien-lung came the decay. And with the suppression of the Jesuits the priests were hard to find. Thus in 1773 when Clement XIV suppressed the Company, there were only 10 Fathers in the interior.

Twelve years later when 27 priests were arrested and sent to Peking, the only Jesuit priest to be found in the interior was Fr de la Roche, blind and 80, who died on the way. During these years 10 little libraries from the deserted mission stations came to Nant'ang; all belong to the Portuguese Vice-Province.

§ 1 Library of Chi-nan-fu.

This residence has left to us 75 works in 82 volumes. On most of them is written by the same hand *Veyo da Razid[enci]a de Cinanfu.* Several have the name of P. Faillat, which I think is P. Faglia (or Falha) born at Brescia, missioner in Shantung in 1700, under K'anghsi.

I would draw attention to the No. 3581, offered by P. Roiz to P. Longobardi. It's an example of the importance our books can have by the souvenirs they contain and together control. This Fr Roiz had been a soldier of the Japanese prince Bongo, before he became a Jesuit. Banished from Japan in 1614, he went to Macao. In 1630 he was chosen as chaplain interpreter of the Portuguese artillery battalion sent North against the Tartar invadors. Their captain Texeira perished at the siege of Teng-chow in Shantung, where the commandant was the Christian governor Sun Yuan-hua.

The latter, culpable of having lost, was condemned to death with his lieutenant Chang Tao, also a Christian. His intendant, Wang Cheng, known writer, converted by Fr Terentius, and his pupil for mechanics, had his punishment changed to exile. As to Fr Longobardi who had opened Shantung to the Faith, he went back there every year from Peking for several weeks or months, always going on foot till the age of 79 years. So tells us Fr Pfister.

§ 2 Library of Chen-kiang.

44 works in 42 volumes. All carrying the following with slight variations : *Aplicado a Resid[enci]a de Chin Kiam por ordem publicada pello P. V. Proval* (Vice Provincial) *João de Saà.* The church and residence of Chen-kiang were built by F. Gabiani but destroyed almost immediately in the persecution of Yang Kuang-hsien. Fr João de Saà was Vice-Provincial of China in 1727; this likely is the date of our library.

§ 3 Library of Hang-chow.

We only have 31 works in 35 volumes. They mostly have the mention : *Caza de Ham cheu.* These are the oldest, some have the date 1661. Among these are 4 having belonged to Fr Martini who died at Hang-chow that year. On others we read *Collegii vice-provinciae urbis Ham cheu* or something alike; the oldest of these is of 1713, which means in the meantime it had become a college.

§ 4 Library of Huai-an.

Little collection of 37 works in 43 volumes. Nearly half in French, and 2 in Flemish. Besides the words *Da Igreja de Hoai-Ngan* (church of Huai-an) nearly all are signed *Gulielmus van der Beken,* who born in Brussels spoke both languages. For several years he worked in this city, and died there in 1703. It is probable that then his books were given over to this house by order of the superiors. In No 1995 we read « *pertence a Igreja de Hoai-ngan por ordem estreyta dos Superiores e todos outros mais livros da mesma Igreja* ».

§ 5 Library of Nanking.

Fr Trigault at Rome had obtained for Nanking the title of college, and meant for there the books of Fr Jean de St Laurent. Among the 68 works in 67 volumes marked *Nankim Vice-provinciae Sinensis,* none bear the signature of the Abbé nor the *ex-libris* of his brother Hubert. All these books are also posterior in issue to Trigault's expedition, except 6 copies of the Rules and Constitutions of the Company of Jesus, which probably did not belong to the library of Jean de St Laurent. From which one may conclude that Trigault changed the destination of this library and that it was sent to Peking with the Fathers who could go in 1623. The mission of Nanking only re-opened with Fr Sambiasi in 1634.

§ 6 Library of Cheng-ting fu.

These 16 volumes are all due to Fr Carlo de Rezende who says he bought or attributed them all to it. Four came from Fr Ripa, two of which were bought on July 10th and 20th, 1734. Fr Ripa came from Roma with the Cardinal's hat attributed to Mgr de Tournon. After working 12 years as painter to K'anghsi, he returned to Europe in Nov. 1723, with 5 Chinese pupils, hoping to found a college at Naples for native clergy. Its first priests arrived in China in 1734. The same year that his books were bought at Peking !

Fr de Rezende worked 28 years in the mission of Cheng-ting fu; he was recalled to Peking during the persecution of 1723, a Chinese priest taking his place. Probably that time he took away a Bible (No 1353) on which we read : « Belongs to Cheng-ting fu; transported to Peking on account of persecution ».

§ 7 K'ai-feng, Shanghai, Wu-ch'ang, Chiang-chow.

We only have a few volumes from these places. Five from K'ai-feng, two belonging to Fr Gozani, who succeeded in making relations with the Jews of this city, and is the first to give some clear information about the Jews in China. Shanghai (*Igreja de Samhai or Xam-hay*) is represented by 8 volumes, 4 works of catechesis and ascetics. Wu-ch'ang-fu has 6 volumes marked *Caza de Vu ch'am fu,* and *Chiang-chow* of Chansi has 5 works in 7 volumes.

NOTA. We must signalise lastly 39 works in 75 volumes belonging to the library of the Lazarists; by error they entered the Peit'ang library. When separating the old and new books, the only criterion used, in want of other evidence, was the date of edition of 1785, when the Lazarists came to Peking; all books edited previously to this were considered as belonging to the Nant'ang library. Later on it was found that some, though of before 1785, were of more recent purchase, as for instance No. 2139, 3479 bought in Rome in 1870 by Mgr Delaplace, Vic. Apos. then assisting at the Council of Vatican. But as the books had already been matriculated and were old, they were simply left there, as belonging to the old library.

Chapter VIII. Transfer to the Russian Mission

All these books had come at last to Nant'ang; let us now follow them through the Russian Mission to the library of the old Peit'ang.

§ 1 The Russian Mission

There were two establishments of Russians at Peking. The older going back to 1685 when Russian soldiers captured at the siege of Albazin, were installed in a pagoda at the North East corner of Peking. A Russian priest opened a chapel for them on the actual grounds of the Pekoan of to-day. First called St Nicholas's church later it became the Assumption church.

The second establishment came with the embassy of Count Sara Vladislavich. By decree of Nov. 1, 1727, he was allowed to build a church and a monastery at the palace of the ambassadors. The church can still be seen at the compound of the Russian Embassy and bears the title of the Hypapante, i.e. the Presentation in the Temple. It was attended by an ecclesiastical mission; archimandrite, 2 or 3 priests, some clercs, and 5 young laymen learning the language.

Thus the Mission had its own interpreters, who replaced the Jesuits of the Court, and could communicate directly with St Petersbourg. It had this diplomatic title till 1860, and on this account remained safe during the persecutions. So it was able to help Mgr Pires's Mission.

The staff was renewed every 10 years, and it had seen 9 of them by the time Nant'ang was at its end. The 10th Mission arrived on Dec. 1, 1820; Archimandrite Peter Kamenski, his assistant Fr Benjamin Moratchevitch, 4 clercs, and 4 young pupil-interpreters.

Fr Benjamin went to stop at Pekoan after 5 months to learn the language. His science and influence among the Chinese decided of his appointment as successor to Arch. Kamenski. The Holy Synod named him as head of the 11th Mission, in November 1830. He returned to Russia in 1840. We owe the preservation of our library to the kindness of these two archimandrites, specially the second.

§ 2 Transfer of the library.

I have not been able to discover the exact date of the transfer to the monastery of the Hypapante. Most probably it was effected by interval and in secret, as the government had its eyes on the Nant'ang property. The old bishop infirm and suffering had made his last will on July 6, 1830, begging Fr Benjamin to take care of his funeral, to guard the cemetery of Chala, doing the necessary repairs, to sell all that the Bishop leaves, and send the amount to Portugal to be given to the rightful owners.

Not a word of the library : which makes us think it had already been attended to. We find on several volumes notes in Russian, which I have not been able to reproduce in the catalogue owing to my total ignorance of this language. They are signed by Arch. Peter (Kamenski), and dated April, May, 1828. Whence it follows that the library had been transferred before then. On the whole some 170 volumes show traces of having been at the Russian Mission; they can be put in two categories. The first seems to have become a college library, all have a matriculation number, written by the same hand, from 1 to 155. Exclusively Latin and Greek classics, orators, poets modern and ancient, grammars and dictionaries, prosody, rhetoric, mythology, tragedies etc. Nothing of science, religion, history. I imagine these were chosen to serve the pupil-interpreters. The second section seems to have been for the clergy; they are not numbered, here we find the Bible, books on Dogma, Moral and Ascetics, Our Lady, the Society of Jesus, and 3 books on Russia. In this section are the notes by Arch. Peter and by some others who don't sign.

§ 3 Donation of compensation.

It has been said that the Nant'ang library was given to the Russian Mission as a gift. I find nothing in the contemporary documents to support this view. Why should they have been given back then ? 5000 volumes ! The care taken by Mgr Pires to return his effects to owners in Portugal shows he was not the kind of man to dispose *proprio motu* of the library. The Vicar General, Fr Castro and the clergy would have protested. By hasard I find a proof coming from the other side. I one day asked a casual Russian visitor to translate to me a note by Peter Kamenski in the work of Verricelli, *De Apostolicis Missionibus* (No. 3033). The meaning was : « As there are 2 copies of this work in the European library, I take on myself to put one in the Russian library, seeing that the book treats of questions common to all us Missioners; [signed] Archimandrite and Knight Peter, 27 April, 1828 ». Notice the two libraries, and the precaution of only moving doubles, of inscribing this in the book with signature and date as if to prevent prescription. An owner does not do so. Here we have a depositary, and how faithful !

Others have said the library was owed for debts of Mgr Pires to Arch. Benjamin. This on faith of an official document. There is in fact a memorial addressed to Emperor Tao-kuang by the Board of astronomy, and published in the official Gazette of Jan. 1839, soon after the funeral of the bishop. It is said the bishop had been sick for years, overburdened with debt, and that he had borrowed from the *great Lama* Wei-jo-ming (archimandrite Benjamin) and asked him to attend to the funeral expenses, and take compensation from the sale of the church property.

But we have a letter from the Archimandrite and an other from Fr Castro, Vic. Gen., whence it appears that this was all a pure fiction. Fr Castro could not get into the city to attend to the funeral, so the kind Archimandrite stepped into the breach. He wrote to Fr Castro : « The mandarins claimed church and buildings, and had no intention of giving over to us our rightful dues; it needed many and long discussions to convince them of our right ».

It was during these discussions that his compradore thought of the trick of the bishop's debts to be paid by the church property, with the only view to retrieve this property. The Archimandrite is very pleased with the result : « All the buildings of the church and cemetery have been given over completely to us ! Now we can sell the buildings and keep the cemetery... I will be very happy when after liquidating what is to be sold, I can give back, as is right, either to your Reverence or to whoever you may say, all that is there. Of the money and objects already in my hands, I send you an inventary in Chinese ». From all of which it is perfectly clear the Archimandrite expected nothing for himself, and that the compradore's fiction was an artifice which worked.

§ 4 Return of the library.

Before the entrance of the Franco-British troops into Peking on Oct. 13, 1860, Prince Kung, Regent of the Empire had invited Mgr Mouly to be an intermediary between him and the Allies. But the bishop, hidden in the country was not rejoined in time, so the deliberations were all over when he entered on Oct. 23. The treaty was signed by Lord Elgin on the 24th and by Baron Gros next day. It was settled that the old churches, establishments and cemeteries would be given back. At the same time General Ignatief, first Ambassador of Russia, had received orders from Prince Gortchakov to give back to Baron Gros the establishments confided to the Russian Mission. No doubt on this order was the library also handed back. Some say it was by the hands of Archimandrite Palladius. This opinion rose probably because Palladius collaborated with Vice-Admiral Count Poutiatine in the treaty of Tientsin in 1858. But in 1860 he had been replaced by Arch. Goury, who arrived with the 14th Mission on Sept 29, 1858. With the Russian Ambassador there, the Archimandrite had no longer his old official status. He became a mere religious personality and soon went to live at Pekoan. Thus the deposit was returned by the General and not by the Archimandrite.

Nant'ang being destroyed Mgr Mouly went to live at Peit'ang whose buildings, though in bad shape, at least still stood. Mandarin Yu who had bought the place in 1827 had built a new house with the materials from the church. There was placed the library.

§ 5 Catalogue of Fr Thierry

Two years later Fr Thierry, who came to Peit'ang with Mgr Mouly, undertook to make a classification of the books and a catalogue, or rather a register marking for each book the title, number of volumes, size, author, editor, place of edition, date and any other indications.

It opens with a Latin introduction of 5 pages, resuming the history of the library. According to Fr Thierry, the transfer to the Russian Mission was in 1838, year of Bishop Pires's death, and with intervention of the Christians. After mentioning the burying of the Peit'ang books at Cheng-fu-ssu, he says : « The Nant'ang library escaped this peril. The Russian Archimandrite came to the help of the Christians and promised them he would keep it till better times allowed of its restitution to the rightful owners. The Christians accepted and from then till 1860 he and his followers kept it safely. »

We saw for what reason I placed this in 1828. Maybe was there at that time only a simple loan or a partial transfer? Anyway we see that there was no gift nor cession for debt.

After the preface is a table of the 20 sections of the catalogue, with the numbers of volumes. He counts 5400 books returned. « The Lazarists from 1860 to 1862 have added about 500. The grand total, (excluding Chinese books and some opuscules) is 5929 [really 5930]. As this number would go increasing, it is best to fix it for this day of Oct. 20, 1862 ».

Fr Thierry adds some remarks about the rules he had fixed for making the catalogue. He notices that a great many of the books are incomplete and in bad state, due to their multifarious vicissitudes.

I reproduce his Table which gives a good idea of the library and the relative importance of the different sections. To help comparisons I will give the table of libraries we have reviewed with the sum up of their books.

Fr Thierry's Catalogue	
1. Scripture	205
2 Patrology	123
3a. Theology dogmat. & moral	637
3b. — polem. & mystical	204
4. Canon law & civil law	305
5. Sermons & catecheses	300
6. History	531
7. Liturgy	173
8. Asceticism	700
9. Philosophy	265
10. Geography & hydrography	96
11. Literature	178
12. Mathematics	378
13. Astronomy & Gnomonics	438
14. Physics & chemistry	178
15. Mecanics & Arts	131
16. Natural history	148
17. Medicine & pharmacy	308
18. Linguistics	120
19. Biography	196
20. Varia	316
Total	5929
[sic pro]	5930

Peit'ang Library		
1. Nant'ang Donation Paul V		457
—	J. de St Laurent	29
—	Missionis Sinensis	143
—	Ulterior acquisit.	738
2. Tungt'ang		13
3. Peit'ang		290
4. Hsit'ang		102
5. Mgr Mezzabarba		69
6. Mgr Polyc. de Souza		115
7. Mgr Alex. de Gouvea		512
8. Residence	Chi-nan	82
9. —	Chen-kiang	42
10. —	Hang-chow	35
11. —	Huai-an	43
12. —	Nanking	67
13. —	Cheng-ting	16
14. —	K'ai-feng	6
15. —	Shanghai	8
16. —	Wu-ch'ang	6
17. —	Chiang-chow	7
18. Lazarists		75
		2855
Anonymous books		2278
	Total	5133

Abstracting the 75 volumes of the Lazarists, we still have 5058 vol. of the library received from the Russian Mission; a deficit of 342 to Fr Thierry's total of 5400 vol. Using his catalogue the list has been established of the books which are missing : mostly manuals of theology, casuistics, ascetics, liturgy and catecheses, in a word books useful to Missioners. Of this number about 100 were doubles, and for the others, the library has analogous other authors, so the loss is not serious. Nor was it definite, as Missioners of Tientsin and Cheng-ting-fu, on hearing of our work, have sent back old volumes which have the seal of our library. This gave me the idea of touring the residences on a research trip, but for 10 years I have not been able to leave the city of Peking, and now it is too late, most of these residences have been pillaged.

§ 6 Last stage.

The library rested at the old Peit'ang for some time. A note of Fr Thierry's added to his preface tells us that in 1864 a fire broke out which destroyed most of the buildings yet spared the library; all the old archives were burned however.

In 1887, came the transfer of Pei'tang to its actual site at *Hsi-chih-k'u*. The library was installed in a building at the North West corner of the compound. This saved it during the Boxer siege of 1900, being protected by the yellow wall of the Imperial city just near, which prevented direct hits, while all the windows to the West were blocked up, and a deep trench dug along the yellow wall to assure against subterranean mines. Thus it came out almost undamaged of this 3 month siege. It also escaped the dangers of the late Japanese war. And this is an understatement. A fire broke out during the night of Mar. 6, 1943, in a nearby building; at first a Japanese guard came just to ensure order. But while we were all trying to save the books, the officer in charge perceived that we would not be in time, so he telephoned for a company of soldiers, who in 30 minutes had nearly cleared the place, when the fire-brigade at last got the situation under control. I must also gratefully state that a few days after, the librarian, being an enemy national, and due to go to the concentration camp of Weishien, was exempted because the work of editing the catalogue was considered of international utility.

Conclusion.

This sketch has gone beyond the limits of an introduction, so I must omit to refer to the incunabula from Europe, the manuscripts and blockprints of China, the first editions from Japan and the Philippines, and other rare things dear to bibliophiles. The reader will have the pleasure of hunting for them in the catalogue, where I myself found hidden treasures, unknown to me till I read of them in bibliographies. v.g. No. 952, 1246, 2644, 3673, etc. It is superfluous to refer to the price of our books in themselves. Their real value comes from the people to whom they served. In the hands of these great workmen, they became the source almost unique of the Christian literature during the first two centuries of its exsistence here, and for the world we live in, this library has been the intermediary of the meeting pacifically of the two great civilisations of the Orient and the West, meeting which was not transitory like at the *T'ang* and the *Yuan,* but which notwithstanding many obstacles has become a permanent contact of uncalculable benefits to all.

I have written these notes in the midst of the apprehensions of a siege of the capital which began on Dec. 15th last. Till this day the library has not suffered the slightest damage, and behold peace talks have begun. Let us hope then that the scourge of war will spare once more this venerable inheritance of our fathers.

Peking, Jan. 21st, 1949

H. VERHAEREN, C. M.

librarian.

Bibliography.

AlgDeutBiogr	Algemeine Deutsche Biographie. Leipzig, Duncker & Humblot, 1875-1912; 56 vol.
BourgAndr	Bourgeois & André. Les Sources de l'histoire de France, XVIIe siècle, t. I, 1913.
Brunet	Manuel du Libraire et de l'Amateur de Livres, par Jacques-Charles Brunet, 5e éd. Paris, Didot, 1860-65; 6 v. avec Supplément, vol. 7 & 8.
Cantor	M. Cantor, Geschichte der Mathematik, Leipzig, 1880 etc.
CathEncy	The Catholic Encyclopedia, New-York, 1914; 16 vol.
Cordier	H. Cordier. Bibliotheca Sinica, 2e éd. Paris, Guilmoto, 1904 & Geuthner, 1922-24; 5 vol.
DeutAnonymLexic	Deutsches Anonymen Lexicon aus den quellen bearbeidet von Dr Michael Holzman und Dr Hans Bohatta, Weimar, 1902-28; 7 vol.
DictAM	Dictionnaire de Spiritualité ascétique et mystique, publié par Marcel Viller, SJ. Paris, G. Beauchesne, 1937 et suiv.
DictArLit	Dictionnaire d'Archéologie chrétienne et de Liturgie, publié par dom F. Cabrol et dom H. Leclercq. Paris, Letouzey et Ané, 1907-39; tomes I-XIVa.
DictHGE	Dictionnaire d'Histoire et Géographie ecclésiastiques, publié sous la direction de Mgr A. Baudrillart, M. Albert Vogt & M. Urbain Rouziès. Paris, Letouzey et Ané, 1912-14.
DictNatBiogr	Dictionary of National Biography. London, Oxford University Press, 1917; 21 vol. & 3 Supplements.
DictOuvrAnonym	Dictionnaire des Ouvrages Anonymes, 3e éd. Barbier-Billard. Paris, P. Daffis, 1871-77; 4 vol.
DictThéolCath	Dictionnaire de Théologie Catholique, Vacant etc. Paris, Letouzey et Ané, 1909-39; t. I-XIV, fasc. CXXXI.
EncyBrit	The Encyclopaedia Britannica, 11th ed. New-York, 1911; 29 vol.
Feller	Biographie universelle, par F-X. de Feller, éd. Weiss et Buisson, Paris, Leroux, 1847-50; 8 vol.
Hurter	Hugo von Hurter, SJ. Nomenclator litterarius theologiae catholicae. Innsbruck, 1903; 5 vol.
Lanson	Lanson. Manuel bibliographique de la Littérature Française moderne, 1921.

Larousse	Larousse du XXe siècle. Paris, Librairie Larousse, Copyright 1928-1933; 6 vol.
Launay Mémorial	A. Launay, MEP. Mémorial de la Société des Missions-Etrangères, 1912-16; 2 vol. Paris, Séminaire des Missions-Etrangères.
Laures	J. Laures, SJ. Kirishitan Bunko. A Manual of Books and Documents on the Early Christian Missions in Japan, Tokio, 1940.
LThK	Lexikon für Theologie und Kirche. Herder & Co, Freiburg in Breisgau, 1930-38; 10 vol.
MHSJIgn	Monumenta Historica Societatis Jesu, Ignatiana (Series II. Exercitia & Directorium. Series III Constitutiones)
NouvBiogrGén	Nouvelle Biographie Générale. Paris, Firmin Didot, 1854-66; 46 vol.
Pfister	L. Pfister, SJ. Notices biographiques et bibliographiques sur les Jésuites de l'Ancienne Mission de Chine, Changhai, 1932-34; 2 vol.
Portillo	Enrique de Portillo, SJ. Archivum Historicum Soc. Jesu, IV (1935)
Portillo E	Id. Archivum Historicum Soc. Jesu, II (1933)
Pourrat	P. Pourrat. La spiritualité chrétienne, Paris, 1918-38; 4 vol.
Rosset	E. Rosset, CM. Notices bibliographiques sur les écrivains de la Congr. de la Mission, Angoulême, 1878.
Smith	David E. Smith, Rara arithmetica, Boston and London, 1908.
Sommervogel	Carlos Sommervogel & Pierre Bliard. Bibliothèque de la Compagnie de Jésus, Bruxelles-Paris, 1890-1909; 10 vol.
Streit	Robert Streit & Johannes Dindinger. Bibliotheca Missionum, Munster- Aachen, 1911-39; 11 vol.
Thierry's Catalog.	J.-B. Thierry, CM. Catalogus Bibliothecae domûs Pét'ang, 1862. *Cf.* Historical sketch, p. XXV.
Watrigant	Watrigant, SJ. Collection de la Bibliothèque des Exercices de St. Ignace, 1906 et suiv.

Abbreviations and Signs.

Bibl. Trig.	Bibliothèque Trigault. *cf.* Historical sketch, p. VII.
cm.	centimetre
col.	column
comp.	compilation, compiler
diagr.	diagram
ed.	edition, edited, editor
engr.	engraved
enl.	enlarged.
f., fol.	folio
facsim.	facsimile
fig.	figure
fold.	folded
front.	frontispice
hand-col.	hand-colored
illus.	illustration
(2) v. in (1)	(2) volumes bound in (1)
incl.	including
l.	leaf
lib.	(liber) book
mm.	millimetre
ms.	manuscript
numb. l.	numbered leaf
o. c.	other copy (of the same edition)
p.	page
p. l.	preliminary leaf
port.	portrait
pt.	part
pseud.	pseudonym
publ.	published, publisher
rev.	revised
sign.	signatures
t.	tome
t.-p.	title-page
tr.	translated, translation, translator
unnumb. l.	unnumbered leaf
v., vol.	volume
?	incomplete information or dubious reading
★	bibliographical reference
♣	manuscript note, or stamp, on title-page
—	hyphen supplying author's name given in the preceding number
[...]	brackets including words or numbers supplemented by the author of the catalogue

TABLE OF CONTENTS

CORRECTIONS

Number	Line	
22	1	for 1605 read 1608
86	last	add : *Bibl. Trig.*
199	11	for Agliardi read Gagliardi
202	19	- *Gaubil, 1715* read *Gaubil, 1751*
308	last	add : *Missionis Sinensis*
317	1	after Nicolas add : *MEP.*
335	10	for 416) j. read 416) p.
349	8	change to : Vol. 2, l. 2, 3 (i.e. preface) wanting
365	8	for 12420 read 1240
421	last	add : *Missionis Sinensis*
442	14	dele : Map wanting
444	17	add : 15 plates wanting
445	1	for 1688 read 1686
-	9	- 1638 - 1738
460	1	add author's name : [Macquer, Pierre Joseph] 1718-1784
-	2	dele brackets and dash
495	11	for collective read collected
504	last	add : *Bibl. Trig.*
505	13	- : 1st ed. Nantes, 1681. *Cf.* Pourrat IV 124, note 2.
557	10	for collective read collected
628	14	after Vol. 2 add : (missing in this copy)
-	16	for 1680 and 1256 read 1666 and 1257
629	1	change to : o. c. vol. 1 wanting 20 cm. 1256
632	10	for Catalog Thierry read Thierry's Catalog p. 140
647		put this number at top of the following : Senault, Jean Fr.
664	12	for *666* read 2186
807	20	- Mayer, M. read Maier, M.
-	24	dele : Michel-Spacherus, S.
884	11	for Bagdedin, M. read Euclides
1009	last	add : *Bibl. Trig.*
1229	last	- number : 973a
1251	1	for *fl. end of 17th cent.* read 1647/8-1734
1258	3	- sciapraphia read sciagraphia
1447	1	add author's name : Diana, Antonino, *CRTh.* 1585-1663
-	2	dele dash
1449	1	dele author's name and add dash at line 2
1588	1	add the dates : 1510-1572
1706	22	for Nobilius, F. read Nobili, F.
1829	1	add the dates : 1570-1651
1841	1	add : *d.* 1603
1850	17	for Gozana read Gozani

1875	12	for 459b read 549b
1880	9	- Bagdedin Mahomet read Euclides
1901	last	add : *Al. Rhauds.*
1924	2	for Oedi-liscvs read Obe-liscvs
1927	last	add number : 3242
2024	15	for Gonthier, J. read Guintherius, J.
2045	1	- 1656 read 1657
-	15	- Mayer, M. read Maier, M.
-	17	- Wolf, H. read Cassel, Medical Faculty
-	20	- Rhumelius, J. K. read Rummel, J. K.
-	22	- Bokelius, J. read Bockel, J.
2135	20	- Peckham, J. read Joannes Pisanus
2284	14	- Goclenius, R. read Plinius Secundus
2339	14	- Dornkrel d'Eberhertz, T. read Stocker, Johann
2386	last	- 1577 read 1587
2499	13	- Iona - Jonas
2520	10	- Benedictis, G. B. read Benedetti, G. B.
2553	last	add. *Da Missâo da China Vs. — Non prohibetur 1564*
2729	15	for Ysla read Isla
2766	last	- 3223f read 3223b
2787	9	- Portilli read Portillo
2848	6	add : Signatures : A-V^{8}, X^{3}.
2875	17	for Peckham, J. read Joannes Pisanus
3006	15	- Brunheymer, S. D. read Helbling, J. K.
3042		is a 2nd copy of *Munimen,* to be put after n° 3043
3058	last	add number : 1639
3081	10	for leafs read leaves
3189	1	- *d.* 1757 read *d.* 1575
3195	last	- 3229 read 3239
3260	last	- Pozzani read Gozzani
3339	2	add : *Cf.* the same work in French section n° 87-89 under author's name : Bernières-Louvigny, Jean de
3483	16	for *Bound with :* Lesina read *Bound with :* Buoni, T. Lesina
3545	11	- Manoel do Cenaculo read Cenaculo Villasboas, Manoel do
3568	1	- 1815 read 1814
3946	20	- Brunnen, L. read Brunn, L.

&. &. &.

FRENCH SECTION

A

1

Abbadie, Jacques, 1654*ca.*-1727.

L'art de se connoitre soy-meme, ou La recherche des sources de la morale, Par Iaqves Abbadie. A Lyon, Chez Anisson, & Posuel, 1696.

4 l., 447 p. 15½×8½cm.
1st ed. Rotterdam, 1692.
★ DictTheolCath I, 9.—Haag, France protestante, 7-11.
♣ *Resid. PP. Gall. Soc. Jes. Pekin.* 2198

2

— L'art de se connoître soi-meme, ou La recherche des sources de la morale. Par Jacques Abbadie. A La Haye, Chez Jean Neaulme, 1771.

xiii, 410 p. 17cm.
Index: p. 377-410.
♣ *Stamp of Mgr Alex. de Gouvea.* 2873

3

[—] Traité de la divinité de Nôtre Seigneur Jesus-Christ. A Rotterdam, chez Reinier Leers, 1690.

6 l., 500, [8] p. 17cm.
Dedication signed by Abbadie
1st ed. Rotterdam. 1689.
★ DictTheolCath I, 8.
♣ *Ad usum Mattheji Ripa.* 1288

4

[—] o. c.

♣ *Dvclos.* 2622

5

[—] Traité de la Verité de la religion chrêtienne... A Rotterdam, Chez Reinier Leers, 1689-1720 [v. 1, 1701]

3v. 16cm.
For author: Jacques Abbadie. *cf.* Dedication.
1st ed. Rotterdam, 1684.
Contents.—**pt. 1.** Existence de Dieu. Vérité et nécessité de la religion établie contre les déistes. Vérité de la religion judaïque. La révélation judaïque conduit à la vérité de la religion chrétienne (4. ed. rev. corr. & augm., 1701).—**pt. 2.** Preuves de la religion chrétienne, tirées du témoignage de ceux qui l'ont premièrement annoncée; de l'examen de l'Ecriture du Nouveau Testament; de la considération de sa nature et de ses propriétés (1689).—**pt. 3.** Traité de la divinité de N. S. Jésus-Christ (7. éd. rev. corr. & augm., 1720)
★ DictTheolCath I, 7.
♣ *Dvclos.* 2738

6

— Traité de la vérité de la religion chrétienne, Où l'on établit la religion chrétienne par ses propres caracteres. Par Jacques Abbadie. A La Haye, Chez Jean Neaulme, 1771.

3v. 17cm.
♣ *Stamp of Mgr Alex. de Gouvea.* 1711

7

Abelly, Louis, 1603-1691.

Les verités principales, et plus importantes de la Foy, & de la Iustice Chrestienne, Expliquées clairement & methodiquement, Selon la Doctrine de l'Escriture, des Conciles, & des Peres & Docteurs de l'Eglise. Auec plusieurs Exemples tirés de l'Histoire Ecclesiastique... Par Mre Lovys Abelly Euesque de Rodés... Qvatriesme edition. A Paris, Chez Georges Iosse, 1663.

6 l., 524 (*i. e.* 526) p., 1 l. 18½cm.
1st ed. 1655.
★ DictTheolCath I, 56.
♣ *Stamp of Mgr Alex. de Gouvea.—Da Igreja de Hoai Ngan.* 1755

8

Abregé des particules de Tours, contenant ce qui est de plus difficile & de plus necessaire pour composer correctement en Latin. Nouvelle edition, revûë, corrigée & augmentée très-considerablement. A Rennes, Chez Guillaume Vatar, 1737.

168, 32p. 14cm.
«Quelques verbes de divers regimes»: 32p. at end. 3144

9

Académie royale des sciences. *Paris.*

Divers ouvrages de mathematique et de physique. Par Messieurs de l'Academie Royale des Sciences. A Paris, De l'Imprimerie Royale, 1693.

4 l., [3]-518p., 1 l. incl. tables, diagrs. 37½cm.
Contents.—Preface.—Frénicle de Bessy, B. Methode pour trouver la solution des problemes par les exclusions. Abregé des combinaisons.—Roberval, G. P. de. Divers ouvrages: Observations sur la composition des lignes courbes. De recognitione aequationum. Traite des indivisibles. De trochoide ejusque spatio. Epistola Aegidii Personerii de Roberval ad Evangelistam Torricellium.—Huygens, Ch. Divers ouvrages: De la cause de la pesanteur. Demonstration de l'equilibre de la balance. De potentiis fila funesve trahentibus. Constructio loci ad hyperbolam per asymptotos. Demonstratio regulae de maximis et minimis.—Picard, J. Divers ouvrages: De la pratique des grands cadrans par le calcul. De men-

suris. Fragmens de dioptrique. Du micrometre.—Frénicle de Bessy, B. Des quarrez ov tables magiques.—Mariotte, E. Regles pour les jets d'eau.
Bound with: t.-p, and pt. 1. of Recueil d'observations, Paris, 1693. 591

DIVERS
OUVRAGES
DE
MATHEMATIQUE
ET
DE PHYSIQUE
Par Messieurs de l'Academie Royale des Sciences.

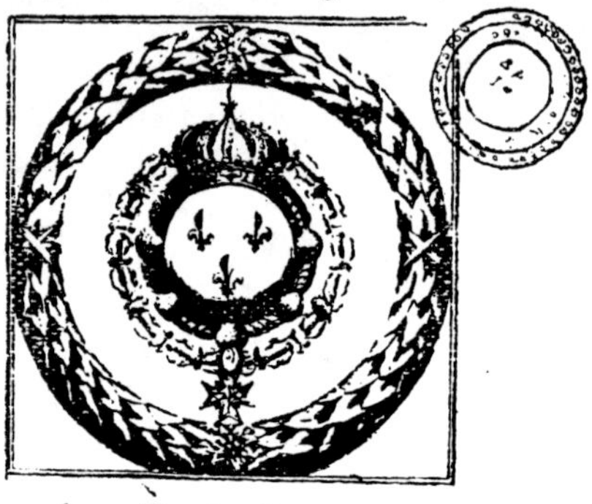

A PARIS,
DE L'IMPRIMERIE ROYALE.
M DC XCIII.

10

Académie royale des sciences, *Paris.*

Histoire de l'Académie royale des sciences ... A Paris ...

64v. illus., 718 plates, 19 fold. maps, 4 fold. plans, 41 fold. tables, 401 diagrs. 26cm.

Library has: t. 1 (1666-86); 2 (1686-99); 3, pt. 1-3 (1666-99); 4 (1666-99); 5 (1666-99); 6 (1666-99); 7 (1666-99); 8 (1666-99); 9 (1666-99); 10 (1666-99); 11 (1666-99); 1699 (3. ed.); 1700 (2. ed.); 1701 (2. ed.); 1702 (2. ed.); 1703 (2. ed.); 1704 (2. ed.); 1705; 1706; 1707; 1708; 1709; 1710 (nouv. ed.); 1711; 1712; 1713; 1714; 1715; 1716; 1717; 1718; 1719; 1720; 1721; 1722; 1723; 1724; 1725; 1726; 1727; 1728; 1729; 1730; 1731; 1732; 1733; 1734; 1735; ; 1737; 1738; 1739; 1740; 1741; 1742; 1743; 1744; 1745; 1746; 1747; 1748; 1749; ; 1751.

Title varies: v. 1, 2, Histoire de l'Académie royale des sciences. v. 3-11, Mémoires de l'Académie royale des sciences. 1699- Histoire de l'Academie royale des sciences... Avec les Memoires de Mathematique & de Physique, pour la même Année.

Publishers: v. 1, 2, 1699, 1705-07, 1710, Paris, Chez Gabriel Martin, Jean-Baptiste Coignard, Hippolyte-Louis Guerin. v. 3-11, 1708-09, Paris, Compagnie des libraires. 1700-04, Paris, Charles-Estienne Hochereau. 1711- Paris L'Imprimerie royale.

—Suite des Memoires de l'Academie royale des sciences. Année M. DCCXVIII. Paris, De L'Imprimerie royale, 1720.

5 l., 306p. front., 2 fold. plates, 5 fold. maps, 13 fold. diagrs. 26cm.

—Élements de la geometrie de l'infini. Suite des Memoires de l'Academie Royale des Sciences. Paris, De L'Imprimerie Royale, 1727.

13 l., 548p. fold. diagr. 26cm.

—Table alphabetique des matieres contenues dans l'Histoire & les Memoires de l'Académie Royale des Sciences, publiée par son Ordre, Et dressée par M. Godin, de la même Académie... Paris, Par la Compagnie des libraires, 1729-34 [v. 1, 1734]

4v. 26cm.

★ Brunet I, 27.

♣ *(an. 1666-1734) Collegii S. J. Pekini A. C. 1739.—(an. 1735-1747) id. at different dates.—(an. 1747-1749) Nan-tam, Collegii S. J. 1755.—Royal arms of Louis XIV on cover.* 1959

11

—Histoire de l'Académie royale des sciences... Avec les Mémoires de Mathématique & de Physique... A Paris, de l'Imprimerie royale.

Library has: 1739, 1740, 1741, 1744. 3599

12

—o. c.

Library has: 1739. 3598

13

—Histoire de l'Academie royale des sciences... avec les Memoires de Mathematique & de Physique, pour la même Année. Tirez des Registres de cette Academie. A Amsterdam, Chez Pierre de Coup.

3v. illus, 45 fold. plates, port., table, 12 fold diagrs. 16½cm.

Library has: Année 1717 (publ. 1720); 1718 (publ. 1723); 1719 (publ. 1723).

Plates no. 1-4, 23 of the year 1719 wanting. 3305

14

—Mémoires de mathématique et de physique, Présentés à l'Académie Royale des Sciences, par divers Sçavans, & lûs dans ses Assemblées. A Paris, De L'Imprimerie royale, 1750-55.

2v. illus. (incl. tables), 34 fold. plates, fold. plan, 8 fold. diagrs. 25½cm.

Errata at beginning of each volume.

«Mémoire sur la manière singulière dont les Chinois soudent la corne à lanternes, par le P. d'Incarville...»: v. 2, p. 350-368.

★ Brunet I, 27.

♣ *Colleg. S. J. Pekini 1753.—Royal arms of Louis XIV on cover.* 818

15

—o. c.

Vol. 1 wanting 819

16

Académie royale des sciences, *Paris.*

Recueil d'observations faites en plusieurs voyages par ordre de Sa Majesté, pour perfectionner l'astronomie et la geographie. Avec divers Traitez Astronomiques. Par Messieurs de l'Academie Royale des Sciences. A Paris, De l'Imprimerie royale, 1693.

2 l., 43p., 1 l., 92, 71p., 1 l., 20, 74p., 1 l., 67, [1], 64p., 1 l., 52, 106p., 1 l. illus. (incl. tables), 2 maps (1 fold.) 37½cm.

Each part has a special t.-p. or a half-title page.

t.-p., contents, and Cassini's Origine & progrès de l'astronomie are bound with Acad. roy. des sciences. Divers ouvrages de math. et de physique, Paris, 1693. (nº 591)

Contents. — Cassini, J.-D. Origine & progrès de l'astronomie. — Picard, J. Voyage d'Uranibourg; ou, Observations astronomiques faites en Dannemarck (Paris, 1680). Observations astronomiques faites en divers endroits du royaume (Paris, 1680). — Picard, J. & LaHire, Phil. de. Observations faites a Brest et a Nantes pendant l'année 1679 (Paris, 1680). Observations faites à Bayonne, Bordeaux et Royan pendant l'année 1680. Observations astronomiques faites aux costes septentrionales de France pendant l'année 1681. — La Hire, Phil. de. Observations faites en Provence et a Lyon sur la fin de l'année 1682. — Richer, J. Observations astronomiques et physiques faites en l'isle de Caïenne (Paris, 1679. t.-p. at the end). — Cassini, J. Observations astronomiques faites en divers endroits du royaume pendant l'année 1672. Les elemens de l'astronomie verifiez par M. Cassini par le rapport de ses tables aux observations de M. Richer faites en l'isle de Caïenne. Avec les observations de MM. Varin, Des Hayes et De Glos faites en Afrique & en Amerique (Paris, 1684). Découverte de la lumière celeste, qui paroist dans le zodiaque (Paris, 1685). Règles de l'astronomie indienne pour calculer les mouvemens du soleil et de la lune (Paris, 1689). Les hypotheses et les tables des satellites de Jupiter reformées sur de nouvelles observations (Paris, 1693). 582

17

— Recueil de plusieurs traitez de mathematique de l'Academie royale des sciences. A Paris, De l'Imprimerie royale, 1676.

2 l., 67, [1]p., 1 l., 26p., 1 l., 16p., 1 l., 42p., 4 l., 86p. front., illus., 8 diagrs. 56cm.

Engr. head-pieces.

All articles are first editions.

Contents. — Mariotte, E. Traité de la percussion ou choq des corps (1676). Nouvelle découverte touchant la veuë (1676). Traité du nivellement (1677). — Frénicle de Bessy, B. Traité des triangles rectangles en nombres (1677). — Blondel, Fr. Resolution des quatre principaux problèmes d'architecture (1673).

★ Brunet IV 1154.

♣ *Royal arms of Louis XIV on red morocco cover.* 484

18

— o. c.

5 l., 86p., 1 l., 30p., 1 l., 67, [1]p., 1 l., 26p., 1 l., 16p., 1 l., 42p., 1 l. front., illus., 3 plates, 10 diagrs. 57½cm.

Contents. — Blondel, Fr. Résolution des quatre principaux problèmes d'architecture (1673). — Picard, J. Mesure de la terre (1671). — Mariotte, E. Traité de la percussion ou choq des corps (1676). Nouvelle decouverte touchant la veuë (1676). Traité du nivellement (1677). — Frénicle de Bessy, B. Traité des triangles rectangles en nombres (1677)

♣ *Royal arms of Louis XIV on red morocco cover.* 485

19

— o. c.

2 l., 67, [1]p., 1 l., 26p., 1 l., 16p., 1 l., 42p., 3 l., 86p., 1 l., 30p., 1 l. front., illus., 3 plates, 10 diagrs. 51½cm.

Front. bound after t.-p.

Contents. — Mariotte, E. Traité de la percussion ou choq des corps (1676). Nouvelle découverte touchant la veuë (1676). Traité du nivellement (1677). — Frénicle de Bessy, B. Traité des triangles rectangles en nombres (1677). — Blondel, Fr. Résolution des quatre principaux problèmes d'architecture (1673). — Picard, J. Mesure de la terre (1671). 486

20

— o. c.

2 l., 67, [1]p., 1 l., 26p., 1 l., 16p., 1 l., 42p., 4 l., 82p. front., illus., 8 diagrs. 50½cm.

Contents. — Mariotte, E. Traité de la percussion ou choq des corps (1676). Nouvelle découverte touchant la veuë (1676). Traité du nivellement (1677). — Frénicle de Bessy, B. Traité des triangles rectangles en nombres (1677). — Blondel, Fr. Résolution des quatre principaux problèmes d'architecture (1673). 487

21

— o. c.

5 l., 86p., 1 l., 30p., 1 l., 67, [1]p., 1 l., 26p., 1 l., 16p., 1 l., 42p., 1 l. front., illus., 3 plates, 10 diagrs. 50½cm.

Contents. — Blondel, Fr. Résolution des quatre principaux problèmes d'architecture (1673). — Picard, J. Mesure de la terre (1671). — Mariotte, E. Traité de la percussion ou choq des corps (1676). Nouvelle découverte touchant la veuë (1676). Traité du nivellement (1677). — Frénicle de Bessy, B. Traité des triangles rectangles en nombres (1677). 488

22

Adam, Jean, *SJ,* 1605-1684.

Calvin deffait par soy-mesme et par les armes de S. Avgvstin qu'il avoit inivstement vsvrpées Sur les matieres de la Grace, de la Liberté, & de la Predestination. Par le P. Iean Adam de la Compagnie de Iesvs. A Paris, Chez Gaspar Metvras, 1650.

8 l., 771, [1]p. 17cm.

p. 679-682 wanting.

1st ed.

Errata : p. [772]

★ DictHGE I 495-9. — Sommerv. I 43 nº 1; XII 48 nº 164. 1647

23

Albin de Valzerg, Jean d'.

Discovrs chrestien, et advertissemens salvtaires av simple & treschrestien peuple de Frãce, pour cognoistre (par la parole de Dieu) les bons & fideles Euangelizateurs des faux Prophetes, par vne conference des Escritures sainctes & anciẽs Docteurs de l'Eglise, faicte auec les Ministres de l'Evangelique reformation, touchant le faict de la vocation legitime, par Iean d'Albin de Valzerg, dit de Seres ... Tierce edition. A Paris, Chez Guillaume Chaudiere, 1568.

15 l., 63 numb. l. 17cm.
Signatures: A^8, B^7, A-G^8, H^7.
f. 2a, 30 lines, 118×70mm.
1 p. l. (sign. B_1) wanting.
Index at beginning.
Bound with: Albin de Valzerg, J. d'. Les six livres du Sacrement de l'autel, Paris, 1567 and others. 2372a

24

— Opvscvles de fev Iean d'Albin de Valzerg, dit de Seres ... traitant principalement l'asseurance qu'ont les Catholiques de lá vraye Eglise ... A Paris, chez Guillaume Chaudiere, 1567.

3 numb. l., 5 l., 5-72 numb. l. 17cm.
Signatures: A^4, A-S^4.
f. 10a, 27 lines, 126×70mm.
l. 70 bound after l. 71.
Contents. — Index. — Epistre à une damoiselle que l'on taschoit de seduire en hérésie. — Seconde epistre à une damoiselle, touchant la vérité du saint Sacrement. — Troisième epistre: De la vraye eglise et du danger qu'il y a de s'en séparer. — Marques de la vraye eglise.
Bound with: Albin de Valzerg, J. d'. Les six livres du Sacrement de l'autel; Paris, 1567 and others. 2372b

25

— Les six livres dv Sacrement de l'avtel povr la confirmation du peuple Françoys, prouué par texte d'Escriture saincte, auctorité des anciens Docteurs, & propres tesmoignages des aduersaires de l'Eglise Catholique. Composez par Iean d'Albin de Valzerg, dit de Seres ... Depuis augmentez & enrichis par le mesme autheur ... A Paris, Chez Chaudiere, 1567.

24 l., 160 numb. l. 17cm.
Signatures: a^8, e^8, i^8, A-V^8.
f. 5a, 39 lines, 127×69mm.
l. 137-144 wanting.
Index at beginning.
Bound with: Albin de Valzerg, J. d'. Discours chrestien et advertissemens salutaires, Paris, 1568; Opuscules de feu Jean d'Albin, Paris, 1567. 2372

26

[Aleman, Mateo] *d. ca.* 1620.

La vie de Guzman d'Alfarache... A Paris, Chez Jean & Michel Guignard, 1709.

3v. fronts., 16 plates. 17cm.
Vol. 1, 567 (*i. e.* 575) p.; v. 2, 512 (*i. e.* 514) p.
For author: Mateo Aleman & tr. Gabriel de Brémond. *cf.* Preface & NouvBiogGén I 755.
1st Spanish ed. Madrid, 1599.
1st French ed. by Brémond, Paris, 1696.
★ Brunet I 158.
♣ *Raymond Geraldin 1719.* 3105

27

Alexandre, Jacques, *OSB,* 1653-1734.

Traité général des horloges. Par le R. P. Dom Jacques Allexandre, Religieux Benedictin de la Congrégation de Saint-Maur. Ouvrage enrichi de Figures. A Paris, Chez Hippolyte-Louis Guerin & Jacques Guerin, 1734.

viii, 387 (*i. e.* 389), [8] p. illus, 20 fold. plates, 4 fold. tables, 7 fold. diagrs. 20cm.
Three tables are included in pagination.
1st ed.
Bibliography: p. 277-382.
Index: p. 383-387.
Errata: p. [388]
★ DictHGE II 273.
♣ *PP. Gallor S J Pekin.* 263

28

[Alexandre, Nicolas] *OSB,* 1654-1728.

Dictionnaire botanique et pharmaceutique, contenant les principales propriétez des Minéraux, des Végétaux, et des Animaux d'usage, avec les preparations de pharmacie internes & externes les plus usitées en Médecine, & en Chirurgie: Le tout tiré des meilleurs Auteurs, sur tout des Modernes ... A Paris, Chez la Veuve de Laurent le Conte, 1738.

5 l., 814, [56] p. fold. plate. 20cm.
For author: Nicolas Alexandre, *OSB. cf.* Dict OuvrAnonym I 957.
1st ed. Paris, 1716.
Index: p. [815]-[852]
« Table des maladies »: p. [853]-[870]
♣ *Resid. P. P. Gall. Soc. Jes. Pekin. N.* 836

29

[Alexandre, Noël] *OP,* 1639-1724.

Apologie des Dominicains missionaires de la Chine. Ou Réponse au Livre du Pere Le Tellier Jesuite, intitulé, Défense des Nouveaux Chrétiens; Et à L'éclaircissement du P. Le Gobien de la même Compagnie, Sur les honneurs que les Chinois rendent à Confucius et aux Morts. Par un Religieux Docteur & Professeur en Theologie de l'Ordre de S. Dominique. A Cologne, Chez les Heritiers de Corneille d'Egmond, 1699.

603 (*i. e.* 503), [7], 196, [6]p. 15½cm.

p. 21-24 wanting.
Author : Noël Alexandre, *OP*. *cf*. Cordier 877.
1st ed.
Appendix « Documenta controversiam missionariorum apostolicorum Imperii Sinici de cultu praesertim Confucii Philosophi & progenitorum defunctorum spectantia, ac Apologiam Dominicanorum, missionis Sinicae ministrorum adversus libros RR. Patrum Le Tellier & Le Gobien Societatis Jesu confirmantia ».
Errata : p. [202]
★ Cordier 876. — DictHGE II 280-7. — Dict TheolCath I 772. — Streit V 951 nº 2781.
♣ *Ex Lib. archimõn. S. Remigii Remensis, with stamp « Bibliothecae Remensis ».* 3355

30

[Alexandre, Noël] *OP,* 1639-1724.
Conformité des ceremonies chinoises avec l'idolatrie grecque et romaine. Pour servir de confirmation à l'Apologie des Dominicains Missionnaires de la Chine. Par un Religieux Docteur & Professeur en Theologie. A Cologne, Chez les Heritiers de Corneille d'Egmond, 1700.

x (*i. e.* xii), 202, [2] p. 16cm.
For author : Noël Alexandre, *OP*, *cf*. Cordier 879.
1st ed.
Bound with : Alexandre, N. *OP*. Lettre d'un docteur de l'Ordre de S. Dominique au R. P. Le Comte, *SJ*, Cologne, 1700.
★ Cordier 879. — DictTheolCath I 772. — Streit VII 18 nº 2061.
♣ *PP Gallor S. J Pekin (erased).* 3353

31

[—] o. c. 15½cm. 3354

32

[—] Lettre d'un docteur de l'Ordre de S. Dominique sur les ceremonies de la Chine au R. P. Le Comte de la Compagnie de Jesus ... A Cologne, Chez les Heritiers de Corneille d'Egmond, 1700.

74, [2], 37, 29, [1], 18p., 1 l., 47, [1] p., 1 l., 22, 24p. 16cm.
For author : Noël Alexandre, *OP*. *cf*. Sommervogel II 1361.
1st ed.
Contents. — Lettre au R. P. Le Comte (supra). — II. Lettre sur les cérémonies de la Chine, au R. P. Dez, provincial des Jésuites. — III. Lettre au R. P. Le Comte, sur son système de l'ancienne religion de la Chine. — IV. V. VI. VII. Lettres sur l'idolâtrie et les superstitions de la Chine au R. P. Dez, provincial des Jésuites.
Bound with : Alexandre, N. *OP*. Conformité des cérémonies chinoises, Cologne, 1700.
★ Cordier 895. — DictTheolCath I 772. — Streit VII 29-30 nº 2094-2100. 3353a

33

[—] o. c.

89, [1], 44, 34, [1], 18, [1], 47 [1] p., 1 l., 22, 24 p. 15½cm.
♣ *Stamp « Bibliothecae S. Petri ad Vincula ».* 3370

34

[Alletz, Pons Augustin] 1703-1785.
Cérémonial du sacre des rois de France, Précédé d'une Dissertation sur l'ancienneté de cet acte de Religion; les motifs de son institution, du grand appareil avec lequel il est célébré & suivi d'une Table Chronologique du Sacre des Rois de la seconde & troisieme Race. On y a ajouté la traduction de toutes les Oraisons & Prieres qui font une grande partie de la Cérémonie, & on a donné une idée du Sacre & Couronnement des Reines de France. A Paris, Chez G. Desprez, 1775.

xvi, 198, [2] p. 17cm.
For author : Pons Augustin Alletz. *cf*. DictOuvr Anonym I 553.
1st ed.
Errata : p. [200]
★ DictHGE II 607.
♣ *Stamp « S Jonis Dalph : Vion : et Albon : Dom : Dni P. D. Turre ».* 1564

35

Amelot de la Houssaye, Abraham Nicolas, 1634-1706.
Histoire du govvernement de Venise. Par le Sieur Amelot de la Houssaie ... A Paris, chez Frederic Leonard, 1676.

2v. in l. 16cm.
16 l., 266, [26]p., 3 l., 318, [31]p.
1st ed.
Index at end of each volume.
★ DictHGE II 1193-4.
♣ *Collegij Societatis Jesu Pekini.* 2961

36

Amiot, Joseph Marie, *SJ,* 1718-1793.
Dictionnaire Tartare-Mantchou François composé d'après un Dictionnaire mantchou-chinois, par M. Amyot, missionnaire a Pékin; Rédigé et publié avec des additions et l'Alphabet de cette langue, par L. Langlès, Officier de NN. SS. les Maréchaux de France... Paris, Imprimé par Fr. Ambr. Didot l'ainé, avec les caracteres gravés par Firmin Didot son 2d fils, 1789-90.

3 v. in 2. 25½cm.
Half-title :... Suite des Mémoires chinois.
On verso of half-title page of v. 1, 2 : Se vend à Paris, Chez Nyon, Née de la Rochelle, Théophile Barrois, et à Lyon, Chez Piestre et de la Molliere.
On verso of half-title page of v. 3 : Se vend à Paris, Chez Didot Nyon, Née de la Rochelle, Théophile Barrois, à Lyon, Chez Piestre et de la Molliere, et à Strasbourg, Chez Amand Koenig.
« L'original, d'après lequel le P. Amiot composa son livre, est intitulé : *Mandchou isaboukha birkhe, Peking,* 1752 ». — Sommervogel I 299. Li-

brary has this Manchurian-Chinese edition (清文彙書)
1st ed.
★ Brunet I 249. — Cordier 2753. — Pfister 845 nº 5. — Streit VII 339. 3391

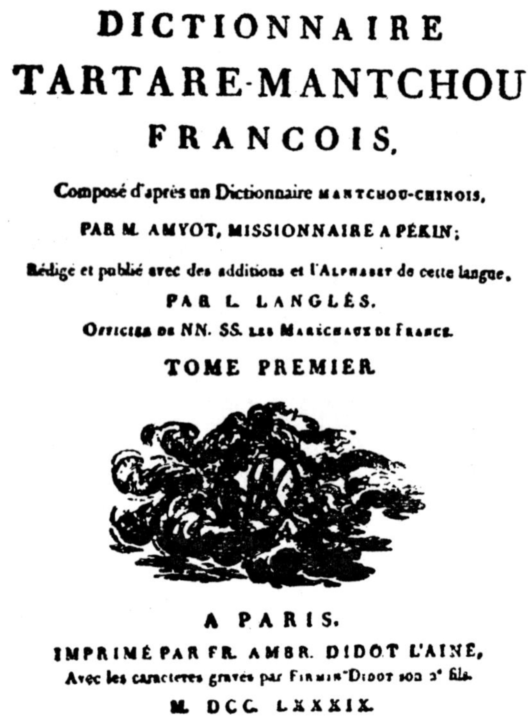

DICTIONNAIRE
TARTARE-MANTCHOU
FRANCOIS,
Composé d'après un Dictionnaire MANTCHOU-CHINOIS,
PAR M. AMYOT, MISSIONNAIRE A PÉKIN;
Rédigé et publié avec des additions et l'ALPHABET de cette langue,
PAR L. LANGLÈS.
OFFICIER DE NN. SS. LES MARÉCHAUX DE FRANCE.
TOME PREMIER.
A PARIS.
IMPRIMÉ PAR FR. AMBR. DIDOT L'AINÉ,
Avec les caracteres gravés par FIRMIN-DIDOT son 2ᵉ fils.
M. DCC. LXXXIX.

37

— o. c.

♣ *Stamp « Ex libris Congr. Miss. Domus Mongoliae ».* 3392

38

— o. c.

3 v. in 1. 25½cm. 3393

39

[André, Yves Marie] *SJ,* 1675-1764.

Essai sur le beau, ou l'on examine en quoi consiste précisément le Beau dans le Physique, dans le Moral, dans les Ouvrages d'Esprit, & dans la Musique. A Paris, Chez Hippolyte-Louis Guerin, et Jacques Guerin, 1741.

viii, 302, [2] p. 17cm.
For author: Yves André *SJ, cf* DictOuvr Anonym II 248.
1st ed.
★ Sommerv I 334 nº 1.
♣ *PP Gallor S J. Pekin. — Author libri est P. André Soc. J. in Provà Franciae. — Dono R P Brisson S. J. Procurator. miss. Ind. et Sin.* 2994

40

Androuet du Cerceau, Jacques, 1515*ca.*-*after*1584.

Livre d'architectvre de Iaqves Adrovet (sic) dv Cerceav, contenant les plans et dessaings de cinquante bastimens tous differens ... Auec declaration des membres & commoditez, & nombres des toises, que contient chacun bastiment, dont l'eleuation des faces est figuree sur chacun plan. Plvs, breve declaration de la maniere & forme de toiser la maçonnerie de chacun logis, selon la toise contenant six pieds : Suyuant laquelle, on peut toiser tous edifices, & par là connoistre la despense qu'il conuient faire... A Paris, Chez Iean Berjon, 1611.

16 unnumb. l., 69 plans. 39½cm.
Signatures: A-D4.
f. [B] b, 44 lines, 303 × 189mm.
1st ed. 1559.
Bound with: Androuet du Cerceau, J. Livre d'architecture, plans et élévations de bastiments, Paris, 1615.
★ Brunet I 279. 1156a

41

— Livre d'architectvre de Iacques Androuet, du Cerceau. Avqvel sont contenves diverses ordonnances de plants et éleuations de bastiments pour Seigneurs, Gentilshommes, & autres qui voudront bastir aux champs : mesmes en aucuns d'iceux sont desseignez les basses courts, auec leurs commoditez particulieres : aussi les iardinages & vergiers... A Paris, pour Iacques Androuet, du Cerceau, 1615.

26 numb. l. 49 plans. 39½cm.
Signatures: A4, B-D6, E4.
f. 4a, 51 lines, 301 × 169mm.
1st ed. 1582.
Bound with: Androuet du Cerceau, J. Livre d'architecture, contenant les plans et dessaings de cinquante bastimens, Paris, 1611.
★ Brunet I 280. 1156

42

— Le premier [second] volume des plus excellents Bastiments de France. Auquel sont designez les plans de quinze Bastiments, & de leur contenu : ensemble les eleuations & singularitez d'un chascvn. Par Iacqves Androvet, Dv Cerceav architecte. A Paris, Pour ledit Jacques Androuet, du Cerceau, 1607.

2 v. in l. 118 fold plans. 41½cm.
8, 7 numb. l.
Signatures: A8; A7.
Vol. 1, f. 5a. 48 lines, 304 × 171mm.
1st ed. 1576-79.
★ Brunet I 280. 1155

LE PREMIER VOLVME des plus excellents Bafti- ments de France.

Auquel font defignez les plans de quinze Baftiments, & de leur contenu: enfemble les eleuations & fingularitez d'vn chafcun.

PAR IACQVES ANDROVET, DV CERCEAV ARCHITECTE

A PARIS,
Pour ledit Iacques Androuet, du Cerceau.
M. DC. VII.

43

Angers, *Diocese of. Conferences.*

Conférences ecclésiastiques du diocèse d' Angers... Tenues durant les années [1709-1760]. Rédigées par M. Babin, Doyen de la Faculté de Théologie d'Angers. Par l'ordre de Monseigneur... Jean de Vaugirauld, Evêque d'Angers... A Angers, Chez Pierre Louis Dubé; A Paris, Chez H. L. Guerin & L. F. Delatour, 1755-82.

19v. 17½cm.
Vol 9, pt. 1, p. iii-vi wanting.
Vol. 15-19 have title : Conférences ... Par l'ordre de Monseigneur ... Jacques de Grasse ... Redigées par L'auteur des Cas reservés & des Loix. A Paris, (v. 15-16) Chez la Veuve Desaint, 1775, (v. 17-19) Chez P. Fr. Gueffier, 1782.
Vol. 1-14, 17-19, nouv. éd.; v. 15-16, 1e éd.
Vol. 15 & 16 have a wrong volume number on cover *i.e.* 17 & 18 resp.
Vol. 5, v. 6, pt. 1, v. 11 were redacted by Cotelle; v. 6, pt. 2 by Vauthier; v. 13, 14 by Audebois. « L'auteur des cas reservés » is Cotelle.
1st ed. 1728-75.
Index at end of each volume.
Contents. — **v. 1, 2.** Commandements de Dieu.— **v. 3. t. 1, 2.** Sacrements en général. Baptême. Confirmation. Eucharistie. Sacrifice de la Messe. — **v. 4.** Pénitence. Indulgences. Extrême-Onction. —

v. 5. Cas réservés. — **v. 6.** Cas réservés (suite). Etats. — **v. 7. t. 1, 2.** Ordre. Irrégularités. — **v. 8.** Censures. — **v. 9. t. 1, 2.** Mariage, sacrement et contrat civil. — **v. 10.** Matières bénéficiales. Simonie. — **v. 11. t. 1, 2.** Lois. — **v. 12. t. 1, 2.** Contrats. — **v. 13, 14.** Grâce. — **v. 15.** Actes humains, conscience, probabilité. — **v. 16.** Péché en général, péchés capitaux, vertus cardinales. — **v. 17.** Obligations des ecclésiastiques. — **v. 18.** Obligations de l'état religieux. Devoirs des juges et avocats.— **v. 19.** Obligations des personnes laïques.
— [Suppléments à la 1ière Série des Conférences, rédigées par M. Babin De l'Imprimerie de P. Fr. Gueffier]
684p.
p. 1-44 (incl. t.-p.) wanting.
For imprint. *cf.* Colophon. 3591

44

Ango, Pierre, *SJ,* 1640-1694.

Pratique generale des fortifications, pour les tracer sur le papier & sur le terrain, sans avoir égard à aucune methode particuliere. A Moulins, Chez Claude Vernoy, 1679.

10 l., 203, [1]p. incl. diagrs. 16cm.
1st ed.
Errata at beginning.
Index : p. 195-203.
★ Sommerv I 396 nº 2. 1549

45

Anquetil, Louis Pierre, 1723-1806.

L'esprit de la Ligue, ou Histoire politique des troubles de France, pendant les XVI & XVII siècles. Par M. Anquetil, Chanoine Régulier de la Congrégation de France... Seconde Edition, corrigée & augmentée... A Paris, Chez Delalain, 1771.

v. 3. 16½cm.
The complete set consists of 3 v.
1st ed. Paris, 1767.
Index : v. 3, p. 377-392.
★ Brunet I 302. — DictHGE III 422 3. 3278

46

Antoine de S. Martin, *OCarm, d.* 1650.

Les condvites de la grace svr la conversion des ames pecheresses divisées en qvatre parties... Par F. Antoine de S. Martin de la Porte, Carme Reformé, de la Maison du Sainct Sacrement. Seconde edition. A Lyon, Chez Iean Radisson, 1654.

4v. in 1. 24cm.
10 l., 244p., 8 l., 264p., 4 l., 260p., 4 l., 240p.
1st ed. Paris, 1645-48.
2388

47

Armes spirituelles, pour combattre les heretiques; ou, Catechisme des veritez catholiques. Pour fortifier les Fidels dans la Foy et convertir les Infideles. Et les documens que donna un Prêtre Catholique à un homme de la Secte de Calvin. Par forme de Disputes et d'entretiens familiers... Par un Prêtre Chapelain de l'Insigne Église Collegiale de Saint Amé à Douay. Reveuë & augmentée par l'Autheur en cette seconde Edition. Douay, De l'Imprimerie de la Veuve Antoine Dieulot, 1672.

2v. 16cm.
Vol. 1 wanting.
✤ *Ad usum Fris Caroli à Castorano.* 3259

48

[Arnauld, Antoine] 1612-1694.

La Logique ou L'art de penser, contenant, Outre les Regles communes, plusieurs observations nouvelles, propres à former le jugement. Cinquiéme Edition reveuë & de nouveau augmentée. A Paris, Chez Guillaume Desprez, 1683.

2 l., 471, [9]p. 16cm.
For authors : Antoine Arnauld & Pierre Nicole. *cf.* DictOuvrAnonym II 1336.
1st ed. Paris, 1662.
Errata : p. 480.
★ Brunet III 1145. — DictHGE 447-484. — DictThéolCath XI 634. — Lanson nº 3292.
✤ *P : Guill : van dr Beken Miss : Chinensis. — Da Igreja de Hoai Ngan.* 2813

49

Asselin, Jean René, 1742-1813.

Discours sur la vie religieuse; suivis des Discours sur l'amour de Dieu et l'Oraison Dominicale... Par M. l'Abbé Asselin, ancien Vicaire-Général de Glandèves. Seconde Edition, avec des Additions... A Paris, Chez Delalain le jeune, 1788.

2v. 17cm.
Vol. 2 wanting.
1st ed. 1782.
✤ *Ce livre appartient aux Sœurs de L'hôpital Saint Charles D'amiens.* 3304

50

Aubert, Esprit, *fl. 1st half of 17th cent. comp.*

Les marguerites poetiqves tirees des plvs famevx poëtes françois, tant anciens qve modernes, & Reduites en forme de lieux communs & selon l'ordre Alphabetique, Nouuellement recueillies et mises en lumiere par Esprit Avbert, Avec un Indice tres-ample de chasque matiere. A Lyon, Par Barthelemy Ancelin, 1613.

4 l., 1215 (*i.e.* 1211), [25]p., 1 l. 24½cm.
Signatures : †4, A-Z8, Aa-Zz8, Aaa-Iii8, Kkk4, Lll-Zzz8, AAaa-GGgg8, HHhh-LLll4.
p. 4, 60 lines, 198 × 123mm.
Engr. ornamented t.-p.
Text in 2 col.
1st ed.
★ Brunet I 543. — Lanson nº 1895. 3074

51

Avrillon, Jean-Baptiste Elie, *OMinim,* 1652-1729.

Conduite pour passer saintement le Carême, Où l'on trouve pour chaque jour une Pratique, une Méditation & des Sentimens sur l'Évangile du jour, & des Sentences de la Sainte Écriture & des SS. Peres, avec la Collecte de la Sainte Messe, & un Point de la Passion de N. S. Jesus-Christ. Par le R. P. Avrillon, Religieux Minime, Nouvelle Édition. A Paris, Chez Belin, 1790.

1 l., 570, [4]p. 17cm.
1st ed. 1722.
★ DictHGE 1251-2. 2216

52

— Conduite pour passer saintement les fêtes et octaves I. De la Pentecôte; II. Du Saint Sacrement; III. De l'Assomption. Par le R. P. Avrillon, Religieux Minime. Nouvelle Edition... A Paris, Chez Despilly, 1773.

2 l., 484, [2]p. 17cm.
1st ed. 1722. 2193

53

— Conduite pour passer saintement le temps de l'Avent, Où l'on trouve pour chaque jour une Pratique, une Méditation, des Sentimens, des Sentences de la Sainte Ecriture & des SS. Pères, & un Point de l'Incarnation... Par le R. P. Avrillon, Religieux Minime... A Paris, Chez la Veuve Pierres & Fils, 1768.

xii, 577, [11]p. 17cm.
1st ed. 1722.
✤ *Ex libris Francisci Firmini ... (?)* 2644

54

— Sentimens sur l'amour de Dieu, ou Les trente amours sacrés Pour chaque jour du Mois. Par le R. P. Avrillon, Religieux Minime. A Paris, Chez la Veuve de D. A. Pierres, 1763.

4 l., 251, [5]p. 17cm.
1st ed. Paris, 1737.
✤ *Stamp « Bibliotheca Cong.nis Mis.nis Domus Parisiensis.* 2256

B

55

Baillet, Adrien, 1649-1706.

Les vies des Saints composées sur ce qui nous est resté de plus authentique, & de plus assuré dans leur Histoire, disposées selon l'ordre des calendriers & des martyrologes; avec l'histoire de leur culte, selon qu'il est établi dans l'Eglise Catholique, et l'histoire des autres festes de l'année... Nouvelle édition. A Paris, Chez Louis Genneau, 1724.

4 v. front. (v. 1) 38½cm.
Engr. head pieces.
Text in 2 col.
1st ed. Paris, 1701.
Contents. — **t. 1.** Vies des saints des mois de janvier à avril. — **t. 2.** De mai à août. — **t. 3.** De septembre à décembre. Table générale des noms des saints. — **t. 4.** Histoire des fêtes mobiles. Vies des saints de l'ancien Testament. Chronologie des saints. Topographie des saints.
★ DictHGE VI 253-5. — DictTheolCath II 36.
♣ *Stamp of Mgr Alex. de Gouvea.* 2105

56

Bailly, Jean-Sylvain, 1736-1793.

Histoire de l'astronomie ancienne, depuis son origine jusqu'à l'établissement de l'École d'Alexandrie; Par M. Bailly... Seconde édition... A Paris, Chez de Bure, 1781.

xxiv, 527 p. 3 fold. plates. 26cm.
1st ed. 1775.
« Additions » : p. 520-523.
★ Brunet I 615.
♣ *Stamp of Mgr Alex. de Gouvea.* 36

57

— Histoire de l'astronomie moderne; depuis la fondation de l'École d'Alexandrie, jusqu'a lépoque de M.D.CC.XXX. A Paris, Chez les Freres de Bure, 1779-82.

3 v. 7 fold. plates, 11 fold. diagrs. 26½cm.
1st ed.
« Explication de quelques termes d'astronomie » : v. 2, p. 733-747.
Index : v. 3, p. 345-414.
Errata : v. 1, p. 727.
★ Brunet I 615.
♣ *Stamp of Mgr Alex. de Gouvea.* 1

58

Ballet, François, *b.* 1702.

Panegyriques de Saints, par M. Ballet, ancien Curé de Gif. Prédicateur de la Reine... A Paris, Chez Prault, 1754-55.

5v. 17cm.
Vol. 5 & v. 1, p. i-iv (incl. t.-p.) wanting.
For title. *cf.* t.-p. of v. 3.
1st ed.
Contents. — **t. 1.** Panégyriques de St. Augustin, St. Pierre, Notre-Dame de la Mercy, S. Vincent de Paul, S. François d'Assise, Ste. Claire, St. François de Paule. St. Claude. — **t. 2.** Panégyriques de Ste. Elizabeth, St. Louis. Sermons pour la fête de Notre-Dame de Mont-Carmel; pour la fête du Sacré-Coeur de Jésus; pour une profession. Panégyrique de St. Hilaire. Sermon pour l'ouverture du jubilé. Panégyrique de St. Martin. — **t. 3.** Sermon pour la nativité de la Sainte Vierge. Sermons sur la présence réelle, sur le mystère de l'Incarnation. Second panégyrique de St. Vincent de Paul. Panégyrique de St. Patrice. Sermon pour l'assomption de la Sainte Vierge. Second panégyrique de St. François d'Assise. Panégyrique de St. Bonaventure. Sermon pour la fête Notre-Dame des Anges. — **t. 4.** Panégyriques de Ste Anne, St. Gaëtan, St. Remy, S. Jean Nepomucêne. Instructions sur le jubilé.
♣ *Miranda.* 1902

59

— Prônes sur les Evangiles de toute l'année. Par M. l'Abbé Ballet, ancien Curé de Gif, Prédicateur de la Reine. A Paris, Chez Despilly, 1758-61.

7 v. 17cm.
1st ed.
♣ *Miranda.* 1904

60

Banier, Antoine, 1673-1741.

La mythologie et les fables expliquées par l'histoire. Par M. l'Abbé Banier de l'Académie des Inscriptions & Belles-Lettres... A Paris, Chez Briasson, 1738.

3v. 25½cm.
Vol. 1 wanting.
1st ed. 1711.
Contents. — **t. 2.** Des dieux des Grecs et des Romains. Des dieux des autres peuples de l'Europe, surtout de ceux des Gaulois et des Germains. — **t. 3.** Histoire des temps fabuleux. Explication de quelques fables particulières qui se rencontrent dans les mythologies. Index.
★ Brunet I 640.
♣ *PP Gallor S. J. Pekin.* 2115

61

Bartas, Guillaume de Saluste du, 1544-1590.

La sepmaine ov Creation dv monde de Gvillavme de Salvste, Seignevr dv Bartas. Reueuë, augmentee, & embellie en diuers passages par l'Auteur mesme. En ceste derniere Edition ont esté adioustés l'argument general, amples sommaires au commencement de chasque liure, annotations en marge, & explications des principales difficultez du texte par S. G. S. Pour Pierre & Iaques Chouët, 1608.

24 l., 693p. 15cm.
Signatures : †-††^{12}, A-Z^{12}, Aa-Ee^{12}, Ff^{11}.
p. 4, 40 lines, 110×54mm.
p. 241-264 bound after p. 288.
Ed. by Simon Goulart. *cf.* NouvBiogrGén IV 512.
1st ed. Paris, 1578.
Index at beginning.
★ Brunet V 98. — Lanson n° 1789. 2654

62

— La Seconde sepmaine de Gvillavme de Salvste, Seignevr dv Bartas. Reueuë, augmentee, & embellie en diuers passages, par l'Auteur mesme. En laquelle ont esté adioustez argument general, amples sommaires au commencement de chascun liure, annotations en marge, & explications des principales difficultés du texte, par S. G. S. Pour Pierre & Iaques Chouët, 1608.

12 l., 585, [12]p. 14½cm.
Signatures : †[12], a-z[12], aa[12], bb[11].
p. 4, 40 lines, 199×54mm.
Ed. by Simon Goulart. *cf.* NouvBiogrGén IV 612.
1st ed. Paris, 1582.
Index at beginning. 2973

63

Bassompierre, François, *baron de,* 1579-1646.

Memoires du maréchal de Bassompierre, contenans l'histoire de sà vie, et de ce qui s'est fait de plus remarquable à la Cour de France pendant quelques années... A Amsterdam, Aux dépens de la Compagnie, 1723.

4v. 13½cm.
1st ed. Cologne, 1665.
★ Brunet I 695. 2045

64

[Baudrand, Barthélemi] *SJ,* 1701-1787.

L'ame pénitente, ou Le nouveau Pensez-y bien; considérations sur les vérités éternelles, Avec des Histoires & des Exemples : nouvelle édition, Revue & augmentée de Prières pendant la Messe & Vêpres du Dimanche, par l'auteur de l'Ame élevée à Dieu. A Rouen, Chez Labbey, 1786.

xlviii, vi, 7-235, [2]p. 12cm.
Author : Barthélemi Baudrand. *cf.* Sommervogel IX 933.
1st ed. Lyons, 1778.
★ DictHGE VI 1423. — Sommerv I 1036 n° 13. 2490

65

[—] L'ame sur le Calvaire, Considérant les souffrances de Jesus-Christ, & trouvant au pied de la Croix la consolation dans ses peines. Avec des Prieres, des Pratiques & des Histoires sur différents sujets. Par l'auteur de L'Ame élevée à Dieu. Cinquieme édition. A Lyon, Chez les Freres Perisse, 1777.

xii, 394p. 17½cm. (*Half title :* Oeuvres spirituelles de Mr. l'Abbé B**)
2 pt. in 1.
Author : Barthélemi Baudrand. *cf.* Sommervogel IX 933.
1st ed. Lyons, 1776.
★ Sommerv I 1032 n° 11 (ed. wanting)
♣ *Stamp of Mgr Alex. de Gouvea.* 2586

66

[—] L'ame sur le Calvaire, considérant les souffrances de Jesus-Christ, & trouvant au pied de la Croix la consolation dans ses peines. Avec des Prieres, des Pratiques & des Histoires sur différens sujets. Par l'auteur de l'Ame élevée à Dieu. Septieme édition. A Rouen, Chez Jean Racine, 1787.

xii, 394, [2]p. 16½cm. (*Half title :* Oeuvres spirituelles de M. l'Abbé B**)
2 pt. in 1.
★ Sommerv I 1032 n° 11 (ed. wanting) 2007

67

[—] Réflexions, sentiments et pratiques de piété, sur les Sujets les plus intéressants de la morale chrétienne. Par l'Auteur de l'Ame élevée à Dieu. A Lyon, Chez les Freres Perisse, 1778.

xii, 384p. 17½cm. (*Half title :* Œuvres spirituelles de M. l'Abbé B**)
Author : Barthélemi Baudrand, *SJ. cf.* Sommervogel IX 933.
1st ed. Lyons, 1776.
« Entretiens de l'Ame avec Jesus-Christ, sur l'obligation, l'excellence & la pratique de l'amour divin » : p. [337]-382.
★ Sommerv I 1035 n° 12. 2182

68

[—] Reflexions, sentiments et pratiques de piété, sur les Sujets les plus intéressants de la morale chrétienne. Par l'Auteur de l'Ame élevée à Dieu. Seconde édition, Revue, corrigée & considérablement augmentée. A Lyon, Chez les Freres Perisse, 1780.

xii, 455, [1]p. 17½cm. (*Half title :* Œuvres spirituelles de M. l'Abbé B**)
« Catalogue des Oeuvres de l'Abbé B** » at end.
★ Sommerv I 1035 n° 12.
♣ *J'appartiens à a Lesguillon Soly.* 2181

69

Baumé, Antoine, 1728-1804.

Chymie expérimentale et raisonnée, Par M. Baumé... A Paris, Chez P. F. Didot le jeune, 1774.

4 v. 5 fold. plates. 17cm.
Vol. 1 wanting.
1st ed. Paris, 1773 in 3 v.
♣ *Stamp of Mgr Alex. de Gouvea.* 767

70

— Manuel de chymie, ou Exposé des opérations de la chymie et de leurs produits... Seconde édition, Revue & augmentée. Par M. Baumé... A Paris, Chez Didot, Musier, Dehansy [et] Panckouke, 1765.

xvi, 501, [3]p. 17cm.
1st ed. 1763.
Index : p. [457]-501.
♣ *Stamp of Mgr Alex. de Gouvea.* 652

71

[Bazin, Gilles Augustin,] 1681-1754.

Abregé de l'histoire des insectes, Pour servir de suite à l'Histoire Naturelle des Abeilles. Avec des Figures en Taille-douce... A Paris, Chez les Freres Guerin, 1747-51.

4v. 53 fold. plates. 17½cm.
Author's name, *cf.* Privilège, at end of vol. 2.
1st ed.
♣ *Resid. PP. Gall. Soc. Jes. Pekin. N.* 1096

72

[—] Histoire naturelle des abeilles; Avec des Figures en Taille-Douce. A Paris, Chez les Freres Guerin, 1744.

2 v. 16 fold. plates. 17½cm.
Author's name, *cf.* Privilège, at end of vol. 2.
1st èd.
Index : v. 2. p. 412-441. 905

73

[Beaumont, Guillaume Robert Philippe Joseph Géan de] *d.* 1761.

Méditations pour tous les jours de l'année, sur les principaux devoirs du Christianisme... A Paris, Chez H. L. Guerin & L. F. Delatour, 1759.

xxiv, 397p. 15cm.
Author : Guillaume Robert Philippe Joseph Géan de Beaumont. *cf.* DictOuvrAnonym III 105.
1st ed.
Index : p. 386-397. 2118

74

Beauvais, Gilles François de, *SJ*, 1693-*ca.* 1773.

La vie du Venerable Pere IgnaceAzevedo, de la Compagnie de Jesus. L'Histoire de son martyre, & de celui de trente-neuf autres de la même Compagnie. Le tout tiré des Procès-verbaux dressés pour leur Canonisation. Par le P. de Beauvais, de la Compagnie de Jesus... A Paris, Chez Hippolyte-Louis Guerin, 1744.

xliii, [5], 300p. 17cm.
1st ed.
Errata at beginning.
★ Sommerv I 1080 nº 4. 2914

75

Belingan, Jean Baptiste Pinguet de, *SJ*, 1666-1743.

De la connoissance et de l'amour de Notre Seigneur Jesus-Christ. Par le Pere J. B. De Belingan, de la Compagnie de Jesus. A Bruxelles, Chez F. Foppens, 1734.

xvi, 144, [5]p. 14cm.
1st ed. Paris, 1734.
★ Sommerv I 1149 nº 3. 2527

76

Bell, John, 1691-1780.

Voyages depuis St. Petersbourg en Russie, dans diverses contrées de l'Asie... On y* a joint une Description de la Sibérie, & une Carte des deux Routes de l'Auteur entre Moscow & Pekin. Per Jean Bell d'Antermony. Traduits de l'Anglois par M***. Avec des Remarques Historiques, Géographiques, &c... A Paris, Chez Robin, 1766.

3v. fold. map. 16½cm.
Tr. by M. A. Eidous. *cf.* « Privilège du Roy ». « Description de la Sibérie » mentioned in the title is no other than « Journal de la résidence de M. Lange (t. 2, p. 125-362) ». *cf.* DictOuvr Anonym IV 1101.
1st English ed. Glasgow, 1763.
1st French ed. by Eidous.
Contents. — **t. 1.** Voyage de St. Pétersbourg à Péking. — **t. 2.** Suite du voyage à Pékin. Journal de la résidence de M. Lange, agent de S. M. Imperiale de toutes les Russies, Pierre I, à la cour de Pékin en 1721 & 1722. — **t. 3.** Voyage de St. Pétersbourg à Ispahan en Perse, à la suite de l'ambassade envoyée à Schak Hussein, en 1715. Voyage de Moscou à Derbent, avec l'armée russe, en 1722.
★ Brunet I 742. — Cordier 2093. 3367

77

Bellay, Joachim du, 1524*ca.*-1560.

Les œvvres francoises de Joachim dv Bellay Gentil-homme Angeuin, & Poëte excellcnt de ce temps. Revuës, & de nouueau augmentees de plusieurs poësies non encores auparauant imprimees. A Roven, Pour George l'Oyselet, 1592.

12 l., 583 (*i. e.* 581) numb. l., 1 l. 14cm.
Signatures : a12, A-Z12, Aa-Zz12, Aaa-Bbb12, Ccc6.
f. 2 b, 31 lines, 101×55mm.
1st ed. Paris, 1567.
★ Brunet I 749. — Lanson nº 1677-1723. 3106

78

[Bellet, Isaac] *d.* 1778.

Histoire de la conjuration de Catilina, où l'on a inséré les Catilinaires de Cicéron. A Paris, Chez H. L. Guerin, 1752.

xix, 285 (*i.e.* 385), [5]p. 17cm.
Author : Isaac Bellet. *cf.* DictOuvrAnonym II 693.
1st ed. 3018

79

Bergier, Nicolas Sylvestre, 1718-1790.

Apologie de la religion chrétienne, Contre l'Auteur du Christianisme dévoilé, & contre quelques autres Critiques. Par M. Bergier, Docteur en Théologie... Deux Volumes... Paris, Chez Humblot, 1769.

2v. 17cm.
Binder's title : Oeuvres de Bergier, t. 5. 6.

1st ed.
★ DictTheolCath II 743.
♣ *Stamp of Mgr Alex. de Gouvea.* 1535

80

Bergier, Nicolas Sylvestre, 1718-1790.
La certitude des preuves du Christianisme, ou Réfutation de L'Examen critique des Apologistes de la Religion Chrétienne. Par M. Bergier, Docteur en Théologie... Seconde Edition revue & corrigée... A Paris, Chez Humblot, 1771.

2v. in 1. 17cm.
vi, [4], 182p., 1 l., 245, [1]p.
1st ed. Paris, 1767.
« Réponse aux Conseils raisonnables pour servir de supplément à la Certitude des preuves du christianisme, &c. » : v. 2, p. 167-245.
★ DictTheolCath II 743. 1662

81

— o. c.

4 p. l. of v. 1, bound after the t.-p. of v. 2.
Binder's title : Oeuvres de Bergier, t. 4.
♣ *Stamp of Mgr Alex. de Gouvea.* 1611

82

— Le déisme réfuté par lui-même, ou Examen des principes d'incrédulité répandus dans les divers Ouvrages de M. Rousseau, en forme de Lettres. Par M. Bergier, Docteur en Théologie... Troisieme Edition, revue & corrigée... A Paris, Chez Humblot, 1774.

2v. in 1. 17cm.
3 l., [5]-228p., 2 l., [3]-210, [1]p.
Binder's title : Oeuvres de Bergier, t. 3.
1st ed. Paris, 1765.
★ DictThéolCath II 743.
♣ *Stamp of Mgr Alex. de Gouvea.* 1660

83

— Examen du matérialisme; ou Réfutation du Systéme de la Nature. Par M. Bergier, Docteur en Théologie... Deux volumes... A Paris, Chez Humblot, 1771.

2v. 17cm.
Binder's title : Oeuvres de Bergier, t. 7, 8.
1st ed.
★ DictThéolCath II 743
♣ *Stamp of Mgr Alex. de Gouvea.* 1536

84

L'origine des dieux du paganisme; et Le Sens des Fables découvert par une explication suivie des poésies d'Hésiode. Par M. Bergier, Docteur en Théologie... A Paris, Chez Humblot, 1767.

2v. 17cm.
Binder's title : Oeuvres de Bergier, t. 1, 2.
1st ed.

« Poëmes d'Hésiode. Traduits en françois » v. 1, p. 309-407.
★ DictThéolCath II 743
♣ *Stamp of Mgr Alex. de Gouvea.* 1547

85

[Bernard]
Nouvelle maniére de fortifier les places, tirée des methodes du Chevalier de Ville, du Comte de Pagan, et de Monsieur de Vauban. Avec des remarqves sur l'Ordre Renforcé, sur les Desseins du Capitaine Marchi, & sur ceux de M. Blondel, suivies de deux nouveaux desseins. A Paris, Chez Estienne Michallet, 1689.

7 l., 275, [10]p. 15 fold. plans. 19cm.
Author : Bernard. *cf.* DictOuvrAnonym III 555.
1st ed.
Errata : p. [284]
♣ *Collegij Societatis Iesu Pekini.* 1628

86

Bernardin, Théophile, *SJ,* 1570-1625.
Cynosvre chrestienne, Pour tirer vers le port d'heureuse Eternité... Par le R. P. Theophile Bernardin de la Compagnie de Iesvs. A Liege, Chez Iean Ovwerx, 1616.

11 l., 752 (*i.e.* 762), [8]p. 14½cm.
Signaturs : †4, A-Z8, Aa-Zz8, Aaa-Bbb8, Ccc4, †4.
p. 3, 27 lines, 109×55mm.
1st ed.
★ Sommerv I 1350 nº 2; XII 954 nº 3641. 2665

87

[Bernières-Louvigny, Jean de] 1602-1659.
Le chrestien interieur, ou La conformité interieure, Que doivent avoir les Chrestiens avec Jesus Christ. Divisé en huit Livres, qui contiennent des sentimens tout divins, tirez des Ecrits d'un grand Serviteur de Dieu de nostre siecle. Par un Solitaire Quatorziéme edition. A Paris, Chez la veuve Edme Martin, 1674.

11 l., 440 ?p. front. 14½cm.
p. 441-? (liv. 5-8) wanting.
Author : Jean de Bernières-Louvigny & ed. Louis François d'Argentan. *cf.* DictOuvrAnonym I 592.
1st ed. Rouen, 1660.
★ DictHGE VIII 842-3. — DictThéolCath IX 961. 1996

88

[—] Le chrétien interieur, ou La conformité interieure, Que doivent avoir les Chrêtiens avec Jesus-Christ. Divisé en huit livres, qui contiennent des sentiments tous Divins, tirez des écrits d'un grand Serviteur de Dieu de nôtre Siécle. Par un Solitaire. A Lyon, Chez Antoine Beaujollin, 1690.

12 l., 648p. front. 15cm.
t.p. spoiled. 1994

89

Bernières-Louvigny, Jean de 1602-1659.

Le chrestien interieur, ou La conformité interieure Que doivent avoir les Chrêtiens avec Jesus-Christ. Tome second Tiré comme le premier des Manuscrits de feu de sainte memoire, M. de Bernieres Louvigni... Par le R. P. Louis-François d'Argentan Capucin. Derniere edition. A Paris, Chez Estienne Papillon, 1714.

24 l., 610 p. 16cm.
Tome 2 of this work was publ. 12 years after tome 1. *cf.* Avertissement.
1st ed. Rouen, 1672. 3053

90

— Les oeuvres spirituelles de Monsieur de Bernieres Louvigni, ou Conduite asseurée pour ceux qui tendent à la perfection. Divisée en deux parties. La Premiere contient des Maximes pour l'établissement de trois états de la vie chrestienne. La Seconde contient les Lettres qui font voir la pratique des Maximes. Seconde edition. A Paris, Chez Claude Cramoisy, 1671.

2v in 1. front. 16cm.
20 l., 287p., 6 l., 523, [5]p.
Ed. by Saint-Gilles, Robert Mangon de, *OMinim.* *cf.* Privilège du Roi.
1st ed. Paris, 1670. 2062

91

— Les oeuvres spirituelles de Monsieur de Bernieres Louvigni, ou Conduite asseurée pour ceux qui tendent à la perfection : divisée en devx parties. La Premiere contient des Maximes pour l'établissement de trois états de la vie chrêtienne. La Seconde contient les Lettres qui font voir la pratique des Maximes. Troisiéme edition. A Lyon, Chez Antoine Cellier fils, 1677.

2v. front. (v. 1) 15½cm.
♣ *Donné au R. P. Provana pour les Missions par l'abbé De Broissia.* 2309

92

Bertal, Etienne, *SJ, d.* 1694.

Discours choisis sur plusieurs matieres importantes de la foy, et des moeurs. Par le R. P. Estienne Bertal, de la Compagnie de Jesus. Premiere partie. A Lyon, Chez Antoine et Horace Molin, 1687.

18 l., 824, [1]p. 25cm.
« La seconde partie n'a point paru ». — Sommervogel I 1370.
1st ed.
Index : p. 805-824.
Errata : p. [825] 3293

93

Bertaut, B.

Le directeur des confesseurs, en forme de Catechisme. Contenant une Methode nouvelle, briéve & facile pour entendre les Confessions. Par M. B. Bertaut, Prêtre. XXVII. et derniere edition. Reveuë, corrigée & augmentée par l'Auteur, outre le Traité des sept Sacremens de l'Eglise, & un Formulaire d'une Confession generale. Des Maximes de Theologie Morale, pour l'intelligence des Cas de Conscience, & du Traité des pechez de chaque condition. A Lyon, Chez Jean Certe, 1689.

6 l., 537, [13]p. 15½cm.
Index : p. [538]-[548] 2218

94

Berthier, Guillaume François, *SJ,* 1704-1782.

Reflexions spirituelles. Du P. G. F. Berthier. A Paris, Chez Mérigot, 1790.

5v. front. (v. 1) 17cm.
Half-title : Oeuvres du P. G. F. Berthier.
Ed. by Abbé du Pinet. *cf.* Discours préliminaire.
1st ed.
Contents. — **t. 1.** Réflexions spirituelles sur la 1. Ep., aux Corinthiens. Lettres sur la souffrance et sur les qualités du chrétien. Retraite pour parvenir à l'union à Dieu. Méditations. — **t. 2.** Suite des méditations. Lamentations de Jérémie. — **t. 3.** Semaine d'exercices sur Dieu et sur Jésus-Christ. Paraphrases du cantique de la Vierge. La nature immolée par la grâce. Plan d'un ouvrage sur la religion. Considération sur l'unité universelle. Paraphrase des Psaumes 50, 62, 99. — **t. 4.** Réflexions diverses. Considérations sur la mort. Sur la mort mystique. Courtes réflexions sur les maximes de M. de B. Pensées de S. Augustin. Remarques sur l'énigme de S. Jean de la Croix. Pratique du détachement universel. — **t. 5.** Retraite de 10 jours sur l'esprit de la foi. Plan d'une retraite de 8 jours sur Jésus-Christ, tirée de l'Ep. aux Hébreux. Octave de S. François de Sales. Considérations sur la S. Eucharistie. Avis sur l'éducation. Litanies de la S. Vierge.
★ DictThéolCath II 794. — Sommerv I 1381 nº 12. 1801

95

Bertholon, Nicolas, 1742-1799.

De l'électricité des végétaux. Ouvrage dans lequel on traite de l'électricité de l'atmosphere sur les plantes, des ses effets sur l'économie des végétaux, de leurs vertus médico & nutritivo-électriques, & principalement des moyens de pratique de l'appliquer utilement à l'agriculture, avec l'invention d'un électro-végétometre. Avec figures en tailledouce. Par M. l'Abbé Bertholon, de S. Lazare, professeur de physique expérimentale ... A Paris, Chez P. F. Didot Jeune, 1783.

xvi, 468, [2]p. 3 fold. plates, fold. table. 20cm.
1st ed.
Index : p. 449-468.
★ Rosset 252-5. 656

96

Besson, Jacques, *2nd half of 16th cent.*

Le cosmolabe. Ov, Instrvment vniversel,

concernant Toutes Obseruations qui se peuuent faire Par les Sciences Mathematiques, Tant au Ciel, en la Terre, comme en la Mer. De l'inuention de M. Iaques Besson... A Paris, Par Ph. G. Roville, 1567.

8 l., 119, 200-288p. incl. tables, diagrs. 21cm.
Signatures : A-Z4, Aa-Ee4.
p. 16, 35 lines, 143×84mm.
1st ed.
Bound with : Le Conte, P. La fabrique et l'usage du radiometre, Paris, 1605.
★ Brunet I 830. 318

97

[Beurrier, Louis] *OCoel, d.* 1645.

[Sommaire des vies des fondateurs et réformateurs des Ordres religieux, avec leur institution, enrichies de leurs pourtraicts en taille-douce] Images des fondatrices, réformatrices ou principales religieuses de tous les Ordres de l'Eglise. [Pt. 1] A Paris, Chez Michel van-Lochom, 1645.

183 unnumb. l. incl. 3 plates, 189 ports. 31cm.
Port. no. 54 (S. Dominicus) wanting.
For title of the first part. *cf.* Brunet I 836.
There are 3 plates with ms. titles in Italian in front of these two parts.
According to Brunet, pt. 1 and pt. 2 of this book contain 25 and 28 plates in-4° respectively; in our copy 189 ports are mounted on 170 leaves (pt. 1, 100 on 81 l.; pt. 2, 89 on 89 l.), adorned with cartouches.
1st ed. of « Sommaire », Paris, 1635.
1st ed : of « Images », Paris, 1639.
Bound with : Gheyn, J, de. Icones XII filiorum Jacob. — Galle, Ph. Icones Prophetarum, 1594. — Passe, C. van. Sibyllarum icones, 1601.
3610

98

Beurrier, Vincent Toussaint, *CJM,* 1715-1782.

Conférences, ov Discours contre les ennemis de nostre sainte religion, Savoir, Les Athées, les Déistes, les Tolérants, les Juifs, les Payens, les Mahométants, les Hérétiques, les Schismatiques, les Matérialistes & les Anti-Prêtres... Par M. Beurier, Prêtre Eudiste. A Paris, Chez Charles-Pierre Berton, 1779.

xvi, 619, [5]p. 20½cm.
Errata : p. [623]
1st ed.
♣ *Lenain.* 1677

99

Beuvelet, Mathieu, 1622*ca.*-1657.

[Meditations svr les principales veritez chrestiennes & ecclesiastiqves, pour tous les jours, Festes, & Dimanches de l'annee... Par Me. Matthiev Bevvelet, Prestre du Seminaire

de sainct Nicolas du Chardonnet... Sur l'Imprimé A Paris, Chez George Iosse, 1666-68]

3v. in 1. 21½cm.
14 l., 342, [10]p., 8 l., 367, [13]p., 4 l., 228, [6 ?]p.
t.-p. of v. 1 and some pages at end of v. 3 wanting.
For title, etc. *cf.* « Approbation des docteurs » & t.-p. of v. 2.
1st ed. Paris, 1652.
Contents. — **t. 1.** Méditations de la vie chrétienne, comprenant les vérités de la vie purgative et illuminative, et les principales fêtes de l'année. Index. — **t. 2.** Méditations de la vie ecclésiastique : Excellence de l'état ecclésiastique. Tonsure. Sacrement de l'ordre et ordres mineurs. Ordres majeurs et Sous-Diaconat. Diaconat et ses obligations. Prêtrise et ses fonctions. Moyens de s'acquitter de toutes ses obligations. Devoirs d'un curé. Index. — **t. 3.** Méditations pour tous les dimanches de l'année, prises sur le sujet de l'Evangile du jour, par application aux ecclésiastiques. Index.
♣ *Ad usum L. Bernard.* 2351

100

Bezout, Étienne, 1730-1783.

Cours de mathématiques, a l'usage des gardes du pavillon et de la marine. Par M. Bézout, de l'Académie Royale des Sciences et de celle de la Marine... A Paris, Chez J. B. G. Musier fils, 1770-79.

5v. illus. 2 fold. plates, fold. tables, 25 fold. diagrs. 20cm.
1st ed. Paris, 1764-67.
Contents. — **pt. 1.** Eléments d'arithmétique. Logarithmes. — **pt. 2.** Eléments de géométrie, trigonométrie rectiligne et trig. sphérique. — **pt. 3.** Algèbre et applications de cette science à l'arithmétique et à la géométrie. — **pt. 4, t. 1.** Eléments du calcul différentiel et intégral. Principes généraux de la méchanique. — **pt. 4, t. 2.** Application des principes de la méchanique à différents cas de mouvement et d'équilibre.
— Suite du Cours de mathématique... Contenant le traité de navigation... A Paris, Chez J. B. G. Musier fils, 1775.
xvi, 319, [90]p. 2 fold. maps, 2 fold. tables, 6 fold. diagrs. 20cm.
1st ed. 1769.
« Appendix I. Tables à l'usage de la navigation ».
« Appendix II. Table de logarithmes pour les sinus & tangentes, & pour les nombres naturels ».
♣ *Stamp of Mgr Alex. de Gouvea.* 305

101

Bible. *French.*

Sainte Bible, contenant l'Ancien et le Nouveau Testament, traduite en françois sur la Vulgate, Par M. Le Maistre de Saci. Nouvelle édition... A Paris, De l'Imprimerie de G. Desprez, 1776.

4v. 17cm.
Text in 2 col.
Vol. 2, 2 p. l. & p. 1-12 spoiled.

«Discours sur les livres de l'Ancien Testament» : v. 3, p. 515-551.
«Abrégé de chronologie et de géographie sacrée» : v. 4, p. 457-473.
Indices : v. 4, p. 474-563.
1st ed. Amsterdam, 1667.
★ Brunet I 886.
♣ *Pellerin.* 1679

102

Bible. *N. T. French.*

Le Nouveau Testament de Notre Seigneur Jesus-Christ, Traduit sur l'ancienne Edition Latine, corrigée par le commendement du Pape Sixte V. Et publiée par l'autorité du Pape Clément VIII. Par le R. P. D. Amelote, Prêtre de L'Oratoire, Docteur en Théologie A Paris, Chez François Muguet, 1683.

6 l., 581, [7]p. 13×6½cm.
1st ed. Paris, 1666-70.
★ Brunet V 751.—DictHGE I 1194.—Dict ThéolCath I 1042. 1435

103

—o. c. 1436

104

Bible. *O. T. Psalms. French.*

Le Pseavtier de David, tradvit en françois : Avec des Notes courtes tirées de S. Augustin & des autres Peres. Cinquiesme edition. Corrigée, & augmentée des Cantiques de l'Eglise, avec un Ordre pour reciter le Pseautier chaque Semaine. A Paris, Chez Helie Josset, 1685.

8 l., 493, [8]p. port. 17½cm.
Text in 3 col.
Tr. by Antoine Le Maitre or Nicolas Fontaine. *cf.* DictOuvrAnonym III 1105 and Migne, Ency Theol XII 490.
Index : p. [494]-[500]
1st ed. Paris, 1674.
★ Brunet VIII 323. 1682

105

Bible. *O. T. Psalms. French.*

[Le Pseautier de David, traduit en François, avec des notes courtes tirées de Saint Augustin et des autres Pères. Paris, Elie Josset, 1695]

4 ? l., 497, [9]p. 17cm.
2 p. l., (incl. t.-p.) wanting
Text in 3 col.
For title, etc. *cf.* «Privilège du Roi».
♣ *Ex libris Lenain.* 1684

106

Billot, Jean, 1709-1767.

Prônes réduits en pratiques, pour les dimanches et fêtes principales de l'année, Tirés des sujets de l'Evangile qu'on lit à la Messe; Avec une Table de Sermons choisis, propres à donner une Mission ou une Retraite; un petit Discours pour la premiere Communion des enfants & un pour la Rénovation des Voeux du Baptême... Par M. Billot ancien Directeur du Séminaire de Besançon, & Curé de Malange. Troisieme Edition, revue, corrigée & augmentée... A Lyon, Chez Benoît-Michel Mauteville, 1771.

v. 2. 17cm.
The complete set consists of 5 ? v.
1st ed. 1771. 3314

107

Bion, Nicolas, 1652-1733.

Traité de la construction et des principaux usages des instrumens de mathematique. Avec les Figures necessaires pour l'intelligence de ce Traité... Par Le Sr N. Bion... A Paris, Chez La Veuve de Jean Boudot, Jacques Collombat & Jean Boudot fils, 1709.

4 l., 347, [5]p. illus. (incl. tables), 14 plates (1 fold.), map, 13 diagrs. 21½cm.
1st ed.
★ Brunet I 950. 455

108

—Traité de la construction et des principaux usages des instrumens de mathematique; Avec les Figures nécessaires pour l'intelligence de ce Traité... Seconde Edition, revûë, corrigée & augmentée par Le Sr N. Bion... A Paris, Chez La Veuve Boudot, Etienne Ganeau, Claude Robustel, et Laurent Rondet, 1716.

4 l., 256p. illus. (incl. tables), 12 plates (1 fold.), plan, 5 diagrs. 20½cm.
p. 35-46, 257-? (lib. 7 & 8) wanting. 346

109

—L'usage des astrolabes, Tant Vniversels que Particuliers. Accompagné d'un Traité, qui en explique la Construction par des Manières simples & faciles, avec les Figures necessaires pour l'intelligence de ce Traité. Par le Sieur Bion... A Paris, Chez Laurent d'Houry et Jean Boudot, 1702.

5 l., 242, [2]p. 9 fold. diagrs. 17cm.
1st ed.
Errata at beginning. 65

110

—L'usage des globes celeste et terrestre, et des spheres, suivant les differens systemes du Monde. Précédé d'un Traité de Cosmographie... Seconde Edition reveuë, corrigée & augmentée Par le Sieur Bion... A Paris, Chez Laurent d'Houry, Et Jean Boudot, 1703.

9 l., 459, [3]p. illus. (incl. tables), 17 plates (4 fold.), 15 diagrs. (5 fold.) 17½cm.
1st ed. Paris, 1699.
Errata at beginning. 102

111

— o. c.
♣ *Veyo da Resid[a] de Cinanfu.* 131

112

— o. c.
1 plate wanting. 132

113

— L'usage des globes céleste et terrestre, et des spheres suivant les différens systêmes du monde. Précédé d'un Traité de Cosmographie... accompagné des figures nécessaires... Sixiéme Edition, revûe, & corrigée. Par le Sieur N. Bion... A Paris, Chez Jacques Guerin Et Nyon fils, 1751.

4 l., 144, 143†-144†, 145-382p. illus., 16 plates (4 fold.), 11 fold. maps, fold. table, 19 diagrs. (7 fold.) 22cm.
Errata : p. 381-382.
♣ *Stamp of Mgr Alex. de Gouvea.* 180

114

Blaeuw, Wilhelmus, 1571-1638.

Le theatre dv monde ou Novvel atlas Contenant les chartes et descriptions de tous les Païs de la terre Mis en lumiere par Guillaume et Jean Blaeu. Amsterdami, apud Iohannem Guiljelmi F. Blaeu, 1643-[67]

3v. illus. (incl. tables, diagrs.), 275 maps. 60cm.
5 maps (v. 1, Norwegue, Lithuanie, Borysthenes; v. 2, Cypre; v. 3, Duché de Venise) wanting.
2 maps (v. 1, Alsatia by Ger. Mercator; v. 2, De zee custen van Rusland by Pieter Goos t'Amsterdam) added.
Wanting and added maps are not included in collation.
Title on engr. t:-p. of v. 3 wanting.
The 3rd v. was publ. by Joannes Blaeuw in 1667. *cf.* NouvBiogrGén VI 169.
1st ed.
Contents. — **pt. 1.** Les parties Septentrionales et Orientales de l'Evrope; Allemagne; Les Pays-Bas. — **pt. 2.** France; Espagne; Asie; Afriqve; Ameriqve. — **pt. 3.** Italie; Grece; Grande Bretagne.
★ Brunet I 959. 631

115

Blanchard, Jean-Baptiste, 1731-1797.

Les maximes de l'honnête homme ou de la sagesse, Avec des Réflexions morales et historiques, utiles aux jeunes gens & aux autres personnes, pour se conduire sagement & avec honneur dans le monde. Nouvelle édition, revue avec soin, corrigée en plusieurs endroits, & augmentée considérablement. Par M. l'Abbé Blanchard... A Liege, Chez Jean-François Bassompierre, 1780.

3v. 17cm.
Vol. 1, p. 409-? and v. 2, p. 361-? wanting.
Half-title : Le poëte des moeurs.
1st ed. Namur, 1772.
« Portrait de l'honnête homme et du sage » : v. 3, p. 351-390.
« Discours sur la mendicité » : v. 3, p. [391]-444.
Index : v. 3, p. [447]-469. 1928

116

Blondel, François, 1618-1686.

L'art de jetter les bombes par Monsr. Blondel. Amsterdam, louxte la Copie imprimee à Paris, 1690.

4 l., 426 (*i.e.* 526), [18]p. illus. (incl. tables), 5 plates (4 fold.), 7 fold. diagrs. 16cm.
Engr. ornamented t.-p.
1st ed. Paris, 1685.
♣ *Collegij Societatis Jesu Pekini.* 1648

117

— Nouvelle maniere de fortifier les places. Par Monsieur Blondel Marechal de Camp aux Armées du Roy... A Paris, Chez l'Autheur Et Nicolas Langlois, 1683.

6 l., 68, [3]p. 10 plans (8 fold.), 2 fold. tables. 25cm.
1st ed.
Errata : p. [71]
♣ *PP. Gall. S. J. Pekin.* 1567

118

Bobynet, Pierre, *SJ,* 1593-1668.

Le cadran des cadrans, universel et tres commode. Pour trouuer par tout, les Heures du Iour & de la Nuit : & pour faire sur les Plans, toutes sortes de Cadrans Avec les Paralleles du Soleil & autres Curiositez agreables. Réduit à la Pratique par le P. Pierre Bobynet, de la Compagnie de Iesvs. A Paris, Chez Mathvrin Henavlt, 1649.

4 l., 134, [7]p. illus. (incl. tables), fold. plate, 4 diagrs. 16½cm.
1st ed.
★ Sommerv I 1558 n° 4.
♣ *V. provincie.* 96

119

— L'horographie cvrievse, contenant diverses methodes, Nouuelles & Generales : pour faire promptement, iustement, & facilement toutes sortes d'horloges & cadrans. Auec plusieurs belles Propositions de Geometrie, Astronomie, & Geographie, &c. Plvs vn Traité cvrievx de Geodesie... Par le P. Pierre Bobynet, de la Compagnie de Iesvs. A Paris, Chez Iean Dvpvis, 1665.

1 l., 5-14p., 1 l., 119p., 154, [6]p. 2 plates, 20 diagrs. 15½cm.
2 pt. in 1.

The « Propositions de Géométrie, Astronomie & Géographie plus un traité curievx de Géodésie » mentioned in the title were published in a second volume, which appeared in 1647 at Paris under title « L'horographie ingénieuse », *cf.* Sommervogel I 1557.
1st ed. La Flèche, 1644.
★ Sommerv I 1557 nº 1. 74

120

Boerhaave, Herman, 1668-1738.
Aphorismes de chirurgie d'Herman Boerhaave... Commentés par M. Van-Swieten. Nouvelle Traduction du Latin en Français, avec des Notes. Par M. Louis... A Paris, Chez P. G. Cavellier, 1765-68 [v. 1, 1768]

7 v. 17cm.
1st ed. of « Aphorismes », Leyden, 1709.
1st Latin ed. by van Swieten, Leyden, 1741-72.
1st French ed. 1748.
Contents. — **t. 1.** Maladies composées les plus simples, l'obstruction et la plaie. — **t. 2.** Hémorrhagie, douleur, convulsion, plaies de tête. — **t. 3.** Plaies de la poitrine, du bas-ventre, contusions, fracture des os, luxations. — **t. 4.** Inflammation, abscès, fistules, gangrène. — **t. 5.** Suite de la gangrène, sphacèle; brûlure, squirrhe, cancer, maladies des os. — **t. 6.** Angine ou esquinancie, aphthes, empyème. — **t. 7.** Maladies des femmes grosses, accouchement difficile.
★ Brunet V 1081.
♣ *J. C. Clémendot.* 907

121

— Institutions de médecine de Mr Herman Boerhaave, seconde edition, avec un commentaire, Par M. de la Mettrie... A Paris, Chez Huart, Briasson, Durand, 1743-50.

8 v. 17cm.
Vol. 2, p. 515-518 wanting.
Vol. 7 & 8 have imprint : A Paris, Chez Huart, Briasson, Durand, Langlois, 1750.
1st Latin ed. Leyde, 1708. 1st French ed. 1740.
Contents. — **t. 1.** Précis historique, principes et parties de la medecine. Physiologie, nutrition. — **t. 2.** Digestion, circulation du sang, coeur, poumon, cerveau. — **t. 3.** Cerveau, glandes, nerfs, rate, epiploon, reins. — **t. 4.** Muscles, peau, sens externes, tact, goût, odorat, vue. — **t. 5.** Ouie, sens internes, veille & sommeil, respiration, voix. — **t. 6.** Reproduction, conception. — **t. 7.** Pathologie, séméiotique. — **t. 8.** Hygiène, thérapeutique. Index. 883

122

Bona, Giovanni, *OCist, cardinal,* 1609-1674.
Ferventes aspirations a Dieu, recueillies de l'Écriture et des SS. Peres, par le Cardinal Bona, et traduites du latin en français. A Besançon, Chez Jean Bertrand, 1781.

xlviiii, 311, [1]p. 17cm.
1st ed. publ. under title : « Via compendii ad Deum » Rome, 1657, *cf.* Preface & DictTheoCath II 952.
★ DictAM 1762-6. 2179

123

Bonal, François, *OMObs, 17th cent.*
Le chrestien dv temps en qvatre parties... Par le R. P. François Bonal, de l'Obseruance de Saint François. A Lyon, Chez François Comba, 1668.

40 l., 90p., 7 l., 336p., 12 l., 182p., 2 l., 152, [52]p. 26cm.
1st ed. Paris, 1654.
Contents. — **pt. 1.** De l'origine du christianisme. — **pt. 2.** De la vocation de tous au salut des chrestiens. — **pt. 3.** De la pureté primitiue du Christianisme. — **pt. 4.** Du relâchement des chrestiens du temps. Index.
★ DictHGE IX 725.
♣ *P. Faillet. — Veyo da Rezid[a] de Cinanfu.* 1696

124

Bonal, Raymond, 1600-*ca.*1653.
[Le cours] de la theologie morale. Dans lequel les cas de Conscience sont amplement enseignez : & la Pratique necessaire aux Pasteurs des Ames, & à toutes sortes de Personnes, tant Ecclesiastiques que Laïques... Reveu, corrigé & augmenté du Penitent Catechisé, & d'une Table des principales matieres. Composé par M. Raymond Bonal Prêtre & Docteur en Theologie. Septieme edition. A Lyon, Chez Estienne Bartiel, 1688.

2v. 15cm.
Vol. 1 wanting.
Complete title « Le cours de la theologie morale » *cf.* Approbation and caption title.
Index : v. 2, p. 757-786.
★ DictHGE IX 725-7. 3327

125

Bonnefons, Amable, *SJ,* 1600-1653.
Abbregé de la vie de la glorievse Vierge Marie, et de son glorievx espovx S. Ioseph. En forme de Meditations pour tous les Samedis de l'Année. Auec l'Occupation Interieure de l'Ame Solitaire, qui se met sous la conduite de la Grace, pour apprendre ses Loix, durant dix iours d'vne saincte retraicte. Par le Pere Amable Bonnefons, de la Compagnie de Jesvs. Seconde Edition reueuë augmentée. A Paris, Chez Jean Henavlt, 1648.

178, [181]-312p. 11×6cm.
Parchement ms. in the binding.
Each part has a special t.-p.
1st ed. with « Abbregé de la vie et de la doctrine de Jésus-Christ » Paris, 1645.
1st ed. with « Occupation interieure de l'ame solitaire ».
★ Sommerv I 1736 nº11; VIII 1868; XII 964-5 nº 3721 (ed. wanting) 2983

126

— Le chrestien charitable, qvi va visiter les Pavvres, les Prisonniers, les Malades, les Agonisans; & qui instruit les Ignorans, &

les Penitens. Par le R. P. Amable Bonnefons, de la Compagnie de Iesvs. A Lyon, Chez Antoine Beaviollin, 1666.

4 l., 266 (*i.e.* 366), [10]p. 15m.
Added engr. ornamented t.-p.
1st ed. Paris, 1637.
★ Sommerv I 1733 n° 3; VIII 1868; XII 964 n° 3721 (ed. wanting) 2570

127

Bonnefons, Amable, *SJ,* 1600-1653.

Le devot chrestien charitable, qui visite les pavvres. Les prisonniers. Les galeriens. Les malades. Les agonisans. Les ignorans, et les penitens. Par le R. P. Amable Bonnefons, de la Compagnie de Iesvs. Pour porter les Ames pieuses, à Imiter la vie de Iesus-Christ, & de consoler les pauures Affligez dans leurs Afflictions. A Paris, Chez I. Baptiste Loyson, 1676.

11 l., 384p. 14½cm.
Added engr. ornamented t.-p.
★ Sommerv I 1733-4 n° 3 (ed. wanting) 2067

128

[Bonnefons, Nicolas de]

Les délices de la campagne, suite du Jardinier françois. Ov est enseigné à preparer pour l'usage de la vie, tout ce qui croist sur la Terre, & dans les Eaux... Derniere edition. Augmentée par l'Autheur. A Paris, Chez Charles de Sercy, 1679.

8 l., 307p. 3 plates. 16cm.
Author : Nicolas de Bonnefons. *cf.* DictOuvr Anonym I 872. 848

129

[—] Le jardinier françois, qvi enseigne a cvltiver les Arbres, & Herbes Potageres; Avec la maniere de conseruer les Fruits, & faire toutes sortes de Confitures, Conserves, & Massepans... Septieme edition, Augmentée par l'Autheur de plusieurs experiences qu'il a faites. A Paris, Chez Anthoine Cellier, 1659.

12 l., 382, [2]p. 14cm.
Author : Nicolas de Bonnefons. *cf.* Dict Ouvr Anonym II 982.
1st ed. Paris, 1651.
♣ *Ex libris S. S. Jos. Siami.—Phrt Le Blanc.* 847

130

Bonnet, Charles, 1720-1793.

Contemplation de la nature, par C. Bonnet... A Amsterdam, Chez Marc-Michel Rey, 1766.

v. 1. 17½cm.
The complete set consists of 4v.
1st ed. 1764-65.

Contents.—t. 1. Dieu et l'univers. Perfection relative des êtres. Vue générale de la progression graduelle des êtres. Divers rapports des êtres terrestres. Economie végétale. Economie animale. Economie animale dans les insectes.
★ Lanson n° 11331. 1052

131

Bon-recueil, Jean-Baptiste de.

Briefve explication des mysteres de la Saincte Messe : Profitable tant à ceux qui la disent, qu'à ceux qui l'entendent. Par M. Iean Baptiste de Bon-recueil, Docteur en Theologie. Seconde edition. Reueüe de nouueau & augmentee par l'Autheur... A Lyon, Povr Abraham Cloqvemin, 1616.

5 l., 189 (*i.e.* 187)p., 1 l. 14cm.
Signatures : †6, A-G12, H6, I5 (†6 blank)
p. 3, 27 lines, 109×52mm. 2396

132

Boschet, Antoine, *SJ,* 1642-1699.

Le (parfait mis) sionnaire ou La vie du R. P. Julien Maunoir de la Compagnie de Jesus, Missionnaire en Bretagne. Par le R. P. Boschet de la mesme Compagnie. A Paris, Chez Jean Anisson, 1697 (D.DC.XCVII *i.e.* M.DC.XCVII)

16 l., 519, [8]p. 16½cm.
t.-p. spoiled.
1st ed.
Index : p. [520]-[527]
★ Sommerv I 1827-8 n° 3.
♣ *Donum authoris.* 2957

133

Bossuet, Jacques Bénigne, 1627-1704.

Exposition de la doctrine de l'Eglise Catholique sur les matiéres de Controverse. Par Messire Jacques Benigne Bossuet Conseiller du Roi en ses Conseils, Evêque de Meaux... Nouvelle edition. A Paris, Chez Guillaume Desprez et Jean Desessartz, 1750.

97, [3], 162p. 16m.
1st ed. 1671.
★ Brunet I 1134.—DictThéolCath II 1058.—Lanson n° 6417.
♣ *Stamp of Mgr Alex. de Gouvea.* 1296

134

— Histoire des variations des Eglises Protestantes. Par Messire Jacques Benigne Bossuet, Evesque de Meaux... Suivant la Copie a Paris, Chez la Veuve de Sebastien Mabre Cramoisy, 1702.

2v. 15½cm.
Vol. 2, p. 321-328 wanting.
1st ed. 1688.
Index at end of each vol.
★ Brunet I 1135.—DictThéolCath II 1066.
♣ *Dvclos.* 3326

135

Bossuet, Jacques Bénigne, 1627-1704.

Histoire des variations des Eglises Protestantes. Défense de cette Histoire. Avertissemens aux Protestans, et Instructions pastorales sur les promesses de J. C. à son Église. Par Messire Jacques-Benigne Bossuet, Evêque de Meaux... A Paris, de l'imprimerie de L. Cellot, 1770.

5v. 17cm.
Contents — **t. 1.** Préface de l'éditeur. Histoire des variations, lib. 1-6. Pièces concernant le second mariage du landgrave de Hesse. — **t. 2.** Histoire (continued) lib. 7--2. — **t. 3.** Histoire (continued) lib. 13-15. Défense de l'histoire des variations contre la réponse de M. Basnage. — **t. 4.** Avertissements aux protestants sur les lettres du ministre Jurieu contre l'Histoire des variations. Première instruction pastorale sur les promesses de l'Eglise. Seconde instruction pastorale ou Réponse aux objections d'un ministre contre la première instruction. Remarques sur l'écrit du ministre. — **t. 5.** Sixième avertissement aux Protestants. Avertissement sur le reproche de l'idolatrie. Index. 2015

136

Le **Bovclier** des Regvliers ov La defense de la liberte octroyee par le S. Siege à tous les fideles Chrestiens de l'vn & de l'autre sexe de se confesser en tovt temps avx Regvliers approvvcs.

128, [4]p. 16cm. 2271

137

Boudon, Henri Marie, 1624-1702.

Dieu seul. Le saint esclavage de l'admirable Mere de Dieu. Par Henry Marie Boudon, Docteur en Theologie, & grand Archidiacre d'Evreux. Seconde edition. A Paris, Chez Estienne Michallet, 1674.

12 l., 556 (*i.e.* 544), [6]p. 16cm.
1st ed.
★ DictAM 1887-93.
♣ *Vice-Provinciae Sinensis.* 2250

138

Bouguer, Pierre, 1698-1758.

La figure de la terre, Déterminée par les Observations de Messieurs Bouguer, & de la Condamine, de l'Académie Royale des Sciences, envoyés par ordre du Roy au Pérou, pour observer aux environs de l'Equateur. Avec une Relation abregée de ce Voyage, qui contient la description du Pays dans lequel les Opérations ont été faites. Par M. Bouguer. A Paris, Chez Charles-Antoine Jombert, 1749.

12 l., CXp., 1 l., 394, [2]p. illus. (incl. tables), 2 fold. plates, fold. map, 6 fold. diagrs. 26½cm.
1st ed.
Errata : p. [395]-[396]
★ Brunet III 729. 240

139

[Bouhours, Dominique, *SJ]* 1628-1702.

Les entretiens d'Ariste et d'Eugene. Troisiéme edition. A Paris, Chez Sebastien Mabre-Cramoisy, 1671.

5 l., 544, [12]p. front. 16½cm.
Author : Dominique Bouhours, *SJ. cf.* Sommervogel IX 1051.
1st ed.
★ Brunet I 1169. — Sommerv I 1899 nº 8.
♣ *Collegii Societatis Jesu Pekini.* 3254

140

[—] La vie de Saint François Xavier de la Compagnie de Jesus. Apostre des Indes et du Japon. Seconde edition. A Paris, Chez Sebastien Mabre-Cramoisy, 1683.

2v. 17cm.
Vol. 2. 464 (*i.e.* 472)p.
Author : Dominique Bouhours, *SJ. cf.* Dedication & approbation.
1st ed. Paris, 1682.
Index. p. [465]-[478]
★ DictThéolCath II 1091. — Sommerv I 1904-5 nº 20.
♣ *Collegij S. J. Pekini.* 2920

141

[—] La vie de Saint Ignace fondatevr de la Compagnie de Jesus. A Paris, Chez Sebastien Mabre-Cramoisy, 1679.

2v. 15cm.
Author : Dominique Bouhours, *SJ. cf.* Dedication & Sommervogel IX 1366.
1st ed.
Index : v. 2, p. [307]-[339]
★ DictHGE IX 1503. — DictThéolCath II 1091. — Sommerv I 1903 nº 17.
♣ *Collegij Societatis Jesu Pekini* 2521

142

[—] La vie de Saint Ignace fondateur de la Compagnie de Jesus. Seconde édition. A Paris, Chez Sebastien Mabre-Cramoisy, 1680.

6 l., 648, [12]p. 16½cm.
Index : p. [649]-[659]
★ Sommerv I 1903 nº 17 (ed. wanting)
♣ *Collegii Societatis Jesu Pekini (bis)* — *Ecclesiae Nantanensis.* 2790

143

[—] La vie de Saint Ignace fondateur de la Compagnie de Jesus. A Lyon, Chez Jean Goy, 1688.

2v. 15cm.
Index : v. 2, p. [307]-[339]
★ Sommerv I 1903 nº 17.
♣ *P. Provana.* 2579

144

[Bouhours, Dominique, *SJ***]** 1628-1702.

La vie de Saint Ignace fondateur de la Compagnie de Jesus. Seconde edition. A Paris, Chez George & Louïs Josse, 1692.

5 ? l., 648, [12]p. 16cm.
Some pages of « Avertissement » wanting.
Index : p. [649]-[659]
★ Sommerv I 1903 nº 17.
♣ *Ce livre est du mon^re^ de la Visitation S. Marie d'Amiens* 2918

145

Bourdaloue, Louis, *SJ,* 1632-1704.

Retraite spirituelle a l'usage des communautés religieuses, par le Pere Bourdaloue, de la Compagnie de Jesus. A Paris, Du Fonds de MM. Anisson, Chez les Libraires Associés, 1753.

10 l., 406, [18]p. 17½cm.
1st ed. Paris, 1721.
★ Sommerv II 22 nº 10.
♣ *Stamp of Mgr Alex. de Gouvea.* 2079

146

— Sermons du pere Bourdaloüe, de la Compagnie de Jesus. Pour les dimanches... A Lyon, Chez Anisson & Posuel, 1716.

v. 2. 16cm.
The complete set consists of 4 v.
1st ed. Paris, 1692.
Contents. — **t. 2.** Sermons pour les dimanches depuis Pâques jusques au 5e dimanche après la Pentecôte.
★ Sommerv II 7. 3417

147

Bourdin, Pierre, *SJ,* 1595-1653.

Le covrs de mathematiqve, contenant en cent figvres vne idée generale de toutes les parties de cette Science, l'vsage de ses instrumens, diuerses manieres de prendre les distances, l'art d'arpenter, diuers moyens de leuer & tracer vn Plan, la reduction des Figures par les Triangles de raport, la Trigonometrie, les Fortifications ... & Sciagraphie. Contenant de plus vn Traité de l'vsage du Globe terrestre, & vn autre de l'Optique Dioptrique & Catoptrique... Par le R. P. Bovrdin, de la Compagnie de Iesvs. Troisième edition. A Paris, Chés Simon Benard, 1661.

186 (*i.e.* 187), [1]p. illus. 19cm.
« L'optique » has a special t.-p.
1st ed. Paris, 1636 ?
★ Sommerv II 30 nº 8. 301

148

Bourges, Jacques de, *MEP,* 1630*ca.*-1714.

Relation du voyage de Monseigneur l'Evesque de Beryte, Vicaire Apostolique du Royaume de la Cochinchine, par la Turquie, la Perse, les Indes, &c. jusqu'au Royaume de Siam, & autres lieux. Par M. de Bovrges Prestre, Missionnaire Apostolique. Troisième edition. A Paris, Chez Charles Angot, 1683.

4 l., 167, [1]p. 19cm.
1st ed. Paris, 1666.
Bound with : Pallu, F. *MEP.* Relation abregée des missions des voyages des evesques françois envoyez aux royaumes de la Chine, etc. Paris, 1682. — Séminaire pour les missions etrangères. Relation des missions des evesques françois aux royaumes de Siam, etc. Paris, 1684.
★ Cordier 827. — DictHGE X 211-3. — Streit V 612 nº 1718.
♣ *Missionis Sinensis PP Gallorum Pekin.* 642

149

Bresue Narration de la mort des huit Peres Anglois de la compagnie de Jesus, arriuée depuis peu. Et causée par une pretendüe conspiration Catholique dont se sont seruis ceux qui en estoient coupables pour couurir la leur tout a fait reelle contre sa Majesté et le present Gouvernem^t^. Avec Leurs dernieres parolles au lieu de leur Martire. [Paris, *ca.* 1684]

36 unnumb. l. 29½cm.
This work contains 36 unnumbered leaves (2 blank leaves, 23 leaves of text, 8 ports. on 8 leaves, and 2 blank leaves at end)
Ports. from copper-plates; text in manuscript.
A brief narration of the death of 8 Jesuits fathers who were executed in connexion with the pretended Oates' plot, 1679. — *cf.* CathEncy XI 175.
♣ *Reverendo in Xto Patri P Verbiest A servo suo humillimo et fratre in Xto Joanne Clare S. J. Parisijs Jan : 24. 1684.* 3606

150

Brioys, Jean.

Nouvelle maniere de fortification. Composée povr la noblesse françoise. Exposee en forme d'elemens... Par Jean Brioys, Ingenieur & Geographe ordinaire du Roy. A Paris, Chez Gervais Clouzier, 1674.

6 l., 68p. incl. plans, tables, diagrs. 20cm.
Added t.-p. engr. with ornament.
Colophon : A Metz, chez P. Collignon, 1666.
1st ed. Metz, 1666.
Bound with : Gougeon, L. Cosmographie, Paris, 1693.
★ Brunet I 1261.
♣ *Ex Libris Kiam Cheu.* 1562

151

[Brun, Antoine] 1600-1654.

Pierre de touche Des veritables Interests des Provinces Unies du Pais-Bas : et des Intentions des deux Couronnes, sur les Traittez de Paix. Seconde edition ... Conformement à la premiere Impression, faite à Dordrecht, le 25. mars 1647.

269p. 15½cm.
Author : Antoine Brun. *cf.* DictOuvrAnonym III 894.
★ DictHGE X 923-4. 2217

152

Buchan, William, 1729-1805.

Médecine domestique, ou Traité complet des moyens de se conserver en santé, de guérir & de prévenir les Maladies, par le régime & les remedes simples... Par Guillaume Buchan M. D. ... Traduit de l'Anglois par J. D. Duplanil, Docteur en médecine... Quatrieme édition, Revue, corrigée & considérablement augmentée sur la septieme Edition de Londres... A Paris, Chez Froullé, 1785.

5 v. front. (v. 1) 20cm.
Vol. 2 wanting.
Index : v. 5.
« Le cinquième volume est de Duplanil; il renferme une espèce de dictionnaire explicatif de tous les termes de médecine ». — NouvBiogrGén XV 328.
1st English ed. 1769.
1st French ed. 1775. 912

153

Buffon, George Louis Leclerc, *comte de,* 1707-1788.

Histoire naturelle, générale et particuliére, avec la description du Cabinet du Roy... A Paris, de l'Imprimerie Royale, 1750-58.

v. 1-6, 7. 1, 7. 2, 8-11, 13, 140 plates (94 fold., 2 fold. maps, fold. table. 16cm.
Vol. 1-6, 3. ed. (1750); vol. 7-13, 1st ed. (1753-58).
« The edition most highly prized by collectors, on account of the beauty of its plates, is the first, which was published in Paris (1749-1804) in forty-four quarto volume », — EncyBrit IV 758.
Contents. — **t. 1-2.** Manière de traiter l'histoire naturelle. Théorie de la terre. — **t. 3-6.** Histoire naturelle des animaux et de l'homme. — **t. 7-11.** pt. 1. Discours sur la nature des animaux domestique. — **t. 11** pt. 2. - **t. 13.** Les animaux sauvages.
★ Brunet I 1376. 938

154

Bullet, Pierre, 1639-1716.

Traité du nivellement, contenant la theorie et la pratique de cet art. Avec la description d'un Niveau nouvellement inventé, par le Sieur Bullet, Architecte du Roy. Le tout enrichy de Figures. A Paris, Chez Nicolas Langlois, 1688.

12 l., 83p. illus., 11 fold. plates. 17cm.
1st ed.
♣ *Collegij Societatis Jesu Pekini.* 356

155

Busaeus, Johannes, *SJ,* 1547-1611.

Meditations sur les Evangiles des dimanches, des fêtes, et des principales octaves de toute l'année. Du caréme, et des quatre-temps sur plusieurs points importans de la Vie & de la Doctrine de Iesus-Christ, & sur toutes les circonstances de sa Passion & de sa Mort... & sur plusieurs autres sujets propres pour tous les jours de l'Année. Composées en Latin par le R. P. Busee Jesuite, & augmentées... Traduction nouvelle. A Paris, Chez Jean Baptiste Coignard, 1675.

xxvi, [2], 268p., 2 l., 283, [17]p. 16cm.
2 pt. in 1.
Tr. by Nicolas Binet. *cf.* Sommervogel II 433.
Translators initials, M. N. B. A. A. P. (Monsieur Nicolas Binet Avocat Au Parlement), in « Extrait du privilege du roy ».
On added t.-p. : « Sixième edition reveuë, corrigée & augmentée ».
1st Latin ed. Mainz, 1606.
1st French ed. by Binet, Paris, 1669.
★ DictThéolCath II 1265. — Sommerv II 434.
♣ *Collegij Societatis Jesu Pekini.* 2560

156

Bussières, Jean de, *SJ,* 1607-1678.

La vie de Saint François Xavier, Apostre des Indes, de la Compagnie de Iesvs. Par le Pere Iean de Bvssieres de la mesme Compagnie. A Lyon, Chez Antoine Molin, 1671.

8 l., 638p. port. 14½×8cm.
1st ed.
★ Sommerv II 462 n° 15.
♣ *Ce livre est du mon^re de la Visitation S. Marie d'Amiens.* 2921

C

157

Cagnoli, Antonio, 1743-1816.

Traité de trigonométrie rectiligne et sphérique, Contenant des Méthodes et des Formules nouvelles, avec des applications à la plupart des problêmes de l'Astronomie. Par M. Cagnoli, Citoyen de Vérone, Membre de la Société Italienne, &c. Traduit de l'Italien par M. Chompré. de l'Imprimerie de Didot l'aîné. A Paris, Chez Didot fils aîné, Jombert jeune, Libraire, 1786.

1 l., XV, [1], 478p. illus., 12 fold. tables, 6 fold. diagrs. 24½cm.
« La traduction françoise de ce traité, publiée en même temps que le texte... » — Preface.
1st ed.
Appendice : p. 464-472.
★ Brunet I 1463. 548

158

Calmet, Augustin, *OSB,* 1672-1757.

Dictionnaire historique, critique, chronologique, geographique et litteral de la Bible, Enrichi de plus de trois cent Figures en taille-douce, qui représentent les Antiquitez Judaïques. Nouvelle edition revue, corrigée et augmentée, Dans laquelle le Supplément a été exactement refondu. Par le Reverend Pere Dom Augustin Calmet, Religieux Bénédictin, Abbé de Senones... A Paris, Chez Emery, Saugrain, Pere [et] Pierre Martin, 1730.

4 v. front., 171 plates (77 fold.), 5 fold. maps, 26 plans (24 fold.) 40cm.
Text in 2 col.
Engr. head-pieces.
Binder's title : Diction. de la Bible.
Ms. on front and back guard leaves of v. 1 & 4 respectively.
« Traduction litérale des noms hébreux, caldéens, syriaques et grecs de la Bible » : v. 4, p. [95]-228.
Bibliothèque sacrée ou Catalogue des meilleurs livres que l'on peut lire, pour acquerir l'intelligence de l'Ecriture » : v. 4, p. [229]-547.
1st ed. Paris, 1719. 1247

159

Camus, Jean-Pierre, 1584-1652.

Les diversitez de Messire Jean Pierre Camvs Euesque & Seigneur de Belley. Contenant dix livres divisez en deux tomes... A Paris, Chez Clavde Chappelet, 1610-14 [v. 1. 1612]

10v. 18cm.
Vol. 4, 6 wanting.
t.-p. of v. 5, p. 483-484, 493-494 wanting.
Vol. 1 & 2, 2d. ed. (1612)
Vol. 5 has imprint : Lyon, Jean Pillehotte.
The author first publ. two volumes, but then continued his work in eight further volumes.
Index at end of each volume.
1st ed. of v. 1, 2, Paris, 1609.
Errata : v. 5, p. 611.
★ Brunet I 1528. 3084

160

Caraccioli, Louis Antoine, *OR,* 1721-1803.

Lettres intéressantes du pape Clément XIV, (Ganganelli;) Traduites de l'Italien & du Latin : Quatrieme édition, Exactement revue, corrigée, augmentée de la Traduction des Passages Latins, & d'une ample Table Alphabétique des Matieres... A Paris, Chez Lottin le Jeune; A Lyon, chez Rosset; A Rouen, chez Benitier, 1776-77.

3v. 14½cm.
« Les prétendues Lettres intéressantes du pape Clément XIV, publiées à Paris en 1776 par Caracciolo, n'ont pas d'autorité suffisante, beaucoup d'entre elles étant fausses ou interpolées ». — Dict TheolCath III 134.
Vol. 3, pt. 2 : Discours, panégyrique, & autres pièces intéressantes de ce Pape, nouvellement recueillies : on y a joint des particularités sur sa vie privée, & des anecdotes, traduites de l'Italien; avec un éloge de ce même Pape, imprimé en Latin, à Rome.
Vol. 3 has imprint : Paris, Chez Lottin le Jeune.
♣ *Stamp of Mgr Alex. de Gouvea.* 2779

161

Carré, Louis, 1663-1711.

Methode pour la mesure des surfaces, la dimension des solides, leurs centres de pesanteur, de percussion et d'oscillation Par l'Application du Calcul intégral. Par M. Carré de l'Academie Royale des Sciences. A Paris, Chez Jean Boudot, Libraire de l'Academie Royale des Sciences, 1700.

6 l., 115p. 4 diagrs. (3 fold.). 25cm.
1st ed. 546

162

Carrières, Louis de, *OR,* 1662-1717, *ed.*

Commentaire litteral sur l'histoire et concorde des quatre Evangelistes. Inseré dans la Traduction Françoise, avec le Texte latin à la marge. Par le R. P. de Carriéres, Prêtre de l'Oratoire de Jesus... A Reims, Chez François Godard, 1711.

4 l., 750, [50]p. 16cm.
2 pt. in 1.
1st ed.
♣ *L'abbé O. Bachimont.* 1816

163

Cassini, Jacques, 1677-1756.

Éléments d'astronomie. Par M. Cassini... A Paris, De l'Imprimerie Royale, 1740.

xvi, [12]p., 6 l., 643p. illus. (incl. tables), 21 fold. diagrs. 25½cm.
3 diagrs. (fig. 2-7) wanting.
Ms. marginal notes.
A ms. diagr. inserted.
1st ed.
★ Brunet I 27. 209

164

Cassini, Jean-Dominique, 1625-1712.

Abregé des observations & des reflexions sur la comete qui a paru au mois de Decembre 1680, & aux mois de Janvier, Fevrier & Mars de cette année 1681... par M. Cassini. A Paris, Chez Estienne Michallet, 1681.

xxxix, 90, [2]p. illus. (incl. tables), fold. diagr. 24½cm.
The « Observations » has a special t.-p.
1st ed. 64

165

— O. C.

♣ *Collegij Societatis Jesu Pekini.* 154

166

Cassini de Thury, César-François, 1714-1784.

La méridienne de l'observatoire royal de Paris, Vérifiée dans toute l'étendue du Royaume par de nouvelles Observations. Pour en déduire la vraye grandeur des degrés de la Terre, tant en longitude qu'en latitude, & pour y assujettir toutes les Opérations Géométriques faites par ordre du Roi, pour lever une Carte générale de la France. Par M. Cassini de Thury... Avec des Observations d'Histoire Naturelle, faites dans les Provinces traversées par la méridienne, par M. le Monnier, Suite des Memoires de l'Académie Royale des Sciences, Année M.DCC. XL. A Paris, Chez Hippolyte-Louis Guerin, & Jacques Guerin, 1744.

5 l., 292, ccxxxv, [17]p. 2 fold. plates, 5 maps, 7 fold. diagrs. 26cm.
1st ed.
Index & errata at end.
★ Brunet I 27.
♣ *Coll. S. J. Pekin. 1746.* 42

167

Catechismus Romanus. *French.*

Le Catechisme du Concile de Trente. Traduction Nouvelle... A Mons, Chez Gaspard Migeot, 1679.

2v. 15cm.
1st official ed. Rome, 1566.
Index at end of each volume.
★ DictTheolCath II 1917. 2740

168

Catrou, François, *SJ,* 1659-1737.

Histoire Romaine, depuis la fondation de Rome. Avec des notes historiques, Geographiques, & Critiques; des Gravûres en Taille-douce; des Cartes Geographiques, & plusieurs Médailles authentiques. Par les RR. PP. Catrou & Rouillé de la Compagnie de Jesus ... A Paris, Chez Jacques Rollin, Jean-Baptiste Delespine, Jean Baptiste Coignard fils, 1725-32.

21v. 26½cm.
Vols. 9, 18-21 wanting.
Vols. in Library contain 46 plates (2 fold.), 19 maps (fold.), 37 plans (21 fold.)
Index at end of each volume.
Vol. 17 has title : Histoire Romaine : les empereurs.
Vol. 17 has imprint : A Paris, Chez Jacques Rollin, Jean-Baptiste Delespine, Jean Baptiste Coignard fils, Charles-Jean-Baptiste Delespine fils.
1st ed.
★ Brunet I 1674. — Sommerv II 884-7 nº 5.
♣ *PP Gallor S. J. Pekin.* 2135

169

Chahu, Philippe, *SJ,* 1602-1679.

Traité de l'Oraison Dominicale, où sont exposées les excellences & prérogatives qu' elle a pardessus toutes les autres Prieres. Par le P. Philippe Chahv, de la Compagnie de Iesvs. A Paris, Chez Denys Bechet, 1669.

6 l., 213, [3]p. 14cm.
1st ed.
★ Sommerv II 1030 nº 11; XII 1003 nº 3995. 2311

170

Chales, Claude François Milliet de, *SJ,* 1621-1678.

Les elemens d'Euclide, expliquez d'une maniere nouvelle & tres-facile. Avec l'usage de chaque Proposition pour toutes les parties des Mathematiques. Par le P. Claude François Millet Dechalles, de la Compagnie de Jesus. Nouvelle edition. A Paris, Chez Estienne Michallet, 1683.

2 l., 389, [1]p. incl. diagrs. 16cm.
1st Latin ed. Lyons, 1660.
1st French ed. Lyons, 1672.
★ Sommerv II 1041 nº 2.
♣ *Veyo da Rezid*ª *de Cinanfu.* 434

171

— Les elemens d'Euclide, expliquez d'une maniere nouvelle & tresfacile. Avec l'vsage de chaque Proposition pour toutes les Parties des Mathematqiues. Par le P. Claude François Millet Dechalles, de la Compagnie de Jesus. Nouvelle édition, Reveuë & corrigée. A Paris, Chez Estienne Michallet, 1690.

2 l., 393p. incl. diagrs. 16½cm.
★ Sommerv II 1041 nº 2. 335

172

— Hvict livres des elements d Evclide rendvs plvs faciles Par le R. P. Clavde François Milliet Dechales, de la Compagnie de Iesvs. A Lyon, Chez Benoist Coral, 1672.

6 l., 429p. incl. diagrs. 11½cm.
1st Latin ed. Lyons, 1660.
1st French ed.
♣ *Anno Kam Hi 56 luna 1*ª *die 4*ª *Imp*ʳ *hunc librum cum 10 aliis dono dedit P. Kiliano.— Collegij Soct*ⁱˢ *Jesu Pekini.* 492

173

Champion, Pierre, *SJ,* 1632-1701.

La vie du Pere J. Rigoleuc, de la Compagnie de Jesus. Avec ses Traitez de devotion, et ses Lettres spirituelles. Par le P. Pierre Champion, de la même Compagnie. A Paris, Chez Estienne Michallet, 1686.

15 l., 509 (*i.e.* 507)p. 17cm.
1st ed.
Contents. — **pt. 1.** Vie et actions du P. Jean Rigoleuc. — **pt. 2.** Traités de dévotion : **1.** L'aimable Jésus, ou Exercice d'amour envers N. S. Jésus-Christ. **2.** L'homme d'oraison, ou Instruction touchant l'oraison mentale, selon les trois états de la vie spirituelle. **3.** Le pur amour, ou Les moyens

d'y arriver, et ses effets. **4.** Abrégé de conduite spirituelle. **5.** Instruction aux religieuses pour la réception des novices. — **pt. 3.** Lettres spirituelles.
★ Sommerv II 1053 n° 1. 2965

174

Charas, Moïse, 1619-1698.
Pharmacopée royale Galenique et chymique. Par Moyse Charas... Seconde edition. Revuë & corrigée par l'Auteur. Avec des Additions considerables sur les plus curieuses matieres... A Paris, Chez Laurent d'Houry, 1682.

2v. 6 fold. plates. 19cm.
t.-p. of v. 1 wanting.
1st ed. Paris, 1672.
Index at end of each volume.
✤ *Veyo da Rezid*ª *de Cinanfu.* 849

PHARMACOPEE
ROYALE
GALENIQUE
ET
CHYMIQUE.
Par MOYSE CHARAS, *cy-devant Apotiquaire Artiste du Roy en son Iardin Royal des Plantes, & à present Docteur en Medecine & Chymiste du Roy de la Grande Bretagne.*
SECONDE EDITION.
Revenë, & corrigée par l'Auteur.
Avec des Additions considerables sur les plus curieuses matieres.
TOME SECOND.
A PARIS,
Chez LAURENT D'HOURY, sur le Quay des Augustins, à l'Image S. Jean.
M. DC. LXXXII.
Avec Approbations & Privilege.

175

Charron, Pierre, 1541-1603.
De la sagesse Trois livres, par Pierre Charron Parisien, Docteur es Droicts. Ausquels est adiousté vn recueil des lieux & chapitres, suiuant la premiere edition de Bordeaux, 1601. Auec la reuision de Messieurs du Conseil priué... Plvs Vn petit traicté contenant vn sommaire des trois liures : vne Apollogie & response aux plaintes, & obiections qu'on faisoit contre iceux, avec quelques discours Chrestiens, trouuex aprés le decez de l'Autheur. Derniere edition. A Paris, Chez David Dovcevr, 1613.

18 l., 802 (*i.e.* 798), [18]p. incl. tables. 16cm.
Signatures : a^8, e^8, A-Z^8, Aa-Zz^8, Aaa-Eee^8, Ff^2.
p. 13, 28 lines, 132×76mm.
1st ed. Bordeaux, 1601.
Index & errata : p. [803]-[818]
★ Brunet I 1810. 2681

176

— Le thresor de la Sagesse, compris en trois liures par M. Pierre le Charron, Parisien. Lyon, Pour François le Feure, 1606.

12 l., 750, [6]p. 15×8½cm.
Signatures : g^{12}, a-z^{12}, A-H^{12}, I^6.
p. 5, 35 lines, 116×50mm.
Title within woodcut ornamental border.
Index : p. [751]-[756]
★ Lanson n° 2447-59. 2646

177

LES
TROIS VERITEZ
SECONDE EDITION
reueüe, corrigée, & de beaucoup augmentée,
Auec vn aduertissement & bref examen, sur la Response faicte à la troisiesme verité, de nouueau imprimée à la Rochelle.
Par M. PIERRE le CHARRON Parisien.
A BOVRDEAVS,
Par S. MILLANGES Imprimeur ordinaire du Roy.
1595.
Auec Priuilege du Roy

— Les trois veritez. Seconde edition reueüe, corrigée, & de beaucoup augmentée, Avec un aduertissement & bref examen, sur la Response faicte à la troisiesme vérité, de nouueau imprimée à la Rochelle. Par M. Pierre le Charorn Parisien. A Bovrdeavs, Par S. Millanges, 1595.

12 l., 176p., 775, [1]p. 15½cm.
Signatures : a^8, b^4, A-L^8, M^4, N-Z^8, Aa-Zz^8, Aaa-Ooo^8, Ppp^4.
P. 5, 32 lines, 130×70mm.
1st ed. Bordeaux, 1593.
Errata at beginning.
★ Brunet I 1810. 2678

178

[Chaudon, Louis Mayeul] 1737-1817.

Dictionnaire anti-philosophique, Pour servir de Commentaire & de Correctif au Dictionnaire Philosophique, & aux autres Livres qui ont paru de nos jours contre le Christianisme : ouvrage Dans lequel on donne en abrégé les preuves de la Religion, & la Réponse aux objections de ses Adversaires; avec La notice des principaux Auteurs qui l'ont attaquée & l'apologie des Grands Hommes qui l'ont défendue. Nouvelle edition considérablement augmentée. Par Monsieur ***... A Avignon, Aux dépens de la Société, 1771.

xxxii, 288, 256p. 19½cm.
2v. in 1.
Author : Louis Mayeul Chaudon. *cf.* DictOuvr Anonym I 955.
From the 4th ed. onward (Paris, 1775) this work has been publ. under title : Anti-Dictionnaire philosophique.
1st ed. Avignon, 1767.
Index : v. 1, p. xxvii-xxxii; v. 2, p. 253-256. 1851

179

Cheminais de Montaigu, Timoléon, *SJ,* **1652-1689.**

Sentimens de piété, Par le Pere Cheminais de la Compagnie de Jesus. Quatriéme Edition augmentée. A Paris, Chez Louis Josse, 1698.

4 l., 226, [3]p. 12½×7cm.
1st ed. Paris, 1691.
★ DictTheolCath II 2354.—Sommerv II 1110 nº 2; XII 1005 nº 4012 (ed. wanting) 2452

180

—Sermons du Pere Cheminais, de la Compagnie de Jesus... Sur l'imprimé A Paris, Chez George & Loüis Josse, 1690-92.

3v. 15cm.
Ed. by François Bretonneau. *cf.* Sommervogel II 1109.
1st ed. Paris, 1690-91.
★ DictTheolCath II 2354.
♣ *Da Igreja de Hoai Ngan da V Prov*ª *da China.* 1867

181

Chérubin d'Orléans, *OMCap, 17th cent.*

La dioptriqve ocvlaire, ov La theoriqve, la positive, et la mechaniqve, de l'ocvlaire dioptriqve en tovtes ses especes. Par le Pere Chervbin D'Orleans, Capucin. A Paris, Chez Thomas Jolly, & Simon Benard, 1671.

23 l., 419, [30]p. front., 40 plates (8 fold.), 17 diagrs. 39½cm.
Colophon : A Paris, De l'Imprimerie de Jean Cusson, 1670.
1st ed.
Errata at beginning.
Index : p. [421]-[450] 562

182

—La vision parfaite; ou Le concours des deux axes de la vision en un seul point de l'objet. Par le P. Chérubin d'Orléans, Capucin. A Paris, Chez Sébastien Mabre-Cramoisy, 1677.

13 l., 168, [19]p. front., illus., 8 plates (2 fold.), 7 diagrs. (1 fold.) 36½cm.
Engr. head and tail pieces.
1st ed.
Index : p. [169]-[187]
♣ *Collegij Societatis Jesu. Pekini* 160

183

Chevassu, Joseph, 1674-1752.

Conférences sur le symbole des Apotres, sur les sacrements, et sur les commandements de Dieu et de l'Eglise. Par M. Chevassu, ancien Curé du Diocese de S. Claude. A Rouen, Chez La Veuve Pierre Dumesnil; Labbey, 1784.

v. 3. 17cm.
The complete set consists of 4v.
Half-title : Missionaire paroissial.
1st ed. Lyons, 1753.
Contents.—**t. 3.** 15 Conférences sur le symbole. 14 Conférences sur les sacrements. 3258

184

Chomel, Noël, 1632*ca.*-1712.

Dictionnaire oeconomique, contenant divers moyens d'augmenter son bien, et de conserver sa santé avec plusieurs remedes assurez et éprouvez, pour un tres grand nombre de Maladies, & de beaux Secrets pour parvenir à une longue & heureuse vieillesse... Par M. Noel Chomel, Prêtre... Quatriéme Edition, revûë, corrigée & augmentée d'un très-grand nombre de nouvelles Découvertes & Secrets utiles à tout le monde, par M. P. Danjou, Prêtre. Enrichie d'un grand nombre de Figures... A Paris, Chez la Veuve Etienne, 1740.

2v. illus. 39½cm.
Text in 2 col.
1st ed. Lyons, 1709.
Index : v. 1, p. i-c; v. 2, i-lxxxvi.
—Supplement au Dictionnaire oeconomique... par M. Chomel... Considérablement augmenté par divers Curieux. A Paris, Chez la Veuve Estienne, 1743.

2v. illus. 39½cm.
Vol. 2, 1326 (*i.e.* 1324) col.
★ Brunet I 1850.
♣ *PP Gallor S J. Pekin.* 1615

185

Chomel, Pierre Jean-Baptiste, 1671-1740.
Abrégé de l'histoire des plantes usuelles; Dans lequel on donne leurs noms différens, tant François que Latins; la maniere de s'en servir; la dose, & les principales compositions de Pharmacie dans lesquelles on les emploie. Par feu Pierre Jean-Bapt. Chomel ... Nouvelle édition. Revue, corrigée & augmentée... A Paris, Chez Nyon, 1761.

3v. front. (v. 1) 17cm.
Ed. by Jean Baptiste Louis Chomel. *cf.* NouvBiogrGén X 371.
1st ed. 1712.
« Table alphabétique des noms des plantes » : v. 3, p. 215-252. « Table des maladies » : v. 3, p. 253-265.
Errata at end of v. 3. 846

186

[Clémencet, Charles] *OSB,* 1703-1778.
Lettres a M. François Morenas sur son prétendu Abregé de l'histoire ecclésiastique, Dans lesquelles on réfute les fables ridicules, les erreurs grossiéres... avancées par cet Auteur, en faveur des Jesuites... A Liege, De l'Imprimerie de Philippe Gramme, 1753.

584, [8]p. 17cm.
Author. *cf.* DictTheolCath III 47.
The work is replaced by the bookbinder as the 14th vol. of Racine, Bonaventure. Abrégé de l'histoire ecclésiastique *cf.* DictTheolCath XIII 1627.
1st ed.
Eusèbe Aletophile *pseud.* of Charles Clémencet. cf. Caption title & DictTheolCath III 47.
♣ *Stamp of Mgr Alex. de Gouvea.* 1953a

187

Clément, Denis-Xavier, 1706-1771.
Maximes pour se conduire chrétiennement dans le monde. Par M. l'Abbé Clement, Aumonier & Prédicateur ordinaire du Roi de Pologne... Nouvelle edition, Revûe, & augmentée de l'Eloge historique de feue Madame Henriette de France. A Paris, Chez Hippolyte-Louis Guerin, & Louis François Delatour, 1753.

viii, 396, [3]p. 16½cm.
1st ed. Paris, 1749. 2174

188

— Sermons pour le Carême, Par M. l'Abbé Clément, Abbé de Marcheroux... A Paris, Chez Desaint, 1771.

v. 2. 17cm.
The complete set consists of 9 v.
1st ed. 3310

189

Col de Vilars, Élie, 1675-1747.
Cours de chirurgie dicté aux ecoles De Médecine de Paris, Par M. Elie Col de Vilars ... A Paris, Chez Jacques Rollin, 1759.

4v. 16½cm.
Vol. 4 has imprint : A Paris, Chez Herissant.
1st ed. Paris, 1738.
Contents. — **t. 1, 2.** Principes et le traité des tumeurs. — **t. 3.** Le traité des plaies. — **t. 4.** Le traité des ulcéres.
For the continuation see Col de Vilars, E. Suite du cours de chirurgie, *and* Dictionnaire françois-latin, des termes de medecine, et de chirurgie. 923

190

— Dictionnaire françois-latin, des termes de medecine, et de chirurgie, Avec leur definition, leur Division, & leur Etymologie. Par M. Elie Col de Vilars... Suite du Cours de Chirurgie. A Paris, Chez Delespine, 1759.

2 l., 352p. 17cm.
Continued by Pierre Poissonnier. *cf.* NouvBiogr-Gén XL 570.
1st ed.
This work is the 6th volume of « Cours de chirurgie ».
♣ *Clémendot à Paris.* 937

191

[—] Recueil alphabétique des prognostics Dangereux & mortels sur les différentes maladies de l'Homme; précédé D'une Explication des Maladies, & de quelques Termes de Médecine. Pour servir à MM. les Curés, & autres personnes ayant charge d'Ames dans l'administration des Sacremens. Par M**. Nouvelle Edition. A Paris, Chez J. Th. Hérissant, 1759.

237, [3]p. 13cm.
Author : Elie Col de Vilars. *cf.* « Privilege du roy ». 1113

192

— Suite du Cours de chirurgie dicté aux Ecoles de médecine. Par M. Elie Col de Vilars... Terminé par M. Poissonnier. Contenant le Traité des Luxations & Fractures. A Paris, Chez P. G. Le Mercier, Jacques Rollin, Jean-Thomas Herissant, 1759.

1 l., viii, 179p., 2 l., 178p. 17cm.
1st ed.
This work is the 5th vol. of « Cours de chirurgie ».
♣ *Clémendot à Paris,* 925

193

[**Collection** of pamphlets against Jansenism, 1690-1691]

[648]p. 15½cm.
Contents. — Parallèle des propositions de Mr Arnauld avec celles que l'Eglise a déjà condamnées, 1691. (28 p.). — Wandripont, J. B., *SJ.* Secrets

du parti de Mr Arnaud, 1691. (100p.). — Jugement sur le troisième volume de la Morale pratique des Jésuites, Cologne, P. Du Marteau, 1690. (22p.). — Le Tellier, M. *SJ.* L'erreur du péché philosophique combattue par les Jésuites, Liège, P. Borgelot, 1691. (312p.). — Réflexions sur le libelle intitulé Véritables sentiments des Jésuites touchant le péché philosophique, La Haye, 1691. (46p.). — Montagne, Cor. de la, *pseud.* Réponse aux plaintes contre la conduite de Monseigneur l'archevêque de Malines, Cologne, N. Schouten, 1691. (60p.). — Long-Val, Henri de, *pseud.* Le fondement des Réflexions sur la sentence du Conseil de Gueldre renversé, Cologne, N. Schouten, 1691. (80p.) 1798

194

Collet, Pierre, *CM,* 1693-1770.

Abrégé du Dictionnaire des cas de conscience, de M. Pontas, Dans lequel on trouve un grand nombre de Remarques & de nouvelle Décisions; On y a joint les Résolutions latines imprimées à Ferrare, avec la Critique; Par M. Collet Prêtre, de la Congrégation de la Mission & Docteur en Théologie... A Paris, chez les libraires associés, 1771.

2v. 26½cm.
1st ed. Paris, 1764.
« Casus conscientiae de mandato Prosperi Lambertini, Bononiae Archiepiscopi, postea Sanctissimi D. N. Papae Benedicti XIV, propositi atque resoluti » : col. 1-321 at end of v. 2.
Index : v. 2, col. 313-466.
★ DictTheolCath III 366. — Rosset 59 n° 13. 1489

195

— Méditations pour servir aux retraites, soit annuelles, soit d'un jour par mois, pour les personnes consacrées a Dieu. Revues & considérablement augmentées par M. Collet, Prêtre de la Mission & Docteur en Théologie. A Paris, Chez Durand, 1769.

1 l., xxii, 600, [3]p. 16½cm.
1st ed.
« Table alphabétique des meditations » : p. xviii-xxii.
« ... je vais commencer par faire connoître l'auteur de la principale partie de cet Ouvrage :... Celui dont il s'agit, est, M. Jean Bonnet... mort en 1736, Supérieur Général de la Congrégation de la Mission. » *cf.* Avertissement, p. ii.
★ Rosset 65 n° 9. 2063

196

Collombat, Jacques, *ed.*

Le dictionnaire geographique, contenant La situation & l'étenduë des Etats, Empires, Royaumes, Provinces, Villes, Fleuves, Riviéres, & des autres Lieux les plus considerables du Monde. Ouvrage nouveau Revû corrigé & augmenté d'un tiers dans cette Edition de Paris. A Paris, Chez Jacques Collombat, 1696.

6 l., 340, [63]p. 16½cm.
Added engr. ornamented t.-p.
1st ed. Brussels, 1695. 603

197

[Collot, Pierre] *d. ca.* 1750.

L'esprit de Saint François de Sales, evêque et prince de Geneve, Recueilli de divers Ecrits de M. Jean-Pierre Camus, Evêque de Belley. Ouvrage qui contient les plus beaux endroits de ses Ecrits, & qui renferme des Instructions propres à toutes sortes de personnes. Par M. P. C. Doctevr de Sorbonne. Nouvelle Edition. A Paris, Chez les Freres Estienne, 1747.

lxxiv, [2], 632, [3]p. front., port. 20½cm.
M. P. C. are the initials of Pierre Collot. *cf.* DictTheolCath II 1451.
1st ed. by Camus, Paris, 1641 in 6v.
1st ed. by Collot, Paris, 1727.
Contents. — Abregé de la vie de S. François de Sales. — L'esprit de S. François de Sales. — La lettre du clergé de France au pape, et la bulle du pape pour la canonisation de S. François de Sales. — Index.
★ Brunet V 72. — DictTheolCath II 1451. 2304

198

Colomme, Jean-Baptiste Sébastien, *OBarn,* 1712-1788.

Manuel des religieuses. Qui renferme la maniere dont les Religieuses doivent se conduire, & les maximes propres à les faire parvenir à la perfection de leur état. Par le R. P. Colomme, Barnabite. A Paris, Chez l'Auteur, 1779.

4 l., 329, [7]p. 17cm.
1st ed.
♣ *à la communauté de ... — Sr Thérèse.* 2298

199

Le **combat** spirituel... Nouvellement traduit de l'Italien. Par le P. J. Brignon, de la Compagnie de Jesus. Nouvelle Edition augmentée de la Vie et les souffrances de Jesus-Christ, avec des Reflexions en forme de Meditations. A Paris, Chez Etienne Michallet, 1697.

12 l., 348 (*i.e.* 346), 79, [4]p. 13×7½cm.
Question of authorship (Lorenzo Scupoli, *O-Theat.* 1530-1610? Juan de Castagniza, *OSB, d.* 1598? Achille Agliardi, *SJ,* 1537-1607 ?) *cf.* Sommervogel III 1099, DictThéolCath XIV 1745, & LThK IX 389.
1st Italian ed. Venice, 1589.
1st French ed. by Brignon, Paris, 1688.
♣ *Veyo da Rezid*[a] *de Cinanfu.* 2274

200

Le **combat** spirituel Dans lequel on trouve des moyens très-surs pour vaincre ses passions & triompher du vice; augmenté de la paix de l'ame, & du bonheur d'un cœur qui meurt à luimême pour vivre à Dieu; Traduit de l'Italien par le R. P.

Jean Brignon, de la Compagnie de Jesus. A Paris, Chez P. G. le Mercier, 1752.

xxiv, 495, [9]p. 12½7×7cm.
♣ *J. † M. J. Mon Dieu, faittes nous la grace de nous réunir. Siron — Séminaire des Missions étrangères de Paris 18. 7bre 1821.* 2488

201

Condé, Nicolas de, *SJ,* 1609-1654.
L'histoire dv R. P. Charles de Lorraine. Grand prince. Grand prelat. Grand religievx ... Par le P. N. de Condé, de la Compagnie de Iesvs. A Paris, Chez Gaspar Metvras, 1652.

14 l., 270, [2]p. 14×8cm.
1st ed.
★ Sommerv II 1366 nº 3.
♣ *V. Prov.* 2967

202

La **Connoissance** des temps. Paris, 1679-

21 v. fronts, 12 plates, 11 maps, 25 tables, 15-20cm.
Library has: Année 1684, 1693, 1722, 1727, 1745, 1752, 1753, 1755, 1757, 1780, 1781, 1783, 1784, 1785, 1786, 1787, 1790, 1791, 1797-98, 1798-99, 1799-1800.
Editor varies: 1693, 1702-29. Lieutaud Iacques. 1735-58, Jean-Dominique Maraldi. 1759-75, 1794-1807, Joseph-Jerôme Lefrançais de Lalande. 1775-86, Edme-Sébastien Jeaureat. 1786-94. Pierre-François-André Méchain. 1727-91, Academie roïale des sciences. 1797/98- Bureau des longitudes.
Publisher varies: 1684, 1693, Etienne Michallet. 1722, 1727, Jean Mariette. 1745-91, Imprimerie Royale. 1797/98- Imprimerie de la Republique.
ms. marginal notes.
♣ *Retiré à l'Académie, pour le Reverend Pere Gaubil, 1715 (vol. an. 1752) — Missionis pekinensis PP. Gallorū S. J. (vol. an. 1684) — Stamp of Mgr Alex. de Gouvea (vol. an. 1780-1800).* 67

203

[Cotolendi, Charles] *d. ca.* 1710.
Saint-Evremoniana, ou Dialogues des nouveaux dieux. Dediés à M. Bontemps. A Paris, Chez Michel Brunet, 1700.

12 l., 437 (*i.e.* 439), [23]p. 17cm.
Author: Charles Cotolendi. *cf.* DictOuvrAnonym IV 409.
1st ed.
★ Lanson nº 7228.
♣ *Des Bassablons Vincent.* 2975

204

[Court de Gébelin, Antoine] 1725-1784.
[Le monde primitif, analysé et comparé avec le monde moderne. Paris, chez l'auteur Court de Gebelin, Boudet, Vallevre, Veuve Duchesne, Saugrain, Ruault, 1773]

v. 1. 3 plates. 24½cm.
The complete set consists of 9 v.
t.-p. wanting.

Engr. head-pieces.
Author: Antoine Court de Gébelin. Title, & imprint. *cf.* Dedication, caption title, & t.-p. of [pt. 2]
1st ed.
Contents. — Plan general et raisonné de l'ouvrage, avec une table analytique. — Allégories orientales, ou le fragment de Sanchoniaton, contenant l'histoire de Saturne, Mercure & Hercule. Index. — Du génie allégorique et symbolique de l'antiquité. — Liste des souscripteurs.
★ Brunet II 1516. — Lanson nº 1224-29. 3397

205

— Monde primitif, analysé et comparé avec le monde moderne, considéré dans l'histoire naturelle de la parole; ou Grammaire universelle et comparative; avec des figures en taille-douce. Par M. Court de Gebelin... [Paris] Chez l'auteur, Boudet, Valleyre l'aîné, Veuve Duchesne, Saugrain, Ruault, 1774.

3 l., [v]-lx, 634, [1], 12p. front., 2 plates. 26½cm.
Front. wanting.
Engr. head-piece.
On added t.-p.: Sujet du frontispice de la grammaire universelle. Orphée, ou Les humains instruits et consolés et les animaux eux-mêmes rendus dociles par l'harmonie du discours.
1st ed.
« Grammairiens »: p. 603-606.
« Observations grammaticales »: p. 607-610.
« Familles primitives »: p. 611.
« Etymologies »: p. 612-620.
Index: p. 621-634.
Errata: p. [635] 3060

206

— Monde primitif, analysé et comparé avec le monde moderne, considéré dans l'histoire civile, religieuse et allégorique du calendrier ou almanach... Par M. Court de Gebelin... A Paris, Chez l'Auteur, Boudet, Valleyre l'aîné, Veuve Duchesne, Saugrain, Ruault, 1776.

2 l., xxxii, 632p. front., 8 plates (4 fold.) 25cm.
Head-pieces.
Errata & additions: p. xxiii-xxiv.
Indices & errata: p. 603-627.
« Quatriéme liste de MMrs. les souscripteurs »: p. 629-632. 45

207

Cramer, Gabriel, 1704-1752.
Introduction a l'analyse des lignes courbes algébriques. Par Gabriel Cramer... A Geneve, Chez les Freres Cramer & Cl. Philibert, 1750.

xxiii, 680, xi, [1]p. illus., fold. table, 33 fold. diagrs. 24½cm.
1st ed.
Appendices: p. 656-680.
★ Brunet II 404.
♣ *Collegij Pekinensis 1754.* 340

208

Crasset, Jean, *SJ,* 1618-1692.

Le Chretien en solitude. Par le R. P. Iean Crasset, de la Compagnie de Iesus. A Paris, Chez Estienne Michallet, 1682.

20 l., 151, [15], 151-581p. 17cm.
1st ed. Paris, 1674.
★ DictTheolCath III 2032. — Sommerv XII 1026 nº 4142. 2232

209

— Considerations sur les principales actions du chretien. Par le R. P. Jean Crasset, de la Compagnie de Jesus. A Paris, Chez Estienne Michallet, 1682.

2 l., 248p. 16½cm.
1st ed. Paris, 1675.
★ DictTheolCath III 2032. — Sommerv II 1628 nº 8. 2021

210

[**Croiset, Jean,** *SJ*] 1656-1738.

La devotion au Sacré Coeur de Notre Seigneur Jesus-Christ, contenant les Motifs & Pratiques de cette Devotion, avec le petit Office, les Litanies, le Chapelet, les Actes, & quelques autres prieres pour honorer le sacré Cœur de Jesus. Avec une Meditation sur l'Amour immense que ce sacré Cœur a pour les hommes dans le S. Sacrement. Seconde edition. A Lyon, Chez Antoine & Horace Molin, 1689.

5 l., 156p. 14½cm.
Author: Jean Croiset, *SJ. cf.* DictOuvrAnonym I 937 & Sommervogel II 1661; IX, 1021.
1st ed. Dijon, 1680.
★ DictTheolCath III 2338. 2184

211

[—] La dévotion au Sacré Coeur de N. S. Jesus-Christ. Par un P. de la Compagnie de Jesus. Nouvelle Edition augmentée. A Lyon, Chez Antoine & Horace Molin, 1691.

12 l., 512, 106, [3]p. 17cm.
« Abbregé de la vie d'une religieuse de la Visitation de sainte Marie » p. 1-106 at end. 2284

212

[—] La dévotion au Sacré Coeur de Notre-Seigneur Jesus-Christ, Avec la Bulle de N. S. P. le Pape Clément XI, en faveur de cette même Dévotion. Où on a ajouté une Pratique de Dévotion pour honorer le sacré Coeur de la très-sainte Vierge Marie. Et l'Abregé de la Vie de Soeur Marguerite-Marie Alacoque, Religieuse de la Visitation de Sainte Marie. Avec les Offices de la Divine Providence, & de la Divine Miséricorde, tirés de l'Ecriture-Sainte. Nouvelle Edition, revue & corrigée. A Paris, Chez la Veuve de Jacques Josse, 1741.

5 l., 441p. front. 17cm.
♣ *Ce livre est du Monastère de la Visitation Ste Marie D'amiens. Sr R. A.* 2183

213

[—] o. c. ... Nouvelle edition. A Paris, Chez F. G. Quillau, 1741.

544, [8]p. incl. front. 16½cm. 2185

214

— Retraite spirituelle pour un jour de chaque mois. Par le Pere Jean Croiset, de la Compagnie de Jesus. Nouvelle edition, revûë, corrigée, & augmentée. A Paris, Chez Edme Couterot, 1707-24.

4v. in 3. 17cm. (v. 2: 16½cm; v. 3. 15½cm.)
Vol. 1, 382 (*i.e.* 372)p.; Vol. 3, 321 (*i.e.* 319)p.
The single volumes are of different impression: v. 1, 1707; v. 2, 1716; v. 3, 1724.
Vol. 3, 4 (in 1) have title: Retraite spirituelle pour un jour de chaque mois, avec les Reflections chrêtiennes sur divers sujets de morale.
1st ed. Lyons, 1694.
1st ed. of « Reflections », Paris, 1707.
Errata at end of v. 1.
Index at end of v. 2.
★ DictTheolCath III 2338. — Sommerv II 1666 nº 3.
♣ *P. Damascene de St Jacques (vol. 2).* 2416

215

— o. c.

v. 1. 17cm.
The complete set consists of 4v.
382 (*i.e.* 372)p.
♣ *Srs de Lussan et de Billy.* 3567

D

216

Dablon, Claude, *SJ,* 1618-1697.

Relation de ce qui s'est passé de plus remarquable aux missions des peres de la Compagnie de Jesus. En la Nouvelle France, les années 1671. & 1672. Envoyée au R. P. Jean Pinette Provincial de la province de France. Par le R. P. Claude Dablon ...A Paris, Chez Sebastien Mabre-Cramoisy, 1673.

8 l., 264p. fold. map. 17½cm.
1st ed.
« La sainte mort de Madame de la Peltrie, fondatrice des religieuses Ursulines en la Nouvelle France; & de la Reverende Mere Marie de l'Incarnation premiere superieure de ce monastere. » p. 207-264.
★ Sommerv II 1773 nº 3.
♣ *Collegii S. J. Pekini.* 2632

217

[Dalechamps, Jacques] 1513-1588.

De l'histoire generale des plantes ... Avec un ample indice contenant les vertus des simples medicaments, appropriees à toutes les parties du Corps humain : ensemble les tables en diverses langues. A Ly(on) Chez les Héritiers.

2v. illus. 37½cm.
All p. 1. incli. t.-p. of v. 1. wanting. t.-p. of v. 2. spoiled.
Author : Jacques Dalechamps, editors : Jean Desmoulins & Guillaume de Roville. *cf.* Preface.
Title, etc. *cf.* t.-p. of v. 2.
1st Latin ed. Lyons, 1586.
1st French ed. 1615.
There are two French ed. one publ. in 1615 and the other in 1653.
★ Brunet II 471.
♣ *Missionis Sinensis Patrum gallorum Soc. Jesu. Pekin.* 1179

218

Damiens, Robert François, 1714-1757, *defendant.*

Pieces originales et procedures du proces, Fait à Robert-François Damiens, tant en la Prévôté de l'Hôtel qu'en la Cour de Parlement. A Paris, Chez Pierre-Guillaume Simon, 1757.

xlii, 610p., 1 l., 28p. 26cm.
Text in 2 col.
Ed. by André François Lebreton. *cf.* DictOuvrAnonym III 892.
1st ed.
Index at end.
♣ *Resid. P. P. gall. Soc. Jes. Pekin. N.* 2082

219

Dampmartin, Anne Henri, *vicomte de,* 1755-1825.

Le Provincial a Paris, A l'Époque de la Révolution de 1789. Avec des Notes Critiques ... A Paris, Chez La Villette, 1790.

2 l., viii, 272p. 22½cm.
Author : Anne Henri Dampmartin, *vicomte de cf.* p. 254.
1st ed. 3025

220

Danet, Pierre, *d.* 1709.

Nouveau dictionnaire françois et latin, enrichi des meilleures façons de parler en l'une et en l'autre langue; composé par l'ordre du roy pour Monseigneur le Dauphin, par Mr l'abbé Danet. A Paris, Chez la Veuve de Claude Thiboust, et Pierre Esclassan, 1702.

10 l., 867p. 28cm.
Added engr. ornamented t.-p.
Engr. head-pieces.
Text in 2 col.
1st ed. Paris, 1685-91.
★ Brunet II 485. 3245

221

[Daniel, Gabriel, *SJ*] 1649-1728.

Histoire apologetique de la conduite des Jesuites de la Chine, adressée a Messieurs des Missions Etrangeres, 1700.

4 l., 217p. 14½cm.
Author : Gabriel Daniel, *SJ. cf.* Sommervogel IX 1102.
« On dit que le P. Daniel rassembla les documents et que le P. Bourdaloue les mit en oeuvre. » — Sommervogel II 1803.
1st ed.
★ Cordier 888; 3587. — DictTheolCath IV 104. — Sommerv II 1803 n° 15. 3312

222

Daon, Roger François, *CJM,* 1679-1749.

Conduite des confesseurs dans le tribunal de la pénitence, Selon les Instructions de Saint Charles Borromée, & la Doctrine de S. François de Sales. Par M. Daon, Prêtre, Udiste. Imprimée par l'ordre de Monseigneur l'Evesque de Bayeux, pour servir aux Confesseurs de son Diocèse ... Cinquième edition Revûe, corrigée & augmentée. A Paris, Chez la Veuve de Gabriel-Charles Berton, 1760.

6 l., xxx, [2], 444, [4]p. 17cm.
1st ed. Paris, 1738.
★ DictTheolCath IV 138. 2307

223

[— La conduite des confesseurs dans le tribunal de la pénitence, selon les instructions de Saint Charles Borromée et la doctrine de Saint François de Sales. Lyon, Pierre Bruyset Ponthus, 1767]

xliv, [4], 438, [6]p. 17cm.
t.-p. wanting.
Author : Daon, title, etc. *cf.* Privilège.
♣ *A. D. Favier, presbyter. — Livre de la bibliothèque de Monsieur Oriol, Curé de Lupé, Dép. de Loire.* 1454

224

[Debonnaire, Louis] *d.* 1752.

La regle des devoirs que la nature inspire a tous les hommes... A Paris, Chez Briasson, 1758.

4v. 17cm.
Author : Louis Debonnaire. *cf.* DictOuvrAnonym IV 189.
1st ed.
Contents. — **pt. 1.** Principes généraux. — **pt. 2.** Application de la règle à ce que l'homme se doit à lui-même. — **pt. 3.** Application de la règle à la société. — **pt. 4.** Application de la règle aux devoirs de l'homme à l'égard de Dieu.
★ DictTheolCath IV 161.
♣ *Stamp of Mgr Alex. de Gouvea.* 2332

225

Delafaye, George, *fl.* 1756.

Principes de chirurgie. Par M. George Delafaye... Cinquieme Edition corrigée & augmentée avec une Table des Matieres ... A Paris, Chez P. G. Cavelier, 1761.

xxiii, 552p. 17½cm.
1st ed. Paris, 1739. 868

226

Delaroche, Daniel, 1743-1813.

Analyse des fonctions du systême nerveux, Pour servir d'Introduction à un Examen Pratique des Maux de Nerfs. Par M. De la Roche, Docteur en Médecine, de la Faculté de Genève. A Genève, Chez Du Villard Fils & Nouffer, 1778.

v. 4. 19cm.
1st ed. 1129

227

Demachy, Jacques François, 1728-1803.

Instituts de chymie, ou Principes élémentaires de cette Science, présentés sous un nouveau jour. Par M. Demachy ... A Paris, Aux dépens de Lottin le Jeune, 1766.

2v. 19½cm. (v. 2 : 18½cm.)
Paged continuously.
xxiv, 359p., 3 l., 345-703, [3]p.
1st ed.
Errata : v. 2, p. 703. 687

228

— Procédés chymiques, rangés méthodiquement et définis. On y a joint le précis d'une nouvelle Table des Combinaisons ou Rapports : Pour servir de suite aux Instituts de Chymie. Par M. Demachy ... A Paris, Chez Lottin le Jeune, 1769.

2 l., xxiv, 210p. fold. table. 19×10cm.
1st ed. 694

229

Deparcieux, Antoine, 1703-1768.

Nouveaux traités de trigonometrie rectiligne et spherique. Démontrés par une Méthode nouvelle & plus facile que celle que l'on a employé jusqu'à présent ... Avec un Traité de gnomonique ... Le tout enrichi de Figures gravees en Taille-douce... Par M. Deparcieux ... A Paris, Chez Hippolyte-Louis Guerin, & Jacques Guerin, 1741.

1 l., xii, [5], 118, [204]p., 1 l., 169, [1]p. 17 fold. diagrs. 26cm.
1st ed.
Contents. — Trigonometrie rectiligne et sphérique. — Table des sinus tangentes et sécantes pour un rayon de 10000000 parties. — Table des logarithmes des nombres naturels de 1 à 20000. — Table des logarithmes des sinus et des tangentes pour un rayon de 100000000 parties. — Traité de gnomonique. — Table de la gnomonique.
★ Brunet II 600. 381

230

Descartes, René, 1596-1650.

Les passions de l'ame. Par René Des Cartes. A Amsterdam, Chez Louys Elzevier, 1650.

24 l., 272, [14]p. 13½cm.
1st ed. Amsterdam, 1649.
★ Brunet II 611. — Lanson n° 4147. 2781

LES

PASSIONS

DE L'AME.

PAR

RENE' DES CARTES.

A AMSTERDAM,

Chez Louys Elzevier.

M. DC. L.

Avec Privilege du Roy.

231

— Les principes de la philosophie de René Descartes. Qvatriéme edition. Reveuë & corrigée fort exactement par Monsieur CLR. Avec des Figures dans le corps du Livre; Et celles en taille-douce, de la premiere Edition, mises à la fin du Livre. A Paris, Chez la Veuve Bobin, 1681.

31 l., 477, [3]p. illus., 20 fold. plates. 23½cm.
Plate no. XV wanting.
Added engr. ornamented t.-p.
Tr. by Claude Picot & ed. by C. L. R., the initials of Claude Clerselier. *cf.* DictOuvrAnonym III 1031.
1st Latin ed. Amsterdam, 1644.
1st French ed. Paris, 1647.
★ Brunet II 611. — DictTheolCath IV 538.
♣ *Missionis Sinensis PP. gallorum Soc. Jesu Pekin.* 2820

232

[Descourveaux, Philibert]

La vie de Monsieur Bourdoise premier prestre de la communauté de S. Nicolas du Chardonnet. A Paris, Chez François Fournier, 1714.

6 l., 582 (*i.e.* 584), lxiii p., 1 l. front. 25½cm.
Engr. head-pieces.
Author : Philib. Descourveaux. *cf.* DictOuvrAnonym IV 964.
1st ed.
Index : p. 577-582.
« Sentences chretiennes et ecclesiastiques de Messire Adrien Bourdoise ... revues et augmentees » lxiii p. at end.
Errata at end.
♣ *Ex libris Petri Franc. Ditebs (?) clerici.* — *Leroy-Legros. 1816.* 3121

233

Deslandes, André François Boureau, 1690-1757.

Histoire critique de la philosophie, ou l'on traite de son Origine, de ses Progrès, & des diverses Révolutions qui lui sont arrivées jusqu'à notre tems. Nouvelle edition. Par M. Deslandes ... A Amsterdam, Chez François Changuion, 1756.

4v. 16½cm.
1st ed. Amsterdam, 1737.
Index : v. 4, p. 203-337.
★ Lanson n° 9956-65.
♣ *Stamp of Mgr Alex. de Gouvea.* 2817

234

D[esmartins]

L'experience de l'architecture militaire; Où l'on apprendra à fonds la methode de faire travailler dans les Places. La connoissance particuliere des matereaux propre à bastir... Ensemble la science de trouver les sources des eauës ... Par le Sr. D. Ingenieur ordinaire du Roy. A Paris, Chez Maurice Villery, 1685.

7 l., 135 (*i.e.* 131), [1]p. 14 fold. plates. 16½cm.
Added engr. ornamented. t.-p.
Author : Desmartins. *cf.* Dedication & DictOuvrAnonym II 374.
1st ed.
Errata : p. 135 (*i.e.* 131)
♣ *A Paris ce 1er mars 1685. Honoré Guibert. capitaine au regiment de Champagne.* — *Collegij Soctis Jesu Pekini.* 1557

235

Desportes, Philippe, 1545-1606.

Les oevvres de Philippes des Portes ... Reueuës, corrigees & augmentees outre les precedentes impressions. A Lyon, Par les heritiers de Benoist Rigaud, 1599.

4 l., 706 (*i.e.* 696), [16]p. 14½×8cm.
Signatures : a^4, A-Z^{12}, Aa-Ff^{12}, Gg^8.
p. 62, 31 lines, 102×60mm.
Contents. — Diane, premieres amours. — Amours d'Hippolyte. — Cleonice, dernieres amours. — Elegies. — Imitations de l'Arioste. — Melanges contenant les Diverses amours, Bergeries, Masquarades, Epitaphes. — Cantiques, prieres et autres oeuvres chrestiennes. — Index.
★ Brunet II 648. — Lanson n° 1778-88. 2999

236

Le **Devoir** des pasteurs. En ce qui regarde l'instruction de leur peuple. A Chaalons & se vend à Reims, Chez François Godard, 1699.

10 l., 474, [3]p. 16cm.
Colophon : A Chaalons, de l'imprimerie de C. Bouchard, achevé d'imprimer pour la premiere fois le 2. Janvier 1699.
1st ed.
Errata : p. [477]
♣ *Stamp of Mgr Alex. de Gouvea.* 2265

237

De la **Devotion** vers l'Ange Gardien, Traité tres-utile pour toutes les ames Chrêtiennes, qui aspirent à la perfection, & à l'union avec Dieu. Troisieme edition, Reveuë, corrigée & augmentée. A Paris, Chez F. Muguet, 1671.

272p. 13cm. 2591

238

Dictionnaire français-chinois. Manuscript, *18th cent.*

Fol., 1102 (*i.e.* 1108)p. 35×25cm., the text being 33 × 21cm.
Only odd p. are numbered.
Text in 2 col. : French text and romanisation of Chinese on left, Chinese characters at right.
p. 1-18 wanting, replaced by 6 blank leaves; 3 other blank leaves inserted after p. [20]; p. 27-34 wanting.
Contents. — p. 19-25. Lists of Chinese characters combined for exercises on the 4 tones. — p. 37-1010. Text of dictionary, (A-Zone). — p. 1011-1101. Supplement (Avoir-Voir), alph. order not strictly maintained.
The whole vol. is from the same hand; the Chinese characters from an unskilful hand.
Much blank space is left between entries for further additions; the work is unfinished, many col. at right are almost empty.
French heading-words are often accompanied with Portuguese translation; author uses the old Portuguese romanisation; his orthography of the French language is that of the 18th century. 3594

239

Dictionnaire français-chinois. Manuscript, *18th cent.*

Fol., 5067 (*i.e.* 1469)p. 31×22cm., the text being *ca.* 26×17cm. Text in 2 col.
Pagination is very curious, jumping from p. 1099 to p. 2000, from p. 2099 to p. 3000, etc.
The Chinese characters are from a well trained hand, but the French text is carelessly written,

and left unfinished : from the word *Tempéré* to end, gives only the heading-words.
More difficult Chinese characters have French romanisation surmounting them. A second hand has added romanisation of the whole text from p. 1 to 122.
The Chinese language is the colloquial used in the north.
The French orthography is still ancient.
♣ *Ce dictionnaire appartient à la procure de Chang-Hai. Je dois le rendre à Mr Aymeri dès que je m'en serai servi. (Mr Aymeri, Ange-Michel, was procurator of the Lazarist missions between 1857-1880).* 3609

240

Dictionnaire universel françois et latin, contenant la signification et la définition Tant des mots de l'une & de l'autre Langue, avec leurs différens usages, que des termes propres de chaque Etat & de chaque Profession. La Description de toutes les choses naturelles & artificielles; leurs figures, leurs especes, leurs usages & leurs proprietez. L'Explication de tout ce que renferment les Sciences & les Arts, soit Libéraux, soit Mécaniques. Avec des remarques d'érudition et de critique ... Nouvelle edition corrigée; Dans laquelle on a placé les Additions selon leur rang ... A Paris, Chez Nicolas Le Gras, 1732.

5v. 40½cm.
Half-title : Dictionaire universel françois et latin, vulgairement appellé Dictionaire de Trevoux.
Cover-title : Dictionnaire de Trévoux.
Éd. by Moreau de Mautour & Antoine de Jussieu. *cf.* DictOuvr Anonym I 991.
« Oeuvre des jésuites, il a pour principaux auteurs les pères Buffier, Bougeant, Castel, Ducerceau, Tournemine » — Larousse II 852.
« Cependant les Jésuites déclarèrent, dans les *Mémoires de Trevoux,* Juillet 1724, que ce Dictionnaire... n'était point leur Ouvrage... Troisième édition. — Cette édition dut beaucoup à Moreau de Mautour et à Antoine de Jussieu. » — Sommervogel VII 1397-8.
1st ed. Paris, 1704.
« Table des auteurs » : v. 1, p. xv-xix.
« Dictionarium universale Latino-Gallicum, universali dictionario Latino-Gallico [*sic*] relativum ac plane conciliatum, A. M. L. Le Cxxxx. Anno 1731 » : v. 5, [pt. 2]
★ Brunet II 697.
♣ *Collegii S. J. Pekini. A. C. 1743.* 1632

241

[Diderot, Denis] 1713-1784.

Recueil de planches, sur les sciences, les arts libéraux, et les arts méchaniques, avec leur explication ... A Paris, Chez [v. 1] Briasson, David, Le Breton, Durand, 1762; [v. 4] Briasson, David, Le Breton, 1767; [v. 7] Briasson, Le Breton, 1769; [v. 8] Briasson, 1771.

v. 1, 4, 7, 8. 732 plates, 135 plans, 3 tables, 84 diagrs., 15 musics. 40½cm.
The complete set consists of 11 v.
Vol. 8, one plate wanting.
Some pages at beginning of v. 4 spoiled.
« Encyclopédie ou Dictionnaire raisonné des sciences, des arts et des métiers » edited by Diderot, was published at Paris from 1751 to 1777 in 33 v. (17v. text; 11v. plates; 5v. supplement). *cf.* Larousse, III 155.
— Suite du Recueil de planches, sur les sciences, les arts liberaux, et les arts méchaniques, avec leur explication. A Paris, Chez Panckoucke, Stoupe, Brunet; A Amsterdam, Chez M. M. Rey, 1777.
3 l., 22p. 112 plates, 51 plans, 10 maps, 21 diagrs., 21 musics. 39½cm.
8 plates wanting.
This « Suite » is the fifth volume of the supplement. *cf.* Preface.
★ Brunet II 700.
♣ *Stamp of Mgr Alex. de Gouvea.* 3521

242

Dinouart, Joseph Antoine Toussaint, 1716-1786.

L'éloquence du corps, ou L'action du prédicateur ... Par M. l'Abbé Dinouart, chanoine ... Seconde édition revue & augmentée. Paris, chez G. Desprez, 1761.

xx, 444, [3]p. 17cm.
1st ed. Paris, 1754.
Contents. — Dinouart, J. L'éloquence du corps. — Lucas. J. *SJ.* Actio oratoris, seu de gestu et voce libri duo (1st ed. Paris, 1675). — Villiers, P de. L'art de prêcher. A un abbé (1st ed. Paris, 1682). — Sanlecque, L. de. Poëme sur les mauvais gestes (1st ed. Lyon, 1696).
♣ *Stamp of Mgr Alex. de Gouvea.* 3082

243

Dionis, Pierre, *d.* 1718.

Cours d'operations de chirurgie, demonstrées au Jardin Royal, Par M. Dionis ... Quatriéme edition. Revûe, augmentée de Remarques importantes, & enrichie de Figures en tailles-douces qui representent les Instrumens nouveaux les plus en usage, par G. de la Faye... A Paris, Chez d'Houry, 1740.

xxxii, 923, [1]p. illus., 16 plates. 19½cm.
1st ed. Paris, 1707.
1st rev. ed. by La Faye, 1736.
Index : p. 881-923. 881

244

[Divers ecrits sur la Constitution. 1714-18]

21v.
Vol. 2 wanting.
This work contains a number of Jansenist and Gallican writings against the Constitution « Unigenitus » of pope Clement XI, dated 8 Sept. 1713.
For title. *cf.* Binder's title.
Partial contents. — **t. 1.** Constitution de N. S. P. Le Pape Clement XI. (Text of the Bull Unigenitus, with French translation). — **t. 3, 4, 5.** Quesnel. P. Mémoires pour servir a l'examen de la Constitution. Petitpied, N. Règles de l'équité naturelle et du bon sens pour l'examen de la

Constitution. — **t. 6.** Boyer, P. *OR.* Quatrième gémissement d'une âme vivement touchée de la Constitution. — **t. 7.** Laborde, V. de, *OR.* Du témoignage de la verité dans l'Eglise. — **t. 9.** Quesnel, P. Plainte et protestation contre la condamnation des cent-une propositions. — Hexaples, ou les six colonnes sur la Constitution Unigenitus. — **t. 10. 11.** Petitpied, N. Examen theologique de l'instruction pastorale. — **t. 12, 13.** Legros, N. Renversement des libertés de l'Eglise gallicane dans l'affaire de la Constitution. — **t. 19.** Dupin, L. E. Mémoires et réflexions sur la Constitution. Le Pelletier, C. Nouvelle défense de la Constitution, portant condamnation du Nouveau Testament du P. Quesnel. 3586

245

Dorotheus *de Gaza, Saint, 6th cent.*

Les instructions de Saint Dorothée Pere de l'Eglise grecque, Et Abbé d'un Monastere de la Palestine, traduites de Grec en François. A Paris, Chez François Muguet, 1686.

4 l., 333 (*i.e.* 323), [8]p. 18½cm.
Tr. & ed. by Armand Jean Le Bouthillier de Rancé, *OCist.* *cf.* « Privilège du Roy » & Ouvr-Anonym IV 415.
1st ed.
Errata at beginning.
Contents. — Vie de S. Dorothée. — Instructions. — Lettres. — De l'état extérieur d'un moine.
★ Brunet II 823.
♣ *Ex Bibliotheca D. Terrasson, Sacerdotis.* 2176

246

Dubé, Paul, *17th cent.*

Le chirurgien des pauvres, qui enseigne le moyen de guerir les Maladies externes par remedes faciles à trouver & preparer, en faveur de ceux qui sont éloignez des Villes. Par M. Dubé ... Derniere Edition, reveuë & augmentée. A Paris, Chez Edme Couterot, 1686.

11 l., 91, [1]p. 15½cm.
1st ed. Paris, 1672.
Bound with : Dubé, P. Le medecin des pauvres, Paris, 1686. 837a

247

— Le chirurgien des pauvres, qui enseigne le moyen de guerir les Maladies externes par des remedes faciles à trouver & preparer, en faveur de ceux qui sont éloignez des Villes. Par M. Dubé ... Septiéme Edition, reveuë, corrigée & augmentée. A Paris, Chez Edme Couterot, 1713 (*i.e.* 1693 ?)

12 l., 101, [3]p. 15½cm.
Edited with : Dubé, P. Le medecin des pauvres, Paris, 1694. 890a

248

— Le medecin des pauvres, qui enseigne le moyen de guerir les Maladies par des remedes faciles à trouver dans le Païs, & preparer à peu de frais par toutes sortes de personnes. Par M. Dubé. Derniere Edition, reveuë, corrigée, & augmentée de deux Traitez. A Paris, Chez Edme Couterot, 1686.

24 l., 421 (*i.e.* 422)p., 1 l. 15½cm.
1st ed. Paris, 1672
Bound with : Dubé, P. Le chirurgien des pauvres, Paris, 1686.
♣ *Veyo da Rezid*[a] *de Cinanfu. — Da Livr*[a] *da Nant'am em Peikim.* 837

249

— Le medecin des pauvres, qui enseigne Le moyen de guerir les Maladies par des remedes faciles à trouver dans le païs, & préparer à peu de frais par toutes sortes de personnes. Par M. Dubé ... Septieme edition. Reveuë, corrigée & augmentée de quelques Traitez, A Paris, Chez Edme Couterot, 1694.

42 l., 444p. 15½cm.
Index & errata at beginning.
Edited with : Dubé, P. Le chirurgien des pauvres, Paris, 1713 (*i.e.* 1693 ?)
♣ *Da Igreja de Hoai Ngan da V Prov da China.* 890

250

Du Chesne, Jean Baptiste Philipoteau, *SJ,* 1682-1755.

Histoire du Baianisme ou De l'heresie de Michel Baius avec des notes Historiques, Chronologiques, Critiques &c. Suivie d'eclaircissemens theologiques, et d'un recueil de pieces justificatives Par le Pere Jean-Baptiste du Chesne de la Compagnie de Jesus. A Douay, Chez Jacques-François Willerval, 1731.

6 l., 450p., 1 l., 76p., 1 l., 82, [8]p. 26cm.
Woodcut head-pieces.
1st ed.
Errata at end.
★ DictTheolCath IV 1844. — Sommerv II 1113 n° 6.
♣ *PP Gallor S J. Pekin.* 1918

251

Duez, Nathanael, *17th cent.*

(Seconde partie de) Dictionnaire italien & françois, Bien curieusement reveu, corrigé, & augmenté, par Nathanael Dvez, Maistre de la Langue Françoise, Italienne, & Allemande... A Geneve, Pour Iean Ant. & Samuel De Tournes, 1664.

2v. 17½cm.
Vol. 1. wanting.
Text in 2 col.
1st ed. Leyde, 1659.
Contents. — **pt. 2.** Mots françois expliqués en italien.
♣ *Colleg. ven. S. Jesu cat. inscrip. ex dono M. Darenton. — Veyo da Resid*[a] *de Cinanfu.* 3295

252

— o. c.

2v. 18½cm.
Vol. 1 wanting.
♣ *F : Josephi Mariae a S. Thera Carm. Disc. 1745.* 3296

253

[Duguet, Jacques Joseph, *OR*] 1649-1733.
Explication des qualités ou des caracteres que S. Paul donne a la charité. A Paris, Chez Hippolyte-Loüis Guerin, 1727.

xvii, [1], 456, [4]p. 17cm.
Author : Jacques Joseph Duguet. *cf.* DictOuvrAnonym II 379.
1st ed.
Errata at beginning
★ DictTheolCath IV 1858. 2197

254

[—] Explication du mystere de la Passion de Notre Seigneur Jesus-Christ, Suivant la Concorde. Jesus crucifié... Nouvelle Edition, revûë & corrigée. A Amsterdam, Chez Vander Haghen, 1731.

9 l., 370, x, 192p. 17cm.
Each part has a special t.-p.
Author : Jacques Joseph Duguet, *OR. cf.* DictOuvrAnonym II 380.
There are 7 single books (of which we have 2 only) publ. in 14 volumes under the same common title « Explication du mystere de la Passion de Notre Seigneur Jesus-Christ ». *cf.* Brunet VI no. 423.
1st ed. Paris, 1728.
These 2 parts are bound in reverse order.
Contents. — **[pt. 1.]** Jésus accusé devant Pilate. — **[pt. 2.]** Les blasphêmes des passans, & les Saintes femmes.
♣ *Stamp of Mgr Alex, de Gouvea.* 1905

255

— Institution d'un prince, ou Traité des qualités, des vertus & des devoirs d'un souverain. Par M. l'Abbé Duguet. Nouvelle édition. Avec la Vie de l'Auteur... A Londres, Chez Jean Nourse, 1750.

4v. 17cm.
Vol. 2, p. 483-486 spoiled.
1st ed. Leyden, 1729.
Contents. — **t. 1.** Vie de l'auteur. Des qualités & des vertus d'un prince par rapport au gouvernement temporel. — **t. 2.** Des devoirs d'un prince par rapport au gouvernement temporel. — **t. 3.** Des qualités personnelles & des vertus d'un prince chrétien, considéré comme chef d'une société fidelle et chrétienne. — **t. 4.** Des devoirs d'un prince chrétien par rapport au peuple, considéré comme une société chrétienne qui est nécessairement liée avec la religion.
★ DictTheolCath IV 1859. — Lanson nº 11621.
♣ *Stamp of Mgr Alex. de Gouvea.* 3042

256

[—] Regles pour l'intelligence des Stes.

Ecritures. A Paris, Chez la Veuve Estienne, 1732.

20 l., 372, [8]p. 16½cm.
Author : Jacques Joseph Duguet. *cf.* DictOuvrAnonym IV 194.
1st ed. Paris, 1716.
★ DictTheolCath IV 1858. — Lanson Nº 11614.
♣ *Choix de Philippe pour Alphonse.* 1430

257

Du Halde, Jean-Baptiste, *SJ,* 1674-1743.
Description geographique historique, chronologique, politique, et physique de l'Empire de la Chine et de la Tartarie Chinoise, enrichie des Cartes generales et particulieres de ces Pays, de la Carte générale & des Cartes particulieres du Thibet, & de la Corée, & ornée d'un grand nombre de Figures & de Vignettes gravées en Taille-douce. Par le P. J. B. Du Halde, de la Compagnie de Jesus... A Paris, Chez P. G. Le Mercier, 1735.

4 v. 7 fold. plates, port., 43 maps (part fold.), 10 plans, music. 43½cm.
Text in 2 col.
Half-title : Description de l'Empire de la Chine et de la Tartarie Chinoise.
1st ed.
Index at end of each vol.
« Explication des mots Chinois » : v. 3, p. 557-[565], v. 4, p. 518-520.
★ Brunet II 870. — Cordier 45-48. — Sommerv IV 35-6 nº 11. — Streit VII 284 nº 3205. 3415

258

— Description géographique, historique, chronologique, politique, et physique de l'Empire de la Chine et de la Tartarie Chinoise, enrichie des Cartes générales et particulieres de ces Pays, de la Carte générale & des Cartes particulieres du Thibet, & de la Corée; & ornée d'un grand nombre de Figures & de Vignettes gravées en Taille-douce. Par le P. J. B. Du Halde, de la Compagie de Jesus. Avec un Avertissement préliminaire, où l'on rend comte des principales améliorations qui ont été faites dans cette Nouvelle Edition... A La Haye, Chez Henri Scheurleer, 1736.

4v. illus., 25 plates (10 fold.), port., fold. map, 23 plans (3 fold.), music. 24cm.
Engr. head-pieces.
1st ed. Paris, 1735.
« Explications des mots Chinois et Tartares » at end of v. 1.
Index at end of v. 4.
★ Cordier 48. — Sommerv IV 36 nº 11. — Streit VII 291 nº 3220.
♣ *De la bibliothèque de Mr de Soissan l'ainé à Avignon. — Antoine Polier an : 2.* 3361

259

Duhamel du Monceau, Henri Louis, 1700-1782.

Histoire d'un Insecte qui devore les grains de l'Angoumois; Avec les moyens que l'on peut employer pour le détruire. Par MM. Duhamel du Monceau & Tillet, de l'Académie Royale des Sciences. A Paris, Chez H. L. Guerin & L. F. Delatour, 1762.

3 l., 314, [2]p., 3 fold. plates. 17cm.
1st ed. 924

260

Dulague, Vincent François Jean Noël, 1729-1805.

Leçons de navigation, Par M. Dulague... Seconde Édition augmentée. A Rouen, Chez la Veuve Besongne & Fils, 1775.

2 l., xvii, [2], 356, 45, 52p. illus., 8 fold. diagrs. 20½cm.
Errata at beginning.
« Abrégé de trigonométrie rectiligne et sphérique » & « Recueil de tables astronomiques » at end. 1605

261

[Dunoyer, Anne Marguerite (Petit)] 1663 *ca.*-1720.

Sentimens d'une Ame penitente Sur le Pseaume Miserere meî, Deus. Et le retour d'une ame a Dieu. Sur le Pseaume Benedic anima mea. Avec l'Ordinaire de la Messe, & des Reflexions Chrétiennes. Par Madame D**. Nouvelle edition. A Paris, Chez la veuve Herissant, 1776.

36, 136, 255, [5]p. 13½cm.
Author: Anne Marguerite Dunoyer, junior. *cf.* DictOuvrAnonym IV 468.
1st ed. Paris, 1698. 2206

262

Dupin, Louis Ellies, 1657-1719.

Histoire de l'Eglise en abregé. Depuis le commencement du monde jusqu'à présent. Par Mre Louis-Ellies Du-Pin, Docteur en Théologie de la Faculté de Paris. Nouvelle edition, Revûe, corrigée, augmentée, & mise dans un nouvel ordre... A Paris, Chez Jacques Vincent, 1726.

v. 2. 17½cm.
The complete set consists of 4 v.
Vol. 2, 564 (*i.e.* 544)p.
1st ed. Paris, 1712.
Contents. — **t. 2.** Depuis les premières persecutions jusqu'au VIII. siècle.
♣ *Monasterii Sancti Michaelis de Thirachia ordinis Sancti Benedicti 1729.* 3277

263

Duquesne, Arnaud Bernard d'Icard, 1732-1791.

Les grandeurs de Marie, ou Méditations pour chaque octave des fêtes de la Sainte Vierge; Par M. l'Abbé Duquesne... A Paris, Chez Moutard; Chez Le Charlier, à Bruxelles; Guibert & Orgeas, à Turin, 1791.

2v. 17cm.
1st ed.
♣ *Ex Libris Joan. Philippi Vrayet de Franslieux.* 2337

264

Duret, Claude, 1550*ca.*-1611.

Discovrs, de la verité. Des cavses et effects, des divers covrs, mouuements, flux, reflux, & saleure de la Mer Oceane, Mer Mediterranee & autres Mers de la terre. Par M. Claude Duret... A Paris, Chez Iacques Rezé, Se vendent à Douay chez Baltazar Bellere, 1601.

4 l., 421p. 17½cm.
Signatures: â^4, A-Z^8, Aa-Cc^8, Dd^3.
p. 3, 33 lines, 134×76mm.
1st ed.
★ Brunet II 916.
♣ *Missionis Sinensis Patrum Societatis Jesu.— Veya da Rezid[a] de Cinanfu.* 140

265

Duret, Noël, 1590-*ca.*1650.

Novvelle theorie des planetes. Conforme aux Obseruations de Ptolomée, Copernic, Tycho, Lansberge, & autres excellens Astronomes, tant anciens que modernes. Avec les tables Richeliennes et Parisiennes, exactement calculées; Par lesquelles on pourra tres-facilement trouuer le vray lieu des Planetes & des Estoiles fixes; & aussi calculer les Eclipses du Soleil & de la Lune, & tout ce qui depend de l'Astronomie, à quelque temps que ce soit... Par N. Dvrret... A Paris, Chez Gervais Alliot, 1635.

9 l., 80, 144p. incl. tables, diagrs. 22cm.
Signatures: A^3, B^4, C^2, Aa-Ff^4, Gg^2, Hh-Kk^4, Ll^2; A-H^4; A-S^4.
p. 2, 38 lines, 180×111mm.
p. 65-66 and 69-70 bound after p. 68 and 72 respectively.
Ms. marginal notes.
1st ed. 283

266

[Dusault] *OSB.*

Entretiens avec Jesus-Christ dans le très S. Sacrement de l'Autel, Contenant divers Exercices de piété pour honorer ce divin Mystere, & pour s'en approcher dignement. Par un Religieux Bénédictin de la Congrégation de Saint Maur. Nouvelle édition; Plus correcte & plus ample que les précédentes. A Paris, Chez Jacques Vincent, 1745.

6 l., 480p. 16cm.
1 p. l. wanting.

Author : Dusault, *OSB. cf.* DictOuvrAnonym II 124.
1st ed. Toulouse, 1701.
♣ *Derochefort.* 2588

267

Du Sault, Nicolas, *SJ,* 1600-1655.
Oevvres spiritvelles dv P. Nicolas Dv Savlt de la Compagnie de Iesvs, divisees en devx tomes, et en divers traitez, Dont plusieurs n'auoient point encore paru, les autres ont esté reueus & augmentez par l'Autheur... A Paris, Chez Sebastien et Gabriel Cramoisy, 1651.
2v. front. 24cm.
Vol. 2; v. 1, front., p. 677-678 wanting.
Illus. t.-p.
1st collective ed.
Contents. — **t. 1.** Addresse pour chercher Dieu par les voyes naturelles et surnaturelles. Traitte de la confiance en Dieu. Vie de Madamoiselle de Neuvillars, miroir de perfection pour les femmes mariees.
★ Sommerv VII 661 n° 5. 2705

268

Du Torar.
Leçons de geometrie pratique : Contenant ce qui est necessaire aux Ingenieurs & Arpenteurs. Seconde edition. Reveuë & augmentée du Calcul du Toisé; du Compas de proportion; & d'un nouveau Traité d'Artillerie. Le tout demontré par le sieur Du Torar, Ingenieur & Professeur en Mathematiques. A Paris, Chez Laurent d'Houry, 1691.
6 l., 331, [15]p. incl. tables, diagrs. 16½cm.
1st ed. 1688. 427

269

Du Vair, Guillaume, 1556-1621.
Les oevres politiques, morales et meslees dv Sievr du Vair Premier President au Parlement de Provence. Comprises en cinq parties... A Cologne, De l'Imprimerie de Pierre Aubert, 1614.
4 l., 1459 (*i.e.* 1463)p. 19cm.
Signatures : †^{4}, A-Z^8, Aa-Zz^8, AAa-ZZz^8, AAaa-YYyy^8, ZZzz^4.
p. 3, 37 lines, 148×78mm.
1st ed. 1606.
Contents. — Actions et traités oratoires. — De l'eloquence française, & des raisons pourquoi elle est demeurée si basse. — Arrêts sur quelques questions notables, prononcés au Parlement de Provence. — Traités philosophiques. — Traités de pieté et méditations.
★ Brunet II 925. — Lanson n° 2416-36. 3126

270

Duval, Jacques, *17th cent.*
Methode novvelle de gvarir les catarrhes et tovtes maladies qui en despendent, voyre mesme celles qui cy deuant ont esté reputez incurables... Par noble homme M. Iacques Duval, Sieur d'Ectomare & du Houuel, Docteur & Professeur en Medicine... A Roven, Chez David Gevffroy, 1611.
13 l., 382 (*i.e.* 398), [5]p. incl. port. 16½cm.
Signatures : A-Z^8, Aa-Cc^8, Dd^7.
p. 3, 32 lines, 132×68mm.
1st ed.
★ Brunet II 927.
♣ *Missionis Sinensis. — J. Terrentij.* 858

271

Duval, Pierre, 1618-1683.
Memoires geographiques de tous les pays du monde, avec plusieurs observations Historiques; Par P. Duval d'Abbeville, Geographe du Roy. A Lyon, Chez François Roux, et Claud. Chize, 1686.
6 l., 530 (*i.e.* 528), [5]p. fold. map. 14½cm.
1st ed. Paris, 1651.
Index : p. [531]-[535]
★ BourgAndr I 19-20.
♣ *Collegii S. J. Pekini.* 607

E

272

L'**Ecclesiaste** de Salomon traduit en François. Avec une explication tirée des SS. Peres, & des Auteurs Ecclesiastiques. Quatriéme edition. A Paris, Chez Pierre Le Petit, 1681.
8 l., 602 (*i.e.* 600), [16]p. 19½cm.
« Le livre de la Sagesse, traduit en françois. Avec une explication tirée des SS. Peres, & des Auteurs ecclesiastiques » : p. [265]-602.
Index : p. [603]-[616] 1814

273

Éphémérides des mouvemens célestes pour le méridien de Paris... A Paris.
6 v. front., illus. (incl. tables), 22 maps (16 fold.) 25½-28cm.
Library has : t. 4. (1745-55); 5 (1755-65); 6 (1765-75); 7 (1775-84); 8 (1785-92); 9 (1793-1800).
Vol. 7, maps no. 1, 4, 5, 6, wanting.
Publisher varies : 1745-65. Jacques-François Collombat. 1765-75. Jean-Thomas Hérissant. 1775-1800. Veuve Hérissant.
Editor varies : 1745-74. Nicolas Louis de La Caille. 1775-1800. Joseph-Jérôme Lefrançais de Lalande.
♣ *Stamp of Mgr Alex. de Gouvea.* 323

274

Éphémérides des mouvemens célestes pour le méridien de Paris... Revues & publiées par M. De La Lande... A Paris, Chez la Veuve Hérissant, 1774-83.
2v. front., illus. (incl. tables), 11 maps (10 fold.) 26½cm.
Library has : t. 7 (1775-84); 8 (1785-92)
♣ *Stamp of Mgr Alex. de Gouvea.* 322

275

L'Esprit de Seneque, ou Les plus belles pensées de ce grand Philosophe. Enseignant l'art de bien vivre pour servir de guide à conduire nos passions, pratiquer la Vertu, & fuïr les vices ... A Paris, Chez la Veuve F. Mauger, 1709.

2v. 16½cm.
✤ *Dessaudrais Dufresne.* 2791

276

L'Esprit et la pratique de la dévotion au Sacré Cœur de Jesus ... A Rouen, Chez Jacques Ferrand, 1762.

3 l., viiip., 3 l., 363, [1], xxxv, [1]p. front. 17cm.
Errata : p. 364.
Bound with : L'Esprit et la pratique de la dévotion au Sacré Cœur de Marie, Rouen, 1763. 2180

277

L'Esprit et la pratique de la dévotion au Sacré Cœur de Marie ... A Rouen, Chez Jacques Ferrand, 1763.

2 l., [iii]-vi, 76, xxxi, [1]p. 17cm.
Bound with : L'Esprit et la pratique de la dévotion au Sacré Cœur de Jésus, Rouen, 1762. 2180a

278

Ettmüller, Michael, 1644-1683.

Methode de consulter et de prescrire les formules, de medecine, de Michel Ettmuller. Oeuvre posthume. A Lyon, Chez Thomas Amaulry, 1698.

7 l., 656, [68]p. 19½cm.
Colophon : De l'Imprimerie de Benoit Vignieu.
1st French ed.
Index : p. [657]-[724]
✤ *E. R. 1712.* 844

279

— Nouvelle pratique de chirurgie, medicale raisonnée, par Michel Ettmuller, avec divers remedes, Et une Dissertation sur l'infusion des Liqueurs dans les vaisseaux. A Amsterdam, Chez Jean Aubie, 1691.

11 l., 464, [27]p. front. 13cm.
1st Latin ed. Leipzig, 1668.
1st French ed.
Index : p. [465]-[491] 863

280

Eudes, Jean, *Saint,* 1601-1680.

Le bon confesseur ou Avertissemens aux Confesseurs : contenans les qualitez que doivent avoir tous les Confesseurs, specialement les Missionaires. Et toutes les choses qu'ils doivent observer, pour exercer saintement leur Office, Par le Pere Jean Evdes, Prêtre de la congregation de Jesus & Marie ... A Lyon, Chez Benoist Vignieu, 1689.

11 l., 384p. 15cm.
1st ed. Caen, 1644.
★ DictTheolCath V 1478. 2220

F

281

[Fabre, Jean Claude, *OR*] 1668-1753.

Histoire ecclesiastique. Pour servir de continuation à celle de Monsieur l'Abbé Fleury... A Paris, 1728-44 [v. 21, 1737]

v. 21-36. 17cm.
Publisher varies : v. 21, 22, 27, 28, 31. Pierre-Alexandre Martin. v. 23, 24. Hippolyte Louis Guerin. v. 25, 26. Emery, Saugrain, Pierre Alexandre Martin. v. 29, 30, 33, 34, 35, 36. Gabriel Martin, Jean Baptiste Coignard, Pierre Jean Mariette, Hypolite Louis Guerin. v. 32. Pierre Jean Mariette.
Author : Jean Claude Fabre, *OR. cf.* LThK IV 33.
1st ed. Paris, 1726-37.
Index at end of each volume.
★ DictTheolCath V 2051. 2017

282

Fabre, Pierre, 1716-1791.

Traité des maladies vénériennes, par M. Fabre, Maitre en Chirurgie... Nouvelle Edition, corrigée & considérablement augmentée par l'Auteur... A Paris, Chez P. Fr. Didot le jeune, 1768.

2v. 17cm.
1st ed. Paris, 1758. 900

283

[Fangouse]

L'incrédule convaincu, ou Fondemens de la religion chrétienne en trois dialogues Entre un Jeune Gentilhomme & son Tuteur. Traduit de l'Anglois. A Paris, Chez Despilly, 1666.

2 l., xxiv, 317, [3]p. 17cm.
Author : Fangouse. *cf.* NouvBiogrGén V 812.
Tr. by N. P. Besset de la Chapelle. *cf.* DictOuvr Anonym II 911.
1st French ed. Paris, 1765.
✤ *Stamp of Mgr Alex. de Gouvea.* 1289

284

[Félibien, André] *sieur des Avaux,* 1619-1696.

Description de la grotte de Versailles. A Paris, De l'imprimerie royale, 1676.

1 l., 11, [1]p. 14 plates (2 double), 1 plan. 53cm. (Cabinet du roi)
Illus. t.-p.
Engr. head-pieces.
Author's name at end of Description (text)
According to Brunet this work should have 20 plates. *cf.* Brunet I 1443.
1st ed.

Plates engraved by Jean Lepautre and François Chauveau.
Bound with : Vues, plans etc. du château de Versailles.
★ Brunet I 1443. 3587a

285

[Félibien, André] 1619-1695.

Des principes de l'architecture, de la sculpture, de la peinture, et des autres arts qui en dependent. Avec un dictionnaire des Termes propres à chacun de ces Arts. Seconde edition. A Paris, Chez La Veuve de Jean Baptiste Coignard et Jean Baptiste Coignard Fils, 1690.

12 l., 797p. illus. (incl. diagrs.) 26½cm.
Illus t.-p.
Engr. head-pieces.
Author : André Félibien. *cf.* Dedication.
1st ed. Paris, 1676.
♣ *Viceprovinciae Sinensis. — Collegij Societatis Jesu Pekini.* 1144

286

[—] o. c. 25½cm.

The duplicates of p. 133-134 bound at end. 1145

287

— Entretiens sur les vies et sur les ouvrages des plus excellens peintres anciens et modernes; avec la vie des architectes par Monsieur Felibien. Nouvelle edition, revue, corrigée & augmentée des Conferences de l'Académie Royale de Peinture & de Sculpture; De l'Idée du Peintre parfait, des Traitez de la Miniature, des Desseins, des Estampes, de la connoissance des Tableaux, et du Goût des Nations; de la Description des maisons de Campagne de Pline, & de celle des Invalides... A Trevoux, De l'imprimerie de S. A. S., 1725.

v. 1, 2, 3. front., 4 plates. 17cm.
The complete set consists of 6v.
1st ed. Paris, 1666-88.
Index at end of each volume.
★ BourgAndr nº 300, 310, 312.
♣ *PP. Gallor S J Pekin.* 1737

288

Felice, Fortunato Bartolomeo de, 1723-1789.

Tableau philosophique de la religion chrétienne, Considérée dans son Ensemble, dans sa Morale & dans ses Consolations. Ouvrage rédigé par M. de Felice... Yverdon, 1779.

4v. 16cm.
♣ *Stamp of Mgr Alex. de Gouvea.* 2917

289

[Fénelon, François de Salignac de Lamothe] 1651-1715.

Les avantures de Telemaque fils d'Ulysse. Nouvelle edition, Augmentée de l'Histoire d'Aristonoüs & de Sophronime. Divisée en deux tomes. A Bruxelles, chez François Foppens, 1700.

2v. 16cm.
Author : François de Salignac de Lamothe Fénelon, *cf.* DictOuvrAnonym I 339.
1st ed. 1699.
★ Brunet II 1212. — DictTheolCath V 2142.
♣ *Missionis P. P. Gall in Sinis S. J.* 2985

290

Fer, Nicolas de, 1646-1720.

Introduction a la geographie. Avec une Description Historique sur toutes les Parties de la Terre. Par N. De Fer, Geographe... A Paris, Chez Gilles Paulus-du-Mesnil, 1708.

2 l., 297, [3]p. 17cm.
Added engr. ornamented t.-p.
1st ed.
★ BourgAndr nº 23-4.
♣ *Ill.mi R.mi P.ae Alex.ni (Mezzabarba)* 614

291

Flamsteed, John, 1646-1719.

Atlas céleste de Flamstéed, approuve par l'Academie royale des sciences, et publié sous le privilege de cette compagnie. Seconde édition. Par M. J. Fortin... A Paris, Chez F. G. Deschamps [et] l'Auteur, 1776.

viii, 40p. illus. 30 fold. tables. 22cm.
1st ed. London, 1729.
Errata : p. 40.
★ Brunet II 1280.
♣ *Jo Castro.* 17

292

— o. c. 84

293

— o. c.
Table no. 3 wanting.
♣ *Stamp of Mgr Alex. de Gouvea.* 85

294

Fleury, Claude, 1640-1723.

Histoire ecclesiastique. Par Mr. Fleury, Prêtre, Abbé du Loc-Dieu... A Bruxelles, Chez Eugene Henry Fricx, 1713-69.

20v. 17cm.
Vol. 2 has imprint : A Paris, Chez les Libraires Associés; vol. 3-20 have imprint : A Paris, Chez Pierre-Jean Mariette.
Vol. 2-20, « Nouvelle édition revue & corrigée par l'auteur. »
Ms. notes on front guard leaf of v. 1.
1st ed. Paris, 1691-1720.

Index at end of each volume.
For the continuation see Fabre, J. C. Histoire ecclésiastique. Pour servir de continuation à celle de Monsieur l'abbé Fleury.
★ Brunet II 1290. — DictTheolCath VI 23.
♣ *a H Lambotte curé de Bailly en Eure.* 2016

295

[Fontaine, Nicolas] 1625-1709.

L'histoire du Vieux et du Nouveau Testament, representée avec des figures & des Explications édifiantes, tirées des saints Peres, pour regler les moeurs dans toute sorte de conditions... Par feu Monsieur le Maitre de Sacy, sous le nom du Sieur de Royaumont [*pseud.*] Prieur de Sombreval. Nouvelle edition. A Paris, Chez Michel David, 1713.

8 l., 552p. illus. 27½cm.
p. 235-238 wanting.
« Fontaine paraît être le principal auteur de cet ouvrage, qui fut publié sous le nom de Royaumont. Il le composa à la Bastille, où il partageait la captivité de Lemaistre de Sacy ... » — NouvBiogr Gén XVIII 85.
1st ed. Paris, 1670.
★ Brunet IV 1433.
♣ *élizabeth De Météry à Bourges.* 1165

296

[—] La vie des Saints pour tous les jours de l'année, Augmentée de tous les Saints nouvellement Canonizez; l'éloge de leur vertu principale, tiré de l'Ecriture-Sainte & des Peres de l'Eglise; la pratique de cette vertu, une maxime, & la priere pour chaque Saint. Où les fideles trouvereront [*sic*] l'idée de la vie chrêtienne, Avec des Tables tres utiles pour les Predicateurs, Par M. G. D. M. Docteur en Theologie... A Paris, Chez Edme Couterot, 1688.

v. 4. 19cm.
The complete set consists of 4v.
Author : Nicolas Fontaine. *cf.* DictOuvrAnonym IV 1020.
1st ed. Paris, 1679.
Contents. — **t. 4.** Les fêtes des mois d'Octobre, Novembre et Décembre.
♣ *Am^de delacourt.* 3251

297

[Fontenelle, Bernard Le Bovyer de] 1657-1757.

Théorie des tourbillons Cartésiens; avec des Réflexions sur l'attraction. A Paris, Chez Hippolyte-Louis Guerin, 1752.

xxxi, 215, [4]p. 17cm.
Author : Bernard Le Bovyer de Fontenelle. *cf.* DictOuvrAnonym IV 704.
1st ed. 2874

298

Fortin, P.

Testament, ov Conseils fidelles d'vn bon Pere à ses Enfans. Où sont contenus plusieurs raisonnemens Chrestiens, Moraux & Politiques. Composé par P. Fortin, Sieur de la Hoguette. Nouvelle Edition, augmentée & diuisée par Chapitres. A Lyon, Par Germain Nanty, & Clavde Sibert, 1659.

333p., [5], 139-195, (*i.e.* 339-395) [1]p. 15×8½cm.
« Catechisme royal » : p. 139-195. 2210

299

Fougeroux de Bondaroy, Auguste Denis, 1732-1789.

Art de travailler les cuirs dorés ou argentés. Par M. Fougeroux de Bondaroy. [De l'Imprimerie de H. L. Gverin & L. F. Delatour] 1762.

1 l,. 42p. 2 plates. 47cm.
For imprint. *cf.* Colophon.
1st ed.
★ Brunet II 618. 1664

300

Fouquet, *Mme* **Marie (de Maupeou)** 1590-1681.

Recueil des remedes faciles et domestiques, choisis, experimentés, & trez-aprouvés pour toutes sortes de maladies internes, & externes, & difficiles à guerir. Recueillis par les Ordres charitables de l'Illustre & Pieuse Madame Fouquet ... Cinquième édition. Augmentée dans eette derniere de quantité de Secrets qu'on a mis à la fin ... A Dijon, Par Jean Ressayre, 1699.

12 l., 360 (*i.e.* 362), [22]p. 15½cm.
2 pt. in 1.
1st ed. Villefranche, 1665.
★ Brunet II 1358. 862

301

— Les remedes charitables de Madame Fouquet. Pour gverir a pev de frais Toute sorte de Maux tant Internes qu'Externes, inveterez, & qui ont passé jusques à present pour incurables. Experimentez par la même Dame; Et augmentez d'un tiers dans cette derniere Edition. Divisez en deux parties. A Lyon, Chez Jean Certe, 1682.

24 l., 456, [24]p. 15½cm.
Index : p. [457]-[480]
1st ed. of « Recueil des remèdes faciles », Villefranche, 1665.
♣ *Amantiss. dilectissimoq. in Chro P. A. Provana P. Ant. Laval D. D. C. in miss. orient. usum. — Da V Prov^a da China. — Da Igreja de Hoai Ngan.* 864

302

Fouquet, *Mme* **Marie (de Maupeou)** 1590-1681.

Suite du recueil des remedes faciles et domestiques choisis, experimentés & aprouvés pour toutes sortes de maladies internes & externes, inveterées & difficiles à guerir. Recueillis par les ordres charitables de l'illustre & pieuse Madame Fouquet... A Dijon, Par Jean Ressayre, 1689.

20 l., 440p. 15½cm.
1st ed. of « Recueil », Villefranche, 1665.
♣ *Aug. Discalc. Paris.* 865

303

Fourmont, Etienne, *senior,* 1683-1745.

Reflexions critiques sur les histoires des anciens peuples, Chaldéens, Hébreux, Phéniciens, Egyptiens, Grecs, &c. jusqu'au tems de Cyrus, en trois livres... Par Mr Fourmont l'aîné. A Paris, Chez Musier Pere, Jombert, Briasson, Bullot, 1735.

2v. incl. tables. 27cm.
Errata at end of each volume.
1st ed.
Contents. — **t. 1, pt. 1.** Examen du Fragment de l'histoire Phénicienne de Sanchoniaton conservé par Eusèbe. — **pt. 2.** Dissertations sur le Fragment. De la cosmogonie selon Sanchoniaton. Depuis Adam jusqu'à Noë. Depuis Noë jusqu'aux derniers descendants d'Abraham. Sur les dieux particuliers de chaque peuple. — **t. 2. pt. 3.** Réfutation de Scaliger, Petau, Usserius, Marsham, Pezron, & Explication des difficultés chronologiques de l'Ancien Testament, et de l'Histoire Egyptienne, Babylonienne, Assyrienne, Grecque, Chinoise, &. Canon chronologique de l'empire de la Chine, avec les noms de ses empereurs en lettres Latines et en charactères Chinois, tirés des Annales mêmes. Idée des temps d'avant le déluge. Récapitulation.
★ Brunet II 1359.
♣ *Dono authoris.* 1941

304

Fournier, Georges, *SJ,* 1595-1652.

Hydrographie contenant la theorie, et la pratiqve de tovtes les parties de la navigation. Composé par le Pere Georges Fovrnier de la Compagnie de Iesvs. A Paris, Chez Michel Soly, 1643.

12 l., 922 (*i.e.* 908), [19]p. illus. (incl. diagrs.), fold. table. 33½cm.
p. 363-364 of other edition bound after p. 364.
Illus t.-p.
t.-p. and some pages at beginning spoiled.
1st ed.
Index at end.
★ Sommerv III 909 nº 4. 1063

305

[—] Traité des fortifications ov Architecture militaire, tiré des places les plus estimées de ce temps, pour leurs Fortifications. Divisé en devx parties... A Mayence, Chez Lovis Bovrgeat, 1668.

3 l., 204, [6]p. 107 plates, 3 tables. 13cm.
Author: Georges Fournier, *SJ. cf.* Plate A 1.
1st ed. Paris, 1649.
★ Sommerv III 911 nº 8.
♣ *Reverend^mi P. Philippi Grimaldi.* 2023

TRAITE' DES
FORTIFICATIONS
OV
ARCHITECTURE
MILITAIRE,
TIRE' DES PLACES LES
plus estimées de ce temps, pour
leurs Fortifications.
DIVISE' EN DEVX PARTIES.
La premiere met en main les Plans
Coupes, & Eleuations de quantité de
Places fort estimées, tenuës pour tres-
bien fortifiées, la seconde fournit des pra-
tiques faciles pour en faire de semblables.
A MAYENCE,
Chez LOVIS BOVRGEAT
Libraire del Academie
M. DC. LXVIII.

306

La **France** politique ou Ses desseins executez et a executer sur le plan des passez; Projettez en pleine Paix contre l'Espagne au Pays-bas & ailleurs. Et tirez de ses Memoires, Ambassades, Negociations & Traitez. A Charle-Ville, Chez Denis François, 1671.

8 l., 525p. 13½cm.
Errata at beginning. 1559

307

Franciscus Salesius, *Saint,* 1567-1622.

Traicté de l'amovr de Diev. Par François de Sales Euesque de Geneue. A Lille, Chez Pierre de Rache, 1617.

18 l., 1083, [21]p. 15½cm.
Signatures : a^{12}, e^{6}, A-Z^{12}, Aa-Zz^{12}.
p. 3, 28 lines, 114×58mm.
p. 1-24, 49-72, 97-120 bound upside down.
Illus. t.-p.
Colophon : A Dovay, De l'imprimerie de Marc Wyon, 1617.
1st ed. Lyons, 1616. 2605

308

Froumenteau, Nicolas.

Le secret des finances de France, Descouuert, & departi en trois liures par N. Frovmenteav, & maintenant publié, pour ouurir les moyens legitimes & necessaires de payer les dettes du Roy, descharger ses suiets des subsides imposez depuis trente un ans, & recouurer tous les deniers prins à sa Majesté ... 1581.

28 l., 152, 472 (*i.e.* 456)p., 4 l., 439 (*i.e.* 435)p. 17cm.
Signatures : †-†††^{8}, ††††^{4}, A-I^{8}, K^{4}; b-z^{8}, A-F^{8}, G^{4}, †^{4}, AA-ZZ^{8}, AAA-DDD^{8}, EEE^{2}.
Vol. 2, p. 5, 33 lines, 130×72mm.
3 pt. in 1.
p. 1. of v. 3 are bound after p. 466 and 470 of v. 2.
«... et qui selon d'autres s'appelait Barnaud» — Feller III 663.
1st ed.
★ Brunet II 1414. 1629

G

309

Gallon.

Machines et inventions approuvées par l'Academie royale des sciences, depuis son établissement jusqu'à present; avec leur Description. Dessinées et publiées du consentement de l'Académie, par M. Gallon... A Paris, Chez Gabriel Martin, Jean-Baptiste Coignard, Fils, et Hippolyte-Louis Guerin, 1735.

6v. 433 plates. 25½cm.
Index at end of v. 6.
1st ed.
★ Brunet II 1468.
♣ *Collegij S. J. Pekini. A. C. 1739.* 2018

310

Gardiner, William, *18th cent.*

Tables portatives de logarithmes, Publiées à Londres par Gardiner, Augmentées et perfectionnées dans leur disposition par M Callet, Et corrigées avec la plus scrupuleuse exactitude... Précedées d'un Précis Elémentaire sur l'explication et l'usage des Logarithmes. suivies De plusieurs Tables intéressantes, & d'un Discours qui en facilite l'usage. A Paris, de l'imprimerie de Fr. Amb. Didot l'aîné, Aux dépens d'Alexandre Jombert jeune, 1783.

vi, [7]-64, [522]p. fold. table. 20cm.
1st ed. London, 1742.
1st ed. by Callet.
♣ *Stamp of Mgr Alex. de Gouvea.* 327

311

Gassendi, Pierre, 1592-1655.

Abregé de la philosophie de Gassendi en VII. tomes. Par F. Bernier Docteur en Medecine, de la Faculté de Montpelier. Seconde edition Reveüe, & augmentée par l'Autheur ... A Lyon, Chez Anisson, Posuel & Rigaud, 1684.

7v. illus., fold. plate. 16cm.
Vol. 4 wanting.
Vol. 1-3, 5-7 in 5.
Vol. 5, 626 (*i.e.* 616)p.; vol. 6, 691 (*i.e.* 681)p.
1st ed. 8v. Lyons, 1678.
★ Brunet II 1499. — Lanson N° 4458-64.
♣ *Aplicado à Resid^{a} de Ching Kiam por orde publicada pello P Prov^{al} Joao de Saà. — Ex dono Authoris.* 2832

312

[Gaudron]

Instructions sur tous les mysteres de Notre Seigneur Jesus-Christ, et pour les fêtes de la Sainte Vierge Qui y ont rapport... Tirées des plus beaux endroits de l'Ecriture sainte & des saints Peres... A Paris, Chez la Veuve Savoye, 1767.

6v. 17cm.
Vol. 4 wanting.
Author : Gaudron. *cf.* DictOuvrAnonym II 952.
1st ed. Paris, 1706-19.
Contents. — **t. 1.** Depuis l'Avent jusqu'à la fête de l'Epiphanie inclusivement. — **t. 2.** Depuis le Dimanche dans l'octave des Rois, jusques & compris le jour de l'Annonciation. — **t. 3.** Depuis le premier dimanche de Carême, jusques & compris le Samedi-Saint. — **t. 5.** Depuis le jour de la Pentecôte, jusques & compris la Transfiguration de J. C. — **t. 6.** Histoire et circonstances de la Passion de N. S. Jésus-Christ.
♣ *Stamp of Mgr Alex. de Gouvea.* 1914

313

Gautier, Hubert, 1660-1737.

L'art de laver, ou Nouvelle maniere de peindre sur le papier, Suivant le Coloris des Desseins qu'on envoye à la Cour. Par le Sieur H. Gautier de Nismes. A Lyon, Chez Thomas Amaulry, 1687.

11 l., 154p. plate. 15cm.
« Abregé alphabetiqve » : p. 135-154.
♣ *Collegij Societatis Jesu Pekini.* 1800

314

Gazet, Guillaume, 1554-1611.

L'Histoire ecclesiastiqve dv Pays-Bas. Contenant l'ordre et svite de tovs les Evesqves et Archevesqves de chacvn Diocese, auec vn riche recueil de leurs faicts plus illustres. Ensemble vn Catalogue des Saincts, qui y sont specialement honnorez. Les fondations des Eglises, Abbayes, Prieurez, Monasteres, Colleges... Vn ample recit des histoires miracvlevses y aduenuës & de remarque. Plvs la svccession des comtes d'Arthois, & les choses memorables arriuées de leur temps. Par feu d'heureuse memoire M. Gvillavme Gazet... A Valenciennes, Chez Iean Vervliet, 1614.

4 l., 581 (*i.e.* 583), [9]p. 24cm.
Signatures : †[4], A-Z[4], Aa-Zz[4], Aaa-Zzz[4], Aaaa-Eeee[4].
p. 7, 39 lines, 183×111mm.
t.-p. & some pages at end spoiled.
Colophon : Arras, De l'imprimerie de Guillaume De la Riviere, 1613.
Ed. by Guillaume Moncarre. *cf.* Dedication.
1st ed.
★ Brunet II 1514.
♣ *Missioni Chinensi da ... (?)* 1861

315

Gazet, Nicolas, *OFM, fl. beginning of 17th cent.*

Le grand palais de la misericorde Orné & tapissé de belles & riches pieces des VII. oeuures de l'aumosne corporelle. Par le R. P. F. Nicolas Gazet, Religieux de l'ordre de S. François. Auec trois Tables, l'vne des Discours, l'autre des choses plus signalées; & la troisiesme des passages de la S. Escriture... A Douay, De L'Imprimerie de Baltazar Bellere, 1606.

2v. in 1. illus. 16cm.
40 l., 334, 570p.
Signatures : a-e[8], A-X[8] (X8 blank); Aa-Zz[8], Aaa-Mmm[8], Nnn[5].
p. 3, 30 lines, 122×64mm.
Engr. ornamented t.-p. (v. 2)
For imprint. *cf.* t.-p. of v. 2.
Index at beginning. 2679

316

Gerlacus, Petri, *CanAug,* 1378-1411.

[Les soliloques de Gerlac, Chanoine Regulier de l'Ordre de S. Augustin, dit un autre Thomas a Kempis. Paris, Charles Savreux 1666]

8 l., 87, 312 ? p. 13½cm.
Pt. 1, 2 p. 1. (incl. t.-p.), p. 1-4, 11-14, 21-24, pt. 2, p. 1-2, 23-24, 121-122, 143-144, 251-254, 313-? wanting.
Title, etc. *cf.* Privilege.
1st ed. Cologne, 1616.
Contents. — Vie de Gerlac. — Soliloques. — Lettre touchant la Vie et la Passion de Jesus-Christ, et les Exercices de piété qui se pratiquent par les frères & les laïques du monastère de Windesse. 2745

317

Gervaise, Nicolas, 1662-1729.

Description historique du royaume de Macaçar. Divisée en trois livres. A Paris, Chez Hilaire Foucault, 1688.

4 l., 326p. 16½cm.
Colophon : De l'Imprimerie de Pierre Le Mercier, 1688.
1st ed.
Index : p. 313-326.
♣ *Collegii Soc. Jesu Pekini.* 604

318

Gherardi, Evarista, 1670*ca.*-1700.

Le theatre Italien de Gherardi, ou Le recueil general de toutes les Comedies & Scenes Françoises jouées par les Comediens Italiens du Roy, pendant tout le temps qu'ils ont été au Service. Enrichi d'Estampes en Taille-douce à la tête de chaque Comedie, à la fin de laquelle tous les Airs qu'on y a chantez se trouvent gravez notez, avec leur Basse-continue chiffrée... A Paris, Chez Jean Bapt. Cusson et Pierre Witte, 1700.

v. 2, 4. front., illus., 15 plates, 16 musics (3 fold.) 16½cm.
The complete set consists of 6 v.
Musics printed on two sides.
1st ed. Brussels, 1691-97.
Contents. — **t. 2.** Montchenay, D. de. La cause des femmes. La critique de la cause des femmes. Regnard, J. F. Le divorce. D***. Le marchand duppé. Colombine femme vangée. Regnard, J. F. La descente de Mezzetin aux enfers. Montchenay, D. de. Mezzetin grand Sophy. Regnard, J. F. Arlequin homme a bonne fortune. La critique de l'Homme a bonne fortune. — **t. 4.** F**. L'opera de campagne. L'union des deux opera. Palaprat, J. La fille de bon sens. Regnard, J. F. Les chinois. Regnard, J. F. & F**. La baguette de Vulcain. F**. Le adieux des officiers. Les mal-assortis. De D. L. M. Les originaux. L. C. D. V. Les avantures des Champs-Elysées.
♣ *Dubocage capitaine. — PP Gallor S J Pekin.* 3576

319

Gibert, Balthasar, 1662-1741.

La rhetorique ou Les regles de l'eloquence. Par M. Gibert... A Paris, Chez Brocas, 1749.

1 l., 650, [8]p. 17cm.
Colophon : De l'Imprimerie de J. Chardon, 1749.
1st ed. Paris, 1730.
Index : p. [651]-[654] 2995

320

— La rhetorique ou Les regles de l'eloquence. Par M. Gibert, Ancien Recteur de l'Université de Paris... A Paris, Chez Saugrain, 1766.

1 l., 650, [7]p. 17½cm.
Colophon : De l'Imprimerie de M. Lambert, 1765.
Index : p. [651]-[655]
♣ *Stamp of Mgr Alex. de Gouvea.* 2976

321

[Giffart, P.]

L'art militaire françois, pour l'infanterie. Contenant l'exercice & le maniement des Armes, tant des Officiers que des Soldats, réprésenté par des Figures en taille-douce déssinées d'aprés Nature. Avec un petit abrégé de l'Exercice comme il se fait aujourd'huy... A Paris, Chez Pierre Giffart, 1696.

10 l., 178p. incl. front., illus. 17cm.
Author : P. Giffart. *cf.* Dedication & DictOuvr Anonym I 300.
1st ed.
★ Brunet I 516.
✤ *Missionis Sinensis PP. Gallorum Soc. Jesu Pekin.* 1576

322

Gobinet, Charles, 1613-1690.

Instruction chrétienne des jeunes filles, dressée En faveur de celles qui sont instruites dans la Communauté des Dames de la Croix, & de Sainte Geneviéve, pour y servir à la lecture. Tirée Pour la plus grande partie du Livre de l'Instruction de la jeunesse, fait par M. Gobinet, Prêtre... A l'usage des Pensionnaires et Externes des Dames Ursulines, A Paris, Chez Claude-Jean-Baptiste Herissant, et Charles-Pierre Berton, 1772.

xii, 309, [3]p. 15½cm.
Ed. by Marquot. *cf.* Approbation.
1st ed. Paris, 1682.
✤ *Stamp of Mgr Alex. de Gouvea.* 1836

323

[Godeau, Antoine] 1605-1672.

Paraphrase svr l'Epistre de S. Pavl avx Galates. A Roven, Par la Societé, 1653.

259, [1]p. 14cm.
Author's name : *cf.* Approbation.
p. 169-192 bound after p. 144.
1st ed. of « Paraphrase des Epitres de saint Paul », Paris, 1632-41.
Contents. — Paraphrase des Epistres de S. Pavl aux Galates, Ephésiens Philippiens et Colossiens.
★ DictTheolCath VI 1471. 1817

324

[—] La vie de l'Apôtre S. Paul. Par M[e]. Antoine Godeau, Evêque de Vence. Nouvelle edition, Reveuë & corrigée. A Lyon, Chez Leonard Plaignard, 1685.

30 l., 311, [1]p. 15cm.
1st ed. 1647.
★ DictTheolCath VI 1471. 2919

325

[Golleti, Antoine.]

Les remedes choisis de l'herboriste d'Attigna. La Table qui est à la fin en facilitera l'usage. Edition premiere. A Lyon, Chez Mathieu Desmares, 1690.

125, [11]p. 14½cm.
Author : Antoine Golleti. *cf.* Preface & DictOuvr Anonym IV 261.
✤ *Da V. Prova da China da Igreja de Hoai Ngan. — P : Gul : Van der Beken Miss : Chin :* 841

326

[Gondon, *OMCap*]

Les Pseaumes expliqués dans le sens propre, ou Les rapports des Pseaumes a Jesus-Christ. A Paris, Chez G. Desprez, 1766.

2 l., 710, [2]p. 17cm.
Ed. by Gondon, *OMCap. cf.* DictOuvrAnonym III 1103.
1st ed. 1818

327

Gonnelieu, Jérôme de, *SJ,* 1640-1715.

De la presence de Dieu, qui renferme tous les principes de la vie intérieure. Par le R. P. De Gonnelieu, de la Compagnie de Jesus. A Paris, Chez Josse, 1731.

4 l., 376p. 17cm.
1st ed. Paris, 1703.
★ DictTheolCath VI 1490. — Sommerv III 1562 nº 6. 2254

328

Gonzalez de San Pedro, Francisco, *OP, d.* 1730.

Relation de la nouvelle persecution de la Chine, jusqu'a la mort du Cardinal de Tournon : Dressée Par le R. P. François Gonzales de S. Pierre, Religieux de l'Ordre de S. Dominique, & Missionnaire Apostolique à la Chine, sur Une plus ample Relation des Missionnaires du même Ordre, qui ont été chassés de la Chine, 1714.

xvi, 392, [12]p. 17cm.
1st Spanish ed. 1710.
Bound with : Tournon, C. T. M. de, *cardinal.* Lettre à M. l'Evêque de Conon, 1708. — Maigrot, C. Examen des faussetés sur les cultes Chinois, 1714. — Clement XI. *pope.* Praeceptum « Ex illa die. »
★ Streit III 167. 3383

329

Gougeon, Louis.

Cosmographie, ou Traité de la sphere du monde universel, contenant Une éxacte description des Parties de la région Ethérée & Elémentaire, avec un Traité de l'Horlogéographie, le tout suivi d'une Géographie Géométrique & Historique, où les curieux pourront voir un discours infaillible touchant le secret des longitudes pour la navigation, autant que la science est capable de le produire... Par le Sieur Loüis Gougeon... A Luxembourg & se vend a Paris, chez Jean Anisson, 1693.

5 l., 344p. incl. table, diagrs. 20½cm.
Bound with : Brioys, J. Nouvelle maniere de fortication, Paris, 1674. 1562a

330

Gregorius Magnus, *Saint,* 540*ca.*-604.

Les homelies de S. Gregoire Pape, sur Ezechiel... A Paris, Chez Ph. N. Lottin & J. H. Butard, Jean Desaint & Charles Saillant, Et la veuve Robinot, 1747.

xviii, 570 (*i.e.* 564)p. 17cm.
Tr. by Pierre Leclerc. *cf.* DictOuvrAnonym II 848.
1st ed.
★ DictTheolCath VI 1778.
♣ *Stamp of Mgr Alex. de Gouvea.* 1416

331

— La morale pratique de S. Gregoire, extraite de ses 'Morales sur Job, contenant les maximes les plus pures & les plus solides pour le reglement des moeurs... A Paris, Chez Jean-Baptiste Coignard, 1697.

2v. 16½cm.
Illus. t.-p.
Index and errata at end of each volume.
This work is an extract of « Les morales de St. Grégoire » translated by Laval. *cf.* Pref. & approbation
♣ *Calado.* 2717

332

Griffet, Henri, *SJ,* 1698-1771.

Exercice de piété pour la Communion. Par le Pere Griffet, de la Compagnie de Jesus. Nouvelle édition. A Avignon, Chez Chambeau, 1786.

xii, 298p. 15½cm.
1st ed. Paris, 1748.
★ Sommerv III 1816 nº 6. 2515

333

Griffon, *1st half of 18th cent.*

Abrégé de la theologie de Saint Thomas Contenüe dans sa Somme. Avec la résolution des principales difficultez qu'on peut former sur les décisions de ce Docteur. Par demandes & par réponses. Par le R. P. Griffon, Sécrétaire Général de la Congregation de la Doctrine Chrétienne... A Paris, Chez Nicolas Couterot, 1707.

2v. 16½cm.
Vol. 1 wanting.
1st ed.
★ DictTheolCath VI 1878. 3300

334

Grimaud, Gilbert.

La liturgie sacrée, ou l'antiquité, les mysteres, et les ceremonies de la sainte messe, sont expliquées. Ensemble diverses Resolutions au sujet de la memoire des Trépassez avec un Traité de l'Eau-benite, du Painbenit, des Processions, & des Cloches. Par Messire Gilbert Grimavd, Docteur de la Faculté de Paris... A Paris, Chez Guillaume Cavelier, 1686.

v. 2. 9 plates. 16cm.
Index at end. 3346

335

Grosez, Jean-Etienne, *SJ,* 1642-1718.

Le journal des Saints, ou Meditations pour tous les jours de l'année, avec Un abregé de la Vie des Saints. Par le Pere Jean-Estienne Grosez, de la Compagnie de Jesus... Sixiéme edition, Revuë, corrigée & augmentée... A Lyon, Chez la Veuve de Benoist Coral, 1684.

3v. 15cm.
Vol. 1, t.-p. wanting.
Vol. 1, 412 (*i.e.* 416)j.
Title, etc. *cf.* t.-p. of v. 2.
1st ed. Lyons, 1670.
★ Sommerv III 1852; IX 442; XII 1098 nº 4656 (ed. wanting)
♣ *à l'usage des Soeurs du Noviciat 1711 (t. 2)* 2014

336

Grotius, Hugo, 1583-1645.

Traité de la vérité de la religion chrétienne, traduit du Latin, de Grotius, Par M. l'Abbé Goujet, Chanoine de S. Jacques de l'Hôpital... Nouvelle édition Revue, corrigée & augmentée de la Vie de l'Auteur & de nouvelles remarques... A Paris, Chez la Veuve Lottin & Butard, et P. G. Le Mercier, 1754.

2v. in 1. 19cm.
lxxvi, [4], 191p., 2 l., 239p.
1st Latin ed. Leyden, 1627.
1st French ed. by Goujet, 1724.
★ Brunet II 1765.
♣ *Stamp of Mgr Alex. de Gouvea.* 1369

337

— La verité de la Religion Chrestienne. Ouvrage traduit du Latin de Monsieur Grottius Ambassadeur de la Reine & Couronne de Suede, vers le Roy Tres Chrestien. A Paris, De l'Imprimerie des noueaux Caracteres inuentez par Pierre Moreau Mᵉ Escriuain à Paris. Et se se vend au Palais à la Salle Dauphine, par F. Rovvelin [1644]

16 l., 541p. 18cm.
Tr. by François Edues de Mézeray. *cf.* DictOuvrAnonym IV 936.
Date of publication. *cf.* DictOuvrAnonym IV 937.
1st French ed.
♣ *PP Gallor S J Pekin.* 1658

338

Guilloré, François, *SJ,* 1615-1684.

Conferences spirituelles pour bien mourir a soy-méme. Par le R. P. Francois Guilloré de la Compagnie de Jesus... A Paris, Chez Estienne Michallet, 1683.

2v. 17½cm.
Vol. 2 wanting.
652 (*i.e.* 654)p.
1st ed.
★ DictTheolCath VI 1989. — Sommerv III 1939 nº 5.
♣ *pour le Noviciat de S. Nicolas de Compiègne.* 2901

339

[Guyon, Claude Marie] 1699-1771.

L'Oracle des nouveaux philosophes; Povr servir de suite et d'Eclaircissement aux Oeuvres de M. de Voltaire... A Berne, 1760.

xix, [1], 388p. 17cm.
Author : Claude Marie Guyon. *cf.* DictOuvrAnonym III 724.
1st ed. Berne, 1759.
— Suite de L'oracle des nouveaux philosophes ... Berne, 1760.
2 l., viii, [387]-888p. 17cm.
★ DictTheolCath VI 1997. — Lanson nº 10422. 2816

H

340

Hamon, Jean, 1618-1687.

Explication du Cantique des Cantiques. Ouvrage singulier, où l'on trouvera les plus importantes instructions de la Religion pour les divers états du Christianisme. Par Monsieur Hamon. Revûe & corrigée par Monsieur Nicole... A Paris, Chez Jacques Estienne, 1708.

v. I. 16½cm.
The complete set consists of 4v.
1st ed. 3418

341

Hartsoeker, Nicolas, 1656-1725.

Essay de dioptrique. Par Nicolas Hartsoeker, A Paris, chez Jean Anisson, 1694.

12 l., 232 ?p. illus. (incl. tables, diagrs.), fold. plate. 24cm.
p. 233-? wanting.
Ms. marginal notes.
1st ed. 685

342

Heister, Lorenz, 1683-1758.

L'anatomie d'Heister avec des essais de physique, sur l'usage des parties du corps humain, & sur le Méchanisme de leurs mouvemens. Enrichie de nouvelles Figures en Taille-douce. Seconde edition, Revûe, corrigée & augmentée considérablement. A Paris, Chez Jacques Vincent, 1735.

xiv, [6], 852 (*i.e.* 876)p. 14 plates. 19½cm.
Tr. by Jean Baptiste Senac. *cf.* DictOuvrAnonym I 172.
1st Latin ed. Altdorf, 1717.
1st French ed. Paris, 1724.
Index at beginning. 1047

343

[Hénault, Charles Jean François] 1685-1770.

Nouvel abregé chronologique de l'histoire de France. Contenant Les Evénemens de notre Histoire depuis Clovis jusquà la mort de Louis XIV. les Guerres, les Batailles, les Sièges, les Traités de paix, nos Loix principales, les Edits importans, & quelques Conciles : avec un mot qui en explique l'occasion; enfin quelques-uns des Evénements les plus marqués de l'Histoire de l'Europe... A Paris, De l'Imprimerie de Prault pere, 1744.

viii, 417, [4]p. 17cm.
Illus, t.-p.
Engr. head-pieces.
Author : Charles Jean François Hénault. *cf.* DictOuvrAnonym III 537.
1st ed.
Errata : p. [418]-[419]
★ BourgAndr nº 662. — Brunet III 95.
♣ *Ce livre appartient à Joseph Roisin Garde f. de Bois, 1822.* 3102

344

Henrion, Denis, *d. ca.* 1640.

Collection ov Recveil de divers traictez mathematiqves... Par D. Henrion... A Paris, Chez Abraham Pacard, 1620-21.

2 l., 142p., 2 l., 92p., 1 l., 116, 212p., 1 l., 176p., 2 l., 54p., 1 l., 78p., 1 l., 44p. illus. 23cm.
Signatures : $[\dagger]^2$, A-R^4, S^3; $[\dagger]^2$, A-L^4, M^2; a^1, A-O^4, P^2; A-Z^4, Aa-Cc^4, Dd^2; $[\dagger]^1$, A-Y^4; $[\dagger]^2$, A-F^4, G^3; $\dagger^1$, A-I^4, K^3; $[\dagger]^1$, A-E^4, F^2.
p. 4, 37 lines, 176×113mm.
Each part has a special t.-p.
Of the « Qvatre livres de la géométrie pratiqve » only the 1st book was printed, the other 3 books being replaced by : Erard, J. La geometrie et pratiqve generale d'icelle, Paris, 1620. *cf.* Publisher's note on p. 116 of « Qvatre livres de la géométrie ».
1st ed.
Contents. — Pratiqve des nombres, ov arithmetique vvlgaire. — Traicte d'algebre. — Qvatre livres de la géometrie pratiqve. — Erard, J. La géometrie et pratique generale d'icelle. — Traicté familier povr toiser, mesvrer et exactement calcvler tovtes svperficies et soliditez. — Deux cens qvestions ingenievses et récréatives. — Briefve instrvction povr constrvire les fortifications pratiqves avx Pays Bas. — Briefve explication de l'vsage de l'astrolabe. — L'vsage pratiqve des globes.
♣ *Comprado pª a Rezidª de Chim tim fu pello P. Carlo de Rezende no an. 1734. — Demontigny (erased) — Mathaei Ripa (erased)* 463

345

— Memoires mathematiques recveillis et dressez en faveur de la noblesse Françoise.

Par D. Henrion, Mathematicien, second volvme... A Paris, Pour l'autheur, et se vend Chez Samvel Thibovst, 1627.

8 l., 304 ?p. incl. tables, diagrs. 18cm.
Signatures : a[8], A-T[8].
p. 6, 42 lines, 139×82mm.
p. 305-? wanting.
Illus. t.-p.
1st ed.
Contents. — Sommaire des fractions astronomiqves. — Traicté des triangles spheriqves. — Practiqve des triangles spheriques.
♣ *Missioni Sinensi Soctis Jesu. — P. Fci Clement.* 552

346

Henrion, Denis, *d. ca.* 1640.
Les qvinze livres des Elemens d'Evclide. Traducts de Latin en François : Par D. Henrion Mathematicien. Qvatriesme edition, Reueue, corrigée, & de beaucoup augmentée. A Paris, Imprimé par Isaac Dedin pour ledict Sieur Henrion, 1631.

4 l., 1219 (*i.e.* 1216)p. incl. diagrs. 17cm.
Signatures : †[4], A-Z[8], Aa-Gg[8], Hh[2], Ii-Zz[8], Aaa-Zzz[8], Aaaa-Gggg[8], Hhhh[6].
p. 7, 33 lines, 135×77mm.
1st ed. Paris, 1615. 464

347

Hieronymus, Sophronius Eusebius, *Saint,* 342*ca.*-420.
Les lettres de S. Jerôme. Traduction nouvelle. A Paris, Chez Louis Guerin, 1702.

23 l., 680, [15]p. front. 19½cm.
Tr. by Petit. *cf.* DictOuvrAnonym II 1261.
1st French ed. Paris, 1672.
Index : p. [681]-[695]
♣ *Jeremij Lenain (?) Canaples 1829.* 1385

348

Histoire chronologique des papes, des empereurs et des rois, qui ont regné en Europe depuis la Naissance de Jesus-Christ jusqu'à present. Paris, Chez Jean de la Caille, 1684.

4 l., 423, (*i.e.* 323), [2]p. 16½cm.
♣ *P : Guil : van der Beken Miss. Chinensis. — Da igreja de Hoai Hgan.* 1875

349

Histoire de la vie et passion de Nostre Savveur Iesvs Christ Auec les figures, et quelques reflections sur les principaux Mysteres, tirée de l'Escriture Sainte... A Paris, Chez Nicolas Belley, 1693.

2v. in 1. incl. 127 plates. 35cm.
74, 58 numb. l.
Vol. 2, l. 2, 3 (*i.e.* plates 1, 2 ?) wanting.
Engr. ornamented. t.-p.
Printed on one side only.
Bound in Chinese fashion.
♣ *PP. Gallor S. J. Pekin.* 1584

350

Histoire ecclesiastique du dix-septieme siecle. A Paris, Chez André Pralard, 1714.

3v. 19cm.
♣ *Stamp of Mgr Alex. de Gouvea.* 1894

351

Hoffmann, Friedrich, 1660-1742.
La medecine raisonnée de M. Fr. Hoffmann ... Traduite par Jacques-Jean Bruhier... A Paris, Chez Briasson, 1742-51 [v. 1, 1751]

9 v. front. (v. 1) 17cm.
Vol. 3, [pt.] 2, p. 81-82 wanting.
1st Latin ed. Halle, 1718-40.
1st French ed. Paris, 1739-43.
« Vie de Monsieur Frédéric Hoffmann, composée par M. Jean-Henri Schulze » : v. 1, p. xci-clxxx.
« Catalogue des ouvrages de M. Hoffmann » : v. 1, p. clxxxi-cciv.
Index : v. 9, p. [319]-476.
Contents. — **t. 1, 2.** Physiologie et Hygiène. — **t. 3, 4, 5.** Pathologie. — **t. 6, 7, 8, 9.** Thérapeutique.
♣ *J. B. Barrière.* 911

352

Hoste, Paul, *SJ,* 1652-1700.
L'art des armées navales, ou Traité des evolutions navales, qui contient des regles utiles aux officiers Généraux, & Particuliers d'une Armée Navale; avec des exemples tirez de ce qui s'est passé de plus considérable sur la mer depuis cinquante ans. Par le P. Paul Hoste de la Compagnie de Jesus... A Lyon, Chez Anisson, & Posuel, 1697.

7 l., 424p., 6 l., 172, [4]p. incl. 134 plates, 11 fold. diagrs. 37½cm.
Illus. t.-p.
Engr. head-pieces.
On half-title page : L'art des armées navales ou Traité des évolutions navales. Théorie de la construction des vaisseaux.
1st ed.
★ Brunet III 346. — Sommerv IV 469-80 n° 3.
♣ *PP Gallor S. J. Pekin.* 1740

353

— o. c.

Plate no. 30 & half-title page wanting.
♣ *Missionis Sinensis P. P. Gallorum Soc. Jesu. Pekin.* 1741

354

Huby, Vincent, *SJ,* 1608-1693.
Oeuvres spirituelles du Pere Vincent Huby, de la Compagnie de Jesus. Revues et corrigées par M. L'Abbé ***... A Paris, Chez Gabriel-Charles Berton, 1771.

xxx, 350 (*i.e.* 360)p. 17cm.
p. 75-78 spoiled.
Ed. by Jacques Lenoir Duparc, *SJ. cf.* Sommervogel IV 503.

1st ed. Paris, 1755.
Contents. — Retraite de dix jours, sur l'amour de Dieu, et de notre Seigneur Jésus-Christ — Divers opuscules & Maximes spirituelles.
★ Sommerv III 292 n° 9; IV 503 n° 51; XII 519-22 n° 1513 (ed. wanting)
♣ *Jeanne Morin. — A l'usage de la Soeur St Joseph.* 2638

355

Hume, James.
Methode vniuerselle, et tres-facile povr faire, et descrire toutes sortes de Quadrans & d'Horologes, Equinoctiaux, Horizontaux, Meridionaux, Verticaux, & Polaires. Auec nouuelle demonstration fort belle & curieuse, Vtile à toutes sortes de personnes. Par le Sieur Hvme, Escossois. A Paris, Chez Denis Moreav, 1640.
2 l., 488 ?p. incl. tables, diagrs. 17½cm.
Signatures: A-Z⁸, Aa-Gg⁸, Hh⁴, ? (2 p. l. without signatures).
p. 8, 33 lines, 132×74mm.
p. 489-? wanting.
p. 465-480 bound after p. 488.
♣ *V. Prov*^ae^. 2595

I

356

Ignatius de Loyola, *Saint,* 1491*or*95-1556.
Exercices spirituels de S. Ignace, traduits en François. Par M. l'Abbé Clement, Abbé de Marcheroux... A Paris, Chez H. L. Guerin & L. F. Delatour, 1762.
lxviii, 336p. 17½cm.
1st Latin ed. Rome, 1548.
1st French ed. by Clément.
★ Brunet III 405. — DictTheolCath VII 722. — Sommerv V 69 (ed. wanting) — Wattrigant 23. 1710

357

Imbert.
Nouvelle méthode, ou Principes raisonnés du plein-chant, dans sa perfection, tirés des élémens de la musique. Contenant aussi une Méthode de Serpent, pour ceux qui en veulent jouer avec goût... Par M. Imbert, de Sens, Serpent de S. Benoît. A Paris, Chez La Veuve Ballard & Fils; Brocas, Et chez l'Auteur, 1780.
viii, 268, [2]p. 2 double tables, double diagr. 17½cm. 3624

358

Imitatio Christi, *French.*
L'imitation de Iesvs-Christ. Traduite en Vers François, Par Mr. Corneille. Iouxte la copie imprimée A Paris, 1654.

3 l., 183p., 1 l., 121p., 1 l., 245, [1]p. 17½cm.
Our copy contains only livres I, II, and 1st pt. of livre III.
Text in Latin & French on opposite pages.
1st French ed. by Corneille, Rouen, 1651-56.
★ Brunet III 422.
♣ *Collegij Societatis Jesu Pekini.* 2755

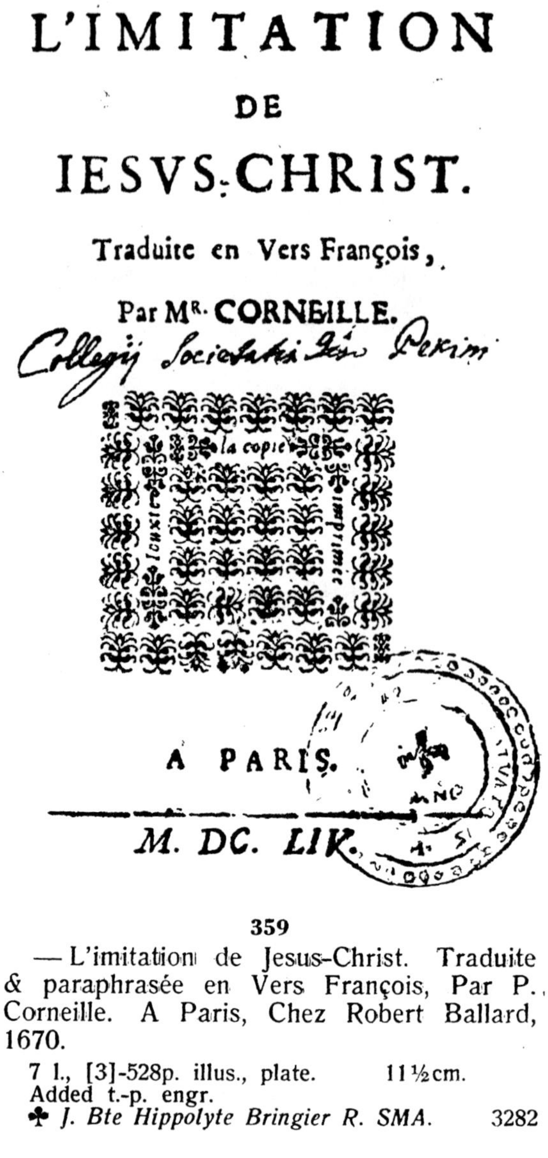
L'IMITATION DE IESVS-CHRIST. Traduite en Vers François, Par Mr. CORNEILLE.
Collegij Societatis Jesu Pekini
Iouxte la copie imprimée
A PARIS.
M. DC. LIV.

359

— L'imitation de Jesus-Christ. Traduite & paraphrasée en Vers François, Par P. Corneille. A Paris, Chez Robert Ballard, 1670.
7 l., [3]-528p. illus., plate. 11½cm.
Added t.-p. engr.
♣ *J. Bte Hippolyte Bringier R. SMA.* 3282

360

— L'imitation de Jesus-Christ, traduction nouvelle. Avec une Pratique & une Priére à la fin de chaque Chapitre, & l'Ordinaire de la Messe, en Latin & en François. Par le R. P. de Gonnelieu, de la Compagnie de Jesus. Nouvelle édition. Augmentée d'un Examen pour la Confession, des Sept Pseaumes de la Pénitence, avec les Litanies des Saints. A Paris, Chez Claude Robustel, 1758.

xlviii, 561, [3]p. 17cm.
1 p. l. wanting.
« La traduction est de Jean-Baptiste Cusson et le reste du Père Gonnelieu ». — Sommervogel III 1564.
1st French ed. by Cusson. Nancy. 1712.
★ Brunet III 425. DictTheolCath VI 1490. 2759

361

Instructions sur les fonctions du ministere pastoral, Adressées par Monseigneur l'Évêque, Comte de Toul, Prince du Saint Empire, au Clergé Séculier & Régulier de son Diocese. Nouvelle édition Revue, corrigée & augmentée... A Toul, Chez Carez, 1779.

2v. 17cm.
Errata at end of each vol.
1st ed. by Claude, 1772 and 2nd ed. by Des Michels de Champorcin, 1779.
♣ *Stamp of Mgr Alex. de Gouvea.* 1854

J

362

[**Jamin, Nicolas,** *OSB*] 1711-1782.
Placide a Maclovie, sur les scrupules... Par l'Auteur des Pensées théologiques. A Paris, Chez J. F. Bastien, 1776.

233 (*i.e.* 333)p. 16½cm.
Author : Nicolas Jamin, *OSB. cf.* DictOuvrAnonym III 900.
Half-title : Traité sur les scrupules.
1st ed. Paris, 1773.
♣ *Stamp of Mgr Alex. de Gouvea.* 3334

363

Joly, Claude, 1610-1678.
Les devoirs dv chrestien dressez en forme de catechisme, par Monseigneur l'Illustrissime & Reverendissime Pere en Dieu Clavde Joly, Evesque & Comte d'Agen... Sixiéme Edition reveuë & augmentée. A Paris, Chez Pierre le Petit, 1677.

10 l., 439, [8]p. 17cm.
♣ *Veyo da Rezid*[a] *de Cinanfu.* 1778

364

— Prônes de Messire Claude Joli Evêque et Comte d'Agen pour tous les dimanches de l'année... A Paris, Chez Edme Couterot, 1699.

v. 4. 16½cm.
The complete set consists of 4v.
1st ed. 1672-94.
Contents. — **t. 4.** Prônes pour le XI-XXIV dimanche après la Pentecôte. Index. 3286

365

Joubert, Joseph, *SJ,* 1640-1719.
Dictionnaire François et Latin, tiré des auteurs originaux et classiques de l'une et de l'autre langue... Cinquième edition. Par le R. P. Joseph Joubert, de la Compagnie de Jesus. A Lyon, Chez Louis et Henry Declaustre, 1738.

4 l., viii, 1318 (*i.e.* 12420), lv p. front. 29cm.
Illus. t.-p.
Text in 2 col.
« Façons de parler proverbiales, mots, ou termes bas, comiques, burlesques, de peu d'usage &c. » and « Les prétérits et les supins des verbes Latins » lv p. at end.
★ Sommerv IV 826-7 n° 3. 3059

366

Le **Journal** des Sçavans... 1677-90.

11 v. illus., 58 plates, 2 tables, 3 diagrs. 13½cm.
Library has : t. 1 (1665-66, publ. in 1679); 2 (1667-71, publ. in 1679); 3 (1672-73 publ. in 1678 & 1674, publ. in 1677), 5 (1677, publ. in 1678); 6 (1678, publ. in 1679); 8 (1680, publ. in 1681); 9 (1681, publ. in 1682); 10 (1682, publ. in 1683); 14 (1686, publ. in 1687); 15 (1687 publ. in 1688); 17 (1689 publ. in 1690).
Editors : 1665. Denis de Sallo. — 1666-74. Jean Gallois. — 1675-87. Abbé De la Roque. — 1687- Louis Cousin.
Publishers : 1665-78, 1681, 1682. Amsterdam, Pierre le Grand. — 1680. Bruxelles, Eugene Henry Fricx. — 1686- Amsterdam, Wolfgang Waesberge, Boom, & van Someren.
Ed. by Denis de Sallo, Jean Gallois, Abbé De la Roque, & Louis Cousin. *cf.* Preface of v. 14 & NouvBiogrGén XLIII 190.
★ Brunet VI 1851.
♣ *Missionis Chinensis. — Missionis Sinarũ Societat. Jesu. — Collegij Soc. J. Pekini (vol. 2)* 2242

367

Le **Journal** des Sçavans... A Amsterdam, 1679-89.

15 v. illus., 140 plates, map, 2 tables, 8 diagrs 14cm.
Library has : t. 1665-66 (publ. in 1684); 1667-71 (publ. in 1685); 3. pt. 1 (1672, publ. in 1682); 3. pt. 2 (1672-74, publ. in 1683); 1675-76 (publ. in 1683); 5 (1677, publ. in 1683); 6 (1678, publ. in 1679); 7, 8 (1679-80, publ. in 1680-82); 9 (1681, publ. in 1682); 10, 11 (1682-83, publ. in 1683-84); 12 (1684, publ. in 1685); 13 (1685, publ. in 1686); 14 (1686, publ. in 1687); 15 (1687, publ. in 1688); 16 (1688, publ. in 1689).
Publishers : 1665-84. Pierre le Grand. — 1685. G. P. & J. Blaeu. — 1686 — Wolfgang, Waesberge Boom & Someren.
★ Brunet VI 1853.
♣ *P. Minister.* 1999

368

Le **Journal** des Sçavans... A Cologne, Chez Pierre Michel, 1666-68.

2v. illus., 2 plates, 2 tables, 1 diagr. 14cm.
Library has : 1666 (t. 1-4) publ. in 1666; 1667 (t. 1, 2) & 1668 (t. 1) publ. in 1667-68. 2243

369

[Jousse, Daniel] 1704-1781.

Nouveau traité de la sphere, ou l'on explique d'un maniere claire & simple tout ce qui a rapport à cette Science : avec un discours sur les eclipses, Tant du Soleil & de la Lune que des autres Astres. A Paris, Chez Debure l'aîné, 1755.

1 l., v, [1], 3-267, [1]p. illus. (incl. tables), 2 fold. plates, 2 fold. diagrs. 17½cm.
Author : Daniel Jousse. *cf.* DictOuvrAnonym III 521.
1st ed. 177

370

[Jouve, Joseph, *SJ*] 1701-1758.

Histoire de la conquete de la Chine par les Tartares Mancheoux; a laquelle on a joint un Accord chronologique des Annales de la Monarchie Chinoise, avec les Epoques de l'ancienne Histoire sacrée & profane, depuis le Déluge jusqu'à Jesus-Christ... Par M. Vojeu de Brunem [*pseud.*] B. & P. D. M. A Lyon, Chez les Freres Duplain, 1754.

2v. 15cm.
Half-title : Conquete de la Chine.
Vojeu de Brunem *pseud.* of Joseph Jouve, *SJ*, *cf.* Cordier 630.
Author of « Histoire de la conquête » : Joseph François Marie Anne de Moyriac de Mailla, *SJ*. & author of « Accord chronologique » : Jean-Baptiste Régis, *SJ*. *cf.* Preface.
1st ed.
★ Cordier 629-30. — Sommerv IV 859 n° 1. — Streit VII 346 n° 5433.
♣ *P*r *Jul. Fontaine ancien magistrat de Paris, 1872.* 3352

371

[Juillard, Laurent] 1658*ca.*-1730.

Essais de panegyriques pour les Festes principales des Saints de l'année, contenant trois desseins pour chaque Sujet. Avec des Sentences choisies de l'Ecriture Sainte, & des Peres de l'Eglise pour chaque Discours, traduites en François... A Paris, Chez Denys Thierry, 1692.

2v. 20cm.
Ms. on front guard leaves.
Author : Laurent Juillard. *cf.* Privilège.
1st ed.
Index at end of each volume.
♣ *Lilivm inter spinas. Collegivm Crassinaevm (stamp on cover) — Ex libris Nicolai Tavernier.* 1746

372

[—] Essais de sermons, pour l'Advent. Contenant trois desseins differents : I. L'Impie confondu devant Dieu : ou les fausses excuses du pecheur combattuës. II. Le Parfait Penitent. III. La Religion cruë & pratiquée. Et aussi trois desseins particuliers pour les Dimanches & pour les Festes de l'Advent. A Paris, Chez Denys Thierry, 1698.

16 l., 670, [48]p. 19½cm.
Illus. t.-p.
Author : Laurent Juillard. *cf.* Privilège.
1st ed.
Index : p. [671]-[718] 1745

K

373

LA CHINE D'ATHANASE KIRCHERE De la Compagnie de JESUS, ILLUSTRÉE De plusieurs MONUMENTS Tant Sacrés que Profanes, Et de quantité de Recherchés DE LA NATURE & de l'ART. A Quoy on à adjousté de nouveau les questions curieuses que le Serenissime GRAND DUC de TOSCANE a fait dépuis peu au P. Jean Grubere touchant ce grand Empire. Avec un Dictionaire Chinois & François, lequel est tres-rare, & qui n'a pas encore paru au jour. Traduit par F. S. DALQUIÉ. A AMSTERDAM, Ches Jean Jansson à Waesberge, & les Heritiers d'Elizée Weyerstraet, l'An CIↃIↃCLXX. Avec Privilege.

Kircher, Athanasius, *SJ*, 1602-1680.

La Chine d'Athanase Kirchere De la Compagnie de Jesus, illustrée De plusieurs monuments Tant Sacrés que Profanes, Et de quantité de Recherchés [*sic*] de la nature & de l'art A Quoy on à adjousté de nouveau les questions curieuses que le Serenissime Grand Duc de Toscane a fait dépuis peu au P. Jean Grubere touchant ce grand Empire. Avec un Dictionaire Chinois & François, lequel est tres-rare, & qui n'a pas encores paru au jour. Traduit par F. S. Dalquié. A Amsterdam, Ches Jean Jansson à Waesberge, & les Heritiers d'Elizée Weyerstraet, 1670.

8 l., 367, [12]p. illus., 23 plates (1 fold.), port., 2 fold. maps. 38cm.

Added engr. ornamented t.-p. dated 1667.
Text in 2 col.
1st Latin ed. Rome, (Dedication dated 1665)
1st French ed.
Index : p. [368]-[379]
★ Brunet III 667. — Cordier 26-7. — Sommerv IV 1064. — Streit V 843 nº 2380. 3389

374

— o. c.

2 plates & 1 port. wanting.
Added engr. ornamented t.-p. dated 1667.
♣ *Emptus 9 florenis. 1711. Superiorum permissu me utitur Fr. A. Cloosterman Ords. FF. Erem. S. P. Augustini Conventûs Hazebroucani Religiosus. f. J. B. Willaert prior.* 3399

375

Koran. *French.*

L'Alcoran de Mahomet. Traduit d'Arabe en François, par le Sieur Du Ryer, Sieur de la Garde Malezair. A La Haye, Chez Adrian Moetjens, 1683.

5 l., 486, [4]p. front. 15½cm.
1st ed. by Du Ryer, Paris, 1647.
★ Brunet III 1309. 2766

L

376

Laberthonie, Pierre Thomas, *OP,* 1708-1774.

Oeuvres du Révérend Père La-Berthonye, docteur en théologie, de l'Ordre des Frères Prêcheurs, Pour la défense de la Religion chrétienne; contre les Incrédules & contre les Juifs ... A Paris, Chez la Veuve Desaint, 1777.

3v. 17½cm.
Vol. 1 wanting.
1st ed.
★ DictTheolCath VIII 2387.
♣ *Stamp of Mgr Alex. de Gouvea.* 1736

377

La Caille, Nicolas Louis de, 1713-1762.

Leçons élémentaires d'astronomie géométrique et physique. Par M. l'Abbé de la Caille ... Quatrieme Edition, augmentée de plusieurs notes, par M. de la Lande ... A Paris, Chez la Veuve Desaint, 1780.

x, [2], 428p. illus. (incl. tables), 9 fold. diagrs. 20cm.
1st ed. Paris, 1746.
Index : p. 422-428.
♣ *Stamp of Mgr Alex. de Gouvea.* 9

378

[— Leçons élémentaires de mathématiques Paris, De l'imprimerie de L. T. Delatour. 1778]

527p. illus. (incl. tables), 11 fold. diagrs. 20½cm.
t.-p. wanting.
Author : Nicolas Louis de La Caille, title, etc. *cf.* Caption title & Colophon.
1st ed. Paris, 1741. 454

379

— Leçons élémentaires de mécanique, ou Traité abrégé du mouvement et de l'équilibre. Par M. l'Abbé De La Caille ... Nouvelle Edition, revue, corrigée & augmentée. A Paris, Chez H. L. Guerin & L. F. Delatour, 1764.

viii, 192p. 5 fold. diagrs. 20½cm.
1st ed. Paris, 1743.
♣ *Stamp of Mgr Alex. de Gouvea.* 448

380

— Leçons élémentaires d'optique. Par M. l'Abbé de la Caille ... Nouvelle Edition, revue, corrigée & augmentée. A Paris, Chez H. L. Guerin & L. F. Delatour, 1764.

iv, 204p. 12 fold. diagrs. 20½cm.
1st ed. Paris, 1750.
♣ *Stamp of Mgr Alex. de Gouvea.* 655

381

— Tables de logarithmes Pour les Sinus & Tangentes de toutes les minutes du Quart de Cercle, & pour tous les Nombres naturels depuis 1 jusqu'à 20000. Avec une Exposition abrégée de l'usage de ces Tables. Nouvelle edition. A Paris, Chez Desaint, 1768.

161 unnumb. l., 2 l., 54p. incl. tables, diagrs. 15½cm.
Signatures : A-Z4,Aa-Rr4, Ss6, Tt-Zz4, Aaa4.
Ed. by Joseph François Marie, *cf.* Preface of « L'usage de ces tables ».
1st ed. Paris, 1760.
Errata : p. 54.
♣ *Stamp of Mgr Alex. de Gouvea.* 439

382

La Charme, Alexandre de, *SJ,* 1695-1767.

Dictionnaire français-chinois-mongol-mandchou. Manuscript, *ca.* 1758-1767.

6 vol. Fol. 32×23cm., the text being *ca.* 27½×18½cm.
Contents. — v. 1. A-Dyssenterie. — v. 2. Eau-Jeûn (à). — v. 3. Jeune-Nécessaire. — v. 4. Nécessaire-Prévaloir. — v. 5. Profontié (navire)-Seulement. — v. 6. Seulet-Zybelline.
By binder's mistake 48 leaves from beginning of v. 5 (Prévaricateur-Profondeur) are placed at head of v. 6.
Ms. note on verso of guard-leaf in v. 1.
An indication on the date of composition is found in a phrase of v. 1, under the word *Cycle :* « Cette année 1760 est la 17e du cycle ».
Fr. de la Charme has used a friable and soaking paper, and a very corrosive ink, so that vol. 1 and 1st half of vol. 2, written on both sides of the page, are partly illegible, and the first 35

leaves of v. 1. had to be recopied. After the middle of v. 2. the author writes only on recto. The text takes up 1190 p. in v. 1; 1020 in v. 2, and *ca.* 680 in each of the 4 other vol.; on the whole 4920 p.
The French, Mongol and Manchu texts, written with the pen are from the same hand; occasionally also the Chinese, when this is very short; othewise this is written with Chinese brush and ink, by a trained hand. Manchu alphabet is used for writing the Mongol language.
★ Sommerv II 1082. 3605

383

Lacman Jean.
Pensées chrétiennes Entremêlées de plusieurs affections, Augmentées & distribuées pour châque Jour de divers Mois. Lesquelles montrent aux Chrêtiens le chemin assûré du Paradis; & font savourer ses avantgoûts dez en ce monde. Par Jean Lacman Prêtre & Licentié en la sainte Theologie, dans l'Vniversité de Louvain. A Louvain, Chez Martin Hullegaerde, 1675.
10 l., 572, [6]p. 12½×7cm. 2230

384

La Colombière, Claude de, *SJ,* 1614-1682.
Lettres spirituelles du R. P. Claude de la Colombiere, De la Compagnie de Jesus ... A Lyon, Chez les Freres Bruyset, 1727.
2v. in 1. 15½cm.
6 l., 214p., 1 l., 228, [4]p.
1st ed. Lyons, 1715.
★ Sommerv II 1315 n° 5. 2711

385

— Retraitte spirituelle du R. P. Claude la Colombiere de la Compagnie de Jesus. Où sont marquées les graces & les lumieres particulieres que Dieu luy communiqua dans ses Exercices Spirituels durant trente jours. A Lyon, Chez Anisson, Posuel & Rigaud, 1684.
8 l., 270, [1]p. 15cm.
1st ed.
★ Sommerv II 1314 n° 3.
♣ *Da V Prov*ª *da China.—Le Coadjuteur de Broissia. Donné par l'abbé de Broissia au R. P. Provana pour les missions.—Da Igreja de Hoai Ngan.* 2519

386

[Lacroix, Jean François de] *18th cent.*
Dictionnaire historique des cultes religieux établis dans le monde, depuis son origine jusqu'a présent; Ouvrage dans lequel on trouvera les différentes manieres d'adorer la Divinité, que la Révélation, l'Ignorance, & les Passions ont suggérées aux hommes dans tous les temps... A Liege, Chez F. J. Desoer, 1772.

5v. 18cm.
Author : Jean François de Lacroix. *cf.* DictOuvrAnonym I 977.
1st ed. Paris, 1770. 1706

387

La Croix, Louis Antoine Nicolle de, 1704-1760.
Géographie moderne; précédée d'un petit traité de la Sphere & du Globe; ornée de traits d'Histoire naturelle & politique, & terminée par une Géographie Sacrée, & une Géographie Ecclésiastique... Avec Une Table des Longitudes & Latitudes des principales Villes du Monde, & une autre des noms des lieux contenus dans cette Géographie. Par M. l'Abbé Nicolle de la Croix. Nouvelle édition, Revue, corrigée, & considérablement augmentée. Londres, Chez Dodsley, 1773.
2v. 17cm.
Ed. by Jean Louis Barbeau de la Bruyère & Etienne François Drouet. *cf.* « Avertissement ».
1st ed. Paris, 1748.
Index at end of each volume.
♣ *Stamp of Mgr Alex. de Gouvea.* 609

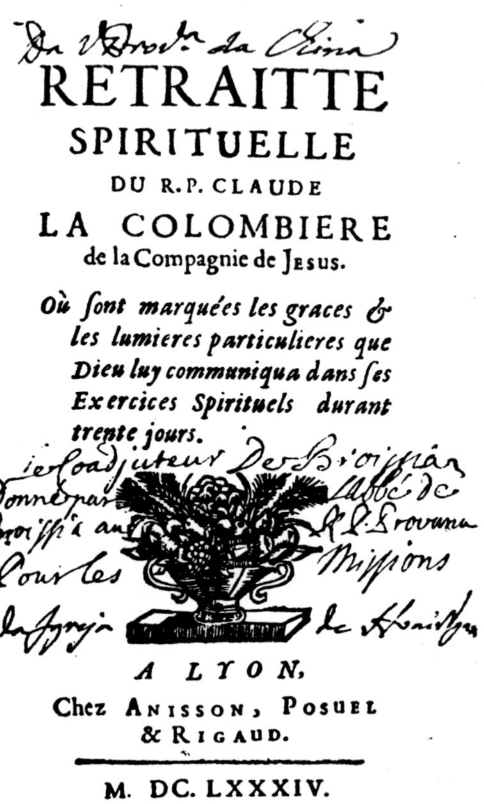
RETRAITTE
SPIRITUELLE
DU R. P. CLAUDE
LA COLOMBIERE
de la Compagnie de JESUS.
Où sont marquées les graces & les lumieres particulieres que Dieu luy communiqua dans ses Exercices Spirituels durant trente jours.
A LYON,
Chez ANISSON, POSUEL & RIGAUD.
M. DC. LXXXIV.
AVEC PRIVILEGE DU ROY.

388

[Ladvocat, Jean Baptiste] 1709-1765.

Dictionnaire géographique portatif, ou Description des royaumes, provinces, villes, patriarchats... des quatre parties du monde... Traduit de l'anglois sur la treizieme Edition de Laurent Echard, Avec des additions & des corrections considérables, par M. Vosgien, Chanoine de Vaucouleurs. Nouvelle Edition, revue, augmentée et corrigée. A Paris, Chez Didot, 1755.

xiii, [3], 615p. 17½cm.
«... cet ouvrage, publié sous le nom de *Vosgien* [*pseud.* of Jean Baptiste Ladvocat], et donné comme une traduction de l'anglais de Laurent Échard, est un abrégé du *Dictionnaire géographique* de La Martinière». — NouvBiogrGén XXVII 648/9.
1st ed. Paris, 1747. 636

389

La Fontaine, de.

Les fortifications royales, ov Architectvre militaire, par vne nouvelle pratiqve; Auec celles de tous les plus excellens Autheurs qui ont escrit de cette Matiere depuis Henry le Grand, iusqu'à present; & vn traité de l'Artillerie & vsage du Canon. Ensemble, La Geometrie vniuerselle, & vn Compendion de perspectiue; auec la construction des Cadrans Solaires, l'usage du Cadran Analitique, & autres diuerses choses contenuës en cét Oeuure. Par le Sr. de la Fontaine... A Paris, Chez Estienne Loyson, 1666.

4 l., 128, [2]p. illus., 13 fold. plates, 12 fold. diagrs. 17cm.
Added engr. ornamented t.-p.
Bound with : La Fontaine, de. Novveav traité de la fortification, Paris, 1667.
♣ *Collegij Soc^tis Jesu Pekini.* 1578

390

— Novveav traité de la fortification, par vne pratiqve cavaliere & si facile, qu'on peut l'apprendre en peu de temps, sans l'aide des Nombres ny des Instrumens Geometriques; mais seulement par l'aide du Cordeau & du Piquet on fera toute sorte de Plans sur la Carte & sur le Terrain. Par le Sieur De La Fontaine... A Paris, Chez Estienne Loyson, 1667.

6 l., 71 (*i.e.* 81), [1]p. incl. diagrs. 16½cm.
Bound with : La Fontaine, de. Les fortifications royales, Paris, 1666. 1578a

391

La Forge, Louis de, *17th cent.*

Traitté de l'esprit de l'homme, De ses Facultez & Fonctions & de son union avec le Corps, Suivant les Principes de René Des Cartes, Par Louis de la Forge, Docteur en Medecine... A Amsterdam, Chez Abraham Wolfgang.

32 l., 462, [1]p. illus. 14cm.
1st ed. Paris, 1666.
Errata : p. [463]
★ Brunet III 764.
♣ *Collegij Societatis Jesu Pekini.* 2792

392

La Hire, Philippe de, 1640-1718.

La gnomonique ou L'art de tracer des cadrans ou horloges solaires Sur toutes sortes de surfaces, par differentes Pratiques. Avec les demonstrations geometriques de toutes les Operations, par Mr. De la Hire, de l'Academie Royale des Sciences. A Paris, Chez Estienne Michallet, 1682.

194 (*i.e.* 184), [54]p. illus. (incl. tables), 6 fold. diagrs. 16cm.
1st ed.
♣ *Collegij Soc. Jesu Pekini.* 192

393

— o. c. 16½cm.

[8]p. of tables bound before p. 191. 142

394

— Memoires de mathematique et de physique, contenant Un Traité des Epicycloïdes, & de leurs usages dans les Mechaniques. L'explication des principaux Effets de la Glace & du Froid. Une Dissertation des Differences des sons de la Corde de la Trompette marine. Un Traité des differens Accidens de la vûe, divisé en deux Parties, par M. De La Hire de l'Academie Royale des Sciences. A Paris, De l'Imprimerie royale, 1694.

4 l., 302 (*i.e.* 202)p., 1 l., incl. diagrs. 25cm.
30

395

— o. c. 31

396

Traité de mecanique, ov l'on expliqve Tout ce qui est nécessaire dans la pratique des Arts, & les propriétés des corps pesants lesquelles ont un plus grand usage dans la Physique. Par M. De La Hire Professeur Royal et Mathématique, & de l'Académie Royale des Sciences. A Paris, de l'Imprimerie royale. Et se vend Chez Jean Anisson, 1695.

4 l., 492p. incl. diagrs. 16½cm.
1st ed. 661

397

Lalande, Joseph Jérôme Lefrançais de, 1732-1807.

Abrégé d'astronomie, par Jérôme Lalande ... Seconde édition, augmentée. A Paris, Chez Firmin Didot, 1795.

2 ? l., [v]-xxx, 417, [1]p. illus. (incl. tables), 2 fold. plates, 13 fold. diagrs. 20cm.
1 ? p. l. wanting.
1st ed. Amsterdam (Paris) 1774.
Index : p. 414-417.
★ Brunet III 777. 79

398

— Astronomie, Par M. de La Lande ... A Paris, Chez Desaint & Saillant, 1764.

2 v. illus., (incl. tables), 11 fold. diagrs. 26cm.
Vol. 2. wanting.
1st ed.
♣ *Este livro pertence ..Livr[a] de Pe-tam.* 172

399

— Astronomie, par M. de La Lande ... Seconde édition revue et augmentée... A Paris, Chez la Veuve Desaint, 1771.

v. 3. illus., plates, 13 fold. diagrs. 26cm.
The complete set consists of 3 v.
Index : p. 801-836.
« Additions et corrections : » p. 837-840. 173

400

— Astronomie, par Jérôme Le Français (La Lande), De l'Académie des sciences de Paris ... Troisième édition, revue et augmentée. A Paris, Chez la Veuve Desaint. De l'Imprimerie de P. Didot l'Aîné, 1792.

3 v. illus., 15 fold. plates, fold. map, fold. table, 22 fold. diagrs.
Vol. 1 wanting.
Index : v. 3, p. 683-729.
« Additions et corrections : » v. 3, p. 730-737. 5

401

Lamy, Bernard, *OR,* 1640-1715.

Les elemens de geometrie ou De la mesure du corps. Qui comprennent tout ce qu'Euclide, en a enseigné : Les plus belles propositions d'Archimede & l'Analise. Par le R. P. Bernard Lamy, Prêtre de l'Oratoire. A Paris, Chez André Pralard, 1685.

10 l., 348, [4]p. incl. diagrs. 17½cm.
1st ed.
♣ *Missionis Sinensis Pekini. — ex dono facto P. Philippo Grimaldi ab amico.* 443

402

— Elemens des mathematiques ov Traité de la grandeur en general, Qui, comprend l'arithmetique, l'algebre, l'analyse, Et les Principes de toutes les Sciences qui ont la Grandeur pour objet. Par le R. P. Bernard Lamy, Prêtre de l'Oratoire. Seconde Edition, reveuë & augmentée. A Paris, Chez André Pralard, 1689.

12 l., 416, [8]p. incl. tables. 17cm.
Ms. notes on inside of covers and guard leaves.
Ms. marginal notes.
Colophon : A Paris, De l'Imprimerie d'Antoine Lambin, 1689.
1st ed. Paris, 1680.
♣ *Collegij S. J. Pekini.* 373

403

— Entretiens sur les sciences, dans lesquels on apprend la manière d'étudier les Sciences, & de s'en servir pour se rendre l'esprit juste, & se former un cœur droit. Par le R. P. Bernard Lami, Prêtre de l'Oratoire. Nouvelle et derniere Edition, fort différente des précédentes. A Lyon, Chez Pierre Bruyset Ponthus, 1768.

xvi p., 4 l., 408, [20]p. 17cm.
1st ed. Lyons, 1684.
Index : p. [409]-[428]
★ DictTheolCath VIII 2551.
♣ *Stamp of Mgr Alex. de Gouvea.* 663

404

— Introduction a l'Ecriture sainte, composée en Latin, Par le R. P. Lamy Prêtre de l'Oratoire, & traduite en François par Ordre de Monseigneur l'Evéque & Comte de Châlon sur Saône. Enrichie d'une Idée generale de la Bible, & d'une Nouvelle disposition pour en faire la lecture dans le cours d'une année. A Lyon, Chez Jean Certe, 1693.

12 l., 329, [79]p. illus., fold. map, fold. plan., 4 fold. tables, 2 diagrs. (1 fold.) 17cm.
Tr. by Fr. Boyer. *cf.* DictOuvrAnonym II 959/61.
1st Latin ed. Grenoble, 1687; 2nd rev. ed. 1689.
1st French ed. Lyons, 1689.
Index : p. [354]-[408]
★ DictTheolCath VIII 2551.
♣ *Choix de Philippe pour Alphonse.* 2620

405

— Introduction a l'Ecriture sainte. Où l'on traite tout ce qui concerne les Juifs; leur Origine, toute la suite de leur Histoire, selon l'ordre des tems ... avec l'Histoire du Texte original, des Versions, des Polyglotes & des Paraphrases. Enrichie de plusieurs figures. Traduite du Latin du R. Pere Lamy, Prêtre de l'Oratoire. A Lyon, Chez Jean Certe, 1699.

viii p., 10 l., 423, [49]p. fold. plate, 3 fold. tables, fold. plan, fold. map. 25½cm.
Index & errata : p. [447]-[468] 1204

406

— Traitez de mechaniqve, de l'equilibre des solides et des liqueurs : Où l'on découvre les causes des effets de toutes les Machines dont on mesure les forces d'une maniere particuliere; On y en propose aussi quelques nouvelles. Par le P. Lamy, Prestre de l'Oratoire. A Paris, Chez André Pralard, 1679.

2 l., 3-163 (*i.e.* 263), [1] illus. incl. tables, diagrs.), fold. plate. 15½cm.
1st ed.
♣ *Collegij Soctis Jesu Pekini.* 664

407

[Lancelot, Claude] 1615-1695.

Abregé de la nouvelle methode ... pour apprendre facilement la langue latine. Contenant les rvdimens, reduits en un nouvel ordre. Avec de petites regles pour bien décliner & conjuguer et les regles des genres, des declinaisons des Preterits, de la Syntaxe, de la Quantité, & des Anciens Latins. Mises en François dans un ordre tres-clair & tres-abregé. Novvelle edition, Reveuë & corrigée de nouveau. A Toulouse, Chez Guillaume-Loüis Colomiez, & Jerôme Posüel, 1690.

76, 256p. 15cm.
Author : Claude Lancelot. *cf.* DictOuvrAnonym I 30.
1st ed. Paris, 1656.
★ Brunet IV 117.
♣ *Aplicado à Resida de Chin Kiam por orde publicada pello P. V Proval Joao de Saà.* 3108

408

Languet de Gergy, Jean Joseph, 1677-1753.

Lettre pastorale de Monseigneur J. Joseph Languet evêque de Soissons, Aux Ecclésiastiques de son Diocése. A Reims, Chez Barthelemy Multeau, 1719.

iv. 31p.
1st ed.
Bound with : Languet de Gergy, J. J. Premiere [-troisième] Instruction pastorale, Paris, 1718.
★ DictTheolCath VIII 2603. 1490a

409

— Premiere [seconde, troisième] instruction pastorale, contenant le premier [second, troisième] avertissement de Monseigneur l'Eveque de Soissons A ceux qui dans son Diocése se sont déclarés Appellans de la Constitution Unigenitus. A Paris, Par la Veuve Raymond Mazieres, 1718.

3v. in 1. 26½cm.
4 l., 117, [2]p., 3 l., 114p., 4 l., 124, 8p.
1st ed.
Bound with : Languet de Gergy, J. J. Lettre pastorale, Reims, 1719.
★ DictTheolCath VIII 2602.
♣ *PP Gallor S J Pekin.* 1490

410

— La vie de la Venerable Mere Marguerite Marie, religieuse de la Visitation Sainte Marie, Du Monastere de Paray-le-Monial en Charolois. Morte en odeur de Sainteté en 1690. Par Monseigneur Jean-Joseph Languet, Evêque de Soissons, de l'Académie Françoise. A Paris, Chez la Veuve Mazieres, & Jean-Baptiste Garnier, 1729.

5 l., lxix, [3], 401p. front. 25½cm.
Engr. head-pieces.
1st ed.
Errata p. 401.
★ DictTheolCath VIII 2602.
♣ *Missionis Sinicae Patrum Gallorum Soc. Jesu.* 2944

411

[La Porte, J.-B. de]

Principes théologiques, canoniques et civils, sur l'usure, Appliqués aux Prêts de commerce entre les Négocians, au Trafic de toute espece de Papier signe des valeurs, & en général à tout intérêt de l'argent : Avec six Lettres à un Ami, en réponse à un Ouvrage qui vient d'être publié sous ce titre : Traité des Prêts du commerce ou de l'intérêt légitime & illégitime de l'argent Par M*** ... A Paris, Chez Delevacque, 1769-72.

4v. 17cm.
Author : J.-B. De La Porte. *cf.* DictOuvrAnonym III 1040.
1st ed.
Errata at end of each volume. 3252

412

[La Sausse, Jean Baptiste, *SS*] 1740-1826.

Vie sacerdotale et pastorale, Dans laquelle les Ecclésiastiques apprendront par les Saints Docteurs la maniere de bien s'acquitter de leurs différentes fonctions, & de sanctifier toutes leurs actions. Par un Directeur du Séminaire. Seconde édition, Augmentée des préparations & actions de graces de la Messe, pour tous les jours de la semaine. A Paris, Chez Guillot, 1783.

viii, [6], 180, 51p. 14½cm.
Author : Jean Baptiste La Sausse, *SS. cf.* DictOuvrAnonym IV 1023.
1st ed. Paris, 1781.
★ DictTheolCath VIII 2620.
♣ *P. Desquibes, Ptre.* 2610

413

[—] Le vrai pénitent formé sur le modele de David, ou Motifs et moyens de conversion; Ouvrage très-utile aux simples Chrétiens, & à ceux qui sont spécialement consacrés à Dieu. Nouvelle Édition, Augmentée du Vrai Pénitent de nos jours, ou abrégé de la vie du Bienheureux Benoit-Joseph Labre ... A Lyon, Chez les Freres Perisse, A Paris, Chez Louis Perisse, 1788.

40, 400, [4]p. front. 17½cm.
Author : Jean-Baptiste La Sausse, *SS*. *cf.* Privilège. 2177

414

[Lasne d'Aiguebelles, *chevalier de*]

La religion du coeur, Exposée dans les sentimens qu'une tendre piété inspire, avec de courtes élévations pour toutes les situations où l'on peut se trouver. A l'usage des personnes du monde. Par M. le Chevalier de**. A Paris, Chez Delalain, Et a Dijon, Chez la veuve Coignard, Et Louis Frantin, 1768.

x, 405, [3]p. 17cm.
p. 289-312 duplicate.
p. 313-336 wanting.
Author : Chevalier de Lasne d'Aiguebelles. *cf.* DictOuvrAnonym IV 242.
1st ed. Paris, 1767. 2247

415

Laval, Antoine de, *SJ*, 1664-1728.

Voyage de la Louisiane, fait par ordre du roy En l'année mil sept cent vingt : Dans lequel sont traitées diverses matieres de Physique, Astronomie, Géographie & Marine. L'on y a joint les Observations sur la Refraction, faites à Marseille, avec des Reflexions sur ces Observations; Divers Voyages faits pour la correction de la Carte de la Côte de Provence; Et des Réflexions sur quelques points du Sisteme de M. Newton. Par le P. Laval de la Compagnie de Jesus ... A Paris, Chez Jean Mariette, 1728.

xxiv, 304, 96, 191, [9]p. 5 fold. maps, 11 fold. plans, 11 fold. tables, 4 fold. diagrs. 26½cm.
1st ed.
Errata at end.
★ Sommerv IV 1875 n° 5.
♣ *Missionis Sinens. PP. Gallor. Soc. Jes. Pekin.* 634

416

[Lavie, J. Ch. de]

Des corps politiques et de leurs gouvernements. Seconde édition revue & très-augmentée ... A Lyon, Chez Pierre Duplain, l'ainé, 1766.

3 v. 17cm.
Author : J. Ch. de Lavie. *cf.* DictOuvrAnonym I 768.
Previously publ. under title : Abrégé de la République de Bodin, London, 1755.
1st ed. Lyons, 1764.
Index & errata at end of v. 3.
♣ *Stamp of Mgr Alex. de Gouvea.* 1556

417

Leclere, Sébastien, 1637-1714.

Traité de geometrie. Par Seb. le Clerc. A Paris, Chez Jean Jombert, 1690.

2 l., 229p. front., illus. (incl. diagrs.) 19½cm.
1st ed.
♣ *Collegij Societatis Jesu Pekini.* 478

418

Le Comte, Louis Daniel, *SJ*, 1655-1728.

Nouveaux memoires sur l'etat present de la Chine. Par le P. Louis le Comte de la Compagnie de Jesus, Mathématicien du Roy. A Paris, Chez Jean Anisson, 1696.

2v. 18 plates (2 fold.), 3 ports., fold. table 17cm.
1st ed.
Errata at beginning of v. 1.
★ Cordier 39-40. — Sommerv II 1356 n° 1. — Streit V 933 n° 2714. 3329

419

— Nouveaux memoires sur l'etat present de la Chine. Par le R. P. Louis Le Comte de la Compagnie de Jesus, Mathématicien du Roy. Enrichi de Figures ... Suivant la Copie de Paris. A Amsterdam, Chez J. L. de Lorme, & Est. Roger, 1697.

2v. fronts., 18 plates (2 fold.), 2 ports., fold. table. 15½cm.
★ Streit V 939 n° 2732. 3340

420

— Nouveaux memoires sur l'état present de la Chine. Par le P. Louis le Comte de la Compagnie de Jesus, Mathématicien du Roy ... A Paris, Chez Anisson, 1701-02.

3v. 18 plates (2 fold.), 3 ports., fold. table. 17½cm.
The third volume was written by Le Gobien and previously published under title « Histoire de l'édit de l'empereur de la Chine ». In 1700, it appeared as the third volume of this work. *cf.* Sommervogel II 1356 & III 1512.
Vol. 1, 4th ed.; v. 2, 3, 3d ed.
1st ed. of first 2v. Paris, 1696.
1st ed. of 3d v. Paris, 1700.
★ Cordier 837 (vol. 3) 3347

421

Le Conte, Pierre, *17th cent.*

La fabriqve et l'vsage dv radiometre, instrvment geometriqve, et astronomiqve, vtile tant en la mer qv'en la terre. Inventé par Pierre Le Conte ... A Paris, Chez Tovssaincts Dv Bray, 1605.

4 l., 70 numb. l., 2 l. incl. tables, diagrs. 21½cm.
Signatures : A^4, $A-S^4$.
f. 1a, 35 lines, 164×106mm.
Bound with : — Besson J. Le cosmolabe, Paris, 1567. 318a

422

Lejeune, Jean, *OR*, 1592-1672.

Le missionnaire de l'Oratoire, ov Sermons povr les Advents, Caresmes, & Festes de l'Année. Dans lesquels sont expliquées les principales Veritez chrestiennes, que l'on enseigne aux Missions. Tirées de l'Escritvre Sainte, des Conciles, & des Saints Peres ... Par le P. le Ievne, dit le Pere Avevgle, Prestre de l'Oratoire de Iesus. A Paris, Chez Frederic Leonard, 1669-77 [v 1, 1671]

10v. 18cm.
t.-p. of v. 2 wanting.
Title varies (v. 9. 10).
Vol. 7, 8 have imprint : Imprimé à Toulouse, & a Paris, Chez Frederic Leonard.
Vol. 9, 10 have imprint : A Tolose, & se vend a Paris, Chez Frederic Leonard.
1st ed. Toulouse, 1662.
Index at end of vol. 1-8.
Contents. — **pt. 1.** Sermons sur le salut. Vertu et Sacrement de Penitence. Motifs de contrition : malices du péché. — **pt. 2.** Commandements de Dieu. Satisfaction. Perfectionnement de l'âme. Abrégé des controverses avec les hérétiques. — **pt. 3.** Eucharistie. Communion. Sacrifice de la Messe. Réponse aux objections des Calvinistes. — **pt. 4.** Panégyriques de la Très-Sainte Vierge, et de quelques Saints de chaque ordre. — **pt. 5.** Perfections de Dieu; sa justice. — **pt. 6.** Création. Incarnation. Passion. Résurrection. Dernier jugement. Sacrements. Temps de Noël. — **pt. 7.** Pénitence et motifs qui nous y excitent. — **pt. 8.** Commandements de Dieu. Tableau de la vraie pénitence dans la conversion de S. Magdeleine. — **pt. 9 & 10.** Sujets variés de morale et d'ascétique. Sermons de circonstance.
★ Brunet III 953. — DictTheolCath IX 197. 2724

423

Le Maistre, Barthélemy, *SJ,* 1642-1679.

Pratiques de piété, ou Entretiens spirituels Pour tous les jours de l'Année; Sur la conduite à la Perfection, selon l'ordre du Breviaire Romain. Par le R. P. B. Le Maistre de la Compagnie de Jesus ... A Lyon, Chez Thomas Amaulry, 1701.

4v. 15cm.
vol. 3, 4 wanting.
vol. 1, 2 in 1.
vol. 1, 5. ed. rev., & corr. & augm.; v. 2, 4. ed. rev. & augm.
1st ed. Lyons, 1681.
★ Sommerv V 374. 2375

424

Lemaitre de Claville, Charles François Nicolas, 1670*ca.*-1740.

Traité du vrai merite de l'homme, Considéré dans tous les âges & dans toutes les conditions : avec des principes d'education, propres à former les jeunes gens à la Vertu. Par M. Le Maitre de Claville ... Cinquiéme Edition, revûë, corrigée & considérablement augmentée par l'Auteur ... A Amsterdam, Par la Compagnie, 1739.

2v. in 1. 17½cm.
2 l., 269p., 1 l., 298, [2]p.
1st ed. 1734.

♣ *Miguel da Sylva Lima. — Stamp of Mgr Alex. de Gouvea.* 2354

425

Lémery, Nicolas, 1645-1715.

Cours de chymie. Contenant la maniere de faire les Operations qui sont en usage dans la Medecine, par une Methode facile. Avec des raisonnemens sur chaque operation, pour l'instruction de ceux qui veulent s'appliquer à cette Science. Par Nicolas L'Emery, D. M. Neufième edition. Revuë, corrigée & augmentée par l'Auteur. A Paris, Chez Estienne Michallet, 1697.

8 l., 740 ? (*i.e.* 738 ?) p. 7 plates, fold. table. 19½cm.
p. 739-740 ? wanting.
1st ed. Paris, 1675.
Index : p. 714-740 ?
♣ *Dioni° Gomes ... (?)* 2032

426

— Cours de chymie contenant la maniere de faire les operations Qui sont en usage dans la Médecine, par une Méthode facile. Avec des raisonnemens Sur chaque Operation ... Par M. Lemery ... Nouvelle édition, Revue, corrigée & augmentée d'un grand nombre de Notes, & de plusieurs préparations Chymiques qui sont aujourd'hui d'usage & dont il n'est fait aucune mention dans les Editions de l'Auteur, Par M. Baron, Docteur en Médecine ... A Paris, Chez Jean-Thomas Herissant, 1756.

3 l., xxiii, [1], 945p. 7 fold. plates, 2 fold. tables. 26½cm.
Engr. head-pieces.
1st rev. ed. by Baron. 649

427

— Dictionnaire universel des drogues simples, Contenant leurs Noms, Origine, Choix, Principes, Vertus, Etimologie; & ce qu'il y a de particulier dans les Animaux, dans les Végétaux, & dans les Minéraux : Ouvrage dépendant de la Pharmacopée Universelle: Par feu Monsieur Lemery ... Troisième edition, Revûe, corrigée, & beaucoup augmentée. Avec des figures en taille-douce. A Paris, De l'Imprimerie de la Veuve d'Houry, 1733.

2 l., xxiv, 1015p. 26½cm.
1st ed. Paris, 1698.
Index : p. 945-1015. 962

428

— Dictionnaire universel des drogues simples, contenant leurs noms, origine, choix, principes, Vertus, Étimologies; & ce qu'il y a de particulier dans les Animaux, dans les Végétaux & dans les Minéraux : Ouvrage nécessaire à ceux qui ont la Pharmacopée Universelle du même Auteur : Par feu Monsieur Lemery ... Nouvelle édition Avec figures. A Paris, Chez L.-Ch. D'Houry, 1759.

2 l., xxiv, 1015p. port., 25 plates. 26cm.
Index : p. 945-1015. 961

429

Lémery, Nicolas, 1645-1715.

Pharmacopée universelle, contenant toutes les compositions de pharmacie qui sont en usage dans la Medecine, tant en France que par toute l'Europe; leurs Vertus, leurs Doses, les manieres d'operer les plus simples & les meilleures. Avec plusieurs remarques & Raisonnemens sur chaque Operation. Par Nicolas Lemery ... A Paris, Chez Laurent D'Houry, 1697.

8 l., 504 (*i.e.* 472), xxxii, 505-1050, [38]p. front. 26cm.
1st ed.
Index : p. [1051]-[1088]
♣ *Missionis Sinensis PP. Gallorum Soc. Jesu. Pekin.* 953

430

— Pharmacopée universelle, contenant toutes les compositions de pharmacie qui sont en usage dans la Medecine, tant en France que par toute l'Europe; leurs Vertus, leurs Doses, les manieres d'operer les plus simples & les meilleures. Avec un lexicon pharmaceutique, plusieurs remarques nouvelles, Et des Raisonnemens sur chaque Operation. Par Nicolas Lemery ... Seconde edition, Revûe, corrigée et augmentée. A Paris, Chez Laurent D'Houry, 1716.

11 l., 1092 (*i.e.* 1094), [43]p. front. 26½cm. 943

431

Le Muet, Pierre, 1591-1669.

Maniere de bien bastir povr tovtes sortes de personnes. Par Pierre le Mvet ... Reveve, avgmentee et enrichie en cette seconde Edition de plusieurs Figures, de beaux Bastimens & Edifices, de l'inuention & conduite du dit sieur le Muet & autres. A Paris, Chez Iean Dv Pvis, 1663.

4 l., 113p. illus., 20 plates (14 fold.), 11 plans (8 fold.) 39cm.
Illus. t.-p.
Added engr. ornamented t.-p. dated 1664. 1172

432

— Maniere de bien bastir pour toutes sortes de personnes. Contenant les moyens d'elever des Bastimens de toutes grandeurs, d'y faire tous les ornemens, commoditez & détachemens qui s'y peuvent souhaiter. Ensemble des desseins pour bastir regulierement sur toute sorte de place. Par Pierre Le Muet ... Reveuë, augmentée & enrichie en cette Edition, de plusieurs Figures, Plans, & Elevations des plus Beaux bastimens & Edifices de France. Divisée en deux Parties. A Paris, Chez François Jollain, 1681.

1 l., 11p., 1 l., 33 plates, 49 plans. 41cm.
Pt. 2, plates no. 13, 18, 20, 29 wanting.
Added engr. ornamented t.-p.
Pt. 2 has a special engr. ornamented t.-p.
♣ *Collegij Societatis Jesu Pekini.* 1168

433

Léon de Saint-Jean, *O Carm,* 1600-1671.

Iesvs-Christ en son throne, etablissant et enseignant la vraye-religion, la morale-chretienne, et la theologie-mystiqve. Par le R. P. Leon, exprovincial des Carmes Reformez de la Province de Touraine ... A Paris, Chez Antoine Pas-de-Lovp, 1657.

9 l., 438 p., 439-444 numb. l., 443-522 p., 9 l., 362, [26]p. plate. 34½cm.
p. 275-278 wanting.
1st ed.
Index at end.
★ DictTheolCath IX 395. 2317

434

Lepelletier, Claude, *d. ca.* 1751.

Traité de la mort et de sa preparation, Tiré des Livres Saints. Dans lequel on expose, par les propres paroles de l'Ecriture, tout ce que le Chrétien doit faire pour se ménager une sainte mort ... Par M. l'Abbé Le Pelletier, Chanoine de la Métropole de Reims ... Seconde edition. A Paris, Chez Huart, & Ganeau, 1747.

1 l., xvii, [9], 344p. 17cm.
1st ed. Paris, 1740.
★ DictTheolCath IX 432. 2175

435

Lettre a Monsieur** Touchant les honneurs que les Chinois rendent au Philosophe Confucius & à leurs Ancêtres, 1700.

106p. 15cm.
Contents. — Lettre (ut supra). — Seconde lettre sur le même sujet, avec le décret d'Alexandre VII. — Lettre du roi de Portugal au Cardinal Barberin Protecteur de cette Couronne.
★ Cordier 889. — Streit VII 28 n° 2089. 3642

436

[Leurechon, Jean, *SJ*] 1591-1670.

Recreations Mathematiqves. Composées de plusieurs Problemes plaisans & facetieux d'Arithmetique, Geometrie, Astrologie, Optique, Perspectiue, Mechanique, Chymie, & d'autres rares & curieux Secrets ... Premiere et Seconde partie. La troisieme Partie contient vn recueil de plusieurs gentilles & recreatiues inuentions de feux d'artifices : La manière de faire toutes sortes de fuzées, simples & composées : Le |tout representé par figures. A Roven, Chez Charles Osmont, 1634.

2 l., 220p., 2 l., 72, [14]p., 2 l., 47, [2]p. illus. (incl. diagrs.) 17cm.
Signatures : a², A-Y⁸, Z⁶.
p. 13, 32 lines, 132×71mm.
Author : Jean Leurechon, *SJ. cf.* Sommervogel IX 1270.
1st ed. Pont-à-Mousson, 1624.
★ Brunet IV 1140. — Sommerv IV 1757.
♣ *P. Guil : vañ Beken. Mis : Chinē. — Da Igreja de Hoai Ngan.* 366

437

Lévêque, Pierre, 1746-1814.

Le guide du navigateur, ou Traité de la pratique des observations Et des Calculs nécessaires au Navigateur. Orné de Figures en taille-douce. Par M. Levêque, Correspondant de l'Académie Royale de Marine ... A Nantes, Chez Despilly, 1779.

2 l., xi, [1], 600p. illus., 2 fold. plates, 2 fold. tables. 21cm.
1st ed.
♣ *Stamp of Mgr Alex. de Gouvea.* 1604

438

Levesque, Pierre Charles, 1736-1812, *tr. & ed.*

Pensées morales de Confucius. Avec sa Vie & son Traité de la Philosophie des Chinois; recueillies & traduites du latin par M. Levesque. A Geneve, Chez Nouffer de Rodon & Comp., 1784.

168p. 13cm.
This work was selected and translated from « Couplet, Ph. *SJ.* Confucius, sive Scientia Sinensis, Paris, 1687 », and « Noël, F. *SJ.* Sinensis Imperii libri classici sex, Pragae, 1711 ». *cf.* p. 37 & Sommervogel V 1791.
1st ed. 1782.
♣ *Memento mei tu frater Williame oremus pro invicem. J. B. Aublin.* 3420

439

Le Vray, Jean-Baptiste, *Can Reg.*

Homelies ou Explication literale et morale des Evangiles de tous les Dimanches de l'Année; où les Veritez les plus importantes de la Morale Chrêtienne sont traitées : avec des Résolutions de Cas de conscience les plus difficiles & les moins connus ... Derniere edition, Reveuë, corrigée, & augmentée d'une Table des Matieres. Par M. J. B. le Vray, Chanoine Regulier ... A Paris, Chez Edme Couterot, 1700.

v. 1. 16½cm.
Contents. — **t. 1.** Depuis le premier dimanche de l'Avent jusqu'au Dimanche de la Septuagesime.
Index.
♣ *Ex libris Sti Martini ad Gemellos ambian.* 3303

440

L'Hospital, Guillaume François, Marquis de, 1661-1704.

Analyse des infiniment petits par M. le Marquis de l'Hôpital, Suivie d'un nouveau Commentaire pour l'intelligence des endroits les plus difficiles de cet Ouvrage. Par l'Auteur du Guide des jeunes Mathématiciens dans l'étude des Leçons de Mathématique de M. l'Abbé de la Caille. A Avignon, Chez la veuve Girard & François Seguin, 1768.

2 l., xxxi, 380p. 8 fold. diagrs. 20½cm.
Ed. by Aimé Henri Paulian, *SJ. cf.* DictOuvrAnonym II 589.
1st ed. Paris, 1696.
Errata : p. 380.
♣ *Stamp of Mgr Alex. de Gouvea.* 530

441

Liger, Louis, 1658-1717.

La nouvelle maison rustique, ou Économie generale de tous les biens de campagne : la maniere de les entretenir et de les multiplier; Donnée ci-devant au Public par le Sieur Liger. Septiéme edition, Augmentée considérablement, & mise en meilleur ordre; avec La vertu des simples, l'Apothicairerie, & les Décisions du Droit François sur les Matieres Rurales; Et enrichie de Figures en Taille-douce, Par M. ***... A Paris, Chez Saugrain Fils, 1755.

2v. front., illus., 14 plates. 26cm.
Vol. 2 wanting.
Ed. by H. Besnier. *cf.* DictOuvrAnonym III 555.
1st ed. Paris, 1700.
Index at end.
★ Brunet III 1075. 1080

442

Linschooten, Jan Huygen van, 1563-1611.

Description de l'Ameriqve & des parties d'icelle, comme de la Nouvelle France, Floride, des Antilles, Iucaya, Cuba Iamaica, &c. Item de l'estendue & distance des lieux, de la fertilité & abondance du pays, religion & coustumes des habitans, & autres particularitez. Avec vne Carte Geographique de l'Amerique Australe ... A Amsterdam, Chez Iean Evertsz Cloppenburch, 1619.

1 l., 86 (*i.e.* 80)p. map. 31½cm.
Signatures : Ll-Qq⁶, Rr³ (2 p. l. without sign.)
p. 5, 54 lines, 254×138mm.
Map wanting.
Illus. t.-p.
1st Dutch ed. The Hague, 1591.
Edited with : — Linschooten, I. H. van. Histoire de la navigation, Amsterdam, 1619 and others.
★ Brunet III 1091. 1022b

443

Linschooten, Jan Huygen van, 1563-1611.

Le grand rovtier de mer, de Iean Hvgves de Linschot Hollandois. Contenant une instruction des routes & cours qu'il convient tenir en la Navigation des Indes Orientales, et au voyage de la coste du Bresil, des Antilles, & du Cap de Lopo Gonsalves. Avec description des Costes, Havres, Isles, Vents, & courants d'eaux, & autres particularitez d'icelle Navigation. Le tout fidelement recueilli des memoires & observations des Pilotes Espagnols & Portugais. Et nouvellement traduit de Flameng en François. A Amsterdam, Chez Iean Evertsz Cloppenburch, 1619.

2 l., 181p. 31½cm.
Signatures : S^5, $T\text{-}Z^6$, $A\text{-}I^6$, K^4.
p. 2, 54 lines, 252×135mm.
Title printed within an engraving.
Edited with : Linschooten, J. H. van. Histoire de la navigation, Amsterdam, 1619 and others.
1st Dutch ed. The Hague, 1591.
1st French ed.
★ Brunet III 1091. 1022a

444

— Histoire de la navigation de Iean Hvgves de Linschot Hollandois, Aux Indes Orientales, Contenant diverses Descriptions des lieux iusques à present descouverts par les Portugais : Observations des Coustumes & singularitez de delà, & autres declarations. Avec annotations de B. Palvdanvs, Docteur en Medecine sur la matiere des Plantes & Espiceries : Item quelques Cartes Geographiques, & autres Figures. Deuxiesme edition augmentée. A Amsterdam, chez Iean Evertsz Cloppenburch, 1619.

4 l., 205 (*i.e.* 206)p. 7 fold. plates, 5 fold. maps. 31½cm.
Signatures : $†^4$, $A\text{-}R^6$, S^1.
p. 5. 53 lines, 248×136mm.
Title printed within an engraving.
1st Dutch ed. The Hague, 1591.
1st French ed. Amsterdam, 1610.
Edited with : Linschooten, I. H. van. Le grand rovtier de mer, Amsterdam, 1619; Description de l'Ameriqve & des parties d'icelle, Amsterdam, 1619.
★ Brunet III 1091. — Cordier 2072. 1022

445

Lisle, Joseph Nicolas de, 1688-1768.

Memoires pour servir a l'histoire & au progres de l'astronomie, de la geographie, & de la physique, recueillis de plusieurs dissertations lües dans les Assemblées de l'Academie Roiale des Sciences de Paris, & de celle de St. Petersbourg ... par M. De L'Isle ... A St. Petersbourg, de l'Imprimerie de l'Academie des Sciences, 1638.

284, [12]p. illus. (incl. tables), 13 fold. diagrs. 24½cm.
p. 109-116 bound after p. 124.
1st ed.
♣ *Nan-tâm Collegij S. J Pekinj dono ipsius Academiae 1745.* 272

446

Liturgy and ritual. Breviary. *French.*

Le Breviaire Romain, suivant la reformation du S. Concile de Trente, corrigé et revu par les Souverains Pontifes : Dans lequel, pour une plus grande commodité, les Répons sont mis au long chacun en son lieu, & les Offices de tous les Saints Nouveaux sont inserez, jusqu'au Pontificat de Clement XII ... A Paris, De l'Imprimerie de Frederic Leonard, Chez les Libraires Associés, 1745.

4v. incl. tables. 22½cm.
The cancel (p. 397-398, 397†-398†) of v. 2. p. 397-398 bound after p. 598.
Text in Latin with rubrics in French.
Text in 2 col.
Ms. marginal notes. 3270

447

Liturgy and ritual. Breviary. Little office of the Bl. Virgin.

L'Office de la Ste. Vierge, Latin et François, A l'Usage de ceux qui le récitent à dévotion. Nouvelle édition, Avec les Vêpres du Saint Sacrement, l'Office pour les Morts & autres Prieres en Latin & en François. A l'Usage du Diocese d'Amiens. A Amiens, Chez Louis-Charles Caron Pere, 1780.

6 l., 264p. 13cm.
Text in 2 col. 2538

448

Locke, John, 1632-1704.

De l'éducation des enfans, Traduit de l'Anglois de M. Locke. Par M. Coste. Septieme édition. Sur l'Edition Angloise publiée après la mort de l'Auteur, qui l'avoit revue, corrigée, & augmentée de plus d'un tiers. A Amsterdam, Chez la Veuve Merkus, 1776.

2 l., iii-xx, [2], 477, [2]p. 17cm.
1st Englich ed. London, 1693.
1st French ed. 1695.
« Traité du bonheur dans tous les etats de la vie » p. [399]-477.
★ Brunet III 1138. — DictTheolCath IX 850.
♣ *Stamp of Mgr Alex. de Gouvea.* 2245

449

[Loriot, Julien] *OR,* 1633-1715.

Lettres de pieté des Saints Peres Grecs & Latins des quatre premiers siecles de l'Eglise. Où il est traité sous divers titres des principaux sujets de la Morale Chrétienne ... Par le Pere *** Prêtre de l'Oratoire. A Paris, Chez Edme Couterot, 1700.

3v. 16½cm.
Author : Julien Loriot, *OR*. *cf*. DictOuvrAnonym II 1259.
1st ed.
Index at end of each volume.
Contents. — **t. 1.** Devoirs généraux des chrétiens envers Dieu, le prochain et soi-même. — **t. 2.** Devoirs des ecclésiastiques et des moines. — **t. 3.** Devoirs des vierges consacrées à Dieu, et devoirs de la vie civile.
♣ *ad usum P. ferdinandi a Sto Patritio aux Carmes Dech. D'amiens.* 2335

450

[Loriot, Julien] *OR*, 1633-1715.

Sermons sur les plus importantes matieres de la morale chrétienne; Ou l'Aveugle mis en meilleur ordre. A l'usage de ceux qui s'appliquent aux Missions ... Par le P.*** Prêtre de l'Oratoire de Jesus ... Troisiéme edition, revûe & corrigée. Suivant la copie de Paris. A Liege, Chez Jean François Broncart, 1713.

v. 4. 16cm.
The complete set consists of 8 v.
« Le P. Loriot a donné, sur le même plan que le P. Le Jeune, des Sermons sur les plus importantes matiéres etc., où il a même conservé des morceaux entiers de son modèle. Il existe une édition de Paris 1759, dont les frontispices portent le nom du P. Le Jeune ». — Brunet III 953.
L'Aveugle : *pseud.* of Jean Lejeune, *OR*, 1592-1672.
Contents. — **t. 4.** Suite des devoirs envers Dieu et des devoirs envers le prochain.
♣ *Ex libris Lejeune, 1713.* 3475

451

Loryot, François, *SJ*, 1571-1642.

Les flevrs des secretz moravx, Sur les Passions du Cœur humain, Diuisez en six Liures Par le P. François Loryot de Laual, de la Compagnie de Iesvs ... et Imprimez par le commandement de sa Maieste. A Paris, Chez Guillaume Guyot, 1614.

32 l., 1154 (*i.e.* 1048), [48]p. 23½cm.
Signatures: a-h^4, A-Z^4, Aa-Zz^4, AAa-ZZz^4, AAAa-ZZZz^4, AAAAa-ZZZZz^4, AAAAAa-YYYYYy^4.
p. 2, 31 lines 178×97mm.
Engr. ornamented t.-p.
p. 491-492 and 495-496 bound after p. 494 and 498 respectively.
1st ed.
Index at end.
★ Sommerv V 24 n° 2.
♣*Mission Sinens.* 2380

452

Louis François d'Argentan, *OMCap*, 1615-1680.

Les exercices du chrétien interieur, où sont enseignées les pratiques pour conformer en toutes choses nôtre interieur avec celuy de Jesus-Christ, & vivre de sa vie. Par le R. P. Lovis Francois d'Argentan, Capucin ... A Lyon, Chez Rolin Glaize, 1677.

2v. 15½cm.
1st ed. Paris, 1664.
★ DictTheolCath IX 961.
♣ *Donné au R. P. Provana Pour les Missions par l'abbé De Broissia.* 1995

453

[Lully, Jean Baptiste] 1633-1687, *ed*.

Recueil des Opera, des Ballets Et des plus belles Piéces en Musique, qui ont été représentées depuis dix ou douze ans jusqu'à present devant Sa Majesté Trés-Chrétienne ... Suivant la Copie à Paris A Amsterdam, chès Abraham Wolfgang, 1699-1701.

5v. 15cm.
Ed. by Jean Baptiste Lully. *cf*. Larousse V 214.
Contents. — **t.1.** Quinault, Ph. La grotte de Versailles. Les festes de l'Amour et de Bacchus. Corneille, P. Psiche. Cadmus et Hermione. Alceste. Thesée. Atys. Jsis. — **t. 2.** Corneille, P. Bellerophon. Quinault, Ph. Proserpine. Le Triomphe de l'Amour. Persée. Phaéton. Amadis. Roland. Didon. — **t. 3.** Quinault, Ph. Le temple de la paix. Armide. Campistron, J. B. de. Acis et Galatée. Corneille, P. Achille. Zéphire et Flore. Thétis et Pelée. Orphée. Enée et Lavinie. — **Suite du t. 3.** Ballet de la jeunesse. Le palais de Flore. Coronis. Astrée. Alcide. Circé. — **t. 4.** Médée. Céphale et Procris. Téagène et Cariclée. Les amours de Momus. Balet des saisons. Ariane et Bacchus. Issé. Appollon et Daphné. Mirtil et Mélicerte. Vénus et Adonis. Aricie. Carnaval de Venise. Corneille, P. Carnaval mascarade. Quinault, Ph. Amadis de Grèce, Méduse. Villeneuve St. George. Le triomphe de la raison sur l'amour Marthesie. Hesione. 3167

454

Luys de Granada, *OP*, 1505-1588.

Les additions ov Svpplement dv Memorial de la vie Chrestienne. Composé par le R. P. F. Lovys de Grenade, de l'ordre S. Dominique : Auquel sont contenus deux Traitez; l'vn de l'amour de Dieu ... traduit par Iean Chabanel Tholosain : l'autre est des mysteres plus deuots, & passages principaux de la vie de nostre Seigneur, translaté par F. de Belleforest Comingeois, & augmenté de nouueau par le dit Chabanel. A Paris, Chez Robert le Fizelier, 1587.

20 l., 416 numb. l., 20 l. 17½cm.
Signatures : a^8, e^8, i^4, A-Z^8, Aa-Zz^8, AAa-HHh^8, IIi^4.
f. 1 b, 31 lines, 127×70mm.
« La Philomene de Sainct Bonauenture » : l. 412-416.
Indices : l. [417]-[436].
1st Spanish ed. Salamanca, 1574.
★ DictTheolCath IX 957. 2598

455

Luys de Granada, *OP,* 1505-1588.

Le catechisme, ov Introduction av Symbole de la foy; où il est traité des excellences de la religion Chrestienne, & de ses principaux mysteres. Composé en Espagnol par le R. P. Lovis de Grenade, de l'Ordre de saint Dominique. Traduit de nouveau en François par Mr. Girard Conseiller du Roy en ses Conseils ... Nouvelle Edition reveuë & corrigée de nouveau. A Paris, Chez Pierre le Petit, 1676.

v. 4. 19cm.
The complete set consists of 4 v.
1 p. l. wanting.
1st Spanish ed. Salamanca, 1582.
1st French ed. by Girard, 1658.
Contents. — **t. 4.** Second traité de la 4ᵉ partie de l'Introduction au Symbole de la foi : réponse, en forme de dialogue, à toutes les objections qu'on peut faire touchant le Messie. Abrégé du Catechisme. Traité de la maniere avec la qvelle on peut proposer la doctrine de nostre foy aux nouveaux fidelles. Index.
★ Brunet II 1697. — DictTheolCath IX 956. 3445

456

— Discours en forme de sermon, monstrant comme il ne faut pas que la vertu des bons perde credit pour la cheutte des mauuais. Où est traicté par occasion dv scandale, et de la freqvente commvnion. Composé par F. Loys de Grenade, Religieux de l'ordre S. Dominique ... Depuis traduict de l'Espagnol par Paul du Mont ... A Dovay, Chez Jean Bogart, 1599.

18 l., 60 numb. l., 1 l., 15cm.
Signatures : A-I⁸, K⁷.
f. 2 a, 26 lines, 119×66mm.
1st Spanish ed. Lisbon, 1588.
1st French ed. Douay, 1589.
Bound with : — Luys de Granada, *OP.* La grande guide des pecheurs, Dovay, 1599.
★ DictTheolCath IX 956. 2815a

457

[— La grande guide des pecheurs. Composée par Reuerend Pere F. Loys de Grenade Religieux de l'Ordre S. Dominique. Douai, Balth.(asar) Bel.(lere), 1599.]

8 l., 416 numb. l. 15cm.
Signatures : A-Z⁸, Aa-Zz⁸, Aaa-Ggg⁸.
p. 2, 31 lines, 122×68mm.
3 p. 1. (incl. t.-p.) wanting.
For title, imprint. *cf.* Caption title, Cat. Thierry p. 76. l. 14.
Tr. by Paul du Mont. *cf.* « Epitre a son Alteze ».
1st Spanish ed. 1555-56.
1st French ed. Douai, 1577.
Bound with : — Luys de Granada, *OP.* Discours en forme de sermon, Douay, 1599; Traicte de la confession et communion, Antwerp, 1597.
★ Brunet II 1697. — DictTheolCath IX 955. 2815

458

— Traicte de la confession et communion, Du R. P. F. Lovis de Grenade ... Où sont contenus quelques remedes generaux contre le peché mortel, & quelques deuotes oraisons. Extrait nouuellement des oeuures dudit Grenade par luy-mesme, & traduit en François par Iean Chabanel, Tholosain. En Anvers, Chez Martin Nutius, 1597.

168, [10]p. 15cm.
Signatures : a-l⁸, m¹.
p. 5, 31 lines, 120×68mm.
Some pages of index at end spoiled.
Bound with : Luys de Granada, *OP.* La guide des pecheurs, Dovay 1599 and others. 2815b

M

459

[**Macquer, Philippe**] 1720-1770.

Dictionnaire portatif des arts et metiers. Contenant en abrégé l'histoire, la description & la police des arts et métiers, des fabriques et manufactures de France & des Pays Etrangers ... A Paris, Chez Lacombe, 1766.

2v. 17cm.
Author : Philippe Macquer. *cf.* DictOuvrAnonym I 982.
1st ed. 721

460

[—] Dictionnaire de chymie, contenant La Théorie & la Pratique de cette Science, son application à la Physique, à l'Histoire Naturelle, à la Médecine & à l'Economie animale; avec L'explication détaillée de la vertu & de la maniere d'agir des Médicamens Chymiques. Et les principes fondamentaux des Arts, Manufactures & Métiers dépendans de la Chymie ... A Paris, Chez Lacombe, 1769.

2v. 17½cm.
Author : Pierre Joseph Macquer. *cf.* DictOuvrAnonym I 959.
1st ed. Paris, 1766.
♣ *Stamp of Mgr Alex. de Gouvea.* 712

461

— Dictionnaire de chymie, contenant la théorie et la pratique de cette science, Son application à la Physique, à l'Histoire Naturelle, à la Médecine, & aux Arts dépendans de la Chymie. Par M. Macquer ... Seconde Edition revue, & considérablement augmentée ... A Paris, Chez P. Fr. Didot jeune, 1778.

4v. 17cm.
vol. 1, 4 wanting.
♣ *Reçu de Mʳ Skabarelli. 1781 le 30 Mars. — Ex libris Henrici Weyer e Theonisvilla anno Domini 1781.* 773

462

Macquer, Pierre Joseph, 1718-1784.

Élemens de chymie-théorique; Par Mr. Macquer, de l'Académie Royale des Sciences ... Nouvelle édition. A Paris, Chez Jean-Thomas Hérissant, 1756.

xxii, [2], 368, [13]p. 3 fold. plates, fold. tables. 17cm.
Illus. t.-p.
1st ed. 1749.
Index : p. 356-368. 651

463

[Maigrot, Charles] 1652-1730.

Examen des faussetez sur les cultes Chinois, Avancées par le Pere Joseph Jouvenci Jesuite, dans l'Histoire de la Compagnie de Jesus. Traduit D'un Ecrit Latin, composé par le R. P. Minorelli, De l'Ordre de S. Dominique, Missionaire à la Chine, 1714.

4 l., 184p. 17cm.
« Le traducteur est Nicolas Petitpied. L'écrit latin n'est pas, au reste, du P. Minorelli, comme il l'assura lui-même : il n'a jamais été missionnaire à la Chine. Il est de M. Maigrot, Evêque de Conon, Vicaire Apostolique à la Chine (Giorn. de Letterati, XVIII, p. 447) » — Sommervogel IV 854.
1st ed.
Bound with : — Gonzales de San Petro, F., *OP*. Relation de la persecution de la Chine, 1714 and others.
★ Cordier 917. — Streit VII 192 n° 2795. 3383b

464

Mailla, Joseph François Marie Anne de Moyriac de, *SJ*, 1669-1748.

Histoire générale de la Chine, ou Annales de cet Empire; traduites du Tong-kien-kang-mou, Par le feu Père Joseph-Anne-Marie de Moyriac de Mailla, Jésuite François, Missionaire à Pékin : Publiées par M. l'Abbé Grosier, Et dirigées par M. le Roux des Hautesrayes ... Ouvrage enrichi de Figures & de nouvelles Cartes Géographiques de la Chine ancienne & moderne, levées par ordre du feu Empereur Kang-hi, & gravées pour la première fois ... A Paris, Chez Ph.-D. Pierres, [et] Clousier, 1777-85.

13v. illus., 15 plates (1 fold.), 2 fold. maps, 5 fold. tables. 25½cm.
Vol. 13 has imprint : Paris, Chez Moutard, 1785.
Index : v. 12, p. [109]-348.
1st ed.
Contents. — **t. 1.** Préliminaires. Lettres du P. de Mailla. Histoire des dynasties Shia, Chang, Tcheou, 2914-967 B. C. — **t. 2.** Tcheou (continued) Tsin, Han, 966-141. — **t. 3.** Han (continued), 140 B. C. — 194 A. D. — **t. 4.** Han (continued) Heou-Han, Tçin, 194-420. — **t. 5.** Song, Tsi, Léang, Tchin, Soui, 420-619. — **t. 6.** Tang, 619-888. — **t. 7.** Tang (continued) Heou-Léang, Heou-Tang, Heou-Tçin, Heou-Han, Heou-Tcheou, 888-959. — **t. 8.** Song, 960-1209. — **t. 9.** Song (continued), Yuen, 1210-1368. — **t. 10.** Ming, 1368-1649. — **t. 11.** Ts'ing, 1649-1780. — **t. 12.** Nien-hao des empereurs. Nomenclature géographique. Notices historiques sur la Cochinchine et le Tonkin, et sur les entreprises des Russes en Chine. Table générale des matières. — **t. 13.** Description géographique. Précis sur le gouvernement, la religion, les mœurs et usages, les arts et les sciences des Chinois.
★ Brunet III 1314. — Cordier 583-5; 60 (vol. 13) — Sommerv V 332 n° 13. — Streit VII 200. 3400

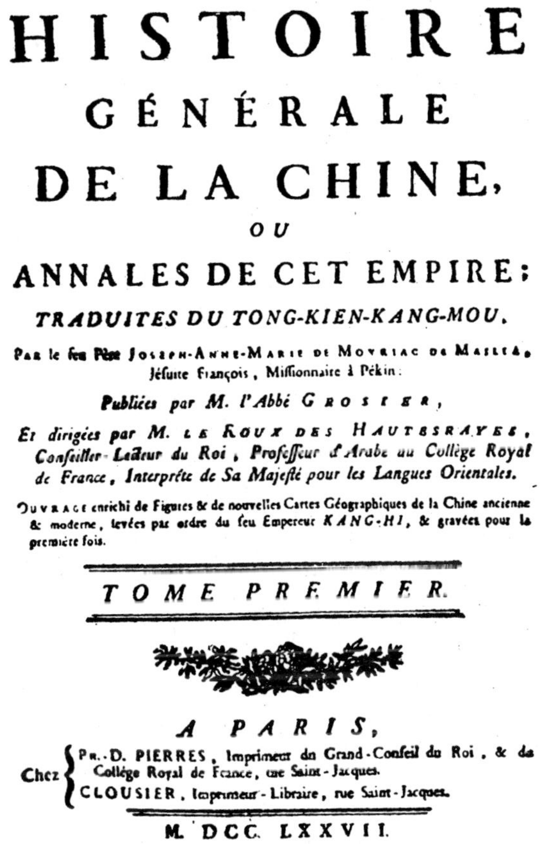
HISTOIRE
GÉNÉRALE
DE LA CHINE,
OU
ANNALES DE CET EMPIRE;
TRADUITES DU TONG-KIEN-KANG-MOU.
Par le feu Père JOSEPH-ANNE-MARIE DE MOYRIAC DE MAILLA,
Jésuite François, Missionnaire à Pékin:
Publiées par M. l'Abbé GROSIER,
Et dirigées par M. LE ROUX DES HAUTESRAYES, Conseiller-Lecteur du Roi, Professeur d'Arabe au Collège Royal de France, Interprête de Sa Majesté pour les Langues Orientales.
OUVRAGE enrichi de Figures & de nouvelles Cartes Géographiques de la Chine ancienne & moderne, levées par ordre du feu Empereur KANG-HI, & gravées pour la première fois.
TOME PREMIER.
A PARIS,
Chez PH.-D. PIERRES, Imprimeur du Grand-Conseil du Roi, & du Collége Royal de France, rue Saint-Jacques.
CLOUSIER, Imprimeur-Libraire, rue Saint-Jacques.
M. DCC. LXXVII.
AVEC APPROBATION, ET PRIVILÈGE DU ROI.

465

Maimbourg, Louis, *SJ*, 1610-1686.

Histoire du grand schisme d'Occident. Par le P. Louis Maimbourg, de la Compagnie de Jesus. Sur l'imprimé A Paris, Chez Sebastien Mabre-Cramoisy, 1678.

2v. 15cm.
Vol. 2 wanting.
Ms. marginal notes.
1st ed. Paris, 1678.
Index at end.
★ DictTheolCath IX 1659. — Sommerv V 350 n° 17. 2721

466

— Histoir(e) du Lutheranisme, par le P. Lovis Maimbovrg de la Compagnie de Iesvs. Sur l'imprimé A Paris, Chez Sebastien Mabre Cramoisy, 1682.

2v. 14½cm.
t.-p. of v. 1 spoiled.
1st ed. Paris, 1680.
Index at end of each volume.
★ Sommerv V 352 n° 19; XII 25 n° 119; XII 244 n° 592 (ed. wanting) 1852

467

Maimbourg, Louis, *SJ,* 1610-1686.

Sermons pour le caresme, où tovtes les parties de chaque Evangile sont comprises, & rapportées à un point principal. Par le Pere Louïs Maimbourg, de la Compagnie de Jesus ... Seconde édition. A Paris, Chez Sebastien Mabre-Cramoisy, 1677.

2v. 19½cm.
vol. 1, 553 (*i.e.* 555)p.
t.-p. & p. 1. of v. 2 spoiled.
1st ed. Paris, 1672.
Index at end of v. 2.
★ DictTheolCath IX 1657.—Sommerv V 347 n° 12.
✤ *Pertence à Rezid^a de Kiam cheu.* 1898

468

—Trois traitez de controverse ... Par Monsieur Maimbourg. Troisième édition. A Paris, Chez Sebastien Mabre-Cramoisy, 1682.

1 l., 544, [4]p. 16cm.
Each part has a special half-title page.
1st collective ed.
Contents.—La méthode pacifique pour ramener sans dispute les protestans à la vraye foy sur le point de l'Eucharistie. (1st ed. Paris, 1670).—Traité de la vraye Eglise de Jesus-Christ pour ramener les enfans égarez à leur mère. (1st ed. Paris, 1671).—Traité de la vraye parole de Dieu pour reünir toutes les societez chrestiennes dans la créance catholique (1st ed. Paris, 1671).
★ DictTheolCath IX 1657.—Sommerv V 346-7.
✤ *Collegij S. J. Pekini.* 1799

469

Mairan, Jean Jacques d'Ortous de, 1678-1771.

Traité physique et historique de l'aurore boréale. Par M^r. de Mairan. Suite des Mémoires de l'Académie Royale des Sciences, Année M. DCCXXXI. A Paris, De l'Imprimerie royale, 1733.

4 l., 281p. 7 fold. plates, 8 fold. diagrs. 26cm.
Head-piecces.
1st ed.
Errata at beginning.
✤ *Collegij S. J. Pekini A C. 1739.* 16

470

—Traité physique et historique de l'aurore boréale. Par Mr. de Mairan. Suite des Mémoires de l'Académie Royale des Sciences, Année M. DCCXXXI. Seconde édition Revûe et augmentée de plusieurs Eclaircissemens. A Paris, De l'Imprimerie royale, 1754.

6 l., 507, xxii p., 1 l. illus. (incl. tables), 8 told.

plates, 9 fold. diagrs. 26cm.
Head-pieces.
Index : xxii p. at end.
Errata at beginning.
✤ *Pour le Reverend Pere Gaubil, de la part de son tres humble serviteur Dortous De Mairan.* 275

471

[Malebranche, P. B. M.]

Théologie familiere, ov Nouvelle exposition de la doctrine catholique, Sur les Sacrements, le Sacrifice, les Cérémonies, & les Observances de l'Église. Par demandes et réponses ... A Liege, Chez J. A. Gerlache, 1776.

xxxix, [3], 308p. 19½cm.
Author : P. B. M. Malebranche. *cf.* Dedication. 1815

472

Mallet, Alain Manesson, 1630-1706.

Description de l'univers, contenant les differents systêmes du monde, les Cartes generales et particulieres de la Geographie Ancienne et Moderne : les Plans & les Profils des principales Villes & des autres lieux plus considerables de la Terre; avec les Portraits des Souverains qui y commandent, leurs Blasons, Titres & Livrées: et les Mœurs, Religions, Gouvernemens & divers habillemens de chaque Nation ... Par Allain Manesson Mallet ... A Paris, Chez Denys Thierry, 1683.

v. 2. illus., plates. 21½cm.
The complete set consists of 5 v.
1st ed.
On added engr. ornamented t.-p. : Asie ancienne et moderne tome II.
Index & errata at end.
★ Brunet III 1343.
✤ *PP Gallor. S J. Pekini.* 1119

473

—Les travaux de Mars, ou L'art de la guerre. Divisé en trois parties. La premiere, enseigne la Methode de fortifier toutes sortes de Places Regulieres & Irregulieres. La seconde, explique leurs Constructions, selon les plus fameux Auteurs, qui en ont traité jusqu'à present, & donne aussi la maniere de les bâtir. La troisième, enseigne les fonctions de la Cavalerie & de l'Infanterie, traite de l'Artillerie, & donne la Methode d'attaquer & de deffendre les Places. Avec un ample détail de la Milice des Turcs, tant pour l'Attaque que pour la Deffence. Ouvrage enrichi de plus de quatre cens Planches gravées en Taille-douce ... Par Allain Manesson Mallet ... A Paris, Chez Denys Thierry, 1684-85 [v. 1, 1685]

3v. fronts., illus. (incl. plans, diagrs.) 22cm.

Vol. 2; v. 1, ? p. l., p. 39-42, 107-108, 131-132, 157-158, 161-162, 175-176, 181-182, 185-186, 211-214 (illus ?), 219-220 wanting.
1st ed. Paris, 1671.
Index at end of each volume.
Errata at end of v. 3.
★ Brunet III 1343.
♣ *Collegij Societatis Jesu Pekini.* 3321

474

Malthe, François de.

Pratique de la guerre, Contenant l'usage de l'Artillerie, Bombes & Mortiers, Feux Artificiels & Petards, Sappes & Mines, Ponts & Pontons, Tranchées & Travaux, avec l'ordre des Assauts aux Bréches, & à la fin un traité des Feux de Joye. Par Le sieur Malthus ... A Paris, Chez la veuve Gervais Clousier, 1681.

6 l., 282p. illus., 29 fold. plates, fold. table. 17½cm.
Marginal notes.
♣ *Collegij Pechinensis Societatis Jesu.* 1099

475

Marcel, Guillaume, 1647-1708.

Tablettes chronologiques, contenant avec ordre, l'état de l'Eglise en Orient, & en Occident : les Conciles generaux & particuliers : les Autheurs Ecclesiastiques : les Schismes, Heresies & Opinions, qui ont esté condamnées ... Par G. Marcel, Avocat au Parlement. A Paris, Chez Denys Thierry, 1682.

53 unnumb. l. fold. table. 16½cm.
1st ed.
Index and errata at end. 3039

476

— Tablettes chronologiques, contenant avec ordre, l'état de l'Eglise en Orient, & en Occident : les Conciles generaux & particuliers : les Autheurs Ecclesiastiques : les Schismes, Heresies & Opinions, qui ont été condamnées... Par G. Marcel, Avocat au Parlement. Suivant la Copie de Paris. A Amsterdam, Chez Pierre Mortier, 1687.

53 unnumb. l. front., fold. table. 16½cm.
Index & errata at end. 3041

477

— Tablettes chronologiques, contenant avec ordre, l'état de L'Eglise en Orient, & en Occident : les Conciles generaux & particuliers les Autheurs Ecclesiastiques : les Schismes, Heresies & Opinions, qui ont été condamnées... Par G. Marcel, Avocat au Parlement. A Amsterdam, Chez Pierre Mortier, 1696.

54 unnumb. l. front., table. 16½cm.
Ms. table on recto of back guard leaf.
Index & errata at end. 3040

478

Mariotte, Edme, 1620*ca.*-1684.

Œuvres de Mr. Mariotte, de l'Académie Royale des Sciences, divisées en deux tomes, Comprenant tous les Traitez de cet Auteur, tant ceux qui avoient déjà paru séparément, que ceux qui n'avoient pas encore été publiez; Imprimées sur les Exemplaires les plus exacts & les plus complets; Revuës & corrigées de nouveau. A Leide, Chez Pierre Vander Aa, 1717.

6 l., 701, [35]p. 26 fold. diagrs. 25cm.
2 v. in l.
Paged continuously.
Illus. t.-p.
1st collective ed.
Contents. — **t. 1.** Traité de la percussion ou choc des corps. Essais de physique : De la vegetation des plantes; De la nature de l'air; Du chaud et du froid; De la nature des couleurs. — **t. 2.** Traité du mouvement des eaux & des autres corps fluides. Régles pour les jets d'eau. Nouvelle découverte touchant la vuë. Traité du nivellement. Traité du mouvement des pendules. Expériences touchant les couleurs & la congélation de l'eau. Essai de logique.
♣ *PP Gallor S J Pekin.* 673

479

— Traité du mouvement des eaux et des autres corps fluides. Divisé en v. parties. Par feu M. Mariotte... Mis en lumiere par les soins de M. de La Hire... A Paris, Chez Estienne Michallet, 1686.

7 l., 408 (*i.e.* 390), [20]p. incl. diagrs. 17cm.
1st ed. by La Hire. 662

480

Martel, Gabriel, *SJ,* 1680-1756.

Le Chrétien dirigé dans les exercices d'une retraite spirituelle, Par le R. P. Gabriel Martel de la Compagnie de Jesus. Nouvelle Édition augmentée de Lectures pour chaque jour de la Retraite... A Lyon, Chez J. Deville, 1757.

2v. 17cm.
Half-title : Retraite spirituelle.
1st ed. Lyons, 1729.
★ Sommerv V 613 n° 2. 2336

481

Massialot.

Le nouveau cuisinier royal et bourgeois, ou Cuisinier moderne. Qui apprend a ordonner toute sorte de Repas en gras & en maigre... Par M. Massialot... Augmenté de nouveaux Ragoûts par le Sieur Vincent de la Chapelle ... A Paris, Chez la Veuve Prudhomme, 1739.

v. 2. 17cm.
♣ *Resid. P. P. gall. Soc. Jes. Pekin.* 3301

482

Matthioli, Pietro Andrea, 1500-1577.

Les commentaires de M. P. André Matthiole, medecin Sienois, svr les six livres de la Matiere medecinale de Pedacivs Dioscoride, Anazarbéen. Traduits de Latin en François, par M. Antoine Dv Pinet : Et enrichis de nouveau d'un nombre considerable de Figures; Et augmentez tant de plusieurs remedes à diverses sortes de maladies; Comme aussi d'un Traité de Chymie en abregé, pour l'Analyse, tant des Vegetaux que de quelques Animaux & Mineraux, par vn doctevr en medecine. Derniere Edition, revuë, corrigée & mise dans un meilleur langage : Avec deux Tables Latine & Françoise. A Lyon, Chez Iean-Baptiste de Ville, 1680.

4 l., xcv, [15], 636, [33]p. illus. (incl. port.) 37½cm.
Illus. t.-p.
Text in 2 col.
1st Latin ed. Venice, 1554.
1st French ed. by Dupinet, Lyons, 1561.
★ Brunet III 1539.
♣ *PP Gallor S J Pekin.* 1035

483

Maty, Charles.

Dictionaire geographique universel, Contenant Une description exacte des Etats, Royaumes, Villes, Forteresses, Montagnes, Caps, Isles, Presqu'iles, Lacs, Mers, Golfes, Détroits, &c. de l'Univers, Le tout tiré du Dictionaire Géographique Latin de Baudrand, Des meilleures Relations, des plus fameux Voyages, & des plus fideles Cartes : Ouvrage Poussé plus loin qu'aucun qui ait paru jusques ici en François... à Amsterdam [et] à Utrecht, chez François Halma [et] Guillaume van de Water, 1701.

5 l., 1040 (*i.e.* 1032), [144]p. 24cm.
Illus. t.-p.
Text in 2 col.
1st ed.
Index at end.
♣ *Ex dono charissimi Fratris Frans.ci Quadros SJ. applicatum Collegio Ham cheu 1723.* 827

484

Maucorps, Pierre, *SJ,* 1591-1649.

Paraphrase svr Isaye... Par le P. Pierre Maucorps de la Compagnie de Iesv. Seconde edition, reueüe par l'Autheur. A Paris, Chez Clavde Le Beav, 1645.

2v. 14½cm.
1st ed. La Flèche, 1636.
★ Sommerv V 748 nº 3. 1457

485

— Paraphrase svr Ieremie par Le P. Pierre Mavcorps, de la Compagnie de Iesvs... A Paris, Chez la Veuve Iean Camvsat, & Pierre le Petit, 1644.

2v. 13½cm.
Vol. 1, p. 241-288 wanting.
1st ed.
★ Sommerv V 748 nº 5. 1434

486

Maupertuis, Pierre-Louis Moreau de, 1698-1759.

Discours sur la parallaxe de la lune, pour perfectionner la théorie de la lune et celle de la terre. Par Mr. de Maupertuis... A Paris, de l'Imprimerie royale, 1741.

xxxii, 133p. incl. tables, diagrs. 19½cm.
1st ed. 6

487

— La figure de la terre, déterminée par les observations De Messieurs de Maupertuis, Clairaut, Camus, le Monnier... & de M. l'Abbé Outhier... Accompagnés de M. Celsius... faites par ordre du roy au cercle polaire. Par M. de Maupertuis. A Paris, De l'Imprimerie royale, 1738.

xxiv, [4], 184p. illus., fold. map, 9 fold. diagrs. 19½cm.
1st ed. 4

488

Mauriceau, François, *d.* 1709.

Traité des maladies des femmes grosses, et de celles qui sont nouvellement accouchées, Enseignant la bonne & veritable methode pour bien aider les Femmes en leurs accouchements naturels, & les moyens de remédier à tous ceux qui sont contre nature, & aux indispositions des enfans nouveaux-nés... Composé par François Mauriceau, Maistre és Arts... Derniere edition. Corrigée par l'Auteur & augmentée de quelques Figures tres-convenables au sujet, et de plus d'un tiers du discours contenant toutes les plus particulieres Observations... avec une ample Table des Matieres principales. Suivant la copie imprimée a Paris, 1683.

9 l., 437, [27]p. 13 plates. 21cm.
5 plates wanting.
Added engr. ornamented t.-p. dated 1682.
1st ed. 1668.
♣ *Miss. Sinensis PP. Gall. Soc. Jesu Pekin.* 3395

489

Maximes tirées du Nouveau Testament, pour l'instruction de la jeunesse... A Paris, Chez Jean Desaint [1696 ?]

3 l., 321, [1]p. 12½cm.
French and Latin on opposite pages.
Preface dated 1696.
Quotations from Psalms (ms.) on p. [322] and recto of back guard leaf.
♣ *A l'usage de la Sr Ravenel.* 2582

490

Medina, Pedro de, *ca.*1510.

L'art de navigver de M. Pierre de Medine Espagnol : Contenant toutes les reigles, secrets, & enseignemens necessaires à la bonne nauigation, Traduict de Castillan en François, auec augmentation & illustration de plusieurs figures & annotations, par Nicolas de Nicolai, du Dauphiné... Reueu nouuellement & corrigé par ledict S. de Nicolai, auec amendement de plusieurs figures, & mieux qu'aux precedentes editions. A Lyon, par Gvillavme Roville, 1576.

4 l., 258, [5]p. illus. (incl. tables), fold. map. 24½cm.
Signatures : †4, A-Z4, Aa-Kk4.
p. 3, 32 lines, 187×114mm.
1st Spanish ed. Valladolid, 1545.
1st French ed. by Nicolai, Lyons, 1553.
★ Brunet III 1573.
♣ *Veyo da Resid*a *de Cinanfu.* 337

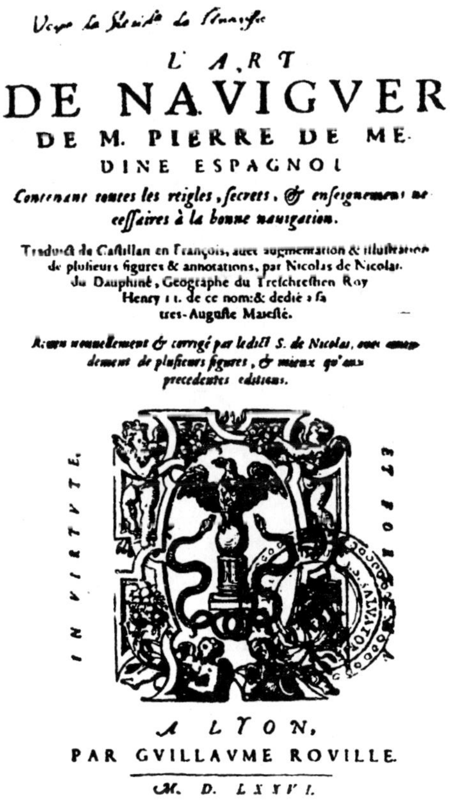
L'ART DE NAVIGVER DE M. PIERRE DE MEDINE ESPAGNOL
Contenant toutes les reigles, secrets, & enseignemens necessaires à la bonne nauigation.
Traduict de Castillan en François, auec augmentation & illustration de plusieurs figures & annotations, par Nicolas de Nicolai, du Dauphiné, Geographe du Treschrestien Roy Henry II. de ce nom: & dedié à sa tres-Auguste Maiesté.
Reueu nouuellement & corrigé par ledict S. de Nicolai, auec amendement de plusieurs figures, & mieux qu'aux precedentes editions.
A LYON,
PAR GVILLAVME ROVILLE.
M. D. LXXVI.

491

Méditations choisies, avec différentes prieres... Par D. A. F. Paris, de l'imprimerie de Didot, 1775.

456, 8p. 16cm.
p. 445-454 wanting.
Approbation mounted on p. 444.
« Litanie des pénitents » at end. 2043

492

Mémoires concernant l'histoire, les sciences, les arts, les moeurs, les usages, etc. des Chinois, Par les Missionnaires de Pekin... A Paris, Chez Nyon, 1777-91 [v. 1, 1797]

16v. 136 plates (2 fold.), 10 ports. 3 fold, maps, plan, 17 tables. 26½cm.
Vol. 16, & v. 6, plate nº xvi wanting.
Vol. 1 has imprint : Paris, Chez Gay et Gide, 1797.
Half-title : Mémoires concernant les Chinois.
Binders title : Mémoires des Chinois.
Vol. 2-15, 1st ed.
General index : v. 10. p. [179]-510.
★ Cordier 54-6. — Streit VII 397-9.
♣ *Ex meis 6 Juin 1833 Ant. Faivre.* 3422

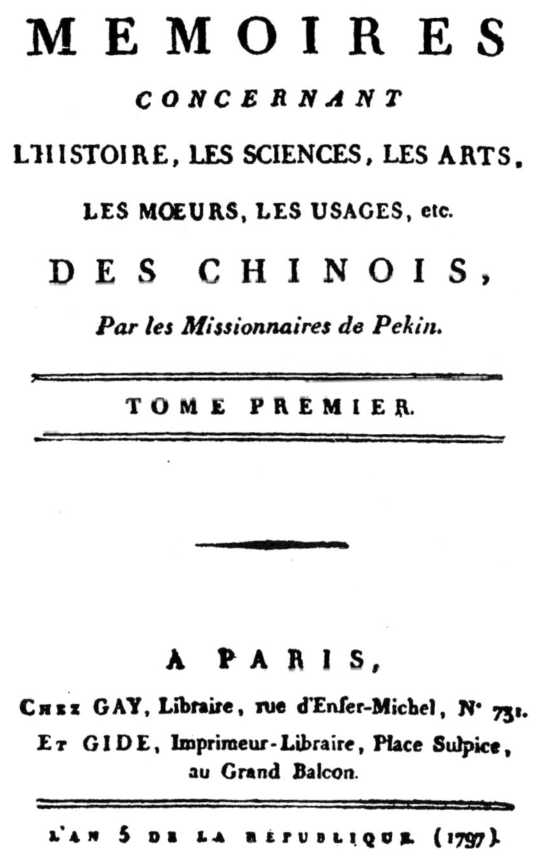
MEMOIRES
CONCERNANT
L'HISTOIRE, LES SCIENCES, LES ARTS,
LES MOEURS, LES USAGES, etc.
DES CHINOIS,
Par les Missionnaires de Pekin.
TOME PREMIER.
A PARIS,
CHEZ GAY, Libraire, rue d'Enfer-Michel, Nº 731.
ET GIDE, Imprimeur-Libraire, Place Sulpice, au Grand Balcon.
L'AN 5 DE LA RÉPUBLIQUE (1797).

493

Menestrier, Claude-François, *SJ,* 1631-1705.

Histoire du regne de Louis le Grand par les medailles, emblemes, devises, jettons, inscriptions, armoiries, & autres Monumens publics. Recueillis & Expliquez par le Pere Claude François Menestrier de la Compagnie de Jesus. Edition nouvelle. Corrigée & augmentée d'un Discours sur la Vie du Roy, & de plusieurs Médailles & Figures. A Paris, Chez Robert Pepie et J. B. Nolin, 1700.

1 l., 3, 80 (*i.e.* 82), [8]p. illus., 93 plates (2 fold.), port. 37cm.
Engr. illus. t.-p.
Engr. head-pieces.
1st ed. Paris, 1689.
Index at end.
★ Brunet III 1622. — Sommerv V 933 n° 113.
♣ *PP Gallor S J Pekin.* 1974

494

Methode courte et facile, pour vivre chretiennement dans le monde, Et pour arriver à la perfection. Avec une instruction utile pour la Confession. Et pour se disposer à bien mourir. A Paris, Chez la V. de Laize-de-Bresche, 1688.

168p. 13½cm.
♣ *Collegij Soc. J. Pekini.* 2468

495

Millot, Claude François Xavier, 1726-1785.
Élémens d'histoire générale... Par M. l'Abbé Millot, des Académies de Lyon & de Nancy. Édition augmentée... En Suisse, Chez les Libraires Associés, 1778.

9v. 17cm.
Vol. 9, Nouvelle édition augmentée.
Previously published under title : Eléments de l'histoire générale ancienne, 4v. Paris, 1772; Eléments de l'hist. gén. moderne, 5v. Paris, 1773.
1st collective ed.
« Table de géographie ancienne » : v. 2, p. 356-377.
« Table chronologique de quelques faits principaux de l'histoire ancienne » : v. 4, p. 345-370.
« Table chronologique de quelques faits principaux de l'histoire moderne, jusqu'au quinzième siècle » : v. 5, p. i-xxx.
★ Brunet III 1725.
♣ *Stamp of Mgr Alex. de Gouvea.* 3472

496

Molina, Antonio de, *O Carth,* 1550*ca.*-1617.
L'instruction des prêtres, tirée de l'Ecriture Sainte, des Saints Peres, et des SS. Docteurs de l'Eglise. Ov cevx qui sont appellez au S. Ministere des Autels apprendront l'éminence de leur fonctions, & comment ils doivent s'en acquitter. Composée en Espagnol par D. A. de Molina Chartreux. Tradvction novvelle. A Paris, Chez Iean-Baptiste Coignard, 1676.

4 l., 904, [13]p. 19cm.
Engr. head-pieces.
Tr. by Nicolas Binet. *cf.* DictThéolCath X 2090.
1st Spanish ed. Burgos, 1608.
1st French ed. by Binet.
Index : p. [905]-[907]
★ DictTheolCath X 2089. 2324

497

Monier de Clairecombe, *17th cent.*
Nouvelle pratique d'arithmetique d'une

methode Tres-facile par ses abregez, & par la suppression des parties aliquottes. Embellie de quantité de regles nouvelles & particulieres ... Par le Sieur Monier de Clairecombe. à Amsterdam, Chez André de Hoogenhuysen, 1693.

8 l., 466, [16]p. 14½×8cm.
Ms. notes on inside of the back cover.
1st ed.
♣ *Collegij SJ. Pekini.* 333

498

Moreri, Louis, 1643-1680.
Le grand dictionaire historiqve, ou Le mélange cvrievx de l'histoire sacrée et profane, qvi contient en abbregé les vies des Patriarches, des Jvges et des Rois de l'Ancien Testament, des Souverains Pontifes de l'Eglise; des Saints Peres & Docteurs Orthodoxes ... Celles des emperevrs de Rome, de Grece, d'Alemagne... Il fait avssi remarqver Les plus importans Traitez des Auteurs; les Opinions particulieres des Philosophes; & les principaux Dogmes des Heresiarques; et comprend La Description des Etats, Empires ... les Moeurs ... & la Religion des Peuples. Avec l'Histoire des Conciles Generaux & particuliers ... Troisiéme Edition, corrigée & divisée en deux Tomes. Par Mre Lovys Moreri, Prêtre, Docteur en Theologie. A Lyon, Chez Iean Girin, & Barthelemy Riviere, Et se vend a Paris, Chez Denis Thierry, 1683.

2v. front., port. 39cm.
Engr. head-pieces.
1st ed. Lyons, 1674.
★ Brunet III 1901. — DictTheolCath X 2485.
♣ *Collegij Soc. Jesu Pekini.* 1868

499

Morland, *Sir* **Samuel,** 1625-1695.
Elevation des eaux par toute sorte de machines reduite à la Mesure, au Poids, à la Balance, Par le moyen D'un nouveau Piston, & Corps de Pompe, & d'un nouveau Mouvement Cyclo-Elliptique, En rejettant l'usage de toute sorte de Manivelles ordinaires : Avec huit problemes de mechanique proposez aux plus habiles & aux plus sçavans du Siecle, pour le bien public, par le Chevalier Morland. A Paris, 1685.

8 l., 60, [2], 61-110, 43, [1]p. illus., 30 plates, 2 tables (1 fold.), 3 diagrs. 24½cm.
Ms. notes on inside of covers.
Colophon : De l'Imprimerie de Gabriel Martin, 1685.
1st ed.
♣ *Collegij Societatis Jesu Pekini.* 659

500

Murdoch, Patrick, *d.* 1774.

Nouvelles tables loxodromiques, ou Application de la theorie de la véritable figure de la terre, a la construction des cartes marines reduites. Avec des Remarques préliminaires sur les Mesures qui ont servi à découvrir et à déterminer cette Figure. Par M. Murdoch. Traduit de l'Anglois. par M. de Brémond ... A Paris, Chez Durand, 1742.

xvi, 158, [4]p. illus. (incl. tables), 4 fold. diagrs. 20cm.
Printed by J. Cardon. *cf.* Colophon.
1st English ed. under title : « Mercator's sailing » London, 1741.
1st French ed. 40

501

Mydorge, Claude, 1585-1647.

Examen dv livre des recreations mathematiqves, et de ses problemes en Geometrie, Mechanique, Optique, & Catoptrique. Où sont aussi discutées & restablies plusieurs experiences Physiques y proposees. Par Clavde Mydorge... A Roven, Chez Iean Bovlley, 1639.

8 l., 208 (*i.e.* 280), 63p., 2 l., 67-106, [43]p. illus. (incl. diagrs.) 16½cm.
Signatures : a^8, $A\text{-}Z^8$, $Aa\text{-}Dd^8$.
p. 19, 33 lines, 135×76mm.
Each part has a special t.-p.
1st ed. Paris, 1630.
★ Brunet IV 1140.
♣ *Nan Kim — de Ch'âm xo.* 418

N

502

Nau, Michel, *SJ,* 1633-1683.

L'etat present de la religion Mahometane. Par le R. P. Michel Nau, de la Compagnie de Iesus, Missionaire du Levant... A Paris, Chés la Veuve P. Boüillerot, 1684.

2v. in 1. 15½cm.
8 l., 7-252p., 7 l., 9-240, [4]p.
1st ed.
Contents. — **t. 1.** Etat présent de la religion Mahométane. — **t. 2.** Verité de la religion Chrétienne, défendue et prouvée contre l'Alcoran, par l'Alcoran même.
★ DictTheolCath XI 44. — Sommerv V 1595 nº 3.
♣ *Da Igreja de Hoai Ngan da V Provª da China.* 2066

503

[—] Le voyage de Galilée. A Paris, Chez Michel le Petit, et Estienne Michallet, 1670.

8 l., 259, [1]p. 14cm.
Author : Michel Nau, *SJ.* « Le savant jésuite qui a visité la Galilée en décembre 1667-janvier 1668 a placé cette relation en appendice à son 'Voyage en Terre Sainte' de 1774, mais plus complète. » — Bourgeois et André, Les sources de l'histoire de France XVIIᵉ siècle, t. I, p. 202, nº 498.
Nau's title reads : « Le voyage de Galilée fait en la compagnie du sieur de Bonnecorse, consul à Seyde, donné au public par S. A. Paris 1670. » The last words design our edition, and according to Feller, I 157, these publisher's initials design Savinien d'Alquié.
1st ed. 608

504

Nautonier, Guillaume de.

Mecometrie de leymant cest a dire La maniere de mesvrer les longitudes par le moyen de l'eymant. Par laquelle est enseigné, un tres certain moyen, au paravant inconnu, de trouuer les longitudes Geographiques de tous lieux, — aussi facilement comme la latitude. Dauantage, y est monstree la declinaison de la guideymant, pour tous lieux... De linvention de Gvillavme de Nautonier Sieur de Castelfranc en Languedoc... Imprime a Venes ches L'autheur MDCIII. Par Raimond Colomies, Imprimeur en l'Vniversité de Tolose, & Par Antoine de Courteneufue, aux frais de l'autheur [1602-4]

17 l., 12, [4], 128p., 2 l., 129-207, [1]p., 4 l., 209-149 (*i.e.* 249)p.,1 l., 245-292p., 4 l., 305-327 (*i.e.* 328)p., 4 l., 32, 8p., 1 l., 16p., 195 (*i.e.* 135) numb. l. illus., 2 fold. diagrs. 31½cm.
Signatures : †-††††⁴, †-††⁴, a-q⁴, (t.-p. without sign.); A², r-z⁴, aa-cc⁴, A², dd-tt⁴; 1-4, A-D⁴, *⁴, *⁴, ***⁴, A-Z⁴, Aa-Kk⁴, Ll³ (half-title page without sign.)
p. 5, 50 lines, 242×148mm.
Engr. ornamented t.-p.
Each part has a special t.-p. dated 1604 & 1602.
Index & errata at beginning. 559

505

[**Nepveu, François,** *SJ*] 1639-1708.

De l'Amour de Nostre Seigneur Jesus-Christ. Ou Association pour demander au Pere Eternel l'augmentation de la connoissance & de l'amour de son Fils dans tous les coeurs... Avec quelques exercices interieurs sur les principaux mystéres de la vie & de la mort de nostre Seigneur. Troisiéme edition, corrigée & augmentée. A Nantes, Chez Pierre Querro, 1683.

10 l., 491, [11]p. 14cm.
Errata : p. [502]
★ Sommerv IX 1006.
♣ *Da V Provª da China. — Da Igreja de Hoai Ngan.* 2623

506

— Exercices interieurs, pour honorer les mysteres de Nostre Seigneur Jesus-Christ. Par le Pere François Nepveu de la Compagnie de Jesus. A Paris, Chez Estienne Michallet, 1691.

2v. in 1.
8 l., 287p., 2 l., 287-517, [3]p. 16½cm.
1st ed.
★ Sommerv V 1629 n° 6. 2288

507

Nicéron, Jean-François, *OMinim,* 1613-1646.
La perspective cvrievse dv Reverend P. Niceron Minime, divisée en qvatre livres. Avec L'optiqve et la catoptriqve du R. P. Mersenne du mesme Ordre, mise en lumiere aprés la mort de l'Autheur. A Paris, Chez Iean dv Pvis, 1663.

The « Optique » of Mersenne has a special t.-p. with inprint : A Paris, chez la veufue F. Langlois, 1651. The « Privilège » for Nicéron's « Perspective » is also granted to F. Langlois, and the work was published in the same year (Achevé d'imprimer pour la première fois le 25 Novembre 1651). Since moreover the paper, type, headpieces, tail-pieces with Langlois' initials, etc., are the same in the 2 works, it seems evident that Langlois published them together in 1651, and that Dupuis only substituted our present t.-p. in 1663. 763

508

Noailles, Louis Antoine de, *cardinal,* 1651-1729.
Conduite pour la confession et pour la communion. Imprimée par l'ordre de Son Eminence Monseigneur le Cardinal de Noailles, Archeuesque de Paris. A l'usage de son Diocese. A Paris, Chez Loüis Josse, 1702.

6 l., 303 (*i.e.* 307), [1]p. 13cm.
Errata at beginning. 2651

509

Nouveau dictionnaire du voyageur François-Allemand-Latin, et Allemand-François- Laton, enrichi de tous les mots, et de toutes les belles Expressions Françoises, & Allemandes, nouvelement introduites... Nouvelle edition reveue et corrigée avec des augmentations considerables tirées des meilleurs Dictionnaires & Auteurs François... A Francfort, Chez la Veuve de Renard Eustache Moeller, 1757.

v. 1. 20cm.
p. 103-106 wanting.
Text in 2 col.
♣ *ex libris Ventavon missionarii Pekini, Dono datus P. Fr. Josepho Mariae.* 3365

510

[**Nouveau** dictionnaire François et Latin]

? l., 308, 244, 142p. 26½cm.
? p. l. (incl. t.-p.) wanting.
Text in 2 col.
For title *cf.* Caption title. 3217

511

Nouvelle methode Pour apprendre à tracer facilement les Cadrans Solaires sur toutes sortes de Surfaces planes. A laquelle on a ajoûté, 1. Vne maniere simple, & generale, de tracer les Cadrans de Reflexion. 2 La Construction d'un Cadran Cyclyque fort curieux. 3. Vne Table des Latitudes et Longitudes... Par Monsieur C*** A Paris, Chez Estienne Michallet, 1679.

6 l., 66, [54]p. illus. (incl. tables), 4 ? diagrs. 16cm.
3 ? diagrs. wanting.
♣ *P : Guil : van der Beken Miss : Chinens. — Da Igreja de Hoai Ngan.* 415

512

Nouvelles de la republique des lettres... Seconde Edition revûë & corrigée par l'Auteur. A Amsterdam, Chez Henry Desbordes, 1686.

v. 1 14cm.
Library has : 1684 (Août-Déc.)
« Journal littéraire mensuel, fondé par Bayle... Il fut publié en Hollande de 1684 à 1687... » — Larousse V 129.
★ Brunet VI 1853. 3261

513

[**Nyel, Louis** *SJ*] 1622-1685.
La vie du R. P. Anne François de Beauvau de la Compagnie de Jésus. Seconde edition. A Paris, Chez Sebastien Cramoisy, 1683.

12 l., 283 (*i.e.* 285)p. 16cm.
Author : Louis Nyel, *SJ. cf.* Dedication & approbation.
1st ed. Paris, 1682.
★ Sommerv V 1853. 2915

514

— o. c.

2916

O

515

[**Opstraet, Jean**] 1651-1720.
Idee de la conversion du pecheur, ou Explication des qualités d'une vraie pénitence, tirée des saintes Ecritures & de la Tradition de l'Eglise ... 1730 ?

3 l., 334 (*i.e.* 332)p. 16½cm.
Author : Jean Opstraet & tr. François de Natte. *cf.* DictOuvrAnonym II 877.
1st Latin ed. Louvain, 1687. 2192

516

[**Orléans, Pierre Joseph d',** *SJ*] 1641-1698.
La vie du B. Stanislas Kostka Novice de la Compagnie de Jesus. A Paris, Chez Estienne Michallet, 1672.

12 l., 214, [2]p. 15½cm.
Author : Pierre Joseph d'Orléans, *SJ. cf.* Dedication.
1st ed.
★ Sommerv V 1937 n° 7.
♣ *A L'Abbé de Broissia. Donné par lui au R. P. Provana pour les Missions.* 2960

517

[Orléans, Pierre Joseph d', *SJ*] 1641-1698.
La vie du B. Stanislas Kostka, Novice de la Compagnie de Jesus. A Tours, Chez Philibert Masson, 1684.

8 l., 164p. 13½cm.
♣ *Collegij S. J. Pekini.* 2403

518

— La vie du Pere Matthieu Ricci de la Compagnie de Jesus. Par le Pere d'Orleans de la mesme Compagnie. A Paris, Chez George & Louis Josse, 1693.

4 l., 434 (*i.e.* 256)p. 15½cm.
1st ed.
Index at end.
★ Cordier 1090. — Sommerv V. 1943 n° 19. — Streit V 922 n° 2674. 2272

519

— o. c.

♣ *De Ponnatgarcin.* 3344

520

Ozanam, Jacques, 1640-1717.
L'arithmetique, où toutes les operations de cette Science sont démontrées par une methode fort simple, & appliquées à la Guerre, aux Finances & à la Marchandise. Tirée du Cours de Mathematique de M. Ozanam ... A Paris, Chez Claude Jombert, 1711.

3 l., 138, [2]p. incl. tables. 19½cm.
Index : p. 135-138.
1st ed. of « Cours de Mathématique », Paris, 1693.
♣ *Je suis à Gilles René De Laage de présent à Paris 1712.* 390

521

— Cours de mathematique, qui comprend Toutes les Parties de cette Science les plus utiles & les plus necessaires à un homme de Guerre, & à tous ceux qui se veulent perfectionner dans les Mathematiques ... Par M. Ozanam ... Nouvelle edition reveue et corrigée. A Paris, Chez Jean Jombert, 1697.

5v. illus. 19cm.
Vol. 1, 2 wanting.
1st ed. Paris, 1693.
♣ *Delesquelen.* 378

522

— Cours de mathematique, qui comprend Toutes les Parties les plus utiles & les plus necessaires à un homme de Guerre, & à tous ceux qui se veulent perfectionner dans cette Science. Tome second. Qui contient l'arithmetique; la Trigonometrie, & les Tables de Sinus. Par M. Ozanam, Professeur des Mathematiques. Nouvelle edition reveue et corrigée. A Amsterdam, Chez George Gallet, 1697.

v. 2. 7 plates. 18cm.
In the « Tables de Sinus » pagination is replaced by signatures A-S8. 442

523

— Dictionnaire mathematique, ou Idée generale des mathematiques, Dans lequel l'on trouve, outre les Termes de cette science, plusieurs Termes des Arts & des autres sciences; Avec des raisonnemens qui conduisent peu a peu l'esprit a une connoissance universelle des Mathematiques. Par M. Ozanam, Professeur des Mathematiques. A Paris, Chez Estienne Michallet, 1691.

6 l., 672, [68]p. illus. (incl. tables, musics), 18 plates (2 fold.), 5 plans (1 fold.), diagr. 26cm.
Colophon : A Paris, De l'Imprimerie d'Antoine Lambin, 1690.
1st ed.
« Table alphabetique, des termes expliquez dans ce livre » at end.
Errata at end.
♣ *Collegij Societatis Jesu Pekini.* 521

524

— o. c.

1 p. l., 7 plates wanting.
♣ *Pekin Missionis PP. Gallorum Soc : Jesu catalogo inscriptus.* 522

525

— Dictionnaire mathematique, ou Idée generale des mathematiques, Dans lequel l'on trouve, outre les Termes de cette science, plusieurs Termes des Arts & des autres sciences; Avec des raisonnemens qui conduisent peu à peu l'esprit a une connoissance universelle des Mathematiques. Par M. Ozanam, Professeur des Mathematiques. Sur l'Imprimé à Paris. Amsterdam.

7 l., 739p. front., illus. (incl. tables, musics), 18 plates (2 fold.), 5 plans (1 fold.), diagr. 24½cm.
Front. & some p. l. (incl. t.-p.) badly spoiled.
« Table alphabetique, des termes expliquez dans ce livre » : p. 673-739. 523

526

Ozanam, Jacques, 1640-1717.

La geographie et cosmographie, qui traite De la Sphere, des Corps Celestes, des differens Systêmes du Monde, du Globe, & de ses usages. Tirée du Cours de Mathematique de M. Ozanam, de l'Academie Royale des Sciences. A Paris, Chez Claude Jombert, 1711.

1 l., 268p. 14 diagrs. 19½cm.
1st ed.
Index : p. 246-268.
♣ *Je suis a Gilles René De Laage de present a Paris 1712.* 623

527

— La geometrie pratique, contenant la trigonometrie theorique & pratique la longimetrie, la planimetrie, & la stereometrie. Par de nouvelles Demonstrations ... pour mesurer exactement les Plans et les Solides. Par M. Ozanam ... Seconde Edition, reveuë, corrigée & augmentée. A Paris, Chez l'Auteur, et Estienne Michallet, 1689.

2 l., 301, [11[p. incl. tables, diagrs. 16½cm.
1st ed. Paris, 1684. 384

528

— Méthode de lever les plans et les cartes de terre et de mer, Contenant la Pratique de la Géométrie tant sur le papier que sur le terrain, la Trigonométrie rectiligne, & la manière de lever, de tracer & de représenter en perspective toute sorte de Plans & d'Elévations, Par feu M. Ozanam; Ouvrage entièment refondu & considérablement augmenté Par M. Audierne. A Paris, Chez Alex. Jombert le jeune, 1781.

[iii]-vi, 494, [1]p. illus. (incl. tables), 18 fold. diagrs. 17½cm.
1st ed. Paris, 1693.
Errata : p. [495]
♣ *Stamp of Mgr Alex. de Gouvea.* 332

529

— Nouveaux elemens d'algebre, ou Principes generaux, Pour resoudre toutes sortes de Problêmes de Mathematique. Par M Ozanam ... A Amsterdam, Chez George Gallet, 1702.

2v. front., incl. diagrs. 21cm.
Paged continuously.
7 l., 272p., 7 l., 273—666p.
p. 667-? wanting.
1st ed. 452

530

— Nouvelle trigonometrie, ou l'on trouve la maniere de calculer toutes sortes de Triangles rectilignes, sans les Tables de Sinus, & aussi par les Tables de Sinus. Avec une application de la Trigonometrie à la mesure des Lignes droites accessibles & inaccessibles sur la terre. Par M. Ozanam, Professeur des Mathematiques. A Paris, Chez Jean Jombert, 1697.

4 l., 239, [1]p. incl. tables, diagrs. 16½cm.
Privilege dated 15. oct. 1698.
1st ed.
♣ *Je suis a Gilles René De Laage de present a Paris 1712.* 343

531

— Recreations mathematiques et physiques, qui contiennent Plusieurs Problêmes d'Arithmetique, utiles & agreables, de Geometrie, d'Optique, de Gnomonique, de Cosmographie, de Mecanique, de Pyrotechnie, & de Physique. Avec un Traité nouveau des Horloges Elementaires. Par Mr Ozanam ... A Paris, Chez Jean Jombert, 1694.

2v. 38 plates. 20cm.
Vol. 1 wanting.
1st ed.
★ Brunet IV 302. 339

532

— Récréations mathématiques et physiques, qui contiennent les Problêmes et les Questions les plus remarquables, & les plus propres à piquer la curiosité, tant des Mathématiques que de la Physique ... Par feu M. Ozanam ... Nouvelle édition, totalement refondue et considérablement augmentée par M. de C. G. F. ... A Paris, Chez Cl. Ant. Jombert, fils ainé, 1778.

v. 2. 28 fold. diagrs. 20½cm.
The complete set publ. in 4v.
Ed. Jean Etienne Montucla de Chanla. *cf.* Dict OuvrAnonym IV 47.
★ Brunet IV 302. 445

533

— Tables des sinus tangentes et secantes; et des logarithmes des sinus et des tangentes; & des nombres depuis l'unité jusques à 10000. Avec un Traité de trigonometrie. Par de nouvelles demonstrations ... Par Mr Ozanam, Professeur en Mathematiques. A Paris, Chez l'Auteur et Estienne Michallet, 1685.

2 l., 120, [284]p. incl. tables, diagrs. 17½cm.
1st ed. Lyons, 1670.
♣ *Collegij Soc. J. Pekini.* 358

534

Traité des lignes du premier genre Expliquées par une Methode nouvelle & facile. Traité des lieux geometriques expliquez Par une Methode courte & facile. Traité de la construction des equations Pour la Solution des Problemes indeterminez Par M. Ozanam. A Paris, Chez Estienne Michallet, 1687.

151, 50p., 2 l., 92 p. 35 diagrs. 26cm.
1st ed. 545

535

Ozanam, Jacques, 1640-1717.

La Trigonometrie rectiligne et spherique, ou il est traité De la construction des Tables de Sinus, Tangentes, Secantes, & Logarithmes. De l'usage de ces Tables pour la résolution de Triangles avec des questions Astronomiques, & ces mêmes Tables tres-exactement calculées sur un rayon de 10000-000 parties. Tirée du Cours de Mathematique de M. Ozanam... A Paris, Chez Claude Jombert, 1711.

1 l., 243, [289]p. 7 diagrs. 19½cm.
1st ed. of «Cours de mathématique», Paris, 1693.
♣ *je suis a Gilles René De Laage de present a Paris 1712.* 444

536

— Usage de l'instrument universel. Pour resoudre promtement & tres-exactement tous les Problemes de la Geometrie pratique sans aucun calcul. Par Mr Ozanam, Professeur en Mathematique. A Paris, Chez Estienne Michallet, 1688.

116p. 2 fold. diagrs. 16cm.
Colophon : A Paris, De l'Imprimerie d'Estienne Chardon.
1st ed. 330

537

— L'usage du compas de proportion, expliqué et demontré d'une maniere courte & facile, & augmenté d'un Traité de la division des Champs. Par M. Ozanam Professeur en Mathematique. Nouvelle édition, corrigée & augmentée. A Paris, Chez Jean Jombert, 1700.

139, [5]p. illus. (incl. tables), 2 plates. 18½cm.
1st ed. Paris, 1688. 389

P

538

[Pacaud, Pierre] *d.* 1760.

Discours de piété sur les plus importants objets de la religion, Ov Sermons pour l'Avent, le Caresme & les principaux Mystéres ... A Paris, Chez Desaint & Saillant, 1745.

3v. 17cm.
The original work was written by Pierre Pacaud, and the cancels by Millet. *cf.* DictOuvrAnonym I 1011.

1st ed. Paris, 1744.
1st ed. with cancels.
Cancels at end of each volume.
♣ *Ex libris Ludovici Du Bosc.—Stamp of Mgr Alex. de Gouvea.* 1901

539

[Paccori, Ambroise] 1649-1730.

[Journée chrétienne, Où l'on trouvera des regles pour vivre saintement dans tous les etats et dans toutes les conditions]

?l., [535]p. 16cm.
?p. 1. (incl. t.-p.) wanting.
p. 511-[535] spoiled.
For title. *cf.* Caption title.
Author : Ambroise Paccori. *cf.* DictOuvrAnonym II 1040.
1st ed. Paris, 1730.
★ DictTheolCath XI 1712. 3315

540

Palladio, Andrea, 1518-1580.

Traité des cinq ordres d'architecture dont se sont servi les Anciens. Traduit du Palladio. Augmenté de Nouvelles Inventions Pour l'art de bien bastir. Par le Sr. Le Muet. Edition nouvelle, reveüe & corrigée. A Amsterdam, Chez Henry Wetstein, 1682.

4 l., 19, [2], 20-40p. 19 plans, 58 diagrs. 19cm.
Added engr. ornamented t.-p.
1st French ed. Paris, 1626.
1st Italian ed. Venice, 1570.
★ Brunet IV 320.
♣ *Collegii Societatis Jesv Pekini.* 1627

541

Pallas, Peter Simon, 1741-1811.

Voyages de M. P. S. Pallas, en différentes provinces de l'Empire de Russie, et dans l'Asie Septentrionale; traduits de l'allemand, par M. Gauthier de la Peyronie... Cinq Volumes... et un de Planches... A Paris, Chez Maradan, 1789-93.

6v. illus. (incl. tables), 97 plates, 8 maps, 3 plans. 34cm. (v. 1-5 : 26½cm.)
Vol. 6 : plates.
«Appendix. Descriptiones fugitivae animalium atque plantarum» at end of each volume.
1st German ed. Petersburg, 1771-76.
1st French ed.
Errata at end of each volume.
Indices : v.5,p.[517]-[559]
★ Brunet IV 325. 621

542

Pallu, François, *MEP,* 1625-1684.

Relation abregée des missions et des voyages des evesques francois envoyez aux Royaumes de la Chine, Cochinchine, Tonquin, & Siam. Par Messire Francois Pallv Evesque d'Heliopolis. A Paris, Chez Charles Angot, 1682.

3 l., 51p. 19½cm.
1st ed. 1668.
Bound with : Bourges, J. de *MEP.*, Relation du voyage de l'evesque de Beryte. Paris, 1683 and others.
★ Brunet VIII 135. — Cordier 826. — Launay, Mémoirial II 490. — Streit V 649 nº 1894. 642a

543

Pallu, Martin, *SJ,* 1661-1742.
De la charité envers le prochain : ses motifs, ses devoirs, les défauts contraires. Par le R. P. Pallu, de la C. de J. A Paris, Chez Durand [et] Charles-Pierre Berton, 1778.

viii, 447,[1]p. 17½cm.
1st ed. Paris, 1742.
★ Sommerv VI 146 nº 11.
♣ *Stamp : Bibliotheca Congnis Misnis Domus Parisiensis.* 2005

544

— Des fins dernieres de l'homme. Par le R. P. Pallu, de la Compagnie de Jesus. Troisiéme Edition, revûe, corrigée & augmentée. A Paris, Chez Gabriel-Charles Berton [et] Laurent Durand, 1753.

v, [3], 392 (*i.e.* 412)p. 17cm.
1st ed. Paris, 1739.
★ Sommerv VI 145 nº 17. 2287

545

Pardies, Ignace Gaston, *SJ,* 1636-1673.
Deux machines propres a faire les quadrans avec tres-grande facilité. Décrites & expliquées par le P. Ignace Gaston Pardies, de la Compagnie de Jesus. Seconde édition. A Paris, Chez Sebastien Mabre-Cramoisy, 1676.

5 l., 58, [1]p. 4 plates (3 fold.), 3 diagrs. (1 fold.) 15½cm.
1st Latin ed. Paris, 1662.
1st abridged French ed. Paris, 1673.
Bound with : Pardies. I. G. *SJ.* Eléments de géométrie, Paris, 1683 and others.
★ Brunet IV 365. — Sommerv VI 203 nº 13. 311b

546

— o. c.

Bound with : Pardies, I. G. *SJ.* Elemens de geometrie, Paris, 1678 and others. 312b

547

— Deux machines propres a faire les quadrans avec tres-grande facilité. Décrites & expliquées par le P. Ignace Gaston Pardies, de la Compagnie de Jesus. Troisiéme édition. A Paris, Chez la Veuve de Sebastien Mabre-Cramoisy, 1687.

5 l., 58, [2]p. 5 fold. plates, 2 fold. diagrs. 15cm.
★ Sommerv XII 631 nº 1894.
♣ *PP Gallor S J Pekin.* 135

548

— Elemens de geometrie, où par une methode courte & aisée l'on peut apprendre ce qu'il faut sçavoir d'Euclide, d'Archimede, d'Apollonius, & les plus belles inventions des anciens & des nouveaux Géometres. Par le P. Ignace Gaston Pardies, de la Compagnie de Jesus. Troisiéme édition. A Paris, Chez Sebastien Mabre-Cramoisy, 1678.

12 l., 163, [5]p. incl. diagrs. 15½cm.
1st ed. Paris, 1671.
Index : p. [164]-[168]
Bound with : Pardies, I. G. *SJ.* La statique, ou la science des forces mouvantes, Paris, 1674; Deux machines propres a faire les quadrans, Paris, 1676.
★ Brunet IV 365. — Sommerv VI 200 nº 6.
♣ *M Dhaqueville Xbre 1701.* 312

549

— Elemens de geometrie, où par une methode courte & aisée l'on peut apprendre ce qu'il faut sçavoir d'Euclide, d'Archimede, d'Apollonius, & les plus belles inventions des anciens & des nouveaux Geométres. Par le P. Ignace Gaston Pardies, de la Compagnie de Jesus. Quatriéme édition. A Paris, Chez Sebastien Mabre-Cramoisy, 1683.

12 l., 163, [5]p. incl. diagrs. 15½cm.
Bound with : Pardies, I.G. *SJ.* La Statique ou la science des forces mouvantes, Paris 1674; Deux machines propres à faire les cadrans, Paris, 1676.
★ Sommerv VI 201 nº 6. 311

550

— Œuvres de mathematiques... Par le R. P. Ignace Gaston Pardies, de la Compagnie de Jesus. Où l'on a joint le Discours sur la Connaissance des bêtes. Cinquième edition. A Amsterdam, Chez Pierre de Coup, 1724-25.

19 l., 163, [5], 294, 143p. illus. (incl. tables), 5 plates (2 fold.), 3 diagrs. (2 fold.) 15×8½cm.
Each part has a special t.-p.
1st collective ed. The Hague, 1691.
Contents. — Elemens de geometrie. — Discours du mouvement local. 1724. — La statique. 1724. — Deux machines propres a faire les quadrans. 1725. — Discours de la connoissance des bêtes. 1724.
★ Brunet IV 365. — Sommerv VI 205 nº 16. 329

551

— La statique ou La science des forces mouvantes. Par le P. Ignace Gaston Pardies, de la Compagnie de Jesus. Seconde edition. A Paris, Chez Sebast. Mabre-Cramoisy, 1674.

12 l., 239, [1]p. incl. diagrs. 15½cm.
1st ed. Paris, 1673.
Bound with : Pardies, I. G. *SJ.* Elemens de geometrie, Paris 1683 and others.
★ Brunet IV 365. — Sommerv VI 203 nº 12. 311a

552

— o. c.

Bound with : Pardies, I. G. *SJ*. Elemens de geometrie, Paris, 1678 and others. 312a

553

Paré, Ambroise, 1517-1590.

Les œuvres d'Ambroise Paré... Onziesme edition. Reveuë et corrigée en plvsievrs endroits, & augmentée d'un fort ample Traicté des Fiévres, tant en general qu'en particulier, & de la curation d'icelles, nouuellement trouué dans les Manuscrits de l'Autheur. Avec les Voyages qu'il a faits en diuers lieux : et les Pourtraits & Figures, tant de l'Anatomie que des Instruments de Chirurgie, & de plusieurs Monstres. A Lyon, Chez Pierre Rigavd, 1652.

11 l., 846 (*i.e.* 854), [80]p. illus. 36½cm.
Illus. t.-p.
1st ed. Paris, 1561.
Index at end.
★ Brunet IV 366.
♣ *PP Gallor S J Pekin.* 1125

554

[Paris. Ecole royale militaire] *ed.*

Nouveaux élémens d'arithmétique, de l'algébre et de géométrie, suivis D'un Traité de la Sphere appliquée à la Géographie. A Paris, Chez Nyon l'aîné, 1781.

iv, [5]-212, [5]-206p., 1 l., 133-306p. illus. (incl. tables), 10 fold. diagrs. 17½cm.
Ed. by Ecole royale militaire. *cf.* « Avis du libraire ».
Index at end.
♣ *Stamp of Mgr Alex. de Gouvea.* 450

555

Paris, Séminaire des missions étrangères, *ed.*

Nouvelles des Missions Orientales, Reçues au Séminaire des missions étrangeres, à Paris, en 1785 & 1786... A Amsterdam, Et se trouve à Paris, Chez la veuve Herissant, 1787.

2 pt. in 1. 17cm.
xx, 275, [1]p., 1 l., 295, [1]p.
Ed. by Denis Boiret, *MEP* & Denis Chaumont, *MEP*. *cf.* Streit VI 517.
1st ed.
Errata at end of each part.
★ Cordier 952. — Streit VII 434 n° 3792. 3342

556

— Relation des missions des evesques françois aux royaumes de Siam, de la Cochinchine, de Camboye, & du Tonquin, &c. Divisée en qvatre parties. A Paris, Chez Charles Angot, 1684.

8 l., 248p. 19½cm.
Ed. by Luc Fermanel de Favery. *MEP*. *cf.* Launay, Mémorial II 242.
1st ed. Paris, 1674.
Bound with : Bourges, J. de, *MEP*. Relation du voyage de l'evesque de Beryte, Paris, 1683 and others.
★ Cordier 826. — Streit V 653 n° 1912. 642b

557

Pascal, Blaise, 1623-1662.

Les provinciales, ou Lettres écrites par Louis de Montalte [*pseud*] a un provincial de ses amis, et aux R. R. PP. Jésuites, Sur la Morale & la Politique de ces Peres; avec un Discours Préliminaire contenant un Abrégé de la Vie de M. Pascal, & l'Histoire des Provinciales. Nouvelle édition. 1767.

lxxxii, [6], 336p. 14½cm.
1st collective ed. Cologne (*i.e.* Amsterdam), 1657.
★ Brunet IV 395. — DictTheolCath XI 2083. 3000

558

Paulet.

L'art du fabriquant d'étoffes de soie. Premiere et seconde sections, Contenant le Devidage des Soies teintes, & l'Ourdissage des Chaînes. Par M. Paulet, Dessinateur & Fabriquant en Étoffes de Soie de la Ville de Nîmes. 1773.

3 l., 1, 230p. 35 plates (12 fold.) 47cm.
(Description des arts et métiers).
Colophon : De l'imprimerie de L. F. Delatour, 1773.
The complete work comprises 7 sections, ed. between 1773-89.
1st ed. 3133

559

Paulian, Aimé Henri, *SJ*, 1722-1801.

Dictionnaire de physique portatif, Dans lequel on expose les découvertes les plus intéressantes de Newton & les notions géométriques nécessaires à ceux qui veulent se former une idée de la Physique moderne. Seconde édition. Avec Figures. Par le Père Aimé-Henri Paulian, Prêtre de la Compagnie de Jésus... A Avignon, Chez la Veuve Girard. Et se vend à Paris Chez Jean Dessaint & Char. Saillant, 1760.

1 l., xxiv, 400, 38p., 1 l. illus. (incl. tables), 6 fold. diagrs. 19cm.
p. 65-80 duplicate.
p. 81-97 wanting.
1st ed. Avignon, 1758.
★ Sommerv VI 377 n° 3. 671

560

[Paulian, Aimé Henri] *SJ,* 1722-1801.

Le guide des jeunes mathématiciens Dans l'étude des Eléments des Mathématiques de M. l'abbé De la Caille. Par un Ami de l'Auteur de ces Leçons. A Paris, Chez les Libraires associés, 1765.

xvi, [16], 220p. fold. diagr. 20½cm.
Author : Aimé Henri Paulian, *SJ. cf.* DictOuvrAnonym II 589.
1st ed.
Errata : p. 220.
— Le guide des jeunes mathématiciens ou Commentaire des Leçons de Mécanique de M. l'Abbé De la Caille. Pour servir de suite au Commentaire de ses Leçons de Géometrie & d'Algebre, Avec un Supplément où l'on discute plusieurs points intéressants de la plus haute Mécanique que l'Auteur n'a fait qu'indiquer dans son Traité. Par M Paulian, Prêtre, Associé à l'Académie Royale de Nimes. A Avignon, Chez la Veuve Girard & François Seguin... Se touve A Paris, Chez Durand [et] De Hansy, 1772.
4 l., v-xxxi, [1], 295p., 1 l. 7 fold. diagrs. 20½cm.
1st ed.
Errata at beginning.
★ Sommerv VI 378 n° 12.
♣ *Stamp of Mgr Alex. de Gouvea.* 447

561

[Perrault, Charles] 1628-1703.

Le cabinet des beaux Arts ou Recueil d'Estampes gravées d'apres les Tableaux d'un plafond ou les beaux Arts sont representés. Avec l'explication de ces memes Tableaux. Se vend A Paris, chez G. Edelinck, 1690.

2 l., 42p. 12 plates. 25½×33½cm.
4 plates wanting.
Engr. t.-p.
Engr. head-and tail pieces.
Engr. text in 2 col.
Author : Charles Perrault. *cf.* Dedication.
1st ed.
★ Brunet IV 509.
♣ *PP Gallor. S J Pekini.* 1151

562

Perret, Jean Jacques, 1730-1784.

L'art du coutelier... Par M. Jean-Jacques Perret, Maître Coutelier de Paris... [Paris, De l'Imprimerie de L. F. Delatour] 1772.

2v. 100 plates (12 fold.) 47½cm. (Description des arts et métiers...)
Vol 1 wanting.
Vol. 2 in 2 pt.
Paged continuously.
xii, [241]-374p. 1 l., [375]-527p.
For imprint. *cf.* Colophon.
1st ed.
Contents. — **pt. 2.** Instruments de chirurgie.
★ Brunet II 619. 3432

563

Perrin, Charles Joseph, *SJ,* 1690-1767.

Sermons du R. P. Perrin, De la Compagnie de Jesus, sur la morale et sur les mysteres... A Liege, Chez C. Plomteux, 1768.

4v. 19cm.
1st ed.
★ Sommerv VI 556 n° 2. 1747

564

Perrot, Catherine, « *Mme.* **C. Horry** ».

Les leçons royales Ou la maniere de Peindre en Mignature les Fleurs & les Oyseaux, par l'explication des Livres de Fleurs & d'Oyseaux de feu Nicolas Robert Fleuriste. Composées Par Damoiselle Catherine Perrot, Peintre Academiste, femme de M' C. Horry... A Paris, Chez Jean de Nego, 1686.

13 l., 131p. 16cm.
Imprint on label : A Paris, Chez Pierre de Bats, 1687.
1st ed. 1612

565

Petiot, Etienne, *SJ,* 1603-1675.

Demonstrations theologiques pour establir la Foy Chrestienne, et Catholique. Contre les superstitions et les errevrs de tovtes les sectes infidelles. Et pour fortifier les Chrestiens dans la creance de nos mysteres, contre toute sorte de doutes, & de tentations. Tome premier. Des principes de la Foy Chrestienne, et Catholique. Et des principales responses que nous faisons à toutes les objections, que les infidelles nous proposent, ou qui naissent dans l'esprit des Chrestiens, par les tentations du demon, contre les mysteres, & les verités de nostre Foy. Composé par le Pere Estienne Petiot, de la Compagnie de Jesus. natif de Limoges. A Metz, Chez Nicolas Antoine, 1674.

8 l., 703, [40]p. 33cm.
Vol. 2 has not been publ. *cf.* Sommervogel VI 620.
1st ed.
Index & errata : p. [705]-[744]
♣ *Reverendi Patres Selosse et Noel orate pro vestro in Chro Petro Dangreau.* 2136

566

Pétis de la Croix, François, 1622-1695.

Histoire du grand Genghizcan premier Empereur des anciens Mogols et Tartares. Divisee en quatre livres. Contenant La Vie de ce Grand Can. Son Elevation. Ses Conquêtes, avec l'Histoire abregée de ses Successeurs qui regnent encore à present. Les Mœurs, les Coûtumes, les Loix des anciens Mogols & Tartares, & la Geographie des vastes Païs de Mogolistan, Turquestan, Capschac, Yugurestan, & de la Tartarie Orientale & Occidentale. Traduite et compilée De plusieurs Auteurs Orientaux & de Voyageurs Européens ... avec un Abregé de leurs Vies. Par feu M. Pétis de la Croix le pere ... A Paris, Chez la Veuve Jombert, 1710.

10 l., 562, [4]p. fold. map. 17cm.
1st ed.
Errata at end.
★ Cordier 2765. 3333

567

Petitdidier, Mathieu, *OSB,* 1659-1728.

Traité theologique sur l'autorite et l'infaillibilité des Papes. Par le R. Pere Dom Mathieu Petitdidier, Abbé de Saint Pierre de Senones, Ordre de Saint Benoît ... A Avignon, Chez François Sebastien Offray, 1726.

18 l., 420p. 15½cm.
1st ed. Luxemburg, 1724.
★ DictTheolCath XI 1347.
♣ *Ad usū F. Joannis Antni de Portu Ferrarjo.* 2459

568

[Pézenas, Esprit, *SJ*] 1692-1776.

Astronomie des marins, ou Nouveaux éléments d'astronomie à la portée des marins... Par l'Auteur des Mémoires de Mathématique et de Physique redigés à l'Observatoire de Marseille. A Avignon, Chez la Veuve Girard; Et se vend à Marseille, Chez J. Mossi, 1766.

2 l., xx, 366p., 1 l., 35p. illus. (incl. tables), 8 fold. diagrs. 20cm.
Author : Esprit Pézenas, *SJ. cf.* DictOuvrAnonym I 309.
1st ed. 1765.
Errata : p. [367]
★ Sommerv VI 649 n° 13; IX 767-8; XII 1187 n° 5119 (ed. wanting)
♣ *Stamp of Mgr Alex. de Gouvea.* 101

569

[Pezron, Paul, *OCist*] 1639-1706.

L'antiquité des temps rétablie et défenduë. Contre les Juifs & les Nouveaux Chronologistes. A Paris, Chez la Veuve d'Edme Martin, Jean Boudot, & Estienne Martin, 1687.

6 l., 295, 36, 39, [1]p. 26½cm.
Illus. t.-p.
Head-pieces.
Author : Paul Pezron, *OCist. cf.* DictOuvrAnonym I 220.
1st ed. Amsterdam, 1687.
★ DictTheolCath XI 1365. 1856

570

[Philipon de la Madelaine, Louis, *SJ*] 1734-1818.

Modeles de lettres sur différents sujets. A Lyon, Chez Pierre Bruyset Ponthus, 1761.

2 l., 441, [6]p. 17½cm.
Author : Louis Philipon de la Madelaine, *SJ. cf.* Sommervogel IX 1184.
1st ed. 3103

571

Pierre de Sainte Marie Magdeleine, *OCist.*

Traitté d'horlogiographie, contenant plvsievrs manieres de constrvire svr tovtes surfaces, toutes sortes de lignes horaires : & autres cercles de la Sphere... Plus la methode de couper en pierre ou en bois les corps reguliers par le Cube & par le Cylindre. Par D. P. de S^e. M. Magdeleine, Fueillent. A Paris, Chez Melchior Tavernier, 1641.

10 l., 240, [10]p., 1 l., illus., 15 tables, 45 diagrs. (2 fold.) 15½cm.
p 99-102 wanting.
Pt. 2 (plates) has a special engr. ornamented t.-p.
1st ed.
Errata at end.
♣ *Joannes Bapta de Brauwere 1669.* 137

572

— Traité d'horlogiographie, contenant plvsieuvrs manieres de construire, sur toutes surfaces, toutes sortes de lignes horaires : & autres cercles de la Sphere. Avec qvelqves instrvmens pour la mesme pratique... Plus la methode de couper en pierre ou en bois, les corps reguliers & autres Polyëdres, par le cube & par le cylindre. Reueu, corrigé et augmenté en cette Troisième Edition, de plusieurs Propositions & figures... Par Dom Pierre de Sainte Marie Magdeleine, d'Abbeuille, de la Congregation des Fueillans. A Paris, Chez Iean Dvpvis, 1665.

8 l., 312 (*i.e.* 294)p. 8 tables, 64 diagrs. (2 fold.) 16½cm.
Added engr. ornamented t.-p. 490

573

— Traité d'horlogiographie, contenant plusieurs manieres de construire, sur toutes surfaces, toutes sortes de lignes horaires, & autres cercles de la Sphere. Avec quelques instruments... Par Dom Pierre de Sainte Marie Magdelaine, d'Abbeville, de la Congregation des Feuillans... Nouvelle Edition, corrigée & augmentée de plusieurs Propositions & figures. A Paris, Chez Antoine Dezallier, 1680.

7 l., 312 (*i.e.* 294)p. front., illus., 2 plates, 8 tables, 62 diagrs. (2 fold.) 17cm.
♣ *Missionis Sinensis PP. Gallorum Soc. Jesu. Pekin.* 8

574

[Pinamonti, Gio. Pietro, *SJ*] 1632-1703.

Le directeur dans les voyes du salut, sur les principes de S. Charles Borromée. Troisiéme edition. Revûë & corrigée par l'Auteur. A Amiens, Chez Loüis Godart, 1729.

8 l., 416p. 16½cm.
Author: Gio. Pietro Pinamonti & tr. Joseph de Courbeville. *cf.* DictOuvrAnonym I 995.
« Les changements dans le titre sont le fait du Libraire qui voulait donner plus de vogue à l'ouvrage; quant aux corrections, elles sont insignifiantes ». — Sommervogel II 1568, n° 3.
1st Italian ed. Florence, 1705.
1st French ed. Paris, 1718. 2173

575

[Pinamonti, Gio. Pietro, *SJ*] 1632-1703.

Le directeur dans les voies du salut, sur les principes de S. Charles Borromée. Sixieme édition, Revue & corrigée. A Amiens, Chez la Veuve Godart, 1749.

8 l., 416p. 17½cm. 2754

576

[—] La véritable sagesse ou Considérations tres-propres à inspirer la crainte de Dieu. Disposées pour tous les jours de la Semaine. Avec quelques avis nécessaires pour faire une bonne Confession. Traduites de l'Italien du P. Paul Segneri, de la Compagnie de Jesus. A Paris, Chez la Veuve de Simon Bénard, 1688.

7 l., 162, [12]p. 16cm.
« Dans cette traduction, le P. Le Jay attribue à tort l'original italien au P. Segneri; il est du P. Pinamonti ». — Sommervogel IV 768.
Tr. by Gabriel Le Jay. *SJ. cf.* Sommervogel IX 1360.
1st Italian ed. before 1677.
1st French ed.
♣ *Veyo da Resid*[a] *de Cinanfu.* 2223

577

[—] La véritable sagesse, ou Considérations très-propres à inspirer la crainte de Dieu, Disposées pour tous les jours de la semaine; Traduites de l'Italien du Pere Paul Segneri, de la Compagnie de Jesus; Et augmentées de Réflexions & de Sentimens sur la Confession & sur la Communion, Par le P. Gabriel-François le Jay, de la même Compagnie. A Paris, Chez la Veuve Bordelet, 1757.

211, [5]p. 12½cm. 2534

578

Plumier, Charles, *OMinim,* 1646-1704.

L'art de tourner, ou de faire en perfection toutes sortes d'ouvrages au tour. Dans lequel, Outre les principes & élemens du Tour qu'on y enseigne méthodiquement pour tourner tant le bois, l'ivoire &c. que le fer & tous les autres métaux, on voit encore plusieurs belles machines à faire des Ovales, tant simples que figurées de toutes grandeurs ... Ouvrage tres curieux, et tres necessaire à ceux qui s'exercent au Tour. Composé en François & en Latin en faveur des Etrangers, & enrichi de prés de quatre-vingt Planches. Par le R. P. Charles Plumier, Religieux Minime. A Lyon, Chez Jean Certe, 1701.

15 l., 187p. 68 plates, 3 diagrs. 38cm.
Plates no. 65, 66 wanting.
Added engr. ornamented t.-p.
Engr. head-pieces.
Illus. t.-p.
Text in 2 col.
On added t.-p.: LArt de tourner en perfection.
Ms. notes in Manchurian mounted on some of the plates.
1st ed.
★ Brunet IV 729.
♣ *Collegij Soc*[tis] *Jesu Pekini.* 737

579

Pluvinel, Antoine de, 1555-1620.

L'escvyer François, contenant l'Exercice de monter a cheval ensemble le Manege royal, Par les Sieurs De Pluvinel, et Charnizay Escuyers de Sa Majesté. Avec les Figures pour en donner l'intelligence. A Paris, Chez Estienne Loyson, 1671.

2 l., 367, [1]p. plates. 16cm.
All plates wanting.
1st ed. of « Exercice », Paris, 1625.
1st ed. of « Manège », Paris, 1623.
★ Brunet IV 750.
♣ *Collegij Soc. Jesu Pekini.* 1565

580

[Poinsignon, Etienne, *OSB*] 1703-1782.

Le pasteur instruit de ses obligations, éclairé sur les fonctions de son ministere, fixé sur tous les droits qui en dépendent; ou Institution des curés... A Paris, Chez Saillant, 1768.

3v. 17cm.
Duplicate p. 505-507 of v. 1 bound at end of v. 2.
Author: Etienne Poinsignon, *OSB. cf.* DictOuvrAnonym III 803.
1st ed. Paris, 1765.
♣ *Stamp of Mgr Alex. de Gouvea.* 1900

581

Pomet, Pierre, 1658-1699.

Histoire generale des drogues, traitant des Plantes, des Animaux & des Mineraux, Ouvrage enrichy de plus de quatre cent Figures en Taille-douce tirées d'aprés Nature; avec un discours qui explique leurs differens Noms, les Pays d'où elles viennent, la maniere de connoître les Veritables d'avec les Falsifiées, & leurs proprietez où l'on découvre l'erreur des Anciens & des Modernes; Le tout tres utile au Public. Par le Sieur Pierre Pomet, Marchand Epicier & Droguiste. A Paris, Chez Jean-Baptiste Loyson & Augustin Pillon, Et au Palais, Chez Estienne Ducastin, 1694.

6 l., 264, 108, 304, [37]p. illus., port. 39½cm.
3 pt. in 1.
Pt. 3, p. 117-232 wanting.
1st ed.
♣ *Missionis Sinensis Patrum Gallorum Societ. Jesu Pekin.* 988

582

[Pouget, François Aimé, *OR*] 1666-1723.
Instructions générales, en forme de catechisme, où l'on explique en abrégé par l'Ecriture-Sainte & par la Tradition, l'Histoire & les Dogmes de la Religion, la Morale Chrétienne, les Sacremens, les Prieres, les Cérémonies & les Usages de l'Eglise. Imprimées par Ordre De feu Messire Charles-Joachim Colbert, Evêque de Montpellier... Avec deux catechismes abrégés à l'usage des Enfans. Nouvelle Edition revüe & corrigée ... A Paris, Chez Simart, 1739.

v. 1, 2 in 1.
The complete set consists of 4 ? v.
Vol. 1, p. 339-340 wanting.
Author : François Aimé Pouget, *OR, cf.* DictTheolCath XII 2666.
★ Brunet IV 848. — DictTheolCath XII 2661.
♣ *M.lle de bouville.* 3253

583

[Prestet, Jean, *OR*] 1648*ca.*-1690.
Elemens des Mathématiques, ou Principes generaux de toutes les sciences, qui ont les grandeurs pour objet. Contenant vne methode covrte et facile pour comparer ces grandeurs & pour découvrir leurs rapports par le moyen des caracteres des nombres, & des lettres de l'alphabeth. Dans laquelle les choses sont démontrées selon l'ordre Geometrique, & l'Analyse renduë beaucoup plus facile, & traittée plus à fond que l'on n'a fait jusqu'ici. Paris, Chez André Pralard, 1675.

8 l., 418p. illus., 2 fold. tables. 25½cm.
Illus. t.-p.
Ms. notes on inside of covers.
Ms. marginal notes.
Dedication signed J. P.
1st ed.
Errata at beginning.
♣ *Collegij Societatis Jesu Pekini.* 341

584

— Nouveaux elemens des mathematiques ou Principes generaux de toutes les sciences Qui ont les grandeurs pour objet. Seconde édition, plus ample et mieux digerée... Par Jean Prestet Prêtre... A Paris, Chez André Pralard, 1689.

2v. illus., 2 fold. tables, 2 fold. diagrs. 26½cm.
Illus t.-p.
Ms. notes on inside of back cover of v. 2.
Ms. marginal notes.
Contents. — **v. 1.** Science des nombres et algèbre. — **v. 2.** Analyse et calcul analytique.
♣ *Collegij Societatis Jesu Pekini.* 413

585

Prevost.
Élémens de politesse et de bienséance, ou La civilité, qui se pratique parmi les honnêtes gens. Avec un nouveaux Traité sur l'Art de plaire dans la Conversation, Par M. Prevost. A Paris, Chez la Veuve Duchesne [1767 ?]

1 l., vi, 259, [4]p. 16½cm.
p. i-iv bound after p. [260]
« L'art de plaire dans la conversation » dated 1767.
♣ *Stamp of Mgr Alex. de Gouvea.* 3341

586

Prevost d'Exiles, Antoine-François, 1697-1763.
Histoire generale des voyages ou Nouvelle collection de toutes les relations de voyages par mer et par terre, Qui ont été publiées jusqu'à présent dans les différentes Langues de toutes les Nations connues : contenant ce qu'il y a de plus remarquable, de plus utile et de mieux averé dans les pays ou les voyageurs ont penetré : avec les mœurs des habitans, la religion, les usages, arts, sciences, commerce, manufactures, &c pour former un systême complet d'Histoire & de Géographie moderne, qui représente l'état actuel de toutes les Nations : enrichi de cartes geographiques et de figures... A Paris, Chez Didot, 1748-59 [v. 1, 1749]

60v. 284 plates, 151 maps, 65 plans, music. 17cm.
Vol. 27; v. 1, plate no. 1 wanting.
1st ed. Paris, 1746-59.
Contents. — **t. 1. 2.** Premiers voyages des Portugais aux Indes Orientales. — **t. 2-4.** Premiers voyages des Anglais en Afrique et vers les Indes Orientales. — **t. 5. 6.** Voyages aux Indes Orient. par une Compagnie de Marchands Anglais. — **t. 6.7.** Voyages en Afrique et îles adjacentes, avec description des pays et des habitants. — **t. 7-10.** Voyages au long de la côte occidentale d'Afrique. — **t. 11-14.** Voyages en Guinée. — **t. 14. 15.** Description des Côtes d'Afrique, depuis Rio da Volta jusqu'au Cap Lopez-Consalvo. — **t. 15-17.** Royaumes de Benin, Congo, Angola, Benguela et pays voisins. — **t. 18.** Côte orientale d'Afrique, du Cap de Bonne-Espérance au Cap Guardafu. — **t. 18-20.** Voyages dans l'Empire de la Chine. — **t. 21-24.** Description de la Chine. — **t. 24-26.** Description de la Corée, Tartarie Orientale et Tibet. — **t. 26-29.** Voyages dans la Tartarie, le Tibet, La Bukkarie et la Chine. — **t. 29-32.** Voyages des Hollandais aux Indes Orientales. — **t. 32-**

38. Voyages des Français aux Indes Orient. — **t. 38-41.** Voyages aux Indes Orient. par le sud-ouest. — **t. 42.** Voyages aux Terres Australes. — **t. 42-44.** Voyages errants de Schouten, Dampier, Careri. — **t. 45-49.** Premiers voyages, découvertes et établissements des Européens en Amérique. — **t. 49-54.** Voyages et découvertes en Amérique du Sud. — **t. 55-58.** Établissements dans l'Amérique Septentrionale. — **t. 59-60.** Voyages et établissements aux Antilles.

— Table alphabetique des matières contenues dans les LX. volumes de l'Histoire générale des voyages. Paris, Didot, 1761.

4v. 16cm.
Publ. as v. 61-64 of « Histoire générale des voyages ».
Ed. by Etienne Maurice Chompré. *cf.* Preface of v. 65.

— Suite de l'Histoire générale des voyages... pour servir de supplement a l'edition de Paris. Paris, Rozet, 1766.

4v. 19 plates, 7 maps, 5 plans. 17cm.
Publ. as v. 65-68 of « Histoire générale des voyages ».

— Continuation de l'Histoire générale des voyages; ou Collection nouvelle, 1°. Des relations des voyages... Omises dans celle de feu M. l'Abbé Prevost... 2°. Des voyages par terre faits dans toutes les parties du monde... Paris, Rozet, 1768-70.

8v. 40 plates, 9 maps, 3 plans. 17cm.
Publ. as v. 69-76 of « Histoire générale des voyages ».
Vol. 73-76 publ. by Panckouke.
Continued by Anne Gabriel Meusnier de Querlon, Alexandre Deleyre. & Surgy. *cf.* NouvBiogrGén XLI 10.
Contents. — **t. 69-71.** Histoire particuliere de l'Islande. Description de l'île de Jean Mayen, ou de la Trinité. De la Nouvelle-Zemble. Voyage dans la Sibérie. — **t. 72-74.** Histoire du Groenland. — **t. 74. 75.** Histoire du Kamtschatka. — **t. 75. 76.** Des pays et peuples voisins du Kamtschatka Kouriles, Sibérie, Lapponie.
★ Brunet IV 868. — Cordier 1947. 1951

587

Proyart, Liévin Bonaventure, 1743*ca.*-1808.

Vie du Dauphin, petit-fils de Louis XIV, et pere de Louis, XV, Plus connu sous le nom de Duc de Bourgogne, écrite sur les Mémoires de la Cour, enrichie des écrits du même prince. Par M. L'Abbé Proyart... A Paris, Et se trouve à Malines chez Pierre Joseph Hanicq, 1783.

2v. 16cm.
Vol. 2 wanting.
1st ed. Paris, 1778. 3257

588

Puente, Luis de la, *SJ,* 1554-1624.

Meditations svr les Mysteres de la Foy, divisées en sept parties, qui correspondent aux trois Voyes, Purgatiue, Illuminatiue, & Vnitiue. Composées par le R. P. Louys du Pont, de la Compagnie de Iesvs. Et reduites en abregé par le R. P. Nicolas d'Arnaya, de la mesme Compagnie. Traduites d'Espagnol en François, par le R. P. Ber. Lavgar. R. Obseruantin. Reueües, corrigées, & augmentées en ceste derniere Edition. A Dovay, Chez Gerard Pinchon, 1627.

8 l., 828 (*i.e.* 830), [18]p. 14½cm.
Signatures : †[8], A-Z[12], Aa-Mm[12], Nn[4].
p. 3, 28 lines, 113×60mm.
1st Spanish ed. by Arnaya, 1612.
1st French ed. Paris, 1614.
★ Sommerv I 559 n° 1.
♣ *Collegii Parisiensis Societ. — Missionis Sinensis Patrum Societatis Jesu. — Veyo da Resid[a] de Cinanfu.* 3345

589

— [Meditations tres-excellentes sur tous les mystères de la Foy, diuisées en six Parties, composees en Espagnol par le R. P. Lovys dv Pont, de la compagnie de Iesus. & traduites en François par M. René Gavltier Angeuin, Aduocat General au grand Conseil du Roy. A Paris, Chez Mathvrin dv Pvys, 1630]

4v. 14½cm.
Vol. 1, 3 wanting.
For title, etc. *cf.* Approbation & t.-p. of v. 2.
1st Spanish ed., Valladolid, 1605.
1st French ed. by Gaultier, Douai, 1611.
★ DictTheolCath XIII 1159. — Sommerv VI 1275-6. 3260

590

Puységur, Jacques François de Chastenet, *marquis de,* 1656-1743.

Art de la guerre par principes et par règles. Ouvrage de M. le Marechal de Puysegur Mis au jour par M. le Marquis de Puysegur son Fils, Brigadier d'Infanterie, Colonel du Régiment de Vexin... A Paris, Chez Charles Antoine Jombert, 1748.

2v. front., 27 plates, 4 fold. maps, 10 plans (6 fold.) 44cm.
Illus. t.-p. (v. 1)
Engr. ornamented t.-p. (v. 2)
Engr. head-and tail pieces.
1st ed.
Index : v. 2, p. [207]-244.
Errata at end of v. 2.
★ Brunet IV 989. 1663

R

591

Rabuel, Claude, *SJ,* 1669-1728.

Commentaires sur la Geometrie de M. Descartes. Par le R. P. Claude Rabuel, de la Compagnie de Jesus. A Lyon, Chez Marcellin Duplain, 1730.

4 l., 590, [4]p. 23 fold. diagrs. 26cm.
1st ed.
★ Sommerv VI 1362 n° 1.
♣ *Collegij S. J. Pekini A. C. 1739.* 532

592

[Racine, Bonaventure] 1708-1755.

Abrégé de l'histoire ecclésiastique, contenant Les évenemens considérables de chaque siécle avec des réflexions... Nouvelle Edition revue par l'Auteur. A Cologne. Aux dépens de la Compagnie, 1752-62.

15v. 17cm.
Vol. 2, 12, 14 wanting.
Author. *cf.* DictTheolCath XIII 1627.
Title of vol. 14, 15 : « Abrégé de l'Hist. eccl. du 18e siècle ».
The 1st ed. comprised 13 vol. of which 9 vol. condensed from Fleury's Histoire ecclésiastique (1st-16th century), and 4 vol. (17th cent.) composed by Racine.
« On attribue à Troya d'Assigny les deux vol. qui sont la suite de cet Abrégé ». — DictTheolCath XIII 1627.
At end of vol. 15 : « Justification sommaire de l'Histoire ecclésiastique (de M. l'Abbé Racine... Nouvelle édition 1763. The author of this « Justification » according to DictTheolCath, is Laurent Etienne Rondet (1st ed. 1753)
Vol. 14 of our set is replaced by : Clémencet, Charles. Lettres a M. François Morenas sur son pretendu abrégé de l'Histoire ecclésiastique... A Liege, De l'Imprimerie de Philippe Gramme, 1753. *cf.* DictTheolCath III 47.
★ DictTheolCath XIII 1627.
♣ *Stamp of Mgr Alex. de Gouvea.* 1953

593

Racine, Jean, 1639-1699.

Oeuvres de Racine... A Paris, Chez Pierre Traboüillet, 1687.

v. 1. front., illus. 17cm.
Contents. — **t. 1.** La Thébaide, ou Les frères ennemis. Alexandre le Grand. Andromaque. Britannicus. Les plaideurs.
★ Brunet IV 1077. 3297

594

— Oeuvres de Racine... A Paris, par la Compagnie des Libraires, 1713.

v. 2. front., 6 plates. 16½cm.
Contents — **t. 2.** Bajazet. Mitridate. Iphigénie. Esther. Athalie & Cantiques.
★ Brunet IV 1078.
♣ *PP Gallor S J Pekin.* 3309

595

Recveil des gazettes nouvelles ordinaires et extraordinaires, relations et recits de choses avenves tant en ce royavme qu'ailleurs, pendant l'année... A Paris, Du Bureau d'Adresse, aux Galleries du Louvre, 1682-87.

3v. 22½cm.
Library has : Année 1681 (no. 1-114); 1685 (no. 1-59); 1686 (no. 1-58).
Ed. by Eusèbe Renaudot, *OR. cf.* EncyBrit XIX 572 & NouvBiogrGén XLI 999.
★ Brunet VI 1851. 1589

596

Régis, Pierre Sylvain, 1632-1707.

Cours entier de philosophie, ou Systeme general selon les principes de M. Descartes, contenant la Logique, la Metaphysique, la Physique, et la Morale. Par Pierre Silvain Régis. Derniere Edition, enrichie d'un tres-grand nombre de figures, & augmentée d'un discours sur la Philosophie ancienne & moderne, oû l'on fait en abregé l'histoire de cette Science... Sur l'Imprimé de Paris. A Amsterdam, Aux dépens des Huguetan, 1691.

3v. illus. (incl. diagrs.), port., map (fold.) 23cm.
1st ed. Paris, 1690.
Index at end of each volume.
« Dictionnaire des termes propres à la philosophie» at end of volume 1. 2821

597

Regnault, Noël, *SJ,* 1683-1762.

Les entretiens physiques d'Ariste et d'Eudoxe, ou Physique nouvelle en dialogues, Qui renferme précisément ce qui s'est découvert de plus curieux & de plus utile dans la Nature. Enrichis de beaucoup de Figures. Nouvelle edition, Revûë & augmentée d'un volume. Par le P. Regnault, de la Compagnie de Jesus... A Paris, Chez Jacques Clouzier, 1732.

4v. front. illus. (incl. tables), 82 plates, 17 diagrs. 17cm.
1st ed. Paris, 1729.
Index at end of each volume.
Errata at beginning of each volume.
★ Sommerv VI 1599 n° 3. 705

598

— o. c.

Fig. 27 (duplicate) of v. 1 bound after p. 304 of v. 3. 699

599

— L'origine ancienne de la physique nouvelle, Où l'on voit dans les Entretiens par Lettres, Ce que la Physique Nouvelle a de commun avec l'Ancienne. Le degré de perfection de la Physique Nouvelle sur l'Ancienne. Les moyens qui ont amené la Physique à ce point de perfection. Par le P. Regnavlt, de la Compagnie de Jesus... A Paris, Chez Jacques Clousier, 1734.

3v. 16½cm.
1st ed.
Index at end of each volume.
★ Sommerv VI 1601 n° 4.
♣ *R. P. Kogler.* 718

R P Kogler

L'ORIGINE
ANCIENNE
DE
LA PHYSIQUE
NOUVELLE.
Où l'on voit dans des Entretiens par Lettres,
Ce que la Physique Nouvelle a de commun avec l'Ancienne.
Le degré de perfection de la Physique Nouvelle sur l'Ancienne.
Les moyens qui ont amené la Physique à ce point de perfection.
Par le P. REGNAULT, de la Compagnie de Jesus.
TOME PREMIER.
A PARIS,
Chez JACQUES CLOUSIER, ruë S. Jacques, au coin de la ruë de la Parcheminerie, à l'Ecu de France.
M. DCC. XXXIV.
Avec Approbation & Privilége du Roy.

600

Relation de la Campagne de Tannieres, Contenant un Journal Exact & fidel de ce qui s'est passé au Siége de la Ville & Citadelle de Tournai, à la Bataille de Blaugis, ou Malplacquet, & au Siége de Mons, avec quelques autres particularités, & les Plans. En l'an 1709. A La Haye, Chez Pierre Husson.

2 l., 204p. 6 fold. tables, 2 fold. plans. 16cm.
♣ *Sum Bibliothecae Domus Willershusanae L. B. de Diepenbroük.* 2297

601

[Renau d'Eliçagaray, Bernard] 1652-1719. De la theorie de la manœuvre des vaisseaux. A Paris, Chez Estienne Michallet, 1689.

6 l., 117 (*i.e.* 115 ?)p. 25 fold. diagrs. 19½cm.
Added engr. ornamented t.-p.
Author : Bernard Renau d'Eliçagaray. *cf.* DictOuvrAnonym IV 702.
1st ed.
♣ *Collegij Societatis Iesu Pekini.* 1574

602

[Reyneau, Charles René] *OR,* 1656-1728. Analyse demontrée, ou La methode de resoudre les problêmes des mathematiques, et d'apprendre facilement ces sciences; Expliquée & démontrée dans le premier Volume, & appliquée, dans le second, à découvrir les propriétés des figures de la Geometrie simple & composée; à resoudre les Problêmes de ces sciences & les Problêmes des sciences Physico-mathematiques... Par un Prêtre de l'Oratoire... A Paris, Chez Jacque Quillau, 1708.

2v. fold. table, 5 fold. diagrs. 26½cm.
Paged continuously.
3 l., xxiv, 486, [2], xxviii, 487-914, [4]p.
Engr. head-piece.
Vol. 2 has title : Usage de l'analyse.
Author : Charles René Reynau, *OR. cf.* Dedication.
1st ed. 401

603

— o. c. 456

604

Rhodes, Alexandre de, *SJ,* 1591-1660. La glorievse mort d'André catechiste de la Cochinchine, Qui a le premier versé son sang pour la querelle de Iesvs-Christ, en cette nouuelle Eglise. Par le Pere Alexandre de Rhodes, de la Compagnie de Iesus, qui a toûjours esté present à toute cette Histoire. A Paris, Chez Sebastien Cramoisy, et Gabriel Cramoisy, 1653.

16, 109, [3]p. 17½cm.
1st Italian ed. Rome, 1652.
1st French ed.
★ Brunet IV 1269. — Sommerv VI 1720 n° 6. — Streit V 597 n° 1656.
♣ *V. Provincię* 3302

605

— Histoire de la vie et de la glorievse mort, de cinq Peres de la Compagnie de Iesvs, qui ont souffert dans le Iapon. Auec trois Seculiers, en l'Année 1643 Par le R. P. Alexandre de Rhodes, de la Compagnie de Iesvs. A Paris, Chez Sebastien Cramoisy, et Gabriel Cramoisy, 1653.

12, 218p. plate. 17½cm.
Plate badly spoiled.
1st ed.
★ Brunet IV 1269. — Sommerv VI 1720 n° 7. — Streit V 564 n° 1573.
♣ *V. provę* 3368

606

[Richard, Charles Louis, *OP***]** 1711-1794. Voltaire parmi les ombres... A Geneve, Et se trouve à Paris Chez P. G. Simon, La veuve Desaint, Moutard, et Merigot, 1776.

xii, [13]-380p. 17cm.

Author : Charles Louis Richard, *OP*. *cf.* DictOuvrAnonym IV 1054.
1st ed.
Errata : p. [374]
★ DictTheolCath XIII 2665. 3298

607

Richer, François, 1718-1790.

Causes célèbres et intéressantes, avec les jugemens qui les ont décidées. Rédigées de nouveau par M. Richer, ancien Avocat au Parlement... A Amsterdam, Chez Michel Rhey, 1772-88.

22v. 17½cm.
This work is a revised and enlarged edition of « Causes célèbres et intéressantes, par François Gayot de Pitaval, Paris, 1734-43, 20v. » *cf* NouvBiogrGén XIX 775.
1st ed.
♣ *Pre Goudarez.* 2108

608

[—] De l'autorité du clergé, et du pouvoir du magistrat politique, Sur l'exercice des fonctions du Ministère Ecclésiastique... Par M**, Avocat au Parlement... A Amsterdam, Chez Arkstée & Merkus, 1767.

2v. 16cm.
Some pages at end of v. 2 wanting.
Author : *cf.* Feller VII 242.
1st ed.
Index at end of v. 2.
♣ *Stamp of Mgr Alex. de Gouvea.* 3644

609

[Riclot, Louis] *OSB.*

Paraphrase sur les Epitres de Saint Paul, avec le texte latin, des analyses et des notes Tirées des Peres & des meilleurs Commentateurs. Par un Religieux Benedictin de la Congregation de S. Vanne, & de S. Hydulphe... A Paris, Chez le Mercier, Langlois, Jacques Josse, P. F. Emery, Quillau, L. A. Sevestre, Vincent, 1718.

v. 3. 17cm.
The complete set consists of 3v.
Ed. by Louis Riclot, *OSB. cf.* DictOuvrAnonym III 783.
1st ed.
Contents.—**v. 3.** Epitres aux Thessaloniciens, à Timothée, à Tite, à Philémon, aux Hébreux.
Errata. 3541

610

Rivard, Dominique François, 1697-1778.

Traité de la Sphere. Par M. Rivard... Seconde Edition, revûe augmentée par l'Auteur, dans laquelle on a ajouté un Traité du Calendrier... A Paris, Chez Jean Desaint et Charles Saillant, 1743.

2 l., iv, 156p., 1 l., 58p. incl. tables, 3 plates (2 fold.) 20cm.

1st ed. of Traité de la sphère, Paris, 1740.
1st ed. of Traité du Calendrier.
♣ *Ex Libris Miss : gall : Pekin :* 3641

611

Rivière, Lazare, 1589-1655.

La pratique de medecine avec la theorie, de Lazare Riviere, conseiller et medecin du Roy... Traduite en François par M. F. Deboze. Docteur en Medecine... Troisième edition revuë et corrigée. A Lyon, Chez Jean Certe, 1702.

2v. 18cm.
1st Latin ed. Paris, 1640.
1st French ed. 1682.
Index at end of each volume.
♣ *E. R. 1717.* 869

612

Robbe, Jacques, 1643-1721.

Methode pour apprendre facilement la geographie... Quatrième edition Revûë & augmentée de plusieurs choses considerables, & d'une Table des Matieres. Par M. Robbe. A Paris, Chez Antoine Dezallier, 1695.

2v. illus. (incl. tables), 24 hand-col. maps, diagr. 17cm.
Added engr. ornamented t.-p.
1st ed. Paris, 1678.
« Abregé de la navigation » : p. 1-140 at end of v. 2. 611

613

Robert de Vaugondy, Didier, 1723-1786.

Usage des globes céleste et terrestre, faits par ordre du roi, Par le S. Robert de Vaugondy, fils. A Paris, Chez Antoine Bouder, 1751.

3 ? l., xviii, 248, [26]p. illus. (incl. tables), fold. plate, 4 fold. diagrs. 15½cm.
2 ? p. l. wanting.
1st ed. 97

614

Robertson, William, 1721-1793.

L'histoire du regne de l'empereur Charles-Quint, Précédée d'un Tableau des progrès de la Société en Europe, depuis la destruction de l'Empire Romain jusqu'au commencement du seizieme siecle. Par M. Robertson, Docteur en Théologie... Ouvrage traduit de l'Anglois... A Amsterdam, Et se trouve à Paris, Chez Saillant, & Nyon, Pissot, Desaint, et Panckoucke, 1771.

6v. 17½cm.
Tr. by Jean Baptiste Antoine Suard. *cf.* DictNatBiogr XVI 1313.
1st English ed. London, 1769, 3v.
1st French ed.
Index at end of v. 2 & 6.
★ Brunet IV 1333. 1899

615

Rodriguez, Alonzo, *SJ,* 1537-1616.

Pratique de la perfection et des vertvs chrestiennes, divisée en trois parties, Composée en Espagnol par le R. P. Alphonse Rodriguez de la Compagnie de Iesus, Nouvellement Traduite en François Par le R. P. N. C. P. D. L. D. C. ... A Paris, Chez Georges Josse, 1670.

3v. 18cm.
R. P. N. C. P. D. L. D. C. are the the initials of Nicolas Cabart, prêtre de la Doctrine Chrétienne. *cf.* Approbation.
1st Spanish ed. Seville, 1609.
1st French ed. by Cabart.
Index & errata at end of each volume.
★ DictTheolCath XIII 2759. — Sommerv VI 1954 (ed. wanting).
♣ *Da Igreja de Hoai Ngan da V Prov*[a] *da China.* 2677

616

— Pratique de la perfection chrestienne, Du R. P. Alphonse Rodriguez, de la Compagnie de Jesus. Traduite de l'Espagnol par M. l'Abbé Regnier des Marais, de l'Academie Françoise... Nouvelle edition. A Paris, Chez Antoine Dezallier, 1703.

4v. front. (v. 1) 19½cm.
« Meditacoes p[a]. o tempo dos ecercicios espirituaes da congregaçao » (ms.) on verso of t.-p. and following page of v. 1.
1st French ed. by Regnier Desmarais, Paris, 1675.
★ Brunet IV 1349. — DictTheolCath XIII 2759. — Sommerv VI 1954. 2697

617

— Pratique de la perfection chrestienne, Du R. P. Alphonse Rodriguez, de la Compagnie de Jesus. Traduite de l'Espagnol par M. l'Abbé Regnier des Marais, de l'Academie Françoise... Nouvelle edition. A Paris, Chez Michel David, 1715.

4v. 19cm.
Vol. 4 has title : Pratique de la perfection chrestienne, et religieuse.
★ Sommerv VI 1954 (ed. wanting) 2700

618

Rohault, Jacques, 1620-1675.

Traité de physique. Par Jacqves Rohavlt ... Sixiéme Édition, tresactement [*sic*] revuë & corrigée. Suivant la Copie imprimée à Paris, Chez Guillaume Desprez, 1683.

2v. 16 fold. diagrs. 14cm.
1st ed. Paris, 1671.
★ Brunet Suppl II 496.
♣ *P. Guil : van der Beken. Miss: Chin : — Da Igreja de Hoai Ngan.* 807

619

Rollin, Charles, 1661-1741.

De la manière d'enseigner et d'étudier les belles-lettres, Par rapport à l'esprit & au cœur. Par Mr. Rollin, ancien Recteur de l'Université de Paris... Nouvelle édition, Revue sur la derniere Edition de Paris, & augmentée d'un Supplément... A Amsterdam, Aux depens de la Compagnie, 1736.

4v. 17cm.
Illus. t.-p. (v. 1, 3)
1st ed. Paris, 1726-31.
★ Brunet IV 1360. — DictTheolCath XIII 2846. 2019

620

— De la manière d'enseigner et d'étudier les belles-lettres, Par rapport à l'esprit & au cœur. Par M. Rollin, ancien Recteur de l'Université de Paris... Nouvelle Edition. A Paris, Chez les Frères Estienne, 1775.

4v. 17cm.
♣ *Stamp of Mgr Alex. de Gouvea.* 3061

621

— Histoire ancienne des Egyptiens, des Carthaginois, des Assyriens des Babyloniens, des Medes et des Perses, des Macedoniens, des Grecs, Par M. Rollin... Nouvelle edition. A Paris, Chez les Freres Estienne, 1757-67 [v. 1, 1758]

13v. in 14. 2 fold. plates, 2 fold. maps, 2 fold. plans. 17cm.
Vol. 2 wanting.
1st ed. Paris, 1730-38.
Contents. — **t. 1.** Histoire ancienne des Egyptiens et des Carthaginois. — **t. 3, 4, 5.** Perses et Grecs. — **t. 6.** Philippe et Alexandre. — **t. 7, 8, 9, 10.** Successeurs d'Alexandre. — **t. 10, 11. 1, 11. 2.** Arts et sciences, agriculture, architecture, sculpture, peinture, musique, art militaire. Grammairiens, philologues, rheteurs et sophistes. — **t. 12.** Belles-lettres, poëtes, historiens, orateurs, philosophes et juristes. — **t. 13.** Médecine, mathématiques, table chronologique. Index général des matières.
★ Brunet IV 1360. — DictTheolCath XIII 2846. 1960

622

— Histoire Romaine depuis la fondation de Rome jusqu'a la bataille d'Actium : C'est à-dire jusqu'à la fin de la République. Par M. Rollin... Nouvelle Edition. A Paris, Chez les Freres Estienne, 1754-67 [v. 1, 1758]

16v. 5 fold. maps, fold. plan. 17cm.
Vol. 2, 4, 7, 14 wanting.
Vol. 6 p. 337-360 bound after p. 384.
Vol. 9, p. 529-552 (duplicate) bound after p. 552.
Vol. 9 & 10 have imprint : A Paris, Chez Les Freres Estienne et Jean Desaint.

Vol. 11-16 have imprint : A Paris, Chez Les Freres Estienne, Saillant, et Desaint.
Vol. 8 & 9 ed. by Crevier.
Vol. 10-16 continued by Crevier.
1st ed. Paris, 1738-41.
Index : v. 16, p.193-457.
★ Brunet IV 1360. — DictTheolCath XIII 2846.
1954

623

[Rousseau, Jean Jacques] 1712-1778.

Du contrat social, ou Principes du droit politique ... A Paris, Chez Cazin, 1791.

2 l., 263p. 12½×7½cm.
1st ed. Amsterdam, 1762.
★ DictTheolCath XIV 111. 2443

624

[—] Projet concernant de nouveaux signes pour la musique, Lu par l'Auteur à l'Académie des Sciences le 22 Août 1742. Geneve, 1781.

437 (*i.e.* 445), [1]p. illus., fold. table. 19½cm.
Half-title : Traités sur la musique.
Cover-title : Rousseau 16. Traite sur la musique.
Author : Jean Jacques Rousseau. *cf* DictOuvr Anonym III 1061.
1st ed.
★ DictTheolCath XIV 104. 3446

S

625

Sabatier, Raphael Bienvenu, 1732-1811.

Traité complet d'anatomie, ou Description de toutes les parties du corps humain, par M. Sabatier ... A Paris, Chez Pierre Franç. Didot le Jeune, 1775.

2v. 20½cm.
The 1st ed. of this work was publ. in Paris 1770, under title « Abrégé d'Anatomie du corps, par César Verdier », with notes by Sabatier. *cf.* Feller VIII 290 and preface.
♣ *ex Libris Miss : gall : Pekin :* 1046

626

Sainte-Beuve, Jacques de, 1613-1677.

Resolutions de plusieurs cas de conscience touchant la morale et la discipline de l'Eglise, Par feu Mre Jacques de Saintebeuve ... Recueillis et mis en lumiere Par Monsieur De Saintebeuve, Prieur de Saint Jean de Montauriol, & frere de l'Auteur ... A Paris, Chez Guillaume Desprez, 1695.

2v. 19½cm.
1st ed. Paris, 1689.
Index at end of each volume.
★ DictTheolCath XIV 833. 1318

627

De la **Sainteté** et des devoirs de l'épiscopat, Selon les Saints Peres & les Canons de l'Église ... A Liége, Chez Bassompierre, 1769.

3v. 17cm.
Contents. — **t. 1.** Origine et essence de l'épiscopat. Vocation à l'épiscopat. Conditions nécessaires pour entrer dans l'épiscopat. Dispositions immédiates à l'épiscopat. — **t. 2.** Résidence. Pluralité des bénéfices. Emploi qu'un évêque doit faire de ses revenus. Aumône et hospitalité. — **t. 3.** Suite du chap. précédent. Visites épiscopales. Divertissements permis à un évêque. Translations.
♣ *Stamp of Mgr Alex. de Gouvea.* 2355

628

[Saint-Hilaire, de]

[L'anatomie du corps humain, avec ses maladies et les remèdes pour les guerir, augmenté par l'auteur de plusieurs observations de Phisique curieuses, et Figures Anatomiques. Paris, Jean Couterot et Louis Guérin, 1683-85]

2v. illus., 6 plates. 19½cm.
Vol. 1, 8 ? p. 1. (incl. t.-p.), p. 187-188, 299-306, 325-326 wanting.
For title, etc. *cf.* Privilege.
Author : De Saint-Hilaire. *cf.* DictOuvrAnonym I 173.
Vol. 2 has title : Les remedes des maladies du corps humain.
1st ed. Paris, 1680. 1256

629

[—] o. c. 1257

' 630

Saint-Jure, Jean-Baptiste, *SJ,* 1588-1657.

Condvites povr les principales actions de la vie chrestienne. Par le P. Iean Baptiste S. Ivre, Religieux de la Compagnie de Iesus. Novvelle edition. A Paris, Chez Pierre le Petit, 1667.

4 l.,- 496p. 14½cm.
1st ed. Paris, 1654.
« L'Office de la Sapience incarnée, composé par Henry Suso » : p. 430-465.
★ DictTheolCath XIV 764. — Sommerv VII 422.
♣ *Ex libris Seminarii Sti Josephi Siami. — Veyo da Rezid^a de Cinanfu.* 2187

631

[— Meditations sur les plvs grandes et plvs importantes Veritez de la Foy; Rapportées aux Trois Vies Spiritvelles, à la Purgative, à l'Illuminative et à l'Unitive. Et dressées pour les Retraites. Par le P. Jean Baptiste Sainct-Ivre Religieux de la Compagnie de Jesvs. Cinquième édition. A Paris, Chez Pierre le Petit, 1652]

? l., 221p., 4 l., 280p., 2 l., 82p. 17cm.
? p. l. (incl. t.-p.) wanting.
For title, etc. *cf.* Caption title & Catal. Thierry, p. 76.
★ DictTheolCath XIV 763. — Sommerv VII 420 n° 7. 2241

632

Sala, Angiolo, 1570*ca.*-1637.
[Emetologia ou Triomphe des médicamens vomitifs. Delphis, Andreas, 1613]

5 l., 101, [1]p. 14½cm.
Signatures : A-G⁸.
p. 7, 25 lines, 114×72mm.
t.-p., p. 5-6 wanting.
1 p. l. spoiled.
Author : Angiolo Sala; title, etc. *cf.* Running title & Catalog. Thierry.
Bound with : Scheunemann, H. Medicina reformata, Francofurti, 1617; Paracelsia, Francofurti, 1610. — Horst, G. De naturali conservatione et cruentatione cadaverum, Wittebergae, 1608. — Warenius, H. Adfectuum humanorum curatio hermetica, Lipsiae, 1605. — Popp, J. Kurtzes Handbüchlein und Experiment vieler Artzeneyen, Franckfurt, 1617. 3548

633

Salazar, François de, *SJ,* 1559-1599.
La conversion d'un pecheur, réduite en principes. Par le Pere François de Salazar, de la Compagnie de Jesus : Docteur ci-devant de l'Université d'Alcala : Traduite de l'Espagnol Sur la treiziéme Edition. A Paris, Chez Rollin fils, 1730.

384, [4]p. 17cm.
Tr. by Joseph de Courbeville, *SJ. cf.* Sommervogel VII 454.
First Spanish ed. publ. by Geronimo Perez under title « Afectos y consideraciones devotas sobre los quatro novissimos », Salamanca, after 1640 & before 1648. *cf.* Preface.
1st French ed.
♣ *Missionis Sinensis PP. Gallorum Soc. Jesu Pekin.* 2312

634

— La conversion d'un pecheur, réduite en principes, Par le P. François de Salazar, de la C. de J. Docteur ci-devant de l'Université d'Alcala. Traduite de l'Espagnol Sur la quinzieme Édition. Nouvelle édition. A Paris, Chez Charles-Pierre Berton, 1773.

xxiv, 285, [3]p. 17cm.
Index : p. 261-285. 2313

635

Sanson, Nicolas, 1600-1667.
L'Afriqve en plvsieurs cartes novvelles, et exactes; & en divers traictés de geographie, et d'histoire. Là où sont descripts succinctement, & auec vne belle Methode, & facile ses empires, ses monarchies, ses estats, &c. les mœvrs, les langves, les religions, le negoce, et la richesse de ses pevples, &c. Et ce qu'il y a de plus beau, & de plus rare dans toutes ses Parties, & dans ses Isles... Par N. Sanson d'Abbeville, Geographe Ordinaire du Roy. A Paris, Chez l'avthevr, 1656.

50 unnumb. l. 18 double hand-col. maps. 25½cm.
10 l. (sign. A3-4, D1-4 ?, S3,5) wanting.
1st ed.
♣ *Aplicado à Resid*ª *de Chin Kiam por ordem publicado pello P. Vice Prov*ᵃˡ *Joao de Saà.* 618

636

— L'Asie en plvsievrs cartes novvelles, et exactes; & en divers traittés de geographie, et d'histoire. Là où sont descripts succinctement, & avec une belle Methode, & facile ses empires, ses monarchies, ses estats &c. les mœurs, les langves, les religions, les richesses de ses pevples, &c. Et ce qu'il y a de plus beau, & de plus rare dans toutes ses Parties, & dans ses Isles. Par le Sieur Sanson d'Abbeville, Geographe Ordinaire du Roy. A Paris, chez l'avthevr, 1652.

53 unnumb. l. 17 double hand-col. maps. 25cm.
without signatures.
1st ed.
♣ *Aplicado à Resid*ª *de ChinKiam por ordem publicado pello Vice-Prov*ᵃˡ *Joao de Saà.* 619

637

— L'Asie en plvsievrs cartes novvelles, et exactes; & en divers traités de geographie, et d'histoire. Là où sont descripts succinctement, & avec vne belle Methode, & facile ses empires, ses monarchies ses estats, &c. les mœvrs, les langves, les religions; les richesses de ses pevples, &c. Seconde edition ... Par N. Sanson d'Abbeville, Geographe Ordinaire du Roy. A Paris, Chez l'avthevr, 1658.

3 l., 104 (*i.e.* 108)p. double hand-col. maps. 24½cm.
p. 103-104 spoiled. 620

638

[— Atlas, Sanson, Mariette. Paris, 1669]

145 fold. maps. 46cm.
t.-p. wanting.
118 of the maps are drawn by Nicolas Sanson, 15 by his sons Adrien and Guillaume, 5 by Duval, 1 by Tavernier, 6 are anonym. They were published at Paris by the authors or by Mariette and Jaillot, between the years 1632-1676.
For title, imprint, etc. *cf.* Thierry's catalogue, p. 86.
Contents. — [n° 1] Mappe-monde. — [n° 2] Planisphère céleste. — [n° 3-124] Europe. — [n° 125-132] Afrique. — [n° 133] Les deux pôles. — [n° 134-143] Asie. — [n° 144, 145] Amérique.
♣ *Missionis Sinensis patrum Gallorum Soc. Jesu.* 3459

639

Sarpi, Paolo, *OSBMV,* 1552-1623.

Histoire du Concile de Trente, ecrite en Italien Par Fra-Paolo Sarpi, de l'Ordre des Servites; et traduite de nouveau en françois, avec des notes critiques, historiques et theologiques, Par Pierre-François Le Courayer, Docteur en Théologie de l'Université d'Oxford... Suivant l'edition d'Amsterdam de 1736... A Basle, Chez Jean Brandmuller & Fils, 1738.

2v. 25cm.
Vol. 1 wanting.
p. 843-844 bound after errata.
1st Italian ed. London, 1619.
« Discours historique sur la reception de ce concile, particulierement en France » : p. 772-792*.
Index : p. 793-844.
Errata at end
★ Brunet V 141. — DictTheolCath XIV 1118. 2188

640

Sauri, 1741-1785.

Institutions mathématiques, Servant d'introduction à un Cours de Philosophie à l'usage des Universités de France... Par M. l'Abbé Sauri... Seconde édition, revue, corrigée & augmentée par l'Auteur. A Paris, Chez Valade, 1772.

xxiip., 1 l., 404, [1]p. 5 fold. diagrs. 20cm.
p. 209-210 and p. 213-214 bound after p. 212 and p. 216 respectively.
♣ *Stamp of Mgr Alex. de Gouvea.* 514

641

Saverien, Alexandre, 1720-1805.

Dictionnaire universel de mathematique et de physique, où l'on traite de l'origine, du progrès de ces deux Sciences et des Arts qui en dépendent, et des diverses révolutions qui leur sont arrivées jusqu'à notre tems... Par Monsieur Saverien, de la Société Royale de Lyon, &c.... A Paris, Chez Jacques Rollin [et] Charles-Antoine Jombert, 1753.

2v. illus. (incl. tables), 55 fold. plates, 35 fold. diagrs. 27½cm.
Some plates in v. 1 spoiled.
Text in 2 col.
Head-pieces.
1st ed.
♣ *Stamp of Mgr Alex. de Gouvea.* 527

642

Savonarola, Girolamo, *OP,* 1452-1498.

La simplicité de la vie chretienne, et quelques autres Oeuvres Spiritüelles du R. P. Jerôme Savonarole, de l'Ordre de S. Dominiqve. Traduites en François par un Pere de la Compagnie de Jesus. A Paris, Chez Sebastien Mabre-Cramoisy, 1672.

19 l., 3-26, 264, [9]p. 16½cm.
Errata [1]p. at end.
Our copy contains only « La simplicité de la vie chretienne » and part (26p.) of « Quatre explications sur l'oraison dominicale ». The original work contains « La simplicité de la vie chrétienne » (264p.), « Quatre explications » (115p.), and « Meditations (181p.) *cf.* Sommervogel II 1030.
Tr. by Philippe Chahu, *SJ. cf.* Sommervogel IX 1315.
1st Latin ed. Florence, 1495.
1st French ed. by Chahu.
★ Sommerv. II 1030 n° 12. 2439

643

Schouten, Walter, *17th cent.*

Voyage de Gautier Schouten aux Indes Orientales, Commencé l'an 1658. & fini l'an 1665. Traduit du hollandois. Où l'on void plusieurs Descriptions de Païs, Roïaumes, Isles & Villes, Siéges, Combats sur terre & sur mer, Coutumes, Manieres, Religions de divers Peuples, Animaux, Plantes, Fruits, & autres Curiositez naturelles... Nouvelle Edition, revûë par l'Auteur & considerablement augmentée. Enrichie d'un grand nombre de Figures en Taille-douce. A Rouen, Chez Jean-Baptiste Machuel, 1725.

2v. fronts., 9 plates (4 fold.), port. 17cm.
Ms. marginal notes.
1st Dutch ed. Amsterdam, 1676.
1st French ed. Amsterdam, 1708.
★ Brunet IV 1170. 3332

644

Secrets utiles et éprouvés dans la pratique de la médecine et de la chirurgie, Pour conserver la santé, & prolonger la vie. Avec un appendix sur les maladies des Chevaux. A Paris, Chez Prault pere, 1742.

2 l., xxxvi, 396p., 2 l. 17cm.
Index : p. 389-395.
♣ *Resid. P. P. Gall. Soc. Jes. Pekin.* 1111

645

[Seligny, Guillaume de]

Nouveau zodiaque, Réduit à l'année 1755. Avec les autres etoiles, dont la Latitude s'étend jusqu'à 10 degrés au Nord & au Sud du plan de l'Écliptique, dont on pourra se servir pour en mesurer les distances au disque de la Lune, ou aux Planètes. A Paris, de l'Imprimerie Royale, 1755.

1 l., xxxii, 40p., 2 l. illus., 33 tables (1 fold.), diagr. 19cm.
Author : Guillaume de Seligny. *cf.* Caption title.
Pt. 2 has a special title : Table de la longitude et de la latitude De toutes les Etoilles fixes Zodiacales Suivant les Observations de M^r^. Flamsteed.
♣ *Stamp of Mgr Alex. de Gouvea. — Pertence à Livraria de Nant'am em Peikim.* 3539

646

Semedo, Alvare, *SJ,* 1585-1658.

Histoire vniverselle de la Chine, Par le P. Alvarez Semedo, Portugais. Auec l'Histoire de la Guerre des Tartares, contenant les reuolutions arriuées en ce grand Royaume, depuis quarante ans : Par le P. Martin Martini. Traduites nouuellement en François. A Lyon, Chez Hierosme Prost, 1667.

6 l., 458p. 23cm.
Ms. marginal notes.
Tr. by Gilbert Girault, *SJ.* *cf.* Sommervogel VII 1114.
1st Portuguese ed. of « Hist. universelle », Madrid, 1641.
1st Latin ed. of « Hist. de la guerre », Rome, 1654.
1st French ed. of « Hist. de la guerre », Paris, 1654.
1st combined French ed.
★ Cordier 24. — Streit V 831 n° 2336. 3414

647

HISTOIRE
VNIVERSELLE
DE LA CHINE,
Par le P. ALVAREZ SEMEDO, Portugais.
Auec l'Histoire de la Guerre des Tartares, contenant les reuolutions arriuées en ce grand Royaume, depuis quarante ans; Par le P. MARTIN MARTINI.
Traduites nouuellement en François.

A LYON,
Chez HIEROSME PROST, ruë Merciere, au vase d'or.
M. DC. LXVII.
AVEC PRIVILEGE DV ROY.

Senault, Jean François, *OR,* 1601-1672.

L'homme criminel, ov La corrvption de la natvre par le peché. Selon les sentimens de saint Augustin. Par le R. P. Iean-François Senavlt, Superieur General de la Congregation de l'Oratoire de Iesvs. Novvelle edition. A Leyden, Chez Iean Sambyx, 1668.

2v. 15½cm.
1 p. l. of v. 1 & 2 wanting.
1st ed. Paris, 1644.
★ Brunet V 274. — DictTheolCath XIV 1855. 2203

648

[Servigné, Louis Marie de, *SJ*] 1662-1744.

Remarques chronologiques sur l'ancien Testament, proposées a l'examen des sçavans. Avec Le Plan d'une explication des Saintes Ecritures. A Paris, Chez Rollin fils, 1737.

xvi, 249, 19p. 20cm.
Author's name mentioned on t.-p. in ms. and *cf.* Sommervogel VII 1158.
1st ed.
✣ *Resid. P. gall. Soc. Jes. Pekin. n. 75.* 1194

649

Sevoy, François Hyacinthe, *CJM,* 1707-1765.

Devoirs ecclésiastiques... Par F. H. Sevoy, Prêtre de la Congrégation des Eudistes... Nouvelle édition... A Paris, Chez A. Laporte, 1776-77.

3v. 17½cm.
1st ed. Paris, 1760-62.
Contents. — **t. 1.** Des dispositions générales aux saints ordres. Des saints ordres en particulier. — **t. 2.** Retraite ecclésiastique, pour les prêtres et les autres ministres de l'Eglise. Entretiens, méditations et examens pour les quatre premiers jours. — **t. 3.** Suite de la Retraite. Exercices pour les quatre derniers jours. 2415

650

—— O. C.

v. 1. 17½cm.
The complete set consists of 3v. 3280

651

Sigaud-Lafond, Joseph Aignan, 1730-1810.

Précis historique et expérimental des phénomènes électriques; depuis l'origine de cette découverte jusqu'a ce jour; Par M. Sigaud de la Fond... Seconde édition, Revue & augmentée... avec Figures... A Paris [De l'Impr. de Cl. Simon]. 1785.

xvi, [4], 624, [3]p. 10 fold. plates. 20½cm.
Printed by Cl. Simon. *cf.* Colophon.
1st ed. Paris, 1781.
Errata at beginning. 654

652

Société de physiciens, *Paris, ed.*

Nouveau dictionnaire raisonné de physique et des sciences naturelles, contenant l'histoire générale Des Animaux, des Végétaux, des Minéraux, & de tous les Phénomenes de la Nature; Avec l'histoire des sciences physico-mathématiques, Et de tout ce qui a rapport à la Physique & à l'Histoire Naturelle. Par une Société de Physiciens... A Amsterdam, Chez Marc-Michel Rey, 1770.

2v. 21½cm. (v. 2 : 20cm.)
1st ed. 801

653

Sonnerat, Pierre, 1749-1814.

Voyage aux Indes Orientales et a la Chine, Fait par ordre du Roi, depuis 1744 jusqu'en 1781 : Dans lequel on traite des Mœurs, de la Religion, des Sciences & des Arts des Indiens, des Chinois, des Pégouins & des Madégasses; suivi d'Observations sur le Cap de Bonne-Espérance, les Isles de France & de Bourbon, les Maldives, Ceylan, Malacca, les Philippines & les Moluques, & de Recherches sur l'Histoire Naturelle de ces Pays. Par M. Sonnerat, Commissaire de la Marine... A Paris, Chez l'Auteur, Froulé, Nyon, Barrois, 1782.

2v. 138 plates, (16 fold.), fold. plan, table. 26cm.
Plates no. 81, 82, 85 wanting.
Engr. head-pieces.
1st ed.
Errata at end of v. 1.
Index at end of v. 2.
★ Brunet V 442. — Cordier 2102. — Streit VII 413 n° 3691. 3360

654

Souciet, Etienne, *SJ*, 1671-1744, *ed.*

Observations mathématiques, astronomiques, geographiques, chronologiques, et physiques, tirées des anciens livres chinois; ou faites nouvellement aux Indes et a la Chine, Par les Peres de la Compagnie de Jesus. Redigées et publiées par le P. E. Souciet, de la même Compagnie. A Paris, Chez Rollin, 1729.

v. 1. plate, 2 plans, fold. table, 3 fold. diagrs., fold. map. 25cm.
The complete set consists of 3 v.
Engr. head-pieces.
Handwritten corrections by Father Gaubil.
1st ed.
Errata at end.
★ Sommerv VII 1401 n° 7. — Streit VII 271 n° 3138.
♣ *Missionis Sinensis PP. Gallor. Soc. Jes. Pekin. — Stamp : Ex libris P. P. Gallorum Cong. Missionis.* 225

655

— o. c.

Ms. marginal notes. 524

656

— Observations mathématiques, astronomiques, geographiques, chronologiques, et physiques, tirées des anciens livres chinois; ou faites nouvellement aux Indes et a la Chine, Par les Peres de la Compagnie de Jesus. Redigées et publiées par le P. E. Souciet, de la même Compagnie. A Paris, Chez Rollin, 1729-32.

3v. plate, 2 plans, 2 fold. tables, 5 fold. diagrs., fold. map. 25½cm.
Engr. head-pieces.
Ms. marginal notes.
1st ed.
Errata at end of each volume.
Contents. — **t. 1.** Observations. — **t. 2.** Histoire de l'astronomie chinoise, avec des Dissertations, par le P. Gaubil. — **t. 3.** Traité de l'astronomie chinoise, par le P. Gaubil.
★ Cordier 1455.
♣ *Hic liber scatet plurimis mendis. pleraque in alio exemplari Emendavi. de correctionibus faciendis monui R. P. Stephanum Souciet. (t. 1)— R° Patri in X° Andr. Pereyra Soc. Jesu Pekinum (t. 2. 3.).* 525

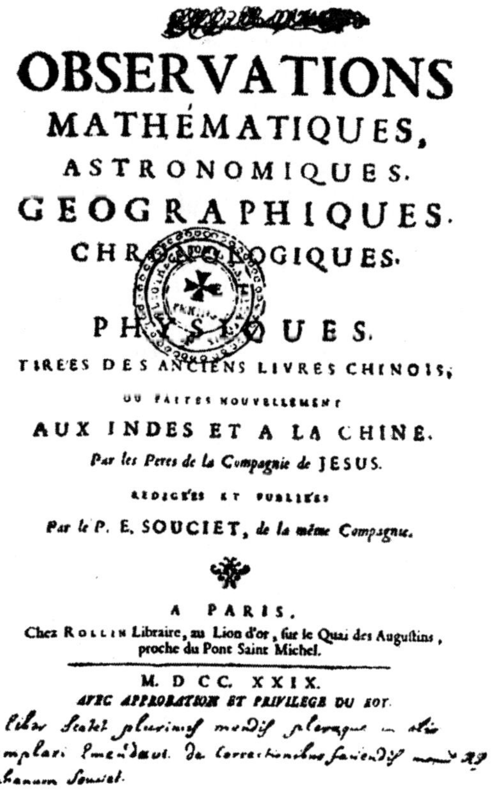
OBSERVATIONS MATHÉMATIQUES, ASTRONOMIQUES. GEOGRAPHIQUES. CHRONOLOGIQUES. ET PHYSIQUES. TIRÉES DES ANCIENS LIVRES CHINOIS; OU FAITES NOUVELLEMENT AUX INDES ET A LA CHINE. Par les Peres de la Compagnie de JESUS. REDIGÉES ET PUBLIÉES Par le P. E. SOUCIET, de la même Compagnie.

A PARIS, Chez ROLLIN Libraire, au Lion d'or, sur le Quai des Augustins, proche du Pont Saint Michel.

M. D CC. XXIX.
AVEC APPROBATION ET PRIVILEGE DU ROY.

hic liber scatet plurimis mendis pleraque in alio exemplari Emendavi. de correctionibus faciendis monui R. P. Stephanum Souciet.

657

[—] Recueil de dissertations critiques sur des endroits difficiles de l'Ecriture Sainte, & sur des Matieres qui ont rapport à l'Ecriture. A Paris, Chez Pierre Witte, 1715.

4 l., 629, [19]p. 25½cm.
Author : Etienne Souciet, *SJ. cf.* Sommervogel IX 1270.
1st ed.
Errata at beginning.
Contents. — I. Sur les medailles hebraïques et sur les premières lettres des Hébreux. — II. Sur

un revers des médailles d'Hérode I et sur le lys de l'Écriture. — III. Sur un passage de Théophile d'Antioche sur Gen. I, 3. — IV-VI. Sur les noms de Dieu, El, Schaddai & Jehovah. — VII-X. Sur Exode VI, 3. — XI. Defense du texte Hébreu d'Isaïe LIII, 8. — XII. Sur la Mischne. — Indices.

✤ *Pour Le Reverend Pere Le Couteux (erased & replaced by Gaubil) de la part de son tres humble et tres obeissant serviteur E. Souciet de la C. de J. — Par le R P Et. Souciet. — PP Gallor. SJ. P.* 1200

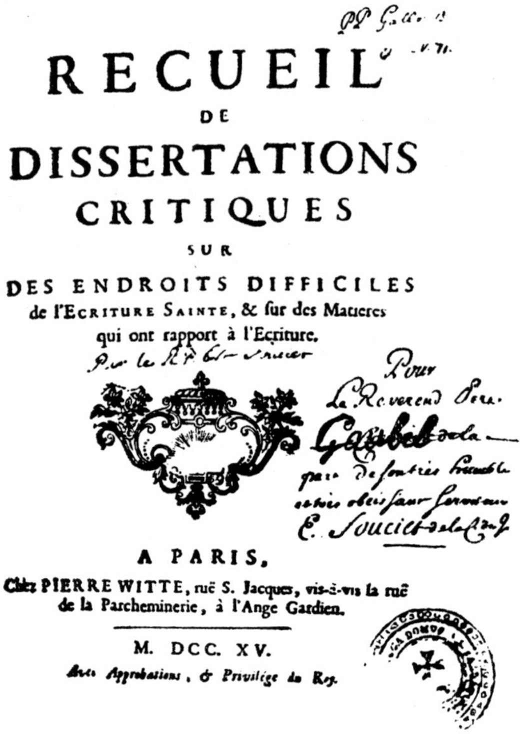
RECUEIL
DE
DISSERTATIONS
CRITIQUES
SUR
DES ENDROITS DIFFICILES
de l'Ecriture Sainte, & sur des Matieres
qui ont rapport à l'Ecriture.
A PARIS,
Chez PIERRE WITTE, ruë S. Jacques, vis-à-vis la ruë
de la Parcheminerie, à l'Ange Gardien.
M. DCC. XV.
Avec Approbations, & Privilége du Roy.

658

Sousa, Manoel de.

Nouveau dictionnaire François-Portugais, composé par le Capitaine Emmanuel de Sousa, & mis en ordre, rédigé, revû, corrigé, augmenté, & enrichi de tous les termes techniques, & propres des sciences, des arts, des métiers, de géographie; &c. sur la dernière édition de celui de M. l'abbé François Alberti, & des tables de l'Encyclopédie par Joachim Joseph da Costa & Sa, Professeur de Belles-Lettres... A Lisbonne, Chez Borel, Borel, & Compagnie, de l'imprimerie de Simon Thaddée Ferreira, 1784-86.

2v. in 1. 30½cm.
4 l., 617p., 1 l., 583, [1]p.
Text in 2 col.
✤ *Stamp of Mgr Alex. de Gouvea.* 3244

659

Stevin, Simon, 1548-1620.

L'Arithmetiqve de Simon Stevin de Brvges : Contenant les computations des nombres Arithmetiques ou vulgaires : Aussi l'Algebre, auec les equations de cinc quantitez. Ensemble les quatre premiers liures d'Algebre de Diophante d'Alexandrie, maintenant premierement traducts en François. Encore vn liure particulier de la Pratique d'Arithmetique, contenant entre autres, Les Tables d'Interest, La Disme Et vn traicté des Incommensurables grandeurs : Auec l'Explication du Dixiesme Liure d'Euclide. A Leyde, De l'Imprimerie de Christophle Plantin, 1585.

9 l., 6 numb. l., 7-642, [14], 203, [12]p. incl. diagrs. 17½cm.
Signatures : †[8], ††[4], A-Z[8], a-s[8], Aa-Nn[8], Oo[4].
f. 5a, 32 lines, 126×75mm.
1st ed.
Indices at end of each part.
★ Brunet VIII 694. 512

660

MEMOIRES
MATHEMA-
TIQVES.
Contenant ce en quoy s'est exercé
LE TRES-ILLVSTRE, TRES-
excellent Prince & Seigneur MAVRICE Prince d'Orange,
Conte de Nassau, Catzenellenboghen, Vianden, Moers, &c.
A LEYDE,
Chez Ian Paedts Iacobsz. Marchand Libraire,
& Maistre Imprimeur de l'Vniversité de ladite Ville.

— Memoires mathematiques, Contenant ce en quoy s'est exercé le tres-illvstre, tres-excellent Prince & Seigneur Mavrice Prince d'Orange... Descrit premierement en Bas Alleman par Simon Stevin de Bruges, translaté en François par Iean Tvning, Licentié és Loix, & Secretaire de Monseigneur le Prince

Henry, Conte de Nassou, &c. A Leyde, Chez Ian Paedts Iacobsz, 1608.

5 l., 360(*i.e.* 364), 132, 91, 10, 21p., 1 l., 6, 58 [2], 8, 108p. illus. (incl. tables), diagr. 31½cm.
Signatures : †6, A-Z6, Aa-Ff6, Gg8 (†6 blank); A-L6, A-G6, H4; A6, A-R6, S1.
p. 8, 45 lines, 227×127mm.
1st collective ed.
This translation is incomplete; v. 4 and part of v. 5 have not been translated. *cf.* Translator's annotation.
Contents. — **pt. 1.** De la cosmographie. — **pt. 2.** De la pratique de geometrie. — **pt. 3.** Des perspectives. — **pt. 5.** Des meslanges.
♣ *Facul. Mathematicae.* 579

661

Stoer, Jacob.

Dictionnaire François-Alleman-Latin & Alleman-François-Latin. Par Iacob Stoer. Avec un petit abbregé de Grammaire Françoise. Dernière Edition reveuë, corrigée & augmentée. A Geneve, Chez les hoirs de Ioseph Stoer, 1650.

24 l., 846, 649p. 17½cm.
Text in 2 col.
1st ed. Genève, 1611.
« Noms propres » : pt. 1, p. 837-846.
♣ *Gean Calmes est verus possessor huius libri.* 2989

662

Suffren, Jean, *SJ*, 1571-1641.

L'annee chrestienne, ov Le sainct et profitable employ du temps pour gaigner l'Eternité. Où sont enseignées diuerses pratiques & moyens pour saintement s'occuper durant tout le cours de l'Année, conformément à l'ordre de l'Année, inspiré par le S. Esprit à l'Eglise Chrestienne. Par le R. P. Iean Svffren de la Compagnie de Iesvs. A Paris, Chez Clavde Sonnivs & Denis Bechet, 1643-46.

4v. fronts. (v. 1, 3) 23½cm.
Vol. 3, p. 855, 856 (duplicate) bound after p. 1160.
Vol. 1, 3d ed.
1st ed. Paris, 1640-41.
Index at end of each volume.
Contents. — **t. 1, v. 1. pt. 1.** Six moyens généraux pour bien faire toutes ses actions en tout temps. **pt. 2.** Manière bien employer toute la journée par les pratiques de chaque action d'icelle. — **t. 1, v. 2. pt. 3.** Manière de bien employer toutes les semaines de l'année. **pt. 4.** Avis communs aux douze mois de l'année. **pt. 5.** Avis pour certaines actions qui ne se font que rarement durant le cours de l'année (retraite, confession générale, jubilé &.). **pt.6.** Réponse aux prétextes et excuses de ceux qui ne veulent pas s'appliquer aux exercices de l'année chrétienne. — **t. 2. v. 1. pt. 1.** Adresses et pratiques pour le temps de l'Avent à Noël. **pt. 2.** Id. de Noël à la Purification. **pt. 3.** De la Purification au carême. **pt. 4.** Du carême à la fête de Pâques. — **t. 2, v. 2. pt. 5.** De Pâques à l'Ascension. **pt.6.** De l'Ascension à la fête du S. Sacrement. **pt. 7.** De la solennité du S. Sacrement au 1er juillet. **pt. 8-12.** Mois de juillet-novembre.
★ Sommerv VII 1699 n° 7.
♣ *Mission. Sinens. PP Gallor. Societ. Jesu catal. adscript.* 2386

663

[Surin, Jean Joseph, *SJ*] 1600-1665.

Les fondemens de la vie spirituelle, Tirez du Livre de l'Imitation de Jesus-Christ. Par ****** Nouvelle edition. Reveuë par le P. B. J. A Paris, Chez Simon Benard, 1697.

6 l., 518, [10]p. 16cm.
Author : Jean Joseph Surin, *SJ*. *cf.* Sommervogel IX 1076.
Ed. by Jean Brignon, *SJ*. *cf.* Approbation.
1st ed. Paris, 1667.
1st ed. by Brignon.
Errata at beginning.
★ Sommerv II 176 n° 3.
♣ *Missionis pp Gall. S. J. in Sinis. Ex Dono authoris.* 2266

664

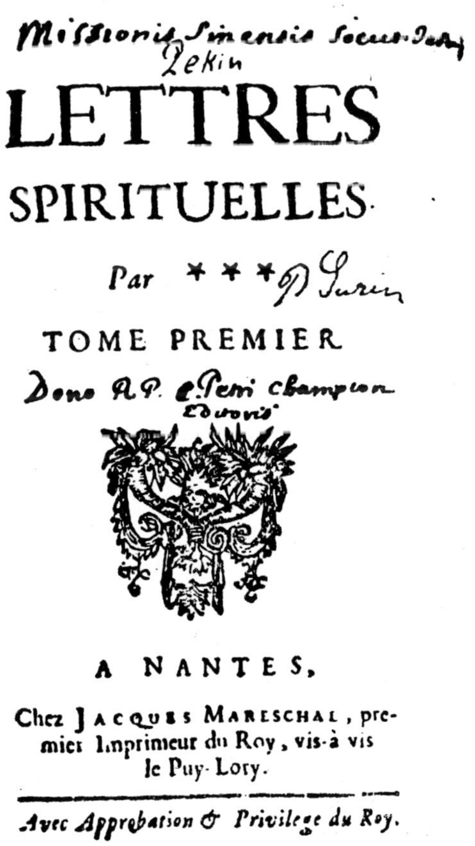

[—] Lettres spirituelles. Par***. A Nantes, Chez Jacques Mareschal, [1695]-97.

3v. 15cm.
Vol. 3 wanting.

Privilege of v. 1 dated 1695.
Vol. 2 dated MD.XCXVII (*i.e.* 1697)
Author : Jean Joseph Surin, *SJ;* ed. by Pierre Champion, *SJ. cf.* Sommervogel VII 1709.
1st ed. by Champion.
Errata at beginning.
♣ *Missionis Sinensis Societ. Jesu Pekin. — P Surin. — Dono R P. Petri Champion Editoris.* 666

T

665

Tachard, Guy, *SJ,* 1651-1712.

Second voyage du Pere Tachard et des Jesuites envoyez par le Roy au Royaume de Siam. Contenant diverses remarques d'Histoire, de Physique, de Geographie, & d'Astronomie. A Paris, Chez Daniel Horthemels, 1689.

1 l., 424, [8]p. 24cm.
Illus. t.-p.
Engr. head-pieces.
1st ed.
Index & errata : p. [425]-[432]
★ Brunet V 632. — Sommerv VII 1803 n° 2.
♣ *Stamp : Maison du St Sacrement de Caen. Bibliothèque.* 3349

666

Tacitus, Cornelius, 55*ca.*-120.

Tacite : avec des notes politiques et historiques. Par Amelot de la Houssaie... A Amsterdam, Chez Michel Charles Le Cene, 1731.

10v. 16½cm.
Vol. 7-10 wanting.
Vol. 1-6 contain the Annals of Tacitus.
Vol. 1-4, 4th ed.; v. 5, 6, 1st ed.
Vol. 5, 6 have imprint : A La Haye, Chez Henri Scheurleer.
The first four volumes are translated and edited by Amelot de la Houssaye, the remaining six by Bruys. *cf.* Preface of v. 5 & NouvBiogrGén II 352 & VII 669.
« Les initiales [L. C. d. G.] qui sont sur le frontispice sont peutètre celles du véritable auteur, car Bruys s'est contenté de prêter son nom au libraire qui possédait le manuscrit. » — DictOuvrAnonym IV 665.
1st ed. 1690-1735.
Index at end of v. 1-4, 6.
Errata at end of v. 6.
★ Brunet V 638. 3442

667

Tapisseries du Roy, ou sont representez les quatre elemens et les quatre saisons. Avec les devises qui les accompagnent, et leur explication. A Paris, Chez Sebastien Mabre-Cramoisy, 1679.

1 l., 82, [8]p. incl. 32 plates. 44cm. (Cabinet du roi).
Illus. t.-p.

3 engr. head-and tail pieces.
Our copy contains only the « devises », without the 8 central figures of the 4 elements and the 4 saisons.
Plate p. [63] bound before p. 59.
1st ed. Paris, 1670.
« Devises » by Charles Perrault.
★ Brunet I 1443. 1170

668

[Tarin, Pierre] 1700*ca.*-1761.

Anthropotomie, ov l'Art de disséquer les Muscles, les Ligamens, les Nerfs, et les Vaisseaux sanguins du Corps humain; Auquel on a joint une Histoire succincte de ces Vaisseaux; avec la maniere de faire les injections ... De préparer toutes les différentes parties & de les conserver préparées... On y donne aussi la description des matieres propres à chacune de ces préparations, & la figure des instrumens... A Paris, Chez Briasson, 1750.

2v. 4 fold. plates. 17cm.
Author : Pierre Tarin. *cf.* DictOuvrAnonym I 209.
1st ed.
Errata at end of each volume. 888

669

— Dictionaire anatomique suivi d'une Bibliotheque anatomique et physiologique. Par M. Tarin, Médecin. A Paris, Chez Briasson, 1753.

2 l., 102p., 1 l., 107, [1]p. 25cm.
Text in 2 col.
1st ed. 934

670

— Ostéo-graphie, ou Description des os de l'adulte, du foetus, &c. Precedée d'une introduction a l'étude des parties solides du corps humain. Par M. Tarin, Médecin. A Paris, Chez Briasson, 1753.

1 l., xxxiv, 24, 56, 126, [2]p. 59 plates (21 fold.) 24½cm.
1st ed. 933

671

Tavernier, Jean Baptiste, 1605-1689.

Les six voyages de Jean Baptiste Tavernier, Ecuyer Baron d'Aubonne, en Turquie, en Perse, et aux Indes, Pendant l'espace de quarante ans, & par toutes les routes que l'on peut tenir : accompagnez d'observations particulieres sur la qualité, la religion, le gouvernement, les coûtumes & le commerce de chaque païs, avec les figures, le poids, & la valeur des monnoyes qui y ont cours... A Paris, Chez Gervais Clouzier et Claude Barbin, 1677.

2v. 30 plates (3 fold.), 4 fold. plans. 24½cm.

Vol. 2, p. 321-324 duplicate.
Ed. by Samuel Chappuzeau. *cf.* NouvBiogrGén XLIV 937.
1st ed. Paris, 1676.
★ Brunet V 681. 589

672

Teresa de Jesus, *OCarm, Saint,* 1515-1582.
Les œuvres de Sainte Therese divisées en cinq parties. De la traduction de Mr. Arnauld d'Andilly. Nouvelle Edition, reveuë, corrigée & augmentée des Lettres de la Sainte, avec des Remarques... A Anvers, Chez la Veuve de Barthelemy Foppens, 1707.

v. 1. 16½cm.
1st ed. by Arnauld, Paris, 1670.
Contents. — **pt. 1.** Le vie de S. Thérèse écrite par elle-même.
★ Brunet V 804. 3450

673

Texier, Claude, *SJ,* 1611-1687.
L'impie malhevrevx, ov Les trois maledictions dv pechevr. Prêchées pendant l'Advent. Par le R. Pere Texier, de la Compagnie de Jesus. Troisiéme edition. A Paris, Chez Estienne Michallet, 1679.

12 l., 473, [7]p. 18cm.
1st ed. Paris, 1673.
Index : p. [474]-[480]
★ Sommerv VII 1952 n° 3. 1773

674

— Sermons povr tovs les iovrs du Caresme, preschez Par le R. Pere Texier, de la Compagnie de Jesus... A Paris, Chez Estienne Michallet, 1676.

2v. 18cm.
1st ed. Paris, 1674.
Index at end of each volume.
★ Sommerv VII 1952 n° 4.
✤ *Collegij Societatis Jesu Pekini.* 1777

675

Thiébaut, *d.* 1791.
Homélies sur les Epitres des dimanches et des fétes principales de l'année. Par M. Thiébaut... A Metz, Chez Joseph Collignon, 1766.

4v. 16½cm.
Binder's title : « Homelie de Thiebaut. t. 5-8. »
1st ed.
✤ *Stamp of Mgr Alex. de Gouvea.* 1748

676

— Homélies sur les Evangiles des dimanches et des fêtes principales de l'année, Par M. Thiébaut... Nouvelle édition revue par l'Auteur... A Metz, Chez Joseph Collignon, 1768.

4v. 16½cm.
1st ed. Metz, 1761.
✤ *Stamp of Mgr Alex. de Gouvea.* 1749

677

Thomas de Jesu, *AugErm,* 1529-1582.
Les souffrances de Nostre-Seigneur Jesus-Christ, Ouvrage écrit en Portugais par le Pere Thomas de Jesus, de l'Ordre des Hermites de Saint Augustin. Et traduit en François par le P. G. Alleaume, de la Compagnie de Jesus... Nouvelle Edition revûë & corrigée. A Paris, Chez Jean-Baptiste Delespine, 1721.

2v. 17cm.
Vol. 2 wanting.
1st Portuguese ed. Lisbon, 1602-9.
1st French ed. Paris, 1692. 3275

678

— Les souffrances de Notre-Seigneur Jesus-Christ, Ouvrage écrit en Portugais par le Pere Thomas de Jesus, de l'Ordre des Hermites de S. Augustin, Et traduit en François par le P. Alleaume, de la Compagnie de Jesus... Nouvelle Edition, revue & corrigée. A Paris, Chez Belin, 1789.

v. 1. 16½cm.
The complete set consists of 3 v. 3255

679

Tissot, Simon André, 1728-1797.
Avis au peuple sur sa santé. Par Mr. Tissot, Doct. et Prof. en Médecine... Troisieme édition originale augmentée par l'auteur... A Lyon, Chez Benoit Duplain, 1767.

2 v. in 1.
xix, [1], 351p., 2 l., [353]-694 (*i.e.* 693), [3]p. 17½cm.
1st ed. Lausanne, 1761.
Index : p. 655-693. 1029

680

— De la santé des gens de lettres, par Mr. Tissot, D. & P. en Médecine... Seconde Edition, sur celle de Lausanne, imprimée sous les yeux de l'Auteur. A Geneve, Chez Pellet & Fils, 1768.

x, [11]-184p. 18cm.
1st ed. Lausanne, 1766.
Bound with : Tissot, S. A. Essai sur les maladies des gens du monde, Genève, 1770. 1027

681

— Essai sur les maladies des gens du monde, par Mr. Tissot, D. M. ... A Geneve, Chez Pellet et Fils, 1770.

2 l., vii-xiv, [15]-132p. 18cm.
1st ed. Lausanne, 1770.
Bound with : Tissot, S. A. De la santé des gens de lettres, Genève, 1768. 1027a

682

Tournon, Charles Thomas Maillard de, *cardinal,* 1668-1710.

Lettre de M. le Cardinal de Tournon Patriarche d'Antioche, envoié dans la Chine par N. S. P. le Pape, a M. L'Eveque de Conon Vicaire Apostolique dans la Chine, Pour le consoler dans la prison où il étoit par ordre de l'Empereur à Pequin chez les Jesuites. Avec un Bref Du Pape à M. l'Eveque de Conon, qui lui a été porté par M. le Cardinal de Tournon. 29. aout 1708.

20, 12p. 17cm.
Text in Latin and French.
Appendix : Lettre écrite de la Province de Fokien dans la Chine, sur la fin l'année 1700.
Bound with : Gonzalez de S. Pedro, F. *OP.* Relation de la nouvelle persécution de la Chine, 1714 and others.
★ Cordier 3593. — Streit VII 126 nº 2494 & VII 31 nº 2103 (Appendix). 3383a

683

Touron, Antoine, *OP,* 1686-1775.

La vie et l'esprit de Saint Charles Borromée, Cardinal de Sainte Praxede, Archevêque de Milan... Par le R. Pere Antoine Touron, de l'Ordre des FF. Prêcheurs... A Paris, Chez Butard, 1761.

3v. 17cm.
1st ed.
Errata at beginning of v. 1, 2 and end of v. 3. 2913

684

Traité succinct de l'oraison mentale, et De la maniere de la bien faire, à l'usage des Communautés Religieuses & des personnes de piété qui vivent dans le monde... A Paris, Chez Ch. Pierre Berton, 1768.

xi, [5], 216, [6]p. 13½×6½cm.
♣ *Bibliothèque de la Communauté.* 2406

685

Trenchant, Jean, *b. ca.* 1525.

L'arithmetiqve de Iean Trenchant, Departie en trois Liures. Ensemble vn petit discours des Changes. Auec l'art de calculer aux Getons. Reueuë et augmentée en ceste derniere edition, tant de plusieurs regles & articles, par l'Autheur, que d'une Table de poids de vingt deux Prouinces, correspondans l'une à l'autre. A Lyon, Chez Pierre Rigavd, 1618.

375p. illus. (incl. diagrs.), fold. tables. 17½cm.
Signatures : A-Z8, Aa4.
p. 7, 28 lines, 135×74mm.
1st ed. Lyons, 1566.
★ Brunet V 936.
♣ *claudius bonnet dit floquet.* 503

686

Trent, Council of. 1549-1569. *Acts and decrees.*

Le saint concile de Trente oecumenique et general, celebré sous Paul III. Jules III. et Pie IV. Souverains Pontifes. Nouvellement traduit par M. l'Abbé Chanut, Avec le Latin ajoûté à côté... A Lyon, Chez Jean-Baptiste Barbier, 1685.

2v. 17cm.
Vol. 1. wanting.
1st ed. Paris, 1674. 3632

687

[Tronson, Louis, *CSulp*] 1622-1700.

Examens particuliers sur divers sujets, propres aux ecclesiastiques, et a toutes les personnes qui veulent s'avancer dans la perfection, par un Prêtre du Clergé. Premiere partie. Quatrième edition. A Lyon, Chez B. Compagnon, la veuve Tomas & L. Declaustre, 1700.

2v. 15½cm.
Vol. 2 wanting.
Author : Louis Tronson, *CSulp. cf.* DictOuvr Anonym II 364.
1st ed. Lyons, 1690.
♣ *Ex libris Congnis Missnis Sinae.* 3419

688

— Examens particuliers sur divers sujets, propres aux ecclésiastiques, Et à toutes les Personnes qui veulent s'avancer dans la perfection. Par Monsieur Tronson, Supérieur du Séminaire de S. Sulpice ... Nouvelle Edition, revue & corrigée. A Paris, Chez la Veuve Savoye, 1770.

2v. 17cm.
♣ *Stamp of Mgr Alex. de Gouvea.* 2331

689

Trublet, Nicolas Charles Joseph, 1697-1770.

Panégyriques des Saints, precédés de réflexions sur l'eloquence en general, Et sur celle de la Chaire en particulier. Par M. l'Abbé Trublet, Archidiacre & Chanoine de Saint Malo. A Paris, Chez Briasson, 1755.

2 l., iv, 152p., 1 l., vi, 299, [5]p. 16½cm.
♣ *Stamp of Mgr Alex. de Gouvea.* 1750

U

690

Uranographie ou Contemplation du ciel, à la portée de tout le Monde. Nouvelle Edition ... A Paris, Chez Merigot, 1780.

vi, [7]-72p. 15 plates. 17×9cm. 178

V

691

Vaissète, Dominique Joseph, *OSB,* 1685-1756.

Géographie historique, ecclesiastique et civile, ou Description de toutes les Parties du Globe Terrestre, enrichie de Cartes Géographiques. Par Dom Joseph Vaissete, Religieux Bénédictin de la Congrégation de S. Maur ... A Paris, Chez Desaint & Saillant, Jean-Thomas Herissant [et] Jacques Barois, 1755.

12v. 72 fold. maps. 17cm.
1st ed.
♣ *Stamp of Mgr Alex. de Gouvea.* 605

692

Valladier, André, 1565-1638.

Metanealogie sacree, Sermons Sur toutes [*sic*] les Euangiles du Caresme Preschés à Paris à St. Iacques de la Boucherie, l'An 1609, Av Roy, Par Andre Valladier Docteur en Theologie ... A Paris, Chez Pierre Cheualier [1616 ?]

2v. 17cm.
Vol. 2 wanting.
Engr. ornamented t.-p.
Approbation dated 1616. 2143

693

[— La Sainte Philosophie de l'ame, ou Sermons pour l'aduent, preschez à Paris à S. Mederic, l'an 1612. par le sieur André Valladier, Abbé de S. Arnoul de Mets, ordre de S. Benoist ... Paris, Pierre Chevalier 1613]

9 ? l., 1108, [44]p. 17½cm.
Signatures : a[8], A-Z[8], Aa-Zz[8], AAa-ZZz[8], AAaa-CCcc[8].
p. 5, 34 lines, 138×67mm.
t.-p., p. 177-192 wanting.
For title, etc. *cf.* Approbation & Valladier's communication of privilege. 2688

694

[Varennes, Claude de]

Le voyage de France; Dressé pour l'instruction & commodité tant des François, que des Estrangers ... Seconde Edition, corrigée & augmentée. A Paris, Chez Olivier de Varen(nes), 1641.

10 l., 290 (*i.e.* 288), [36]p. fold. map. 16½cm.
p. 155-176 wanting.
t.-p. & some p. l. spoiled.
Author : Claude de Varennes. *cf.* DictOuvrAnonym IV 1072.
1st ed. Paris, 1639.
Indices at end. 637

695

Varignon, Pierre, 1654-1722.

Projet d'une nouvelle mechanique avec Un Examen de l'opinion de M. Borelli, sur les propriétez des Poids suspendus par des Cordes. Paris, Chez la Veuve d'Edme Martin, Jean Boudot, & Estienne Martin, 1687.

9 l., 133, [2]p. illus. (incl. tables), 13 fold. diagrs. 25½cm.
Engr. ornamented t.-p.
Engr. head-pieces.
Ms. marginal notes.
Ms. notes on inside of back cover.
1st ed.
Errata : p. [135]
♣ *Collegij Soc. Jesu Pekini.* 668

696

Vatier, Antoine, *SJ,* 1591-1659.

La condvite de S. Ignace de Loyola, Menant une Ame à la perfection par les Exercices Spirituels. Avec quelques Remarques qui en facilitent la connaissance à ceux qui desirent de s'y employer, ou d'y conduire les autres. Et vn petit Extrait des Regles & Instructions Spirituelles, que S. Ignace y a inserées; avec la Bulle de l'Indulgence Pleniere d'Alexandre VII. Par le R. P. Antoine Vatier de la Compagnie de Jesvs. A Lyon, Chez Pierre Compagnon & Robert Taillandier, 1681.

12 l., 558, [15]p. 15cm.
1st ed. Paris, 1650.
★ Sommerv VIII 490.
♣ *Collegij Soc. G. Pekini.* 2739

697

[Vauge, Gilles, *OR*] *d.* 1739.

Traité de l'espérance chretienne. Contre l'esprit de pusillanimité & de defiance, & contre la crainte excessive ... Troisiéme Edition revûe, corrigée, & augmentée. A Paris, Chez Ph. N. Lottin, 1732.

2 l., 427, [7]p. 16½cm.
Author : Gilles Vauge, *OR. cf.* DictOuvrAnonym IV 748.
1st ed. Paris, 1730. 2334

698

[Vaugelas, Claude Favre de] 1585-1650.

[Remarques sur la langue Françoise.]

36 l., 474, [24]p. 15½cm.
t.-p. wanting.
For title. *cf.* Caption title.
Author : Claude Favre de Vaugelas. *cf.* DictOuvrAnonym IV 254.
1st ed. Paris, 1647.
Index : p. [475]-[498]
Errata at beginning.
★ Brunet V 1101. 3044

699

[Ventura, Comino]

Tresor politiqve : Diuisé en trois Liures; contenant les relations, Instrvctions, Traictez, et divers discours appartenans à la parfaicte intelligence de la raison d'estat, & de tres-grande importance à l'entiere cognoissance des interests, pretentions, desseins & reuenus, des plus grands Princes & Seigneurs du Monde... A Paris, Chez Pierre Chevalier, 1608.

6 l., 1096 (*i.e.* 1086)p. 24cm.
Signatures : a4, e2, A-Z4, Aa-Zz4, AAa-ZZz4, AAaa-ZZzz4, AAAaa-ZZZzz4, AAAAaa-VVVVvv4, XXXXxx3.
p. 3, 39 lines, 184×118mm.
Author : Comino Ventura & tr. Nicolas Du Fossé. *cf.* DictOuvrAnonym IV 826.
1st French ed.
♣ *Sainct Laurent Duaceni.* 2030

700

[Verthamont, Joseph, *SJ*] 1637-1724.

Octave de Saint Joseph; contenant ses vertus et ses privileges : divisée en hvit discovrs, propres a inspirer a tout le Monde de l'estime & de l'amour pour ce grand Saint. Par M. l'Abbé de V***. A Lyon, Chez Antoine Boudet, 1692.

6 l., 588p. 20cm.
Author : Joseph Verthamont, *SJ. cf.* Sommervogel IX 1215.
1st ed. 2353

701

Vitruvius Pollio, Marcus, *1st cent.* B. C.

Les dix livres d'architecture de Vitruve corrigez et tradvits nouvellement en François, avec des Notes & des Figures. Seconde Edition reveuë, corrigée, & augmentée. Par M. Perrault de l'Academie Royalle des Sciences... A Paris, Chez Jean Baptiste Coignard, 1684.

9 l., 354, [15]p. front., illus. (incl. plans, diagrs.) 42cm.
Engr. head-pieces.
1st ed. 1673.
Index & errata : p. [355]-[369]
★ Brunet V 1329. 1149

702

— o. c.

Front. wanting.
♣ *Collegij Societatis Jesu Pekini.* 1148

703

Vives, Juan Luis, 1492-1540.

Les dialogves de Iean Lovys Vives, Traduits de Latin en François pour l'exercice des deux langues. Ausquels est adioustee l'explication Françoise des mots Latins plus rares & moins vsagez par Gilles de Housteuille. Avec ample declaration & traduction des passages Grecs en Latin par P. de la Motte. Le tout nouuellement reueu & corrigé. A Genev, Imprimé par Iaques Stoër, 1657.

152 numb. l., 40 l. 11½cm.
Text in 2 col.
1st Latin ed. Basel, 1538.
1st French ed. Lyons, 1560.
Index at end.
★ Brunet V 1334. 2491

704

Volney, Constantin François Chasse-bœuf, *comte de,* 1757-1820.

Voyage en Syrie et en Égypte, pendant les années 1783, 1784 et 1785; Avec deux Cartes géographiques et deux Planches gravées, représentant les Ruines du Temple du Soleil à Balbek, et celles de la ville de Palmyre, dans le Désert de Syrie. Par M. C-F Volney. Seconde édition, revue et corrigée ... A Paris, Chez Desenne [et] Volland, 1787.

2v. 2 fold. plates, fold. plan, 2 fold. maps. 20cm.
★ Brunet V 1351. 1265

705

[**Vues** des maisons royales et des villes conquises par Louis XIV]

30 plates (11 double, 19 fold.), 16 plans (13 double) 51½cm. (Cabinet du roi).
For title. *cf.* Brunet I 1443.
The plates were engraved between the years 1666-1682, most of them by Silvestre, Marot and Dorbay.
1st ed.
★ Brunet I 1443.
♣ *Arms of Louis XIV, King of France, on red morocco cover.* 3561

706

[**Vues,** plans, etc., du Château de Versailles, avec les statues termes et vases]

57 plates (12 double), 4 plans (2 double, 2 fold.) 53cm. (Cabinet du roi).
Most of the plates were engraved by Jean Lepautre, Israël Silvestre, François Chauveau and Gérard & Jean Edelinck, between the years 1673-1688.
For title. *cf.* Brunet I 1443.
According to Brunet this work should have 78 plates.
1st ed.
Bound with : Félibien, A. Description de la grotte de Versailles, Paris, 1676.
★ Brunet I 1443.
♣ *Arms of Louis XIV, King of France, on red morocco cover.* 3587

W

707

Watts, Isaac, 1674-1748.

La culture de l'esprit, ou Directions Pour faciliter l'acquisition des connoissances utiles. Par Mr. Isaac Watts. Traduit de l'anglois Par D. de S**** Nouvelle édition, Retouchée avantageusement. A Lausanne, Chez François La-Combe, 1782.

2 l., 416p. 16cm.
Tr. by Daniel de Superville. *cf.* Feller VIII 388.
1st English ed. 1741.
1st French ed. Lausanne, 1762.
★ Brunet V 1424.
♣ *Stamp of Mgr Alex. de Gouvea.* 3080

708

Wiltheim, Hubert de, *SJ,* 1590-1665.

L'art de bien govverner Suiuant les Exemples de N. Seigneur, & de S. Ignace, Fondateur de la Compagnie de Iesvs. Composé en Latin par le R. P. Hvbert Vviltheim, Prouincial de la Prouince Gallo-Belgique. Et mis en François par le Pere Antoine Girard, de la mesme Compagnie. A Paris, Chez Iean Fenavlt, 1661.

16 l., 444p. 15cm.
p. 83-86 wanting.
1st Latin ed. Lille, 1658.
1st French ed.
♣ *Da caza de Vù ch'am fù.* 2263

709

Winslow, Jacques Bénigne, 1669-1760.

Exposition anatomique de la structure du corps humain, par Mr. Jaques-Benigne Winslow ... Nouvelle édition, Corrigée de nouveau & enrichie de cinq Planches & de l'Explication, qu'en a donné le Celebre M. Albinus ... A Amsterdam, Chez Emanuel Tourneisen, 1754.

4v. 9 fold. plates. 16½cm.
Illus. t.-p.
1st ed. Paris, 1732. 1068

LATIN SECTION

A

710

Abdalla Beidavaeus, *13th cent.*

(Abdallae Beidavaei) Historia Sinensis, Persicè è geminô Manuscriptô edita, Latinè quoque reddita ab Andrea Mvllero Greiffenhagio. Accedvnt ejusdem Notae marginales ... Harmonia Abdallianae & Martinianae, cæteraeque Europaeis traditae Historiae Sinensis perpetuis testimoniis ob oculos ponitur ... Berolini, Typis Christophori Rungii, Anno MDCLXXVII. expressa, nunc verô una cum additamentis edita ab Autoris filio, Quodvvltdeo Abraham Mvllero. Jenae, Prostat apud Johannem Bielkivm, 1689.

4 l., 56, 72, [3]-40, 36, [48]p. 20½cm.
« Dans son exemplaire des *Opuscula* de A. Müller (Francfort, 1695), Pauthier avait donné la note suivante : « Nota. Le premier ouvrage publié dans ce *Recueil* d'André Müller [Historia Sinensis], a été par erreur attribué par lui à *Beidavi*, auteur du *Nizum at-Tawârick*. Il a été reconnu depuis que le véritable auteur était *Benaketi*, l'auteur du *Târick-Benaketi*, dont la partie publiée par André Müller forme le VIIIe livre en 2 chapitres. » — Cordier 581.
1st ed. Berlin, 1677.
1st ed. by Q. A. Müller.
Contents. — Abdalla. Historia Sinensis (Persian text). — Müller, A. Historia Sinensis (Latin version). — Feodor Iskowitz Bäckhoffs Reise aus der Moscow nach China. — Memorial oder Kurtze Beschreibung der 35 Jährigen Verrichtungen, so von Zacharia Wagnern in Europâ, Asia, Africa und America beschehen. — Müller, A. De Sinarum magnaeque Tatariae rebus commentatio alphabetica, ex auctoris Commentariis super Marci Pauli Veneti Historia orientali. — Basilicon Sinense, seu primorum hominum, regum & Imperatorum Sinensium series, nomina, cognomina, aetas, res quaedam gestae, aliaque, ab exordio ad nostra usque tempora. — Imperii Sinensis nomenclator geographicus, prior, alphabeticus, ad aetatem Taimingarum.
★ Brunet I 8. — Cordier 581. 3363

711

Abreu, Sebastiam d', *SJ,* 1594*ca.*-1674.

[Institutio parochi; seu Speculum parochorum, in quo parochi, et omnes animarum curam Exercentes videbunt obligationes muneris sui, & methodum ad eas rite implendas ... Auctore P. Doctore Sebastiano de Abreu Societatis Jesu, Lusitano Crattensi ... Eborae, ex typographia Academiae, 1665]

62? l., 906, 90? p. 29½cm.
t.-p. and some pages of index at end wanting.
Text in 2 col.
For title. *cf.* Caption title, Sommervogel I 24 and Thierry's Catalog. p. 24.
1st ed.
★ Sommerv I 24. 3465

712

— Institutio parochi; seu, Speculum parochorum, in quo parochi, et omnes animarum curam Exercentes videbunt obligationes muneris sui, & methodu ad eas rite implendas ... Auctore P. Doctore Sebastiano de Abreu Societatis Jesu, Lusitano Crattensi, ... Eborae, Ex Typographia Academiae, 1700.

10 l., 898 (*i. e.* 870), 98 p. 30cm.
Text in 2 col.
Index : 98 p. at end.
★ Sommerv I 24 nº 3.
♣ *Stamp of Mgr Polyc. de Souza SJ.* 1534

713

Academia Conimbricencis.

Physices elementa Usui Academiae Conimbricensis accommodata ... Conimbricae, typis Academiae, 1789.

v. 2. illus. (incl. tables), 13 fold. diagrs. 21½cm.
Index at end.
Contents. — **pt. 2.** De aqua. De aere. De sono. De igne. De luce.
♣ *Stamp of Mgr Alex. de Gouvea.* 803

714

Academia Imperialis Scientiarum Petropolitana, *St Petersburg.*

Atlas Rvssicvs mappa vna generali et vndeviginti specialibvs vastissimvm Imperivm cvm adiacentibvs regionibvs secvndvm leges geographicas et recentissimas observationes delineatvm exhibens cvra et opera Academiae Imperialis Scientiarvm Petropolitanae. Atlas Russien : contenant une carte générale et dixneuf cartes particulières de tout l'empire de Russie et des pays limitrophes constrvites conformément aux règles de la géographie et aux dernières observations : par l'Académie imperiale des sciences de St. Petersbourg. Petropoli, typis Academiae Imperialis Scientiarvm, 1745.

16 p., 20 fold. maps.. 53cm.
Map. no. 20 (*i. e.* general map) wanting
1st ed.
♣ *PP Gallor S. J. Dono D. Nicolai Delisle.* 1177

715

— Commentarii Academiae Scientiarvm Imperialis Petropolitanae ... ad annum ... Petropoli, Typis Academiae, 1735-51.

12 v. front., illus., 102 fold. plates, fold. map, fold. table, 122 fold. diagrs. 26½cm.
Library has : 4 (1729, publ. 1735); 5 (1730-31, publ. 1738); 7 (1734-35, publ. 1740); 8 (1736, publ. 1741); 9 (1737, publ. 1744); 10 (1738, publ. 1747); 11 (1739, publ. 1750); 12 (1740, publ. 1750); 13 (1741-45, publ. 1751); 14 (1744-46, publ. 1751); 1 (1747-48, publ. 1750); 2 (1749, publ. 1751).
Vol. 7 contains five plates of Chinese text.
Title varies : 1747-49. Novi commentarii Academiae Scientiarvm Imperialis Petropolitanae.
The Academy published 14 v. of the old series (1728-47) and 20 v. of the new series down to 1777.
★ Brunet I 25.
♣ *Nân-tâm Collegij S.J. Pekini Donô Academiae 1745 (v. 4, 5) — PP Gallor S.J. Pekin dono Academiae petropolit. (v. 7 etc.)* 2056

716

Acaᵈemia Imperialis Scientiarum Petropolitana. *St. Petersburg.*

Dissertationes selectae Jo. Alberti Euleri, Paulli Frisii, et Laurentii Beraud, quae ad Imperialem Scientiarum Petropolitanam Academiam an. 1755 missae sunt, cum electricitatis caussa, & theoria, praemio proposito, quaereretur. Petropoli, & Lucae, apud Vincentium Junctinium, 1757.

15, 204 p. (fold.) diagrs. 16½cm.
1st ed.
Contents. — Euler, J. A. De causa physica electricitatis. — Frisi, P. De caussa electricitatis dissertatio. — Béraud, L. SJ, Theoria electricitatis.
♣ *Stamp of Mgr Alex. de Gouvea.* 805

717

[Academia Lovaniensis.]

[Commentarii in universa Aristotelis Dialectica, Lovanii, 1535]

6 l., 547p. illus. (incl. tables, diagrs.) 29cm.
Signatures : A-Z⁶, Aa-Zz⁶, Aaa⁴.
p. 11, 57 lines, 227×131mm.
t.-p. wanting.
1 p. l. spoiled.
Ed. Academia Lovaniensis & title, imprint. *cf.* Running title & « Ad lectorem. »
Contents. — Commentaria in Isagogen Porphyrii. — Commentaria in Universa Aristotelis dialectica. 3558

718

— Specimen doctrinae theologicae per Belgivm manantis ex Academia Lovaniensi Ab Anno 1644. usque ad Annum 1677. [Moguntiae, 1681]

2 l., 58, [2] p., 2 l., 79, 45, [3] p., 2 l., 85, [2], 56, [4] p. 22cm.
For imprint. *cf.* Dict TheoCath I 751.
« Ut etiam caeteri intelligant, non esse sibi spem acquirendi hoc opusculum, visum fuit ejus fronte celare & locum impressionis, & nomen Typographi; cum non prodeat ad usum publicum ». — Praefatio.
1st ed.
Bound with : Du Bois, N. Ad quadraginta quinque propositiones damnatas tractatus duo, Lovanii, 1666 and others. 1380c

719

Academia Noribergensis, *Altdorf.*

Emblemata anniversaria Academiae Noribergensis, qvae est Altorffii : stvdiorum Juventutis exercitandorum caussâ inde ab ann. Christi MDLXXVII. usqꝫ ad annum MDCXVI. proposita; Oratiunculis eruditis & nervosis in Panegyribus Academicis explicata; atqꝫ in IV. Decadas distributa. Opvs philologicvm ... Editio II. cum indicib. Nurẽbergę, Per Abr. Wagenman, 1617.

4 l., 540, [40] p. illus. 20cm.
Signatures : †⁴, A-Z⁴, Aa-Zz⁴, Aaa-Zzz⁴, Aaaa-Cccc⁴, Dddd².
p. 2, 34 lines, 154×116mm.
p. 457-458 wanting.
Title printed within an engraving.
♣ *Bibl. Trig.* 2871

720

Académie royale des sciences, *Paris, ed.*

Dissertatio astronomica de ratione corrigendi typos et calcvlos eclipsivm solis ac lvnae mapparvmqve geographicarvm constrvctiones ab astronomis et geographis hactenvs adhibitas in hypothesi tellvris sphaericae cvm ista reapse sit figvrae sphaeroidalis. Paris, A. R. S., 1734.

79p. 2 fold. diagrs. 23½cm. 279

721

Accoramboni, Felice, *fl. end of 16th cent. ed.*

Vera mens Aristotelis id est Lvcidissima, et ervditissima In omnia Aristotelis opera, explanatio, in qva novis, et pvlcherrimis rationibus omnium dubitationum, & obscurarum sententiarum verus Philosophi sensus eruitur ... Controuersiae item, quae sunt inter Platonicos, Aristotelicos, & Galenum omni diligentia examinantur. De fluxu, & refluxu maris accurata, & breuis tractatio. Theophrastus plurimis in locis in libro de plantis obscurus & difficilis exponitur. In Galeni librum De temperamentis vtilissimae Annotationes apponuntur. Quae in his omnibus deprauata erant ex antiquissimis graecis manuscriptis codicibus emendantur. Avctore Felice Accorambono Evgvbino ...Romae, Apud Paulum Parisium, 1604.

1 l., 819p. illus. 33cm.
Signatures : †¹, A-Z⁴, Aa-Zz⁴, Aaa-Zzz⁴, Aaaa-Zzzz⁴, Aaaaa-Kkkkk⁴, Lllll².
p. 2, 70 lines, 253×159mm.
1st ed. Rome, 1590.
♣ *Bibl. Trig.* 2853

722

Acta eruditorum, anno ... publicata ... Lipsiae, Prostant apud J. Grossium & J. F. Gletitschium. Typis Christophori Güntheri [etc., etc.] 1682-1734.

11v. illus., 90 plates, map, 29 diagrs. 20½cm.
Library has : 1682, 1683, 1684, 1685, 1686, 1687, 1701, 1726, 1732, 1733, 1734.
Some plates spoiled; 8 plates wanting.
Ms notes in most of the volumes.
Index at end of each vol.
The Acta were publ. from 1682 to 1731, and under title « Nova acta » from 1732 to 1776.
1701-34 publisher varies.
★ Brunet I 42.
♣ *Collegij Societatis Jesu Pekini (an. 1682-1687). — Nota-huiusmodi acta eruditorum continent non pauca quae legi non debent nisi ab habente facultem illimitatam leg.di libros quoscunq; prohibitos — ubi talis prohibio viget. (an. 1683). — PP. Gallor S.J. Pekin (an. 1701).* 3431

723

Acta medicorum Berolinensium, in Jncrementum artis & Scientiarum Collecta & digesta ... Editio secunda. Berolini, Apud Godofredum Gedickium, 1719-30.

20v. in 2. 15 plates (13 fold.), 20 ports., 7 fold. tables, fold. diagr. 17½cm.
Paged very irregularly.
Published irregularly.
1st ed. Berlin, 1717-31.
Index : v. 10, p. [113]-[162]
♣ *Reverendis Patribus Ignatio Koeglero Mathematici Tribunalis Praesidi Andreae Pereyrae Carolo Slavicék S. J. Missionariis I.um et II.um tomum Actorum Medicorum memoriae suae caussa mittit T.S. Bayer Regiomontanus.* 1026

724

Adelbulner, Michael, 1702-1779.
Commercivm litterarivm ad astronomiae incrementvm inter hvivs scientiae amatores commvni consilio institvtvm ... Avctore Mich. Adelbvlnero. Norimbergae, Ex Officina Adelbvlneriana, 1735.

2 v. 2 fold. plates, 2 fold. tables, 2 fold. diagrs. 22½cm.
Some pages of index of v. 2 wanting.
1st ed.
Index : v. 1, p. [341]-[352]; v. 2, p. [229]-?
« Appendix sistens ephemerides lvnae-solares ivxta ill. Newtoni hypotheses a D. Angelo Capello Can. et A. P. Parm. ad annvm 1736. pro meridiano veneto elaboratas » : v. 2, p. [215]-[228] 20

725

Adrichomius, Christiaan, 1533-1585.
Theatrvm Terrae Sanctae et Biblicarvm historiarvm cum tabulis geographicis aere expressis. Avctore, Christiano Adrichomio, Delpho. [Coloniae Agrippinae, In Officina Birckmannica, sumptibus Arnoldi Mylii, 1593]

6 l., 286, [29] p. 12 fold. maps. 38½cm.
Signatures : †6, A-Z4, Aa-Pp4, Qq6.
p. 11, 66 lines, 294×80mm.
4 maps wanting.
Engr. ornamented t.-p.
Text in 2 col.
For imprint. *cf.* Colophon.
1st ed. Cologne, 1590.
Bibliography : p. [287]-[288]
Index : p. [289]-[314]
★ DictHGE I 607.
♣ *Bibl. Trig.* 1224

726

— Theatrvm Terrae Sanctae et Biblicarvm historiarvm cum tabulis geographicis aere expressis. Avctore, Christiano Adrichomio, Delpho. [Coloniae Agrippinae, In Officina Birckmannica, Sumptibus Hermanni Mylij, 1613]

6 l., 286, [29] p. 12 fold. maps. 38cm.
Signatures : †6, A-Z4, Aa-Pp4, Qq6.
p. 11, 66 lines, 300×163mm.
One map wanting.
Engr. ornamented t.-p.
Text in 2 col.
For imprint. *cf.* Colophon.
Bibliography : p. [287]-[288]
Index : p. [289]-[314] 1229

727

Aesopus, 620-*ca.*560 B. C.
(Aesopi Phrygis, et aliorvm) Fabvlae ... Elegantissimis Iconibus in gratiam studiosae iuuentutis illustratae. Pluribusq; auctae, & diligentius quam ante hac emendatae. Venetiis, Apud Io : Baptistam Cestarij, 1669.

178 (*i. e.* 278), [10] p. illus. 13cm.
p. 269-272 and p. 277-[280] are bound after p. 276 and p. [284] respectively.
Index : p. [280]-[288]
♣ *Questo libro e di me Bernardino Cauaza di Saluzzo (1682) 10 magio.* 2977

728

Aevolus, Caesar.
(Caesaris Aevoli Neapolitani) De divinis attribvtis, qvae Sephirot ab Hebraeis nvncvpantvr ... Eivsdem De causis Antipathiae & Sympathiae rerum naturalium. Eivsdem, De modo & potestate quam Daemones habent intelligendi, ac commouendi conceptus animae, passionisquè appetitus. Eivsdem, Apologia pro Vrsula Neapolitana, quae accessit ad Vrbem anno 1583. Venetiis, Apud Dominicum de Farris, 1589.

4 l., 84 (*i. e.* 92)p., 1 l. illus. 19½cm.
Signatures : †4, A-G4, H8, I-K4, L3.
p. 4, 33 lines 154×102mm.
Each part has a special t.-p.
♣ *Francisci Rucearonij. — Xav. Zenoni. — Antonij Sanfelicij.* 2390

729

Agostini, Giuseppe, *SJ,* 1573-1643.

Brevis notitia eorum, Quae scitu vel necessaria, vel valde utilia sunt Confessariis in primo ingressu ad audiendas Confessiones : Omnes item complectens materias Casuum Conscientiae, cum Ratione administrandi Sacramenta; Cui pariter accessit Brevis Instructio pro Ordinandis. Auctore R. P. Josepho Augustino Panormitano Soc. Jesu. Venetiis, Apud Antonium Bortoli, 1717.

431 p. 11½X6cm.
« Brevis instructio pro ordinandis » wanting.
1st ed. Palermo, 1638.
★ DictTheolCath I 625. — Sommerv I 71 n° 1 (ed. wanting).
♣ *à P. Pachta dum abiret Romam mihi datus J.S. SJ. M.S.* 1316

730

Agricola, Georg, 1490-1555.

(Georgii Agricolae) De re metallica libri XII. Qvibus Officia Instrumenta, Machinae, ac omnia denique ad Metallicam spectantia, non modo luculentissimè describuntur, sed & per effigies, suis locis insertas, adiunctis Latinis, Germanicisq; appellationibus ita ob oculos ponuntur, ut clarius tradi non possint. Eivsdem De animantibvs svbterraneis Liber, ab Autore recognitus : cum Indicibus diuersis, quicquid in opere tractatum est, pulchrè demonstrantibus. Basileae, [apud Hieron. Frobenivm et Nicolaum Episcopium] 1556.

6 l., 538 (*i. e.* 502), [72]p., 1 l. illus., 2 plates. 34½cm.
Signatures : †[1], a[6], a-z[6], A-Z[6], Aa-Bb[6].
p. 3, 45 lines, 243X141mm.
Printed by Hieron. Frobenius etc. *cf.* Colophon.
1st ed. Basel, 1555.
★ DictHGE I 1023.
♣ *Ex libris (Arms and initials M. M., with mandolin and other musical instruments around them). Nobil.° Clariss.°q; Viro, Dnõ Georgio Lochero J. V. Di, Amplissae Reipublicae Monacensis Syndico dignissimo, patrono et amico multis nominibus honorando et charisso. Michael Mändl in Eissendorff dictae Reipub. Monacensis Propraetor, memoriae et amicitiae ergô d d c. A° Chri 1617. Jugum putrescit. — Collegij Soc. Jesv. Pekini. — Missionis Sinensis. — Reverendo In Christo Patri Joanni Terrentio Societatis Jesv presbytero pro missione Sinensi dono dedit Georgius Locher V I D. In Suprema Ducali Curia quae est Monachij advocatus.* 1007

731

Agricola, Ignaz, *SJ,* 1662*ca*.-1729.

Historia provinciae Societatis Jesu Germaniae Superioris, quinque primas annorum complexa decades. Authore Ignatio Agricola, Societatis Jesu Sacerdote. Augustae Vindelicorum, Sumptibus Georgii Schlüter & Martini Happach, 1727-29.

2v. in 1. 32½cm.
[355] p., 2 l., 352 (*i. e.* 348), [11] p.
Vol. 2, « Ab anno 1591. ad 1600. »
« Le travail du P. Agricola s'arrête, dans le 2e volume, au n° 900 de la 6e décade. Le P. Adam Flotto le continua, donna la *Pars tertia* (1734); la *Pars quarta* (1746) est du P. Fr. Xav. Kropf, qui composa presque entièrement la *Pars quinta,* publiée après sa mort (1754), par le P. Weitnauer ». — Sommervogel I 76. n° 3.
1st ed.
Index & errata : v. 1, p. [351]-[355]; v. 2, p. [353]-[363]
★ DictHGE I 1023. — Sommerv I 76 n° 3. — Streit I 386 n° 840. 1838

732

Aguillon, François d', *SJ,* 1566-1617.

(Francisci Agvilonii e Societate Iesv) Opticorvm libri sex; Philosophicis juxtà, ac Mathematicis vtiles. Antverpiae, Ex officina Plantiniana, Apud Viduam et Filios Io. Moreti, 1613.

24 l., 684, [42] p., 1 l., incl. diagrs. 35½cm.
Signatures : †-††††[6], A-Z[6], Aa-Zz[6], Aaa-Ooo[6], Ppp[4].
p. 30, 58 lines, 266 X 142mm.
Title printed within an engraving.
Engr. head-pieces.
Half-title : Optica Agvilonii.
1st ed.
Index & errata : p. [685]-[725]
★ DictHGE I 1069. — Sommerv I 90 n° 1.
♣ *Missionis Sinensis PP. Gallorum Soc. Jesu Pekin.* 781

733

— O. C. 34cm.
t.-p. wanting. 782

734

— O. C. 36½cm.
t.-p., p. 1-2, 105-106, 151-152, 195-196, 355-356, 451-452 wanting.
♣ *Bibl. Trig.* 569

735

Agustin, Antonio, 1517-1586.

(AntonI Augustini, Archiep. Tarraconen. I. V. Doctoris ...) Juris Pontificii Veteris Epitome, In tres Partes diuisa De Personis, de Rebus, & de Judicijs ... Typis et Expensis Alfonsi Ciaconi, Romae, Apud Stephanum Paulinum, 1614.

3v. in 1. 32½cm.
6 l., 560p., 24 l., 384p., 4 l., 256p.
Signatures : †[2], ††[4], A-Z[6], Aa-Zz[6], Aaa[4]; †-††[6], †††[8], †[4], A-Z[6], Aa-Ii[6]; †[4], a-u[6], x[8].
Vol. I, p. 7, 63 lines, 259X150mm.
Vol. I, p. 337-348 bound after p. 360.
Engr. ornamented t.-p.
Text in 2 col.

Ed. by Antonio Agustin y Agustin, *SJ. cf.* Preface of v. 2.
Vol. 2, 3 have imprint : Romae, Ex Typographia Aegidij Spadae, 1611.
Colophon (v. 1) : Romae, Ex Typographia Alfonsi Ciacconi, 1613.
Vol. 1, 1st ed. Tarragona, 1587; v. 2, 3, 1st ed.
« De quibusdam veteribus canonum ecclesiasticorum collectoribus iudicium, ac censura » & errata at beginning of v. 2.
★ DictHGE I 1080.
♣ *Bibl. Trig.* 2092

736

Alagona, Pietro, *SJ,* 1549-1624.

Compendium Manvalis D. Navarri, Auctore Petro Alagona ex. Societ. Iesu, nunc recèns recognitum, emendatum et auctum. Accessit item eiusdem Navarri De vsuris compendium : etiam recognitum & auctum, Cum duplici Indice, uno ipsius Compendij, pleniore, de usuris altero, de nouo addito. Lvgdvni, Apud Horatium Cardon, 1603.

538 (*i. e.* 536), [86] p. 10½cm.
Signatures : A-Z8, Aa-Qq8.
p. 10, 30 lines, 82×40mm.
p. 179-190 bound irregularly.
Engr. ornamented t.-p.
1st ed. Rome, 1590?
★ DictHGE I 1291. — DictTheolCath I 656. — Sommerv I 110 n° 1. 1315

737

— Sancti Thomae Aqvinatis Summae theologicae Compendivm. Avthore P. Petro Alagona Theologo Societatis Iesv. Cvm gemino indice Quaestionum ac Rerum notabilium. Rothomagi, Apud Adrianvm Ovyn, 1635.

16 l., 774 (*i. e.* 772), [20] p. 17cm.
Signatures : a8, e8, A-Z8, Aaa-Ccc8, Ddd4.
p. 17, 33 lines, 136×70mm.
1st ed. Rome, 1619.
★ DictHGE I 1291. — DictTheolCath I 656. — Sommerv I 111. 2296

738

Albertini, Francesco, *SJ,* 1542*ca.*-1619.

Libellvs de Angelo Cvstode, R. P. Francisci Albertini Soc. Iesv Theologi; beneficia, apparitiones, Miracula SS. Angelorum continens in gratiam Sodalitatis Angelicae latinè ex Italico editus. Editio secunda recognita, Litanijs & orationibus ad SS. Angelos aucta. Accedit seorsim Officium S. Angeli custodis, mandato S. D. N. Pavli Papae V. à sacra rituum congregatione recognitum ac emendatum. Coloniae Agrippinae, Apud Ioan. Kinckivm, 1614.

6 l., 243 (*i. e.* 269), [7], 96 p. 12½cm.
Signatures : †6, AL12, M6; A-D12.
p. 2, 27 lines, 98×48mm.
Added engr. ornamented t.-p.
Ms. marginal notes.
1st Italian ed. Naples, 1612.
1st Latin ed. Cologne, 1613.
★ DictHGE I 1588. — DictTheolCath I 675. — Sommerv I 128 n° 3.
♣ *Comprado & applicado pello P. Carlos de Rezende pa Resida de Chimtimf.* 2450

739

Albertino, Arnaldo, *d.* 1544.

Tractatvs solemnis et avrevs Reverendiss. Patris Domini Arnaldi Albertini Maioricensis Vtriusque censurae Doctoris ... De Agnoscendis Assertionibus Catholicis, & Haereticis ... Mendis omnibvs, qvibvs innvmeris deprauatus erat, ita purgatus, ordinatus, & restitutus, vt exemplari comparatus è tenebris in lucem prodijsse cognoscatur. Quaestionum Summis, & Indice aucto exornatus. Venetiis, Ad Candentis Salamandrae Insigne, 1571.

28 l., 255 numb. l. 20½cm.
Signatures : a-c8, d4, A-Z8, Aa-Hh8, Ii7.
f. 2a, 39 lines, 160×102mm.
l. 52-53 wanting
1st ed. Palermo, 1533.
Bound with : Calderino, G. Tractatus de Haereticis, Venetiis, 1571.
★ DictHGE I 1590.
♣ *Bibl. Trig.* 1151

740

Albertus Stadiensis, *OSB, 13th cent.*

Historiographia Alberti Abbatis Stadensis, a condito orbe usque ad auctoris aetatem, id est, annum Iesu Christi M.CC.LVI. deducta & nunc primum evulgata. Qvo opere cvm aliis in partibvs vetvs historia, inprimis vero res germanicae illustrantur, tum Saxoniae & Metropol. Crancianae fundamenta aperiuntur. E bibliothecâ magnifici et illvstris viri Henrici Ranzovii, Equitis Holsati ... VVittebergae, Impensis Clementis Bergeri, Excudebat Iohan. Schmidt, 1608.

8 l., 222, 16 numb. l., 4 l. incl. tables. 22½cm.
Signatures : †4, †4, B-Z4, aa-zz4, aaa-kkk4, lll5, A-D4, E3 (lll4 blank)
f. 10a, 36 lines, 147×39mm.
1st ed. Helmstedt, 1587.
« Appendix genealogica ad chronicon Alberti »: 16 l. at end.
« Emendanda et adiicienda » at end.
★ DictHGE I 1560.
♣ *Bibl. Trig.* 1892

741

Alcuinus, Flaccus, 735-804.

(B. Flacci Albini, sive Alchvvini Abbatis, Karoli Magni Regis, ac Imperatoris, Magistri) Opera quae hactenus reperiri potuerunt : nonnvlla avctivs et emendativs; plerâque nunc primùm ex Codd. MSS. edita. Accessêre B. Pavlini Aqvileiensis Patriarchae contra Felicem Vrgel. Episc. Libri III. qui etiam nunc prodeunt. Omnia studio & diligentia Andreae Qvercetani Turonensis. Lvtetiae Parisiorvm, Ex officina Nivelliana, Sumptibus Sebastiani Cramoisy, 1617.

23 l., 1896 col., [24] p. 35cm.
Signatures : †^{3}, a^{4}, e^{6}, i^{6}, o^{4}, A-Z^{6}, Aa-Zz^{6}, Aaa-Zzz^{6}, AAaa-CCcc^{6}, DDdd-EEee^{4}, FFff-LLll^{6} (*i. e.* LLll^{8}), MMmm-NNnn^{4}.
Col. 5-6, 58 lines, 275 × 153mm.
Text in 2 col.
1st ed.
Contents. — **pt. 1.** Alcuini vita, scriptorumque de illo testimonia. Commentarii super Genesim, Psalmos, Cant. Canticorum, Ecclesiasten et S. Joannis Evangelium. — **pt. 2.** Scripta tum ad orthodoxae fidei doctrinam, tum ad Ecclesiae ceremonias ac virtutes pertinentia. — **pt. 3.** Vitae SS Martini Turonensis, Vedasti Atrebatensis, Richarii Presbyteri, et Willibrordi Trajectensis. Epistolae CXV. Poemata. B. Paulini Aquileiensis contra Felicem Urgel. libri III. Eiusdem adversus Elipantum Toletanum Episc. liber, et Decreta Synodi Francfordianae, ann. 794. Index.
★ Brunet I 143. — DictHGE II 35-39. — DictTheolCath I 689.
♣ *Bibl. Trig.* 1410

742

Alcuinus, Flaccus, 735-804.

— De Sanctissima Trinitate libellvs admodvm Reverendi Patris Fr. Alcvini Albini Abbatis qvondam monasterij S. Martini Turonensis; ad serenissimvm ac potentissimvm regem ac imperatorem Augustum Carolum Magnum. Repertvs primvm et descriptvs è vetvsto codice, in celeberrimo virorvm divino cvltvi mancipatorum coenobio, Augiae Maioris, nuncupato : ac nunc demum industria Nicolai Kalt typis diuulgatus. Constantiae, Ex typographia Nicolai Kalt, 1596.

7 l., 96? p. 20cm.
Signatures : A-N^{4}, O^{3}, ?
p. 14, 33 lines, 148 × 103mm.
p. 97-? wanting.
1st ed.
Bound with : Floravanti, G. *SJ.* De beatissima Trinitate libri tres, Mogvntiae, 1616. 1446a

743

Aldrovandi, Ulissi, 1522-1605.

De animalibvs insectis libri septem cvm singvlorvm iconibvs ad viuum expressis. Avtore Vlysse Aldrovando ... Cum Indice copiosissimo. Denuô Impress : Bonon., Apud Clementem Ferronium, 1638.

5 l., 767, [39] p. illus. 37½cm.
Engr. t.-p. with ornament.
Colophon : Bononiae, typis Io. Baptistae Ferrarij, 1644.
1st ed. Bologna, 1602.
★ Brunet I 155.
♣ *PP Gallor SJ Pekin.* 991

744

— (Vlyssis Aldrovandi ...) Dendrologiae natvralis scilicet arborvm historiae libri dvo sylva glandaria, acinosvmq; pomarivm vbi ervditiones omnivm genervm vnà cvm botanicis doctrinis ingenia qvaecvnqve non parvm ivvant, et oblectant Ovidivs Montalbanvs ... opvs svmmo labore collegit, digessit, concinnavit ... Hieronymus Bernia propriis sumptibus in lucem editum dicavit. Bononiae, Typis Io. Baptistae Ferronii, 1668.

6 l., 660, [52] p. illus. 36½cm.
Engr. t.-p. with ornament bound after the p. l.
Colophon : Bononiae, Ex Typographia Ferroniana, 1667.
1st ed.
Index : p. [661]-[711]
★ Brunet I 156.
♣ *PP Gallor SJ Pekin.* 1038

745

— (Vlyssis Aldrovandi ...) De piscibvs libri V. et de cetis lib. vnvs. Ioannes Cornelivs Vterverivs ... collegit, Marc. Antonivs Bernia in lucem restituit ... Cum Indice copiosissimo. Bononiae, Apud Nicolaum Thebaldinum, 1638.

3 l., 732, [26] p. illus. 37½cm.
Engr. t.-p. with ornament.
Colophon : Bononiae, Typis Nicolai Thebaldini, Sumptibus Marci Antonij Berniae, 1644.
1st ed. Bologna, 1613.
★ Brunet I 155.
♣ *PP Gallor SJ Pekin.* 992

746

— (Vlyssis Aldrovandi ...) De qvadrvpedib. digitatis viviparis libri tres et de qvadrvdib' digitatis oviparis libri dvo. Bartholomaevs Ambrosinvs ... collegit ... Cum Indice memorabilium et Variar. linguar. copiosissimo. Bonon., Sumptibus M. Antonij Berniae, Apud Nicolaum Tebaldinum, 1645.

2 l., 718 (*i. e.* 716), [16] p. illus. 37cm.
Engr. t.-p. with ornament.
1st ed. Bologna, 1637.
★ Brunet I 156.
♣ *PP Gallor SJ Pekin.* 1005

747

— (Vlyssis Aldrovandi ...) De quadrvpedibvs solidipedibvs volvmen integrvm Ioannes Cornelivs Vterverivs ... collegit, & recensuit. Marcvs Antonivs Bernia in lucem restituit ... Cum Indice copiosissimo ... Bononiae, Apud Nicolaum Thebaldinum, 1639.

3 l., 495, [28] p. illus. 37cm.
Engr. t.-p. with ornament.
Colophon : Bononiae, Typis Io. Baptistae Ferronij, Sumptibus Marci Antonij Berniae, 1648.
1st ed. Bologna, 1616.
★ Brunet I 156.
♣ *PP Gallor SJ Pekin.* 995

748

Aldrovandi, Ulissi, 1522-1605.

— (Vlyssis Aldrovandi ...) De Reliquis Animalibus exanguibus libri quatuor, post mortem eius editi. Nempe de mollibvs, crvstaceis, testaceis, et zoophytis ... Bononiae, Sumptibus Marci Antonij Berniae, Typis Io. Baptistae Ferronij, 1642.

3 l., 593 (*i. e.* 595), [27] p., 1 l, illus. 37½cm.
Engr. t.-p. with ornament.
Colophon dated 1654.
1st ed. Bologna, 1606.
Index : p. [598]-[621]
★ Brunet I 155.
♣ *PP Gallor SJ Pekin.* 998

749

— (Ulyssis Aldrovandi ...) Monstrorvm historia, Cvm Paralipomenis historiae omnivm animalium. Bartholomaevs Ambrosinvs ... Labore, et Studio uolumen composuit. Marcvs Antonivs Bernia in lucem edidit Proprijs sumptibus ... cum Indice copiosissimo. Bononiae, Typis Nicolai Tebaldini, 1642.

4 l., 748, [26] p., 1 l., 159, [6] p. illus. 37cm.
Errata : p. [775, 165]
Engr. t.-p. with ornament.
Colophon : Bononiae, Typis Nicolai Tebaldini, 1642, Impensis Marci Antonij Berniae.
1st ed.
★ Brunet I 156.
♣ *PP Gallor SJ Pekin.* 3373

750

— (Vlyssis Aldrovandi ...) Mvsaevm metallicvm in libros IIII distribvtvm Bartholomaevs Ambrosinvs ... Labore, et Studio composuit cum Indice copiosissimo. Marcvs Antonivs Bernia propriis impensis in lucem edidit ... [Bononiae, Typis Io. Baptistae Ferronij, 1648]

3 l., 979, [13] p. illus. 37½cm.
Engr. t.-p. with ornament.
For imprint. *cf.* Colophon.
1st ed.
★ Brunet I 156.
♣ *PP Gallor SJ Pekin.* 1041

751

— (Vlyssis Aldrovandi ...) Ornithologiae hoc est De avibvs historiae libri XII ... Cvm indice septendecim lingvarvm copiosissimo. Bonon. Sumptibus Marci Antonij Berniae, Apud Nicolaum Tebaldinum, 1645-46.

3v. 37½cm.
Vol. 1, 2 l., 893 (*i. e.* 883), [54] p.
Engr. t.-p. with ornament.
The engr. t.-p. of v. 2 & 3 is taken from another work of Aldrovandi and the corresponding title printed within the ornament.
Colophons : v. 1, Bononiae, Typis Nicolai Tebaldini, Sumptibus Marci Antonij Berniae, 1645; v. 2 & 3, Bononiae, Typis Baptistae Ferronij, 1652.
1st ed. Bologna, v. 1, 1599; v. 2, 1600; v. 3, 1603.
« Catalogvs avthorvm omnium, quibus in tribus Ornithologiae meae tomis vsus sum » at beginning of v. 3.
★ Brunet I 155.
♣ *PP Gallor SJ Pekin.* 1014

752

— (Vlyssis Aldrovandi ...) Qvadrvpedvm omniv bisvlcorṽ historia. Ioannes Cornelivs Vterverivs Belga colligere incaepit Thomas Dempstervs Baro a Mvresk Scotvs I. C. perfecte absoluit. Marcus Antonius Bernia Denuo in lucem edidit ... Cum Indice copiosissimo ... Bonon. Apud Io., Baptistae [*sic*] Ferronii, 1642.

3 l., 1040, [12] p. illus. 37½cm.
Engr. t.-p. with ornament.
Colophon : typis Io. Baptistae Ferronij, Impensis Marci Antonij Berniae, 1653.
1st ed. Bologna, 1613.
★ Brunet I 156.
♣ *PP Gallor SJ Pekin.* 996

753

— (Vlyssis Aldrovandi patricii Bononiensis) Serpentvm, et draconṽ historiae libri dvo. Bartholomaevs Ambrosinvs ... summo labore opus concinnauit ... Cum Indice memorabilium, nec non uariarũ linguarũ locupletissimo. Bononiae, Sumptibus M. Antonij Berniae, apud Clementem Ferronium, 1640.

3 l., 427, [28] p. illus. 37cm.
Engr. t.-p. with ornament.
1st ed.
★ Brunet I 156.
♣ *PP Gallor SJ Pekin.* 1006

754

Alegambe, Philippe, *SJ,* 1592-1652.

Bibliotheca scriptorvm Societatis Iesv, Post excusum Anno M.DC.VIII. Catalogum R. P. Petri Ribadeneirae Societatis eivsdem Theologi, Nunc hoc nouo apparatu librorum ad annum reparatae salutis M. DC.XLII. editorum concinnata, & illustrium virorum elogiis adornata, a Philippo Alegambe Brvxellensi ex eadem Societate Iesv. Accedit Catalogus Religiosorum Societatis Iesv, qui hactenus pro Catholicâ fide & pietate in variis mundi plagis interempti sunt. Antverpiae, Apud Ioannem Mevrsivm, 1643.

12 l., 586, [1] p. 31½cm.
Text in 2 col.
1st ed. by Alegambe.
1st ed. of Ribadeneira's « Illustrium scriptorum religionis Societatis », 1602.
Contents. — Nomina scriptorum Societatis Jesu. — Bibliotheca scriptorum S. J. — Catalogus aliquorum librorum quorum auctores incomperti

sunt. — Catalogus librorum qui tacitis auctorum nominibus excusi sunt. — Index cognominum scriptorum S. J. — Index nationum scriptorum S. J. — Index materiarum quas S. J. scriptores illustrarunt. — Appendix nominum et operum. — Catalogus religiosorum S. J. pro fide ac pietate interemptorum. — Supplementum post Appendicem et Indices impressos acceptum. — Errata.
★ DictHGE II 80. — Sommerv I 151 nº 1.
♣ *Applicado à Provincia de Jappão.* 3288

755

Alegambe, Philippe, *SJ,* 1592-1652.

— De vita, & morib. P. Ioannis Cardim Lvsitani è Societate Iesv. Liber. Authore P. Philippo Alegambe ex eadem Soc. Iesv. Romae, Typis Francisci Caballi, 1645.

6 l., 135, [3] p. front. 12½cm.
1st ed.
Errata at beginning.
★ DictHGE II 81. — Sommerv I 152 nº 2. 1691

756

— Mortes illvstres, et gesta eorvm de Societate Iesv Qui in odium fidei, pietatis, aut cuiuscunque virtutis... ab Ethnicis, Haereticis, vel aliis, veneno, igne, ferro, aut morte alia necati, aerumnisùe confecti sunt. Avtore Philippo Alegambe Brvxellensi ex eadem Soc. Iesv. Extremos aliquot annos, mortesque illustres vsque ad Annum MDCLV. adiecit Ioannes Nadasi eivsdem Societatis Iesv. Romae, Ex Typographia Varesij, 1657.

5 l., 716, [3] p. 35½cm.
4 pt. in 1; each pt. has a special t.-p. : pt. 2 dated 1659, pt. 3, 1640, pt. 4, 1655.
1st ed.
« Index nominum » at beginning.
« Index rerum » & errata : p. [717]-[719]
★ DictHGE II 81. — Sommerv I 152 nº 3. — Streit I 234 nº 548.
♣ *da V Provª da China da Compª de Jesus.* 2106

757

[Aler, Paul] *SJ,* 1656-1727.

Gradus ad Parnassum, sive Novus synonymorum, epithetorum, phrasium poeticarum, ac versuum thesaurus. Smetium, Januam Musarum, Delectum Epithetorum, Parnassum Poëticum, Elegantias Poëticas, Thesaurum Virgilii, aliosque omnes id genus Libros ad Poësin necessarios complectens ... Inservntvr descriptiones et comparationes, ex optimis Poëtis excerptae, ab uno è Societate Jesu. Editio nova. Amstelaedami, Ex Officina Joannis Boom, 1716.

761 (*i. e.* 751) p. 17cm.
Author : Paul Aler, *SJ, cf.* Sommervogel I 164.
1st ed. Cologne, 1702.
« Appendix brevissima quorumdam vocabulorum quae in hoc libro desiderantur » : p. 751-761.
★ DictHGE II 130. — Sommerv I 164 nº 25 (ed. wanting).
♣ *Stamp of Mgr Polyc. de Souza.* 3151

758

— Gradus ad Parnassum, elegantias, flavissas Poëticas, Parnassum Poëticum, Thesaurum Virgilii, Smetium, Januam Musarum, aliosque id genus libros, ad Poësim necessarios complectens ... Opus emendatissimum, & Germanico ad quodvis vocabulum initiale addito auctum ... Addito Praxis Poëticae ad facilem, & perutilem studiosae juventutis usum conscriptae compendio. à P. Paulo Aler, Societatis Jesu ... Editio duodecima, ab innumeris, quibus scatebat, mendis correctior & emendatior. Coloniae & Francofurti, Sumptibus Viduae Petri Pütz & Filii, 1752.

4 l., 760, 48 p. 18cm.
1st ed. of « Praxis poetica », Cologne, 1683.
★ Sommerv I 165 nº 25 (ed. wanting).
♣ *V Karamij Chew.? — Kosma Rargansky.* 3101

759

[—] Gradus ad Parnassum, sive Novus synonymorum, epithetorum, phrasium poeticarum, ac versuum thesaurus. Smetium, Januam Musarum, Delectum epithetorum, Parnassum poëticum, Elegantias Poëticas, Thesaurum Virgilii, aliosque omnes id genus Libros ad Poësim necessarios complectens ... Editio novissima, praecedentibus longè auctior & emendatior. Rothomagi, Typis Richardi Lallemant, 1772.

12 l., 1004 p. 20cm.
p. 499-502 wanting.
★ Sommerv I 164 (ed. wanting). 3009

760

Alexander Aphrodisiensis, *2nd cent.*

Annotationes Alexandri Aphrodisiensis ... in librvm Elenchorvm, id est de apparentibus redarguendi argumẽtis Aristotelis, Nuper diligenti cura in latinum cõuersae. Guilelmo Dorotheo Veneto interprete. Parisiis, apud Simonem Colinaeum, 1542.

47 (*i. e.* 48) numb. l. 31½cm.
Signatures : A-H6.
f. 4a, 63 lines, 232×145mm.
Text in 2 col.
1st ed. Venice, 1524.
Bound with : Alexander Aphrodisiensis. Super Priora resolutoria Aristotelis explanatio, Venetiis, 1560 and others.
★Brunet I 161. 2886c

761

— (Alexandri Aphrodisiensis maximi Peripatetici) In qvatvor libros Meteorologicorvm Aristotelis, Commentatio lucidissima, Alexandro Piccolomineo interprete. Cui accessit eiusdem Alexandri Piccolominei De Iride

Breuis tractatus : in quo quamplurima Aristo. & Alexandri Aphrodisiensis, ac Olympiodori dicta planissime explicantur . Quae omnia nuper maxima sunt diligentia castigata : addito indice etiam eorvm, quae in commentatione Alexandri obseruatione digna annotatu sunt. Venetiis, Apud Hieronymum Scottum, 1561.

2 l., 129, [1]p. incl. diagrs. 31½cm.
Signatures : †², A-G⁸, H⁶, I³.
p. 7, 64 lines, 259×159mm.
Text in 2 col.
Bound with : Alexander Aphrodisiensis. Super Priora resolutoria Aristotelis explanatio, Venetiis, 1560 and others. 2886a

762

Alexander Aphrodisiensis, *2nd cent.*

(Alexandri Aphrodisiensis ...) Qvaestiones natvrales et morales et De fato, Hieronymo Bagolino Veronensi patre, & Ioanne Baptista filio interpretibus. De anima liber primvs, Hieronymo Donato patritio Veneto interprete : De anima liber secvndvs vna cum commentario de Mistione, Angelo Caninio Anglariensi interprete. Omnia accuratissime nunc in luce aeduntur. Venetiis, Apud Hieronymum Scottum, 1559.

2 l., 142, [4]p. 31cm.
Signatures : A-I⁸, K³.
p. 3, 64 lines, 260×160mm.
Text in 2 col.
1st ed. of « Qvaestiones naturales et morales et De fato », by Bagolino, Venice, 1541.
Bound with : Alexander Aphrodisiensis. Super Priora resolutoria Aristotelis explanatio, Venetiis, 1560 and others.
★ Brunet I 161. 2886b

763

— (Alexandri Aphrodisiensis) Super priora resolutoria Aristotelis, subtilissima Explanatio : A Ioanne Bernardo Feliciano in latinum conuersa : & Nuper ad Graecorum exemplarium fidem diligentissimè recognita, & à mendis penè infinitis purgata : ac Figuris varijs mirabili artificio confectis, Recens ad ratiocinandi genera & illorum, accidentia cognoscenda inuentis, referta. Copiosissimo omnivm in eadem scitu dignorum, Nunc addito. [*sic*] ... Venetiis, Apud Hieronymum Scottum, 1560.

8 p., 9-440 (*i. e.* 308) col., 1 l. incl. diagrs. 31½cm.
Signatures : A-P⁶, Q-R⁴.
p. 5, 64 lines, 259×158mm.
Illus. t.-p.
1st Latin ed. by Feliciano, Venice, 1548.
Bound with : Alexander Aphr. In quatuor libros Meteorologicorum Aristotelis commentatio, Venetiis, 1561; Quaestiones naturales et morales et De fato, Venetiis, 1559; Annotationes Alexandri Aphr. in librum Elenchorum, Parisiis, 1542.
★ Brunet I 161.
♣ *Bibl. Trig.* 2886

764

[Alexandre, Noël] *OP,* 1639-1724.

Expositio litteralis et moralis Sancti Evangelii Jesu Christi secundum quatuor Evangelistas. Auctore R. P. F. Natali Alexandro Ordinis FF. Praedicatorum, in sacra Facultate Parisiensi Doctore, & emerito Theologiae Professore ... Editio novissima Novo Indice Concionatorio aucta, & ab innumeris mendis, ac malis Citationibus, quae in aliis Editionibus irrepserant, summo labore expurgata. Trajecti ad Mosam, Typis Lamberti Pertus, 1721.

6 l., 1464 col. [24?]p. 30cm.
? p. of index at end wanting.
Text in 2 col.
Half-title : R. P. F. Natalis Alexander In Evangelia.
1st ed. Paris, 1702.
★ DictHGE II 285. — DictTheolCath I 772. 1225

765

Alhazen, *d. ca.* 1039.

Opticae Thesavrvs. Alhazeni Arabis libri septem, nunc primùm editi. Eivsdem liber De crepvscvlis & Nubium ascensionibus. Item Vitellonis Thvringopoloni libri X. Omnes instaurati, figuris illustrati & aucti, adiectis etiam in Alhazenum commentarijs, à Federico Risnero ... Basileae, Per Episcopios, 1572.

3 l., 288 p., 4 l., 474 p., 1 l. incl. diagrs. 32½cm.
Signatures : a⁴, a-z⁶, zz⁶, †⁴, A-Z⁶, Aa-Pp⁶, Qq⁴, Rr⁶.
p. 11, 64 lines, 249×142mm.
1st Latin ed. of Alhazen by Vitello.
1st ed. of Vitello's « Opticae libri », Nuremberg, 1535.
★ Brunet I 180.
♣ *M C.* 729

766

Allatius, Leo, 1586-1669.

(Leonis Allatii) De Ecclesiae Occidentalis atque Orientalis perpetua consensione, libri tres. Ejusdem Dissertationes, De dominicis, et hebdomadibus Graecorum, et de Missa Praesanctificatorum; Cum Bartoldi Nihusii ad hanc Annotationibus, de Communione Orientalium sub specie unica. Coloniae Agrippinae, Apud Jodocum Kalcovium, 1648.

xlviii p., 1694 col. incl. tables. 24cm.
1st ed.
«Auctores in hoc volumine citati» p. xxxii-xxxvii.
«De templis recentiorum Graecorum» : col. 1601-1606.
Addenda : col. 1363-1400, 1605-1608, 1687-1690.
Errata : col. 1691-1694.
★ DictHGE II 482. — DictTheolCath I 832.
♣ *PP Gallor SJ Pekin.* 2031

767

Allen, William, *cardinal,* 1532-1594.

(Gvlielmi Alani Angli Regii sacrae theologiae professoris in Academia Dvacensi) Libri tres. Id est, De Sacramentis in genere, Lib. I. De Sacramento Eucharistiae. Lib. I. De Sacrificio Eucharistiae Lib. I. Ex viuae vocis diligenti & accurata tractatione, quam idem his de rebus contra nostri temporis Haereticos in Schola Theologorum habuit. Cum duplici Indice, vno in fronte, Capitum; altero in Calce, Rerum & verborum ... Antverpiae, Apud Iohannem Foulerum Anglum, 1576.

14 l., 653 (*i. e.* 657), [19]p. 22½cm.
Signatures : †-††^{4}, A^6, B-Z^4, Aa-Zz^4, Aaa-Zzz^4, Aaaa-Pppp^4, Qqqq^6.
p. 2, 34 lines, 160×104mm.
1st ed.
★ DictHGE II 606.—DictTheolCath I 887.
♣ *Bibl. Trig.* 1331

768

Alloza, Juan de, *SJ,* 1597-1666.

Flores summarum; sive, Alphabetvm morale, Quo omnes fermè conscientiae casus, qui Confessariis contingere possunt, breviter, clarè, ac quantum licet, benignè digeruntur. Ex selectioribvs doctoribus, praecipuè Societatis Iesu; ex utroque Jure, ac Manuscriptis varijs. Authore R. P. Ioanne de Alloza, Societatis Iesu Theologo, è Regia Civitate Lima. Opus sedulo labore per annos triginta conquisitum, ex legibus Imperatorum, Decretis Pontificum, usu Parochorum, Praetorum Peruani Regni, &c. collectum. Prodit nunc primùm in Germania à plurimis mendis correctum, damnatisque ab Alexand. VII. & VIII. ac Innoc. XI. sententiis expurgatum. Cum Indice Rerum & Titulorum. Coloniae Agrippinae, Apud Franciscum Georgium Friessem, 1702.

4 l., 970, [14]p. 16½cm.
1st ed. Lyons, 1665.
★ DictHGE II 625.—Sommerv I 185 n° 3.—Streit I 342 n° 762 (ed. wanting).
♣ *Rdo Pri Leopoldo Liebstein in memoriam dedit Antonius Zazkowsky S. Jesu.—Collegij S. J. Pekini.* 1336

769

Almain, Jacques, 1480*ca.*-1515.

Aurea clarissimi et acutissimi Doctoris theologi Magistri Iacobi Almain Senonēsis opuscula omnibus theologis perq̃ vtilia : non antehac simul impressa. Moralia optime recognita cum additionibus. Lectura in tertium completa. De penitentia : siue in quartum lectura. De potestate ecclesiastica. Vesperiarum non spernenda questio. Dictata super sententias Holcot. Venundantur parrhisiis a (ab) Egidio de Gourmont...

9 l., LXXXIX (*i. e.* 83) numb. l. 29cm.
Signatures : †^{9}, a-i^8, k^6, l^5.
f. IIa, 46 lines, 209×140mm.
Title within woodcut ornamental border.
Text in 2 col.
Our copy contains only « Moralia ».
Colophon (sign. †^{9}) : Impressum parisiis per honestum virũ Nicolaum de Pratis. Impensis vero Claudij Cheualon necnon Egidii de Gourmont anno nostre reparationis. M.D.XVIII, XXII. Junii.
1st ed. Paris, 1517.
Bound with : Ethicorum Aristotelis opus Argyropylo Byzantino traductore, Paris, 1517 and others.
★ DictHGE II 634.—DictTheolCath I 895.

3119a

770

Alois, Pietro, *SJ,* 1585-1667.

(Petri Alois Neapolitani e Societate Iesv) Epigrammatum Centuriae sex. I. Encomiastica. II. Censoria. III. Sacra. IV. Heroidvm. V. Pia, et moralis. VI. Varia. Centurijs Miscellanea nonnulla suppetias ferunt ... Neapoli, Typis Camilli Caualli, Sumptibus Jacobi Pierij, 1646.

8 l., 616, [8]p. 16cm.

Title within engr. ornamental border.
1st ed. Lyons, 1635.
Index : p. [617]-[624]
★ Sommerv I 197 n° 3. 2993

771

Alpini, Prospero, 1553-1617.

(Prosperi Alpini) De medicina Aegyptiorvm, libri qvatvor. In qvibvs mvlta cum de vario mittendi sanguinis vsu per venas, arterias, cucurbitulas, ac scarificationes nostris inusitatas, deque inustionibus, & alijs chyrurgicis operationibus, tum de quamplurimis medicamentis apud Aegyptios frequentioribus, elucescunt ... Venetiis, Apud Franciscum de Franciscis Senensem, 1591.

12 l., 150 numb. l., 25 l. illus. 23cm.
Signatures : a-c4, A-S8, T6, V-Z4, Aa4, Bb5.
f. 2a, 38 lines, 180×113mm.
1st ed.
Errata at beginning.
Index : l. [151]-[175]
Bound with : Alpini, P. De plantis Aegypti, Venetiis, 1592.
★ Brunet I 200. 982a

772

— (Prosperi Alpini) De plantis Aegypti liber. In qvo non pavci, qvi circa herbarum materiam irrepserunt, errores, deprehenduntur, quorum causa hactenus multa medicamenta ad vsum medicinę admodum expetenda, plerisque medicorum, non sine artis iactura, occulta, atque obsoleta iacuerunt ... Accessit etiam liber de Balsamo aliàs editus. Venetiis, Apud Franciscum de Franciscis Senensem, 1592.

4 l., 80 (*i.e.* 84) numb. l., 8 l. illus. 23cm.
Signatures : a4, A-X4, a-b4.
f. 2a, 38 lines, 180×113mm.
1st ed.
Index : l. [81]-[88]
Bound with : Alpini, P. De medicina Aegypt., Venetiis, 1591.
★ Brunet I 200.
♣ *Bibl. Trig. ?* 982

773

— (Prosperi Alpini Marosticensis, philosophi et medici in gymnasio Patauino Medicamentorum Simplicium Professoris ordinarii) De praesagienda vita & morte aegrotantium, libri septem. In quibvs ars tota Hippocratica praedicendi in aegrotis varios morborum eventus ... noua methodo elucescit. Francofvrti, Apud Ionam Rhodium, 1601.

8 l., 806, [31]p. 17½cm.
Signatures : †8, A-Z8, Aa-Zz8, AaA-DdD8, EeE3, a-b8.
p. 3, 31 lines, 126×68mm.
1st ed.
Index : p. [807]-[837]
★ Brunet I 200. 817

774

Alsted, Johann Heinrich, 1588-1638.

Elementale mathematicum, in qvo mathesis methodice traditur per praecepta brevia, Theoremata perspicua, Commentaria succincta ... Edente Johanne-Henrico Alstedio ... Francofvrti, Typis Johannis Bringeri, Sumptibus verò Antonij Hummij, 1611.

6 l., 342, [2]p. illus. (incl. tables, diagrs.) 18½cm.
Signatures : †6, A-Z4, Aa-Vv4.
p. 136, 33 lines, 150×103mm.
1st ed.
Contents. — Arithmetica. — Geometria. — Geodaesia. — Astronomia. — Geographia. — Musica. — Optica.
Bound with : Praetorius, J. Problema, quod jubet ex quatuor rectis lineis datis quadratum fieri, Norinbergae, 1598. — Jonae, A. Crymogaea, Hamburgi, 1614. — Ein begründter vnd verständiger Bericht von dem Feldmessen, München, 1616.
★ DictHGE II 774. 549

775

— Methodus admirandorum mathematicorum Novem libris exhibens universam Mathesin, Authore Johan-Henrico Alstedio. Quarta editio passim castigata, & ornatiùs elaborata. Herbornae Nassoviorvm, 1657.

456p. illus. (incl. diagrs.), fold. table. 13½cm.
1st ed. Herborn, 1613.
Contents. — Mathematica generalis. — Arithmetica. — Geometria. — Cosmographia. — Uranoscopia. — Geographia. — Optica. — Musica. Architectonica.
★ DictHGE II 774. 363

776

Alvares, Manoel, *SJ*, 1526-1583.

(Emmanvelis Alvari e Societate Iesv) Grammatica sive institvtionvm lingvae latinae liber primvs [secvndvs, tertivs & qvartvs] ... Antverpiae, Apud Iacobvm Mevrsivm, 1655-71 [Lib. I, 1671]

158, [1], 206, [1], 154, [2], 141, [2]p. 15cm.
4 lib. in I.
Lib. 3, p. 1-16 (incl. t.-p.) wanting.
Gretser's « Rudimenta linguae graecae » is bound between lib. 2. and lib. 3.
Lib. 4 has title : Prosodia sive Institvtionvm lingvae latinae liber qvartvs.
1st ed. Lisbon, 1572.
Bound with : Gretser, J. *SJ*. Rudimenta lingvae Graecae, Antverpiae, 1673. — Soarez, C. *SJ*. De arte rhetorica, Antverpiae, 1653. — Du Trieu, P. *SJ*. Manuductio ad logicam, Antverpiae, 1667.
★ DictHGE II 867. — Sommerv I 230.
♣ *Da V Prova da China Da Igreja de Hoai Ngan.* 3223

777

— (Emmanvelis Alvari e Societate Iesv) Grammatica sive Institvtionvm lingvae Latinae liber secvndvs. Antverpiae, Apud Iacobvm Mevrsivm, 1677.

206, [1]p. 14½cm.
★ Sommerv I 230 (ed. wanting). 3387

778

Alvares, Manoel, *SJ*, 1526-1583.

(Emmanuelis Alvari è Societate Iesu) De instructione grammatica libri tres. Antonii Velesii Amiensis ex eâdem Societate Jesu ... operâ aucti, et illustrari [*sic*] Eborae, Ex Typographia Academiae, 1699.

2 l., 323, [233]p. 15cm.
1st ed. by Velez, Evora, 1599.
« Index totius artis » (A Latin-Portuguese dictionary of the words occurring in the grammar) at end.
★ Sommerv I 224 (ed. wanting).
♣ *Emanuel dos Reys.* 3175

779

— (Emmanuelis Alvari e Societate Jesu) De institutione grammatica libri tres, Antonij Vellesij Amiensis ex eâdem Societate Jesu ... operâ aucti, et illustrati. Eborae, Ex Typographia Academiae, 1728.

2 l., 333, [269]p. 15½cm.
« Index totius artis » (A Latin-Portuguese dictionary of the words occurring in the grammar) at end.
★ Sommerv I 224.
♣ *Caietano da Fonseca.* 3174

780

— (Emmanuelis Alvari è Societate Jesu) De institutione grammatica libri tres, Antonij Vellesii Amiensis ex eâdem Societate Jesu ... operâ Aucti, & Illustrati. Eborae, Ex Typographia Academiae, 1744.

365, [296]p. 15cm.
« Index totius artis » (A Latin-Portuguese dictionary of the words occurring in the grammar) at end.
★ Sommerv I 224.
♣ *Stamp of Mgr Polyc. de Souza. — Ignatius Tellez.* 3079

781

Alvarez de Paz, Diego, *SJ*, 1560-1620.

[De inquisitione pacis, sive Studio orationis Libri quinque; Auctore Iacobo Alvarez de Paz, Toletano Societatis Iesu Theologo. Operum tomus III. Nunc primum in lucem emissus, et suis Indicibus insignitus. Lugduni, Apud Horatium Cardon, 1617]

14 l., 1540 col., [21]p. 37cm.
Signatures : †^{6}, ††^{8}, A-Z^{6}, Aa-Zz^{6}, AAa-VVv^{6}.
Col. 5-6, 70 lines, 290×158mm.
t.-p. wanting.
For title, etc. *cf.* Approbation, privilege, & Sommervogel I 256.
1st ed.
★ DictHGE II 885. — DictTheolCath I 928. — Sommerv I 256 n° 3. 2747

782

— (R. P. Iacobi Alvarez de Paz Toletani, e Societate Iesv) Meditationes tripartitae. Omnibus tàm Saecularibus, quàm Religiosis, vitam Purgatiuam, Illuminatiuam, Vnitiuam exercentibus, non minus vtiles quàm necessariae. Iam primùm separatim è Tomo Tertio operum editae. Cum Triplici Indice, Capitum, Meditat. ac Rerum memorab. copiosiss. Coloniae Agrippin(ae), apud Antoniv(m) Boet(zervm), 1620.

20 l., 648p. 16½cm.
Signatures : †^{8}, ††^{2}, †††^{8}, ††††^{2}, A-Z^{8}, Aa-Rr^{8}, Ss^{4}.
p. 3, 35 lines, 118×66mm.
t.-p. spoiled.
1st ed. of « Operum tomus III », Lyons, 1617.
★ Sommerv I 256 n° 3. 2308

783

Alvarez, Diego, *OP*, 1550*ca.*-1635.

De avxiliis divinae gratiae et hvmani arbitrii viribvs, et libertate, ac legitima eivs cvm efficacia eorvndem avxiliorvm concordia. Libri Duodecim. Auctore F. Didaco Alvarez Metinensi, Archiepiscopo Tranensi, & Salpensi, ex Ordine Praedicatorum assumpto ... (Romae) Apud Stephanum Paulinum, 1610.

8 l., 816 (*i.e.* 814), [34]p. 31cm.
Signatures : †^{8}, A-Z^{6}, Aa-Zz^{6}, Aaa-Zzz^{6}, Aaaa^{6}, Bbbb^{4}.
p. 2, 54 lines, 259×153mm.
Text in 2 col.
t.-p. spoiled.
1st ed.
Indices & errata : p. [817]-[849]
★ DictHGE II 872. — DictTheolCath I 926.
♣ *Bibl. Trig. ?* 1376

784

Alvarus Pelagius, *OMin, d.* 1350.

De planctv Ecclesiae Alvari Pelagii Hispani, ex Ordine Minorit. Theologi, et Decretorvm Doctoris, Episcopi Silvensis libri dvo. In qvibvs ad confirmandam Pontificis potestatem, verissimamq; Christianae doctrinae cognitionem, ex sacris libris plurima traduntur. Cvm indice copiosissimo. Venetiis, Ex officina Francisci Sansovini, et Sociorvm, 1560.

22 l., 100, 229 numb. l. 31½cm.
Signatures : †-††^{8}, †††^{6}, a-m^{8}, n^{4}; A-Z^{8}, Aa-Ee^{8}, Ff^{5}.
f. 3b, 66 lines, 232 × 143mm.
Text in 2 col.
1st ed. Ulm, 1474.
★ DictTheolCath I 926.
♣ *Bibl. Trig.* 1350

785

Amaral, Pedro de, *SJ*, 1621-1711.

Canticum Marianum, hoc est, Sanctissimae Dei-genitricis Virginis Mariae Canticum, nempe eius Magnificat, litteralibus pariter, ac mysticis illustrationibus investigatum, investigatore P. Magistro Petro de Amaral Societatis Iesu ... Eborae, ex Typographia Academiae, 1709.

6 l., 885 (*i.e.* 893), [2] p. 21cm.
1st ed.
Index : p. 806-893.
★ DictHGE II 960. — Sommerv I 263 n° 2.
1482

786

— o. c.

♣ *Stamp of Mgr Polyc. de Souza.* •2695

787

Ames, William, 1576-1633.

(Guiljelmi Amesij) De conscientia et eivs ivre, vel casibvs, libri quinqve ... Petropoli, 1780.

2v. 16½cm.
Ms. on back guard leaf of v. l.
1st ed. Amsterdam, 1630.
Errata : v. 1, p. [319]-[320]
★ DictHGE II 1218. 3152

788

Ammann, Johannes, 1707-1742.

Stirpium rariorum in imperio Rutheno sponte provenientium icones et descriptiones collectae ab Ioanne Ammano M.D.... Instar supplementi ad commentar. Acad. Scient. Imper. Petropoli, Ex typographia Academiae Scientiarvm, 1739.

6 l., 210, [13] p. 34 fold. plates. 26cm.
1st ed.
Index & errata : p. [211]-[223]
★ Brunet I 236.
♣ *PP Gallor SJ Pekini.* 840

789

Amort, Eusebius, *CanLat,* 1692-1775.

Idea divini amoris seu Expositio distincta primi ac maximi mandati ... Authore R. D. Eusebio Amort, Canonico Regulari Lateranensi ac Decano ad SS. Salvatorem in Polling ... Augustae Vind. & Ratisbonae, Sumptibus Strötter & Fesenmayr. Typis Anton. Maximil. Heiss, 1739.

7 l., 188 p. 16cm.
1st ed.
★ DictTheolCath I 1115. 2507

790

Anastasius Bibliothecarius, 817*ca.*-879.

(Anastasii, S. R. E. Bibliothecarii) Historia, de vitis Romanorvm Pontificvm a B. Petro Apostolo vsqve ad Nicolavm I. nunquam hactenus typis excusa. Deinde vita Hadriani II. et Stephani VI. Auctore Gvilielmo Bibliothecario ex bibliotheca Marci Velseri Avgvstanae R. P. II. Viri. Accessere variae lectiones, partim ex codic. MSS. Biblioth. Vaticanae, partim ex Conciliorum Tomis, & annalibus Ecclesiast. Caes. Baronij Cardinalis excerptae. Mogvntiae, In typographeio Ioannis Albini, 1602.

18 l., 352, [14] p. 24½cm.
Signatures : †4, ††4, a-b4, c2, A-Z4, AA-YY4, ZZ3.
p. 18, 40 lines, 187 × 115mm.
« The conclusive researches of Duchesne have established beyond a doubt that in its earlier part, as far as the ninth century, the Liber Pontificalis was gradually compiled... Anastasius Bibliothecarius perhaps wrote the life of Nicholas I. » — CathEnc IX 224-5.
Edited by Busaeus. *cf.* NouvBiogrGen II 479.
1st ed.
Index : p. [353]-[365]
Bound with : Petrus Blesensis. Opera, Moguntiae, 1600.
★ Brunet I 258. — DictHGE II 1477-79.
♣ *Bibl. Trig. ?* 2132

791

Anderson, Alexander, 1582-1619*ca.*

Ad angvlarivm sectionvm analyticen. Theoremata. Καθολικώτερα. A Francisco Vieta Fontenaeensi primvm excogitata, at absque vlla demonstratione ad nos transmissa, iam tandem demonstrationibus confirmata. Operâ & studio Alexandri Andersoni Scoti. Parisiis, Apud Oliverivm de Varennes, 1615.

48 p. incl. diagrs. 22½cm.
Signatures : A-M2.
p. 12, 30 lines, 170 × 103mm.
1st ed.
Bound with : Anderson, A. Aitiologia, Parisiis, 1615.
♣ *Bibl. Trig.* 299

792

— o. c.

Bound with : Viète, F. De aequationum recognitione et emendatione, Parisiis, 1615 and others.
489a

793

— (Alexandri Andersoni) Αἰτιολογία. Pro zetetico Apolloniani problematis a se iam pridem edito in supplemento Apollonij Rediuiui ... In quâ ad ea qvae obiter inibi perstrinxit Ghetaldvs Respondetur & Analytices vsus clarius detegitur. Parisiis, Apud Oliverivm de Varennes, 1615.

26 p. 22½cm.
Signatures : A-F2, G1.
p. 5, 30 lines, 172×104mm.
1st ed.
Bound with : Anderson, A. Ad angvlarivm sectionvm analyticen, Parisiis, 1615. 299a

794

— o. c. 23cm.

Bound with : Viète, F. De aequationum recognitione et emendatione, Parisiis, 1615 and others.
489b

795

Anderson, Alexander, 1582-1619*ca.*

(Alexandri Andersoni Aberdonensis) Svpplementvm Apollonii redivivi. siue, Analysis problematis, hactenus desiderati ad Appollonij Pergaei doctrinam περὶ νεύσεων, à Marino Ghetaldo Patritio Ragusino hucusque, non ita pridem restitutam ... Hvic subnexa est variorum problematum practice, eodem Auctore. Parisiis, Apud Hadrianvm Beys, 1612.

2 l., 41, 3-54p. incl. diagrs. 22½cm.
Signatures : a², A-M⁴.
p. 28, 30 lines, 168 × 106mm.
Bound with : Viète, Fr. De aequationvm recognitione et emendatione, Parisiis, 1615 and others.
★ Brunet II 1578. 489d

796

[—] Vindiciae Archimedis; sive, Elenchus Cyclometriae novae, a Philippo Lansbergio nuper editae. [Paris, 1616]

7 p. incl. diagrs. 22½cm.
Signatures : A-B².
p. 3, 31 lines, 179 × 116mm.
Author : Alexander Anderson & imprint. *cf.* DictNatBiogr I 372.
1st ed.
Bound with : Viète, Fr. De aequationum recognitione, Paris, 1615 and others. 489c

797

Andrada, Jacinto Freyre de, 1597-1657.

Vita Joannis de Castro Indiarum Pro-regis IV. Olim ab Hyacintho Freyre de Andrada Lusitano sermone descripta nunc in Latinum conversa interprete Francisco Maria del Rosso Societatis Jesu. Romae, Ex Typographia Rochi Bernabò, 1727.

8 l., 373, [22] p. front., plate. 23½cm.
1st Portuguese ed. Lisbon, 1651.
1st Latin ed.
Index & errata : p. [375]-[396]
★ Brunet I 263. — Streit VI 76 nº 283.
✤ *Applicatus Resid^ae S. Josephi Pekini. 1732.* 2948

798

Andreas Eborensis.

Sententiae et exempla, Ex probatissimis quibusque scriptoribus collecta, & per locos communes digesta per Andream Eborensem Lusitanum ... totum opus in duos diuisum est tomos : quorum alter Sententias, alter exempla refert. Vterque autem tomus, in hac editione, à multis mendis, quibus scatebat, purgatus est. Qvinta editio. Parisiis, Apud Nicolaum Niuellium, 1590.

2v. in 1.
12 l., 344 (*i.e.* 340) numb. l., 8 l., 405 numb. l., 19 l. 16½cm.
Signatures : a⁸, e⁴, a-z⁸, A-T⁸, V⁴; a⁸, a-z⁸, Aa-Zz⁸, AAa-GGg⁸.
Vol. 1, f. 3a, 32 lines, 131 × 74mm.
Text in 2 col.
« Avthorvm nomina » at beginning.
Index : v. 2, l. [406]-[424] 1781

799

Androtio, Fulvio, *SJ,* 1523-1575.

(R. P. Fvlvii Androtii Societ. Iesv. Theologi) Opuscula spiritualia. Ex Ital. idiomate à Patre eiusdem Societ. in Lat. plurima conuersa reliqua à pio viro hac 2da edit. absoluta ... Coloniae, Sumptib. Petri Henningi, 1611.

12 l., 232, [8], 70, 168 (*i.e.* 170), [4] p. 13½cm.
Signatures : A-L¹²; A-C¹²; a-g¹², h³.
p. 201, 30 lines, 101 × 49mm.
Engr. ornamented t.-p.
« Ces trois traités sont réunis sous un frontispice commun gravé ». — Sommervogel II 424.
Tr. by Johannes Busaeus, *SJ. cf.* Sommervogel I 384.
Contents. — Piae meditationes sive considerationes de frequentanda connunione, ed. secunda. Coloniae, sumptib. Petri Henningi, 1612 (1st Italian ed. Milan, 1579; 1st Latin ed. Mainz, 1598). — Piae meditationes de passione et morte D. N. Jesu Christi. (1st Italian ed. Milan, 1579; 1st Latin ed. Cologne, 1599). — Speculum viduitatis sive de lavdabili viduarum statu. Coloniae, sumptib. Petri Henningi, 1612 (1st Italian ed. Milan, 1579; 1st Latin ed.)
★ DictAM 560. — Sommerv I 384 (ed. wanting), II 423 nº 24.
✤ *V Prov^ae.* 2670

800

Angelis, Alessandro de, *SJ,* 1562-1620.

In astrologos coniectores libri qvinqve. Avctore Alexandro de Angelis. In Collegio Romano Societatis Iesv, studiorum Praefecto. Nvnc primvm prodit in lvcem. Cvm Indicibvs pernecessariis iisque copiosissimis. Lvgdvni, Sumptibus Horatij Cardon, 1615.

14 l., 351, [31] p. illus. 24½cm.
Signatures : ā⁴, ē⁴, ī⁴, ō², A-Z⁴, Aa-Zz⁴, AAa-BBb⁴.
p. 4, 47 lines, 194 × 115mm.
1st ed.
★ Sommerv I 387 nº 1. 7

801

Angelis, Augustinus de, *CRS,* 1606-1681.

Lectiones philosophicae distribvtae in logicas, physicas, et metaphysicas. Augustini de Angelis Congregat. Somaschae ... Editio Tertia. Romae, Ex Tipographia Fabii de Falco, 1665.

3 l., 290p., 1 l. 16cm.
« Lectiones Physicae » wanting.
♣ *Hic liber est Fabricij Ferdinandi Corabani Romani Mano ppa 1666.* 2761

802

Angelo Carletti di Chivasso, *OFM,* 1411-1495.
Summa angelica, Venice, Georgius de Arrivabenis, 1492.

[†]8, [††]12, a8, b-z12, A-V12, X8. 540 leaves. [ff. [8], 1-12, 1-519, [1] (last leaf blank)] Text in 2 col. [Fol. 13b] 44 lines : 128×86mm. Type : roman : 57mm. One large space of 6 lines in depth for initial of book, and smaller spaces of 3 lines in depth for other capitals, without directors. Without headlines; catchwords; illustrations; printer's ornaments. Printer's device [f. 519b] measuring 97×51mm.

[Sign. [†]1a : title:] Summa Angelica. [Sign. [†]1b] Epistola F. Hieronymi tornieli lectoris Ad R. p. F. Angelũ de clavasio pñtis// operis auctorẽ: in qua orat eius Reverẽtiã. ut ipsũ opus ĩprimi faciat: ꝑpter ta-// lẽ ⁊ tantã operis excellentiam ⁊ utilitatem.// [Sign. [†]3b: line 1:] Respõsio Venerãdi patris fratris Angeli ad Fratrẽ Hieronymũ supscriptũ.// [Sign. a1a] Incipit summa Angelica corre-// cta s̃m primuȝ exemplar ipsius Re.// Pa. Fra. Angeli eo ꝗ alie impresse//vsqȝ in presentcȝ vitio transcriptorũ// in multiȝ sunt diminute ⁊ corrupte.// [Sign. X7a] Explicit Sũma angelica de casib9 cõ-// scie ꝑ fratrẽ Angelũ de clauasio cõpila-// ta:...Venetijs ĩpressa ꝑ Geor-//giũ de arriuabenis Mantuanũ: Anno//Dñi. M. cccc. nonagesimo. secundo.// die vero quarto Junij.//

The « Summa de casibus conscientiae », called after his author's name « Summa angelica » is a dictionary of moral theology, divided into 659 articles, arranged in alphabetical order. The 1st ed. appeared in the year 1476.
165×115mm. Bound in vellum. Spaces for capitals have all been left blank. Numerous marginal notes, partially cut off by binder. 474

803

Angelo de Lantusca, *OMObs,* 1620*ca.*-1669.
Theatrvm Regvlarivm in quo Breui Methodo, Variae Decisiones, tàm Apostolicae, quàm Ordinis Minorum de Obseruantia. Necnon Decreta nouissima Sacrarum Congregationum Vrbis iam publicata, ad Regularem disciplinam spectantia, exarantur. Per. P. F. Angelvm a Lantvsca Ordinis Min. Strictioris Obseruantiae Prouinciae Romanae, ordine alphabetico elaboratum ... Hac tertia Editione, in Vrbe, ab ipso Auctore recognitum, & quamplurimorum Additamentorum accretione ampliatum ... Romae, Ex Typographia Reu. Camerae Apost., 1669.

12 l., 684p. 14cm.
1st ed. Rome, 1664.
★ DictHGE III 25. — DictTheolCath VIII 2610. 2359

804

— Theatrvm regvlarivm in quo Breui Methodo, Variae Decisiones, tàm Apostolicae, quàm Ordinis Minorum de Obseruantia, Necnon Decreta nouissima Sacrarum Congregationum Vrbis, iàm publicata, ad Regularem disciplinam spectantia, exarantur. Per P. F. Angelvm a Lantvsca Ordinis Min. Strictioris Obseruantiae Prouinciae Romanae, ordine alphabetico elaboratum ... Hac quarta Editione in Vrbe diligentèr recognitum, ab innumeris mendis expurgatum, & Supplemento locupletatum. Cura, & studio D. Abb. Franc. Antonii Iannoni V. I. C. & Prothonotarij Apostolici. Romae, Ex Typographia R. Cam. Apost. 1679.

8 l., 912p. 16½cm.
Added t.-p. with woodcut ornamental border.
Colophon : Romae, Ex Typographia R. Cam. Apost. 1678.
Contents. — Angelo de Lantusca. Theatrum regularium. — Bullae et brevia per extensum posita in hoc Theatro. — Iannoni, F. A. Supplementum Theatri regularium. Tassa Innocentiana del foro ecclesiastico nelle materie spirituali. — Decreta novissima S. Rituum Congregationis servanda in causis beatificationum et canonizationum Sanctorum, edita iussu S. D. N. Innocentii XI. Taxae pro advocatis, procuratoribus & notariis. Editto del S. Offitio. — Errata. 2306

805

Anglès, José, *OMObs, d.* 1587.
Flores theologicarvm quaestionvm in qvartvm librvm Sententiarvm, collecti, denvoqve post varias editiones selecti, & vtilissimè aucti, R. P. F. Iosepho Angles Valentino, ordinis Minorum regularis obseruantiae ... Lvgdvni, Apvd Ioannem Baptistam Bvysson, 1593.

2v. in 1. 20½cm.
4 l., 619, [35] p., 4 l., 403, [89] p.
Signatures : †4, A-Z8, AA-RR8, SS7; †4, a-z8, aa-cc8, dd12, ee-ff8, gg10.
Vol. I, p. 56, 37 lines, 149×93mm.
Vol. I, p. 517-520 bound after p. 524.
1st ed. Madrid, 1586.
Indices : v. 2, p. [431]-[492]
♣ *Bibl. Trig.* 1460

806

Anselmus Cantuariensis, *Saint,* 1033/4-1109.
(Divi Anselmi Archiepiscopi Cantvariensis) Opera omnia qvatvor tomis comprehensa. Hac vltima editione praeter Tomi Qvarti accessionem, ex collatione veterum Codicum

emendata, notis illustrata, & aliquot nouis opusculis aucta. Stvdio et opera D. Ioannis Picardi Bellouaci Canonici Regularis ad S. Victoris Parisiensis. Coloniae Agrippinae, Ex Officina Cholin. Sumptibus Petri Cholini, 1612.

4v. in 1. 34½cm.
15 l., 171, 509 (*i.e.* 507) p., 8 l., 262 p., 1 l., 173, [15] p.
Signatures :a^{2}, $\dagger^{6}$, $\dagger\dagger^{8}$, A-N^{6}, O^{8}; Aa-Zz^{6}, Aaa-Sss^{6}, Ttt^{8}; $\dagger^{8}$, A-X^{6}, Y^{5}; [$\dagger^{1}$], A-O^{6}, P^{4}, $\dagger^{8}$. (v. 1, $\dagger\dagger_{8}$; v. 4, P$_{4}$ blank)
Vol. 1, p. 3, 71 lines, 290×145mm.
Illus. t.-p.
Text in 2 col.
1st ed. by Picard.
Contents. — **t. 1.** Eadmer. *OSB*. Vita S. Anselmi. Enarrationes in Evangelium S. Matthaei. In aliquot Evangeliorum pericopas. In Cantica Canticorum. — **t. 2.** Commentaria in omnes D. Pauli Epistolas. In Apocalypsin. — **t. 3.** Varia opuscula. — **t. 4.** Epistolae. Index.
♣ *Bibl. Trig?* 1406

807

Anthony, Francis, 1550-1623.

Apologia veritatis illvcescentis, pro avro potabili : sev, Essentia Auri ad medicinalem potabilitatem absque corrosiuis reducti; vt ferè omnibus humani corporis aegritudinibus, ac praesertim Cordis corroborationi, tanquam Vniversalis Medicina, vtilissimè adhiberi possit; vnà cum rationibus intelligibilibus, testimonijs locupletissimis, et modo conuenienti in singulis morbis vsurpandi, producta : Authore Francisco Antonio Phil. et Med. Doct. Anglo. Lond. Londini, Excusum per Iohannem Legatt, 1616.

9 l., 112, [4]p. 19cm.
Signatures : $\dagger$-$\dagger\dagger^{4}$, $\dagger\dagger\dagger^{2}$, A-O^{4}, P^{3} (O$_{4}$ blank)
p. 2, 34 lines, 136×80mm.
1 p. l. (sign. A$_{1}$) wanting.
1st ed.
Index and errata : p. [113]-[116]
Bound with : Mayer, M. Examen fucorum pseudo-chymicorum, Francofurti, 1617; De circulo physico quadrato, Oppenheimii, 1616. — Rhenanus, J. Solis e puteo emergentis libri tres, Francofurti, 1613. — Michel-Spacherus, S. Cabala, speculum artis et naturae, 1616. — Bringer, J. Occulta philosophia, Franckfurt, 1613.
♣ *Missionis Sinensis.* 908

808

Antoine, Paul Gabriel, *SJ,* 1679-1743.

Theologia moralis universa R. P. Gabrielis Antoine a Reverendo Patre Philippo de Carboneano pridem notis et appendicibus; dein novis accessionibus a R. P. Bonaventura Staidel aucta et illustrata. Accedunt tria Opuscula ex aureo Melchioris Cani de Locis Theologicis libro desumpta, et Disceptatio Prooemialis de Lege Divina. Editio absolutissima a Jo : Dominico Mansi Archiepiscopo Lucensi Medullitus Inspecta, Permultis Aliis Additionibus ex Operibus Benedicti XIV. & Clementis, XIII, & XIV, Litteris Apostolicis locupletata, correcta, et in sex tomos distributa ... Venetiis, Apud Josephum q: Bartholomaei Rossi, 1793.

6v. in 1. 25cm.
132, 139, 216, 196, 180, 140 p.
Text in 2 col.
1st ed. Pont-à-Mousson, 1723.
« De damnatis ab Ecclesia propositionibus, ubi decreta quoque nonnulla ad disciplinam pertinentia recensentur » : v. 6, p. 87-140.
★ DictHGE III 823. — DictTheolCath I 1443. — Sommerv I 425.
♣ *Do Pe Mattos.* 1481

809

Antonelli, Giovanni Carlo, 1600*ca.*-1691.

Tractatvs de regimine ecclesiae episcopalis in octo libros distribvtvs, Quorum quatuor in hac Prima Parte, reliqui in Secunda continentur. Vbi omnia, quae ad Forum Ecclesiasticum praecipuè spectant, exactè, ac dilucidè pertractantur ... Cum Summarijs, & Indice locupletissimis. Avctore Io. Carolo Antonello Sac. Theol. ac I. V. Doct. Veliterno ... Velitris, Apud Carolum Bilancionum, 1650.

8 l., 375p., 2 l., 377-784p. 21½cm.
2 pt. in 1.
Text in 2 col.
1st ed.
Index : pt. 2, p. 705-784.
♣ *Stamp of Mgr Polyc. de Souza.* 2370

810

Antoninus, *Saint, OP,* 1389-1459.

(Sancti Antonini Archiepiscopi Florentini Ordinis Praedicatorum) Summa theologica in quatuor partes distributa, ad vetustiores libros exacta, & ab innumeris mendis correcta, & posterioribus Conciliorum, praesertim Tridentini, ac Pontificum Romanorum decretis in adnotationibus ad calcem paginarum subjectis, aliisque observationibus & Praelectionibus illustrata, Vita Auctoris, & indicibus rerum praecipue moralium locupletissimis aucta ... Veronae, Ex Typographia Seminarii, apud Augustinum Carattonium, 1740.

4v. 41cm.
Vol. 2, 1200 (*i.e.* 1202) col.; v. 3, 1624 (*i.e.* 1626) col.
Text in 2 col.
1st ed. Venice, 1477.
Ed. Pietro Ballerini. *cf.* Dedication.
★ Brunet I 331. — DictTheolCath I 1451.
♣ *Stamp of Mgr Alex. de Gouvea.* 1531

811

Antonio de Lebrixa, 1444-1532.

Dictionarivm Aelii Antonii Nebrissensis Grammatici, Chronographi Regii, imo regẽns [*sic*] accessio facta quadruplex eiusdem antiqui dictionarij supplementum. Quorum primum continet dictiones Latinas in sermonem Hispanum versas. Secundum nomina propria regionum, vrbium, montium, fluuiorum, &c. Tertium autem neotericas, ac vulgares regionum, & vrbium appellationes vice versa cõplectitur. Quartum, & vltimum voces Hispanas Latinitate donatas Praeter Ioannis Lopez Serrani Malacitani labores ... addita Index ... opera M. Ioannis Aluarez Sagredo Burgensis ... Tandem hac postrema editione omnia recognita ... vocabula a R. P. M. Fr. Petro Ortiz de Luiando ad calcem addita ... insuper sex millia pene vocabula, tam communia, quam propria ... prodeunt per Magistrum D. Guilielmum Ocahata Presbyterum ... Matriti, Ex Typographia Regia, A costa de Iuan de San Vicente, 1665.

8 l., 220 (*i.e.* 221) numb. l., 1 l., 221-347 (*i.e.* 335) numb. l. 30cm.
l. 348 ? (Spanish-Latin dict.) wanting.
Text in 2. col.
1st ed. Salamanca, 1492.
★ Brunet IV 29. — DictHGE III 782. 3115

812

Antonio *of Genoa, d. ca.* 1770.

(Antonii Genuensis in Regia Neapolitana Academia ... Professoris) Disciplinarum metaphysicarum elementa, mathematicum in morem adornata. Editio Novissima, Ab ipso Auctore, rejectis omnibus anterioribus Editionibus, & tamquam non suis reputatis, omnino reformata, perpetuis additionibus locupletata, et nunc primum in quinque tomos divisa ... Bassani, prostant Venetiis, Apud Remondini, 1764.

5v. 18½cm.
« Appendix ad priorem metaphysicae partem » : v. 1, p. 259-299.
« Appendix ad caput superius De virtute generatim, ejusque causis & signis » : v. 3, p. 296-313.
« Additamenta » : v. 5, p. 440-447.
✤ *Stamp of Mgr Alex. de Gouvea.* 2812

813

— (Antonii Genuensis in Regia Neapolitana Academia Philosophiae Professoris) Elementorum artis logico-criticae libri V. Quibus Praeter quamplurima selectiora & clariora additamenta accedunt Institutiones methaphysicae in usum Tironum aptatae, & ab eodem Auctore recognitae, & pluribus in locis locupletatae. Editio decima. Venetiis, Apud Thomam Bettinelli, 1776.

8 l., 552p. 18½cm.
Manuscript poem on recto of front guard leaf.
✤ *Stamp of Mgr Alex. de Gouvea.* 2810

814

— Universae christianae theologiae elementa dogmatica, historica, critica Antonii Genuensis olim in Regia Neapolitana Universitate P. P. P. Editio secunda, Novis Curis emendata, & aucta ... Venetiis, Typis Jo. Baptistae Pasquali, 1776.

2v. 16½cm.
Ms. marginal notes.
Contents. — **t. 1.** De germanis theologiae christianae principiis, eorumque characteribus, & pondere. — De Deo Uno et Trino. — De rerum creatione. — De rerum gubernatione et Providentia Divina. — **t. 2.** De religione et superstitione. — De mediis, quibus vera religio obtinetur, et servatur. — De altera vita. — Index rerum, et verborum.
✤ *Stamp of Mgr Alex. de Gouvea (vol. 2).* 1609

815

— o. c.

2718

816

Apezteguia Perez, Don Juan Angel de.

Brevissima, et acurata omnium utriusque juris librorum anotomia [*sic*], in lucem edita, a I. C. Don Joanne Angelo de Apezteguia Perez, de Aguirre, Hispano ... Mediolani, Ex Typographia Iosephi Pandulphi Malatestae, 1710.

69p. 19cm. 2123

817

Apianus, Petrus, 1495-1552.

[Cosmographia Petri Apiani et Gemmae Frisii. Typis Joan. Withagii]

8 ? l., 478, [2]p. illus. (incl. tables, diagrs.). fold. map. 24cm.
Signatures : †-††^{4}, A-Z^4, AA-ZZ^4, Aaa-Mmm^4, Nnn^6.
p. 9, 44 lines, 174×113mm.
4 p. l. incl. t.-p. wanting.
For title, imprint. *cf.* Running title and colophon.
This work was completed and published after Gemma Frisius' death (1555) by his son Cornelius (*cf.* p. 450), who died in 1577. As the Antwerpian editions of the book, according to Brunet (I 342), are dated 1529, 1540, 1574, 1584, our copy must have been publ. in 1574.
1st ed. Landshut, 1524.
Contents. — Cosmographia. **pt. 1.** De cosmographiae et geographiae principiis. **pt. 2.** Summaria totius orbis descriptio. Appendix I. Situs ac descriptio novi orbis. Appendix II. Apianus, P. De instrumento ad horarum observationem. Gemma F. De locorum describendorum ratione. — Gemma F. De usu annuli astronomici; De usu globi astronomici; De radio astronomico et geometrico; De astrolabo catholico. — Gemma C. Supplementum.
★ Brunet I 341.
✤ *Bibl. Trig. ?* 46

818

Apianus, Petrus, 1495-1552.

Cosmographia Petri Apiani, per Gemmam Frisivm apvd Lovanienses Medicvm et Mathematicvm insignem, iam demvm ab omnibvs vindicata mendis, ac nonnullis quoque locis aucta, & annotationibus marginalibus illustrata. Additis eiusdem argumenti libellis ipsius Gemmae Frisij. Coloniae Agrippinae, Apud Haeredes Arnoldi Birckmanni, 1574.

2 l., 64 numb. l., 2 l. illus. (incl. tables), fold. plate. 20½cm.
Signatures: A-H4, K-S4.
f. 52a, 44 lines, 174×118mm.
Illus. t.-p.
Contents. — Apianus, P. Liber cosmographicus. Descriptio quatuor partium terrae. Descriptio regionis Peru nuper inventae. Appendix. — Gemma, F. De locorum describendorum ratione, deque distantijs eorum inueniendis. De usu annuli astronomici.
Bound with : Longomontanus, C. Cyclometria, Hafniae, 1612.
★ Brunet I 342. 353a

819

— Cosmographicvs liber Petri Apiani Mathematici; studiose correctus, ac erroribus vindicatus per Gemmam Phrysium. Vaeneunt Antuerpiae in aedibus Rolandi Bollaert.

LV numb. l., 1 l. illus. (incl. tables, diagrs) 20½cm.
Signatures : A-O4.
f. XX b, 36 lines, 149×102mm.
Ms. marginal notes.
Colophon : Excusum Antuerpiae impensis Rolandi Bollaert, Typis Ioannis Graphei ... 1529.
Appendix : l. LII-LV.
★ Brunet I 342. 375

820

— Folivm popvli. Instrvmentvm hoc a Petro Apiano iam recens inventvm, et in figvram folii popvli rfdactum [*sic*], per radios Solis toto orbe horas cõmunes ostendit, ex quibus horae ab ortu & occasu Solis, deinde etiam horae Iudeorum, quae in sacrarum literarum lectione ... cognitu admodum sunt necessariae, deprehendi facilime possunt. In disem newen Instrument, das die form vnnd gestalt hat eines blats, werden durch den Sonnen scheyn, in der gantzen welt gefunden die gemaine stunden des Tages, vnd auss der selbigen, vermittels dises blats magst du die Stunden vom Auff vnd Nidergang der Sonnen des geleichen die Iudenstund (welhe durch die gantze Bibel Alten vnnd Newen Testament gebraucht werden) leichtlich erkhennen [Excusum Ingolstadii, 1533]

11 unnumb. l. fold. plate. 31½cm.
Signatures : A-B4, C3.
f. [5]b. 50 lines, 214×133mm.
Illus. t.-p.
For imprint. *cf.* Colophon.
Bound with : Severt, J. De orbis catoptrici principiis, Parisiis, 1590 and others. 253a

821

— o. c. 30cm.

Plate wanting.
Bound with : Schöner, J. Opera mathematica, Norinbergae, 1551 and others. 600e

822

— Instrvmentvm sinvvm, sev primi mobilis; nvper à Petro Apiano inventvm, nvnc avtem ab eodem diligenter recognitum & locupletatum. Cuius tractatione, cum ... Sinuum usus clarissime deprehenditur, tum uero quicquid earundem Sinuum auxilio ... indagari potest, facilime ac celerrime conficitur. Adiectus est & Quadrans Vniuersalis seu Generalis, noua facie, in eundem usum fabrefactus ... Norimbergae, apud Iohan. Petreium, 1541.

43 unnumb. l. incl. tables, diagrs. 30cm.
Signatures : A-K4, L3.
f. [6] a, 53 lines, 234×144mm.
Illus. t.-p.
1st ed. 1534.
Bound with : Schöner, J. Opera mathematica, Norinbergae, 1551 and others. 600c

823

Apianus, Philippus, 1531-1589.

De vtilitate trientis, instrvmenti astronomici novi, libellvs : a Philippo Apiano conscriptus, & nunc primùm in lucem editus ... Tvbingae, 1586.

4 l., 79p. illus. 21½cm.
Signatures : †4, A-K4.
p. 15, 33 lines, 150×102mm.
1st ed.
Bound with : Galilei, G. Istoria e dimostrazioni intorno alle macchie solari e loro accidenti, Roma, 1613. — Iacchini, L. In nonvm librvm Rasis Arabi Medici, Basileae, 1564; Praecognoscendi methodus, Basileae, 1563.
✤ *Missionis Sinensis.* 77

824

Apollonius Pergaeus, *fl.* 247-205 B.C.

(Apollonii Pergaei) Conicorvm libri IV. cvm commentariis R. P. Clavdii Richardi, E Societate Iesv Sacerdotis ... Antverpiae, Apud Hieronymvm & Ioannem Bapt. Verdvssen, 1655.

40 l., 398, [2] p. port., 30 fold. diagrs. 31½cm.
Text in 2. col.
1st ed. by Richard.

« C'est la version latine de Mar. Mersenne, déjà imprimée dans les Opera math. de ce dernier, à Paris, en 1644, avec un long commentaire. » — Brunet.
★ Brunet I 347. — Sommerv VI 1808 nº 2.
♣ *Ex dono P. Guilielmi Van der Beken Goae 1694. — Vice Prov. Sin. SJ. — ad usum D. K. S.*
565

825

[Aquaviva, Claudio] *SJ*, 1542-1615.
Directorivm in Exercitia spiritvalia B. P. N. Ignatii. Romae, In Collegio Romano eiusdem Societatis, 1615.

143, [26]p. 17cm.
Signatures : A-K⁸, L⁵.
p. 6, 30 lines, 122×74mm.
Title within woodcut ornamental border.
Author : Claudio Aquaviva, *SJ. cf.* Sommervogel IX 1029.
1st ed. Rome, 1591.
Index : p. [148]-[170]
Bound with : Ignatius de Loyola, *Saint.* Exercitia spiritualia, Romae, 1615.
★ MHSJIgn II 1181 nº 16. — Sommerv I 490 nº 15 (ed. wanting). 3481a

826

[—] Directorium in Exercitia spiritvalia S. P. N. Ignatii. Antverpiae, Apud Ioannem Mevrsivm, 1635.

128, [21]p. 16cm. [Corpus Institutorum Societatis Iesv, nº 12]
Signatures : A-I⁸, K³.
p. 8, 30 lines, 122×67mm.
Series title. *cf.* Sommervogel V 81.
Bound with : Ignatius de Loyola, *Saint.* Exercitia spiritualia, Antverpiae, 1638. 2119a

827

— o. c.

p. 9, 30 lines, 123×66mm.
Index : p. [129]-[149]
Bound with : Ignatius de Loyola, *Saint.* Exercitia spiritualia, Antverpiae, 1635.
♣ *PP Gallor SJ Pekin.* 3497

828

— o. c.

3491a

829

[—] Directorivm in Exercitia spiritvalia S. P. N. Ignatii. Antverpiae, Apud Ioannem Mevrsivm, 1638.

128, [21] p. 15½cm.
Signatures : A-I⁸, K³.
p. 8. 30 lines, 122×68mm.
Index : p. [129]-[149]
Bound with : Ignatius de Loyola, *Saint.* Exercitia spiritvalia, Antverpiae, 1638. 2895a

830

— (R. P. Clavdii Aqvavivae Societatis Iesv Praepositi Generalis) Indvstriae pro Svperioribvs Eiusdem Societatis, Ad curandos Animae morbos. Romae, In Collegio Rom. eiusdẽ Societat., 1606.

4 l., 119, [6] p. 17cm.
Signatures : †⁴, A-H⁸.
p. 5, 30 lines, 122×71mm.
Title printed within a woodcut.
1st ed. Florence, 1600.
Bound with : Aquaviva, C. *SJ.* Instructio pro superioribus, Romae, 1606 and others.
★ Sommerv I 481 nº 2. 2155a

831

— (R. P. Clavdii Aqvavivae Societatis Iesv Praepositi Generalis) Indvstriae. Pro Superioribus Eiusdem Societatis, Ad curandos Animae morbos. Romae, In Collegio Romano eiusdem Societatis, 1615.

4 l., 119, [6] p. 16cm.
Signatures : †⁴, A-G⁸, H⁷.
p. 5, 30 lines, 112×70mm.
Title within woodcut ornamental border.
Bound with : Aquaviva, C. *SJ.* Instructio pro superioribus, Romae, 1615.
★ Sommerv I 481 nº 2 (ed. wanting). 2141a

832

— (R. P. Clavdii Aqvavivae Societatis Iesv Praepositi Generalis) Indvstriae Pro Superioribus eiusdem Societatis ad curandos animae morbos. Antverpiae, Apud Ioannem Mevrsium, 1635.

117, [5] p. 15cm. [Corpus Institutorum Societatis Iesv, nº 9]
Signatures : A-G⁸, H⁶.
p. 13, 30 lines, 123×65mm.
Series title. *cf.* Sommervogel V 81.
Index : p. [118]-[122]
Bound with : Society of Jesus. *Instituta & constitutions.* Compendivm privilegiorvm, Antverpiae, 1635 and others. 2833b

833

— o. c.

Bound with : Society of Jesus. *Instituta & constitutions.* Ordinationes Praepositorum Generalium, communes toti Societati, Antverpiae, 1635 and others. 2618c

834

— o. c.

3496c

835

— o. c.

Bound with : Society of Jesus. *Instituta & constitutions.* Formulae Congregationvm, Antverpiae, 1635 and others. 2619b

836

— o. c.

2783b

837

— o. c.

2784b

838

Aquaviva, Claudio, *SJ,* 1542-1615.
(R. P. Clavdii Aquavivae Societatis Iesv Praepositi Generalis) Instrvctio pro svperioribvs Ad augendum conseruandúq. spiritum in Societate. Romae, In Collegio Rom. eiusdem Societat., 1606.

2 l., 48, [4]p.; 18p., 1 l. 17cm.
Signatures: A-C8, D4; A10.
p. 3, 30 lines, 122×70mm.
Title printed within a woodcut.
1st ed. Florence, 1604.
Index: p. [50]-[52]
« Instructio pro Visitatoribus, Neapoli, Ex typographia Tarquinij Longi, 1608 »: 18p. at end.
Bound with: Society of Jesus. *Instituta & constitutions.* Industriae pro superioribus, Romae, 1606; Ordinationes praepositorum generalium, Romae, 1606; Instructiones et ordinationes toti Societati communes, Neapoli, 1609; Ordinationes communes, auctoritate septimae Congr. generalis contractae, Romae, 1616.
★ Sommerv I 484 nº 6.
✤ *Aplicado à Resida de Chin kiam por ordẽ publicada pello P. V Proval João de Saa.* 2155

839

— (R. P. Clavdii Aqvavivae Societatis Iesv Praepositi Generalis) Instructio. Pro Superioribus ad augendum, conseruandumque spiritum in Societate. Romae, In Collegio Romano eiusdem Societatis, 1615.

2 l., 48, [4]p. 16m.
Signatures: A-C8, D4.
p. 3, 30 lines, 122×77mm.
Title within woodcut ornamental border.
Index: p. [50]-[52]
Bound with: Society of Jesus. *Instituta & constitutions.* Industriae, Romae, 1615.
✤ *Applicado a Missaõ da China pello Pe Visitor Jo Pra.* 2141

840

— (R. P. Clavdii Aqvavivae Societatis Iesv Praepositi Generalis) Instrvctio Pro Superioribus ad augendum conservandumque spiritum in Societate. Antverpiae, Apud Ioannem Mevrsium, 1635.

48, [3] p. 16cm. [Corpus Institutorum Societatis Iesv, nº 10]
Signatures: A-C8, D2.
p. 8, 31 lines, 127×66mm.
Series title. *cf.* Sommervogel V 81.
Index: p. [49]-[51]
Bound with: Society of Jesus. *Instituta & constitutions.* Compendium privilegiorvm, Antverpiae, 1635 and others. 2833c

841

— o. c.

48, [3]p.; 16p. 16cm. [Corpus Institutorum Societatis Iesv, nº 10]
Signatures: A-C8, D2, A8.
p. 8, 31 lines, 125×66mm.
« Instrvctio pro administratione rerum temporalium » at end.
Bound with: Society of Jesus. *Instituta & constitutions.* Ordinationes Praepositorvm Generalivm, Antverpiae, 1635 and others. 2618b

842

— o. c.

3496b

843

— o. c.
Bound with: Society of Jesus. *Instituta & constitutions.* Formvlae Congregationvm, Antverpiae, 1635 and others. 2169a

844

— o. c.

2783a

845

— o. c.

2784a

846

— (R. P. Clavdii Aqvavivae Qui fuit V. Praepositus Generalis Societatis Iesv) Meditationes in Psalmum XLIV. & CXVIII. Romae, Apud Bartholomaeum Zannettum, 1616.

546, [28] p. illus. 14½cm.
Signatures: A-Z12, Aa11.
p. 17, 34 lines, 111×52mm.
Title within woodcut ornamental border.
1st ed.
Index & errata: p. [547]-[573]
★ DictAM I 829. — DictHGE I 354. — Sommerv I 482 nº 3. 2358

847

— o. c.

2680

848

[—] Ratio atqve institvtio stvdiorvm Societatis Iesv. Romae, In Collegio Rom. eiusdẽ Societ. 1606.

4 l., 169, [30] p. 17cm.
Signatures: A-N8.
p. 2, 30 lines, 122×74mm.
Title printed within a woodcut.
Author: Aquaviva, Claudio, *SJ. cf.* Sommervogel IX 1269.
1st ed. Rome, 1586.
Index: p. [170]-[199]
Bound with: Society of Jesus. *Instituta & constitutions.* Regulae Societatis Iesv, Romae, 1607.
★ Sommerv I 488 nº 14. 2168a

849

— o. c.

Bound with: Society of Jesus. *Instituta & constitutions.* Formulae Congregationum, Romae, 1616; Canones Congregationum, Romae, 1606.
✤ *Aplicado à Resida de Chinchiam por ordẽ publicada pello P. V Proval João de Saà.* 2890

850

Aquila, Francisco, *engr.*
Stylobates colvmnae Antoninae nvper e rvderibvs Campi Martii jvssv SS. D. N. Clementis. XI. effossvs in tres tabvlas distribvtvs Cura, et impensis Dominici de Rubeis ... Romae, 1708. Franciscus Aquila opus hoc delineavit, et incidit.

2 l., 3 plates. 36½cm.
Tables no. 2, 3 wanting.
Engr. ornamented t.-p.
Bound with : Bartoli, P. S. Columna cochlis M. Aurelio Antonino dicata, Romae, 1704. 3612a

851

Aquila, Petrus de, *OM, d.* 1361, *ed.*
(Petri Aqvilani cognomento Scotelli ex Ord. Min. In doctrina Ioan. Dvns Scoti spectatissimi) Quaestiones in quatuor Sententiarum libros, ad eiusdem Doctrinam multum conferentes, nvnc denvo pristino candori restitutae, Nouo Indice Illustratae, Marginibus decoratę, dictis, & proportionibus notabilibus auctę. Summa cura Reuerendi M. Constantii à Sarnano eiusdem familiae in Gymnasio Patauino Regentis. Et nova hac editione a plvribvs mendis expvrgatae. Venetiis, Apud Joannem Zenarium, 1600.

26 l., 526 (*i.e.* 522)p. 21½cm.
Signatures : a c^8, d^2, A-Z^8, Aa-Ii^8, Kk^5.
p. 3, 54 lines, 180×99mm.
p. 497-512 wanting.
Text in 2. col.
1st ed. by Sarnano, Venice, 1584.
★ DictTheolCath XIV 1730.
♣ *Bibl. Trig.* 1383

852

Aranzio, Julio-Cesare, 1530-1589.
(Ivlii Caesaris Arantii Bononiensis ...) De hvmano fœtv liber. Tertio editus, ac recognitus. Eivsdem Anatomicarvm observationvm liber ac De tvmoribvs secvndvm locos affectos liber. Nunc Primum editi ... Venetiis, Apud Bartholameum Carampellum, 1595.

4 l., 301, [1] p., 1 l. 19cm.
Signatures : a^4, A-Z^4, Aa-Pp^4.
p. 5, 28 lines, 157×96mm.
1st ed. Rome *or* Bologne, 1564.
Errata : p. [303]
Bound with : Hofman, L. De vero usu & fero abusu medicamentorum chymicorum, Halae Saxonum, 1611. — Hornius, Ch. Hortulus medicus, Cassellis, 1610.
♣ *Missionis Sinensis.* 825

853

Araujo Camizam, Rafael Mathias d'.
Tractatus theologico-juridicus de jure percipiendi jura, seu reditus ex contractu pecuniae, Vulgô a razaõ de juro ... Denuo in lucem editus. Auctore Raphaele P. Mathia D'Araujo Camizam J. C. Bracharensi ... Olisipone, Typis Patriarchal. Francisci Ludovici Ameno, 1783.

2v. 17cm.
Vol. 1, p. 431-446; vol. 2, t.-p. spoiled.
Index : v. 2, p. 287-[336]
♣ *Stamp of Mgr Alex. de Gouvea.* 1342

854

Arbiol y Diez, Antonio, *OMObs,* 1651-1726.
Manvale sacerdotvm Sacris Scripturis, et Sanctorum Patrum sententijs Illvstratvm ... Avthore, A. R. P. Fr. Antonio Arbiol, Regvlaris Observantiae Seraphici S. Francisci ... Editio tertia. Additis forma faciendi exercitia Spiritualia; & modo faciliori Concionandi, &c. Collectore uno ex Sacerdotibus Missionarijs praesentis Civitatis ... Barcinone, Ex Typis Joannis Jolis, 1711.

8 l., 398, [10] p. 21cm.
Index :p. [403]-[408]
1st ed. Sarragosse, 1693.
★ DictAM I 834. — DictHGE III 1460.
♣ *Stamp of Mgr Alex. de Gouvea.* 2165

855

Archdekin, Richard, *SJ,* 1620-1693.
Praecipuae controversiae Fidei ad facilem methodum redactae ac resolvtiones theologicae Ad omnia Sacerdotis munia, praesertim in Missionibus, accommodatae cvm apparatv ad doctrinam sacram Cui accessit Summa doctrinae Christianae selectis Exemplis elucidata, cum aliis Tractatibus qui in singularum Partium Indice infra exhibentur. Per P. Richardvm Archdekin H. S. I. Theol. & Professorem Lovanii. Lovanii, Typis Haered. Bernardini Masii, 1671.

7 l., 510 (*i.e.* 512), [8] p. 18½cm.
Half-title : Theologia polemica practica sacra.
1st ed.
Bound with : Archdekin, R. *SJ.* Vitae et miracvlorvm Sancti Patricii epitome, Lovanii, 1671.
★ DictTheolCath I 1759. — Sommerv I 516.
2698

856

— Theologia quadripartita R. P. Richardi Archdekin Hiberni è Societate Jesu Theologi: Polemica, Praecipuas Fidei Controversias, ad brevem, ac facilem Methodum redactas, Practica, Resolutiones Theologicas, ad omnia propè Sacerdotis munia accommodatas, Sacra, Apparatum alphabeticum, cum Praxi & Conceptibus Contionum pro singulis anni Dominicis; Catechetica, Summam Doctrinae Christianae, selectissimis exemplis, & brevi explicatione illustratam complectens. Primùm Lovanij Anno 1671. excusa ... Nunc vero ...

Recusa Pragae, Typis Universitatis Carolo-Ferdinandeae in Collegio Societ. Iesu ad S. Clementem, 1678.

13 l., 582 ?p. 16cm.
p. 361-582 ? (Theologia catechetica & Auctarium) wanting.
1st ed. publ. under title : « Praecipuae controversiae fidei ad facilem methodum redactae ac resolutiones theologicae ad omnia sacerdotis munia ... Lovanii, 1671. »
★ Sommerv I 516 nº 7.
♣ *Residentiae S. Josephi SJ.* 2762

857

Archdekin, Richard, *SJ,* 1620-1693.
Theologia tripartita sive Resolvtiones polemicae, specvlativae, practicae, controversiarvm et qvaesitionvm qvae hodie per omnia vsvm praecipvvm habent ... Cum novo Apparatu, ad Doctrinam sacram in quavis Materia facilè & eruditè proponendam, & ad reliqua Sacerdotis ministeria. Avctore R. P. Richardo Arsdekin Societ. Jesu. S. Theologiae Professore. Antverpiae, Apud Michaelem Knobbaert, 1678.

12 l., 522 (*i.e.* 518), [14]p. 19½cm.
Ms. on recto of front guard leaf.
Index : p. [523]-[535]
★ Sommerv I 516 nº 7.
♣ *Aplicado à Resida de Chinchiam p ordẽ publicada pello P. V Proval João de Saà.* 2616

858

— (R. P. Richardi Arsdekin Soc. Iesv ...) Theologia tripartita universa, Complectens nunc Bibliothecam perfectam Viri Ecclesiastici ... Editio Octava, ab Authore in singulis Partibus plurimùm locupletata, & in novam Normam digesta. Antverpiae, Apud Michaelem Cnobbaert, 1686.

3v. 23cm.
Vol. 3 wanting.
Text in 2. col.
Ms. notes on inside of the back cover of v. 2.
Contents. — **t. 1.** Controversiae heterodoxae ac scholasticae. Index. — **t. 2. pt. 1.** Theologia speculativa. — **pt. 2.** Theologia practica universa. Index.
★ Sommerv I 517. 1670

859

— Theologia tripartita : sive Resolutiones polemicae, speculativae et practicae Controversiarum Fidei & Quaestionum Theologicarum ... Accedit Apparatvs novvs ad doctrinam sacram; sive Conciones per singulas anni Dominicas & Festa in quavis materia facilè & eruditè proponendas; easque tam voce, quàm gestu perorandi practica instructio : Summa etiam Doctrinae Christianae selectissimis exemplis & brevi explicatione illustrata : ac denique Praxis meditandi & assistendi aegris ac moribundis ultissima [*sic*] Cum triplici Indice, Capitum, Rerum memorabilium & concionum. Auctore R. P. Richardo Archdekin, Hiberno Societatis Jesu Theologo. Editio sexta & ultima, ab Auctore recognita, & aliquot Tractatibus auctior. Coloniae Agrippinae, Apud Haeredes Joannis Weidenfeldt, Et Godefridum de Berges, 1686-87 [v. 1, 1687]

2v. 17cm.
« Appendix, sive Supplementum Theologiae tripartitae R. P. Arsdekin S. J. in qvo uberiores materiae ac selectiores instructiones practicae hactenus nunquam additae continentur ... Quod, bonâ autoris gratiâ, ut plurium votis satisfiat, visum est hoc loco adjungere. Coloniae Agrippinae, Sumptibus Haeredum Joannis Weidenfeldt, & Godefridi de Berges, 1686. »
★ Sommerv I 518 (ed. wanting).
♣ *Da Prova de Jappão (vol. 1), Collegij Soctis Jesu Pekini (vol. 2).* 2708 (v. 1) 1873 (v. 2)

860

— o. c.

16 l., 606, [25], 236 (*i.e.* 238), 120p. 17cm.
3 t. in 1. 2707

861

— (R. P. Richardi Arsdekin Soc. Iesu ...) Theologia tripartita universa, Complectens nunc Bibliothecam perfectã Viri Ecclesiastici ... Editionis Nonae, ab Authore in singulis Partibus plurimùm locupletatae & in novam Normam digestae Editio in Germania in hac Forma Prima. Coloniae Agrippinae, Sumptibus Haeredum Joannis Widenfeld & Godefridi de Berges, 1688.

11 l., 322, [6], 122p., 2 l., 423 (*i.e.* 417), [7], 288p. 21½cm.
3 t. in 1.
Text in 2 col.
Ms. notes on recto of front guard-leaf.
Contents. — **t. 1.** Controversiae heterodoxae ac scholasticae. Index. — **t. 2. pt. 1.** Theologia speculativa. — **pt. 2.** Theologia practica universa. Index. — **t. 3.** Apparatvs practicvs pro omni fvnctione viri ecclesiastici.
★ Sommerv I 518. 1640

862

— (R. P. Richardi Arsdekin Soc. Jesu Sac. Theol. Professoris) Theologia tripartita universa, Complectens nunc perfectam Bibliothecam Viri Ecclesiastici ... Editio posthuma, Numero ad minùs duodecima, ab Authore in duobus Tomis adhuc aucta & emendata; Cum novo Indice Rerum Theologico locupletissimo ... Antverpiae, Ex Typographia Knobbariana apud Franciscum Muller, 1696.

8 l., 314, [6], 490, [21], 288p. 23½cm.
3 t. in 1.
Text in 2 col.
★ Sommerv I 518.
♣ *Stamp of Mgr Polyc. de Souza.* 1470

863

Archdekin, Richard, *SJ,* 1620-1693.

(R. P. Richardi Arsdekin, Societatis Jesu, Sacrae Theologiae Professoris) Theologia tripartita universa complectens perfectam bibliothecam Viri Ecclesiastici ... Editio novissima jussu Sac. Congregationis revisa & correcta, necnon Indicibus rerum copiosissimis locupletata. Coloniae, Sumptibus Societatis, 1737.

xii, 784p. 24cm.
3 t. in 1.
Text in 2 col.
★ Sommerv I 520 nº 7. 1504

864

— Vitae et miracvlorvm Sancti Patricii Hiberniae Apostoli Epitome. Cum Brevi notitia Hiberniae, & Prophetia S. Malachiae, &c. Operâ P. Ric. Archdekin H.S.I.T. & Prof. Lovanii. Lovanii, Typis Haered. Bernardini Masii, 1671.

2 l., 74, [1]p. 18½cm.
1st ed.
Bound with : Archdekin, R. *SJ.* Praecipuae con troversiae fidei ad facilem methodum redactae, Lovanii, 1671.
★ Sommerv I 515 nº 5. 2698a

865

Archimedes, *ca.* 287-212 B. C.

Opera Archimedis Syracvsani Philosophi et Mathematici ingeniosissimi per Nicolaum Tartaleam Brixianum (Mathematicarum scientiarum cultorem) multis erroribus emendata, expurgata, ac in luce posita, multisque necessariis additis, quae plurimis locis intellectu difficilima erant, commentariolis sane luculentis & eruditissimis aperta, explicata atq; illustrata existunt, Appositisq; manu propria figuris quę gręco exemplari deformatę, ac deprauatę erant, ad rectissimam Symetriam omnia instaurata reducta & reformata elucent. [Venetijs, Per Venturinum Ruffinellum sumptu & requisitione Nicolai de Tartaleis Brixiani Anno Domini 1543]

35 numb. l., 1 l. incl. diagrs. 20cm.
Signatures : A-I4.
f. 16a, 38 lines, 155×97mm.
For imprint. *cf.* Colophon.
1st ed. by Tartaglia.
Contents. — De centris gravium valde planis aequerepentibus. — Quadratura parabolae. — De circuli perimetro. — De insidentibus aquae.
♣ *Alex^ri Rhaud^s. I. C. D. M. Ch.* 457

OPERA ARCHI
MEDIS SYRACVSANI PHILO-
SOPHI ET MATHEMATICI INGENIOSISSIMI
per Nicolaum Tartaleam Brixianum (Mathematicarum scientiarum cultorem) multis erroribus emendata, expurgata, ac in luce posita, multisque necessariis additis, quae plurimis locis intellectu difficilima erant, commentariolis sane luculentis & eruditissimis aperta, explicata atq; illustrata existunt, Appositisq; manu propria figuris quę gręco exemplari deformatę, ac deprauatę erant, ad rectissimam Symetriam omnia instaurata reducta & reformata elucent.

Cum gratia & priuilegio per decennium.

866

— (Admirandi Archimedis Syracvsani) Monvmenta omnia mathematica, qvae extant ... Ex traditione doctissimi viri D. Francisci Mavrolici Nobilis Sicvli, Abbatis Sanctae Mariae a Partv. Opvs praeclarissimum, non priùs Typis commissum, à Matheseos vero Studiosis enixè desideratum, tandemque è fuligine Temporum accuratè excussum ... Panormi, Apud D. Cyllenium Hesperium, Sumpt. Antonini Giardinae, 1685.

4 l., 296p. incl. diagrs. 32½cm.
Contents. — De circuli dimensione. — De sphaera et cylindro. — De aeque ponderantibus. — De quadratura parabolae. — De lineis spiralibus. — De conoidibus et sphaeroidibus figuris lib. II. — De numero arenae. — De insidentibus humido, vel de iis, quae vehuntur in aqua lib. II. — Exotica, e variis auctoribus asserta.
★ Brunet I 385. 469

867

Argenterio, Giovanni, 1513-1572.

Opera Joannis Argenterii ... Accessit ad haec Fabii Pavlini Vtinensis Philosophi ac Medici non vulgaris in libros artis Medicinalis Galeni per tabulas œconomia ... Hanoviae, Typis Wechelianis apud haeredes Claudii Marnii, 1611.

12 l., 2598 (*i.e.* 2596) col., [28]p. 36cm.
Signatures: †-††6, A-Z6, Aa-Zz6, Aaa-Zzz6, Aaaa-Zzzz6, Aaaaa-Sssss6, Ttttt3.
Col. 5-6, 68 lines, 276×143mm.
t.-p. spoiled.
1st ed. of complete works.
Contents. — In artem medicinalem Galeni Comment. I. de Corporibus; II. de Signis; III. De Causis salubribus &c. — In libr. I, II, IV, Aphorismorum Hippocratis Commentar. — De morbi generibus. — De morborum differentiis. — De causis morborum libri III. — De generibus & differentiis symptomatum. — De causis symptomatum. — De temporibus morborum. — De Signis medicis libri IV. — De vrinis. — De officiis medici libri II. — De somno et vigilia libri II. — De consultandi ratione. — De febribus. — In lib. Galeni de febrib. ad Glauconem. — De vi purgantium. — De calidi significationibus. — Index.
♣ *Bibl. Trig.?* 1100

868

Argentré, Charles du Plessis d', 1673-1740.

Elementa theologica in quibus de autoritate ac pondere cujuslibet argumenti theologici diligenter et accuratè disputatur. Postremò etiam accedit, cùm de Fide Divinâ, tùm de summâ Ecclesiae Authoritate in proscribendis nominatim & damnandis perversis quibuscumque Scriptis, Tractatio. Autore Carolo du Plessis d'Argentré, Socio Sorbonico ... Parisiis, Apud Viduam Claudii Thiboust. Et Petrum Esclassan, 1702.

4 l., 344, 141, [3]p. 26cm.
Text in 2 col.
1st ed.
Errata: [pt. 1], p. 344; [pt. 2], p. [142]
★ DictAM I 843. — DictHGE IV 69. — DictTheol Cath I 1777. 1464

869

Argoli, Andrea, 1570-*ca.*1650.

(Andreae Argoli ...) Ephemerides exactissimae caelestivm motvvm; ad Longitudinem Almae Vrbis, et Tychonis Brahe hypotheses, ac deductas è Caelo accuratè obseruationes ab anno M.DC.XLI. ad annum M.DCC ... Omnia mirum quantum antea corrupta, nunc indefesso labore reconcinnata, & suae puritati restituta prodeunt. Lvgdvni, Sumptib. Ioan. Antonii Hvgvetan, & Marci Antonii Ravavd, 1659.

3v. illus. (incl. tables, diagrs.), plate, port. 22½cm.
Added t.-p. engr.
♣ *Anno Kam Hi 56 luna 1a die 4a Impr hunc librum cum 10 alijs dono dedit P Kiliano (vol. 1, 2).* 122

870

— Exactissimae caelestivm motvvm ephemerides, ad longitvdinem Almae Vrbis, et Tychonis Brahe Hypotheses, ac deductas è Caelo accuratè observationes ab anno 1641. ad annum 1700. Avctore Andrea Argolo ... Praeter Stellarum fixarum Catalogum, extat Tabula ortus, & occasus praecipuarum ad Borealis Poli Eleuationem à gr. uno ad sexaginta. Item supputatae singulis diebus in Meridie Lunae Latitudines. Patavii, Typis Pauli Frambotti, 1648.

3v. illus. (incl. tables, diagrs.), fold. plate. 22½cm.
Vol. 2, 945 (*i.e.* 915)p.
Added t.-p. engr. (v. 1)
Ms. marginal notes and corrections.
Errata on verso of t.-p. of v. 2, 3.
♣ *Francisci Baraneij (vol. 1, 2, 3).* 124

871

— o. c.

Vol. 2, p. 899-902, 911-914 wanting.
Ms. marginal notes and corrections.
♣ *V Provinciae Sinensis Soctis Jesv jn usu P. F. Clement (vol. 1, 2, 3).* 123

872

— o. c.

Vol. 2, p. 805-915 and v. 3 wanting.
«Tabvlae domorvm ad latitudinem grad. 57. vsque ad grad. 60» bound after p. 240 of v. 1.
♣ *Vice Provinciae Sinensis Soctis Jesv — casa de ham cheu (vol. 1, 2).* 125

873

— Exactissimae secvndorvm mobilivm tabvlae; iuxta Tychonis Brahe & Auctoris mixtas Hypotheses, accuratasque è Cœlo deductas, & ex tota Europa vndique sumptas nouiter obseruationes, Avctore Andrea Argolo ... Ad longitudinem gr. 38. min. 30. à Canarijs Insulis. Patavii, Typis Pauli Frambotti, 1650.

6 l., 338p. 22cm.
p. 333-336 wanting.
1st ed. Padua, 1634.
Errata: p. 338.
♣ *Missionis Sinensis Patrum Societatis Jesv. — Veyo da Resida de Cinanfu.* 24

874

— Primi mobilis tabvlae Andreae Argoli, Equitis &c. Patavii, Typis P. Frambotti, 1644.

2v. illus. (incl. port., tables, diagrs.) 22cm.
Vol 2 wanting.
Engr. ornamented t.-p.
1st ed. Rome, 1610. 121

875

— o. c.

♣ *Ex libris Jacobi Alberti van Hamme in Consilio Flandriae advocati 1670.* 109

876

Argoli, Andrea, 1570-*ca.*1650.

(Andreae Argoli ...) Secvndorvm mobilivm iuxta hypotheses Tychonicas et Cœlo deductas Obseruationes tabvlae ... Patavii, Typis Criuellarianis, 1634.

10 l., 64, [2]p., 8 l., 273-528p. illus. (incl. tables, diagrs.) 22½cm.
All tables are wanting; Argoli's Preface In Ephemerides and tables from p. 273 to p. 528 of Astronomicorum liber tertius, the 1st v. of Ephemerides, are bound there instead.
1st ed. 126

877

— Tabvlae primi mobilis Andreae Argoli à Tagliacozzo. Quibus veterum reiectis prolixitatibus directiones facillimè componuntur ... Romae, Ex Typographia Guilelmi Facciotti, 1610.

4 l., 55, [1], 1429, 249, [3]p. 23cm.
Signatures; $†^4$, aa-gg^4, A^6, B-Z^{12}; Aa-Zz^{12}, Aaa-Ooo^{12}, Ppp^1; A-K^{12}, L^7.
p. 37, 40 lines, 163×97mm.
p. 713-716 and p. 721-724 are bound after p. 720 and. p. 728 respectively.
Engr. ornamented t.-p.
1st ed.
Contents. — Canon. — Tabulae primi mobilis. — Tabvlae positionvm. — Errata.
♣ *P. Bongiorne.* 239

878

[**Arias Montano, Benito**] 1527*ca.*-1593.

[Commentarius in Esaiae Prophetae sermones. Antverpiae, Ex officina Plantiniana, Apud Ioannem Moretum, 1599]

vol. 2.
769-1463 (*i.e.* 1465), [5]p., 1 l. 24cm.
Signatures: ee-zz^4, AAA-ZZZ^4, aaa-zzz^4, AAa-ZZz^4.
p. 774, 44 lines, 188×112mm.
Author: Benito Arías Montano. *cf.* Epigram.
For title & imprint. *cf.* Caption title & colophon.
« Commentario huic in Isaiam initium factum Antverpiae anno 1574. intermissio inducta ad annum 1594 mense Octob. quo Hispali ex diuina ope finis repertus »: p. 1463.
1st ed.
★ DictHGE IV 142.
♣ *Bibl. Trig.* 3404

879

— (Benedicti Ariae Montani) Elvcidationes in qvatvor evangelia, Matthaei, Marci, Lvcae & Iohannis. Quibus accedunt eiusdem elucidationes in Acta Apostolorum. Antverpiae, Ex officina Christophori Plantini, 1575.

8 l., 461, [1]p., 1 l. 22cm.
Signatures: $†^4$, $††^4$, A-Z^4, a-k^4, l^6, m-v^4, x^6, y-z^4, Aa-Ll^4.
p. 2, 32 lines, 174×121mm.
1st ed.
★ DictHGE IV 142.
♣ *Bibl. Trig.* 1465

880

— (Benedicti Ar. Montani) Hymni et Secvla. Antverpiae, Ex officina Plantiniana, Apud Viduam, & Ioannem Moretum, 1593.

324, [2]p. 12cm.
Signatures: A-V^8, X^3.
p. 5, 29 lines, 92×56mm.
Title within woodcut ornamental border.
1st ed.
« Ecclesiastes, Hvmanarvm rervm actionvmqve svmma » p. 292-324.
★ Brunet I 422. 3138

881

— Natvrae historia, prima in magni operis corpore pars, Benedicto Aria Montano descriptore ... Antverpiae, Ex Officina Plantiniana, Apud Ioannem Moretum, 1601.

4 l., 525 [1]p., 1 l, illus. 24½cm.
Signatures: $†^4$, A-Z^4, a-z^4, Aa-Vv^4.
p. 3, 46 lines, 196×119mm.
1st ed.
★ DictHGE IV 129.
♣ *Bibl. Trig.* 909

882

— (Ben. Ariae Montani Hispalensis) In XXXI. Davidis Psalmos priores commentaria. Antverpiae, Ex officina Plantiniana, Apud Ioannem Moretum, 1605.

4 l., 404, [24]p., 2 l. 25cm.
Signatures: $†^4$, A-Z^4, Aa-Zz^4, Aaa-Hhh^4.
p. 3, 41 lines, 197×119mm.
1st ed.
Index: p. [405]-[428]
♣ *Bibl. Trig.* 1174

883

[— De varia Republica sive commentaria in librum Judicum. Antverpiae, In officina Plantiniana, Apud Vidvam, et Ioannem Moretum, 1592]

4 l., 703, [15]p., 1 l., fold. map. 24cm.
Signatures: $†^4$, A-Z^4, a-z^4, Aa-Zz^4, AA-XX^4.
p. 3, 42 lines, 180×114mm.
t.-p. wanting.
For title, etc. *cf.* Caption title and colophon.
1st ed.
Index & errata: p. [705]-[716]
★ DictHGE IV 142.
♣ *Bibl. Trig.* 1181

884

Aristarchus, *fl.* 280-264 B. C.

(Aristarchi) De magnitvdinibvs, et distantiis solis, et lvnae, liber; cvm Pappi Alexandrini explicationibus quibusdam. A Federico

Commandino Vrbinate in latinum conuersus, ac commentariis illustratus ... Pisavri, Apud Camillum Francischinum, 1572.

3 l., 38 numb. l. 18½cm.
Signatures : †^{3}, A-I^{4}, K^{2}.
f. 2a, 33 lines, 133×81mm.
Bound with : Bagdedin, M. De superficierum divisionibvs, Pisavri, 1570 and others.
★ Brunet I 449. 367a

885

Aristoteles Stagirita, 384-322 B. C.

(Aristotelis Stagiritae) Omnia qvae extant opera Nunc primum selectis translationibus, collatisque cum graecis emendatissimis exemplaribus, Margineis scholijs illustrata, & in nouum ordinem digesta : Additis etiam nonnullis libris nunquam antea latinitate donatis : Averrois Cordvbensis in ea opera omnes qvi ad nos pervenere Commentarii, Aliique ipsius in logica, philosophia, & medicina libri : Quorum aliqui non amplius à Latinis visi, nuper à Iacob Mantino sunt conuersi : alij ab eodem clarius ac fidelius, quàm vnquam antea ab alijs, translati : Caeteri ex manuscriptis, optimisq́ codicibus Philosophorum hac nostra aetate celeberrimorum, innumeris penè locis diligentissime castigati : Singuli compluribus margineis scholijs exornati. Levi Gersonidis Annotationes in Auer. expositionem super logices libros, Latinis hucusq́ incognitę eodem Iacob Mantino interprete. Graecorum, Arabum, & Latinorum monumenta quaedam, ad hoc opus spectantia. M. Antonij Zimarae in Aristotelis & Auerrois dicta Contradictionum Solutiones. Io. Baptistae Bagolini Veronensis labore, ac diligentia ... Venetiis, Apud Ivntas, 1550-52 [v. 1, 1552]

11v. illus. 30½cm.
Vol. 2, 3; v. 5, t.-p., l. 1; v. 10, l. 138; v. 11, l. 68 wanting.
Text in 2 col.
Vol. 1, 4, 7, have colophon : Venetijs, apud haeredes Lucaeantonij Juntae, 1552.
Vol. 5, 6, 8-11 have colophon : Venetijs, apud haeredes Lucaeantonij Juntae Florentini, 1550.
Contents. — **v. 1.** Organon, cum Averrois variis commentariis et Levi Ghersonidis annotationibus. — **v. 4.** De physico auditu cum Averrois commentariis. — **v. 5.** De coelo cum Averrois commentariis. — De generatione et corruptione cum Averrois commentariis. — Meteorologica cum Averrois media expositione. — De plantis. — **v. 6.** Libri omnes ad animalium cognitionem attinentes cum Averrois commentariis. — **v. 7.** Extra ordinem naturalium varii libri, quibus nonnulli additi sunt Aristoteli ascripti : Alexandri Problematum libri II. — **v. 8.** Metaphysicorum libri XIV. cum Averrois commentariis et epitome. — Theophrasti Metaphysicorum liber. — **v. 9.** Averrois Sermo de substantia orbis. — Destructio destructionis philosophiae Algazelis. — De animae beatitudine. — **v. 10.** Averrois Colliget libri VII. — Cantica Avicennae cum Averrois commentariis. — **v. 11.** M. Antonii Zimarae Contradictionum solutiones. — Eiusdem Quaestio de primo cognito.
Bound with : (at end of v. 11) Zimara, M. A. Tabula dilucidationum in dictis Aristotelis & Auerrois, Venetiis, 1552; Theoremata, Venetiis, 1553.
♣ *Bibl. Trig.* 3438

886

— [Ethicorũ Aristotelis opus, Argyropylo Byzantino traductore, cum luculenta disertissimi viri magistri Hilberti Crab, arguti philosophie interpretis explanatione, singulorũq́ capitum summariis et annotatiũculis per eum adjectis, ac cuiuscũq́ tractatus et capitis tabula per sacre theologie professorem et oratorem eximium magistrum nostrum Egidium Delphũ edita. Inserto preterea repertorio alphabetico fragmentorum vtiliũ & notãdorum, ad libros et folia remissivo. Caracteribus primũ impressorijs exaratum per Jacobũ Mareschal calcographũ : sumptib⁹ vero fidelis bibliopole Simonis Vincentij, Anno verbi incarnati Mcccccxvij, Kalẽdis Aprilibus]

10 l., cli numb. l. 29cm.
Signatures : a^{6}, aa^{4}, b-z^{6}, A-B^{6}, C^{7}.
f. iiia, 64 lines, 209×134mm.
t.-p. wanting.
Text in 2 col.
For title. *cf.* Colophon.
1st ed. of Argyropulus version, Florence, *ca.* 1480.
Index at beginning.
Bound with : Almain, J. Aurea opuscula, Parrhisiis, 1518. — Cornel, A. Questiones logice secundum viam realium et nominalium, Paris.
★ Brunet I 466.
♣ *PP. Gallor. SJ. Pekin.* 3119

887

— (Aristotelis Stagiritae) Organvm, qvod logicam appellant ... Tomus Primus. Lvgdvni, Apud Ioannam Iacobi Iuntae F. 1579.

637p. incl. diagrs. 12½cm.
Signatures : a-z^{8}, aa-qq^{8}, rr^{7}.
p. 5, 29 lines, 95×51mm.
t.-p. spoiled.
Contents. — Aristotelis vita — Porphyrii Phoenicei introdvctio, Severino Boetho interprete. — Praedicamenta, S. Boetho interprete. — Gilberti Porretani, Peripatetici Sex principiorum liber. — De interpretatione libri duo, S. Boetho interprete. — Priorum resolutoriorum libri duo, I. F. Burana interprete — Posteriorum resolutoriorum libri duo, I. F. Burana interprete. — Topicorum libri octo. — Elenchorum libri duo.
♣ *Nobilis argentr ... (?) Dominus philibertus de porterio 1589.* 3429

888

— (Aristotelis Stagiritae) Parva natvralia De Sensu & sensili. De Memoria & reminiscentia. De Somno & uigilia. De Insomniis.

De Diuinatione per somnia. De Animalium motione. De Animalium incessu. De Extensione & breuitate vitae. De Iuuentute & Senectute, Morte & Vita, & de Spiratione. Omnia in latinum conuersa & antiquorum more explicata. â N. Leonico Thomaeo ...

11 l., CCXLV (*i.e.* CCLV) numb. l. incl. diagrs. 30cm.
Signatures : AA-BB6, A-Z8, &8, †8, R8, A-E8, F7.
f. III a, 47 lines, 202×126mm.
t.-p. and l. CIIII, CCIIII, CCLV spoiled.
Title within woodcut ornamental border.
Manuscript corrections.
Colophon [spoiled] : [?] hunc ex Impressione repesentauerunt [*sic*] Bernardinus [?] eus fratres Vitales Veneti Anno Dñi M. D. [?] [1523/33] Mense Junii Regnante Inclyto Ven(e)torum Duce Andrea Grittaeo.
Printing licence for 10 years, by Pope Adrian VI, dated 1523.
Andrea Gritti was doge of Venice from 1523 to 1538.
♣ *Bibl. Trig.* 2857

889

Arras, Jean d', *SJ,* 1608-1666.

Practica tractatvvm aliqvot mathematicorvm epitome. Authore R. P. Joanne d' Arras, Societatis Iesv. Montibvs-Hannoniae, Typis Simeonis de la Roche, 1664.

4 l., 168p. 3 fold. tables, 9 fold. diagrs. 18½cm.
Author's ms. presentation dated 1664 on recto of front guard leaf.
1st ed.
★ Sommerv I 576 n° 2.
♣ *Rdo Patri in Xo P. Huberto Wiltheim Collegij Duacensis Soctis Jesv Rectori Cum apprecatione faustissimi anni Bissextilis 1664 J. D'Arras.* 555

890

Arrianus, Flavius, *ca.* 96-180.

(Arriani historici et philosophi) Ponti Euxini & Maris Erythraei Periplus, ad Adrianum Caesarem. Nunc primùm è Graeco sermone in Latinum versus, plurimisque mendis repurgatus. Accesserunt & Scholia, quae luculẽtam Regionum, Gentium, Insularum, Oppidorum, Fluminum, Mercium, caeterarúmque rerum memorabilium vtriusque Peripli descriptionem continẽt, ex accurata veterum ac recentiorum authorum collatione ... Addita est praeter loca, que solers Lusitanorum penetrauit nauigatio, omnium cùm Oppidorum, quae Danubius irrigat : tum Fluuiorum, qui in eum deuoluuntur, diligens & iucunda obseruatio, Praeterea ipsius Ponti Chorographica tabula. Io. Gvilielmo Stvckio Tigvrino avthore. Cum gemino indice rerum scitu dignarum quae in vtroque Periplo explicantur. Genevae, Apvd Evstathivm Vignon, 1577.

12 l., 193 (*i.e.* 197), [25]p. fold. map. 33½cm.
Signatures : †-†††4, A-Q6, R-T4, V3.
p. 3, 53 lines, 250×132mm.
Map bound upside down.
1st ed.
★ Brunet I 497.
♣ *Bibl. Trig.* 750

891

[**Artis** rusticae methodus. Basileae, apud P. Pernam, 1576]

8? l., 494, [22]p. 18cm.
Signatures : A-B4, a-z8, A-I8, K3.
p. 3, 34 lines, 127×74mm.
4? l. (t.-p. and part of preface) wanting.
For title & imprint. *cf.* Caption title, preface, & Thierry's Catalog. p. 131.
Contents. — Methodus rustica. — Cato, M. P. De re rustica. — Varro, M. T. De re rustica libri III. — Index.
♣ *Bibl. Trig.* 3499

892

Aspilcueta, Martim, 1492-1586.

Enchiridion; sive, Manvale confessariorvm et poenitentivm, Omnium pene dubiorum resolutionem complectens, quae communiter in sacris confessionibus occurrere solent circa peccata, restitutiones, absolutiones, censuras, & irregularitates. Auctore Martino Azpilcveta, Doctore Navarro. Ab auctore postremo recognitum, & paulo ante mortem ab ipsomet locupletatum; nunc citationibus ad marginem relegatis, indicibus necessariis exornatum, & quibusdam aliis accessionibus auctum ... Wirceburgi, Apud Georgivm Fleischman, 1593.

8 l., 1042, [100]p. 18½cm.
Signatures : †8, A-Z8, Aa-Zz8, Aaa-Zzz8, Aaaa-Bbbb8, Cccc3.
p. 9, 43 lines, 143×77mm.
1st Spanish ed. Salamanca, 1552.
1st Latin ed. Rome, 1572.
★ DictHGE V 1368. — DictTheolCath I 2119.
♣ *Joannis Schepperi. — Stamp of Mgr Polyc. de Souza. — Francisci van den Uid ... (?) 1674.* 1294

893

Assonville, Guillaume d', 1564-1597.

Atheomastix sive Adversvs religionis hostes universos (politicos maxime) dissertatio. Auctore Nobili ac erudito viro Gvilielmo ab Assonlevilla Domino de Bouchault. Antverpiae, Ex officina Plantiniana, Apud Ioannem Moretum, 1598.

128, [2]p., 1 l. 18½cm.
Signatures : A-G8, H10.
p. 15, 27 lines, 145×80mm.
1st ed.
Bound with : Sedulius, H. *OFM.* S. Ludovici, Episcopi Tolosani, vita, Antverpiae, 1602 and others. 3250a

894

Astruc, Jean, 1684-1766.

De morbis venereis libri novem in quibus disseritur tum de origine, Propagatione & Contagione horumce affectuum in genere : tùm de singulorum Naturâ, Aetiologiâ & Therapeiâ, cum brevi Analysi & Epicrisi Operum plerorumque, quae de eodem argumento scripta sunt. Auctore Johanne Astruc ... Editio altera, Auctior & emendatior, in quâ additae sunt Duae dissertationes novae. Lutetiae Parisiorum, apud Guillelmum Cavelier, 1740.

2v. 25½cm.
Paged continuously.
2 l., xxxvi, 536, [dxxxvii]-dcviiip., 3 l., [537]-1196p.
1st ed. 1736.
« Dissertatio I. De origine, appellatione, natura & curatione morborum venereorum inter Sinas : » v. 1, p. [dxxxvii]-dlxvi.
« Index auctorum : » v. 2, p. 1135-1148.
Index: v. 1, p. [dlxviii]-dcviii; v. 2, p. [1151]-1196.
★ DictHGE IV 1255.
✤ *PP Gallor SJ. Pekin. Dono authoris.* 910

895

Athanasius, *Saint,* 296*ca.*-373.

(Sancti Patris nostri Athanasii Archiepiscopi Alexandrini) Opera omnia quae extant vel quae ejus nomine circumferuntur, Nova Latina Interpretatione donata : multis aucta : Praefationibus, & Notis illustrata : nova Sancti Doctoris Vita, & copiosissimis Indicibus locupletata. Opera & studio monachorum Ordinis S. Benedicti e Congregatione Sancti Mauri. Novissimis nunc curis emendatiora, & Quarto Volumine aucta. Patavii, Ex typographia Seminarii, Apud Joannem Manfrè, 1777.

3 t. in 2. front., map. 37cm.
Text in 2 col.
1st ed. by Maurists, Paris, 1698.
★ Brunet I 534. — DictAM I 1047. — DictHGE IV 1313. — DictTheolCath I 2154.
✤ *Stamp of Mgr Alex. de Gouvea.* 1463

896

Atlas. Amsterdam. *17th cent.*

55 maps. double (25 hand-col.), 4 double plates. 56×33½cm.
3 of the maps are celestial planispheres.
Maps engraved by Charles Allard, Cornelis Danckerts, Theodorus Danckerts, Justus Danckerts, Jacques de la Feuille.
✤ *Dono Imperatoris Camhi Patri Dominico Parrenin Soc. Jesu. — Atlas datum ab Imperatore Kang-Shi Pri Parennin Soc. Jesu.* 3592

897

[Aubert, Charles] *ed.*

C. Cornelii Taciti, et G. Velleii Patercvli Scripta qvae exstant : Recognita, emaculata : Additique Commentarii copiosissimi; & Notae non antea editae, vti sequens pagina indicabit. Parisiis, E Typographia Petri Chevalier, 1608.

12 l., 276, 708, [156], 151p. 35cm.
Signatures : a⁸, e⁴, A-Z⁶, Aa-Zz⁶, Aaa-Zzz⁶, Aaaa-Oooo⁶, a-z⁶, aa⁶, bb⁴.
[v. 2], p. 251, 68 lines, 279×158mm.
Illus. t.-p. & p. 1. spoiled.
Woodcut head-pieces.
Ed. by Charles Aubert. *cf.* Editor's preface.
1st ed.
Contents. — Chronologia historiae Taciti. — Tacitus, C. Annalivm lib. XVI. Historiarum lib. V. De moribvs Germanorum. De vita Julij Agricolae. — Quintilianus, M. F. Dialogvs. De causis corruptae eloquentiae, ambigui scriptoris. — Lipsius, J. In Taciti Annalium libros Excursus XIV & notae. — Ad Taciti Opera commentarii XVI. — Gruter J. Loci communes in Tacitum. — Index ad Lipsii commentaria. — Velleius Paterculus, G. Historiae Romanae libri II. Index. — Ad Velleii libros commentarii X.
✤ *Bibl. Trig.* 1910

898

Augustinus, Aurelius, *Saint,* 354-430.

(D. Avrelii Avgvstini Hipponensis Episcopi et Doctoris praecipvi) Opera tomis decem comprehensa : per Theologos Lovanienses ex manuscriptis codicibus multo labore emendata & ab innumeris erroribus vindicata : Illustrata praeterea eruditis censuris, & locupletata multis homilijs & aliquot epistolis eiusdem B. Avgvstini, antea non editis. Et nunc postremo nouissima hac nostra editione accuratissime castigata, & non poenitenda accessione aucta. Cum Indice tripartito. Lvgdvni [v. 1, 2, 6-11]; Parisiis [v. 3, 4] 1586.

11v. in 6. 40½cm.
Vol. 5; v. 4, p. 457-? wanting.
Vol. 10, p. 455-458 bound in v. 2 between p. 152 and 153.
Text in 2 col.
Ms. marginal notes (v. 10)
Vol. 1, 8-11 have colophon : Excudebat Ioannes Qvadratvs, typographvs Lvgdvnensis, 1585.
1st ed. « per Theologos Lovanienses » Antwerp, 1577.
Contents. — **t. 1.** Retractationes. Confessiones. Varia opera philosophica et polemica adversus Manichaeos. — **t. 2.** Epistolae S. Augustini. — **t. 3, 4.** Scripta didactica. — **t. 6.** Decertationes adversus haereses, praecipuè Judaeorum, Manichaeorum, Priscillianistarum, Arianorum et Joviniani. — **t. 7.** Reliqua pars Polemicorum, in alias duas divisa, quarum priore adversus Donatistas, posteriore contra Pelagianos dimicat. — **t. 8.** Enarrationes in Psalmos. — **t. 9.** Expositiones ad populum factae in novum Testamentum, cum aliis varii generis opusculis. — **t. 10.** Sermones ad populum et clerum. — **t. 11.** Possidius : De vita Augustini, & Indiculus librorum. — Index triplex : librorum, rerum et sententiarum, locorum S. Scripturae.
★ DictTheolCath I 2315.
✤ *Ad usum Pris Franci de Druion (?) et Deinde Ad vsum F. Caroli Horatij à Castorano Reg : Obs : S. P. Franc: ci* 1421

899

Augustinus Aurelius, *Saint,* 354-430.

(Sancti Aurelii Augustini Hipponensis Episcopi) Meditationes, Soliloquia & Manuale. Accedunt etiam ejusdem Sancti Auctoris opuscula inscripta Scala Paradisi & De contritione cordis ... Opera et studio Monachorum Ordinis S. Benedicti e Congregatione S. Mauri. Bassani, Sed Prostant Venetiis Apud Remondini, 1774.

216p. 14×7½cm.
Ms. title in Greek on recto of front guard leaf.
2554

900

Aulus-Gellius, *2nd cent.*

(Avli Gellii lvcvlentissimi scriptoris) Noctes Atticae : nvnc denvo ab infinitis, qvibvs scatebant mendis, summa ac diligenti cura repurgatae : atque pristinae integritati restitutae. Venetiis, Ioan. Gryphius excudebat, 1556.

24 l., 591, [1]p. 15½cm.
Signatures : A-C^8, A-Z^8, AA-OO^8.
p. 3, 29 lines, 117×69mm.
Ms. marginal notes.
1st ed. Rome, 1469.
Index at beginning.
♣ *Juliani Compagni codex. — Stae Mariae Coronatae papiae. — ex lib. Illmi Rmi Pae Alexni (Mezzabarba)* 3159

901

Ausonius, Decimus Magnus, 309-394.

(D. Magni Avsonii Bvrdigalensis V. C.) Opera, Ex recognitione Iosephi Scaligeri, Ivl. Caes. F. Ex officina Plantiniana Raphelengii, 1612.

238p. 11cm.
Signatures : A-O^8, P^7.
p. 5, 40 lines, 86×44mm.
Ms. on verso of front guard leaf.
1st ed. 1575.
Contents. — Epigrammata. — Ephemeris. — Parentalia. — Commemoratio professorum Burdigalensium. — Epitaphia. — De Caesaribus. — Ordo nobilium urbium. — Ludus septem sapientum. — Edyllia. — Eclogarium. — Epistolae. — Gratiarum actio pro consulatu. — Iliados et Odysseae periocha. — Q. Symmachi et P. Paulini ad Ausonium epistolae. — Varia.
★ DictHGE IV 773.
♣ *V. Provinciae.* 3143

902

Avancini, Nicola, *SJ,* 1612-1686.

Imperium Romano-Germanicum, sive Quinquaginta imperatorum ac Germaniae regum elogia : Augustissimo Romanorum Imperatori Leopoldo, Ab Antiquissima ac Celeberrima Universitate Viennensi oblata : A Nicolao Avancino e Soc : Jesu concinnata. Viennae Austriae In Officina Typographica Matthaei Cosmerovij, 1663.

8 l., 487p. incl. ports. 19½cm.
1st ed. 1658.
★ DictHGE V 991. — Sommerv VIII 1711 n° 14.
3008

903

— Orationes Nicolai Avancini, è Soc. Jesu, In tres Partes divisae, Quarum Prima continet Orationes, De Deo & Deo-homine; Secunda, De B. Virgine & Sanctis; tertia, Panegyres, Epicedia, Prolusiones, & Exercitationes Oratorias. Coloniae Agrippinae, Apud Hermannum Dehmen, 1675.

3v. in 2. 13½cm.
Vol. 3 (pt. 3) wanting.
1st ed. Vienna, 1656-60.
★ Brunet I 578. — Sommerv I 672 n° 12.
♣ *Collegij S. J. Pekini.* 2782

904

— Poesis dramatica Nicolai Avancini E Societate Iesv. [v. 1] Coloniae Agrippinae, Apud Joannem Wilhelmum Friessem, 1674; [v. 2] Viennae Austriae, Typis Joannis Jacobi Kürner, 1669; [v. 3] Viennae Austriae, Typis Matthaei Cosmerovij, 1671.

5v. 13cm.
Vol. 4, 5 wanting.
Added engr. ornamented t.-p.
1st ed. 1655-71.
Contents. — **pt. 1.** Ambitio. Suspicio. Curae caesarum pro Deo & populo. Saxonia conversa. Pax imperii anni Domini MDCL. — **pt. 2.** Zelus. Pietas victrix. Fides conjugalis. Fiducia in Deum. Dei bonitas de humana pertinacia victrix. Connubium meriti et honoris (1st ed.). — **pt. 3.** Tyrannis Idokerdi, Italico idiomate scripta a Francisco Sbarra. Hermenegildus, scripta Italico idiomate ab Emmanuele Thesauro. Olaus Magnus, Norvegiae rex. David per Saulis persecutionem ad regnum Israëlis evectus. Sidrach, Misach et Abdenago (1st ed.)
★ Brunet I 577. — Sommerv I 671 n° 11 (vol. 1 ed. wanting). 3238

905

— Poesis lyrica Nicolai Avancini e Societate Jesu, Qua continentur Lyricorvm libri IV & Epodon liber unus. Viennae Austriae, Typis Matthaei Cosmerovij, 1659.

5 l., 525, [1]p. 13cm.
1st ed.
Errata : p. [526]
★ Brunet I 578. — Sommerv I 673 n° 16. 3032

906

Avendaño, Diego de, *SJ,* 1596-1688.

Cvrsvs consvmmatvs, sive Recognitiones theologicae, expositivae, scholasticae, et morales, Utilia multa, & specialia continentes generaliter, & pro Indiis circa earum Thesaurum, Superinductae Operibus R. P. Didaci De Avendaña Societatis Jesu, Eôdem Auctore. Antverpiae, Apud Hieronymum Verdussen, 1686.

6 l., 515, [22]p. 35½cm.
2v. in 1.
Text in 2 col.
1st ed.
Index & errata : p. [517]-[538]
★ DictHGE V 1021. — Sommerv I 683 nº 4. — Streit I 307 nº 698.
♣ *Stamp of Mgr Polyc. de Souza.* 1484

907

Avendaño, Diego de, *SJ,* 1596-1688.

(R. P. Didaci de Avendaño Societatis Iesv, Segoviensis ...) Thesavrvs Indicvs, sev Generalis instrvctor pro regimine conscientiae, in iis quae ad Indias spectant ... Antverpiae, Apud Iacobvm Mevrsivm, 1668-75.

5v. in 3. 34cm.
Text in 2 col.
Vol. 3 has title : Avctarivm Indicvm sev tomvs tertius ad Indici thesauri complementum.
Vol. 4 has title : Avctarii Indici tomvs secvndvs, sev thesavri tomvs qvartus.
Vol. 5 has title : Avctarii Indici tomvs tertivs, sev Thesavri tomvs qvintvs.
1st ed.
Contents. — **t. 1.** Ea quae ad civilem praesertim conducunt gubernationem. Index rerum & additiones. — **t. 2.** Circa spiritualia totus : sacramenta, praecepta Ecclesiae, privilegia pro ipsis, indulgentias et sacrorum hominum status. Index rerum & additiones. — **t. 3, 4, 5.** Auctarium Indicum, ad Indici Thesauri ornatius complementum, multa ac varia complectens extra rem Indicam (de theologia morali & jure canonico) sacrarum professoribus profutura. Indices.
For the continuation see Avendaño, Diego de, *SJ.* Cvrsvs consvmmatvs.
★ DictTheolCath I 2628. — Sommerv I 682 nº 4. — Streit I 268 nº 618, 283 nº 649.
♣ *Stamp of Mgr Polyc. de Souza.* 3385

908

Averoult, Antoine d', *SJ,* 1553-1614.

Flores exemplorvm avctore R. P. Antonio Davrovltio Societatis Iesv Sacerdote, siue Catechismvs historialis. Opvs svmma fide, diligentia et mvltorvm annorvm stvdio, ex quingentis qvinqvaginta amplivs probae notae Scriptoribus, tum sacris, tum profanis collectum. In qvo fides Catholica miracvlis paene innvmeris, et exemplis Sanctorvm ... confirmatur : annotatis vbique suis Auctoribus & locis. Editio postrema. Adjecto Qvadrvplici Indice, Avctorvm, Capitum, Rerum, & Sanctorum praecipuorum. Coloniae Agrippinae, Apud Ioannem Kinchivm, 1624.

4 pt. in 2. 24½cm.
Pt. 3, 4 wanting.
Text in 2 col.
1st French ed. Douai, 1603.
1st Latin ed. Douai, 1614.
Contents. — **pt. 1.** De fide et symbolo fidei. De oratione Dominica, et salvtatione angelica. — **pt. 2.** De charitate & Decalogo. De quinque praeceptis Ecclesiae.
★ DictHGE V 1031. — Sommerv I 687. 1699

909

— Flores exemplorum avctore R. P. Antonio Davrovltio Societatis Iesv Sacerdote, Sive Catechismus historialis. Opvs svmma fide, diligentia et mvltorvm annorvm stvdio, ex qvingentis qvinqvaginta amplivs probae notae Scriptoribus, tum sacris, tum profanis collectum. In qvo fides Catholica miracvlis paene innumeris, et exemplis Sanctorum ... confirmatur : annotatis vbique suis Auctoribus & locis. Adiecto qvadrvplici Indice, avctorvm, capitvm, Rerum, & Sanctorum praecipuorum. Coloniae Agrippinae, Apud Ioannem Kinchium, 1656.

4 pt. in 2. 23cm.
Pt. 3, 4 wanting.
Text in 2 col.
★ Sommerv I 687.
♣ *V Provinciae Sinensis Soc. Jesu.* 1668

910

— Florvm exemplorvm, sive Catechismi historialis, avctore R. P. Antonio Davrovltio, e Societate Iesv, pars II ... Coloniae Agrippinae, Sumptibus Ioannis Kinckii, 1629.

v. 2. 23½cm.
The complete set consists of 4 v.
Text in 2 col.
Contents. — **pt. 2.** De charitate & Decalogo. De quinque praeceptis Ecclesiae.
★ Sommerv I 687.
♣ *China dentro com Lçª de N R. P.ᵉ Geral. Aluro eSmedo.* 3401

911

Avicenna, 980-1037.

[Artis chemicae principes : Avicenna atque Geber. Basileae, ex officina Perniana, 1572?]

13 l., 767, [32 ?]p. illus. 15½cm.
Signatures : †-††⁸, a-z⁸, A-Z⁸, Aa-Dd⁸, ? (††₈, blank)
p. 2, 30 lines, 115×64mm.
3 p. l. (incl. t.-p.) and some pages of index wanting.
p. 465-480 bound after 496.
For title, imprint, etc. *cf.* Epistola, caption title, & NouvBiogrGén III 860.
Ms. marginal notes.
1st ed. Basel, 1572.
Contents. — Liber Abuali Abincine De anima in arte alchemiae : Prologus, Tabula, Porta elementorum, Dictiones X. — Gebri Arabis philosophi, *Περὶ γημειας* libellus, quem inscripsit De investigatio-

ne perfectionis. — Ejusdem libri duo, De summa perfectionis, sive perfecti magisterii. — Eiusdem liber De inventione veritatis. — Ejusdem Liber fornacum, interprete Rodogero Hispalensi. — Index.

♣ *Bibl. Trig.?* 2899

912

Avila, Esteban de, *SJ,* 1549-1601.

De censuris ecclesiasticis tractatus. Per Stephanum de Avila Abulensem, Presbyterum Societatis Iesv ... Nunc denuò in lucem emissus, & multis mendis expurgatus ... Lvgdvni, Apud Horatium Cardon, 1609.

12 l., 422, [68]p. 24½cm.
Signatures: †-†††⁴, A-Z⁴, Aa-Zz⁴, AAa-PPp⁴, QQq⁴.
p. 3, 48 lines, 196×123mm.
Title printed within an engraving.
Text in 2 col.
Ed. by Alonso Messia Venegas, *SJ. cf.* Dedication.
1st ed. Lyons, 1608.
Index: p. [423]-[490]
★ DictHGE V 1186. — Sommerv I 699 nº 1 (ed. wanting).
♣ *Bibl. Trig.?* 2418

913

Ayroli, Giacomo Maria, *SJ,* 1660-1721.

De praestantia linguae sanctae oratio Habita in Collegio Romano a Jacobo Maria Ayrolo Societatis Jesu linguarum professore. Romae, Ex Typographia Antonii de Rubeis, 1705.

4 l., 39p. 23cm.
1st ed.
★ Sommerv I 718 nº 2. 3637

914

Azor, Juan, *SJ,* 1535-1603.

(R. P. Ioannis Azorii Lorcitani, Societatis Iesv Presbyteri Theologi) Institutiones morales, in qvibvs vniversę qvaestiones ad Conscientiam recte aut prauè factorum pertinentes, breuiter tractantur. Nunc primùm in Germania editae ... Coloniae Agrippinae, Apud Antonium Hierat, 1613-18.

3v. 30½cm.
Vol. 1, p. 557-560 wanting and supplied by a ms.
Vol. 2 & 3 paged by column.
Engr. ornamented t.-p.
Text in 2 col.
1st ed. Rome, 1600-11.
Index at beginning of v. 2 and end of v. 1, 3.
★ DictHGE V 1364. — DictTheolCath I 2653. — Sommerv I 740 (ed. wanting). 1479

915

— Institvtionvm moralivm, in qvibvs vniversae qvaestiones ad conscientiam rectè, avt pravè factorvm pertinentes, breuiter tractantur [*sic*]. Avctore Ioanne Azor Lorcitano, Societatis Iesv, Presbytero Theologo. Omnia svnt vel ex Theologica Doctrina, vel ex Jure Canonico, vel Ciuili, vel ex probata rerum gestarum narratione desumpta: & confirmata testimoniis vel Theologorum, vel Iuris Canonici, aut Ciuilis Interpretum, vel Summistarum, vel denique Historicorum. Cum Indice Rerum & verborum copiosissimo. Editio postrema caeterarum omnium tersissima. Lvgdvni, Sumptibus Horatij Cardon, 1610.

3v. 36½cm.
Vol. 3 wanting.
Vol. 2, col. 485-524 paged irregularly.
Text in 2 col.
Colophon: Lvgdvni, ex typis Petri Rovssin, 1610.
★ Sommerv I 738.
♣ *Bibl. Trig.* 1522

B

916

Baccio, Andrea, *fl. 2nd half of 16th cent.*

De natvrali vinorvm historia De vinis Italiae Et de conuiuiis Antiquorum libri septem Andreae Baccii Elpidiani Medici ... Accessit de factitiis, ac cervisiis, deq; Rheni, Galliae, Hispaniae, & de totius Europae Vinis et de omni Vinorum usu compendiaria tractatio ... Romae, Ex officina Nicholai Mutij, 1596.

14 l., 370p., 1 l. illus. 33cm.
Signatures: A⁴, †⁴, ††⁴, B-Z⁴, Aa-Zz⁴, Aaa-Bbb².
p. 2, 52 lines, 249×139mm.
Engr. ornamented t.-p.
Colophon dated 1597.
1st ed.
Index at beginning.
Errata: p. [371]
★ Brunet I 599.
♣ *Bibl. Trig.* 873

917

— De thermis Andreae Baccii Elpidiani, Medici, atque Philosophi, ciuis Romani, libri septem. Opvs locvpletissimvm ... In qvo agitvr de vniversa aqvarvm natvra ... De Lacubus, Fontibus, Fluminibus. De balneis totivs orbis, & de Methodo medendi per Balneas. Deqve lavationvm, simvl atqve Exercitationum institutis in admirandis Thermis Romanorum ... Venetiis, Apud Vincentium Valgrisium, 1571.

32 l., 509 (*i.e.* 511) p. incl. plan. 30½cm.
Signatures: A⁴, b-c⁶, f⁴; A-Z⁶, Aa-Nn⁶, Oo⁸, Pp-Ss⁶, Tt-Vv⁴.
p. 2, 47 lines, 224×135mm.
p. 301-324 bound upside down.
1st ed.
Index at beginning.
★ Brunet I 599.
♣ *Bibl. Trig.?* 920

918

Bacon, Roger, 1214-1294.

(Rogerii Bacconis Angli ...) Specvla mathematica : In Qua, de speciervm mvltiplicatione, earundemque in inferioribus virtute agitur. Liber ... Editus Opera & studio Joannis Combachii ... Francofvrti, Typis Wolffgangi Richteri, sunptibus Antonij Hummij, 1614.

4 l., 83p. incl. diagrs. 21½cm.
Signatures : †^{4}, A-K^4, L^2.
p. 3, 33 lines, 154×102mm.
This work is the fourth part of « Opus majus. »
1st ed.
Bound with : Fabricius, J. De maculis in sole, Witebergae, 1611 and others. 350h

919

Baerle, Gaspard van, 1584-1648.

(Casparis Barlaei Antverpiani) Poemata. Editio V, Altera plus parte auctior ... Amstelodami, Apud Ioannem Blaev, 1655.

2v. 13×7½cm.
Vol. 2, t. p. wanting.
1st ed. Amsterdam, 1645.
Contents. — **pt. 1.** Poematum heroicorum libri IV. — **pt. 2.** Elegiarum libri III. Poematum miscellaneorum libri II. 3107

920

Baius, Jacques, *d.* 1614.

Institvtionvm Religionis Christianae Libri IV. Ad Catechismi Romani methodum, ex Concilij Tridentini praescripto, concinnati; Qui totius Scientiae Theologicae compendium Omnibus verbi divini praeconibus inprimis accommodatum opus et utile, Editio recens et prima. Cui accessere de Venerabili Evcharistiae Sacramento et Sacrificio libri III. Auctore Iacobo Bayo, S. Theologiae Doctore ... Lovanii, Ex officina Flaviana, 1612.

12 l., 711p. 33cm.
Signatures : †-††^{6}, A-Z^6, Aa-Zz^6, Aaa-Bbb^6, Ccc^8, Ddd-Nnn^6.
p. 3, 60 lines, 282×138mm.
Engr. ornamented t.-p.
Text in 2 col.
1st ed. of « Institutiones »; 1st ed. of « De ven. Eucharistiae Sacr. » Louvain, 1605.
Index at beginning.
♣ *Bibl. Trig. ?* 1543

921

— Institvtionvm religionis Christianae libri IV. Ad Catechismi Romani methodum, ex Concilij Tridentini praescripto, concinnati; Qui totius scientiae Theologicae Compendium, omnibus verbi divini praeconibus inprimis accommodatum opus & utile. [*sic*] Avctore Iacobo Bayo, S. Theologiae Doctore ... Coloniae, Agrippinae, Sumptibus Conradi Bvtgenii, 1620.

12 l., 808p. 20½cm.
Signatures : †^{8}, ††^{4}, A-Z^4, Aa-Zz^4, Aaa-Zzz^4. Aaaa-Zzzz^4, Aaaaa-Iiiii^4.
p. 3, 45 lines, 166×106mm.
p. 129-132 bound after p. 136.
Text in 2 col.
Index at beginning.
♣ *Nankim.* 1835

922

Baldi, Bernardino, 1553-1617.

De verborvm Vitrvvianorvm significatione; siue, Perpetuus in M. Vitruuium Pollionem commentarius. Avctore Bernardino Baldo Vrbinate, Gvastallae Abbate. Accedit vita Vitruuij, eodem auctore. Avgvstae Vindelicorvm, ad insigne pinus, 1612.

1 l., 198p., 1 l., 199-207p. illus. 20½cm.
Signatures : A-Z^4, Aa-Cc^4, Dd^2.
p. 9, 37 lines, 154×105mm.
1st ed.
Bound with : Dasypodius, K. Heron mechanicus, Argentorati, 1580 and others. 815c

923

— Scamilli impares Vitrvviani, a Bernardino Baldo Vrbinate Noua ratione explicati; Refutatis priorum interpretum, Gvlielmi Philandri, Danielis Barbari, Baptistae Bertani, sententijs. Avgvstae Vindelicorvm, Ad insigne pinus, 1612.

53, [1]p. illus. 20½cm.
Signatures : A-F^4, G^3.
p. 10, 32 lines, 150×110mm.
p. 33-[54] bound incorrectly.
1st ed.
Bound with : Dasypodius, K. Heron mechanicus, Argentorati, 1580 and others. 815a

924

Balduinus, Hieronymus.

(Hieronymi Baldvini e Monteardvo ...) Expositio aurea in libros aliquot Physicorum Aristotelis, & A(ue)rrois super eisdem Commentationem; & in prologum Physicorum eiusdem Auerrois. Cui accedunt quaestio de forma corporeitatis, & quaestio de primo cognito, doctissimae, ac subtilissimae. Omnia nunc primum in lucem edita. His additus est Tractatus eiusdem de continuatione, intentione, & divisione octo librorum Physicorum Arist ... Solutiones quoque eiusdem decem contradictionum in quinque primis textibvs primi libri Physicorum Arist ... Adiectus est etiam index copiosissimus ... Venetiis, 1(5)73.

20 l., 924p. 31cm.

Signatures : †⁴, a-b⁶, c⁴, A-Z⁶, Aa-Zz⁶, Aaa-Zzz⁶, Aaaa-Hhhh⁶.
p. 3, 57 lines, 239×145mm.
Text in 2 col.
t.-p. spoiled.
♣ *Bibl. Trig.?* 2860

925

Bancel, Louis, *OP,* 1628-1685.

Moralis D. Thomae Aquinatis Doctoris Angelici Ordinis Praedicatorum Ex Operibus ipsius exacte deprompta, & in unum collecta, & Alphabetico ordine digesta ad modum dictionarii theologico-moralis. Opus novum ... in quo nedum Conscientiae Casus resolvuntur, sed omnia etiam quae ad Mores pertinent, clara facilique methodo explicantur. Accedunt variis in locis Summorum Pontificum Decreta plures Opiniones Morales juxta Sancti Doctoris doctrinam damnantia : nec non Opusculum vere aureum de Castitate tuenda ad calcem Secundi Tomi repositum. Authore Rev. Patre Ludovico Bancel Valentino Ejusdem Ordinis Praedicatorum ... Venetiis, Apud Franciscum ex Nicolao Pezzana, 1780.

2 v. front. (v. I) 25cm.
Text in 2 col.
1st ed. Avignon, 1677.
♣ *Stamp of Mgr Alex. de Gouvea.* 1317

926

Bañez, Domingo, *OP,* 1528-1604.

Scolastica commentaria in Primam Partem Angelici Doctoris D. Thomae vsque ad LXIIII. Quaestionem complectentia. Avctore F. Dominico Bannes Mondragonensi, Ordinis Praedicatorum ... Cvm indicibvs locvpletissimis, locorum Scripturae Sacrae & rerum notatu dignarum. Venetiis, Apud Altobellum Salicatium, 1587.

36 l., 1852 col. 22½cm.
Signatures : a-d⁸, e⁴, A-Z⁸, Aa-Zz⁸, Aaa-Lll⁸, Mmm⁷.
Col. 5-6, 54 lines, 178×109mm.
1st ed. Salamanca, 1584.
★ DictHGE VI 492. 1332

927

Barbosa, Agustinho, 1589-1649.

Pastoralis solicitvdinis, sive De officio, et potestate episcopi tripartita descriptio ... Auctore Avgvstino Barbosa I. V. D... Hac postrema Editione ab ipsomet Auctore multis in locis variis resolutionibus illustrata, integris titulis, & Allegationibus locupletata; aliisque insignibus accessionibus cumulata... Cum sextuplici indice. Lvgdvni, Svmptibvs Lavrentii Dvrand, 1628.

13 l., 376, [115], 519, 23p. port. 36½cm.

Signatures : †-††⁶, A-Z⁶, Aa-Hh⁶, Ii², A-I⁶, K⁴; a-z⁶, aa-pp⁶, qq⁴, rr-vv⁶, xx⁴, a⁶, e⁶.
p. 3, 71 lines, 294×171mm.
pt. 1, p. 373-374 bound after p. 360.
Text in 2 col.
1st ed. Rome, 1621.
Contents. — **pt. 1.** Episcoporum institutio, electio, consecratio, munus, Patriarchalium sedium erectio, & Archiepiscopalis praestantia. — **pt. 2.** Quicquid ad episcopi est potestatem, tam quoad Sacramenta, & Ordines conferendos, quam quoad dispensationes elargiendas. Index. — **pt. 3.** Quod ad casuum reseruationem, residentiam episcopalem, beneficiorum collationem, ecclesiarum visitationem, vicarij constitutionem, monitoriorum concessionem; denique ad totius iurisdictionis exercitium, etiam in regulares, & exemptos, eorumque conseruatores pertinet. Appendix I. Formularium episcopale. Appendix II. Constitutiones Pontificiae & Decreta Apostolica.
★ DictHGE VI 664. 1719

928

— (Augustini Barbosae, J. U. D. Lusitani ...) Pastoralis solicitudinis, sive De officio et potestate Episcopi, tripartita descriptio. Nunc ultimùm ab ipso Auctore recognita, variis resolutionibus exornata, & multis Doctorum citationibus, aliisque accessionibus illustrata ... Lugduni, Sumptibus Petri Borde, Joannis & Petri Arnaud, 1698.

2v. 36½cm.
Text in 2 col.
« Catalogus auctorum » at beginning of v. 1.
♣ *ex lib. relict. P^ni ab Ill^o R^o P^a Alex.^dro (Mezzabarba).* 2129

929

— (Augustini Barbosae J. U. D. Lusitani...) Pastoralis solicitudinis, sive De officio, et potestate parochi. Tripartita descriptio. Hac ultima Editione ab ipso Auctore recognita, & quamplurimis Additamentis (suis quaeque locis apposita) plus tertia parte major facta. Cum duplici indice locupletissimo ... Venetiis, Apud Andream Baronium, 1705.

32 l., 334 (*i. e.* 344)p. 23cm.
Text in 2 col.
1st ed. Rome, 1632.
♣ *Questo è libro del Sr Ferretti ricevuto in dono Per gratitudine di un discorso fatto 1793 giorn 31 luglio.* 2164

930

— (D. Augustini Barbosae J. U. D. Lusitani ...) Repertorivm Juris Civilis et Canonici, in quo alphabetico ordine principaliores & Practicae utriusque Juris Conclusiones collectae indicantur, & magna Doctorum copia exornantur. Opus posthumum ... studio & industria D. Simonis Vaz Barbosae J. U. D. Authoris fratris ... apprimè digestum.

Editio novissima, à mendis quae prioribus irrepserant, expurgata. Venetiis, Apud Natalem Feltrini, 1708.

2 l., 217 (*i. e.* 213), [47]p. 34cm.
Text in 2 col.
1st ed. Lyons, 1668.
Index : p. [218]-[264]
✤ *Stamp of Mgr Polyc. de Souza.* 2024

931

Barclay, John, 1582-1621.
(Io. Barclaii) Argenis Editio novissima cum clave hoc est, nominum propriorum elucidatione hactenus nondum edita. Amstelodami, Ex officina Elizei Weyerstraeten, 1664.

569, [7]p. 14cm.
Engr. ornamented t.-p.
1st ed. Paris, 1621.
Index : p. [572]-[576]
« Discursus in Jo. Barclaii Argenidem : ad faciliorem nonnullorum, quae inibi narrantur, intellectum » : p. 548-569.
★ DictHGE VI 751.
✤ *Soi do P. Igcio de Souza. — Stamp of Mgr Polyc. de Souza.* 2981

932

Baron, Hyacinthe Théodore, 1686-1758.
Codex medicamentarius, seu Pharmacopoea Parisiensis, ex mandato facultatis medicinae Parisiensis in lucem edita, M. Hyacintho Theodoro Baron, Decano. Parisiis, Apud Guilielmum Cavelier, 1732.

7 l., cxxvi, [2], 251, xxxvi p. 25cm.
1st ed.
Ms. marginal notes.
« Index medicamentorum simplicium tàm in codicis Parisiensis compositiones, quàm in usum familiarem adhibendorum » : p. i-cxxvi.
Index : p. i-xxx at end.
✤ *Resid. P. P. gall. Soc. Jes. Pekin.* 948

933

Baronius, Cesare, *OR, cardinal,* 1538-1607.
Annales ecclesiastici, auctore Caesare Baronio Sorano, ex Congregatione Oratorii S. R. E. Presbytero Card. tit. SS. Nerei et Achillei et Sanctae Apostolicae Sedis Bibliothecario, Tomis duodecim distincti. Novissima Editio, postremùm ab Auctore aucta et recognita. Antverpiae, Ex officina Plantiniana Apud viduam et Filios Io. Moreti, 1598-1617 [v. 1, 1612]

12 v. illus. 35½cm.
Engr. ornamented t.-p.
1st ed. Rome, 1588-1607.
Index at end of each volume.
Appendix and Addenda at end of v. 4, 6, 7, 8, 9, 10, 11, 12.
For the continuation see : Bzovius, A. *OP.* Annalium ecclesiasticorum post ... D. Caesarem Baronium. Antverpiae, 1617.
★ Brunet I 662. — DictTheolCath II 426. 1958

934

— Annales ecclesiastici ex XII. tomis Caesaris Baronii S. R. E. Presb. Cardinalis, Biblioth. Apostolici, in Epitomen redacti. Editio postrema, prioribus longè accuratior. Opera Henrici Spondani ... Coloniae Agrippinae, Sumptibus Viduae Arnoldi Hierat, 1640.

13 l., 562, [68], 461, [47]p. port. 37cm.
Signatures : a-b^6, A-Z^6, Aa-Zz^6, Aaa-Fff^6, Ggg^4; A-Z^6, Aa-Pp^6, Qq^4, Rr-Tt^6, Vu^4, Xx^2 (t.-p. without sign. Aaa$_6$ blank)
p. 3, 75 lines, 312×170mm.
Title printed within an engraving.
Text in 2 col.
1st ed. Paris, 1612.
Index at end of each part.
Bound with : Sponde, H. de. Annales sacri, Coloniae Agrip., 1640.
★ Brunet I 663. 1931a

935

— Annales ecclesiastici ex XII. tomis Caesaris Baronii S. R. E. Presb. Cardinalis, bibliothecarii Apostolici, in Epitomen redacti. Editio postrema, prioribus longe accuratior. Opera Henrici Spondani Mauleosolensis ... Lutetiae Parisiorum, Impensis Societatis Typographicae Librorum officij· Ecclesiastici iussu Regis constitutae, 1649.

2v. port. 36½cm.
Title printed within an engraving.
Text in 2 col.
★ Brunet I 663. 2125

936

— Annales ecclesiastici ex XII. tomis Caesaris Baronii S. R. E. Cardinalis ... in epitomen redacti : Unà cum Vita ejusdem ... ac nonnullis Posthumis lucubrationibus ad Annales pertinentibus : necnon & Notis ad eosdem Annales ... ac brevi Auctario ab eo tempore quo Baronius cessavit, usque ad an. 1622. Opera Henrici Spondani Mauleosolensis ... Editio postrema mendis innumeris quae in prioribus irrepserant, expurgata. Lugduni, Sumptib. Anissoniorum, Ioan. Posuel, & Claudii Rigaud, 1686.

14 l., 731, [126], 636, [88]p., 1 l., 106, [14]p. 36½cm.
Bound in 2 v.
Text in 2 col.
★ Brunet I 664. 1934

937

Barozzi, Francesco, 1538*ca.-after*1587.
Admirandvm illvd geometricvm problema tredecim modis demonstratvm; quod docet duas lineas in eodem plano designare, quae nunquam inuicem coincidant ... Francisco Barocio Iacobi filio Patritio Veneto avtore.

Accessit etiam instrumentum quoddam olim ab eodem Autore inuentum, quo cuiuslibet Coni ortus, ac trium Conicarum Sectionum in Plano descriptio fit. Cum Indice locupletissimo, eorum quae toto opere continentur. Venetiis, Apud Gratiosum Perchacinum, sumptibus Io. Baptistae Fantini Patauini, 1586.

4, 269, [9]p. incl. diagrs. 23½cm.
Signatures : A^6, $†^4$, $C\text{-}Z^4$, $Aa\text{-}Mm^4$.
p. 15, 38 lines, 177×115mm.
1st ed.
Errata : p. [4]
★ Brunet I 662.
♣ *Bibl. Trig.* 360

938

Barozzi, Francesco, 1538*ca.-after*1587.

Cosmographia in qvatvor libros distribvta, svmmo ordine, miraq. facilitate, ac breuitate ad Magnam Ptolemaei Mathematicam Constructionem, ad vniuersamque Astrologiam instituens : Francisco Barocio, Jacobi filio ... avtore. Ioannis de Sacrobosco vero 84 errores, & alii permulti suorum expositorum, et sectatorum ostenduntur, rationibusq. redargũũtur ... Precesserunt etiam quaedam Communia Mathematica, necnon Arithmetica, & Geometrica principia, nonnulleque Propositiones, de quibus in toto opere saepe fit mentio ... Omnia nuper in hac secunda editione ab ipso Autore diligenter recognita, multisque in locis aucta. Venetiis, Gratiosus Perchacinus excudebat, 1598.

8 l., 119, 350, [42]p. illus. (incl. tables, diagrs.), 2 fold. plates. 16½cm.
Signatures : $a\text{-}h^8$, i^4; $A\text{-}Z^8$, Aa^8, Bb^4.
p. 5, 31 lines, 127×72mm.
1st ed. Venice, 1585.
Index : p. [351]-[392]
♣ *Bibl. Trig.?* 68

939

Barradas, Sebastião, *SJ,* 1542-1615.

(Sebastiani Barradas Olyssiponensis, e Societate Iesv ...) Commentariorvm in concordiam, & historiam quatuor Euangelistarum, tomus secundus, mvltis in locis, et Hebraicis et Syriacis vocibus, vbi deerant, auctus, & pluribus in locis emendatus, & citationibus atque marginalibus additionibus illustratus. Editio tertia. Cum duplici Indice, Scripturae & rerum, seu sententiarum copiosissimo ... Lvgdvni, Sumptibus Horatij Cardon, 1610.

v. 2. 36cm.
The complete set consists of 4 v.
Text in 2 col.
1st ed. Coimbra, 1599.
★ DictHGE VI 890. — Sommerv I 912 (ed. wanting).
♣ *Bibl. Trig.?* 1395

940

Barreto, Gregorio, *SJ,* 1669-1729.

Nova Logica Conimbricensis Labore & operâ P. Gregorij Barreto è Societate Jesu, Olim in Conimbricensi Academia Philosophiae Professore ... In sex tractatus tribuitur ... Ulyssipone, Ex typographia Antonij Pedrozo Galram, 1711.

12 l., 163, 199p. 20cm.
1st ed.
Errata at beginning.
★ Sommerv I 923 n° 1. 2800

941

— o. c. 21cm.

♣ *Ignatio de Souza. — Stamp of Mgr Polyc. de Souza.* 2801

942

— o. c.

♣ *Padre João Castro.* 2802

943

Barrow, Isaac, 1630-1677.

Elementorvm Euclidis libri XV. Breviter ac succinctè demonstrati; Operâ & Studio Mri Js. Barrow, Cantabrigiensis ... Nunc vicissim revisi, & à cunctis erroribus expurgati ... Osnabrugi, Apud Johan. Georg. Schwänderum, 1676.

4 l., 424p. incl. diagrs. 17cm.
1st ed. London, 1655.
« Evclidis data succinctè demonstrata, una cum emendationibus & additionibus ad Elementa Euclidis, edita, operâ Mri Js. Barrow... Osnabrugi 1675 » : p. 377-424 (1st ed. 1657).
♣ *Collegij S. J. Pekini.* 347

944

Barry, Paul de, *SJ,* 1587-1661.

Hagiophili blanditiae sanctae qvibvs in Jesv Christi gratiam se insinvat per centena pietatis Exercitia erga SSma. Christi Viuentis, Mortui ac Rediuiui, aliâque Mysteria, quae ad eiusdem sacrosanctam Personam aliquâ ratione spectant ... A. R. P. Pavlo de Barry Soc. Jesv primô sermone Gallico vulgatae, Nunc à P. Adamo Schirmbeckh eiusdem Societatis Sacerdote Latinitate donatae. Monachii, Typis Lucae Straubij, Impensis Ioannis Wagneri, 1650.

14 l., 603 (*i. e.* 601), [17]p. 13cm.
1st French ed. Lyons, 1637.
1st Latin ed.
★ Sommerv I 946 n° 2, VII 789. 2581

945

— Paradisvs hagiophilo apertvs per centena pietatis erga Dei Matrem exercitia. Quae pro Eiusdem Festis diebus eorũmque Octavis quolibet anni mense recurrentibus, inseruire possunt. A. R. P. Pavlo de Barry Soc. Iesv primò Gallico sermone conscriptus : Nunc in Latinum traductus, a P. Adamo Schirmbeck eiusdem Societatis Sacerdote. Monachii, Typis Lvcae Stravbii, Impensis Ioannis VVagneri, 1649.

10 l., 488, [20]p. 13cm.
1st French ed. Lyons, 1636.
1st Latin ed.
★ DictAM I 1945. — DictHGE VI 988. — Sommerv I 946 n° 1, VII 789. 2465

946

Barry, Paul de, *SJ,* 1587-1661.

Tridvvm Hagiophilae. In usum Breuioris secessus spiritualis, seu Renouationis, quam probi, aeque ac Religiosi homines, semel iterumue quotannis instituunt. Authore R. P. Pavlo de Barry è Societate Iesv Gallicè conscriptum. Interprete R. P. Michaele Cuvelier, Eiusdem Societatis Iesv Sacerdote. Monachii, Typis Lvcae Straub. Sumptibus Ioannis VVagneri, 1646.

4 l., 286p. front. 13cm.
1st French ed. Lyons, 1644.
1st Latin ed.
Bound with : Saint-Jure, J. B. *SJ.* Meditationes de praecipuis veritatibus, Monachii, 1646.
★ Sommerv I 952 n° 12, II 1751 n° 3. 2301a

947

Bartholinus, Thomas, 1616-1680.

(Thomae Bartholini, Archiatri Danici) Anatome quartum renovata : non tantum ex institutionibus b. m. Parentis, Caspari Bartholini, Sed etiam omnium cùm Veterum, tum Recentiorum Observationibus : ad circulationem Harveianam, & Vasa Lymphatica directis. Cum iconibus novis et indicibus. Lugduni, Sumpt. Joan. Ant. Huguetan, & Soc. 1677.

16 l., 806, [18]p. illus. (incl. port.), 15 plates (12 fold.) 19½cm.
Added engr. ornamented t.-p.
1st ed. Leyden, 1641.
« Johannis Walaei Epistolae duae : De motu chyli, et sanguinis : ad Thomam Bartholinum, Casp. filium. Editio vndecima » : p. [759]-804.
♣ *Missionis Sinensis PP. Gallorum Soc^tis Jesu. 1698 Pekin.* 3324

948

— (Thomae Bartholini) De Unicornu observationes novae. Secunda editione Auctiores & emendatiores editae à Filio Casparo Bartholino. Amstelaedami, Apud Henr. Wetstenium, 1678.

8 l., 381, [15]p. illus. fold. plate. 14cm.
Added engr. ornamented t.-p.
1st ed. Padua, 1645.
Index : p. [390]-[396]
♣ *Collegij Soc. Jesv Pekini.* 811

949

Bartoli, Pietro Sante, 1635*ca.*-1700, *engr.*

Admiranda Romanarum antiquitatvm ac veteris scvlptvrae vestigia anaglyphico opere elaborata ex marmoreis exemplaribvs qvae Romae adhvc extant in Capitolio aedibvs hortisqve virorvm principvm ad antiqvam elegantiam a Petro Sancti Bartolo delineata incisa ... Notis Io. Petri Bellorii illvstrata ... cura, sumptibus, ac typis edita à Joanne Jacobo de Rubeis, restituit auxit Dominicus de Rubeis Chalcographus ... Romae, ad Templum S.^ae M.^ae de Pace, 1693.

1 l., plates on 82 l. 38×49cm.
Plates no. 18, 19, 60, 61, 68, 72 wanting.
Engr. t.-p.
1st ed.
Bound with : Aquila, F. Raccolta di vasi, Roma, 1713. 3435a

950

— Columna cochlis M. Aurelio Antonino Augusto dicata eius rebus gestis in Germanicâ, atque Sarmaticâ expeditione insignis, ex S. C. Romae ad viam Flaminiam erecta, ac utriusque belli imaginibus anaglyphice insculpta : Brevibus notis Io. Petri Bellorii illustrata et a Petro Sancte Bartolo juxta delineationes in Bibliotheca Barberina asservatas, ac cum antiquis ipsius Columnae signis collatas aere incisa Iterum in lucem prodit sub faustissimis auspicijs Sanctiss. D. N. Papae Clementis XI. Romae, ex chalcographia Dominici a Rubeis, 1704.

1 l., 77 plates. 36½cm.
Engr. t.-p.
Bound with : Aquila, F. Stylobates columnae Antoninae, Romae, 1708.
★ Brunet I 758. 3612

951

Bartoloméu dos Martyres, *OP,* 1514-1590.

(Venerabilis Servi Dei D. Bartholomaei a Martyribus Archiepiscopi Bracarensis ex Ordine Fratrum Praedicatorum) Opera omnia quotquot reperiri potuere Nunc primùm in unum collecta, pleraque hactenus inedita, & ex Autoris hausta scriniis, alia è Latio reddita ad pleniorem Tridentinae OEcumenicae Synodi notitiam non parùm utilia, Quibus praefigitur piissimi Archipraesulis Vita cura. et studio D. Malachiae D'Inguimbert ex Abbate Cisterciensi ... Episcopi Carpentoracti ... Romae, Typis Hieronymi Mainardi, 1735.

2v. port. 41½cm.
Vol. 2, 465 (*i.e.* 469)p.
Binding : Red morocco, gold tooled, with arms of king John V ?
1st Italian ed. 1727.
1st Latin ed.
Contents. — **t. 1.** Vita Venerabilis Servi Dei D. Bartholomaei a Martyribus. Compendium spiritua-

lis doctrinae ex variis SS. Patrum sententiis (1st ed. Lisbon, 1582). Stimulus pastorum (1st ed. Rome, 1564). Summa conciliorum omnium, tam generalium quam provincialium. Index. — **t. 2.** Annotationes in Davidicos Psalmos. Catechismus (1st ed. Lisbon, 1562). Petitiones in Conc. Tridentino faciendae. Collecta ex gestis Conc. Tridentini. Itinerarium Bracara Tridentum. Index.

★ DictAM I 1267. — DictHGE VI 983. — Dict TheolCath II 436.

♣ *Colleg : Pekin : Ex dono R. P. Caroli Gallenfels Confessarij Sermae Reginae Lusitae.* 1280

952

Bartoloméu dos Martyres, *OP,* 1514-1590.

Compendivm spiritvalis doctrinae ex varijs Sanctorum Patrum sententijs magna ex parte collectum : avtore Reverendiss. P. F. Bartholomeu [*sic*] de Martyribus, Archiepiscopo Bracharensi & Hispaniarum Primate. In Collegio Iaponico Societatis Iesu, 1596.

6 l., [1], 521, [2]p. 17cm.
Signatures : A-Z8, Aa-Kk8, Ll4.
p. 2, 20 lines, 117×68mm.
Text printed in italics.
Preface by Luys de Granada, *OP.*
1st ed. Lisbon, 1582.
★ Laures 30 n° 14.
♣ *Stamp of Mgr Alex. de Gouvea.* 2892

953

— Stimulus pastorum, ex sententiis Patrum, concinnatus, In quo agitur de vita & moribus Episcoporum, aliorumque Praelatorum. Per R. R. DD. Bartholomaeum a Martyribus Archiepiscopum Bracharensem, & Hispaniae Primatem. Editio recens. Francopoli, Apud Petrum Vedeilhié, 1765.

4 l., 280p. 17cm.
1st ed. Rome, 1564.
♣ *Stamp of Mgr Alex. de Gouvea.* 2562

954

— o. c.

2 p. l. wanting.
♣ *Stamp of Mgr Alex. de Gouvea.* 2264

955

Baruffaldi, Girolamo, 1675-1753.

Ad Rituale Romanum commentaria, auctore Hieronymo Baruffaldo Ferrariensi ... Editio novissima A plurimis, quae in alias irrepserant, mendis, ad exemplar Auctoris ipsius manu correctum diligenter expurgata, & quod ad Ritualis ipsius textum attinet, ad recentem Benedicti XIV. jussu vulgatam exacta. Accedit etiam nunc primum, praeter uberrimum rerum & verborum Indicem, absolutissimus Romanorum Pontificum, & Sacrarum Congregationum Decretorum ad Rituale pertinentium, quae ad haec usque tempora prodierunt, Catalogus una cum SS. D. N. Clementis XIII. feliciter regnantis Constitutione, quae nuper edita est, De facultate benedicendi populo nomine Sanctitatis Suae Praelatis concedenda. Venetiis, Ex Typographia Remondiniana, 1763.

viii, 288p. 38cm.
Text in 2 col.
Errata : p. 288.
♣ *Stamp of Mgr Alex. de Gouvea.* 1635

956

Basilius Magnus, *Saint,* 330-379.

(Sancti Patris nostri Basilii, Caesareae Cappadociae Archiepiscopi) Opera omnia quae exstant, vel quae ejus nomine circumferuntur, ad MSS. codices Gallicanos, Vaticanos, Florentinos & Anglicos, necnon ad antiquiores editiones castigata, multis aucta : criticis Praefationibus, nova sancti Doctoris Vita & copiosissimis Indicibus locupletata. Editio postrema Veneta Latina Juxta novissimam Interpretationem Parisiensem editam a Domno Juliano Garnier ... e Congregatione S. Mauri. Additis in fine Notis Selectis Frontonis Ducaei, Frederici Morelli; Garnerii ejusdem, et aliorum ... Venetiis, typis Gasparis Girardi, 1750.

3v. 36½cm.
Text in 2 col.
1st ed. by Garnier, Paris, 1721-30.
Contents. — **t. 1.** Praefatio. Homiliae in Hexaemeron novem. Homiliae in quosdam Psalmos. Libri adversus Eunomium V. Appendix complectens opera quaedam S. Basilio falsò adscripta quibus adjungitur Eunomii liber apologeticus, necnon Eustathii in Hexaemeron S. Basilii latina metaphrasis et Praecipuae antiquarum editionum praefationes. Indices. — **t. 2.** Praefatio. Homiliae de diversis. Ascetica. Appendix varia complectens opera, quae S. Basilio falsò adscripta sunt, et Homilias S. Basilii a Ruffino translatas in Latinum. Indices — **t. 3.** Praefatio. Vita S. Basilii. Liber de Spiritu Sancto. S. Basilii Epistolae secundum ordinem temporum in tres classes distributae. Appendix : Sermones XXIV de moribus, ex operibus S. Basilii selecti. Liber de virginitate. In S. Basilii editionem Latinam notae selectae. Indices.
★ Brunet I 688.
♣ *Stamp of Mgr Alex. de Gouvea.* 1402

957

Batavus, *pseud.*

De macvlis in sole animadversis, & tanquam ab Apelle, in tabulâ spectandum in publicâ luce expositis, Batavi dissertativncvla : Ad ... Cornelivm Van der-Milivm, Academiae Lugodinensis Curatorem ... Ex Officina Plantiniana Raphelengii, 1612.

18, [1]p. 21½cm.
Signatures : A4, B4, C2.
p. 4, 28 lines, 150×105mm.
Bound with : Fabricius, J. De maculis in sole, Witepergae, 1611 and others. 350a

958

Baudrand, Michel Antoine, 1633-1700.
(Michaelis Antonii Baudrand Parisini) Geographia Ordine litterarum disposita ... Parisiis, Apud Stephanum Michallet, 1681-82 [v. 1, 1682]

2 v. 38cm.
1st ed.
« Index catalogorum » : v. 2, p. 447-449.
« Commutata atque addenda » : v. 2, p. 695-696.
Errata : p. [698] 633

959

Bauhin, Johann, 1541-1613.
Historia novi et admirabilis fontis balneiqve Bollensis In Dvcatv Vvirtembergico ad acidulas Goepingenses ... A Ioanne Bavhino Ill. eius Cels. Medico conscripta ... Adjiciuntur plurimae figurae nouae variorum fossilium, stirpium & insectorum, quae in & circa hunc fontem reperiuntur. Montisbeligardi [apud Iacobvm Foilletvm] 1598.

11 l., 291, [20]p., 4 l., 222, [6]p. illus. 20½cm.
Signatures : A^4, †-††^{4}, A-Z^4, Aa-Nn^4, Oo^2, g-h^4, i^2; A-Z^4, Aa-Ee^4, Ff^3, †^{3} (††4 blank)
p. 3, 41 lines, 155×100mm.
For imprint. *cf.* t.-p. of lib. 4.
1st ed.
Index & errata : p. [293]-[312]
♣ *Bibl. Trig.?* 826

960

Bauhin, Kaspar, 1560-1624.
Φυτοπιναξ seu Envmeratio plantarvm ab Herbarijs nostro seculo descriptarum, cum earum differentijs : cvi plurimarum hactenus ab ijsdem non descriptarum succinctae descriptiones & denominationes accessêre : Additis aliquot hactenus non sculptarum Plantarvm viuis Iconibus : Casparo Bavhino Botanico & Anatomico Acad. Basileens. ordin. Avctore ... Basileae, Per Sebastianvm Henricpetri [1596]

22 l., 669, [23]p. illus. 21½cm.
Signatures : a-e^4, f^2, A-Z^4, Aa-Zz^4, AA-ZZ^4, Aaa-Qqq^4, †^{6}.
p. 2, 34 lines 157×96mm.
Publ. in 1596, *cf.* Colophon.
1st ed.
Index at beginning.
★ Brunet I 707.
♣ *Missionis Sinensis.* 824

961

— (Caspari Bauhini Basileensis) Theatrvm anatomicum Novis figuris aeneis illustratum et in lucem emissum opera & sumptibus Theodori de Bry p. m. relictae Viduae & filiorum, Ioannis Theodori & Ioannis Israelis de Bry. Francofurti ad Mœnum, typis Matthaei Beckeri, 1605.

8 l., 1314 (*i.e.* 1308)p., 27 l., 197, [1]p. illus. 19½cm.
Signatures : †^{8}, A-Z^8, Aa-Zz^8, Aaa-Zzz^8, Aaaa-$Mmmm^8$, $Nnnn^6$; †^{4}, †-†††^{8}, a-m^8, n^2, (†††8 blank)
p. 3, 30 lines, 142×76mm.
p. 1305-1306 wanting.
Index and errata bound between author index and text of the appendix.
Engr. ornamented t.-p.
Appendix has a half-title within engr. ornament.
1st ed.
« Appendix ad Theatrum anatomicum Caspari Bauhini : Sive Explicatio characterum omnium, qui figuris totius operis additi fuere : quae seorsim compingi debet ».
♣ *Bibl. Trig.?* 3351

962

Bauldry, Michel, *OSB. d. after* 1659.
Manuale sacrarum caeremoniarum juxta ritum S. Romanae Ecclesiae; In quo omnia, quae ad usum omnium Cathedralium, Collegiatarum, Parochialium, Saecularium, & Regularium Ecclesiarum pertinent, accuratissime tractantur. Auctore Michaele Bauldry, Ordinis Sancti Benedicti. Editio novissima ... addita Quinta Parte loco Caeremonialis Episcoporum. Accedit nunc primum Collectio absolutissima omnium S. R. C. Decretorum tam ad Breviarium, quam ad Missale pertinentium, quae ab ann. 1602. usque ad 1762. prodierunt, ex Gavanto, Merato, Cavallieri, atque aliis concinnata. Venetiis, Sumptibus Heredis Nicolai Pezzana, 1779.

viii (*i.e.* xii), 296, 47p. illus., fold. table. 26cm.
Text in 2 col.
1st ed. Paris, 1637.
★ DictHGE VI 1447. 1591

963

Baumeister, Friedrich Christian, 1709-1785.
(M. Frid. Christ. Bavmeisteri) Elementa philosophiae recentioris, plvribvs sententiis exemplisqve ex vetervm scriptorvm Romanorvm monimentis illvstrata : nvnc vero physica, nec non œconomica, pvblica et ecclesiastica ivrisprvdentia, qvibvs accessit dvplex appendix, exhibens regvlas dispvtandi atqve distingvendi, avcta, vsibvsqve ivventvtis Rossicae adornata. Editit Nicolaus Bantisch-Kamenski, typis Imper. Mosq. Vniuers. 1777.

1 l., xxiv, 144, 152, 96, 280 ? p., 2 l. 18cm.
p. 281-? wanting.
MS. notes in Russian on 3 l., one bound at beginning and two at end.
1st ed. Leipzig, 1747.
Index : p. 269-? 2889

964

Bayer, Gottlieb Siegfried, 1694-1738.
(Theophili Sigefridi Bayeri Regiomontani ...) Mvsevm Sinicvm In quo Sinicae Linguae et Literaturae ratio explicatur ... Petro-

poli, ex typographia Academiae Imperatoriae, 1730.

2v. in 1. plates. 20cm.
11 l., 145p., 2 l., [3]-190p., 1 l., 372 (*i.e.* 374), [1]p.
There are 74 plates of which 52 are included in pagination.
1st ed.
Contents. — **t. 1.** Praefatio historica de progressu litteraturae Sinicae in Europa. Grammaticae Sinicae libri duo. Grammatica linguae popularis in provincia Chin Cheu. D. Bayero datae epistolae duae. — **t. 2.** Lexicon Sinicum. Lexicon Sinicum Latine explicatum. Diatribae Sinicae : Confucii vita; Confucii Ta hio sive philosophia cum interpretatione et scholiis. Principium libri Siao ul lun, seu Origines Sinicae. Commentarii Originum. Doctrina temporum Sinica. De mensuris et ponderibus Sinicis. Errata.
★ Brunet I 710. — Cordier 1658.
♣ *Dono Academiae Petropol. PP Gallor S. J. Pekin.* 3372

965

Bayer, Johann, *end of 16th cent.*-1660.

(Joannis Bayeri Rhainani I. C.) Vranometria; omnivm asterismorvm continens schemata, nova methodo delineata, aereis laminis expressa [Avgvstae Vindelicorvm, Excvdit Christophorvs Mangvs, tabvlas in aes incidit Alexander Mair, 1603]

4 l., 51 double-page plates. 35½cm.
Signatures : a, b², A-Z+W; Aa-Zz | Ww, Aaa-Ccc (t. p. without signature)
Engr. ornamented. t.-p.
Explanation on back of each plate.
For imprint. *cf.* Colophon.
Later also publ. under title : Cœlum stellatum christianum.
1st ed. 292

966

— o. c. 33½cm.
♣ *Collegij Societatis Jesu Ingolstadii(?) 1603. — V Provinciae Sinensis. — Da Livraria de Nantàm em Pei Kim.* 468

967

— (Ioannis Bayeri Rhainani I. C.) Vranometria; omnivm asterismorvm continens schemata, nova methodo delineata, aereis laminis expressa. Vlmae, Svmptibvs Iohannis Görlini, 1639.

1 l., 51 double-page plates. 32cm.
Signatures : A-Z+W; Aa-Zz+Ww, Aaa-Ccc (t.-p. without signature)
Engr. ornamented t.-p.
This ed. contains only the 51 plates without explanations. 587

968

Beati, Gabriele, *SJ,* 1607-1673.

Sphaera triplex artificialis, elementaris, ac coelestis. Varias Planetarum affectiones; & praesertim Motus, Facillime explicans. Gabrielis Beati Soc. Iesv ... Romae, Typis Varesii, 1662.

8 l., 274, [13]p. illus. (incl. tables), fold. plate, 4 diagrs. (2 fold.) 17cm.
1st ed.
Index : p. [275]-[287]
★ DictHGE VII 93. — Sommerv I 1070 n° 5, IX 1787.
♣ *da V Provª da China da Compª de Jesus.* 147

969

— o. c. 15cm.
♣ *Appldo a Prõa de Japão.* 1738

970

Beausard, Pierre.

Annvli astronomici instrvmenti cvm certissimi tum commodissimi vsus, Petro Beausardo Matheseos studioso auctore. Antverpiae, Ex officina Ioannis Steelsij, 1553.

96, [8]p. incl. tables, diagrs. 16cm.
Signatures : A-F⁸, G⁴.
p. 17, 27 lines, 126×69mm.
1st ed.
Bound with : Metius, A. Doctrinae sphaericae lib. V. Francofvrti, 1598 and others. 564a

971

Becanus, Martinus, *SJ,* 1561-1624.

Analogia Veteris ac Novi Testamenti In qua primùm Status Veteris, deindè consensus, proportio, & conspiratio illius cum Novo explicatur. Avthore Martino Becano Soc. Jesu Theologo. Editio postrema à plurimis mendis repurgata. Lovanii, Typis Hier. Nempaei, 1655.

10 l., 662, [32]p. 14×8cm.
1st ed. Mainz, 1620.
Index : p. [663]-[692]
★ DictHGE VII 341. — Sommerv I 1105 n° 48.
♣ *Hunc librum Pr. Bouvet tulit Cantone ex Residà N in Tilio pu, et deinde mihi tradidit. — Collegij Soc. Jesv Pekini.* 1433

972

— De ivdice controversiarvm, id est, An Scriptura sit Iudex Controuersiarum, vt volunt Aduersarij : an potiùs Ecclesia, vt docent Catholici ? Avthore Martino Becano, Societatis Iesv Theologo ... Mogvntiae, Ex Architypographeio Ioannis Albini, 1616.

172p. 16cm.
Signatures : A-K⁸, L⁶.
p. 13, 27 lines, 125×67mm.
p. 161-162 wanting.
1st ed.
Bound with : Heissius, S. *SJ.* Dialogi sex de augustissimo Corporis et Sanguinis Christi Sacramento, Monachii, 1605.
★ Sommerv I 1104 n° 44. 2645a

973

Becanus, Martinus, *SJ,* 1561-1624.

Svmma theologica R. P. Martini Becani Societatis Iesv Theologi ... Tractatu posthumo de Ivstitia ac Ivre aucta ac locupletata. Parisiis, Apud Mathvrinvm Henavlt, 1635.

10 l., 982 (*i.e.* 962), [29]p. 34½cm.
Signatures : a^6, e^4, A-Z^6, Aa-Zz^6, Aaa-Zzz^6, AAaa-$NNnn^6$, $OOoo^4$.
p. 3, 72 lines, 295×168mm.
3 pt. in 1.
Text in 2 col.
1st ed. Mainz, 1612-20.
Contents. — **pt. 1.** De Deo et attributis diuinis. De Sanctissima Trinitate. De angelis. De operibus VI dierum. De homine in statu innocentiae. De beatitudine. De peccatis. De legibus. De gratia. — **pt. 2.** De fide, spe et charitate. De ivstitia et ivre. — **pt. 3.** De Incarnatione. De Sacramentis. Index.
★ Sommerv I 1100 (ed. wanting).
♣ *Missio Sinens. — PP. Gall. Soc^tis^ Jesv. Catal. Adscrip. — V. provin...* 1500

974

— Summa theologiae scholasticae. Auctore R. P. Martino Becano, Societatis Jesu Theologo ... Duobus tractatibus pernecessariis Aucta; uno de Natura Theologiae, altero de Gratiae Auxiliis. Authore Gervasio Biionio, Cenomanensi. Editio novissima a quamplvrimis mendis, Quibus caeterae scatebant, diligentissimè expurgata, diversisque characteribus illustrata. Parisiis, Apud Urbanum Coustelier, 1689.

11 l., 963p. 38½cm.
p. 629-630 bound after p. 632.
Text in 2 col.
Contents. — **pt. 1.** De natura theologiae. De Deo et attributis divinis. De Sanctissima Trinitate. De angelis. De operibus VI dierum. De homine in statu innocentiae. — **pt. 2.** De beatitudine. De peccatis. De legibus. De auxilio gratiae. De gratia. — **pt. 3.** De fide, spe et charitate. De ivstitia et ivre. De Incarnatione. De Sacramentis. Index.
★ Sommerv I 1100 (ed. wanting). 1537

975

(R. P. Martini Becani, Societatis Iesu Theologi ...) Theologiae Scholasticae pars prima [& secunda] ... Mogvntiae, Ex officina Ioannis Albini, 1612-20.

2 pt. in 3. 23½cm.
Text in 2 col.
1st ed.
Contents. — **pt. 1.** De Deo & attributis divinis. De Sanctissima Trinitate. De angelis. De operibus sex dierum. De statu innocentiae. Index. — **pt. 2, t. 1.** De beatitudine et actibus humanis. De peccatis. De legibus. De gratia. De virtutibus theologicis. De virtutibus cardinalibus. — **pt. 2, t. 2.** De fide, spe, et caritate.
★ Sommerv I 1099 n° 30.
♣ *Bibl. Trig. (vol. 1, 2). — Collegij Soc^tis^ Jesu Lovanij Par : Bibl : — Missionis Sinensis A D. (vol. 3).* 1508

976

— (R. P. Martini Becani Societatis Iesv Theologi) Theologiae scholasticae partis secundae, Tomi posterioris. Tractatvs primvs. De Fide, Spe & Charitate. Tomvs tertivs. Parisiis, Sumptibus Francisci Iacqvin, 1622.

734 (*i.e.* 732)p. 16½cm.
Signatures : A-Z^8, Aa-Xx^8, Yy^4.
p. 17, 33 lines, 132×72mm.
1st ed. Mainz, 1620.
★ Sommerv I 1099 n° 30 (ed. wanting).
♣ *Missionis Sinensis Patrum Soc. Jesv. — Veyo da Rezid^a^ de Cinanfu.* 3474

977

— (R. P. Martini Becani Societatis Iesv Theologi) Theologiae scholasticae pars tertia. Tractatus primus. De mysterio Incarnationis Christi Domini. Parisiis, Apud Dionysium Langlois, 1622.

10 l., 390, [17]p. 17cm.
Signatures : a^8, e^2, A-Z^8, Aa-Bb^8, Cc^4.
p. 7, 33 lines, 135×77mm.
Index : p. [391]-[407]
★ Sommerv I 1099 n° 30 (ed. wanting).
♣ *Missionis Sinensis Patrum Soc. Jesv. — Veyo da Rezid^a^ de Cinanfu.* 2731

978

Bechet, Jean, *17th cent.*

Nova planetarvm theoria, geometrice demonstrata per circulos concentricos, & eccentricos. Accesservnt tabvlae mediorvm motvvm Parecbasis ad directiones rationali via explicandas, & Appendicula periodis Lunae extricandis peridonea. Opera et studio Ioannis Bechet ... Parisiis, (Apud) Iacobvm Langlois, 1650.

6 l., 115, [1]p. incl. tables, diagrs. 23cm.
Errata : p. [116] 52

979

Beier, Adrian, 1634-1712.

Harmonia Struvio-Grotio-Schnobeliana, Sive Celeberrimi Jcti Dn. Joachimi Schnobelii, Sedinens. Syndici Dissertationes XXV. ad Pandectas Perpetuis ad Syntagma Juris Civilis illustris Jcti Dn. Georg. Adam. Struvii, Remissionibus, quae commentarii vice esse poterant, atque indice locupletissimo auctae, Publicae luci iterataeque ventilationi in Alma Salanâ expositae a Jcto clarissimo Dn. Adriano Beier, J. U. D. & Nuper in Athenaeo Gedanensi repetitae atque Observationibus Grotianis Parallelis auctae a Joh. Schultze, D. Jur. ac Hist. P. P ... Gedani, Typis & Sumptibus Davidis Friderici Rhetii, 1693.

3 l., 173, [17]p., 2 l., 200, [30]p. 20½cm.
Errata at beginning of [pt. 2]
♣ *Huncce libellum dono dedit studioso theologiae Stephano à Liporcev ... latinae classis praeceptor Jacobus Ceiponerov 1793 Mart. 24.* 3444

980

Bellarmino, Roberto, *SJ, Saint,* 1542-1621.
De aeterna felicitate Sanctorvm libri quinqve ... Avctore Roberto Cardinali Bellarmino è Societate Iesv. Romae, Apud Bartholomaeum Zannettum, 1616.

18 l., 380p. 14½cm.
Signatures: a^6, b^{12}, A-P^{12}, Q^{10}.
p. 3, 23 lines, 117×55mm.
1st ed.
Index & errata at beginning.
★ DictHGE VII 798. — Sommerv I 1236 n° 35.
♣ *Veyo da Rezida de Cinanfu.* 2611

981

— Explanatio in Psalmos. Avctore Roberto Bellarmino ex Societate Iesv. S. R. E. Tit. Sanctae Mariae in Via Presbytero Cardinali. Recens impressa. Coloniae, Sumptib9 Bernardi Gualteri, 1611.

8 l., 847, [24]p. 20cm.
Signatures: †-††^{4}, A-Z^4, Aa-Zz^4, Aaa-Zzz^4, Aaaa-$Zzzz^4$, Aaaaa-$Rrrrr^4$.
p. 2, 48 lines, 160×107mm.
Engr. ornamented t.-p.
Text in 2 col.
Index & errata: p. 847-[871]
★ DictTheolCath II 583. — Sommerv I 1222 n° 29.
♣ *este liuro pertence a Igra de Sum hal da China.* 1182

982

— De gemitv colvmbae siue De bono lacrymarum libri tres. Auctore Roberto S. R. E. Card. Bellarmino e Societate Iesv. Ad ipsam eandem Religionem suam. Parisiis, Apud Michaelem Sonnivm, 1617.

10 l., 455 (*i. e.* 454)p. 14cm.
Signatures: a^{10}, A-S^{12}, T^{11}.
p. 4, 27 lines, 111×54mm.
1st ed. Rome, 1617.
★ DictTheolCath II 586. — Sommerv I 1238 n° 37.
♣ *Da China.* 2656

983

— (Roberti Bellarmini Politiani, Societatis Iesu ...) Institutiones linguae Hebraicae, postremò recognitae, ac locupletatae. Aureliae Allobrogum, Apvd Franciscvm Fabrvm, 1609.

4 l., 334p. 17cm.
Signatures: †^{4}, A-V^8, X^7.
p. 8, 23 lines, 133×72mm.
1st ed. Rome, 1578.
1st ed. of « Exercitatio » Rome, 1585.
« Exercitatio grammatica in Psalmvm XXXIII. »: p. 278-334.

★ Sommerv I 1152 n° 4.
♣ *Collegij Societatis Jesv Pekini.* 3014

984

— Institutiones lingvae Hebraicae, ex optimo qvoqve avctore collectae, Et ad quantam maximam fieri potuit breuitatem, perspicuitatem, atque ordinem revocatae: vnà cum Exercitatione Grammatica in Psalmum XXXIII. Avctore Roberto Bellarmino Politiano è Societate Iesv ... Antverpiae, Ex officina Plantiniana, Apud Viduam et Filios Ioannis Moreti, 1616.

206, [1]p. incl. tables. 17½cm.
Signatures: A-N^8.
p. 19, 25 lines, 133×78mm.
« Libri Samuel ... caput primum [-secundum] »: p. 200-206.
★ Sommerv I 1152 (ed. wanting).
♣ *Bibl. Trig.* 3013

985

Bellegambe, François, *SJ,* 1644-1700.
Vanitatis et concupiscentiae mundanae alexipharmacvm, seria novissimorvm consideratione, Ex sacris Litteris, Patribus, aliisque Scriptoribus Ecclesiasticis ... à R. P. Francisco Bellegambe e Societate Jesu ... Duaci, Typis M. Mairesse, 1694.

6 l., 311, [1]p. 15½cm.
1st ed.
★ DictAM I 1354. DictHGE VI 1847. — Sommerv I 1266 n° 5.
♣ *Veyo da Rezida de Cinanfu.* 2575

986

[Bellegarde, Gabriel du Pac de] 1717-1789
Vita D. van Espen Doctoris in Juribus et sanctorum canonum Professoris in Universitate Lovanii; ubi occurrunt historicae declarationes super omnibus hujus Doctoris Scriptis hactenus impressis, & super iis quae in novo Supplemento ad Collectiones plures ejus Operum continentur. Per D. *** Licentiatum in Juribus ... Prima editio latina. Venetiis, Ex Typographia Balleoniana, 1770.

1 l., xii, 136p. 39cm.
Text in 2 col.
Author: Gabriel du Pac de Bellegarde. *cf.* Feller III 417.
Bound with: Espen, Z. B. van. Supplementum ad varias collectiones, Venetiis, 1769. 2159a

987

[Bellengardus, Stephanus]
[Volumen Sententiarum]

8? l., 650p., 1 l. 32½cm.
Signatures: a^8, a-z^6, aa-zz^6, A-E^6, F-K^4.
p. 3, 65 lines, 264×148mm.
2? p. l. incl. t.-p. wanting.
1 p. l. (sign. A3) spoiled.
Text in 2 col.

Author : Stephanus Bellengardus. *cf.* Epigram.
For title. *cf.* Caption title.
« Epithetorum farrago, a Joanne Castelio, in gratiam poeseos studiosorum collecta, & in ordinem commodissimum digesta, cuique classi ostensa sua quantitate » : p. 621-650.
The book contains sentences, apophtegms, proverbs, short descriptions, & exempla, collected from Latin and Greek authors, & arranged under various headings in alphabetical order.
Indices of authors and headings at beginning.
♣ *Bibl. Trig.?* 3118

988

Belletti, Giovanni Maria, *d.* 1626.

Disqvisitio clericalis in dvas partes distincta ... Avctore Ioanne Maria Belletto Episcopo Hieracensi. Cum breui Resolutione in fine circa Iurisdictionem Abbatis exempti. Nouis in hac Quarta Editione, vltra priores, additionibus ... locupletata ... Romae, Sumptibus Blasij Deuersin, & Zenobij Masotti, 1654.

4 l., 668, [114]p. 31½cm.
Text in 2 col.
Colophon : Romae, Ex Typographia Vitalis Mascardi, 1654.
Index : p. [669]-[781]
1st ed. Ravenna, 1618.
♣ *ex lib. relict. Pekini ab Illmo ac Rmo Pat. Alexo.* 2090

989

Bence, Jean, *OR,* 1568-1642.

Manuale in omnes D. Pauli Apostoli Epistolas : Itidem in septem Canonicas Epistolas ... Joannis Bence, Doctoris Sorbonici, ac Congregationis Oratorii Jesu Christi Presbyteri. Lugduni, Apud Joan. Bapt. & Nicolaum de Ville, anno primo saeculi [1701]

2v. 15cm.
Vol. 1 wanting.
1st ed. Lyons, 1628-38.
Contents. — **v. 2.** Manuale in Epistolam ad Ephesios, Philippenses, Colossenses, Primam et secundam ad Thessalonicenses, Epist. ad Timotheum, Titvm et Philemonem, ad Hebraeos, et in septem Epist. Canonicas. 2009

990

— Manuale in Sanctum Jesu-Christi Domini nostri Evangelium. Ioannis Bence, Doct. Sorb. ac Cong. Orat. I. C. Presb. ... Editio nova correctior. Cum indice Evangeliorum quae in Templis Dominicis & aliis Festis diebus ac feriis leguntur. Catalauni, & prostant Parisiis, Apud Viduam Georgii Josse, 1682.

2v. 13½cm.
Vol. 2 wanting.
Contents. — **v. 1.** Manuale in Evangelium secundum Matthaeum, Marcum et Lucam.
1st ed. Lyons, 1626. 1821

991

Benedetti, Giambattista, 1530-1590.

[(Io. Baptistae Benedicti Patritii Veneti Philosophi) De gnomonum umbrarumque solarium vsu. Augustae Taurinorum, 1574]

6 l., 123 numb. l. incl. diagrs. 31½cm.
Signatures : a6, A-Z4, Aa-Gg4, Hh3.
f. 3a, 39 lines, 222×151mm.
t.-p. wanting.
For title, imprint. *cf.* Caption title and Brunet I 771.
1st ed.
Errata : f. 123b.
Bound with : Flud, R. Utriusque Cosmi metaphysica, physica atque technica historia, Oppenhemii, 1617.
★ Brunet I 771. 234

992

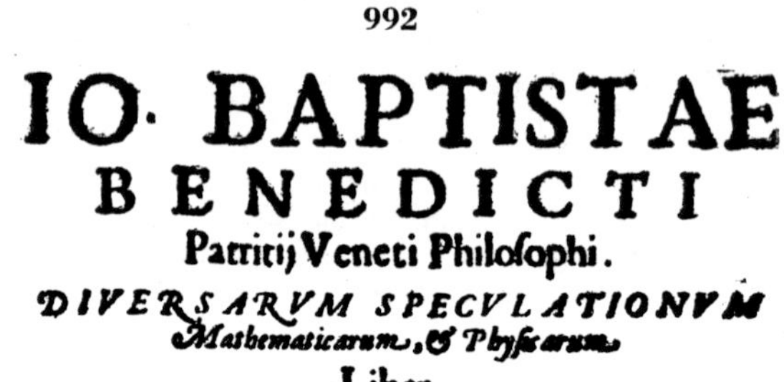
IO· BAPTISTAE
BENEDICTI
Patritij Veneti Philosophi.
DIVERSARVM SPECVLATIONVM
Mathematicarum, & Physicarum
Liber.
Quarum seriem sequens pagina indicabit.
AD SERENISSIMVM CAROLVM EMANVELEM
ALLOBROGVM, ET SVBALPINORVM
DVCEM INVICTISSIMVM.
TAVRINI, Apud Haeredem Nicolai Beuilaquae, MDLXXXV.
Superiorum permissu.

— (Io. Baptistae Benedicti Patritij Veneti Philosophi) Diversarvm specvlationvm Mathematicarvm, & Physicarvm Liber ... Tavrini, Apud Haeredem Nicolai Beuilaquae, 1585.

4 l., 426, [2]p. incl. diagrs., musics. 30cm.
Signatures : a4, A-Z4, Aa-Zz4, Aaa-Fff4, Ggg6.
p. 8, 47 lines, 227×144mm.
Ms. marginal notes.
1st ed. 1580.

Contents. — Theoremata arithmetica. — De rationibus operationum perspectiuae. — De mechanicis. — Disputationes de quibusdam placitis Aristotelis. — In quintum Euclidis librum. — Physica, & mathematica responsa per epistolas. — Errata.
♣ *M. Ch.* 342

993

Benedetti, Giambattista, 1530-1590.

Resolvtio omnivm Evclidis problematvm aliorumq; ad hoc necessario inuentorum vna tantummodo circini data apertura, Per Joannem Baptistam de Benedictis inventa. Venetiis [apud Bartholomaeum Caesanum] 1553.

12 l., 57 numb. l., 1 l. incl. diagrs. 20cm.
Signatures: †-†††[4], A-N[4], O[6].
f. 8a, 29 lines, 157×103mm.
For imprint. *cf.* Colophon.
1st ed.
Bound with: Ptolemaeus, C. Magnae constructionis liber primus, Neapoli, 1605. 236a

994

Benedictus XI, *pope,* 1240-1304.

(B. Benedicti Papae Vndecimi Tarvisini ex Ordine Praedicatorvm assvmpti ...) In Evangelivm D. Mathaei absolvtissima commentaria Nùnc primum post annos suprà trecentos è tenebris in lucem aedita, necnon cùm Authoris vita, tùm copiosissimo rerum notabilium Indice locupletata. Opera, atqve diligentia R. P. M. F. Georgii Lazari de Taruisio, eiusdem Ordinis ... Venetiis, Apud Damianum Zenarium, 1603.

14 l., 230 numb. l. 31cm.
Signatures: a[6], b[4], †[4], A-Z[4], Aa-Zz[4], Aaa-Lll[4], Mmm[2].
f. 2a, 62 lines, 250×144mm.
l. 166-200 paged irregularly.
Text in 2 col.
Index bound after l. 4.
♣ *Bibl. Trig ?* 1255

995

Benedictus XIV, *pope,* 1675-1758.

(Prosperi Card. Lambertini postea Benedicti XIV. P. M.) Commentarius de D. N. Jesu Christi Matrisque ejus Festis, retractatus atque auctus, ex Italico in Latinum sermonem vertit Mich. Angel. de Giacomellis Ex Intimis Auctoris Capellanis ... Lovanii, Ex Typographia Academica, 1761.

2v. 18cm.
1st Italian ed. Bologna, 1740.
1st Latin ed. Padua, 1745.
« Adnotationes insuper quaedam in ea [Bologna ed.] continentur ad Acta Sanctorum Ecclesiae Bononiensis, quae examinantur, & ad rectam justae Criticae normam exiguntur. Illae tamen hinc non inconsulto summotae sunt ... » — Praefatio.
Index: v. 2, p. 502-580.
★ DictArLit II 772. 1608

996

— Enchiridium ex opere Benedicti XIV. P. M. de Festis D. N. Jesu Christi et B. Mariae Virginis et de Sanctis ad Ecclesiam Bononiensen pertinentibus ... Patavii, Typis Seminarii. Apud Joannem Manfrè, 1756.

2v. 16cm.
Ed. by Andrea Bassano. *cf.* Dedication.
1st ed.
♣ *Stamp of Mgr Alex. de Gouvea.* 2776

997

— (Benedicti XIV. Pont. Opt. Max. olim Prosperi Card. de Lambertinis ...) De Festis Domini nostri Jesu Christi et Beatae Mariae Virginis libri duo. Editio quinta Latina post plurimas Italas auctior, et castigatior. Ferrariae, Prostant Venetiis, Apud haeredes Balleonios, 1767.

viii, 401p. 23½cm.
Tr. by Michelangelo Giacomelli. *cf.* NouvBiogr Gén V 394.
« Index nominum, et rerum memorabilium »: p. [383]-401. 2320

998

(Prosperi Lambertini S. R. E. Cardinalis Archiepiscopi Bononiensis postea Benedicti XIV. Pontificis Optimi Maximi) Institutiones ecclesiasticae, quas Latine reddidit Ildephonsus a S. Carolo Scholarum Piarum, Rector Collegii Urbani de Propaganda Fide. Ingolstadii, & Augustae Vindelicorum, Sumptibus Ioannis Francisci Xaverii Crätz, Et Thomae Summer, 1751.

16 l., 840 (*i.e.* 838), [80]p. incl. front., tables. 24½cm.
Text in 2 col.
1st Italian ed. Bologna, 1731-35.
1st Latin ed. Rome, 1748.
Index: p. [841]-[920]
★ DictArLit II 773. 2340

999

— (Benedicti XIV. Pontificis Optimi Maximi olim Prosperi Card. de Lambertinis ...) Institutionum ecclesiasticarum editio secunda Latina Veneta, Post plurimas Italas auctior, & emendatior. Ad usum Academiae Liturgicae Conimbricensis. Venetiis, Ex Typographia Balleoniana, 1760.

xii, 307p. incl. tables. 37cm.
Text in 2 col.
Tr. by Idelfonso de San Carlo. *cf.* « Editoris Romani monitum ».
Indices: p. 275-300.
♣ *Stamp of Mgr Alex. de Gouvea.* 2051

1000

Benedictus XIV, *pope,* 1675-1758.

(Benedicti XIV. Pont. Opt. Max. olim Prosperi Cardinalis de Lambertinis ...) Institutionum ecclesiasticarum tomus primus [& secundus] ... Editio tertia Latina Veneta, Post plurimas Italas auctior, & emendatior. Ad usum Academiae liturgicae Conimbricensis. Venetiis, Ex typographia Balleoniana, 1788.

2v. in 1. 25cm.
xvi, 280, viii, 324p.
Index : v. 2, p. 279-324.
♣ *Stamp of Mgr Alex. de Gouvea.* 2417

1001

— (Sanctissimi Domini Nostri Benedicti Papae XIV) De synodo dioecesana libri tredecim in duos tomos distributi ... Venetiis, Typis Vincentii Radici, 1775.

2v. in 1. 26½cm.
xvi, 296, viii, 336p.
Text in 2 col.
Index : v. 2, p. 278-336.
1st ed. Rome, 1748.
♣ *Stamp of Mgr Alex. de Gouvea.* 2028

1002

Benedictus de Nursia, *Saint,* 480*ca.*-550/3.

S. P. N. Benedicti Regula, Vita et Officium B. M. V. Unà cum aliis Officiis, Psalmis, Orationibus, Litaniis, et Praxi Exercitiorum spiritualium ex R. D. Joan. Trithemio, aliisque piis Auctoribus collecta, & aucta, à R. P. F. Theodoro Gangelt, SS. Th. Licent. ... Coloniae Agrippinae, Apud Sebastianum Ketteler, 1719.

16 l., 134, [5], 90, [2]p. 11½cm.
Illus. t.-p.
« Vita » has a special t.-p. : Vita S. P. N. Benedicti Abbatis a S. Gregorio Magno conscripta. Coloniae, Ex officina Crithiana, Apud Sebastianum Ketteler, 1718.
Our copy contains only « Regula » and « Vita ».
★ DictTheolCath II 709.
♣ *Stamp : Bibliotheca B. M. Gratiae Dei.* 3478

1003

Beni, Paolo, 1552*ca.*-1625.

(Pavli Benii Evgvbini ...) De historia libri qvatvor ... Cum copiosissimo, rerum scilicet ac verborum, Indice. Venetiis, apud Iacobum Vincentium, 1611.

4 l., 252 (*i.e.* 256), [14]p. 20½cm.
Signatures : †^{4}, A-R^{8}.
p. 3, 36 lines, 145×88mm.
1st ed. Venice, 1607.
Errata at beginning.
♣ *Bibl. Trig. ?* 2084

1004

Berarduccio, Mauro Antonio, *2nd half of 16th cent.*

Summa corona confessorum, Magnifici ac Reverendi D. Mavri Antonii Berardvcii Vigiliensis, Sacrae Theologiae Doctoris & Magistri. Secundò impressa & in multis reformata, ac multis additionibus ab ipsomet Autore locupletata. Prima pars. Cui nunc ab eodem additae sunt tres aliae Partes ... Venetiis, Apud Franciscum de Franciscis Senensem, 1593.

4v. illus. 22cm.
Vol. 1, 2, 3 in 1. Vol. 4 wanting.
Vol. 2, 3 have title : ... Nunc primum Latinè impressa,& in multis reformata, ac multis additionibus ab ipsomet autore locupletata.
1st Italian ed. 1591.
1st Latin ed.
Index at beginning of each volume.
♣ *Bibl. Trig. ?* 3439

1005

[Berettari, Sebastiano] *SJ,* 1543-1622.

Annuae litterae Societatis Iesv anni MDXCVI. Ad Patres, & Fratres eiusdem Societatis. Neapoli, Ex Typographia Tarquinij Longi, 1605.

1063, [41]p. 15cm.
Signatures : A-Z^{8}, Aa-Zz^{8}, Aaa-Zzz^{8}.
p. 5, 34 lines, 112×67mm.
Author : Sebastiano Berettari, *SJ, cf.* p. 1063 & Sommervogel I 1325 n° 2.
1st ed.
Indices & errata : p. [1064]-[1104]
★ Sommerv I 1325 n° 2. — Streit I 130 n° 279. 2196

1006

Bernardi dalla Mirandola, Antonio, *b.* 1503.

(Antonii Bernardi Mirandvlani Casertae Episcopi ...) In librvm Rhet. Arist. egregia explicatio. Cui additum est in Arist. Rhetoricam Prooemium vniuersale; necnon in Cap. I. & II. lib. I. Rhet. Arist. expositio. Accessit rerum, & verborum toto opere memorabilium Index locupletissimus ... Bononiae, Apud Michaelem Berniam, 1590.

30 l., 156, 286p. 29½cm.
Signatures : a^{7}, b-e^{6}, A-N^{6}; A-Z^{6}, Aa^{6}. (a7 blank)
p. 3, 50 lines, 232×140mm.
Ed. by Annibale Bernardi. *cf.* Dedication.
★ DictHGE VIII 781.
♣ *Bibl. Trig.* 2885

1007

Bernardi, Giovanni Battista.

(Ioan. Baptistae Bernardi Patritii Veneti) Seminarij totius Philosophiae tomus primus [- tertius] ... Venetiis, Apud Damianum Zenarium, 1582.

3v. 32½cm.

Vol. 1 wanting.
Text in 2 col.
Vol. 3 has imprint: Venetiis, Apud Haeredes Melchioris Sessae, 1599.
Contents. — **t. 1, 2.** Omnis Aristotelis, Aristotelicorumque omnium philosophorum doctrinam continent. — **t. 3.** Platonis, Platonicorumque omnium tam Graecorum, quam Latinorum, & Arabum doctrinam continet. Appendix.
♣ *Bibl. Trig.?* 2906

1008

Bernardinus Senensis, *OFM, Saint,* 1380-1444.

(Sancti Bernardini Senensis, Ordinis Minorum) Opera quae extant, omnia, tam hucusque impressa, quam recens inuenta, In quatuor Tomos distincta. A F. Petro Rodulphio Episcopo Senogallię restituta, et Apostillis illustrata ... Venetiis, Apud Iuntas, 1591.

4v. 24½cm.
Vol. 2 wanting.
Engr. t.-p. (v. 1)
Text in 2 col.
Vol. 3, 4 have special titles.
Colophon: Venetiis, Apvd Ivntas, 1590.
1st ed. Lyons, 1501.
Contents. — **t. 1.** Vita S. Bernardini Senensis, per B. Joannem a Capistrano conscripta. Index 4 tom. Quadragesimale de Christiana religione. Index rerum. — **t. 3.** Tertium opus sermonum, in quo de Spiritu Sancto, de B. Virgine, de octo beatitudinibus, deque obedientia evangelica. — **t. 4.** Seraphin seu quadragesimale. Sermones extraordinarii.
♣ *Bibl. Trig.* 2190

1009

Bernardus, *Saint,* 1090-1153.

(Sancti Bernardi Claraevallensis Abbatis primi ...) Opera omnia: tam qvae vere germana illivs esse nemo inficias eat, quàm quae spuria & supposititia ... plerisque videri possunt, diligentissimè nunc primùm recognita, aucta ac emendata, & in ordinem concinniorem disposita. Accesserunt S. Bernardi aliquot Epistolae è Bibliotheca S. Victoris Parisiensis nunquam editae, & Notae F. Io. Picardi, eiusdem monasterij Canonici Regularis, in easdem & reliquas S. Bernardi Epistolas. Cum Indice duplici, altero locorum sacrae Scripturae passim ab ipso S. Bernardo explicatorum, altero eôque nouo & amplo Rerum & Verborum. Parisiis, 1615.

13 l., 2330 (*i.e.* 2334) col., [160]p. incl. front. 39½cm.
Signatures: a^8, $†^6$, A-Z^6, AA-ZZ^6, AAA-ZZZ^6, AAAA-$ZZZZ^6$, AAAAA-$DDDDD^6$, $EEEEE^8$, A-M^6, N^8 ($†6$ blank)
Col. 5/6, 76 lines, 308×172mm.
Colophon: Lvtetiae Parisiorvm, Apvd Societatem antiquiorem Bibliopolarum, sub Nauis insigni, 1615.
« St. Bernardus' works were first published in anything like a complete edition at Paris in 1508, under the title 'Seraphica melliflui devotique doctoris S. Bernardi scripta', edited by André Bocard: the first really critical and complete edition is that of Dom. J. Mabillon, Sancti Bernardi opp. &c. (Paris, 1667, improved and enlarged in 1690, and again by Massuet and Texier, in 1719), reprinted by J. P. Migne, Patrolog. lat. (Paris, 1859) » *cf.* Ency Brit III 797.
Contents. — Sermones in Festis Domini, B. M. Virginis et Sanctorum, juxta anni liturgici ordinem. — Sermones de diversis. — Varii tractatus. — Epistolae numero 353. — Rhythmicae orationes. — Sermones varii D. Bernardo ascripti, et inter ejus opera. — Spuria. — Vita S. Malachiae a S. Bernardo edita. — Vita S. Bernardi. — D. Bernardi Flores. — Epistolae adhuc ineditae, et notae F. Jo. Picardi ad omnes D. Bernardi epistolas. — Index S. Scripturae et rerum ac verborum. 1420

1010

Bernoulli, Jakob, 1654-1705.

Conamen novi systematis cometarum, pro motu eorum sub calculum revocando & apparitionibus praedicendis adornatum à Jacobo Bernoulli ... Amstelaedami, Apud H. Wetstenium, 1682.

4 l., 95p. fold. table, 8 diagrs. (1 fold.) 16cm.
1st ed.
♣ *Collegij Soc^tis Jesv Pekini.* 87

1011

Bertin, George, *2nd half of 16th cent.*

(Georgii Bertini Campani) Medicina libris viginti methodicè absoluta. In qua mutuus Graecorum & Arabum consensvs, legitima veteris Medicinae aduersus Paracelsistas defensio, vera Animaduersionum Argenterij in Hippocratem & Galenum confvtatio, dilucida Controuersiarum & Locorum difficilium explicatio, atq; accurata nouarum hoc seculo Rerum observatio continentur. Cum Indice fideliss. & copiosissimo. Basileae, Apud Conradvm Valdkirchivm, 1587.

6 l., 812 col., [29]p. 31½cm.
Signatures: $†^6$, A-Z^6, Aa-Mm^6, Nn^8.
Col. 5/6, 66 lines, 251×151mm.
1st ed.
Errata: p. [841]
♣ *Missionis Sinensis.* 936

1012

Bertis, Johannes Baptista de.

Sacrificii Missae resolvtiones morales: In quibus ducenta, & quinquaginta dubia de sacrosancto Eucharistiae Sacramento, quatenus sacrificium est, resoluuntur. Ex varijs Theologorum, atque Doctorum conclusionibus summo studio, atque labore collecta ... Avctore R. D. Io. Baptista de Bertis ... Romae, Ex Typographia Iacobi Masardi, 1612.

16 l., 363, [9]p. 22½cm.
Signatures: A^4, a-c^4, A-Z^4, Aa-Yy^4, Zz^6.

p. 5, 36 lines, 170×115mm.
Colophon : Romae, ex typographia Jacobi Mascardi, 1613.
Index & errata : p. [364]-[372]
♣ *Bibl. Trig.* 1400

1013

Besler, Basilius, 1561-1629, *ed.*

[Hortus Eystetensis, sive diligens & accurata omnium plantarum, florum, stirpium, ex variis orbis terrae partibus singulari studio collectarum, quae in celeberrimis viridariis, arcem Episcopalem ibidem cingentibus, hoc tempore conspicientur [*sic*], delineatio, & ad vivum repraesentatio, opera Basilii Besleri, Norinbergae, 1613]

425 l. incl. port., 367 plates. 56½cm.
Bound in 2 v.
5 p. l., 8 l., 57 plates wanting.
Printed on broadside.
The book should have 425 l. incl. 7 p. l., port., 31 l. (t.-p. of subdivisions), 367 plates, 19 l. of indices. *cf.* Brunet I 826.
For title, imprint. etc. *cf.* Privilege (fol. 6b)
This work was published by Basilius Besler and his brother Hieronymus; the explanations are by Ludwig Jungermann. *cf.* AllgDeutBiogr II 555.
1st ed.
★ Brunet I 826. 3611

1014

Bettini, Mario, *SJ,* 1582-1657.

Aerarivm philosophiae mathematicae; in qvo elementa Philosophiae Geometricae de Planis, Curuis, & Solidis figuris ... methodo Iucundiore, ac breuiore in tres tomos distributa sunt. Intercessere ingeniosae inuentionis exodia horaria ... Avthore Mario Bettino Bononiensi e Soc. Iesv ... Bononiae, Typis Io. Baptistae Ferronij, 1648.

3 v. front., illus., 4 plates, 2 ports. 24cm.
Vol. 3, p. 221-224 wanting.
Euclid's text used in this work is a new version from the Greek by J. Lantz, *SJ. cf.* Preface.
1st ed.
Contents. — **t. 1. pt. 1.** Prolegomena, Definitiones, Postulata, Axiomata. — **pt. 2.** Priores 26 propositiones libri I Geometr. Elementorum. — **pt. 3.** Reliquae propositiones 27-48 libri I. — **t. 2. pt. 1.** Definitiones et Propositiones 1-15 libri VI Euclidis. — **pt 2.** Propositiones 16-32 ejusdem libri. Epinomis, in qua gnomonicae, & machinariae philosophiae exodia sunt horaria, sandalium, cithara, microcosmus, arcus, tympanum, in gratiam Chinensium philosophorum. — **t. 3. pt. 1.** Libri V, III, IV & II Euclidis, Epilogus, planimetricus. — **pt. 2.** Breviarium stereometricum, speculativum et practicum. Indices.
★ Brunet I 833. — Sommerv I 1428 nº 6.
473

1015

— (R. P. Marii Bettini Bononiensis, è Societate Iesv ...) Recreationvm mathematicarvm apiaria novissima dvodecim; Quae continent Militaria, Stereometrica, Conica, & novas alias jucundas Praxes ac Theorias, in omni Mathematicarum Scientiarum Genere. Accessit coronidis loco appendix hvjvs operis pars praecipva, In qua sunt defensiones contra oppositiones Novalmagesti. Ope, ac opera Aqvilonaris academiae. Bononiae, Sumptibus Joannis Babtistae [*sic*] Ferronii, 1660.

17 l., 199, [2], 82, [2]p. front., illus. (incl. tables, diagrs.) 34cm.
Text in 2 col.
The 1st ed. of this work appeared as the 3rd vol. of « Apiariorum philosophiae mathematicae » in Bologna, 1654; 1st ed. of the first two vols. of « Apiariorum philosophiae mathematicae », Bologna, 1642. *cf.* Sommervogel I 1427/8.
« Le *Novalmagestum* est, je pense, l'*Almagestum novum* du P. Riccioli, S. J., publié en 1651. » — Sommervogel I 1428.
1st ed.
Index : p. [83]-[84]
★ Brunet I 833. — Sommerv I 1428 nº 5.
♣ *Collegij Societatis Jesv Pekini.* 476

1016

[**Beuther, Michael**] 1522-1587.

[Ephemeris historica. Basileae, Ex officina Ioannis Oporini, 1556]

1 ? l., 403, [59]p., 1 l. 18½cm.
Signatures : † ?, a-z⁸, aa-ff⁸.
p. 39, 29 lines, 119×78mm.
t.-p. and p. 1-32 wanting.
Ms. notes on p. 392.
Author : M. Beuther, title, etc. *cf.* Caption title of « Rervm et verborvm ... index » & colophon.
1st ed. Paris, 1551 ?
Index & « Authorum catalogus » : p. [405]-[462]
1926

1017

Biancani, Giuseppe, *SJ,* 1566-1624.

Aristotelis loca mathematica Ex vniuersis ipsius Operibus collecta, & explicata. Aristotelicae videlicet expositionis complementum hactenus desideratum. Accessere de Natura Mathematicarum scientiarum Tractatio; atque Clarorum Mathematicorum Chronologia. Authore Iosepho Blancano Bononiensi è Societate Iesu, Mathematicarum in Gymnasio Parmensi Professore ... Bononiae, Apud Bartholomaeum Cochium, Sumptibus Hieronymi Tamburini, 1615.

283, 65, [5]p., 1 l. incl. diagrs. 24cm.
Signatures : A-Z^4, AA-LL^4, MM^6, A-I^4.
p. 36, 46 lines, 190×122mm.
1st ed.
Appendix. Circa demonstrationes primi elementorum Euclidis : [pt. 2]p. 32-35.
Index : [pt. 1] p. 25-30; [pt. 2] p. 66-69.
Errata : [pt. 2] p. 70.
★ Sommerv I 1436 nº 1.
♣ *Bibl. Trig.* 2869

1018

Biancani, Giuseppe, *SJ,* 1566-1624.

Sphaera mvndi, sev Cosmographia Demonstratiua, ac facili Methodo tradita : In qua totius Mundi fabrica, vna cum nouis, Tychonis, Kepleri, Galilaei, aliorumq; Astronomorum adinuentis continetur. Accessere I. Breuis introductio ad Geographiam. II. Apparatus ad Mathematicarum studium. III. Echometria ... IV. Nouum instrumentum ad Horologia describenda. opus posthumum. Correcta à multis mendis, quibus scatebat. Avthore Iosepho Blancano Bonon. è Soc. Iesv ... Mvtinae, Ex Typographia Andreae & Hieronymi Cassiani, 1653-54.

6 l., 232, 24p. illus., 2 tables, 6 diagrs. 31cm.
The 4th appendix has a special title « Constructio instrumenti ad horologia solaria describenda peropportuni ... Unà cum nova ratione construendi in quadrante solare horologium viatorium ... 1654 » (1st ed.)
1st ed. of Sphaera mundi, Bologna, 1620.
Bound with : Metius A. Arithmeticae libri dvo, Franekerae, 1640. and others.
★ Sommerv I 1437 n° 2. 294d

1019

Biancucci, Benito.

Institvtiones in lingvam sanctam Hebraicam. Authore Benedicto Blancuccio Romano Sac. Theol. et Philosophiae Doctore ... Romae, Apud Bartholomaeum Zannettum, 1608.

8 l., 295, [1]p. incl. tables. 22cm.
Signatures : a-b4, A-T4, V2, X-Z4, Aa-Nn4, Oo6.
p. 271, 41 lines, 168×100mm. 3092

1020

Bible. *Vulgate. Clementine ed.*

Biblia sacra Vulgatae Editionis Sixti V. Pont. Max. ivssv recognita atque edita. Antverpiae, Ex officina Plantiniana, Apud Ioannem Moretum, 1605.

4 l., 995, [1], 16 ?p. 25cm.
Signatures : †4, A-Z8, a-z8, Aa-Pp8, Qq10, aa8 ?
p. 3, 57 lines, 202×119mm.
[pt. 2] p. 17-? wanting.
Engr. ornamented t.-p.
Text in 2 col.
1st Clementine ed. 1592. 1166

1021

— Biblia Sacra, vulgatae Editionis, Sixti V. Pont Max. ivssv recognita : et Clementis VIII. auctoritate edita. Lvgdvni, Sumptibus Ioannis Ivllieron, 1614.

831, 48, [60]p. 16cm.
Signatures : A-Z8, Aa-Zz8, Aaa-Fff8, a-f8, g6.
p. 11, 66 lines, 139×80mm.
Engr. ornamented t.-p.
Text in 2 col.
Index : p. [49]-[108] 1681

1022

— Biblia Sacra Vulgatae Editionis Sixti V. Pont. Max. ivssv recognita atque edita. Cum Scholijs plurimum auctis et emendatis Ioannis Marianae et Notationibus Emanvelis Sa, Societatis Iesv Sacerdotum. Quae singulis Sacri Textus Capitibus subiunguntur, et perpetui Commentarij vicem supplent; addito Petri Lansselii eiusdem Soc. Supplemento ... Antverpiae, Ex officina Plantiniana Apud Balthasarem Moretum, et Viduam Ioannis Moreti, et Io. Meursium, 1624.

2v. 41cm.
Engr. ornamented t.-p.
Text in 2 col.
Ms. marginal notes.
This is the 1st edition by Mariana, Sa and Lansselius.
Contents. — **t. 1.** Vetus Testamentum. Proverbia Salomonis, Ecclesiastes Salomonis, Canticum Canticorum, a J. Mariana, SJ, carmine explicata. — **t. 2.** Vetus Testamentum (Continued). Novum Testamentum. — Hieronymi Prologus galeatus & praefationes. Index testimoniorvm a Christo et Apostolis in Novo Testamento citatorvm ex veteri. Hebraicorum, Chaldaeorum, Graecorumque nominum interpretatio. Index biblicus. Phrases Scripturae, ab Em. Sa SJ ordine alphabetico digestae. Totius Scripturae Index copiosus, ab Em. Sa concinnatus. Selectae sententiae, ab Em. Sa digestae. Ordo Sacr. Librorum. J. Marianae SJ ad Rob. Bellarminum in Scholia sua ad V. T. praefatio. Ejusdem ad Andr. Schottum in Scholia sua ad N. T. praefatio. Romanae Correctionis in Latinis Bibliis editionis Vulgatae, jussu Sixti V. P. M. recognitis, loca insigniora; observata & denuo aucta a Francisco Luca Brugensi. Accessit Libellus alter, continens alias lectionum varietates, quibus possit perfectior reddi feliciter coepta correctio, si accedat S. Pontificis auctoritas.
♣ *Stamp of Mgr Polyc. de Souza.* 1206

1023

— Biblia sacra Vulgatae editionis Sixti Quinti Pont. Max. iussv recognita atq; edita. Antverpiae, ex officina Plantiniana, 1629.

v. 1. 2. 11½cm.
Vol. 2, 637 (*i.e.* 635)p.
Engr. ornemented t.-p.
Contents. — **t. 1.** Genesis. Exodus. Leviticus. Numeri. Deuteronomii liber. Iosve. Ivdicvm liber. Ruth. — **t. 2.** Tobiae liber. Ivdith. Esther. Iob. Regum IV. Paralipomenon II. Esdrae II. 1444

1024

— Biblia Sacra vulgatae editionis, Sixti V. Pont. M. jussu recognita, et Clementis VIII auctoritate edita. Col : Agrippinae, Sumpt. Haered. Bern. Gualteri et Sociorum, 1647.

v. 2, 4. 10½×5cm.
Engr. ornamented. t.-p.
Contents. — **v. 2.** Pentateuchum. — **v. 4.** Prophetae Majores et Minores, & Machabaeorum libri duo.
★ Brunet I 878.
♣ *Veyo da Rezida de Cai fum fu.* 3568

1025

Bible. *Vulgate. Clementine ed.*

Sacra Biblia Vulgatae Editionis. Sixti V. P. M. ivssv recognita : In tres partes divisa, Adjectis ... Argumentis, doctrinaeque sacrae Summariis : Notatis insuper locis, ex quibus Lectiones, Epistolae, & Euangelia desumuntur. Inserta passim Chronologia cum omnibus Concordantiis, & copiosissimis Indicibus sub finem cujusque Partis. Ope & opera D. F. C. P. C. ... Parisiis, Apud Franciscvm Covstelier, 1664.

2 l., 829, [31]p., 1 l., 232, [20]p. 17cm.
Text in 2 col.
Pt. 3 has a special t.-p.
D. F. C. P. C. are the initials of D[i] Francisci Cheminant presbyteri Cenomanensis. *cf.* DictOuvr Anonym IV 1369.
★ Brunet I 880.
♣ *Missionis sinensis patrum gallorum Soc. Jesu.* 1243

1026

— Biblia Sacra, Vulgatae editionis, Sixti V. Pontificis Maximi jussu recognita, et Clementis VIII. auctoritate edita. Distincta versiculis Indicéque Epistolarum, & Evangeliorum aucta. Lugduni, Sumpt. Pet. Guillimin, & Ant. Beaujollin, 1680.

2 pt. in 1.
8 l., 509p., 1 l., 504 ? (*i.e.* 502)p. 27cm.
[pt.] 2, p. 505-? wanting.
Added engr. ornamented t.-p.
Text in 2 col. 1473

1027

—[Biblia Sacra Vulgatae editionis Sixti V. jussu recognita et Clementis VIII. auctoritate edita, distincta versiculis, etc. Lyon, Pierre Guillimin, 1680]

8 ? l., 509p., 1 l., 458 (*i.e.* 456)p. 28cm.
4 ? p. l. (incl. t.-p.) & [pt. 2] p. 459- ? wanting.
Text in 2 col.
For title, etc. *cf.* « Privilegivm regis ». 1468

1028

— Biblia Sacra Vulgatae Editionis Sixti V. Pontificis Max. jussu recognita, et Clementis VIII. Auctoritate edita, versiculis distincta, Et ad singula Capita Argumentis aucta, Pluribusque Imaginibus, ad Historiarum notitiam politissimè elaboratis, ornata; Indiceque Epistolarum, & Evangeliorum locupletata. Venetiis, Apud Nicolaum Pezzana, 1690.

12 l., 998 (*i.e.* 996), [52]p. illus. 20cm.
Added engr. ornamented t.-p.
Text in 2 col.
« Hebraicorvm, Chaldaeorvm, Graecorumque Nominum interpretatio » & index : p. [1003]-[1044] 1202

1029

— Biblia Sacra Vulgatae editionis Sixti V. Pont. Max. jussu recognita, et Clementis VIII. auctoritate edita. Distincta versiculis Indiceque Epistolarum, & Evangeliorum aucta. Rothomagi, Apud Jacobum Besongne, 1707.

20 l., 980 (*i.e.* 976), [52]p. 26½cm.
Text in 2 col.
« Liber prooemiorum beati Isidori de libris Veteris ac Novi Testamenti » : at beginning (signatures †††††1-3)
♣ *Georgius Berthelot. Soc. Jesv — anno vitae suae ... 20°. Defunctus Rothomagi In Seminario Joyosaeo Soc. Jesv Die 21. Nov. 1728. Olim Seminarii ejusdem alumnus. Vota emiserat quatriduo ante mortem.* 1203

1030

— Biblia Sacra Vulgatae Editionis, Sixti V. Pont. Max. jussu recognita, et Clemen : VIII. Auctoritate edita; versiculis distincta et in sex tomos distributa. Venetiis, Apud Nicolaum Pezzana, 1714.

6v. 13cm.
Vol. 5, 6 (New Testament) wanting.
Engr. t.-p. (v. 2).
Engr. ornamented t.-p. (v. 1).
♣ *Nunc pertinet ad P. Joannê Nicolaum de Pitiochio Ord. M. Obs. M. Ap. Imp. Sinarum.* 1739

1031

— Biblia Sacra Vulgatae editionis Sixti V. & Clementis VIII. Pont. Max. auctoritate recognita. Cum indicibus etiam Plantinianis, editio nova notis chronologicis, historicis et geographicis illustrata, Juxta editionem Parisiensem Antonij Vitré. Nunc Jussu Illustrissimi ac Reverendissimi Domini Petri Josephi Antverpiensium Episcopi per suos deputatos revisa & optimis exemplaribus adaptata. Antverpiae, Apud Joannem Baptistam Verdussen, 1715.

2v. 28½cm.
Added engr. ornamented. t.-p.
Text in 2 col.
« Tabulae Sacrae geographicae ... authore R. P. F. Augustino Lubin Augustiniano (1st ed. Paris, 1670) » & « Tabulae Chronologiae sacrae ... (Per D. I. B.) » at end of v. 2.
♣ *Stamp of Mgr Polyc. de Souza.* 1217

1032

— Biblia Sacra Vulgatae editionis Sixti V. Pontificis Maximi jussu recognita; et Clementis VIII. auctoritate edita; distincta versiculis, cum indice materiarum, nec non Epistolarum, et Evangeliorum. Cui accessit Index geographicus regionum, urbium &c. &c. Authore N. Sanson. Viennae, apud Martinum Endterum, 1715 [*or* 1716]

7 l., 1151, [10]p. 21cm.
t.-p. spoiled.
Text in 2 col.
287

1033

Bible. *Vulgate. Clementine ed.*
[Biblia Sacra Vulgatae editionis. Lyon, André Laurens, 1732]

4 l., 912p. 19cm.
Signatures : a^4, $A\text{-}Z^8$, $Aa\text{-}Zz^8$, $Aaa\text{-}Lll^8$.
p. 11, 72 lines, 155×85mm.
t.-p. wanting.
For title etc. *cf.* « Permission du roi ».
Text in 2 col.
Index : p. 881-912. 1472

1034

Bible. *Vulgate. Louvain ed.*
Biblia, Ad vetustissima exemplaria nunc recens castigata. In quibus praeter ea quae subsequens praefatio indicat, capita singula ita versibus distincta sunt, vt numeri praefixi, Lectorem nec remorentur, & loca quaesita tanquam digito demonstrent. Antverpiae, In aedibus Ioannis Stelsij, 1563.

8 l., 529 numb. l., 27 l. illus. 19cm.
Signatures : $†^8$, $A\text{-}Z^8$, $a\text{-}z^8$, $Aa\text{-}Vv^8$, Xx^4, $Yy\text{-}Zz^8$, Aaa^8.
f. 7a, 58 lines, 155×85mm.
Text in 2 col.
Colophon : Antverpiae, Excudebat Ioan. VVithagius, 1563.
Indices : l. 529-[556]
1st Louvain ed. 1547. 1678

1035

Biblia, Ad vetustissima exemplaria castigata. Quid in horum Bibliorum castigatione praestitum sit, subsequens praefatio latiùs indicabit. Antverpiae, Ex officina Christophori Plantini, 1567.

8 l., 303, 74 ? numb. l., 5 ? l. 17cm.
Signatures : $†^8$, $A\text{-}Z^8$, $a\text{-}p^8$, $Aa\text{-}Ii^8$, Kk^7 ? ($p8$ blank)
f. 7a, 67 lines, 142×77mm.
l. 73-74 & 5 ? l. of index wanting.
Text in 2 col. 1240

1036

— Biblia, Ad vetustissima exemplaria castigata. Quid in horum Bibliorum castigatione praestitum sit, subsequens praefatio latiùs indicabit. Antverpiae, Ex officina Christophori Plantini, 1569.

8 l., 303, 74 numb. l., 5 l. 17cm.
Signatures : $†^8$, $A\text{-}Z^8$, $a\text{-}p^8$, $Aa\text{-}Ii^8$, Kk^7 ($p8$ blank)
f. 7a, 67 lines, 142×77mm.
Text in 2 col.
Indices : l. 74-[79] 1242

1037

— Biblia, ad vetvstissima exemplaria Nunc recèns castigata, Romaeque reuisa. In qvibvs, praeter ea qvae subsequens Praefatio indicat, capita singula ita versibus distincta sunt, ut numeri praefixi, Lectorem non remorentur, & loca quaesita tanquam digito demonstrent ... Venetiis, apvd Ivntas, 1572.

8 l., 300 numb. l., 4 l., 54 numb. l. 36cm.
Signatures : $†^8$, $A\text{-}Z^8$, $AA\text{-}OO^8$, PP^4, $a\text{-}b^8$, c^{10} ?, $d\text{-}g^8$ ($a8$ blank)
f. 5a, 72 lines, 297×168mm.
l. 5-22 of indices wanting.
Text in 2 col.
♣ *ex lib. relic. Pekini ab Illmo ac Rmo Pata Alex no.* 1377

1038

— [Biblia Sacra. Antverpiae, Excudebat Vidua Amati Tauernerij, Sumptibus Viduae & Haeredum Ioannis Stelsii, 1572]

9 l., 426 numb. l., 5 l. 16½cm.
Signatures : $†^1$, $†^8$, $A\text{-}Z^8$, $a\text{-}z^8$, $Aa\text{-}Gg^8$, Hh^7.
f. 4a, 61 lines, 136×76mm.
t.-p. wanting.
Text in 2 col.
Ms. title on recto of front guard leaf.
For imprint. *cf.* Colophon.
Index : l. 426-[431] 3538

1039

— Biblia sacra, Quid in hac editione à Theologis Louaniensibus praestitum sit, paulò pôst indicatur. Adiecimus Indicem amplissimum Ioannis Herlemij ac alium Euangeliorum & Epistolarum, quae dicuntur singulis diebus festis & Dominicis anni. Lvgdvni, Apud Gulielmum Rouillium, 1581.

8 l., 799, [61]p. 16½cm.
Signatures : $†^8$, $A\text{-}Z^8$, $Aa\text{-}Zz^8$, $AA\text{-}GG^8$, HH^6.
p. 5, 66 lines, 141×79mm.
Text in 2 col. 1241

1040

Bible. *Vulgate. Parisian ed.*
[Biblia sacra Veteris et Noui Testamenti iuxta vulgatam editionem, ab aliquot Theologis Parisiensibus accuratè recognita et emendata cum Scholiis à D. Ioanne Benedicto doctore Theologo ad marginem digestis. Paris, Per Sebastianum Nivellium, 1571 ?]

10 l., 508, 400, 235,[140 ?]p. 40½cm.
Signatures : $†^{10}$, $a\text{-}z^8$, $aa\text{-}hh^8$, ii^6; $A\text{-}Z^8$, $Aa\text{-}Bb^6$, Cc^4; $AA\text{-}OO^8$, PP^6, $A\text{-}C^8$, $D\text{-}E^6$, A^8, $B\text{-}C^6$, A^8, B^6.
p. 13, 52 lines, 303×165mm.
t.-p. and some pages of index wanting.
For title, etc. *cf.* Privilege.
1st ed. by Jean Benoit, Paris, 1541.
« Hebraea, Chaldaea, Graeca & Latina nomina » & Index at end. 1261

1041

Bible. *O. T. Psalms. Vulgate.*

Liber Psalmorum, Vulgatae editionis, cum notis, In quibus explicatur Titulus, Occasio & Argumentum cujusque Psalmi : dilucidatur Sensvs litteralis, paucis attingitur Sensus mysticus, &c. Studio & operâ Franc. B. Doctoris Sacrae Facultatis Parisiensis ... Parisiis, Apud Paulum-Dionysium Brocas, 1754.

2 l., 652, [15]p. 14½×8½cm.
Ed. by François Bellenger. *cf.* « Privilége du roi ».
1st ed. by François Bellenger, 1728.
Index : p. 648-652.
♣ *Ex Bibliotheca Prevost Rectoris Parochiae sancti Nicasii. — Stamp : Seminarium Rothomagense.* 1244

1042

Bible. *N. T. Vulgate. Clementine ed.*

Novvm Jesv Christi Testamentvm vulgatae Editionis Sixti V. Pont. Max. Iussu recognitum, et Clementis VIII. auctoritate editum. Parisiis, Excudebat Antonius Vitré, 1644.

7, [1], 424, 302, [18]p. 17cm.
Bound in 2 v.
1st Clementine ed. 1592.
♣ *Ex libris Claudij Laurens. — Resid. PP. gall Soc. Jes. Pekin N. 10.* 2420

1043

— Novum Jesu Christi Testamentum, Vulgatae editionis. Sixti V. Pont. Max. Jussu Recognitum atque editum. Bruxellis, Apud Eugenivm Henricum Fricx, 1696.

2 l., 582, [12]p., 1 l. 14cm.
Added engr. ornamented t.-p.
♣ *Joan. Bapt. Mattos Xem. missae celebratae 2.* 1442

1044

— Novum Testamentum Domini Nostri Jesu Christi, Vulgatae editionis, Sixti V. Pont. Max. jussu recognitum atque editum. Cum Indice Epistolarum & Evangeliorum; Chronologiâ; necnon Sacra Topographia. Lugduni, Apud Fratres Perisse, 1767.

2 l., 584p. 13×7cm.
« Pro lectione Evangelii » & « Post lectionem » (ms.) on front guard leaf.
♣ *ad usum Oratorii Domestici.* 2556

1045

— Novum Jesu-Christi Testamentum, Vulgatae Editionis, Sixti V. Pont. Max. Jussu recognitum, et Clementis VIII. auctoritate editum, notis historicis et criticis illustratum. Accessit Praefatio de Studio Sacrarum Scripturarum Novi Testamenti : subnexae sunt Chronologia & Geographia sacra ... Parisiis, Apud J. Barbou, 1775.

2v. in 1. 12½×6½cm.
1 l., viii, 375p., 1 l., 333, [2]p.
Text in 2 col.
Colophon : Typis P. R. C. Ballard, 1772. 2537

1046

Bible. *N. T. Vulgate.*

[Novum Testamentum]

398, [18]p. 11½×6cm.
p. 1-2 (t.-p.) wanting.
Index geographicus (p. [399]-[416]) by N. Sanson. 3517

1047

Bible. *N. T. Gospels. Vulgate.*

Sanctum Jesu Christi Evangelium Notis illustratum cum Actibus Apostolorum, pari methodo expositis ... Rotomagi, Sumtibus Viduae Ludovici Behourt, & Guillelmi Behourt, 1695.

2v. 17cm.
Vol. 2 wanting.
Vol. 1, 515 (*i. e.* 519)p.
Ed. by Charles Huré. *cf.* DictOuvrAnonym IV 1373.
1st ed.
Our copy contains the contents covered by the title. According to the « Privilege du roi » the title should be « Novum Testamentum notis illustratum ».
Errata : p. [517]
« Series gestorum » and « Catalogus virorum et mulierum » : p. [519]-[562] 3256

1048

Bicker, Johannes.

(Johannis Bickeri Dreisani, Catti, Medici Ossatiensis in Misnia ordinarii) Hermes redivivus, Declarans hygieinam, de sanitate vel bona valetudine hominis conservanda, In qua omnia ex antiquae sapientiae fontibus, Hippocrate, Galeno, aliisque Graecis & Arabibus atque Latinis deducuntur, cum Chymiatrorum principiis & Paracelsi dogmatibus veris conjunguntur & methodice describuntur. Giessae, Impensis Casparis Chemlini & Antonii Humm, 1612.

15 l., 478? (*i.e.* 480?)p. 15½cm.
Signatures : A^8, B^7, C-Z^8, Aa-Ii^8.
p. 3, 29 lines 117×65mm.
p. 479-? wanting.
Index at beginning.
♣ *Missionis Sinensis.* 813

1049

Bidermann, Jacob, *SJ*, 1578-1639.

(Iacobi Bidermani e Soc. Iesv) Ignativs sive De vita et gloria S. Ignatii Loiolae Soc. Iesv Conditoris libri tres. Antuerpiae, ex Officina Plantiniana Balthasaris Moreti, 1635.

236, [3]p. 11½×6cm.
Signatures : A-P^8.

p. 8, 27 lines, 86×42mm.
Engr. ornamented. t.-p.
Ms. on recto of back guard leaf.
Ms. marginal notes.
1st ed. Munich, 1612.
★ DictHGE VIII 1424. — Sommerv I 1445 n° 5.
2969

1050

Bidloo, Godefridus, 1649-1713.

(Godefridi Bidloo, Medicinae Doctoris & Chirurgi) Anatomia hvmani corporis, Centum & quinque tabvlis, Per artificiosiss. G. de Lairesse ad vivum delineatis, demonstrata, Veterum Recentiorumque Inventis explicata plurimisque, hactenus non detectis, illvstrata. Amstelodami, Sumptibus Viduae Joannis à Someren, Haeredum Joannis à Dyk, Henrici & Viduae Theodori Boom, 1685.

68 unnumb. l. 105 plates (2 fold). 51½cm.
Plates no. 1, 2, 3 wanting.
Added engr. ornamented t.-p.
Plates no. 47-52 bound after plate no. 54.
1st ed.
★ Brunet I 936.
♣ *PP Gallor SJ Pekin.* 3560

1051

Biesman, Gaspar, *SJ,* 1639-1714.

Doctrina moralis, In Brevissimum compendium, Ex variis, probatisque Authoribus redacta ... A tribus Societatis Jesu Patribus Theologis visa, & approbata. Authore R. P. Casparo Biesman, Societatis Jesu Theologo. Editio sexta. Cum Indice Sententiarum à Summis Pontificibus, Alexandro VII. Innocentio XI. & Alexandro VIII. prohibitarum. Tyrnaviae, Typis Academicis per Fridericum Gall, 1728.

141, [19]p. 13×7½cm.
1st ed. Cologne, 1687.
Index : p. [142]-[147]
★ Sommerv I 1467 n° 1.
♣ *e dono R P Ember. Fridelli PP Gallis S. J. Pekini 1733.* 2394

1052

Bigne, Marguarin de la, *ca.*1546-1590.

Bibliothecae Patrvm, et vetervm avctorvm ecclesiasticorvm, tomvs primus-octavus ... Per Margarinum de la Bigne, ex alma Sorbonae Schola, Theologum Doctorem Parisiensem. Editione tertia. Parisiis, 1610.

8t. in 4. 27cm.
t. 1. t.-p., col. 1-48 wanting.
Text in 2 col.
For title, etc. *cf.* t.-p. of t. 2.
1st ed. Paris, 1575-78.
Contents. — **t. 1.** Veterum Patrum in Scripturam Sacram commentarii. — **t. 2.** Homiliae de variis Scripturae locis et rerum divinarum argumentis. — **t. 3.** De Deo et divinis rebus epistolae. — **t. 4.** Tractatus contra varias haereses. — **t. 5.** Paraeneses et varia de moribus opuscula. — **t. 6.** Divinae liturgiae, et alia, quae ad ecclesiasticae disciplinae sacramentorumque rationem pertinent, opuscula. — **t. 7.** Chronologiae, et variae de rebus ecclesiasticis et profanis, tam universales quam particulares historiae. — **t. 8.** Varii de rebus divinis tractatus. Indices quatuor : authorum unus alphabeticus, alter chronologicus, tertius authoritatum Scripturae, postremus rerum et verborum.
♣ *Bibl. Trig.* 1417

1053

Biondo, Flavio, 1388-1463.

(Blondi Flavii Forliviensis) De Roma trivmphante lib. x. priscorvm scriptorvm lectoribus utilissimi, ad totiusq; Romanae antiquitatis cognitionem pernecessarij. Romae instauratae libri III. De origine ac gestis Venetorum liber. Italia Illustrata, siue Lustrata (nam uterq; titulus doctis placet) in regiones seu prouincias diuisa XVIII. Historiarvm ab inclinato Ro. imperio, Decades III. Additis tribus pro argumentorum ratione Indicibus nouis. Basileae, 1559.

18 l., 422, 578, [54]p., 1 l. 34cm.
Signatures : α-γ^6, a-z^6, aa-ll^6, mm^7, A-Z^6, Aa-Zz^6, Aaa^6, Bbb^8, Ccc-Fff^6, Ggg^4 (Bbb8 blank)
t.-p. spoiled.
Colophon : Basileae Per Hieron. Frobenivm et Nicol. Episcopivm, 1559.
1st collected ed.
♣ *Bibl. Trig* 1829

1054

Bizzari, Pietro, *second half of 16th cent.*

Rervm Persicarvm historia, initia gentis, mores, instituta, resque gestas ad haec vsque tempora complectens : Auctore Petro Bizaro Sentinate. Cui accessit Breuis ac vera Henrici Porsii de bello inter Mvrathem III. Turcarum, & Mehemetem Hodabende, Persarum regem gesto, narratio : ac Philippi Callimachi Experientis de bello Turcis inferendo, oratio; eiusdemque de his quae à Venetis tentata sunt, Persis ac Tartaris contra Turcos mouendis, historia. Et appendix, qvam ex Italico Latinam fecit Iacobvs Gevdervs ab Heroltzberga. In ea Iosephi Barbari et Ambrosii Contareni Legatorum Reipub. Venetae Itineraria Persica : Iohannis Thomae Minadoi belli Turco-Persici historia : et Anonymi cuiusdam, belli eiusdem descriptio. Cum Indice locupletissimo. Francofvrti, Typis Wechelianis apud Claudium Marnium, & heredes Ioannis Aubrii, 1601.

4 l., 644, [32]p. 34cm.
Signatures : $†^4$, A-Z^6, Aa-Zz^6, Aaa-Ggg^6, Hhh^4, Iii-Kkk^6, Lll^4.
p. 3, 55 lines, 250×131mm.
1st ed. of « Rerum Persicarum historia », Antwerp, 1583.
★ Brunet I 956.
♣ *Bibl. Trig.* 1933

1055

[Blaeuw, Johannes] *d.* 1673, *ed.*

Theatrvm statvvm Regiae Celsitudinis Sabavdiae Dvcis, Pedemontii Principis, Cypri Regis ... Amstelodami, Apud Haeredes Ioannis Blaev, 1682.

2v. 5 plates. 12 fold. maps, 6 plans (5 fold.) 60cm.
According to « Index & ordo tabvlarvm » the work should contain 144 plates.
All plates and maps are designed by Johannes Blaeuw, engr. by Giov. Tomasio Borgoni, publ. by Johannes (junior) & Petrus Blaeuw, while the descriptions are by Giov. Giofreddo. *cf.* Preface.
1st ed.
Contents. — **pt. 1.** Pedemontium, Augusta Taurinorum, et loca viciniora. — **pt. 2.** Sabaudia et caeterae ditiones cis- & transalpinae.
★ Brunet I 959. 3559

1056

[Blaeuw, Wilhelmus] 1571-1638.

Institvtio astronomica, De usu Globorum & Sphaerarum coelestium ac terrestrium : duabus partibus adornata, Una, secundum hypothesin Ptolemaei, per terram quiescentem. Altera, juxta mentem N. Copernici, per terram mobilem Concinnata secundum Globos atque Sphaeras, pro-ut inventi prostant apud Jacobum Colom. Amstelodami, Typis ac impensis Iacobi Colom, 1646.

246p. incl. tables, diagrs. 16½cm.
Author : Wilhelmus Blaeuw & tr. Martinus Hortensius. *cf.* Amsterdam ed. of 1652.
♣ *P : Guil : van der Beken Miss : Chin : — Da Igreja de Hoai Ngan.* 101

1057

— (Gvilielmi Blaev) Institvtio astronomica De usu Globorum & Sphaerarum Caelestium ac Terrestrium : dvabvs partibvs adornata, Vna, secundum hypothesim Ptolemaei, per terram qviescentem. Altera, juxta mentem N. Copernici, per terram mobilem. Latine reddita a M. Hortensio ... Amstelaedami, Apud Ioannem Blaev, 1652.

10 l., [5]-246p. incl. tables, diagrs. 21cm.
♣ *Collegij Soc^tis^ Jesu Antverpiae. B. M. — Collegij Societatis Jesv Pekini.* 75

1058

— o. c. 17½cm.

8 p. l. (incl. t.-p.) wanting.
256

1059

— (Gvilielmi Blaev) Institvtio astronomica; De usu Globorum & Sphaerarum Caelestium ac Terrestrium : dvabvs partibvs adornata, Vna, secundum hypothesim Ptolemaei, per terram qviescentem. Altera, juxta mentem N. Copernici, per terram mobilem. Latine reddita a M. Hortensio ... Matheseos Professore. Amstelaedami, Apud Joannem Blaev, 1668.

8 l., 243p. incl. tables, diagrs. 20cm.
♣ *Applicado al Prov^a^ da Comp^a^ de Jesu na China No cubiculo do R P^e^ V Provincial. — Nankim.* 264

1060

Blasius, Gerard.

(Gerardi Blasii Amstelraedamensis, Medic. Doct. & Prof. Ordin.) Anatome animalium, Terrestrium variorum, Volatilium, Aquatilium, Serpentum, Insectorum, Ovorumque, structuram naturalem ex Veterum, Recentiorum, propriisque Observationibus proponens, figuris variis illustrata. Amstelodami, Sumptibus Viduae Joannis à Someren, Henrici & Viduae Theodori Boom, 1681.

4 l., 494, [2]p. illus., 5 plates. 26½cm.
Text in 2 col.
1st ed.
« Explicatio figurarum, varia in Anatome brutorum exhibita illustrantium » : p. [337]-[496]
« Index authorum » at beginning.
♣ *PP Gallor S J Pekin.* 831

1061

[Blomevenna, Petrus, *Carth*] 1466-1536.

[De bonitate divina libri quatuor]

1 ? l., 430 (*i.e.* 424) numb. l. 14½cm.
t.-p. & l. 1-8 wanting.
Author : Petrus Blomevenna, *Carth.* & title. *cf.* Running title & LThK II 398.
1st ed. Cologne, 1538.
♣ *Bibl. Trig. ?* 2744

1062

Boch, Jean, 1555-1609.

Descriptio publicae gratulationis, spectacvlorum et lvdorum, in adventv Sereniss. Principis Ernesti Archidvcis Austriae ... Cvi est praefixa, De Belgii Principatu a Romano in ea Prouincia Imperio ad nostra usq; tempora breuis narratio ... Cum carmine Panegyrico in eiusdem Principis Ernesti ... in easdem Prouincias aduentum. Accessit denique Oratio funebris, in Archiducis Ernesti obitum ijsdem Prouincijs luctuosissimum. Omnia a Ioanne Bochio S. P. Q. A. a secretis conscripta. Antverpiae, Ex Officina Plantiniana, 1595.

174p., 1 l. incl. musics. 40cm.
Signatures : A-F^6, G-H^4, I-M^6, N^4, O-P^6, Q^4.
p. 5, 52 lines, 313×198mm.
p. 49-50, 53-56, 59-68, 71-72, 75-80, 85-136, 139-142 wanting.
Engr. ornamented. t.-p.
Colophon : Antverpiae, Ex officina Plantiniana, Apvd Viduam et Ioannem Moretvm, 1595.

Errata : p. 174.
Bound with : Boch, J. Historica narratio profectionis et inavgvrationis Serenissimorum Belgii Principum Alberti et Isabellae, Antverpiae, 1602. 3562a

1063

Boch, Jean, 1555-1609.
— Historica narratio profectionis et inavgvrationis Serenissimorum Belgii Principum Alberti et Isabellae, Austriae Archidvcvm. Et eorum optatissimi in Belgium Adventus, Rerumque gestarum et memorabilium ... in ipsorum·susceptione et Inavguratione hactenus editorum accurata Descriptio. Auctore Ioanne Bochio S. P. Q. A. a Secretis ... Antverpiae, Ex officina Plantiniana, Apud Ioannem Moretum, 1602.
500, [10]p., 1 l. 40cm.
Signatures : A-Y^4, Z^2, a-b^2, c^4, d^2, e^4, f-k^2, l-m^4, n^2, o-q^4, r^2, s^4, t-v^2, x^4, y^2, z^4, Aa^2, Bb-Dd^4, Ee^2, Ff-Tt^4, Vv^6, Xx-Zz^4, AA^4, †^{6}.
p. 9, 52 lines, 315×193mm.
p. 171-172, 177-188, 195-200, 203-228, 231-240, 245-248, 267-268, 271-276, 279-280, 285-292, 299-302, 307-310, 317-318 wanting.
Engr. ornamented. t.-p.
Errata : p. [508]
Bound with : Boch, J. Descriptio publicae gratulationis in adventu Sereniss. Principis Ernesti, Antverpiae, 1595.
♣ *Bibl. Trig.* 3562

1064

Bochart, Samuel, 1599-1667.
Hierozoicon, sive, BIpartitum opus de animalibus S. Scripturae ... Cum indice septuplici, I. Locorum Sacrae Scripturae. II. Authorum, qui citantur. III. Vocum Hebraicarum, Chaldaicarum, Syriacarum, Samaritani & Aethiopici Sermonis. IV. Vocum Arabicarum. V. Graecarum. VI. Romanarum, quae passim explicantur. VII. Rerum. Authore Samuele Bocharto. Editio quarta. Lugduni Batavorum, Apud Cornelium Boutesteyn, & Samuelem Luchtmanns. Et Trajecti ad Rhenum, Apud Guilielmum vande Water, 1712.
2v. front. (v. 1) 39cm.
t.-p. of v. 2 spoiled.
Text in 2 col.
Half-title : Samuelis Bocharti Opera omnia.
1st ed. London, 1663.
Contents.— **pt. 1.** Praefatio ad lectorem. De animalibus in genere. De domesticis quadrupedibus. De feris quadrupedibus. De quadrupedibus oviparis. Indices. — **pt. 2.** De mundis avibus. De immundis avibvs. De serpentibus. De insectis animalibus. De aquaticis animalibus. De dubiis, vel fabulosis. Indices.
★ Brunet I 1022.
♣ *PP Gallor SJ. Pekin.* 1259

1065

Böckler, Georg Andreas, *fl. 2nd half of 17th cent.*
Architectura curiosa nova, Exponens, 1.

Fundamenta hydragogica, indolemꝗ aquae, aëris interventu in altum levandae. 2. Varios aquarum ac salientium fontium lusus ... 3. Magnum amoenissimorum fontium, machinarumꝗ aquaeductoriarum ... numerum. 4. Specus artificiales sumtuosissimas, cum plerisꝗ principum Europaeorum Palatiis, hortis, aulis; nec non praecipuis monasteriis atꝗ arcibus. 5. Cum auctario figurarum elegantissimarum, ad hortorum topiaria vario ductu dividenda, nec non conclavium laquearibus ac pavimentis segmentandis, itemꝗ labyrinthis construendis, adhibendarum. Omnia 200. aeri incisis atꝗ ad vivum maximam partem factis delineationibus ... explicata & vernaculo idiomate descripta, Per Georgium Andream Böcklern ... Et in Latinam Linguam translata a Johanne Christophoro Sturmio ... Norimbergae, Impensis Pauli Fürsten, Bibliotechnopolae, Typis Christophori Gerhardi [1664]
5 l., 30p., 1 l., 13p., 1 l., 22p., 1 l., 26p. 200 plans. 25cm.
Added t.-p. engr. with ornament.
1st ed.
★ Brunet I 1024.
♣ *Collegij Societatis Jesv Pekini.* 1158

1066

— Theatrum machinarvm novvm, exhibens aqvarias, alatas, ivmentarias, manuarias; pedibus, ac ponderibus versatiles, plures, et diversas molas ... Singulari diligentiâ, exquisitâ industria, & potissimum propriâ experientiâ erectum instructumque. Per Georgium Andream Bocklerum, Architectum & Ingeniarium. Ex Germaniâ in Latium recens translatum operâ R. D. Henrici Schmitz, Marco-Svvelmensis ... Coloniae Agrippinae, Sumptibus Pauli Principis, Technempolaei Noribergici, 1662.
6 l., 55p. 154 plates. 35cm.
Added engr. ornamented t.-p.
1st German ed. Nuremberg, 1661.
★ Brunet I 1024.
♣ *Collegij Soc Jesv Pekini.* 785

1067

— o. c.

786

1068

Bodin, Jean, 1530-1596.
(Io. Bodini Andegavensis) De repvblica libri sex, Latine ab avtore redditi, multo qvam antea locvpletiores. Cum indice copiosissimo. Lvgdvni et venvndantvr Parisiis, Apud Iacobvm Dv-Pvys, 1586.
4 l., 779, [61]p. 35½cm.
Signatures : a^4, a-z^6, aa-zz^6, aaa-zzzz^6, aaaa^6.

p. 3, 45 lines, 260×143mm.
1st French ed. Paris, 1576.
1st Latin ed.
Errata : p. [780]
★ Brunet I 1025.
♣ *Bibl. Trig.* 2850

1069

Bodin, Jean, 1530-1596.

Vniversae natvrae theatrvm. In qvo rervm omnivm effectrices causae, & fines contemplantur, & continuae series quinque libris discutiuntur. Avtore Ioan. Bodino. Hanoviae, Typis Wechelianis apud Claudium Marnium, & haeredes Ioann. Aubrii, 1605.

8 l., 633 (*i.e.* 631)p. incl. diagrs. 17½cm.
Signatures : †⁸, A-Z⁸, Aa-Qq⁸, Rr⁴.
p. 3, 28 lines, 132×68mm.
Ms. marginal notes.
1st ed. Lyons, 1596.
★ Brunet I 1025.
♣ *Bibl. Trig? — Purgatus est hic liber sm indicem expurgatorium hispanicum.* 3

1070

Boece, Hector, 1465*ca.*-1536.

Scotorum historiae a prima gentis origine, cum aliarum et rerum et gentium illustratione non vulgari, Libri XIX. Hectore Boethio Deidonano auctore. Duo postremi hujus Historiae libri nunc primùm emittuntur in lucem. Accessit & huic editioni eiusdem Scotorum Historiae continuatio, per Ioannem Ferrerium Pedemontanum, recens & ipsa scripta & edita ... Parisiis, Vaenundantur à Iacobo du Puys, 1575.

6 l., 13 numb. l., 9 l., 402 numb. l., 18 l. 32½cm.
Signatures : †⁶, †-†††⁶, ††††⁴, a-z⁶, A-Z⁶, Aa-Zz⁶, AA⁶.
f. 2a, 51 lines, 244×142mm.
Colophon : Lausannae excvdebat Franciscus Le Preux illust. D. Bernensium typographus sumptibus Iacobi du Puys.
1st ed. Paris, 1527.
1st ed. by Ferrerius.
Appendix : l. 385-402.
Index : l. [403]-[420]
★ Brunet I 1031.
♣ *Bibl. Trig.* 1939

1071

Boekel, Johann, 1535-1605.

De philtris, utrum animi hominum his commoueantur, necne. Tractatus Joannis Bokelii, D. Ordinarii Physici Hamburgensis. Hamburgi, Ex officina Hermanni Molleri, 1599.

18 unnumb. l. 19½cm.
Signatures : A-D⁴, E².
f. 6a, 34 lines, 143×99mm.
Bound with : Liceti, F. De monstrorum caussis, natura, & differentiis libri dvo, Patavii, 1616 and others. 1049f

1072

Boerhaave, Herman, 1668-1738.

(Hermanni Boerhaave) Opera omnia medica ... Venetiis, Apud Laurentium Basilium, 1757.

12 l., 621 (*i.e.* 547)p. incl. front. 24½cm.
1st ed. 1722.
Contents. — Institutiones medicae. — Aphorismi de cognoscendis & curandis morbis. — Libellus de materie medica. — De lue aphrodisiaca. — Atrocis, nec descripti prius morbi historia. — Atrocis rarissimique morbi historia altera. — De fabrica glandularum in corpore humano. — De mercurio experimenta. — Orationes octo academicae. — De utilitate explorandorum in aegris excrementorum ut signorum. — Introductio in praxin clinicam. — Praelectiones de calculo. — De distinctione mentis a corpore. — Horti Lugduno-Batavi descriptio.
♣ *Da Livrª de Nantàm em Peikim.* 839

1073

— (Hermanni Boerhaave ...) Methodus discendi medicinam. Editio secunda Veneta. Venetiis, Apud Franciscum Zane, 1747.

378, [13]p. 3 fold. diagrs. 18½cm.
1st ed. Amsterdam, 1726. 814

1074

— (Hermanni Boerhaave ...) Praelectiones academicae in proprias Institutiones rei medicae. Edidit, et notas addidit Albertus Haller. Editio prima Veneta, post secundam Gottingae ... Venetiis, Apud Simonem Occhi, 1743.

4v. in 2. 24cm.
1st Gottingen ed. 1739.
Contents. — **t. 1.** Chylificatio. — **t. 2.** Arteria, cor, pulmo, sanguis, glandula, cerebrum. — **t. 3.** Lien, hepar, renes, musculi, cutis, nutritio. — **t. 4.** Sensus externi, interni, somnus. 916

1075

Boethius, Anicius Manlius Severinus, *ca.* 480-524.

(Anitii Manlii Severini Boethi ...) Opera omnia, quorum alia antè impressa, nunc denuò per doctos uiros recognita : alia, quae hactenus latuerunt, nunc primùm emendatiss. in lucem prodeunt. In quibus praeter uniuersae philosophiae exactissimam doctrinam, plurimorum in diuinis mysteriorum, & difficiliorum locorum in Platone, Aristotele alijsq; Graecis & Latinis autoribus luculentissimae explicationes reperiuntur. Praeterea iam accesservnt, Ioannis Murmelij in V. lib. De Consolatione Philosophiae commentaria. Et in eosdem Rodolphi Agricolae Enarrationes. Item. Gilberti Porretae, Episcopi Pictaviensis In IIII lib. de Trinitate commentarij, antè nunquam aediti. Praeter reliquos doctiss. uiros, Henricvs Loritvs Glareanvs, Arithmeticam & Musicam demonstrationibus & figuris auctiorem redditam, suo pristino nitori restituit ... Et Martianus Rota, opus de tota disserendi ratione, hoc est, organum ... illustravit. Et hujus autoris uitam, cùm ex alijs, tum ex Boëthi munumentis collectam, bona fide descripsit ... Basileae, Ex officina Henricpetrina [1570]

25 l., 1546p., 1 l. incl. diagrs. 30½cm.
Signatures : a-d^6, A-Z^8, aa-zz^8, Aa-Ee^8, [Ff-Ii^8, Kk^4] Ll-Zz^8, [AA-ZZ^4, $\dagger^6$, Aaa-Nnn^8] Ooo-Qqq^8 (d_6 blank)
p. 3, 51 lines, 219×137mm.
p. 479-480, 615-618, 625-626, 639-640, 817-888, 923-924, 1097-1500 wanting.
p. 891-904 bound after p. 1096.
Colophon dated 1570.
1st ed. Venice, 1492.
1st Basel ed. 1546.
★ Brunet I 1032.
♣ *Bibl. Trig.* 3530

1076

Boissard, Jean Jacques, 1528-1602.

Romanae urbis topographiae et antiquitatum; quibus succincte et breviter describuntur omnia quae tam publice quam privatim videntur animadversione digna, Partes sex. Impressum Francofurti apud Iohannem Feyrabend, impensis Theodori de Bry, 1597-1602.

6 pt. in 3. 31cm.
Vol. 2 (pt. 3, 4) wanting.
1st ed.
Contents. — **pt. 1.** Boissard, J. Topographiae Romanae urbis. Panvini, O. Descriptio quatuordecim regionum Urbis Romae. Victor, P. De regionibus urbis Romae liber. — **pt. 2.** Marliani, B. Topographia antiquae urbis. Index antiquitatum et inscriptionum in I volumine propositarum. — **pt. 5.** Inscriptiones et monumenta quae Romae in saxis et marmoribus visuntur. — **pt. 6.** Giraldi, L. G. De sepulchris et vario sepeliendi ritu. Inscriptiones & Epitaphia.
★ Brunet I 1060.
♣ *Collegij Societatis Jesv Pekini.* 3603

1077

Bollandus, Jean, *SJ,* 1596-1665.

Acta Sanctorum Martii a Ioanne Bollando S. J. colligi feliciter coepta. A Godefrido Henschenio et Daniele Papebrochio eiusdem Societatis Iesu aucta, digesta & illustrata ... Antverpiae, Apud Iacobvm Mevrsivm, 1668.

t. 2, pt. 1; t. 3, pt. 1. 36cm.
The complete set (for March) consists of 3 t.
Engr. ornamented. t.-p.
Text in 2 col.
1st ed.
Contents. — **t. 2, pt. 1.** Martyrologium Ven. Bedae Presbyteri cum Auctario Flori Lugdunensis et aliorum. Index Sanctorum a IX. ad XIX. diem Martii. Index chronologicus in tomum II. Martii. Acta Sanctorum qui die IX et X Martii coluntur. — **t. 3. pt. 1.** Exegesis praeliminaris I. de S. Theophanis Chronographia. II. Stemma genealogicum posteriorum regum stirpis Merovingicae. Index Sanctorum ad tredecim ultimos dies Martii. Index chronologicus in tomum III Martii. Acta Sanctorum qui die XIX-XXIII Martii coluntur.
★ Brunet I 1077. — DictHGE IX 633. — Sommerv I 1628 n° 6.
♣ *PP Gallor SJ Pekin.* 2162

1078

Bona, Giovanni, *OCist, cardinal,* 1609-1674.

Rerum liturgicarum libri duo auctore Joanne Bona S. R. E. Tit. S. Bernardi ad Thermas Presbytero Cardinali Ordinis Cisterciensis ... Hac novissima Editione denuo recogniti, aucti, Notis, Observationibus, ac perpetuo fere Commentario Historico, Critico, Dogmatico illustrati, novisque accessionibus locupletati, ac in quatuor Tomos distributi. Adjiciuntur Hucusque inediti duo singulares Ritus Ecclesiarum Vercellensis, & Augustae Praetoriae in Italia Subalpina; nonnullae item dissertationes adversus misoliturgos, aliosque pseudocriticos, Quibus quaecumque ad Missae Sacrificium, Rei liturgicae Originem, Statum, Antiquitatem, Successionem, Ordinem, Ritus, Caeremonias, Ministerium, Disciplinam, seu notitiam spectant, proferuntur, disquiruntur, enucleantur, studio, et labore D. Roberti Sala Taurinensis Ejusdem Ord. & Congr. S. Bernardi ... Augustae Taurinorum, Ex typographia Regia, 1747-55.

3v. 40cm.
Binder's title : Bona Opera omnia liturg. t. I-III.
1st ed. Rome, 1671.
Contents. — **t. 1.** Elogia virorum illustrium de Jo. Card. Bona, et breve ejus vitae compendium. D. Roberti Sala, Praefatio generalis in universum opus. Liber I. De his quae ad Missam generatim spectant. Pars prima, cap. 1-17. : De missa, eiusque variis generibus. Appendices et supplementa. Index rerum. — **t. 2.** Pars secunda, cap. 18-25. : De iis, quae ad Missae tempus, locum, ministerium & apparatum pertinent. Appendices & supplementa. Index rerum. — **t. 3.** Liber II. quo singulae missae partes ac ritus singillatim explicantur. Appendices et supplementa. Index rerum.
★ Brunet I 1082. — DictArLit II 995.
♣ *Stamp of Mgr Alex. de Gouvea.* 1636

1079

— (Joannis Bona S. R. E. Tit. S. Bernardi ad Thermas Presbyteri Cardinalis Ordinis Cisterciensis ...) Epistolae selectae Aliaeque Eruditorum sui temporis Virorum ad eumdem scriptae, una cum nonnullis ipsius Analectis collegit, digessit, ordinavit, brevibusque notis illustravit D. Robertus Sala ... Tomus unicus Suis item Indicibus locupletatus. Augustae Taurinorum, Ex typographia Regia, 1755.

4 l., xli, [3], 388p. 40cm.
Binder's title : Bona Opera omnia liturg. t. IV.
1st ed.
★ DictArLit II 1001.
♣ *Stamp of Mgr Alex. de Gouvea.* 3582

1080

Bona, Giovanni, *OCist, cardinal,* 1609-1674.
De sacrificio Missae tractatus asceticus Joannis S. R. E. Cardinalis Bona. Rhedonis, Apud Julianum Vatar, 1728.

3 l., 205p. 14×8cm.
1st ed. Cologne, 1650.
♣ *Collet presbyter 1803.* 2532

1081

Bonacina, Martino, 1585-1631.
(Martini Bonacinae Sacerdotis Oblati, Ivris Vtrivsqve Doctoris ...) De contractibvs, & Restitutione Tractatus. In qvo difficvltates, ac qvaestiones ferè omnes ad conscientiae praxim, & plurimae ad externum Iudiciale forum pertinentes breui compendio exponuntur. Illustrata atq; ab avctore perpolita Editio ... Brixiae, Apud Io. Baptistam Bozzolam, 1627.

32 l., 671, [1]p. 23cm.
Signatures: a^4, †^{4}, †-†††^{8}, A-Z^8, Aa-Tt^8.
p. 3, 51 lines, 183×125mm.
Text in 2 col.
Indices at beginning.
♣ *Gozano p la Cina.* 1355

1082

— (Martini Bonacinae Sacrae Theologiae et I. V. D. ...) De Horis Canonicis, tam priuatim, quam publicè, sub poena restitutionis fructuum, & amissionis distributionum, recitandis, Tractatus. In quo vniversae quaestiones, & difficultates, tam ad internum conscientiae forum, quam ad ius contentiosum pertinentes breui, claraq; methodo exponuntur. Mediolani, Apud haer. Pacifici Pontij, & Ioan. Baptistam Piccaleum Impressores Archiepiscopales, 1623.

4 l., 304, [31]p. 22½cm.
Signatures: A^4, A-T^8, V-Z^4.
p. 5, 45 lines, 176×118mm.
Text in 2 col.
Index & errata: p. [309]-[335]
♣ *Gozano p la Cina.* 1363

1083

— (Martini Bonacinae Sacerdotis Oblati, Ivris Vtrivsqve Doctoris ...) De Magno Matrimonij Sacramento tractatvs, in qvo difficvltates, ac quaestiones ferè omnes ad hanc rem pertinentes breui oratione complectuntur ac dilucidantur. In hac nostra postrema editione; à multis mendis expurgatus, & ab ipso Auctore multis in locis ornatus atq; perpolitus. Brixiae, Apud Franciscvm Thebaldinvm, 1625.

2 l., 278, [38]p. 23cm.
Signatures: a^2, A-T^8, V^6.
p. 3, 51 lines, 184×116mm.
[4]p. (signature V$_{3,4}$) of index bound after t.-p.
Text in 2 col.
Index: p. [279]-[316]
♣ *Gozano p la Cina.* — *Collegij Societatis Jesv Pekini.* 1356

1084

— (Martini Bonačinae Mediolanensis ...) Opervm de morali theologia, & omnibus conscientiae nodis, tomvs secvndvs [-tertius] ... Mediolani, Apud Franciscum Vigonum, 1683.

3v. 37cm. (v. 2: 35½cm.)
Vol. 1 wanting.
Text in 2 col.
1st ed. Lyons, 1624.
Contents. — **t. 2.** De legibus. De Decalogo. De Ecclesiae praeceptis. Index. — **t. 3.** De censuris ecclesiasticis. Index.
♣ *Nankim.* — *Ve Proua da China.* 1553

1085

— (Martini Bonacinae Sacrae Theologiae et I. V. D. ...) Tractatus de censvris, alijsque poenis Ecclesiasticis. Nunc denuo ab ipso Auctore auctus, & quamplurimis nouis quaestionibus locupletatus. Mediolani, Apud haer. Pacifici Pontij, & Ioan. Baptistam Piccaleum, Impressores Archiepiscopales, 1623.

2 l., 359, [61]p. 22½cm.
Signatures: a^2, A-Y^8, Z^4, a-c^8, d^7.
p. 3, 56 lines, 180×118mm.
Text in 2 col.
Index: p. [365]-[421]
♣ *Gozano p la Cina.* 1357

1086

(Martini Bonacinae Sacrae Theologiae, et I. V. D ...) Tractatvs de clavsvra, Et poenis eam violantibus impositis. Mediolani, Apud haer. quon. Pacifici Pontij, & Io. Baptistam Piccaleum socios, Impressores Archiepiscopales, 1626.

4 l., 239, [22]p. 23cm.
Signatures: a^4, A-P^8, Q^{11}.
p. 11, 45 lines, 178×115mm.
Text in 2 col.
Index & errata: p. [245]-[262]
♣ *Gozano p la Cina.* 1364

1087

— (Martini Bonacinae Sacerdotis Oblati, Moralis Theologiae Professoris ...) Tractatus de Sacramentis ... Mediolani, Apud haer. Pacifici Pontij, & Ioan. Baptistam Piccaleum Impressores Archiepiscopales, 1620.

6 l., 754, [52]p. 22½cm.
Signatures: †^{6}, A-Z^8, Aa-Zz^8, Aaa-Bbb^8, Ccc-Fff^4, Ggg^3.
p. 3, 46 lines, 183×118mm.
Illustrated t.-p.
Text in 2 col.
Indices: p. [760]-[806] 1366

1088

Bonamico, Francesco, *fl. 2nd half of 16th cent.*

(Francisci Bonamici Florentini ...) De alimento libri v. Vbi multę Medicorum Sententię delibantur, & cũ Aristotele conferuntur. Complura etiam problemata in eodem Argumento notantur, & quibusdam ex Gręca lectione pristinus nitor restituitur. Cvm indice copioso Notandorvm ... Florentiae, Apud Bartholomaeum Sermartellium Iuniorem, 1603.

12 l., 759, [26]p. 5 plates (1 fold.) 22cm.
Signatures : a-c⁴, A-Z⁴, Aa-Zz⁴, Aaa-Zzz⁴, Aaaa-Zzzz⁴, Aaaaa-Ccccc⁴, †-††⁴, †††⁵.
p. 6, 41 lines, 164×106mm.
Colophon dated 1602.
1st ed.
♣ *Bibl. Trig.?* 906

1089

Bonaventura, *OFM, Saint,* 1221-1274.

(Seraphici Doctoris S. Patris Ioannis Evstachii Bonaventvrae Ordinis Minorvm Episcopi Albanensis, & S. R. E. olim Cardinalis) Opusculorum Theologicorum. Tomvs primvs [-secundus] Accesserunt nunc eiusdem S. Patris aliqui mirae eruditionis, ac sanctitatis libelli, qui iam temporum iniuria penè interciderant. Additae sunt etiam marginales annotationes, quae sententias illustrarent. Subduntur & totius operis, tum libellorum, & capitulorum, tum expositarum scripturae auctoritatum, tum etiam sententiarum omnium alphabetico ordine digestarum copiosissimi indices. Omnia iussu R. P. F. Francisci Zamorae, eiusdem ordinis Generalis Ministri, à mendis innumeris, quibus hucusque scatebant, summa diligentia, atque vigilantia repurgata, & in lucem edita . Venetiis, Apvd Haeredem Hyeronimi Scotti, 1584.

2v. in 1. 31cm.
28 l., 489 (*i.e.* 491) p., 4 l., 650 p.
Signatures : †⁸, ††⁶, †⁸, ††††⁶, A-Z⁸, Aa-Gg⁸, Hh⁶; †⁴, A-Z⁸, Aa-Rr⁸, Ss⁵.
p. 5, 70 lines, 266×160mm.
Text in 2 col.
Ms. notes on verso of back guard leaf.
♣ *Stamp of Mgr Alex. de Gouvea. — Dita per carita un Avemmaria por un povero peccatore.* 1532

1090

— (Sancti Bonaventurae ex Ordine Minorvm, S. R. E Cardinalis Albanen. eximii Ecclesiae Doctoris) Opusculorum Theologicorum. Tomus primvs [-secundus] ... Hac omnium postrema editione cum Romano exemplari omnia contulimus, & qua fieri potuit diligentia pristinae integritati restituimus ... Venetiis, Apvd haeredem Hyeronimi Scoti, 1611.

2v. in 1. 31½cm.
28 l., 491p., 4 l., 650p.
Signatures : †⁸, ††⁶, †⁸, ††††⁶, A-Z⁸, Aa-Gg⁸, Hh⁶; †⁴, A-Z⁸, Aa-Rr⁸, Ss⁵.
p. 5, 70 lines, 260×157mm.
Text in 2 col. 1361

1091

[Bonaventura, Federico] 1555-1602.

[Anemologia sive De causis et signis pluviarvm, ventorum, serenitatis et tempestatum. Urbini, Apud Bartholomaeum Ragusium, 1592-93 [pt. 1, 1593]

26? l., 442, 120, 142, 195p. 22½cm.
Signatures: †-††††††⁴, †††††††², A-G⁴, H², I-Z⁴, Aa-Zz⁴, Aaa-Kkk⁴ (Kkk4 blank) : a-p⁴; A-S⁴ (S4 blank); a-z⁴, aa⁴, bb².
p. 3, 26 lines, 146×99mm.
4? p. l. incl. t.-p. wanting.
According to the index « Pro Theophrasto apologia » ought to be bound after « De causa ventorum motus ».
For author, title, etc. *cf.* t.-p. of pt. 2 and Thierry's catalog. p. 115.
Each part has a special t.-p.
1st ed.
Errata at beginning.
Contents. — **[pt. 1]** Theophrastus. De ventis liber. De pluviarum signis. De ventorum signis. De tempestatum signis. De tranquillitatis ac serenitatis signis. Bonaventura, F. Annotationes. — **[pt. 2]** Claudius Ptolemaeus. Inerrantium stellarum apparitiones ac significationum collectio. Bonaventura, F. Annotationes. — **[pt. 3]** Bonaventura, F. Pro Theophrasto atque Alexandro Aphrodisiensi De vero tempore ortus atque occasus Orionis, apologia. — **[pt. 4]** Bonaventura, F. De causa ventorum motus.
♣ *Bibl. Trig.?* 929

1092

[Bongars, Jacques] 1546-1612, *ed.*

Gesta Dei per Francos, Siue Orientalium expeditionvm Et Regni Francorum Hierosolimitani Historia a Variis, sed illius aeui scriptoribus, litteris commendata : Nunc primùm aut editis, aut ad libros veteres emendatis ... Hanoviae, Typis Wechelianis, apud heredes Ioan. Aubrii, 1611.

2v. in 1.
28 l., 622p., 1 l. (blank), 623-1207, [1]p. 35cm.
Signatures : a-d⁶, e⁴, A-Z⁶, AA-ZZ⁶, AAA-ZZZ⁶, AAAA-ZZZZ⁶, AAAAA-HHHHH⁶, IIIII⁴ (FFF6 blank)
p. 5, 59 lines, 274×141mm.
t.-p. of v. 2 wanting.
Ed. by Jacques Bongars. *cf.* NouvBiogrGén VI 568.
1st ed.
Contents. — Principum et praelatorum militumque nomina. — Gesta Francorum et aliorum Hierosolymitanorum. — Robertus Monachus. Historia hierosolymitana. — Baldricus Dolensis. Historia Hierosolimitana. — Raimondus de Agiles. Histo-

ria Francorum qui ceperunt Jherusalem. — Albertus Canonicus. Historia Hierosolimitanae expeditionis. — Fulcherius Carnotensis. Gesta peregrinantium Francorum cum armis Hierusalem pergentium. — Gauterius Cancellarius. Bella Antiochena. — Guibertus de Novigentio. Historia Hierosolimitana. — Guillermus Tyrensis. Historia rerum in partibus transmarinis gestarum. — Jacobus de Vitriaco. Historia Hierosolymitana. — Historia Hierosolimitana. — Regum et principum epistolae. — Oliverius Coloniensis. De captione Damiatae. — Bulla Innocentii papae IV. — Ludovicus Rex. De captione et liberatione sua epistola. — Regis Francorum B. Ludovici canonisatio.
★ Brunet I 1098.
♣ *Bibl. Trig.* 2107

1093

Bongo, Pietro, *d.* 1601.

(Petri Bongi patricii Bergomen.) De mystica qvaternarii numeri significatione. Venetiis, Apud Ioan. Baptistam Hugolinum, 1585.

46 numb. l., 1 l. incl. tables. 16cm.
Signatures : A-F[8].
f. 6a, 29 lines, 116×65mm.
Bound with : Euclides, Elementorum libri XV, Coloniae, 1612 and others. 371a

1094

Bonifacius VIII, *pope,* 1234*ca.*-1303.

Liber sextvs decretalivm D. Bonifacii Papae VIII. Suae integritati vna cum Clementinis & Extrauagantibus, earumque Glossis restitutus. Ad exemplar Romanvm diligenter recognitus. Editio vltima. Parisiis, 1612.

12 l., 784 (*i.e.* 786) col., [6]p., 324, 327 (*i.e.* 328) col. illus. 38cm.
Signatures : a[6], e[6], a-z[6], aa-ii[6], kk[8]; A-N[6], O[4] (O4 blank); AA-NN[6], OO[4].
Col. 1/2, 91 lines, 177×302mm.
Illus. t.-p.
Ed. by Johannes Andreae & Zenzelinus de Cassanis. *cf.* Publisher's notes.
Rev. by Gregorius XIII, *pope. cf.* DictTheolCath IV 210.
1st ed. Mainz, 1465.
1st ed. by Gregorius XIII, Rome, 1582.
Indices at beginning.
♣ *Stamp of Mgr Polyc. de Souza.* 3553

1095

— o. c.
2131a

1096

Bonis, Carlo de, *SJ,* 1675-*after*1754.

Vita Ven. Francisci de Hieronymo e Societate Jesu Sacerdotis authore Carolo de Bonis ex eadem Societate. Excudendum Opus Typis curabat Felix Musca Typographus Neapolitanus, 1734.

8 l., 496, [1]p. front. 23cm.
1st ed.
Errata : p. [497]
★ Sommerv I 1726 n° 5. 1986

1097

Bonjour, Guillaume, *AugErm,* 1669-1714.

In monumenta coptica seu aegyptiaca bibliothecae Vaticanae brevis exercitatio F. Guillelmi Bonjour Tolosani Ordinis Eremitarum S. Augustini. [Romae, typis linguar. orient., 1699]

24 ?p. 27cm.
For imprint : *cf.* Brunet I 1101.
Some p. at end wanting.
1st ed.
Bound with : Bonjour, G. *AugErm.* Selectae in S. Scripturam dissertationes, Montpellier, 1705.
1886a

1098

— Selectae in Sacram Scripturam dissertationes Actae in Seminario Montis-Falisci jussu S. R. E. Cardinalis Marci-Antonii Barbadici ... Ac copiosissimis indicibus auctae & illustratae, auctore F. Guillelmo Bonjour Tolosano Ordinis Eremitarum S. Augustini... Apud Montem-Faliscum, Ex Typographia Seminarii, 1705.

xiip., 5 l., 44p., 1 l., 236, XIp. incl. tables. 27½cm.
10 leaves of ms. bound after p. 44, 236, XI, are not included in pagination.
1st ed.
Errata : p. 236.
Bound with : Bonjour, G. *AugEr.* In monumenta Coptica seu Aegyptiaca Bibliothecae Vaticanae brevis exercitatio.
★ DictHGE IX 1000. 1886

1099

Bonucci, Antonio Maria, *SJ,* 1651-1728.

Anatome Cordis Christi Domini lancea perfossi, duobus libris comprehensa ... Auctore Antonio Maria Bonucci Societatis Jesu Sacerdote. Romae, Typis Bernabò, 1703.

26 l., 424, [28]p. 24½cm.
1st ed.
Index : p. [425]-[452]
★ DictAM I 1869. — DictHGE IX 1124. — Sommerv I 1764 n° 4.
♣ *Stamp of Mgr Polyc. de Souza. — Ex libris Jo : Baptae Domci Olim (?) Simonis Gallarati — Rom : V. J. D.* 2341

1100

Boodt, Anselme Boëce de, *d. ca.* 1634.

(Anselmi Boetii de Boodt Brvgensis Belgae, Rvdolphi secvndi, Imperatoris Romanorvm Personae Medici) Gemmarvm et Lapidvm historia, qua non solum ortus, natura, vis & precium, sed etiam modus quo ex iis, olea, salia, tincturae, essentiae, arcana & magisteria arte chymica confici possint, ostenditur ... Cum variis figuris, Indiceq; duplici & copioso. Hanoviae, Typis Wechelianis apud Claudium Marnium & heredes Ioannis Aubrii, 1609.

10 l., 294 (*i.e.* 284), [15]p. illus., fold. table. 21½cm.
Signatures: †⁴, ††⁶, A-Z⁴, Aa-Mm⁴, Nn², Oo-Pp⁴.
p. 10, 43 lines, 171×111mm.
1st ed.
♣ *Bibl. Trig.* 835

1101

Bordeaux. *College of the Society of Jesus, ed.*
Quaestiones theologicae ad Tertiam partem S. Thomae de Incarnatione et Sacramentis, in Collegio Burdegalensi Societatis Jesu propugnatae. Burdigalae, Impensis Societatis Typographicae.

52, 339p. 16½cm.
♣ *Collegij S. J. Pekini.* 3500

1102

Borelli, Giovanni Alfonso, 1608-1679, *ed.*
Elementa conica Apollonii Paergei et Archimedis opera Noua & breuiori methodo demonstrata a Ioanne Alphonso Borellio. Romae, Apud Mascardum, 1679.

6 l., 283p. 8 fold. diagrs. 15×8½cm.
1st ed.
Contents. — Apollonii Conica compendiaria. — Archimedis De circuli dimensione. De quadratura parabolae. De sphaera et cylindro. Spiralia. De conoidibus et sphaeroidibus. De aequeponderantibus, seu de centris gravitatum planarum figurarum & solidarum. De iis quae vehuntur in fluido.
★ Brunet I 1113.
♣ *Residentiae S. Josephi Pekini.* 276

1103

— De motionibus naturalibus, a gravitate pendentibus. Lugduni Batavorum, Apud Petrum Van der Aa, 1686.

2 l., 360, [32]p. 20½cm.
1st ed. Reggio, 1670. 1117

1104

— (Joh. Alphonsi Borelli, Neapolitani Matheseos Professoris) De motu animalium ... Editio Altera, Correctior & emendatior. Lugduni in Batavis, Apud Cornelium Boutesteyn, Danielem à Gaesbeeck, Johannem de Vivie & Petrum van der Aa, 1685.

2 pt. in 1. 18 fold. plates. 21cm.
8 l., 280 (*i.e.* 274), [17]p., 2 l., 365, [15]p.
Added engr. ornamented t.-p.
1st ed. Rome, 1680-81.
★ Brunet I 1113.
♣ *PP Gallor. SJ Pekin.* 669

1105

— o. c.

pt. 1, 8 l. (incl. t.-p.), 4 p. of index; pt. 2, 2 l., p. 305-365, 7 p. of index; 18 plates wanting. 3535

1106

— Theoricae Mediceorvm planetarvm ex cavsis physicis dedvctae a Io : Alphonso Borellio ... Florentiae, Ex Typographia S. M. D. 1666.

vii, 184p., 2 l. 3 fold. diagrs. 20½cm.
Imprimatur, Errata and plates bound after p. 176.
1st ed.
★ Brunet I 1113.
♣ *Collegij Societatis Jesv, Pekini.* 81

1107

— (Joh. Alphonsus Borellus ...) De vi percussionis, et motionibus naturalibus a gravitate pendentibus, sive Introductiones & Illustrationes Physico-Mathematicae apprimè necessariae ad opus ejus intelligendum De motu animalium Unà cum ejusdem Auctoris Responsionibus in animadversiones Illustrissimi Doctissimique Viri D. Stephani de Angelis ad Librum de Vi Percussionis. Editio prima Belgica. Priori Italicâ multô Correctior & auctior, cui etiam locô figurarum lignearum prioris Editionis, substitutae sunt nitidissimae aeneae nec non triplices Indices locupletissimi. Accurante J. Broen, M. D. ... Lugduni Batavorum, Apud Petrum Van der Aa, 1686.

8 l., 262, [22]p., 2 l., 360, [32]p. 20 fold. diagrs. 20½cm.
Added engr. ornamented t.-p.
On added t.-p. : ... Atrium physico-mathematicum apertum ad aedificium eius magnificum de motv animalium.
1st ed.
1st ed. of « De vi percussionis », Bologna, 1667.
1st ed. of « De motionibus naturalibus », Reggio, 1670.
♣ *PP Gallor SJ. Pekin.* 833

1108

Botalli, Leonardo, *2nd half of 16th cent.*
Lvis venereae cvrandae ratio. Authore Leonardo Botallo Astense Medico Regio. Parisiis, Apud Ioannem Fourcherium, 1563.

109 numb. l., 3 l. 17½cm.
Signatures: A-O⁸.
f. 7a, 26 lines, 120×67mm.
1st ed.
Errata: l. [111]-[112]
Bound with: Bright, T. Hygieina, Francofurdi, 1588, and others. 899b

1109

[**Bourgogne, Antoine François de,** *SJ*] 1632-1676.
Praxis solida et per Ecclesiam communissima, remittendi et retinendi peccata, excerpta ex Tractatu de Poenitentia cujusdam Sacrae Theologiae professoris Nuper in Schola Discipulis dictato. Moguntiae, Typis Ludovici Bourgeat, 1675.

8 l., 257, [2]p. 16½cm.
Author : Antoine François de Bourgogne, *SJ. cf.* Sommervogel IX 1251.
1st ed.
★ Sommerv II 40 n° 18.
♣ *Aplicado à Resida de Chin Kiam por ordẽ publicada pello P V Proval Joao de Saà.* 2643

1110

[—] o. c.
Bound with : Reynerus ab Andringa. Doctrina non Universitatis Lovaniensis, sed quorumdam privatorum, Moguntiae, 1681.
♣ *P. : Guil : van der Beken Miss : Chin :— Da Igreja de Hoai Ngan.* 3492

1111

Bovelles, Charles, 1470*ca.*-1553.
Theologicarum Conclusionum Caroli Bouilli Samarobrini Libri decem : quorum quinq3 primi necessaria dei nomina atq3 praedicata pertractant residui vero quinq3 diuina cõtingentia nomina trutinantur. Primus est de esse dei. Secundus de vnitate eiusdem. Tertius de eius immensitate. Quartus de diuina aeternitate. Quintus de trinitate. Sextus de creatione. Septimus de incarnatione verbi. Octavus de passione eiusdem. Nonus de resurrectione. Decimus de diuino iudicio. Vaenundantur a Badio [Impressae sunt in aedibus Ascensianis, Idibus Iunii, 1515]

CLXXXIIII numb. l. illus. 28cm.
Signatures : a-z8.
f. VIIIa, 45 lines, 204×145mm.
Paged irregularly.
Text in 2 col.
Title within woodcut border.
For imprint. *cf.* colophon.
♣ *Bibl. Trig.* 1540

1112

Boyle, Robert, 1627-1691.
(Roberti Boyle, nobilissimi Angli et Societatis Regiae dignissimi Socii) Opera varia ... Cum Indicibus necessariis, multisque Figvris Aeneis. Genevae, Apud Samvelem de Tovrnes, 1677-82 [v. 1, 1680]

3v. front. (v. 1), 5 plates (4 fold.) 23cm.
1st incomplete and unauthorized ed. of Boyle's works.
Contents.—**v. 1.** Experimenta de vi aëris elastica & ejusdem effectibus. Defensio doctrinae de elatere et gravitate aeris, adversus obiectiones Francisci Lini. Paradoxa hydrostatica novis experimentis demonstrata. Tentamina physiologica cum historia fluiditatis et firmitatis. Tractatvs de absoluta quiete in corporibus.—**v. 2.** Chymista scepticus. Experimenta et considerationes de coloribus. Introductio ad historiam qvalitatum particularium. De cosmicis rerum qualitatibus. De cosmicis suspicionibus. De temperie subterranearum regionum. De fundo maris. Suspiciones de latentibus quibusdam qualitatibus aeris. Appendix. De magnetibus coelestibus. Animadversiones in D. Hobbesii Problemata de vacuo. De causa attractionis per suctionem. De atmosphaeris corporum consistentium, deque natura et vi effluviorvm. Una cum detecta penetrabilitate vitri a ponderabilibus partibus flammae. De gemmarum origine & virtutibus. De S. Scripturae stylo.—**v. 3.** Experimenta varia tum in aere compresso, tum in factitio, instituta, circa ignem, animalia, &c. Una cum descriptione machinarum. Tentamen ad porositatem corporum tum animalium, tum solidorum detegendam. Nova experimenta pneumatica de respiratione. Apparatus ad historiam naturalem sanguinis humani. Observationes de salsedine maris. De specificorum remediorum cum corpusculari philosophia concordia. De varia simplicium medicamentorum utilitate et usu. Origo formarum et qualitatum, iuxta philosophiam corpuscularem. Tractatus de ipsa natura.
♣ *Collegij Soc. Jesv Pekini.* 676

1113

— Defensio doctrinae De Elatere & Gravitate aëris, Propositae à Dno Rob. Boyle. In Novis ipsius Physico-Mechanicis experimentis, Adversus Objectiones Francisci Lini. Vbi etiam Objectoris Funicularis Hypothesis examinatur, eâque occasione nova quaedam Experimenta adduntur Ab Autore supra dictorum Experimentorum. Editio postrema. Roterodami, Ex Officinâ Arnoldi Leers, 1669.

15 l., 176, [8]p. fold. plate. 13cm.
1st ed. 1662.
Bound with : Boyle, R. Tractatus, Londini, 1671.
♣ *Collegij S. J. Pekini.* 926

1114

— Paradoxa hydrostatica novis experimentis (maximam partem Physicis ac Facilibus) evicta. Authore Nobilissimo Roberto Boyle, E Societate Regia. Nuper ex Anglico sermone in Latinum versa. Roterodami, Ex Officinâ Arnoldi Leers, 1670.

19 l., 240, [2]p. 3 ? fold. plates. 13cm.
4 p. l. and 1 ? plate wanting.
1st English ed. 1666.
1st Latin ed.
« Appendix I. Continens responsionem ad septem objectiones » : p. 188-213.
« Appendix II. De ratione, cur urinatores, aliique ... non opprimantur à pondere aquae incumbentis » p. 214-240. 808

1115

— (Roberti Boyle Nobilis Angli) Tractatus de Cosmicis Rerum Qualitatibus. Cosmicis Suspicionibus. Temperie Subterranearum Regionum. Temperie Submarinarum Regionum. Fundo Maris. Quibus praemittitur Introductio ad Historiam qualitatum Particvlarivm. Accedit denique tractatus De absoluta quiete in corporibus. Omnia ex Anglicâ in latinam linguam conversa. Amstelodami, Apud Johannem Janssonium a VVaesberge, & Hamburgi, Apud Gothofredum Schultzen, 1671.

6 l., 60, 40, 42, 64, 30, 24p., 2 l. 13cm.
Each pt. has a special t.-p.

« De absoluta quiete in corporibus » is bound with « Boyle, R. Defensio doctrinae de elatere & gravitate aëris ... »
1st English ed. 1670. 806

1116

Boyle, Robert, 1627-1691.
Tractatus Scripti à Roberto Boyle Nobili Anglo, è Sócietate Regiâ ... Londini, Impensis Henrici Herringman, 1671.

71, 57 (*i.e.* 58)p. 13cm.
« De absoluta quiete in corporibus », which is bound at end of this work, is part of « Tractatus de cosmicis rerum qualitatibus ... Amstelodami, 1671. »
Contents. — Mira aëris (etiam citra calorem) rarefactio detecta. — Observata nova circa durationem virtutis elasticae aeris expansi. — Experimenta nova de condensatione aeris per solum frigus, ejusque compressione, absque machinis mechanicis. — Ejusdem quantitatis aeris rarefacti & compressi mirè discrepans extensio.
Bound with : Boyle, R. Defensio doctrinae de elatere & gravitate aëris, Roterodami, 1669.
926a

1117

Boyvin, Jean-Gabriel, *OMObs, 17th cent.*
Philosophia Scoti a prolixitate, et subtilitas ejus ab obscuritate libera et vindicata : seu Opus philosophicum ... Authore V. P. Ioanne Gabriele Boyvin in Provincia Franco-Parisinâ strictioris Observantiae ... In quatuor partes divisa ... Parisiis, Apud Edmundum Couterot, 1681.

4v. 15cm.
Pars 1, t. 1 wanting.
Pars 1, t. II bound after pars 4.
Pars 2 & 3 paged continuously.
1st ed.
★ DictTheolCath II 1122.
♣ *Ad vsum F. Caroli Horatij à Castorano Regularis Observ. S. P. Francisci.* 2937

1118

— Theologia Scoti a prolixitate, et svbtilitas eivs ab obscuritate libera et vindicata : seu Opvs theologicvm ... Authore V. P. Ioanne Gabriele Boyvin, in Provinciâ Franco-Parisina strictioris Observantiae ... In quatuor partes divisa ... Secunda Editio correctior. Parisiis, Apud Edmundum Couterot, 1671.

4v. 15cm.
Vol. 1, 586 (*i.e.* 584)p.
1st ed. Paris, 1664.
Errata : v. 4, p. [579]-[582] 2719

1119

Bozio, Tommaso, *OR,* 1548-1610.
De ivre statvs sive De ivre divino et natvrali ecclesiasticae libertatis et potestatis. Avctore Thoma Bozio Evgvbino Presbytero Congregationis Oratorij. Romae, Typis Bartholomaei Bonfadini, 1600.

18 l., 90 numb. l., 91-192 (*i.e.* 190) p., 193-198 numb. l., 199-318p., 319-322 numb. l., 323-693, [52]p. 21½cm.
Signatures : †⁴, †⁶, †-††⁴, A⁴, B-M⁸, N-Z⁴. Aa⁴, Bb⁶, Cc-Rr⁴, Ss⁶, Tt-Zz⁴, Aaa-Zzz⁴, Aaaa-Zzzz⁴, Aaaaa⁶.
f. 2a, 40 lines, 160×102mm.
1st ed. Cologne, 1594.
Index & errata : p. [695]-[746]
★ DictTheolCath II 1122.
♣ *Bibl. Trig.?* 2330

1120

— De rvinis gentivm et regnorvm adversvs impios politicos libri octo ... Auctore Thoma Bozio Evgvbino Presbytero Congregationis Oratorij. Romae, Apud Gulielmum Facciottum, 1596.

14 l., 347p., 2 l., 349-540, [28]p. 21cm.
Signatures : †⁴, †⁴, ††⁶, A-Z⁴, Aa-Vv⁴, Xx², †², Yy-Zz⁴, Aaa-Yyy⁴, †⁴, Zzz⁴, Aaaa⁶.
p. 3, 40 lines, 165×99mm.
t.-p. and dedication of « libri tres ultimi » bound after p. 540.
1st ed.
« Addenda » : p. [541]-[548]
Index : p. [553]-[568]
♣ *Bibl. Trig.?* 2035

1121

Brahe, Tycho, 1546-1601.
(Tychonis Brahe) Astronomiae instavratae progymnasmata, Quorum haec prima pars de restitvtione motvvm solis et lunae stellarvmque inerrantivm tractat, et Praetereâ de admirandâ nova stella Anno 1572 exortâ luculenter agit. Typis Inchoata Vranibvrgi Daniae, absolvta Pragae Bohemiae, 1602.

8 l., 9-112, 20, 22-28, [1], 113-256p., 257-272 numb. l., 273-496, 499-822, [12] p. incl. tables, diagrs. 24½cm.
Signatures : †-††⁴, B-O⁴, P-Q⁸, R¹⁰, S-Z⁴, Aa-Ii⁴, Kk-Ll⁸, Mm-Zz⁴, Aaa-Zzz⁴, Aaaa-Zzzz⁴, Aaaaa-Mmmmm⁴.
p. 15, 29 lines, 182×124mm.
1st ed.
For the second volume see « De mundi aetherei recensioribus phaenomenis, Liber secundus ».
Index and errata : p. [823]-[834]
★ Brunet I 1199.
♣ *Dado al Provincia da China pello P. Luis de Britto.* 47

1122

— (Tychonis Brahe Dani) Epistolarvm astronomicarvm libri. Quorum primvs hic Illvstriss. et Lavdatiss. Principis, Guilielmi Hassiae Landtgrauij ac ipsius Mathematici Literas, vnaque Responsa ad singulas complectitur. Imprimebantur Vraniburgi Daniae, Prostant Francofurti, apud Godefridum Tampachium, 1610.

20 l., 309, [1]p., 1 l., illus. (incl. tables, diagrs.), port. 24½cm.

Signatures : †-†††††^{4}, A-Z^{4}, Aa-Qq^{4}.
p. 7, 40 lines, 184×123mm.
Colophon : Vranibvrgi, Ex officinâ Typographica Authoris, 1596.
1st ed. Uranienborg, 1596.
Bound with : Brahe, T. De mvndi aetherei recentioribus phaenomenis, Vraniburgi, 1610.
★ Brunet I 1199. 310a

1123

Brahe, Tycho, 1546-1601.

(Tychonis Brahe Dani) De mvndi aetherei recentioribus phaenomenis. Liber secvndvs. Excudi primum coeptus Vraniburgi Daniae, ast Pragae Bohemiae absolutus. Prostat Francofurti apud Godefridum Tampachium, 1610.

8 l., 465, [1]p., 1 l. incl. tables, diagrs. 24½cm.
Signatures : †-††^{4}, A-Z^{4}, AA-ZZ^{4}, AAA-MMM^{4}, NNN^{2}.
p. 17, 33 lines, 185×124mm.
Colophon : Vranibvrgi, In Insula Hellesponti Danici Hvenna imprimebat Authoris Typographus Christophorus Vveida, 1588.
First privately printed at Uranienborg, 1588.
For the first volume see « Astronomiae instavratae progymnasmata ».
★ Brunet I 1199.
♣ *Bibl. Trig. ?* 261

1124

— o. c.

Bound with : Brahe, T. Epistolarvm astronomicarvm libri, Francofurti, 1610.
♣ *PP Gallor SJ Pekin.* 310

1125

Bright, Timothy, 1551*ca.*-1615.

(Hygi)eina : (Hoc) est, De sanitate tuenda, medicinae pars prima. Authore Timotheo Brighto Cantabrigiensi, Medicinae Doctore. Francofurdi, Apud Joannem Wechelum, 1588.

75p. 17½cm.
Signatures : A-D^{8}, E^{6}.
p. 5, 39 lines, 130×68mm.
t.-p. spoiled.
« His first medical work (dated 1584) seems to have been written at Cambridge, and is in two parts : « Hygieina, on preserving health », and « Therapeutica, on restoring health », DictNatBiogr II 1245.
Bound with : Bright, T. Therapeutica, Francofurdi, 1589. — Botalli, L. Luis venereae curandae ratio, Parisiis, 1563. — Ruland, M. De perniciosae luis Ungaricae tecmarsi et curatione, Francoforti, 1600.
♣ *Bibl. Trig. ?* 899

1126

— Therapeutica; Hoc est, De sanitate restituenda, medicinae pars altera : Auctore Timotheo Brighto Cantabrigiensi, Medicinae

doctore ... Francofurdi, Apud Joannem Wechelum, 1589.

175p. 17½cm.
Signatures : A-L^{8}.
p. 5, 27 lines, 127×70mm.
Bound with : Bright, T. Hygieina, Francofurdi, 1588 and others. 899a

1127

Bromiardus, Joannes, *OP, d. ca.* 1409.

Svmma praedicantivm omnibvs Dominici gregis pastoribvs, divini verbi praeconibvs, animarvm fidelivm ministris, & sacrarum Literarum cultoribus longè vtilissima ac pernecessaria : nvnc demvm post alias editiones diligentius, ac laboriosius (quoad fieri potuit) recognita, & Summarijs in singulis Capitibus vberrimis aucta, & illustrata; cvm triplici demvm indice : capitvm : Rerum, ac Materiarum omnium, quae per Annum, Aduentum, & Quadragesimam iuxta Sacrosanctae Romanae Ecclesiae Euangelia sacris concionatoribus vsuuenire possunt : Avctore Ioanne Bromiardo Dominicanae familiae Theologo praestantissimo. Antverpiae, Ex Officina Hieronymi Verdvssi, 1614.

6 l., 488, 483, [49]p. 31cm.
Signatures : †^{6}, A-K^{4}, L-Z^{6}, Aa-Xx^{6}; A-E^{4}, F-Z^{6}, Aa-Tt^{6}, a-e^{4}, f^{5}.
p. 5, 75 lines, 260×147mm.
Text in 2 col.
1st ed. Nuremberg, 1485.
★ DictHGE X 837.
♣ *Bibl. Trig.* 1694

1128

[Brossaeus, Petrus] *ed.*

Corpvs omnivm vetervm poetarvm Latinorvm secvndvm seriem temporvm, et qvinqve libris distinctvm, in qvo continentvr omnia ipsorvm opera, sev fragmenta quae reperiuntur, Cui praefixa est vniuscuiusque poetae vita. Postremo accesservnt variae lectiones, si non omnes, praecipuae tamen, magisque necessariae. A. P. B. P. G. Lvgdvni, In Officina Hug. A Porta Sumptibus Ioan. Degabiano & Sam. Girard, 1603.

4 l., 603, 608-948, 499-626, 1027-1426p. 24cm.
Signatures : †^{4}, A-B^{4}, C-Z^{8}, Aa-Zz^{8}, Aaa-Zzz^{8}, Aaaa-Llll^{8}, Mmmm-Zzzz^{4}, Aaaaa-Ddddd^{4}, Eeee-Iiii^{8}.
p. 15, 50 lines, 203×114mm.
Text in 2 col.
Edited by Petrus Brossaeus. *cf.* DictOuvrAnonym IV 1204.
A. P. B. P. G. initials of : A Petro Brossaeo, patricio Gacensi, *cf.* Brunet II 295.
1st ed.
Indices at beginning.
★ Brunet II 295.
♣ *Bibl. Trig. ?* 3076

1129

Brouwer, Christophorus, *SJ,* 1561-1617.

Sidera illvstrivm et sanctorvm virorvm qvi Germaniam praesertim magnam olim gestis rebvs ornarunt : a nocte sva relvcentes vindicavit vetervm mss. beneficio Christophorvs Browervs Societatis Iesv presbyter ... Mogvntiae, Ex officina Typographica Ioannis Albini, 1616.

7 l., 92, [4], 32, [4], 32, [4] 101, [7], 105, [7], 47, [5], 117, [7], 19, [4], 59, [4]p. 24½cm.
Signatures : †-††⁴, A-C⁴, D², E-M⁴, N², O-R⁴, S², T-Y⁴, Z², Aa-Nn⁴, Oo², Pp-Zz⁴, Aaa-Lll⁴, Mmm², Nnn-Zzz⁴, Aaaa-Dddd⁴, Eeee², Ffff-Qqqq⁴ (†₄ blank)
p. 3, 41 lines, 191×118mm.
Each part has a special t.-p.
1st ed.
Index at end of each part.
Contents. — Vita S. Gregorii Ultrajectensis Antistitis. — Vita S. Ludgeri, primi Episcopi Mimigarnafordensis. — Vita S. Pyrminii. — Vita S. Sturmii primi Abbatis Fuldensis. — Vita D. Godehardi, Episcopi Hildeshemensis. — Vita S. Bernwardi XIII. Hildesheimensis Episcopi. — Vita SS. Leandri, Fulgentii, Isidori Hispaniae Pontificum fratrum, et S. Florentinae sororis, & Regula S. Leandri. — Vita B. M. Meinwerci, Patherbornensis Episcopi. — Vita S. Meinulphi. Vita et conversio Comitis Ludevici Arensteinii, Ord. Praemonstr. — Vita Aegil Abbatis Fuldensis. — Relectio lib. antiq. Fuldensium.
★ DictHGE X 865. — Sommerv II 220 n° 3.
2072

1130

[Bruële, Walter] *2nd half of the 16th cent.*

[Praxis medecinae, Plantinius Raphelingii, 1612]

6 l., 421, [7]p. 16½cm.
Signatures : †⁶, A-Z⁸, a-c⁸, d⁴, e².
p. 3, 40 lines, 130×73mm.
t.-p. wanting.
Author : Walter Bruële, *cf.* Dedication.
For title & imprint. *cf.* Thierry's Catalog, p. 140.
♣ *Bibl. Trig.?* 3503

1131

Brusoni, Lucio Domitio, *1st half of 16th cent.*

(L. Domitii Brusonij Contursini Lucani, uiri clariss.) Facetiarum Exemplorumq; libri VII. Opus quidem eximium, ac mirabili cùm rerum tum sententiarum scitu dignissimarum atque iucundissimarum varietate refertissimum : nunc primùm ab innumeris, quib. scatebat, erratorum monstris repurgatum, inq; lucem editum, opera ac studio Conradi Lycosthenis Rubeaqvensis. Basileae, Ex officina Nicolai Brylingeri [1559]

8 l., 497 (*i.e.* 495)p. 23½cm.
Signatures : †-††⁴, a-z⁴, A-Z⁴, Aa-Qq⁴.
p. 13, 40 lines, 164×94mm.
Dedication dated 1559.
1st ed. Rome, 1518.
1st ed. by Lycosthenes.
Index : p. [495]-497.
★ Brunet I 1306.
♣ *Joannis de Sainct Laurens Duaceni.* 3091

1132

Bruyerin-Champier, Jean-Baptiste, *fl. 1st half of 16th cent.*

De re cibaria libri XXII Omnivm ciborvm genera, omnium gentium moribus, & vsu probata complectentes, Io. Bruyerino Campegio Lugdun. authore. Prima editio. Lvgdvni, Apud Sebast. Honoratvm, 1560.

12 l., 1129 (*i.e.* 1131), [1]p. 16½cm.
Signatures : a⁸, a⁴, b-z⁸, A-Z⁸, Aa-Zz⁸, AA-BB⁸, CC⁶.
p. 3, 31 lines, 125×74mm.
Colophon : Lugduni suis typis excudebat Nicolavs Edoardvs Campanvs, 1560.
1st ed.
♣ *Missionis Sinensis.* 876

1133

Bry, Theodorus de, 1528-1598, *ed.*

Americae Nona & postrema Pars. Qva de ratione elementorvm : de novi orbis natvra : de hvivs incolarvm superstitiosis cultibus : de forma Politiae ac Reipubl. ipsorum copiosè pertractatur : Catalogo Regum Mexicanorum omnium, à primo vsq; ad vltimum Moteçumam II. addito ... His accessit Designatio illivs navigationis, qvam 5. naues Hollandicae Anno 1598. per fretum Magellanum in Moluccanas insulas tentarunt ... Addita est tertio Navigatio recens, qvam 4. navivm praefectus Olevier a Noort proximè suscepit ... Omnia è Germanico Latinitate donata, & insuper elegantissimis figuris aeneis coornata editaq; sumptibus Theodori de Bry p. m. Viduae & binorum filiorum. Francof., Apud Matth. Beckervm, 1602.

4 l., 362p., 1 l., 56, 100p., 1 l. 39 plates. 36cm.
Signatures : †⁴, A-Z⁴, Aa-Xx⁴, Yy⁶; AA-GG⁴, AAA-LLL⁴, MMM⁶ (Yy₆ blank)
p. 3, 44 lines, 250×145mm.
Title printed within an engraving.
This volume is a part of « Peregrinationum in Indĭam Orientalem et Indiam Occidentalem » which was published in 25 parts during the years 1590-1634. *cf.* EncyBrit IV 697.
It also reprints Acosta's « De natura novi orbis libri duo » (1st ed. Salamanca, 1589) and « Historia natural y moral de las Indias » (1st ed. Seville, 1590)
★ Brunet I 1331. — Sommerv I 34 n° 6 (J. de Acosta).
♣ *Bibl. Trig.* 3405

1134

Bucelleni, Giovanni, *SJ,* 1600-1669.

Asceticae considerationes, in usum eorum, qui Per sacras commentationes se & alios ad perfectionem animant ... Authore P. Joanne Bucelleni, è Societate Jesv. Viennae Austriae, In Officinâ Typographicâ Matthaei Cosmerovij, 1666-71.

5 v. plate. 31cm.
Vol. 5 wanting.
Text in 2. col.
1st ed.
Contents. — **t. 1.** Deus creans. De creatione, fine, et mediis. Index. — **t. 2.** Creatura peccans. De triplici peccato Luciferi, Adami et Caini. Opusculum De dignoscendis spiritibus, De pleniori eorum intelligentia, et De scrupulis. Index. — **t. 3.** Creatura orans. De secundo modo orandi, cujus regulae applicantur Orationi Dominicae. Index.— **t. 4. pt. 1,** Creaturae ad poenitentiam dispositio, per explicationem malitiae, quae inest mortali et veniali; et per examen super Decalogo. Index. — **pt. 2.** Continens tres stimulos ad serio poenitendum, nempe considerationes de morte, judicio, et inferno, necnon et modum serio poenitendi in prodigo adumbratum. Index.
★ DictAM I 1975. — DictHGE X 1015. — Sommerv II 315 n° 13.
♣ *Collegij Societatis Jesv Pekini. — Ve Prouae Sinensis Societatis Jesu. ex dono P. Georgij Schwartzl eiusdem Soctis.* 2425

1135

Buchanan, George, 1506-1582.

(Georgii Buchanani, Scoti ...) Opera omnia, historica, chronologica, juridica, politica, satyrica & poetica. Non modo in unum jam collecta, & ad optimorum Codicum fidem summo studio recognita, & ab innumeris pene mendis, quibus pleraeque omnes Editiones antea scatebant, castigata & repurgata, sed & variis insuper Notis aliisque utilissimis Accessionibus illustrata & aucta, curante Thoma Ruddimanno, A. M. Cum Indicibus Rerum Memorabilium, et praefatione Petri Burmanni, in duos tomos distributa. Lugduni Batavorum, Apud Johannem Arnoldum Langerak, 1725.

2v. front. (v. 1), fold. table. 26cm.
1st ed. Edinburgh, 1715.
Contents. — **t. 1.** Buchanani Autobiographia. Doctorum virorum de G. Buchanano ejusque scriptis testimonia. Rerum Scoticarum historia, cum tabula regum Scotiae chronologica. Index rerum. Propriorum nominum in rerum Scoticarum historia occurrentium interpretatio. De jure regni apud Scotos dialogus. Detectio Mariae Reginae Scotorum. Actio contra Mariam Scotorum Reginam. Chamaeleon written by G. Buchanan against the Laird of Lidingtone. — **t. 2. pt. 1,** Psalmorum Davidis paraphrasis poetica. Jephtes, sive Votum, tragoedia. Baptistes, sive Calumnia, tragoedia. — **pt. 2.** Franciscanus et fratres. Elegiarum liber I. Silvarum liber I. Hendecasyllabon liber I. Iambon liber I. Epigrammatum libri III. Miscellaneorum liber I. De sphaera libri V. Medea et Alcestis Euripidis, latino carmine redditae. Satyra in Carolum Lotharingum Cardinalem. De metris Buchananaeis. Rudimenta grammatices Thomae Linacri, ex Anglico in Latinum versa interprete G. Buchanano. Johannes Lodoicus Vives, De ratione studii puerilis. De prosodia libellus. Ad viros sui seculi clarissimos eorumque ad eumdem epistolae. Index.
★ Brunet I 1367. 1917

1136

Budel, Renier, *2nd half of 16th cent.*

De monetis, et re nvmaria, libri dvo : Qvorvm primvs artem cvdendae monetae : secvndvs vero qvaestionvm monetariarvm decisiones continet. His accesservnt tractatvs varii atqve vtiles necnon consilia, singvlaresque additiones tam veterum, quàm Neotericorum Authorum qui de Monetis ... scripserunt. Avthore et collectore clariss. viro Renero Bvdelio Rvremvndano ... Coloniae Agrippinae, Apvd Ioannem Gymnicvm, 1591.

3 pt. in 1. 23½cm.
38 l., 155p., 2 l., 161-269p., 1 l., 343 (*i.e.* 353)-798 (*i.e.* 794)p.
Signatures : †[6], **††-†††[4], ā[4], ē[4], ī[4], ō[4], ū[4], &[4], A-T[4], V[2]; a-o[4], Aa-Zz[4], Aaa-Zzz[4], Aaaa-Iiii[4], Kkkk[2].**
p. 3, 49 lines, 178×121mm.
Text in 2 col.
1st ed.
Index at beginning.
♣ *Missionis Sinensis. — Expurgatus secundum indicem expurgatorium Hispanicum.* 677

1137

Bullarium.

Magnvm Bvllarivm Romanvm, a B. Leone Magno vsqve ad S. D. N. Clementem X. Opvs absolvtissimvm Laertii Chervbini ... & à D. Angelo Cherubino Monacho Cassinensi, nouissimè verò à RR. PP. Angelo à Lantusca, & Ioanne Paulo à Roma, Ordinis Minorum S. Francisci Strictioris Obseruantiae, quinti Tomi editione illustratum, & auctum. Editio novissima. Quinque tomis distributa : Vitis & Iconibus aeneis omnium Pontificum decorata: In qua non solùm Constitutiones omnes S. D. N. Vrbani VIII. quotquot reperiri potuerunt, ordine temporis insertae, Appendicésque duae suis locis restitutae; verùm & S. D. N. Innocentii X. Alexandri VII. Clementis IX. & Clementis X. Constitutiones usque ad hanc diem emanatae, sunt superadditae, suis Rubricis & Scholiis conuenientibus, summariisque marginalibus exornatae, ac tandem vberioribus quàm antea Indicibus locupletatae ... Lvgdvni, Sumpt. Lavrentii Arnaud, & Petri Borde, 1673.

5v. ports. 39½cm.
Added engr. ornamented t.-p. (v. 1)
Engr. head-pieces.
Illus. t.-p.
Text in 2 col.

Title varies slightly (v. 5)
1st ed. by L. Cherubini, Rome, 1586.
1st ed. by Angelo a Lantusca & J. P. a Roma, Rome, 1669-72.
★ Brunet I 1386. — DictTheolCath II 1245, VIII 2610. — Streit I 280 nº 644.
♣ *Stamp of Mgr Polyc. de Souza.* 2098

1138

Bullarium.

Magnum Bullarium Romanum ... Opus absolutissimum Laertii Cherubini ... & à D. Angelo Cherubino, Monacho Cassinensi, nouissimè verò à RR. PP. Angelo à Lantusca, & Ioanne Paulo à Roma, Ordinis Minorum S. Francisci Strictioris Observantiae, quinti Tomi editione illustratum, & auctum. Editio novissima. Quinque Tomis distributa, Vitis & Iconibus aeneis omnium Pontificum decorata : in qua non solùm Constitutiones omnes S. D. N. Urbani VIII. quotquot reperiri potuerunt, ordine temporis insertae, Appendicesque duae suis restitutae locis; verùm & S. D. N. Innocentii X. Alexandri VII. Clementis IX. & Clementis X. Constitutiones usque ad hanc diem emanatae superadditae sunt, Rubricis suis, & Scholiis convenientibus, Summariisque marginalibus exornatae, ac tandem uberioribus quàm anteà Indicibus locupletatae ... Lugduni, Sumptibus Petri Borde, Joannis & Petri Arnaud, 1692-97.

5v. ports 39cm.
Vol. 1 wanting.
Illus. t.-p.
Engr. head-pieces.
Text in 2 col.
Title varies slightly (v. 5)
Indices at beginning and end of v. 4, 5.
★ Brunet I 1386. — Streit I 318 nº 721.
♣ *ex libs relictis Pekini ab Illmo Rrmo Patca Alexno.* 2109

1139

— Magnum Bullarium Romanum, a Beato Leone Magno usque ad S. D. N. Benedictum XIII. Opus absolutissimum, Laertii Cherubini, Praestantissimi Jurisconsulti Romani, à D. Angelo Maria Cherubino Monacho Cassinensi, deinde à R. R. P. P. Angelo a Lantusca & Joanne Paulo a Roma, Ordinis Minorum S. Francisci Strictioris Observantiae, ac tandem eorum cura & studio qui recentiorum Pontificum Constitutiones hactenus promulgatas collegerunt, illustratum & auctum. Editio novissima, octo voluminibus comprehensa. Accedunt, prout in Editione Romana, Vitae omnium Pontificum, Appendices insuper suis Locis restituti. Cum rubricis, summariis, scholiis, et indicibus locupletissimis ... Juxta Exemplar Romae, Ex Typographia Reverendae Camerae Apostolicae, MDCXXXVIII-MDCLXXII. Luxemburgi, Sumptibus Andreae Chevalier, 1727.

8v. in 5. 41cm.
Vol. 1, 4? p. 1. (incl. t.-p.) wanting.
Vol. 1, 4 p. l. bound after p. 516.
Illus. t.-p.
For title, etc. *cf.* t.-p. of v. 2.
Text in 2 col.
1st Luxemburg ed.
— Same — seu ejusdem Continuatio, quae Supplementi loco sit, tum huicce, tum aliis quae praecesserunt editionibus Romanae, & Lugdunensi ... Luxemburgi, sumptibus Andreae Chevalier, 1730.
v. 9, 10. 41cm.
Text in 2 col.
« Other supplements [of the Luxemburg edition] followed at intervals. Four volumes which were published in 1741 covered respectively the periods 1670-89, 1689-1721, 1721-30, 1730-40. In the same series, and still later, we have the following volumes : XV (1748), extending over 1734-40; XVI (1752), 1740-45; XVII (1753), 1746-49; XVIII (1754), 1748-52; XIX (1758), 1752-57. » — CathEncy III 49.
Index at end of v. 9.
★ Brunet I 1386. — Streit I 391 nº 846. 2212

1140

— Magnum Bullarium Romanum, seu ejusdem continuatio, Quae Supplementi loco sit, tum huicce, tum aliis quae praecesserunt Editionibus Romanae, & Lugdunensi ... Juxta Exemplar Romae, Ex Typographia Reverendae Camerae Apostolicae. Luxemburgi, Sumptibus Andreae Chevalier, 1730.

v. 10. 41cm.
t.-p. and p. l. missing; t.-p. and preface of v. 9. inserted instead.
Text in 2 col.
★ Streit I 391 nº 846.
♣ *Stamp of Mgr Polyc. de Souza.* — *Comprado pa a Rezida de Chimtimfu pello P. Carlos de Rezende em 1731 Por via de França.* 3412

1141

— Pontificiarum constitutionum in Bullariis Magno, et Romano Contentarum, et aliunde desumptarum epitome, et secundum materias dispositio cum indicibus locupletissimis opera et studio Aloysii Guerra, S. T. D. ... Venetiis, Sumptibus Heredis Nicolai Pezzana, 1772.

4v. 39cm.
Illus. t.-p.
Head-pieces.
Text in 2 col.
1st ed.
Errata : v. 4, p. 675-676.
★ Brunet I 1386.
♣ *Stamp of Mgr Alex. de Gouvea.* 2088

1142

Bvllarvm collectio quibus Serenissimis Lusitaniae, Algarbiorumque Regibus Terrarum omnium, atque Insularum ultra mare transcurrentium, sive jam acquisitae sint, sive in posterum acquirentur, Jus patronatus A Summis Pontificibus liberaliter conceditur. Praefatis Bullis aliae insuper gratiarum, & privilegiorum diversi generis interseruntur. Omnes ex Regali Archivo deductae, & in hoc volumen redactae. Typis committuntur jussu Serenissimi Petri Secvndi Lusitaniae Regis. Vlyssipone, In Typographia Regia, Valentini A'Costa Deslandes, 1707.

1 l., 270, 48p. 20cm.
Ms. on verso of front guard leaf.
« Appendix ad praecedentes Constitutiones » : p. 1-48 at end.
1st ed.
★ Streit I 346 n° 769.
♣ *Aduertencia do Pe Procurador Antonio Dias. Neste Bullario nao estao alguas Bullas antigas ... que seria muito conueniente, se as troxesse, pera ser a obra perfeita. As bullas ... sao as sequentes ... etc.* 2350

1143

Buonanni, Filippo, *SJ,* 1638-1725.

Musaeum Kircherianum sive Musaeum a P. Athanasio Kirchero in Collegio Romano Societatis Jesu jam pridem incoeptum Nuper restitutum, auctum, descriptum, & Iconibus illustratum ... a P. Philippo Bonanni Societatis Jesu. Romae, Typis Georgii Plachi, 1709.

6 l., 522 (*i.e.* 395), [7]p.,4 l. 168 plates. 36½cm.
The plates of the fourth part have a special engr. t.-p. and engr. added t.-p. while each class of shells is preceded by a special engr. half-title page.
The plates of the first part, originally bound within the text, are bound in a separate volume together with the fourth part, which contains the plates of part two.
1st ed.
Contents. — **pt. 1. Classis 1a.** Idola & instrumenta ad sacrificia ethnicorum spectantia. **Cl. 2a.** Tabellae votivae et anathemata. **Cl. 3a.** Sepulchra et inscriptiones sepulchrales. **Cl. 4a.** Lucernae sepulchrales. **Cl. 5a.** Fragmenta antiquitatis. **Cl. 6a.** Lapides, fossilia, aliaeque glebae, a natura effigie aliqua donatae. **Cl. 7a.** Apparatus rerum peregrinarum, ex variis orbis plagis collectus. **Cl. 8a.** Plantae marinae, frutices, et animalia tum marina tum terrestria. **Cl. 9a.** Instrumenta mathematica. **Cl. 10a.** Tabulae pictae, signa marmorea, & numismata diversi generis. **Cl. 11a.** Observationes rerum minimarum ope microscopii factae. **Cl. 12a.** Animalia testacea. — **pt. II. Cl. 1a.** Testacea univalvia non turbinata. **Cl. 2a.** Testacea bivalvia. **Cl. 3a.** Testacea turbinata. — **pt. III.** Varia problemata menti proposita in observatione testaceorum. — **pt. IV.** Icones testaceorum quae in parte secunda describuntur.
★ Brunet I 1086. — DictHGE VII 732. — Sommerv II 381 n° 9.
♣ *Collegij Soc. JESU Pekini. A. C. 1725.*

1144

— Observationes circa viventia, qvae in rebvs non viventibvs reperivntvr. Cvm micrographia cvriosa Siue Rerum minutissimarum Obseruationibus, quae ope Microscopij recognitae ad viuum exprimuntur. His accesserunt aliquot Animalium Testaceorum Icones non antea in lucem editae ... a Patre Philippo Bonanni Societ. Iesv Sacerdote. Romae, Typis Dominici Antonii Herculis, 1691.

xx, 342p., 1 l., 106, [1]p. front., 67 plates (4 fold.), 2 diagrs. 22cm.
1st ed.
Indices & errata : p. 337-342; p. 105-[107]
★ Brunet I 1086. — Sommerv II 377 n° 4.
♣ *Nankim — Vi proa da China.* 1018

1145

Burggrave, Johann-Ernst, *1st half of 17th cent.*

(Ioan. Ernesti Bvrggravl. ...) Achilles πανοπλος Redivivus, Seu Panoplia Physico-Vulcania (quâ) in praelio φιλοπλος in Hostem educitur Sacer et inviolabilis Cui praemissa est Marcelli Vranckheim I. V. D. Επικρισις σοχαστικη ad Achillem πανυπεροπλομαχον. Amsterodami apud Hendricum Laurentium [1612 ?]

130, [3]p. 18cm.
Signatures : A-H8, I3.
p. 4, 39 lines, 154×79mm.
Engr. ornamented t.-p.
Dedication dated 1612.
1st ed.
Errata : p. [131]-[133]
Bound with : Du Boys, J. In methodum miscendorum medicamentorum observationes, Parisiis, 1572 and others. 1019b

1146

— Biolychnivm seu Lvcerna, cum vita ejus cui accensa est Mysticè, vivens jugiter, cum morte eiusdem expirans; omnesq; affectus graviores prodens. Huic accessit Cura Morborum Magnetica ex Theophr. Parac. [*pseud.*] Mvmia : itémq; omnium venenorum Alexipharmacum. Auctiora & emendatiora omnia curis secundis Ioan. Ernesti Burggravi Neost. Palatini. Franekerae, Ex officina Vlderici Dominici Balck, 1611.

176p., 1 l. 16½cm.
Signatures : A-L8.
p. 9, 26 lines, 119×58mm.
1st ed. Leyden, 1610.
Errata at end bound incorrectly.
Bound with : Phaedro, G. Opuscula iatro-chemica quatuor, Francofurti, 1611. — Codronchi, B. De vitiis vocis libri duo, Francofurti, 1597.
♣ *Bibl. Trig. ?* 882

1147

Burnet, *Sir* **Thomas,** *ca.* 1632-1715.

(Thomae Bvrnet Scoto-Britanni, Med. Doct. & Medici Regis Ord.) Thesavrvs medicinae practicae. Ex Praestantissimorum Medicorvm Observationibus, Consultationibus, Consiliis, & Epistolis, summa diligentia collectus, ordineque Alphabetico dispositus, Et à Daniele Pverario M. D. ... auctus observationibus Selectissimis ... Genevae, Sumptibus Joh. Herm. Widerhold, 1678.

2v. 14½cm.
Added engr. ornamented t.-p.
1st ed. London, 1672.
♣ *Da livr^a de Nantàm em Peikim.* 820

1148

Burnet, *Sir* **Thomas,** *ca.* 1632-1715.
Thesaurus medicinae practicae. Ex Praestantissimorum Medicorum Observationibus, Consultationibus, Consiliis & Epistolis, summâ diligentiâ collectus, ordine Alphabetico dispositus, & in octodecim Libros divisus. Authore Thoma Burnet ... Editio novissima. Pluribus ipsius Authoris Additamentis, aliis omnibus hactenus vulgatis, longè auctior. Cum Indicibus Sectionum & Authorum. Lugduni, Sumptibus Hilarii Baritel, 1702.

4 l., 1012, [9]p. 22½cm.
♣ *Collegij Soc JESU Pekini.* 828

1149

Busaeus, Johannes, *SJ,* 1547-1611.
(R. P. Ioannis Bvsaei, Societatis Iesu Theologi) Apologeticus, dispvtationis theologicae de Persona Christi adversvs Vbiqvitarios editae. Vanissimis cavillationibvs, mendaciis, erroribusque Stephani Gerlachii Vbiquistae, in Tubingensi Academia Professoris, ante annos XX. oppositus, Et nunc cum refutatione gemina, cauillorum in duo priora Apologetici capita frustrà obiectorum, recusus. Mogvntiae, In Officina typographica Ioannis Albini, 1609.

8 l., 590p. 21cm.
Signatures : a-b^4, A-Z^4, Aa-Zz^4, Aaa-Zzz^4, Aaaa-Dddd^4, Eeee^2.
p. 17, 38 lines, 157×109mm.
p. 377-384 wanting.
p. 561-568 (duplicate) bound after p. 376.
« Refutatio Cavillationum, a Stephano Gerlachio ... in Apologeticum levissime obiectarum, quam in inclyta Academia Moguntina ... pro Theologicae licentiae gradu tuebitur, Praeside J. Busaeo S. J. ... Reverendus D. M. Theodorus Rullius » : p. 455-511.
« Defensio secundi capitis Apologetici ... quam in Academiae Moguntinae Gymnasio S. J. pro ineundo baccalaureatu formato propugnabunt RR DD. Albertus de Puteo et Ambrosius Seibaeus » : p. 513-590.
1st ed. Mainz ,1588.
★ DictAM I 1984. — DictHGE X 1414. — Sommerv II 418 n° 8.
♣ *Bibl. Trig.* 1506

1150

[—] Opvs catechisticvm, sive Svmma doctrinae Christianae, D. Petri Canisii Theologi Societatis Iesv, praeclaris Divinae Scriptvrae testimoniis solidisque sanctorum Patrum sententijs, vt nunquam antea, sedulo illustrata, aucta & explicata ... Editio quarta quae alias omnes multis partibus excellit, estque copiosior ac limatior ... Cvm duplici indice, locorum nempe Scripturae sacrae, quae hoc opere explicantur, & rerum atque sententiarum. Coloniae, Apud Arnoldum Quentelium, 1606.

18 l., 965, [65?]p. incl. tables. 34cm.
Signatures : a^4, b^6, c-d^4, A-Z^6, AA-ZZ^6, AAA-ZZZ^6, AAAA-QQQQ^6, RRRR^5,?.
p. 19, 75 lines, 278×136mm.
Some pages of index at end wanting.
Text in 2 col.
Author : Petrus Busaeus, *SJ*. *cf.* Sommervogel II 441.
1st ed. of Canisius' « Summa doctrinae christianae », Vienna, 1554.
1st ed. Cologne, 1577.
★ DictTheolCath II 1266. — Sommerv II 441.
♣ *Bibl. Trig.* 1392

1151

— (R. P. Ioannis Bvsaei Societatis Iesv Theologi) De statibvs hominvm Liber posthumus ... Moguntiae, typis Ioannis Albini, 1613.

10 l., 610p. 24cm.
Signatures : †^{1}, ††^{4}, †††^{2}, A-Z^4, Aa-Zz^4, Aaa-Zzz^4, Aaaa-Gggg^4, Hhhh^1.
p. 5, 40 lines, 184×120mm.
p. 577-584 bound after p. 592.
Engr. ornamented t.-p.
1st ed.
★ Sommerv II 439 n° 39.
♣ *Bibl. Trig. ?* 1339

1152

Busenbaum, Hermann, *SJ,* 1600-1668.
Medvlla theologiae moralis facili ac perspicuâ methodo resoluens casvs conscientiae ex variis probatisqve avthoribvs concinnata à Reu. P. Hermanno Bvsenbavm è Societate Iesv, SS. Theologiae Licentiato ... Editio secunda ab Auctore recognita, & plurimùm aucta. Monasterii Westphaliae, Typis Bernardi Raesfeldii, 1652.

21 l., 686, [31]p. fold. table. 15cm.
Added engr. ornamented t.-p.
1st ed. Münster, 1650.
Index : p. [687]-[717]
★ Brunet I 1418. — DictHGE X 1417. — Dict TheolCath II 1266. — Sommerv II 445.
♣ *Collegij Societatis Jesv Pekini.* 2565

1153

— [Medulla theologiae moralis facili ac perspicua methodo resolvens casvs conscientiae ex variis probatisqve avthoribus concinnata a R. P. Hermanno Bvsembaum è Societate Iesu. SS. Theologiae Licentiato ... Lugduni, Ioannis Girin, 1660]

12 l., 649 (*i.e.* 645) p. 15cm.
2 p. l., includ. t.-p. wanting.
For title & imprint. *cf.* Caption title, privilege and Sommervogel II 445-446.
Index : p. 622-649 (*i.e.* 618-645)
★ Sommerv II 446. 2746

1154

Busenbaum, Hermann, *SJ,* 1600-1668.
Medvlla theologiae moralis, facili ac perspicva methodo resolvens casvs conscientiae, ex variis probatisque Authoribus concinnata a R. P. Hermanno Bvsenbavm è Societate Iesv, SS. Theologiae Licentiato ... Editio vigesima tertia, & ultima, ab Autore recognita, & plurimum aucta. Parisiis, Sumptibus Ioannis Baptistae Coignard, 1669.

12 l., 702 (*i.e.* 698), [22]p. 15½cm.
Added engr. ornamented t.-p.
On add. t.-p. : Juxta exemplar Lugduni impressum 1663 Parisiis, Apud Societatem Bibliopolarum, 1670.
Index : p. [703]-[724] (*i.e.* 699-720)
★ Brunet I 1418.—Sommerv II 447 (ed. wanting)
♣ *Vice Provinciae Sinicae Soctis JESV.* 2508

1155

—Medvlla theologiae moralis facili Ac perspicuà methodo resoluens casvs conscientiae. Ex variis probatisqve avthoribvs concinnata ab Hermanno Bvsenbavm Soc. Iesv, & SS. Theol. Licentiato ... Septima editio avctior. In qua addita sunt in Indice rerum suis locis nomina plurimorum Authorum praesertim recentiorum ... Mediolani, Typis Josephi Marelli, 1676.

18 l., 624p. 14½cm.
★ Sommerv II 448 (ed. wanting). 2251

1156

—Medulla theologiae moralis, Facili ac perspicuâ methodo resoluens casus conscientiae, Ex varijs probatisq; Auctoribus concinnata a R. P. Hermanno Busenbaum, è Societate Jesu, S. Theologiae Licentiato ... Editio nouissima denuò recognita, cum triplici Indice, Capitum & Dubiorum, Rerum & Verborum, atque Authorum praesertim recentiorum, in Indice Rerum citatorum, & ad calcem Libri ordine (al)phabetico positorum, cui adduntur (Propo)sitiones 45. ab Alexandro VII. dam(natae). Antverpiae, (apud Hier)onymum Verd(ussen), 1678.

20 l., 808, [64]p. 11½cm.
Added engr. ornamented t.-p.
Some pages at beginning (incl. added t.-p. & t.-p.) spoiled.
★ Sommerv II 448. 2593

1157

—Medulla theologiae moralis, facili ac perspicua methodo resolvens casus conscientiae, Ex variis probatisque Authoribus, concinnata. A R. P. Herm. Bvsembaum è Societate Iesu, SS. Theologiae Licentiato ... Editio novissima, Praecedentibus castigatior : cui accessit Tractatus qui desiderabatur de Sanctae Cruciatae Bulla. Lugdvni, Sumptibus Francisci Comba, 1682.

11 l., 792 ? [24]p. 15½cm.
p. 663-792 ? (Tractatus de Sanctae Cruciatae Bulla) wanting.
Added engr. ornamented t.-p.
Index at end.
★ Sommerv II 448. 2639

1158

—Medulla theologiae moralis, Facili ac perspicuâ methodo resolvens casus conscientiae, Ex Variis probatisque Auctoribus concinnata. à R. P. Hermanno Busenbaum. è Societate Jesu. S. Theologiae Licentiato ... Editio novissima, denuò recognita, cum triplici Indice, Capitum & Dubiorum, Rerum & Verborum, atque Authorum praesertim recentiorum, in Indice Rerum citatorum, & ad calcem Libri ordine Alphabetico positorum, cui adduntur Propositiones XLV. ab Alexandro VII. & LXV. ab Innocentio XI. damnatae. Antverpiae, Apud Haered. Pauli Metternich, 1685.

20 l., 458 ?p. 13×7cm.
p. 459-? wanting.
Added engr. ornamented t.-p.
★ Sommerv II 448 (ed. wanting).
♣ *P : Guil : vañ Beken Miss : Chin :—Da Igreja de Hoal Ngan.* 2300

1159

—Medulla theologiae moralis, facili ac perspicua methodo resolvens casus conscientiae, Ex variis probatisque Authoribus concinnata. A. R. P. Herm. Busenbaum è Societate Jesu, SS. Theologiae Licentiato ... Editio novissima, Recognita ab uno è Societate, & à multis mendis repurgata, quae in praecedentibus irrepserant. Lugduni, Sumptibus Francisci Comba, 1686.

11 l., 662, [24]p. 15½×8½cm.
Added engr. ornamented t.-p.
Index : p. [663]-[666]
★ Sommerv II 448.
♣ *Missionis Sinensis PP. Gallor. Soc. Jesu. Pekin.* 2576

1160

—Medulla theologiae moralis, facili ac perspicua methodo resolvens casus conscientiae, Ex variis probatisque Authoribus, concinnata. A. R. P. Herm. Busembaum è Societate Jesu, SS. Theologiae Licentiato ... Editio novissima, Praecedentibus castigatior : Cui accessit Tractatus qui desiderabatur de Sanctae Cruciatae Bulla. Lugduni, Sumptibus Francisci Comba, 1690.

11 l., 790 ? [24]p. 15½cm.
p. 663-790 ? (Tractatus de Sanctae Cruciatae Bulla) wanting.
Added engr. ornamented t.-p.
Index at end.
★ Sommerv II 449.
♣ *Veyo da Reza de Cinanfu.* 1307

1161

Busenbaum, Hermann, *SJ,* 1600-1668.

Medulla theologiae moralis, facili ac perspicua methodo resolvens casus conscientiae, Ex variis probatisque Auctoribus concinnata à R. P. Hermanno Busenbaum, è Societate Jesu, S. Theologiae Licentiato ... Editio novissima denuò recognita, cum triplici Indice, Capitum & Dubiorum, Rerum & Verborum, atque Authorum praesertim recentiorum, in Indice Rerum citatorum, & ad calcem Libri ordine Alphabetico positorum, cui adduntur Propositiones XLV. ab Alexandro VII. LXV. ab Innocentio XI. & XXXI. ab Alexandro VIII. recenter damnatae. Coloniae, Apud Wilh. & Franc. Metternich, 1691.

20 l., 808, [84]p. 12cm.
Added engr. ornamented t.-p.
★ Sommerv II 449. 2606

1162

— Medulla theologiae moralis, facili ac perspicua methodo resolvens casus conscientiae, Ex variis probatisque Authoribus concinnata a R. P. Herm. Busenbaum. è Societate Jesu, SS. Theologiae Licentiato ..: Editio novissima recognita ab uno è Societate, & à multis mendis repurgata, quae in praecedentibus irrepserant; Accedunt propositiones ab Alexandro VII. Innocentio XI. & ab Alexandro VIII. damnatae ... Pragae, Typis Universitatis Carolo-Ferdinandeae in Collegio Soc : Jesu ad S. Clement : 1710.

12 l., 739, [28]p. 13cm.
Ms. on recto of front guard leaf.
Added engr. ornamented t.-p.
Index : p. [740]-[767]
★ Sommerv II 450 (ed. wanting). 2518

1163

Buteo, Joannes, 1485/9—1560/4.

(Ioan. Bvteonis) Logistica, qvae & Arithmetica vulgò dicitur in libros quinque digesta ... Eivsdem, Ad locum Vitruuij corruptum restitutio, qui est de proportione lapidum mittendorum ad balistae foramen, Libro Decimo. Lvgdvni, Apvd Gvlielmvm Rovillivm, 1559.

396, [4]p. incl. tables, diagrs. 17cm.
Signatures : a-z8, A-B8.
p. 6, 28 lines, 129×77mm.
1st ed.
Errata : p. [400]
★ Brunet I 1427.
♣ *Bibl. Trig.* 364

1164

Buxbaum, Johann Christian, 1691*or*94-1730.

Plantarum minus cognitarum centuria I[-V] complectens plantas circa Byzantium & in Oriente observatas per J. C. Buxbaum, Acad. Scient. Socium. Petropoli, ex typographia Academiae, 1728-40.

5 pt. 189 plates. 26½cm.
pt. 4 & 5; pt. 1, p. 1-8 wanting.
pt. 1, 2, & 3 in 1.
1st ed.
★ Brunet I 1432.
♣ *PP Gallor S. J. Pekin Dono academiae Petropolitanae.* 829

1165

Bzovius, Abraham, *OP,* 1567-1637.

Annalivm ecclesiasticorvm. Post Illvstriss. et Reverend. Dominvm D. Caesarem Baronivm S. R. E. Cardinalem Bibliothecarivm. Tomus XIII. Rerum in orbe Christiano ab anno Domini 1198. vsque ad annum Domini 1299. gestarum, narrationem complectens Avctore R. P. Fr. Abrahamo Bzovio Polono, S. Theol. Doct. Ord. Praedicatorum. Opus nunc primum in lucem editum. Antverpiae, Apud Henricum Aertssium, 1617.

8 l., 903, [138]p. 35½cm.
Signatures : a4, e4, A-Z6, Aa-Zz6, Aaa-Zzz6, Aaaa-Eeee6, Ffff-Gggg4, a-l6, m3.
p. 3, 58 lines, 268×153mm.
Engr. ornamented t.-p.
Ms. marginal notes.
This work is the continuation of Baronius' Annalivm ecclesiasticorvm of which library has v. 1-12.
The Rome ed. in 9 v. covering the period from 1198-1572 appeared in 1616-29, while the continuation of the 1st Antwerp ed. appeared in Cologne (v. 14-20) in 1618-40.
Index : p. [905]-[1042]
★ Brunet I 663. 3461

1166

— [Romanus Pontifex, sev De praestantia, officio, auctoritate, virtutibus, felicitate rebusque praeclare gestis Summorum Pontificum a D. Petro ad Paulum V. commentarius R. P. Fr. Abrahami Bzouij, Poloni. S. Th. Doct. Ord. Praed. Coloniae Agrip., Ant. Boetzerus, 1619]

8 l., 660 (*i.e.* 656), [14]p. front. 34½cm.

Signatures : †-††4, A-Z6, Aa-Zz6, Aaa-Hhh6, Iii-Kkk4, Lll3.
p. 3, 70 lines, 287×142mm.
t.-p. wanting.
Text in 2 col.
For title. *cf.* Caption title, approbation, & Nouv BiogrGén VII 960. For imprint. *cf.* Brunet VII nº 3321.
1st ed. 2097

C

1167

Cabala, specvlvm artis et natvrae, in Alchymia; exinde, Quid, Lapis Sophorum antiqvissimus, rei sit, qvi triplex, & tamen simplex lapis existit. Omnia hactenus ex varijs etiam scriptis paucis observata ... & qvatuor aeneis laminis incisis Picturis exhibita. Per Ignotum, attamen notum, sicuti insignia primae Figurae insculpta testantur, Nunc è Germanico, Latio versa à Strenuo Sapientiae cultore ... Impressum Typis Davidis Franci, sumptibus Stephani Michelspacheri Tirolensis, 1616.

8 unnumb. l. 19cm.
Signatures : A-B4.
f. [6]a, 32 lines, 152×108mm.
Plates wanting.
Title within ornamental border.
Bound with : Anthony, F. Apologia pro auro potabili, Londini, 1616 and others. 908d

1168

Cabassut, Jean, *OR,* 1605-1685.

(R. P. Joannis Cabassutii Aquisextiensis, Presbyteri Congregationis Oratorii Domini Jesu) Notitia ecclesiastica historiarum, conciliorum, & Canonum invicem collatorum, veterúmque juxtà, ac recentiorum Ecclesiae Rituum, ab ipsis Ecclesiae Christianae incunabulis ad nostra usque tempora, secundùm cujusque saeculi seriem, accuratè digesta. Editio tertia, ab ipso auctore correcta, plurimum aucta, & quinque Indicibus locupletata ... Lugduni, Sumptibus Anisson & Joannis Posuel, 1702.

13 l., 680, (*i.e.* 688), [76]p. 37cm.
1 p. l. wanting.
Text in 2 col.
1st ed. Lyons, 1680.
★ DictTheolCath II 1297.
♣ *Ex lib. relict Pekini ab Illmo Rmo Pca Alexanno.* 1949

1169

— (R. P. Joannis Cabassutii Aquisextiensis, Presbyteri Congregationis Oratorii Domini Jesu) Notitia ecclesiastica historiarum, conciliorum, et canonum invicem collatorum, veterumque juxta, ac recentiorum Ecclesiae Rituum, ab ipsis Ecclesiae Christianae incunabulis ad nostra usque tempora, secundum cujusque saeculi seriem, accuratè digesta. Editio septima, ab ipso auctore correcta, plurimum aucta, & quinque Indicibus locupletata ... Venetiis, Ex Typographia Balleoniana, 1772.

xxiv, 500p. 37½cm.
p. 311-314 bound upside down.
Text in 2 col.
♣ *Stamp of Mgr Alex. de Gouvea.* 2047

1170

Cabei, Nicola, *SJ,* 1586-1650.

(Nicolai Cabei Ferrariensis Societatis Iesu) In qvatvor libros meteorologicorvm Aristotelis commentaria, et qvaestiones qvatvor tomis compraehensa. Quibus non solum meteorologica, tum ex antiquorum dictis, tum maxime ex singularum rerum experimentis explicantvr Sed etiam vniuersa fere experimentalis philosophia exponitur. Mvlta praeterea Hactenus vix pertractata accurate examinantur ... Romae, Typis Haeredum Francisci Corbelletti, 1646.

4 v. in 2. illus. (incl. diagrs.) 28½cm.
Vol. 1, 429 (*i.e.* 427)p.; vol. 2, 304 (*i.e.* 306)p.
Colophon of v. 2 dated 1645.
1st ed.
Contents. — **t. 1.** De firmamento, elementis, aqua et nubibus, motu locali, pendulis, sole, stellis, cometis, etc. — **t. 2.** De aquis & eorum motibus, de mari & de ventis. Index. — **t. 3.** De fulmine tum caelesti tum terreno, de bombarda & tormentis aliis, de coloribus et coloratis apparentiis. — **t. 4.** De corporum similarium proprietatibus & rerum vere physicarum causis.
★ Sommerv II 484 nº 2.
♣ *Applicado a Missao da China ou ao Collegio de Macao Fr. Francisco Pereira. Coimbra 1656.* 583

1171

— o. c.

♣ *Ad usum p : Martini. — aplicados a Igreja de Hâm Cheu.* 584

1172

— o. c.

Vol. 3, 4 wanting. 2908

1173

— Philosophia magnetica in qva magnetis natura penitus explicatur, et omnivm qvae hoc lapide cernuntur causae propriae afferuntur : nova etiam pyxis constrvitvr, qvae propriam poli elevationem, Cum suo meridiano, vbique demonstrat. Mvlta qvoqve dicvntvr de electricis, & aliis attractionibus & eorum causis. Avctore Nicolao Cabeo Ferrariensi Soc. Iesv. Ferrarię, apud Franciscum Succium, 1629.

9 l., 412, [12]p. illus. (incl. diagrs.) 31½cm.
Signatures : †^{1}, a^8, A-Z^6, Aa-Mm^6, Nn^2.
p. 2, 42 lines, 240×155mm.
Title printed within an engraving.
In our copy, after t.-p. are inserted two leaves with a new title and a dedication by N. Cabei to king Louis XIII of France, dated Ferrariae, Idib. Octob. 1629. This 2nd title is of the same wording, but has « nova praxis » in place of « nova pyxis », and after « eorum causis » inserts : « Additis figvris variis tam aeneis quàm ligno incisis ». It bears J. Kinckius' device and his imprint : Prostant Coloniae, Apud Ioannem Kinckium, 1629.
1st ed.
Index and errata : p. [413]-[424]
★ Sommerv II 483 n° 1. 751

1174

Caesar, Gaius Julius, 102-44. B. C.

(C. Jvlii Caesaris) Commentariorum de Bello Gallico liber [*sic*] VII. A. Hirtii de eodem, liber VIII. C. Caesaris de bello civili Pomp. libri III. A. Hirtii de bello Alex. liber I. de bello Afric. liber I. de bello Hispan. liber I. Ingolstadii, Ex typographeo Adami Sartorii, 1611.

1 l., 565p. 16½cm.
Signatures : A-Z^8, a-m^8, n^4.
p. 3, 28 lines, 120×70mm.
♣ *Viceprovinciae Sinensis Societis Jesu Collegij Pekinensis.* 3019

1175

— (C. Ivlii Caesaris) Rervm gestarvm commentarii XIV ... Omnia collatis antiquis manvscriptis Exemplaribus, quae passim in Italia, Gallia, & Germania inuenire potuimus, doctè, accuratè, & emendatè restituta ... Evtropii Epitome belli Gallici ex Svetonii Tranqvilli monumentis, quae desiderantur. Cum doctiss. annotationibus : Henrici Glareani, Francisci Hotomani, I. C. Fvlvii Vrsini Romani, Aldi Manutii, P. F. Ex Musaeo & impensis Iacobi Stradae Mantuani, S. C. M. Antiquarij, & ciuis Romani. Francofvrti ad Moenvm, 1575.

12 l., 266, [23], 35, 207p. illus. 37½cm.
Signatures : †^{6}, β^6, A-X^6, Y^8, α-β^6; a-c^6, A-Q^6, R^8.
p. 5, 50 lines, 288×164mm.
Colophon : Impressvm Francofvrti ad Moenvm, apvd Georgivm Corvinvm, impensis Iac. Stradae Mantvani, S. C. M. Antiqvarii, civis Romani, 1575.
Contents. — Eutropius. Epitome belli Gallici, ex Suetonio. — Caesar, C. J. De bello Gallico libri VII. — Hirtius, A. De bello Gallico liber octavus. — Caesar, C. J. De bello civili libri III. — Hirtius, A. De bello Alexandrino, De bello Africo. De bello Hispaniensi. — Index rerum. — Glareanus, H. In Caesaris libros de bello Gallico annotationes. — Hotman, F. In commentarios Caesaris notae. — Orsini, F. Emendationes in Caesaris librum primum. — Manuzio, A. Scholia in Comm. De bello Gallico. — Inscriptiones urbium Hispanicarum. — Index geographicus. — Marliano. R. de. Veterum Galliae locorum descriptio.
★ Brunet I 1455.
♣ *Bibl. Trig.* 1842

1176

Caevallos, Jeronimo de.

Speculum avrevm opinionvm commvnivm contra commvnes. In quo non tantvm noningentarvm & sex Quaestionum Practicarum, in Jure Canonico, Civili & Regio, repertarum Resolutiones, ad Contractus, ultimas Voluntates, Delicta & Judiciorum Ordinem spectantes : Necnon de titulis Regibus Hispaniae & eorum Senatoribus & Auditoribus, ad cognoscendum, per viam violentiae in causis Ecclesiasticis & inter personas Ecclesiasticas : Item de iis titulis Regibus ad debellandos Indos, Barbaros, illorumque Regna possidendi, competentibus, sed etiam ex oppositione, diversarum Communium opinionum, quaenam ex illis Magis Communis & in foro receptior sit, cernere licet. Opus ... in Germania antehac numquam visum. Auctore Hieronymo de Caevallos, Hispano, Juris utriusque Licentiato ... Argentorati [v. 3, Francfvrti] Sumptibus Lazari Zetzneri Bibliopolae, 1611-15 [v. 2, 1615]

4v. in 1. 32cm.
15 l., 292p.; 2 l., 293-552, [56]p.; 6 l., 312, [42]p.; 38 l., 208, [27]p.
Signatures : †^{4}, ††-†††^{6}, A-Z^6, Aa^8 ; Bb-Zz^6, Aaa-Ccc^6, Ddd^4, Eee^6 ; †^{6}, A-Z^6, Aa-Ff^6, Gg^3 ; a-e^6, f^8, Aa-Tt^6, Vv^4 [†††6 blank]
p. 7, 62 lines, 252×140mm.
t.-p. of v. 1 wanting.
For title, etc. *cf.* t.-p. of v. 2.
Text in 2 col.
Index at end of v. 2, 3, 4.
♣ *Bibl. Trig.* 1401

1177

Caeyro, Francisco, *SJ,* 1669-1721.

Opusculum morale De Bulla Cruciatae Lusitana, & de Monitorijs a P. Francisco Caeyro Societ. Jesu, in Conimbricensi Artium Collegio Moralis Theologiae Primario Professore. Ulyssipone Occidentali, Ex Typographia Antonij Pedrozo Galraô, 1723.

8 l., 313 [3]p. 15cm.
p. 1. bound irregularly.
Index at end.
1st ed. Evora, 1718.
★ Sommerv II 512. 3651

1178

Calderino, Giovanni, *d.* 1365.

Tractatvs novvs avrevs et solemnis De haereticis. Clarissimi famosissimiqve ivriscons. Domini Ioannis Calderini. In qvo omnia qvae ad officivm inquisitorum contra haereticam prauitatem spectant ... in quadragintauno capitibus tractantur ... Cvi adiecta est nova forma procedendi contra de haeresi inquisitos, praxin totam exactissime complectens ... Cum summarijs, & Indicibus copiosissimis. Venetiis, ad Candentis Salamandrae Insigne, 1571.

98 numb. l., 9 l. 20½cm.
Signatures : A-N^{8}, O^{3}.
f. 5a, 39 lines, 162×103mm.
1st ed.
Bound with : Albertino, A. Tractatus de agnoscendis assertionibus catholicis et haereticis, Venetiis, 1571. 1451a

1179

Calepino, Ambrogio, *AugEr,* 1435-1511.

(Ambrosii Calepini) Dictionarivm, in quo restituendo, atque exornando haec praestitimus. Primum, Non solum illud curauimus ... vt adderemus quamplurima; sed etiam ... ut multarum dictionum obscuram significationem aperiremus : Deinde ... exempla ... aptiora reposuimus. Praeterea ... ad eos libros, qui citabantur, crebro recurrimus, veramque lectionem, inde petitam, Calepino restituimus ... Additamenta Pavli Manutii ... Adiecta

DICTIONARIVM LATINO LVSITANICVM, AC IAPONICVM EX AMBROSII CALEpini volumine depromptum: in quo omissis nominibus proprijs tam locorum, quàm hominum, ac quibusdam alijs minùs vsitatis, omnes vocabulorũ significationes, elegantioresq; dicendi modi apponuntur: in vsum, & gratiam Iaponicæ iuuentutis, quæ Latino idiomati operam nauat, nec non Europeorũ, qui Iaponicũ sermonem addiscunt.

IN AMACVSA IN COLLEGIO IAPONICO SOCIETATIS IESV
cum facultate Superiorum.
ANNO M.D.XCV.

svnt synonyma, vocvm differentiae, antitheta, lectiora adagia, voces Ciceronianae ... Atque singulis Latinis vocibus, Graecae, Italicae, Gallicae, Hispanicae. Henrici Farnesii Eburonis ... De verborum splendore & delectu ... appendiculae duae ... Ac demum inseritur Dictionarium Italicum ... Venetiis, Apud Ioannem Gryphium, 1590.

206, 198, 17, 20 numb. l., ? l. 33cm.
Signatures : A-Z8, Aa-Bb8, Cc6; A-Z8, Aa8, Bb6; a8, b10; A8, B-C6 (b10 blank)
f. 6a, 89 lines, 290×176mm.
« Dictionarium Italicum » by Luc. Antonio Bevilacqua is wanting; only its t.-p. is preserved.
Text in 2 col.
1st ed. Reggio, 1502. 3064

1180

Calepino, Ambrogio, *AugEr,* 1435-1511.

Septem linguarum Calepinus, hoc est Lexicon Latinum, Variarum linguarum interpretatione adjecta in usum Seminarii Patavini. Editio tertia emendatior. Patavii, ex typographia Seminarii, Apud Joannem Manfrè, 1731.

2v. in 1. 38cm.
6 l., 554p., 1 l., 594 (*i.e.* 570), 30, 110p.
Text in 2 col.
1st ed. by Facciolati, Padua, 1718.
« Verba barbara ex Calepini, Passeratii, Stephani, & Fabri Lexicis expulsa » : 30p. at end.
« Vocabolario Italiano, e Latino » : 110p. at end.
★ Brunet I 1473.
♣ *Ignacio de Souza Vai pa o Pe Polycarpo de Souza.* — *Stamp of Mgr Polyc. de Souza.* 3063

1181

— Dictionarivm Latino Lvsitanicvm, ac Iaponicvm ex Ambrosii Calepini volumine depromptum : in quo omissis nominibus proprijs tam locorum, quàm hominum, ac quibusdam alijs minùs vsitatis, omnes vocabulorũ significationes, elegantiores*q;* dicendi modi apponuntur : in vsum, & gratiam Iaponicae iuuentutis, quae Latino idiomati operam nauat, nec non Europeorũ, qui Iaponicũ sermonem addiscunt. In Amacvsa, in Collegio Iaponico Societatis Iesv, 1595.

2 l., 901p. 24½cm.
Signatures : A-Z4, Aa-Zz4, Aaa-Zzz4, a-z4, aa-xx4, yy1.
p. 2, 46 lines, 178×128mm.
p. 733, 734 and 737, 738 bound after p. 736 and 740 respectively.
Text in 2 col.
★ Brunet I 690. — Laures 25 nº 11. — Streit IV 514. 3050

1182

— o. c. 23½cm.

« Supplementum dictionarii » : p. 902-906.
Errata : p. 906-[908] 3051

1183

Calino, Cesar, *SJ,* 1669-1749.

Samuel ecclesiastes in cathedram productus ab A. R. P. Caesare Calino, Soc. Jesu. sive Sermones sacro-morales supra Samuelis librum, qui primus est Regum ... Nunc ... ex Auctoris praedicti, Ecclesiastae celeberrimi, Idiomate italico latinè redditi, duos in Tomos divisi, Notis marginalibus illustrati, ac novis Indicibus instructi, praecipuè Thematum pro singulis totius anni diebus Dominicis ac Festis, ad formandas facilè Dictiones Ecclesiasticas a Francisco Salesio Gailler, SS. Theologiae Licent. ... Augustae Vindelicorum, Sumptibus Martini Veith, 1740-43 [v. 1, 1743]

2v. 33cm.
Text in 2 col.
Half-title : A. R. P. Caesaris Calini Soc. Jesu Sermones sacro-morales tomis duobus absoluti.
Vol. 1, 2nd ed.; Vol. 2 1st ed.
1st Italian ed. Bologna, 1711-14, 5v.
1st Latin ed. Tyrnau, 1736-37.
« Tractatus theologiae moralis de lusu » : 54p. at end of v. 1.
« Mantissa orationum quatuor ejusdem authoris » : v. 2, p. [603]-638.
★ Sommerv II 545 nº 1. 1827

1184

Calles, Sigismund, *SJ,* 1696-1761.

Oratio funebris ad solennes exequias Caroli VI. Augustissimi Romanorum Imperatoris, Germaniae ... a Caesareo, et Academico Societatis Jesu Collegio Die Mensis Decembris M.DCC.XL. celebratas. Dicta A. P. Sigismundo Calles, e Societate Jesu, AA. LL. & Philosophiae Doctore ... Vindobonae, Ex typographia Kaliwodiana.

31 unnumb. l. 41½ cm.
1st ed.
★ Sommerv II 561 nº 3. 1618

1185

[Camden, William] 1551-1623.

[Anglica, Hibernica, Normannica, Cambrica, a veteribus scripta. Frankfort, 1602 or 1603]

4 l., 898, [31]p., 1 l. incl. ports., tables. 35cm.
Signatures : †4, A-Z6, Aa-Zz6, Aaa-Zzz6, Aaaa-Hhhh6, Iiii4.
p. 3, 59 lines, 278×148mm.
t.-p. wanting.
p. l. bound in disorder.
Author : William Camden, title, etc. *cf.* Dict NatBiogr I 670 & EncyBrit V 101.
Ms. marginal notes.
1st ed.
Contents. — Asserus Menevensis. De Aelfredi rebus gestis. — Fragmentum de Guilhelmo Conquestore. — Walsingham, T. Historia brevis (Chronica), ab Edwardo Primo ad Henricum Quintum. Ypodigma Neustriae vel Normanniae, ab irruptio-

ne Normannorum usque ad annum sextum regni Henrici Quinti. — Moore, Sir T. de la. Vita et mors Edwardi Secundi, regis Angliae. — Guillaume de Jumièges. De ducum Normannorum gestis. — Giraldus Cambrensis. Topographia Hiberniae, sive, De mirabilibus Hiberniae. Expugnatio Hiberniae. Itinerarium Cambriae, seu Laboriosae Baldvini Cantuar. Archiepiscopi per Walliam legationis accurata descriptio, cum annotationibus Davidis Poveli. Cambriae descriptio, cum annot. D. Poveli. — Index.
★ Brunet I 1511.
♣ *Bibl. Trig.* 1947

1186

Camerarius, Joachim, *junior,* 1534-1598.
De eorvm qvi cometae appellantvr, nominibvs, natvra, caussis, significatione, cvm historiarvm memorabilivm illvstribus exemplis, Disputatio atque narratio Ioachimi Camerarii Pabeperg. edita. Lipsiae, 1578.
1 l., 110p. 16cm.
Signatures : A-G⁸.
p. 3, 29 lines, 118×65mm.
Colophon : Lipsiae, Imprimebat Johannes Steinman, 1578.
Bound with : Euclides. Elementorvm libri XV, Coloniae, 1612. 371b

1187

Camerarius, Philipp, 1537-1624.
Operae horarvm svbcisivarvm sive Meditationes historicae avctiores quam antea editae. Continentes accuratum delectum memorabilium Historiarum, & rerum tam veterum, quam recentium ... Centvria prima. Vna cum Indice locupletissimo. Philippo Camerario ... auctore ... Francofvrti, Typis Egenolphi Emmelij, impensis Petri Kopffij, 1615.
v. 1. 21½cm.
The complete set consists of 3 v.
Title within engr. ornamental border.
1st ed. 1591.
« Catalogus authorum » : v. 1, p. 25-32. 1872

1188

Cancellotti, Gio. Battista, *SJ,* 1598-1670.
Annales Mariani quibus historia SS. Virginis Mariae Dei Genitricis in singulos annos distribuitur, & oppositis subinde rerum humanarum successibus illustratur. Auctore Jo : Baptista Cancellotto Septempedano e Societate Jesu ... Pars prima. Ad annum Christi CII. & natae Virginis CXVI. ducitur. Romae, Typis HH. Francisci Corbelletti, 1661.
5 l., 678, [22]p. front. 33½cm.
The 2nd part was never publ. *cf.* Sommervogel II 612.
1st ed.
Index & errata : [679]-[700]
★ Sommerv II 612 nº 6.
♣ *da Vᵉ Prouᵃ da China da Compᵃ de Jesu.* — *V. Prouᵃᵉ Sinensis.* 1935

1189

Cangiamila, Francesco Manoele, 1702-1763.
Embryologia sacra sive De officio Sacerdotum, Medicorum, & aliorum circa aeternam Parvulorum in utero existentium salutem. Libri quatuor auctore ac interprete Francisco Emmanuele Cangiamila Ss. Theol. & J. U. D. ... Editio tertia. Augustae Vindelicorum, Sumptibus Joannis Jacobi Mauracher, 1765.
3v. fold. plate. 17cm.
28 l., 2004 (*i.e.* 2000)p.
Paged continuously.
« Lib. » 3 & 4 have half-title page.
1st Italian ed. Milan, 1751.
1st Latin ed. Palermo, 1758.
« Appendix ad librum quartum » : p. 817-917.
« Additio ad librum tertium » : p. 918-969.
Index : p. 977-2004. 3366

1190

Canisius, Henricus, 1550-1610.
Antiquae lectionis tomus (V-VI) ... In quo ... vetera monumenta, nvnquam visa, pavcvlis exceptis, Quorum Catalogum versa pagina indicat. Omnia nunc primvm ex manvscriptis codicibvs edita.. ab Henrico Canisio Noviomago ... Ingolstadii, Ex officina Typographica Ederiana, apud Andream Angermarivm, 1604.
v. 5, 6. v. 5 : 20½cm.; v. 6 : 21½cm.
The complete set consists of 6 v. publ. in 1601-1604.
Vol. 5, p. 552-1057 ? wanting.
1st ed.
★ Brunet I 1543.
♣ *Bibl. Trig.* 1971

1191

Canisius, Petrus, *SJ, Saint,* 1521-1597.
Commentariorvm de verbi Dei corrvptelis, Tomi duo. Prior de venerando Christi Domini praecvrsore Ioanne Baptista, posterior de Sacrosancta Virgine Maria Deipara disserit, et vtrivsque personae historiam omnem aduersus Centuriatores Magdeburgicos aliôsque Catholicae Ecclesiae hostes disertè vindicat. Postrema et plenior vtrivsque operis, in vnvm volvmen nvnc primvm redacti editio, D. Petro Canisio Societatis Jesv Theologo, tùm Authore tùm Recognitore. Accessit index copiosvs, partim locorvm scripture sacrae, quae passim tractantur, partim rerum praecipuarum, qvae in vtroque Tomo continentur. Parisiis, Apud Nicolaum Niuellium, 1584.
2v. in 1. illus. 34cm.
14 l., 300, [20] col., 12 l., 508 col., 3 l., 529-1158, [94] col.
Signatures : a⁶, e⁴, i⁴, a-m⁶, n⁸; a⁶, e⁶, A-X⁶, Y⁴, Z⁶, Aa-Zz⁶, AA-CC⁶, DD-GG⁴, HH³.
Col. 5/6, 65 lines, 265×142mm.
Vol. 2, 1 p. l. wanting.

Text in 2 col.
1st ed. Dillingen, 1571.
★ Brunet I 1543. — DictTheolCath II 1526. — Sommerv II 674.
♣ *Bibl. Trig.* 1487

1192

Cantarelli, Guglielmo, *OCamald. d.* 1634.
Variarvm qvaestionvm in decem praecepta Decalogi facilis resolvtio, ad hominem circa mores et Christianae fidei mysteria praecipua instruendum, vna cum explicatione totius vigesimi capitis Exodi ... Avthore D. Gvlielmo Cantarello de Rauenna, Ordinis Camaldulensis Abbate ... Duplici locupletata Indice. Venetiis, Apud Bernardum Iuntam, & Io. Bapt. Ciottum, & Socios, 1611.
8 l., 591, [32]p. 22cm.
Signatures : †^{8}, A-Z^{8}, Aa-Oo^{8}, a-d^{4}.
p. 3, 49 lines, 177×109mm.
Text in 2 col.
Errata : p. [623]-[624]
★ DictTheolCath II 1429.
♣ *Bibl. Trig ?* 2058

1193

Capalla, Giovanni Maria, *OP, d.* 1596.
Arca salvtis hvmanae, sive Commentaria locvpletissima, in Testamentvm, et Passionem Iesv Christi Salvatoris nostri. Quod aliàs Sermo Dominicvs, et Caelestis thesavrvs appellatvr; registratvm in D. Ioannis Evangelio. In quibus ad reconditiorem Sacrae Scriptvrae sensum eruendum, praecipue vero ad Moralis Doctrinae intelligentiam acquirendam, pulcherrimi Conceptvs, & ingeniosissima Docvmenta traduntur, nec cum minori deuotione, quàm eruditione illustrantur ... Avthore Admodum R. P. Fr. Ioanne Maria Capalla, Salutiensi, Ordinis Praedicatorum ... Gemino indice, altero locorvm Sacrae Scriptvrae explicatorvm; Altero rerum memoria, & notatu dignarum lectori passim occurrentium, adornatum ... Venetiis, Apud Baretivm Baretivm, 1606.
44 l., 222, 83 numb. l., 1 l. 32cm.
Signatures : a^{3}, †-††††††^{6}, †††††††^{4}, A^{4}, B-Z^{6}, Aa-Oo^{6}, Pp^{2} ; A-O^{6}.
f. 3a, 59 lines, 287×160mm.
1 p. l. (a4 ?) wanting.
Text in 2 col.
Colophon dated 1605.
1st ed.
♣ *Bibl. Trig.* 1232

1194

Cappel, Jacques, 1570-1624.
De ponderibus, nvmmis et mensvris libri V ... Cum multis indicibus & tabulis. Auctore Iacobo Capello. Francofurti, impensis Levini Hvlsii, 1606-07.
1 l., 101, [1], 191p. illus., fold. table. 20½cm.
Signatures : *a*, A-N^{4}; A-Z^{4}, Aa^{4}.
p. 6, 32 lines, 147×105mm.
Engr. ornamented t.-p.
« De mensuris » has a special t.-p. dated 1607.
1st ed.
Errata : p. [102]
Contents. — De ponderibus & nvmmis ferreis, aereis & argenteis.— De nvmmis aureis.— De mensuris linearum.— De mensuris capacitatis. — Miscellanea, in quibus multae quaestiones tractantur ad rem nummariam pertinentes.
Bound with : Clavius, C. Ratio facilis conficiendi omnis generis solaria, Lovanii, 1595.
♣ *Bibl. Trig. ?* 1175

1195

[— Historia sacra et exotica]
8 ? l., 683, [10 ?]p. 21cm.
Signatures : †^{4}?, ††^{4}, A-Z^{4}, AA-ZZ^{4}, AAa-ZZz^{4}, AAaa-RRrr^{4}, SSss^{3} ?
p. 5, 41 lines, 162×105mm.
3 p. l. incl. t.-p. and some pages of index at end wanting.
The remaining pages of index spoiled.
Text in 2 col.
Author : Jacques Cappel & title. *cf.* Epigram.
♣ *Bibl. Trig.* 3094

1196

Capponi della Porreta, Serafino, *OP,* 1536-1614.
Praeclarissima Sacrorvm Evangeliorvm commentaria. Veritates Catholicas Super totam legem Nouam, conclusionum instar, continentia. Cvm annotationibvs textvalibvs. Per F. Seraphinvm Capponi à Porrecta, Almi Ordinis Praedicatorum, Sacrae Theologiae Magistrum edita ... Venetiis, Apud haeredes Melchioris Sessae, 1602.
28 l., 938p. 23cm.
Signatures : a-g^{4}, A-O^{4}, P-Z^{8}, Aa-Zz^{8}, Aaa-Ttt^{8}, Vuu^{5}.
p. 7, 51 lines, 185×120mm.
Text in 2 col.
1st ed.
Indices at beginning.
♣ *Bibl. Trig.* 1235

1197

— Veritates avreae svper totam Legem Veterem, tvm litterales, tvm mysticae, per modvm Conclusionum è Sacro Textu mirabiliter exculptae; Hae & genuinis rationibus, annotationibus, appendicibus; & appositis quaestionib. solutionibus, digressionibus ... coornantur ... Per F. Seraphinum Capponi à Porrecta, Almi Ord. Praedicatorum Sacrae Theologiae Magistrum ... Quatuor indicibus annexis : quorum primi duo, scilicet haeresum, & Conciliorum, libris omnibus communes, alij, scilicet Conclusionum, & memorabilium, singulis speciales existunt. Venetiis, Apud Marcum Antonium Zalterium, 1590.

22 ? l., 182p., 6 l., 142p., 6 l., 174p., 10 l., 218p., 8 l., 188p. 33½cm.
Signatures: a-c6, d4, A-O6, P7; a6, A-L6, M5; a6, A-O6, P3; a6, b4, A-R6, S7; a8, A-P6, Q4.
p. 3, 79 lines, 265×146mm.
2 ? p. l. incl. half-title page ? wanting.
Each part has a special t.-p.
1st ed.
♣ *Bibl. Trig.* 1253

1198

[Caraffa, Vincenzo] *SJ*, 1585-1649.
Fascicvlvs myrrhae, sive Considerationes variae de Vulneribus Christi. Neapoli, Typis Iacobi Gaffari, 1639.

5 l., 248p., 1 l. 13cm.
Signatures: a5, A-K12, L5; A-B12, C5.
p. 5, 27 lines, 98×52mm.
« Appendix nota » (ms.) on 29 leaves at end.
Ms. marginal notes.
1st Italian ed. « Composta dal M. R. P. Luigi Sidereo (pseud. of Vincenzo Caraffa) della Compagnia di Giesv. » Rome, 1635. *cf.* Sommervogel II 708.
1st Latin ed. Vienna, 1638.
★ Sommerv II 314.
♣ *Avtore Vincentio Caraffa Soc Iesu.* 2299

1199

Caramuel Lobkowitz, Juan, *OCist*, 1606-1682.
(Ioannis Caramvelis) Mathesis biceps, vetus et nova ... In omnibus, et singulis Veterum, & Recentiorum Placita examinantur; interdum corriguntur, semper dilucidantur: & pleraque omnia Mathemata reducuntur speculativè & practicè ad facillimos, & expeditissimos Canones. Accedent alii tomi, videlicet: Architectura Recta ... Obliqua ... Militaris ... Musica ... Astronomia ... Campaniae, [v. 1] In Officinâ Episcopali, Prostant Lugduni apud Laurentium Anisson; [v. 3] in Officina Episcopali, apud Sebastianum Aleccia, Prostant Lugduni apud Laurentium Anisson, 1670.

2v. in 4, incl. tables, diagrs. 31cm.
Paged continuously.
8 l., xxxvi p., xxxvii-xl numb. l., [xli]-lxxviii, 28p., 29-36 (*i.e.* 38) numb. l., 37-780p., 2 l., [781]-1711, [43]p.
Some pages at beginning of [v. 2] spoiled.
Added engr. ornamented t.-p. (v. 1)
Engr. ornamented t.-p. (v. 3)
1st ed.
Text in 2 col.
Ms. marginal notes.
Colophon: Campaniae, In officina episcopali, [v. 2] 1667; [v. 4] 1669.
Contents. — [**v.1.**] Arithmetica. Algebra. Geometria. — [**v. 2.**] Geodesia. Geographia. Centroscopia. Orometria. Hydrographia. Nautica. Ars navigandi sub aquis. Potamographia. Hydraulica. Aerographia. Anemometria. Ars volandi. Ars navigandi supra aerem. Sciographia. — [**v. 3.**] Logarithmica. Combinatoria. De ludis fortunae. Arithmomantica. Trigonometria generalis. Trigonometria refluens. Trigonometria astronomica. Aethereus rectangulus. Circinus. — [**v. 4.**] Pedarsica. Statica. Hydrostatica. Meteorologia. Sphaericae, oscillatoriae, rectilineae planetarum hypotheses. Indices.
★ Brunet I 1571.
♣ *Ve Prouae Sinensis. — Collegij Societatis Jesv Pekini.* 348

1200

— Novem stellae circa Iovem, circa Satvrnvm sex, circa Martem non-nvllae, a P. Antonio Reita detectae & Satellitibus adiudicatę. De primis (& si mavelis de vniversis) D. Petri Gassendi. Ivdicivm. D. Ioannis Caramuel Lobkovvitz eiusdem Iudicij. Censvra. Opus novum ... Pvblicabat Franciscus Penneman Dunens. Rel. Lovanij, Typis Andreę Bouvetij [1643]

6 l., 156p. incl. tables, diagrs. 12½×7cm.
Dedication dated 1643.
Errata at beginning.
Bound with: Caramuel Lobkowitz, J. *OCist.* Perpendiculorum inconstantia, Lovanii, 1643. 2793

1201

— Perpendicvlorum inconstantia ab Alexandro Calignono Nobili Delphinate excogitata; a Petro Gassendo bona fide tradita, & pulchro Commentario exornata, a Ioanne Caramvel Lobkovvitz examinata, & falsa reperta. Lovanii, Typis Andreae Bouvetii, 1643.

36 (*i.e.* 66) p., 1 l. incl. diagrs. 12½×7cm.
Bound with: Caramuel Lobkowitz, J. *OCist.* Novem stellae circa Iovem detectae, Lovanii, 1643. 2793a

1202

Carbone, Lodovico, *d.* 1597.
Svmmae svmmarvm casvvm conscientiae sive, totivs theologiae practicae, In tribus Tomi [*sic*] distributa. Per quam ad alias in praesens vsque editas omnes Summas de Casibus conscientiae inscriptas, facilis aditus, & introductio quaedam paratur, & noua Methodus ... eleganter praescribitur. Avctore Lvdovico Carbone a Costacciaro ... Venetiis, Apud Robertum Meiettum, 1606.

18 ? l., 212 (*i.e.* 202), 272, 216p. 22cm.
Signatures: A8, B10 (B10 blank), A-M4, N-S8, T5; A-R8; A-N8, O4.
p. 5, 49 lines, 173×109mm.
3v. in 1.
Text in 2 col.
1st ed.
Index at beginning.
♣ *Bibl. Trig.?* 1328

1203

Cardano, Geronimo, 1501-1576.
(Hieronymi Cardani) In Hippocratis Coi prognostica, opus divinum, svperans hvmani

ingenii captvm ... Atque etiam in Galeni Prognosticorum expositionem commentarii absolutissimi. Item in libros Hippocratis de Septimestri et Octomestri partu ... Item pro grauissimè diuersis morbis laborantibus Consilia Septem Hieronymi Cardani, nunc primum edita ... Basileae, ex officina Henricpetrina [1568]

16 l., 7p., 7-10 col., 11-19p., 20-813 (*i.e.* 715) col. 32½cm.
Signatures : a4, †-††6, A4, B-Z6, Aa-Hh6.
p. 3, 49 lines, 220×127mm.
Text in 2 col.
Colophon dated 1568.
1st ed.
Index and errata at beginning.
Bound with : Cardano, G. Opus novvm de proportionibus, Basileae, 1570. 581a

1204

Cardano, Geronimo, 1501-1576.

(Hieronymi Cardani Mediolanensis ...) Opus nouum, cunctis de Sanitate Tvenda, ac uita producenda studiosis apprimè necessarium : in quatuor libros digestum. A Rodvlpho Sylvestrio ... recens in lucem editum. Cum gemino Indice capitum, & rerum notatu dignissimarvm copiosissimo. Basileae, Per Sebastianvm Henricpetri [1582]

10 l., 383p. 32½cm.
Signatures : A2, B6, A-Z4, Aa-Zz4, AA-BB4.
p. 3, 54 lines, 232×138mm.
Colophon dated 1582.
1st ed. Rome, 1580.
♣ *Bibl. Trig.?* 1065

1205

— (Hieronymi Cardani...) Opvs novvm de proportionibvs nvmerorvm, motvvm, pondervm, sonorum, aliarvmqve rerum mensurandarum ... in V libros digestvm. Praeterea. Artis magnae, sive de regvlis algebraicis, liber vnvs ... Item, de Aliza regula liber ... Basileae [Ex officina Henricpetrina, 1570]

8 l., 271, 163p., 4 l., 111p. incl. diagrs. 32½cm.
Signatures : †8, A-O6, P-Q8, R2, S-Y6, Z4; Aa-Tt4, Vv6; †4, AA-OO4.
p. 19, 41 lines, 226×132mm.
For imprint. *cf.* Colophon.
1st ed.
Bound with : Cardano, G. In Hippocratis Coi Prognostica, Basileae, 1568.
★ Brunet I 1574.
♣ *Bibl. Trig.* 581

1206

— (Hieronymi Cardani Mediolanensis medici) De rerum varietate Libri xvii. Adiectus est capitum, rerum & sententiarum notatu dignissimarum Index. Basileae, 1557.

6 l., 707, [32]p. illus., plate. 33cm.
Signatures : †6, A-Z6, a-z6, aA-pP6, qQ4.
p. 3, 43 lines, 235×133mm.
Colophon : Basileae, per Henrichum Petri, 1557.
1st ed.
« Appendix qvorvndam capitvm eiusdem Cardani » : p. 691-707.
Contents. — De universo, & partibus eius sensibilibus. — De mundi partibus divinioribus. — De mixtis generaliter. — De metallis. — De lapidibus. — De plantis & productis ab eis. — De animalibus & productis ab eis. — De homine. — De motibus. — De ignis artificiis. — De artificiis communibus. — De artificiis subtilioribus. — De artificiis humilioribus. — De divinatione occultiore. — De divinatione artificiosa. — De rebus praeter naturam admirandis. — De rebus dignis. — Index.
★ Brunet I 1573.
♣ *Ex libris : Ex Bibliotheca D. Ioannis A Sancto Lavrentio S. R. E. Protonotarii, ecclesiae collegiatae D. Virg apvd Lensenses in Artheria Decani, ac Regii Graecarum litterarum in Academia Duacensi Professoris ordinarij, quam moriens P. Hvberto A S. Lavrentio fratri suo testamento legavit; Hic — Societatis Jesv Collegio totam assignavit.* 2

1207

— [(Hieronymi Cardani Mediolanensis medici) De rerum varietate libri XVII. Basileae, per Sebastianvm Henricpetri, 1581]

8 ? l., 1171p. fold. plate, fold. table. 17½cm.
Signatures : ?, C8, ?, A-Z8, Aa-Zz8, AA-ZZ8, AAa-CCc8, DDd10.
p. 3, 31 lines, 118×66mm.
t.-p. and ? l. of index wanting.
♣ *Bibl. Trig.?* 879

1208

Cardim, Antonio Francisco, *SJ,* 1596-1659, *comp.*

Catalogvs regvlarivm, et secvlarivm, Qui in Iapponiae Regnis vsque à fundata ibi a S. Francisco Xaverio Gentis Apostolo Ecclesia ab ethnicis In odium Christianae Fidei sub quatuor Tyrannis violenta morte sublati sunt. Collectus a P. Antonio Francisco è Societate Iesv Provinciae Iapponiae ad Urbem Procuratore. Romae, Typis Heredum Corbelletti, 1646.

79p. 20½cm.
1st ed.
Bound with : Cardim, A. F. Fasciculus e Iapponicis floribus, Romae, 1646 and others.
★ Laures 148 nº 304. — Sommerv II 740 nº 4. — Streit V 561 nº 1562. 3364a

1209

— Fascicvlvs e Iapponicis floribvs, svo adhvc madentibvs sangvine, compositvs a P. Antonio Francisco Cardim è Societate Iesv Prouinciae Iapponiae ad Vrbem Procuratore ... Romae, Typis Heredum Corbelletti, 1646.

4 l., 252 (*i.e.* 256)p. 87 plates, fold. map. 20½cm.
1 plate wanting.
Plate of « Elogium LXXVIII » bound after p. 212.
Errata at beginning.
1st ed.
Bound with : Cardim, A. F. Catalogus regularium

et secularium qui in lapponiae regnis in odium fidei violenta morte sublati sunt, Romae, 1646. Mors felicissima quatuor legatorum Lusitanorum et sociorum, quos lapponiae imperator occidit, Romae, 1646.
★ Brunet I 1574. — Laures 147 n° 303. — Sommerv II 740 n° 3. — Streit V 560 n° 1561. 3364

1210

Cardim, Antonio Francisco, *SJ,* 1596-1659.
Mors felicissima qvatvor legatorum Lvsitanorvm et sociorvm Quos Iapponiae Imperator occidit in Odium Christianae Religionis. Auctore P. Antonio Francisco Cardim è Societate Iesv Procuratore ad Urbem Provinciae Iapponiae. Romae, Typis Heredum Corbelletti, 1646.
40p. 20½cm.
1st Portuguese ed. Lisbon, 1643.
1st Latin ed.
Bound with : Cardim, A. F. Fasciculus e lapponicis floribus, Romae, 1646 and others.
★ Laures 148 n° 305. — Sommerv II 740 n° 5. — Streit V 561 n° 1563. 3364b

1211

Cardoso, Geronimo.
Dictionarivm Latino Lvsitanicvm et vice versa Lvsitanico Latinvm, Cum adagiorum feré omnium juxta seriem alphabeticam perutili expositione. Ecclesiasticarum [*sic*] vocabulorum interpretatione. Item de monetis, ponderibus, & mensuris, ad presentem vsum accommodatis. Per Hieronymvm Cardosvm Lusitanum congesta. Recognita vero omnia per Sebast. Stokhamervm Germanum, qui libellum etiam de propriis nominibus regionum, populorum ... ex integro adiecit. Adhuc novi huic vltimae impressioni adjuncti sunt varij loquendi modi ex praecipuis auctoribus decerpti, praesertim ex Marco Tullio Cicerone. Olyssipone, Excussit Alexander de Syqueira, Expensis Simonis Lopezii, 1592.
18 l., 17-252 numb. l. 21½cm.
Signatures : †[2], A-Z[8], Aa-Hh[8], Ii[4].
f. 17a, 42 lines, 165×119mm.
4 l. (sign. A3-6) bound in disorder.
Text in 2 col.
Ms. poem on recto of front guard leaf.
Our copy contains only the Latin-Portuguese part.
♣ *Bibl. Trig. ?* 3052

1212

Carolus Borromeus, *Saint,* 1538-1584.
(S. Caroli Borromei S. R. E. Cardinalis Archiepiscopi Mediolani) Homiliae nunc primum e MSS. Codicibus Bibliothecae Ambrosianae in lucem productae Joseph Antonii Saxii praefatione et annotationibus illustratae ... Mediolani, Ex typographia Bibliothecae Ambrosianae apud Joseph Marellum, 1747-48.

6v. fronts. 25½cm.
Vol. 4 wanting.
Vol. 3 spoiled.
Index at end of each volume.
1st ed.
Contents. — **t. 1-4.** Homiliae (t. 4. « Homiliae 104-126 » wanting). — **t. 5.** Homiliae habitae in conciliis provincialibus et synodis dioecesanis. Oratio funebris in exequiis Annae Austriacae, Hispaniarum Reginae. Sermoni famigliari. Laudes a viris dignitate et doctrina insignibus S. Carolo Borr. tributae. — **t. 6.** Augustini Valerii Cardinalis et Episcopi Veronensis « Convivium noctium Vaticanarum ». Noctes Vaticanae, seu Sermones habiti in Academia a S. Carolo Borr. in palatio Vaticano instituta.
★ Brunet I 1120.
♣ *Stamp of Mgr Alex. de Gouvea.* 3580

1213

— (Sancti Caroli Borromei S. R. E. Cardinalis Archiepiscopi Mediolani) Homiliae CXXVI. Ex mss. codicibus Bibliothecae Ambrosianae ordine chronologico in lucem productae et Josephi Antonii Saxii ... praefationibus et annotationibus illustratae. Editio novissima Cui accessit eorum, quae Italico tantum Idiomate Mediolani typîs excusa fuerunt, Versio Latina. Augustae Vindelicorum, Sumptibus Ignatii Adami & Francisci Antonii Veith, 1758.
2v. front. 38½cm.
Text in 2 col.
Contents. — **t. 1.** Praefatio. Homiliae. Index. — **t. 2.** Orationes 12 habitae in Conciliis provincialibus & Synodis dioecesanis. Sermones 17 familiares. Augusti Valerii Cardinalis & Episcopi Veronensis « Convivium Noctium Vaticanarum ». Noctes Vaticanae, seu Sermones habiti in Academia a S. Carolo in palatio Vaticano instituta. Bartholomaeus Rubeus. De vita & rebus gestis S. Caroli Borr. libri VII. Balthassar Oltrocchi. De fama, virtutibus & miraculis S. Caroli Borr. libri II. Laudes a viris dignitate & doctrina insignibus S. Carolo Borr. tributae. Index.
★ Brunet I 1120.
♣ *Stamp of Mgr Alex. de Gouvea.* 1727

1214

— (Sancti Caroli Borromei S. R. E. Cardinalis Archiepiscopi Mediolani) Instructiones pastorum ad concionandum, confessionisque et Eucharistiae sacramenta ministrandum utilissimae. Cum annotationibus Francisci Sylvii a Brania Comitis, S. Theol. Doctoris ... Editio novissima Cui insuper accessêre aliae ejusdem S. Praesulis Instructiones de Sacramento Poenitentiae, & de visitatione ac cura infirmorum, ex Sacramentali Ambrosiano nunc primum desumptae. Augustae Vindelicorum, Sumptibus Fratrum Veith, 1758.
xciv, 368, [13]p. port. 19½cm.
1st ed. by Sylvius, 1616.
Contents. — Vita S. Caroli Borromaei ab Augustino Valerio conscripta. — Epistola Caroli a Ba-

silica-Petri de obitu S. Caroli. — Instructiones pastorales tripartitae : De praedicatione verbi Dei, de administratione sacramenti Poenitentiae, de administratione sacramenti Eucharistiae. — Edictum de sacra Ordinatione. — Appendix : complectens novas instructiones de sacr. Poenitentiae & de visitatione et cura infirmorum. — Orationes VI habitae in sex conciliis provincialibus. — Index. 3581

1215

Carolus Franciscus à Breno, *OFM.*

Manuale missionariorum Orientalium, in quo nedum haereses omnes Orientalem Ecclesiam turpiter foedantes eliduntur, verùm etiam Casus Morales praecipuè ad manus [*sic*] eorumdem Missionariorum Apostolicorum pertinentes resolvuntur, in duos Tomos distributum, quorum Prior Controversias Fidei, Posterior Casus Morales continet. Authore Adm. Rev. Patre Fr. Carolo Francisco a Breno Ordinis Minorum Strictioris Observantiae ... Cum triplici indice, librorum nimirum, Capitum, Quaestionum, locorum deinde Sacrae Scripturae, postremò rerum notabilium in eodem contentarum ... Venetiis, Ex Typographia Balleoniana, 1726.

2v. 34½cm.
Text in 2 col.
« Tractatus unicus De instructione Missionariorum Apostolicorum » : v. 2, p. 415-474.
1st ed.
Errata : v. 1, p. [534]-[535] ; v. 2, p. [544]
✤ *Stamp of Mgr Polyc. de Souza. — Ad simplicẽ usũ Fr. Didaci ab Aragonia ex concessione Superiorum. Applicor Bibliothecae... ?... S. Fran Transtiberi 1737. (vol. 2)* 1373

1216

Carrière, François, *OFMConv, d.* 1665.

Historia chronologica pontificum Romanorum. R. P. F. Francisci Carriere Aptensis Minoritae Convent. D. Theolog. cùm praesignatione futurorum ex S. Malachia. Hvic vltimae editioni accessit Continuatio eiusdem Historiae Chron. ab Alexandro VII. usque ad Innocentium XII. feliciter sedentem : Autore Religioso ejusdem Ordinis. Lugduni, Apud Joannem Thioly, & Antonium Boudet, 1694.

6 l., 468p. front. 15½cm.
1st ed. Lyons, 1663.
Index at beginning.
✤ *ex lib. Illmi ac Rmi Pat Alexi.* 2064

1217

Cartari, Vincenzo, *beginning of 16th cent.*

(Vincentii Chartarii Rhegiensis) Imagines deorum, Qui ab Antiquis colebantur, unâ cum earum declaratione & historia In qua Simulacra, Ritus, Caeremoniae magnaque ex parte Veterum Religio explicatur ... Hinc inde à D. D. Paulo Hachenberg ... illustratum, & LXXXVIII. figuris aeneis adornatum. Moguntiae, Sumptibus Ludovici Bourgcat [*sic*], Typis Johannis Matthiae Stannii, 1687.

4 l., 228, [16]p. 88 plates. 22cm.
Added engr. t.-p.
1st Italian ed. Venice, 1556.
1st Latin ed. Lyons, 1581.
Index : p. [229]-[244]
✤ *Miss. Sinensis Patrum gallorum Societatis Jesu. — PP Gallor S.J. Pekin.* 1882

1218

Cartheuser, Johann Friedrich, 1704-1777.

(Jo. Frederici Cartheuseri ...) Fundamenta materiae medicae tam generalis quam specialis, in usum Academicum conscripta. Editio prima Veneta. Venetiis, Apud Dominicum Deregni, 1755.

xii, 396p. 24cm.
1st ed. publ. under title : « Rudimenta materiae medicae, 1741 ».
Index : p. 387-394.
Bound with : Cartheuser, J. F. Pharmacologia theoreticopractica, Venetiis, 1756. 880a

1219

— (Jo. Friderici Cartheuseri ...) Pharmacologia theoreticopractica rationi et experientiae superstructa In qua Medicamentorum Officinalium usitatiorum Praeparatio, Natura Modus operandi, Vires atque Usus Medicus perspicue describuntur ac solide explicantur. Cui accedunt Elementa Chymiae Dogmatico-Experimentalis, ac Tabulae Formularum Medicarum. Venetiis, Apud Dominicum Deregni, 1756.

viii, 336, 98p., 2 l., 71, [1]p. 24cm.
Each work has a special t.-p.
1st ed. of « Pharmacologia », Berlin, 1745.
1st ed. of « Elementa chymiae », Haller, 1736.
Index at end of each work.
Bound with : Cartheuser, J. F. Fundamenta materiae medicae, Venetiis, 1755. 880

1220

Casati, Paolo, *SJ,* 1617-1707.

De igne dissertationes physicae avctore Pavlo Casato Placentino Societatis Jesv. In quibus plura ad Ignis naturam spectantia Physicè explicantur; Et Physicam philosophandi methodum cum Aristotele consentire ostenditur. Venetiis, Apud Nicolaum Pezzana, 1686.

4 l., 392, [14]p. 23½cm.
The second part publ. in 1694 at Parma.
1st ed.
Index : p. [393]-[406]
★ Sommerv II 802 n° 12. 693

1221

— (R. P. Pauli Casati Placentini Societ. Jesu) Mechanicorum libri octo, in quibus uno eodemque principio Vectis vires Physicè explicantur & Geometricè demonstrantur, Atque Machinarum omnis generis componendarum methodus proponitur. Lugduni, Apud Anissonios, Joan. Posuel & Claudium Rigaud, 1684.

8 l., 799p. illus. (incl. tables, diagrs.) 23cm.
1st ed.
Contents : — De centro gravitatis. — De causis motus machinalis. — De libra. — De vecte. — De axe in peritrochio. — De trochlea. — De cuneo, & percussionibus. — De cochlea.
★ Sommerv II 801 nº 11.
♣ *Collegij S.J. Pekini.* 713

1222

— o. c.
♣ *Collegij Societatis Jesv Pekini.* 714

1223

— o. c.
Ms. notes on inside of back cover.
Ms. marginal notes.
♣ *Collegij S.J. Pekini.* 715

1224

— o. c. 24cm.
♣ *Veyo da Rezidª de Cinanfu.* 716

1225

Case, John, *d.* 1600.

Sphaera ciuitatis, hoc est, Reipvblicae recte ac pie secvndvm leges administrandae ratio ... Avctore M. Ioanne Caso Oxoniensi, olim Collegij D. Ioannis praecursoris socio. Cum Indice rerum ac verborum memorabilium copiosissimo. Francofvrti, ad Moenvm, Impensis Rulandiorum & Nicolai Rhodij, 1604.

16 l., 503, [7]p. 20cm.
Signatures : a-d^4, a-z^4, Aa-Zz^4, AAa-SSs^4.
p. 7, 49 lines, 152×89mm.
1st ed. Oxford, 1588.
♣ *Bibl. Trig. ? — authore damnato permittitʳ.* 2798

1226

Casnedi, Carlo Antonio, *SJ*, 1643-1725.

Crisis theologica, in qva selectiores, et acriores hujus, & elapsi saeculi controversiae, subsecuturâ in elencho legendae, discutiuntur ... Authore Carolo Antonio Casnedi è Societate Jesu ... Ulyssipone, Ex Typographia Regia Deslandensiana [*sic*] 1711-19.

5v. 30cm.
Vol. 1 wanting.
Vol. 4, t.-p. spoiled.
Vol. 2, 640 (*i.e.* 634)p.
Text in 2 col.
Subtitle varies.
Half-title (v. 2, 3) : In selectiores neotericorvm controversias crisis. — (v. 4) : In abstrusas theologiae mysticae controversias crisis. — (v. 5) : In difficiliores opinionvm damnatarvm controversias crisis.
Vol. 4, 5 have imprint : Vlyssipone Occidentali, Apud Paschalem a' Sylva.
1st ed.
Errata at beginning of each volume.
Index at end of each volume.
Contents. — **t. 2.** De probabilioritate, et probabilitate. Fundamenta anti-probabilistarum. — **t. 3.** De probabilitate subjectiva et objectiva. De sufficientia certitudinis circa probabilioritatem aut probabilitatem. Digressio moralis de sacramento poenitentiae. — **t. 4.** Contra propositiones Michaelis de Molinos. — **t. 5.** De propositionibus damnatis ab Alexandro VII., VIII., Innocentio XI. et Clemente XI.
★ DictTheolCath II 1822. — Sommerv II 810 nº 1.
♣ *ex lib. relic ab Illᵐᵒ ac Rᵐᵒ Patª Alexº.* 1538

1227

— o. c.
Vol. 4, 5 wanting.
Vol. 1, 2 ? p. l.; vol. 2, 2 ? p. l. wanting.
Vol. 1, 444 (*i.e.* 448)p.
Half-title : In selectiores neotericorvm controversias crisis.
Contents. — **t. 1.** De decretis pontificiis. De probabilitate in genere.
♣ *Dono dedit Collō Pekinensi Socⁱˢ Jesu D. Abbas Benedictus Ruida anno 1721.* 1539

1228

Cassel, Medical faculty.

De natura viribus et usu aquarum medicatarum in agro Cassellano denuo patefactarum libellus ... Ab Aulae Cassellanae medicis conscriptus. Cassellis Ex officina typographyca Mauritiana operâ Wilhelmi Wesselii, 1609.

22 nuunmb. l. 19½cm.
Signatures : A.-E^4, F^2.
f. [6]a, 31 lines, 143×95mm.
Errata et end.
Bound with : Liceti, F. De monstrorum caussis, natura, & differentiis libri duo, Patavii, 1616 and others. 1049c

1229

Casserio, Giulio, 1545-1616.

(Ivlii Casserii Placentini ...) Pentaestheseion; Hoc est, De qvinqve sensibvs liber, organorvm fabricam variis iconibvs fideliter aere incisis illvstratam, Nec non actionem et vsvm, discursu Anatomico & Philosophico accuratè explicata continens. Venetiis, Apud Nicolavm Misserinvm [1609]

5 l., 3-346, [16]p., 1 l. illus. 40cm.
Signatures : a^4, A-Z^4, Aa-Xx^4, Yy^6.
p. 6, 60 lines, 320×175mm.
Title printed within an engraving.
Colophon dated 1609.
1st ed.
Index & errata : p. [347]-[363]
Bound with : Casserio, G. De vocis avditvsque organis historia anatomica, Ferrariae, 1600-01.
★ Brunet I 1616.

1230

— (Ivlii Casserii Placentini ...) De Vocis Avditvsq; organis Historia Anatomica Singvlari Fide Methodo ac Indvstria concinnata Tractatibvs Dvobvs Explicata Ac Variis Iconibvs aere excvsis illustrata. [Ferrariae, Excudebat Victorius Baldinus, Typographus Cameralis, Sumptibus Vnitorum Patavii, 1600-01]

28 l., 191, [1], 126p., 1 l. illus., 2 ports. 40cm.
Signatures: A-B6, a-c4, d6, A-Z4, Aa4, A-Q4.
p. 3, 49 lines, 274×157mm.
pt. 1, p. 115-118 wanting.
Engr. ornamented t.-p.
« Tractatus secundus » is bound after « Pentaesthesion ».
For imprint. *cf.* Colophon.
1st ed.
Bound with: Casserio, G. Pentaestheseion, Venetiis, 1609.
★ Brunet I 1617.
♣ *Bibl. Trig.* 973

1231

Cassianus, Joannes, *ca.* 360-435.

(Ioannis Cassiani Eremitae) De institutis renuntiantium libri XII. Collationes Sanctorum Patrum XXIV. Ab innvmeris pene mendis auxilio vetustissimorum codicum expurgatae, & ad suam integritatem restitutae. Adiectę sunt quarundam obscurarum dictionum interpretationes ordine alphabeti dispositae: & obseruationes in loca ambigua & minus tuta, quae pium lectorem offendere possent. Praeterea indices duo testimoniorum sacrae scripturae, quae a Cassiano vel explicantur, vel aliter quàm vulgata editio habet citantur. Index postremo rerum memorabilum. Accessit Regula S. Pachomij, quae a S. Hieronymo in Latinum sermonem conuersa est, multo emendatior quàm antea. Romae, Ex Typographia Vaticana, 1588.

8 l., 749, [26]p. 17½cm.
Signatures: †8, A-Z8, Aa-Zz8, Aaa-Bbb8, Ccc4.
p. 3, 41 lines, 135×74mm.
1st print of « De institutis » and « Collationes », 1485.
★ DictTheolCath II 1825. 2435

1232

— (Io. Cassiani Eremitae) De Institutis renunciantium libri XII. Collationes Sanctorum Patrum XXIV. De Verbi incarnatione libri VII. Adiecti svnt qvatvor indices locupletissimi. Primus. Interpretationum obscurarum dictionum. Secundus. Locorum sacrae Scripturae, quae aliter quam vulgata aeditio habet citantur. Tertius. Vocum & rerum notabilium. Quartus. Locorum sacrae Scripturae, quae à Cassiano obiter explicantur. Accesservnt Regula S. Pachomii a S. Hieronymo in Latinum conuersa. Item Regulae Sanctorum Patrum. Item collatio Sanctorum Abbatum. Postremo liber S. Prosperi Aquitani de Gratia Dei, & Libero arbitrio contra collatorem, & obseruationes in loca ambigua, & minus tuta quae pium Lectorem offendere possent. Omnia multo emendatiora quam antea excussa ... Romae, Ex Typographia Camerae Apostolicae, 1611.

6 l., 1000, [38]p. 18½cm.
Signatures: A6, A-Z8, Aa-Zz8, Aaa-Ttt8 (Rrr5 blank)
p. 7, 40 lines, 135×75mm.
Ms. marginal notes.
♣ *Bibl. Trig.?* 2434

1233

Castiglione, Giovanni Honorato, *d.* 1679.

Prospectvs pharmacevtici editio secunda, sub qvo Antidotarium Mediolanense Galenochimicum ... olim demandatum Joanni Honorato Castillioneo Regio Protophysico Patri, nunc vero Brandae Francisci Castillionei a Montervtio, Filii, pariter Physici Collegiati ... opera, studio, & labore nouiter emendatum, auctum, & in tres partes diuisum ... Quarum prima complectitur regulas ... Secunda Mantissam Chimicam Spagiricam Nicolai de Lemmery ... è Gallico in Italicum traductam ... Tertia Tractatus de tinctura coralliorum ... Mediolani, Ex Typographia Caroli Josephi Quinti, 1698.

22 l., 484p., 17 l., 216p., 1 l., 5-118p. plate. 30½cm.
Text in 2 col.
Each part has a special t.-p.
1st ed. 1668.
♣ *Ad usum P. Archangeli Mre a S. Anna Carmtor Discaltr.* 1013

1234

Castillo Velasco, Francisco de, *OMObs, 17th cent.*

Subtilissimi Scoti Doctorum Super 3. sententiarum librũ. Tomus Primus. De Incarnatione Verbi Divini, et praeservatione Virgin. Mariae ab originali. Avthore R. P. F. Franc.co del Castillo Velasco, Instituto Minorita de observantia ... Antverpiae, Apud Petrum Bellerum [1641]

2v. 31cm.
Vol. 2 wanting.
2 p. l. (sign. †3,4) duplicate.
Engr. ornamented t.-p. spoiled.
Text in 2 col.
1st ed.
Index 12p. at end. 2080

1235

Castillo y Artiga, Diego del.

(D. D. Didaci del Castillo et Artiga ... Carthaginensis primô, deinde Truxillensis Ecclesiae in partibus Indiarum Antistitis) Alphabetvm Marianvm, opvs posthvmvm, per

R. P. Magistrum Fr. Petrum del Castillo Ordinis S. Bernardi, &c. Collectum & Elaboratum, Quatuor indicibus Ornatum, Illationum moralium, Litteralium quaest. Locorum S. Scripturae, & Rerum notabilium. Nunc primum prodit. Lvgdvni, Sumptibus Lavrentii Anisson, 1669.

28 l., 524 (*i.e.* 528), [30]p. 22½cm.
♣ *Ve Prouae Sinensis Soc. Jes.* 2074

1236

Castro Palao, Hernandez de, *SJ*, 1581-1633.

(R. P. Ferdinandi de Castro Palao Legionensis Soc. Iesv. Sacrae Theologiae Professoris, et sanctae Inquisitionis Qualificatoris & Consultoris) Operis moralis, de virtvtibvs, et vitiis contrariis, In varios Tractatus, & Disputationes Theologicas distributi, pars prima [-septima] ... Duplici indice illustrata; vno Tractatuum, Disputationum, & Punctorum; altero Rerum praecipuarum. Novissima editio priori auctior, et emendatior. Lvgdvni, Sumptibus Ioannis Antonii Hvegvetan, & Gvillielmi Barbier, 1669.

7v. in 3. 34½cm.
Vol. 4, p. 85-96 wanting.
Text in 2 col.
On t.-p. of 5, 6, 7 : « Editio vltima, et a mendis expvrgata ».
Half-title : R. P. Ferdinandi de Castro Palao Legionensis, Opera omnia, in septem tomos divisa.
1st ed. Lyons, 1631-51.
Contents. — **pt. 1.** Tractatus de conscientia, de peccatis, de legibus, de fide, spe, et charitate. — **pt. 2, 3.** De virtute religionis et de annexis. — **pt. 4, 5.** De sacramentis. — **pt. 6.** De censuris. — **pt. 7.** De justitia et iure.
★ DictTheolCath II 1836. — Sommerv II 867.
♣ *Nankim Da V. provincia da China.* 1321

1237

Catechismus Romanus.

Catechismvs ad parochos ex decreto Concilii Tridentini editvs et Pii V. Pont. Max. iussu promulgatus. Sincerus & integer, mendisque iterum repurgatus operâ P. D. L. H. P. A quo est additus Apparatus ad Catechismum, in quo Ratio, Auctores, Auctoritas, Approbatores & usus declarantur. Parisiis, Apud Nicolavm Pepingve, 1661.

18 l., 522 (*i.e.* 512), [35]p. 15½cm.
Edited by P. de La Haye. *cf.* DictOuvrAnonym IV 1184.
1st official ed. Rome, 1566.
Index at end.
★ DictTheolCath II 1917.
♣ *Canonicorum Regularium Ordinis Praemonstr. vener. Sacramti 1695 Ex dono Dni Bonauenturae de Theuenot 1695.* 1779

1238

— Catechismvs Concilii Tridentini, Pii V. Pontif. Max. jussu promulgatus. Sincerus & integer, mendisque repurgatus opera P. D. L. H. P. ... Editio novissima. Coloniae, Apud Balth. ab Egmond & Socios, 1689.

16 l., 416, [26]p. 12cm.
Text in 2 col.
Index. p. [417]-[442] 2492

1239

— Catechismus Concilii Tridentini, Pii V. Pontif. Max. Jussu promulgatus. Sincerus & integer, mendisque repurgatus opera P. D. L. H. P. ... Editio recentior & correctior. Lugduni, Apud Fratres Deville, 1741.

xxxiii, [3], 645, [2], ii-xxivp. 17cm.
« Typis Amati Delaroche ».
Index at end. 1689

1240

Catholic church. Roman Congregations. Congr. of the Council, *ed.*

Thesaurus resolutionum sacrae Congregationis Concilii, quae consentanee ad Tridentinorum PP. decreta, aliasque Canonici Juris Sanctiones, Munus Secretarii ejusdem Sacrae Congregationis, obeunte ... prodierunt Ab Anno MDCCXVIII. usque ad Annum [1767] ... Tomus primus [-31] triplici indice ... locupletatus. Romae, Prostant Venetiis Apud Joannem Baptistam Recurti, 1745-70.

31v. in 22. 23½cm.
— Thesaurus resolutionum sacrae Congregationis Concilii Quae prodierunt in Causis anno MDCCLXVIII ... Novae Collectionis tomus primus. Romae, Prostant Venetiis Apud Joannem Baptistam Recurti, 1771.
v. I. 23½cm.
The Congregation of the Council, intrusted with the interpretation and execution of the Decrees of the Council of Trent, was established by pope Pius IV in 1564. His Decisions, from this year on to 1700, were never published; the 22 vol. of our collection contain the Decisions from 1718 to 1767 in chronological order, while those of 1700-1718 are given in appendix of vol. 9.
Indices at beginning and end of each vol.
♣ *Stamp of Mgr Alex. de Gouvea.* 3649

1241

Caussin, Nicolas, *SJ*, 1583-1651.

Angelvs pacis ad principes Christianos, sev Oratio paraenetica, qva Christiani Principes hortantur ad pacem. Avctore P. Nicolao Caussino Soc. Iesu. Additae sunt in fine Obseruationes Astrologicae eiusdem Auctoris, quibus Astrologia Iudiciaria exagitatur ... Bononiae, Typis Caroli Zeneri, 1652.

127p., 1 l. 14×7cm.
1st ed. Paris, 1650.
Bound with : Caussin, N. Il trionfo della pietà, Bologna, 1652 and others.
★ DictAM II 371. — Sommerv II 923 n° 24.
2447a

1242

Cavalleri, Bonaventura, *Hier,* 1598-1647.

Trigonometria plana, et sphaerica, Linearis & Logarithmica. Hoc est Tam per Sinuum, Tangentium, & Secantium multiplicationem, ac diuisionem iuxta Veteres : Quam per Logarithmorum simplicem ferè additionem iuxta Recentiores; Ad Triangulorum dimetiendos angulos, & latera procedens. Cum Canone duplici Trigonometrico & Chiliade Numerorum absolutorum ab 1 vsque ad 1000, eorumque Logarithmis, ac differentijs ... Auctore Fr. Bonaventvra Cavalerio Mediolanensi, Ordinis Iesuatorum Sancti Hieronymi ... Bononiae, Typis Haeredis Victorij Benatij, 1643.

16, 71, [104]p. front., illus., fold. diagr. 23cm.
1st ed. Bologna, 1632.
★ Brunet I 1697. 537

1243

— o. c. 22½cm.
Diagr. wanting.
♣ *da Prouª de Japaõ. — Bibliothecae Macaensis.*
251

1244

Cellarius, Andreas, *17th cent.*

Harmonia macrocosmica sev Atlas universalis et novus; totius universi creati cosmographiam generalem, et novam exhibens. In quâ Omnium totius Mundi Orbium Harmonica Constructio, secundum diversas diversorum Authorum opiniones, ut & Vranometria, seu totus Orbis Coelestis, ac Planetarum Theoriae, & Terrestris Globus, tàm Planis & Scenographicis Iconibus, quàm Descriptionibus novis ob oculos ponuntur ... Studio et labore Andreae Cellarii Palatini, Scholae Hornanae in Hollandia Boreali Rectoris. Amstelodami, Apud Joannem Janssonium, 1661.

7 l., 125, 219p. illus. (incl. tables), 29 hand-colored maps. 70½cm.
p. 93-94 & 25 maps wanting.
Text in 2 col.
★ Brunet I 1724. 630

1245

Cerda, Melchior de la, *SJ,* 1550-1615.

Campi eloqventiae in cavssis, envmeratione partivm, genere, conivgatis, adiunctis longè latéque patentis, Auctore Melchiore de la Cerda, è Societate Iesv ... volvmen primvm [- secvndvm] Prodit nvnc primvm. Lvgdvni, Sumptibus Horatij Cardon, 1614.

2v. 18cm.
Vol. 1, 741 (*i.e.* 743)p.
Vol. 2, p. 17-64 wanting.
8 p. l. (incl. t.-p.) of v. 2 bound at end of v. 1.
1st ed.
★ Sommerv II 991 n° 4.
♣ *Bibl. Trig. ?* 3155

1246

Cerqueira, Luiz de, *SJ,* 1552-1614.

Manvale ad sacramenta Ecclesiae ministranda. D. Ludouici Cerqueira Japonensis Episcopi opera ad usum sui cleri ordinatum ... Nangasaquij, In Collegio Japonico Societatis Iesv, 1605.

9 l., 414, [4], 32, [1]p. incl. musics. 23cm.
Signatures : †-††^{4}, A-Z^4, Aa-Zz^4, a-f^4, †^{2}, g-i^4, k^5.
p. 107, 29 lines, 164×117mm.
1st ed.
Appendix. « Sacramentoto sono foca xinajinano guini tcuite no voxiye », is the romanization of the Japanese translation of the Latin « Admonitiones » [33]p.
★ Laures 43 n° 24. — Sommerv II 1001 n° 2. — Streit V 365 n° 994. 3035

1247

— o. c.
p. 295-298 bound after p. 302.
Ms. notes on front guard leaf.
Appendix wanting. 3036

1248

— o. c.
p. 89-90 & Appendix wanting. 3037

1249

Cesalpino, Andrea, 1519-1603.

De plantis libri XVI. Andreae Caesalpini Aretini ... Florentiae, Apud Georgium Marescottum, 1583.

20 l., 621, [10]p. 22½cm.
Signatures : A-E^4, A-Z^4, Aa-Zz^4, Aaa-Zzz^4, Aaaa-Kkkk^4.
p. 2, 41 lines, 169×105mm.
1st ed.
Index at beginning and end.
★ Brunet I 1451.
♣ *Bibl. Trig.* 866

1250

Ceulen, Ludolph van, 1540-1615.

Fvndamenta arithmetica et geometrica cum eorundem usu In varij [*sic*] problematis, Geometricis, partim solo linearum, ductu, partim per numeros irrationales, & tabulas sinuum, & algebram solutis. Avthore Lvdolpho a Cevlen Hildesheimensi. E vernaculo in Latinum translata a Wil. Sn. R. F. Lvgdvni Batavorum, Apud Ivstvm a Colster, & Iacobum Marci, 1615.

3 l., 269 (*i.e.* 271)p. incl. tables, diagrs. 24cm.

Signatures : †[3], A-Z[4], Aa-Ll[4].
p. 246, 43 lines, 196×135mm.
The t.-p. is followed by a second corrected t.-p.
Tr. by Willebrordus Snellius. *cf.* AllDeutBiogr IV 93.
Ed. by Mrs. Adriana Simon Ceulen. *cf.* Dedication.
1st Dutch ed. 1615.
1st Latin ed.
Bound with : Metius, A. Arithmeticae et geometriae practica, Franequerae, 1611. 387a

1251

Ceva, Giovanni, *fl. end of 17th cent.*
De lineis rectis se invicem secantibvs statica constrvctio ... Avctore Ioanne Ceva Mediolanensi. Mediolani, Ex Typographia Ludouici Montiae, 1678.

4 l., 83, [1]p. 10 fold. diagrs. 25cm.
1st ed.
« Appendix geometrica » : p. 61-83.
Errata : p. 83.
♣ *Collegij Soc. Jesv Pekini.* 542

1252

— o. c.

Ms. marginal notes.
♣ *Coll. Mediol. Soc. Jesu inscr[t]. cat[o]. — ex dono auctoris. — nunc Collegij S. J. Pekini.* 543

1253

— Opvscvla mathematica de potentiis obliqvis, de pendvlis, de vasis, et de flvminibvs. Ioannis Cevae Mediolanensis. Mediolani, Ex Typographia Ludouici Montiae, 1682.

2 l., 53, [1]p., 1 l. 8 fold. diagrs. 25cm.
1st ed.
Errata : p. [54]
♣ *Coll. Brayd. Soc. Jesu ex dono Auctoris. — Collegij Soc. Jesv Pekini.* 531

1254

Ceva, Tommaso, *SJ,* 1648-1737.
Iesvs Pver Poema Thomae Ceuae Soc. Iesv ... In hac postrema editione ab auctore recognitum. Mediolani, Typis Iosephi Pandulfi Malatestae, 1699.

147p. 15cm.
1st ed. Milan, 1690.
Bound with : Ceva, T. Sylvae, Mediolani, 1699 and others.
★ Sommerv II 1016 n° 2. 3185a

1255

— De natvra gravivm. Libri duo Thomae Cevae è Soc. Iesv. Mediolani, Typis Iosephi Pandulfi Malatestae, 1699.

92p. incl. diagrs. 15cm.
1st ed.
Bound with : Ceva, T. Sylvae, Mediolani, 1699 and others.
★ Sommerv II 1019 n° 11. 3185b

1256

— Opvscvla mathematica Thomae Cevae è Soc. Iesv. Mediolani, Typis Iosephi Pandulfi Malatestae, 1699.

58p. 3 fold. diagrs. 15cm.
1st ed.
Bound with : Ceva, T. Sylvae, Mediolani, 1699 and others.
★ Sommerv II 1018 n° 9. 3185c

1257

— Sylvae Thomae Cevae e Soc. Iesv ... Mediolani, Typis Iosephi Pandulfi Malatestae, 1699.

3 l., 75p. 15cm.
1st ed.
Bound with : Ceva, T. Jesus Puer, Mediolani, 1699; De natura gravium, Mediolani, 1699; Opuscula mathematica, Mediolani, 1699.
★ Sommerv II 1018 n° 8.
♣ *Veyo da Rezid[a] de Cinanfu.* 3185

1258

Chabrée, Dominique, *end of 16th cent.*-1667.
Omnivm stirpivm sciapraphia et icones, qvibvs plantarvm et radicvm tum in Hortis cultarum, tum in Vrbium Fossis & Muris, Pratis, Arvis, Montibus, Collibus, Nemoralibus, Fluviis, Riguis & Littoralibus Villis & Pagis, spontè provenientium, nomina, figvra, natvra, natales, Synonyma, Vsus & Virtutes, docentur ... Authore Dominico Chabraeo ... Cum quadruplici Indice Nominvm, Latino nempe, Germanico, Italico & Gallico. Genevae, Sumptibus Samvelis de Tovrnes, 1678.

5 l., 661 (*i.e.* 659), [24]p. illus. 25½cm.
Added engr. ornamented t.-p. dated 1677.
1st ed. Geneva, 1666.
« Appendix ad Sciagraphiae stirpivm classes » : p. 593-661.
Errata : p. [685]-[686]
♣ *Resid. P. P. Gall. Soc. Jes. Pekin.* 984

1259

Chales, Claude François Milliet de, *SJ,* 1621-1678.
(R. P. Clavdii Francisci Milliet Dechales Camberiensis è Societate Iesv) Cvrsvs sev Mvndvs mathematicvs ... Nunc primum in lucem prodit. Lvgdvni, Ex Officina Anissoniana, 1674.

3v. incl. plans, tables, diagrs., musics. 34½cm.
Text in 2 col.
Half-title (v. 1) : R. P. Cl. Fr. Milliet Dechales è Societate Iesv Cvrsvs sev Mvndvs mathematicvs vniversam mathesin tribvs tomis complectens.
1st ed.
Contents. — **t. 1.** Euclidis libri VIII. Arithmetica. Theodosii Sphaerica. Trigonometria. Geometria practica. Mechanica. Statica. Geographia universalis. Tractatus de magnete. Architectura civilis.

Ars tignaria. — **t. 2.** De sectione lapidum. Architectura militaris. Hydrostatica. Tractatus de fontibus et fluviis. Tractatus de machinis hydraulicis. Navigatio. Optica. Perspectiva. Catoptrica. Dioptrica. — **t. 3.** Musica. Pyrotechnia. Astrolabia. Gnomonica. Astronomia. Kalendarium. Astrologia. Algebra. Indivisibilium methodus.
★ Brunet II 556. — Sommerv II 1042 n° 3.
♣ *Coll. Pek. S. J.* 412

1260

— o. c.

v. 2. incl. plans, tables, diagrs., musics. 37cm.
The complete set consists of 3 v.
♣ *Veyo da Rezid[a] de Cinanfu.* 574

1261

Chales, Claude François Milliet de, *SJ,* 1621-1678.

(R. P. Claudii Francisci Milliet Dechales Camberiensis è Societate Iesu) Cursus seu Mundus mathematicus ... Editio altera ex Manuscriptis Authoris aucta & emendata, operâ & studio R. P. Amati Varcin ejusdem Societatis. Lugduni, Apud Anissonios, Joan. Posuel & Claud. Rigaud, 1690.

4v. illus. (incl. plans, tables, diagrs., musics) 35cm.
Text in 2 col.
Half-title : R. P. Cl. Fr. Milliet Dechales è Societate Jesu Cursus seu Mundus mathematicus universam mathesin quatuor tomis complectens.
Contents. — **t. 1.** Tractatus proem. de progressu matheseos, & de illustribus mathematicis. Euclidis libri XIV. Theodosii Sphaerica. De sectionibus conicis. Arithmetica. Trigonometria. Algebra. Hypotheseon Cartesianarum refutatio. — **t. 2.** Geometria practica. Mechanices. Statica. Geographia. De magnete. Architectonica civilis. Ars tignaria. De lapidum sectione. — **t. 3.** Architectura militaris. Hydrostatica. De fontibus & fluviis. De machinis hydraulicis. De navigatione. Optica. Perspectiva. Catoptrica. Dioptrica. — **t. 4.** Musica. Pyrotechnia. Astrolabium. Gnomonica. Astronomia. Astrologia. Appendix ad astronomiam seu Tract. de meteoris. Kalendarium.
★ Sommerv II 1043 n° 3, IX 26.
♣ *Applicado à V. Provincia da China. — Vice Prou[ae] Sinensis.* 572

1262

— o. c. 37cm.

Vol. 1, p. 395-398 duplicate. 573

1263

— o. c.

v. 1. illus. (incl. plans, tables, diagrs., musics) 36½cm.
The complete set consists of 4v.
p. 653-691 spoiled.
Half-title page bound before « Praefatio ».
♣ *Applicado a China.* 568

1264

Channevelle, Jacques, *SJ,* 1620-1699.

Ars disserendi sev Logica in tomos dvos divisa. Authore P. Iac. Channevelle, Abrincensi, Societatis Iesv. Parisiis, Apud Edmvndvm Martinvm, 1667.

2v. 15cm.
Vol. 1 wanting.
1st ed.
Errata at beginning.
★ Sommerv II 1063 n° 1.
♣ *Thome da Cruz.* 3311

1265

— Ethica sev Philosophia moralis juxta principia Aristotelis. Authore P. Iac. Channevelle, Societatis Iesv Sacerdote. Parisiis, Apud Edmvndvm Martinvm, 1666.

2v. 15cm.
Vol. 2 wanting.
1st ed.
Errata at beginning.
★ Sommerv II 1063 n° 1.
♣ *Collegij Societatis Jesv Pekini.* 3306

1266

— Metaphysica generalis juxta principia Aristotelis in duos tomos divisa. Authore P. Jac. Channevelle, Societatis Jesu Sacerdote ... Parisiis, Apud Viduam Edmvndi Martini, 1677.

2v. 15½cm.
1st ed.
Errata at end of each volume.
★ Sommerv II 1063 n° 1.
♣ *Collegij Soc. Jesv Pekini.* 2830

1267

— Physica particvlaris juxta principia Aristotelis; Authore P. Iac. Channevelle, Societatis Iesv Sacerdote. Tomus I. Parisiis, Apud Edmvndvm Martinvm, 1669.

v. 1. 15½cm.
The complete set consists of 3v.
1st ed.
★ Sommerv II 1063 n° 1. 777

1268

— Physica vniversalis juxta principia Aristotelis in dvos tomos divisa. Authore P. Iac. Channevelle, Societatis Iesv Sacerdote. Parisiis, Apud Edmvndvm Martinvm, 1669.

2v. 15½cm.
1st ed.
Errata at beginning of v. 1 and at end of v. 2.
★ Sommerv II 1063 n° 1. 2765

1269

Chapeauville, Jean, 1551-1617.

Qui gesta pontificvm Tvngrensivm, Traiectensivm, et Leodiensivm scripservnt, avctores praecipvi, Ad seriem rerum & temporum collocati, ac in tomos distincti, Nunc primùm studio & industriâ R. D. Ioannis Chapeavilli Canonici & Vicarij Leodiensis typis excusi, & annotationibus illustrati. Auctores sequens pagina indicabit. Accessit Venerabilis P. Aegidij Bucherij è Societate Iesv de primis Tungrorum seu Leodiensium Episcopis historica disputatio, itemque chronologia posteriorum ... Leodii, Typis Christiani Ouvverx iunioris, 1612-16.

3v. illus. 23cm.
Some pages of index at end of v. 3 wanting.
Vol. 1, p. 351, 352 and 355, 356 bound after p. 354 and 358 respectively.
Vol. 3, p. 553, 554 and 557, 558 bound after p. 556 and 560 respectively.
Correction for. v. 1, p. 11-14 bound after p. 98.
1st ed.
Contents. — **t. 1.** Index. Harigerus, Abbas Lobiensis. Gesta pontificum Tungrensium, Trajectensium et Leodiensium, cum additionibus Aegidii a Leodio. Anselmus Canonicus Leodiensis. Gesta pontificum Trajectensium et Leodiensium. Godeschalcus, Diaconus et Canonicus Leodiensis. Gesta S. Lamberti, Pontificis et Martyris. Stephanus, Episc. Leodiensis. Gesta S. Lamberti. Nicolaus, Canonic. Leodiensis. Gesta S. Lamberti. Renerus, Monachus. Gesta S. Lamberti. Bouchier, G. Disputatio historica de primis Tungrorum seu Leodiensium episcopis. Chronicon episcoporum Trajectensium ad Mosam seu Leodiensium ab anno 496 ad 1048. Annotatio De chronologia regum Francorum Meroveadarum. — **t. 2.** Index. Aegidius. Gesta pontificum Leodiensium, a Theodvino usque ad Henricum III. Hocsemius Joannes. Gesta pontificum Leodiensium, ab Henrico Guelrensi usque ab Adulphum a Marcka; Liber II. Gesta Adolphi et Engelberti. Appendix auctorum qui aliquot historias hoc secundo tomo contentas scripserunt : Triumphus S. Remacli de Memundariensi Coenobio; Triumphus S. Lamberti de Castro Bullonio; Triumphus S. Lamberti in Steppes obtento; Tractatus historicus de origine festivitatis Sacratissimi Corporis Christi. Chronologia secundi tomi. Addenda. — **t. 3.** Index. Radulphus de Rivo. Gesta pontificum Leodiensium ab Engelberto usque ad Joannem de Bavaria. Suffridus Petrus. Gesta pontificum Leodiensium a Joanne usque ad Erardum a Marcka. Chapeauville, J. Gesta pontificum Leodiensium ab Erardio usque ad Ferdinandum Bavarum. Chronologia tertii tomi. Index.
♣ *Bibl. Trig.* 1923

1270

Chassins, Geoffroy.

De natvra, sive De mvndo libri octo : Quibus recta notio, veráque scientia rerum humanarum & diuinarum hactenus ignota demonstratur, & simul in illis Aristotelem omnino male sensisse ... Auctore Godifredo Chassino Consiliario Regio ... Lvgdvni, Ex Typographia Simonis Rigavd, 1614.

12 l., 378, [28]p. 18cm.
Signatures : a⁸, e⁴, A-Z⁸, Aa-Bb⁸, Cc³.
p. 7, 34 lines, 140×74mm.
Index : p. [379]-[401]
1st ed.
Bound with : Constantin, A. Opus medicae prognoseos, Lugduni, 1613. — Savot, L. De tetragoni Hipporratici [*sic*] significatione, Parisiis, 1609; Nova, seu verius nova-antiqua de causis colorum sententia, Parisiis, 1609.
♣ *Bibl. Trig.* 1114

1271

Chavasse, Balthasar, *SJ,* 1561-1634.

[Professio verae et orthodoxae Fidei. Additis Commentariis in qvibus plana accvrataqve eivsdem profertur ratio, et Euangelicis respondetur illam impugnantibus. Authore Balthasare Chavassio, Societatis Iesv, Doctore Theologo. Ingolstadii, Ex Typographeo Andreae Angermarij, Sumptibus Ioannis Hertsroy, Bibliopolae Monacensis, 1613]

11 ? l., 580, [12]p. 20cm.
Signatures : a-z⁴, Aa-Zz⁴, AA-GG⁴, HH³.
p. 317, 32 lines, 152×95mm.
t.-p., 10 ? p. l., & p. 1-314 wanting.
For title, etc. *cf.* « Approbatio R. P. Prouincialis » (p. 580) and Sommervogel II 1105.
1st ed.
Index & errata : p. [581]-[592]
Bound with : Gretser, J. Libri dvo de Benedictionibus et tertivs de Maledictionibus, Ingolstadii, 1615.
★ Sommerv II 1105 n° 3. 1513a

1272

Cherubini Sandolini, *OMCap. 16th cent.*

Nova horologiorvm inventio, continens instrvmenta vniversalia, et particularia ad omnes arcus, & horas Germanicas, Boemicas, Italicas, Gallicas, & Hispanicas, diurnas atq; nocturnas dignoscendas, & ad componenda per vniversum orbem terrarum multiformia horologia exquisitissima. Auctore F. Cherubino Sandolino Vtinense Ordinis Capuccinorum ... Venetiis, Apud Rubertum Meiettum, 1599.

6 l., 171 numb. l., 1 l. illus. (incl. 5 fold. tables), fold. diagr. 32½cm.
Signatures : †⁶, A-Y⁶, Z⁵, Aa¹⁰, Bb-Ee⁶, Ff³.
f. 4b, 53 lines, 255×161mm.
1st ed. Venice, 1598.
This work is an exact reprint of « Thavmalemma chervbicvm catholicvm » only the t.-p. being different from that of the 1st ed.
Index & errata : l. 171-[172]
♣ *Bibl. Trig. ?* 244

1273

— ... Thavmalemma chervbicvm catholicvm, vniversalia, et particvlaria continens instrvmenta, ad omnes arcus, & horas Italicas, Bohemicas & Gallicas diurnas, atque nocturnas dignoscendas, & ad componenda per vniuersum orbem earum multiformia horologia praesertim Italica exquisitissimum. F.

Chervbino Sandolino Vtinense Ord. Capuccinorum Seraphici Francisci Sacerdote inuentore, catagnomonicvm ... Venetiis, Apud Rubertum Meiettum, 1598.

6 l., 171 numb. l., 1 l. illus. (incl. 5 fold. tables), fold. diagr. 32½cm.
Signatures : †6, A-Y6, Z5, Aa10, Bb-Ee6, Ff3.
f. 4b, 53 lines, 255×161mm.
At head of title :

יהוה אלהים אראה שמיך מעשה אצבעתיך
את־שמש ירח וכוכבים אשר כוננתה׃

1st ed.
Later publ. under title : Nova horologiorum inventio.
Index & errata : l. 171-[172]
Bound with : Pini, V. Fabrica de gl'horologi solari, Venetia, 1598. 273a

1274

Cheyne, James, *d.* 1602.

(Iacobi Cheyneii ab Arnage I. V. L.) De geographia libri dvo. Accessit Gemmae Phrysii Medici ac Mathematici De orbis diuisione & insulis, rebusq; nuper inuentis opusculum longè, quàm antehac, Castigatius. Dvaci, Ex Typographia Lodouici de Vvinde, 1576.

14 l., 99 (*i.e.* 115)p., 2 l., 95p. incl. tables, diagrs. 17½cm.
Signatures : A-I8; A-E8, F10.
p. 3, 27 lines, 121×73mm.
Ms. marginal notes.
1st ed.
Errata : [pt. 2]p. 95.
Bound with : Cheyne, J. De priore astronomiae parte, sev De sphaera, Duaci, 1575; De sphaerae sev globi coelestis fabrica brevis praeceptio, Duaci, 1575. 495

1275

— De priore astronomiae parte, sev De sphaera, libri dvo. Auctore Iacobo Cheyneio ab Arnage, Scoto, I. V. L ... Dvaci, Ex Officina Ioannis Bogardi, 1575.

8 l., 46 numb. l. incl. tables. 17½cm.
Signatures : A-F8, G6.
f. 6a, 26 lines, 119×67mm.
1st ed.
Bound with : Cheyne, J. De geographia libri duo, Duaci, 1576 and others. 495a

1276

— De sphaerae sev globi coelestis Fabrica, brevis praeceptio. Auctore Iacobo Cheyneio ab Arnage, Scoto, I. V. L. ... Eiusdem *Ἀνακεφαλέωσις* principium aliquot sphaerae vsuum ... Dvaci, Ex officina Ioannis Bogardi, 1575.

1 l., 22 numb. l., 1 l. incl. diagrs. 17½cm.
Signatures : A-C8.
f. 5a, 26 lines, 119×68mm.
Bound with : Cheyne, J. De geographia libri duo, Dvaci, 1576 and others. 495b

1277

— (Ia. Cheyneii Scoti) Svccincta in Physiologiam Aristotelicam Analysis ... Dvaci, Apud Joannem Bogardum, 1595.

7 l., 112 (*i.e.* 110) numb. l., 1 l. 17½cm.
Signatures : a8, A-N8, O7 (a8 blank)
f. 112a, 31 lines, 125×75mm.
1st ed. Paris, 1580.
Errata : l. [113]
Bound with : Geraldinus, J. De meteoris tractatvs, Lvtetiae Parisiorvm, 1613 and others. 149b

1278

Christmann, Jakob, 1554-1613.

Theoria lvnae ex novis hypothesibvs et observationibvs demonstrata : ut facilimè possimus verum locum Lunae in Zodiaco ... definire. Ostenditvr etiam via brevissima ac certissima, qua tempus noviluniorum et pleniluniorum investigari queat ... Avctore M. Iacobo Christmanno Iohannisbergensi ... Typis Gotthardi Voegelini, 1611.

20 l., 25-171, [1]p. illus., 2 fold. tables. 31cm.
Signatures : †-††4, A-X4, Y2.
p. 27, 39 lines, 245×131mm.
1st ed.
✤ *Refutatus a christiano Longomontano ex parte (?) Tychonis vide fol. 143 item ab Origano. — Missionis Sinensis.* 270

1279

Cicero, Marcus Tullius, 106-34 B. C.

(M. Tullii Ciceronis) Opera omnia : cum Gruteri Et Selectis variorum notis et indicibus locupletissimis, Accurante C. Schrevelio. Amstelodami, Apud Lvdovicum et Danielem Elzevirios. Lugd. Batavorum, Apud Franciscum Hackium, 1661.

4 l., 51, [3]p., 1 l., 1339, [53]p. 24cm.
4v. in 1.
Engr. ornamented. t.-p.
Text in 2 col.
1st ed. by Schrevel.
★ Brunet II 9.
✤ *Stamp of Mgr Alex. de Gouvea.* 3086

1280

— (M. Tvllii Ciceronis) Opera omnia, Cum selectissimis Jani Gruteri & variorum notis, Ac Indice locupletissimo, accurante Cornelio Schrevelio. Ad exemplar editionis Elzevirianae. Accedunt novae huic Editioni Dion. Gothofredi argumenta. Basileae, Sumptibus Leonardi Chouët et Jo. Ant. Crameri, Typis Rodolphi Genathii, 1687.

4 l., 51, [3]p., 1 l., 1393 (*i.e.* 1395), [35]p. 24½cm.
4v. in 1.

p. 563-566, 1219-1222, and 1283-1286 bound after p. 570, 1226, and 1290 respectively.
Text in 2 col.
Added engr. ornamented t.-p.
♣ *PP. Gallor Soc. Jes. Pekin.* 3087

1281

Cicero, Marcus Tullius, 106-43 B. C.

(Marci Tvll(ii) Ciceronis) Familiarivm epistolarvm libri XVI. cvm Hvbertini Crescentinatis, Martini Philetici, Jodoci Badij Ascensij, Joan. Baptistae Egnatij, & Pauli Manutij commentarijs. His accesserunt perutilissimae Annotationes, sparsim appositae, quibus difficillima quaeque Ciceronis loca explicantur ... Adiectis praeterea Argumentis, & Lemmatibus Giberti Longolij in fronte singularum Epistolarum. Nunc denuo in lucem editi, & exactiori quàm ante hac, cura, à mendis, quibus scatebant, repurgati, corrigente D. Borgarvtio a Borgarvtiis. Venetiis, Apud Marcum Anton. Zalterium Patauinum, 1589.

4 ? l., 239 ? numb. l. 28½cm.
Signatures : a^{4}, A-Z^{8}, Aa-Ff^{8}, Gg^{7} ?
f. 13a, 78 lines, 258×162mm.
1 ? p. l., l. 240- ? wanting.
t.-p. spoiled.
Text in 2 col.
Ms. marginal notes. 3527

1282

— (M. T. Ciceronis) Philosophicorvm pars secvnda [& tertia] ... Ex Dionys. Lambini Monstroliensis emendatione. Lvtetiae, Ex Officina Iacobi Dupuys, 1573.

pt. 2, 3 in 1. 17cm.
Paged continuously.
[4661]-5459p.
Signatures : A-Z^{8}, Aa-Ff^{8}, Gg^{4}, A-V^{8}, X^{4}.
p. 4665, 31 lines, 124×74mm.
p. 5201-5202, 5207-5208 wanting.
1st ed. of Lambin's, « Emendationes », Paris, 1566.
Contents. — **pt. 2.** Cicero M. T. De natura Deorum libri III. De divinatione libri II. De fato liber I. De legibus libri III. Fragmenta veterum philosophorum apud Ciceronem. Lambin, D. Annotationes in supradictos Ciceronis libros et in Fragmenta. — **pt. 3.** De officiis libri III. De senectute liber. Laelius, seu De amicitia. Paradoxa Stoicorum sex ad M. Brutum. Fragmenta poëmatum, in quibus continentur Aratea. Cicero, Q. T. De petitione consulatus liber. Lambin, D. Annotationes in supradictos libros et Fragmenta.
♣ *Este libro he de Joao Fernandez que mo emprestou.* 3447

1283

— (M. T. Ciceronis) XIV selectarvm orationvm liber. Halae, impensis Orphanotrophei, 1745.

1 l., 362p. 14½cm.
Contents. — Pro S. R. Amerino. — Pro Lege Manilia. — In Catilinam I-IV. — Pro A. Licinio Archia poeta. — Ad Quirites post reditum. — Pro T. Annio Milone. — Pro M. Marcello. — Pro Q. Ligario. — Philippica secunda. — Post reditum in senatu. — Pro rege Deiotaro.
♣ *Sum Ex libris Diaconi Moscvensis Basilij Michaelis Kanicoff.* 2742

1284

Cienfuegos, Alvarez, *SJ,* 1657-1739.

Vita abscondita, seu speciebus Eucharisticis velata, per potissimas sensuum operationes de facto à Christo Domino ibidem indesinenter exercita circa objecta Altari, & Amori vicina ... ad tuendam veram rationem, tum Sacrificii incruenti, tum Sacerdotii, necessitas ... Accedit conjunctio intima (Eucharistiae peculiaris gloria) sanctè communicantis cum Servatoris nostri anima ... Authore Albaro Cienfuegos Hispano è Societate Jesu Presbytero Cardinale ... Romae, Typis Antonii de Rubeis, 1728.

52 l., 708, [68]p. 37½cm.
Text in 2 col.
1st ed.
Index & errata : p. [723]-[776]
★ DictTheolCath II 2511. — Sommerv II 1184 n° 4.
♣ *Stamp of Mgr Polyc. de Souza.* 2423

1285

— o. c. 36½cm.
♣ *Da Livraria publica de S. Roque Ex dono Em^{si} Authoris.* 1462

1286

[Clairé, Martin, *SJ***]** 1612-1690.

Hymni ecclesiastici novo cultu adornati. Parisiis, Excudebat Sebastianus Mabre-Cramoisy, 1673.

12 l., 94, [2]p. 20½cm.
Engr. head and tail pieces.
Author : Martin Clairé, *SJ. cf.* Sommervogel IX 1110.
1st ed.
★ Sommerv II 1200 n° 1. 1563

1287

— Hymni ecclesiastici novo cultu adornati. Auctore Martino Clairé, Societatis Jesu Presbytero. Editio secunda accuratior et altera parte auctior. Parisiis, Excudebat Sebastianus Mabre-Cramoisy, 1676.

17 l., 155p. 15½cm.
p. 105-112 wanting.
Engr. head and tail pieces.
« Hymni Sanctorum et Beatorum ex Societate Jesu » : p. [137]-155.
★ Sommerv II 1200 n° 1. 2574

1288

Clavius, Christoph, *SJ,* 1537-1612.

(Christophori Clavii Bambergensis E Societate Iesv) Opera mathematica V Tomis distributa Ab auctore nunc denuo correcta, et plurimis locis aucta ... Mogvntiae, Sumptibus Antonij Hierat excudebat Reinhard9, Eltz, 1611-12 [v. 1, 1612]

5v. incl. tables, diagrs. 35½cm. (v. 1, 5 : 33½cm; v. 2, 4 : 34cm.)
Engr. ornamented t.-p. (v. 1)
Vol. 4, 5 have imprint : Moguntiae, Sumptibus Antonij Hierat, excudebat Ioannes Volmari.
Vol. 1 has a special printed t.-p. dated 1611.
1st ed.
Contents. — **t. 1.** In Euclidem commentarij. In Theodosium commentarij. De sinibus, ac lineis tangentibus & secantibus. — **t. 2.** Geometria practica. Index. Refutatio cyclometriae Josephi Scaligeri. Arithmetica practica. Algebra. — **t. 3.** In sphaeram Ioannis de Sacro Bosco commentarius. Index. Astrolabium. — **t. 4.** Gnomonices libri octo. Index. Fabrica & usus instrumenti horologiorum. Horologiorum nova descriptio. — **t. 5.** Romani calendarij à Gregorio XIII. P. M. restituti explicatio. Index. Josephi Scaligeri elenchus & castigatio calendarij Gregoriani castigata. Responsio ad conuicia & calumnias Iosephi Scaligeri in calendarium Gregorianum. Confutatio calendarij Georgij Germanni VVartenbergensis Borussi.
★ Sommerv II 1222 n° 22.
♣ *Collegij Paquinensis in China (vol. 2, 4).* 289

CHRISTOPHORI
CLAVII BAMBERGENSIS
E SOCIETATE IESV.
ASTROLABIVM

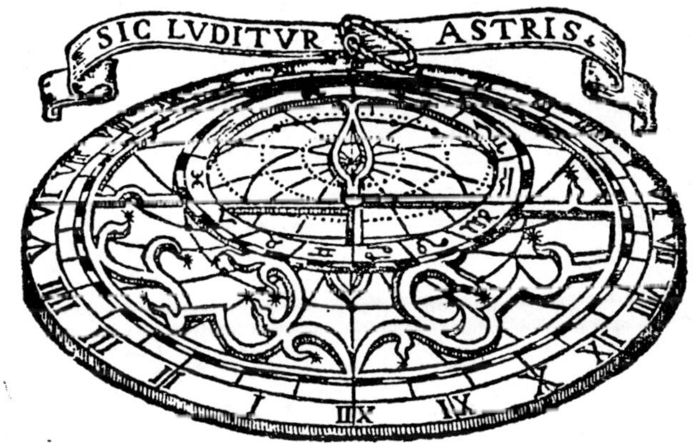

CVM PRIVILEGIO

ROMAE,
Impensis Bartholomæi Graßi.
Ex Typographia Gabiana. M. D. XCIII.

SVPERIORVM PERMISSV.

P. Mathæo Riccio donum auctoris alla China

1289

— o. c.

v. 4, 5, incl. tables, diagrs. 33cm.
The complete set consists of 5v.
« Gnomonices libri octo » of v. 4 wanting.
« Horologiorum nova descriptio » and « Fabrica » bound in reversed order.
✤ *Collegij Paquinensis in China (vol. 5).* 286

1290

Clavius, Christoph, *SJ,* 1537-1612.
Algebra Christophori Clavii Bambergensis e Societate Iesv. Avrelianae Allobrogvm, Excudebat Stephanus Gamonetus, 1609.

20 l., 383p. incl. tables, diagrs. 21½cm.
Signatures : a-e^4, A-Z^4, Aa-Zz^4, Aaa-Bbb^4.
p. 2, 37 lines, 173×103mm.
p. 313-320 bound after p. 320.
1st ed. Rome, 1608.
Index at beginning.
★ Sommerv II 1221 n° 19.
✤ *Aplicado a Missam da Compª de JESV da China; ou do Collº de Macao. Fr Francisco Pereira. Coimbra 1636. — Applicatus Collegio S. J. Pekim.* 460

1291

— (Christophori Clavii Bambergensis e Societate Iesv.) Astrolabivm Romae, Impensis Bartholomaei Grassi, Ex Typographia Gabiana, 1593.

24 l., 759 (*i.e.* 749), [4]p. incl. tables, diagrs. 23cm.
Signatures : †^{4}, a-e^4, A-Z^4, Aa-Zz^4, Aaa-Zzz^4, Aaaa-Zzzz^4, Aaaaa^4, Bbbbb^5.
p. 9, 49 lines, 159×102mm.
1st ed.
Errata : p. [760]-[762]
★ Sommerv II 1217 n° 9.
✤ *P. Mathaeo Riccio donum auctoris alla China.* 189

1292

— o. c. 22½cm.

✤ *Bibl. Trig.* 321

1293

— o. c.

✤ *Da missam̃ da China da Compª de Jesu. V. S.* 190

1294

— Compendivm brevissimvm describendorvm Horologiorvm Horizontalium ac Declinantium. Avctore Christophoro Clavio Bambergensi Societatis Iesv. Romae, Apud Aloysium Zannettum, 1603.

35p. incl. tables, diagrs. 21½cm.
Signatures : A-C^4, D^6.
p. 6, 49 lines, 162×103mm.
1st ed.
Bound with : Clavius, C. Tabvlae astronomicae ad horologiorum constructionem, Romae, 1605.
★ Sommerv II 1220 n° 17. 196a

1295

— o. c.

Bound with : Clavius, C. Horologiorvm nova descriptio, Romae, 1599 and others.
✤ *Jo. Vremano. Ex dono auctoris.* 206a

1296

— (Christophori Clavii Bambergensis e Societate Iesv) Epitome Arithmeticae Practicae nunc denuo ab ipso auctore recognita. Romae, Ex Typographia Dominici Basae, 1585.

323, [13]p. 15½cm.
Signatures : A-X^8.
p. 9, 31 lines, 124×67mm.
1st ed. Rome, 1583.
Errata : p. 323.
★ Brunet II 92. — Sommerv II 1215 n° 4.
✤ *Bibl. Trig. ?* 362

1297

— Evclidis Elementorvm libri XV. Accessit XVI. de Solidorvm Regvlarivm cuiuslibet intra quodlibet comparatione. Omnes perspicuis Demonstrationibvs, accuratisque Scholiis illustrati, ac multarum rerum accessione locupletati : Nunc tertiô editi, summaqꝫ diligentia recogniti, atque emendati. Auctore Christophoro Clavio Bambergensi, è Societate Iesv. Coloniae, Expensis Ioh. Baptistae Ciotti, 1591.

8 l., 359, 355, [39]p. incl. tables, diagrs. 32½cm.
Signatures : †^{8}, a-z^6, A-G^6; A-Z^6, Aa-Kk^6.
p. 207, 54 lines, 246×140mm.
2v. in 1.
Title within a woodcut ornamental border.
Lib. 16 by François de Foix Candale.
1st ed. Rome, 1574.
Indices : v. 2, p. [357]-[395]
★ Sommerv II 1214 n° 2.
✤ *Bibl. Trig. ?* 338

1298

— Evclidis Elementorvm libri XV. Accessit liber XVI. De Solidorum Regularium cuiuslibet intra quodlibet comparatione. Omnes perspicvis demonstrationibvs, accuratisqꝫ scholijs illustrati : nunc quarto editi, ac multarum rerum accessione post primam editionem locupletati. Auctore Christophoro Clavio Bambergensi e Societate Iesv. Romae, Apud Aloysium Zannettum, 1603.

63 l., 940p., 1 l. incl. tables, diagrs. 16½cm.
Signatures : †^{8}, a-g^8; A-Z^8, Aa-Zz^8, Aaa-Mmm^8, Nnn^7.
p. 3, 31 lines, 126×73mm.
2nd pt. (Evclidis posteriores libri IX, *i.e.* 7-15 & Accessit XVI) wanting. 458

1299

Clavius, Christoph, *SJ,* 1537-1612.

Fabrica et vsvs instrvmenti ad horologiorvm descriptionem peropportvni. Accessit ratio describendarvm horarum a meridie & media nocte exquisitissima, & nunquam ante hac in lucem edita. Avctore Christophoro Clavio Bambergensi Societatis Iesv. Romae, Apud Bartholomaeum Grassium, 1586.

3 l., 3-151p. incl. tables, diagrs. 21½cm.
Signatures : †^{2}, A-T^4.
p. 6, 51 lines, 167×102mm.
Ms. marginal notes.
Colophon : Romae, Apud Iacobum Ruffinellum.
1st ed.
Bound with : Clavius, C. Horologiorum nova descriptio, Romae, 1599 and others.
★ Sommerv II 1216 n° 6. 206c

1300

— (Christophori Clavii Bambergensis e Societate Iesv) Geometria practica. Romae, Ex Typographia Aloisii Zannetti, 1604.

16 l., 439, [30]p. incl. tables, diagrs. 20cm.
Signatures : †^{4}, a-c^4, A-Z^4, Aa-Zz^4, Aaa-Mmm^4, Nnn^3.
p. 9, 48 lines, 161×98mm.
1st ed.
Errata at beginning.
Index : p. [441]-[469]
★ Brunet II 92.
♣ *Francisci da Re ... (?) Ex dono auctoris.* 446

1301

— [Gnomonices libri octo, in qvibvs non solvm horologiorvm solarivm sed aliarvm qvoqve rervm, quae ex gnomonis umbra cognosci possunt, descriptiones Geometrice demonstrantur. Avctore Christophoro Clavio Bambergensi Societatis Iesv ... Romae, Apud Franciscum Zanettum, 1581]

8 l., 654p., 1 l. incl. diagrs., tables. 34½cm.
Signatures : †^{8}, A-E^6, F^8, G-Z^6, AA-ZZ^6, AAa-GGg^6, HHh^8.
p. 8, 61 lines, 246×141mm.
t.-p. wanting.
For title & imprint. *cf.* Caption title, colophon, & Sommervogel II 1215.
1st ed.
Index & errata at beginning.
★ Brunet II 92. — Sommerv II 1215 n° 3.
♣ *Bibl. Trig. ?* 570

1302

— (Christophori Clavii Bambergensis ex Societate Jesv,) Horologiorvm nova descriptio. Romae, Apud Aloysium Zannettum, 1599.

6 l., 240, [27]p. incl. tables, diagrs. 21½cm.
Signatures : †^{6}, A-Z^4, Aa-Cc^4, Dd^6, Ee^{10}, a^6, b-c^4.
p. 8, 50 lines, 166×99mm.
Ms. marginal notes.
1st ed.
Errata at beginning.
Bound with : Clavius, C. Compendivm brevissimvm describendorvm horologiorum, Romae, 1603; Tabulae astronomicae nonnvllae ad horologiorvm constructionem, Romae, 1605; Fabrica et vsvs instrvmenti ad horologiorvm descriptionem peropportvni, Romae, 1586.
★ Brunet II 92. — Sommerv II 1220 n° 14.
♣ *Da missam da China da Compa de Jesu Vr — Jo Vremano, Ex dono auctoris (pt. 2, 3).* 206

1303

— o. c. 25cm.
6 p. l. incl. t.-p. and p. 221-[267] wanting. 255

1304

— Novi calendarii Romani apologia, Aduersus Michaelem Maestlinum Gaeppingensem, in Tubingensi Academia Mathematicum, tribvs libris explicata. Avctore Christophoro Clavio Bambergensi e Societate Iesv. Romae, Apud Sanctium, & Soc. 1588.

40 l., 398, [1]p. incl. tables. 22½cm.
Signatures : a-k^4, A-Z^4, Aa-Zz^4, Aaa-Ddd^4.
p. 3, 40 lines, 163×103mm.
1st ed.
Index & errata at beginning.
« Appendix qua Antonivs Possevinvs è Societate Iesv defenditvr, & summa totius Apologiae explicatur » : p. 311-324.
★ Brunet II 92. — Sommerv II 1216 n° 7.
♣ *Da Missaõ da China. — P'û cheu.* 230

1305

— Ratio facilis et perspicva conficiendi omnis generis solaria a meridie et media nocte in quouis plano, quod ab Horizonte vel aequè distat, vel ad eundem rectum est, ad quamuis poli altitudinem, ex libello R. P. Christophori Clauij ex Soc. Iesv ... excerpta, exemplisque ex formis aeneis excusis, illustrata ... Lovanii, Prostant apud Joan. Baptistam Zangrium, 1595.

13, [1]p. 19½cm.
Signatures : A^4, B^3.
p. 7, 36 lines, 166×100mm.
Ed. by Petrus Zangrius. *cf.* Dedication.
1st ed. of Clavius « Fabrica et usus » Rome, 1586.
Bound with : Capellus, J. De ponderibus, nvmmis et mensuris libri V. Francofurti, 1606.
★ Sommerv II 1216 n° 6. 1175a

1306

— Romani calendarii a Gregorio XIII. P. M. restitvti Explicatio S. D. N. Clementis VIII. P. M. jvssv edita. Auctore Christophoro Clavio Bambergensi Societatis Iesv. Accessit confutatio eorum, qui Calendarium aliter instaurandum esse contenderunt. Romae, Apud Aloysium Zannettum, 1603.

18 l., 680, [2]p. incl. tables. 34½cm.
Signatures : †6, a-b6, A-Z6, Aa-Zz6, Aaa-Kkk6, Lll5.
p. 71, 57 lines, 274×156mm.
1st ed. 1595.
Index at beginning.
« Computus ecclesiasticus per digitorum articulos & tabulas traditus » : p. [635]-680.
Errata; p [681]
★ Brunet II 92. — Sommerv II 1218 n° 11.
♣ *Da missam da China da Compa de Jesu.* — ... *Ex dono auctoris.* 203

1307

— o. c. 36cm.
204

1308

Clavius, Christoph, *SJ,* 1537-1612.
(Christophori Clavii ex Societate Jesv) In Sphaeram Ioannis de Sacro Bosco commentarivs. Nunc tertio ab ipso Auctore recognitus, & plerisque in locis locupletatus ... Romae, Ex Officina Dominici Basae, 1585.

16 l., 483, [1]p. incl. tables, diagrs. 22cm.
Signatures : †-††8, A-Z8, Aa-Ff8, Gg10.
p. 2, 40 lines, 160×99mm.
1st ed. Rome, 1570.
Index & errata at beginning.
★ Brunet II 92. — Sommerv II 1212 n° 1. 224

1309

— (Christophori Clavii Bambergensis ex Societate Iesv) In Sphaeram Ioannis de Sacro Bosco commentarivs. Nunc quartò ab ipso Auctore recognitus, & plerisque in locis locupletatus. Lvgdvni, Svmptibvs Ioannis de Gabiano, 1602.

4 l., 551, [39]p. incl. tables, diagrs. 20½cm.
Signatures : †4, A-Z4, Aa-Zz4, Aaa-Zzz4, ũ4, õ4, ĩ4, ẽ4, ã4.
p. 12, 48 lines, 159×98mm.
p. 285-298 wanting.
Index : p. [553]-[591] its gatherings are bound in inverted order.
★ Sommerv II 1213 n° 1 (ed. wanting).
♣ *Collegij Soctis JESV Lovanij 1607.* 218

1310

— (Christophori Clavii ex Societate Jesv) In Sphaeram Ioannis de Sacro Bosco commentarivs. Nunc quinto ab ipso Auctore hoc anno 1606. recognitus, & plerisq. in locis locupletatus. Accessit Geometrica, atque vberrima de Crepusculis tractatio. Romae, Svmptibus Io. Pavli Gellii, Apud Aloisium Zannettum, 1606.

4 l., 639, [44]p., 1 l. incl. tables, diagrs. 21½cm.
Signatures : †4, A-Z4, Aa-Zz4, Aaa-Zzz4, Aaaa-Llll4, a-e4, f3.

p. 12, 48 lines, 156×100mm.
Colophon : Romae, Ex Typographia Aloisij Zannetti, 1606.
Index : p. [641]-[684]
★ Sommerv II 1213 n° 1.
♣ *Can. San. Isalzani (?)* 223

1311

— (Christophori Clavii Bambergensis ex Societate Iesv,) In Sphaeram Ioannis de Sacro Bosco commentarivs. Nunc quinto ab ipso Auctore hoc anno 1606. recognitus, & plerisque in locis locupletatus. Accessit Geometrica, atque Vberrima de Crepusculis Tractatio. Lvgdvni, Ex officina Q. Hvg. a Porta, sumpt. Io. de Gabiano, 1607.

4 l., 639, [44]p., 1 l. incl. tables, diagrs. 20cm.
Signatures : A-Z8, Aa-Vv8, Xx3.
p. 4, 48 lines, 160×94mm.
Colophon : Lvgdvni, Ex Typographia Iacobi du Creux dict Molliard, 1607.
Index : p. [641]-[684]
★ Sommerv II 1213 n° 1. (ed. wanting).
♣ *Del P. Francisco Maria Gattinara.* — *Ve Prouae Sinensis Soc. Jes.* 219

1312

— Tabvlae astronomicae nonnvllae ad horologiorvm constructionem maxime vtiles. Et notae in novam horologiorvm descriptionem, quae ad horologia extruenda plurimum etiam conducunt. Avctore Christophoro Clavio Bambergensi Societatis Iesv. Romae, Ex Typographia Aloysii Zannetti, 1605.

149, [2]p. incl. tables, diagrs. 22cm.
Signatures : A-T4.
p. 119, 47 lines, 156×94mm.
Augmented tables of « Horologiorum nova descriptio, Romae, 1599 ».
1st ed.
★ Sommerv II 1220 n° 14. 195

1313

— o. c. 21½cm.
Bound with : Clavius, C. Compendivm brevissimum describendorvm horologiorum, Romae, 1603.
♣ *Missionis Sinensis Soctis Jesv A D 1657.*
196

1314

— o. c.
Ms. marginal notes.
Bound with : Clavius, C. Horologiorvm nova descriptio, Romae, 1599 and others.
♣ *Jo. Vremano. Ex dono auctoris.* 206b

1315

Clemens XI, *pope,* 1649-1721.
(Sanctissimi D. N. Domini Clementis Divina Providentia Papae XI.) Praeceptum super omnimoda, absoluta, integra & inviolabili observatione eorum, quae aliàs a Sanctitate sua in Causa Rituum seu Ceremoniarum

Sinensium decreta fuerunt ... Juxta exemplar impressum. Romae, Typis Reverendae Camerae Apostolicae, 1715.

20p. 17cm.
Bound with : Gonzalez de San Pedro, F., *OP*. Relation de la nouvelle persécution de la Chine, 1714 and others.
★ Streit VII 195 nº 2811. 3383c

1316

Clemens, Titus Flavius Alexandrinus, 140/50-215/6.

(T. Flavii Clementis Alexandrini Presbyteri ...) Opera omnia ante annos quadraginta è Graeco in Latinum conuersa, nunc vero recognita interpretatione, amplissimis commentariis illustrata. A Gentiano Herveto Avreliano, Ecclesiae Rhemensis Canonico. Adiecta sunt collectanea variorum scriptorum, qui multa eiusdem loca in suis commentarijs exposuerunt. Cum quatuor Indicibus commodissimis, ac fidelissimis ... Parisiis, Apud Lavrentivm Sonnivm, 1612.

4 l., 830, [33]p. 35cm.
Signatures : a^4, $A-Z^6$, $Aa-Zz^6$, $Aaa-Zzz^6$, $Aaaa-Cccc^6$.
p. 5, 65 lines, 264×153mm.
Illus. t.-p.
1st ed. by Hervet, Paris, 1566.
Contents. — Liber adhortatorius adversus gentes, sive Protrepticus. — Paedagogi libri tres. — Stromatum sive Commentariorum de varia multiplicique literatura ad instituendum christianum philosophum libri octo. — In Clementis libros collectanea ex variis doctorum lectionibus. — Indices.
♣ *Bibl. Trig.* 1404

1317

Clericato, Giovanni, 1633-1717.

Decisiones sacramentales Theologicae, Canonicae, & Legales, in quibus Tota materia Sacramentorum, Theologiae Moralis, Juris Canonici, & Quaestiones plurimae Juris Civilis traduntur, explicantur, & dilucidantur, Eruditionibus, Historiis, & Exemplis adornatae. Auctore Joanne Clericato praeposito Patavino J. U. D. ... Editio novissima ... Anconae, Sed prostant Venetiis, In typographia Poletti, 1757.

3v. front (v. 1.) 38cm.
Text in 2 col.
1st ed. 1727.
Index at end of each pt.
Contents. — **t. 1.** Tractatus de sacramentis in genere, ac de sacramentalibus, necnon de sacramentis Baptismi, Confirmationis, atque Extremae Unctionis. De venerabili Eucharistiae sacramento. De sacrosancto Missae sacrificio. — **t. 2.** De Poenitentiae virtute ac sacramento. De Ordinis sacramento. De Matrimonii sacramento. — **t. 3.** Erotemata ecclesiastica, pro examinandis confessariis, et clericis. Via lactea, sive Institutiones juris canonici. Decisiones miscellaneae.
♣ *Stamp of Mgr Alex. de Gouvea.* 1466

1318

Clerke, Gilbert, 1626-*ca.*1697.

Oughtredus explicatus, sive Commentarius in Ejus Clavem Mathematicam. Cui additae sunt Planetarum Observationes & Horologiorum Constructio. Authore Gilberto Clark. Londini, Typis Milonis Flesher; Veneunt apud Ric. Davis, 1682.

2 l., 160p., 2 l., 24p. illus. 2 fold. diagrs. 17½cm.
1st ed. 393

1319

Clinge, Konrad, *OMin,* 1483/4-1556.

(In. Conradi Clingii Theologi et Ecclesiastae qvondam Erfordiensis) De secvritate conscientiae Catholicorum in rebus Fidei, & de periculo atq; errore Sectariorũ huius seculi, Libri Duo, in quorum priore traditur luculenta Antithesis seu Collatio praecipuorum inter Catholicos & Sectarios dissidij Religionis articulorum, in altero verò sanae & amplectendae Doctrinae Consilia ac theses continentur. Item eivsdem avthoris Confvtatio mendaciorvm à Luteranis aduersùs Librum Imperij seu Interim editorum, cum acri defensione confessionis Catholicae Fidei. Cvm indicibvs materiarvm et capitulorum, in principio cuiusque libri praemissis. Coloniae, Apud haeredes Arnoldi Birckmanni, 1563.

2 l., 202p., 2 l., 143p. 32cm.
Signetures : a^2, $A-R^6$; A^2, $a-m^6$ (R_6 blank)
p. 3, 57 lines, 234×130mm.
Text in 2 col.
1st ed.
★ DictTheolCath III 243.
♣ *Bibl. Trig.* 1338

1320

Coccius, Jodok, *2nd half of 16th cent.*

Thesavrvs catholicvs, in quo controversiae fidei, iam olim nostraqve memoria excitatae, SS. Scripturarum, Conciliorum, & SS. tam Graecorum quàm Latinorum Patrum Testimonijs, à temporibus Apostolorum ad nostram vsque aetatem deducta successione, explicantur : Catholicae Ecclesiae Consensvs perpetuus, instar Catenae connexus, proponitur ... conscriptus A Reuerendo Doctissimoque D. Iodoco Coccio Bileueldiano ... Adiectis indicibvs necessarijs. Coloniae, Ex Officina Typographica Arnoldi Quentelij, 1600-1.

2v. 34½cm.
Text in 2 col.
1st ed.
Contents. — **t. 1.** De Deo & SS. Trinitate. De Christo Salvatore. De Deipara Virgine Maria. De Angelis. De Sanctis Ecclesiae. De Sacris Scripturis Ecclesiae. De hierarchia Ecclesiae, & Summo

Pontifice. De signis Ecclesiae. — **t. 2.** De natura hominis. De peccato. De justificatione. De vita monastica. De septem singulariter sacramentis. De quatuor hominis novissimis.

♣ *Bibl. Trig.* 1714

1321

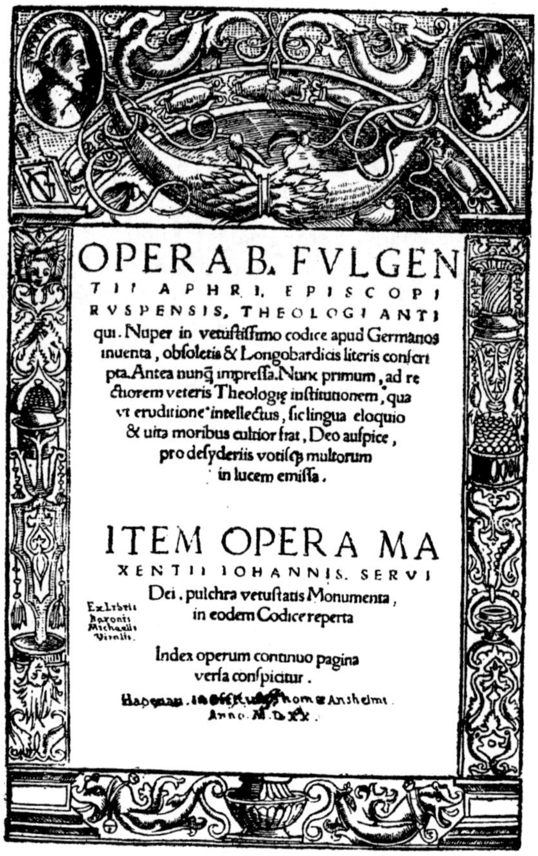
OPERA B. FVLGENTII APHRI, EPISCOPI RVSPENSIS, THEOLOGI ANTIqui. Nuper in vetustissimo codice apud Germanos inuenta, obsoletis & Longobardicis literis conscripta. Antea nunq̃ impressa. Nunc primum, ad rectiorem veteris Theologię institutionem, qua vt eruditione intellectus, sic lingua eloquio & uita moribus cultior fiat, Deo auspice, pro desyderiis votisq; multorum in lucem emissa.

ITEM OPERA MAXENTII IOHANNIS, SERVI Dei, pulchra vetustatis Monumenta, in eodem Codice reperta.

Index operum continuo pagina versa conspicitur.

Cochlaeus, Johann, 1479-1552, *ed.*

Opera B. Fvlgentii Aphri, Episcopi Rvspensis, Theologi antiqui. Nuper in vetustissimo codice apud Germanos inuenta, obsoletis & Longobardicis literis conscripta. Antea nunq̃ impressa. Nunc primum ... in lucem emissa. Item Opera Maxentii Iohannis, Servi Dei, pulchra vetustatis Monumenta, in eodem Codice reperta ... [Expliciunt opera B. Fulgentii Episcopi, & Maxentii Servi Dei, Impressa in Hagenau, impensis Kobergerorum Norinbergensium. In officina Thomae Anshelmi Anno 1519-20]

CII, XXXV numb. l., 1 l. 31½cm.
Signatures : a-r^6 (a$_1$ blank); A-F^6.
f. Va, 42 lines, 224×136mm.
Title within woodcut ornamental border.
For imprint. *cf.* Colophon, preface, & AllDeut Biogr IV 382.
1st ed.
Contents. — Opera Fulgentii : Ad Monimum libri tres. — Contra Arianos liber unus. — Ad Trasimundum Regem libri tres. — Epistolae ad diversos septem. — Ad Donatum liber unus, cum praefatione Joh. Cochlaei. — Ad populum sermones quinque. — Opera Maxentii : Praefatio Cochlaei. — Libellus fidei. — Capitula contra Nestorianos et Pelagianos. — Professio brevissima Catholicae fidei. — Brevissima Adunationis ratio Verbi Dei ad propriam carnem. — Responsio contra Acephalos de illa Adunatione. — Epistola Papae Leonis ad Flavianum contra Eutychen. — Contra Nestorianos dialogorum libri duo. — Epistola ad Possessorem Episcopum, false ascripta Hormisdae. — Responsio Maxentii contra falsam epistolam.

♣ *Ex libris Baronis Michaelis Vitalis. — Bibl. Trig. ?* 1414

1322

Codronchi, Baptista, *b. ca.* 1560.

(Baptistae Codronchii Philosophi, ac Medici Imolensis) De Vitiis vocis, Libri dvo. In quibus non solum vocis definitio traditur, & explicatur, sed illius differentiae, instrumenta &causae aperiuntur. Vltimo de vocis conseruatione, praeseruatione, ac vitiorum eius curatione tractatur ... Cui accedit Consilium de Raucedine, ac Methodus testificandi ... Francofvrti, Apud heredes Andreae Wecheli, Claudium Marnium, & Ioannem Aubrium, 1597.

232p. 16½cm.
Signatures : A-O^8, P^4.
p. 15, 32 lines, 129×70mm.
1st ed.
Bound with : Burggrave, J. E. Biolychnium, Franekerae, 1611 and others. 882b

1323

[Colbert, Jacques Nicolas] 1654-1707.

Philosophia vetus et nova ad vsvm scholae accommodata, in regia Bvrgvndia olim pertractata ... Editio tertia multò emendatior. Parisiis, Apud Stephanum Michallet, 1684.

2v. illus., 16 plates. 25cm.
Author : Jacques Nicolas Colbert. *cf.* DeutAnonymLex III 272.
1st ed. Nuremberg, 1682.
Contents. — **t. 1.** Logica, phil. moralis & metaphysica. Errata. — **t. 2.** Errata. Physica generalis. De corporibus vitae et sensus expertibus. De corpore animato.

♣ *Collegij Societatis Jesv Pekini (vol. 2).* 2824

1324

[—] Philosophia vetus & nova ad usum scholae accommodata, in Regia Burgundia olim pertractata ... Londini, Impensis Georgii Wells, & Abelis Swalle, 1685.

2v. illus., 16 plates. 16½cm.
Paged continuously.
22 l., 816, [4], 817-1391 (*i.e.* 1377)p.
Vol. 1, 4th ed.; Vol. 2, 3rd ed.

♣ *P : Guil : van der Beken Miss : Chin : — Da Igreja de Hoai Ngan.* 797

1325

[Colbert, Jacques Nicolas] 1654-1707.

Philosophia vetus et nova ad usum scholae accomodata, in regia Burgundia olim pertractata ... Editio quarta multò emendatior & auctior. Parisiis, Apud Stephanum Michallet, 1687.

6v. illus. (incl. diagrs.), 16 plates. 17cm.
Contents. — **t. 1.** Logica. — **t. 2.** Philosophia moralis. — **t. 3.** Metaphysica. Appendix. De existentia & natura Angelorum. — **t. 4.** Philosophiae naturalis pars I, seu Physica generalis. — **t. 5.** Philosophiae naturalis pars II, seu De rebus vitae et sensus expertibus. — **t. 6.** Philosophiae naturalis pars III, seu De corpore animato. 2767

1326

[—] o. c.

One plate wanting.
✤ *Amantissimo Dilectissimoq : in Chro P. Antonio Provana Pater A. Laval D. D. C. in missionum orientalium usum.* 2692

1327

Colladon, Théodore, *fl. 1st half of 17th cent.*

(Theodori Colladonis ...) Adversaria, scv Commentarij Medicinales Critici Epanorthotici Dialytici Exegematici ac Didactici. Ubi varij & multiplices neotericorum, qui centum ab hinc annis scripserunt ... errores aperiuntur ... ac pristina, genuinaquc antiquorum doctrina ... restituitur ... [Coloniae Allobrogvm] Ex typographia Iacobi Stoer. 1615.

2v. in 1. 16½cm.
16 l., 431p., 8 l., 414p.
Signatures : †-††^{8}, A-Z^{8}, Aa-Dd^{8}; †^{8}, A-Z^{8}, Aa-Bb^{8}, Cc^{7}.
p. 3, 40 lines, 132×72mm.
Place of publication. *cf.* t.-p. of v. 2.
1st ed.
✤ *Missionis Sinensis.* 877

1328

Collet, Pierre, *CM,* 1693-1770.

Continuatio Praelectionum theologicarum Honorati Tournely; sive Tractatus De universà Theologiâ Morali ... Parisiis, Apud Viduam Raymundi Mazieres & Joannem-Bapt. Garnier, 1738-45.

v. 1-6. tables. 19½cm.
The complete set consists of 15v. publ. 1733-60 at Paris.
Contents. — **t. 1.** De virtutibus moralibus. De justitia et jure. De contractibus. Index. (Editio nova. 1738.) — **t. 2.** De virtute religionis. De beneficiis. De simonia. De actibus humanis. De conscientia. Index. (Editio nova. 1738) — **t. 3.** De legibus. De peccatis. De censuris. (1736) — **t. 4.** De irregularitatibus. De dispensationibus. Index. Addenda. (Editio nova. 1740.) — **t. 5.** De praecipuis praecipuorum statuum obligationibus. De praeceptis primae tabulae Decalogi. Index. (1743.) — **t. 6.** De praeceptis secundae tabulae Decalogi. De praeceptis Ecclesiae. Appendix. Index (1745)
★ Rosset 39-45. 1646

1329

— Continuatio Praelectionum theologicarum Honoratii Tournely; sive, Tractatus De universa Theologia Morali ... Parisiis, Apud Joannem Baptistam Garnier, 1749-79.

15v. in 17. 20½cm.
Vol. 8 wanting.
Errata at end of v. 10, 11, 13, pt. 1, 14, 15.
Contents. — **t. 1. pt. 1.** De virtutibus cardinalibus. De jure, injuria et restitutione. (10. ed. 1762). — **pt. 2.** De contractibus in genere et in specie. (10. ed. 1762). — **t. 2.** De virtute religionis. De beneficiis. De simonia. De actibus humanis. De conscientia. Index. (7. ed. 1750). — **t. 3.** De legibus. De peccatis. Index. (New ed. 1750). — **t. 4.** De censuris, irregularitatibus & dispensationibus. Index. (6. ed. 1751). — **t. 5.** De praecipuis praecipuorum statuum obligationibus. De fide. spe, et charitate. Index. (New ed. 1757). — **t. 6.** De praeceptis secundae tabulae Decalogi. De praeceptis Ecclesiae. Index. (New ed. Apud A. F. Knapen, 1773.). — **t. 7.** De sacramentis in genere. De Baptismo. Index. (1749). — **t. 9.** De Eucharistia et sacrificio Missae. (1771). — **t. 10, 11.** De Poenitentia. Index. (1754). — **t. 12.** De purgatorio, indulgentiis, jubilaeo. De Extrema-Unctione. Index. (Apud A. F. Knapen, 1779). — **t. 13, pt. 1, 2.** De Ordine. Index. (1760). — **t. 14, 15.** De Matrimonio, cum variis dissertationibus. Index.
✤ *Stamp of Mgr Alex. de Gouvea* 1952

1330

[—] Institutiones theologicae, quas e fusioribus suis, editis et ineditis, ad usum seminariorum, Contraxit Petrus C*** Theologiae Tournelyanae Continuator ... Parisiis, Apud Viduam R. Mazieres, & J. B. Garnier, 1744.

v. 1. 17cm.
The complete set consists of 5v.
Author : Pierre Collet, *CM. cf.* DictOuvrAnonym IV 1289.
1st ed.
Contents. — **t. 1.** De actibus humanis. De conscientia. De legibus. De peccatis. De praecipuis praecipuorum statuum legibus et peccatis.
★ DictTheolCath III 365. — Rosset 45-48.
✤ *Ex libris Parentij ptrj.* 3448

1331

[—] Institutiones theologicae, quas e fusioribus suis, editis et ineditis, ad usum seminariorum, contraxit Petrus C*** Theologiae Tournelyanae Continuator ... Opus ad Juris Romani, & Gallici normam exactum. Editio quinta. Parisiis, Apud J. B. Garnier, 1757.

v. 3. 17cm.
Ms. marginal notes.
Contents. — **t. 3.** De justitia et jure. De contractibus. De virtute religionis. De beneficiis et simonia. 3449

1332

Collet, Pierre, *CM,* 1693-1770.

Institutiones theologicae, quas ad usum seminariorum E propriis suis praelectionibus contraxit Petrus Collet, Theologiae Tournelyanae Continuator ... Parisiis, Apud Knapen, 1777-84.

5v. 17cm.
Vol. 5 wanting.
Vol. 2, p. 553-576 bound after p. 600.
Index at beginning of each volume.
Contents. — **t. 1.** Prolegomena. Tractatus de Deo ac divinis attributis. De SS. Trinitate. De Incarnatione. (1777). — **t. 2.** De gratia Christi Salvatoris. De vera Religione. De Ecclesia. (1782). — **t. 3.** De justitia et jure. De contractibus. De Beneficiis et simonia. (6. ed. 1784). — **t. 4.** De Sacramentis in genere. De Baptismo. De Confirmatione. De Eucharistia et Sacrificio Missae. (5. ed. 1779).
♣ *Stamp of Mgr Alex. de Gouvea.* 1709

1333

Cologne, Synod of, 1535.

[Canones concilii provincialis Coloniensis cum Institutione compendiaria doctrinae christianae in Concilio provinciali pollicita. Coloniae, Ex aedibus Quentelianis, 1538]

10 ? l., XLVII numb. l., 2 l., XLVIII-CCCXIII numb. l., 7 l., illus. 32cm.
Signatures : a^6, b^4, A^6, B^4, C^6, D^4, E^6, F^4, G^6, H^4, $I\text{-}L^6$, M^4, N^6, O^4, P^6, Q^6, R^4, S^6, T^4, V^6, X^4, Y^6, Z^6, AA^4, $BB\text{-}NN^6$, OO^4, PP^6, QQ^6, RR^4, $SS\text{-}ZZ^6$, $AAA\text{-}HHH^6$, III^4, $KKK\text{-}MMM^6$ (b_4 blank)
f. IIIa, 37 lines, 222×133mm.
5 ? p. 1. (incl. t.-p.) wanting.
For title, etc. *cf.* LThK X 867 & colophon.
Ed. by Hermann Graf v. Wied. *cf.* Preface of « Institutio ». Author of « Institutio » : Johann Gropper.
1st ed.
Index : p. [314]-[320]
♣ *Bibl. Trig.* 1521

1334

Colombus, Joannes Albertus.

Naturalis philosophiae elementa in libros duos distributa, ad usum auditorum suorum collecta a D. Joanne Alberto Abb. Columbo in Patavino gymnasio Publico Primario Philosophiae Professore ... Patavii, typis Seminarii, Apud Joannem Manfrè, 1772.

2v. 21 fold. diagrs. 18½cm.
Errata at end of v. 2.
♣ *Stamp of Mgr Alex. de Gouvea.* 2807

1335

Colonna, Fabio, 1567*ca.*-1650.

Minvs cognitarvm stirpivm aliqvot ac etiam rariorvm nostro caelo orientium εκφρασις Qua non paucae ab Antiquiorib. Theophrasto, Dioscoride Plinio Galeno alijsq; descriptae declarantur, officinarum vsui perutiles Fabio Colvmna avctore. Item De Aquatilibus, aliisq; animalibus quibusdam paucis Libellus eodem avctore ... Omnia fideliter ad viuum delineata Aereisque Typis expressa Omnium etiam Index est in calce voluminis locupletissimus. Romae, Apud Guilielmum Facciottum, 1610.

4 l., 3-340, LXXIII, [7]p., illus., port. 21½cm.
Signatures : $A\text{-}Z^4$, $Aa\text{-}Ss^4$, Tt^6; $Aaa\text{-}Kkk^4$ (p. l. without sign.)
p. 5, 39 lines, 157×107mm.
Engr. ornamented t.-p.
1st ed. Rome, 1606.
★ Brunet II 172.
♣ *Missionis Sinensis.* 867

1336

Columba, Gerardo, *16th cent.*

Dispvtationvm Medicarum De febris pestilentis cognitione et cvratione, Libri Duo : Avtore Gerardo Colvmba Messanense ... Nunc primùm ab innumeris mendis castigati, & characterum diuersitate ornatius in Germania editi, Cum Indice gemino : Altero quaestionum : Rerum & verborum altero. Accessit Tractatus singularis Nicolai Maccelli Medici Mutinensis de Morbo Gallico, eiusque curatione. Francofvrti, Apud heredes Romani Beati : Georgium Beatum, & Ioannem Ludouicum Bischium, 1601.

11 l., 278, [16]p., 1 l., 61, [7]p. 17½cm.
Signatures : $†^8$, $††^4$, $A\text{-}S^8$, T^4; $a\text{-}d^8$, e^2 ($††_4$ blank)
p. 11 (of Macchellus') 40 lines, 135×70mm.
1st ed. Messina, 1596.
Bound with : Macchellus, N. Tractatvs methodicvs de lve venerea cum disputationibus Gerardi Columbae, Francofurti, 1608. 1040a

1337

Comenius, Johann Amos, 1592-1670.

(J. A. Comenii) Janua linguarum reserata quinque-linguis. Sive compendiosa Methodus Latinam, Gallicam, Italicam, Hispanicam & Germanicam Linguam perdiscendi, Sub Titulis centum, Periodis mille comprehensa; & Vocabulis bis mille ad minimum aucta. Cum quintuplici Indice. A Nathanaele Duesio In Idioma Gallicum & Italicum translata, in hac Tertia Editione accurate emendata atque correcta. Cum interpretatione Hispanica G. R. Amstelodami, Apud Ludovicum & Danielem Elzevirios, 1661.

10 l., 863p. 18cm.
Text in 2 col.
1st ed. Lissa, 1631.
★ Brunet II 180.
♣ *Collegij Soctis JESV Monachij.* — *Ve Provinciae Sinensis.* 3100

1338

— o. c. 19½cm.
3099

1339

Comenius, Johann Amos, 1592-1670.

(J. A. Comenii) Janua linguarum reserata, Cum Graeca versione Theodori Simonii Holsati, Innumeris in locis emendata à Stephano Curcellaeo : Qui etiam Gallicam novam adjunxit. Amstelodami, Apud Danielem Elzevirium, 1665.

11 l., 266, 238p. 16cm.
Text in 2 col.
« Index vocabulorum » : p. 1-238.
★ Brunet II 181.
♣ *PP Gallor SJ Pekin.* 2997

1340

— (I. A. Comenii) Ianva lingvarvm reserata aurea : sive Seminarium Linguarum & Scientiarum omnium. Id est, Compendiosa Latinam (& quamlibet aliam) Linguam, perdiscendi Methodus, sub titulis C. periodis M. comprehensa. Accessit Index Vocabulorum cum accentuum notis. Dat is, De gulde ontsloten Deure der Talen : Ofte Een Saey of Spruyt-garde aller Talen ende Wetenschappen ... Gandavi, Apud Franciscvm d'Erckel, 1675.

379 (*i.e.* 381), [5]p. 14cm.
Added engr. ornamented t.-p. 3283

1341

— o. c.
t.-p. spoiled.
♣ *P : Guil : van der Beken Miss : Chin : — Da Igreja de Hoai Ngan.* 3550

1342

— (Joh. Amos Commenii) Orbis sensualium pictus. Hoc est, Omnium fundamentalium in Mundo Rerum & in Vitâ Actionum Pictura & Nomenclatura. Die sichtbare Welt, Das ist, Aller vornemsten Welt-Dinge und Lebens-Verrichtungen Vorbildung und Benahmung. Noribergae, Typis et Sumptibus Michaelis Endteri, 1658.

8 l., 309, [11]p. illus. 16½cm.
Text in 2 col.
1st ed. Nuremberg, 1657.
Indices : p. [310]-[320]
♣ *Collegij S. J. Pekini.* 3188

1343

Comitoli, Paolo, *SJ,* 1544-1626.

Catena in beatissimvm Iob absolvtissima, è XXIV. Graeciae doctorvm explanationibus contexta, à Pavlo Comitolo Societatis Iesv è Graeco in Latinum conuersa, Et nunc primum opera & studio Lavrentii Cvmdeo in lucem edita. Adiecto indice rerum & verborum locupletissimo. Lvgdvni, apvd Antonivm Tardif, 1586.

8 l., 247p. 24cm.
Signatures : †4, ††4, A-Z4, Aa-Hh4.
p. 2, 55 lines, 179×99mm.
1st ed.
★ DictTheolCath III 388. — Sommerv II 1342 n° 1.
♣ *Bibl. Trig.?* 1191

1344

Commandino, Federigo, 1509-1575.

Apollonii Pergaei Conicorvm libri qvattvor. Vnà cvm Pappi Alexandrini Lemmatibvs, et Commentariis Evtocii Ascalonitae. Sereni Antinsensis Philosophi libri dvo nvnc primvm in lvcem editi. Qvae omnia nvper Federicvs Commandinus Vrbinas mendis quamplurimis expurgata è Graeco conuertit, & commentariis illustrauit. Bononiae, Ex officina Alexandri Benatii, 1566.

4 l., 114 numb. l., 2 l., 36 numb. l. incl. diagrs. 27cm.
Signatures : †4, A-Z4, a-c4, f2; †2, a-i4.
f. 5a, 54 lines, 221×132mm.
1st ed. 300

1345

— (Federici Commandini Vrbinatis Mathematici celeberrimi) Exactissima Commentaria in libros octo mathematicarvm collectionvm Pappi Alexandrini e Graeco in Latinvm a se accuratissimè conuersos ... Pisauri, Apud Hieronymum Concordiam, 1602.

3 l., 334 (*i.e.* 332) numb. l. incl. diagrs. 30½cm.
Signatures : †3, A-Z4, Aa-Zz4, Aaa-Zzz4, Aaaa-Oooo4.
f. 2a, 52 lines, 213×130mm.
Cancels for l. 45, 139, 8, & 96 bound after l. 64.
Colophon : Pisauri, Apud Hieronymum Concordiam, 1588.
Posthumous edition by Valerius Spacciolus. Books one and two of Pappus are lost. *cf.* « Candido Lectori ».
1st ed. Pesaro, 1588.
♣ *M. Ch.* 561

1346

— (Federici Commandini Vrbinatis) Liber de centro gravitatis solidorvm ... Bononiae, Ex Officina Alexandri Benacii, 1565.

4 l., 47 numb. l. incl. diagrs. 20½cm.
Signatures : †4, A-L4, M3.
f. 12a, 34 lines, 137×91mm.
1st ed.
♣ *Alexri Rhauds. J. C. M. C. D.* 314

1347

[**Commelinus, Hieronymus**] 1560-*ca.*1597, *ed.*

Rei rvsticae avctores Latini veteres, M. Cato, L. Colvmella, M. Varro, Palladivs : Priores tres, e vetustiss. editionibus; quartus, e veteribus membranis aliquammultis in locis emendatiores : Cum tribus Indicibus, Capitum, Auctorum, & Rerum ac Verborum memorabilium. Criticorum & Expositorum in eosdem atque Geoponicos Graecos Notationes seorsum dabuntur. [Heidelberg] Ex Hier. Commelini typographio, 1595.

12 l., 775p. 18cm.
Signatures : †8, ††4, A-Z8, Aa-Zz8, Aaa-Bbb8, Ccc4.
p. 49, 41 lines, 138×76mm.
On verso of t.-p. : « Clarissimo & amplissimo viro Petro Denaisio ... scriptores hos Rei Rvsticae pro studio suo & obseruantia Hier. Commelinus typographvs electorivs Haidelb. L M D D. »
♣ *Bibl. Trig.* 1067

1348

[**Compendium** totius theologicae veritatis]

4 l., 204 numb. l. 16cm.
Signatures : †4, A-Z8, AA-BB8, CC4.
f. 2a, 39 lines, 126×68mm.
t.-p. wanting.
For title. *cf.* Caption title.
Ed. by Joannes de Combis. *cf.* DictOuvrAnonym IV 1197.
« ... compendiosè cōscripta est series totius theologicae veritatis, quam nōnulli Sancto Thomae ad scribunt, alii S. Bonauenturae, alii verò Petro à Tarantazia ... Sed (ni fallor) Alberto magno congruè ad scribendam puto ». — Prooemivm.
1st ed. by Joannes de Combis, Lyons, 1573.
Contents. — Declaratio terminorum sacrae theologiae. — De natura Deitatis. — De operibus Conditoris. — De corruptela peccati. — De Christi humanitate. — De virtutibus et origine gratiae. — De sacramentorum virtute. — De ultimis temporibus. 2546

1349

Concina, Daniele, *OP,* 1687-1756.

(Viri clarissimi Fr. Danielis Concina Ordinis Praedicatorum) Theologiae dogmatico-moralis epitome omnino nova Tractatus omnes de Actibus Humanis, de Sacramentis &c. Complectens Rectamque viam inter nimium rigorem, nimiamque laxitatem docens, secundum sacram Scripturam, Patrum traditionem, probatorumque Theologorum Sententias ... Editio prima. Neapoli, Ex typographia Simoniana sumptibus Dominici Terres, 1766.

2v. in 1. 24cm.
15, 495, xv, 563p.
Text in 2 col.
1st ed.
« Appendix De damnatis propositionibus » : v. 2, p. 405-468.
« Epistolae encyclicae atque decreta âpostolica ... Benedicti Papae XIV. Ad materiam morum spectantia » : p. 469-520.
Index : v. 2, p. 521-563.
★ DictTheolCath III 699.
♣ *Stamp of Mgr Alex. de Gouvea.* 1480

1350

Concordantiae Bibliorum.

Concordantiae Bibliorvm vtrivsqve Testamenti, Veteris et Novi, perfectae et integrae; Quas re vera Maiores appellare possis. Opus sacrarum literarum studiosis apprimè vtile, nunc tandem, post omnes quae praecesserunt editiones, multis deprauatis locis commodè restitutis & castigatis summo studio ac labore illustratum. Antverpiae, Ex officina Christophori Plantini, 1581.

522 unnumb l. 26cm.
Signatures : A-Z8, a-z8, AA-SS8, TT10.
f. [3]a, 108 lines, 214×134mm.
Illus. t.-p.
Text in 2 col.
This work is based on Estienne's ed. *cf.* Publisher's preface.
1st ed. by R. Estienne, Paris, 1555.
♣ *Joannis de Sainct Laurens Duaceni.* 1211

1351

— Concordantiae Bibliorvm vtrivsqve Testamenti Veteris et Novi, Quas meritò maximas & absolutissimas liceat appellare ... Nvnc tandem in hac postrema editione, à multis mendis quibus antea scatebat repurgatum, ordine commodissimo digestum, & multorum vocabulorum numero locupletatum. Lvgdvni, Apud Horatium Cardon, 1603.

546 unnumb. l. 26½cm.
Signatures : A-Z8, AA-ZZ8, AAA-YYY8, ZZZ2.
f. [3]a, 103 lines, 218×140mm.
Title printed within an engraving.
Text in 4 col.
Colophon : Lugdvni, Ex Typographis Ioannis Poyet, & Claudij Armand, 1603.
♣ *Carm. Excal :* 1237

1352

— Concordantiae Bibliorvm vtrivsqve Testamenti Veteris et Novi, Quas meritò maximas & absolutissimas liceat appellare. Opus ... nunc tandem post omnes quae hactenus prodierunt editiones, à multis mendis repurgatum, ordine commodissimo digestum, & multorum vocabulorum numero locupletatum. Adiiciuntur ad calcem Correctionis Romanae loca insigniora, à Franc. Lvca Brugensi adnotata. Antverpiae, Apvd Ioannem Keerberg, 1612.

546 unnumb. l., 63p. 26cm.
Signatures : A-Z8, AA-ZZ8, AAA-YYY8, ZZZ2; A-H4.
f. [3]a, 103 lines, 212×140mm.
Illus. t.-p.
Text in 4 col.
1st ed. by Lucas, Antwerp, 1606.
♣ *Bibl. Trig. — Ex dono Horatij Cardon.* 1469

1353

— Sacrorvm Bibliorvm Vvlgatae editionis concordantiae Hvgonis Cardinalis Ordinis Praedicatorum; ad recognitionem ivssv Sixti V. Pont. Max. Bibliis adhibitam recensitae atqve emendatae : Primùm à Francisco Lvca Theologo ..., nunc denuô variis locis expurgatae ac locupletatae curâ & studio V. D. Huberti Phalesii, Cœnobij Afflegeniensis Ordinis S. Benedicti Subprioris. Editio nouissima, prioribus longè auctior & correctior, & cum ipso Bibliorum textu accuratissime collata. Lvgdvni, Sumptibus Ioannis-Antonii Hvgvetan, 1677.

15, [1]p., 640 unnumb. l. 24½cm.
Signatures : a8, A-Z8, Aa-Zz8, AAa-ZZz8, AAaa-LLll8.
f. [2]a, 86 lines, 199×118mm.
Illus. t.-p.
Text in 3 col.
Half-title : Concordantiae Bibliorum sacrorum emendatae.
1st ed. by Phalesius, Antwerp, 1642.
✣ *Pertence a Chin tim fu, da qual Rezida foi trazido pa Pekim por cauza da perseguiçaõ.* 1190

1354

Concordantiae Bibliorum.

Sacrorum Bibliorum Vulgatae editionis concordantiae Hugonis Cardinalis, Ordinis Praedicatorum; ad recognitionem jussu Sixti V. Pont. Max. Bibliis adhibitam recensitae atque emendatae : Primùm à Francisco Luca Theologo ... nunc denuò variis locis expurgatae ac locupletatae curâ & studio V. D. Huberti Phalesii, Cœnobij Attligeniensis Ordinis S. Benedicti Subprioris ... Moguntiae, Sumptibus Johannis Martini Schönwet(eri), 1685.

15, [1]p., 706 unnumb. l. 26cm.
Signatures : a8, A-Z8, Aa-Zz8, Aaa-Zzz8, Aaaa-Tttt8, Uuuu2.
f. [2]a, 78 lines, 222×143mm.
Half-title page ? wanting. 1195

1355

— Sacrorum Bibliorum Vulgatae editionis concordantiae Hugonis Cardinalis Ordinis Praedicatorum; ad recognitionem jussu Sixti V. Pont. Max. Bibliis adhibitam recensitae, atque emendatae : Primùm à Francisco Luca Theologo ... nunc denuò variis locis expurgatae, ac locupletatae cura, & studio V. D. Huberti Phalesii, Ordinis Sancti Benedicti. Editio novissima, prioribus longè auctior, & correctior, in qua plurini errores in numeris ad proprium redacti fuere, & cum ipso Bibliorum textu accuratissimè collata. Venetiis, Apud Nicolaum Pezzana, 1719.

6 l., 1030 (*i.e.* 1028)p. 31cm.
Illus t.-p.
Text in 3 col.
Half-title : Concordantiae Bibliorum Sacrorum Emendatae. 1186

1356

— Concordantiae Bibliorum, juxta exemplar Vulgatae editionis Sixti V. Pontif. Max. jussu recognitum, et Clementis VIII. authoritate editum, Olim Studio & Industria Theologorum Coloniensium impressae. Nunc autem revisae emendatae & à multis Erroribus expurgatae. Bambergae, Sumptibus Ioannis Christophori Lochneri, 1740.

586 unnumb. l. 36½cm.
Signatures : †2, A-Z4, Aa-Zz4, Aaa-Zzz4, Aaaa-Zzzz4, Aaaaa-Zzzzz4, Aaaaaa-Zzzzzz4, Aaaaaaa-Hhhhhhh4.
f. [4]a, 95 lines, 314×164mm.
Engr. ornamented t.-p.
Text in 3 col.
1st ed. Cologne, 1630.
✣ *Stamp of Mgr Polyc. de Souza.* 1209

1357

Confalonieri, Conrado, *SJ*, 1619-1686, *praeses.*

Epitome philosophica Quam ex Praelectionibus P. Conradi Confalonerii Societatis Iesv in Academiis Romana, et Mediolanensi Philosophiae Professoris, Sub auspicijs Illustrissimi D. Comitis Bartholomaei Aresii in Supremo Rerum Italicarum Consilio Regentis, & Excellentissimi Mediolanensis Senatus Praesidis &c. Ad disputandum proposuit Federicvs Benzonus. Mediolani, Apud Iulium Caesarem Malatestam [1660 ?]

12 l., 360 p. front. 15½×8½cm.
Approbation dated 1660.
The first ed. of this work was publ. in two impressions, one dedicated to Cardinal Sforza Pallavicino, and one to Barth. Arese. *cf.* Sommervogel IX 1367.
1st ed.
Errata at beginning.
✣ *Inscrips catalo Colli Spirensis.* 2829

1358

Confucius, 551-479 B. C.

Confucius Sinarum Philosophus sive Scientia Sinensis Latine exposita. Studio & Opera Prosperi Intorcetta, Christiani Herdtrich, Francisci Rougemont, Philippi Couplet, Patrum Societatis Jesu. Jussu Ludovici Magni ... e bibliotheca regia in lucem prodit. Adjecta est Tabula chronologica Sinicae monarchiae ab hujus exordio ad haec usque tempora. Parisiis, Apud Danielem Horthemels, 1687.

cxxiv, 108, 21, 8, 105-108, 159, xx, 106p., 1 l. 34½cm.
p. iii-viii, cxv-cxvi wanting.
Engr. head-pieces.
Ms. notes on verso of front guard leaf.
« Tabula chronologica » dated 1686 has a colophon « Ex Typographia Andreae Cramoisy, 1687 ».

1st ed.
Contents. — Operis origo et scopus, necnon Sinensium librorum, interpretum, sectarum et philosophiae declaratio. — Confucii vita. — Scientiae Sinicae liber primus (Ta Hio). — Liber secundus (Chûm Yûm). — Libri tertii (Lùn Yù) prima pars. — Couplet, P. *SJ.* Tabula genealogica trium familiarum monarchiae Sinicae a Hoamti per 86 successores & annos 2457 ante Christum. — Imperii Sinarum et rerum in eo notabilium synopsis (signed Ph. Couplet, 1687). — Scientiae Sinicae libri tertii pars secunda(—decima). — Couplet, P. *SJ.* Tabula chronologica monarchiae Sinicae juxta cyclos annorum LX. ab anno ante Christum 2952 ad annum post Christum 1683.
★ Brunet II 221. — Cordier 1392. — Pfister 311 n° 12.— Sommerv II 1562, IX 141. — Streit V 802 n° 2246.
♣ *Ce livre est venu de Macao, il est pour la maison et remplace le Confucius envoyé d'icj dans le Kiangsy par ordre du R. P. Labbe à la 6e lune de la 4e ann Kienlong (1739). — Missionis Sinensis patrum gallorum Societatis Jesu Pekini.* 3374

1359

Conimbricenses, *ed.*

(Com)mentarii Collegii Conimbricensis Societatis Iesv, In tres libros de Anima, Aristotelis Stagiritae. Conimbricae, Typis & expensis Antonij á Mariz, 1598.

2 l., 558, [26]p. 24½cm.
Signatures : A-Z4, Aa-Zz4, Aaa-Mmm4, Nnn2, Ooo-Zzz4, Aaaa4, Bbbb2, Cccc-Dddd4, Eeee2, q3. (p. 1. without sign.)
p. 2, 46 lines, 190×110mm.
t.-p. spoiled.
1st ed.
Index & errata : p. [559]-[578]
★ Sommerv II 1276 n° 7. 2867

1360

— Commentarii Collegii Conimbricensis Societatis Iesv, in tres libros De anima Aristotelis Stagiritae. Hac qvarta editione, Graeci contextvs, Latino è regione respondentis accessione auctiores & emendatiores, ob studiosorum Philosophiae vsum, in Germania editi. Cum Indice rerum praecipuarum. Coloniae, Sumptibus Haeredum Lazari Zetzneri, 1617.

4 l., 694 col., [19]p. 24cm.
Signatures : †4, a-z4, A-Y4, Z3.
Col. 9-10, 60 lines, 202×125mm.
Text in 2 col.
Bound with : Conimbricenses, *ed.* In libros Ethicorum Aristotelis ad Nicomachum, Coloniae, 1612.
★ Sommerv II 1276 n° 7.
♣ *V. Provinciae.* 2863

1361

— Commentarii Collegii Conimbricensis Societatis Iesv. In qvatvor libros De cœlo Aristotelis Stagiritae ... Olisipone, Ex officina Simonis Lopesij, 1593.

4 l., 447p. 22cm.
Signatures : †4, A-Z4, Aa-Zz4, Aaa-Kkk4.
p. 7, 45 lines, 177×103mm.
1st ed. Coimbra, 1592.
Index : p. 421-447.
Edited with : Conimbricenses, *ed.* Commentarii in libros Meteorum Aristotelis Stagyritae; In libros Aristotelis, qui Parva Naturalia appellantur; In libros Ethicorum Aristotelis ad Nicomachum.
★ Sommerv II 1275 n° 4. 2909

1362

— o. c.

2910

1363

— Commentarii Collegii Conimbricensis Societatis Iesv. In qvatvor libros De coelo Aristotelis Stagiritae... Hac secunda editione, Graeci contextus Latino è regione respondentis accessione auctiores. Lvgdvni, Ex officina Ivntarvm, 1594.

4 l., 502, [30]p. 24cm.
Signatures : †4, A-Z4, Aa-Zz4, Aaa-Vvv4, Xxx2.
p. 35, 46 lines, 187×98mm.
Index : p. [503]-[581]
Edited with : Conimbricenses, *ed.* Commentarii in libros Aristotelis, qui Parva naturalia appellantur; In libros meteorum; In libros Ethicorum ad Nicomachum.
★ Sommerv II 1274 n° 2. 2868

1364

— Commentarii Collegii Conimbricensis, Societatis Iesv, In Qvatvor libros de cœlo, Meteorologicos & Parva Naturalia, Aristotelis Stagiritae. Hac qvinta in Germania editione, partim Graeci contextus Latino è regione respondentis accessione auctiores, partim per omnia correctiores in Studiosorum gratia editi. Coloniae, Impensis Lazari Zetzneri, 1603.

4 l., 548 col., [20]p., 1 l., 102 col., [5]p., 2 l., 142 col., [7]p. 24½cm.
Signatures : A4, Bbb-Zzz4, AAa-PPp4 (PPp4 blank); Aaa4, A-F4, G2; a-i4, k2.
Col. 7/8, 59 lines, 204×125mm.
« Commentarii in libros Meteororvm » bound after « Parva Naturalia ».
Illus. t.-p.
Text in 2 col.
Index at end of each part.
★ Sommerv II 1275 n° 5.
♣ *V. Provinciae.* 303

1365

— Commentarii Collegii Conimbricensis e Societate Iesv : In •vniversam Dialecticam Aristotelis Stagiritae. Nunc primùm in Germania in lucem editi. Coloniae Agrippinae, Apud Bernardvm Gualterivm, 1611.

8 l., 566, 766 (*i.e.* 764) col., [22]p. 24cm.
Signatures : †-††4, A-Z4, Aa-Mm4, Nn2; a-z4, aa-zz4, aaa-ddd4, eee2.

Col. 5-6, 58 lines 192×111mm.
Ms. marginal notes.
1st ed. Coimbra, 1606.
There is an earlier edition publ. in two vols. under title «... Commentarii doctissimi In universam logicam Aristotelis, nunc primùm editi ... Ex Bibliopolio Frobeniano, 1604», but its authenticity is rejected by College of Coimbra. *cf.* Sommervogel II 1277.
Index at end.
★ Sommerv II 1277 n° 3. 2861

1366

Conimbricenses, *ed.*

In libros Ethicorum Aristotelis ad Nichomachvm, aliqvot Conimbricensis cvrsus disputationes, in qvibvs praecipva qvaedam ethicae disciplinae capita continentvr ... Olisipone, Ex officina Simonis Lopesij, 1593.

95p. 22cm.
Signatures : A-M⁴.
p. 7, 45 lines, 176×103mm.
1st ed.
Index : p. 92-95.
Edited with : Conimbricenses, *ed.* Commentarii in IV libros De coelo Aristotelis Stagiritae and others.
★ Sommerv II 1275 n° 5. 2909c

1367

— o. c.

2910c

1368

— In libros Ethicorum Aristotelis ad Nicomachvm, aliquot Conimbricensis cursus disputationes, In quibus praecipua quaedam Ethicae disciplinae capita continentur ... Lvgdvni, ex officina Ivntarvm, 1594.

93, [6]p. 24cm.
Signatures : A-M⁴, N².
p. 9, 46 lines, 186×98mm.
Index : p. [96]-[99]
Edited with : Conimbricenses, *ed.* Commentarii in IV libros De coelo Aristotelis Stagiritae and others.
★ Sommerv II 1275 n° 5. 2868c

1369

— In libros Ethicorum Aristotelis ad Nicomachvm, aliquot Conimbricensis cursus disputationes : in quibus praecipua quaedam Ethicae disciplinae capita continentur. Quarta hac in Germania editione correctiores editae ... Coloniae, impensis Lazari Zetzneri, 1612.

3 l., 3-94col., [4]p. 24cm.
Signatures : aaa-ggg⁴.
Col. 3-4, 61 lines, 191×121mm.
Text in 2 col.
Index at end.
Bound with : Conimbricenses, *ed.* Commentarii in tres libros De anima, Aristotelis Stagiritae, Coloniae, 1617.
★ Sommerv II 1275 n° 5. 2863a

1370

— Commentarii Collegii Conimbricensis Societatis Iesv, in dvos libros De generatione & corruptione, Aristotelis Stagiritae. Conimbricae, Ex Officina Antonij à Mariz, 1597.

5 l., 505 (*i.e.* 501), [27]p. 24½cm.
Signatures : A-Z⁴, Aa-Zz⁴, Aaa-Rrr⁴, Sss², Ttt-Xxx⁴, Yyy² (2 p. l. without sign.)
p. 2, 46 lines, 192×110mm.
1st ed.
Index and errata : p. [502]-[529]
★ Sommerv II 1276 n° 6. 2866

1371

— Commentarii Collegii Conimbricensis Societatis Iesv, in libros de Generatione et corrvptione Aristotelis Stagiritae. Hac tertia editione Graeci contextvs Latino è regione respondentis accessione auctiores. Mogvntiae, In Officina Typographica Ioannis Albini, 1615.

8 l., 510, [32]p. 24cm.
Signatures : a-b⁴, a-z⁴, Aa-Zz⁴, Aaa-Xxx⁴, Yyy³.
p. 2, 41 lines, 189×115mm.
Index : p. [551]-[542]
★ Sommerv II 1276 n° 6.
♣ *V. Provinciae.* 2864

1372

— Commentarii Collegii Conimbricensis Societatis Iesv. In libros Meteorum Aristotelis Stagiritae ... Olisipone, Ex Officina Simonis Lopesij, 1593.

143p. 22cm.
Signatures : A-S⁴.
p. 7, 45 lines, 176×103mm.
1st ed. Coimbra, 1592.
Index : p. 136-143.
Edited with : Conimbricenses, *ed.* Commentarii in IV. libros De cœlo Aristotelis Stagiritae and others.
★ Sommerv II 1274 n° 3. 2909a

1373

— o. c.

2910a

1374

— Commentarii Collegii Conimbricensis Societatis Iesv, In Libros Meteororum Aristotelis Stagiritae. Lvgdvni, ex officina Ivntarvm, 1594.

138, [12]p. 24cm.
Signatures : A-S⁴, T³.
p. 7, 46 lines, 188×98mm.
Index :p. [142]-[150]
Edited with : Conimbricenses, *ed.* Commentarii in IV. libros De cœlo Aristotelis Stagiritae and others.
★ Sommerv II 1274 n° 3. 2868b

1375

— Commentarii Collegii Conimbricensis Societatis Iesv. In libros Aristotelis, qui Parva natvralia appellantur ... Olisipone, Ex Officina Simonis Lopesij, 1593.

104p. 22cm.
Signatures : A-N4.
p. 16, 45 lines, 176×103mm.
1st ed. Coimbra, 1592.
Index : p. 100-104.
Edited with : Conimbricenses, *ed.* Commentarii in IV libros De cœlo Aristotelis Stagiritae and others.
★ Sommerv II 1274 n° 4. 2909b

1376

— o. c. 2910b

1377

Conimbricenses, *ed.*

Commentarii Collegii Conimbricensis Societatis Iesv, In Libros Aristotelis, qui parua Naturalia appellantur. Lvgdvni, ex officina Ivntarvm, 1594.

96 (*i.e.* 98), [6]p. 24cm.
Signatures : A-N4.
p. 7, 46 lines, 188×99mm.
Index : p. [101]-[104]
Edited with : Conimbricenses, *ed.* Commentarii in IV libros De cœlo Aristotelis Stagiritae and others.
★ Sommerv II 1274 n° 4. 2868a

1378

— Commentarii Collegii Conimbricensis Societatis Iesv, In octo libros Physicorum Aristotelis Stagiritae. Conimbricae, Typis et expensis Antonij à Mariz, 1592.

2 l., 825 (*i.e.* 826), [18 ?]p. 23cm.
Signatures : A-Z4, Aa-Cc4, Dd2, Ee-Zz4, Aaa-Zzz4, Aaaa-Zzzz4, Aaaaa-Ooooo4, ? (p. l. without sign.)
p. 7, 45 lines, 187×104mm.
Some pages of index at end wanting.
1st ed.
★ Sommerv II 1273 n° 1. 2887

1379

— Commentariorvm Collegii Conimbricensis Societatis Iesv, In octo libros Physicorum Aristotelis Stagiritae, Prima (-secunda) Pars. Qvi nvnc primvm Graeco Aristotelis contextu, Latino è regione respondenti, aucti, ob studiosorum Philosophiae vsvm in Germania sunt editi. Accessit etiam qvaestionvm Index ... Coloniae, Svmptibvs Haeredvm Lazari Zetzneri, 1616.

2 pt. in 1. 24cm.
4 l., 542 col., [16]p., 8 l., 524 col.
Signatures : †4, a-z4, A-N4; †-††4, Aa-Zz4, AA-II4, KK3.
col. 9-10, 60 lines, 202×124mm.
Text in 2 col.
★ Sommerv II 1274 n° 1.
♣ *Vice Prouae.* 2862

1380

Constantin, Antoine, *d.* 1616.

Opvs medicae prognoseos, In quo omnium quae possunt in aegris animaduerti symptomatum in omnibus morbis, causae & euentus copiosè & luculenter exponuntur. Omnia à Galeno, Hollerio, Dureto & Lacotio, fidelissimis summi Hippocratis interpretibus deprompta; & quae in illis Authoribus erant hac illac sparsa, sunt in eo opere optima methodo digesta. Labore Antonii Constantini, Doctoris Medici. Cum Indice locupletissimo. Lugdvni, Apud Clavdivm Morillon, 1613.

8 l., 358, [40]p. 18cm.
Signatures : a8, A-Z8, Aa8, Bb7.
p. 3, 29 lines, 137×80mm.
1st ed.
Bound with : Chassins, G. De natura, sive de mundo libri octo, Lugduni, 1614 and others.
1114a

1381

Conti, Natale, *d.* 1582.

(Natalis Comitis) Mythologiae, sive Explicationis fabvlarvm, Libri decem : In quibus omnia propè Naturalis & Moralis Philosophiae dogmata contenta fuisse demonstratur. Nuper ab ipso autore recogniti & locupletati. Eivsdem libri IIII De Venatione. Cum Indice triplici, rerum memorabilium, vrbium & locorum à variis heroibus denominatorum, ac plantarum & animalium singulis Diis dicatorum ... Addita Mythologia mvsarvm, a Geofredo Linocerio vno libello comprehensa, & nunc recens à F. S. multis & foedis mendis expurgata. Francofvrti, Apud Andreae Wecheli heredes Claudium Marnium & Ioannem Aubrium, 1588.

8 l., 1137, [54], 1138-1193p. 17cm.
Signatures : †8, a-z8, A-Z8, Aa-Zz8, Aaa-Iii8.
p. 2, 39 lines, 130×70mm.
1st ed. Venice, 1551.
1st ed. of Linocier's « Mythologia », Paris, 1583.
« Scriptorvm catalogvs » at beginning.
★ Brunet II 186.
♣ *RP. Bonjour Fabri.* 1993

1382

— (Natalis Comitis) Mythologiae, sive Explicationis fabvlarvm, libri decem : In quibus omnia propè Naturalis & Moralis Philosophiae dogmata contenta fuisse demonstratur. Nuper ab ipso autore recogniti & locupletati. Eivsdem libri IIII De Venatione. Cum Indice triplici, rerum memorabilium, vrbium & locorum ... ac plantarum & animalium ... Addita Mythologia mvsarvm a Geofredo Linocerio vno libello comprehensa, & nunc recens à F. S. multis & foedis mendis expurgata. Parisiis, Apud Tvssanvm dv Bray, 1605.

8 l., 1123 (*i.e.* 1125), [163]p. 17cm.
Signatures : †8, A-Z8, Aa-Zz8, Aaa-Zzz8, Aaaa-Llll8, Mmmm4.
p. 17, 40 lines, 133×73mm.
« Catalogvs nominvm variorvm scriptorvm » at beginning.
Errata at end.
♣ *Joannis de Sainct Laurens Duaceni.* 3038

1383

Convelt, Martinus Philippus van, *SJ,* 1573-1658.

Theatrum excellentiarvm SS. Deiparae ex consociatione excellentiarvm sui filii. Opvs Reip. Ecclesiasticae, ac politicae moderatoribvs ascetis, ac verbi Dei praeconibvs apprime vtile, Cùm quadruplici Indice, Titulorum, Rerum, variarum Historiarum, Materiarum pro Concionibus in totius anni Dominicas, Festa, Quadragesimam Adventum, Auctore R. P. Martino Philippo de Convelt Trajectensi, Societatis Iesu ... Antverpiae, Apud Viduam & Haeredes Ioannis Cnobbari, 1655.

21 l., 1264, [30]p. 33cm.
2v. in 1.
p. 385-443 bound incorrectly.
1st ed.
★ Sommerv II 1404 n° 1. 1349

1384

Copernicus, Nicolaus, 1473-1543.

(Nicolai Copernici) Astronomia instavrata, Libris sex comprehensa, qui de Revolutionibus orbium caelestium inscribuntur. Nunc demum post 75 ab obitu authoris annum integritati suae restituta, Notisque illustrata, opera & studio D. Nicolai Mulerii ... Amstelrodami, Excudebat VVilhelmus Jansonius, 1617.

10 l., 487p. incl. tables, diagrs. 22cm.
Signatures : †3, ††-†††4, A-Z4, Aa-Zz4, Aaa-Ppp4 (†††4 blank)
p. 10, 38 lines, 178×119mm.
1st ed. Nuremberg, 1543.
1st ed. by Des Muliers.
Errata at beginning.
« Astronomicarvm observationvm thesavrvs, e scriptis Nic. Copernici collectus » : p. 471-487.
♣ *Missionis Sinensis.* 241

1385

— (Nicolai Copernici Torinensis) De revolvtionibus orbium coelestium, Libri VI. In quibus stellarvm et fixarvm et erraticarvm motvs, ex veteribus atq; recentibus obseruationibus, restituit hic autor. Praeterea tabulas expeditas luculentasq; addidit ... Item, de libris revolvtionvm Nicolai Copernici Narratio prima per M. Georgium Joachimum Rheticum ad D. Joan. Schonerum scripta ... Basileae, ex officina Henricpetrina [1566]

6 l., 213 numb. l. incl. tables, diagrs. 30cm.

Signatures : †6, a-z4, A-Z4, Aa-Ff4, Gg5.
f. 2a, 36 lines, 198×119mm.
Text in 2 col.
Date of publication. *cf.* Colophon.
On t.-p. and in the text, the names of Joachim and Schöner are cancelled by hand.
1st ed. Nuremberg, 1543.
★ Brunet II 257.
♣ *Jacobus Rhaudensis.* 202

1386

Corner, David Gregor, *OSB,* 1585-1648.

Promptuarium catholicae devotionis. Ex S. Litteris, Sanctis Patribvs, et optimis quibusque tum veterum, tum recentiorum Autorum libris, in vsum piè precari volentium, maximè Sodalium B. Mariae Virginis congestum. Opera Davidis Gregorii Corneri Silesij, SS. Theologiae Baccalaurei. Ingolstadii, Ex Typographeo Ederiano apud Elisabetham Angermariam, 1614.

12 l., 565, [1]p. illus. 15½cm.
Signatures : †8, ††4, A-Z8, a-m8, n3.
p. 21, 37 lines, 124×70mm.
Title within ornamental border.
Text in 2 col.
♣ *Missioni Sinensi Collegium Ingolstadiense.— Bibl. Trig.* 2200

1387

Corneto, Salustio Tiberio a.

(Salvstii Tiberii a Corneto) Formvlarium cvivsvis generis instrvmentorvm Ad stylum, & communem vsum Romanae Curiae, Vrbis, & Orbis accomodatissimum, receptissimum, & vtilissimum. Conjectis in hoc Prosperi illius Campani, Vincentii Monaldi, & aliorum peritissimorum in arte Virorum formis aliquot & exemplis ... Et in hac postrema editione multis in locis auctum, & locupletatum : addita dissertatione de Notariorum dignitate Ioannis Angeli Canvti, cum quibusdam ab eo excerptis, ac Notariorum Examine Iosephi Bertvtii. Indice adiecto ... Romae, Typis Ioannis Baptistae Molo, 1697.

3 l., 503p. 23cm.
Text in 2 col.
♣ *Ex lib. relictis Pni ab Illmo ac Rmo Patca Alexno.* 3407

1388

Coronel, Antonio.

Questiones logice secundum viam realium et nominalium vna cum textus explanatione magistri Anthonii Coronel. Venundantur ab Oliuerio Senant in vico sancti Jacobi sub signo dive Barbare.

36 ? unnumb. l. 29cm.
Signatures : A6, B4, C6, D4, E6, F4, G6, ?
f. [1]b, 66 lines, 210×144mm.
Title printed within a woodcut.
Text in 2 col.
Bound with : Ethicorum Aristotelis opus Argyropylo Byzantino traductore, Parisiis, 1517. 3119b

1389

Corrado, Giovanni Battista, *OP, ca.* 1530-1606.

Responsa Ad cuiuscunque penè generis Casuum conscientiae qvaesita qvadringenta, pro examinandis, qui ad animarum curam, vel confessionum audientiam fuerint admittendi ... Per R. P. F. Ioannem Baptistam Corradvm de Perusia Ord. Praed. ... Primo Perusiae impressa, nunc ab eodem Auctore recognita, ab erratis expurgata, & pulcherrimis Additionibus cuilibet Quaesito valdè necessarijs locupletata. Quibus accessit breue de Cambijs Compendiolum. Cum duplici ditissimo Indice, quo singula quaeque minutiora reperiuntur. Venetiis, Apud Societatem Minimam, 1606-07 [v. 1, 1607]

2v. in 1. 23cm.
40 l., 779, [2]p., 32 l., 533p.
Signatures : a-e^8, A-Z^8, Aa-Zz^8, Aaa-Bbb^8, Ccc^7; a^8, a-c^8, A-Z^8, Aa-Kk^8, Ll^3.
p. 7, 42 lines, 170×112mm.
Text in 2 col.
1st ed. Perugia, 1596.
♣ *Bibl. Trig.* 1325

1390

Corrado, Pirro, *17th cent.*

Praxis beneficiariae recentioris libri V. Constitutionibus Apostolicis, Rotalibus Decisionibus, sacrarumque Congregationum Declarationibus, Decretis atque Responsis, summorumque Pontificum Gratiis, ac Datariae, & Cancellariae Apostolicae Supplicationum, atque Bullarum formulis : nec non dubiorum indies occurrentium resolutionibus firmatae, Cancellariae Apostolicae Notabilibus perornatae, formulisque Beneficialibus pro ipsius Praxis germana tutaque Intelligentia locupletatae, recentiorique Stylo Datariae in Resignationibus Beneficiorum, annuarum quoque pensionum ac fructuum reservatione, Quinto libro superaddito, nec aliàs impresso, utilissimè illustratae Authore Pyrrho Corrado a Terra Nova ... Editio in Germania secunda, alias quinta, Cum duplici Indice, uno Capitum, altero Rerum & Verborum. Coloniae Agrippinae, Apud Franciscum Metternich, 1697.

3 l., 454, [31]p. 34cm.
Illus t.-p.
Text in 2 col.
p. 277-278 and 283-284 bound after p. 282 and 276 respectively.
On cover : Corradi Opera canonica, t. 2.
1st ed. Naples, 1656.
♣ *ex lib. relic. ab Illmo ac Rmo Pata Alex o.* 2319

1391

— Praxis dispensationum apostolicarum pro utroque foro, ex solidissimo Romanae cvriae Stylo, Sacrorum Canonum, Conciliorum, aliarumque Constitutionum Apostolicarum sanctionibus : Congregationis Sac. Concilii Tridentini Declarationibus, Sac. Rotae Romanae Decisionibus, peritissimorum denique Virorum Observationibus, & Responsis excerpta, illustrata, & adjecta Praxis Officii S. Poenitentiariae cum ejusdem Rescriptis ... Ordinationibus quoque, regulis Et Constitutionibus Cancellariae Apostolicae S. D. N. Alexandri Papae VII. exactâque omnium Episcopatuum totius orbis descriptione locupletata. Auctore Pyrrho Corrado a Terra Nova ... Editio in Germania secunda, alias quinta, Cum duplici, Indice, uno Capitum, altero Rerum & Verborum ... Coloniae Agrippinae, Apud Franciscum Metternich, 1697.

6 l., 500, [39]p. 34cm.
Text in 2 col.
Half-title : Pyrrhi Corradi Opera canonica tomi duo.
On cover : Corradi Opera canonica, t. 1.
1st ed. Venice, 1656.
♣ *ex lib. relic. ab Illmo ac Rmo Pata Alexo.* 2318

1392

Cossart, Gabriel, *SJ,* 1615-1674.

(Gabrielis Cossartii e Societatis Jesu) Orationes et carmina. Parisiis, Apud Sebastianum Mabre-Cramoisy, 1675.

18 l., 263, [1]p. front. 16cm.
Engr. head-pieces.
Ed. by Charles de la Rue, *SJ. cf.* Sommervogel II 1500.
1st ed.
★ DictTheolCath III 1920. — Sommerv II 1500 n° 32. 2621

1393

— o. c. 15cm.

p. 163-164 bound after the p. l. (sign. O2)
♣ *Coll. Casalsis Soc. Jesu. — Collegij S. J. Pekini.* 3192

1394

Costa, Antonio Rodriguez da, 1656-1732.

De vita, et rebus gestis Nonni Alvaresii Pyreriae, Lusitaniae Comitis-Stabilis libri duo, auctore Antonio Rodericio Costio, Regiae Academiae Socio. Olisipone Occidentali, Apud Paschalem à Sylva, 1723.

10 l., 188, [11]p. 34cm.
p. 97-98 wanting.
Engr. head-pieces.
1st ed.
Index & errata : [189]-[199]
♣ *Stamp of Mgr Polyc. de Souza.* 2049

1395

[Cotolendi, Ignace] 1630-1662.

Dissertatio de veritate vnivs religionis Christianae, Et de diuersis illius statibus in lege naturae, veteri, & nouâ. Cvm appendice De certitudine fidei humanae. Contra Politicos, Philosophos, caeterosque Christianae Religionis hostes ... Ex Apologetico R. P. Bagotii, Societatis Iesu, in subsidium Missionum Apostolicarum excerpta. Parisiis, Apud Dionysium Bechet, 1661.

12 l., 312p. 15cm.
Author : Ignace Cotolendi. *cf.* « Privilege du roy ».
1st ed.
Errata at beginning.
★ Sommerv I 774. 1308

1396

Court, Benoit, *16th cent.*

Hortorvm libri triginta. Autore Benedicto Curtio Symphoriano, equite in Ecclesia Lugdunensi. In quibus continetur arborum historia, partim ex probatissimis quibusq; autoribus, partim ex ipsius autoris obseruatione collecta. Lvgdvni, Excudebat Joannes Tornaesius Typographus Regius, 1560.

12 l., 683, [1]p. 35cm.
Signatures : A-C4, a-z4, aa-zz4, A-Z4, Aa-Pp4, Qq6.
p. 51, 45 lines, 261×142mm.
p. 677-680 wanting.
1st ed.
♣ *Bibl. Trig.* 1076

1397

Craanen, Theodorus, *d.* 1688.

(Theodori Craanen Ph. ac Med. Doct ...) Tractatus physico-medicus de homine, In quô status ejus tam naturalis, quam praeternaturalis, quoad Theoriam rationalem mechanicè demonstratur. Edente Theodoro Schoon, M. D. Hagiensi, Cum figuris aeneis & Indicibus tam Capitum, quam Rerum & Verborum locupletissimis. Lugduni Batavorum, Apud Petrum Van der Aa, 1689.

8 l., 765, [51]p. 21×17½cm.
Signatures : †4, ††4, A-Z4, Aa-Zz4, Aaa-Zzz4, Aaaa-Zzzz4, Aaaaa-Kkkkk4.
p. 2, 37 lines, 151×98mm.
All illus. wanting.
Illus. t.-p.
Engr. head-pieces.
1st ed.
1024

1398

Cramer, Johann Andreas, 1710-1777.

(Joann. Andr. Crameri) Elementa artis docimasticae Duobus Tomis comprehensa, Quorum Prior theoriam, Posterior praxin, Ex vera Fossilium indole deductas, atque indubitatâ Experimentorum, summâ cum accuratione institutorum, fide firmatas, ordine naturali & doctrina apertissima exhibet ... Lugduni Batavorum, Apud Conradum Wishoff et Georg. Jac. Wishoff, Fil. Conr., 1739.

2 v. incl. tables. 17cm.
Vol. 2 wanting.
1st ed.
Index at end. 770

1399

— o. c.

Vol. 2, & 2 p. of index wanting.
769

1400

Cremonini, Cesare, 1550-1631.

(Caesaris Cremonini ...) De Formis quatuor Corporum Simplicium, quae vocantur Elementa, disputatio ... Venetiis, Apud Io. Baptistam Ciottum, 1605.

12 l., 175p. 21cm.
Signatures : †-†††4, A-Y4.
p. 56, 35 lines, 166×101mm.
1st ed.
Index & errata at beginning.
♣ *Bibl. Trig.* 170

1401

(Caesaris Cremonini Centensis ...) Dispvtatio de coelo In Tres Partes diuisa, De Natura Coeli. De Motu Coeli. De Motoribus Coeli Abstractis. Adiecta est Apologia dictorum Aristotelis De Via Lactea. De facie in Orbe Lunae ... Venetiis, Apud Thomam Baglionum, 1613.

18 l., 397, [1], 86, [10]p. illus. 22cm.
Signatures : †-†††4, ††††6, A-Z4, Aa-Zz4, Aaa-Ddd4, a-m4 (Ddd4 blank)
p. 3, 36 lines, 172×101mm.
« Apologia dictorum Aristotelis » has a special t.-p.
1st ed.
Index & errata at beginning and end.
♣ *Bibl. Trig. ?* 82

1402

Crescenzi, Pietro, 1230-1320.

De omnibus agriculturae partibus, & de Plantarum animaliumq; natura & utilitate lib. XII. non minus Philosophiae & medicinae, quàm oeconomiae, agricolationis, pastionumq; studiosis utiles. Per longo rerum usu exercitatum optimum agricolam & Philosophum Petrvm Crescentiensem principem Reipub. Bononiensis, probata fide & doctrina conscripti ad Carolum Siciliae regem, ante An. cxxx. Ad autoris tempore scripta exemplaria denuò collati & emendati. Basileae, per Henrichvm Petri [1548]

6 l., 385 (*i.e.* 393), [1]p. illus. 32½cm.
Signatures : a6, A-Z6, Aa-Ii6, Kk5.
p. 9, 40 lines, 222×133mm.
Date of publ. *cf.* colophon.
1st ed. Augsburg, 1471.
Index at beginning.
★ Brunet II 416.
♣ *Bibl. Trig.?* 915

1403

Croll, Oswald, 1580-1609.

(Osualdi Crollii Veterani Hassi) Basilica chymica continens Philosophicam propriâ laborum experientiâ confirmatam descriptionem et usum Remediorum Chymicorum Selectissimorum é Lumine Gratiae et naturae desumptorum. In fine libri additus est Autoris ejusdem Tractatus Novus de Signaturis rerum Internis. Francofurti, Impensis Godefridi Tampachii [1609?]

8 l., 283, [25]p., 8 l., 80, [16], 20p. 22cm.
Signatures : †-††4, A-Z4, Aa-Pp4, Qq2; †-††4, A-M4, Aa-Bb4, Cc2.
p. 4, 33 lines, 153×119mm.
Engr. ornamented t.-p.
Dedication dated 1608.
1st ed. Frankfort, 1609.
Two poems : « De vera antiqua philosophica medicina elegia » and « Encomium Wetterae Athenarum Hassiae » by Ulrich Bollinger 20p. et end.
♣ *Prohibetur donec emendetur.* — *Bibl. Trig.* 706

1404

Crom, Adrianus, *SJ,* 1590-1651.

Centvm qvinqvaginta Psalmi Davidici svccincta paraphrasi explicati A. R. P. Adriano Crommio Societatis Iesv ... Editio tertia. Antverpiae, Apud Cornelivm Woons, 1652.

8 l., 124p., 1 l. 15½cm.
1st ed. Louvain, 1628.
★ Sommerv II 1692 n° 1. 1456

1405

Crusius, David, 1589-1640.

Theatrum morborum Hermetico-Hippocraticum seu Methodica morborum, et curationis eorundem dispositio : Multis elegantissimis problematis ac Hermeticae medicinae flosculis illustrata. Opera & studio D. Davidis Crusij, Crimnicensis, Philosophi & Medici. Erfurti, typis Nicolai Schmuckij, Impensis Johannis Episcop, 1615-16.

2v. in 1. 2 fold. tables. 15½cm.
8 l., 249, [20]p., 8 l., 284, [11]p.
Signatures : †8, A-Q8, R7; †8, A-S8, T4.
Vol. 1, p. 3, 29 lines, 122×62mm.
Vol. 2 has imprint : Erfurti, Typis Mechlerianis, Impensis Johannis Episcop.
« Index auctorum » at beginning of each vol.
Index : v. 1, p. 249-[257]; v. 2, p. [285]-[295]
♣ *Missionis Sinensis.* 861

1406

Cruz, Luis da, *SJ,* 1543-1604.

Tragicae, comicaeq; actiones, a Regio Artivm Collegio Societatis Iesv, datae Conimbricae in pvblicvm theatrvm Auctore Ludouico Crucio eiusdem Societatis, Olisiponensi : Nunc primum in Lucem editae et sedulò diligentérq; recognitae ... Lvgdvni, apvd Horativm Cardon, 1605.

8 l., 1117 (*i.e.* 1111), [1]p. 18cm.
Signatures : †8, A-Z8, Aa-Zz8, Aaa-Zzz8, Aaaa4.
p. 226, 28 lines, 133×65/45mm.
p. 1-224 wanting.
Engr. ornamented t.-p.
Colophon : Excusum a Jacobo Rovssin, 1605.
1st ed.
Contents. — Prodigus, tragico-comedia (wanting). — Vita humana, comoedia. — Sedecias, tragedia de excidio Hierosolymi per Nabuchodonosorem.— Manasses restitutus, tragico-comoedia. — Josephus, tragico-comoedia. — Ecloga, Polychronius.
♣ *Bibl. Trig.?* 3294

1407

Curioni, Celio Agostino, 1538-1567.

(Caelii Avgvstini Cvrionis) Sarracenicae historiae libri tres, ab avtore innvmeris locis emendati atque expoliti. In qvibvs Sarracenorum, Turcarum, aliarumque gentium origines & res per annos septingentos gestae continentur. His accessere Wolfgangi Drechsleri earundem rerum Chronicon, siue breuiarium. Item Cael. Avgvst. Cvrionis Marochensis regni in Mauritania nobilissimi à Sarracenis conditi, descriptio, nunquam antea edita. Caelii Secvndi Cvrionis de bello Melitensi à Turcis gesto, historia noua. Cum rerum & verborum in hisce praecipuè memorabilium copioso indice. Francofvrdi, Apud Andreae Wecheli heredes, Claudium Marnium & Ioan. Aubrium, 1596.

171, [9]p. 34½cm.
Signatures : A-P6.
p. 4, 44 lines, 258×135mm.
1st ed. Basel, 1567.
« Appendix chronici Turcici addita a Ioanne Rosino » : p. 90-110.
Bound with : Dubraw, J. Historia Bohemica, Hanoviae, 1602. 2050a

1408

[Curtz, Albert, *SJ***]** 1600-1671.

[Historia cœlestis ex libris Commentariis manuscriptis observationum vicennalium viri generosi Tichonis Brahe Dani. Augustae Vindelicorum, apud Simonem Utzchneiderum, 1666]

2v. 33cm.
Vol. 1 wanting.
Ms. notes on p. 553.

For title, etc. *cf.* Half-title page, colophon, & Sommervogel II 1743.
The « Catalogus stellarum fixarum, ex observatis Hassicis » is a work of Christoph Rothman publ. under title : « Cœli et siderum inerrantium observationes Hassiacae, Leyden, 1618 ». *cf.* AllDeutBiogr XXIX 371.
1st ed.
Contents. — **pt. 2.** Historiae caelestis ex commentariis ms. Illustrissimorum Hassiae Principum, liber XII. complexus observationes anni 1593. Catalogus stellarum fixarum, ex observatis et dimensionibus Hassiacis, ad an. 1593. Historiae caelestis ex commentariis ms. Tychonis Brahe liber XIII. complexus observationes anni 1594 (to) Liber XX. complexus observationes anni 1601. Paralipomena ad Historiam caelestem ex recentione et manuscriptis Guilielmi Schickardii.
★ Brunet I 1200. — Somerv II 1743 n° 8. 1757

1409

[Curtz, Albert, *SJ*] 1600-1671, *ed.*

Historia coelestis jussu S. C. M. Ferd. III. edita complectens observationes astronomicas varias ad historiam coelestem spectantes ... Prostat Apud Johannem Conradum Emmrich, Civem & Bibliopolam Ratisbonensem, 1672.

2v. illus., fold. plate, port. 31½cm.
Vol. 2 wanting.
Ed. by Lucius Barrettus (*anagram* of Albert Curtz, *SJ*). *cf.* Preface.
1st ed. Augsburg, 1666.
Contents. — **t. 1.** Liber prolegomenos complectens observationes ab ann. 721 ante Chr. usque ad ann. 1582 post. Chr. Tychonis Brahe lib. 1-7. observationes ab anno 1582 usque ad annum 1601.
★ Brunet I 1200. — Sommerv II 1743 (ed. wanting).
♣ *Collegij Soc. Jesv Pekini.* 18

1410

Cusa, Nicolaus von, 1401-1464.

(D. Nicolai de Cvsa Cardinalis, vtriusque Iuris Doctoris, in omnique Philosophia incomparabilis viri) Opera ... Basileae, ex officina Henricpetrina [1565]

45 l., 1176, [2]p. incl. tables, diagrs. 32cm.
Signatures : a-d^8, e^6, $†^8$, A-V^8, X^6, Y^4; Aa-Zz^8, Aaa-Nnn^8, Ooo^6, Ppp^4; AAa-PPp^8 (e_6 blank) p. 19, 53 lines, 227×138mm.
3v. in 1.
8 p. l. (sign. d_{1-8}) & p. 395-398 wanting.
Date. *cf.* Colophon.
1st ed. Paris, 1514.
Errata : p. [1177]
Contents. — **t. 1.** Index. Sacrae Scripturae authoritates. De docta ignorantia. Apologia doctae ignorantiae. De coniecturis. De filiatione Dei. De Genesi. Idiotae. De visione Dei. De ludo globi. Compendium, directio unitatis. De possest. De beryllo. De dato Patris luminum. De quaerendo Deum. De venatione sapientiae. De apice theoriae dialogus. De Deo abscondito dialogus. — **t. 2.** De annunciatione. Excitationes. De catholica concordantia. Epistolae. De pace fidei. Cribrationum Alchorani. De nouissimo die. — **t. 3.** De geometricis transmutationibus. De arithmeticis complementis. De mathematicis complementis. De quadratura circuli. De sinibus & cordis. De una recti curvique mensura. Complementum theologicum. De mathematica perfectione. Reparatio calendarii. Correctio tab. Alphonsi.
★ Brunet II 454.
♣ *Bibl. Trig.?* 1390

1411

Cuvelier, Michel, *SJ*, 1600-1651.

Annona spiritvalis. Siue Meditationes Quibus per annvm anima qvotidie perficiatvr. Iuxta viam pvrgativam, illvminativam, vnitivam. Collecta & distributa per R. P. Michaelem Cvvelier Societatis Iesv ... Coloniae, Apud Ioannem Kinchivm, 1646.

11 l., 643 (*i.e.* 642), [4]p. 2 plates. 11×6cm.
1st ed.
Errata : p. [643]-[646]
★ Sommerv II 1750 n° 2.
♣ *Missionis Sinensis PP. Soc Jesv.* — *Veyo da Rezida de Cinanfu.* 2240

1412

— Annona spiritvalis sive Meditationes quibus per annvm anima qvotidie perficitvr. Collectae & distributae per R. P. Michaelem Cuvelier Societatis Jesv. Editio nova, et avctior ... Antverpiae, Apud Michaelem Cnobbaert, 1666.

13 l., 669 (*i.e.* 671)p., 2 l., 52p. 3 plates. 13cm.
Added engr. ornamented t.-p.
Appendix. « Meditationes in festa Sanctorum Societatis Iesv, et In novem Praerogativas D. Bernardi De bono Status Religiosi » at end.
★ Sommerv II 1750 n° 2.
♣ *Ex usu P. Anti Dartas.* — *Igreja de Hoai Ngan V Provae Sin.* 3578

1413

— o. c.

Two plates wanting. 2512

1414

— o. c.

One plate wanting. 2513

1415

Cyprianus Caecilius, *Saint*, 200*ca.*-258.

(S. Caecilii Cypriani) Opera Recognita & Illustrata a Joanne Fello, Oxoniensi Episcopo. Accedunt Annales Cyprianici, sive Tredecim annorum, quibus S. Cyprianus inter Christianos versatus est, brevis historia Chronologicè delineata a Joanne Pearsonio, Cestriensi Episcopo. Editio Tertia cui additae sunt Dissertationes Cyprianicae Henrici Dodwelli. Amstelodami, Apud Joannem Ludovicum de Lorme, 1700.

5 l., 20, [40], 58, 334 (*i.e.* 338), 222p., 1 l., 177p. incl. front., tables. 38cm.

p. 193-216 of [v. 2] are bound in the place of p. 193-216 of [v. 1], which are wanting.
Illus. t.-p.
1st ed. Rome, 1471.
1st ed. by Fell, Oxford, 1682.
Contents. — Vita S. Cypriani per Pontium ejus diaconum. — Indices. — Annales Cyprianici, per Jo. Cestriensem (Pearson). — D. Cypriani ad Donatum liber de Gratia Dei. — De idolorum vanitate. — Testimoniorum adversus Judaeos libri tres. — De habitu virginum. — De unitate Ecclesiae. — De lapsis. — De oratione Dominica. — De mortalitate. — De exhortatione martyrii. — Ad Demetrianum. — De opere et eleemosynis. — De bono patientiae. — De zelo et livore. — Concilium Carthaginiense; De baptizandis haereticis sententiae episcoporum. — S. Cypriani epistolae 81. — Opuscula vulgo adscripta S. Cypriano. — Arnoldi Carnotensis, Abbatis Bonae-Vallis, opera sive tractatus De verbis Domini in cruce; De cardinalibus Christi operibus; De operibus sex dierum; De laudibus B. Virginis; Meditationes. — Alia dubia aut spuria. — Dissertationes Cyprianicae ab Henrico Dodwello. — Appendix ad has dissertationes.
★ Brunet II 459.
♣ *Stamp of Mgr Alex. de Gouvea.* 1424

1416

Cysat, Johann Baptist, *SJ,* 1588-1657, *praeses.*

Mathemata Astronomica de loco, motv, magnitvdine, et cavsis cometae qvi svb finem anni 1618. et initivm anni 1619. in coelo fvlsit; Ex assiduis legitimisq; variorum Phaenomenorum obseruationibus deriuata. Avctore Io. Baptista Cysato, Societatis Iesv ... Pvbliceqve proposita et demonstrata ab ervdito ivvene Volperto Mozelio Mathematicae & Physicae Studioso. Anno 1619. Die Decembris ... Ingolstadii. Ex Typographeo Ederiano, apud Elisabetham Angermariam, Viduam, 1619.

4 l., 80 (*i.e.* 84), [3]p. incl. tables, diagrs. 19½cm.
Signatures : A-M4.
p. 33, 39 lines, 157×105mm.
1st ed.
Errata : p. [83]
Bound with : Scheiner, C. Ocvlvs, Oeniponti, 1619.
★ Sommerv II 1760 nº 1. 719a

D

1417

[Dalechamps, Jacques] 1513-1588.

Historia generalis plantarvm, in libros XVIII. per certas classes artificiose digesta; Haec, plusquam mille imaginibus plantarum locupletior superioribus, omnes propemodum quae ab antiquis scriptoribus, Graecis, Latinis, Arabibus, nominantur : necnon eas quae in Orientis atque Occidentis partibus, ante seculum nostrum incognitis, repertae fuerunt, tibi exhibet. Habes etiam earundem plantarum peculiaria diuersis nationibus nomina : habes amplas descriptiones, è quibus singularum genus, formam, vbi crescant & quo tempore vigeant, natiuum temperamentum, vires denique in medicina proprias cognosces. Adiecti sunt Indices, non solùm Graeci & Latini, sed aliarum quoque linguarum locupletissimi. Lugduni, apvd Gvlielmvm Rovillivm, 1587.

2 v. illus. 39cm.
Vol. 2 wanting.
Illus. t.-p.
Author : Jacques Dalechamps, editors : Jean Desmoulins & Guillaume de Roville, *cf.* Preface.
1st ed.
★ Brunet II 471.
♣ *Bibl. Trig.* 1133

1418

Dalrymple, *Sir* **James,** *first Viscount Stair,* 1619-1695.

Physiologia nova experimentalis in qua, Generales Notiones Aristotelis, Epicuri & Cartesii supplentur : Errores deteguntur & emendantur; atque Clarae distinctae & speciales causae praecipuorum experimentorum, aliorumque phoenomenωn naturaliūm, aperiuntur. Ex Evidentibus principiis, quae nemo antehac perspexit, & prosecutus est. Authore D. de Stair ... Nuper Latinitate donata ... Lugduni-Batavorum, Apud Cornelium Boutesteyn, 1686.

6 l., 632, [4]p. 2 fold. plates, 2 fold. diagrs. 21cm.
Added engr. ornamented t.-p.
Ms. notes on verso of front guard leaf.
1st ed.
Index & errata : p. [633]-[636]
♣ *Collegij S. J. Pekini.* 790

1419

Danet, Pierre, *d.* 1709.

Magnum dictionarium Latinum et Gallicum, ad pleniorem planioremque scriptorum Latinorum intelligentiam, collegit, digessit, ac nostro vernaculo reddidit M. Petrus Danetius Academicus, Abbas Sancti Nicolai Virdunensis, jussu Christianissimi Regis, ad usum Serenissimi Delphini, et Serenissimorum Principum Burgundiae, Andium, et Biturigum. Parisiis, Apud Viduam Claudii Thiboust, et Petrum Esclassan, 1694.

10 l., 1332 ? (*i.e.* 1232 ?)p. 28cm.
p. 1333 (*i.e.* 1233)-? wanting.
Engr. head-piece.
Text in 2 col.
1st ed. Paris, 1685-91.
♣ *PP. Gall. Soc. Jesu. Pekin.* 3058

1420

Dasypodius, Konrad, 1529*or*1530-1600.

Brevis doctrina de cometis, & Cometarum effectibus. Per M. Cvnradvm Dasypodivm. Argentorati, Excudebat N. Vvyriot, 1578.

20 unnumb. l. illus. 20cm.
Signatures : A-E4.
f. [5]b, 26 lines, 147×95mm.
Illus t.-p.
1st ed.
Bound with : Ptolemaeus, C. Magnae constructionis liber primus, Neapoli, 1605 and others.
236b

1421

[— Heron Mechanicus, Argentorati, Wyriot, 1580]

42 unnumb. l. illus. 20½cm.
Signatures : a4, A-I4, K2.
f. [5]a, 26 lines, 148×102mm.
t.-p. wanting.
Author : Konrad Dasypodius, title, imprint. *cf.* Preface, caption title, & Thierry's catalog. p. 126.
1st German ed. Strasburg, 1578.
1st Latin ed.
Bound with : Baldi, B. Scamilli impares Vitrvviani, Augustae Vindelicorum, 1612. — Snellius, W. Apollonius Batavus, Lugodini, 1608. — Baldi, B. De verborum Vitrvvianorum significatione, Augustae Vindelicorum, 1612.
♣ *Bibl. Trig. ?* 815

1422

David, Jean, *SJ,* 1545-1613.

Ampvtandvm pvtabam radix stirps et germen errorvm Auctore P. Ioanne David Societatis Iesv Sacerdote. Antverpiae, apvd Ioach. Trognaesivm, 1612.

8 l., 171, [2]p. 15½cm.
Signatures : †8, A-K8, L7.
p. 8, 31 lines, 127×66mm.
Illus t.-p.
1st ed.
★ Sommerv II 1852 nº 26. 2827

1423

— Haereticvs aranevs, ex cvivs natvra et indole vniversa haereseos oeconomia et technae liquidò lepideque demonstrantur. Auctore R. P. Ioanne David Societatis Iesv Sacerdote : primùm quidem Belgicè editus; nunc vero à F. Theodoro Petreio Latinitate donatus ... Coloniae, Sumptibus Ioannis Kinckij, 1609.

12 l., 514 (*i.e.* 414), [18]p. illus. 13cm.
Signatures : †12, A-S12.
p. 2, 22 lines, 97×47mm.
1st Belgian ed. Brussels, 1595.
1st Latin ed.
Index at end.
★ Sommerv II 1845 nº 1. 1310

1424

[Dechamps, Etienne Agard, *SJ*] 1613-1701.

(Antonii Ricardi [*pseud.*] Theologi) Disputatio Theologica de libero arbitrio, qva Defenditur Censura Sacrae Facultatis Theologiae Parisiensis lata 27. Iunij 1560. & plures Noui Dogmatis propositiones ab eadem meritò proscribi, & S. Augustini, aliorum Patrum, ac Veterum Theologorum doctrinae aduersari demonstratur. Editio qvinta. Iuxta Parisiensem auctiorem 1646. Item Responsio eiusdem ad Obiectiones Vincentianas Vincentii Lenis [*pseud.*] : cui Responsio alia ad Prodromam huius Epistolam iam accedit. Coloniae Ubiorum, Apud Jodocum Kalcovium, & Socios, 1650.

22 l., 675, [45]p. 15½cm.
Antonius Ricardus pseud. of Etienne Agard Dechamps & Vincentius Lenis pseud. of Libert Froidmont. *cf.* DictTheolCath VIII 469.
1st ed. of « Defensio censurae Sacrae Facultatis Parisiensis », Paris, 1645.
1st ed. of « Responsio ad objectiones Vincentianas », Paris, 1648.
1st combined ed.
Index : p. [690]-[720]
Errata at beginning.
★ DictTheolCath IV 176. — Sommerv II 1864 nº 4.
♣ *P : Guil : van der Beken Miss : Chinensis. — Da Igreja de Hoai Ngan.* 2764

1425

Del Monte, Guidobaldo, 1545-1607.

(Gvidi Vbaldi e Marchionibus Montis) In dvos Archimedis aeqveponderantivm libros paraphrasis Scholiis illustrata. Pisavri, Apud Hieronymum Concordiam, 1588.

2 l., 202, [1]p. incl. diagrs. 32½cm.
Signatures : †2, A-Z4, Aa4, Bb6.
p. 2, 37 lines, 213×130mm.
Illus t.-p.
Colophon dated 1587.
1st ed.?
Errata : p. [203]
Bound with : Del Monte, G. Problematum astronomicorum libri septem, Venetiis, 1609.
★ Brunet V 996. 163a

1426

— o. c. 31cm.

Errata at end; corrected by hand in the text.
♣ *Da missam da China da Compa de Jesu.* 477

1427

— (Gvidi Vbaldi e' Marchionibvs Montis) Perspectivae libri sex. Pisavri, Apud Hieronymum Concordiam, 1600.

2 l., 310p., 1 l. incl. diagrs. 32cm.
Signatures : †2, A-Z4, Aa-Qq4.
p. 3, 38 lines, 218×127mm.

Illus t.-p.
1st ed.
Errata : p. [311]
★ Brunet V 995. 1185

1428

— o. c. 29½cm.

p. 91-94 wanting.
♣ *Bibl. Trig.* 1184

1429

Del Monte, Guidobaldo, 1545-1607.

(Gvidi Vbaldi è Marchionibus Montis) Planisphaeriorvm vniversalivm theorica. Pisavri, Apud Hieronymum Concordiam, 1579.

4 l., 128p. incl. diagr. 25½cm.
Signatures : †^{4}, A-Q^4.
p. 2, 30 lines, 170×107mm.
Illus. t.-p.
1st ed. Cologne, 1560.
★ Brunet V 996.
♣ *Bibl. Trig.?* 187

1430

— (Gvidi Vbaldi e Marchionibus Montis) Problematum Astronomicorum libri septem. Venetiis, Apud Bernardum Juntam, Io. Baptistam Ciottum & Socios, 1609.

6 l., 128 numb. l. incl. diagrs. 32½cm.
Signatures : †^{6}, A-Z^4, Aa-Ii^4.
f. 1b, 42 lines, 243×147mm.
Illus t.-p.
1st ed.
Bound with : Del Monte, G. In dvos Archimedis aeqveponderantivm libros paraphrasis, Pisavri, 1588.
★ Brunet V 996.
♣ *Bibl. Trig.?* 163

1431

Delorme, Charles, 1584-1678.

Πτελεινοδαφνεῖαι. Hoc est Caroli Delorme Laureae Apollinares, a primâ ad Supremam. Siue Enneas quaestionum Medicarum, pro Baccal$_{tu}$. Licentia et Doctoratu. His accesserunt varia *Ενδοξα, Αμφίδοξα, Παράδοξα.* Quae omnia, vt vera, variis congressib^s propugnauit C. Delorme ... Parisiis, Apud Adrianum Beys, 1608.

8 l., 46p. 4 l., 24, 8, [5]p. 18cm.
Signatures : A^4, B^4, A-F^4, (F_4 blank); Aa^4, AA-CC^4, a^4, a^4 (a_1 blank)
p. 3, 32 lines, 129×66mm.
Engr. ornamented t.-p.
1st ed.
Bound with : Du Boys, J. In methodum miscendorum medicamentorum observationes, Parisiis, 1572 and others. 1019a

1432

Delrio, Martin-Antoine, *SJ,* 1551-1608.

Magicarvm disqvisitionvm tomvs secvndvs, in qvo agitvr De Maleficio, Vana Observatione, Divinatione, & Coniectatione. Auctore Martino Delrio Societatis Iesv Presbytero. Lovanii, Ex Officina Gerardi Rivii, 1600.

8 l., 133, [11], [134]-373, [24]p. fold. table. 21cm.
Signatures : †-††^{4}, A-Z^4, AA-ZZ^4, AAA-EEE^4.
p. 7, 35 lines, 165×100mm.
The complete set consists of 3 v.
Illus. t.-p.
1st ed. Mainz, 1593.
Index & errata : p. [374]-[396]
★ Brunet II 579. — DictTheolCath IV 262. — Sommerv II 1898 n° 7. 274

1433

Der-Kennis, Ignatius, *SJ,* 1598-1656.

De Deo Vno, Trino, Creatore. Auctore Ignatio Der-Kennis, Antverpiensi è Soc. Jesu ... Bruxellis, Typis Francisci Foppens, 1655.

8 l., 642 (*i.e.* 640), [24]p. 18½cm.
Illus t.-p.
1st ed. Bruxelles, 1645.
★ DictTheolCath IV 531. — Sommerv II 1943 n° 16.
♣ *V Provinciae Sinensis Soc^{tis} Jesu. — Caza de Châm cheû.* 1721

1434

— o. c. 17½cm.

♣ *Soc^{tis} JESV Louanij. — Aplicado à Resid^a de Chin Kiam por ordẽ publicada pello P. V Prov^{al} Joao de Saà.* 1439

1435

Descartes, René, 1596-1650.

(Renati Des Cartes) Geometria, Cum Notis Florimondi de Beavne ... Ex Gallico translata, commentariisque illustrata, Operâ atque studio Francisci à Schooten, Leydensis ... Lvgdvni Batavorvm, Ex Officina Ioannis Maire, 1649.

6 l., 336, [2]p. incl. diagrs. 23½cm.
1st French ed. Leyden, 1637.
1st Latin ed.
Errata : p. 336-[338]
★ Brunet II 610.
♣ *Biblioth. Soct. JESV Lovan 1650.* 510

1436

— Geometria, à Renato Des Cartes Anno 1637 Gallicè edita, postea autem Unà cum Notis Florimondi de Beavne ... Gallicè conscriptis in Latinam linguam versa, & Commentariis illustrata, Operâ atque studio Francisci à Schooten ... Nunc demum ab eodem diligenter recognita, locupletioribus Commentariis instructa, multisque egregiis accessionibus ... exornata. Amstelaedami, Apud Ludovicum & Danielem Elzevirios, 1659.

2v. incl. port., diagrs. 19½cm.
Vol. 2 wanting.
Half-title page spoiled.
On half-title page : Renati Des-Cartes Geometria, Editio secunda, Multis accessionibus exornata, & plus altera sui parte adaucta.
Contents. — v. 1. Descartes, R. Geometriae libri tres. Beaune, F. de. In geometriam R. Descartes notae breves. Schooten, F. van. In eandem commentarii. Appendix de cubicarum aequationum resolutione, et Additamentum. Hudde, J. Epistolae duae, de aequationum reductione & de maximis et minimis. Heuraet H. van. Epistola de curvarum linearum in rectas transmutatione.
★ Brunet II 610.
♣ *Ve Prouae Sinensis.* 517

1437

Descartes, René, 1596-1650.

Geometria, a Renato Des Cartes Anno 1637 Gallicè edita, postea autem Vnà cum Notis Florimondi de Beavne ... Gallicè conscriptis in Latinam linguam versa, & Commentariis illustrata, Operâ atque studio Francisci à Schooten ... Nunc demum ab eodem diligenter recognita, locupletioribus Commentariis instructa, multisque egregiis accessionibus ... exornata ... Amstelodami, Ex Typographia Blaviana, 1683.

2v. incl. port., diagrs. 21½cm.
Vol. 2 wanting.
On half-title page : Renati Des-Cartes Geometria. Editio tertia. Multis accessionibus exornata, & plus alterâ sui parte adaucta. 516

1438

— (Renati Des Cartes) Geometria, Unà cum Notis Florimondi de Beaune ... & Commentariis illustrata, Operâ atque studio Francisci à Schooten ... Ab eodem dum viveret diligenter recognita ... multisque egregiis accessionibus ...exornata. Nunc vero à Viro Clariss. denuo revisa & ... repurgata, unà cum notis ...huic quartae editioni recens adjectis. Accedit insuper Compendium musicae ... Francofurti ad Moenvm, Sumptibus Friderici Knochii, 1695.

2v. incl. tables, diagrs. 20½cm.
Vol. 2 has title : Principia matheseos vniversalis.
Contents. — v. 1. Descartes, R. Geometriae libri tres. Beaune, F. de. In geometriam R. Descartes notae breves. Schooten, F. van. In eandem commentarii; Appendix de cubicarum aequationum resolutione, et Additamentum. Hudde, J. Epistolae duae, de aequationum reductione & de maximis et minimis. Heuraet, H. van. Epistola de curvarum linearum in rectas transmutatione. Descartes, R. Musicae compendium. — v. 2. Schooten, F. van. Principia matheseos universalis, seu Introductio ad Cartesianae geometriae methodum, conscripta ab Er. Bartholino. Beaune, F. de. Duo tractatus posthumi, de natura, constitutione & limitibus aequationum (ab Erasmio Bartholino absoluta et edita). Witt, J. de. Elementa curvarum linearum (opera F. à Schooten edita). Schooten, F. van. Tractatus de concinnandis demonstrationibus geometricis ex calculo algebraico (a fratre suo Petro in lucem editus). Bartholinus, E. Notae & animadversiones tumultuariae in universum opus. 515

1439

— (Renati Des Cartes) Meditationes De Prima philosophia, In quibus Dei existentia, & animae humanae a corpore distinctio, demonstrantur. His adjunctae sunt variae objectiones doctorum virorum in istas de Deo & anima demonstrationes; Cum Responsionibus Authoris. Editio ultima prioribus auctior & emendatior. Amstelodami, Apud Joannem Janssonium Juniorem, 1658.

5 l., 226, 199, 108p. 21cm.
1 p. l. bound before the appendix.
« Appendix » has a special t.-p. dated 1657.
1st ed. Paris, 1641. 2870

1440

— (Renati Des-Cartes) Opera philosophica. Editio secvnda ab auctore recognita. Amstelodami, apud Ludovicum Elzevirium, 1650.

21 l., 302 (*i.e.* 292)p., 8 l., 316p., 12 l., 98, [5]p. illus. 21cm.
For title. *cf.* Half-title.
Each work has a special t.-p.
« Meditationes de prima philosophia &c. » & « Epistola ad Gisbertum Voetium » mentioned in the contents on verso of the half-title page are not in our copy.
Ms. on recto of front guard leaf.
1st collected ed.
Contents. — Epistola avthoris ad Principiorvm philosophiae interpretem Gallicum. — Principia philosophiae. — Specimina philosophiae seu Dissertatio de methodo rectè regendae rationis, & veritatis in scientiis investigandae, Dioptrice & Meteora. — Passiones animae per Renatvm Des Cartes : Gallicè ab ipso conscriptae, nunc autem in exterorum gratiam Latina civitate donatae, ab H. D. M. I. V. L. 2911

1441

Des Muliers, Nicolas, 1564-1630.

Ivdaeorvm annvs lvnae-solaris : et Tvrc-Arabvm annvs merê lvnaris. Recens uterque è suis fontibus deductus, & cum anno Romano facili methodo connexus. Studio & operâ Nicolai Mvleri ... Groningae, Excudebat Ioannes Sassivs, 1630.

6 l. 83, [1]p. incl. diagrs., tables. 31½cm.
Signatures : †⁶, A-G⁶.
p. 24, 40 lines, 228×138mm.
Ms. marginal notes.
1st ed.
Index & errata at beginning.
♣ *Collegij Paquinensis in China.* 211

1442

— Tabvlae Frisicae Lunae-Solares quadruplices; è fontibus Cl. Ptolemaei, Regis

Alfonsi, Nic. Copernici, & Tychonis Brahe, recens constructae Operâ et studio Nicolai Mvlerl ... Leowardiani. Quibus accessêre Solis tabulae totidem; hypotheses Tychonis illustratae : Kalendarium Rom. vetus, cum methodo Paschali emendatâ. Alcmariae, Excudebat Iacobus Meesterus; Veneunt Amstelrodami, apud Wilhelmum Ianssonium, 1611.

136, [4], [137]-464p., 13 l., 77, [1]p., 1 l. illus. (incl. tables, diagrs.) 23½cm.
Signatures : A-Q^4, R^6, S-Z^4, Aa-Pp^4, Qq^2, Rr-Zz^4, Aaa-Mmm^4, Nnn^2, A-C^4, D^2 (D_2 blank), E-O^4.
p. 11, 31 lines, 177×123mm.
Engr. ornamented t.-p.
Ms. marginal notes.
1st ed.
Errata : p. 460.
✤ *Bibl. Trig. ?* 168

1443

— o. c.

✤ *Bibl. Trig. ?* 169

1444

— o. c.

Ms. marginal notes.
Ms. diagr.
Ms. notes on a slip bound after p. 426.
✤ *Alex[ri] Rhaud[s]. J. C. D D M.* 78

1445

Despautères, Jean, 1460*ca.*-1520.

Grammatica Joannis Despavterij Ninivitae, in commodiorem docendi & discendi usum redacta. Cum Praeceptis & observationibus ... Adjecta est ... Gallica Versuum Despauterii interpretatio per Gabrielem Prateolum ... Per Joannem Behovrt, Rothomagaeum. Accessit recens figurarum fermè omnium, quae in usu communi sunt, tractatio, caeteris omnibus correctior ... Lvgdvni, apud Petrum André, 1684.

634 (*i.e.* 628), [10]p. 16½cm.
p. 629-[644] bound incorrectly.
1st ed. Paris, 1537.
« Les noms Latins Francois » and « Proverbes communs » at end.
✤ *Missionis Sinensis PP. Gallorum Soc[tis] JESV Pekin an 1698. — Pekin.* 3205

1446

D'Espieres, Jean, 1597*ca.*-1664.

Calendarivm Romanvm novvm et Astronomica Aqvicinctina. Cum novâ, ac facili methodo inueniendi Characteres omnes temporum : cuiusmodi sunt motvs solis, lvnae ... Variae temporum Epochae, Aureus numerus, Epacta ... Item calcvlvs eclipsivm solis, et lvnae ad qvemlibet meridianvm. Deniqve arithmetica astronomica, cvm canone sexagesimorvm, et logarithmorvm. Avctore D. Ioanne D'Espieres ... Dvaci, Typis Lavrentii Kellami, 1657.

8 l., 176, 68p. incl. tables. 36½cm.
Ms. marginal notes.
✤ *Collegij Societatis Jesv Pekini.* 213

1447

— Svmma Diana, in qva R. P. D. Antonini Diana Panormitani Clerici Regvl. ... Opera omnia sex partibvs comprehensa, Diana ipso committente & approbante, Avsonio verò Noctinot [*pseud.*] Siculo Tertij Ordinis S. Francisci operam dante, In vnicum Volumen arctantur, Alphabetico simul & doctrinali ordine digestum, & bipartitum ... Accessit in marginibus Breviarium ... Editio posterior & accuratior, sparsis hinc inde mendis, quae in prioribus exciderunt, expurgata. Lvgdvni, Sumpt. haered. Gabr. Boissat, & Lavrent. Anisson, 1644.

8 l., 456, [7], 454, [6]p. 23½cm.
1 v. in 2.
1st ed. of « Resolutionum moralium partes duodecim » Lyons, 1629-59 and Rome, 1656.
Index at end of each vol.
✤ *De PP. Ossti di S. Fran[co] in Xan tung a Pé King F. Joan : Ant[us] de Portu Ferrari.* 1440

1448

— Svmma Diana, In qua A. R. P. D. Antonini Diana Panormitani Clerici Regvl. ... Opera omnia sex partibvs comprehensa, Diana ipso committente & approbante, Avsonio verò Noctinot [*pseud.*] Sicvlo Tertij Ordinis S. Francisci operam dante, In unicum Volumen arctantur, Alphabetico simul & doctrinali ordine digestum, & bipartitum. Cum additionibus ... Accessit in marginibus Breviarium ... & index verborum locupletissimus. Romae, Apud Franciscum Caballum, 1644.

12 l., 432p., 2 l., 435, [9]p. 21cm.
Added engr. ornamented t.-p.
Errata at beginning of pt. 1 and end of pt. 2.
✤ *Applicado a la Proua da Comp[a] de JESV, na China. No Cubiculo do R. P. Viceprovincial. — Nankim.* 1642

1449

Diana, Antonino, *OTheat,* 1585-1663.

(R. P. D. Antonini Diana Panormitani, Cler. Reg ...) Practicae resolvtiones lectissimorvm casvvm. Editio vltima Partes omnes XII. complectens, Iterum cum Autore collata ac plurimis locis aucta. Antverpiae, Apud Iacobvm Mevrsvm, 1660.

787, [120]p. 16½cm.
1st ed. Palermo, 1629-56.
Index : p. [789]-[905]
★ DictTheolCath IV 734. 1518

1450

Diana, Antonino, *OTheat,* 1585-1663.

Svmma Diana, in qva R. P. D. Antonini Diana, Panormitani Clerici Reg. ... Opera omnia Vndecim partibus comprehensa : Septem nempe priores, Diana ipso committente & approbante; Antonio verò Cotonio, aliàs Avsonio Noctinot Siculo Tertij Ordinis S. Francisci operam dante : Tres subsequentes tum à R. D. Andraea Gvadagno, Quintiano ... tum Iacobo Pontano ... Vndecima denique à R. D. Arnoldo a Porta recens collectae, in vnum volumen coarctantur. Hac editione postrema suis locis plurima reponuntur, & à mendis expurgantur, Alphabetico simul & doctrinali ordine digeruntur : unà cum Breviario ad marginem aptissimo. Antverpiae, Apud Hieronymvm & Ioannem Bapt. Verdvssen, 1656.

8 l., 452, 258, 31p. 33½cm.
2 pt. in 1.
Text in 2 col.
Title corrected in manuscript.
Appendix : « Svmma duodecimae partis operum » ed. by Arnoldus a Porta at end of v. 2.
♣ *Stamp of Mgr Polyc. de Souza.* 1486

1451

Dibuadius, Christophorus.

(C. Dibvadii) In arithmeticam rationalivm Evclidis Septimo, Octavo & Nono Elementorum libris comprehensam Demonstratio ... Arnhemii Geldriae, Apud Iohannem Iansonivm, 1605.

4 l., 80p. incl. tables. 19cm.
Signatures : †⁴, A-K⁴.
p. 79, 35 lines, 160×104mm.
Bound with : Dibuadius, C. In geometriam Euclidis ... demonstratio linealis, Arnhemii Geldriae, 1603 and others. 453b

1452

— (C. Dibvadii) In arithmeticam irrationalivm Evclidis Decimo Elementorum libro comprehensam demonstratio Linealis & Numeralis ... Arnhemii Geldriae, Apud Iohannem Iansonivm, 1605.

12 l., 200p. illus. (incl. diagrs.), 2 fold. tables. 19cm.
Signatures : †-†††⁴, A-Z⁴, Aa-Bb⁴.
p. 6, 37 lines, 160×104mm.
Errata at beginning.
Bound with : Dibuadius, C. In geometriam Euclidis ... demonstratio linealis, Arnhemii Geldriae, 1603 and others. 453c

1453

— (C. Dibvadii) In geometriam Evclidis prioribus sex Elementorum libris comprehensam Demonstratio Linealis ... Arnhemii Geldriae, Apud Iohannem Iansonivm, 1603.

4 l., 100p. incl. diagrs. 19cm.
Signatures : †⁴, A-M⁴, N².
p. 96, 32 lines, 159×104mm.
Errata at beginning.
Bound with : Dibuadius, C. In geometriam Euclidis demonstratio numeralis, Lvgduni Batavorvm, 1603; In arithmeticam rationalium Euclidis demonstratio. Arnhemii Geldriae, 1605; In arithmeticam irrationalium Euclidis demonstratio linealis & numeralis, Arnhemii Geldriae, 1605.
♣ *Bibl. Trig.* 453

1454

— (C. Dibvadii) In geometriam Evclidis prioribus sex Elementorum libris comprehensam Demonstratio Numeralis ... Lvgdvni Batavorvm, Ex Typographeîo Christophori Guyotii, Impensis Ioannis Ioannidis bibliopolae Arnemensis, 1603.

8 l., 72p. incl. diagrs. 19cm.
Signatures : †-††⁴, A-I⁴.
p. 23, 35 lines, 158×104mm.
Errata at beginning.
Bound with : Dibuadius, C. In geometriam Euclidis ... demonstratio linealis, Arnhemii Geldriae, 1603 and others. 453a

1455

Dicastillo, Juan de, *SJ,* 1584-1653.

(Ioannis de Dicastillo Societatis Iesv Doctoris Theologi) Tractatvs dvo De ivramento perivrio et adivratione, nec non De censvris et poenis ecclesiasticis. Antverpiae, Apud Iacobvm Mevrsivm, 1662.

4 l., 190, [2], 536, [34]p. 34½cm.
Text in 2 col.
1st ed.
Index : p. [545]-[568]
★ Sommerv III 49 nº 3.
♣ *Applicatus Collº Genuensi ad usum Lectoris Moralis Theologiae. — Dono dedit Collº Socis Jesu Pekinensi D. Abbas Benedictus Ruyda anno 1721.* 1523

1456

Dictionarium manuale biblicum ex celebratissimis potissimum dictionariis, quae clarissimi et probatissimi viri Simonius Uzetiae in Viennensi Dioecesi Parochus, ac T. D. et Augustinus Calmet Ordinis S. Benedicti Abbas concinnarunt, a R. et Ecc. Joanne Antonio Dalmaso Vicetino T. D. C. ex Gallico idiomate Latine redditum. Editio articulis et adnotationibus a P. D. Prospero de Aquila in regia Neapolitana Universitate S. Script. Professore locupletata ... Augustae Vindelicorum, Sumptibus Fratrum Veith, 1776.

2v. 20cm.
1st French ed. Paris, 1756.
♣ *Stamp of Mgr Alex. de Gouvea.* 1441

1457

Dictionarium Sinico-Latinum. Manuscript, *19th cent.*

1 vol. 25×20½cm., the text being 21×15cm.

[12], 5-309, [3]p. (First and last blank); 46 blank fol. at beginning and 4 at end.
No title.
Text written in a printed frame, divided in 9 lines and 2 col. French romanisation of Chinese letters is added outside the frame.
Some pages spoiled; 11 at beginning and 1 at end have been rewritten by another hand.
The Chinese words are classed in alphabetical order according to Portuguese phonetisation, which does not always correspond with the French.
Chinese colloquial phrases included in the version are given in romanisation only, without the proper characters. 3607

1458

Dictionnaire Chinois-Latin. Manuscript, *19th cent.*

1 vol. 21½×17½cm., the text being 18×12½cm.
2 l., [20], 804, 41, [3]p.
For title. *cf.* Binder's title.
Text in a frame, divided in 10 lines and 4 col. The 1st col. contains the Chinese character; the 2nd its signification in Latin, and a short definition in Chinese; phrases & examples are added, in romanisation only, with their translation in Latin; the 3rd and 4th col. give some synonyms of the Chinese word.
Contents. — Preliminaries : Index Magistralium litterarum ceu clavium. Breviores et varii modi scribendi aliquot characteres. 4 tempora, menses, numeri, 24 divisiones temporum. Quinque montes famosi apud Sinas. Nomina Dynastiarum Sinicarum universa. Litterae temporariae. Cyclus sexagenarius. Nomina lunarum. — Text of the dictionary. — Supplements : Verba sensu opposita. Characteres forma similes.
Classification of letters follows the « K'anghi tzeu tien » (1st ed. 1716). The short definitions mentioned above, written vertically with red ink, are also borrowed from K'anghi's dictionary.
« Illud Dictionnarium continet 8034 caracteres ». — note p. 804. 3596

1459

Dictionnaire Chinois-Latin. Manuscript, *19th cent.*

1 vol. 31½×22cm., the text being 26×18cm.
12 p., 5 unnumb. l., 804, 41 p., 5 unnumb. l.
For title. *cf.* Binder's title.
Text in a frame, divided in 10 lines and 4 col. The 1st col. contains the Chinese character; the 2nd its signification in Latin, and a short definition in Chinese; phrases & examples are added, in romanisation only, with their translation in Latin; the 3rd and 4th col. give some synonyms of the Chinese word.
Contents. — Preliminary : Index Magistralium litterarum ceu clavium.— Text of the dictionary. — Supplements : Verba sensu opposita. Characteres forma similes.
Classification of letters follows the « K'anghi tzeu tien » (1st ed. 1716). The short definitions mentioned above, written vertically with red ink, are also borrowed from K'anghi's dictionary. 3608

1460

Dictionnaire latin-chinois. ms. *18th cent.*

2 vol. of 434 and 457 leaves.

29×25cm. the text being 252×194mm.
Text within a blockprinted frame, in 2 col., of 10 lines.
Contents — **v. 1.** Ab-Hystrix. — **v. 2.** Jam-Vxor.
The ms. is on very brittle chinese paper; most of the leaves have been repaired but unskilfully and the text has been cut at the bottom of some pages.
The work is not a mere glossary but consists chiefly in the rendering of latin expressions and phrases. The author seems to have borrowed much from Danet : Magnum dictionarium Latinum et Gallicum, Parisiis, 1694, a copy of which is in the library. 3604

1461

Dictionnaire latin-chinois. ms. *19th cent.*

[2], 332, [2] leaves (2 blank at beginning and at end).
In-4°, 21×15cm., the text being 17×13cm.
Text within a red frame, in 3 col., of 18 lines.
The Latin part gives the genus and declination of nouns, and the principal tenses of the verbs.
The total number of words is about 11,000.
The copy contains several mistakes in spelling. 3595

1462

Diemerbroeck, Ysbrand van, 1609-1674.

(Isbrandi de Diemerbroeck, Medicinae et Anatomes Professoris,) Anatome corporis hvmani, plurimis novis inventis instrvcta variisque Observationibus, & Paradoxis, cùm Medicis, tùm Physiologicis adornata. Editio novissima innumeris naevis quibus aliae scatent sedulò repurgata, & multis Figvris aeneis de novo emendatis ditata. Genevae, Apud Samvelem de Tovrnes, 1679.

10 l., 844, [8]p. 13 fold. plates. 22½cm.
2 p. l. (sign. †††1,2) bound between the index.
Added engr. ornamented t.-p.
1st ed. Utrecht, 1672.
Index : p. [845]-[852]
♣ *PP Gallor SJ Pekin.* 3350

1463

— (Isbrandi Diemerbroeck Medicinae et Anatomes Professoris) Anatome corporis humani; plurimis novis inventis instructa variisque observationibus, & Paradoxis, cùm Medicis, tum Physiologicis adornata. Editio nova cum multis figuris. Lugduni, Sumpt. Marci & Joan. Henrici Huguetan, 1683.

8 l., 606, [6]p. 13 fold. plates. 25½cm.
Illus. t.-p.
Added engr. ornamented t.-p.
Index : p. 606-[612]
♣ *PP Gallor SJ Pekin.* 3376

1464

— o. c.

♣ *missionis Sinensis patrum gallorum Soc. Jesu.* 3377

1465

Diertins, Ignace, *SJ,* 1626-1700.

Exercitia spiritualia S. P. Ignatii Loyolae, Cum sensu eorumdem explanato, a. P. Ignatio Diertins S. I. Editio qvinta, ab Auctore recognita, & aucta. Additur Appendici primae, Ordo etiam pro Exercitiis Menstruis. Accessit & Appendix secunda, de modo tradendi Exercitia variis. Antverpiae, Typis Henrici Thievllier, 1696.

12 l., 411, [25], 93, [19]p. 17½cm.
1st ed. Ypres, 1687.
Index at end of each part.
« Addenda aut mutanda » at beginning and errata at end; corrected by hand in the text.
★ Sommerv III 53 nº 2. 2733

1466

— Sensus Exercitiorum spiritualium S. P. Ignatii Loyolae explanatus, auctore, P. Ignatio Diertins Bruxellensi, è Societate Jesu. Ipris, Typis Antonii de Backer, 1687.

3 l., 117, [6]p. 15½cm.
1st ed.
★ Sommerv III 53 nº 2. 2683

1467

Digby, *Sir* **Kenelm,** 1603-1665.

Demonstratio immortalitatis animae rationalis, sive Tractatvs dvo philosophici, in qvorvm priori natvra et operationes corporvm, in posteriori vero, natvra animae rationalis, ad euincendam illius immortalitatem, explicantur. Avthore Kenelmo Eqvite Digbaeo ... Ex Anglico in Latinum versa operâ & studio I. L. Praemittitur huic Latinae editioni Praefatio metaphysica, authore Thomas Anglo ex Albiis Exastsaxonum [*sic.*] Eidemque subnectuntur Institutionum Peripateticorum libri quinque, cum Appendice theologica de origine mundi, eiusdem Authoris ... Editio secvnda avctior. Parisiis, Apud Federicvm Leonard, 1655.

58 l., 460p., 2 l., 116p., 2 l., 32p. incl. diagrs. 36½cm.
« Ad lectorem » bound after p. 2 of Appendix.
1st English ed. Paris, 1644.
1st Latin ed. Paris, 1651.
1st Latin ed. of White's « Institutionum Peripateticorum libri quinque », Lyons, 1646.
★ Brunet II 708.
♣ *PP Gallor S.J. Pekin.* 2907

1468

Dion Chrysostomus, *ca.* 35-117.

(Dionis Chrysostomi, praestantissimi & philosophi & oratoris) Orationes octoginta, in Latinum conuersae : In quibus cùm magna rerũ scitu dignissimarum uarietas, elegantia ac sapientia, tum uerò perspicua totius ferè Homericae poeseos explicatio continetur : Thoma Naogeorgo Straubingensi interprete ... Accessit locuples rerum & uerborum in ijsdem memorabilium Index. Basileae, per Ioannem Oporinum [1555]

4 l., 332, [18]p. 31cm.
Signatures : a-z⁴, A-X⁴, Y³.
p. 3, 51 lines, 230×130mm.
Colophon dated 1555.
1st Latin ed. by Naogeorgus.
♣ *Joannis de Sainct Laurens Duaceni.* 3021

1469

Dionysius Carthusianus, 1402-1471.

(D. Dionysii Carthvsiani) Operum minorum Tomus Secundus ... Apud sanctam Vbiorum Coloniam Iohannes Soter excudebat, 1532.

16 l., 544 numb. l. illus. 30½cm.
Signatures : aa-dd⁴, aa-zz⁶, AA-ZZ⁶, AAA-ZZZ⁶, AAAA-XXXX⁶, YYYY⁴.
f. 3a, 56 lines, 225×136mm.
The complete set consists of 3v.
Title printed within a woodcut.
t.-p. spoiled.
Ms. marginal notes.
1st ed. of collected works.
Contents. — De lumine christianae theoriae. — Creaturarum in ordine ad Deum consideratio theologica. — De laudibus Dei. — De venustate mundi & pulchritudine Dei. — De praeconio & dignitate B. V. Mariae. — De vita & regimine principum. — Directorium vitae nobilium. — De vita militari. — De laudabili vita conjugatorum. — De justo pretio rerum. — De regimine politiae. — De laudabili vita virginum. — De laudabili vita viduarum. — Contra avaritiam. — Inter Jesum et senem dialogus. — De judicio mortis & variis casibus ejus elegia. — Inter Jesum et puerum dialogus. — De revelatione quadam. — De reformatione claustralium. — De modo corripiendi et iudicandi. — De exemplis et documentis authenticis. — De praeconio sive laude ordinis Carthusiensis. — De vita inclusarum. — De laude et recommendatione vitae solitariae. — De vita & fine solitarii. — De remediis tentationum. — De vita purgativa. — De oratione. — De gaudio spiritali et pace interna.
★ DictTheolCath IV 439.
♣ *Bibl. Trig.* 1351

1470

[— In Pentateuchum Moysi commentaria. Coloniae, in aedibus Quentelianis, 1534]

12 l., CCCCXIIII (*i.e.* 418) numb. l. 32cm.
Signatures : †⁶, ††⁶, A-Z⁶, a-z⁶, aa-zz⁶, &&⁶.
f. 2a, 60 lines, 241×142mm.
t.-p. wanting.
Ms. marginal notes.
Author : Dionysius Carthusianus, imprint, etc. *cf.* Caption title & colophon.
1st ed. of collected works.
♣ *Bibl. Trig.* 1354

1471

Dionysius Carthusianus, 1402-1471.

(D. Dionysii Carthvsiani) Enarrationes piae ac eruditae in XII. prophetas minores ... Coloniae, expensis Iohannis Soteris & Melchioris Novesiani, 1533.

5 l., CLXXIIII numb. l. 30½cm.
Signatures: A^5, A-G^6, H^4, I-Z^6, a-e^6, f-g^4.
f. 2a, 54 lines, 232×133mm.
Title within woodcut ornamental border.
Ms. marginal notes.
1st ed. of collected works.
Index at beginning.
Bound with: Dionysius Carthusianus. Enarrationes in libros quinque Sapientiales, Coloniae, 1536 and others. 1391a

1472

[— Enarrationes in libros quinque Sapientiales. Coloniae, ex officina Iasparis Gennepaei, 1536]

4 l., CCCXXXIIII (*i.e.* 320) numb. l. 30½cm.
Signatures: A^4, B-Z^6, a-z^6, Aa-Gg^6, Hh-Ii^4.
f. 3a, 55 lines, 235×136mm.
t.-p. wanting.
Ms. marginal notes.
The first page of each «liber» has an ornamental border.
Author: Dionysius Carthusianus, imprint. *cf.* Caption title & colophon.
Contents. — In librum Proverbiorum Salomonis. — In librum Ecclesiastae. — In canticum Canticorum. — In librum Sapientiae. — In librum Ecclesiasticum enarratio.
1st ed. of collected works.
Bound with: Dionysius Carthusianus. Enarrationes piae ac eruditae in XII Prophetas Minores, Coloniae, 1533. — Pigghe A. Apologia indicti a Paulo III Concilii, Coloniae, 1538.
♣ *Bibl. Trig.* 1391

1473

[— Enarrationes in quatuor Evangelistas. Parisiis, 1536]

8 l., CCCLXXXIII (*i.e.* 381) numb. l. 33½cm.
Signatures: A^8, a-g^6, h^8, i-z^6, a-z^6, aa-qq^6, rr^8.
f. 2a, 61 lines, 246×138mm.
t.-p. wanting.
Ms. marginal notes.
Author: Dionysius Carthusianus, imprint, etc. *cf.* Caption title, & colophon.
1st ed. of collected works.
Index at beginning.
♣ *Bibl. Trig.* 1353

1474

— (D. Dionysii Carthusiani) In omnes Beati Pauli Epistolas Commentaria, cui quidem in componendis sacrarum literarum libris uix alter similis successit ... Ex altera recognitione. Coloniae, apud Petrum Quentell, 1533.

8 l., CXL numb. l. 32cm.
Signatures: $†^4$, $††^4$, A-Y^6, Z^4, $\&^4$.
f. 3a, 60 lines, 240×142mm.
t.-p. spoiled.
Title within woodcut ornamental border.
Ms. marginal notes.
1st ed. of collected works.
Errata at beginning.
Bound with: Dionysius Carthusianus. In Epistolas omnes Canonicas enarrationes, Coloniae, 1536. — Nausea, F. Ad Paulum III Pont. Max. Rerum Conciliarium libri quinque, Lipsiae, 1538.
♣ *Bibl. Trig.* 1388

1475

— (D. Dionysii Carthusiani) In Epistolas omnes Canonicas, in Acta Apostolorum, & in Apocalypsim, piae ac eruditae Enarrationes ... Coloniae, expensis Petri Quentell, 1536.

3 l., VI-CLXIII numb. l., 1 l. 32cm.
Signatures: A^4, B-Z^6, AA-CC^6, DD-EE^4.
f. 7a, 60 lines, 244×145mm.
Ms. marginal notes.
1st ed. of collected works.
Bound with: Dionysius Carthusianus. In omnes B. Pauli Epistolas commentaria, Coloniae, 1533 and others. 1388a

1476

Dionysius Halicarnassensis, *1st cent.* B. C.

(Dionysii Alexandri F. Halicarn.) Antiqvitatvm Rom. libri XI. Ab. Aemilio Porto Fr. F. recens, & post aliorum interpretationes, Latinè redditi, & Notis illustrati. Qvibvs adivnximvs H. Glareani Chronologiam cum Indice locupletissimo. Coloniae Allobrogvm, Excvdebat Eustathius Vignon sibi & Henrico Stephano, 1588.

4 l., 383, 107, 50, [41]p., 2 l., 47, 56, 36p. incl. tables. 33cm.
Signatures: $†^4$, a-z^6, A-I^6; AA-II^6; Aa-Kk^4, Ll^6; a-h^6, i^4, k-l^6; a-y^6 (2 l. without sign.)
p. 3, 58 lines, 272×142mm.
1st ed.
«Eivsd. Dionysii Qvaedam de legationibus, Gr. et Lat. ex interpretatione Henr. Stephani, & aliorum. Henr. Steph. Operae variae in Dionysii antiquitatum libros, & Is. Casavboni animaduersiones in eosdem» at end.
♣ *Bibl. Trig.?* 1806

1477

[Dioscorides, Pedacius] *1st cent.*

[De medicinali materia libri VI. Joanne Ruellio interprete. Excudebat Theobaldus Paganus, 1547]

15 l., 543, [147]p. 12cm.
Signatures: a-b^8, A-Z^8, Aa-Vv^8.
p. 3, 28 lines, 88×49mm.
t.-p. wanting.
Author, title, etc. *cf.* Caption title & colophon.
Contents. — Index. — De medicinali materia libri VI. — Notha et Dioscoridi falso adscripta. — Curationum morborum in Dioscoride contentarum index.
1st ed. of Ruel's translation, Paris, 1516.
♣ *mihi petenti titulo eleemosynae datus Goae 1693 à Rev Patre Rectore Coll. S. Pauli. — D Pauli Biblioth.* 884

1478

Dirckinck, Joannes, *SJ,* 1641-1716.

Manuale pastorum sive Instructio practica neo-parochorum: Curam Animarum gerentes, tum ad perfectionem propriam, Virtutésque Pastorales assequendas; tum ad functiones Parochiales, & Sacramentorum administrationes rite obeundas, manuducens, ac facem praeferens; concinnatum à R. P. Joanne Dirckinck Societatis Jesu Sacerdote. Editio secunda. Coloniae, Apud Servatium Noethen, 1714.

11 l., 484, [6]p. 13½cm.
Ms. notes on front guard-leaf and verso of t.-p.
1st ed. Treves, 1702.
Errata : p. [489]-[490]
★ Sommerv III 93 n° 6. 2207

1479

Dodoens, Rembert, 1518-1585.

(Remberti Dodonaei ...) Stirpivm historiae pemptades sex. Sive libri XXX. Antverpiae, Ex officina Christophori Plantini, 1583.

10 l., 860, [27]p. illus. 37cm.
Signatures : †⁶, ††⁴, A-Z⁶, a-z⁶, AA-ZZ⁶, aa-ee⁶.
p. 9, 59 lines, 273×154mm.
1st Dutch ed. Antwerp, 1554.
1st Latin ed.
Indices at beginning & end.
Errata : p. [861]
★ Brunet II 786.
♣ *F Viuiani Aquisgrani MDXCIV. — PP Gallor SJ Pekin.* 990

1480

Doläus, Johann, 1651-1707.

(Joh. Dolaei Med. Doct. ...) Opera omnia : Exhibentia non modò encyclopaediam medicam dogmaticam In qua Affectus Humani Corporis interni, et encyclopaediam chirurgicam rationalem In qua iidem Affectus externi ... pertractantur ... Sed praeter superiora alicubi in prioribus manca & vitiosa, in ultima hac Editione longè auctiora & correctiora reddita, de novo offerentia I. Tractatum de Theriaca Coelesti ... II. Observationes Authoris rariores, & curiosas ... III. Commercium ejus Epistolare cum ... D. D. Johanne Jacobo Waldschmidio ... insertis Epistolis & observationibus quibusdam ab aliis Viris Eruditis ad laudatos modo viros transmissis ... Venetiis, Sumptibus Joh. Jacobi Hertz, 1695.

9 l., 492, [18]p. front. 33cm.
Engr. head-pieces.
Text in 2 col.
1st ed. of collected works.
Contents. — De morbis & affectibus capitis. — De morbis & affectibus thoracis. — De morbis abdominis. — De febribus. — De morbis mulierum. — De infantum et puerorum morbis. — Index. 939

1481

Dominis, Marcantonio de, 1566-1624.

De radiis visvs et lvcis in vitris perspectivis et iride Tractatus Marci Antonii de Dominis. Per Ioannem Bartolum in lucem editus. In quo inter alia ostenditur ratio Instrumenti cuiusdam ad clarè videndum, quae sunt valde remota excogitati ... Venetiis, Apud Thomam Baglionum, 1611.

4 l., 78 p., 1 l. incl. diagrs. 20½cm.
Signatures : a⁴, A-K⁴.
p. 7, 44 lines, 158×104mm.
1st ed.
Errata at end.
Bound with : Johannes Pisanus. Perspectiva, Lvtetiae, 1556; Perspectivae communis libri tres, Coloniae Agrippinae, 1580. — Goclenius, R. Isagoge optica, Francofvrti, 1593. — Mayr, S. Mundus Iovialis anno 1609, Noribergae, 1614.
★ Brunet II 803.
♣ *Bibl. Trig.* 540

1482

Donati, Giovanni-Batista, *d.* 1591.

Rei medicae stvdio stipendia sex, Ioannis Bapt. Donatii ... Avctoris svmma diligentia nvper emendata, avcta, & illustrata, & nunc primùm in Germania in lucem edita ... Francofvrdi, Apud Ioannem Wechelum, & Petrum Viscerum, consortes, 1591.

112, 360p. 18½cm.
Signatures : A-G⁸; A-Y⁸, Z⁴.
p. 5, 36 lines, 145×77mm.
Each part has a special t.-p.
Contents. — Τῶν παρασκευαστικῶν, id est, Apparatus medici lib. I. De iudiciis liber I. — De signis morborum iudicialibus liber I. — Τῶν ἐπιδημίων ; seu, Diuinationum liber I. — Commentaria in lib. Hippoc. De morbis virginum lib. I. — De aquis Lucensibus libri IV. Editio quarta. 886

1483

Donati, Marcello, *comte,* 1538-1602.

De medica historia mirabili Libri Sex. Marcello Donato ... Authore. Opus varia lectione refertum, Medicis non solum vtile, sed & caeteris bonarum artium studiosis pergratum futurum. Nunc denuo editum, & ab ipsomet Auctore emendatum, & multis in locis auctum, ac locupletatum. Cvm dvplici indice. Altero capitum, altero rerum memorabilium. Venetiis, Apud Iuntas, 1597.

8 l., 231 numb. l. 21½cm.
Signatures : a⁸, A-Z⁸, Aa-Ee⁸, Ff⁷.
f. 2a, 40 lines, 166×100mm.
t.-p. spoiled.
1st ed. Mantua, 1586.
Bound with : Mundinus Mundinius. Disputatio de semine, Tarvisii, 1609.
♣ *Bibl. Trig. ?* 878

1484

Dornkrel d'Eberhertz, Tobias, *d.* 1605.

Dispensatorivm novvm Tobiae Dorncreilii Philosophi ac Medici. Continens Descriptiones & usum praecipuorum medicamentorum, ab eodem pro splendidissima & instructissima inclyti Senatus Lunaeburgensis Officina ordinatorum, & felici cum successu aegrotis propinatorum, editum ab ipso avtore in gratiam Aegrorum & omnium sanitatis amantium. Vlysseae, Typis exscripsit Michael Cröner, 1600.

10 l., 75, [3]p. 18cm.
Signatures : A4, †6, B-K4, L3.
p. 20, 30 lines, 137×92mm.
1st ed.
Errata at end.
♣ *Missionis Sinensis.* 901

1485

Drexel, Hieremias, *SJ,* 1581-1638.

Joseph Aegypti Prorex descriptus et morali doctrina illustratus a R. P. Hieremia Drexelio Soc. Iesv. Ex Postumis libellus secundus Monachii. Antverpiae, apud viduam Io. Cnobbart, 1641.

6 l., 321p. 11½×6½cm.
Engr. ornamented t.-p.
1st ed. Munich, 1640.
★ Sommerv III 201 n° 25. 2400

1486

Druzbicki, Gaspar, *SJ,* 1589*ca.*-1662.

Negotiatio spiritvalis Per varias indvstrias aeternis intenta lvcris Conscripta per P. Gasparem Drvzbicki Societatis Iesv, Ac post Obitum illius, in Lucem Vsumque communem data ... Cracoviae, In Officina Schedeliana, 1674.

4 l., 383p. 14½cm.
1st ed.
★ Sommerv III 214 n° 11. 2608

1487

Du Bois, Nicolas, *d.* 1696.

(Nicolai Dv Bois Theologi et Jurisconsulti ...) Ad quadraginta quinque Propositiones in praxi perniciosas & nuper damnatas ac quasdam Censuras tractatus dvo ... Lovanii, Apud Petrum Sassenum, 1666.

104 unnumb. l. 22cm.
Errata : l. [104] b.
Bound with : Pollenter, J. *SJ.* Sexaginta quinque propositiones ab Innocentio XI. proscriptae, Lovanii, 1689. — Hilarius a S. Sepulchro. Reflexiones breves ad triginta et unam propositiones decreto Alexandri VIII. damnatas, Coloniae Agrippinae, 1691. — Specimen doctrinae theologicae per Belgium manantis ex Academia Lovaniensi ab anno 1644 ad annum 1677.
♣ *P. Guil : van der Beken Missi : Chinensis. — Da Igreja de Hoai Ngan.* 1380

1488

Du Boys, Jean, *2nd half of 16th cent.*

In methodvm miscendorvm medicamentorvm, qvae in qvotidiano sunt vsu obseruationes, ex Graecis, Arabibus, & Neotericis. Opus valdè vtile, & à delectis aliquot ex ordine medicorum parisiensium viris doctissimis visum. Avthore Ioanne Dv Boys Parisiensi Pharmacopola. Parisiis, Apud Iacobum Keruer, 1572.

8 l., 134 numb. l., 10 l. 18cm.
Signatures : a8, A-S8.
f. 3b, 32 lines, 129×69mm.
Index & errata : l. [135]-[143]
Bound with : Delorme, C. Laureae Apollinares, Parisiis, 1608. — Burggrave, J. E. Achilles redivivus, Amsterodami, 1612.
♣ *Missionis Sinensis.* 1019

1489

Dubraw, Johann, *end of 15th cent.*-1553.

(Io. Dvbravii Olomvzensis Episcopi) Historia Bohemica, ab origine gentis, per diuersas temporum & familiarum vices, vsque ad Ferdinandi Imp. & Regis auspicia, deducta. A Cl. V. Thoma Iordano Medico nouis Genealogiarum, Episcoporum, Regum, Ducum Catalogis, necessariis quinetiam Annotationibvs ornata & illustrata, ut nunc demum edita dici possit. Cvi hac editione accedit eivsdem Dvbravii ad Sigismvndvm Poloniae Regem oratio ad Turcam debellandum exhortatoria : nunc primum edita. Adiectus est in fine rerum memorabilium Index. Hanoviae, typis Wechelianis, apud Claudium Marnium, & heredes Ioan. Aubrij, 1602.

10 l., 287, [23]p., 1 l. incl. tables. 35cm.
Signatures : †6, ††4, A-Z6, Aa-Cc6.
p. 2, 58 lines, 276×145mm.
Preface by Joannes Crato.
1st ed. Prostau, 1550.
1st rev. ed. by Jordan.
Bound with : Curion, C. A. Sarracenicae historiae libri tres, Francofurdi, 1596.
♣ *Bibl. Trig.* 2050

1490

Du Cange, Charles Dufresne, *sieur,* 1610-1688.

Glossarium ad scriptores mediae et infimae Latinitatis, auctore Carolo Dufresne, Domino Du Cange ... Editio nova locupletior et auctior, opera et studio Monachorum Ordinis S. Benedicti è Congregatione S. Mauri ... Parisiis, Sub Oliva Caroli Osmont, 1733-36.

6v. front. (v. 1), port. 39½cm.
Paged by column.
Engr. head-pieces.
Ms. on verso of half-title page of v. 1.
1st ed. Paris, 1678.
Errata at end of each vol.
★ Brunet II 851. — DictArLit IV 1655. 3117

1491

Duchesne, Joseph, 1544*ca.*-1609.

(Io. Qvercetani ...) Liber De Priscorum Philosophorum verae medicinae materia, praeparationis modo, atque in curandis morbis, praestantia. Déque simplicium, & rerum signaturis tum externis, tum internis, seu specificis, à priscis & Hermeticis Philosophis multa cura, singularique industria comparatis, atque introductis, duo tractatus. His accesserunt eiusdem Ios. Quercetani De dogmaticorum medicorum legitima, & restituta medicamentorum praeparatione, libri duo. Itemque selecta quaedam consilia medica, clarissimis medicis Europaeis dicata. S. Gervasii, Apud Haeredes Eustathij Vignon, 1603.

12 l., 432p. 15½cm.
Signatures: †[8], ††[4], A-Z[8], AA-DD[8].
p. 2, 30 lines, 121×70mm.
1st ed.
♣ *Bibl. Trig.* 1121

1492

[— Tetras gravissimorum totius capitis affectuum, ex doctissimorum medicorum vigiliis et observatione elucubrata, cum ingente medicamentorum numero. Marpurgi, 1609]

16 l., 488, [15]p. 16cm.
Signatures: †-††[8], A-Z[8], Aa Hh[8], Ii[4].
p. 2, 25 lines, 114×65mm.
t.-p. wanting.
Author: Joseph Duchesne, title, etc. *cf.* Running title, Dedication, & NouvBiogrGén V 952.
1st ed. Marburg, 1606.
Index: p. [489]-[503]
♣ *Bibl. Trig.?* 1683

1493

Dudith, Andreas, 1533-1589.

(Andreae Dvditii ...) De cometarvm significatione commentariolvs, In quo non minùs eleganter, quam doctè & verè Mathematicorum quorundam in ea re vanitas refutatur. Addidimus D. Thomae Erasti eadem de re sententiam. Basileae, Ex Officina Petri Pernę, 1579.

68p. 20cm.
Signatures: A-H[4], I[2].
p. 4, 29 lines, 158×94mm.
1st ed.
Bound with: Roomen, A van. Svppvtatio ecclesiastica, Wirceburgi, 1595 and others. 404a

1494

[Dufrène, Maximilian] *SJ,* 1688-1765.

Rudimenta historica, sive Brevis, facilisque Methodus Juventutem Orthodoxam notitia Historica imbuendi, pro Gymnasiis Societatis Jesu in Germaniae Superioris Provincia. Authore Ejusdem Societatis Sacerdote ... Augustae Vindelicorum, Sumptibus Mathiae Wolff, 1726.

v. 1, 2 in l. 17cm.
The complete set consists of 6 v.
Author: Maximilian Dufrène, *SJ. cf.* Sommervogel IX 1294.
Title in German: Historischer Anfang Oder: Kurtze und leichte Weise, die Catholische Jugend in der Historie zu unterrichten.
Text in Latin and German on opposite pages.
1st ed.
Contents. — **[v. 1.]** Historiae Biblicae. — **[v. 2]** De 4 praecipuis Monarchiis.
★ Sommerv III 263 n° 2.
♣ *Applicatus Resid[ae] S Josephi. Pekini. anno 1732.* 3158

1495

[—] Rudimenta historica, Sive Brevis, facilisque Methodus Juventutem Orthodoxam notitiâ Historica imbuendi, Pro Gymnasiis Societatis Jesu In Provincia Bohemiae, Authore Ejusdem Societatis Sacerdote ... Primùm cum Facultate Superiorum editum in Provincia Germaniae Superioris, nunc verò recusum Pragae, Typis Universitatis Carolo-Ferdinandeae in Collegio Soc. Jesu, ad S. Clementem, 1729-31.

6 v. in l.
4 l., 136p., 4 l., 108p., 4 l., 158 (*i. e.* 156)p., 3 l., 161, [24], 176, [12]p., 2 l., 144p. 6 fold. plates. 16½cm.
Opusculum V & VI bound in reverse order.
Author: Maximilian Dufrène, *SJ. cf.* Sommervogel IX 1294.
1st ed. Augsburg, 1726-30.
Contents. — **Opusculum I.** Historia biblica. Appendix: De excidio urbis Hierosolymae. Tabula chronologica Veteris Testamenti. — **Op. II.** De 4 praecipuis monarchiis, nempe Assyriorum, Persarum, Graecorum et Romanorum. — **Op. III.** Continuatio monarchiae Romanae. — **Op. IV.** De regnis aliisque orbis provinciis. Tabula chronologica Europae regum successionem exhibens. — **Op. V.** Rudimenta geographica. Appendix de Arte scutaria sive heraldica. — **Op. VI.** Epitome historiae ecclesiasticae. Tabula chronologica Summ. Pontificum.
★ Sommerv III 263, (ed. wanting).
♣ *Stamp of Mgr Polyc. de Souza.* 1866

1496

Duhamel, Jean-Baptiste, 1624-1706.

(Ioan. Bapt. Dv 'Hamel) De meteoris et fossilibvs libri dvo. In priore libro mixta imperfecta, quaeque in sublimi aëre vel gignuntur, vel apparent, fusè pertractantur. Posterior liber mixta perfecta complectitur; vbi salium, bituminum, lapidum, gemmarum, & metallorum naturae, causae, & vsus inquiruntur. Parisiis, Apud Petrvm Lamy, 1660.

14 l., 310, [6]p. 24cm.
1st ed.
Errata at beginning.
Index: p. [311]-[315]
♣ *PP. Gallor SJ. Pekin.* 914

1497

Dumetz, Jacques, *17th cent.*

Clavis theologiae practicae tripartitae ... Authore M. Jacobo Dumetz, Abbavillaeo ... Nova editio. Parisiis, apud Stephanvm Michallet, 1683-85 [v. 1, 1685]

3v. 15cm. (v. 1 : 14½cm.)
Vol. 2 wanting.
Contents. — **pt. 1.** De actibus humanis. De peccatis. De legibus. — **pt. 3.** De Sacramentis in genere. De Baptismo. De Confirmatione. De Eucharistia. Index. 1661

1498

Dumolinet, Claude, *CanReg,* 1620-1687.

Historia Summorum Pontificum a Martino V. ad Innocentium XI. per eorum numismata. Ab anno M.CCCCXVII ad ann M.DC.LXXVIII. A. R. P. Claudio du Molinet Canonico Regulari Congregationis Gallicanae. Lutetiae, Apud Ludovicum Billaine, 1679.

10 l., 226p., 1 l. incl. plates. 38cm.
Engr. ornamented t.-p.
Engr. head and tail pieces.
Colophon : Lutetiae Parisiorum, Typis Andreae Cramoisy, Typogr. Parisiensis, 1678.
1st ed. 2048

1499

Duns Scotus, Joannes, *OFM,* 1266*ca.*-1308.

Questiones Quodlibetales ex Quatuor Sententiarũ Voluminib9 editae a Doctore, Subtilissimo Ioanne Duns Scoto Ordinis Minorum ac Theologorum omnium Principe : Candoriq3 pristino restitute atq3 ab zizaniis superiniectis purgatę. [Parisiis] Vaenundantur cũ scriptis eiusdem ĩ quatuor Libros sententiarũ, In aedibus Iodoci Badii [1519]

LXI numb. l., 1 l. 27cm.
Signatures : $A-G^8$, H^6.
f. IIIa, 66 lines, 207×140mm.
Title within woodcut ornamental border.
Text in 2 col.
Colophon dated 1519.
« Additiones » : l. LXb-[LXII]a.
1st ed. Venice, 1474.
Bound with : Pigghe, A. De aeqvinoctiorvm solstitiorũque inventione, Parisiis, 1520 and others. 411a

1500

— (F. Ioan. Dvns Scoti, Ordinis Minorvm ...) Quaestiones Secundi [-Tertij] Voluminis scripti Oxoniensis Super Sententias, A R. P. Salvatore Bartolvcio Assisiate, Conuentuali Franciscano, sacrae Theologiae Doctore, doctrinaeq3 Scoticae dilucidatore, fidelissime recognitae, collationeque multorum codicum emendatiores, castigatioresq3 nunc redditae; Nec non variarum lectionum, atque animaduersionum dote locupletatae, & ornatae. Venetiis, Typis Steffani Curtij, 1680.

2v. in 1. 16½cm.
1 l., 450, [4]; 358 (*i.e.* 338), [4]p.
Text in 2 col.
Each part has a special t.-p.
1st ed. of « Opus Oxoniense », Venice, 1477-78.
1st ed. by Bartolucci, Venice, 1580. 1422

1501

Dupuis, Guillaume, *16th cent.*

De medicamentorvm quomodocunque purgantium facultatibus, nusquam anteà neque dictis, neque per ordinem digestis libri dvo. Prior eam facvltatem, qvae à substantiarum similitudine succos trahere & purgare Medicis multis dicitur, ab omnium purgantium consortio explodit. Posterior eorvndem pvrgantium omnium Medicamentorum veram & germanam rationem certa methodo atque ordine nosse demonstrat. Avthore Gvilielmo Pvteano Medico Gratianopolitano ... Lvgdvni, Apud Mathiam Bonhomme, 1552.

4 l., 179p. 20½cm.
Signatures : a^4, $A-Y^4$, Z^2.
p. 3, 30 lines, 152×96mm.
1st ed.
✠ *Antonius Campegius 1553. — Novitiatus Nanceiani Soctis Jesu Dono D. Condrecurtij 1607. — Novitiatus Nanceianus Missioni Chinensi.* 921

1502

Duranti, Jean Etienne, 1534-1589.
(Joannis Stephani Duranti ...) Libri tres De ritibus Ecclesiae Catholicae. Editio novissima, plurimis, quibus superiores scatebant mendis, sedulò perpurgata. Accesserunt tres indices : Primus est Capitum; Secundus Locorum S. Scripturae ... Tertius Rerum & Verborum copiosissimus. Lugduni, Apud Joannem Certe, 1675.
4 l., 512, [36]p. 23½cm.
Illus. t.-p.
Text in 2 col.
1st ed. Rome, 1591. 1588

1503

Dürer, Albrecht, 1471-1528.
(Alberti Dvreri) Institvtionvm geometricarvm libri qvatvor, In quibus, lineas, superficies, & solida corpora, ita tractavit, ut non Matheseos solum studiosis, sed & pictoribus, Fabris aerariis ac lignariis, Lapicidis, Statuariis, & universis demum qui circino, gnomone, libellâ, aut alioqui certâ mensurâ opera sua examinant, sint summé utiles & necessarii : versi olim é Germanicâ in linguam Latinam, & nunc iteratô editi, servato ordine & figuris, sicut ab ipso authore expressae fuerunt. Arnhemiae In Dvcatv Geldriae, Ex officina Iohannis Iansonii, Bibliopolae, 1605.
4 l., 185p. incl. plates, diagrs. 31cm.
Signatures : a^4, $A-P^6$, Q^3.
p. 11, 43 lines, 250×150mm.
1st German ed. Nuremberg, 1525.
★ Brunet II 913.
♣ *Bibl. Trig.* 344

1504

Duret, Louis, 1527-1586.
Hippocratis magni Coacae praenotiones. Opus admirabile, in tres libros tributum. Interprete & enarratore Lvdovico Dvreto, Segusiano ... Cum rerum commemorabilium Indice amplissimo. Parisiis, Apud Baptistam Dv-pvys, 1588.
6 l., 578, [56]p. 32cm.
Signatures : a^6, $A-Z^6$, $Aa-Zz^6$, $Aaa-Fff^6$, Ggg^5.
p. 2, 65 lines, 264×148mm.
Colophon : Parisiis, excudebat Dionysius Duvallius, 1588.
Ed. by Jean Duret. *cf.* Preface.
1st ed.
Errata : p. 578.
★ Brunet II 916.
♣ *Missionis Sinensis.* 935

1505

Du Toict, Nicolas, *SJ,* 1611-1685.
Historia provinciae Paraquariae Societatis Jesv. Authore P. Nicolao del Techo ejusdem Societatis Sacerdote Gallo-Belga Insulensi. Leodii, Ex officina typog. Joan. Mathiae Hovii, 1673.
20 l., 390, [20]p. 33½cm.
Illus. t.-p.
1st ed.
Index : p. [391]-[409]
★ Sommerv VIII 62 n° 1.— Streit II 588 n° 2086. 1909

1506

Du Trieu, Philippe, *SJ,* 1580-1645.
Manvdvctio ad logicam sive Dialectica stvdiosae ivventvti ad logicam praeparandae conscripta a R. P. Philippo dv Triev è Soc. Iesv ... Editio nouissima correctior. Antverpiae, Apud Iacobvm Mevrsivm, 1667.
8 l., 238, [1]p. incl. table. 15cm.
1st ed. Douai, 1614.
Bound with : Alvarez, M. *SJ.* Grammatica, Antverpiae, 1671 and others.
★ Sommerv VIII 235 (ed. wanting). 3223c

E

1507

Eichstadt, Lorenz, *d.* 1660.
(Pars Altera) Ephemeridum novarum et motuum coelestium decennalis ab Anno Aerae Christianae 1641. incipientum, & in annum 1650. desinentium. In Luminarium motibus & Eclipsibus ex Tabulis Danicis Christiani S. Longomontani, in reliquis Planetis ex Tabulis Rudolphinis Joannis Kepleri ... elaborata et supputata a Laurentio Eichstadio ... Cum Paedia astronomica continuata. Stetini, Typis & Impensis Georgii Rhetii, 1639.
8 l., 340, [280]p. 22½cm.
Signatures : $†^4$, $††^4$, $A-Z^4$, $Aa-Tt^4$, Vv^2, $Aaa-Zzz^4$, $Aaaa-Mmmm^4$.
p. 8, 35 lines, 172×128mm.
The complete set consists of 3v. 3597

1508

[Elementa jurisprudentiae Romanae]
24, 64, 116p., 4 l., 3-42, 52, 73, [13?]p. 40 tables (32 fold.) 20cm.
p. 1-2 (t.-p.) and some pages of index at end wanting.
p. 3-6 bound upside down.
t.-p. of « Dissertatio » bound after its p. 1.
For title. *cf.* Caption title of index.
« Dissertatio juridica de successionibus ab intestato ex praescripto Novellae cxviii. concinnata. Auctore Sebastiano Schelkens Jurisconsulto & antecessore Frisio. Franequerae, Ex Officina Johannis Gyselaer, 1680 » replacing lib. III Tit. I-XIII. 3572

1509

Enchiridion, seu Manuale Christianum. Parisiis, Apud Joannem-Thomam Herissant, 1762.

1 l., viiip., 1 l., 112, 366, [2], 120p. 13½cm.
Text in 2 col.
Contents. — L'ordinaire de la Messe. — Liber Psalmorum. — Cantica ad Laudes. — Novum Testamentum. — De Imitatione Christi libri quatuor.
♣ *PP Gallor Pekin.* 2481

1510

— o. c.
Ms. in the front guard-leaf and verso of t.-p. of « Sanctum Evangelium Jesus-Christi ». 1447

1511

— o. c.
t.-p. missing. 2482

1512

Engelgrave, Henri, *SJ,* 1610-1670.
Caeleste Pantheon sive Caelvm novvm in festa et gesta Sanctorvm totivs anni, morali doctrina varie illustratum Per R. P. Henricvm Engelgrave, Societatis Iesv Theologum. In hac tertia editione ab ipsomet Auctore recognitum, Correctum, Auctum, Nouas insuper in Nova festa Materias sugestas [*sic*] ... Coloniae Agrippinae, Apud Ioannem Bvsaevm, 1658.
2v. 21cm.
Vol. 1, 342 (*i.e.* 332)p.; vol. 2, 448 (*i.e.* 424)p.
Text in 2 col.
1st ed. Cologne, 1657.
Index at end of each volume.
★ Brunet II 983. — Sommerv III 395 nº 2.
♣ *Ve Provinciae Sinensis.* 2365

1513

— Caelum empyrevm, Non vanis & fictis Constellationum monstris belluatum; sed divum domus, Domini Jesu Christi, ejusque illibatae Virginis Matris Mariae, Sanctorvm Apostolorvm, Martyrum ... praeclaris factis, ac raris virtutibus, velut tot lucidissimis stellis in perpetuas aeternitates micantibus, Splendide illustratum ... Per R. P. Henricum Engelgrave, Societatis Jesu Theologum. Coloniae Agrippinae, Apud Viduam Ioannis Bvsaei, 1670.
2v. 34cm.
Vol. 1 wanting.
Added engr. ornamented t.-p.
Engr. head-pieces.
Text in 2 col.
1st ed.
Index at end.
★ Brunet II 983. — Sommerv III 397 nº 3.
♣ *da Ve Proua da China da Compa de Jesus. — Da caza de Vu cham fu.* 2727

1514

— Lux Evangelica sub velum sacrorum emblematum recondita; in omnes anni dominicas selecta historia et morali doctrina varie advmbrata, et in duas divisa partes Per R. P. Henricum Engelgrave Societatis Jesu Theologum. Editio sexta et novissima; ab ipsomet auctore recognita, aucta, & expurgata ab erroribus in prioribus editionibus Antverpiensibus commissis ... Prodit jam primum in Germania cum Indicibus necessariis. Coloniae Agrippinae, Apud Hermannum Demen, 1677.
2v. in 1. incl. tables. 21½cm.
4 l., 262, [4], 263-375, [12]p., 4 l., 466, [14]p.
Text in 2 col.
1st ed. Antwerp, 1648.
★ Brunet II 982. — Sommerv III 395 nº 1 (ed. wanting)
♣ *Ma Justinus.* 1762

1515

Ens, Kaspar, *fl.* 1636.
Thavmatvrgvs mathematicvs, Id est, Admirabilivm effectorvm e mathematicarvm disciplinarvm Fontibvs Proflventivm Sylloge. Casparo Ens L. Collectore & Interprete. Nunc denuo correctior & auctior ... Coloniae, Apud Constantinvm Münich, 1651.
4 l., 303, [14]p. incl. diagrs. 15½cm.
Illus. t.-p.
1st ed. Cologne, 1628.
Index : p. [304]-[317]
♣ *Missionis Pequinensis Soc : Jesu In Regno Sinarum ex dono P. Hyermi Cagnolij Hastensis.* 431

1516

Ephraem *Syrus, Saint,* 306 ?-373.
(Sancti Ephraem Syri) Opera omnia Quae extant, in duos Tomos distributa. Ad codices mss. Vaticanos aliosque castigata, multis aucta, Nova Interpretatione, Praefationibus, Notis, Variantibus Lectionibus illustrata. Editio post Romanam Graeco & Syriaco-Latinam prima Veneta Latine tantum ... Accedit brevis index alphabeticus materiarum ... Venetiis, Typis Gasparis Gerardi, 1755.
2v. 37½cm.
Text in 2 col.
Tr. by Joseph Assemani. *cf.* Preface.
1st ed. Rome, 1732-46.
1st ed. by Assemani.
Contents. — **t. 1.** Prolegomena de vita et scriptis S. Ephraemi. Sermones. Indices. — **t. 2.** Praefationes. Acta Syriaca S. Ephr. Commentarii in varios libros Veteris Test. Sermones exegetici in Scripturam; in Natalem Domini; Adversus haereses; Adversus scrutatores et Judaeos; Necrosima seu funebres canones; De libero arbitrio; Paraenetica; De paradiso Eden; De diversis. Index. Antirrheticon unum adversus Joan. Kohlium, alterum adversus PP. Lebrun et Renaudot.
★ Brunet II 1010. 1412

1517

Episcopius, Simon, 1583-1643.
(M. Simonis Episcopii SS. Theologiae Professoris) Dispvtationes theologicae tripartitae, Olim in Academia Leydensi, tum publicè tum privatim duobus Collegiis, habitae. Amstelodami, Apud Ioannem Blaev, 1646.

4 l., 428, [4]p. 16cm.
Ms. on inside of front cover.
♣ *Hic liber catholicae Graego-Russianae Ecclesiae quae existit Londino Sacellarij Michaelis Putilofski, emptus duabus pensis Anno Dni 1753 Januarij 4 die.* — *Ex libris Hierom. Tobiae Buxtzovski.* 3473

1518

Epitome trigonometrica In quatuor libros digesta, In quibus ea, quae necessaria visa sunt cùm ad Tabularum constructionem & usum, tùm ad utramque Trigonometriam Planam scilicet & Sphaericam; Nedum per sinus Tangentes & Secantes, verùm per eorum Logarithmos, brevi ac facili methodo expenduntur ... Patavii, Ex Typographia Seminarii, 1695.

1 l., 133p. illus. (incl. tables), 4 fold. diagrs. 17½cm. 403

1519

Erastus, Thomas, 1523-1583.
De occvltis pharmacorum potestatibvs : qvid, et qvotvplices eae sint : quibus in morbis, quomodo, quando, quem in curationibus vsum habeant : avthore Thoma Erasto ... Accessit hvic tractatvi disputatio alia eiusdem ferè argumenti, De medicamentorvm purgantium facultate, tribus absoluta quaestionibus, in qua tota propè horum pharmacorum natura declaratur. Basileae, per Petrum Pernam, 1574.

4 l., 194, [16]p. 20½cm.
Signatures : †[4], A-Z[4], Aa-Cc[4], Dd[1].
p. 4, 34 lines, 152×94mm.
1st ed.
Index : p. [195]-[210]
Bound with : Oddi, M. Pro sua tutanda de putredine sententia apologia, Patavii, 1585. 1048a

1520

— Varia opvscvla medica Th. Erasti D. medici celeberrimi; quae cvm ipse stvdiosis communicare statuisset, morte praeuentus, in lucem edere non potuit ... Cum indice Rerum & Verborum longe copiosissimo. Francofvrdi Ad Moenum, apud Ioannem Wechelum, sumptibus Iacobi Casteluitrei senioris, 1590.

2 l., 248, [6]p. 36½cm.
Signatures : †[2], A-Z[4], Aa-Hh[4], Ii[3].
p. 2, 60 lines, 283×148mm.
Ed. by Iacòbvs Castelvitrevs. *cf.* Dedication.
1st ed.
Contents. — De medicinae laudibvs oratio. — Medicinae methodus brevissima. — Disputatio de saporibus. — Epistola de natura, & ortu lapidis sabulosi, qui in Palatinatu ad Rhenum reperitur. — De vapore disputatio. — Epistola de quibusdam quaestionibus ad curationem pestilentiae pertinentibus. — Anatome librorum quinque Comitis Montani. — In aliquot primi libri Aphorismos praelectiones. — In primum et secundum Hippocratis prognosticum praelectiones. Expositio primi Aphoris. sect. 5 lib. 6. Epidem. Hippocr. — Varia ad morbos varios consilia.
♣ *Bibl. Trig.* 850

1521

Eschinardi, Francesco, *SJ,* 1623-1703.
Centvria problematvm opticorvm ... seu Dialogi optici Pars altera [-tertia]. Avctore Francisco Eschinardo e Societate Iesv. Romae, [v. 1] Typis HH. Corbelletti, 1666; [v. 2] Typis Nicolai Angeli Tinassij, 1668.

2v. in 1. front. (v. 2), illus., port., 2 fold. diagrs. 22cm.
5 l., 3-260p., 8 l., 222 (*i.e.* 218), 8p.
1st ed.
Contents. — **pt. 1.** In qua praecipuae difficultates catoptricae, & dioptricae, demonstratiue soluuntur. — **pt. 2.** In qua definitiones, seu explicatio terminorum : problemata reliqua, quae desiderantur in prima parte ad complendam Centuriam : et epilogus totius operis ordinatus praecipue ad praxim.
★ Sommerv III 432 n° 5. 670

1522

— De impetv tractatvs dvplex Primvs De impetv in commvni : De motv locali : et De machinis. Secundvs De flvidis in commvni : De comparatione flvidorvm cvm solidis : et De mensvra aqvarvm cvrrentivm. Additur in fine, quamplurium Problematum seu Quaesitorum Solutio ex Doctrinis praecedentibus. Avctore Francisco Eschinardo e Societate Iesv ... Romae, Ex Typographia Angeli Bernabò, 1684.

4 l., 336 (*i.e.* 344)p. 5 fold. plates, table, 5 fold. diagrs. 22½cm.
Ms. notes on guard leaves and inside of covers.
1st ed.
Index at beginning.
★ Sommerv III 434 n° 12.
♣ *Collegij Societatis Jesv Pekini.* 703

1523

— Microcosmi physicomathematici, sev Compendii, In quo clarè, & breuiter tractantur praecipuae Mundi partes, coelvm, aer, aqva, terra; eorumque praecipua accidentia. Tomus primus. Perusiae, Ex Typographia Episcopali, Apud Haeredes Bartoli et Angelum Laurentium, 1658.

5 l., 160, 10, [3]p. illus. 29cm.
Ms. notes on inside of front cover.

No more vols. published. *cf.* Sommervogel III 431.
1st ed.
★ Sommerv III 432 nº 2.
♣ *Collegij Societatis Jesv Pekini.* 157

1524

— o. c. 29½cm.
♣ *Vae Prouae da Sina. — Da Igreja de Hoai Ngan.* 158

1525

— o. c.
p. 155-158 wanting. 159

1526

Escobar y Mendoza, Antonio, *SJ,* 1589-1669.
[Liber theologiae moralis, viginti et quatuor Societatis Jesu Doctoribus reseratus : quem P. Antonius de Escobar et Mendoza, Vallisoletanus, eiusdem Societatis Theologus, in examen Confessariorum digessit. Editio novissima auctior et correctior, Additionibus illustrata. Brvxellae, Apud Franciscvm Vivienvm, 1651]
16 l., 934, [16]p., 1 l. 18½cm.
t.-p.wanting.
For title, etc. *cf.* « Approbatio » & Sommervogel III 439.
Colophon : Antverpiae, Apud Petrum Bellervm, 1651.
1st ed. Lyons, 1644.
Index : p. [937]-[946]
★ DictTheolCath V 520. — Sommerv III 439 nº 9. 1299

1527

Esparza Artieda, Martin de, *SJ,* 1606-1689.
(R. P. Martini De Esparza Artieda, Navarri, Theologi Societ. Jesu) Cursus theologicus, in decem Libros, & duos Tomos distributus, ivxta methodvm, qva in scholis Societatis Jesu communiter traditur annis quaternis ... Editio ultima denuo recognita ab auctore, & aucta duplici Tractatu, altero de usu licito opinionis probabilis, altero de Virtutibus Moralibus. Cum necessariis indicibus. Lugduni, Sumptibus Petri Borde, Joannis & Petri Arnaud, 1685.
2v. 35½cm.
Vol. 2, 558 (*i.e.* 550)p.
Text in 2 col.
1st ed. Lyons, 1666.
Contents. — **t. I.** De Deo Uno et Trino. De angelis. De actibus humanis. De gratia actuali. De justificatione impii. De virtutibus theol. et moral. in genere. De virtutibus moralibus. — **t. 2.** De passionibus. De jure et justitia. De Incarnatione. De sacramentis.
★ DictTheolCath V 603. -- Sommerv III 451 nº 12.
♣ *V Proae Sinensis.* 1519

1528

— o. c. 36½cm.
♣ *PP Gallor SJ Pekin.* 1545

1529

— Qvaestiones De Gratia De Iustificatione Impij, De Virtutibus Theologicis. De Virtute Iustitiae. Et de Incarnatione Verbi diuini. Ex praelectionibus R. P. Martini De Esparza Artieda Societatis Iesu Professoris Theologiae in Collegio Romano Disputandae ab Evsebio Comite Trvchses ... Pro Laurea Theologica Sub faelicissimis auspicijs Alexandri VII. Pont. Opt. Max. Romae in Aula Collegij Germanici, & Hungarici anno 1655.
v. 1, 2, 3, 4 in 3. fronts. 14½×7½cm.
« De Incarnatione Verbi divini ». mentioned in title, is not in this set.
The complete set consists of 9 v. published between 1655-60.
1st ed.
Index & errata at end of each v.
★ Sommerv III 449 nº 3.
♣ *V. Provinciae (vol. 2, 3).* 2624 (v. 1) 2474 (v. 2) 2650 (v. 3)

1530

— Quaestiones dispvtandae de actibvs hvmanis, Auctore R. P. Martino de Esparza Artieda Societatis Iesv. Romae, Typis HH. Corbeletti, 1658.
6 l., 538, [2]p. 14½cm.
Ms. marginal notes.
1st ed.
Index : p. 511-538.
Errata at end.
★ Sommerv III 450 (ed. wanting). 2609

1531

— Qvaestiones dispvtandae de angelis Auctore, R. P. Martino de Esparza Artieda Societatis Iesv. Romae, Typis HH. Corbelletti, 1659.
6 l., 591, [20]p. 14½×7½cm.
1st ed.
Index & errata : p. [593]-[612]
★ Sommerv III 450 nº 7. 2517

1532

— Qvaestiones dispvtandae de Deo Vno, et Trino. Auctore R. P. Martino Esparza Artieda Societatis Iesv. Romae, Typis HH. Corbelletti, 1657.
5 l., 672p. 14½cm.
1st ed.
Index & errata : p. 625-672.
★ Sommerv III 450 nº 6. 2557

1533

Esparza Artieda, Martin de, *SJ,* 1606-1689.
Qvaestiones dispvtandae de Gratia Auctore R. P. Martino de Esparza Artieda Societatis Iesv. Editio secunda correctior. Romae, Typis HH. Corbelletti, 1662.

5 l., 228 [11]p. 15X8cm.
1st ed. Rome, 1655.
Index & errata : [229]-[239]
Bound with : Esparza Artieda, M. de, *SJ,* Qvaestiones dispvtandae de justificatione impii, Romae, 1662.
★ Sommerv III 449 nº 3 (ed. wanting). 2613a

1534

— Qvaestiones dispvtandae de ivstificatione impii. Auctore R. P. Martin de Esparza Artieda Societatis Iesv. Editio secunda correctior. Romae, Typis HH. Corbelletti, 1662.

5 l., 233, [40]p. 15X8cm.
1st ed. Rome, 1655.
Index & errata : p. [234]-[273]
Bound with : Esparza Artieda, M. de, *SJ,* Quaestiones dispvtandae de Gratia, Romae, 1662.
★ Sommerv III 450 nº 4 (ed. wanting). 2613

1535

— Qvaestiones dispvtandae de passionibvs Seu affectibus. Auctore R. P. Martino de Esparza Artieda Societatis Iesv. Romae, typis HH. Corbelletti, 1660.

5 l., 604, [20]p. 14½X8cm.
1st ed.
Index & errata : p. [605]-[624]
★ Sommerv III 450 nº 9. 2777

1536

— Qvaestiones dispvtandae de virtvtibvs theologicis Auctore R. P. Martino de Esparza Artieda Societatis Iesv. Editio secunda correctior, & aucta qq. nouem. Romae, Typis HH. Corbelletti, 1662.

6 l., 631, [38]p. 15X8cm.
1st ed. Rome, 1655.
Index & errata : p. [633]-[670]
★ Sommerv III 451 nº 15 (ed. wanting). 2514

1537

Espen, Zeger Bernard van, 1646-1728.
Commentarius in Canones et Decreta juris veteris, ac novi et in jus novissimum. Opus posthumum, auctore Zegero Bernardo van Espen Presbytero, J. U. D. SS. Canonum Professore in Academia Lovaniensi. Lovanii, Sumptibus Societatis, 1765.

xvi, xx, 620p. 39cm.
Head-pieces.
Text in 2 col.
Binder's title : Van Espen : Opera, p. I, II.
Ed. by Joseph Barre, *CanReg. cf.* NouvBiogr Gén XVI 410.

1st collected ed. Louvain (*i.e.* Paris), 1753-59.
Index : p. 575-620.
♣ *Stamp of Mgr Alex. de Gouvea.* 2160

1538

— Jus ecclesiasticum universum, hodiernae disciplinae praesertim Belgii, Galliae, Germaniae, et vicinarvm provinciarum accommodatum. Ex ipsis Sacrae Scripturae Litteris, SS. Canonibus, Conciliorum, tum Oecumenicorum, tum Synodalium Decretis ... depromptum ... Authore Zegero Bernardo van Espen Presbytero J. U. D. ... Editio in Germania prima, Belgicâ venustior & Gallici Idiomatis in Latinum subjecta versione ... Coloniae Agrippinae, Sumptibus & Typis Wilhelmi Metternich, 1702.

13 l., 234, [2], 235-236, [2], 237-238, [2], 239-240, [2], 241-680p., 681-728 numb. l., 729-950, [48]p. 36cm.
Text in 2 col.
1st ed. Louvain, 1700.
♣ *ex lib. relictis Pekini ab Illmo Rmo Patca Alexo.* 2127

1539

— (Zegeri Bernardi Van Espen Presbyteri, Juris Utriusque Doctoris ...) Jus ecclesiasticum universum caeteraque scripta omnia Decem Tomis comprehensa ... Editio novissima Omnibus anteactis longe praestantior, & nitidior, plurimis Tractatibus hactenus ineditis, Litteris, & Monumentis passim suo loco positis, praesertim vero selectis Adnotationibus clariss. Doct. Theologi, et Canonistae Joannis Petri Gibert nuperrime aucta et illustrata ... Venetiis, Apud Antonium Graziosi, 1769.

10v. 39cm.
Vol. 1-3 wanting.
Vol. 4-10 in 3.
Text in 2 col.
Binder's title : Van Espen Opera. t. IV, V, VI, VII, VIII, IX, X.
Half-title : ... Scripta omnia Decem Tomis comprehensa.
1st collected ed. Louvain (*i.e.* Paris), 1753-59.
1st ed. of Gibert.
Contents. — **t. 4.** De judiciis, delictis, et poenis, seu Pars tertia Juris ecclesiastici universi. — **t. 5.** Varia opuscula. — **t. 6.** Alia opuscula. Casus conscientiae. Commentarii in canones juris veteris. — **t. 7.** Continuatio commentarii in canones juris veteris. — **t. 8.** Commentarius in Decretum Gratiani et in jus canonicum novum et novissimum. — **t. 9.** Tractatus de censura. De asylo templorum. Concordia immunitatis ecclesiasticae et juris regii. De promulgatione legum ecclesiasticarum. Appendix monumentorum quorum in hoc tractatu mentio occurrit. Aequitas sententiae Parlamenti Mechliniensis in casu D. van-Espen. — **t. 10.** Tractatus de recursu ad principem. Appendix monumentorum. Index.
★ Brunet V 1074.
♣ *Stamp of Mgr Alex. de Gouvea.* 2161

1540

Espen, Zeger Bernard van, 1646-1728.

Supplementum ad varias collectiones operum clar. viri Zegeri Bernardi van Espen, Juris Utriusque Doctoris ... continens praeclara juris responsa, epistolas, et varia opuscula hujus Doctoris, nondum edita; necnon momentosas ejusdam Lucubrationes jam editas, quae in omnibus ejus operum Collectionibus, quocunque locorum ad hunc usque diem vulgatis, desiderantur. Cum variis Monumentorum Appendicibus. Editio prima. Tomus octavus. Venetiis, Ex Typographia Balleoniana, 1769.

4 l., xvi, xxxvi, 574 (*i.e.* 578), [1]p. 39cm.
Text in 2 col.
Binder's title : Van Espen Opera. Supplem.
Ed. by Gabriel du Pac de Bellegarde. *cf.* NouvBiogrGén V 238.
1st ed. Brussels, 1768. (*cf.* Monitum, p. [4])
Bound with : Bellegarde, G. du P. de. Vita D. van Espen, Venetiis, 1770.
♣ *Stamp of Mgr Alex. de Gouvea.* 2159

1541

— (C. V. Zegeri Bernardi van Espen J. U. Doctoris et SS. Can. Professoris in Academia Lovaniensi) Varia opuscula ab authore aucta et recognita Operum ejus pars quarta. Lovanii, typis & sumptibus Aegidii Denique, 1700.

10 l., 494, [29]p. 37cm.
Contents. — De peculiaritate in religione et simonia circa ingressum religionis. — Vindiciae dissertationis supradictae. — Appendix ad Vindicias. — Apologia. — Peculia improbata. — De instituto et officiis canonicorum. — De horis canonicis. — De simonia circa beneficia, administratione sacramentorum et celebratione Missarum, item de pensionibus ecclesiasticis.— De dispensationibus, praesertim matrimonialibus. — De jure parochorum ad decimas et oblationes, et de competentia pastorali. — Dissertatio ad regulam : In dubio semita tutior est eligenda. — Expositio regulae juris : In pari causa melior est conditio possidentis. — Repagulum canonicum adversus nimiam exemptionum a jurisdictione episcoporum extensionem. — Dissertatio canonica ad legem Juliam de ambitu. — Index.
♣ *ex lib. relictis Pekini ab Illmo Rmo Patca Alexo.* 2124

1542

Esthius, Lubertus.

Dilvcida Brevis & Methodica Formvlarvm tractatio. In quas medicamenta tam interna, quàm externa digeruntur : Vbi quoqȝ ratio ponderum & mensurarum, perspicuè explicatur, & monstratur qua ratione, ordine & quantitate, medicamenta miscenda, quamdiu coquenda, & qua etiam Dosi exhibenda, &c. ... Cum duplici Indice, priore Medicamentorum posteriore Curatiuo. Studio & Opera Lvberti Esthii D. Professoris Med. Ordinarii Academiae Heidelbergens. Hanoviae, Typis Wechelianis apud Claudium Marnium et heredes Joannis Aubrii, 1604.

8 l., 165, [9]p., 1 l. 16cm.
Signatures : †8, A-L8.
p. 3, 31 lines, 124X70mm.
Bound with : Nollius, H. Systema medicinae hermeticae generale, Francofurti, 1613 and others. 891d

1543

Estienne, Charles, 1504-1564.

Dictionarivm historicvm, geographicvm, poeticvm. Authore Carolo Stephano. Gentivm, hominvm, deorvm, Gentilium, regionum, locorum ... antiqua recentioraque ad Sacras & prophanas historias, poëtarumque fabulas intelligendas, necessaria nomina, quo decet ordine complectens. Hvic postremae editioni praeter ... ingentem recentium, veterumque nominum aceruum ... magnam historiarum insignium ac rerum copiam adiecimus ... totam denique editionem infinitis mendis repurgatam, ut lectori conferenti patebit, pristino nitori restituimus. Genevae, Typis Iacobi Stoer, 1638.

4 l., 2110 (*i.e.* 2084) col. 23½cm.
Signatures : †4, a8, b-z4, aa-zz4, aaa-zzz4, aaaa-zzzz4, a-z4, aa-rr4, ss2.
Col. 9-10, 59 lines, 200X120mm.
1st ed. 1553.
♣ *Ex libris Caroli de Coulun (?) humanistae. — Nankim.* 1888

1544

[—] De re hortensi libellvs, vvlgaria herbarvm, florvm, ac fruticum, qui in hortis conseri solent, nomina Latinis uocibus efferre docens ex probatis autoribus ... Lvgdvni, apvd Haeredes Simonis Vincentii, 1536.

88, [14]p. 17cm.
Signatures : a-f8, g4.
p. 5, 29 lines, 117X68mm.
Printed in italics.
Colophon : Excvdebant Lvgdvni Melchior et Gaspar Trechsel Fratres, 1536.
Author : Charles Estienne. *cf.* Preface.
Index : p. [89]-[102]
Bound with : Gentilis, S. In Apulei Apologiam commentarius, Hanoviae, 1607 and others. 2990a

1545

[—] De re navali libellvs, in adolescentvlorum bonarum literarum studiosorũ fauorem, ex Bayfij uigilijs excerptus, & in breuem summulam facilitatis gratia redactus. Addita ubique, puerorum causa, uulgari uocabulorum significatione. Lvgdvni, apvd Haeredes Simonis Vincentii, 1537.

72, [16]p. 17cm.
Signatures : a-d8, e4, f8.

p. 6, 31 lines, 126×68mm.
Printed in italics.
Author : Charles Estienne. *cf.* Preface.
1st ed.
Index : p. [73]-[88]
Bound with : Gentilis, S. In Apulei Apologiam commentarius, Hanoviae, 1607 and others. 2990d

1546

[Estienne, Charles] 1504-1564.

De vascvlis libellvs, advlescentvlorvm cavsa ex Bayfio decerptus, addita uulgari Latinarum uocum interpretatione. Lvgdvni. Apud Haeredes Simonis Vincentii, 1536.

50, [6]p. 17cm.
Signatures : a-c^{8}, d^{4}.
p. 6, 31 lines, 126×68mm.
Printed in italics.
Author : Charles Estienne. *cf.* Preface.
Colophon : Excvdebant Lvgdvni Melchior et Gaspar Trechsel Fratres 1536.
Index : p. [51]-[56]
Bound with : Gentilis, S. In Apulei Apologiam commentarius, Hanoviae, 1607 and others. 2990c

1547

[—] Seminarivm sive plantarium earum arborum, quae post ortos conseri solent : quarum nomina, fructus, item etiam conserendi uocabula apud authores benè recepta hoc libello declarantur ... Lugduni apvd Haeredes Simonis Vincentii, 1537.

96, [16]p. 17cm.
Signatures : a-g^{8}.
p. 8, 31 lines, 126×69mm.
Printed in italics.
Author : Charles Estienne. *cf.* Preface.
Bound with : Gentilis, S. In Apulei Apologiam commentarius, Hanoviae, 1607 and others.
★ Brunet II 1074. 2990b

1548

Estius, Wilhelmus, 1542-1613.

Absolutissima in omnes Beati Pauli et septem Catholicas Apostolorum Epistolas commentaria Tribus Tomis distincta. In quibus genuinus litterae sensus solide & perspicuè traditur : haereses ... refutantur : mores ... formantur. Auctore Dn. Guilielmo Estio SS. Theolog. Doctore ... Accedunt huic novissimae editioni, praeter commodiorem, totius Operis dispositionem & accuratam recognitionem, Textus Sacer Clementinae Editionis : annotationes Locorum Communium ad Fidem & Mores pertinentium. Nec-non index novus ... Studio & Opera Jacobi Merlo-Horstii, S. Theol. L^{s}. Parisiis, Apud Fredericum Leonard, 1679.

3v. in 2. 38½cm.
Paged continuously.
8, 577p., 1 l., 579-1056 (*i.e.* 1052)p., 1 l., 1057-1272, [12]p.
Illus. t.-p.
Engr. head-pieces.
Vol. 3 has subtitle : ... Accesserunt huic editioni additiones, & supplementum commentariorum ad duas ultimas Epistolas, authore Barthol. Petri Lyntrense.
1st ed. Douai, 1614-16. 1251

1549

— (Guilielmi Estii SS. Theologiae Doctoris ...) In Sacram Scripturam opera omnia tribus tomis distributa, Quorum duo primi in omnes. B. Pauli, & Septem Catholicas Apostolorum Epistolas Commentaria continent; Tertius vero in Loca praecipua & difficiliora Scripturae Adnotationes complectitur. Accedunt etiam Indices Concionum & Controversiarum ... necnon ... Orationes Theologicae varii argumenti numquam antehac in Italia excusae. Editio prima Veneta. Venetiis, Ex Typis Nicolai Pezzana, 1759.

3v.
Paged continuously (v. 1, 2)
Engr. head-pieces.
Text in 2 col.
Index at end of v. 2, 3.
Errata at end of each volume.
✤ *Stamp of Mgr Alex. de Gouvea.* 1198

1550

Estrix, Gilles, *SJ,* 1624-1694.

Confutatio suppositae veritatis et caritatis nihilo plus sperantis ex historia Concilii Tridentini quam ex incolumitate doctrinae De Contritionis perfectae necessitate ad sacramentum Poenitentiae. Sive Historia Tridentini Concilii, Patresque ac Theologi Tridentini, defensi ac vindicati, adversus authorem Disceptationum Apologeticarum &c. Authore Aegidio Estrix Societatis Jesu S. Theolog. Professore Lovanii. Mechliniae, Typis Gisberti Lintsii, 1670.

2 l., 67p. 20½cm.
1st ed.
Errata : p. 67.
Bound with : Le Dent, M. De attritione ex metu gehennae, Mechliniae, 1667 and others.
★ Sommerv III 467 n° 18. 1483e

1551

[—] Confutatio trium virorum, Tabularii Galli. Campiani Flori. Petri Moens, Pastoris Brugensis Eccl : B. V. M. Sexaginta quinque Propositiones condemnatas ab Innocentio XI. attribuentium quibusdam Theologis Religiosis, praecipuè Societatis Jesu. Auctore Wilhelmo Sandaeo [*pseud.*] S. Th. Licent. Moguntiae, Typis Viduae Nicolai Heyl, 1680.

1 l., 378 (*i.e.* 379)p. 15½cm.
Wilhelmus Sandaeus *pseud.* of Gilles Estrix. *cf.*

Sommervogel IX 1416.
1st ed.
★ Sommerv III 472 nº 27.
✤ *Aplicado à Resida de Chin Kiam por ordē publicado pello P V Provai Joao de Saà.* 1305

1552

Estrix, Gilles, *SJ,* 1624-1694.

Decertatio historico-theologica pro mente Concilii Tridentini de vi attritionis sine amore amicitiae in sacramento comprobata nuper ex historia concilii nunc etiam enervatis Vindiciis suppositae veritatis et caritatis confirmanda ac stabilienda ab Aegidio Estrix Societatis Jesu S. Theologiae Professore Lovanii. Mechliniae, Typis Gisberti Lintsii, 1669.

78p. 20½cm.
1st ed.
Errata : p. 78.
Bound with : Le Dent, M. De attritione ex metu gehennae, Mechliniae, 1667 and others.
★ Sommerv III 467 nº 14. 1483d

1553

[—] De fravdibvs haereticorum ad orthodoxos. Tractatio perutilis hoc tempore ... Per Franciscum Simonis [*pseud.*] S. Th. L. Moguntiae, Typis Ludovici Bourgeat, 1677-81.

3 pt. in 1. 17cm.
6 l., 140, [3], 141-142, [3]p., 4 l., 149, [1], 289 (*i.e.* 279), [7]p.
Contents of pt. 1. bound after p. 140.
Each part has a special t.-p.
Franciscus Simonis *pseud.* of Gilles Extrix, *SJ, cf.* Sommervogel IX 1416.
1st ed.
Errata at beginning of pt. 1 and end of pt. 2 & 3.
★ Sommerv III 471 nº 25.
✤ *P : Guil : van der Beken Miss : Chinensis. — Da Igreja de Hoai Ngan.* 2641

1554

— Minime paradoxum Generalis inquisitio Hispaniae graviter reprobavit ... sequentes propositiones ... Confessio ex solo poenarum metu facta, & non etiam ex amore Dei, nulla est, adeoque iteranda : talis enim non fit cum contritione ... Minimè, inquam Paradoxum Paradoxo admodum nupero De attritione dissipando Ex S. Concilio Tridentino & Historia Concilii illustratum ... Lovanii, Apud Petrum Sassenum, 1671.

6 unnumb. l. 20½cm.
1st ed.
Bound with : Le Dent, M. De attritione ex metu gehennae, Mechliniae, 1667 and others.
★ Sommerv III 468 nº 19. 1483f

1555

— Svmmvla svmmarvm in controversia attritionis id postulantibus additiunculis quibus nuperum crevit paradoxum subducta fideliter ab Aegidio Estrix Soc. Jesu S. Theol. Professore. Lovanii, Apud Petrum Sassenum, 1671.

10 unnumb. l. 20½cm.
1st ed.
Bound with : Le Dent, M. De attritione ex metu gehennae, Mechliniae, 1667 and others.
★ Sommerv III 468 nº 20. 1483g

1556

Ettmüller, Michael, 1644-1683.

(Michaelis Ettmülleri ...) Operum omnium medico-phisicorum editio novissima : caeteris omnibus tum correctior, tum auctior, tum verò facilior. Operâ & studio Petri Chavvin Medicinae Doctoris Collegio Lugdunensi aggregati ... Lugduni, Sumptib. Thomae Amavlry, 1690.

2v. 39cm.
Illus. t.-p.
Text in 2 col.
Vol. 1 « Tomus secundus » corrected in manuscript to « Tomus primus ».
1st ed.
Contents. — **t. 1.** Institutiones medicae juxta editionem in quarto Idem juxta ed. in folio. Physiologia. Semiotice. Therapeutice : Collegium practicum de morbis humani corporis in genere. Collegium practicum speciale de morbis virorum, mulierum et infantum. Chirurgia medica. Collegium consultatorium. Dissertationes academicae XVII. Observationes medicae II. Index. — **t. 2.** Schröderi dilucidati Phitologia. Zoologia. Mineralogia. De compositione medicamentorum. Danielis Ludovici De pharmacia moderno saeculo applicanda dissertationes III, cum commentario Wolffgangi Wedellii et Michaëlis Ettmulleri. Pyrotechniae rationalis libri II. Index.
✤ *PP. Gallor SJ Pekin.* 3520

1557

Ettori, Camillo, *SJ, d.* 1700.

Solitudo sacra ad dies octo, vel decem animae saluti utiliter impendendos In meditationibus aeternarum Veritatum juxta Ideam Exercitiorum S. P. Ignatii, accomodata Personis Secularibus, Ecclesiasticis, & Religiosis. Authore R. P. Camillo Hectoreus S. J. Nunc post septimam editionem Italicam translata in Latinum a R. P. Henrico Heinsberg, Ex eadem Societate Jesu. Constans quinque Partibus ... Pragae, Typis Universitatis Carolo-Ferdinandeae in Collegio Societatis Jesu ad S. Clementem, 1719.

17 l., 3-452, 144p., 2 l., 160, 72p. 16cm.
1st Italian ed. Venice, 1686.
1st Latin ed. Cologne, 1715.
★ Sommerv III 480 nº 2 (ed. wanting). 2333

1558

Eucherius Lugdunensis, *d. ca.* 450.

(Divi Eucherii Lugdunensis Episcopi) Epistola paraenetica, ad D. Valerianum Cognatum suum, Ab amore profanae Philosophiae ad studium verae Sapientiae provocans. Item. B. Francisci Borgiae Olim Gandiae Ducis, Postea Societatis Jesv Generalis, Epistola practica, Ad Religiosissimam foeminam, Sororem sacri Franciscani Ord: S. Clarae, Monasterij Gandiensis Abbatissam, suamq; Amitam ... Pro xenio an: M.DC.LXXI. oblatae Illustrissimae Sodalitati Dominorum sub Titulo Assumptae Deiparae in Domo Professa Societatis Jesv Viennae Austriae erectae. Typis Matthaei Cosmerovii.

6 l., 79p., 1 l., 32p. 14½cm.
B. Francisci Borgiae Epistola practica has imprint: Viennae Austriae, Typis Matthaei Cosmerovij, 1670. 3477

1559

Euclides, *3rd cent.* B. C.

(Evclidis) Elementorvm libri XV. quibus, cvm ad omnem mathematicae scientiae partem, tvm ad qvamlibet Geometriae tractationem facilis comparatur aditus. Coloniae, Apud Gosuinum Cholinum, 1612.

14 l., 203p. incl. diagrs. 16cm.
Signatures: A-O⁸, P⁴.
p. 54, 29 lines, 117×63mm.
Ed. by Stephanus Gracilis. *cf.* Preface.
1st ed. by Gracilis, Paris, 1557.
Bound with: Bongo, P. De mystica quaternarii numeri significatione, Venetiis, 1585. — Camerarius, J. De eorum qui cometae appellantur, nominibus, Lipsiae, 1578.
✤ *Bibl. Trig.* 371

1560

— Planorvm, ac solidorvm Evclidis Elementa Facilioribus Auctorum demonstrationibus a Hiemyniano Rondelli Philosophiae Doct. In Vniversali Studio Bononiae Scientiarum Mathemat. de mane Professore explicata ... Bononiae, apud Longum, 1693.

4 l., 395p. illus. 6 fold. diagrs. 17cm.
1st ed. by Rondelli.
✤ *Anno Kam Hi 56 lunae 1ae die 4 Impr hunc librum cum 10 alijs dono dedit P. Kiliano.* 392

1561

— De svperficiervm divisionibvs liber Machometo Bagdedino ascriptvs nunc primvm Joannis Dee Londinensis, & Federici Commandini Vrbinatis opera in lucem editus. Federici Commandini de eadem re libellvs. Pisavri, Apud Hieronymum Concordiam, 1570.

4 l., 76p. incl. diagrs. 18½cm.
Signatures: ✝⁴, A-H⁴, I⁶.
p. 2, 34 lines, 138×85mm.

This work is a translation of the Arabian version by Mohammed Bagdadinus of Euclid's Division of figures. *cf.* Cantor I 272; II 555.
1st ed.
Bound with: Aristarchus. De magnitvdinibvs et distantiis solis et lunae liber, Pisauri, 1572. — Iordanus. Opuscvlvm de ponderositate, Venetiis, 1565.
★ Brunet I 609.
✤ *Alexandri Rhauds. I. C. D. M. Ch.* 367

DE SVPERFICIERVM DIVISIONIBVS LIBER MACHOMETO BAGDEDINO ASCRIPTVS NVNC PRIMVM IOANNIS DEE Londinensis, & Federici Commandini Vrbinatis opera in lucem editus. FEDERICI COMMANDINI DE EADEM RE LIBELLVS.

PISAVRI M D LXX.
Apud Hieronymum Concordiam.

Licentia Superiorum.

1562

— o. c. 19½cm.

p. 39-40 bound after p. 35.
Bound with: Roomen, A. van. Specvlvm astronomicvm, Lovanii, 1606 and others. 133b

1563

Euler, Leonhard, 1707-1783.

Introductio in analysin infinitorum. Auctore Leonhardo Eulero ... Lausannae, Apud Marcum-Michaelem Bousquet & Socios, 1748.

2v. in 1. front., port., fold. tables, 40 fold. diagrs. 23½cm.
1 l., xvi, 320p., 1 l., 398, [1]p.
Illus. t.-p.
Woodcut head-pieces.
1st ed.
« Appendix de superficiebus »: p. [321]-398.
★ Brunet II 1092.
✤ *Para ovzo de Fr. Alexandre Gouvea.* 794

1564

Euler, Leonhard, 1707-1783.

Mechanica sive Motvs scientia analytice exposita avctore Leonhardo Evlero ... Instar svpplementi ad commentar. Acad. Scient. Imper. Petropoli, Ex Typographia Academiae Scientiarvm, 1736.

2 v. 32 fold. diagrs. 25cm.
Vol. 1, 480 (*i.e.* 488)p.
1st ed.
★ Brunet II 1092.
✤ *PP Gallor SJ. Pekin Dono acad petropolit.*
753

1565

— o. c.

✤ *Nân-t'âm Collegij S. J. Pekinj donô ipsius Academiae 1745.* 754

MECHANICA
SIVE
MOTVS
SCIENTIA
ANALYTICE
EXPOSITA
AVCTORE
LEONHARDO EVLERO
ACADEMIAE IMPER. SCIENTIARVM MEMBRO ET MATHESEOS SVBLIMIORIS PROFESSORE.
TOMVS I.
INSTAR SVPPLEMENTI AD COMMENTAR. ACAD. SCIENT. IMPER.
PETROPOLI
EX TYPOGRAPHIA ACADEMIAE SCIENTIARVM.
A. 1736.

1566

— Methodus inveniendi lineas curvas, Maximi Minimive proprietate gaudentes, sive Solutio problematis isoperimetrici latissimo sensu accepti. Auctore Leonhardo Eulero ... Lausannae & Genevae, Apud Marcum-Michaelem Bousquet & Socios, 1744.

1 l., 322, [1]p. 5 fold. diagrs. 23½cm.
Illus. t.-p.
1st ed.
« Additamentum I. De curvis elasticis » : p. 245-310.
« Additamentum II. De motu projectarum in medio non resistenti, per methodum maximorum ac minimorum determinando » : p. 309 (*i.e.* 311)-320.
★ Brunet II 1092. 57

1567

— (L. Euleri) Opuscula varii argumenti ... Berolini, Sumtibus Ambr. Haude & Jo. Carol. Speneri, 1746.

1 l., 300p. illus., 6 fold. diagrs. 21½cm.
1st ed.
Contents. — De motu corporum tubis mobilibus inclusorum. — Tabulae astronomicae motuum solis ac lunae. — Nova theoria lucis et colorum. — De relaxatione motus planetarum. — Enodatio quaestionis : An materiae facultas cogitandi tribui possit ? — Recherches sur la nature des moindres particules des corps.
Bound with : Euler. L. Theoria motuum planetarum, Berolini, 1744.
★ Brunet II 1092. 370a

1568

— Tentamen novae theoriae mvsicae ex certissimis harmoniae principiis dilvcide expositae. Avctore Leonhardo Evlero. Petropoli, Ex typographia Academiae Scientiarvm, 1739.

21, [1], 263p. illus., plate, 2 fold. tables, 3 fold. musics. 25cm.
Illus. t.-p.
1st ed.
★ Brunet II 1092.
✤ *Nân-t'âm Collegij S. J. Pekinj donô ipsius Academiae 1745.* 679

1569

— Theoria motuum planetarum et cometarum. Continens Methodum facilem ex aliquot observationibus orbitas cum planetarum tum cometarum determinandi; una cum calculo, quo cometae, qui annis 1680. et 1681. itemque ejus, qui nuper est visus, motvs verus investigatur. Auctore Leonhardo Eulero. Berolini, Sumtibus Ambrosii Haude [1744]

187p. front., illus. (incl. tables), 4 fold. diagrs. 21½cm.
1st ed.
Colophon : Berolini 1744. Aere Michaelis.
Bound with : Euler, L. Opuscula varii argumenti, Berolini, 1746.
★ Brunet II 1092.
✤ *Stamp of Mgr Alex. de Gouvea.* 370

1570

Eustachi, Bartolomeo, *beginning of 16th cent.*-1574.

Tabulae anatomicae clarissimi viri Bartholomaei Eustachii Quas è tenebris tandem vindicatas et Clementis Papae XI. Munificentia dono acceptas, praefatione, ac notis illustravit Joh. Maria Lancisius, Archiater Pontificius. Editio Romana altera. Romae, Sumptibus Laurentii, & Thomae Pagliarini, Ex Typographia Rochi Bernabò, 1728.

xxviii, 79, [9?]p. 47 plates. 38cm.
33 plates wanting. Ornament on t.-p. cut.
Ms. marginal notes.
1st ed. Rome, 1714.
Index : p. [81]-[90?]
Letters of Lancisi, Fantoni, and Morgagni : p. viii-xx.
★ Brunet II 1113. 3557

1571

Eybel, Joseph Valentin, 1741-1805.

(Josephi Valentini Eybel U. J. D. ...) Introductio in jus ecclesiasticum Catholicorum ... Venetiis, Sumptibus Francisci ex Nicolao Pezzana, 1781.

4v. 25½cm.
Vol. 4 wanting.
Vol. 1-3 in 1.
viii, 46p., 2 l., 63p., 2 l., 104p., 8 fold. tables.
Text in 2 col.
1st ed. Vienne, 1777.
Contents. — **t. 1.** Notiones praeviae de Ecclesia et religione; de principiis legum Ecclesiae Christianae; de legum ecclesiasticarum collectionibus; de jurisprudentia ecclesiastica. — **t. 2.** De distinctione potestatis sacrae a civili, et de juribus principum circa sacra. — **t. 3.** De sacro imperio, et singulis gradibus rectorum, et ministrorum ecclesiae.
✤ *Stamp of Mgr Alex. de Gouvea.* 2455

F

1572

Fabre, Pierre Jean, *d.* 1650.

Panchymici sev Anatomiae totivs vniversi, Petri Ioannis Fabri Castrinovidarensis Doctoris Medici Monspeliensis. Opvs In quo de omnibus quae in caelo & sub caelo sunt spagyricè tractatur ... Tolosae, Apud Petrvm Bosc, 1646.

2v. 17cm.
Vol. 1 wanting.
Vol. 2, 672 (*i.e.* 680)p.
1st ed.
Index at end.
✤*Cealius.* 1021

1573

Fabri, Honoré, *SJ*, 1607-1688.

Dialogi physici, in quibvs De Motu Terrae Disputatur, marini aestvs nova causa proponitur, Necnon aquarum & Mercurij supra libellam elevatio examinatur ... Auctore R. P. Honorato Fabri, Societatis Iesv. Lvgdvni, Sumptibus Christophori Fovrmy, 1665.

2 l., 218 (*i.e.* 226), [16]p. incl. diagrs. 23cm.
1st ed.
Index at end.
★ Sommerv III 514 n° 16.
✤ *Collegij Societatis Jesv Pekini.* 665

1574

— Dialogi physici qvorvm. Primus est de Lumine. Secundus & Tertius, de vi percussionis & motu. Quartus, de hvmoris eleuatione per canaliculum. Quintus & Sextus, de variis selectis. Provt in praefixis singularibus titulis planius declaratur. Auctore Honorato Fabri, Societatis Iesv. Lvgdvni, Apud Antonivm Molin, 1669.

4 l., 498 (*i.e.* 500)p., 1 l. 2 fold. diagrs. 17½cm.
Running title : Alithophilvs.
1st ed.
★ Sommerv III 515 n° 20. 672

1575

— Historia compendiaria, de vita et morte P. Petri Pauli Simii Societ. Jesu Sacerdotis. Authore Honorato Fabri ejusdem Societatis Sacerdote. Lugduni, Apud Jacobum Lions, 1682.

13 l., 156p. 14×8cm.
1st ed.
Errata at beginning.
★ Sommerv III 519 n° 29. 2614

1576

— Metaphysica demonstrativa, sive Scientia rationvm vniversalivm. Avctore Petro Movsnerio Doctore Medico. Cvncta excerpta, Ex praelectionibus R. P. Honorati Fabri Societatis Iesv. Lvgdvni, Sumptibus Ioannis Champion, 1648.

4 l., 660p. 24cm.
Binder's title : Fabri Philos. tom. 3.
1st ed.
Errata : p. 659-660.
« Appendix prima. De vacvo. » — Appendix II. Nova lvx. » — « Appendix III. Apologetica » : p. 547-659.
★ Sommerv III 512 n° 5. 2844

1577

— Philosophiae tomvs primvs : qui complectitvr scientiarvm Methodum sex Libris explicatam; Logicam analyticam, duodecim Libris demonstratam, & aliquot Controversias logicas, breviter disputatas. Auctore Petro Mosmerio Doctore Medico. Cvncta excerpta Ex praelectionibus R. P. Hon. Fabry. Soc. Iesv. Lvgdvni, Sumptibus Ioannis Champion, 1646.

24 l., 383, 85, [1]p. illus. 24cm.
Binder's title : Fabri Philos. tom. 1.
The editor in his preface speaks of 14 volumes to be published, but issued only v. 1, 2 & 4. *cf.* Sommervogel III 511-2.
1st ed.
Errata at end.
For the continuation (v. 2 & 4 publ. under their own titles) *see* Fabri, H. Tractatvs physicvs de motv locali; & Metaphysica demonstrativa.
★ Sommerv III 511. 2841

1578

Fabri, Honoré, *SJ,* 1607-1688.

Physica, id est, Scientia rervm corporearvm, in decem tractatvs distribvta. Auctore Honorato Fabri Soc. Iesv. Cum Indice duplici; primo Tractatuum, Librorum & Propositionum; Rerum Notabilium, altero. Nvnc primvm in lvcem prodit. Lvgduni, Sumptibus Lavrentii Anisson, 1669-71.

5 v. 6 diagrs. 23½cm.
Vol. 5 wanting.
Text in 2 col.
1st ed.
★ Sommerv III 516 n° 25. 783

1579

— o. c.

v. 1, 3. 3 fold. diagrs. 23½cm.
The complete set consists of 5 v.
✤ *PP Gallor SJ. Pekin.* 784

1580

— Svmmvla theologica, in qva qvaestiones omnes alicvivs momenti, quae à Scholasticis agitari solent, breuiter discutiuntur, ac definiuntur. Auctore Honorato Fabri Societatis Iesv. Cum indicibvs tractatvvm & rerum notabilium. Nvnc primvm in lvcem prodit. Lvgdvni, Sumptibus Lavrentii Anisson, 1669.

22 l., 762 (*i.e.* 760), [23]p. 23½cm.
Text in 2 col.
1st ed.
Errata : p. [785]
★ Sommerv III 515 n° 21. 1503

1581

— o. c.

1616

1582

— Synopsis geometrica cvi accessere tria opvscvla, nimirvm, De linea sinuum & Cycloide, De maximis & minimis, centuria; Et Synopsis Trigonometriae planae. Auctore Honorato Fabri Societatis Iesv. Lvgdvni, Apud Antonivm Molin, 1669.

8 l., 506 (*i.e.* 508)p. 3 fold. diagrs. 15cm.
1st ed.
Errata at beginning.
★ Sommerv III 515 n° 23. 461

1583

— Synopsis optica, in qva illa omnia qvae ad opticam, dioptricam, catoptricam pertinent, id est, ad triplicem radivm visvalem Directum, Refractum, Reflexum, breviter qvidem, accvrate tamen demonstrantur. Authore Honorato Fabri, Societatis Iesu ... Lvgdvni, Sumpt. Horatii Boissat, & Georgii Remevs, 1667.

4 l., 246, [1]p. 6 fold. diagrs. 23cm.
1st ed.
Appendix : p. 194-223.
★ Sommerv III 515 n° 19. 658

1584

— (Honorati Fabri Societatis Iesv Theologi.) Tractatvs dvo : qvorvm prior est de plantis, et de generatione animalivm; posterior de homine. Parisiis, Apud Franciscvm Mvgvet, 1666.

14 l., 440, 142p. 2 fold. diagrs. 24cm.
Illus. t.-p.
Text in 2 col.
1st ed.
★ Sommerv III 514 n° 18.
✤ *PP Gallor SJ Pekin.—H Faber De plantis Imbert pharmacopoeus pars..* 855

1585

— o. c.

1 diagr. wanting.
✤ *Missionis Sinensis PP. Gallorum Soc. Jesu Pekin.* 979

1586

— o. c.

2 diagrs wanting. 980

1587

— Tractatvs physicvs de motv locali, in qvo effectvs omnes, qvi ad impetvm, motum naturalem, violentum, & mixtum pertinent, explicantur, & ex principiis Physicis demonstrantur. Auctore Petro Movsnerio Doctore Medico : cvncta excerpta Ex praelectionibus R. P. Honorati Fabry, Societatis Iesv. Lvgdvni, Apud Ioannem Champion, 1646.

16 l., 446, [3]p. 24cm.
Binder's title : Fabri Philos. tom 2.
1st ed.
« Appendix prima physicomathematica, De centro percussionis. » — « Appendix secvnda. De principio physicostatico, ad mouenda ingentia pondera. » — « Appendix tertia. De principio physicomechanico impressionis. » — « Appendix qvarta. De principio physico rationis duplicatae physicae » : p. 420-446.
Errata at end.
★ Sommerv III 511 n° 3. 2843

1588

Fabricius, Franciscus.

Thermae Aqvenses sive De balneorvm natvralivm, praecipve eorvm qvae svnt Aqvisgrani et Porceti, natura & facultatibus, & qua ratione illis vtendum sit ... Auctore Francisco Fabricio Ruremundano, Medico Aquensi. Iam denvo opera et diligentia D. Lamberti d'Armon in lucem editus. Coloniae Vbiorvm, Apud Ioannem Kinchium, 1616.

31p. 16½cm.
Signatures : A-B⁸.
p. 7, 30 lines, 120×60mm.
Bound with : Schenk, J. G. Biblia iatrica, Francofurti, 1609 and others. 1131b

1589

Fabricius, Johann, *17th cent.*

(Joh. Fabricii Phrysii) De maculis in sole observatis, et apparente earum cum Sole conversione, narratio. cui Adjecta est de modo eductionis specierum visibilium dubitatio. VVitebergae, Typis Laurentij Seuberlichij, Impensis Iohan. Borneri Senioris & Eliae Rehefeldij. Bibliop. Lips., 1611.

22 unnumb. l. 21½cm.
Signatures : A-D⁴, E⁶.
f. [7]a, 28 lines, 154×98mm.
1st ed.
Bound with : Batavus. De maculis in sole animadversis, 1612. — Scheiner, C. De maculis solaribus, Augustae Vindelicorum, 1612; Tres epistolae de maculis solaribus, ad Marcum Velserum, Augustae Windelicorum, 1612. — Maestlin, M. Consideratio et observatio cometae 1580. Heidelbergae, 1581. — Molerius, E. De Sydere novo anni 1604, 1606. — Gemma, C. De peregrina stella qvae superiore anno (1572) apparere coepit. — Molerius, E. Astronomicvs *της ψηφοφοριας* ecleipsivm ... *επιλογισμος* 1607. — Bacon, R. Specula mathematica, Francofurti, 1614.
♣ *Bibl. Trig.* ? 350

1590

Fagnani, Prospero, 1588-1678.

(Prosperi Fagnani) Commentaria in primum [-quintum] librum Decretalium, cum disceptatione de Grangiis, quae in aliis Editionibus desiderabatur; ac ipso Textu suis locis aptè disposito. Venetiis, Apud Paulum Balleonium, 1697.

5 pt. in 3. port. 34cm.
Some pages at end of v. 2. spoiled.
Vol. 1, 705 (*i.e.* 703)p.
1st ed. Rome, 1661.
Index : 302 (*i.e.* 300)p. at end of v. 3.
★ DictTheolCath V 2067.
♣ *Sabini Mariani missionarij apci. — Ex lib. relict. Pekini ab Illmo ac Rmo Pata Alexo.* 1525

1591

Fallopio, Gabriele, 1523-1562.

(Gabrielis Fallopii Mutinensis, Physici, ac Chirurgi ...) Opera genvina omnia, tam practica, quam theorica ... Nunc tandem ... accuratè simul excusa, ac in tres tomos distribvta; nec solum in tractatus; sed in capita quoque apte secta, & divisa ... Venetiis, Apud Io. Antonium, & Iacobum de Franciscis, 1606.

3v. in 1. 33cm.
12 l., 552p., 4 l., 469 (*i.e.* 459)p., 3 l., 228 numb. l., 44 l.
Signatures : a⁶, b⁶, A-Z⁶, Aa-Zz⁶; a⁴, A-Z⁶, Aa-Oo⁶, Pp⁸; a⁴, A-Z⁶, Aa-Pp⁶, a-b⁶, c-k⁴ (a4 blank)
p. 9, 61 lines, 254-145mm.
Illus. t.-p.
1st ed. Venice, 1584.
Contents. — **t. 1.** Institutiones anatomicae. Observationes anatomicae. Observationes de venis. De partibus similaribus. De medicamentis simplicibus. De materia medicinali in librum primum Dioscoridis. De thermalibus aquis. De metallis. De medicamentis purgantibus simplicibus. Epistola Fallopii ad Mercurialem de asparagis. — **t. 2.** De ulceribus et eorum speciebus, de morbo gallico, de ulceribus singularum partium. De vulneribus in genere, de vulneribus capitis, oculorum, nasi, etc. Commentarius in Hippocratis Coi librum de Vulneribus capitis. De cauteriis. — **t. 3.** De tumoribus praeter naturam. De decoratione. Expositio libri Galleni de Ossibus. De luxatis et fractis ossibus. Methodus consultandi. De compositione medicamentorum. Index. 1015

1592

Fantonius, Philippus.

De ratione redvcendi anni ad legitimam formam et nvmervm, ac aliis ad eandem rem pertinentibvs ... Avctore Philippo Fantonio. Florentiae, apud Ivntas, 1560.

52 numb. l. illus. 16½cm.
Signatures : A-F⁸, G⁴.
f. 3a, 21 lines, 122×67mm.
l. 32 bound after l. 39.
1st ed.
♣ *V Proae.* 100

1593

Farfa, Abbey of, Synod of, 1628.

Constitvtiones synodales insignivm abbatiarvm B. Mariae Farfen. & S. Saluatoris Maioris simul vnitarum, nullius Deoecesis. Editae in Synodo, quam habuit illvstriss. et reverendiss. D. D. Franciscvs S. Agathae S. R. E. Diaconus Cardinalis Barberinus praedictarum Abbatiarum Commendatarius. Romae, Ex Typographia Reu. Camerae Apost., 1628.

88, [12]p. 18cm.
Illus. t.-p.
1st ed.
♣ *ex lib. Illmi Rmi Pae Alexni.* 3633

1594

Farnèse, Henri, 1550*ca.*-1616.

Diphtera Iovis, sive De antiqva principis gloria. Ex qua olim Aegyptiorum Reges Trimegisti Ter Maximi Optimi : Sapientiss. ac Potentiss. sunt Appellati : Henrici Farnesii Ebvronis I. C. ... libri III. Quorum primus est de Virtute : alter de Sapientia : vltimus de Potentia Armati Principis, Singuli verô omnes centum tenentur absoluti Elogijs, Quae ad Aegyptiacam disciplinam, Naturae monimentis, Poetarumque commentis, Primùm figurata : deinde exemplorum testimonijs colorata, Faciem repraesentant antiquam Regiae Virtutis, & Gloriae. Mediolani, Apud Hieronymum Bordonum, & Petrum Martyrem Locarnum, 1607.

27 l., 414, [2]p. 22cm.
Signatures : a-c[8], d[4], A-Z[8], Aa-Cc[8] (d4 blank)
p. 2, 31 lines, 177×123mm.
Each part has special t.-p.
1st ed.
♣ *Bibl. Trig.* 2819

1595

Fasciculus ex Selectioribus Authorum viridariis ad cōmodiorem Scholasticorum usum industriè concinnatus : continens partes duas, alteram oratoriam, hostoricam [*sic*] alteram ... Eborae, ex typographia Academiae, 1740.

4 l., 736p. 15½cm.
Contents. — Cicero M. T. Oratio pro Archia. Orat. I et 2 in Catilinam. Pro Marcello. Pro Ligario. Pro rege Deiotaro. Philippicae 2 et 9. Pro Milone. Laelius, seu de Amicitia. L. Luceii ad Ciceronem epistola. — Curtius, Q. Supplementi libri IV. — Sallustius C. Catilina. De bello Jugurthino. — Livius T. Historiarum decadis I liber I. — Suetonius C. Julius Caesar. Octavius Caesar Augustus. Flavius Domitianus. 3328

1596

Favre, Antoine, 1557-1624.
(Antonii Fabri I. C. Sebvsiani ...) Coniectvrarvm Ivris civilis Libri viginti. In quibus difficiles plerique Iuris Iustinianaei loci, nouis cùm emendationibus, tum interpretationibus explicantur, & vera rectáque Iuris principia stabiliuntur. Cum Indice Copiosissimo. 1. Principiorum & conclusionum Iuris, quae hîc proponuntur, explicantur, aut demonstrantur. 2. Legum emendatarum aut explicatarum. 3. Autorum, quorum opiniones recensentur, vel probantur, aut refelluntur. Editio postrema. Avrelianae Allobrogvm, Apud Samvelem Crispinvm, et Franciscvm Fabrvm, 1609.

6 l., 798, [32]p. 34½cm.
Signatures : †[6], A-Z[6], Aa-Zz[6], Aaa-Yyy[6], Zzz[7].
p. 2, 69 lines, 278×157mm.
Text in 2 col.
1st ed. Lyons, 1580-81.
♣ *Bibl. Trig.* 2116

1597

Ferdinandi, Epifano, 1569-1638.
Theoremata medica et philosophica, mira doctrinae varietate, nouoque scribendi ordine donata, & in tres libros digesta, avctore Epiphanio Ferdinando Messapiensi Hydrvntino, Philosopho, et Medico. Cum triplici Indice, vno Theorematum, altero Auctorum, & tertio Locupletissimo rerum memorabilium ... Venetiis, Apud Thomam Ballionum, 1611.

16 l., 271p. 31½cm.
Signatures : a[6], b[10], A-B[8], C-Y[6].
p. 2, 72 lines, 263×143mm.
Head-pieces.
1st ed.
Errata at beginning.
Bound with : Fernel, J. Monalosphaerium, Parisiis, 1526.
♣ *Bibl. Trig.* 852

1598

Fernel, Jean, 1497-1558.
(Ioannis Fernelii Ambianatis) Monalosphaerium, partibus constans quatuor. Prima, generalis horarij & structuram, & vsum, in exquisitā monalosphaerij cognitionem praemittit. Secunda, mobilium solennitatum, criticorumq; dierū rationes, multa breuitate complectitur. Tertia, quascūq; ex motu primi mobilis deprōptas vtilitates elargitur. Quarta, geometricā praxin breuiusculis demōstrationibus dilucidat ... Parisiis, In aedibus Simonis Colinaei, 1526.

6 l., 36 numb. l. incl. tables, diagrs. 36cm.
Signatures : a-g[6].
f. 9a, 44 lines, 228×135mm.
Title within woodcut ornamental border.
Colophon dated 1527.
1st ed.
Index & errata at beginning.
Bound with : Ferdinandi, E. Theoremata medica et philosophica, Venetiis, 1611. 852a

1599

Fernel, Jean, 1497-1558.

(Ioannis Fernelii Ambiani) vniuersa medicina. Ab ipso quidem authore ante obitum diligenter recognita, & iustis accessionibus locupletata. Postea autem studio & diligentia Guliel. Plantij Cenomani postremum elimata, & in Librum Therapeutices septimum doctissimis scholiis illustrata. Cui accessit eiusdem Fernelij Consiliorvm Liber cum quibusdam Clarorum Medicorum Parisiensium Responsis. Genevae, Excudebat Stephanus Gamonetus, 1619.

8 l., 1172, [57]p. 23½cm.
Signatures : †[8], A-Z[8], Aa-Zz[8], Aaa-Zzz[8], Aaaa-Gggg[8], Hhhh[7].
p. 3, 47 lines, 192×152mm.
1st ed. Paris, 1554.
1st ed. by Plançon, Paris, 1567.
Contents. — Physiologiae libri VII. — Pathologiae libri VII. — De abditis rerum causis libri duo. — Therapeutices universalis, seu Medendi rationis libri septem. — Febrium curandarum methodus generalis. — De luis venereae curatione perfectissima liber. — Consilium epileptico praescriptum. — Consiliorum liber, cui accesserunt Responsa quaedam clar. medicorum Parisiensium. — Indices.
★ Brunet II 1227.
♣ *PP Gallor. SJ Pekin.* 893

1600

— (Ioannis Fernelii ...) Vniversa medicina : a doctissimo et experientissimo Medico diligenter recognita, & ab innumeris mendis & erroribus, quibus priores scatebant editiones repurgata, collatis inuicem vetustissimis & optimis exemplaribus. Editio emendatissima. Additae sunt eiusdem Fernelii Consilia & Guliel. Plantij Scholia in Pharmacopoeam, seu librum Therapeuticae septimum. Genevae, apud Iacobum Chouet, 1644.

3v. 17cm.
Vol. 2, 3 have no t.-p.
Ms. marginal notes.
Contents. — **[v. 1.]** Physiologiae libri VII. Pathologiae libri VII. Indices. — **[v. 2.]** Therapeutices universalis, seu Medendi rationis libri septem. Febrium curandarum methodus generalis. De luis venereae curatione perfectissima liber. Consilium epileptico praescriptum. — **[v. 3.]** De abditis rerum causis libri duo. Consiliorum liber, cui accesserunt Responsa quaedam clar. medicorum Parisiensium. Indices. 903

1601

Ferrari, Filippo, *OSBMV*, 1550*ca.*-1626.

Lexicon geographicvm in qvo vniversi orbis vrbes, Provinciae, Regna, Maria, & Flumina recensentur. Illvd primvm in lvcem edidit Reuerendissimus D. Philippvs Ferrarivs Alexandrinvs ... Nvnc Michael Antonivs Bavdrand ... hanc Editionem emendavit, illustravit & dimidia parte auctiorem fecit. Accessit Mantissa Correctionum Dominici Magri ... nunc primum edita ... Patavii, Typis Iacobi de Cadorinis, 1674-75 [v. 1, 1675]

2 v. in 1. 35cm.
6 l., 478 (*i.e.* 480), 452 (*i.e.* 464), [22]p.
Text in 2 col.
1st ed. Milan, 1627.
1st ed. by Baudrand, Paris, 1670.
« Tabula longitudinis, ac latitudinis urbium » and « Appendices et correctiones » at end of v. 2.
♣ *Collegij Societatis Jesv Pekini.* 1079

1602

Feyerabend, Siegmund, *ca.* 1527-1590, *ed.*

Annales, sive Historiae rervm Belgicarvm, a diversis avctoribvs (versa pagina nominatis) ad haec nostra vsque tempora conscriptae deductaeqꝫ: & in duos Tomos distinctae. Qvibvs omnivm illarvm provinciarum, Brabantiae, Flandriae, Hannoniae, Hollandiae, Selandiae, Geldriae, Frisiae, aliarumqꝫ vicinarum Regionum res memorabiles comprehenduntur ... Cum Indice accurato & locupletissimo. Francofurti ad Moenum, expensis Sigismundi Feyerabendij, 1580.

2v. in 1. 39cm.
4 l., 427, [18]p., 1 l., 187p.
Signatures : †[4], A-C[6], D-Z[4], A-Z[4], Aa-Gg[4], Hh[5]; †[1], a-y[4], z[6].
p. 8, 64 lines, 294×166mm.
Title printed within a woodcut
Woodcut head-pieces.
1st ed.
Colophon : Francofvrti ad Moenvm, Apvd Georgivm Corvinvm, Impensis Sigismundi Feyrabendii, 1580.
Contents. — **t. 1.** Meyer, J. de. Flandricarum annalium libri XVII (1st ed. Antwerp, 1561). — **t. 2.** Baarland, A van. Chronica Brabantiae ducum. Geldenhaur. G. Historia Batavica, a Batone primo rege ad Carolum V. (1st ed. Strasburg, 1532). Le Marchant, J. De rebus Flandriae memorabilibus liber singularis (1st ed. Antwerp, 1567). Guicciardini, L. De rebus memorabilibus, quae in Europa, maxime vero in Belgio, ab undetrigesimo usque in annum MDLX evenerint P. P. Kerckhouio Actiophanensi interprete (1st ed. Antwerp, 1565). Gallaeus, P. Brevis rerum in Belgio ab anno 1566 usque ad annum 1569 gestarum designatio (1st ed.). Candidus, G. Brevis designatio (1st ed.).
♣ *Bib. Trig.* 2075

1603

[**Ficino, Marsilio**] 1433-1499, *tr. & ed.*

Iamblichvs De mysteriis Aegyptiorvm, Chaldaeorum, Assyriorum. Pròclvs In Platonicum Alcibiadem de Anima, atque Daemone. Idem de Sacrificio & magia. Porphyrivs de diuinis atqꝫ daemonib. Psellvs de Daemonibus. Mercvrii Trismegisti Pimander. Eiusdem Asclepius. Lvgdvni, Apvd Ioan. Tornaesivm, 1577.

543, [1]p. 12cm.

Signatures : a-z⁸, A-L⁸.
p. 6, 29 lines, 93×52mm.
Tr. & ed. by Marsilio Ficino. *cf.* Dedication.
1st ed. Venice, 1497.
★ Brunet III 492. 2902

1604

Fienus Thomas, 1567-1631.

(Thomae Fieni Anverpiani ... in Academia Lovaniensi Medicinae Professoris Primarij) De cavteriis libri qvinqve, In quibus vires, materia, modus, locus, numerus, tempus ponendorum cauteriorum ... dilucidè explicantur. Lovanii, Apud Ioan. Baptistam Zangrium, 1601.

8 l., 258 numb. l. 3 plates. 15cm.
Signatures : †⁸, A-Z⁸, Aa-Ii⁸, Kk².
f. 2a, 29 lines, 118×68mm.
Illus. t.-p.
1st ed.
Errata at end.
✤ *Bibl. Trig.* 857

1605

Figueiro, Pedro de, *CanAug. d.* 1592.

Opervm P. D. Petri a Figveiro Lvsitani Canonici Regvlaris S. Avgvstini Congregationis Sanctae Crucis Conimbricensis ... Tomi duo. Quorum vnus habet Commentarios in XXV. priores Psalmos, Paraphrases in Prophetias Ieremiae, Commentarios in eiusdem Lamentationes. Alter verò, Commentarios in XII. Prophetas Minores. Vterque etiam habet suos ad calcem Indices absolutissimos ... Omnia nunc primùm in lucem prodeunt ... Lvgdvni, sumptibvs Horatii Cardon, 1616.

2v. in 1. 36½cm.
4 l., 485, [89]p., 18 l., 690, [36]p.
Signatures : a⁴, a-z⁶, Aa-Zz⁶, Aaa-Bbb⁶; a⁶, e⁶, i⁶, A-Z⁶, Aa-Zz⁶, AAa-OOo⁶, PPp³.
p. 5, 71 lines, 294×162mm.
The duplicates of p. 1-12 bound after p. 276 (v. 1)
Title printed within an engraving (v. 1)
Text in 2 col.
✤ *Bibl. Trig.?* 1262

1606

Filliucci, Vincenzo, *SJ,* 1566-1622.

Compendium quaestionvm moralivm P. Vincentii Fillivcii Senensis, è Societ. Iesv. Ab ipsomet confectum. In III. Partes distributum. Cui accessit Instructio pro Confessarijs, eiusdem Auctoris. Mediolani, Apud haer.q Pacifici Pontij, & Io. Bapt. Piccaleum Socios, 1627.

707, [29]p. 11½cm.
Signatures : A-Z⁸, Aa-Zz⁸.
p. 40, 34 lines, 91×57mm.
1st ed. Rome, 1626.
Index : p. [708]-[736]
✤ DictTheolCath V 2352. — Sommerv III 737 n° 3 (ed. wanting). 1312

1607

— Qvaestionvm moralivm de christianis officiis et casibvs conscientiae ad formam cvrsvs qvi praelegi solet in Collegio Romano Societatis Jesv ... Auctore Vincentio Fillivcio Senensi eiusdem Societatis ... Antverpiae, Apud Ioannem Keerbergivm, 1623.

2v. 36cm.
Vol. 2 wanting.
Text in 2 col.
1st ed. Lyons, 1622.
Contents. — **t. 1.** De sacramentis in communi. De septem sacramentis in specie. De censuris in genere. De excommunicatione, suspensione et interdicto. De irregularitatibus.
★ DictTheolCath V 2352. — Sommerv III 735 n° 2.
✤ *Missionis Sinensis Soctis Jesu 1628.* 3436

1608

Finck, Thomas, 1561-1656.

(Thomae Finkii Flenspurgensis) Geometriae rotvndi Libri XIIII ... Basileae, Per Sebastianum Henricpetri [1583]

8 l., 406p., 1 l. incl. tables, diagrs. 21cm.
Signatures : †-††⁴, a-z⁴, A-Z⁴, Aa-Ee⁴.
p. 24, 35 lines, 140×100mm.
Colophon dated 1583.
1st ed.
✤ *et hanc rotundi geometriam charissimo preceptori P. Wenceslao Pantaleoni S. J. longinquae Peregrinationis comitem libenter do Dono D. V. Noguera fr. S. J. discipulus studiosus. Olyssipone X Kal. Iunl. 1617.* — *Missionis Sinensis.* 328

1609

— o. c. 20cm.
451

1610

Flamsteed, John, 1646-1719.

Historia coelestis Britannica ... observante Joanne Flamsteedio ... Londini, Typis H. Meere, 1725.

3v. front., illus., plate, 6 diagrs. 40cm.
Engr. head-pieces.
Ms. marginal notes.
1st complete ed.
Contents. — **v. 1.** Stellarvm fixarvm nec non planetarvm omnivm observationes. Planetarum loca ab iisdem observationibus deducta. — **v. 2.** Fixarum stellarum planetarumque omnium transitus per planum arcus meridionalis et distantiae eorum a vertice. De solis, lunae, Jovisque satellitum eclipsibus observationes. Planetarum loca ab iisdem observationibus derivata. — **v. 3.** In stellarum fixarum catalogum Prolegomena. Ptolemaei et Ulugh Beighi, Tychonis Brahae et Principis Hassiae & Joh. Hevelii catalogi fixarum. Stellarum inerrantium catalogus Britannicus ad ann. completum 1689. Fixarum in Zodiaco longitudines et latitudines. Catalogus fixarum australium, ab Abrahamo Sharpio ad ann. 1726 supputatus. Tabulae prostapheraesium, latitudinum ab ecliptica et longitudinum, constructae ab H. Sharpio. Ejusdem Tabulae declinationibus & latitudinibus eruendis inservientes.
★ Brunet II 1280. 245

1611

— o. c.

Vol. 3 wanting.
♣ *Collegium Pek. (vol. 2).* 247

1612

Flisco, Comes de, *b.* 1635.
(Comitis de Flisco) Decas de fato, annisque fatalibus tam hominibus quam regnis mundi. Francofvrti, Apud Joann. Baptistam Schönwetter, 1665.

5 l., 259 (*i.e.* 255)p. illus. 20½cm.
Illus. t.-p. 88

1613

Floravanti, Geronimo, *SJ,* 1554-1630.
(R. P. Hieronimi Floravantii Romani, e Societate Iesv.) De Beatissima Trinitate. Libri Tres. Primvs est contra haereticos. Secvndvs inter scholasticos. Tertivs contra gentiles ... Mogvntiae, Sumptib. Bernardi Gvaltheri, Ex officina Ioannis Volmari, 1616.

6 l., 246 (*i.e.* 248)p. 20cm.
Signatures : †[6], A-Z[4], Aa-Hh[4].
p. 3, 38 lines, 154×111mm.
1st ed.
Bound with : Alcuinus. De Sanctissima Trinitate libellus, Constantiae, 1596.
★ Sommerv III 791 n° 1.
♣ *Bibl. Trig.?* 1446

1614

Floridus, Ambrosius.
(Ambrosii Floridi Patavini Augustinensis) Tractatvs De Annis climatericis, ac diebus criticis. Dialogistico contextus sermone. In quo mira doctrina ... panditur, quo pacto totius vitae humanae cursus ... torqueatur. Patavij, apud Matthaeum de Menijs Pat., 1612.

4 l., 34 (*i.e.* 43), [3]p., 1 l. 20cm.
Signatures : †[4], A-F[4].
p. 3, 33 lines, 149×93mm.
Colophon : Patavii, Apud Mattheum de Menijs Patauinum. Fx [*sic*] Typographia Laurentij Pasquali, 1612.
Bound with : Roomen, A. van. Svppvtatio ecclesiastica, Wircebvrgi, 1595 and others. 404b

1615

Florus, Lucius Annaeus, *2nd cent.*
(Lucii Annaei Flori) De Romanorum gestis libri quatuor ... In Typographia Eborensis Academiae, 1671.

3 l., 166, [38]p. 15cm.
Index : p. [167]-[204]
♣ *Jappam.* 3211

1616

Fludd, Robert, 1574-1637.
Utriusque Cosmi Majoris scilicet et minoris metaphysica, physica atqve technica historia In duo Volumina secundum cosmi differentiam diuisa. Authore Roberto Flud alias de Fluctibus ... Oppenhemii, Aere Johan-Theodori de Bry, Typis Hieronymi Galleri, 1617.

1 l., 206, [4?]p. illus. (incl. tables, diagrs.) 31½cm.
Signatures : A[5], B-Z[4], Aa-Bb[4], Cc[5]?
p. 28, 51 lines, 237×134mm.
Some pages of index wanting.
Engr. ornamented t.-p.
1st ed.
A second but incomplete volume was published in 1624.
Contents. — Tractatus I. Lib. I. De macrocosmi principiis. — Lib. II. De macrocosmi fabrica. — Lib. III. De musica mundana. — Lib. IV. De creaturis coeli empyreï. — Lib. V. De creaturis coeli aetherei. — Lib. VI. De creaturis coeli elementaris. — Lib. VII. De corporibus imperfecte mixtis. — Index.
Bound with : Benedetti, J. B. De Gnomonum vmbrarumque solarium usu. Augustae Taurinorum, 1574.
★ Brunet II 1313. 234a

1617

Foes, Anuce, 1528-1595.
Oeconomia Hippocratis, alphabeti serie distincta. In qua dictionvm apvd Hippocratem omnium, praesertim obscuriorum, usus explicatur, & velut ex amplissimo penu depromitur : ita vt Lexicon Hippocratevm merito dici possit. Anvtio Foesio Mediomatrico medico, avthore. Francofvrdi, Apud Andreae Wecheli heredes, Claudium Marnium, & Io. Aubrium, 1588.

4 l., 694p., 1 l. incl. port. 34cm.
Signatures : †[4], A-Z[6], Aa-Zz[6], Aaa-Mmm[6].
p. 3, 65 lines, 263×132mm.
Text in 2 col.
1st ed.
★ Brunet II 1315.
♣ *Bibl. Trig.* 1009

1618

Folengo, Giovanni Battista, *OSB,* 1490-1559.
(Ioannis Baptistae Folengii Mantvani Monachi Casinatis Ordinis S. Benedicti) In omnes Dauidicos Psalmos doctissima, ac planè diuina Commentaria. Nunc recens studio, atque opera Monachorum eiusdem Congregationis ab erroribus, ac mendis, quibus ... olim iam inde à prima impressione, cùm typographorum incuria, tum haereticorum vitio vndique redundabant, ex manuscripti cum impresso exemplari collatione quàm diligentissime expurgata, Et nutu, ac voluntate beatissimi Gregorii XIII. Pont. Max. nuperrime typis excusa. Adiectus est item quàm

copiosissimus rerum memorabilium, ac selectiorum sententiarum Index, hac postrema editione multorum locorum accessione mirificè locupletatus. Romae, Apud Bibliopolas Socios, 1585.

10 l., 453 numb. l., 11 l. 33½cm.
Signatures : †10, A-Z6, Aa-Zz6, Aaa-Zzz6, Aaaa-Gggg6, Hhhh8.
f. 22a, 54 lines, 250×146mm.
Illus. t.-p.
Colophon : Romae, Typis Bartholomaei Bonfadini, & Titi Diani, 1585.
1st ed. Basel, 1549.
Errata at end.
★ Brunet II 1321.
♣ *Bibl. Trig.* 1238

1619

Folengo, Giovanni Battista, *OSB,* 1490-1559.

In Psalterivm Dauidis Israelitarum regis & uatis diuinissimi, Ioan. Baptistae Folengij Mantuani Monachi Cassinatis commentarij, summa fide, mira luce, grata breuitate, ex ipsa Hebraica ueritate confecti & absoluti ... Cum rerum ac uocum, et Psalmorum etiam, quo quisꝙ inueniendus sit loco, Indice locupletissimo. Basileae, per Mich. Isingrinivm [1549 ? or 1587 ?]

6 l., 449 numb. l., 11 l. 32cm.
Signatures : a6, A-Z6, Aa-Zz6, Aaa-Zzz6, Aaaa-Ffff6, Gggg4, Hhhh6.
f. 4a, 54 lines, 244×136mm.
1st ed. Basel, 1549.
♣ *Bibl. Trig.* 1221

1620

Fonseca, Pedro da, *SJ,* 1528-1599.

Commentariorvm Petri Fonsecae Lvsitani Doctoris Theologi, è Societate Iesv. In Libros Metaphysicorum Aristotelis Stagiritae. Tomus Secundus. Continet hic tomvs Quinti libri explicationem. A mendis quae praecedentibus editionibus irrepserunt summo labore purgatus. Lvgdvni, svmptibvs Horatii Cardon, 1601.

8 l., 880, [65]p. 24½cm.
Signatures : †-††4, a-z4, aa-zz4, A-Z4, AA-ZZ4, AAA-VVV4, XXX6, YYY-ZZZ4, AAAA-BBBB4, CCCC3.
p. 8, 47 lines, 194×101mm.
1st ed. of v. 1, Rome, 1577; v. 2, Rome, 1589.
The complete set consists of 4v.
★ Sommerv III 840 n° 2.
Bibl. Trig.? 3026

1621

Fonseca, Rodrigo da, *d.* 1642.

(Roderici a Fonseca ...) In Hypp. prognostica Commentarij : quibus vuiuersa eius doctrina in conclusiones deducitur, earumꝙ adducuntur demonstrationes, ac notatu dignissima summa dicendi facilitate exponuntur ... Patavii, Apud Franciscum Bolzetam, 1597.

4 l., 173 numb. l. 22cm.
Signatures : †4, A-Z4, Aa-Tt4, Vv5.
p. 6, 34 lines, 154×93mm.
1st ed.
♣ *Missionis Sinensis.* 985

1622

Fontaine, Jacques, *2nd half of 16th cent.*-1611.

[Universae artis medicae pars prima (— quarta) ... Authore Iacobo Fontano medico regio et professore primario in academia Borbonia Aquensi. Coloniae Allobrogum, Chovet, 1613]

2 l., 779p., 1 l., 795-891p., 285, 182p. 24½cm.
Signatures : †4, a2, b-z8, Aa-Zz8, Aaa-Ccc8, Ddd2; EEe4, FFf-KKk8, LLl6; Aaaa4, Bbbb-Ssss8, Tttt4 (Tttt4 blank); A-L8, M3.
p. 7, 47 lines, 188×116mm.
t.-p. wanting.
Text in 2 col.
For title. *cf.* half-title page of the 4 parts.
Imprint. *cf.* Thierry's catalog, p. 136.
Contents. — **pt. 1.** De demonstratione medica libri II. Prolegomena in partem primam Universae artis medicae. Physiologiae libri VII, cum Disputatione de usu partium. Physiognomia Aristotelis. De magia Paracelsica. — **pt. 2.** De rebus non naturalibus liber I. Pathologiae libri XIII. Daemoniaca ad medicum pertinentia. — **pt. 3.** De alimentis libri VIII. Pharmaciae generalis libri VI. De sanitate tuenda libri II. — **pt. 4.** Methodi generalis morborum cognoscendorum libri III. De cucurbitula libellus. Medicinae practicae libri IV. Alexandri Aphrodisei De febribus liber. Commentaria in Hippocratis aphorismos. De diebus criticis et crisi. Consilia medica.
♣ *Bibl. Trig.?* 1286

1623

Fontana, Carlo, 1634-1714.

Templum Vaticanum et ipsius origo Cum Aedificiis maximè conspicuis antiquitùs, & recèns ibidem constitutis; editum ab Equite Carolo Fontana Deputato celeberrimi ejusdem Templi Ministro, atque Architecto. Cum plerisque Regulis, novisque Architecturae Operationibus ab Ipsomet in lucem divulgatis. Cum Indice Rerum notabilium ad calcem locupletissimo. Opus in septem libros distributum, Latinisque literis consignatum a Joanne Jos : Bonnervë de S. Romain ... Romae, Ex Typographia Jo : Francisci Buagni, 1694.

489, [28]p. incl. 79 plates. 44cm.
According to the index this work should contain 79 plans or plates.
p. 3-32, 91-94, 99-100, 171-172 ?, 215-220, 223-226, 247-248 ?, 255-256, 263-264, 275-278, 311-312, 417-428 (incl. 19 plates) wanting.

Plan 231 bound after p. [288]; plans 419 & 421 after p. 230.
Illus. t.-p.
Latin and Italian in parallel columns.
1st ed.
1139

1624

Fontana, Giovanni, 1644-1716.

Tyrocinium episcoporum seu Methodus tenenda Episcopis recens inauguratis Joannis Fontana Episcopi Caesenatis opus posthumum ... inscriptum a Comite Aldigherio Fontana Parmensi In Cathedrali Canonico, Et defuncti Praesulis ex Fratre Nepote. Venetiis, Apud Andream Poleti, 1717.

16 l., 446, [1]p. fold. front. 19½cm.
1st ed.
♣ *Stamp of Mgr Polyc. de Souza.* 2167

1625

Foreest, Petrus van, 1522-1597.

Observationvm et cvrationvm chirvrgicarvm, libri quinque [& quatuor posteriores] ... In qvibvs eorvndem cavssae, signa, prognoses accvrate et graphice depinguntur. Avthore Petro Foresto Alcmariano Med. Delphensi. Qvibvs accesservnt eivsdem libri III. De incerto, ac fallaci vrinarum Iudicio aduersus vromantas & vroscopos. Cum ... Indice locupletissimo. Francotvrti, Apud Zachariam Palthenium D. 1610-11.

2v. in 1. 33cm.
247 (*i.e.* 251), [15], 174p.
Signatures : aa-xx^6, yy^5; A-O^6, P^3.
p. 9, 62 lines, 254×146mm.
Text in 2 col.
1st ed. Antwerp, 1584.
Contents. — [v. 1.] De tumoribus praeter naturam sanguineis, biliosis, pituitosis, melancholicis, mixtis seu compositis. De incerto ac fallaci vrinarvm jvdicio libri III. Index. — [v. 2.] De plagis, seu Vulneribus cruentis, casu, offensione, percussione contusione ac concussione. De vlceribus. De fracturis. De luxationibus.
♣ *Bibl. Trig.* 3524

1626

—Observationvm et cvrationvm medicinalivm sive Medicinae Theoricae & Practicae, libri XXVIII ... In qvibvs eorvndem cavssae, signa, prognosis & curationes graphice depinguntur, avctore Petro Foresto, Alcmariano ... Auctiores et limatiores cvm universali rervm, locorum, obseruationum, morborumque Indice. Prodevnt, E Paltheniana Nobilis Francofurti Officina, 1602-09.

16 l., 476, 172, 776p., 2 l., 777-827 (*i.e.* 839), [30]p., 2 l., 135, [6]p. 31½cm.
Signatures : †^{4}, ††-†††^{6}, A-Z^6, Aa-Pp^6, Qq^{10}; AA-NN^6, OO^8; A-Z^6, AA-ZZ^6, AAa-SSs^6, TTt^4; A-E^6, F^4; A-B^6, C^4 (2 l. without sign.; C_4 blank) A-M^6 (M_6 blank)
p. 5, 72 lines, 240×135mm.
Text in 2 col.
Libri XXIX (1604) to XXXII (1604-1609) are added to this volume.
1st ed.
★ Brunet II 1341.
♣ *Missionis Sinensis.* 1070

1627

— Observationvm et cvrationvm medicinalivm; sive, Medicinae Theoricae & Practicae, libri XXVIII ... In qvibvs eorvndem caussae, signa, prognosis & curationes graphice depinguntur, avctore Petro Foresto Alcmariano, ... Avctiores et limatiores, cvm vniversali rervm, locorum, obseruationum, morborumque Indice, Prodevnt E Paltheniana Nobilis Francofurti Officina, 1614.

22 l., 476, 166 (*i.e.* 172)p. 33cm.
Signatures : †^{4}, ††-†††^{6}, A-Z^6, Aa-Pp^6, Qq^{10}; AA-NN^6, OO^8.
p. 4, 72 lines, 240×131mm.
Text in 2 col.
Our copy contains only lib. 1-15.
♣ *Missionis Sinensis.* 1069

1628

Foris Otrokocsi, Franciscus. *d.* 1718.

Bellum sacrum, juxta scripturas propheticas, contra hostes S. Ecclesiae, sancte, et cum felici successu gerendum. Seu Tractatus, Quô ex sacris prophetiis docetur, Per christianos diversarum Partium erga se invicem conciliandos, & ad mutuam Concordiam adducendos, hostes S. Ecclesiae internos & externos, Specialiùs Turcam ... certò debellatum iri ... Studio & labore Francisci Foris Otrokocsi, SS. Theol. Phil. & Jur. U. Doctoris minimi ... Tyrnaviae, Typis Academicis, per Frider. Gall, 1717.

33 l., 277, [13]p. 15½cm.
Index & errata : p. [278]-[290] 3547

1629

Fourmont, Etienne, *senior,* 1683-1745.

Meditationes Sinicae, in quibus I°. Consideratur Linguae Philosophicae atque Universalis Natura ... II°. Lingua Sinarum Mandarinica, tum in Hieroglyphis, tum in Monosyllabis suis ... III°. Datur eorumdem Hieroglyphorum, ac Monosyllaborum, atque inde, Characterum Linguae Sinicae omnium quamvis innumerabilium, & lectio, & intellectio ... IV°. Idque omne, progressu à Libris merè Europaeis (de Sinâ tamen) ad Libros merè Sinicos, facto ... Author Stephanus Fourmont ... Lutetiae Parisiorum, Chez Musier le Pere, Jombert, Briasson, Bullot, Ex Typographiâ Josephi Bullot, 1737.

4 l., xxvi, [4], 152p. fold. table. 33½cm.
Text in 2 col.
1st ed.
Errata : p. 140.
★ Brunet II 1359. — Cordier 1658.
♣ *PP Gallor S.J. Pekin. — Dono RP. J.B. Duhalde S.J.* 3358

1630

Fournier, Georges, *SJ,* 1595-1652.
(Georgii Fovrnier e Societate Iesv,) Geographica orbis notitia. Per litora maris, & Ripas Fluuiorum. Parisiis, Apud Ioannem Henavlt, 1667.

2v. 11×6cm.
Vol. 2 wanting.
1st ed. Paris, 1648.
★ Sommerv III 910 n° 6. 592

1631

— (Georgii Fournier e Societate Iesv) Geographica orbis notitia. Per litora maris et ripas fluviorum ... Francofvrti, Sumptibus Joannis Baptistae Schönvvetteri, 1668.

10 l., 752, [27]p. 14×8cm.
1st ed. Paris, 1648-51.
Index : p. [753]-[779]
★ Sommerv III 910 n° 6. 594

1632

Fragoso, Joâo Baptista, *SJ,* 1559-1639.
Regimen reipvblicae christianae, ex sacra theologia, et ex vtroqve ivre ad vtrvmqve forvm tam internvm quam externum coalescens, in tres Patres diuisum ... Auctore P. Baptista Fragoso Syluensi, ex Algarbio Lusitaniae e Soc. Iesv ... Nunc primum in lucem prodit. Lvgdvni, [v. 1] Sumpt. Haered. Gabr. Boissat, & Laurentij Anisson; [v. 2] Sumptibus Laurentij Anisson, & soc.; [v. 3] Sumpt. Philippi Borde, Lavrentii Arnavd, & Clavdii Rigavd, 1641-52.

3v. 35½cm.
Vol. 2, p. 1. spoiled.
Illus. t.-p.
Text in 2 col.
1st ed.
Index at end of each volume.
Contents. — **t. 1.** Principum, ac magistratuum ciuilium gubernationem, potestatem, iurisdictionem, & obligationes comprehendit. — **t. 2.** Principum, ac pastorum ecclesiasticorum iurisdictionem & obligationes amplectitur, vbi late de religiosis. — **t. 3.** Oeconomiam continet, ac patrumfamilias in filios, & domesticos, & filiorum, ac domesticorum in parentes ac dominos obligationes explicat.
★ Sommerv III 919 n° 1.
♣ *ex lib. relictis Pekini ab Ill° ac R° Pat. Alexno.* 2128

1633

Franciscus Salesius, *Saint,* 1567-1622.
Instructio pro confessariis, Auctore S. Francisco Salesio, Episcopo Genevensi, &c. Missa ad Pastores suae Dioecesis. Lovanii, Typis Hieronymi Nempaei, 1668.

33p. 13½cm.
1st French ed. Thonon, 1603.
Bound with : Franciscus Salesius, *Saint.* Introductio ad vitam devotam, Lovanii, 1668. 2285a

1634

— Introductio ad vitam devotam, Pro singulis hominum statibus libellus aureus a S. Francisco Salesio Episcopo ac Principe Genevensi primum Gallicè, Nunc verò Latinè conscriptus. Editio Ultima. Lovanii, Typis Hieronymi Nempaei, 1668.

12 l., 542, [9]p. 13½cm.
Added engr. ornamented t.-p.
1st French ed. Lyons, 1609.
Bound with : Franciscus Salesius, *Saint.* Instructio pro confessariis, Lovanii, 1668.
♣ *Ex libris Joannis Wolters pastoris in Velden 1733.* 2285

1635

Franciscus Xaverius, *SJ, Saint,* 1506-1552.
(Sancti Francisci Xaverij) Epistolarum libri quatuor. Nova quarumdam Accessione opus omnibus Operariis Evangelicis perutile. Ab Horatio Tursellino, è Societate Jesu in Latinum conversi ex Hispano. Lugduni, Apud Ant. Molin, 1682.

15 l., 328, 110, [4]p. 14cm.
1st ed. Rome, 1596.
1st ed. of Poussines', Appendix, Rome, 1661.
« Appendix sive Liber V. Epistolarum S. P. Francisci Xaverii e Societate Jesu Indiarum et Japoniae Apostoli; a Petro Possino ejusdem Societatis Jesu nunc primùm ex autographis partim Hispanicis, partim Lusitanicis Latinitate & luce donatarum » at end.
« Le P. Poussines publia ces lettres à la demande du P. Alexandre Philippucci, guéri par S. François-Xavier le 12 mars 1658. » — Sommerv VI 1126.
★ Sommerv VIII 142 n° 8.
♣ *Missionis Sinicae Patrum Gallorum Pekin.* 2012

1636

— o. c.

Privilège du roy (3 l. at beginning) wanting.
The words « Cum privilegio regio » on t.-p. replaced by « Cum Permissu Superiorum. » 3618

1637

— (S. Francisci Xaverii e Societate Iesv Indiarvm Apostoli) Novarvm Epistolarvm libri septem Nunc primùm ex autographis, partim Hispanicis, partim Lusitanicis, Latinitate & luce donati a Petro Possino eivsdem Soc. Romae, Ex Typographia Varesij, 1667.

8 l., 240, 132, [4], 449-655, [17]p. 17½cm.
p. 241-353 of liber IV and p. 354-448 of liber V are wanting in our copy, and in their place is

inserted « S. Xaverii Epistolarum liber quintus sive Epistolae novae luce donatae a P. Possino, Romae, 1661 » formerly published as an appendix to the « Epistolarum libri IV » edited by Tursellini, Antwerp, 1657. *cf.* Sommervogel VI 1126.
1st ed. by Poussines, Rome, 1661.
Sommerv VI 1126 nº 13. — Streit V 167 nº 483.
✠ *Antonij Sanfelicis, nûc Matthaei Ripa.* — *Comprado pª a Rezidª de Chim tim fù pello P. Carlos de Rezende no anno de 1734.* — *Ad usum Matthaei Ripa.* — *Ad usum Januarij Amidei Ind. Sac. Miss. Aplici.* 2436

1638

Franco, Antonio, *SJ,* 1662-1732.

Annus gloriosus Societatis Jesu in Lusitania, Complectens Sacras Memorias illustrium Virorum, qui virtutibus, sudoribus, sanguine Fidem, Lusitaniam, & Societatem Jesu, in Asia, Africa, America, ac Europa felicissimè exornarunt, Succinctâ narratione congestas a R. P. Antonio Franco Ejusdem Societatis Theologo ... Viennae Austriae, Sumptibus Joan. Mich. Christophori, Typis Joannis Baptistae Schilgen, 1720.

4 l., 780, [22]p. 21½cm.
Text in 2 col.
1st ed.
« Index alphabeticus », « Index chronologicus » & errata at end.
★ Sommerv III 935 nº 7. — Streit I 369 nº 819. 3007

1639

— Synopsis annalium Societatis Jesu in Lusitania ab Anno 1540. usque ad Annum 1725. Authore R. P. Antonio Franco Societatis ejusdem Sacerdote. Augustae-Vindelicorum & Graecii. Sumptibus Philippi, Martini, & Joannis Veith, Haeredum, 1726.

6 l., 466, [42]p. 34cm.
1st ed.
« Catalogus virorum Societatis Iesu » : p. [467]-[482]
★ Sommerv III 935 nº 9. — Streit I 381 nº 836. 1837

1640

Francolini, Balthasar, *SJ,* 1650-1709.

Tirocinium theologicum, Quo traditur Compendiaria Notitia Theologiae Scripturalis, Theologiae Scholasticae, Theologiae Polemicae, Facultatis Canonicae, Theologiae Moralis, ac Theologiae Mysticae, Omnésq; harum Disciplinarum Tractatus, Objecta, Fundamenta praecipua recensentur. Et insuper. Concilia Oecumenica, Pontifices, Patres, Patrum scripta genuina, Controversiae Fidei, Haereses, Propositiones damnatae chronologicè proponuntur. Auctore Balthasare Francolino, Societatis Jesu Theologo. Juxta Exemplar Romae impressum. Reimpressum Pragae, typis Carolo-Ferdinand. Universit. in Collegio Societatis Jesu ad S. Clementem, 1723.

6 l., 291 (*i.e.* 289), [11]p. 13cm.
1st ed. Rome, 1706.
Index : p. [292]-[302]
★ DictTheolCath VI 736. — Sommerv III 943 (ed. wanting). 1314

1641

Freher, Marquard, 1565-1614.

Germanicarvm rervm scriptores aliqvot insignes, hactenvs incogniti ... Tomvs vnvs. Nunc primùm editus. Ex bibliotheca Marqvardi Freheri, consiliarii Palatini ... Cum Indice rerum & verborum in primis memorabilium copiosissimo. Francofvrti, Apud heredes Andreae Wecheli, Claudium Marnium & Ioannem Aubrium, 1600-2.

3v. 33cm.
Vol. 3 wanting.
Vol. 1, « Tomus unus » corrected in manuscript to « Tomus prior ».
1st ed.
Index at end of each volume.
Contents. — **t. 1.** Gesta sub regibus et imperatoribus Teutonicis a Karolo M. usque ad Fredericum III. — **t. 2.** Res in Germania & Imperio sub Friderico III & Maximiliano I. Impp. memorabiliter gestae.
★ Brunet II 1388.
✠ *Bibl. Trig.* 1976

1642

Freind, John, 1675-1728.

Praelectiones chymicae : In quibus omnes fere operationes chymicae Ad Vera Principia & ipsius Naturae Leges rediguntur; Oxonii, habitae a Johanne Freind, M. D. ... Editio quarta Neapolitana. Neap. Typis Josephi Raymundi, expensis Antonii Cervonii, 1758.

2v. in 1. incl. tables. 18½cm.
8 l., 120p. 8 l., 247, [17], xv, 236, 118, [9]p.
Index at end of each volume.
Contents. — **t. 1.** Praelectiones chymicae (1st ed. London, 1709). Appendix, Oratio anniversaria ex Harvaei instituto (1st ed. London, 1720). Emmenologia (1st ed. Oxford, 1703). — **t. 2.** Commentarii novem de febribus ad Hippocratis de morbis popularibus libros primum & tertium accomodati (1st ed. London, 1717). De purgantibus, epistola I. ad Ricardum Mead (1st ed. London, 1719). De quibusdam variolarum generibus, epistola II. ad Ricardum Mead (1st ed. London, 1723.) 702

1643

Freitag, Johann, 1581-1641.

Noctes medicae Siue De abvsv medicinae tractatvs qvo vniversvm medicastrorum examen Empiricorum modernorum vberrima annona ... vmbratici doctores Paracelsistarum sectae, magomedicastri, sagae & superstitiosam vulgô curam exercentes perstringuntur, de magia vetita & magorum suppliciis agitur, artis Paracelsicae fundamenta luculenter traduntur, examinantur & euertuntur ... Avctore Iohanne Freitag ... Accessit dissertatio perspicua de sanitate & morbo nouis verarum opinionum flosculis respersa Et Poematum iuuenilium eiusdem auctoris manipulus calci operis annexus. Francofvrti, Ex Officina Typographica Iohannis Bringeri, Sumptibus Ioannis Berneri, 1616.

16 l., 464p. 19½cm.
Signatures: a-d⁴, A-Z⁴, Aa-Zz⁴, Aaa-Mmm⁴ (Ddd4 blank)
p. 2, 38 lines, 157×103mm.
1st ed.
✤ *Bibl. Trig.* 994

1644

[Fridelli, Xaverius Ehrenbert] *SJ*, 1673-1743.

Informatio pro veritate contra iniquiorem famam sparsam per Sinas cum calumnia in PP. Soc. Jesu, & detrimento Missionis. Communicata Missionariis In Imperio Sinensi [Canton] Anno 1717.

1 p. l., 94 numb. l. 27cm.
The whole text is in blockprint, on folded folios of Chinese paper, with foliation in Chinese numerals.
Author: Xaverius Ehrenbert Fridelli; place of publication. *cf.* Pfister 609.
Errata at end.
★ Cordier 918. — Sommerv III 994; n° 4 VII 1656. — Streit VII 213 n° 2866. 3655

1645

Fries, Johann, 1505-1565.

(Joannis Frisii) Dictionarium Latino-Germanicum, nec-non Germanico-Latinum. Novissimâ hâc Editione, praeter Syllabarum vocum additam quantitatem ... ex operibus Comenianis adeô locupletatum ut ... novum prorsus haberi facile possit. Accesserunt Nomenclatura Regionum, Populorum, Urbium, Fluviorum & Montium : item Tabulae Consanguinitatis, nec non supplementum Prosodiae utilissimum, & Calendarium Romanum. Editio nova prioribus correctior ... Coloniae Agrippinae, Sumptibus Viduae Wilh. Metternich & Filii, 1736.

1 l., 754, 372 (*i.e.* 374)p. front., fold. table. 19cm.
Text in 2 col.
1st ed. 1541. 3182

1646

Frischlin, Nicodemus, 1547-1590.

Carmen de astronomico Horologio Argentoratensi, scriptum a M. Nicodemo Frischlino Balingensi ... Item de eodem Schediasma Guilielmi Xylandri Augustani. Argentorati, Excudebat Nicolaus Wyriot, 1575.

43 unnumb. l. 20½cm.
Signatures: A-K⁴, L³.
f. [3]a, 27 lines, 154×98mm.
Illus. t.-p.
1st ed.
Bound with: Ptolemaeus, C. Magnae constructionis liber primus, Neapoli, 1605 and others.
★ Brunet II 1400. 236a

1647

Frobenius, Georg Ludwig, 1566-1645.

Clavis universi trigonometrica : per qvam coeli ac terrae Adyta recludi, & omnes de Motibus ac Dimensionibus utriusque per hypotheses artificum Triangulari forma conceptae quaestiones per certa Problemata resolvi & in apertum produci possunt ... Adornata sunt haec omnia studio & opera Georgii Ludovici Frobenii ... Iphoviensis Franci, nunc civis Hamburgensis ... Ex bibliopolio Frobeniano. Typis Heinrici Vverneri, 1634.

8 l., 323 (*i.e.* 319), 184p. incl. tables, diagrs. 24½cm.
Signatures: †-††⁴, A-Z⁴, Aa-Rr⁴, Aaa-Zzz⁴.
p. 262, 38 lines, 178×135mm.
Ms. notes on guard leaves.
Contents. — Isagoge prosthaphaeretica. — Trigonometria planorum. — Trigonometria sphaericorum. — Coronis trigonometriae practicae, calculum exhibens motuum coelestium. — Canones sinuum, tangentium, secantium & logarithmorum. 547

1648

Froidmont, Libert, 1587-1653.

(Liberti Fromondi S. Th. L. Collegij Falconis in Academia Louaniensi Philosophiae Professoris Primarij) Meteorologicorvm libri sex. Antverpiae, Ex officina Plantiniana, Apud Balthasarem Moretum, & Viduam Ioannis Moreti, & Io. Meursium, 1627.

6 l., 420, [16]p., 1 l. 23cm.
Signatures: †⁶, A-Z⁴, Aa-Zz⁴, Aaa-Hhh⁴, Iii³.
p. 2, 37 lines, 168×110mm.
Illus t.-p.
Ms. marginal notes
1st ed. 686

1649

From, Johann, *SJ*, 1685-1739, *praeses*.

Theses ex universa theologia cum adjecta quaestione de Praedefinitionibus ... Oppaviae, Typis Joannis Wenceslai Schindler, 1733. *[On following pages]* In Alma ... Universitate Olomucensi, Societatis Jesu, sub rectoratu ... Patris P. Georgii Slezina ... Praeside Reverendo ... Patre P. Joanne From è Societate Jesu ... Decano. Pro Suprema Doctoratûs Theologici laurea Publicae Disputationi propositae a Reverendo, Doctissimo, ac Praecellente Domino Joanne Bilsky Moravo Freybergensi ...

8 l., 291 (*i.e.* 290), [14]p. 16cm.
This book is also attributed to Johannes Foerschan, *SJ. cf.* Sommervogel III 1038.
1st ed.
★ Sommerv III 1038. 1335

G

1650

Gaebelkhover, Wolfgang, *b.* 1570.
(Wolfgangi Gabelchoveri ...) Cvrationvm et observationum medicinalium centuria I-[IV]. Tubingae, Typis Philippi Gruppenbachij, Impensis Iohannis Berneri, 1611-12.

4 pt. in 1. 16cm.
8 l., 201, [7]p., 1 l., 159, [6], 173, [15], 222, [17]p.
Signatures : †⁸, A-N⁸; a-k⁸, l⁴, A-L⁶, M⁶; Aa-Pp⁸.
p. 9, 29 lines, 118×63mm.
The complete set consists of 6 « Centuriae ».
« Centuria III. IV. » have imprint : Francofurti, Ex Officina Erasmi Kempffers, Impensis Johannis Berneri.
1st ed.
Index at beginning of pt. 1 & end of pt. 3, 4.
♣ *Missionis Sinensis.* 1090

1651

Galenus, Claudius, 130*ca.*-200.
In artem medicinalem Galeni, Tabulae & Commentarij : per Theodorvm Zvinggervm Basiliensem, Philosophum & Medicum. Ex quibus Medici, longae artis compendium : Philosophi, cognitionem naturae in corpore humano, tanquam in microcosmo : Logici denique artificiosam ordinis Definitiui dialysim ... haurire poterunt. Accessit Rerum & uerborum in his praecipuè memorabilium index ... Basileae, Per Ioannem Oporinum.

8 l., 5-36, [4], 111 p. 34½cm.
Signatures : a-c⁶, d⁸, A-H⁶, I⁸.
p. 7, 49 lines, 267×159mm.
Colophon : Basileae, apud Iacobum Parcum, expensis Ioannis Oporini, 1561.
♣ *Bibl. Trig.* 1127

1652

— (Cl. Gal.) De compositione medicamentorvm per genera libri septem, Ioanne Andernaco interprete. Nunc denuò ad antiquissimorum Graecorum exemplarium fidem castigati, capitibusq; distincti, ac argumentis & annotationibus illustrati. Lvgduni, Apud Gulielmum Rouillium, 1552.

595, [12]p. 12½cm.
Signatures : A-Z⁸, Aa-Oo⁸, P⁷.
p. 5, 29 lines, 98×51mm.
1st ed. Paris, 1535.
Index : p. [597]-[607]

♣ *Cealius Alexander Doctor phisicus. — Sum Bartholomei Ligni* (?) 919

1653

— (Clavdii Galeni Pergameni) De diebvs decretoriis libri III. Recens Latini facti, & Commentariis illustrati, quibus mensium Lunarium Solariumque, anni item Aegyptiaci, Arabici, Persici, Hebraei, Attici, necnon etiam & Romani ratio ita ponitur ob oculos, vt iam demum, & de mora partus in vtero, & de mensium Graecorum exterarumque & principum nationum cum Latinis collatione certi quid & haberi possit, & statui : Ioanne Lalamantio apud Heduos ... Medico clariss. auctore ... Lvgdvni, Apvd Gvlielmvm Revillivm, 1559.

8 l., 524, [27]p. 22cm.
Signatures : †⁴, ††⁴, a-z⁴, A-Z⁴, aa-tt⁴, vv², xx-zz⁴, AaA².
p. 7, 39 lines, 183×104mm.
Ms. marginal notes.
1st Latin ed.
Index & errata : p. [525]-[551]
♣ *PP Gallor SJ Pekin.* 1883

1654

— (Antonii Musae Brasauoli Medici Ferrariensis) Index refertissimvs in omnes Galeni libros, Qui ex Octaua Iunctarum editione extant : In quam, Indicem eorum operum inclusimus, quae postremo ad nos peruenere. Venetiis apvd Ivntas, 1609.

4 l., 547 numb. l., 1 l. 34cm.
Signatures : †⁴, a-z⁸, aa-zz⁸, aaa-yyy⁸, zzz⁴.
f. 4a, 72 lines, 300×200mm.
Title within woodcut ornament.
Text in 2 col.
♣ *Bibl. Trig.* 941

1655

Galilei, Galileo, 1564-1642.
(D. Galilaei de Galilaeis ...) De proportionum instrumento a se invento; quod meritò Compendium dixeris universae Geometriae, tractatus, Rogatu philomathematicorum a Mathia Berneggero ex Italica in Latinam linguam nunc primùm translatus : adjectis etiam notis illustratus, quibus & artificiosa Instrumenti fabrica, & usus ulterior exponitur ... Argentorati, Typis Caroli Kiefferi, Prostant apud Ioannem Carolum, 1612.

6 l., 104p. incl. tables, diagrs. 20cm.
Signatures : †⁴, ††², A-N⁴.
p. 8, 35 lines, 149×102mm.
1st ed.
Bound with : Kepler J. Dioptrice, Augustae Vindelicorum, 1611. 399a

1656

— Systema cosmicvm, Authore Galilaeo Galilaei ... In quo Qvatvor Dialogis, De Duobus Maximis Mundi Systematibus, Ptolemaico & Copernicano, vtriusq; rationibus Philosophicis, ac Naturalibus indefinite propositis disseritur. Ex Italica Lingua Latine conuersum. Accessit Appendix gemina, qua S S. Scripturae dicta cum Terrae mobilitate conciliantur ... Avgvstae Treboc., Impensis Elzeviriorvm, Typis Davidis Havtti, 1635.

8 l., 495, [23]p. incl. port., diagrs. 20cm.
Signatures : †[4], a[4], A-Z[4], Aa-Zz[4], Aaa-Ttt[4].
p. 2, 38 lines, 153×96mm.
Added engr. ornamented t.-p.
On added t.-p. : Dialogvs de systemate mvndi ...
Tr. by Matthias Bernegger. *cf.* Preface.
1st Italian ed. Florence, 1632.
Index & errata : p. [497]-[519]
★ Brunet II 1462.
♣ *Collegij Soc. Jesv Pekini.* 83

1657

Galle, Philippus, 1537-1612.

Icones Prophetarum, maiorum et minorum, Veteris Testamenti, a Philippo Gallaeo collectae atque expressae, a Cornelio Kiliano Dufflaeo distichis breviter explanatae, 1594.

1 l., 17 ports. 31cm.
Engr. t.-p. and ports. are mounted on 18 leaves.
All ports. are drawn by Nicolas de Hoey and engraved by Galle and others.
Bound with : Beurrier, L. Sommaire des vies des fondateurs, Paris, 1645 and others. 3610b

1658

Galliffet, Joseph de, *SJ,* 1663-1749.

De cultu Sacrosancti Cordis Dei ac Domini Nostri Jesu Christi In variis Christiani orbis Provinciis jam propagato. Authore R. P. Josepho de Galliffet, Societatis Jesu Sacerdote. Romae, Apud Joannem Mariam Salvioni, 1726.

14 l., 181p., 1 l., xx, 192p. 2 plates. 23cm.
1st ed.
Pt. 2. « De vita Ven. Mat. Margaritae Mariae Alacoque » xx, 192p.
★ DictTheolCath VI 1137. — Sommerv III 1125 n° 2. 2342

1659

— o. c. 24cm.
Illus t.-p.
Engr. head-pieces.
2 plates bound before the t.-p.
♣ *Dono Authoris. — Stamp of Mgr Polyc. de Souza.* 2456

1660

Gallucci, Giovanni Paolo, *16th cent.*

Coelestivm corporvm, et rervm ab ipsis pendentivm accurata explicatio per instrumenta rotulas, & figuras ... Jo. Pavlo Galvccio Saloensi avctore. Venetiis, Apvd Rvbertvm Meiettvm, 1603.

6 l., 478, [2]p. incl. tables, diagrs. 35cm.
Signatures : †-††[4], A-Z[4], Aa-Zz[4], Aaa-Ooo[4] (X2-3 blank).
p. 3, 39 lines, 183×127mm.
Running title : Theatrum mundi et temporis.
« Theatrum Mundi et temporis ... Venise, 1589. Suivant Lalande, cette édition a été reproduite avec un simple changement de frontispice, sous le titre de : Coelestium Corporum Explicatio, per instrumenta et figuras; Venise, 1603. » — NouvBiogr Gén XIX 333.
♣ *Bibl. Trig. ?* 200

1661

— (Ioan. Pavli Gallvcii ...) De fabrica, et vsv hemisphaerii vranici Tractatus in Tres Partes distributus ... Nunc primum in lucem editus. Venetiis, Apud Bernardum Basam, 1596.

4 l., 28 numb. l., 2 l. incl. diagrs. 29½cm.
Signatures : †[4], a-g[4], †[2].
f. 3 b, 35 lines, 224×132mm.
1st ed.
Bound with : Gallucci, G. P. Nova fabricandi horaria mobilia ratio, Venetiis, 1596. — Sarzosius, Fr. Novus commentarius in aequatorem planetarum, Parisiis, 1591. — Viète, Fr. Psevdo-mesolabvm et alia quaedam adjuncta capitula, Parisiis, 1595; Supplementum geometriae, Turonis, 1593; Munimen adversus nova cyclometrica, Parisiis, 1594; Ad problema quod proposuit Adr. Romanus, Fr. Vietae responsum, Parisiis, 1595.
♣ *Bibl. Trig.* 130

1662

— (Ioan. Pavli Gallvcii ...) Nova fabricandi horaria mobilia, et permanentia, tam acu magnetico, quàm sine acu ad omnem latitudinem, ratio nuper excogitata, Et nunc primum in lucem edita. Venetiis, Gratiosus Perchacinus excudebat, 1596.

4 l., 43 numb. l. incl. diagrs. 29½cm.
Signatures : †[4], A-K[4], L[3].
f. 1b, 35 lines, 224×130mm.
2 p. l. bound before t.-p.
Title within woodcut ornamental border.
Errata at beginning.
1st ed.
Bound with : Gallucci, G. P. De fabrica et vsv hemisphaerii, Venetiis, 1596 and others. 130a

1663

[Gaulthier, Jacques, *SJ*] 1560/61-1636.

[Tabula chronographica statvs Ecclesiae Catholicae a Christo nato ad Annvm M. DCXIV. In qva dvodenis colvmnis exhibentvr Svmmi Pontifices et Antipapae, Concilia et Patriarchae quatuor veterum Ecclesiarum Patriarchalium, Scriptores sacri, aliique Sancti & Illustres viri; Imperatores & Reges cùm Galliae nostrae, tum externi; Scriptores profani, Haeretici, Euentusq; singulorum Seculorum memorabiles : nec non vetervm errorvm cvm recentioribvs Caluinianae Sectae haeresibus collatio : ac demum duodecim ex iis quas vel maxime nunc Caluinismus impugnat, Catholicarum Veritatum confirmatio ... Lugduni, Sumptibus Horatii Cardon, 1616]

6 l., 838, [28]p. 36½cm.
Signatures : †6, A-Z4, Aa-Zz4, Aaa-Zzz4, Aaaa-Zzzz4, Aaaaa-Ppppp4, Qqqqq5.
p. 3, 56 lines, 273×197mm.
t.-p. wanting.
Text in 2 col.
Author : Jacques Gaulthier, *SJ*, title, etc. *cf.* Caption title & Sommervogel III 1276.
1st French ed. Lyons, 1609.
1st Latin ed.
Index & errata : p. [839]-[866]
★ Sommerv III 1276 n° 4.
♣ *Bibl. Trig.* 2099

1664

Gautruche, Pierre, *SJ*, 1602-1681.

Historia poetica ad faciliorem poetarum et veterum auctorum intelligentiam a R. Patre, P. Gautruche Societatis Jesu Gallicè conscripta. Post septimam editionem Latinè reddita ab vno ejusdem Societatis ... Tyrnaviae, typis Academicis, 1709.

4 l., 180 (*i.e.* 179), [20]p. 13cm.
1st French ed. Caen, 1645.
1st Latin ed. Liège, 1678.
Index at end.
★ DictTheolCath VI 1173. — Sommerv III 1290 n° 2. 3371

1665

Gavanti, Bartolomeo, *OBarn*, 1569-1638.

Enchiridion, seu Manuale episcoporum, pro Decretis in Visitatione & Synodo, de quacunque re condendis, in duas partes divisum ... Auctore Bartholomaeo Gavanto, Congregationis Clericorum Regularium S. Pauli ... Coloniae Agrippinae, Sumptibus Francisci Metternich, 1734.

2v. in 1. 24cm.
4 l., 236p., 2 l., 3-94p.
Text in 2 col.
1st ed. Rome, 1631.
Contents. — **pt. 1.** Continet decreta Concilii Tridentini, Bullarii Pontificii, Sacrarum Congregationum Romanarum, Conciliorum septem provincialium Mediolanensium; tum ea universa, quae de officio et potestate episcopi a quibuscumque probatis auctoribus tradita fuerunt. Additiones. — **pt. 2.** Continet praxim compendiariam Visitationis episcopalis : item praxim exactissimam dioecesanae Synodi cum theoria celebrandae, in qua, quid ante Synodum, in Synodo, post Synodum propriis cum formulis et doctorum annotationibus agendum sit.
♣ *Stamp of Mgr Polyc. de Souza.* 2328

1666

— Thesaurus Sacrorum Rituum ab adm. Rev. Patre D. Bartholomaeo Gavanto Congregationis Clericorum Regularium S. Pauli ... olim concinnatus, & saepius editus; nunc vero correctior, et locupletior cum novis Observationibus, & Additionibus P. D. Cajetani Mariae Merati Clerici Regularis ... in lucem prodit ... Cum indicibus decretorum, rerum, atque Verborum Notabilium. Venetiis, Ex Typographia Balleoniana, 1740.

2v. 38½cm.
Text in 2 col.
Ms. marginal notes.
1st ed. Milan, 1628.
1st ed. by Merati, Rome, 1736-38.
Contents. — **t. 1.** Commentaria Gavanti in rubricas missalis Romani. — **t. 2.** Commentaria Gavanti in rubricas Breviarii Romani. Ordo perpetuus et generalis divini officii recitandi. Vitae Barth. Gavanti epitome. Index auctorum.
★ DictArLit VI 668.
♣ *Stamp of Mgr Polyc. de Souza.* 1552

1667

— Thesaurus Sacrorum Rituum ab adm. Rev. Patre D. Bartholomaeo Gavanto Congregationis Clericorum Regularium S. Pauli ... olim concinnatus, & saepiùs editus; nunc vero correctior, et locupletior cum novis Observationibus, & Additionibus P. D. Cajetani-Mariae Merati Clerici Regularis ... in lucem prodit ... Cum indicibus decretorum, rerum, ac alterius Indicis eorumdem decretorum per materias concinnati ... Venetiis, Ex Typographia Balleoniana, 1749.

2v. illus. 39½cm.
Vol. 2 wanting.
Text in 2 col.
★ Brunet II 1508. 3423

1668

— Thesaurus Sacrorum Rituum auctore Rev. Patre D. Bartholomaeo Gavanto Congr. Cler. Reg. S. Pauli ... Cum novis observationibus et additionibus R. P. D. Cajetani-Mariae Merati Clerici Regularis ... Editio novissima, ceteris omnibus emendatior, et locupletior; Cui, praeter quadringenta circiter alia Decreta, quae sive ante, sive post editam a Merato seriem usque in praesens ab ead. Sac. Rit. Congregatione emanarunt, addita sunt ex ipsomet Gavanto Praxis dioecesanae Synodi, et Visitationis episcopalis, et Manuale episcoporum, brevibus notis illustrata ... Venetiis, Ex typographia Zerlettiana, 1769.

2v. illus. 39cm.
Vol. 2 wanting.
Text in 2 col.
♣ *Stamp of Mgr Alex. de Gouvea.* 3424

1669

Geber, *fl. 8th or 9th cent.*

(Gebri Arabis Philosophi ac Alchimistae acvtissimi) De Alchemia Traditio summae perfectionis in duos libros divisa. Item : Liber investigationis magisterij eiusdem. Ab innumeris, quibus antè scatebat, mendis repurgata pristinoqꝫ ordini restituta. [Argentinae] Impensis Lazari Zetzneri, 1598.

8 l., 203 (*i.e.* 303)p. 16cm.
Signatures : A-V8.
p. 3, 25 lines, 114×64mm.
Place of publication. *cf.* Dedication.
1st ed.
✤ *Missionis Sinensis.* 759

1670

Gemma, Cornelius, 1535-1577.

De peregrina stella qvae superiore anno primum apparere coepit, Clariss. Virorum Corn. Gemmae Lovaniensis Germani, & Guliel. Postelli Barentani Galli, Ex Philosophiae naturalis, mysticaeqꝫ Theologiae penetralibus deprompta ludicia.

7 unnumb. l. illus. 21½cm.
Signatures : A4, B3.
f. [3]a, 34 lines, 153×94mm.
Illus. t.-p.
1st ed. Louvain, 1573.
Bound with : Fabricius, J. De maculis in sole observatis, Witebergae, 1611 and others. 350f

1671

[—] Stellae peregrinae primvm exortae et caelo (cons)tanter haerentis φαινόμενον vel (observ)atum, divinae providētiae vim et gloriae maiestatem abunde concelebrans per C.G. ... Lovanii, (Ex) officina Joannis Bogardi, 1573.

8 unnumb. l. illus. 19½cm.
Signatures : A-B4.
f. [4]a, 31 lines, 141×94mm.
t.-p. spoiled.
1st ed.
Bound with : Roomen, A van : Specvlvm astronomicvm ... Lovanii, 1606 and others. 133e

1672

Gemma, Frisius, 1508-1555.

(Gemmae Phrysii Medici ac Mathematici) De Principiis Astronomiae & Cosmographiae, Deqꝫ vsu Globi ab eodem editi. Item De Orbis diuisione, & Insulis, rebusqꝫ nuper inuentis. Opus nunc demum, ab ipso auctore multis in locis auctum, ac sublatis omnibus erratis integritati restitutum. Antverpiae, In aedibus Ioannis Steelsii, 1553.

185, [45]p., 1 l., incl. tables, diagrs. 16½cm.
Signatures : A-O8, P4.
p. 9, 27 lines, 126×68mm.
Illus. t.-p.
Ms. marginal notes.
Colophon : Typis Ioan. Graphei anno à Christo humane salutis authore nato 1553.
1st ed. 1530.
✤ *Aplicado à Resida de Chin Kiam por ordẽ publicada pello P VProva. Joaô de Saa.* 334

1673

Genebrard, Gilbert, *OSB,* 1537-1597.

(Gilberti Genebrardi Theologi Parisiensis ...) Chronographiae Libri Quatuor : Priores dvo svnt de rebvs veteris populi, & praecipuis quatuor millium annorum gestis : Posteriores, è D. Arnaldi Pontaci Basatensis Episcopi Chronographia aucti, recentes historias reliquorum annorum complectuntur : Hac postrema editione acvrativs emendati, & ad annum MDCIX perducti ... Subiuncti sunt libri Hebraeorum Chronologici, eodem Genebrardo interprete. Lvgdvni, svmptibus Ioannis Pillehotte, 1609.

12 l., 954 (*i.e.* 955), 83, [54]p. 34½cm.
Signatures : â6, ê6, A-N6, O8, P-Z6, Aa-Zz6, Aaa-Zzz6, Aaaa-Iiii6, Kkkk-Llll4, a-l6, m3.
p. 2, 62 lines, 256×83mm.
[pt. 2] p. 45-48 cut.
Ms. marginal notes.
Joint author : Joannes Marquisius. *cf.* Approbation.
1st ed. Paris, 1580-85.
Index at end of [pt. 2]
✤ *PP Gallor SJ. Pekin N° 68.* 2110

1674

Gentilis, Scipio, 1563-1616.

(Scipionis Gentilis Ivriscos.) In L. Apvlei Philos. & Aduocati Rom̄. Apologiam, Qua se ipse defendit Publico de Magia Iudicio, commentarivs. Cum Indice duplici auctorum & rerum locupletiss. Hanoviae, Apud Claudium Marnium, & heredes Ioan. Aubrii, 1607.

16 l., 550, [70]p. 16½cm.
Signatures : †-††8, A-Z8, Aa-Pp8, Qq6.
p. 5, 33 lines, 135×66mm.
« Appendix notarum ad Apolog. » : p. 500-550.
1st ed.
Bound with : Estienne, C. De re hortensi libellus, Lugduni, 1536; Seminarium sive plantarium earum arborum, quae post ortos conseri solent, Lugduni, 1537; De vasculis libellus, Lugduni, 1536; De re navali libellus, Lugduni, 1537.
✤ *Missionis Sinensis.—Expurgatus secundum indicem expurgatorium hispanicum.* 2990

1675

Geraldinus, Joannes.

(Joannis Geraldini Hiberni) De meteoris tractatvs lvcidissimvs, in quinque partes distinctus ... Cum duplici indice, sectionum, scilicet, & rerum. Lvtetiae Parisiorvm, Ex officina Nivelliana, Sumptibus Sebastiani Cramoisy, 1613.

10 l., 300, [14]p. diagrs. 17½cm.
Signatures : â8, ê2, A-T8, V5.
p. 3, 27 lines, 126×66mm.
1st ed.
Errata : p. [314]
Bound with : Hues, R. Tractatus de Globis, Amstelodami, 1611.—Cheyne, J. Analysis, Dvaci, 1595.
✤ *Bibl. Trig. ?* 149

1676

Gesner, Conrad, 1516-1565.

(Conradi Gesneri Tigurini ...) Historiae animalium Lib. V. qui est de Serpentium natura. Ex variis schedis et collectaneis eiusdem compositus per Iacobum Carronum Francofurtensem. Adjecta est ad calcem, Scorpionis insecti Historia à D. Casparo Vuolphio ... ex eiusdem Paralipomenis conscripta. Accesservnt indices nominvm serpentium secundum diuersas linguas ... Tigvri, in officina Froschoviana, 1587.

85, 11 numb. l. 36½cm.
Signatures: †6, a-n6, o8 (O8 blank); A4, B7.
f. 5a, 62 lines, 287×164mm.
Illus t.-p.
1st ed.
Bound with: Gesner, C. Historiae animalium lib. IV. De piscium et aquatilium natura, Francofurti, 1604.
★ Brunet II 1564. 1130a

1677

— (Conradi Gesneri Medici Tigvrini) Historiae animalivm liber IV. Qui est de Piscium & Aquatilium animantium natura. Cum Iconibus singulorum ad viuum expressis ferè omnibus DCCXII. Editio secunda; nouis Jconibus, necnon obseruationibus non paucis auctior, atque etiam multis in locis emendatior. Continentur in hoc Volumine, Gvlielmi Rondeletii quoque ... & Petri Bellonii Cenomani ... de Aquatilium singulis scripta. Paralipomena quaedam ad finem adjecta sunt ... Francofvrti, In Bibliopolio Andreae Cambieri, 1604.

20 l., 1052 (*i.e.* 1072), 38 (*i.e.* 37)p. illus. 36½cm.
Signatures: a-b6, †8, A-Z6, Aa-Zz6, Aaa-Zzz6, Aaaa Tttt6, Vuuu8; a-c6.
p. 7, 71 lines, 290×162mm.
[Pt.] 1, p. 515-516, [pt.] 2, p. 33-34 wanting.
1st ed. Zürich, 1558.
Bound with: Gesner, C. Historiae animalium lib. V. De serpentium natura, Tiguri, 1587.
★ Brunet II 1565.
♣ *Ex bibliotheca Co[llegij] Hang-cheuani Soc. Jesu.* 1130

1678

[Gesner, Johann Albert] *b.* 1694.

Pharmacopoea Wirtenbergica, in duas partes divisa, quarum prior materiam medicam, historico-physico-medice descriptam, posterior composita et praeparata, modum praeparandi et encheireses, exhibet. Jussu Serenissimi Domini Ducis adornata, et pharmacopoeis Wirtenbergicis in normam praescripta. Accedunt Syllabus medicamentorum compositorum, in classes divisus, et indices

necessarii. Editio tertia, revisa et emendata ... Stutgardiae, Sumtibus Ioannis Christophori Erhardi, 1754.

12 l., 144, 232, [42], 44p. front. 33½cm.
2 pt. in 1.
Head-pieces.
Colophon: Tubingae, litteris Ioannis Philippi Erhardi.
Author: Johann Albert Gesner. *cf.* Preface & NouvBiogrGén XX 342.
1st ed. 1740. 1075

1679

Ghetaldi, Marino, 1566-1627.

(Marini Ghetaldi Patritii Ragvsini) Apollonius Rediuiuus. Seu, Restitvta Apollonii Pergaei Inclinationum Geometria ... Venetiis, Apud Bernardum Iuntam, 1607.

4 l., 23p. incl. diagrs. 22½cm.
Signatures: †4, A-C4.
p. 3, 41 lines, 172×104mm.
1st ed. 1597.
Bound with: Ghetaldi, M. Promotvs Archimedis, Romae, 1603 and others.
For the continuation see Ghetaldi, M. Apollonius rediuiuus seu Restitutae Apollonii Pergaei Inclinationum Geometriae, liber secundus, Venice, 1613. 320b

1680

— (Marini Ghetaldi Patritii Ragvsini) Apollonivs redivivvs sev Restitutae Apollonii Pergaei De Inclinationibus Geometriae, liber secundus. Venetiis, Apud Baretivm Baretivm, 1613.

4 l., 93p. illus., 16 diagrs. (5 fold.) 25cm.
Signatures: a4, A-L4, M2, N1.
p. 19, 44 lines, 179×106mm.
The «liber primus» (ed. Venice, 1607) is bound with Ghetaldi, M. Promotus Archimedis, Rome, 1603.
1st ed.
★ Brunet II 1578. 556

1681

— (Marini Ghetaldi Patricii Ragvsini) Nonnvllae propositiones de parabola. Nunc primum inuentae & in lucem editae. Romae, Apud Aloysium Zannettum, 1603.

20p. incl. diagrs. 22½cm.
Signatures: A4, B6.
p. 13, 40 lines, 168×110mm.
1st ed.
Bound with: Ghetaldi, M. Promotvs Archimedis, Romae, 1603 and others. 320a

1682

— (Marini Ghetaldi Patricii Ragvsini) Promotvs Archimedis sev De variis corporum generibus grauitate & magnitudine comparatis. Romae, Apud Aloysium Zannettum, 1603.

4 l., 72p. incl. tables, diagrs. 22½cm.
Signatures: †4, A-I4.

p. 9, 39 lines, 166×108mm.
1st ed.
Errata : p. 72.
Bound with : Ghetaldi, M. Nonnullae propositiones de parabola, Romae, 1603; Apollonius redivivus, Venetiis, 1607; Supplementum Apollonii Galli, Venetiis 1607; Variorvm problematvm collectio, Venetiis, 1607.
♣ *Bibl. Trig. ?* 320

1683

Ghetaldi, Marino, 1566-1627.

(Marini Ghetaldi Patritii Ragvsini) Svpplementvm Apollonii Galli. Seu, Exsvscitata Apollonii Pergaei Tactionum Geometriae pars reliqua ... Venetiis, Apud Vincentium Fiorinam, 1607.

18p. incl. diagrs. 22½cm.
Signatures : A-B⁴, C⁴.
p. 10, 41 lines, 172×104mm.
1st ed.
Bound with : Ghetaldi, M. Promotvs Archimedis, Romae, 1603 and others.
★ Brunet II 1578. 320c

1684

— (Marini Ghetaldi Patricii Ragvsini) Variorvm problematvm collectio ... Venetiis, Apud Vincentium Fiorinam, 1607.

72p. incl. diagrs. 22cm.
Signatures : A-I⁴.
p. 8, 39 lines, 172×104mm.
1st ed. 106

1685

— o. c. 22½cm.
Bound with : Ghetaldi, M. Promotvs Archimedis, 1603 and others.
★ Brunet II 1578. 320d

1686

[Gheyn, Jacobus de] 1565-1615, *engr.*

[Icones XII filiorum Jacob patriarchae]

Front, 12 ports. 31cm.
t.-p. wanting, replaced by an engraving by Marc Sadeler, with a ms title in Italian : Ritratti delle figli del Patriarca Giacob.
Port. n° 10 (Nephtali) wanting.
Front. and ports. mounted on 12 l.
Bound with : Beurrier, L. Sommaire des vies des fondateurs des Ordres religieux, Paris, 1645 and others. 3610a

1687

Ghislerius, Antonius.

Continuatio ephemeridum motuum coelestium, ab Anno 1739. ad Annum 1756. e Tabulis de la Hire, Streetij, et Flamstedij ad meridianum Bononiae supputata, a Marchione Antonio Ghislerio ... Bononiae, apud successores Benatij, 1729.

5 l., 616, [7]p. incl. diagrs. 25½cm.
Engr. ornamented t.-p.
Errata at end. 208

1688

— (Marchionis Antonii Ghislerij) Ephemerides motuum coelestium, ab Anno 1721 ad Annum 1740 e Tabulis de la Hire, Streetii & Flamstedii ad meridianum Bononiae supputatae. Bononiae, apud successores Benatii, 1720.

15 l., 600p. illus. 26cm.
Engr. ornamented t.-p.
Colophon : Bononiae, Ex Typographia Clementis Mariae Sassi Successoris Benatii, 1720.
For the continuation see Ghislerius, A. Continuatio ephemeridum motuum coelestium, ab anno 1739 ad annum 1756. 21

1689

— o. c.
14

1690

Giannettasio, Nicola Partenio, *SJ,* 1648-1715.

Vniversalis cosmographiae elementa In Collegio Neapolitano S. Jesu A viris Nobilibus demonstrata, Praeside Nic : Parthenio Giannettasio è S. J. Edita iterum ad usum Scholae eiusdem Collegij. Neapoli, Ex Officina Typ. Jacobi Raillard, 1701.

6 l., 250p. front., illus. (incl. tables), 16 fold. diagrs. 14½×8cm.
1st ed. Naples, 1688.
★ Sommerv III 1387 (ed. wanting). 146

1691

Gian-Priamo, Nicola, *SJ,* 1686-1759.

Specula Parthenopaea uranophilis juvenibus excitata, Duplici Constructione Ordineque disposita. Seu Astronomicae Pro Motibus Primi ac Secundorum Mobilium computandis, observandisque, theoriae, praxes, ac tabulae Ad Meridianum Neapolitani Collegii Academici Societatis Jesu primo concinnatae, duplici ordine comprehensae, auctore P. Nicolao Gian-Priamo Societatis eiusdem ... Neapoli, Excudebat Seraphinus Porsile, 1748.

19 l., 470, CXXIp. illus. (incl. tables), fold. plate, 6 fold. diagrs. 40½cm.
Text in 2 col.
1st ed.
Index & errata at beginning.
★ Sommerv III 1393 n° 2.
♣ *Pro bibliotheca Collegii Pekinensis Societatis Iesu, ex dono Auctoris.* 233

1692

Giardini, Giovanni.

Promptuarium artis argentariae ex quo, centum exquisito studio inventis, delineatis, ac in aere incisis tabulis propositis, elegantissimae, ac innumerae educi possunt novissimae ideae ad cujuscumque generis vasa argentea, ac aurea invenienda, ac conficienda. Opus ... invenit, ac delineavit Joannes Giardini ac in duas partes distribuit ... Romae, Sumptibus Fausti Amidei, 1750.

2v. in 1. 100 plates. 41½cm.
19 plates wanting.
Illus t.-p.
1st Italian ed. Rome, 1714.
1st Latin ed.
★ Brunet II 1585. 1196

1693

Giattini, Gio-Battista, *SJ,* 1601-1672.

(R. P. Joannis Baptistae Giattini Panormitani e Societate Jesu) Tragoediae quatuor, Quarum duae priores in Seminario Romano saepius habitae. Editio in Germania prima. His accessit Hugonis Grotij Tragoedia de Christo Patiente ... Dilingae, typis & sumpt. Ioan. Casp. Bencard, per Joannem Federle, 1682.

3 l., 353, [1]p., 3 l., 51p. 13½cm.
Ms. contents on verso of front guard leaf.
1st collected ed.
★ Sommerv III 1399 n° 40. 2923

1694

[Gibbons, John, *SJ*] 1544-1589.

Concertatio Ecclesiae Catholicae in Anglia adversvs Calvinopapistas et Pvritanos svb Elzabetha Regina, quorundam hominum doctrina & sanctitate illustrium renouata & recognita. Qvae nvnc de novo centvm et eo amplivs martyrvm, sexcentorumq; insignium virorum rebus gestis varijsq; certaminibus, lapsorum Palinodijs, nouis persecutorum edictis, ac doctissimis Catholicorum de Anglicano seu muliebri Pontificatu, ac Romani Pontificis in Principes Christianos auctoritate; disputationibus & defensionibus aucta, & in tres partes diuisa, ac maiori qvam hactenvs diligentia ab erroribus, si qui obrepserant repurgata & vendicata ... Avgvstae Trevirorvm, Excudebat Henricus Bock, 1594.

6 l., 212 (*i.e.* 202) numb. l., 23 l., 216-413 (*i.e.* 404) numb. l., 12 l. 21cm.
Signatures: †^{6}, A-Z^4, Aa-Zz^4, Aaa-Ddd^4, Eee^2, a-e^4, f^2, Eee^4, Ggg-Vvv^4, Xxx^3, a-z^4, aa-ff^4, †-††††††^{4}, ††††††^{3}.
f. 2a, 38 lines, 153×100mm.
Author: John Gibbons, *SJ;* enl. by John Bridgewater, *SJ. cf.* Sommervogel IX 990 & DictNat Biogr VII 1140.
« Some of the lives of the martyrs in this valuable historical and biographical work were written by John Fenns ». — DictNatBiogr VII 1140.
1st ed. Treves, 1583.
Enl. ed. by Bridgewater, Treves, 1588.
★ Sommerv III 1403 n° 1 (ed. wanting).
♣ *Bibl. Trig.?* 1913

1695

Giffen, Hubert van, 1534-1604.

(Oberti Giphanii philosophi & Icti clarissimi) Commentarij in Politicorvm opvs Aristotelis : post sat bene longam svppressionem, iam, boni publici gratia, primum in lucem editi ... Cvm indice rervm, verborvm et sententiarum locupletissimo ... Francofurti, Impensis Lazari Zetzneri, 1608.

8 l., 952, [45]p. 17½cm.
Signatures: †^{8}, A-Z^8, Aa-Zz^8, Aaa-Qqq^8, Rrr^3.
p. 3, 40 lines, 134×72mm.
1st ed. 2896

1696

Gihl, Joseph, *SJ,* 1692-1746, *praeses.*

Amussis vitae moralis, sive Conscientia; proxima & interna, actionum humanarum regula, quaestionibus & resolutionibus Speculativo-Practicis Illustrata, Suisque momentis, stabilita; Cum annexis Thesibus ex universa theologia scholastica; quas in ... Universitate Carolo-Ferdinandea Pragensi [*on verso of t.-p.*] sub rectoratu ... D. Joannis Geelhausen ... Praeside ... P. Josepho Gihl, e Societate Jesu ... Publicè defendendas suscepit ... D. Franciscus Bredtschneider de Lauro, Bohemus ... anno M. DCC. XXXVII. mense August. die XXX ...

4 l., 351, [6]p. 20cm.
Text in 2 col.
★ Sommerv III 1410 n° 3. 2748

1697

Gil, Christoval, *SJ,* 1555-1608.

(R. P. Christophori Gillii, ex Brigantio Lvsitaniae, Societatis Iesv, et in Conimbricensi Academia S. Theologiae Professoris) Commentationvm theologicarvm de sacra doctrina, et essentia atque vnitate Dei, libri dvo ... Coloniae Agrippinae, Sumptibus Horatij Cardon, 1610.

4 l., 1121, [21]p. 30½cm.
Signatures: †^{4}, A-Z^6, Aa-Zz^6, Aaa-Zzz^6, Aaaa-Zzzz^6, Aaaaa-Bbbbb^6, Ccccc^7.
p. 2, 59 lines, 244×124mm.
Text in 2 col.
1st ed.
Index: p. [1128]-[1142]
★ Sommerv III 1411 n° 1.
♣ *Bibl. Trig.?* 1323

1698

Gilbert, William, 1540-1603.

(Gvilielmi Gilberti ...) De magnete, magneticisqve corporibvs, et de magno magnete tellure; Phvsiologia noua, plurimis & argumentis & experimentis demonstrata. Londini, Excvdebat Petrvs Short, 1600.

8 l., 240p. illus. (incl. tables), fold. diagrs. 29½cm.

Signatures : †[8], A-V[6].
p. 3, 39 lines, 214×133mm.
1st ed.
Errata : p. 240.
♣ *Bibl. Trig.* 1000

1699

[Giovio, Paolo] 1483-1552.

[Elogia doctorum virorum ab avorum memoria publicatis ingenii monumentis illustrium. Basileae, Petrus Perna Typographus, 1577]

4 l., 149, [2]p. incl. port. 32cm.
Signatures : †[4], A-M[6], N[4].
p. 3, 55 lines, 248×152mm.
t.-p. wanting.
Author : Paolo Giovio, title, etc. *cf.* Running title, dedication, & NouvBiogrGén XX 637.
1st ed. Venice, 1546.
« Index poetarvm » p. [150]-[151]
Bound with : Giovio, P. Vitae illustrium virorum, Basileae, 1578 and others.
★ Brunet III 584. 1966b

1700

— (Pavli Iovii Novocomensis Episcopi Nvcerini) Elogia Virorum bellica virtute illustrium, Septem libris iam olim ab Authore comprehensa, Et nunc ex eiusdem Mvsaeo ad viuum expressis Imaginibus exornata. Petri Pernae typographi Basil. opera ac stvdio, 1575.

4 l., 391, [4]p. incl. ports. 34½cm.
Signatures : a[4], a-z[6], Aa-Kk[6].
p. 13, 46 lines, 248×147mm.
p. 205-216, 377-380 wanting.
p. 359-360 bound after p. 348.
Colophon : Basileae, Indvstria et opera Petri Pernae, svmptibvs vero Henrico Petri et sibi, commvnibvs, 1575.
Title within ornamental border.
1st ed. Florence, 1551.
Indices : p. [392]-[394]
★ Brunet III 584.
♣ *Bibl. Trig.?* 2054

1701

— (Pavli Iovii Novocomensis Episcopi Nvcerini) Elogia Virorum bellica virtute illustrium, Septem libris iam olim ab Authore comprehensa, et nunc ex eiusdem Mvsaeo ad viuum expressis Imaginibus exornata. Petri Pernae typographi Basil. opera ac stvdio, 1596.

4 l., 258, [10]p. incl. ports. 32cm.
Signatures : †[4], a-x[6], y[8].
p. 22, 61 lines, 252×150mm.
p. 171-172 wanting.
Title within woodcut ornamental border.
Indices : p. [259]-[268]

Bound with : Giovio, P. Vitae illustrium virorum, Basil., 1578 and others. 1966a

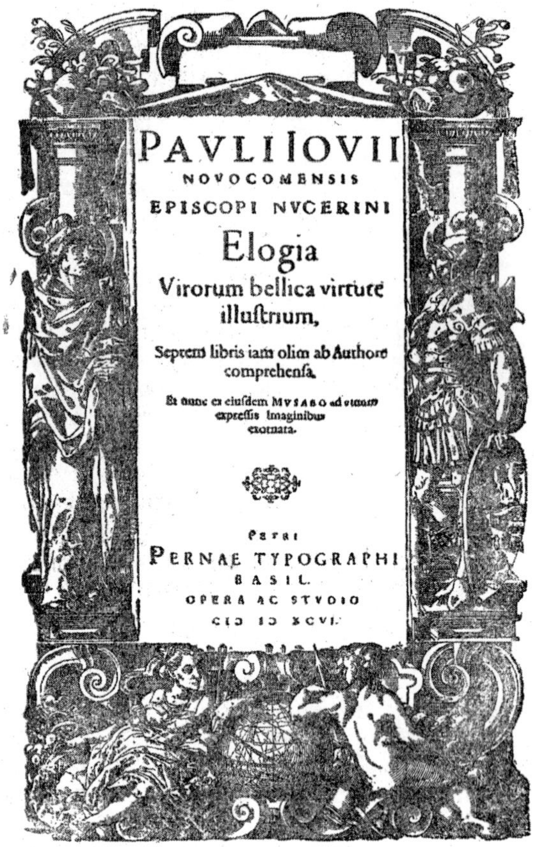

1702

—(Pavli Iovii Novocomensis Episcopi Nvcerini) Vitae Illustrium virorum. Tomis duobus comprehensae, & proprijs imaginibus illustratae. Petri Pernae typographi Basil. opera ac studio, 1577-78 [v. 1, 1578]

6 l., 427, [1]p., 4 l., 176, [26], 177-225p. incl. ports. 32cm.
Signatures : †[6], A-Z[6], A-M[6], N[4]; †[4], Aa-Oo[6], Pp[4], †-††[6], Pp-Ss[6], Tt[8].
p. 5, 46 lines, 250×152mm.
2v. in 1.
1 p. l. of v. 2 wanting.
Title within woodcut ornamental border. (v. 1)
Colophon dated 1576.
Vol. 2 has imprint : Basileae, Ex Officina Typographica Petri Pernae : suis & D. Henrici Petri sumtibus, 1577.
1st ed. Venice, 1546.
Indices after p. 176 of v. 2.
Bound with : Giovio, P. Elogia virorum bellica virtute illutrium, Basil., 1596; Elogia virorum doctorum illustrium, Basileae, 1577.
★ Brunet III 584.
♣ *Bibl. Trig.?* 1966

1703

Gisbert, Jean, *SJ,* 1639-1710.

Scientia religionis universa, sev Christiana Theologia historiae ecclesiasticae nova methodo sociata, quaestiones Juris & Facti Theologicas complectens. Authore R.P. Joanne Gisbert, è Societate Iesu ... Tomus primus [-secundus] in serie quaestionum juris. Parisiis, Apud Stephanum Michallet, 1689.

2v. 19½cm.
« L'imprimeur dit : 'Constabit totum opus viginti circiter tomis' mais c'est, je crois, tout ce qui a paru, » — Sommervogel III 1466.
1st ed.
★ Sommerv III 1466.
♣ *Reverendo Admodum patri P. Spinola DDD. Joannes Gisbert servus humillimus. — Veyo da Rezida de Cinanfu.* 1334

1704

— [Vera idaea theologiae cum historia Ecclesiastica sociatae, sive Quaestiones Juris et Facti theologicae. Olim Defensae in Collegio Tolosano Societatis Jesu a R. P. Joanne Gisbert ejusdem Societatis ... nunc vero superaddito duplici indice, et adjunctis Dissertationibus IV Theologicis, spectantibus ad quaestiones Theologicas Facti, ab eodem authore olim in Academia Tolosana pronunciatis ad publicam utilitatem recusae. Graecii, apud Joh. Adam. Schmidium, 1733]

7 l., 255, [9]p., 1 l., 105p. 16cm.
t.-p. wanting.
For title, etc. & ed. Antonio Sporeno, *SJ. cf.* t.-p. of [pt. 2], Sommervogel VII 1459, & III 1463/4.
1st ed. Toulouse, 1676.
★ DictTheolCath VI 1379. — Sommerv III 1464 n° 1, VII 1459 n° 5. 2559

1705

Glareanus, Heinrich Loriti, 1488-1563.

De VI Arithmeticae practicae speciebvs, Henrici Glareani Epitome. Parisiis, Ex officina Iacobi Gazelli, 1543.

23 numb. l. 18cm.
Signatures : A-B⁸, C⁷.
f. 10a, 29 lines, 121×66mm.
Ms. marginal notes.
1st ed.
Boud with : Voegelin, J. Elementale geometricum, Parisiis, 1543 and others. 313a

1706

Glaser, Philipp.

Syngramma historiae theoreticae ... Omnia in gratiam stvdiosorvm historicae facvltatis iam pridem conscripta & collecta : nunc autem Protheorias loco, reliquis Historiae Theoricae & Practicae partibus insequuturis, praemissa & edita : A Philippo Glasero D. Ivr. et Historiarum Professore, in Academia Argentinensi. Argentorati, Typis Iosiae Rihelij Haeredum, 1611.

11 l., 186 (*i.e.* 180), [49]p. 19½cm.
Signatures : †⁶, ††⁴, A-Z⁴, Aa-Ff⁴.
p. 2, 32 lines, 145×96mm.
Gathering Ff is in disorder.
Title within ornamental border.
Contents. — Prolegomenon, de historia, ejusque accidentibus. — Dissertatiuncula, de praestantia cognitionis historiarum. — Narratio compendiosa rerum praecip. ab O C usque ad annum MDC I. — Admonitio de rectè legenda historia. — Catalogus Historicorum selectissimorum.
Bound with : Nobilius, F. Quaestiones logicae variae, Ambergae, 1611.
♣ *Missionis Sinensis.* 2986

1707

Gloriosi, Iohannes Camillus, 1572-1643.

Ad theorema geometricvm, a nobilissimo viro Propositum, Ioannis Camilli Gloriosi Responsum. Huic subnectitur solutio hactenùs desiderata prop. 19. lib. 2. Arithmeticorum Diophanti Alexandrini, ex unica tantùm facta hypostasi, Hucusq; à nemine (quod sciam) prestita, tentauit id sed duplici hypostasi Simon Steuinus, seu potiùs Princeps Auraicus Mauritius ... Venetiis, Apud Thomam Baglionum, 1613.

37,[1]p. incl. diagrs. 21cm.
Signatures : A-D⁴, E³.
p. 20, 28 lines, 156×102mm.
1st ed.
Bound with : Scheiner, Chr. Disqvisitiones mathematicae, Ingolstadii, 1614 and others. 191c

1708

Gmelin, Johann Georg, 1709-1755.

Flora Sibirica sive Historia plantarvm Sibiriae ... Avctore D. Joanne Georgio Gmelin ... Petropoli, Ex typographia Academiae Scientiarvm, 1747-49.

2v. 149 fold. plates. 25½cm.
Plates no. 39-42 (dupl.) of v. 1 bound after plate no. 98 of v. 2.
Engr. head-pieces.
1st ed.
Two other v. were published between 1749-69. *cf.* Brunet II 1628.
Index at end of each volume.
★ Brunet II 1628. 3466

1709

— o. c.
Vol. 1, plate no. 32 wanting.
♣ *PP. Gallor SJ. Pekin Dono Academiae petropol.* 3467

1710

Goclenius, Rudolph, 1547-1628, *praeses.*

Isagoge optica cvm disceptatione geometrica de vniverso geometriae magisterio; hoc est, Geodaesia rectarum per radium, & aliis quaestionibus Philosophicis, iuxta auream P. Rami methodum concinnata et ... ad disputandum proposita sub praesidio ... Dom. M. Rodolphi Goclenii ... a Nicolao Chesnecophero Sueco, Matheseos studioso ... Francofvrti, Apud Ioan. Wecheli viduam, Sumtibus Petri Fischeri, 1593.

8 l., 46p. incl. diagrs. 20½cm.
Signatures : A-H4.
p. 3, 37 lines, 152×107mm.
Bound with : Dominis, M. de. De radiis visus et lucis, Venetiis, 1611 and others. 540c

1711

Godscalcus, Joannes.

Latini sermonis observationes per ordinem Alphabeticum digestae, Ioanne Godscalco collectore. Coloniae, excudebat Martinus Gym., 1545.

456 unnumb. l. 17½cm.
Signatures : A-Z8, AA-ZZ8, AAA-LLL8.
f. 4b, 32 lines, 124×69mm.
Preface dated Antwerpiae, 1536. 3229

1712

Goebelius, Johannes.

Διαγραφη thermalium aqvarvm in Misnia apvd Hermvndvros sitarvm : prope Annaebergum & Vuolckensteinum, in duos Libros distincta, per Ioannem Goebelivm Doctorem ... Accessit appendix thermarvm Germaniae praecipuarum ex diuersis authoribus in librum tertium collecta. Lipsiae [1576]

5 l., 123, [2]p. 16cm.
Signatures : A-H8, I4.
p. 3, 28 lines, 109×60mm.
Preface dated 1576.
Index & errata : p. 123-[125]
Bound with : Mattaeus, J. Thermarum marchicarum Badensium descriptio, Ettlingae, 1606 and others. 1138a

1713

Goldast de Heiminsfeld, Melchior, 1578-1635.

Catholicon rei monetariae, vel Leges monarchicae generales de rebus nummariis. Quotquot inde ab orbe condito ad nostra usque tempora in omnibus quatuor Monarchiis, praesertim in Romano-Germanica latae sunt & promulgatae in certum ordinem digestae & sub suis titulis distinctae. Operâ & studio Melchioris Goldasti Haiminsfeldii. Unà cum Chronologia omnium authorum, qui de re monetaria scripsêre ... Nunc auctiùs & ornatiùs concinnatum. Accessêre Collectanea monetaria ex docvmentis & Manuscriptis variis desumpta. Francofordiae, Impensis Rulandiorum, Typis Joannis Gerlini, 1662.

4 l., 307, 14p., 4 l., 60p. fold. table. 20cm.
« Collectanea monetaria » contributed in German.
1st ed. Frankfort, 1620. 1625

1714

Gomez, Christoval, *SJ,* 1610-1680.

Elogia Societatis Iesv sive Propvgnacvlvm Pontificum, Conciliorum, Cardinalium, Antistitum, nec non Imperatorum, Regum, Principum & aliorum Virtute, Religione, omnique Literatura illustrium (etiam Haereticorum) testimoniis Quà expressis verbo, quà scripto consignatis Constructum : et In Tres Partes divisum. A P. Christophoro Gomez Eiusdem Societatis. Antverpiae, Apvd Hieronymvm Verdussen, 1685.

20 l., 490, [41]p. 26cm.
3 pt. in 1.
Engr. ornamented t.-p.
1st ed. Antwerp, 1677.
Index : p. [499]-[527]
★ Sommerv III 1552 n° 1 (ed. wanting). — Streit I 288 n° 661 (ed. wanting).
♣ *Collegij Societatis Jesv Pekini.* 1870

1715

Goñi, Pedro de.

Vita Beatae Mariae Virginis, auctore M. Petro a Gogni & Viguria Pompelonensi, Collegialis Ecclesiae loci Gollano Rectore ... Cum triplici Indice. Antverpiae, Ex Officina Typographica Martini Nutij, 1608.

459p., 1 l. 16cm.
Signatures : A-Z8, Aa-Ff8.
p. 61, 31 lines, 124×66mm.
p. 81-96 bound after p. 112.
Ms. marginal notes. 2936

1716

Gonzalez, Jeronimo.

(D. D. Hieronymi Gonzalez J. C. Hispani et in Romana Curia advocati) Commentatio ad regulam octavam Cancellariae, de reservatione mensium et alternativa episcoporum; omnem prorsus reservatoriam materiam, ac totius rei beneficiariae florem complectens. Accesserunt mirabiles annotationes circà nullitates & attentata in causis Beneficialibus; ubi quamplurima de stylo Curiae & Hispaniae, scitu digna inseruntur. Editio nova, ultima Lugdunensi multo locupletior, cum brevi totius operis compendio, et indice copiosissimo, recentissimisque Sacrae Rotae Romanae decisionibus non antehac editis nunc primum locupletata ... Lugduni, Sumptibus Societatis, & Veneunt Apud Fratres Deville, 1738.

2 l., x, 350, 182, [98], xxviii, 438, [110]p. 36cm.
Text in 2 col.
♣ *Stamp of Mgr Polyc. de Souza.* 2112

1717

Gonzalez de Santalla, Thyrso, *SJ,* 1624-1705.

Manvdvctio ad conversionem Mahvmetanorvm in dvas partes divisa. In prima veritas religionis Christianae Catholicae Romanae manifestis argumentis demonstratur. In secvnda falsitas Mahvmetanae sectae conuincitur ... SSmo Domino nostro Innocentio XI. Pontifici Maximo ... consecrat M. Thyrsus Gonzalez de Santalla è Societate Jesu .:. Matriti [Ex Officina Bernardi de Villa-Diego] 1687.

2v. 15cm.
Vol. 1, 364 (*i.e.* 354)p.
Head-piece.
Ed. by Juan de Goyeneche. *cf.* Preface.
Publ. by Bernardi de Villa-Diego. *cf.* t.-p. of v. 2.
1st ed. publ. as the third volume of « Selectarum disputationum », Salamanca, 1680.
Errata at beginning of v. 1 and at end of v. 2.
★ DictTheolCath VI 1494. — Sommerv III 1592 n° 3. — Streit I 309 n° 702.
♣ *Collegij Societatis Jesv Pekini.* 1687

1718

— o. c.

♣ *P : Guil : van der Beken Miss : Chin :* 2713

1719

— o. c.

Vol. 1 wanting.
For title. *cf.* t.-p. of v. 1 of another copy.
♣ *Collegij Soctis Jesv Pekini.* 3031

1720

— Manuductio ad conversionem Mahumetanorum, in duas partes divisa. In prima veritas religionis Christianae Catholicae Romanae manifestis argumentis demonstratur. In secvnda falsitas Mahumetanae sectae convincitur. Avthore adm. R. P. Thyrso Gonzalez de Santalla, è Soc. Jesu ... Nunc universae Societatis Jesu Praeposito Generali. Editio prima in Germania. Dilingae, Typis & Sumpt. Joannis Caspari Bencard, Per Danielem Knab, 1689.

2v. in 1. front. 21cm.
13 l., 352p., 1 l., 514 (*i.e.* 314)p.
Vol. 1, 1 p. l. wanting.
Text in 2 col.
★ Sommerv III 1592 n° 3 (ed. wanting). — Streit I 312 n° 709.
♣ *Pro vsu Missionis Sinensis, pro Patribus Pekinensibus 2 octobris 1690 Thyrsus Gonzalez.* 1698

1721

— Tractatus theologicus, De certitudinis gradu, qvem, infra fidem, nvnc habet sententia pia de Immaculata B. Virginis Conceptione. Avthore adm. R. P. Thyrso Gonzalez de Santalla, è Soc. Jesu ... nunc universae Societatis Jesu Praeposito Generali. Editio prima in Germania ... Dilingae, Typis & Sumpt. Joannis Caspari Bencard, Per Danielem Knab, 1690.

20 l., 232p. plate. 21cm.
Text in 2 col.
1st ed. Madrid, 1688.
★ Sommerv III 1594 n° 4.
♣ *Pro Missione Sinensi pro Patribus Pekinensibus. 2. octobr 1690. Thyrsus Gonzalez* 1527

1722

— Veritas religionis catholicae adversus haereticos demonstrata; sive, Manuductio ad conversionem haereticorum, In qua svppositis Scriptvris, et svpposita fide in Christvm, evidenter demonstratvr, inter religiones Christianas solam Catholicam Romanam esse veram Christi Religionem ... Avthore Adm. R. P. Thyrso Gonzalez de Santalla, è Soc. Jesu ... Editio separata prima in Germania ... Dilingae, Typis & Sumpt. Joannis Caspari Bencard, 1691.

4 l., 448p. 16cm.
Ms. on 9 and 19 l. bound at beginning and end respectively.
1st separate ed.
★ Sommerv III 1592 n° 3. 1370

1723

— Veritas religionis Catholicae, Suppositis Scripturis & Fide in Christum, evidenter demonstrata, per a. R. P. Thyrsum Gonzalez Salmanticae S. T. D. emeritum, nunc Praepositum Generalem Societatis Jesu. Editio tertia Iuxta Dilinganam anni 1691 ... Insvlis, apud Franciscum Fievet. Prostant Antverpiae apud Henr. Thieullier, 1696.

4 l., 523, [15]p. 14½cm.
1st separate ed. Dillingen, 1691.
★ Sommerv III 1593 n° 3.
♣ *Rdo in Chro Patri Antonio Thomae ex mandato Rdi adm : Pis Ni Thyrsi Gonzalez mittit Superior missionis Hollandiae Societatis Iesv Guilielmus Arnhoudts. — Residentiae S Josephi SJ.* 2520

1724

— o. c.

♣ *Rdo in Chrõ Patri Philippo Fliscum Societatis Jesu Visitatori provinciae Japoniae et V. provinciali Sinarum mittit ex mandato Rdi adm. Pis N Thyrsi Gonzalez pro Collegio Macaensi Superior Missionis Hollandicae Societatis Jesu Guilielmus Arnhoudts. — Veyo da Rezida de C'ai fum fu.* 1371

1725

Gonzalez Tellez, Manuel, *d. after* 1673.

(D. D. Emanuelis Gonzalez Tellez ...) Commentaria perpetua In singulos Textus quinque Librorum Decretalium Gregorii IX... Additis Notis uberioribus ab Historia, & Chorographia. Editio Veneta, iuxta editionem Lugdunensem ab ipsomet Authore recognita, & emendata; cum Additionibus, tum prioribus suis locis restitutis tum etiam aliquot recentioribus. Venetiis, Apud Nicolaum Pezzana, 1699.

5v. in 4. 33½cm.
Vol. 3, 749 (*i.e.* 739)p.; v. 4, 252 (*i.e.* 250)p.
Illus. t.-p.
Head-pieces.
Text in 2 col.
Half-title (v. 1) : D. D. Emanuelis Gonzalez Tellez, Commentaria In Quinque Libros decretalium.
1st ed. Lyons, 1673.
Index at end of v. 5.
♣ *Stamp of Mgr Polyc. de Souza.—Sabini Mariani missionarij apci.—Comprado pª a Rezidª de Chim tim fu pello P. Carlos de Rezende em 1734.—Em 39 os comutad o mesmo RP. Carlos de Rezende com o P Polycarpo de Souza por equivalentes couzas pª a Rezidª de Chim tim fu.* 2087

1726

— (D. D. Emanuelis Gonzalez Tellez ...) Commentaria perpetua In singulos Textus quinque Librorum Decretalium Gregorii IX. ... Editio nova ab ipsomet Authore (dum viveret) recognita, & emendata; cum Additionibus, tum prioribus suis locis restitutis, tum etiam aliquot recentioribus. Lugduni, Sumptibus Anisson & Joannis Posuel, 1715.

5v. 36cm.
Vol. 1 wanting.
Vol. 2, 3, 4, 5 in 3.
Illus. t.-p.
Text in 2 col.
Index at beginning of each volume.
♣ *Stamp of Mgr Alex. de Gouvea.* 2104

1727

[Goodwin, Ignatius James] *SJ,* 1601 *or* 1602-1667.

Lapis lydius controversiarum fidei. Ostendens in trecentis Punctis Romano-Catholicos adamussim Scripturam Sacram sequi; Acatholicos verô eidem è diametro repugnare ... Authore J. G. Soc. Jesu, Theol. Profess. Ultima Editio correctior. Pragae, Typis Univers. Carolo-Ferdinandeae in Collegio Soc. Jesu ad S. Clement., 1721.

12 l., 419p. 13½cm.
J. G. are the initials of (Ignace) James Goodwin, SJ. *cf.* Sommervogel IX 1138.
1st ed. Liège, 1656.
Index at beginning.
★ Sommerv III 1608 n° 1. 1311

1728

Gordonius, Bernardus, *ca.* 1250-1320.

(Bernardi Gordonii) Opvs, Lilivm medicinae inscriptvm, de morborum propè omnium curatione, septem particulis distributum, Vnà cum aliquot aliis eius libellis; quibus de nouo accesserunt libri, De Phlebotomia, Conseruatione vitae humanae, Floribus diaetarum. Omnia, quàm vnquam antehac, emendatiora, & in nouum ordinem distributa ... Cum Indice amplissimo. Lvgdvni, apvd Gvliel. Rovillivm, 1574.

1115, [32]p. 16½cm.
Signatures : A-Z^{8}, Aa-Zz^{8}, AA-ZZ^{8}, Aaa-Bbb^{8}, Ccc^{6}.
p. 10, 40 lines, 131×73mm.
Ms. notes on verso of back guard leaf.
1st ed. Venice, 1498.
Ed. by Joannes Eerssel. *cf.* Dedication.
« Pharmacorum, quae in communi sunt practicantium vsu, tabulae decem, Remaclo F. Lymburgensi authore » : p. 1093-1115.
♣ *Missionis Sinensis.* 856

1729

Gorter, Johannes van, 1689-1762.

Medicina Hippocratica exponens aphorismos Hippocratis, auctore Joanne de Gorter ... Editio prima Italica ... Patavii, Typis Seminarii, Apud Joannem Manfrè, 1747.

4 l., 541p. 24½cm.
1st ed. Amsterdam, 1739-42.
Index : p. 516-541.
★ Brunet II 1671. 1001

1730

Gottignies, Gilles François de, *SJ,* 1630-1689.

Elementa Geometriae planae. Authore Aegidio Francisco de Gottignies Bruxellensi Soc. Iesv ... Romae, Typis Angeli Bernabò, 1669.

5 l., 230 (*i.e.* 276)p. 5 fold. diagrs. 15cm.
1st ed.
Errata at end.
★ Sommerv III 1624 n° 4. 368

1731

— (Aegidii Francisci de Gottignies Bruxellensis è Societate Iesv ...) Epistolarum mathematicarum liber primvs. Romae, Typis Nicolai Angeli Tinassij, 1678.

4 l., 236p. illus., 2 fold. diagrs. 22½cm.
1st ed.
Contents.—Epistolae mathematicae septem.—Problema staticum de incremento virium per vectem.
Bound with : Gottignies, G. F. de, SJ. Logisticae idea, Romae, 1677.
★ Sommerv III 1625 n° 9. 528a

1732

Gottignies, Gilles François de, *SJ,* 1630-1689.

(Aegidii Francisci de Gottignies Bruxellensis e Societate Iesv ...) Logisticae idea Speculatiuè & practicè declarata. Liber primvs. Romae, Typis Nicolai Angeli Tinassii, 1677.

6? l., 232 (*i.e.* 230), [10]p. 3 fold. diagrs. 22½cm.
2? p. l. wanting.
Half-title: Idea logisticae Vniuersae Mathesi seruientis.
1st ed.
«Marcelli Rocchi e Societate Iesu Logistica exercitatio»: p. 131-170.
Index & errata at end.
Bound with: Gottignies, G. F. de, *SJ.* Epistolarum mathematicarum liber primus, Romae, 1678.
★ Sommerv III 1625 n° 8. 528

1733

— (AEgidii Francisci De Gottignies Bruxellensis e Societate Iesv) Logistica vniversalis, sive Mathesis Gottigniana amplectens Arithmeticae, Geometriae, aliarumque partium Matheseos elementa ... Neapoli, Typis Nouelli de Bonis, 1687.

20 l., 172, 108, 119p. 6 diagrs. 33½cm.
1st ed.
Index at beginning.
★ Sommerv III 1626 n° 12.
♣ *Collegij Societatis Jesv Pekini.* 382

1734

Goutière, Jacques, 1568-1638.

(Jacobi Gutherij J. C. ...) De jure manium, seu De ritu, more, et legibus prisci funeris, Libri Tres Cum Qvatuor Indicibus Annexoqve Tractatu Eiusdem De orbitate toleranda. Lipsiae, Sumptibus Haered. Schürerianorum & Joh. Fritzschii, 1671.

7 l., 638, [62]p. 20 plates. 17½cm.
p. 65-96 bound after p. 160.
p. l. bound incorrectly.
Illus. t.-p.
1st ed. of «De orbitate toleranda», Paris, 1613.
1879

1735

Graffiis, Jacobus à, *OSB,* 1548*ca.*-1620.

Consiliorvm sive responsorvm, casvvm conscientiae, In Quinque Libros iuxta Decretalium numerum, & ordinem distributorum tomus primus [& secundus] Avctore R. P. D. Iacobo a Graffiis de Capua, Abbate Congregationis Cassinensis ... Opus hac secunda editione ab ipso Auctore diligenter recognitum, & locupletatum, Summarijs dupliciq; Indice adornatum ... Venetiis, Apud Ioannem Guerilium, 1612.

2v. in 1. 22cm.
34 l., 606p., 24 l., 475p.
Signatures: a4, b-d8, e6, A-Z8, Aa-Oo8, Pp7; a-f4, A-Z8, Aa-Ff8, Gg6.
p. 3, 49 lines, 178×111mm.
Illus. t.-p.
Text in 2 col.
1st ed. Venice, 1610.
♣ *Bibl. Trig.* 1505

1736

—Decisiones avreae casvvm consc(ientiae) In Quatuor Libros (divisae). D. Iacobo de Graffiis a Capva, I. V. D. ... Authore ... Nunc denuò recognitae, innumerisq; pene locis emendatae, atque multis Additionibus, ad tertiam vsque voluminis partem ... locupletatae & auctae ... Cum Summariis, & Indice Rerum ac Verborum, locupletissimis. Antverpiae, Sumptibus Viduae & haeredum Petri Belleri, 1604.

30 l., 775, [1]p. ,27 l., 407p., 16 l., 209p. 21cm.
Signatures: a4, b-c8, d10, A-Z8, Aa-Zz8, AAa-BBb8, CCc4; a4, b-d8, A-Z8, Aa-Bb8, Cc4 (d8 blank); a-b8, A-N8, O2.
p. 3, 57 lines, 175×119mm.
2 pt. & appendix in l.
t. p. spoiled.
Text in 2 col.
Colophon: Excudebat Andreas Bacx, 1604 (pt. 1)
1st ed. Venice, 1591-95.
Errata at beginning of pt. 2 & appendix.
♣ *da China dentro.* 1645

1737

— o. c.

Pt. 1 wanting.
For title, etc. *cf.* t.-p. of pt. 1 of another copy.
♣ *Bibl. Trig.* 3272

1738

Grammatici, Nicasio, *SJ,* 1684*ca.*-1736.

De aera seu epocha conditi, et per natales ac mortem Filii Dei reparati terrarum orbis dissertatio chronologica, in qua e Sacrae Scripturae infallibilibus oraculis nec non indubiis astronomiae characteribus ostenditur mundi aetas, verumque nati ac passi Christi tempus auctore R. P. Nicasio Grammatici, e Societate Jesu ... Ingolstadii, Sumptibus Joannis Andreae de la Haye, Typis Godefridi Zipper, 1734.

3 l., 130, [1]p. incl. tables. 20½cm.
1st ed.
Errata: p. [131]
★ Sommerv III 1664 n° 12. 2991

1739

Grasset, Franciscus, *ed.*

Clarorvm Valentinorum Petri Joannis Nunnesii, Emanuelis Martini, Gregorii Majansii,

Joannis Insulae, aliorumque orationes selectae. Lausannae, Apud Franciscum Grasset & Socios, 1767.

3 l., 163p. 17½cm.
♣ *Stamp of Mgr Alex. de Gouvea.* 3573

1740

[Grassi, Horatio, *SJ]* 1583-1654.

Ratio pondervm librae et simbellae : in qva qvid è Lotharii Sarsii Libra astronomica, qvidqve è Galilei Galilei Simbellatore, De Cometis statuendum sit ... proponitur. Auctore eodem Lothario Sarsio [*pseud*] ... Lvtetiae Parisiorvm, Sumptibus Sebastiani Cramoisy, 1626.

2 l., 201p. diagr. 22½cm.
Signatures : a², A-Z⁴, Aa⁴, Bb², Cc³.
p. 2, 30 lines, 172×96mm.
Lotharius Sarsius pseud. of Horatio Grassi, *SJ*.
cf. Sommervogel IX 1269.
1st ed.
★ Sommerv III 1685 n° 4.
♣ *Collegij Soc. J. Pekini.* 201

1741

Gratianus, *OCamald, 12th cent. comp.*

Decretvm Gratiani emendatvm et notationibvs illvstratvm. Vnà cum Glossis, Gregorii XIII. Pont. Max. iussu editum. Ad exemplar Romanvm diligenter recognitum. Editio vltima. Parisiis, 1612.

30 l., 2256 (*i.e.* 2254) col., 85, [2]p. 39cm.
Signatures : a⁶, a-d⁶, a-z⁶, aa-zz⁶, Aaa-Zzz⁶, Aaaa-Zzzz⁶, Aaaaa-Hhhhh⁶, Iiiii⁸.
Col. 9/10, 92 lines, 304×176mm.
Title printed within an engraving.
Head-pieces.
1st ed. by Gregorius XIII, Rome, 1582.
« Margarita Decreti » at end.
★ DictTheolCath VI 1728-31.
♣ *Stamp of Mgr Polyc. de Souza.* 2131b

1742

Gravesande, Wilhelmus Jacobus 's, 1688-1742.

Physices elementa mathematica, experimentis confirmata. Sive Introductio ad Philosophiam Newtonianam. Auctore Gulielmo Jacobo 's Gravesande ... Editio Tertia duplo auctior. Leidae, Apud Johannem Arnoldum Langerak, Johannem et Hermannum Verbeek, 1742.

2v. 102 fold. plates, 25 fold. diagrs. 26½cm.
Paged continuously.
2 l., lxxxvi, [2], 572p., 1 l., 573-1073, [43]p.
Illus t.-p.
1st ed. The Hague, 1720.
Contents. — **t. 1.** De corpore in genere. De actionibus potentiarum. De motibus, potentiarum actionibus, mutatis. De viribus insitis. De corporum collisione simplici, directa et obliqua. De collisione composita. De legibus elasticitatis. De gravitate et pressione fluidorum. De motu fluidorum. De fluidorum motorum actionibus et resistentiis. De corporibus motis in fluidis. — **t. 2.** De aëre, et aliis fluidis elasticis. De igne. De motu luminis, et hujus inflexione. De luminis refractione. De luminis reflexione. De opaco et coloribus. De mundi systemate. Motuum coelestium causae physicae.
♣ *Stamp of Mgr Alex. de Gouvea (vol. 2).* 789

1743

Gravina, Giovanni Vincentio, 1664-1718.

(I. Vincentii Gravinae) De ortu, et progressu juris civilis liber, Qui est Originum primus ... Neap. Ex Officina Bulifoniana, 1701.

22 l., 298, [4]p. 17½cm.
This book is the first volume of his work « Origines juris civilis », which was published in 3 volumes.
1st ed.
Index : p. 289-298.
Errata : p. 288.
★ Brunet II 1717.
♣ *Illmi Rmi Pae Alexni.* 2371

1744

Grégoire, Pierre, *ca.* 1540-1597.

De repvblica libri sex et viginti, in dvos tomos distincti : Avthore D. Petro Gregorio Tholosano ... Ex relectione authoris, ab infinitis propemodum inuersionibus, omissionibus, & mendis, quibus corruptissimae scatebant editiones Priores, nuec emendati & additionibus aucti ... Accedunt Indices duo, Prior rerum & verborum vtrique tomo communis : Capitum alter cuique peculiaris ... Lvgdvni, Svmptibvs Ioannis Pillehotte, 1609.

2v. in 1. 35½cm.
6 l., 480 p., 4 l., 227, [47]p.
Signatures : †⁶, A-Z⁶, AA-RR⁶; †⁴, A-T⁶ ; A-D⁶.
p. 2, 70 lines, 293×152mm.
Illus. t.-p.
Text in 2 col.
1st ed. Pont-à-Mousson, 1596.
♣ *Bibl. Trig.— China adintro.* 2847

1745

Gregorius Magnus, *Saint*, 540*ca*.-604.

(Sancti Gregorii Papae I. cognomento Magni) Opera omnia. Ad manuscriptos codices Romanos, Gallicanos, Anglicanos emendata, aucta, & illustrata notis, Studio & Labore Monachorum Ordinis Sancti Benedicti, è Congregatione Sancti Mauri. Venetiis, Typis & Sumptibus Angeli Geremia, Caroli Pecori, & Augustini Savioli, 1744.

4v. 37½cm.
Vol. 1 wanting.
Vol. 2 paged very irregularly.
1st ed. by Maurists, Paris, 1705.
Contents. — **t. 2.** Regula pastoralis. Dialogorum libri IV. (Greek and Latin). Registrum epistola-

rum. Epistolarum ordo restitutus. Index geographicus et varii alii indices. — t. 3. Liber Sacramentorum S. Gregorii Pp. ex editione D. Hugonis Menardi. Notae et observationes D. Hug. Menardi in librum Sacramentorum. Benedictiones quae in Libro Sacramentorum desiderantur, ex Lambecio. Benedictionum episcopalium supplementum, ex ms. Theodoricensi. Liber Antiphonarius S. Gregorii. Liber Responsalis seu Antiphonarius, ex ms. Compendiensi. Variae expositiones in librum I Regvm. Expositio super Cantica canticorum. Exp. in septem Psalmos poenitentiales. Concordia quorundam testimoniorum S. Scripturae. — t. 4. Vita S. Gregorii Pp. auctore Paulo Diacono. Eadem, auctore Joanne Diacono. Eadem, ex S. Gregorii scriptis recens adornata. Sancti Paterii Liber de expositione V. et N. Testamenti. Alulfi De expositione N. Testamenti liber.

★ Brunet II 1723.

♣ *Stamp of Mgr Alex. de Gouvea.* 1449

1746

Gregorius IX, *pope,* 1170*ca.*-1241.

Decretales D. Gregorii Papae IX. Svae integritati vna cvm glossis Restitvtae. Ad exemplar Romanvm diligenter recognitae. Editio vltima. Parisiis, 1612.

14 l., 1800 col., 38, [2]p. illus. 39cm.

Signatures : a^6, e^6, $†^2$, A-Z^6, Aa-Zz^6, Aaa-Zzz^6, Aaaa-$Hhhh^6$, $Iiii^8$.

Col. 5/6, 90 lines, 303×176mm.

Illus. t.-p.

Comp. by Raymundus de Penafort, *OP, Saint,* & ed. by Bernardus de Botono. *cf.* Publisher's notes.

Revised by Gregorius XIII, *pope, cf.* DictTheolCath IV 210.

1st ed. by Gregorius XIII, 1582.

« Margarita Decretalium » at end.

♣ *Stamp of Mgr Polyc. de Souza.* 2131c

1747

Gregorius XIII, *pope,* 1502-1585, *ed.*

Corpus juris canonici Gregorii XIII. Pont. Max. jussu editum. A Petro Pithoeo, & Francisco Fratre, Jurisconsultis, ad veteres codices manuscriptos restitutum, & notis illustratum. Ex bibliotheca Illustrissimi Dom. D. Claudii le Peletier, Regii Franciae Aerarii Praefecti, & Regni Administri ... Parisiis, Apud Dionysium Thierry, 1687.

2v. fronts., illus. 39cm.

Illus. t.-p.

Engr. head-pieces.

Text in 2 col.

1st. ed. by Gregorius XIII. Rome, 1582.

1st ed. by Le Peletier.

Contents. — t. 1. Concordantia discordantium canonum seu Decretum Gratiani. — t. 2. Decretalium Gregorii IX. libri quinque. Liber sextus Decretalium D. Bonifacii VIII. Constitutiones Clementis Papae V. Extravagantes Joannis Papae XXII. Extravagantes Communes. Indices.

★ DictTheolCath VI 1811.

♣ *Datus Pri Carolo Horatij à Castorano à me Epō Pekinensi F. Bernardino ab Ecclesia pro tantis Missis.* 2093

1748

— Corpus juris canonici emendatum et notis illustratum. Gregorii XIII. Pontif. Max. jussu editum. Indicibus titulorum & canonum omnium novâ methodo concinnatis, et appendice Pauli Lancellotti Perusini adauctum ... Accesserunt Novissimè Loci Communes uberrimi ... Itemq; liber VII. Decretalium Novis aliquot Constitutionibus auctus. Editio haec postrema summa fide & diligentiâ nunc denuò à mendis prioribus Typographicis purgata. Coloniae Munatianae, Impensis Emanuelis & Joh. Georgii König, 1696.

17 l., 1280 col., 6 l., 754 col., [2]p., 6 l., 406 col., 4 l., 158 col., [81]p., 2 l., 236 col., [20]p., 51 unnumb. l. 24cm.

Text in 2 col.

Contents. — Decretum Gratiani. Canones poenitentiales. Canones apostolici. Appendix synopseos historicae virorum clarorum, qui praeter Gratianum canones et decreta collegerunt. — D. Gregorii Papae IX Decretalium libri V. — Liber sextus Decretalium D. Bonifacii Papae VIII. — Constitutiones Clementis Pp. V. — Extravagantes seu Constitutiones viginti a Joanne Pp. XXII. editae. — Lancelotti, G. P. Institutiones juris canonici. Loci communes ex universo juris canonici corpore collecti. — Liber septimus Decretalium, cum indice. — Index canonum et capitulorum omnium totius juris canonici. 2101

1749

Gregorius Nazianzenus, *Saint,* 329/30-389/90.

(Sancti Gregorii Nazianzeni, cognomento Theologi) Opera, Iac. Billivs Prvnaevs, S. Michaelis in Eremo Coenobiarcha, cum mnss. Regiis contulit, emendauit, interpretatus est, vna cum doctissimis Graecorum Nicetae Serronij, Pselli, Nonij, & Eliae Cretensis commentarijs. Aucta est haec editio aliquammultis eiusdem Gregorii Epistolis nunquam antea editis, ex interpretatione Fed. Morelli Professoris & Interpretis Regii. Lvtetiae Parisiorvm, Apud Clavdivm Morellvm, 1612.

2v. in 1.

7 l., 439 (*i.e.* 445), [40]p., 2 l., 324 col., [8]p., 1 l., 1154 col., [43]p. 34½cm.

Signatures : e^6, A-Z^6, Aa-Rr^6, Ss^4; A-N^6, O^7, A-Z^6, AA-ZZ^6, AAA-RRR^6, SSS^8, TTT-XXX^6, YYY^4.

p. 3, 58 lines, 274×155mm.

1st ed. by Billy, 1569.

1st ed. by Morel, Paris, 1609-11.

Contents. — t. 1. Indices. Vita S. Gregorii. Orationes 53. Epistolae 242. Exemplum testamenti S. Greg. Index rerum. — t. 2. Poëmata S. Gregorii, a Jac. Billio et Feder. Morello versa. De episcopis. Index rerum. Commentaria Nicetae Serronis, Pselli, Nonni, Eliae Cretensis & Jacobi Billii in omnia S. Gregorii scripta. Indices.

★ Brunet II 1728.

♣ *Bibl. Trig.* 1428

1750

Gregory, David, 1661-1708.

(Davidis Gregorii ...) Astronomiae physicae & geometricae elementa. Secunda Editio revisa & correcta. Accesserunt Praefatio Editoris; Cometographia Halleiana in modum Appendicis; brevis ad Calcem Horologiorum Sciotericorum tractatus & duplex Index, primus Sectionum & Propositionum, alter Rerum & Verborum copiosus. Genevae, Apud Marcum-Michaelen Bousquet et Socios, 1726.

2v. front., illus, port., fold. table, 48 fold. diagrs. 25½cm.
Paged continuously.
10 l., xcvi, 427p., 1 l., 429-751, 74, [1]p.
Illus. t.-p.
Engr. head-pieces.
Ed. by C. Huart M. & P. S. *cf.* « Praefatio Editoris ».
1st ed. 1702. 15

1751

— — o. c.

♣ *Polycarpus Episcopus Pekinensis.* 127

DAVIDIS GREGORII
M. D. ASTRONOMIÆ PROFESSORIS SAVILIANI OXONIÆ, ET REGALIS SOCIETATIS LONDINENSIS SODALIS
ASTRONOMIÆ PHYSICÆ & GEOMETRICÆ ELEMENTA.
Secunda Editio revisa & correcta.
ACCESSERUNT
Præfatio Editoris, Cometographia Halleiana in modum Appendicis, brevis ad Calcem Horologiorum Sciotericorum tractatus & duplex Index, primus Sectionum & Propositionum, alter Rerum & Verborum copiosus.
TOMUS PRIMUS.
INDUSTRIA MALA LEVAT
GENEVÆ,
Apud MARCUM-MICHAELEM BOUSQUET & SOCIOS
M. DCC. XXVI.
Polycarpus Episcopus Pekinensis

1752

Gregory, James, 1638-1675.

Geometriae pars vniversalis, Inserviens Quantitatum Curvarum transmutationi & mensurae. Avthore Iacobo Gregorio Abredonensi Scoto. Patavii, Typis Heredum Pauli Frambotti, 1668.

6 l., 151p. incl. diagrs. 21cm.
1st ed. 465

1753

Gretser, Jakob, *SJ,* 1562-1625.

(Jacobi Gretseri Societatis Iesv Theologi) Avctarivm ad dvos libros De Festis nvper evvlgatos, Seu, Dissertatio pro Sacratissima Corporis Christi solennitate; & sacrosanctae Eucharistiae cultu. Aduersus Rvdolphi Hospiniani Calvinistae impietatem ac inscitiam ... Ingolstadii, Excudebat Andreas Angermarivs, Sumptibus Ioannis Hertsroy, bibliopolae Monacensis, 1612.

4 l., 130, [13]p. 20½cm.
Signatures : a4, A-S4.
p. 3, 32 lines, 153×91mm.
1st ed.
Index : p. [131]-[143]
★ DictTheolCath VI 1870. — Sommerv III 1790 n° 174.
♣ *Bibl. Trig.* 1514

1754

— Catalogus librorvm, qvos Jacobvs Gretservs Societatis Iesv theologvs, evvlgavit vsqve ad Aprilem anni M.D.C. XII. Ingolstadii, Excudebat Andreas Angermarivs, Sumptibus Ioannis Hertsroy, 1612.

19p. 21cm.
Signatures : A-B4, C2.
p. 7, 32 lines, 153×94mm.
1st ed.
Bound with : Pinto, H. Opera omnia, Coloniae Agrippinae, 1615-16, v. 4.
★ Sommerv III 1789-91 (ed. wanting). 1188a

1755

— (Jacobi Gretseri Societatis Jesu Theologi) Libri dvo De Benedictionibvs, et tertivs De maledictionibvs ... Ingolstadii, Ex Typographeo Ederiano, apud Elisabetham Angermariam, Viduam, Impensis Ioannis Hertsroi Bibliopolae Monacensis, 1615.

14 l., 288, [43]p. 20cm.
Signatures : †-†††4, ††††2, A-Z4, a-s4, t2.
p. 3, 38 lines, 151×94mm.
Two leaves of « Index capitum » bound after « Index rerum » at end.
1st ed.
Appendix « Praetermissa suis locis inserenda » : p. 279-285.
Bound with : Chavasse, B. Professio verae et orthodoxae Fidei, Ingolstadii, 1613.
★ Sommerv III 1794 n° 190.
♣ *Bibl. Trig.* 1513

1756

Gretser, Jakob, *SJ,* 1562-1625.

(Iacobi Gretseri, Societatis Iesv, SS. Theologiae Doctoris ...) Opera omnia de sancta crvce. Nunc accvrate recognita, mvltis partibvs locvpletata, et iam primum vno in volvmine simvl edita ... Cum Indicibus copiosis. Ingolstadii, Ex Typographeo Eleriano, apud Elisabetham Angermariam viduam, 1616.

5 l., 22p., 23-2771 (*i.e.* 2736) col., [83]p. illus. 32½cm.
Signatures: †⁴, A-Z⁶, a-y⁶, z⁴, AA-ZZ⁶, aa-zz⁶, aaa-ccc⁶, ddd-fff⁴, ggg-zzz⁶, aaaa-hhhh⁶, iiii³ (ee6, fff4 blank)
p. 5, 53 lines, 255×148mm.
1st ed. of « De cruce Christi », 1598-1605.
1st ed. of « Hortus S. Crucis », 1610.
1st combined ed.
Contents. — De cruce Christi, t. 1-3. — Hortus sanctae Crucis. — Index rerum.
★ DictTheolCath VI 1868. — Sommerv III 1761.
✤ *Bibl. Trig.* 1730

1757

Grienberger, Christoph, *SJ,* 1562-1636.

Catalogvs veteres affixarum Longitudines ac Latitudines conferens cum nouis. Imaginvm caelestivm Prospectiua duplex. Altera rara Ex Polis mundi, in duobus Hemisphaerijs Aequinoctialibus, per Tabulas Ascensionum Rectarum & Declinationum. Altera nova Ex mundi Centro, in diuersis planis Globum Caelestem tangentibus, per tabulas Particulares. Vtraqve Caelo & accuratioribus Tychonis obseruationibus quam simillima. Christophori Grienbergeri Oeni Halensis, è Societate Iesv, Calculo ac Delineatione elaborata. Romae, Apud Bartholomaeum Zannettum, 1612.

4 l., 88p. 16 tables (2 fold.) 22cm.
Signatures: A⁴, A-L⁴.
l. [2]b, 35 lines, 166×108mm.
1st ed.
★ Sommerv III 1810 n° 1. 70

1758

— Elementa trigonometrica, id est Sinvs tangentes, secantes In Partibus Sinus totius 100000. Christophori Grienbergeri E Societate Iesv. Rerum Mathematicarum Opusculum Secundum. Romae, Per Haered. Barthol. Zan. 1630.

96 unnumb. l., 88, [6]p. incl. diagrs. 14½×8½cm.
Signatures: †¹², A-K¹², L¹¹.
p. 19, 33 lines, 110×59mm.
Ms. marginal notes.
Ms. notes, diagrams, and tables on 42 leaves bound at beginning and end.
1st ed.
★ Sommerv III 1811 n° 4. 331

1759

Grim, Herman Nicolas, 1641-1711.

(Hermanni Nic. Grimm, Medicinae Doctoris) Compendium medico-chymicum, Seu Accurata medendi Methodus, quae excellentissimis Medicamentis, tam Europae, quam Indiae Orientali proficuis, repleta, rariores Observationes, & curiosam optimorum Medicamentorum, in libelli hujus formulis contentorum, praeparationem exhibet, Auctior & Emendatior. Augustae Vindelicorum, Inpensis Theophili Göbelii, Typis Johan. Jacob. Schönigii, 1684.

7 l., 475, [11]p. incl. front. 15½cm.
1st ed. Batavia, 1679.
Some pages of index at end spoiled.
« Pharmacopoeia Indica, in qva continentur medicamenta, in Compendio medico allegata » : p. [387]-[475]
✤ *Veyo da Rezida de Cinanfu.* 904

1760

Grim, Leopold, *SJ,* 1688-1759, *praeses.*

Manuale controversisticum, Continens Controversias Fidei Particulares, seu Methodus compendiosa, Veritatem Fidei Catholicae contra errores oppositos nervosè propugnandi ... cum adjunctis Ex universa Theologia Thesibus, quas In Magna Aula Leopoldina ... Universitatis Societatis Jesu Wratislaviae, [on verso of t.-p.] sub rectoratu ... P. Fransisci Wentzl è Societate Jesu ... Praeside ... P. Leopoldo Grim, è Societate Jesu ... publicè propugnandas suscepit Rev. ... Thomas Langer, Sil. Glogovia Superiore ... anno 1732. Wratislaviae, Typis Academicis Coll. Soc. Iesu. 1732.

7 l., 5-280, 248, 176, [8]p. 15½cm.
1st ed.
★ Sommerv III 1831 n° 4. 2601

1761

Grodzicki, Stanislaw, *SJ,* 1541-1613.

Qvadripartitae conciones Stanislai Grodicii Societatis Jesv. Qvarvm primae timorem sanctvm incvtiunt; secundae Fidem Catholicam confirmant; tertiae Spem erigunt; postremae diuinam in nobis Charitatem excitant. Ab autore in tomos distinctae ... Ingolstadii, Excudebat Andreas Angermarivs, 1609-14 [v. 1, 1610]

8v. 15½cm.
Vol. 3, p. 591-? wanting.
Vol. 4 has imprint: Ingolstadii, In officina Ederiana, apud Elisabetham Angermariam Viduam, 1615 (a reprint of 1610. *cf.* Preface and privilege.)
Vol. 8 achieved and edited by Balthasar Volborius, *SJ. cf.* Preface.
1st ed.
Index at end of v. 4, 5, 6, 7.
★ Sommerv III 1847 n° 11.
✤ *Missioni Sinensi Collegium Ingolstadiense 1616 (vol. 2).* 2091

1762

Gronovius, Johann Friedrich, 1611-1671.

(Joh. Fred. Gronovii) Ad L. & M. Annaeos Senecas notae. Lvgd. Batav. Ex Officina Elseviriana, 1649.

12 l., 429, [22]p. 13cm.
1st ed.
Addenda : p. 421-429.
Indices & errata : p. [432]-[451]
★ Brunet V 276. 3136

1763

[Gruter, Janus] 1560-1627.

[Notae Tyronis et Annaei Senecae, sive characteres quibus utebantur Romani veteres in scriptura compendiaria. Francfort ? 1693 ?]

4 l., CC [3]p. 35cm.
Signatures : A^4, A-R^6.
p. [202] (sign. R_5), 70 lines, 288×172mm.
t.-p. wanting.
Author : Janus Gruter; title, etc. *cf.* Preface, running title & Nouv BiogrGén XXII 267.
1st ed.
Errata : p. [201]-[203] 3073

1764

Guagnino, Alessandro, 1538-1614.

Sarmatiae Europeae descriptio, quae regnum Poloniae, Litvaniam, Samogitiam, Russiam, Massoviam, Prussiam, Pomeraniam, Livoniam, et Moschoviae, Tartariaeque partem complectitur, Alexandri Guagnini Veronensis ... Cui supplementi loco, ea quae gesta sunt superiori anno, inter Serenissimum Regem Poloniae, & Magnum Ducem Moschoviae breviter adiecta sunt. Item genealogia Regum Polonorum. Spirae, Apud Bernardum Albinum, 1581.

4 l., 113 numb. l., 7 l. illus, fold. plate, fold. table. 35cm.
Signatures : A^4, B-X^6.
f. 2a, 52 lines, 244×146mm.
Woodcut illustrations.
1st Latin ed. Cracow, 1578.
Index : l. [114]-[120]
Bound with : Pantaleon, H. Militaris Ordinis Johannitarum Rhodiorum historia nova, Basileae, 1581. 1824a

1765

Gualterius, Joannes, *ed.*

Chronicon chronicorvm politicvm; quo imperatores, reges, dvces, principes, marchiones, Comites, &c. recensentur, ac praeter gesta eorum varia, dies natalis, imperii, matrimonii, victoriarum cladiumq;, vt & fati breuiter delineatur : Ex optimis qvibvsqve avctoribus ... Collectore Johanne Gvalterio Belga. Adiecto Indice rerum ac verborum accurato. Prostat Francoforti, in Officina Avbriana, 1614.

2v. 19½cm.
Ms. marginal notes.
✤ *Bibl. Trig.* 1896

1766

Guarini, Camillo Guarino, *CRTh,* 1624-1683.

Evclides adavctvs et methodicvs mathematicǽq; vniversalis ... Quae ne dum proportionum dependentiam, sed & rerum ordinem obseruat. Et complectitur ea omnia, quae de quantitate tum discreta, tum continua abstracta speculari queunt. Resectis superfluis demonstrationibus, & requisitis omnibus profusè coadunatis ... Auctore D. Gvarino Mvtinensi C. R. Theatino ... Avgvstae Tavrinorvm, Typis Bartholomaei Zapatae, 1671.

8 l., 686, [102]p. illus. (incl. tables), 11 diagrs. 34cm.
Text in 2 col.
1st ed.
Contents. — Evclides adavctus, 35 tractatus. Tabvla sinuum, atque tangentium logarithmis Neperianis exornata. — Appendix ad Evclidem adavctum. — Index.
♣ *Collegij Societatis Jesv Pekini.* 421

1767

Guarinoni, Cristoforo, *d.* 1602.

[(Christophori Gvarinonii Veronensis, Medici a cubicvlo Sacrae Caesareae Majestatis Rodulphi, II, Rom. Imperatoris semper Augusti) Consvltationes medicinales]

4 l., 738 (*i.e.* 742)p. 32½cm.
t.-p. wanting.
Head-pieces.
Text in 2 col.
Title. *cf.* Caption title.
Some pages of index at beginning spoiled.
1st ed. Venice, 1610. 842

1768

Guericke, Otto de, 1602-1686.

(Ottonis de Guericke) Experimenta nova (ut vocantur) Magdeburgica de vacuo spatio Primùm à R. P. Gaspare Schotto, è Societate Jesu ... Nunc verò ab ipso Auctore Perfectiùs edita, variisque aliis Experimentis aucta. Quibus accesserunt simul certa quaedam De Aëris Pondere circa Terram; de Virtutibus Mundanis, & Systemate Mundi Planetario; sicut & de Stellis Fixis, ac Spatio illo Immenso, quod tàm intra quam extra eas funditur. Amstelodami, Apud Joannem Jansonium à Waesberge, 1672.

8 l., 244, [5]p. illus. (incl. tables), fold. plate, port. 31cm.
Added engr. ornamented t.-p.
Text in 2 col.

1st ed. by Schott, Frankfort, 1657.
1st ed. by Guericke.
Index & errata : p. [245]-[249]
Bound with : Guldin, P. De centro gravitatis, Vienne, 1635.
★ Sommerv VII 905 n° 2.
♣ *Collegij Societatis Jesv Pekini.* 830

1769

Guevara, Antonio de, 1490 *ca.*-1545.

Horologium principum, Sive De vita M. Aurelii Imp. libri III. ab illustri Viro Dn. Antonio de Guevara, Episcopo Accitano ... ex lingua Castellana, adhibitis Gallicis & Italicis versionibus, in Latinam linguam traducti, et Myriade, cui nunc Chiliades aliquot accesserunt, lectissimarum sententiarum exornati atque illustrati, additis indicibus necessariis, & Notatione locorum, ex quibus marginum illustramenta, quae pro Notis esse queunt, depromta sunt. Operâ & studio Johannis Wanckelii, Editio quarta. Lipsiae, Typis & sumptibus Henningi Grosii Senioris, &c. 1615.

36 l., 695, [27]p. 33½cm.
Signatures : a^4, b-e^6, f^8, A-Z^6, Aa-Nn^6, Oo^4, Pp-Zz^6, Aaa-Lll^6, Mmm-Ppp^4, Qqq^5.
p. 3, 44 lines, 253×112mm.
Illus. t.-p.
Colophon : Lipsiae, Typis & sumptibus Henningi Grosii Senioris Bibliopolae, Excusum per Justum Jansonium Danum, 1615.
1st Spanish ed. Valladolid, 1529.
1st Latin ed. Torgau, 1611.
♣ *Bibl. Trig.* 1586

1770

Guidi, Guido, 1500*ca.*-1569.

(Vidi Vidii Florentini) Ars medicinalis, in qva cvncta qvae ad hvmani corporis Valetudinem praesentem tuendam, & absentem reuocandam pertinent, Methodo exactissima explicantur. Qvae per Vidvm Vidivm ivniorem diligentissime recognita, Ac multis quae ad eam perficiendam desiderabantur partibus aucta, diuque expetita, nunc primvm tota simul in lucem prodit. Venetiis Apud Iuntas, 1611.

3v. 33cm.
Vol. 1 & 2 in 1.
Vol. 3; v. 2, p. 571- ? wanting.
1st collected ed.
Index at beginning of each volume.
♣ *Bibl. Trig.?* 1126

1771

Guilliaud, Claude, *16th cent.*

In Sacrosanctvm Jesv Christi Evangelium secundum Matthaeum Commentarij, iuxta probatam Ecclesiae Catholicae Patrum sententiam, & sacrae facultatis Theologiae Parisiensis approbationem : Per Clavdivm Gvilliavdvm Belliiocensem, Doctorem Theologum ... His accessit rerum & verborum toto opere memorabilium copiosissimus Index ... Parisiis, Apud Iohannem de Roigny, 1562.

8 l., 590 numb. l., 33 l. 32cm.
Signatures : $\dagger^8$, a-z^6, A-Z^6, Aa-Zz^6, AAa-ZZz^6, AAA-MMM^6.
f. 4a, 51 lines, 242×134mm.
p. l. bound incorrectly.
Colophon : Excudebat Ioanni de Roigny Federicus Morellus, 1562.
1st ed.
♣ *Bibl. Trig.* 1218

1772

Guintherius, Johannes, 1487-1574.

(Ioannis Guintherii Andernaci medici) Commentarivs de Balneis, & aquis medicatis in tres Dialogos distinctus. Argentorati [Excudebat Theodosius Rihelius, 1565]

8 l., 206p. 17½cm.
Signatures : A-N^8, O^7.
p. 2, 26 lines, 119×65mm.
Imprint. *cf.* Colophon.
1st ed.
Index at beginning.
Bound with : Leonardi, C. Speculum lapidum, Parisiis, 1610. 898a

1773

— (Ioannis Gvintherii Andernaci ...) De medicina veteri et noua tum cognoscenda, tum faciunda Commentarij duo ... Basileae, Ex officina Henricpetrina, 1571.

2v. 33cm.
Vol. 2 wanting.
806 (*i.e.* 808)p.
Illus t.-p.
1st ed.
Index & errata : p. [807]-[834]
♣ *Missionis Sinensis.* 997

1774

Guldin, Paulus, *SJ,* 1577-1643.

(Pavli Gvldini Sancto-Gallensis e Societate Jesu) De centro gravitatis Trium specierum Quantitatis continuae. Liber primus de centri gravitatis inventione. Appendicis Loco, accesserunt Tabulae Numerorum qvadratorum & cubicorum, earundemq; fabrica & usus. Viennae Avstriae, Formis Gregorii Gelbhaar Typographi Caesarei, 1635.

12 l., 227, [1], 99, [5]p. illus. (incl. tables), fold. plate, diagr. 28½cm.
Signatures : †-$\dagger\dagger^6$, A-B^4, C^2, D-Z^4, Aa-Ff^4; a-n^4.
p. 3, 38 lines, 224×136mm.
The complete set consists of 4v.
Illus. t.-p.
Half-title : Centrobaryca Gvldini.
Appendix has a special t.-p.
1st ed.
« Dissertatio de motv terrae, ex mvtatione centri gravitatis ipsius, proveniente » : p. 137-144.
Errata at end of appendix & table.
Index at end.
★ Brunet II 1829. — Sommerv III 1946 n° 6.
♣ *Caza de hâm cheu 1661 Soctis Jesu.* 4?2

1775

— O. C. 31cm.
Ms. marginal notes.
Errata at end of appendix & table; all errors are corrected by hand.
Bound with : Guericke, O. de. Experimenta nova, Amstelodami, 1672. 830a

1776

Guldin, Paulus, *SJ,* 1577-1643.
Refvtatio Elenchi calendarii Gregoriani a Setho Calvisio conscripti, et opera Dauidis Origani editi : Qua libris qvatvor calendarivm Gregorianvm vere Ecclesiasticum, & ab omnibus recipiendum esse ostenditur ... Accessit praeter digressionem, qva Iosephi Scaligeri de Aequinoctiorum anticipatione Diatriba discutitur, liber qvintvs De ratione ac praxi Calendarii Ecclesiastici Christianorum, & Computi Hebraeorum ... Avctore Pavlo Gvldin e Societate Iesv ... Mogvntiae, Ex officina Typographica Ioannis Albini, 1616.
8 l., 584, [18]p. table. 24cm.
Signatures : †[4], ††[4], A-Z[4], Aa-Zz[4], Aaa-Zzz[4], Aaaa-Ffff[4], Gggg[1].
p. 2, 46 lines, 189×113mm.
1st ed.
Index : p. [585]-[602]
★ Sommerv III 1946 n° 1. 226

1777

Gulielmini, Domenico, 1655-1710.
(Dominici Gulielmini Medicinae Doctoris Bononiensis ...) Opera omnia mathematica, hydraulica, medica, et physica. Accessit vita autoris, a Jo. Baptista Morgagni Med. Doct. & Profess. Patavino Scripta. cum figuris & indicibus necessariis ... Genevae, Sumptibus Cramer, Perachon & Socii, 1719.
2v. fronts., illus. (incl. tables), 13 fold. plates, 16 diagrs. (3 fold.). 26cm.
Text in 2 col.
1st ed.
Contents. — **t. 1.** De vita D. Gulielmini. Volantis flammae opticè, ac geometricè examinatae epitropeia. De cometarum naturâ & ortu. Observatio solaris eclipsis anni 1684. De salium figuris oratio. Aquarum fluentium mensura nova methodo inquisita. Epistolae duae hvdrostaticae. Epistola ad Praesidem, de aquarum fluentium natura. De fluentium naturâ tractatus physico-mathematicus (Text in Latin & Italian). — **t. 2.** Exercitatio physico-medica de sanguinis naturâ et constitutione. Pro theoriâ medicâ adversus empiricam sectam praelectio. De salibus dissertatio epistolaris. Exercitatio de idearum vitiis ad statuendam morborum naturam. De principio sulphureo dissertationes, cum mantissa de Aethere. Epistolae amabaeae Jo. Mar. Lancisii & Domin. Gulielmini. Dissertationes duae posthumae de primis materiae affectionibus, earumque origine & proprietatibus. Epistola de quinquina cortice. J. Monilieni ad Fr. Alf. Donnoli de ejus bello civili medico epistola. J. Donzelini symposium de usu mathematum in arte medica. Th. Alethini epistola.
✤ *PP Gallor SJ Pekin.* 821

H

1778

Habert, Louis, 1636-1718.
Praxis sacramenti poenitentiae, sive Methodus illius utiliter administrandi. Authore D. Ludovico Habert, S. Facultatis Parisiensis Doctore ... Olim gallice edita jussu Episcopi Comitis Verodunensis, ad usum confessariorum suae dioecesis : postea latinitate donata. Editio in Germania tertia juxta exemplar Parisiense ... Augustae Vindelicorum, Sumtibus Fratrum Veith, 1784.
xx, 651p. 17½cm.
1st French ed. Blois, 1688.
1st Latin ed. Paris, 1714.
Index : p. 643-651.
★ DictTheolCath VI 2013. 1295

1779

Haeften, Benedictus van, *OSB,* 1588-1648.
Regia via Crvcis Auctore D. Benedicto Haefteno Vltraiectino Reformati Monasterij Affligeniensis Ordinis S. Benedicti Praeposito. Antverpiae, Ex Officina Plantiniana Balthasaris Moreti, 1635.
xl, 404, [24]p., 1 l. illus. 17½cm.
Signatures : †-††[8], †††[4], A-Z[8], Aa-Cc[8], Dd[7].
p. 4, 29 lines, 133×75mm.
p. 1. slightly spoiled.
Engr. ornamented t.-p.
Half-title : Regia crvcis via.
« Index avctorvm » : p. xxviii-xxxiii.
« Index locorvm » & « Index rervm » at end.
1st ed.
★ Brunet III 10. 2325

1780

[Haer, Florent van der] 1547*ca.*-1634.
[Antiquitatvm litvrgicarvm arcana]
v. 2. 17cm.
The complete set consists of 3v.
t.-p. wanting.
Author : Florent van der Haer. *cf.* DictOuvrAnonym IV 1153.
1st ed. Douai, 1605.
Contents. — t. 2. A Dominica Septuagesimae usque ad Sabbatum Sanctum. 3285

1781

Hagecius ab Hayck, Thaddaeus.
Dialexis de novae et privs incognitae stellae invsitatae magnitvdinis & splendidissimi luminis apparitione, & de eiusdem stellae vero loco constituendo. Adiuncta est ibidem, ratio inuestigandae parallaxeos cuiuscunque Phaenomeni, eiusque à centro terrae distan-

tia ... nunc primum conscripta et edita, per Thaddaeum Hagecium ab Hayck ... Francofvrti ad Moenvm, 1574.

176p. incl. tables, diagrs. 22½cm.
Signatures : A-Y4.
p. 14, 28 lines, 163×101mm.
1st ed.
Contents. — Hagecius, T. Dialexis de nova stella. — Fabricius P. Stellae novae phaenomenon descriptum et explicatum. — Gemma, C. Stellae peregrinae phaenomenon. — Regiomontanus, J. De cometa anni 1475. — Voegelin, J. Significatio cometae, qui anno 1532 apparuit. — Gemma, C. Epistola Th. Hagecio data.
Bound with : Mizauld, A. Planetologia, Lvgdvni, 1551.
✤ *Bibl. Trig.* 262

1782

Hall, Franciscus, *SJ,* 1595-1675.

Explicatio horologii in horto regio Londini in Anglia ann. 1669. erecti, in quo plurima horologiorum sciatericorum genera continentur : qvibus praeter omnis generis horas diversimode expressas, multa etiam ad Geographiam, Astrologiam, & Astronomiam spectantia, per Solis umbram oculis cernenda subjiciuntur ... Quae omnia ... exponit Reverendus Pater Franciscus Hallus, aliàs Linus, Societatis Jesu, Matheseos Professor. Leodii Eburonum, Apud Guilielmum Henricum Streel, 1673.

74, [1]p. illus., fold. plate. 20½cm.
1st ed.
★ Sommerv IV 1841 n° 3.
✤ *Residentiae S Josephi SJ.* 281

1783

Hallerstein, Augustinus Haller von, *SJ,* 1703-1768.

Observationes astronomicae, ab Anno 1717 ad Annum 1752 a Patribus Societatis Jesu Pekini Sinarum factae et a R. P. Augustino Hallerstein e S. J. Pekini Sinarum Tribunalis Mathematici Praeside et Mandarino collectae atque operis editionem ad fidem autographi manuscripti curante R. P. Maximiliano Hell e S. J. ... Vindobonae, Typis Joannis Thomae Nob. de Trattnern, 1768.

4 l., 382, [1], 448p. 24½cm.
2 pt. in 1.
1st ed.
Errata at end of pt. 1.
★ Brunet III 24. — Cordier 1074. — Pfister 757 n° 7. — Sommerv IV 51 n° 10. — Streit VII 286 n° 3210. 43

1784

Halley, Edmond, 1656-1742.

(Edmundi Halleii Astronomi dum viveret Regii) Tabulae astronomicae. Accedunt de usu tabularum praecepta. Londini, Apud Gulielmum Innys, 1749.

165 unnumb. l. front. 29cm.
Signatures : †2, a-f2, Aa-Ee2, †Ee2, ††Ee2, Ff-Mm2, Nn4, Oo1, Pp-Zz2, Aaa-Fff2, Aaaa-Ffff2, Gggg4, Hhhh-Qqqq2, Rrrr1, Ssss-Xxxx2, A†-C†2, †b-†q2, †r6 (3 p. l. without sign.)
On half-title page : Lunae meridianae ascensiones rectae Grenovici observatae a die Jan. 13. Anni Juliani MDCCXXII ad diem Dec. 4 Anni MDCCXXV, et ejusdem longitudines ibidem observatae a die Dec. 5. Anni Juliani MDCCXXXIX. Cum computo tabularum collatae.
«... Halley withheld, in the hope of improving, the lunar and planetary tables he had printed in 1719 ... yet they appeared posthumously in 1749...» — DictNatBiogr VIII 991.
Errata at beginning and end.
32

1785

Hancke, Iohann, *SJ,* 1644-1713.

Tenebrae summatim illustratae Sive Doctrina eclipsium Quam E majoribus Jo. Bapt. Riccioli, Andreae Tacquet, Philippi Lansbergii, Aliorumque Voluminibus ... In Compendium redegit, Et Tabulis ad Computum necessariis instruxit ... P. Joannes Hancke, Societatis Jesu, SS. Theologiae Doctor ... Moguntiae, Excudebat Christophorus Küchler, 1682.

4 l., 114 (*i.e.* 116), [4]p. illus. 19½cm.
1st ed.
Index at end.
★ Sommerv IV 64 n° 2. 249

OBSERVATIONES
ASTRONOMICÆ
ab Anno 1717 ad Annum 1752
PATRIBUS SOCIETATIS JESU
R. P. AUGUSTINO HALLERSTEIN e S. J.
PEKINI SINARUM TRIBUNALIS MATHEMATICI
PRÆSIDE ET MANDARINO COLLECTÆ
OPERIS EDITIONEM AD FIDEM AUTOGRAPHI MANUSCRIPTI
R. P. MAXIMILIANO HELL e S. J.
ASTRONOMO CÆSAREO-REGIO
LABORE ET FAVORE
VINDOBONAE,
TYPIS JOANNIS THOMÆ NOB. DE TRATTNERN.

1786

[Hartmann, Christoph, *OSB*] 1565-1637.

[Annales Heremi Deiparae Matris monasterii in Helvetia. Friburgi Brisgoviae, typogr. Archiduc., 1612]

4 l., 478 (*i.e.* 476), [62]p. illus. 31½cm.
Signatures: †4, A-Z4, Aa-Qq6, Rr4, Ss-Xx6, Yy4, Zz3.
p. 2, 36 lines, 228×135mm.
t.-p. wanting.
Engr. head-pieces.
For title. *cf.* Caption title & Thierry's catalogue p. 56.
Author: Christoph Hartmann. *OSB;* imprint. *cf.* K. W. Hiersemann, Thesaurus scriptorum catholicorum, Leipzig. Katalog 578, no. 1420.
Dedication dated 1612.
1st ed.
Index at end.
✤ *Bibl. Trig.* 1916

1787

Harvey, William, 1578-1657.

Observationes et historiae Omnes & singulae è Guiljelmi Harvei libello De generatione animalium excerptae, & in accuratissimum ordinem redactae. Item Wilhelmi Langly De Generatione Animalium Observationes quaedam. Accedunt Ovi faecundi singulis ab incubatione diebus factae Inspectiones; ut et Observationum Anatomico-Med. Decades quatuor; denique Cadavera Balsamo condiendi modus. Studio Justi Schraderi, M. D. Amstelodami, Typis Abrahami Wolfgang, 1674.

16 l., 240p. front., 8 plates. 14cm.
✤ *PP Gallor SJ Pekin.* 1093

1788

Haunold, Christoph, *SJ*, 1610-1689.

Theologiae speculativae scholasticis praelectionibus et exercitiis accommodatae libri IV. Partibus summae D. Thomae respondentes. Qvibvs selecta recentiorum theologorvm placita, ad praecipuas difficultates expediendas assvmpta, controvertuntur. Authore R. P. Christophoro Haunoldo Societatis Jesu, SS. Theologiae Doctore ... Auctarij loco nunc accesserunt Vindiciae R. P. Jacobi Illsung ejusdem Soc. Jesu, SS. Theol. Doct. et Profess. Ingolstadii, Apud Joannem Philippum Zinck, 1678.

15 l., 719, [11]p., 5 l., 124, [3]p. incl. front. 31cm.
Text in 2 col.
1st ed. Ingolstadt, 1670.
1st ed. of «Vindiciae».
Index: p. [721]-[731]
Errata: p. [731], [127]
★ DictTheolCath VI 2060. — Sommerv IV 142 n° 21.
✤ *Collegij Soctis Jesv Pekini.* 1533

1789

Hecker, Johannes.

(Johannis Heckeri) Motuum caelestium ephemerides ab anno AE.V.MDCLXVI ad MDCLXXX. Ex observationibus correctis Nobilissim. Tychonis Brahei, & Joh. Kepleri Hypothesibus physicis, Tabulisque Rudolphinis. Ad Meridianum Uraniburgicum in freto Cimbrico. Cum Introductione in eas. Gedani, Autoris Sumtibus, Excudebat Simon Reiniger, 1662.

257 unnumb. l. illus. 23½cm.
Signatures: a-d4, e1, A-Z4, Aa-Zz4, Aaa-Ooo4.
1st ed. 235

1790

Heilbronner, Johann Christoph, 1706-*ca.* 1747.

Historia matheseos universae a mundo condito ad seculum P. C. N. XVI. praecipuorum mathematicorum vitas, dogmata, scripta et manuscripta complexa. Accedit recensio elementorum, compendiorum et operum mathematicorum atque historia arithmetices ad nostra tempora. Auctore Jo. Christoph. Heilbronner. Lipsiae, Impensis Joh. Friderici Gleditschii, 1742.

4 l., 924, [66]p. incl. tables, diagrs. 23½cm.
Head-pieces.
1st ed.
Indices: p. [925]-[990]
✤ *Stamp of Mgr Alex. de Gouvea.* 386

1791

Heilman, Johann Jakob, *tr. & ed.*

Theatri chemici Volumen Sextum ... praecipuos selectorum auctorum huius Seculi Tractatus de Chemia & Lapidis Philosophici Antiquitate, veritate Jure praestantia & operationibus Continens; ex Germanica & Gallica lingua in Latinam translatum per Johannem Jacobum Heilmannum Bipontino-Palatinum M. D. Argentorati, Sumptib. Haeredum Eberhardi Zetzneri, 1661.

9 l., 772, [25]p. 18½cm.
p.417-432 wanting.
p. 497-512 bound upside down.
The complete set consists of 6 vol., published between 1659-61; vol. 6 contains authors of the 17th cent. *cf.* Brunet V 773.
1st ed.
Contents. — Vigenère, B. de. Tractatus de igne et sale. — Collesson, J. Idea perfecta philosophiae hermeticae. — Instructio patris ad filium de arbore solari. — Christophorus Parisiensis. Elucidarius artis transmutatoriae. — Grasseus, J. Arca arcani artificiosissimi de summis naturae mysteriis. — Orthelius. Commentarius in Novum lumen chymicum Michaelis Sendivogii Poloni. — Mysterium occultae naturae. — Descriptio philosophici Adrop. — Chartier, J. Scientia plumbi sacri. — Polemann,

J. Novum lumen medicum de mysterio sulphuris philosophorum. — Saltzthal, S. De potentissima philosophorum medicina universali. — Rochas, H. de. Tractatus de observationibus novis et vera cognitione aquarum mineralium.

★ Brunet V 773.

♣ *Istos seis tomos chemicos Applicados al Prova na China da Compa de IESV. 1680.* 749

1792

Heimbach, Mathias, *SJ,* 1666-1747.

Praxis catechetica, sive Manuductio pro instruendis rudibus elementa fidei et morum practicè explanans : Rationibus, Historiis, Similibus ex Scriptura Sacra, Patrumque Testimoniis illustrata : in usum catechizantium conscripta à P. Mathia Heimbach Societatis Jesu Theologo. Editio novissima Ab ipso Authore denuo recognita, pluribusque tum Lectionibus, tum Quaestiunculis Polemicis aucta. Vetero-Pragae, Typis Universitatis Carol. Ferd. Pragensis in Coll. Soc. Jesu ad S. Clementem, 1733.

8 l., 752, [24]p. 17cm.
1st ed. Cologne, 1707.
« Orationes consuetae, quae catechismo praemittuntur » (in German) : p. 744-752.
★ DictTheolCath VI 2123. — Sommerv IV 220 n° 6 (ed. wanting). 2685

1793

Heinsius, Gottfried, 1709-1769.

De apparentiis annvli Satvrni commentatio, avtore Godofredo Heinsio ... Lipsiae, Apud Io. Christianvm Langenhemivm, 1745.

1 l., 82p. illus. (incl. tables), 3 fold. diagrs. 22cm.
1st ed. 62

1794

— o. c.

63

1795

Heiss, Sebastian, *SJ,* 1572-1614.

Dialogi sex, de avgvstissimo Corporis et Sangvinis Christi sacramento; ac missae sacrificio, in qvibvs breuiter & amice praecipuae de hoc argumento controuersiae discutiuntur. Avctore Sebastiano Heissio Societatis Iesv. Monachii, Ex Typographio Nicolai Henrici, 1605.

4 l., 133, [1]p. 16cm.
Signatures : A4, B-I8, K4.
p. 3, 28 lines, 114×67mm.
1st ed.
Errata : p. [134]
Bound with : Becanus, M. *SJ.* De judice controversiarum, Moguntiae, 1616.
★ Sommerv IV 230 n° 8.
♣ *Missioni Sinensi Collegium Ingolstadiense.* 2645

1796

Heister, Lorenz, 1683-1758.

[(Laurentii Heisteri) Compendium medicinae practicae, cui praemissa est dissertatio de medicinae mechanicae praestantia. Venezia, Simone Occhi, 1748]

lvj, 392p. 18cm.
t.-p. wanting.
For title, etc. *cf.* « Imprimatur » & NouvBiogr Gén XXIII 806.
1st ed. Amsterdam, 1745.
Index : p. 385-391. 860

1797

Helbling, Johann Kaspar, *praeses.*

Dispvtatio medica, de peste procreata ex triplici ente; scilicet. divino astrali natvrali qvam A. D. O. M. ex avthoritate et consensv magnifici et amplissimi Collegii Medici In Archidvcali hac, Et perantiqua Friburgensium Brisgoiorum Vniuersitate. Svb praesidio et decanatv viri nobilis expertissimi Spectatissimi Ioannis Caspari Helbling pro doctorali in arte Poeonia titulo & priuilegijs indipiscendis defendere conabitur. M. Stephanvs Dominicvs Brunheymerus Suntgauius. Die Septembris 4, horâ & loco solitis. Friburgi Brisgoiae, Apud Catharinam Böcklerin viduam, 1615.

24 unnumb. l. 19½cm.
Signatures : A-F4.
f. [5]a, 35 lines, 158×95mm.
Bound with : Unzer, M. De lue pestifera, Hallae-Saxonum, 1615 and others. 1147a

1798

Hell, Maximilian, *SJ,* 1720-1792.

Ephemerides astronomicae Anni 1773. ad meridianum Vindobonensem jvssv Avgvstorvm a P. Maximiliano Hell, e S. J. ... Adjecta collectione omnium observationum transitus Veneris ante discum solis diei 3. Junii 1769. per orbem universum factarum. Atqve appendice de parallaxi solis ex observationibus transitus Veneris anni 1769. Viennae, Typis et sumptibus Joannis Thomae de Trattnern, 1773.

311, 121, [1]p. illus., fold. plate, 8 tables. 20½cm.
p. 7-8 wanting ?
1st ed.
Errata (pt. in ms.) at end.
★ Sommerv IV 241. 103

1799

— (Maximiliani Hell e Soc. Jesu ...) Observatio transitus Veneris ante discum solis die 5ta Junii 1761. Una cum observationibus satellitum Jovis ... Adjectis Observationibus ejusdem Transitus Veneris factis à variis per

Europam Viris ... cum Appendice aliarum nonnullarum Observationum. Vindobonae, Typis Joannis Thomae Trattner [1770]

2 l., 32, XXXIII-XXXIX, 32-123, [1]p. incl. tables. 22cm.
Date of publication. *cf.* Sommervogel IV 253.
1st ed. Vienna, 1761 ?
Errata p. [124]
★ Sommerv IV 239. 222

1800

Henricus de Segusio, *cardinal,* 1210*ca.*-1271.
(Henrici de Segvsio Cardinalis Hostiensis.) Svmma avrea. Ad vetustissimos codices svmma fide diligentiâque nunc denuò collata, atque ab innumeris mendis, quibus scatebat hactenus, repurgata. Cum antiquis Nicolai Superantij, atque eruditis recens ex Summma F. Matini [*sic*] Abbatis, J. U. D. celeberrimi, Azonis & Accursij (vt ferunt) coaetanei, adiectis Annotationibus. Accessit Rerum & Verborum toto Opere memorabilium locupletissimus Index. Lvgdvni, 1597.

2 l., 373 numb. l., 8 l. 39½cm.
Signatures : †[2], a-z[8], A-Z[8], Aa[8], Bb[5].
f. 4a, 80 lines 330×214mm.
1 p. l. (sign. †2) bound after l. 8.
Text in 2 col.
1st ed. Rome, 1470. 2117

1801

Henriquez, Henrique, *SJ,* 1536-1608.
Svmmae theologiae moralis, Libri Quindecim. R. P. Henrico Henriquez Societatis Iesu Authore ... In quib. non Sacramentorum solum, tàm in generali, quam in particulari, sed Indulgentiarum etiam ... Finisque Hominis doctrina omnis, non erudita minus, quàm Methodica breuitate dilucidè explicantur. Nunc primum in Germania, cum quadruplici Indice, Capitum, Authorum, Sacrae paginae, Rerumque notatu dignissimarum locupletissimo de nouo recognito, operique accommodatissimo condecorati. Mogvntiae, Ex officina Typographica Ioannis Albini, 1613.

12 l., 884, 116, [51]p. 35cm.
Signatures : †[6], ††[6], A-Z[6], Aa-Zz[6], Aaa-Zzz[6], Aaaa-Dddd[6], Eeee[4]; a-i[6], k[4], a-c[6], d[8].
p. 3, 87 lines, 291×168mm.
Text in 2 col.
Some pages at end spoiled.
1st ed. Salamanca, 1588-93.
★ DictTheolCath VI 2197. — Sommerv IV 275 n° 1.
♣ *Bibl. Trig.* 1381

1802

Herbinius, Johann, 1633-1676.
Dissertationes de admirandis mundi cataractis Supra & Subterraneis, earumque Principio, Elementorum circulatione, ubi eadem occasione aestus maris reflui Vera ac genuina causa asseritur, paradiso Locus situsque verus in Palaestina restituitur ... auctore M. Johanne Herbinio, Bicinâ-Silesio. Amstelodami, Apud Janssonio-Waesbergios, 1678.

8 l., 267, [17]p. illus., 3 plates (2 fold.), diagr. 20½cm.
Half-title page ? wanting.
Index & errata : p. [268]-[284]
1st ed. Copenhagen, 1670. 143

1803

— Famosae, De Solis vel Telluris Motu, Controversiae examen theologico-philosophicum, Ad S. Sanctam Normam, institutum a Joanne Herbinio ... Ultrajecti, Apud Ioannem à Waesberge, 1655.

12 l., 327, [9]p. illus. 13½cm.
Added engr. ornamented t.-p.
On added t.-p. : Terrae motûs et quietis examen ad Sanctam Normam.
1st ed. 148

1804

Hero Alexandrinus, *1st cent.* B. C. ?
(Heronis Mechanici) Liber de machinis bellicis, necnon Liber de geodaesia; A Francisco Barocio Patritio Veneto Latinitate donati, multis mendis expurgati, & figuris, ac scholijs illustrati. Venetiis, Apud Franciscum Franciscium Senensem, 1572.

4 l., 74 numb. l. illus. 19cm.
Signatures : A-S[4], T[2].
f. 2a, 37 lines, 166×108mm.
Illus. t.-p.
1st ed.
★ Brunet I 662.
♣ *Collegij Societatis Jesv Pekini.* 795

1805

Heron, Albert, *16th cent, ed.*
Theoricae novae planetarvm, Georgij Purbachij, Germani. Francisci Mavrolyci Compvtus ecclesiasticus, siue, de ratione anni. Henrici Glareani, Helvetii, De geographia, vel, rudimentorum mathematicorum, liber vnus. Omnia recognita, ac nouis figuris illustrata. Coloniae Agrippinae, apud Haeredes Arnoldi Bircmanni, 1581.

7 l., 256p. illus. (incl. tables, diagrs.) 16cm.
Signatures : A-R[8].
p. 17, 30 lines, 121×68mm.
Colophon : Coloniae Agrippinae, typis Godefridi Kempensis.
Ed. by Albert Heron. *cf.* Preface.
1st collected ed. by Heron.
Bound with : Sacro Bosco, J. de. Sphaera emendata, Antverpiae, 1582.
★ Brunet IV 978.
♣ *Joannis de Sainct Laurens Duaceni.* 92

1806

Heron, Albert, *16th cent. ed.*

Theoricae novae planetarvm, Georgii Purbachii, Germani. Francisci Mavrolyci compvtus ecclesiasticus, siue, de ratione anni. Henrici Glareani, Helvetii, De Geographia, vel, rudimentorum mathematicorum liber vnus. Omnia recognita, ac nouis figuris illustrata. Coloniae Agrippinae, In officina Birckmannica, sumptibus Arnold. Mylij, 1591.

8 l., 256p. illus. (incl. diagrs.), fold. table. 16cm.
Signatures : A-R8.
p. 17, 30 lines, 121×71mm.
Colophon : Coloniae Agrippinae, Typis Godefridi Kempensis. 151

1807

Herwarth von Hohenburg, Hans Georg, 1553-1622.

Tabvlae arithmeticae προσθαφαιρεσεως vniversales qvarvm svbsidio nvmervs qvilibet, ex mvltiplicatione prodvcendvs, per solam additionem : et qvotiens qvilibet, e divisione eliciendus, per solam subtractionem ... nullo negotio inuenitur. É Mvseo Ioannis Georgii Herwart ab Hohenbvrg, V. I. Doctoris ... Monachij Bauariarum, Ex officina Nicolai Henrici, 1610.

5 l., 999p. 53½×28½cm.
Signatures : †6, A-Z6, a-z6, Aa-Zz6, AAA-NNN6, OOO8 (†6 blank)
p. 3, 101 lines, 463×213mm.
1st ed.
♣ *Bibl. Trig.* ? 586

1808

[Herzer, Christoph Bonaventura]

Donatus Latino-Germanicus. Nunc denuo recognitus & compluribus regulis & observationibus, qvae in prioribus editionibus desiderabantur, auctus ... Rostochii, Typis & Imp. Nicolai Schwigerovii, 1712.

1 l., 282 ?, 54 ? p. incl. tables. 16cm.
p. 7-10, 283-? wanting.
Author : Christoph Bonavent. Herzer. *cf.* Deut AnonymLex I 415.
« Appendix de comparationibus » : p. 277-?
« Verba Latina cum praeteritis et supinis secundum ordinem conjugationum. Pro tyronibus seorsim excusa » 54 ?p. at end.
♣ *Frantz Bollm.* 3236

1809

Heurne, Johannes van, 1543-1601.

(Ioannis Hevrnii Vltraiectini ...) Opera omnia. Edidit auctoris filius Ottho Hevrnivs ... [Lugduni Batavorum] Ex Officina Plantiniana Raphelengii, 1609.

2v. illus., 3 fold. tables. 20½cm.
Each part has a special t.-p.

1st ed. of collected works.
Each treatise has an index at end, except « De peste » & « De morbis mulierum ».
Contents. — [v. 1] Vita auctoris. Institvtiones medicinae. 2. ed. Praxis medicinae nova ratio. Editio postrema. De morbis qvi in singvlis partibvs hvmani capitis insidere consvevervnt. 1608. De morbis ocvlorvm, avrivm, nasi, dentivm et oris. 1608. De morbis pectoris. 1608. — [v. 2] De febribvs liber. 1610. De peste liber. 1611. De morbis ventricvli liber. 1608. Oratio de medicinae origine. De gravissimis morbis mvliervm liber. De hvmana felicitate liber. De morbis novis et mirandis epistola. 1607. Commentaria varia in Hippocratis opera. 1597.
♣ *Missionis Sinensis.* 964

1810

Heuterus, Pontus, 1535-1602.

(Ponti Hevteri Delfii, praepositi Arnhemensis) Rerum Belgicarvm libri qvindecim, qvibvs describvntvr pace belloqve gesta a principibvs Avstriacis in Belgio, nempe Maxaemiliano primo Caesare, Philippo primo Castellae Rege, Carolo quinto Caesare, Philippo secundo Hispaniarum Rege. Continentur hoc Opere ea potissimùm quae hactenus ab aliis sunt omissa, aut obiter tantùm narrata. Praemissus est Operi libellus singularis de vetustate & nobilitate familiae Habspurgicae ac Austriacae. Additus est calci Index rerum memorabilium amplissimus. Antverpiae, Ex Officina Martini Nutij, 1598.

11 l., 751, [24]p. 11 fold. tables. 20½cm.
Signatures : †-†††4, A-Z4, Aa-Zz4, AA-ZZ4, AAa-ZZz4, AAA-EEE4, (†††4 blank)
p. 3, 41 lines, 160×109mm.
Some pages at end spoiled.
1st ed.
Errata : p. [775]
♣ *Joannis de Sainct Laurens Duaceni.* 1987

1811

[Heuzet, Jean] 1660*ca*-1728.

Selectae e Veteri Testamento historiae, Ad usum eorum qui Linguae Latinae rudimentis imbuuntur. Nova Editio, accuratior & emendatior ... Parisiis, apud Fratres Estienne, 1753-54.

2v. in 1. 14½cm.
6 l., 110, [10], 124, [7]p.
Author : Jean Heuzet. *cf.* DictOuvrAnonym IV 1376.
1st ed. Paris, 1726.
2480

1812

[—] Selectae è Veteri Testamento historiae, Ad usum eorum qui Linguae Latinae rudimentis imbuuntur. Nova editio ... Parisiis, Apud Fratres Estienne, 1772.

2v. in 1. 14½cm.
4 l., 102, [9], 113, [7]p. 3003

1813

Hevelius, Johannes, 1611-1687.

(Johannis Hevelii) Cometographia, Totam Naturam cometarum ... Nec Non Motum eorum ... exhibens. In quâ Universa insuper phaenomena, quaestionesque de Cometis omnes ... demonstrantur ac Iconibus ... illustrantur. Cumprimis verò cometae anno 1652, 1661, 1664 et 1665 ab ipso Auctore, summo studio observati ... exponuntur ... Accessit Omnium Cometarum, à Mundo condito hucusquè ... annotatorum, historia ... cum peculiari Tabulâ Cometarum Universali. Gedani, Auctoris Typis, & Sumptibus Imprimebat Simon Reiniger, 1668.

19 l., 913, [46]p. front., illus. (incl. tables), 16 plates (3 fold.), 2 tables, 20 diagrs. (1 fold.) 37cm.
Engr. head-pieces.
1st ed.
Index & errata : p. [914]-[959]
★ Brunet III 150.
♣ *Collegij S.J. Pekini.* 161

1814

— (Johannis Hevelii) Firmamentum Sobiescianum; sive, Uranographia, totum coelum stellatum ... exhibens, Et quidem quodvis Sidus in peculiari Tabellâ, in plano descriptum, sic ut omnia conjunctim totum Globum Coelestem exactissimè referant, prout ex binis Hemisphaeriis ... patet ... Gedani, Typis Iohannis-Zachariae Stollii, 1690.

9 l., 21p. front., 56 fold. tables. 40cm.
Port. mounted on verso of front guard leaf.
1st ed.
Bound with : Hevelius, J. Prodromus Astronomiae, Gedani, 1690. 257

1815

— (Joannis Hevelii) Machinae coelestis pars prior [& pars posterior] Gedani, Auctoris Typis, & Sumptibus, Imprimebat Simon Reiniger, 1673-79.

3v. front., illus., 61 plates, 8 tables, 15 diagrs. 37cm.
Engr. head-pieces.
Each part with an illustrated t.-p.
« ... the second part [of Machinae coelestis] (1679) is extremely rare, nearly the whole issue having perished in the conflagration of 1679. » — EncyBrit XIII 416.
1st ed.
Index at end of each part.
Contents. — [v. 1,] Machinae coelestis pars prior, sive Organographia. Prodromus cometicus, quo historia cometae anno 1664 exorti, necnon Dissertatio de cometarum omnium, motu, generatione, variisque phaenomenis exhibetur, 1665. (1st ed.). Descriptio cometae anno 1665 exorti, cum observationibus mense Aprili habitis; cui addita est Mantissa Prodromi cometici, observationes omnes prioris cometae 1664 exhibens. 1666. Epistola de Cometa, anno 1672 Gedani observato, ad D. Henricum Oldenburgium. 1672. — [v. 2] Machinae coelestis pars posterior, Rerum uranicarum observationes annis 1639-1678 exhibens. — [v. 3] Rerum uranicarum observationes annis 1639-1678 (Continued). Dissertatio de nativa Saturni facie, cui addita est eclipseos solaris anni 1656 observatio. 1656.
♣ *Collegij S.J. Pekini.* 246

1816

— (Johannis Hevelii) Prodromus astronomiae, Exhibens Fundamenta, quae tam ad ... Stellarum Fixarum Catalogum construendum, quàm ad omnium Planetarum Tabulas corrigendas omnimodè spectant; nec non Novas et correctiores Tabulas Solares, aliasque plurimas ad Astronomiam pertinentes ... Quibus additus est uterq; Catalogus stellarum fixarum, tam major ad Annum 1660, quàm minor ad Annum completum 1700. Accessit Corollarii loco Tabula motus lunae libratorii ... Gedani, Typis Johannis-Zachariae Stollii, 1690.

1 l., 350, [2]p. plate, port. 40cm.
« Catalogus stellarum fixarum » dated 1687.
1st ed.
Index : p. [351]-[352]
Bound with : Hevelius J. Firmamentum Sobiescianum, Gedani, 1690.
★ Brunet III 150. 257a

1817

— (Johannis Hevelii) Selenographia : sive, Lunae descriptio; atque Accurata, Tam Macularum ejus, quam motuum diversorum, Aliarumque omnium vicissitudinum, phasiumque, telescopii ope deprehensarum, delineatio. In quâ simul caeterorum omnium Planetarum nativa facies, variaeque observationes, praesertim autem Macularum Solarium ... sub aspectum ponuntur : nec non ... Astronomicae, Opticae, Physicaeque quaestiones ... resolvuntur. Addita est, lentes expoliendi nova narratio; ut et telescopia diversa construendî ... Gedani edita, Autoris sumtibus, Typis Hünefeldianis, 1647.

15 l., 563p. illus., port., 88 plates (3 fold.), 3 diagrs. 35½cm.
Added engr. ornamented t.-p.
1st ed.
« Selenographiae Appendix; et heliographicas aliquot annorum Observationes, et Orbis Jovialis positum, motumque exhibens » : p. [497]-548.
Index : p. 549-563.
★ Brunet III 150.
♣ *Ve Prouae Sinensis.* 215

1818

Hieronymus, Sophronius Eusebius, *Saint,* 342*ca*-420.

Omnes qvae extant D. Hieronymi Stridonensis lvcvbrationes, additis vna psevdepigraphis et alienis, scriptis ipsivs admixtis, in novem tomos, per Des. Erasmvm Roterodamvm digestae, ac ... emendatae ... Praeterea Indici operis qualis sit facta accessio ... Basileae, ex officina Episcopiana, per Nicolavm et Evsebivm Episcopios Fratres, 1565.

9v. in 5. 35½cm.
t.-p. and 11 p. l. are bound after the « Index rerum ».
1st ed. Basel, 1516-20.
Contents. — **t. 1, 2.** Epistolae S. Hieronymi, cum scholiis D. Erasmi. — **t. 3.** Epistolarum continuatio. Quaestiones Hebraicae in Genesim, in libros Regum, Paralipomenon. De locis Hebraicis. De nominibus Hebraicis. — **t. 4.** Falso inscripta Hieronymo opera. Aliena, sed suis quaeque titulis auctorem testantia. Spuria lectu prorsus indigna, et impudenter attributa doctis viris. — **t. 5.** Commentaria in quatuor Prophetas Majores.— **t. 6.** Commentaria in duodecim Prophetas Minores. — **t. 7.** Commentarii in Proverbia Salomonis, in Ecclesiasten. Homiliae in Cantica Canticorum quatuor, Origenis nomine. Commentarii in Job. — **t. 8.** Commentarii in Psalterium; accessit Psalterium triplici lingua, Hebraica, Graeca et Latina. — **t. 9.** Commentarii in Matthaeum et Marcum, Comm. in D. Pauli Epistolas, incerto auctore. Didymi de Spiritu Sancto liber, ab Hieronymo versum.
— Index rervm et vocvm omnivm annotatv dignarum in tomos omnes opervm D. Hieronymi ... a D. Henrico Pantaleone ... reuisus auctus & perfectus. Basileae, 1565.
107 unnumb. l. 35½cm.
Signatures : A-S6.
t. [4] a, 70 lines, 284×175mm.
★ Brunet III 156.
✤ *Del D^e D Paolo Fran^co Estauo.* 1397

1819

Hieronymus, Sophronius Eusebius, *Saint,* 342*ca.*-420.

(Sancti Eusebii Hieronymi Stridonensis Presbyteri) Operum tomus primus [- quintus] ... Studio et labore monachorum Ordinis S. Benedicti è Congregatione S. Mauri. Parisiis, Apud Urbanum Coutelier, 1693-1706.

5 v. port., fold. map. 40½cm.
Illus t.-p.
Engr. head-pieces.
Text in 2 col.
Vol. 2-5 : studio et labore Domni Johannis Martianay Presbyteri Congregationis Sancti Mauri.
Vol. 2 has imprint : Parisiis, apud Joannem Anisson, 1699.
Vol. 3, 5 have imprint : Parisiis, apud Claudium Rigaud, 1704-6.
Index at end of most parts.
1st ed. by Martianay.
Contents. — **t. 1.** Divina bibliotheca. — **t. 2.** Complectens libros editos ac ineditos ethymologicos, geographicos, quaestiones Hebraicas, Epistolas criticas, et commentarios in Sacra Volumina à Genesi usque ad Prophetas. — **t. 3.** Complectens commentarios in sexdecim Prophetas Majores atque Minores restitutos ad fidem Manuscriptorum codicum vetustissimorum. — **t. 4.** In binas partes divisus, complectens commentarios omnes in N. T. atque Epistolas criticas ejusdem argumenti deinde cunctas alias Epistolas cum opusculis apologeticis et polemicis. — **t. 5.** Complectens vitam S. Hieronymi a duobus anonymis scriptam, catalogum Gennadii de viris illustribus; opuscula omnia suppostitia tam edita quam inedita : cum appendice curiosissima thesium et disputationum in Biblia Sacra.
★ Brunet III 156.
✤ *Stamp of Mgr Polyc. de Souza.* 1320

1820

Hieronymus Guadalupensis, *OST.*

Commentaria in Sacrosanctvm D. Lvcae Evangelivm, doctissima, et ervditissima, variaqve lectione, et interpretatione sacrorvm Doctorum referta ... In quibus litteralis sensus primum diligentissime, & acutissime explicatur, adductis variis sententiis, & expositionibus sanctorũ Patrum, tam Graecorum, quàm Latinorum; necnon diuersis versionibus Graecis, & Hebraicis; veritatem semper Vulgatae, & nuper correctae aeditionis sequendo ... Avctore P. F. Hieronymo Gvadalvpense, Ordinis Sanctissimae Trinitatis Redemptionis captiuorum prouinciae Aragonum ... Cvm tribvs copiosissimis indicibvs Auctorum, auctoritatum sacrae Scripturae, & materiarum ... Excudebat hoc opus Valentiae in coenobio Beatę Mariae de Remedio Ord. SS. Trinitatis, Petrus Patricius Mey, 1598.

9 l., 1354 (*i.e.* 1344), [80]p. 31½cm.
Signatures : †9, A-Z8, Aa-Zz8, Aaa-Zzz8, Aaaa-Vvvv8.
p. 3, 50 lines, 242×142mm.
Paged irregularly.
Text in 2 col.
✤ *Bibl. Trig.* 1285

1821

Hilarius a S. Sepulchro.

Reflexiones breves ad triginta et unam propositiones Nupero Decreto de die VII. Decembris 1690. Sanctissimi Domini Nostri Alexandri Papae VII. Fel. Record. justissime damnatas, Quibus earum origo, & falsitas, & oppositae Doctrinae Veritas aperitur per Hilarium à S. Sepulchro theologum ... Coloniae Agrippinae, Typis Petri Jacobi Pieters, 1691.

67p. 22cm.
Bound with : Du Bois, N. Ad quadraginta quinque propositiones damnatas tractatus duo, Lovanii, 1666 and others. 1380b

1822

Hilarius Pictaviensis, *Saint,* 315*ca*-367.

(Divi Hilarii Pictavorvm Episcopi) quotquot extant Opera, Nostro ferè seculo literatorum quorundam non mediocri labore conquisita, & à censuris nonnullorum malè affectorum, ad sensum verae pietatis restituta : nunc tandem ex collatione veterum codicum emendata, varijs lectionibus illustrata, & quorundam tractatuum accessione locupletata ... Accessit geminus Index locupletissimus, Parisiis, 1605.

19 l., 48p., 49-1224 col., [41]p. 33½cm.
Signatures : †4, a6, e6, i4, A-Z6, Aa-Zz6, Aaa-Fff6, Ggg10, Hhh-Kkk6 (i blank)
p. 3, 57 lines, 268×147mm.
Illus. t.-p.
Text in 2 col.
Errata at end.
1st ed. Paris, 1510.
Contents. — De S. Hilario commentatio, per Joannem Gillotium, necnon Testimonia ex D. Hieronymo, Fortunato, Gregorio Turonensi et Petro Damiano. — De Trinitate libri XII. — Contra Constantium Augustum liber. — Contra Arianos vel Auxentium Mediolanensem liber. — Fragmenta ex opere històrico, ex bibliotheca P. Pithoeij. — Commentaria in Evang. Mathaei. — Comment. in plerosque Psalmos. — Epistolae duae ad D. Aurelium Augustinum. — Carmen in Genesin ad Leonem I. — Duo libri Hilario falso tributi, at ex ipsius scriptis consarcinati.
★ Brunet III 165. 1407

1823

Hirsch, Johann Christoph, 1698-1780.
Bibliotheca nvmismatica exhibens catalogvm avctorvm qvi de re monetaria et nvmis tam antiqvis qvam recentioribvs scripsere, collecta et indice rervm instrvcta a Joh. Christ. Hirsch. Norimbergae, impens. Hered. Felseckeri, 1760.

4 l., 232 p., 1 l. 34cm.
Illus. t.-p.
Head-pieces.
1st ed. 1140

1824

Historia utriusque Testamenti tomus I [-VIII] Romae MDCCLXXIV. Apud Benedictum Franzesi.

8v. 18½cm.
Vol. 7, p. 233-236 bound at beginning.
Index and errata at end of vol. 8.
Contents. — **v. 1, 2.** Ab orbe condito usque ad Moysis obitum. — **v. 3.** Ab Israelitarum in terram promissionis ingressu usque ad eorum captivitatem — **v. 4.** De libris poeticis, sapientialibus et propheticis. Historia a captivitate Babylonica usque ad Antiochi Epiphanis persecutionem. — **v. 5.** Ab Antiochi persecutione usque ad Judaeorum per Titum dispersionem. — **v. 6, 7. 8.** A S. Joannis Baptistae conceptione usque ad scriptam per S. Joannem Evangelistam Apocalypsim. 3654

1825

Historiae Romanae scriptores Latini, qui extant omnes, regum, consvlvm, caesarvm res gestas ab Urbe Condita continentes ...

Coat of arms of pope Paul V (Camillo Borghese) and Trigram S. J. on covers of n° 1825.

Aureliae Allobrogum, Excudebat Petrus de la Rouière, 1609.

2v. 34cm.
Vol. 2, 703 (*i.e.* 699)p.
Illus. t.-p.
Added engr. ornamented t.-p.
Text in 2 col.

Contents. — t. 1. Titus Livius. Messala Corvinus. L. F. Florus. Velleius Paterculus. Sex. Aurelius Victor. Sex. Rufus, seu Festus Rufus. Eutropius. Pauli Diaconi ad Eutropii historiam additiones. Aur. Cassiodori Chronicon. Iornandes de regnorum ac temporum successione. C. Jul. Caesaris commentaria. C. Crisp. Sallustius. — t. 2. Suetonius. Corn. Tacitus. Aelius Spartianus. Julius Capitolinus. Vulcatius Gallicanus. Aelius Lampridius. Trebellius Pollio. Flavius Vopiscus. Ammianus Marcellinus. Pomponius Laetus. Joan. Baptista Egnatius. Ad J. B. Egnatium additio. Justinus. Andreae Alciati De magistratibus civilibusque et militaribus officiis libellus. P. Victoris De regionibus urbis Romae. De origine urbis Romae. Index rerum.

♣ *Bibl. Trig.* 1848

1826

Hittorp, Melchior, 1525*ca*-1584.

De divinis Catholicae Ecclesiae officiis et mysteriis, varii vetvstorvm aliquot ecclesiae patrum ac scriptorum ecclesiasticorvm libri ... ex antiquissimis exemplaribus manuscriptis bona fide partim in lucem editi partim à mendis repurgati per Melchiorem Hittorpivm. Cum indice rerum memorabilium copiosissimo eiusdem Hittorpij. Nunc primum auctarij loco caeteris Bibliothecae veterum Patrum tomis adiuncti, & tribus libris Gemmae animae ex editione Lipsiensi aucti. Parisiis, 1610.

8 l., 1452 col., [54]p. 37½cm.
Signatures : a⁸, A-Z⁶, Aa-Zz⁶, Aaa-Ooo⁶, Ppp⁴, Qqq-Ttt⁶, Vuu³ (Ppp⁴ blank)
Col 9/10, 73 lines, 295×167mm.
Illus t.-p.
Text in 2 col.
Ms. marginal notes.
1st ed. Cologne, 1568.

Contents. — Ordo Romanus de Missae et reliquis per annum officiis. — Isidorus Hispalensis, *St.* De ecclesiasticis officiis libri duo. — Alcuinus, F. De divinis officiis. — Amalarius, F. De ecclesiastico officio libelli IV. De ordine Antiphonarii liber. — Hrabanus Maurus. De institutione clericorum libri III. — Walafridus Strabo. De exordiis et incrementis rerum ecclesiasticarum. — Berno Augiensis. De quibusdam rebus ad Missam spectantibus. — Petrus Damianus. *St.* Liber Dominus vobiscum. — Micrologus, de ecclesiasticis observationibus. — Ivo Carnotensis. De ecclesiasticis sacramentis et officiis. — Hildebertus Cenomanensis. Versus de mysterio Missae. — Rupertus Tuitiensis. De divinis officiis libri XII. Petrus Cluniacensis. Nucleus de Sacrificio Missae. — Radulphus de Rivo. De canonum observantia. — Missae expositio brevis. — Honorius Augustodunensis. Gemma animae, de divinis officiis, sive de antiquo ritu Missarum. — Hugo a Sancto Victore. In speculum de mysteriis ecclesiae. De ceremoniis, sacramentis, officiis et observationibus ecclesiasticis libri III. In canonem Missae. — Variae lectiones ex Isidoro et Amalario. — Index.

♣ *Ex lib. relictis Pekini ab Illmo ac Rmo Pata Alexno.* 3109

1827

Hofmann, Lorenz,

De vero usu & fero abusu medicamentorum chymicorum Commentatio Lavrentii Hofmani Hallâ-Saxonis, Phil. Med. & Cheir. D. Cum indice rerum ad finem addito. Halae Saxonum, 1611.

16 l., 139, [16]p. 19cm.
Signatures : a-d⁴, A-T⁴, V².
p. 2, 30 lines, 138×95mm.
Bound with : Aranzio, J. C. De humano foetu, Venetiis, 1595 and others. 825a

1828

Holcot, Robert, *OP, d.* 1349.

(M. Roberti Holkoth Angli, Ordinis Praedicatorvm ...) In librvm Sapientiae Regis Salomonis Praelectiones CCXIII. Qvae hactenvs div latvervnt, et à multis plurimùm desideratae, nunc duorum vetustissimorum exemplarium (quorum vnum ante ann. 208. Basileae scriptum est : alterum ante ann. 97. Reüttlingae impressum) diligenti & fideli collatione habita, cum inserto Graeco textu & distichis adiectis argumenta Capitum comprehendentibus : A mvltis mendis primùm repvrgatae ... His etiam in calce libri eiusdem autoris, Moralizationvm historiarum, siue Moralium explicationum Liber est adiectus ... [Basileae] Anno Domini, 1586.

16 l., 750p. 33cm.
Signatures : a⁸, A-Z⁶, Aa-Zz⁶, AA-PP⁶, QQ⁴, RR⁵.
p. 5, 50 lines, 226×128mm.
Colophon : Anno Salvtis Hvmanae 1586 mense Septembri.
1st ed. 1480.
★ DictTheolCath VII 30.
♣ *Bibl. Trig.* 1239

1829

Holtzemius, Petrus.

Essentia hellebori extracta, in gratiam novorvm huius patriae & saeculi Medicorum, non minus faceta, quàm necessaria : per Cl. V. Petrvm Holtzemivm, In Alma Vbiorum Academia Medicinae Professorem ... Coloniae Agrippinae, In Officina Birckmannica, sumptibus Hermanni Mylij, 1616.

1 l., 46p. 16cm.
Signatures : A-C⁸.
p. 2, 30 lines, 120×65mm.
Bound with : Nollius, H. Systema medicinae hermeticae generale, Francoforti, 1613 and others. 891e

1830

Holwarda, Joannes Phocylides.

Πανσεληνος Εκλειπτικη Διαυγάζωσα. Id est Dissertatio astronomica Quae Occasione ultimi Lunaris anni 1638 Deliquii manuductio sit ad Cognoscendum I. Statum Astronomiae, praesertim Lansbergianae. II. Novorum Phenomenωn Exortû & Interitum, Autore Ioanne

Phocylide Holwarda. Franekerae, Typis Idzardi Alberti, ejusdemq & Ioannis Fabiani Theuring impensis, 1640.

12 l., 288p. illus. 13cm.
Signatures : †[6], A-M[12], N[6].
p. 3, 30 lines, 95×54mm. 41

1831

Horatius Flaccus, Quintus, 65-8 B. C.

Q. Horatius Flaccus Scholiis, Commentarij instar illustratus a Ioanne Bond. Amstelodami, Apud Joannem Janssonium a Waesberge, 1670.

285, [3]p. 14cm.
Engr. ornamented t.-p.
1st ed. by Bond, London, 1606.
★ Brunet III 317. 3194

1832

— (Quinti Horatii Flacci) Poemata, Scholiis sive Annotationibus, quae brevis Commentarii vice esse possunt, a Joanne Bond illustrata. Editio Septima recognita, & à multis mendis emendata. Tolosae, Apud Joannem Pech, 1680.

485 (*i.e.* 489)p. 15½cm.
★ Brunet III 318.
♣ *Pallavicino p. la Cina.* 3134

1833

— Q. Horativs Flaccvs a Joanne Bond illustratus. Patavii ex Typ. Semin.

432p. 16cm.
Engr. ornamented t.-p. 3187

1834

Hornius, Christophorus.

Hortulus medicus : Hippocraticus, spagyricus, hermeticus, poeticus ... Studio, & operâ Christophori HornI, M. Casselliis, Ex Officina Typographica Mauritiana operâ Wilhelmi Wesselii typographi, 1610.

24 ? unnumb. l. 19cm.
Signatures : A-F[4] ?
f. [5]a, 31 lines, 144×65mm.
l. 25- ? wanting.
Bound with : Aranzio, J. C. De humano foetu, Venetiis, 1595 and others. 825b

1835

Hornschuch, Hieronymus.

Ορθοτυπογραφία: Hoc est, Instrvctio operas typographicas correcturis; et admonitio scripta sua in lucem edituris Utilis & necessaria. Adjecta sunt sub finem varia typorum sive scripturarum typographis usitatarum genera & appellationes ... Auctore Hieronymo Hornschuch Henfstadiense Fr. Medic. Candid. ... Lipsiae, Michaël Lantzenberger excudebat, 1608.

8 l., 45p. incl. diagrs. 16cm.
Signatures : A-C[8], D[7].
p. 3, 25 lines, 118×66mm.
Bound with : Metius, A. Doctrinae sphaericae lib. V. Francofvrti, 1598 and others. 564b

1836

Horrebow, Petrus, 1679-1764.

Basis astronomiae Sive Astronomiae pars mechanica. In qva Describuntur Observatoria, atqve Instrumenta Astronomica Roemeriana Danica; simulqve eorundem usus, Sive methodi observandi Roemerianae ... in gratiam unà prodeuntis ... Tridui Observationum Tusculanarum Roemeri ... a Petro Horrebowio ... Havniae, Apud Viduam beati Hieron. Christiani Paulli, 1735.

4 l., 232p. illus. (incl. tables), 9 fold. plates, 2 fold. diagrs. 25½cm.
1st ed.
Errata : p. 232.
★ Brunet III 339. 90

1837

Horst, Gregorius, 1578-1636.

(Gregor. Horstii ...) Σκέψις De naturali conservatione et cruentatione cadaverum, ubi ex casv qvodam admirando et singulari duo problemata ... deducuntur. Accessit brevis responsio ad eundem casum à Facultate Medicâ Viennensis Academiae conscripta. Editio nova marginalibus illustrata & additâ exercitatione de somno & somnijs aucta. Wittebergae, Typis M. Gregorii Mulleri, Sumptibus Clement. Bergeri, 1608.

8 l., 111p. 14½cm.
Signatures : A-H[8].
p. 4, 31 lines, 125×67mm.
1st ed. 1606.
Bound with : Sala, A. Emetologia, Delphis, 1613 and others. 3548c

1838

Hosschius, Sidronius, *SJ,* 1596-1653.

(Sidronii Hosschii e Societate Iesv.) Elegiarvm libri sex. Item Guilielmi Becani ex eâdem Societate Idyllia & Elegiae. Praemittuntur Illustrissimorum Virorum Poëmata in obitum Sid. Hosschij, scripta iussu Eminentiss. Principis Fabij Chisij S. R. E. Cardinalis, nunc Alexandri VII. Pont. Max. Editio altera. Antverpiae, Ex officina Plantiniana Balthasaris Moreti, 1667.

xxx, [2], 386, [2]p. 13½cm.
1st ed. Antwerp, 1656.
Ed. by Jacques van de Walle, *SJ. cf.* Dedication.
★ Sommerv IV 475 n° 14.
♣ *Coll ...Soc. Jesu. ex dono P. J. Paoli Gozani.— Collegii S. J. Pekini.* 3055

1839

Houdry, Vincent, *SJ,* 1631-1729.

(R. P. Vincentii Houdry e Societate Jesu) Bibliotheca concionatoria Ethices Christianae praecipua continens argumenta, ordine Alphabetico digesta, E Gallico sermone in Latinum translata. Editio novissima, cui nunc primum praeter supplementa, quae alias deerant, suo loco apposita, accedit integer Tomus Quinctus non antea vulgatus continens Duas Tabulas, quae usum Operis vniversi faciliorem efficient ... Venetiis, Ex Typographia Remondiniana, 1764.

5v. in 4. 38cm.
Vol. 3, p. 517-518, 523-524 wanting.
Vol. 1, 552 (*i.e.* 554)p.
Illus. t.-p.
Text in 2 col.
1st French ed. Lyons, 1711-14.
1st Latin ed. Venice, 1742.
Index : v. 4, p. 423-494.
★ Brunet III 349. — Sommerv IV 490 (ed. wanting).
♣ *Stamp of Mgr Alex. de Gouvea.* 1617

1840

Houllier, Jacques, 1498-1562.

(Iacobi Hollerii Stempani ...) Omnia opera practica, doctissimis eivsdem scholiis et observationibvs; deinde Lvdovici Dvreti ... in evndem Enarrationibus, Annotationibus, & Antonii Valetii ... Exercitationibus luculentis illustrata : Cum Scholiis Doctissimis & singularibus Obseruationibus D. Ioannis Havtin ... Accessit etiam ad calcem Libri Therapeia pverperarvm Ioan. Le Bon ... Cum indice Rerum & Verborum locupletissimo ... in hac omnium postrema editione ... Parisiis, Apud Iacobvm Dallin, 1664.

6 l., 693 (*i.e.* 657), [12]p. 37cm.
1st ed. Paris, 1612.
★ Brunet III 264.
♣ *PP Gallor SJ Pekin.* 960

1841

Hucher, Jean.

(Ioannis Hvcheri Bellovaci ...) De prognosi Medica libri dvo. Cum Indice copiosissimo rerum & verborum quae in toto opere continentur. Lvgdvni, Apud Antonium de Harsy, 1602.

16 l., 161, [13]p. 16cm.
Signatures : †-††[8], A-K[8], L[7].
p. 3, 32 lines, 131×73mm.
Bound with : Nollius, H. Systema medicinae hermeticae generale, Francoforti, 1613 and others.
891b

1842

Hues, Robert, 1553*ca.*-1632.

Tractatvs de globis, coelesti et terrestri, ac eorum vsv; Conscriptus à Roberto Hves. Denuo auctior & emendatior editus. Amstelodami, Excudebat Judocus Hondius, 1611.

8 l., 92, [3]p. incl. tables. 17½cm.
Signatures : A-G[8].
p. 3, 35 lines, 140×93mm.
1st ed. London, 1594.
Bound with : Geraldinus, J. De meteoris tractatvs, Lvtetiae Parisiorvm, 1613 and others. 149a

1843

Hugo a S. Caro, *OP, cardinal, end of 12th cent.*-1264.

(Vgonis de S. Charo, S. Romanae Eccl. tit. S. Sabinae Cardinalis primi Ordinis Praedicatorum) Opera omnia in vniversvm Vetvs & Nouum Testamentum; In Septem Tomos diuisa. Addito octavo tomo Noui Indicis locupletissimi, & aliàs non impressi. Venetiis, Apud Sessas, 1600.

8v. in 5. 35½cm.
Title within engr. ornamental border.
Text in 2 col.
Colophon : Venetiis, Apud Dominicum Nicolinum, 1600.
1st ed. Basel, 1498.
Contents. — **t. 1.** Commentarius in libros Genesis, Exodi, Levitici, Numeri, Deuteronomij, Iosue, Iudicum, Ruth, Regum IV, Paralipomenon II, Esdrae IV, Tobiae, Iudith, Hester, Iob. — **t. 2.** Commentarius in Psalterium. — **t. 3.** Commentarius in libros Proverbiorum, Ecclesiastae, Canticorum, Sapientiae, Ecclesiastici. — **t. 4.** Commentarius in libros Prophetarum Esaiae, Hieremiae, & eiusdem Threnorum, Baruch. — **t. 5.** Commentarius in libros Prophetarum Ezechielis, Danielis, Oseae, Iohelis, Amos, Abdiae, Ionae, Micheae, Naum, Abacuch, Sophoniae, Aggaei, Zachariae, Malachiae, & Machabaeorum II. — **t. 6.** Commentarius in IV Euangelia. — **t. 7.** Commentarius in Epistolas omnes D. Pauli. Actus Apostolorum. Epistolas septem Canonicas. Apocalypsin B. Ioannis. — **t. 8.** Index.
★ Brunet III 365.
♣ *Bibl. Trig.* 1260

1844

[**Hugo, Herman**] *SJ,* 1588-1629.

[Pia desideria, emblematis, elegiis, & affectibus Sanctorum Patrum illustrata ... Antverpiae, apud Henricvm Aertsivm, 1624]

? l., 412, [3]p. 45 plates. 15½cm.
Signatures : ?, A-Z[8], Aa-Cc[8].
p. 4, 30 lines, 117×63mm.
? l. (incl. t.-p.) and plates no. 16, 30, 39, 40 wanting.
Author : Herman Hugo, SJ, title, etc. *cf.* Thierry's Catalog. p. 76, Approbation, Colophon, & DictTheolCath VII 203.
1st ed.
Contents. — **lib. 1.** Gemitus animae poenitentis. — **lib. 2.** Vota animae sanctae. — **lib. 3.** Suspiria animae amantis.
★ Brunet III 366. — DictTheolCath VII 203. — Sommerv IV 513 n° 6. 3623

1845

Huygens, Christiaan, 1629-1695.

(Christiani Hugenii, Const. F.) De circuli magnitudine inventa. Accedvnt eivsdem Problematum quorundam illustrium Constructiones. Lvgdvni Batavorvm, Apud Johannem & Danielem Elzevier, 1654.

4 l., 71, [1]p. incl. diagrs. 20cm.
1st ed. 394

1846

— (Christiani Hvgenii Zvlichemii Const. F.) Horologivm oscillatorivm sive De motv pendvlorvm ad horologia aptato demonstrationes geometricae, Parisiis, Apud F. Muguet, 1673.

7 l., 161, [1]p. incl. diagrs. 31½cm.
1st ed.
Errata : p. [162]
✣ *Collegij S. J. Pekini.* 265

1847

— o. c.

266

1848

— o. c.

1 p. l. & p. 59-60 wanting.
Ms. marginal notes.
✣ *Collegii Lugdunensis S. S. Trinit Societatis Jesu Catalogo inscriptus an 1694. — Datum a R. P. de St Bonnet Pro Musaeo mathematico Sinensi PP. Gallorum. — SJ Pekin.* 207

1849

Idrisi, *ca.* 1099-1154.

Geographia Nvbiensis id est Accvratissima totivs orbis in septem climata divisi descriptio, continens praesertim exactam vniuersae Asiae, & Africae, rerumq; in ijs hactenus incognitarum explicationem. Recens ex Arabico in Latinum versa a Gabriele Sionita ... & Ioanne Hesronita ... Parisiis, Ex Typographia Hieronymi Blageart, 1619.

6 l., 278 (*i.e.* 274), [12], 54p., 1 l. 22½cm.
Signatures : a⁴, b², A-Z⁴, Aa-Mm⁴, Nn³; A-G⁴.
p. 3, 38 lines, 179×105mm.
Ms. notes.
Running title : Liber relaxationis animi cvriosi.
1st ed.
« ... the famous work, best known, from its patron and originator (Roger II, king of Sicily), as *Al Rojari* ... The title of *Nubian Geography,* based upon Sionita and Hezronita's misreading of a passage relating to Nubia and the Nile, is entirely unwarranted and misleading. » — EncyBri XIV 289.
« *Geographia Nubiensis,* traduction latine de l'abrégé d'Edrisi imprimé à Rome en 1592; Paris, 1619, in-4°. A la suite se trouve un traité intitulé : *De nonnullis Orientalium Urbibus, nec non indigenarum religione ac moribus,* [54p.] réimprimé dans l'atlas de Blaeu et ailleurs. Jean Hesronite travailla à cet ouvrage ainsi qu'au précédent. » — NouvBiogrGén XIX 106.
Index & errata at end of [pt. 1]
★ Brunet II 945.
✣ *Cl. V. D. Abrahamo Hecchelensi Author D. D. 1641. — Illmo Dno Nicolao Antonio Ordinis Sti Iacobi Equiti Regi Catholico in Romana Curia a negotiis Faustus Naironas Maronita DD. anno 1669. — Collegij Societatis Jesv Pekini.* 593

1850

Ignatius de Loyola, *Saint,* 1491*or*95-1556.

Exercitia spiritvalia B. P. Ignatii Loyolae. Romae, In Collegio Romano eiusdem Societatis, 1615.

2 l., 150, [6]p. 17cm.
Signatures : A-I⁸, K⁶. (2 p. l. without sign.)
p. 2, 30 lines, 123×73mm.
Ms. on recto of front guard leaf.
Title within woodcut ornamental border.
Tr. by André des Freux, *SJ. cf.* Sommervogel V 61.
1st Latin ed. Rome, 1548.
Bound with : Aquaviva, C. *SJ.* Directorium in Exercitia spiritualia, Romae, 1615.
★ Brunet III 405. — MHSJIgn II 713 n° 20. — Sommerv V 63.
✣ *Gozana p. la Cina. — Resid^ae^ Cai fum fu. V Pr^ov^ae Sinicae.* 3481

1851

— Exercitia spiritvalia B. P. N. Ignatii Loyolae. Dilingae, formis academicis, apud Melchiorem Algeyer, [1620]

256, [8]p. 11cm.
Signatures : A¹², B⁶, C¹², D⁶, E¹², F⁶, G¹², H⁶, I¹², K⁶, L¹², M⁶, N¹², O-P⁶.
p. 4, 19 lines, 75×43mm.
Date of publication. *cf.* Colophon.
Bound with : Society of Jesus. *Instituta & constitutions.* Regulae Societatis Jesu, Dilingae, 1620 ?
★ MHSJIgn II 715 n° 3. — Sommerv III 1046 n° 1. 3518a

1852

— Exercitia spiritvalia S. P. Ignatii Loyolae. Antverpiae, Apud Ioannem Mevrsivm, 1635.

153, [5]p. 16cm. [Corpus Institutorum Societatis Iesv, n° 11]
Signatures : A-I⁸, K⁷.
p. 13, 30 lines, 122×67mm.
For series title. *cf.* Sommervogel V 81.
Bound with : Aquaviva, C. *SJ,* Directorium in Exercitia spiritualia, Antverpiae, 1635.
★ MHSJIgn II 716 n° 24, 730 n° 1.
✣ *Assistentiae Germaniae. — Veyo da Rezidª de Cinanfu.* 3491

1853

— o. c.

3497a

1854

Ignatius de Loyola, *Saint,* 1491*or*95-1556.

Exercitia spiritvalia S. P. Ignatii Loyolae. Antverpiae, Apud Ioannem Mevrsivm, 1638.

153, [5]p. 16cm.
Signatures : A-I⁸, K⁷.
p. 5, 30 lines, 122×67mm.
Bound with : Aquaviva, C. *SJ.* Directorium in Exercitia spiritualia, Antverpiae, 1635.
★ MHSJIgn II 716 nº 26.
♣ *Ve Prouae Sinensis Soc. Jes.* 2119

1855

— o. c. 15½cm.
Bound with : Aquaviva, C. *SJ.* Directorium in Exercitia spiritualia, Antverpiae, 1638.
♣ *Aplicado à Resida de Cin kiam por ordem publicada pello P VProval João de Saà.* 2895

1856

Imitatio Christi, *Latin.*

(Johannis Gersen Abbatis Sancti Stephani Vercellensis Ordinis Sancti Benedicti) De imitatione Christi et contemptu omnium vanitatum mundi, libri IV. Lutetiae Parisiorum, Apud Ludovicum Billaine, 1674.

42 l., 398p. 18½cm.
1 p. l. wanting.
Head-pieces.
Controversy on authorship of « De imitatione Christi » at beginning.
Ed. by François Delfau, *OSB. cf.* Dedication.
1st ed. by Delfau.
♣ *Stamp of Mgr Polyc. de Souza.* 2640

1857

Innocentius XI, *pope,* 1611-1689.

Constitvtiones et decreta Sanctae Sedis Apostolicae, in favorem Vicariorum Apostolicorum Chinae, Tunchini, Cocincinae, Siami, &c. Sub summo Pontifice Innocentio XI. Parisiis, Apud Carolum Angot, 1680.

6 l., 143p. 15cm.
♣ *ex libris S. Congnis de Propda Fide Nuzi (?)* 3502

1858

Iorgius, Thomas, *OP, cardinal, d.* 1310.

Commentarivs svper Psalmos F. Tho. Iorgii Anglici Ord. Praed : S. R. E. Card : et Epis : Sabin : In quo quicquid Veteres Recentioresque in eosdem iuxta quatuor sensus conscripserint; et quicquid ex Diuinarum, Humanarumqꝫ Scientiarum Thesauris optari poterat, comprehenditur ... Varijs linguarum translationibus : ac Indice quadruplici exornatus per R. P. F. Sixtum Lambertũ Lucen : eiusdẽ Ord : Pred. Et per R. P. F. Paulinum Bertum Ord : Erem : S. Aug : revisum [*sic*] ... Romae diligentiss : recognitus Nunc primum Venetiis impressus apud Euangelistam Deuchinum, 1611.

14 l., 311, 148, [50]p. 32½cm.
Signatures : a¹⁴, A-Z⁶, Aa-Cc⁶, A-P⁶, Q¹⁰ (P₆ blank)
p. 2, 63 lines, 262×152mm.
[Pt. 1] p. 121-132 paged irregularly.
[Pt. 2] p. 3-4 duplicate.
Engr. ornamented t.-p.
Text in 2 col.
« Sextus Lambertus, a Dominican of Lucca, believed that he had discovered the last [Commentarius super Psalmos] and published it at Venice, 1611, fol., ‚Commentarii super Psalmos F. Thomae Anglici ordinis Praedicatorum, Sanctae Romanae Ecclesiae Cardinalis et episcopi Sabiensis;' but this is undoubtedly the commentary of Thomas Walleys. » — DictNatBiogr X 1092.
1st ed.
♣ *Bibl. Trig.* ? 1250

1859

Irenaeus, *Saint, ca.* 130-200.

(Divi Irenaei Lvgdvnensis Episcopi, et martyris) Aduersus Valentini & similium Gnosticorum Haereses, Libri quinque : Iam secundo diligenti editorum codicum collatione ... aliquot capitibus aucti : Praeterea, omnibus, quae apud veteres exstant, fragmentis Graecis ac Latinis, item quibusdam S. Polycarpi, Episcopi Smyrnensis, & Martyris, scriptis, numquam antea editis, denique, vniuersis aliorum eiusdem D. Irenaei operum, quae reperire licuit, partibus locupletati ... Accessit qvoq. Arnobii Catholici, et Serapionis Aegyptii conflictvs, de Deo trino & vno, & duabus in Christo naturis, numquam typis excusus ... Omnia studio & opera F. Francisci Fev-Ardentii, Ordinis F. Minorum ... Accessit index Scripturarum & rerum magis memorabiluim ... Coloniae Agrippinae, In Officina Birckmannica, sumptibus Arnoldi Mylij, 1596.

18 l., 569, [34]p. 35cm.
Signatures : †⁶, ††⁶, †††⁶, A-Z⁶, Aa-Zz⁶, Aaa-Ccc⁶, Ddd⁸.
p. 6, 69 lines, 281×166mm.
1st ed. by Feu-Ardent, Paris, 1576.
★ Brunet III 457.
♣ *Bibl. Trig.* ? 1418

1860

Irsing, Jacob, *SJ,* 1596-1669.

D. Virginis Oetinganae historia a Iacobo Irsing e Societate Iesv conscripta. [Monachii, Typis Lucae Stravb, 1663]

6 l., 311, [7]p. plate. 15½cm.
Engr. ornamented t.-p.
For imprint. *cf.* Colophon.
Half-title : Historiae D. Virginis Oetinganae libri III.
1st ed. Munich, 1643.
★ Sommerv IV 648 nº 5. 2964

1861

SERIES TOTIVS HI- storiæ sacri Euangelii, IESV Christi, quæ quatuor Euangelistis concinnata, adamussim, & vsq; ad iota vnum scholiorum præsidio munita: Autore Petro Irurozqui Nauarro, doctore Parisiensi, professionis Prædicatorum, Prouinciæ Aragoniæ, cœnobij Pampilonensis.
NVNC PRIMO EXCVSSA.
STELLAE.
Excudebat Adrianus Anuerez.
1557.
Vaeneunt Cæsaraugustæ, apud Michaelem Çapilam.

Irurosqui, Petrus, *OP, fl.* 1297.

Series totivs historiae sacri Euangelii, Iesv Christi, quae quatuor Euangelistis concinnata, adamussim, & vsq; ad iota vnum scholiorum praesidio munita : Autore Petro Irurozqui Nauarro, doctore Parisiensi, professionis Praedicatorum ... Nvnc primo excvssa. Stellae, Excudebat Adrianus Anuerez, Vaeneunt Caesaraugustae, apud Michaelem Capilam, 1557.

6 l., XXXIIII (*i.e.* XXXV) numb. l., 2 l., XXVIII numb. l., 2 l., XL numb. l., 4 l., LXIIII numb. l., XXIX numb. l., 1 l. 32cm.
Signatures : †6, A-I4 (I4 blank); AA2, BB-HH4; AAA2, BBB-LLL4; AAAA-ZZZZ4, &&&&4.
f. 2a, 45 lines, 238×149mm.
Illus. t.-p.
Each part has a special woodcut ornamented t.-p.
1st ed.
« Comprobatio seriei, totius historiae sacri Euangelii Iesv Christi, eodem Petro Irurozqvi auctore » : 29 l. at end.
♣ *Bibl. Trig.* 1246

1862

Isidorus Hispalensis, *Saint,* 560*ca.*-636.

Etymologiarum opus. Idem de summo bono. (s. l. a.)

Folio. aa8, bb-mm6, nn4, a-c6, d4, 99 of 100 leaves. ff. [1],2-75, ff. 7-8 double numbered, 1-21. Text in 2 col. [Fol. 3a] 66 lines, 243×185mm. Type : bastard roman; 72 mm. Large initials of books, different in size, measuring 40×50, 45×45, 43×51mm., smaller ones for chapters' capitals, 17×17mm., many smaller spaces of 3 lines in depth, with lower case directors, on fol. 4a, 13a, b, etc. Headlines giving the numbers of the books; catchwords at the bottom of the verso of each leaf. [Fol. 35b] A full page illustration, 290×187mm. « Arbor consanguinitatis ». (Fol. 51a) A smaller illus. 67×67mm. « figura orbis ». Without printer's ornament or device.

[Fol. 1a : title :] Isidori Etymologiarum opus// Idem de summo bono.// [Fol. 2a : caption :] Incipit epistola Isidori iunioris hispalensis episcopi ad// Braulionem cesarem augustum episcopum.// [Fol. 2b. col. 2, line 26 : begins :] Incipit liber primus etymologiaꝝ sancti Isidori hispa// lensis episcopi.//[Fol. 75b. line 1 :] Repertoriũ oiuȝ caploꝝ in libros// etymologiaruȝ ... // [pt. 2, fol. 1a : caption :] In christi nomīe īcipit liber pmus sancti Isidori hispa// lensis episcopi de summo bono// [Fol. 21b; line 1 :] Rubricę libri p̄mi de sumo bono// sancti Isidori hispalensis episcopi.//

The « Etymologiarum opus » is an encyclopaedia of all the sciences, under the form of an explanation of the terms proper to each of them. It was one of the capital books of the middle ages. The « De summo bono », also entitled « Sententiarum libri tres », is a manual of christian doctrine and practice, conveyed by sentences from the Fathers of the Church.

300×203mm. Bound in Chinese green leather and blue cloth. Wanting the last leaf d3 (with register and colophon ?) The small spaces for some chapter's capitals have been left blank. Ms. guide-letters added between columns of each page.
★ DictTheolCath VIII 102.
♣ *Illmo e Bmo Monsre D Julian Cam. pal. — Ex libris Baronis Michaelis Vitalis.* 3585

1863

Isselt, Michael van, 1530/40-1597.

(Michaelis ab Isselt Amorfortii) Sui temporis historia, In qua res in toto orbe terrarum gestae, tum praecipuè motuum Belgicorum sub Philippo. II. Hispaniarum Rege, &c. concitatorum origo & successus vsque ad annum MD.LXXXVI. perspicuè et accuratè describuntur. Cum indice rerum et verborum copiosiss. Coloniae, Apud Arnoldum Quentelium, 1602.

40 l., 916p. 16½cm.
Signatures : †-†††††8, A-Z8, Aa-Zz8, Aaa-Lll8, Mmm2.
p. 2, 44 lines, 137×65mm.
1st ed.
♣ *Joannis de Sainct Laurens Duaceni.* 2004

J

1864

Jacchini, Leonardo.

(Leonardi Iacchini Emproiensis ...) In nonvm librvm Rasis Arabis Medici ... de partium morbis ... commentaria. Opera ac diligentia Hieronymi Donzellini ... emendata ac perpolita. Basileae, per Petrvm Pernam, 1564.

12 l., 454, 134, [71]p. 21½cm.
Signatures: †-†††^{4}, a-z^4, A-L^4, Aa-Zz^4 (L$_4$ blank); aaa-rrr^4, a-i^4 (rrr$_4$ blank)
p. 3, 41 lines, 156×96mm.
1st ed.
Contents. — In nonum lib. Rasis commentaria. — Praecognoscendi methodus. — De rationali curandi arte. — De acutorum morborum curatione. — Quaestiones naturales. — Index.
Bound with: Apianus, P. De vtilitate trientis, Tubingae, 1586 and others. 77b

1865

Jacquier, François, *OMinim,* 1711-1788.

Institutiones philosophicae ad studia theologica potissimum accommodatae, auctore Francisco Jacquier ex Minimorum familia ... Editio altera Ab Auctore aucta & emendata. Venetiis, Simonis Occhi curis, 1764.

v. 4, 5. 7 diagrs. 16cm.
The complete set consists of 6v.
1st ed. 1757.
Contents. — **t. 4.** Physica generalis. — **t. 5.** Physica particularis. 2897

1866

— Institutiones philosophicae ad studia theologica potissimum accommodatae, auctore Francisco Jacquier ex Minimorum familia ... Editio Novissima Ab Auctore ipso recognita pluribusque in locis locupletata. Venetiis, Simonis Occhi Curis, 1767.

v. 1, 2, 5. front., 4 fold. diagrs. 15½cm.
Contents. — **t. 1.** Logica. — **t. 2.** Metaphysica. — **t. 5.** Physica particularis.
♣ *Para ouzo de Fr Alexandre Gouvea Relig° 3°. — Stamp of Mgr Alex. de Gouvea.* 2878

1867

Jansenius, Cornelius, 1585-1638.

(Cornelii Iansenii Leerdamensis, S. T. D. et Prof. Lovaniensis, Episcopi Iprensis) Tetratevchvs, sive Commentarivs in sancta Iesv Christi Evangelia. Parisiis, Apud Gervasivm Aliot, Et Viduam Gvillelmi Pelé, 1643.

2 l., 292, 280, [40]p. 24½cm.
Text in 2 col.
1st ed. Louvain, 1639.
Index at end.
♣ *Pars Mea deus In aeternum. — L. N. Maudoux. — Ex Lib. Gilberti de Benoist pbri, doctoris Theologi, prioris de Dorlot.* 1189

1868

— (Corn. Jansenii Leerdamensis, S. Th. Doct. & Prof. Lovaniensis, Episcopi Iprensis,) Tetrateuchus sive Commentarius in sancta Jesu Christi Evangelia, Editio nova Cui accessit in margine Sacer Textus. Lovanii, Typis Gulielmi Stryckwant, 1699.

5 l., 854 (*i.e.* 850), [36]p. 21½cm.
Illus. t.-p.
Index at end. 1450

1869

— (Cornelii Jansenii Leerdamensis ...) Tetrateuchus, sive Commentarius in sancta Jesu Christi Evangelia. Editio nova accuratior, Et à quamplurimis mendis, quibus caeterae scatebant, expurgata. Lugduni, Apud Petrum Valfray, 1730.

4 l., 586, [30]p. 24½cm.
Text in 2 col.
Index: p. [587]-[616]
♣ *Ex libris Michaelis Eliae Nepveux (?) presbiteri 1758. — Ex libris Coullier.* 1263

1870

Joachim, Georg, 1514-1576.

Opvs Palatinvm De triangvlis a Georgio Ioachimo Rhetico coeptum: L. Valentinvs Otho Principis Palatini Friderici IV. Electoris mathematicvs consvmmavit [Neostadii in Palatinatu, Excudebat Matthaeus Harnisius] 1596.

[1466]p. incl. tables, diagrs. 37½cm.
Signatures: A-Z^6, Aa-Yy^6, Zz^4, Aaa^4 (t.-p. without sign., Aaa$_4$ blank); a-o^6, p^8 (p$_8$ blank); AA-CC^4, DD^2, EE-FF^4, GG^3, HH-LL^4, MM^2, NN-OO^4, PP^3; A-L^4, LL^7, LLL^4, M-Q^4 (LLL$_4$, Q$_4$ blank); mm-oo^4, pp^6, aa-kk^4, ll^6; Aa-Zz^4, Aaa-Ttt^4, Vvv^5.
p. [5], 55 lines, 270×162mm.
Paged very irregularly.
Otho's « Meteoroscopium » bound in reverse order. Liber I of « De Triangulis globi » wanting.
p. [545]-[546], [1053]-[1060] wanting.
Imprint. *cf.* Colophon.
1st ed.
Contents. — Joachim, G. Magnus Canon doctrinae triangulorum. Tertia series magni canonis doctrinae triangulorum. Libri tres de Fabrica canonis doctrinae triangulorum Triquetrum rectarum linearum in planitie. De triangulis globi cum angulo recto. — Otho, V. Meteoroscopium numerorum secundum (tertium, primum). De triangulis globi sine angulo recto libri quinque.
★ Brunet IV 1265. 578

1871

Joannes Damascenus, *Saint, d. ca.* 749.

(S. Ioannis Damasceni) Historia de vitis et rebus gestis Sanctorum Barlaam Eremitae, & Iosaphat Regis Indorum, Georgio Trapezuntio interprete. In eandem Scholia Aloisij Lippomani Veronensis Episcopi. D. Ioannis

Chrysostomi, De comparatione Regis & Monachi Germano Brixio interprete. Index Materiarum locupletiss. Antverpiae, Apud Ioannem Bellerum.

18 l., 370 (*i.e.* 372), [24]p. 13cm.
Signatures : †^{12}, ††^{6}, A-Q^{12}, R^{6}.
p. 3, 31 lines, 95×45mm.
Errata at end.
Ed. by Petrus Bacherius, *OP*. *cf.* Dedication.
« Der griech. Text ist als christl. Heiligenleben in Palestina, wahrscheinlich im Kloster Mar Saba, von einem griech. Mönche Johannes im 8./9. Jahrh. verfasst. » LThK I 971.
★ DictTheolCath II 410-16. 2979

1872

[Joannes Pisanus] *ca.* 1240-1292.

Perspectiva commvnis. Ideo sic dicta, quod contineat elementa τῆς οπτικῆς omnibus philosophiae studiosis necessaria. In hac enim doctrina inchoatae disputatiões philosophorũ, de natura, & proiectione radiorum uisus, luminum, colorum & formarum absoluuntur. In quibus & de speculis tractatur. Summa cura & diligentia emendata, & ab infinitis quibus scatebat mendis repurgata, necnon in quibus deficiebat demõstrationibus restituta. Per Georgium Hartmannum Norimbergensem. Norimbergae, apud Johan. Petreium, 1542.

54 unnumb. l. incl. diagrs. 20cm.
Signatures : a-n^{4}, o^{3} (a$_{4}$ blank)
f. [3]a, 28 lines, 149×104mm.
« Eius autor esse perhibetur Ioannes Pisanus ...» — Epistola.
1st ed. by Hartmann.
Bound with : Stöffler, J. Cosmographicae aliqvot descriptiones, Marpurg, 1537. — Macha-Allah. De elementis et orbibus coelestibus. Noribergae, 1549. — Dryander, J. Sphaerae materialis, Marpurg, 1539; Sonnawern allerhandt, Marpurg, 1543.
★ Brunet III 534.
✤ *Missioni Sinensi Collegium Ingolstadiense. A. 1616.* 252

1873

[—] Perspectiva tribus libris svccinctis denvo correcta, et figvris illustrata, per Pascasium Hamellium mathematicum Regium. Lvtetiae, Apud AEgidium Gourbinum, 1556.

3 l., 43 numb. l. incl. diagrs. 20½cm.
Signatures : †^{4}, a-l^{4} (p. l. without sign.)
f. 3a, 36 lines, 166×99mm.
Author : Joannes Pisanus. *cf.* Preface.
Ed. by Hartmann. *cf.* Preface.
Bound with : Dominis, M. de. De radiis visus et lucis, Venetiis, 1611 and others. 540a

1874

— (Ioannis Archiepiscopi Cantvariensis) Perspectivae commvnis libri tres.Iam postremô correcti ac figuris illustrati. Coloniae Agrippinae, Apud Haeredes Arnoldi Birckmanni, 1580.

47 numb. l. incl. diagrs. 20½cm.
Signatures : A-L^{4}, M^{3}.
f. 3 (*i.e.* 4)a, 34 lines, 154×98mm.
Reprint of Hamellius' ed. Paris, 1556, bound in the same vol.
Bound with : Dominis, M. de. De radiis visus et lucis, Venetiis, 1611 and others. 540b

1875

Jonae, Arngrim, 1568-1640.

Crymogaea sive, Rervm Islandicarvm libri III. Per Arngrimvm Jonam Islandvm ... Hamburgi, In Bibliopolio Heringiano, 1614.

4 l., 172 (*i.e.* 264)p. 18½cm.
Signatures : a^{4}, A-Z^{4}, Aa-Kk^{4}.
p. 2, 32 lines, 147×100mm.
Illus. t.-p.
1st ed. 1609.
Bound with : Alsted, J. H. Elementale mathematicum, Francofvrti, 1611 and others.
★ Brunet III 562. 459b

1876

Jonas Koldingensis.

Daniae descriptio nova; insvlarvm, ac partivm, praecipvarvm, hvivs plagae arcticae theatrvm repraesentans ... A Iona Koldingensi. Ad calcem adiectus est eiusdem Authoris Carminum libellus res varias continens ... Francofvrti ad Moenvm, apud Ioannem Feyrabendt, 1594.

175p. incl. port. 18cm.
Signatures : A-L^{8}.
p. 27, 27 lines, 125×71mm.
Bound with : Pontanus, G. B. Scanderbegvs, Hanoviae, 1609.
✤ *Bibl. Trig. — Caza de Hâm cheu.* 643

1877

Jonston, Jan, 1603-1675.

Historiae naturalis ... Johannes Jonstonvs, medicinae doctor, concinnavit. Amstelodami, Apud Ioannem Iacobi Fil. Schipper, 1657-65.

2v. 250 plates. 38cm.
Engr. ornamented t.-p.
t.-p. of « De avibus » wanting.
1st ed. Frankfort, 1650-53.
Contents. — **t. 1.** De quadrupedibus libri IV. De avibus libri VI. — **t. 2.** De piscibus et cetis libri V. De exanguibus aquaticis libri IV. De insectis libri IV. De serpentibus libri II.
✤ *PP. Gallor. SJ. Pekin.* 1016

1878

— Historiae naturalis ... Johannes Jonstonvs, medicinae doctor, concinnavit. Amstelodami, Apud Ioannem Iacobi Fil. Schipper, 1657-65.

2v. 250 plates. 38cm.
Vol. 1; v. 2, t.-p. and 27 plates of « De avibus », t.-p. and 4 plates of « De insectis », and 2 plates of « De serpentibus » wanting.
Contents. — **t. 2.** De avibus libri VI. De insectis libri IV. De serpentibus libri II. 1106

1879

Jordan, Thomas, 1539-1585.

(Thomae Iordani a Clavsobvrgo ...) De aqvis medicatis Moraviae, Commentariolvs. Cum Indice copiosissimo. Francofvrdi, Apud heredes Andreae Wecheli, 1586.

14 l., 119, [7]p. 16½cm.
Signatures : A-I8, K5.
p. 3, 30 lines, 120X65mm.
1st ed.
Bound with : Schenk, J. G. Biblia iatrica, Francofurti, 1609 and others. 1131a

1880

Jordanus Nemorarius, *OP, d.* 1236.

(Iordani) Opvscvlvm de ponderositate, Nicolai Tartaleae stvdio correctvm, novisqve figuris auctvm. Venetiis, Apud Cvrtivm Troianvm, 1565.

23 numb. l., incl. diagrs. 18½cm.
Signatures : A-E4, F3.
f. 3a, 31 lines, 154X100mm.
Bound with : Bagdedin Mahomet. De svperficierum divisionibus, Pisavri, 1570 and others.
★ Brunet III 567. 367b

1881

Jordanus, Pax.

(Pacis Jordani Vicentini, Episcopi Traguriensis) Elucubrationes diversae, Tribus Voluminibus distinctae. Quibus pleraque ad Episcopi munus quocunque modo spectantia; nova, facili, brevique ratione, ex utroque Jure diligenter explicantur ... Editio Nova prioribus accuratior. Coloniae Allobrogum & Lugduni, Apud Fratres de Tournes, 1729.

3v. 36½cm.
Vol. 1, 520 (*i.e.* 510)p.
Text in 2 col.
Half-title : Pacis Jordani Opera omnia in Tres Tomos Divisa.
Contents. — v. **1.** Index. Trophaeum militantis ecclesiae, erectum ab Eusebio Jordano. De episcopatu proeludia. De requisitis in episcopo. De praepositura domus. De septem ecclesiae sacramentis. Schedula sacramentorum, ab Eusebio Jordano descripta. De sacrificio Missae. De officiis episcopi circa consecrationem. De praedicatione verbi divini. — v. **2.** Index. De variis visitationibus. De constitutionibus. De dispensationibus. De beneficiis. De festorum observatione. De vicario episcopi. — v. **3.** Index. De re judiciali.
✤ *Stamp of Mgr Polyc. de Souza.* 2095

1882

Joseph ab Expectatione, *OSB. 18th cent.*

Nitida demonstratio religionis naturalis, divinitus revelatae, Christianae, et Catholicae, deducta Ex clarissimis, ac invictissimis principiis, Zelo, & Operâ M. ac D. Fr. Josephi ab Expectatione Monachi Benedictini. In usum studentium, queis Opusculum hocce inserviet, ut cum Systemate Theologico in lucem edito ab eodem Auctore idoneum ipsi habeant Theologiae compendium ... Conimbricae, Ex typographia Academico-regia, 1785.

16, 526p. 20½cm.
✤ *Stamp of Mgr Alex. de Gouvea.* 1702

1883

Josephus, Flavius, 37-100*ca.*

(Josephi Judei Historici) prȩclara opera : non parva accuratione & diligentia recēter īprȩssa necnō a cōplusculis mēdis quibꝰ passī ātea scatebāt tersa atqꝫ castigata De Antiquitatibꝰ Libri vigīti nūc primū cū duplici ad bibliā cōcordantia ... De Judaico bello Libri septem ad octo nouissimos eiusdē de ātiquitatibꝰ libros : necnō ad Aegesippi christiani de hierosolimitano excidio quīqꝫ libros collati ꝯsitr atqꝫ cōcordati. De antiqua Judeor origine cōtra Grecos & Manethonē aegyptiū : necnon contra Appionē Alexandrinum libri duo ... Et his oībꝰ Josephi operibꝰ adiecta sūt accurate singulis capitibꝰ ꝯpēdiosa argumēta : cū ānotatiūculis ī margine vbiqꝫ accōmodatissime collocatis nō parū lectori cōducentibus. Roberti goullet ... Tetramonon : ex ipsius Josephi/biblię/historiae scolasticę Aegesippi epithomatibus solerter conciliatum. Eiusd(em Compen)diū de sex etatibꝰ seculi ī quo p̄ter xp̄i genealogiā multa scitu dignissīa ꝯtinēt. breuis scꝫ cosmographię recollectio : & oīꝫ ferme regnorū origo successio & finis, qqꝫ reges ī illis, & quot ānis regnaverunt : Illi praesertim quorum sacri codices : ac Iosephus noster meminerunt. Uenundantur parrhisii ī vico diui Jacobi sub intersignio sancti Claudii. [Parisiis, Opera Ioannis Barbier & impensis Francisci Regnault et Ioannis Petit, 1514]

2 l., ii-viii numb. l., 2 p., ix-cxciii, cx numb. l., 174p. 26½cm.
Signatures : †4, a9, b-z8, &10; A-N8, O6, Aa-Ll8.
Pt. 1, l. 2b, 55 lines, 209X142mm.
p. 161-162 wanting.
Title within woodcut border.
Colophon : ... Opera Ioannis Ioannis Barbier : & impensis Francisci Regnault et Ioannis Petit librariis ... Impressū Parrhisij. Anno Domini Millesimo quingentesimo decimo quarto : penultima Martii.
The colophons of « De antiquitatibus » and « De Judaico bello » dated 1513.
✤ *Ex libris Ioannis Burgain pbri. — PP Gallor. SJ. Pekin.* 3390

1884

Jourdan, Adrien, *SJ,* 1617-1692.

(Hadr. Iordani è Societ. Iesv) Svsanna Tragoedia acta coram rege in Colleg. Claromont. Parisiis, Ex officina Cramosiana, 1654.

11 l., 170 (*i.e.* 166), [1]p. 12½cm.
1st ed.
Errata at end.
★ Sommerv IV 829 nº 1.
♣ *V. Provae.* 2451

1885

— o. c. 3140

1886

Jouvancy, Joseph de, *SJ,* 1643-1719.

Historiae Societatis Jesu pars quinta. Tomus posterior Ab anno Christi MDXCI ad MDCXVI. Auctore Josepho Juvencio Societatis ejusdem Sacerdote. Romae, Ex Typographia Georgii Plachi, 1710.

4 l., 974p. 35½cm.
This work is the continuation of Sacchini's Historia Societatis Jesu. *cf.* Sommervogel VII 365.
« Supprimé par le Parlement, arrêts des 22 II et 24 III 1713. 'Prohibentur quae concernunt ritus sinenses, quibus deletis, permittitur liber'. Decret. Romae 29 VII 1722. » — Sommerv ib.
1st ed.
Indices : p. 921-952.
« Catalogus provinciarum domorum, collegiorum, residentiarum, seminariorum, & missionum Societatis Jesu » : p. 953-967.
« Catalogus idem secundum seriem litterarum descriptus » : p. 968-974.
★ Sommerv IV 853. nº 66. — Streit I 352 nº 783.
♣ *Applicado ao Collegio de Pekim. — Collegij Societatis Jesu Pekini.* 3388

1887

Junius, Adrianus, 1511*ca.*-1575.

Nomenclator, omnivm rervm propria nomina septem diversis lingvis explicata indicans; Multo quàm antea emendatior ac locupletior ... auctore Hadriano Ivnio Medico. Cum Indice locupletissimo. Francofurti, Apud Ioannem Saurium, impensis haeredum Petri Fischeri, 1596.

4 l., 545 (*i.e.* 543), [71]p. 19½cm.
Signatures : a^4, A-Z^8, Aa-Pp^8, Qq^3.
p. 3, 44 lines, 156×88mm.
Text in 2 col.
1st ed. Augsburg, 1564.
Appendix : p. 474-545.
★ Brunet III 600. 2971

1888

— Nomenclator octilingvis omnium rerum propria nomina continens. Ab Adriano Ivnio antehac collectus. Nunc verò renovatus, auctus et in capita LXXVII. sic distinctus, vt materiae singulorum capitum Ordine Alphabetico dispositae sint. Quinetiam capita ipsa ad eumdem modum se consequuntur. Accessit huic postremae editioni alter Nomenclator è duobus veteribus Glossariis. Hermanni Germbergii Opera & studio. Cum Indice Rerum et Capitum [Geneva] Excudebat Iacobus Stoer, 1602.

8 l., 634, [73]p. 18cm.
Signatures : $†^8$, A-Z^8, Aa-Xx^8, Yy^2.
p. 2, 44 lines, 145×86mm.
Text in 2 col.
Place of publication. *cf.* AllDeutBiogr IV 737.
1st ed. by Germberg.
« Index auctorum » at beginning.
★ Brunet III 600.
♣ *Bibl. Trig. ?* 3012

1889

— Nomenclator omnivm rervm propria nomina septem diversis lingvis explicata indicans; Multo quam antea emendatior ac locupletior ... Auctore Hadriano Ivnio Medico. Cum Indice locupletissimo. Francofurti, Excudebat Nicolavs Hoffmannvs, Sumptibus Ionae Rosae, 1611.

4 l., 545, [78]p. 19cm.
Signatures : a^4, A-Z^8, Aa-Pp^8, Qq^4, Rr^3.
p. 2, 46 lines, 157×89mm.
Text in 2 col.
Index at end.
Appendix : p. 475-545.
♣ *Expurgatus est iuxta censurã generalis Inquisitionis hispaniae Madriti imprsã 1612.* 3048

1890

Justinus Junianus, *fl. 2nd cent.*

Ivstini Historiarvm ex Trogo Pompeio Libri XLIV. Cum Notis. Parisiis Apud Sebastianvm Cramoisy, et Gabrielem Cramoisy, 1654.

6 l., 350, [53]p. 13½cm.
Ed. by Jacques Bongars. *cf.* Epigram.
1st ed. by Bongars, Paris, 1581.
Index : p : [351]-[403]
★ Brunet III 621. 3180

K

1891

Keill, John, 1671-1721.

Introductio ad veram astronomiam, seu Lectiones astronomicae Habitae in Schola Astronomica Academiae Oxoniensis. Authore Ioanne Keill ... Editio Secunda, multo Auctior & Emendatior. Londini, Impensis G. Strahan & Gul. Mears, 1721.

4 l., xvi, 513 (*i.e.* 495)p. illus., 2 fold. plates. 19½cm.
1st ed. 1718.
Index : p. 507-513. 227

1892

Keill, John, 1671-1721.

(Joannis Keill ...) Introductiones ad veram physicam et veram astronomiam. Quibus accedunt Trigonometria. De viribus centralibus. De legibus attractionis. Lugduni Batavorum, Apud Joh. et Herm. Verbeek, 1725.

4 l., 5-636, [10]p. 2 plates, 45 diagrs. 25½cm.
Illus. t.-p.
Ms. marginal notes.
Rev. & ed. by G. J. 'sGravesande. *cf.* Preface.
1st ed. by s'Gravesande.
Index : p. [637]-[646]. 10

1893

Kepler, Johann, 1571-1630.

Ad Vitellionem Paralipomena, Quibus astronomiae pars optica traditvr; Potissimùm de artificiosa observatione et aestimatione diametrorvm deliquiorumq; Solis et Lunae. Cvm exemplis insignivm eclipsivm ... Authore Joanne Keplero ... Francofvrti, Apud Claudium Marnium & Haeredes Ioannis Aubrii, 1604.

8 l., 449, [18]p. illus. (incl. diagrs.) plate, fold. table. 21cm.
Signatures : †-††⁴, A-Z⁴, AA-ZZ⁴, Aaa-Mmm⁴, Nnn².
p. 2, 35 lines, 161×110mm.
Ms. marginal notes.
1st ed.
Index & errata : p.]450]-[467[
« Vt lectori consulerem, cui tabulae anatomicae non sunt ad manus, visum est, hic adiicere exemplum tabulae 49. Cl. Viri Felicis Plateri » bound at end.
Bound with : Kepler, J. Strena, Francofvrti, 1611.
★ Brunet III 653.
♣ *Alexri Rhauds J.C. D.M.Ch.* 171

1894

— o. c.

Table wanting.
Ms. marginal notes. 61

1895

— (Ioannis Kepleri ...) Dioptrice sev Demonstratio eorum quae visui & visibilibus propter Conspicilla non ita pridem inventa accidunt. Praemissae Epistolae Galilei de ijs, quae post editionem Nuncij siderij ope Perspicilli, nova & admiranda in caelo deprehensa sunt. Item Examen praefationis Ioannis Penae Galli in Optica Euclidis, de usu Optices in philosophia. Augvstae Vindelicorvm, typis Davidis Franci, 1611.

4 l., 28, 80, [3]p. incl. diagrs. 20cm.
Signatures : †⁴, a-c⁴, d², A-K⁴, L².
p. 2, 31 lines, 149×108mm.
1st ed.
Errata at end.
★ Brunet III 653.
♣ *Michaelis Bulteln (?) — Joan. Albericus. — Missionis Sinensis.* 377

1896

— o. c.

Bound with : Galilei, G. De proportionum instrumento a se invento tractatus, Argentorati, 1612.
♣ *Bibl. Trig.* 399

1897

— Epitome astronomiae Copernicanae, Vsitatâ formâ Quaestionum & Responsionum conscripta, inque VII. Libros digesta ... Authore Ioanne Keplero ... Francofvrti, Impensis Ioannis Godefridi Schönwetteri, 1635.

9 l., 417 (*i.e.* 409)p., 1 l., 419-622, [1]p., 6 l., 641-932, [14]p. illus., fold. table. 17cm.
Signatures : †-††⁴, A-Z⁸, Aa-Bb⁸, Cc⁶ (2 p. l. without sign., ††4 & Cc6 blank); †⁸, Aaa-Mmm⁸; †⁶, Aaaa-Ssss⁸, Tttt², Vuuu⁷.
p. 7, 38 lines, 129×70mm.
Each part has a special t.-p.
1st ed. Linz & Frankfort, 1618-21.
Index at end.
★ Brunet III 652.
♣ *Collegij S. J. Pekini.* 73

1898

—(Ioannis Keppleri) Harmonices mvndi libri V ... Lincii Austriae, Sumptibus Godofredi Tampachii Bibl. Francof. Excudebat Ioannes Plancvs, 1619.

4 l., 66 (*i.e.* 64), 255p. illus., 5 diagrs 29½cm.
Signatures : †⁴, A-H⁴; A-Z⁴, Aa-Ii⁴.
p. 2., 47 lines, 216×123mm.
1st ed.
Contents. — De figurarum harmonicarum demonstratione. — De figurarum harmonicarum congruentia. — De proportionibus harmonicis. — De configurationibus harmonicis. De motibus planetarum harmonicis. — Appendix : Comparatio cum Harmonices Cl. Ptolemaei libro III, cumque Roberti de Fluctibus speculationibus harmonicis, operi De macrocosmo & microcosmo insertis.
★ Brunet III 652.
♣ *Missionis Sinicae PP Gallorum è Soc. Jesu Pekin.* 408

1899

— Prodromus dissertationvm cosmographicarvm; continens mysterivm cosmographicvm, de admirabili proportione orbivm coelestivm, deqve cavsis coelorum numeri, magnitudinis, motuumque periodicorum genuinis & proprijs demonstratum, per quinque regularia corpora Geometrica. A M. Joanne Keplero ... Addita est erudita Narratio M. Georgii Ioachimi Rhetici, de Libris Reuolutionum, atq; admirandis de numero, ordine, & distantijs Sphaerarum Mundi hypothesibus

... D. Nicolai Copernici. Tvbingae, Excudebat Georgius Gruppenbachius, 1596.

1 l., 181p. illus. (incl. tables), fold. plate, 4 fold. diagrs. 19½cm.
Signatures : A-Z⁴.
p. 3, 32 lines, 148×102mm.
Ed. by Michael Maestlin. *cf.* Preface of « Narratio ».
1st ed.
★ Brunet III 653.
✤ *Bibl. Trig. ?* 60

1900

— o. c.

Plate wanting.
✤ *Collegij Societatis Jesu Pekini.* 59

1901

Kepler, Johann, 1571-1630.

(Joannis Kepleri ...) Strena Seu De Niue Sexangula ... Francofvrti ad Moenvm, apud Godefridum Tampach, 1611.

24p. 21½cm.
Signatures : A-C⁴.
p. 4, 35 lines, 157×102mm.
1st ed.
Bound with : Kepler J. Ad Vitellionem Paralipomena, Francofvrti, 1604.
★ Brunet III 653. 171a

1902

— Tabvlae Rudolphinae, qvibvs astronomicae scientiae, temporum longinquitate collapsae Restauratio continetur; A Phoenice illo Astronomorum Tychone Ex ... Braheorum in Regno Daniae familiâ oriundo Equite, primum animo concepta et destinata Anno Christi 1564 ... Tandem tradvcta in Germaniam, inqve avlam et Nomen Rudolphi Imp. anno 1598. Tabulas ipsas ... continuauit ... perfecit ... Ioannes Keplerus ... qui ... Opus hoc ad usus praesentium & posteritatis, typis, numericis propriis, caeteris, & praelo Jonae Saurii, Reip. Ulmanae Typographi, in publicum extulit, & Typographicis operis Ulmae curator affuit ... 1627.

8 l., 125, [2], 119p. front., illus. 35cm.
Signatures : †-††⁴, a-q⁴; A-N⁴, O³.
p. 3, 55 lines, 266×136mm.
Ms. marginal notes.
1st ed.
★ Brunet III 652.
✤ *Da Livraria de Nant'am. — Memoriale ao Pe Procurador do Japam. Pede muyto o P Miguel Polaco que ste liuro Tabulas Rudolphinas V R detenia en Procuradoria e si o mesmo Pe Miguel Polaco detto liuro pedira o Pe Joan Nicolao de China que o mande la e si ambos merveran que o applique pera Pekin porque he unico e optimo pera calcular as Ecclipses* ☉ *et* ☽ *e movimentos dolle 1646. Decemb 2. Macaj.* 462

1903

Keppler, Laurentius, *SJ,* 1605-1688.

Lumina sacra Et affectiones piae, Quibus Triplex Perfectionis Via illustratur, & dirigitur, Maximè Juxta methodum, & doctrinam Asceticam S. Ignatii In libello Exercitiorum Spiritualium expressam ... Data Luci Publicae â Laurentio Keppler, Soc. Jesu Sacerdote ... Salisburgi, Typis Joannis Baptistae Mayr, 1676.

8 l., 540 (*i.e.* 542), [10]p. 15½cm.
p. 15-16 bound after p. 2.
1st ed.
Index & errata at end.
★ Sommerv IV 1003 n° 1.
✤ *Monachij.* 2663

1904

Kirch, Gottfried, 1639-1710.

(Gottfridi Kirchii) Annus I. [-X.] Ephemeridum motuum coelestium Ad Annum Aerae Christianae. M.DC.LXXXI [-M.DCXC], Cum Ortu & Occasu diurno Planetarum ... Ex tabulis Rudolphinis, ad meridianum Uranoburgicum, in Freto Cimbrico supputatus, Cum appendice Observationum Nonnullarum Astronomicarum. Lipsiae, Sumptibus Autoris, Literis Viduae Johannis Baueri [Ann. 1-V] & Johannis Coleri, [Ann. VI-X]

10 v. in 1. 21cm.
[482]p.
Signatures : A-F⁴ (t.-p. without sign.); A-E⁴, F³ (t.-p. without sign.); A-F⁴; A-E⁴, F², G²; A-F⁴; A-F⁴; A-F⁴; A-F⁴; A-F⁴; A-F⁴.
t.-p. of « Annus I. » wanting.
Title, etc. *cf.* t.-p. of « Annus II. »
Bound with : Kirch, G. Neues und gewisses wunder am himmel, St. Annaberg. 288

1905

Kircher, Athanasius, *SJ,* 1602-1680.

(Athanasii Kircheri e Societate Iesv) Arithmologia sive De abditis numerorum mysterijs qua Origo, Antiquitas & fabrica Numerorum exponitur, Abditae eorundem proprietates demonstrantur, Fontes superstitionum in Amuletorum fabrica aperiuntur; denique ... vera & licita numerorum mystica significatio ostenditur. Romae, Ex Typographia Varesij, 1665.

7 l., 301, [9]p. front., illus. (incl. diagrs.), 3 fold. tables. 24½cm.
1st ed.
Index & errata : p. [302]-[310]
★ Brunet III 666. — Sommerv IV 1063 n° 22.
✤ *Ve Prouae Sinensis Soc. Jesu. — Collegij Societatis Jesu Pekini.* 407

1906

Kircher, Athanasius, *SJ,* 1602-1680.

(Athanasii Kircheri Fvldensis Bvchonii e Soc. Iesv Presbyteri ...) Ars magna lvcis et vmbrae In decem Libros digesta. Qvibvs admirandae lvcis et vmbrae in mundo, atque adeô vniversa natura, vires effectusq. vti noua, ita varia nouarum reconditiorumq. speciminum exhibitione, ad varios mortalium vsus, panduntur. Romae, Sumptibus Hermanni Scheus, Ex Typographia Ludouici Grignani, 1646.

20 l., 935 (*i.e.* 937), [15]p. illus. (incl. diagrs.), 35 plates (5 fold.), 4 tables. 32½cm.
Added engr. ornamented t.-p.
1st ed.
Index & errata at end.
★ Brunet III 666. — Sommerv IV 1050 n° 9.
471

1907

— o. c.

t.-p. of pt. 2 and one plate wanting.
2 p. l. (Sign. ††††1,4) duplicate. 742

1908

— (Athanasii Kircheri E Soc. Jesu) Ars magna sciendi, In XII Libros Digesta, qua nova & universali methodo Per Artificiosum Combinationum contextum de omni re proposita plurimis & prope infinitis rationibus disputari, omniumque summaria quaedam cognitio comparari potest ... Amstelodami, Apud Joannem Janssonium a Waesberge, & Viduam Elizei Weyerstraet, 1669.

8 l., 482, [10]p. illus. (incl. diagrs.), 5 tables (4 fold.) 37cm.
2v. in 1.
Added engr. ornamented t.-p. (v. 1)
Engr. ornamented t. p. (v. 2)
1st ed.
★ Brunet III 666. — Sommerv IV 1066 n° 28.
♣ *Ve Provinciae Sinensis. — Nankim.* 2903

1909

— (Athanasii Kircheri e Soc. Jesu) China monumentis, qua Sacris quà Profanis, Nec non variis naturae & artis spectaculis, Aliarumque rerum memorabilium Argumentis illustrata, auspiciis Leopoldi Primi, Roman. Imper. semper Augusti ... Amstelodami, Apud Jacobum à Meurs, 1667.

8 l., 237, [11]p. illus., 23 plates (3 fold.), port., 2 fold. maps. 32½cm.
Illus. t.-p.
Added engr. ornamented t.-p.
Text in 2 col.
Colophon : Juxta exemplar Romae, typis Varesii.
1st ed. Rome. (Dedication dated 1665)
★ Brunet III 666. — Sommerv IV 1063 n° 24.
♣ *Duca di Jelzi (?)* 3375

1910

— (R. P. Athanasii Kircheri e Societate Iesu) Iter extaticum coeleste, Quo Mundi opificium, id est, Coelestis Expansi, siderumq ... natura, vires, proprietates, singulorumq compositio & structura ... novâ hypothesi exponitur ad veritatem ... Hac secundâ editione Praelusionibus et Scholiis illustratum; ac schematismis ... exornatum; nec non à mendis, quae in primam Romanam editionem irrepserant, expurgatum, ipso auctore annuente, a P. Gaspare Schotto Regiscuriano e Societate Jesu ... Accessit ejusdem Auctoris Iter exstaticum terrestre, & Synopsis mundi subterranei. Herbipoli, Sumptibus Joh. Andr. & Wolffg. Jun. Endterorum haeredibus, 1660.

12 l., 689, [18]p. illus. (incl. tables), 4 plates, 8 diagrs. 21½cm.
Added engr. ornamented t.-p.
1st ed. of « Iter extaticum coeleste », Rome, 1656.
1st ed. of « Iter extaticum terrestre », Rome, 1657.
Index & errata : p. [690]-[707]
★ Brunet III 667. — Sommerv 1056 n° 14.
♣ *Aplicado à Resida de Chinkiam por ordẽ publicado pello P. VProval Joam de Saà.* 277

1911

— (Athanasii Kircheri e Soc. Iesv) Iter extaticvm II. Qui & Mundi Subterranei Prodromvs dicitur Qvo geocosmi opificivm sive Terrestris Globi structura ... exponitur ad veritatem. In III Dialogos distinctum ... Romae, Typis Mascardi, 1657.

12 l., 237, [13]p. 23cm.
1st ed.
Index & errata : p. [238]-[250]
★ Brunet III 667. — Sommerv IV 1057 n° 15.
♣ *Applicado al Proua da Compa de JESV na China no Cubiculo do R. P. VProvincial. — R. P. Ludovico de Britto Author.* 944

1912

— o. c.

Bound with : Kircher A. Itinerarium extaticum, Romae, 1656. 179a

1913

— (Athanasii Kircheri e Soc. Iesv) Itinerarivm exstaticvm qvo mvndi opificivm id est Coelestis expansi, siderumque ... natura, vires, proprietates, singulorumque compositio & structura ... noua hypothesi exponitur ad veritatem ... Romae, Typis Vitalis Mascardi, 1656.

4 l., 464, [24]p. 23cm.
1st ed.
Index : p. [465]-[488]
Bound with : Kircher, A. Iter exstaticvm II, Romae, 1657.
★ Brunet III 667. — Sommerv IV 1056 n° 14.
♣ *P. Ignatius de Monte S. J. — Nankim.* 179

1914

Kircher, Athanasius, *SJ*, 1602-1680.

— (Athanasii Kircheri è Soc. Jesu) Latium. Id est, Nova & parallela Latii tum veteris tum novi descriptio. Qua Quaecumque vel Natura, vel Veterum Romanorum Ingenium admiranda effecit, Geographico-Historico-Physico Ratiocinio, juxta rerum gestarum, Temporumque seriem exponitur & enucleatur. Amstelodami, Apud Joannem Janssonium a Waesberge, & Haeredes Elizei Weyerstraet, 1671.

11 l., 263, [7]p. illus., 9 plates, 7 maps. (6 fold.) 38½cm.
p. 75-78, 95-96 wanting.
Added engr. ornamented t.-p.
Text in 2 col.
1st ed. Rome, 1669.
Index : p. [264]-[270]
★ Brunet III 667. — Sommerv IV 1067 n° 29.
✤ *Aplicado à Rezid.ª de Chinkiam por ordẽ publicado pello P. VProv.al Joao de Saá.* 1823

1915

— (Athanasii Kircheri Societatis Iesv) Magnes sive De arte magnetica opvs tripartitvm ... Editio tertia. Ab ipso Authore recognita, emendataque, ac multis nouorum Experimentorum problematis aucta. Romae, Sumptibus Blasij Deuersin, & Zenobij Masotti Bibliopolarum, Typis Vitalis Mascardi, 1654.

16 l., 618, [27]p. illus. (incl. tables, diagrs.) 34cm.
Illus. t.-p.
Added engr. ornamented t.-p.
1st ed. Rome, 1641.
Index & errata : p. [619]-[646]
★ Brunet III 667. — Sommerv 1048 n° 6. 746

1916

— o. c.

747

1917

— o. c.

✤ *Appl.º à Prcª de Japao. — Collegij S. J. Pekini.* 748

1918

— (Athanasii Kircheri e Soc. Iesv.) Magneticvm natvrae regnvm sive Disceptatio physiologica De triplici in Natura rerum magnete, iuxta triplicem eiusdem Naturae gradum digesto inanimato, animato, sensitivo; Qva Occultae prodigiosarum quarundam motionum vires & proprietates, quae in triplici Naturae Oeconomia nonnullis in corporibus nouiter detectis obseruantur, in apertam lucem eruuntur, & luculentis argumentis, experientia duce, demonstrantur ... Romae, Typis Ignatij de Lazaris, 1667.

136p. incl. front. 24cm.
1st ed.
★ Brunet III 667. — Sommerv IV 1065 n° 25.
✤ *Vₑ Provᵃᵉ Sinensis Socᵗⁱˢ Jesu.* 692

1919

— (Athanasii Kircheri E. Soc. Jesu) Mundus subterraneus, In XII Libros digestus; Quo Divinum Subterrestris Mundi Opificium, mira Ergasteriorum Naturae in eo distributio, verbo παντάμορφου Protei Regnum, Universae denique Naturae Majestas & divitiae summa rerum varietate exponuntur. Abditorum effectuum causae acri indagine inquisitae demonstrantur; cognitae per Artis & Naturae conjugium ad humanae vitae necessarium usum vario experimentorum apparatu, necnon novo modo, & ratione applicantur ... Amstelodami, Apud Joannem Janssonium & Elizeum Weyerstraten, 1665.

2v. in 1. 16 plates, 2 ports., 6 maps, 7 tables. 40cm.
15 l., 346, [6]p., 6 l., 487, [9]p.
Illus. t.-p. (v. 1)
Engr. ornamented t.-p. (v. 2)
Added engr. ornamented t.-p. (v. 1)
Text in 2 col.
1st ed.
Index at end of each volume.
★ Brunet III 667. — Sommerv IV 1060 n° 21.
✤ *Collegij Soctis Jesu Ant. 1667 M. B. Dono dedit P. de Prince.* 989

1920

— (Athanasii Kircheri E Soc. Jesu) Mundus subterraneus. In XII Libros digestus ... Editio tertia, Ad fidem scripti exemplaris recognita, & prioribus emendatior : tum ab Auctore Româ submissis variis Observationibus novisque Figuris auctior. Amstelodami, Apud Joannem Janssonium à Waesberge & Filios, 1678.

2v. illus. (incl. diagrs.), 14 plates, 6 maps, 4 tables. 39½cm.
Illus. t.-p. (v. 1)
Engr. ornamented t.-p. (v. 2)
Added engr. ornamented t.-p. (v. 1)
Text in 2 col.
Index at end of each volume.
✤ *PP Gallor SJ Pekin.* 977

1921

— (Athanasii Kircheri Fvldensis e Soc. Jesv Presbyteri) Mvsvrgia vniversalis sive Ars magna consoni et dissoni in x. libros digesta. Qua Vniversa Sonorum doctrina, & Philosophia, Musicaeque tam Theoricae, quam practicae scientia ... traditur ... Romae, Ex Typographia Haeredum Francisci Corbelletti, 1650.

2v. front., illus. (incl. musics), 19 plates, port., table. 33cm.
Illus. t.-p.
1st ed.
Index at end of v. 2.
★ Brunet III 668. — Sommerv IV 1051 n° 11.
♣ *Caza de ham cheu soct Jes. 1661.* 743

1922

— o. c. 34cm.
Vol. 1, p. 331-334, 2 plates, & « Index rerum » at end of v. 2 wanting.
Front. of v. I bound after the preface.
♣ *China. O Pe Manoel de Magalhaens offerece estes dous Tomos ao Pe Gabriel de Magalhaens.* 744

1923

— o. c.
2v. in 1. front., illus, (incl. musics), 19 plates, port., table. 33cm.
10 l., 690p., 1 l., 462, [26]p.
Ms. marginal notes. 745

1924

Kircher, Athanasius, *SJ*, 1602-1680.
— (Athanasii Kircheri e Soc. Iesv) Oediliscvs Pamphilivs, hoc est, interpretatio Noua & hucusque intentata obelisci hieroglyphici Quem non ita pridem ex Veteri Hippodromo Antonini Caracallae Caesaris, in Agonale Forum transtulit, integritati restituit, & in Vrbis Aeternae ornamentum erexit Innocentivs X. Pont. Max ... Romae, Typis Ludouici Grignani, 1650.
32 l., 560 (*i.e.* 562), [29]p. front., illus., plate (fold.), port. 31cm.
1st ed.
Index & errata at end.
★ Brunet III 668. — Sommerv IV 1052 n° 12.
♣ *Caza de hâm cheu 1661 Soct Jes.* 3066

1925

— Athanasii Kircheri e Soc. Iesv) Oedipvs Aegyptiacvs. Hoc est Vniuersalis Hieroglyphicae Veterum Doctrinae temporum iniuria abolitae instavratio. Opus ex omni Orientalium doctrina & sapientia conditum, nec non viginti diuersarum linguarum authoritate stabilitum ... Romae, Ex Typographia Vitalis Mascardi, 1652-54.
3v. in 4. front., illus. (incl. tables), 12 plates. 2 maps. 36cm.
1 plate wanting.
1st ed.
« Catalogus authorum », index, & errata at end of each volume.
Contents. — **t. 1.** Delta Niloticum. Politica Aegyptiorum. Theogonia seu Architectura deorum. Pantheon Hebraeorum. Simia Aegyptiaca. — **t. 2. pt. 1.** Symbolica. Grammatica. Sphynx mystagoga. Cabalica. Cabala Saracenica. Systematica mundorum. — **t. 2. pt. 2.** Mathematica hieroglyphica. Mechanica, sive Architectonica. Iathrica, sive Medicina hieroglyphica. Chimica. Magica, sive Magia hieroglyphica. Theosophia metaphysica, sive Theologia hieroglyphica. — **t. 3.** Theatrum hieroglyphicum, hoc est, Obeliscorum caeterorumque hieroglyphicorum monumentorum, quae tum Romae, tum in Aegypto, ac celebrioribus Europae musaeis adhuc supersunt, interpretatio.
★ Brunet III 668. — Sommerv IV 1052 n° 13.
♣ *Missionis Sinensis Patrum Gallorum Societ. Jesu Pekin.* 1869

1926

— o. c. 36½cm.
Front., 7 plates, 2 maps, and 10p. at end of t. 2, pt. 2 wanting.
♣ *Sum ex libris Georgii Everhardi Rumphii constat 1. 27. 15 st. A° 1690.— Ad usum Pris Joann. Baptae ab Iliceto ords Minor. Sancti P. N. Fr. — Levato da P. P. Eio Antº di Portu Ferraio dalla residenza de Lin çin ceu.* 3062

1927

— o. c.
3v. in 2. front., illus. (incl. tables), 12 plates, 2 maps. 35½cm.
Front. & t.-p. of t. I wanting.
♣ *Caza de hâm cheu Soct Jesu 1661 (vol. 2).*

1928

[—] Organum mathematicum libris IX. explicatum à P. Gaspare Schotto e Societate Jesu, Quo per paucas ac facillimè parabiles

Tabellas, intra cistulam ad modum Organi pneumatici constructam reconditas, pleraeque Mathematicae Disciplinae, modo novo ac facili traduntur. ... Opus posthumum. Herbipoli, Sumptibus Johannis Andreae Endteri, & Wolfgangi Jun. Haeredum. Excudebat Jobus Hertz. Prostant Norimbergae apud dictos Endteros, 1668.

18 l., 858, [9]p. illus. 25 plates, 46 tables, 20 diagrs., 1 port. 21½cm.
Added engr. ornamented t.-p.
1st ed.
This work, composed by Kircher, was enlarged by Kaspar Schott. *cf.* Dedication, Kircher's letter (p. 58) & Sommervogel IV 1065.
Contents. — Arithmetica. — Geometria. — Fortificatoria. — Chronologia. — Horographia. — Astronomia. — Astrologia. — Steganographia. — Musica. — Index & errata.
★ Brunet V 219. — Sommerv IV 1065 n.° 26, VII 911 n° 14.
♣ *Aplicado à Rezid^a de Chin Kiam por ordem* ***publicad^a*** *pello P^e V Prov^al Joam de Saà.* **538**

1929

Kircher, Athanasius, *SJ,* 1602-1680.

(Athanasii Kircheri e Soc. Jesu) Phonurgia nova sive Conjugium Mechanico-physicum artis & natvrae paranympha phonosophia Concinnatum; quâ universa sonorum natura, proprietas, vires effectuumq; prodigiosorum Causae, novâ & multiplici experimentorum exhibitione enucleantur; Instrumentorum Acusticorum, Machinarumq; ad Naturae prototypon adaptandarum ... modus & ratio traditur, tum denique in Bellorum tumultibus singularis hujusmodi Organorum describitur. Campidonae, Per Rudolphum Usus, & praxis per novam Phonologiam Dreherr, 1673.

21 l., 229, [16]p. front., illus. (incl. diagrs.), 2 plates, port. 33cm.
Illus. t.-p.
1st ed.
Index : p. [238]-[246]
★ Brunet III 668. — Sommerv IV 1068 n° 31.
♣ *Collegij Societatis Jesv Pekini.* 717

1930

— o. c.

1826

1931

— (Athanasii Kircheri è Societ. Jesu) Sphinx mystagoga, Sive Diatribe hieroglyphica, Qua Mumiae, ex Memphiticis Pyramidum adytis erutae, & non ita pridem in Galliam transmissae, juxta veterum Hieromystarum mentem, intentionemque, plena fide & exacta exhibetur interpretatio ... Amstelodami, Ex Officina Janssonio-Waesbergiana, 1676.

8 l., 72, [6]p. illus., 5 plates (3 fold.) 37½cm.
Illus t.-p.
Text in 2 col.
1st ed. Rome, 1676.
Index & errata : p. [73]-[78]
★ Brunet III 668. — Sommerv IV 1069 n° 34.
♣ *PP Gallor SJ Pekin.* 3057

1932

Kirschius, Adam Friedrich.

Abvndantissimvm cornvcopiae linguae Latinae et Germanicae selectvm, in quo continentur Vocabula Latina omnis aevi, antiqui, medii, ac novi, pariter ac Graeca, Latinitati donata ... Cui adjunguntur in fine Calendarium Romanum, Pantaleontis Bartelonaei Rauerini in Prosodiae speciales regulas Epitome, & Abbreviaturae olim in Latio usitatissimae ... & Tabula Alphabetica Characterum Latinorum in codicibus Msstis secundum secula. Opera et Studio Adami Friderici Kirschii, Opus denuo recognitum & aliquot mille Vocabulis auctum. Noribergae, Sumtibus Joannis Leonardi Bvggelii, Typis Melchioris Godefredi Heinii, 1718.

15 l., 1152, 376, [88]p. fold. table. 22cm.
Text in 2 col. 2988

1933

— (Adami Friderici Kirschii) Abvndantissimvm cornvcopiae linguae Latinae et Germanicae selectvm ... secundvm secula. Editio tertia, Prioribus multo correctior & auctior. Noribergae, Sumptibus Bvggelii et Seitzii. Altdorfi, Typis Magni Dan. Meyeri, 1723.

15 l., 1152, 376, [88]p. front., fold. table. 22½cm.
Text in 2 col. 3219

1934

— (Adami Friderici Kirschii) Abvndantissimvm cornvcopiae linguae Latinae et Germanicae selectvm ... secundvm secula. Editio qvinta, Prioribus multo correctior & auctior ... Noribergae, Sumptibus Bvggelii et Seitzii. Altdorfi, Typis Magni Dan. Meyeri, 1731.

15 l., 1152, 376, [88]p. front., fold. table. 22cm.
Front. wanting.
Text in 2 col. 3220

1935

Knapski, Grzegorz, *SJ,* 1564-1638.

Thesauri Polono Latino Graeci Gregorii Cnapii e Societate Jesv tomus secundus, Latino Germano Polonicvs Novo Synonymorum, Epithetorum, & Phrasium pôëticarum, apparatu auctus. Simul idem index Verborum primi Tomi ab Auctore confectus, & recenti editioni correctae ac multum auctae accommodatus. Adiecta est huic operi interpretatio dictionum, quae in Sacris Bibliis duntaxat reperiuntur. Editio nova correctior ... Posnaniae, Typis Clari Collegii Societatis Jesu, 1698.

4 l., 898 (*i.e.* 888), [7]p. 23cm.
The complete set consists of 3 vol.
Text in 2 col.
1st ed. Cracow, 1626.
Errata at end.
★ Sommerv II 1250 n° 1 (ed. wanting). 3088

L

1936

Labata, François, ***SJ,*** 1549-1631.

Apparatvs concionatorvm, sev Loci commvnes ad conciones ordine alphabetico digesti. Avthore P. Francisco Labata Caesaraugustano, Societatis Iesv Concionatore. In hoc opere de virtvtibvs, de vitiis, de quatuor nouissimis & variis statibus personarum, de mysteriis Christi, & B. Mariae, & aliorum Sanctorum agitur diffusè. Prodit nvnc primvm. Cum triplice Indice ... Lvgdvni, svmptibvs Horatii Cardon, 1614.

6 l., 634, [36]p. 35½cm.
Signatures : †^{6}, A-Z^6, AA-ZZ^6, AAA-KKK^6.
p. 2, 71 lines, 296×158mm.
Title within an engr. ornamental border.
Text in 2 col.
1st ed.
★ Sommerv. IV 1291.
♣ *Bibl. Trig.* 1715

1937

Lacroix, Claude, ***SJ,*** 1652-1714.

Theologia moralis antehac ex probatis auctoribus breviter concinnata à R. P. Herm: Busenbaum Societatis Jesu, SS. Theologiae Licentiato; Nunc pluribus partibus aucta à R. P. Claudio La Croix eiusdem Societ. Jesu ... Editio altera correctior. Coloniae Agrippinae, Apud Servatium Nœthen, 1710-14.

8v. 16½cm.
Vol. 3 wanting.
Vol. 8, 1st ed.
« Indicem locupletissimum omnium materiarum in octo tomulis contentarum dabo in separato libello ». — v. 8, p. [984]
1st ed. Cologne, 1707-14.
1st ed. of Busenbaum's « Medulla theologiae moralis ». Münster, 1645.
Index at end of v. 1, 4, 5, 7.
★ DictTheolCath VIII 2424.—Sommerv IV 1348 n° 1. 2787

1938

— Theologia moralis ... Opus duobus tomis distributum Cum gemino Indice, altero Tractatuum, Rerum altero notabilium ... Venetiis, Apud Nicolaum Pezzana, 1716-18.

2v. 34½cm.
Text in 2 col.
« Index locupletissimus resolutionum omnium, quae continentur, tam in Medulla R. P. Hermanni Busembaum, Societatis Jesu, quam in omnibus a P. Claudio La Croix eiusdem Societatis ... factis additamentis, Digestus a R. P. Leonardo Colondall, ejusdem Societatis ... » : (2 l., 156p.) at end of v. 2.
★ Sommerv IV 1348 n° 1.
♣ *Emptus Venetijs 1742.* 1517

1939

— o. c.

35½cm. (v. 1 : 34½cm.)
♣ *PP Gallor SJ Pekin (vol. 2).* 1692

1940

— Theologia moralis ... Opus in duos tomos distributum, Ab aliquot millenis erroribus, qui in Editionem Venetam irrepserant, summâ curâ expurgatum, cum Indice gemino, altero Tractatuum &c. Rerum altero notabilium ... Coloniae, apud Servatium Noethen, 1719.

2v.
Vol. 1 wanting.
Text in 2 col.
★ Sommerv IV 1348 n° 1.
♣ *PP Gallor SJ Pekin.* — *Missionis Sinensis patrum gallorum Societatis Jesu.* 3426

1941

Laetus, C. Michaelius Erasmus.

(C. Erasmi Michaelii Laeti,) De re navtica libri IIII ... Basileae [per Thomam Gvarinvm] 1573.

10 l., 230p. 20cm.
Signatures :]^4,]]^6, a-z^4, A-F^4.
p. 3, 27 lines, 147×82mm.
Publ. by Thomas Guarinus. *cf.* Colophon.
♣ *Bibl. Trig.* 1561

1942

La Galla, Giulio Cesare, 1570-1624.

De phœnomenis in orbe lvnae novi telescopii vsv a D. Gallileo Gallileo nvnc itervm svscitatis Physica disputatio, a D. Ivlio Caesare La Galla ... Necnon de lvce, et lvmine Altera disputatio ... Venetiis, Apud Thomam Balionum, 1612.

4 l., 72 p. 22cm.
Signatures : A-K^4.
p. 3, 50 lines, 178×114mm.
Illus. t.-p.
1st ed.
Bound with : Sitius, F. Dianoia astronomica, optica, physica, Venetiis, 1611. — Galilei, G. Difesa di Galileo Galilei, Venetiis, 1607.
♣ *Bibl. Trig.*

1943

La Haye, Jean de, *SJ,* 1540-1614.

Trivmphvs veritatis ordinati Evangelii quadriga invectae, Sanctorvm Patrvm exercitv stipatae, avthore R. P. Ioanne de la Haye Seruio Societatis Iesv Theologo ... Dvaci, Ex Typographia Baltazaris Belleri, Suis, & Ioannis Keerbergii Bibliopolae Antuerpiensis sumptibus, 1609.

16 l., 808, 162, 165, (*i.e.* 567), [37]p. 34cm.
Signatures : †-††^{6}, †††^{4}, A-Z^{6}, Aa-Zz^{6}, Aaa-Xxx^{6}, Yyy^{2}; AAAa-NNNn^{6}, OOOo^{4} (OOOo4 blank); A-Z^{6}, Aa-Zz^{6}, AAa-CCc^{6}, DDd^{8}.
p. 5, 64 lines, 261×143mm.
2v. in 1.
Engr. ornamented t.-p. (v. 1)
Text in 2 col.
1st ed.
Index at end.
★ Sommerv IV 167 n° 2.
✤ *Bibl. Trig.* 1219

1944

La Hire, Philippe de, 1640-1718.

Tabulae astronomicae Ludovici Magni jussu et munificentia exaratae et in lucem editae. In quibus Solis, Lunae reliquorumque Planetarum motus ... traduntur ... Adjecta svnt Descriptio, Constructio & Vsus Instrumentorum Astronomiae novae practicae inservientium, variaque Problemata ... Ad Meridianum Observatorii Regii Parisiensis in quo habitae sunt observationes ab ipso Autore Philippo de la Hire ... Parisiis, Apud Joannem Boudot, 1702.

7 l., 80, 102, [3]p. illus, 3 fold. plates, fold. diagr. 25cm.
Ms. marginal notes.
Colophon : Typis C. L. Thiboust, Academiae Parisiensis Typographi, 1702.
1st ed.
Errata : p. [105] 271

1945

— o. c. 24½cm.
4 p. l. (incl. t.-p.) and 1 l. of errata at end wanting.
A ms. diagr. mounted on p. 46. 508

1946

— Tabulae astronomicae Ludovici Magni jussu et munificentia exaratae et in lucem editae. ... Secunda editio, Parisiis, Apud Montalant, 1727.

7 l., 102, [2]p., 1 l., 81, [7]p. illus. (incl. tables), 2 fold.plates, 2 fold. diagrs. 24½cm. 22

1947

[Lampard, Henricus, *SJ*] 1591-1670.

Manipulus spicarum ex libris domesticis Societatis Jesu ad perfectionem spectantibus collectus in usum sociorum peregrinantium ... Monachii, & Genuae, Typis Joannis Franchelli, 1746.

239p. 11½×6cm.
Author : Henricus Lampard, *SJ. cf.* Sommervogel IX 1164.
1st ed. Munich, 1653.
★ Sommerv IV 1438 n° 25. 2399

1948

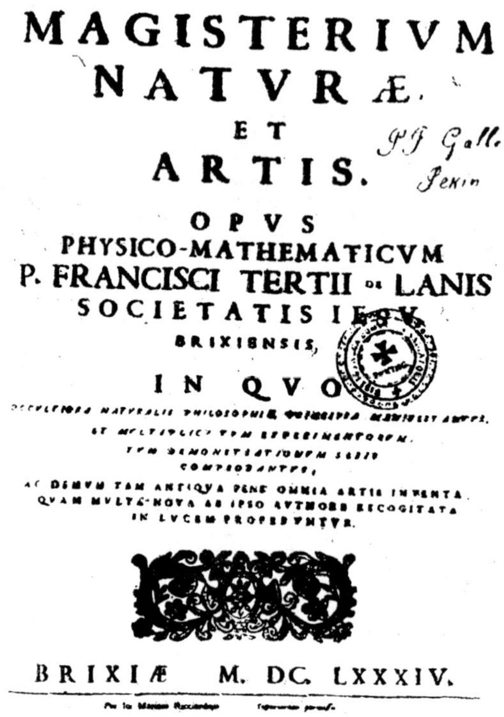
MAGISTERIVM NATVRÆ. ET ARTIS. OPVS PHYSICO-MATHEMATICVM P. FRANCISCI TERTII DE LANIS SOCIETATIS IESV, BRIXIENSIS, IN QVO OCCVLTIORA NATVRALIS PHILOSOPHIAE PRINCIPIA MANIFESTANTVR, ET MVLTIPLICI TVM EXPERIMENTORVM, TVM DEMONSTRATIONVM SERIE COMPROBANTVR, AC DEMVM TAM ANTIQVA PENE OMNIA ARTIS INVENTA, QVAM MVLTA NOVA AB IPSO AVTHORE EXCOGITATA IN LVCEM PROFERVNTVR.
BRIXIÆ M. DC. LXXXIV.

Lana-Terzi, Francesco, *SJ,* 1631-1687.

Magisterivm natvrae, et artis. Opvs physico-mathematicvm P. Francisci Tertii de Lanis Societatis Iesv, Brixiensis. In qvo occvltiora natvralis philosophiae principia manifestantvr, et mvltiplici tvm experimentorvm, tvm demonstrationvm serie comprobantvr; ac demvm tam antiqva penè omnia artis inventa, quàm mvlta nova ab ipso avthore excogitata in lvcem profervntvr. Brixiae, Per Io. Mariam Ricciardum, 1684-86.

3v. illus. (incl. tables), 28 plates, 16 diagrs. 37cm.
Vol. 3 (publ. at Parma in 1692) wanting.
Text in 2 col.
1st ed.
Index at end of v. 2.
Errata added at end of v. 2.
★ Brunet III 822. — Sommerv IV 1442 n° 5.
✤ *PP Gallor SJ Pekin.* 730

1949

— o. c.
✤ *Collegij Societatis Jesv Pekini.* 731

1950

— o. c.

v. 2. illus. (incl. tables), 18 plates, 2 diagrs. 36½cm.
The complete set consists of 3 v.
Plates no. 19, 20 lost and supplied by the ms. ones. 732

1951

— o. c.

v. 2. illus. (incl. tables), 18 plates, 2 diagrs. 35cm.
✤ *Veyo da Resid[a] de Cinanfu.* 733

1952

Lancelotti, Giovanni Paulo, 1522-1590.
Institutiones juris canonici, Quibus Jus Pontificium singulari methodo comprehenditur : a Joanne Paulo Lancelotto Perusino conscriptae, Et in Aula Romana, Mandato Pontificis Maximi ab Illustribus Viris olim recognitae : Nunc innumeris mendis purgatae. Adjecta sunt hac Editione Joannis Doujatii novae atque uberes Notae, Ad usum Cleri Gallicani ... Accessit in gratiam cupidae Canonum Juventutis appendix ... Parisiis, Apud Antonium Dezallier, 1685.

2v. 16½cm.
1st ed. Perugia, 1563.
1st ed. by Doujat.
✤ *Stamp of Mgr Alex. de Gouvea.* 3016

1953

Lancicius, Nicolaus, *SJ,* 1574-1652.
(Nicolai Lancicii e Societate Iesv) Opvscvlorvm spiritvalivm tomus primvs [-secundus] ... Index Rerum positvs est in fine Tomi. Antverpiae, Apud Iacobvm Mevrsivm, 1650.

2v. 30½cm.
Text in 2 col.
Ed. by Jean Bollandus, *SJ. cf.* Sommervogel I 1626.
1st ed.
Contents. — **t. 1.** De recte traducenda adolescentia. De exteriore corporis compositione. De quatuor viis perveniendi ad perfectionem. De humanarum passionum dominio. De mediis ad virtutes conservandas et augendas. De meditationibus rerum divinarum recte peragendis. De causis et remediis ariditatis in oratione. De natura et gradibus humilitatis. De modis ferendi crucem Christi. De indiciis et gradibus profectus in virtutibus. — **t. 2.** De praxi divinae praesentiae. De conditionibus boni superioris. De officiis sacerdotum. De efficacia S. Eucharistiae ad profectum spiritualem. De officiis laicorum a religiosis ordinibus receptorum. De fuga peccatorum venialium. De praestantia instituti Societatis Jesu. De gloria S. Ignatii. De vitandis judiciis temerariis. Octo monita. De piis erga Deum et cœlites affectibus.
★ DictTheolCath VIII 2556. — Sommerv IV 1446 n° 1.
✤ *Da Rezidentia de Xam hay.* 2362

1954

— o. c. 31cm.
Vol. 2; V. 1, p. 1-12 & index wanting. 2363

1955

— o. c. 31cm.
Vol. 2 wanting. 2364

1956

Landsheere, Guillaume de, *SJ,* 1605-1666.
Deliciae Eucharisticae, ad animum, Ante, & post Sacram Communionem oblectandum, Ex Varijs, & optimis quibusque Auctoribus collectae Per P. Guilielmum de Landsheere, Societatis Jesu, Et denuo excusae ... Impensis Aureae Eleemosynae S. Joan. Bapt. Monachii, Typis Mariae Magdalenae Riedlin Viduae, 1728.

71, [1]p. 13½cm.
1st ed. Ypres, 1648.
Bound with : Landsheere, G. de. Diarium hominis pie christiani, Monachii, 1728 and others.
★ Sommerv IV 1467 n° 5. 3510a

1957

— Deliciae Piorum Sacrae, Sive Actus Praecipuarum Virtutum saepiùs exercendi, Ex Varijs, & optimis quibusque Auctoribus Collecti Per P. Guillielmum de Landsheere, Societatis Jesu, Et denuò excusi ... Impensis Aureae Eleemosynae S. Joan. Bapt. Monachii, Typis Mariae Magdalenae Riedlin Viduae, 1728.

58, [2]p. 14½cm.
1st ed. Ypres, 1653.
Bound with : Landsheere, G. de. Diarium hominis pie christiani, Monachii, 1728 and others.
★ Sommerv IV 1467-8 n° 7. 3510b

1958

— Diarium hominis pie christiani Ex Varijs, & optimis quibusque Auctoribus Collectum per P. Guilielmum de Landsheere Societatis Jesu, Et denuo excusum ... Impensis aureae Eleemosynae S. Joan. Baptistae. Monachii, Typis Mariae Magdalenae Riedlin Viduae, 1728.

72p. 13½cm.
1st ed. Ypres, 1653.
Bound with : Landsheere, G. de : Deliciae Eucharisticae, Monachii, 1728; Deliciae piorum sacrae, Monachii, 1728; Fasciculus myrrhae, Monachii, 1728.
★ Sommerv IV 1467 n° 6. 3510

1959

— Fasciculus myrrhae, Ex Pijs variorum affectibus erga Christum patientem Collectus per P. Guilielmum de Landsheere Societatis Jesu, Et denuo excusus ... Impensis aureae Eleemosynae S. Joan. Baptistae. Monachii, Typis Mariae Magdalenae Riedlin Viduae, 1728.

84p. 13½cm.
1st ed. Antwerp. 1655.
Bound with : Landsheere, G. de. Diarium hominis pie christiani, Monachii, 1728 and others.
★ Sommerv IV 1468 nº 8. 3510c

1960

Lansbergen, Iacobus van, *ca.* 1590-1657.
(Iacobi Lansbergl ...) Apologia, pro Commentationibus Philippi Lansbergii in Motum Terrae Diurnum & Annuum; adversvs Libertvm Fromondvm Theologum Lovaniensem; & Joan. Baptistam Morinvm, Doct. Med. & Parisiis Mathematum Professorem Regium. Middelbvrgi Zelandiae, Apud Zachariam Romanvm, 1633.

8 l., 131p. incl. diagrs. 21cm.
Signatures : †-††⁴, A-Q⁴, R².
p. 9, 35 lines, 160×111mm.
Ms. marginal notes.
Colophon : Lvgdvni Batavorvm, Ex officina Wilhelmi Christiani, 1633.
1st ed. 188

1961

Lansbergen, Philippus van, 1561-1632.
(Philippi Lansbergii) Cyclometriae novae libri dvo ... Middelbvrgi, Ex officina Richardi Schilders, 1616.

4 l., 62, [1]p. incl. tables, col. diagrs. 20cm.
Signatures : A-B⁴, C-D², E-K⁴.
p. 23, 34 lines, 154×112mm.
1st ed.
Errata : p. [63] 396

1962

— (Philippi Lansbergi) In qvadrantem Tum astronomicvm, tum geometricvm; nec non in astrolabivm Introductio ... Belgice ab Autore scripta; nunc vero Latina prodit, operâ, Iohannis Franci Sil ... Middelbvrgi Zelandiae, Apud Zachariam Romanum, 1635.

28, [2]p. incl. diagrs. 31cm.
Signatures : A-C⁴, D³.
p. 27, 55 lines, 237×136mm.
Illus. t.-p.
Colophon : Harlemi, Ex Officina Adriani Romani, 1636.
1st Latin ed.
Bound with : Metius, A. Arithmeticae libri dvo, Franekerae, 1640 and others. 294b

1963

— (Philippi Lansbergi) Sphaera plana, à Ptolomaeo astrolabivm dicta. Ex lingua Bergica in Romanam translata, Interprete Ioanne Francio Sil ... Middelbvrgi Zelandiae, Apud Zachariam Romanum, 1636.

25, [2]p. 31cm.
Signatures : A-B⁴, C⁶.
p. 9, 49 lines, 224×135mm.
Colophon : Harlemi, Ex officina Adriani Romani, 1636.
1st Latin ed.
Bound with : Metius, A. Arithmeticae libri dvo, Franekerae, 1640 and others. 294c

1964

— (Philippi Lansbergl) Tabvlae motvvm cœlestium perpetuae ... Item Novae et Genuinae Motuum cœlestium theoricae. Et Astronomicarum observationum thesaurus. Middelburgi, Zelandiae, Apud Zachariam Romanum, 1632.

79, 180, 186, [4]p., 1 l. illus. (incl. port., diagrs.), fold. table. 28½cm.
Signatures : †⁸, ††⁴, C-F⁴, G⁴; Aa-Nn⁶, Oo², Pp⁶, Qq⁴; Aaa-Qqq⁶.
p. 30, 47 lines, 230×137mm.
Half-title page & table wanting.
Engr. ornamented t.-p.
Colophon : Lugduni Batavorum, Ex Officinâ Typographicâ Gvilielmi Christiani, 1632.
1st ed.
« Brahe, T. Catalogus stellarum inerrantivm » [pt. 2], p. 161-180.
Errata at end.
★ Brunet III 825. 37

1965

— o. c. 29½cm.
✤ *Ao P: Rd Adamo do p Martino Marti.— Collegij S.J. Pekini.* 128

1966

— o. c. 29½cm.
Ms. marginal notes.
✤ *Caza de hâm cheu.* 134

1967

— o. c. 29cm.
t.-p. wanting.
Ms. notes on guard leaves. 153

1968

— (Philippi Lansbergii) Tabulae motvvm coelestivm perpetuae ... Item Novae & genuinae Motuum Coelestium theoricae & Astronomicarum observationum thesaurus. Middelburgi Zelandiae, Apud Zachariam Roman, 1653.

6 l., 41, 180, 181, [3]p. illus. (incl. diagrs.), fold. table. 29cm.
Colophon : Dordrechte, Excudebat Henricus Essaevs.
1st ed. Middelburg, 1632.
« Brahe, T. Catalogus stellarvm inerrantium » : [pt. 2] p. 161-180.
Errata at end.
✤ *Vice-pro : Sinensis S.J. ad usum P.K.S.* 129

1969

— o. c.
✤ *Missionis Sinensis PP Soc. JESV Veyo da Rezida de Cinanfu.* 152

1970

Lansbergen, Philippus van, 1561-1632.

(Philippi LansbergI) Triangvlorvm geometriae libri qvatvor ; In quibus nouâ & perspicuâ methodo, & ἀποδείξει, tota ipsorum Triangulorum doctrina explicatur... Lvgdvni Batavorvm, Ex officina Plantiniana, Apud Franciscum Raphelengium, 1591.

6 l., 207p. incl. tables, diagrs. 21½cm.
Signatures : †6, A-Z4, Aa-Cc4.
p. 17, 38 lines, 160×96mm.
1st ed.
Bound with : Euclides. Optica et catoptrica, Parisiis, 1557. 511a

PHILIPPI LANSBERGI
TRIANGVLORVM
GEOMETRIÆ
LIBRI QVATVOR.
In quibus nouâ & perspicuâ methodo, & ἀποδείξει, tota ipsorum Triangulorum doctrina explicatur.
Ad Senatum Populumq; Middelburgensem.

LVGDVNI BATAVORVM,
EX OFFICINA PLANTINIANA,
Apud Franciscum Raphelengium.
CIƆ. IƆ. XCI.

1971

Lansperger, Johann Justus, *OCarth,* 1490 *ca.*-1539.

Pharetra divini amoris : Cum Iesv Christi ad animam fidelem alloqvio. Auctore Fr. Ioann. Lanspergio Carthvsiano. Hvic æditioni accessit Iesu Christi Crucifixi, & Peccatoris colloquium saluberrimum, Fr. Iacobi Grvytrodii Carthusiani, cum aliquot aliorum precibus. Coloniae, apud Conradum Butgenivm, 1607.

6 l., 515, (*i.e.* 511), [5]p. 13cm.

Signatures : †6, A-X12, Y6, Z4.
p. 3, 30 lines, 99×54mm.
p. 333-356 wanting.
Ms. notes son verso of t.-p.
1st ed. of Alloquia, Cologne, 1572.
1st ed. of Pharetra, Lerida, 1572.
2303

1972

Lapide, Cornelius a, *SJ,* 1567-1637.

Commentaria In Pentatevchvm Mosis, auctore R. P. Cornelio Cornelii a Lapide, è Societate Iesv ... Vltima editio aucta & recognita. Antverpiae, Apvd Henricvm et Cornelivm Verdvssen, 1714.

4 l., 1060, [44]p. 35½cm.
Engr. ornamented t.-p.
Text in 2 col.
1st ed. Antwerp, 1616.
Indices : p. [1061]-[1104]
★ Brunet III 832. — Sommerv IV 1513 n° 2.
♣ *Stamp of Mgr Polyc. de Souza.* 1274

1973

— (R. P. Cornelii Cornelii a Lapide e Societate Jesu ...) Commentarius in Josue, Judicum, Ruth, IV. Libros Regum et II. Paralipomenon ... Cum Triplici Indice. Antverpiae, Apud Henricum & Cornelium Verdussen, 1718.

2v. in 1. 35½cm.
2 l., 359p., 1 l., 400, [23]p.
Text in 2 col.
1st ed. Antwerp, 1642.
★ Sommerv IV 1522 n° 10.
♣ *Stamp of Mgr Polyc. de Souza.* 1278

1974

— (R. P. Cornelii Cornelii a Lapide e Societate Jesu ...) Commentarius in Esdram, Nehemiam, Tobiam, Judith, Esther, et Machabaeos, Cum triplici Indice. Antverpiae, Apud Viduam Henrici Verdussen, 1734.

2 l., 314, [34]p. 35½cm.
Text in 2 col.
1st ed. Antwerp, 1645.
★ Sommerv IV 1522 n° 11.
♣ *Stamp of Mgr Polyc. de Souza.* 1272

1975

— (R. P. Cornelii Cornelii a Lapide e Societate Jesu ...) Commentaria in Proverbia Salomonis, indicibus necessariis illustrata. Antverpiae, Apud Henricum & Cornelium Verdussen, 1714.

4 l., 903, [83]p. 35½cm.
Added engr. ornamented t.-p.
Text in 2 col.
1st ed. Antwerp, 1635.
★ Sommerv IV 1519 n° 7.
♣ *Stamp of Mgr Polyc. de Souza.* 1273

1976

Lapide, Cornelius a, *SJ,* 1567-1637.

(R. P. Cornelii Cornelii a Lapide e Societate Jesu ...) Commentarius in Ecclesiasten, Commentarius in Canticum Canticorum, Commentarius in Librum Sapientiae ... Indicibus necessariis illustratus ... Antverpiae, Apud Cornelium & Viduam Henrici Verdussen, 1725.

2 l., 360, [26]p., 6 l., 376, [30]p., 2 l., 336, [20]p. 35½cm.
Text in 2 col.
Half-title : Commentarius in Ecclesiasten, Canticum Canticorum et Librum Sapientiae.
1st ed. Antwerp, 1638.
★ Sommerv IV 1520 nº 8.
♣ *Stamp of Mgr Polyc. de Souza.* 1268

1977

— (R. P. Cornelii Cornelii a Lapide e Societate Jesu ...) Commentaria in Ecclesiasticum indicibus necessariis illustrata. Antverpiae, Apud Cornelium & Viduam Henrici Verdussen, 1723.

4 l., 1040, [78]p. 35½cm.
Text in 2 col.
1st ed. Antwerp, 1634.
★ Sommerv IV 1518 nº 6 (ed. wanting).
♣ *Stamp of Mgr Polyc. de Souza.* 1270

1978

— Commentaria in qvatvor Prophetas Maiores. Auctore R. P. Cornelio Cornelii a Lapide, è Societate Iesv ... Postrema editio aucta et recognita. Antverpiae, Apud Viduam Henrici Verdussen, 1728.

20 l., 1414, [90]p. incl. ports. 35½cm.
Bound in 2 v.
p. 1361-1372 bound after p. 1384.
Engr. ornamented t.-p.
Each part has a special t.-p. dated 1727.
Text in 2 col.
1st ed. Antwerp, 1622.
Indices at end of v. 2.
★ Sommerv IV 1515 nº 3.
♣ *Stamp of Mgr Polyc. de Souza.* 1279

1979

— (R. P. Cornelii Cornelii a Lapide e Societate Jesu ...) Commentaria in duodecim Prophetas Minores, indicibus necessariis illustrata. Antverpiae, Apud Henricum & Cornelium Verdussen, 1720.

10 l., 848, [72]p. 35½cm.
Text in 2 col.
1st ed. Antwerp, 1625.
★ Sommerv IV 1515 nº 4.
♣ *Stamp of Mgr Polyc. de Souza.* 1269

1980

— (R. P. Corn. Cornelii a Lapide e Societate Jesu ...) Commentarii in IV. Evangelia, in duo Volumina divisi ... Tomus primus [-secundus] ... Indicibus necessariis instructus. Editio recens, à quamplurimis mendis, quibus caeterae scatebant, diligentissimè expurgata & castigata. Lugduni, Apud Jacobum Faeton, Antonium Beaujollin, Et Antonium Laurens, 1681.

2v. in 1. 36½cm.
4 l., 610, [56]p., 2 l., 554, [33]p.
Illus. t.-p.
Text in 2 col.
Colophon dated 1680.
1st ed. Antwerp, 1639.
★ Sommerv IV 1521 nº 9 (ed. wanting).
♣ *Ad usū Mathei Ripa. — Comprado pª a Rezidª de Chim tim fu pello P. Carlos de Rezende aos 20 de Julho de 1734.* 1171

1981

— (R. P. Cornelii a Lapide e Societate Jesu ...) Commentarii in IV. Evangelia ... Antverpiae, Apud Henricum & Cornelium Verdussen, 1712.

2v. in 1. 35cm.
? l., 620, [52]p., 2 l., 557, [42]p.
Vol. 1. t.-p. wanting.
For title, etc. *cf.* t.-p. of v. 2.
Text in 2 col.
★ Sommerv IV 1521 nº 9. 1277

1982

— (R. P. Cornelii Cornelii a Lapide e Societate Jesu ...) Commentarii in IV. Evangelia, In duo Volumina divisi ... Indicibus necessariis illustratus. Editio recens, à quamplurimis mendis, quibus ceterae scatebant, diligentissimè expurgata et castigata. Antverpiae, Apud Viduam Henrici Verdussen, 1732.

2v. 35½cm.
Vol. 2 wanting.
Added engr. ornamented t.-p.
Text in 2 col.
★ Sommerv IV 1521 nº 9.
♣ *Stamp of Mgr Polyc. de Souza.* 1276

1983

— (R. P. Cornelii Cornelii a Lapide e Societate Jesu ...) Commentaria in omnes Divi Pauli Epistolas, indicibus necessariis illustrata. Antverpiae, Apud Viduam Henrici Verdussen, 1734.

4 l., 976, [90]p. 35½cm.
Text in 2 col.
1st ed. Antwerp, 1614.
★ Sommerv IV 1521 nº 1.
♣ *Stamp of Mgr Polyc. de Souza.* 1275

1984

— (R. P. Cornelii Cornelii a Lapide e Societate Jesu ...) Commentarius in Acta Apostolorum, Commentarius in Epistolas Canonicas. Indicibus necessariis illustratus. Antverpiae, Apud Henricum & Cornelium Verdussen, 1717.

4 l., 366, [26]p., 1 l., 570, [34]p., ? l., 356, ? p. 35½cm.
« Commentarius in Apocalypsin » wanting.
t.-p. wanting.
Half-title : Commentarius in Acta Apostolorum, Epistolas canonicas et Apocalypsin.
1st ed. Antwerp, 1627.
★ Sommerv IV 1516-17 n° 5.
♣ *Stamp of Mgr Polyc. de Souza.* 1271

1985

La Poype de Vertrieu, Jean Claude de, 1655-1732.

Compendiosae institutiones theologicae ad usum seminariorum, Quae jussu & auctoritate Illustriss. ac Reverendiss. D. D. Joannis Claudii De la Poype de Vertrieu Pictaviensis Episcopi, Ad usum praecipue sui Seminarii prodiere ... Venetiis, Ex Typographia Balleoniana, 1731.

V. 1-3, 5. 15½cm.
Joint author : Jean Joseph Salton, *SJ, cf.* Dict TheolCath VIII 2618.
1st ed. Poitiers, 1708.
Contents. — **t. 1.** De theologia. De fide. De Scriptura Sacra. De Ecclesia. De Deo. De mysterio sanctissimae Trinitatis. Index quaestionum, et articulorum. — **t. 2.** De legibus. De praeceptis Decalogi. Appendix ad Decalogum. De praecipuis obligationibus clericorum. Index quaestionum, et articulorum. — **t. 3.** De Incarnationis mysterio. De gratia. De sacramentis in genere. De censuris. De irregularitate. Index quaestionum, et articulorum. —**t. 5.** De sacramento Extremae-Unctionis. De Ordine. De Matrimonio. De cognitione peccatorum ad sacramentum Pœnitentiae ministrandum necessaria. De obligatione restituendi. De contractibus. De beneficiis. De simonia. De oratione.
★ DictTheolCath VIII 2618. — Sommerv VII 486 (ed. wanting). 1712

1986

— o. c.

v. 3, 5. 1907

1987

— Compendiosae institutiones theologicae, ad usum Seminarii Pictaviensis, Jussu & auctoritate Illustrissimi ac Reverendissimi D. D. Joannis-Claudii de la Poype, de Vertrieu, Pictaviensis Episcopi in Lucem primùm editae; Deindè, promovente Illustrissimo ac Reverendissimo D. D. Joanne-Ludovico de la Marthonie de Caussade, Auctae & Emendatae ... Pictavii, Ex Typis J. Felicis Faulcon, 1772.

4v. 17cm.
t.-p. of v. 1, wanting.
t.-p. of v. 2. spoiled.

For title, etc. *cf.* t.-p. of v. 3.
Contents. — **t. 1.** De theologia. De fide, De Scriptura Sacra. De religione & Ecclesia Christi. De Deo. De Trinitate. De Incarnatione. Index quaestionum, et articulorum. — **t. 2.** De gratia. De sacramentis in genere. De Baptismi sacramento. De sacramento Confirmationis. De Eucharistia. De Missae sacrificio. De praeceptis Decalogi. De peccatis capitalibus. Index quaestionum, et articulorum. — **t. 3.** De Poenitentia. De Indulgentiis. De Extrema Unctione. De Ordine. De Matrimonio. De actibus humanis. De legibus. De obligationibus. De censuris. De irregularitatibus. Index quaestionum, et articulorum. — **t. 4.** De peccatis. De Jure. De injuriis & restitutione. De contractibus. De beneficiis. De simonia. De oratione. De Verbo Dei.
★ Sommerv VII 486.
♣ *Ex libris Legry ptre.* 1707

1988

— o. c.

Vol. 1; v. 2. t.-p., p. 1-2, 937-938 wanting.
Title etc. *cf.* t.-p. of v. 3. 1705

1989

— Compendiosae institutiones theologicae, ad usum Seminarii Pictaviensis ... Pictavii, Ex Typis Joannis-Felicis Faulcon, 1778.

v. 2, 4. 17½cm.
The complete set consists of 6 v.
Contents. — **t. 2.** De Trinitate. De Incarnatione. De gratia. De actibus humanis et de legibus. Index quaestionum, et articulorum. — **t. 4.** De jure, injuriis et restitutione. De contractibus. De beneficiis et simonia. De oratione et horis canonicis. De sacramentis in genere. De Baptismo. De Confirmatione et de Eucharistia. Index quaestionum, et articulorum.
★ Sommerv VII 486. 1708

1990

La Rue, Charles de, *SJ,* 1643-1725.

(Caroli Ruaei e Societate Jesu) Carminum. Libri quatuor. Editio septima. Venetiis, Typis Laurentii Basilii, 1699.

235, [1]p. illus. 13½cm.
1st collected ed. Paris, 1670.
Contents. — **Lib. I.** Dramaticus. — **Lib. II.** Panegyricus. — **Lib. III.** Symbolicus. — **Lib. IV.** Miscellaneus.
Bound with : Le Jay, G. *SJ.* Josephus fratres agnoscens, Ingolstadii, 1723 and others.
★ Sommerv VII 292 n° 10. 3166c

1991

Latini sermonis exemplaria è scriptoribus probatissimis Ad Christianae Juventutis usum olim Collecta; nunc vero ... ad Lusitanorum Adolescentium bonum Denuò in lucem edita ... Editio altera ... Olisipone, Typis Antonii Rodrigues Galhardo, 1761.

v.3, 6. 14½cm.
Vol. 6, 317 (*i.e.* 307)p.
♣ ***Pertence à Seo dono que FrcoXer Callado.***
3308

1992

Laurentius Justinianus, *Saint,* 1381-1456.

(Sancti Laurentii Justiniani Proto- Patriarchae Veneti) Opera omnia in duos tomos distincta, Et ad meliorem Harmoniam nunc primum redacta, atque aucta ... Venetiis, Excudebant Jo. Baptista Albrutius & Joseph Rosa, 1751.

2v. in 1.
4 l., lxxii, 467, [19], xvi, 538, [18]p. front. 36½cm.
Illus t.-p.
Text in 2 col.
1st ed. Brescia, 1506.
Contents. — **t. 1.** Vita S. Laurentii Just. a Bernardo Justiniano conscripta. De S. Laurentio illustrationes, ex Joanne Bolando. Index S. Scripturae. Lignum vitae. De disciplina et perfectione monasticae conversationis De casto connubio Verbi et animae. Fasciculus amoris. De triumphali Christi agone. De interiori conflictu. Index rerum. — **t. 2.** Index S. Scripturae. De compunctione et complanctu christianae perfectionis. Sermones in Domini et Sanctorum solemnitatibus. De vita solitaria. De contemptu mundi. De spirituali interitu animae. De regimine praelatorum. De obedientia. De humilitate. De perfectionis gradibus. De incendio Divini amoris. Synodicon Venetum S. Laurentii Just. Index rerum.
★ Brunet III 618. — DictTheolCath IX 9.
♣ *Stamp of Mgr Alex. de Gouvea.* 1408

1993

Laymann, Paul, *SJ,* 1574-1635.

(Reverendi Patris Pavli Laymann e Societate Iesv SS. theologiae doctoris ...) Theologia moralis, in qvinqve libros distribvta. Editio tertia ab avctore recognita, et plvribvs locis avcta. Antverpiae, Prostat apud Iohannem Mevrsivm, 1634.

8 l., 1016p. 1 l., 198 col. 37½cm.
Signatures : †-††⁴, A-Z⁶, a-z⁶, AA-ZZ⁶, AaA-PpP⁶, QqQ⁴; A-H⁶, I³.
p. 3, 73 lines, 304×169mm.
Added engr. ornamented t.- p.
Text in 2 col.
1st ed. Munich, 1625.
« Moralis theologiae repertorium » at end.
★ DictTheolCath IX 86. — Sommerv IV 1585 n° 22.
♣ *Vice Provinciae Sinensis Societatis Jesv. — Missionis Sinensis Patrum Societatis Jesu. — Veyo da Rezida de Cinanfu. — Prou. Japponensis.* 1494

1994

— Theologiae moralis in V. lib. partitae. Quibus materiae omnes practicae, cvm ad externvm Ecclesiasticum, tùm internum Conscientiae forum spectantes, noua methodo explicantur. Tomvs primus [-secundus] Auctore Pavlo Laymann, Societ. Iesv. Theologo. Editio postrema : Nunc denuò, quibus anteà mendis scatebat, diligentissimè repurgata. Cui adiecimus Qvaestiones canonicas eivsdem avctoris. De Praelatorum Ecclesiasticorum Electione, Institutione, & Potestate. Ex lib. I. Decretalium disputatas. Venetiis, Apud Guerilios, 1651.

6 l., 928, [96], 43p. table. 33cm.
2v. in 1.
Illus. t.-p.
Text in 2 col.
Index [96]p. at end.
★ Sommerv IV 1585 n° 22 (ed. wanting). IX 579 (ed. wanting). 1720

1995

— (R. P. Pavli Laymann e Societate Iesv) Theologia moralis in qvinqve libros distribvta : qvibvs materiae omnes cvm ad externvm ecclesiasticvm, tum internum conscientiae forum spectantes, nouâ methodo explicantur. Editio novissima, prioribvs emendatior : Cvi accesservnt eivsdem avctoris Qvaestiones canonicae de Praelatorvm Ecclesiastica Electione, Institutione, & Potestate : de Iurisdictione, & Iudicis ordinarij potestate : de rerum Ecclesiasticarum prohibita Alienatione : Ex Lib. I. Decretal. disputatae ... Lvgdvni, Sumptibus Hieronymi de la Garde, & Ioannis Girin, 1654.

6 l., 1016, [95]p., 1 l., 96, [9]p. 36½cm.
Illus. t.-p.
Text in 2 col.
Index at end of each part.
★ Sommerv IV 1585 n° 22 (ed. wanting). IX 579 (ed. wanting).
♣ *P : Guil : van der Beken Miss : Chin : — Collegii Soctis JESV Lovanii fuit 1663 P. B. —* ***Da V.*** *Prova da China pertence à Igreja de Hoai* ***ngan*** ***por*** *ordem estreyta dos Superiores e todos* ***os*** ***outros*** *mais livros da mesma Igreja.* 1501

1996

Lazius, Wolfgang, 1514-1565.

Historicarvm commemorationvm rervm Graecarvm libri dvo ... In qvibvs tam Helladis qvam Peloponnesi, quae in lucem antea non venerunt, explicantur. Avthore Wolffgango Lazio, Medico & Historico Caesareo. Hanoviae, Typis Wechelianis, apud Claudium Marnium & haeredes Johannis Aubrii, 1605.

4 l., 157, [2]p. illus. 34½cm.
Signatures : †⁴, A-M⁶, N⁸.
p. 5, 59 lines, 284×148mm.
1st ed. Vienna, 1558.
Index :p. 157-[159]
Bound with : Xenophontis Opera, Hanoviae, 1605.
★ Brunet III 895.
♣ *Bibl. Trig. ?* 1843

1997

Lebrun, Laurent, *SJ,* 1608-1663.

(Lavrentii Le Brvn Nannetensis e Societ. Iesv) Ecclesiastes Salomonis Paraphrasi poëticâ explicatus. Editio vltima. Parisiis, Apud Sebastianvm Cramoisy, 1653.

249, [5]p. 14½cm.
1st ed. Rouen, 1649.
Contents. — Ecclesiastes sive Salomon concionator. — David poenitens sive septem psalmi poenitentiales. — Hexaemeron, sive Moyses de opere sex dierum.— Jeremias lugens. — Vesperae Marianae. — Musae Tvronenses in morte Illust. et Reverendis. D. D. Bertrandi d' Echaus Archiepiscopi Turonensis moerentes et afflictae : in adventu Illust. et Reverend. D. D. Victoris Bouthillier Archiepiscopi Turonensis recreatae. — Selecta epigrammata. — Franciados libri duo. — Nova Gallia Delphino.
★ Sommerv IV 1630 n° 6.
♣ *V. provinciae.* 1820

1998

Leclerc, Daniel, 1652-1728, *ed.*

Bibliotheca anatomica Sive Recens in anatomia inventorvm thesaurus locupletissimus, in quo integra atque absolutissima totius Corporis Humani Descriptio ejusdémque Oeconomia è Praestantissimorum quorùmque Anatomicorum Tractatibus Singularibus, tum hactenus in lucem editis, tum etiam ineditis concinnata exhibetur. Adiecta est Partium omnium Administratio Anatomica, cum variis earundem Praeparationibus curiosissimis. Digesservnt, tractatvs svpplevervnt, Argumenta, Notulas, & Observationes Anatomico-Practicas addiderunt Daniel Le Clerc & I. Iacobvs Mangetvs, MM. DD. Cum Indicibus necessariis, Figurisque aeneis ... Genevae, Sumptibus Joannis Anthonii Chovët, 1685.

2v. front. (v. 1) illus., 88 plates (47 fold.) 37cm.
Illus t.-p.
Text in 2 col.
1st ed. 1064

1999

Lécluse, Charles de, 1524*or*1525-1609.

[Curae posteriores. Lugduni Batavorum, ex officina Plantiniana Raphelengii, 1611]

3? l., 71p. illus. 35cm.
Signatures : †², A-I⁴ (t.-p. without sign. ?)
p. 48, 59 lines, 278×153mm.
t.-p. wanting.
For title, etc. *cf.* Running title, dedication, & Brunet II 112.
1st ed.
Bound with : Lécluse, C. de. Exoticorum libri decem, Lugduni Batavorum, 1605 and others.
★ Brunet II 112. 1073a

2000

— [Exoticorum libri decem : quibus animalium, plantarum, aromatum aliorumque peregrinorum fructuum historiae describuntur. Lugduni Batavorum, Ex Officina Plantiniana Raphelengij, 1605]

8 l., 378, [9], 52, [28]p., 6 l., 242p., 7 l. 35cm.
Signatures : †⁸, A-S⁶, T⁴, V⁶, X⁸, Y-Z⁶, Aa-Ff⁶, Gg⁴, Hh-Ii⁶, Kk⁴; Aaa-Ccc⁶, Ddd⁸, †⁶, ††-†††⁴; †⁶, AA-TT⁶, VV⁸.
p. 17, 59 lines, 275×149mm.
t.-p. wanting.
For title, etc *cf.* Running title, NouvBiogrGén XXX 221, & t.-p. of [pt. 2]
1st ed. Antwerp, 1601.
Contents. — Lécluse, Ch. de. Sex priores Exoticorum libri (1st ed.) — Orta, G. da. Aromatum et simplicium aliquot medicamentorum apud Indos nascentium historia, 5 ed. (1st ed. Goa. 1563). — Acosta, Chr. Aromatum et medicamentorum in Orient. India nascentium historia, 3. ed. (1st ed. Burgos, 1578). — Monardes, N. Simplicium medicamentorum ex novo orbe delatorum, quorum in medicina usus est, historia, 4 ed. (1st ed. Sevilla, 1574); Libri III : De lapide bezaar et herba scorzonera (1st ed. Seville, 1569), De ferro et ejus facultatibus, De nive ejusque commodis (1st ed. Seville, 1571); Libellus de rosa et dissertatiuncula de citriis (1st ed. Antwerp, 1565). — Lécluse, Ch. de. Altera appendix ad Rariorum plantarum historiam. — Belon, P. Observationum libri III (1st ed. Paris, 1553); De neglecta stirpium cultura (1st ed. Paris, 1558).
Bound with : Lécluse, Ch. de. Curae posteriores, Lugduni Batavorum, 1611. — Voorst, E. van. Oratio funebris in obitvm V. N. et Cl. Caroli Clvsii Atrebatis, Lugduni Batavorum, 1611.
♣ *Bibl. Trig.* 1073

2001

— (Caroli ClvsI Atrebatis ...) Rariorvm plantarvm historia. Antverpiae, Ex officina Plantiniana Apud Ioannem Moretum, 1601.

6 l., 364, cccxlviii, [11]p. illus. 35cm.
Signatures : †⁶, A-Z⁶, a-t⁶, g⁸; AA-XX⁶, YY⁴, ZZ⁶, aa-ee⁶, ff⁸, gg⁶.
p. 3, 65 limes, 282×153mm.
Engr. ornamented t.-p.
1st ed.
Contents. — Lécluse, Ch. de. Rariorum plantarum historia, sex libris descripta; Commentariolus de fungis. — Belli, H. Ad Car. Clusium Epistolae de rarioribus quibusdam plantis. — Roelsius, T. De certis quibusdam plantis epistola. — Pona, G. Plantae quae in Baldo monte et in via ab Verona ad Baldum reperiuntur. — Index.
★ Brunet II 112.
♣ *Bibl. Trig.* 975

2002

Le Dent, Maximilien, *SJ,* 1619-1688.

Ad Apologiam eximii P. Francisci Farvacques Ord. Erem. S. Augustini S. Theologiae Doctoris Responsio authore Maximiliano Le Dent Winocibergensi, Societatis Jesu S. Th. Professore Lovanii. Mechliniae, Typis Gisberti Lintsii, 1669.

1 l., 38 p. 20½cm.
1st ed.
Bound with : Le Dent, M. *SJ,* De attritione ex metu gehennae, Mechliniae, 1667 and others.
★ Sommerv II 1931 n° 19. 1483a

2003

— Ad Epist : Familiarem eximii Patris Christiani Lupi Ordinis Erem. S. Augustini S. Theol. Doctoris Responsio in qua Attritionis cum Sacramento sufficientia magis stabilitur, confutatis iis, quae de novo opponit. Authore Maximiliano Le Dent Winocibergensi Societatis Jesu, S. Th. Professore Lovanii. Mechliniae, Typis Gisberti Lintsii, 1668.

4 l., 124 p. 20½cm.
1st ed.
Bound with : Le Dent, M. *SJ,* De attritione ex metu gehennae, Mechliniae, 1667 and others.
★ Sommerv II 1930 n° 17. 1483c

2004

Le Dent, Maximilien, *SJ,* 1619-1688.
Ad Xenium theologicum eximii Patris Francisci Farvacques Ord. Erem : S. Augustini S. Theologiae Doctoris Responsio authore Maximiliano Le Dent Winocibergensi, Societatis Jesu S. Theol. Professore Lovanii. Mechliniae, Typis Gisberti Lintsii, 1668.

1 l., 86 (*i.e.* 87)p. 20½cm.
1st ed.
Bound with : Le Dent, M. *SJ,* De attritione ex metu gehennae, Mechliniae, 1667 and others.
★ Sommerv II 1930 n° 18. 1483b

2005

— De attritione ex metu gehennae eiusque cum sacramento Poenitentiae sufficientia Juxta mentem S. Concilii Tridentini Contra dissertationem dogmaticam Exim. P. Christiani Lupi et Quaestionem quodlibeticam Exim. P. Francisci Farvacques S. Theol. Doctorum, Ord. Erem. S. Augustini Auctore Maximiliano Le Dent Winocibergensi Societatis Jesu S. Theol. Professore Lovanii. Mechliniae, Typis Gisberti Lintsii, 1667.

5 l., 122p. 20½cm.
1st ed.
Bound with : Le Dent, M. *SJ,* Ad apologiam P. Francisci Farvacques responsio, Mechliniae, 1669; Ad xenium theologicum eximii P. Fr. Farvacques responsio, Mechliniae, 1668; Ad epist. familiarem eximii P. Chr. Lupi responsio, Mechliniae, 1668. — Estrix, G. Decertatio pro mente Concilii Tridentini de vi attritionis, Mechliniae, 1669; Confutatio suppositae veritatis et caritatis, Mechliniae, 1670; Minime paradoxum, Lovanii, 1671. Summula summarum in controversia attritionis, Lovanii, 1671.
★ Sommerv II 1930 n° 16.
♣ *Do Pe Matthias Correa. — Ex dono P. Mathiae Correa P. Antonio da Silva. — Aplicado ao Cllº de Macao. — Nankim.* 1483

2006

Ledesma, Pedro de, *OP, d.* 1616.
Tractatvs de magno Matrimonii sacramento svper doctrinam Angelici Doct. in aliqvibvs qvaestionibvs Additionum ad Tertiam Partem. Avthore Fratre Petro De Ledesma... Ord. Praedicatorum. Cum Indice copiosissimo, & locupletissimo. Venetiis, Apud Marcum Antonium Zalterium, 1595.

39 l., 768p. 22½cm.

Signatures : a-d⁸, e⁷, A-Z⁸, Aa-Zz⁸, Aaa-Bbb⁸ (e8 blank)
p. 3, 49 lines, 176×114mm.
Text in 2 col.
1st ed. Salamanca, 1592.
♣ *Bibl. Trig.* 1333

2007

Lefèvre d'Etaples, Jacques, 1455*ca.*-1536.
[Commentarii initiatorii in quatuor Evangelia. Coloniae, in aedibus Quentelianis, 1541]

16 l., 706p. 31½cm.
Signatures : a-b⁶, c⁴, A-Z⁶, AA-ZZ⁶, AAA-MMM⁶, NNN⁵.
p. III, 55 lines, 235×143mm.
t.-p. wanting.
Author : Jacques Lefèvre d'Etaples; title, etc. *cf.* Preface, colophon, & Thierry's Catalog, p. 14.
1st ed. Paris, 1522.
Index at beginning.
★ Brunet II 1145. — DictTheolCath IX 138. 1254

2008

Le Gaudier, Antoine, *SJ,* 1572-1622.
Introdvctio ad solidam perfectionem, per manvdictionem [*sic*] ad Sancti P. N. Ignatii Exercitia spiritualia integro mense obeunda. Avthore R. P. Antonio Gavdier Societatis Iesv. Parisiis, Apud Societatem Typographicam, 1643.

7 l., 364 (*i.e.* 366)p. 17½cm.
1st ed.
★ Sommerv III 1267 n° 5.
♣ *Vice prouae.* 2633

2009

— Introdvctio ad solidam perfectionem, per manvdvctionem ad S. P. N. Ignatii Exercitia spiritualia integro mense obeunda. Authore R. P. Antonio Gavdier, Societatis Iesv. Lvgdvni, Apud Petrvm Gvillimin, 1664.

8 l., 366p. 17cm.
★ Sommerv III 1267 n° 5. 2255

2010

— Praxis meditandi a B. P. Ignatio Societatis Jesu Fundatore traditae explicatio. Autore P. Antonio Gaudier, ex eadem Societate. Parisiis, Sumptibus Sebastiani Cramoisy. Et prostant Antverpiae, Apud Michaëlem Knobbaert, 1679.

1 l., 3-288, [3]p. 12½cm.
1st ed. Paris, 1620.
★ Sommerv III 1266 n° 4. 2235

2011

— o. c.

7 l., 3-288p. 12½cm.
This copy has a special preface with the « Index capitum » after the preface.
♣ *Collegij Societatis Jesv Pekini.* 2229

2012

Legrand, Antoine, *OFM, d.* 1699.

(Antonii le Grand) Historia naturae, variis Experimentis & Ratiociniis elucidata, secundum principia Stabilita In Institutione Philosophiae Edita ab eodem Authore. Editio secunda. Norimbergae, Impensis Johannis Ziegeri, Typis Christophori Gerhardi, 1680.

7 l., 445, [18]p. plate. 17cm.
1st ed. London, 1673.
Index : p. [446]-[463]
♣ *Collegij S.J. Pekini.* 843

2013

— (Antonii le Grand) Historia naturae, variis experimentis et ratiociniis elucidata. Secundum principia Stabilita in Institutione Philosophiae Edita ab eodem Authore. Editio Secunda priori auctior. Londini, Apud J. Martin, Regalis Societatis Typographum, 1680.

6 l., 431, [15]p. illus. 21½cm.
Index : p. [433]-[447]
♣ *PP. Gallor S.J. Pekin.* 845

2014

Leibniz, Gottfried Wilhelm, 1646-1716, *comp.*

(Godefridi Guilielmi Leibnitii) Accessiones Historicae quibus potissimum continentur Scriptores rerum Germanicarum, & aliorum hactenus inediti ... Hanoverae, Sumptibus Nicolai Försteri, [t. 1] 1700; [t. 2] 1698.

2v. in 3. 21½cm.
v. 2, 6 l., 292 (*i.e.* 294), 592p.
1st ed.
Contents. — **t. 1, pt. 1.** Chronographus Saxo a Christo nato ad ann. MCLXXXVIII. — **pt. 2.** Joh. Vito Durani Chronicon. — Gesta Trevirorum ab Urbe condita ad ann. Ch. MCXXXII. — Chronicon Holsatiae vetus sub nomine continuationis Chronici Slavorum, autore presbytero Bremensi, usque ad annum 1448 cum continuatione Helmoldi. — **t. 2.** Alberici monachi Trium Fontium Chronicon. — Appendix ad Balduinum de Avennis de posteritate Philippi primi Regis Francorum. — Errata.
★ Brunet III 951. 3532(t.1) 2002(t.2)

2015

— (Illvstris viri Godofr. Gvilielmi Leibnitii) Collectanea etymologica, illvstrationi lingvarvm, veteris Celticae, Germanicae, Gallicae, aliarvmqve inservientia. Cvm praefatione Jo. Georgii Eccardi ... Hanoverae, Sumptibus Nicolai Foersteri, 1717.

64, 314, 544p. 17½cm.
1st ed.
★ Brunet III 951.
♣ *Collegij S.J. Pekini.* **3206**

2016

— Scriptores rervm Brvnsvicensivm illvstrationi inservientes, antiqvi omnes et religionis reformatione priores : Opvs, in qvo nonnvlla chronica hvivs vicinarvmqve regionvm et vrbivm episcopatvvmqve ac monasteriorvm, praesertim Ostfaliae res etiam Atestinorvm Longobardiae, et Gvelforvm Svperioris Germaniae; vitae item hominvm illvstrivm avt principvm; omnia magno stvdio svmtvqve conqvisita, qvaedam nvnc primvm ex manvscriptis ervta, pars avctiora plvrimvm vel emendatiora, nonnvlla deniqve ex latebris avt libellis fvgientibvs ob raritatem in corpvs asserta, diplomatibvs passim interstincta; continentvr caeteris Germanis aliisqve popvlis in rebvs svis ad posteritatem transmittendis etiam exemplo profvtvrvm; cvra Godefride Gvilielmi Leibnitii. Hanoverae, Sumptibus Nicolai Foersteri, 1707-11.

3v. illus. 34cm.
v. 2, p. 601-608 bound after p. 616.
Vol. 3, 769 (*i.e.* 767) p.
Illus. t.-p.
Title varies slightly.
1st ed.
Index and errata at end of v. 3.
★ Brunet III 951. 1955

2017

Le Jay, Gabriel, *SJ,* 1657-1734.

Josephus Aegypto praefectus. Tragoedia. Acta ludis solennibus in Regio Ludovici Magni Collegio apud Patres Societatis Jesu. Anctore Gabriele Francisco le Jay, Ejusdem Societatis Sacerdote. Ingolstadii, Sumptibus Joannis Andreae de la Haye, 1723.

2 l., 62p. 13½cm.
1st ed. Paris, 1699.
Bound with : Le Jay, G. *SJ.* Josephus fratres agnoscens, Ingolstadii, 1723 and others.
★ Sommerv IV 771 n° 19 (ed. wanting). 3166b

2018

— Josephus fratres agnoscens. Tràgoedia, Acta ludis solennibus in Regio Ludovici Magni Collegio apud Patres Societatis Jesu. Auctore Gabriele Francisco le Jay, Ejusdem Societatis Sacerdote. Ingolstadii, Sumptibus Joannis Andreae de la Haye, 1723.

9 l., 64p. 13½cm.
1st ed. Paris, 1695.
Bound with : Le Jay, G. *SJ.* Josephus venditus, Ingolstadii, 1723; Josephus Aegypto praefectus, Ingolstadii, 1723. — La Rue, C. de, *SJ.* Carminum libri quatuor, Venetiis, 1699.
★ Sommerv IV 768 n° 8 (ed. wanting). 3166

2019

— Josephus venditus. Tragoedia, acta ludis prioribus anni MDCLXXXXVIII. In Regio Ludovici Magni Collegio Societatis Jesu. Auctore Gabriele Francisco le Jay, Ejusdem

Societatis Sacerdote. Ingolstadii, Sumptibus Joannis Andreae de la Haye, 1723.

3 l., 50p. 13½cm.
1st ed. Paris, 1698.
Bound with : Le Jay, G. *SJ.* Joseph fratres agnoscens, Ingolstadii, 1723 and others.
★ Sommerv IV 770 n° 16 (ed. wanting). 3166a

2020

Le Marchant, Jacques, 1585-1648.

Hortus pastorum sacrae doctrinae floribus polymitus authore R. D. Jac. Marchantio ... Unà cùm Candelabro, aliisque Opusculis ejusdem Authoris. Nvnc recens a mendis expvrgatvs novoque ordine dispositus, & in faciliorem methodum redactus. Studio et opera Michaelis Alix ... Editio ultima, et plane recognita. Cum Tabula nova Rerum, Verborum et Concionum in Evangelia, numquam antehac edita. Lugduni, Sumpt. Anissoniorum & J. Posuel, 1683.

10 l., 1026, [8]p. 36½cm.
Ms. marginal notes.
Dedication : « Admodum Reverendo D. D. Vincentio de Paulo Congregationis Missionis Superiori Generali. »
Contents. — Hortus pastorum. — Candelabrum mysticum. — Coronis Candelabri mystici ad filios lucis, de Lampade accendenda coram tabernaculo Domini — Tuba sacerdotalis. — Virga Aaronis florens, hoc est Directio vitae sacerdotalis. — Resolutiones pastorales. — Praxis catechistica ex pastorali horto. — Collationes de officio pastorali. — Index rerum.
1st ed. of « Hortus », Mons, 1626-27.
1st collected ed. Cologne, 1635.
♣ *Datus Pri Carolo Horatij a Castorano à me Epo. Pekinensi Fre Bernardino ab Ecclesia pro tantis Missis. — Lasciato à PP. Ossti di S. Franci nella Prov. Pekin e Xan tung missionarj.* 1583

2021

Lemmens, Livin, 1505-1568.

De miracvlis occvltis natvrae, libri IIII. Item De vita cvm animi et corporis incolvmitate recte institvenda, liber vnvs. Illi quidem iam postremum emendati, & aliquot capitibus aucti : hic verò nunquam antehac editus. Avctore Levino Lemnio Medico Zirizaeo. Antverpiae, Apud Christophorum Plantinum Architypographum Regium, 1574.

8 l., 572?, [16?]p. 17½cm.
Signatures : †⁸, A-Z⁸, a-m⁸, N⁶? P⁸?
p. 2, 33 lines, 130×77mm.
p. 573-? & some pages of index wanting.
1st ed. of « De miraculis occultis naturae », Antwerp, 1559.
★ Brunet III 972.
♣ *Joannis de Sainct Laurens Duaceni :* 875

2022

Leo Magnus, *Saint, d.* 461.

(Sancti Leonis Magni Romani Pontificis) Opera post Paschasii Quesnelli recensionem ad complures & praestantissimos MSS. Codices ab illo non consultos exacta, emendata, & ineditis aucta : Praefationibus, Admonitionibus, & Adnotationibus illustrata. Adduntur etiam quaecumque in Quesnelliana editione inveniuntur, eaque ad crisin revocantur. Curantibus Petro et Hieronymo fratribus Balleriniis Presbyteris Veronensibus ... Venetiis, Apud Simonem Occhi, 1753-57.

3v. 32½cm.
Vol. 1 wanting.
1st ed. by Quesnel, Paris, 1675.
1st ed. by Ballerini.
Contents. — **t. 2.** Liber Sacramentorum Romanae Ecclesiae. De vocatione omnium gentium libri II. Episcoporum Sedis Apost. auctoritates de gratia Dei. Epistola ad Demetriadem. Breviarium adversus Arianos. S. Hilarii Episcopi Arelatensis vita et opuscula. Paschasii Quesnelli Dissertationes in S. Leonis opera, cum criticis editorum adnotationibus in easdem. Appendicula. Index rerum. — **t. 3.** De antiquis tum editis, tum ineditis collectionibus et collectoribus Canonum ad Gratianum usque tractatus. Codex Canonum ecclesiasticorum et constitutorum S. Sedis Apostolicae. Prisca Canonum editio Latina. Vetus interpretatio Latina Canonum Nicaenorum, Sardicensium et Calchedonensium. Documenta Juris Canonici veteris. Paschasii Quesnelli Dissertationes in Codicem Canonum ecclesiasticorum cum criticis editorum adnotationibus in easdem. Index rerum.
★ Brunet III 980. — DictArLit VIII 2549. — DictTheolCath IX 300.
♣ *Stamp of Mgr Alex. de Gouvea.* 1445

2023

Leo, Marco Paolo, *SJ,* 1587-1657.

Praxis ad litteras Maioris Poenitentiarii, Et Officij Sacrae Poenitentiariae Apostolicae in qvatvor partes distribvta. In quibus declarantur singularum formularum Clausulae, & traditur modus praefatas Litteras exequendi. Avthore Marco Pavlo Leone Romano Societatis Iesv, I. V. D. Nunc denuò edita. Mediolani, Ex Typographia Francisci Vigoni, apud Collegium S. Alexandri, 1665.

8 l., 448, [50]p. 22cm.
p. 417-418 and 421-422 bound after p. 420 and 424 respectively.
Text in 2 col.
1st ed. Rome, 1644.
« Formula instrumenti » : p. 443-448.
Index : p. [449]-[498]
★ Sommerv IV 1693 n° 1. 2432

2024

Leonardi, Camillo.

Specvlvm lapidvm Camilli Leonardi. Cvi accessit Sympathia Septem Metallorum ac septem selectorum Lapidum ad Planetas. D.

Petri Arlensis de Scudalupis Presbyteri Hierosolimitani. Parisiis, apud Carolum Seustre & Dauidem Gillium, et Joannem Petitpas, 1610.

22 l., 244p., 1 l., 245-499, [34]p. 17½cm.
Signatures : a-e^8, i^6, A-Z^8, Aa-Kk^8, Ll^6 (Q$_3$ blank)
p. 3, 28 lines, 132×66mm.
2 p. l. wanting.
Engr. ornamented t.-p.
Bound with : Gonthier, J. Commentarius de balneis, Argentorati, 1565.
♣ *Joannis de Sainct Laurens Duaceni.* 898

2025

Leowitz, Cyprian, 1524-1574.

Eclipsivm omnivm ab anno Domini 1554, vsque in annvm Domini 1606. accurata descriptio & pictura, ad meridianum Augustanum ita supputata, vt quibusuis alijs facilimé accommodari possit, vna cum explicatione effectuum tam generalium quàm particularium pro cuiusq; genesi. Avtore Cypriano Leovitio ... [Avgvstae Vindelicorvm, Philippvs Vlhardvs excudebat, 1556]

113 unnumb. l. incl. tables, diagrs. 31cm.
Signatures : A-L^8, M-N^6, O^8, P-S^6, T^2 (L$_8$ blank)
f. [2]b, 43 lines, 226×152mm.
For imprint. *cf.* Colophon.
1st ed. Augsburg, 1554.
Errata at beginning.
★ Brunet III 989.
♣ *Bibl. Trig. ?* 258

2026

Le Pois, Nicolas, 1527-1587.

(Nic. Pisonis, Med. Lotharingi) De cognoscendis et cvrandis praecipve internis humani corporis morbis libri tres : ex classicorum medicorum tum veterum tum recentiorum monumentis non ita pridem collecti & nunc ab eodem recogniti & auctl. Accessit eiusdem liber De febribus. Cvm indice rervm et verborum copiosiss. Francofvrdi, Apud haeredes Andreae Wecheli, 1585.

16 l., 874 (*i.e.* 876) p., 1 l., 875-968, [26]p., 1 l. incl. port. 16½cm.
Signatures : †-††^{8}, A-Z^8, a-z^8, Aa-Qq^8, Rr^6 (Ii$_8$ blank)
p. 3, 39 lines, 130×67mm.
1st ed. Frankfort, 1580.
★ Brunet IV 677.
♣ *Missionis Sinensis.* 1053

2027

Lessius, Léonard, *SJ,* 1554-1623.

Consvltationis de religione appendix : Vtrùm quiuis in sua Fide ac Religione saluari possit : Auctore Leonardo Lessio Societatis Iesv Theologo. Antverpiae, Ex Officina Plantiniana, Apud Viduam & Filios Io. Moreti, 1610.

32p. 17½cm.
Signatures : A-B^8.
p. 5, 29 lines, 132×72mm.
1st ed.
Bound with : Lessius, L. *SJ.* Hygiasticon, Antverpiae, 1614 and others.
★ Sommerv IV 1731 n° 6. 1050b

2028

— Hygiasticon sev vera ratio valetvdinis bonae et vitae vnà cum sensvvm, ivdicii, & memoriae integritate ad extremam senectutem conseruandae : Auctore Leonardo Lessio ... Subiungitur Tractatus Lvdovici Cornari Veneti, eodem pertinens, ex Italico in Latinum sermonem ab ipso Lessio translatus. Editio Secunda. Antverpiae, Ex officina Plantiniana, Apud Viduam & Filios Io. Moreti, 1614.

127p. 17½cm.
Signatures : A-H^8.
p. 4, 22 lines, 131×72mm.
1st ed. Antwerp, 1613.
1st Italian ed. of « Tractatus de vitae sobriae commodis» , Padoa, 1558.
Bound with : Lessius, L. *SJ.* Quae fides et religio sit capessenda, Antverpiae, 1610; Consultationis de religione appendix : Utrum quivis in sua fide ac religione salvari possit. — Dionysius Periegetes. De situ orbis, cum Eustathii Thessalonicensis commentariis, Basileae, 1556.
★ Sommerv IV 1737 n° 13. 1050

2029

— [(R. P. Leonardi Lessii e Societate Iesv Theologi) In I. II. D. Thomae De beatitudine. De Actibus humanis, De Incarnatione Verbi. De Sacramentis et censuris. Praelectiones Theologicae Posthvmae Accesserunt eiusdem Variorum Casuum Conscientiae resolvtiones. Lovanii, typis Cornely Coensteny, 1645]

8 l., 330p., 1 l., 179p., 1 l., 428p. 36cm.
t.-p. wanting.
Text in 2 col.
For title, etc. *cf.* Sommervogel IV 1748.
1st ed.
★ Sommerv IV 1748 n° 22. 1378

2030

— De ivstitia et ivre caeterisque Virtutibus Cardinalibus libri IV. Ad 2. 2. D. Thomae. à quaest. 47. vsque ad quaest. 171. Authore Leonardo Lessio è Societate Iesv S. Theol. in Academia Louaniensi Professore. Lovanii, Ex Officina Ioannis Masij, 1605.

7 l., 731, [57]p. 35cm.
Signatures : †^{7}, A-Z^6, Aa-Zz^6, Aaa-Ppp^6, †-††††^{6}, †††††^{5}.
p. 3, 68 lines, 269×149mm.
Text in 2. col.
Engr. ornamented t.-p.
1st ed.
Index at end.
★ Sommerv IV 1729 n° 5. 1375

2031

Lessius, Léonard, *SJ,* 1554-1623.

(R. P. D. Leonardi Lessii e Societate Iesv ...) Opvscvla varia, Quae ab ipso, dum in celeberrima Academia Louaniensi publici Professoris munus ... obiret, in diuersis scientiarum articulis conscripta, & superiori tempore sparsim edita fuerunt. In ... vnum fasciculum collecta, & hac omnium nouissima & secunda nostra editione diligenter reuisa, & extirpatis erroribus in publicum emissa. Venetiis, apvd Andream Baba, 1625.

8 l., 158p., 6 l., 173-240, 57, [2]p. 32½cm.
Signatures : a^8, A-I^6, $K^?$, L-N^6 (N_6 blank); O-R^6, S-T^4, V^8, Aa-Ee^6.
p. 3, 78 lines, 256×151mm.
Each part has a special t.-p.
Text in 2 col.
1st collected ed. Venice, 1617.
Index at beginning of each part.
Contents. — De summo bono et aeterna beatitudine hominis libri quatuor. — Quae fides et religio sit capessenda, consultatio. — Consultationis de religione appendix. — Disputatio de statu vitae deligendo, et religionis ingressu, questionibus XII. comprehensa. — De antichristo disputatio. — De antichristi praecursoribus disputatio. — Hygiasticon seu vera ratio valetudinis conseruandae. — Cornaro, L. Tractatus de vitae sobriae commodis. — De providentia Numinis et animi immortalitate libri dvo.
★ Sommerv IV 1743 n° 19 (ed. wanting).
✤ *Dono dedit Collō Pekinensi Soc^is Jesù D. Abbas Benedictus Ruyda anno 1721.* 1389

2032

— (Leonardi Lessii Societatis Iesv theologi) Opvscvla varia in vnvm corpvs redacta ... Vltima Editio denuò à mendis purgata. Lvgdvni, Sumpt. Hieronymi Delagarde, 1651.

4 l., 689, [22]p. 35½cm.
Text in 2 col.
Illus. t.-p.
Contents. — De perfectionibus moribusque diuinis lib. XIV. — De prouidentia numinis & animi immortalitate libri duo. — De summo bono & aeterna beatitudine hominis libri quatuor. — Quae fides & religio sit capessenda consultatio, cum appendice. — De gratia efficaci, decretis diuinis, libertate arbitrij, & praescientia Dei conditionata, disputatio apologetica. — De praedestinatione & reprobatione angelorum & hominum, disputatio. — De praedestinatione Christi, disputatio. — Disputatio de statu vitae deligendo, & religionis ingressu quaestionibus 12. comprehensa. — De antichristo & eius praecursoribus disputatio apologetica gemina. — Hygiasticon seu vera ratio valetudinis conseruandae. — Tractatus Ludouici Cornari Veneti eodem pertinentis ex Italico in Latinum sermonem ab ipso Lessio translatus. — Index.
★ Sommerv IV 1744 n° 19.
✤ *Collegij Societatis Jesu Pekini.* 1393

2033

— (R. P. Leonardi Lessii e Societate Iesv Theologi) Opusculum Asceticum Posthumum. Quinquaginta Considerationum De L. Nominibvs Dei. Sev Diuinarum Perfectionum Compendiaria expositio. Additis circa easdem precationibus ex opusculis eiusdem Auctoris excerptis ... Lovanii, Typis Coenestenii, 1643.

12 l., 312p. 12½cm.
1st ed. Brussels, 1640.
★ Sommerv IV 1745 n° 21.
✤ *Vice-provinciae Sinensis.* 2453

2034

— Qvae fides et religio sit capessenda, Consultatio : Auctore Leonardo Lessio Soc. Iesv, S. Theologiae Professore. Editio Secunda. Antverpiae. Ex Officina Plantiniana, Apud Ioannem Moretum, 1610.

153, [3]p. 17½cm.
Signatures : A-I^8, K^6.
p. 5, 22 lines, 131×72mm.
1st ed. Antwerp, 1609.
Bound with : Lessius, L. *SJ.* Hygiasticon, Antverpiae, 1614 and others.
★ Sommerv IV 1731 n° 6. 1050a

2035

— De Svmmo Bono et aeterna beatitvdine hominis libri qvatvor : Auctore Leonardo Lessio Soc. Iesv Sacrae Theologiae Professore. Ad 1. 2. S. Thomae. Antverpiae, Ex Officina Plantiniana, Apud Balthasarem & Ioannem Moretos, 1616.

12 l., 603, [28]p. 18cm.
Signatures : $†^8$, $††^4$, A-Z^8, a-q^8, r^4.
p. 5, 29 lines, 132×71mm.
1st ed.
Index : p. [604]-[631]
★ Sommerv IV 1740 n° 17. 2305

2036

[Level, D.]

Thesaurus prosodicus. Seu Voces omnes Latinae, aut Latinitate donatae, suis ad quantitatem Notis accuratè distinctae. Ex probatissimis quibusque Authoribus depromptae, & per alphabeticam seriem, suo quaeque ordine collocatae ... Parisiis, Apud Simonem Benard, 1675.

8 l., 298, [2]p. 15cm.
p. 133-144 wanting.
Author : D. Level. *cf.* DictOuvrAnonym IV 1391.
1st ed. 2998

2037

Levera, Francesco, *17th cent.*

(Francisci Leverae Romani) De Inerrantium Stellarum viribus, & excellentia secundum quatuor Positus earum insignes, relatiuos ad Polos Zodiaci, ad Polos Mundi, ad Æquinoctialem, & ad Horizontes, Meridianos, ac vertices Vrbium, Locorumque Orbis Terrarum ... Vnà cum Tabula locupletissima Declinationum, Ascensionum rectarum, & Caeli mediationum Stellarum Inerrantium secundum ordinem signorum Zodiaci ... ab anno 1660, per seculum fermè deseruitura ... Romae, Typis Angeli Bernabò, 1664.

105, [7]p. 32cm.
Index (5)p. at end.
Text in 2 col.
Bound with : Levera, Fr. Prodromvs vniversae astronomiae restitvtae, Romae, 1663 and others.
296a

2038

Levera, Francesco, *17th cent.*

(Francisci Leverae Romani) Prodromvs vniversae astronomiae restitvtae De Anni Solaris, & Siderei, ac Dierum magnitudine in omni Æuo, & de reliquis Periodis, Motibus, & Circulationibus solaribus admirandis, adhuc incognitis, ac etiam Sidereis, ab Authore exploratis, & inuentis, ac plenè dilucidatis per demonstrationes Arithmeticas, aliasque plures probationes ... Romae, Ex Typographia Angeli Bernabò, 1663.

4 l., 417, [15]p. illus. (incl. tables.) 32cm.
Text in 2 col.
Index : p. [420]-[431]
Bound with : Levera, F. De inerrantium stellarum viribus, & excellentia, Romae, 1664. — Mutus, S. Dialogvs contra duas epistolas in Prodromvm Francisci Leverae, Romae, 1664. — Palatius, P. Novae ephemerides ab anno 1664. vsque ad annvm 1670. completum, Romae, 1664.
✤ *Applic° à Proã de Japão. — Collegij Societatis Jesv Pekini.* 296

2039

[**Lexicon** Latino-Lusitanum]

? l., 356, 422? p. 20½cm.
? l., (incl. t.-p.) and p. 423-? wanting
The missing text is supplied by manuscript on 38 unnumbered pages.
Text in 2 col. 3536

2040

Leytam, Francisco, *SJ,* 1631-1715.

Opvscvlvm de Hebraeo convicto. In quatuor Libros diuisum. Avthore P. Francisco Leytam Societatis Iesv Lvsitano Castelvidensi ... Romae, Ex Typographia Ioannis Iacobi Komarek Bohemi, 1693.

10 l., 444p. 22cm.
On half-title page : De Hebraeo convicto.
1st ed.
Contents. — De Messia credendo ut Deo et homine. — De Signis Messiae, qui est Salvator noster B. Virginis filius. — De dubiis quae Judaei opponunt Christianis. — De Hebraeo convicto. — Appendix : Pro ineffabili sanctissimae Trinitatis mysterio. — Index rerum.
★ Sommerv IV 1768 n° 2.
✤ *Vi prov : da Chyna. — NanKim.* 1367

2041

— o. c.
✤ *Vi proª da Chyna.* 1967

2042

— o. c.
✤ *Vi proª da Chyna.* 1968

2043

Libavius, Andreas, 1550*ca.*-1616.

D. O. M. A. Commentationvm metallicarvm libri qvatvor de natvra metallorvm, mercvrio philosophorvm, azotho, et lapide sev tinctura physicorum conficienda, è rervm natvra, experientia, et avtorum praestantium fide. Studio & labore Andreae Libavii M. D. P. ... depromti & expositi, more veteris philosophiae cum perspicuitate euidente. Francofvrti ad Moenvm, In officina Typographica Iohannis Saurij, impensis Petri Kopffij, 1597.

4 l., 392p. 21cm.
Signatures : †⁴, A-Z⁴, Aa-Zz⁴, Aaa-Ccc⁴.
p. 7, 41 lines, 167×111mm.
Ms. marginal notes.
1st ed.
✤ *Missionis Sinensis.* 728

2044

Libig, Johann, *SJ,* 1681-1757, *praeses.*

Parthenia gloria Augustissimae Caelorum Reginae Intemeratae semper Virginis Mariae Brunensium Thaumaturgae arte & pietate D. Lucae Evangelistae concepta ac In Basilica S. Thomae Apostoli Admodum RR. PP. Ordinis Eremitarum S. Augustini ad Brunam, Moravorum Urbem Regiam Culto Hyperdulico, ac Miraculis per orbem universum illustrata Cum universa theologia scholastica Quam in Alma, Caesarea, Regia, ac Episcopali Universitate Olomucensi Societatis Iesu ... [*On verso of t.-p.*] Praeside Reverendo ... P. Joanne Libig è Societate Jesu ... Pro Licentiatu & Suprema Doctoratûs Theologici Laurea Publicè propugnandam suscepit Reverendus ... Dominus Carolus Libig, Boëmus Pragensis ... annô M.D.CC.XXXII. ... Oppaviae, Typis Joannis Wenceslai Schindler.

3 l., 88, [7]p. 8 plates. 23cm.
1st ed.
★ Sommerv IV 1806 n° 5. 3470

2045

Liceti, Fortunio, 1577-1656.

(Fortvnii Liceti ...) De Monstrorum Caussis, Natura, & Differentiis libri dvo ... Multis illustrium autorum locis difficilimis explanatis De masculo parturiente, de feminis in viros mutatis, de Hermaphroditorum natura, de dissimilium specierum venere prolifica, de castratorum fecunditate, de puero lapidescente, de animantis aurea parte ... Patavii, Apud Gasparem Criuellarium, 1616.

8 l., 143, [25]p. 19½cm.
Signatures : †^{8}, A-X^{4}.
p. 5, 39 lines, 156×93mm.
1st ed.
Bound with : Mayer, M. Jocus severus, Francofurti, 1617. — Smith, J. Viertzehende schiffart, Franckfurt, 1617. — Wolf. H. De natura, viribus et usu aquarum medicatarum in agro Cassellano, Casellis, 1609. — Scheuneman, H. Hydromantia Paracelsica, Francofurti, 1613. — Rhumelius, J. K. Beschreibung der newerbauten minerischen bads der stadt Newenmarkt, Amberg, 1598. — Bokelius, J. De philtris, Hamburgi, 1599. — Oberndorffer, J. Apologia chymico-medica, Amberg, 1610. — Ruland, M. Alexicacus chymiatricus, Francofurti, 1611.
★ Brunet III 1069.
♣ *Missionis Sinensis.* 1049

2046

Lieutaud, Joseph, 1703-1780.

Synopsis universae praxeos medicae, in binas partes divisa; Quarum prior omnium morborum conspectum exhibet; altera verò rem medicamentariam, perpetuis commentariis illustratam, sistit; cui subjungitur Liber de Cibo et Potu. Editio postrema, Ulterius elaborata; vel coeteris tùm Gallicis, tùm Latinis, multò amplior, & accuratior. Auctore Jos. Lieutaud ... Parisiis, Apud P. Fr. Didot, juniorem, 1774.

2v. 26½cm.
1st ed. Amsterdam, 1765.
Index : v. 2, p. [569]-623. 1042

2047

Limpius, Pompeius.

(Pompeij Limpij) Dactylismvs ecclesiasticvs in Libros IIII distributus. In qvo perqvam facili methodo Ostenditur non solum vt quis anno quolibet proposito sciat memoriter, & extempore pronunciare diem paschatis, caeteraq; festa mobilia : Item Aureum Numerum, Epactam, Literam Dominicalem, & Martyrologij ... Venetiis, Apud Bernardum Iuntam, Io. Baptistam Ciottum, & Socios, 1613.

4 l., 371 (*i.e.* 373)p. illus. (incl. tables) 30cm.
Signatures : †^{4}, A-Z^{6}, Aa-Cc^{6}, Dd^{7}, Ee-Hh^{6}.
p. 3, 39 lines, 224×128mm.
Index & errata at beginning.
♣ *Bibl. Trig.* 1846

2048

Linnaeus, Carolus, 1707-1778.

(Caroli Linnaei ...) Flora Lapponica Exhibens plantas Per Lapponiam Crescentes, secundum Systema Sexuale Collectas in Itinere Impensis Soc. Reg. Litter. et Scient. Sveciae A. MDCCXXXII Instituto. Additis Synonymis, & Locis Natalibus Omnium, Descriptionibus & Figuris Rariorum, Viribus Medicatis & Oeconomicis Plurimarum. Amstelaedami, Apud Salomonem Schouten, 1737.

21 l., 372, [38]p. front., 12 fold. plates. 20½cm.
1st ed. Upsal, 1732.
Index : p. [373]-[385]
★ Brunet III 1087.
♣ *Resid. P. P. gall. Soc. Jes. Pekin.* 922

2049

— Genera plantarum Eorumque Characteres naturales, secundùm Numerum, Figuram, Situm, & Proportionem omnium Fructificationis partium. Authore Carolo Linnaeo ... Editio secunda, nominibus Plantarum Gallicis locupletata. Parisiis, Sumptibus Michaelis Antonii David, 1743.

xxxii, [2], 413, [59]p. 2 fold. plates, fold. table. 20½cm.
Colophon : Typis Joannis-Baptistae Coignard.
1st ed. Leyden, 1737.
Index & errata at end.
★ Brunet III 1087.
♣ *Resid. PP. gall. Soc. Jes. Pekin.* 874

2050

— (Caroli a Linné ...) Systema naturae, per regna tria naturae, secundum classes, ordines, genera, species cum characteribus, differentiis, synonymis, locis ... Editio decima tertia, ad Editionem duodecimam reformatam Holmiensem. Vindobonae, Typis Ioannis Thomae nob. de Trattnern, 1767-70.

3v. in 4. 3 fold. plates. 20cm.
V. 1 & 2 paged continuously.
1st ed. Leyden, 1735.
Index at end of v. 3.
★ Brunet III 1089.
♣ *Stamp of Mgr Alex. de Gouvea.* 1025

2051

Lipsius, Justus, 1547-1606.

(Justi Lipsl) De constantia libri duo Qui alloquium praecipuè continent in Publicis malis. Juxta Exemplar Antuerpianum ex officina Plantiniana Raphelengij, M. DC. XIII. ... Monachij, Typis, Mathiae Riedl, 1705.

11 l., 213, [1]p. 13cm.
1st ed. Antwerp, 1584.
★ Brunet III 1093. — DictTheolCath IX 779.
2227

2052

— o. c.

2484

2053

Lipsius, Justus, 1547-1606.

(Ivsti LipsI) De militia Romana libri qvinqve, commentarivs ad Polybivm. Editio tertia, aucta variè & castigata. Antverpiae, Ex officina Plantiniana, Apud Ioannem Moretum, 1602.

366, xxix, [5]p. incl. tables. 26½cm.
Signatures : A-Z4, a-z4, AA-CC4, DD5 (Z4 blank)
p. 15, 44 lines, 200×120mm.
p. 135-136, 201-202, xix-xxii wanting.
1st ed. Antwerp, 1595.
« Analecta sive observationes reliquae ad militiam et hosce libros » xxix p. at end. 1590

2054

— (Ivsti LipsI) Manvdvctionis ad Stoicam philosophiam libri tres. L. Annaeo Senecae, aliisque scriptoribus illustrandis. Parisiis, Ex Officina Plantiniana, Apud Hadrianvm Perier, 1604.

164 (*i.e.* 166) numb. l., 5 l. incl. tables. 17½cm.
Signatures : a-x8, y4 (x8 blank)
f. 6a, 33 lines, 134×68mm.
1st ed.
Bound with : Lipsius, J. Physiologiae Stoicorum libri tres, Parisiis, 1604.
★ DictTheolCath IX 779.
♣ *Joannis de Sainct Laurens Duaceni.* 2893

2055

— (Ivsti LipsI) Physiologiae Stoicorvm libri tres. L. Annaeo Senecae, aliisque scriptoribus illustrandis. Parisiis, Ex Officina Plantiniana, Apud Hadrianvm Perier, 1604.

152 numb. l., 4 l. 17½cm.
Signatures : A-T8, V4.
f. 6a, 33 lines, 134×68mm.
1st ed.
Bound with : Lipsius, J. Manuductionis ad Stoicam philosophiam libri tres, Parisiis, 1604. 2893a

2056

Liturgy and ritual. Benedictions.

Manuale Benedictionum, Rituumque Ecclesiasticorum tam intra, quàm extra Ecclesias occurrentium. Ex Ritualibus, Romano, Constantiensi, aliarumque Dioecesium. Pro parochorum et sacerdotum omnium commodiore usu collectum. Editio tertia; Prioribus longè auctior. Cum indice à fronte. Typis Monasterij Einsidlensis, Per Josephum Reymann, 1685.

9 l., 438 (*i.e.* 436)p. 14cm.
♣ *Joannis Teixerra Lo.* 1630

2057

Liturgy and Ritual. Breviary.

[Breviarium Romanum. Pars autumnalis. Paris, Sébastien Mabre-Cramoisy, 1665]

v. 3. 23cm.
31 unnumb. l., 412, Clxxxiij p.
The complete set consists of 4v.
t.-p. wanting.
For imprint, etc. *cf.* Privilege.
Ms. on front and back guard-leaves.
♣ *P. Grimaldi Missis Sinensis.* 3652

2058

— Breviarium Romanum Ex decreto Sacrosancti Concilij Tridentini restitutum, Pii V. Pont. Max. Jussu editum, et Clementis VIII. primùm, nunc denuô Urbani PP. VIII. auctoritate recognitum. In quo omnia suis locis ad longum posita sunt, pro majori recitantium commoditate. Antverpiae, Ex typographia Plantiniana, 1724.

28? l., 1044, clxxxvii, [3]p. illus. (incl. tables) 28½cm.
1? p. 1, and 7 illus. p. wanting.
Illus. t.-p.
Text in 2 col.
Additions (14 p. incl. ms.) bound at end. 3290

2059

— Breviarium Romanum, Ex Decreto Sacrosancti Concilii Tridentini restitutum, Pii V. Pontificis Max. jussu editum, et Clementis VIII, ac Urbani VIII. Summor. Pontificum, auctoritate recognitum. Insertis novorum Festorum Officiis a PP. Max. in hunc usque diem concessis. In quo omnia suis locis ad longum posita sunt, pro majori recitantium commoditate. Antverpiae, Ex Typographia Plantiniana, 1728.

34 l., 1188, ccxix, [5]p. illus. 22½cm.
Illus. t.-p.
Text in 2 col.
Ms. additions on back guard leaf.
Additions edited by Lottin and Delaguette, Paris, 1740-1772, (58p.) at end. 3469

2060

— Breviarium Romanum ex decreto Sacrosancti Concilij Trident. restitutum, Pii V. Pontificis Maximi jussu editum; Clementis VIII. primùm; nunc denuô Urbani Papae VIII. auctoritate recognitum, In quo omnia suis locis ad longum posita sunt, pro majori recitantium commoditate ... Antverpiae, Ex Architypographia Plantiniana, [v. 2] 1733; [v. 4] 1770.

4v. illus. 24½cm.
Vol. 1, 3 wanting.
Vol. 2, p. 149-150, 307-308, 389-390 wanting.
Vol. 4, p. 17-24, 37-44, li-lii spoiled.
Illus. t.-p.
Text in 2 col.
Indices at end of each volume. 3468

2061

Liturgy and ritual. Breviary. Day hours.

Horae divrnae Breviarii Romani, Ex decreto Sacrosancti Concilij Tridentini restituti, Pii V. Pont. Max. iussu editi, Clementis VIII. Et Vrbani VIII. auctoritate recogniti. Antverpiae, ex officina Plantini(ana) Balthasaris More(ti), 1654.

24 l., 600, ccxl p. illus. (incl. tables) 11×6cm.
1 p. l. (sign. †††8) wanting.
t.-p. spoiled.
Ms. additions on verso of t-p. and on (4)p. bound at end. 2594

2062

— Horae Diurnae Breviarii Romani, Ex decreto Sacrosancti Concilij Tridentini restituti, Pii V. Pont. Max. jussu editi, Clementis VIII. & Urbani VIII. auctoritate recogniti. In quibus ea omnia continentur, quae praeter Lectiones & earum Responsoria ad plenam Officij matutini recitationem pertinent. Antverpiae, Ex officina Plantiniana Balthasaris Moreti, 1691.

13? l., 468, cxliiii p. illus. 21cm.
8? p. l., p. cxix-cxxii wanting.
Ms. additions (24 l.) and corrections at various places.
Illus t.-p.
Text in 2 col. 1554

2063

[Horae diurnae. Paris, Le Mercier 1763 ?]

16 l., 416, cxxviii p. 10½cm.
t.-p. wanting.
Ms. corrections and marginal notes.
For title, etc. *cf.* Caption title, privilege, & « Tabula temporaria ». 3516

2064

— Horae diurnae Breviarii Romani ex decreto Sacrosancti Concilii Tridentini restituti. S. Pii V. Pont. Maximi, jussu editi, Clementis VIII. & Urbani VIII Auctoritate recogniti; cum Officiis Sanctorum per Summos Pontifices novissimè concessis. Venetiis, Apud Franciscum ex Nicolao Pezzana, 1780.

xlviii, [1], 396, clxxix p. 11½cm.
Illus. t.-p.
Text in 2 col.
Ms. additions inserted before t.-p. (3 l.) and at end (28 l.) 3551

2065

Liturgy and ritual. Breviary. Proper of the Congr. of the H. Family.

Octavae festorum Sanctorum Protectorum Congregationis, et Collegii S. F. J. C. Quas Felicis recordationis Clemens Papa XIII. eidem concessit. Neapoli, Ex officina Typographi Januarii Giaccio, 1769.

15, 79, 14, 24, 61p. 18cm.
♣ *Simonis Jaeng.* 2732

2066

Liturgy and ritual. Breviary. Proper of the Franciscans.

Officia propria Sanctorum trium Ordinum S. P. N. Francisci, Ab Innocentio Papa XII. approbata. novo Kalendario, novisque Rubricis, Lectionibus, Orationibus, &c. a SS. D. N. Pio Papa VI. approbatis locupletatum ... Olisipone, In Typographia Regia, 1787.

lxvii, 71, xvi, 107, xv, 112, xvi, 88p. 18½cm. 3630

2067

OFFICIA PROPRIA

SANCTORUM

quæ ex Apoſtolica Conceſſione, & Auctoritate PII VI. PONT. MAX. in

DIŒCESI PEKINENSI recitantur.

PEKINI

M. DCC. XC. IX.

Liturgy and ritual. Breviary. Proper of the Peking diocese.

Officia propria Sanctorum quae ex Apostolica Concessione, & Auctoritate Pii VI. Pont Max. in Dioecesi Pekinensi recitantur. Pekini, 1799.

2 l., 171 (*i.e.* 173)p. 15½cm. 2875

2068

— o. c.

♣ *Iste Codex pertinet ad P. Pro... (?)* 2876

2069

Liturgy and ritual. Breviary. Proper of the Lisbon Diocese.

Officia Vlyssiponensis Ecclesiae. Ex consvetvdine antiqva, et concessione Sixti V. in ejvs Dioecesi recitari Solita. Vna cvm Offissijs [*sic*]. et Missis S. Engratiae, S. Antonij, & S. Elisabeth Portugalliae Reginae, a S. Rituum Congregatione approbatis & ad totum Regnum authoritate Pauli V. & Vrbani VIII. concessis. Editio novissima accuratior, a mendisque expurgata. Ulyssipone, Ex Officina Dominici Carneyro, 1675.

4 l., 189 (*i.e.* 191), [1]p. 20cm.
Illus. t.-p.
Text in 2 col.
♣ *Da Proua de Jappão.* 1626

2070

— Officia propria Sanctorum Olisiponensis Ecclesiae. Unà cum Officiis, quae pro toto Regno, ac Dominiis Reginae Fidelissimae noviter concessa reperiuntur : Necnon et alia, Quae in Proprio Sanctorum Hispanorum nostro inveniebantur in Regno recitanda. In Quatuor Anni Tempora distributa. Editio ultima accuratè expurgata. Olisipone, Ex typis Simonis Thaddaei Ferreira, 1785.

1 l., 64, 51, 88, 49p. 18cm.
Ms. table of contents on back guard leaves.
Additions (36 p.) bound at end.
♣ *de Pe Pinto Gomez 1795.* 3482

2071

— Officia propria Sanctorum Olisiponensis Ecclesiae, Una cum Officiis, quae pro toto Regno, ac Dominiis Reginae Fidelissimae noviter concessa reperiuntur : Necnon et alia ... In Quatuor Anni Tempora distributa. Editio ultima accuratè expurgata. Olisipone, ex typis Simonis Thaddaei Ferreira, 1785.

1 l., 64, 51, 88, 49p. 18cm.
Text in 2 col.
Additions (36 p.) bound at end.
♣ *Cordeiro.* 3640

2072

Liturgy and ritual. Breviary. Proper of the Soc. of Jesus.

Officia Sanctorum ac Beatorum Societatis Jesu recitanda a Patribus ejusdem Societatis juxta rubricas Breviarii et Octavarii Romani, notatis in fine Missis, ex Missali Romano de iisdem Sanctis et Beatis. Tyrnaviae, Typis & Sumptibus Academicae Soc. Jesu Typographiae, 1718.

118, 32, [8]p. 17cm.
Text in 2 col. 2682

2073

— Officia divina propria Societatis Jesu In Ejusdem Festis recitari solita ex Decretis ac Indultis Romanis. Adjecto Officio de SS. Eucharistiae Sacramento pro Feriis V. non impeditis. Nec non Officio Defunctorum in Mortuorum exequiis ... Monachii, Typis Matthiae Riedl. 1718.

2 l., 290p. 16cm. 2772

2074

— o. c.

« Die XXI. Junii. Festum S. Aloysii Gonzagae Confessoris » 32p. bound at end.
« Die V. Februarij in festo. SS. Martyrum Japonum è Societate Jesu, Pauli, Joannis, et Jacobi » 8p. bound after p. 38. 2773

2075

— Proprium Sanctorum Societatis Jesu. Cum Supplemento ad Breviarium Romanum. Parisiis, 1750.

365 (*i.e.* 371), [4], 367-370p. 16cm.
Text in 2 col. 3504

2076

— o. c.

3505

2077

— Officia divina Societati Jesu peculiaria, cum eorum octavariis, ex decretis, et indultis Apostolicis recitanda. Addito in fine Communi Sanctorum, & propriis eorumdem Orationibus, quae habentur in Breviario Romano. Ad usum Patrum ejusdem Societatis Regni Portugalliae. Ulyssipone, Typis Regalibus Sylvianis, Regiaeque Academiae, 1750.

2 l., 278, lx?p. 16cm.
p. 5-6, 13-16, 31-32, 235-252, lxi-? wanting.
« Supplementum orationum ad pag. lx » (ms.) 21 l. bound after p. 234.
« Officium S. Francisci Caracciolo » (ms.) 7p., « Officium Fugae B. Mariae V. » (printed) 12p., « Officium in festo S. Joseph » (blockprint) 16p. bound at end. 3566

2078

— Officia de Sanctissimo Eucaristiae Sacramento, et de Conceptione Beatissimae Virginis Iuxta ritum Breviarii Romani, Ad usum eorum, qui illa ex Privilegio Apostolico omnibus quintis Feriis, & Sabbatis non impeditis recitare solent. Addito in fine Officio Sancti Ignatii Loyolae. Neapoli, Ex Officina Jacobi Raillard, 1693.

132p. 14½×8½cm.
Ms. marginal notes.
Text in 2 col.
♣ *Ora pro Fratre Alberto de Albertis peccre.* 2397

2079

Liturgy and ritual. Breviary. Supplementary offices.

Officia propria Sanctorum Tàm de praecepto, quàm ad libitum. Juxta decreta ab Alexandro VII. usque ad SS. D. N. Benedictum XIII. emanata. Romae, Ex Typographiae Hieronymi Mainardi, 1727.

3 l., 259 (*i.e.* 261)p. 15cm. 2612

2080

— Officia propria Sanctorum de praecepto Recitanda, juxta decreta Summorum Pontificum usque ad hanc diem emanata. Venetiis, Ex Typographia Balleoniana, 1732.

106, [2]p. 14½cm.
p. 51-54 wanting.
Text in 2 col.
Ms. on front guard leaf.
Additions (2 l. Latin ms., 2 l. Chinese text) inserted before t.-p. 3549

2081

— Officia nova aut innovata ab Alexandre [*sic*] VII. Clemente IX. & X. & S. D. N. Innocencio XI. ordinata, et in Breviario Romano ex eorundem Mandato apponenda : a Sac. Ritum [*sic*] Congregatione recognita, & approbata, & ab omnibus utriusque Sexus Christi fidelibus, quia [*sic*] ad Horas Canonicas tenentur, recitanda. Vlyssipone, Sumptibus Dominici Carneiro, 1694.

2 l., 189 (*i.e.* 188)p. 19½cm.
Text in 2 col.
Ms. marginal notes.
♣ *Pertence ao Bispo.* 2629

2082

— Officia nova aut innovata, ab Llexandro VII. Clemente IX. & X. & S. D. N. Innocencio. XI. & Benedicto XIII. ordinata, et in Breviario Romano ex eorumdem mandato apponenda, à Sac. Rituum Congregatione recognita, & approbata, & ab omnibus utriusque sexus Christi fidelibus, qui ad Horas Canonicas tenentur, recitanda. Ulyssipone Occidentali, Ex Typographia Petri Ferreyra, 1730.

2 l., 184p. 19½cm.
p. 131-142 wanting.
Text in 2 col. 2729

2083

— Officia nova, aut innovata ... Ulyssipone Occidentali, Ex Typographia Antonii Pedrozo Galram, 1732. A' custa de Miguel de Almeyda de Vasconcellos.

2 l., 184p. 20cm.

Text in 2 col.
« Lectiones II. Nocturni in festo S. Guilelmi » (ms.) pasted on back cover. 2630

2084

— Officia nova, aut innovata ... Ulyssipone Occidentali, Ex Typographia Antonii Pedrozo Galram, 1738. Sumptibus Michaelis de Almeyda de Vasconcellos.

2 l., 182p. 19cm.
Text in 2 col.
Additions (36p.) at end.
Ms. on front and back guard leaves.
♣ *Stamp of Mgr Polyc. de Souza.* 3480

2085

— Officia omnia Sanctorum nova, et propria a Summis Pontificibus Appobata [*sic*], & concessa pro toto Regno Portugalliae Usque ad praesentem annum. Olisipone, Typis Simonis Thaddaei Ferreira.

2 l., 236p. 20½cm.
Text in 2 col.
Additions (4 p.) bound at end. 1568

2086

Liturgy and ritual. Ceremonial of bishops.

. Caerimoniale Episcoporvm. Ivssv Clementis VIII. Pont. Max. nouissimè reformatum. Omnibus Ecclesijs; praecipue autem Metropolitanis Cathedralibus, & Collegiatis perutile, ac necessarium. Romae, Typis Lepidi Fatij, 1606.

4 l., 381, [2]p. illus. 22cm.
Signatures : †[4], A-Z[4], Aa-Zz[4]; Aaa-Bbb[4].
p. 2, 27 lines, 173×113mm.
1st official ed. 1600.
Errata : p. [382]-[383]
♣ *Bibl. Trig.* 1596

2087

— Caeremoniale Episcoporum Clementis VIII. primum, dein Innocentii X. nunc denuo Benedicti PP. XIII. Auctoritate recognitum. Pro omnibus Ecclesiis, pręcipue autem Patriarchalibus, Metropolitanis, Cathedralibus, & Collegiatis. Romae, Typis Caroli Gianini, & Hieronymi Mainardi, 1729.

lxiv, 439p. illus. (inci. musics) 25cm.
Illus. t.-p.
Index : p. xiii-lxiv.
★ Brunet I 1450.
♣ *Stamp of Mgr Polyc. de Souza.* 1839

2088

Liturgy and ritual. Exorcisms.

Thesaurus exorcismorum atque conjurationum terribilium potentissimorum, efficacissimorum, cum Practica probatissima : quibus spiritus maligni, Daemones Maleficiaq;

omnia de Corporibus humanis obsessis, tanquam Flagellis Fustibusque Fugantur ... Coloniae, Impensis Lazari Zetzneri, 1608.

8 l., 1272, [45]p. 16½cm.
Signatures: †[8], A-Z[8], Aa-Zz[8], Aaa-Zzz[8], Aaaa-Nnnn[8], Oooo[8].
p. 9, 38 lines, 126×66mm.
p. 81-96 wanting.
Contents. — Polydorus, V. *OMConv.* Practica exorcistarum; Dispersio daemonum, quae secunda pars est Practicae exorcistarum. — Menghi, H. *OMObs.* Flagellum daemonum; Fustis daemonum. — Vicecomes, Z. *OBarn.* Complementum artis exorcistae. — Stampa, P. A. Fuga satanae. — Index.
1610

2089

Liturgy and ritual. Martyrology.

Martyrologivm Romanvm ad nouam Kalendarij rationem & Ecclesiasticae Historiae veritatem restitutum, Gregorii XIII. Pont. Max. ivssv editvm, Caesaris Baronii Sorani ex Congregatione Oratorij S. R. E. Presb. Cardinalis ... Notationibvs illustratum. Nouissimae & correctissimae huic editioni seorsim accedit Vetvs Romanvm Martyrologivm, hactenus à Cardinale Baronio desideratum, vnà cum Martyrologio Adonis, ad Mss. exemplaria recensito, opera & studio Heriberti Rosweydi è Soc. Iesv. Antverpiae, Ex officina Plantiniana. Apud Viduam & Filios Ioannis Moreti, 1613.

xxxvi, 550, [99]p., 6 l., 228, [35]p. illus. (incl. tables) 36cm.
Signatures: †-†††[6], A-Z[6], Aa-Zz[6], Aaa-Ggg[6], Hhh[7]; †[6], A-Y[6].
p. 3, 68 lines, 272×147mm.
Illus. t.-p.
Text in 2 col.
1st official ed. Rome, 1584.
1st ed. by Baronius, Rome, 1586.
1st ed. by Rosweyde.
Indices at end of each part.
Errata at end of pt. 2.
★ Brunet III 1510. — Sommerv VII 192 n° 7.
1492

2090

— Martyrologivm Romanvm Gregorii XIII. Pont. Max. jvssv editvm. et Vrbani VIII. avctoritate recognitvm Accesservnt Notationes atque Tractatio De Martyrologio Romano. Avctore Caesare Baronio Sorano Congregationis Oratorii Presbytero, S. R. E. Card. Tit. SS. Nerei, & Achillei Bibliothecario Apost. Postrema vero haec editio post eius obitum, nonnulla exhibet, quae addenda, vel mutanda Auctor ipse notauerat. Nouissime additae sunt notulae marginales per alium dictae Congregationis Presbyterum loca Annalium eiusdem Baronij, vbi de Sanctis fit mentio, vel tempora, quibus floruerunt, aut passi sunt, ex varijs Auctoribus indicantes. Romae, Typis Vaticanis, 1630.

18 l., 640, [56]p. incl. port., tables, musics. 33cm.
Signatures: †-†††[6], A-Z[6], Aa-Zz[6], Aaa-Fff[6], Ggg[?], a-d[6], e[4].
p. 3, 63 lines, 260×144mm.
Illus. t.-p.
Text in 2 col.
Indices & errata: p. [641]-[695]
♣ *Andrea Agliata Baron della Roccella et Bonfornello.*
1619

2091

Martyrologium Romanum Gregorii XIII. Pont. Max. jussu editum, et Clementis PP. X. auctoritate recognitum. Accessit huic editioni eorum memoria, qui à summis Pontificibus, usque ad Innocentium XI. Pont. Max. in Sanctorum numerum relati sunt. Antverpiae, Ex officina Plantiniana Balthasaris Moreti, 1690.

16 l., 367, [55]p., 1 l. 21½cm.
Illus. t.-p.
Index: p. [368]-[422]
1571

2092

Liturgy and ritual. Missal.

[Missale Romanvm Ex decreto Sacrosancti Concilij Tridentini restitutum. Pii V. Pon. Max. ivssv. editvm. Venetiis, apud Gratiosum Perchacinum, 1573]

16 l., 534p., 1 l. incl. musics. 22cm.
Signatures: †-††[8], A-Z[8], Aa-Kk[8], Ll[4].
p. 5, 38 lines, 175×122mm.
2 p. l. (incl. t.-p.), p. 239-240 wanting.
Text in 2 col.
For title, etc. *cf.* The ms. title, colophon, & « Tabula literarum Dominicalium »
Ms. additions bound at end.
1st ed. by Pius V. Rome, 1570.
★ Brunet III 1760. — DictArLit XI 1486.
♣ *de la Provincia de Japon.*
1641

2093

— [Missale Romanum. Antverpiae, Ex officina Plantiniana, Apud Balthasarem & Ioannem Moretos, 1616]

26? l., 548, cviii, [6]p. illus. 36cm.
Signatures: A-D[6], E[2], A-Z[6], a-y[6], z[4], AA-II[6], KK[3].
p. 5, 41 lines, 268×162mm.
2? p. l. (incl. t.-p.), p. 41-42, 305-306, 313-314, 495-496, 533-534 wanting.
Text in 2 col.
For title, etc. *cf.* Approbation, & colophon.
« Index nominum » at end.
Ms. additions on 8p. bound before « Index nominum ».
3463

2094

— [Missale Romanum. Antverpiae, Ex officina Plantiniana Balthasaris Moreti, 1621]

32 l., 604, cxviii, [4]p., 1 l. incl. tables, musics. 25½cm.
Signatures : A-D⁸, A-Z⁸, A-O⁸, P⁶; AA-GG⁸, HH⁶.
p. 5, 37 lines, 200×130mm.
t.-p., 1 p.l., p. 23-24, 45-46, 301-302 (supplied by a ms.), 315-316, 351-352, 369-370, 547-548 wanting.
Text in 2 col.
Ms. additions on 7p. bound at end.
For imprint *cf.* Colophon. 3531

2095

Liturgy and ritual. Missal.

Missale Romanvm Ex Decreto Sacrosancti Concilij Tridentini restitutum. Pii V. Pont. Max. ivssv editvm et Clementis VIII. primum, nunc denuo Vrbani Papae Octavi auctoritate recognitum In quo omnia per extensum leguntur, vt commodius celebretur ... Venetiis, apvd Cieras, 1638.

24? l., 480?, lxxx (*i.e.* lxxxi), [3]p. illus., plate. 28cm.
Signatures : †-†††⁸, A-Z⁸, Aa-Gg⁸, a-d⁸, e¹⁰, †⁴.
p. 3, 46 lines, 228×156mm.
1 p.-l., p. 213-214, 479-480? wanting.
Ms. on recto of the plate.
Engr. ornamented t.-p.
Text in 2 col.
« Index nominum Sanctorum » & « Missae Sanctorum celebrandae ad libitum » at end. 3266

2096

— Missale Romanum ... In quo Missae propriae de Sanctis a Summis Pontificibus usque ad Innocentium XII. celebrari concessis, omnes suis in locis positae sunt, ad majorem Celebrantium commoditatem. Editio novissima à mendis accuratissime expurgata. Lugdvni, Ex Officina Petri Valfray, 1701.

28 l., 568, civ p. illus. 26cm.
p. 241-242 wanting.
Illus. t.-p.
Text in 2 col.
« Missa in Festo Sanctissimi Nominis Jesu » (ms.) on 2 p. bound at end. 3291

2097

— Missale Romanum ... Lugduni, Ex Officina Petri Valfray, 1708.

28 l., 568, cxii p. illus. 26cm.
p. 181-188 wanting.
Ms. on recto of front guard leaf.
Illus. t.-p.
Text in 2 col. 3267

2098

— Missale Romanum ... Cum additione omnium Missarum, Quas, ex praecepto vel ad libitum celebrare novissimè concesserunt Pontifices Maximi; usque ad Clementem XI. Lugduni & vaeneunt : Parisiis, Apud Antonium-Franciscum Chippier, 1736.

20 l., 628, cxix, [1]p, illus., plate. 30cm.
Illus. t.-p.
Text in 2 col.
« Die XIX Julii in festo Sancti Vincentii a Paulo » 2 p. bound after p. 526.
♣ *Missionis Gallicae Societatis Jesu in Sinis.* 3265

2099

— o. c.

Ms. and printed additions bound after p. 76, 486, 490, 494, 498, 500, 502, 526, 542. [cxx] and on back guard leaf.
Ms. approbation by Bishop Mouly dated 17 July 1852 bound after t.-p.
♣ *Missionis Sinensis P.P. Gallorum Societatis Jesu.* 3528

2100

— Missale Romanvm Ex Decreto Sacrosancti Concilii Tridentini restitutum, S. Pii V. Pontificis Maximi jussu editum, Clementis VIII. & Urbani VIII. Auctoritate recognitum : Cui accessere Sanctorum Missae ad hanc usque diem per Summos Pontifices novissimè emanatae. Venetiis, Apud Nicolam Pezzana, 1768.

24 l., 632, cxci, [1], xxiii p. illus. 24½cm.
1 p. l. wanting.
Text in 2 col.
p. 271-272 lost and supplied by a badly spoiled ms. 3292

2101

— Missale Romanum ... Venetiis, Ex Typographia Heredis Nicolai Pezzana, 1779.

18 l., 404, cxii p. illus. 33½cm.
Illus. t.-p.
Text in 2 col.
Die XIX Julii in festo Sancti Vincentii a Paulo » on 2 l. bound before t.-p. and p. 337.
« Missae propriae pro sancta Genuensi Ecclesia, Genuae, Ex typographia Gesiniana » bound at end.
Ms. addition on recto of back guard leaf. 3264

2102

— Missale Romanum ... Et novis Missis ex Indulto Apostolico hucusque concessis auctum, in quo etiam Missae, quae ex concessionibus Pontificiis in Regno Portugalliae celebrantur, suis locis accuratè ponuntur. Olisipone, Typographia Regia, 1782.

30 l., 682, cxliv, [6]p., 5 l., 58p. illus. 34½cm.
Illus. t.-p.
Text in 2 col.
Indices, « Missae propriae Sanctorum trium Ordinum Fratrum Minorum S. P. N. Francisci » at end.
« Die IX Junii In Festo Sancti Francisci Caracciolo Confesor. » (ms.) bound after p. 514. 3464

2103

— Missale Romanum ... Ex [*sic*] novis Missis ex Indulto Apostolico hucusque concessis auctum, in quo etiam Missae, quae ex Concessionibus Pontificiis in Regno Portugalliae celebrantur, suis locis accuratè ponuntur. Olisipone, Typographia Regia, 1784.

30 l., 672, cxlvi, [6]p., 5 l., 58p. illus. 39cm.
Illus. t.-p.
Text in 2 col.
Ms. approbation by Bishop Mouly dated 12 April 1848, bound before t.-p.
Indices, « Missae Sanctorum trium Ordinum Fratrum Minorum S. P. N. Francisci », « Missa pro fidei propagatione », & « In festo Sancti Francisci Caracciolo » at end. 3526

2104

Liturgy and ritual. Missal. *Franciscan.*

[Missale Romanum ad usum Fratrum et Sororum trium Ordinum sancti Francisci vel Capucinorum in quibus Officia Sanctorum dictorum Ordinum Sancti Francisci inter Officia Romana disponuntur & inseruntur. Paris, Edme Couterot, 1700 ?]

28? l., 695, cxii, [2]p. incl. plates, tables, musics. 39½cm.
Text in 2 col.
2 p. l. (incl. t.-p.), p. 19-20, 45-48, 257-262, 275-280, 311-314, 583-584, 633-640 wanting.
For title, etc. *cf.* Privilege. 3416

2105

Liturgy and ritual. Missal. *Gallican.*

Missale Divionense Illustrissimi et Reverendissimi in Christo Patris D. D. Clavdii-Marci-Antonii d'Apchon, Divionensis Episcopi, auctoritate ac Venerabilis ejusdem Ecclesiae Capituli consensu editum ... Parisiis, Apud Bibliopolas Usuum Parisiensium & Divionensium, 1762.

8 l., [25]-80, 708, clxxxviip. incl. tables, musics. 28½cm.
Text in 2 col.
Colophon : Typis P. AE. Le Mercier, 1762.
« Die XXI Augusti in festo S. Joannae Franciscae Fremiot de Chantal ... Romae, Ex typographia Antonii Boulzaler, 1829 » [2]p. bound after p. 624.
« Prosae Communes in Missis annualibus & solemnibus majoribus de Sanctis cantandae, ubi propriae non habentur » : p. clxix-clxxxvii.
« In festo S. S. Cordis Jesu » 4p. at end. 3519

2106

— Missale Ecclesiae Laudunensis, Eminentissimi ac Reverendissimi in Christo Patris D. D. Joannis-Francisci-Josephi Tituli S. Eusebii S. R. E. Cardinalis de Rochechouart, Episcopi Ducis Laudunensis, Franciae Paris, Anisiaci Comitis, Regii Ordinis Sancti Spiritus Commendatoris, &c. auctoritate, ac venerabilis ejusdem Ecclesiae Capituli consensu, editum. Lauduni, Excudebat Joannes Calvet, 1773.

12 l., 52, 624, cxiii, [2]p. incl. tables, musics. 38cm.
Illus. t.-p.
Engr. head-pieces.
Text in 2 col.
« Prosae communes in Missis annualibus & solemnibus majoribus de Sanctis ex praecepto cantandae » : p. ciii-cxiii.
Errata at end. 3263

2107

Liturgy and ritual. Offices of the Holy Week.

Officium Hebdomadae Sanctae Secundùm Missale & Breviarium Romanum, Pii V. Pont. Max. jussu editum, Clementis VIII. & Urbani VIII. auctoritate recognitum. Antverpiae, Ex typographia Plantiniana, 1721.

544p. illus. 17cm.
Illus. t.-p.
♣ *B. Tching.* 1577

2108

Liturgy and ritual. Ordo Perpetuus.

Ordo Romanvs perpetvvs recitandi Divinvm Officivm Ad vsum, & commoditatem omnium Ecclesiasticorum Breuiario Romano vtentium, iuxta Rubricas eiusdem Breuiarii Romani Clementis VIII. & Vrbani VIII. auctoritate recogniti, Aptiùs, & clariùs, quàm antea dispositus. Adiunctis nonnullis monitis Cum omnibus Sanctis à Summis Pontificibus, supremoque à Clemente X. ordinatis ... Additis etiam tribus Tabulis, una perpetua, temporaria altera, tertia Bissextili. Romae, Sumptibus Gregorij, & Ioannis Andreoli, 1671.

8 l., 14, 366p. incl. tables. 16cm.
p. 1-2 wanting.
« Tabula litter. dominic. perpet. » (ms.) 12 p. bound at end.
♣ *Ve Proua^ae^ Sinensis Soc. Jes. — Veyo da Rezid^a^ de Cinanfu.* 1580

2109

Liturgy and ritual. Ordo Perpetuus. *Franciscans.*

Calendarivm perpetvvm, sev Ordo perpetvvs Officii Divini recitandi Ad usum, & commoditatem Fratrum, & Monialium Ord. Seraph. S. Francisci, iuxta Rubricas generales Missalis, & Breuiarij Romani, necnon particulares Missalis, ac Breuiarii Fratrum Ordinis Minorum nuper à Sacra Rit. Cong. approbatas ... Avctore P. F. Clavdio Le Vol.

Gallo, Ord. Min. Regularis Obseru. ... Romae, Typis Fabij de Falco, Sumpt. eiusdem, Gregorij, & Ioan. Andreolis, & Benedicti S[? 1666 ?]

xxiv, 726, [1]p. 16cm.
t.-p. spoiled.
Approbation dated 1666.
Errata : p. 725-726.
♣ *Ad usum P. Io : Baptae à Castro no(vo) Miss : Ap :* 2637

2110

Liturgy and ritual. Pontifical.

Pontificale Romanvm Clementis VIII. primvm; nvnc denvo Vrbani VIII. Auctoritate recognitum. Ac demum ad Plurium usum, in commodiorem forman redactum. Coloniae Agrippinae, apud Balthas. ab Egmond, & Socios. & Prostant Parisiis, Apud Viduam Edmvndi Martini, 1682.

10 l., 544, [4]p. 16cm.
Ms. in Chinese on front guard-leaf.
1st ed. by Clemens VIII. Rome, 1595.
1st ed. by Urbanus VIII. Rome, 1645.
♣ *PP galloru S : J : Pekini.* 1579

2111

Liturgy and ritual. Ritual.

Ritvale Romanvm, Pavli V. Pontificis Maximi jussu editum. Unà cum Notis consueto Ecclesiae cantui accommodatis, & à quamplurimis mendis, quae irrepserant, diligenter purgatis. Editio vltima, aucta, & meliori ordini restituta. Lvgdvni, Ex Officina Ioannis Gregoire, 1674.

396p. incl. musics. 14½cm.
Illus. t.-p.
1st official ed. 1614.
« Formula impertiendi indulgentiam plenariam in articulo mortis » (ms.) 8p. bound after p. 114.
♣ *Phrt LeBlanc.* 1581

2112

— Rituale Romanum, Pavli V. Pontificis Maximi jussu editum. Editio novissima cum Accentibus. Parisiis, Apud Viduam Georgii Josse, 1679.

3 l., 518p. incl. musics. 22cm.
« Ordo faciendi sponsalia per verba de futuro ex Rituali Parisiensi » : p. 454-518.
♣ *D. PP. Ossti di S. Franco nelle Prov. Pekino e Xan tung.* 1570

2113

— Rituale Romanum, Pauli V. Pontificis Maximi jussu editum. Vnà cum Notis consueto Ecclesiae cantui accommodatis, & à quamplurimis mendis, quae antea irrepserant, diligenter purgatis. Editio ultima, aucta, & meliori ordini restituta. Lugduni, Apud Petrum Valfray, 1686.

396 p. incl. musics. 15½cm.
p. 69-70 wanting.
Illus. t.-p.
« Ordo ad faciendam aquam Benedictam » p. 377-382 of other ed. & « Formula applicandi indulg. plenariam » (ms.) 4 p. bound at end.
♣ *PP. Societatis Jesu.* 3476

2114

— Rituale Romanum Pauli V. Pont. Max. jussu editum, Cum Conjurationibus ad fugandas tempestates, & Benedictione Aquae quae fit in Vigilia Epiphaniae, ac aliis. Addita Formula pro benedicendis Populo & Agris à S. Rituum Congregatione approbata. Venetiis, Sumptibus Pauli Balleonii, 1705.

262, [2]p. incl. musics. 24cm.
Ms. additions (4 p.) bound at end. 1834

2115

— Rituale Romanum Pauli V. Pont. Max. jussu editum : Addita formula pro benedicendis Populo & Agris à S. Rituum Congregatione approbata. Antverpiae, ex Architypographia Plantiniana, 1744.

4 l., 388, [1]p. incl. musics. 18cm.
Ms. additions (4 p.) pasted on p. 88 and back guard leaf.
Illus. t.-p. 1575

2116

— Rituale Romanum Pauli V. Pont. Max. jussu editum. Romae, Typis Sac. Congreg. de Propag. Fide, 1750.

7 l., 430p. 13½cm.
p. 193-208 bound after p. 304. 1724

2117

— Rituale Romanum Pauli Quinti Pontificis Maximi jussu editum; in quo quae parochis ad administrationem Sacramentorum, ad Benedictiones, & Conjurationes necessaria censentur, accuratè sunt posita. Venetiis, Ex Typographia Balleoniana, 1751.

4 l., 424p. incl. musics. 18cm.
Illus. t.-p.
Additions (5 p., 3 p. in ms.) bound at end. 1572

2118

— Rituale Romanum Pauli Quinti Pontificis Maximi jussu editum, Atque a fel. recordat. Benedicto XIV. auctum, & castigatum; In quo, quae Parochis ad administrationem Sacramentorum, Benedictiones, & Conjurationes necessaria censentur, accurate sunt posita. Editio Novissima Ad Romanam Benedicti XIV. jussu adornatam diligenter exacta. Bassani, Sed prostant Venetiis apud Remondini, 1773.

xiv, 346p. incl. musics. 18cm.
Illus. t.-p. 1573

2119

Livius,Titus, 59 B. C.-17 A. D.

(T. Livii Patavini historicorvm Romanorum principis) Libri omnes svperstites. Recogniti pridem et emendati ad manvscriptorvm codicvm Fvldensivm Mogvntinensivm et Coloniensivm fidem, (à Francisco Modio :) nunc vero etiam, ad membranas Bibliothecae Palatinae Electoralis a Iano Grvtero. Accedvnt in evndem Livivm Observationes, Emendationes, Annotationes, denique variae variorum ... Quorum interim scriptis admixta plurima è monumentis ... Cum Indice Rerum ac Verborum locupletissimo huic nouissimae editioni adaptato ... Francofurti ad Moenum, Ex Officina Typographica Ioannis Saurij, Impensis Iacobi Fischeri, 1612.

3 l., 600, [60], 511 p. 37½cm.
Signatures : †⁴, A-Z⁶, AA-ZZ⁶, AAA-III⁶; Aa--Zz⁶, Aaa-Ttt⁶, Vuu⁴.
p. 3, 64 lines, 299×163mm.
Pt. 1. p. 227-228 bound after p. 240.
Illus. t.-p.
« Observationes » has imprint : Francofurti, Ex Officina Sauriana, sumptibus Ionae Rhodii, 1607.
♣ *Bibl. Trig.* 1982

2120

[Lobel, Mathias de, 1538-1616]

[Plantarum seu stirpium historia, cui adnexum est adversariorum volumen. Antverpiae, Plantinus, 1576]

2v. illus. v. 1 : 31½cm.; v. 2 : 28½cm.
Vol. 1, p. 1-8; v. 2, p. 1. (incl. t.-p.) wanting.
Author : Mathias de Lobel, title, and imprint. *cf.* Caption title and Brunet III 401.
These 2 volumes were published by Plantin. The text of the second volume was printed in London, as shown by the colophon : « Londini. 1571 Calendis Ianuarijs, excudebat prelum Thomae Purfoetij »; but Plantin printed the appendices which have the colophon : « Antverpiae excvdebat Christophorvs Plantinvs, 1576. »
1st ed. London, 1570.
Contents. — **v. 1.** Stirpium observationes. — **v. 2.** Stirpium adversaria nova. Appendix nonnullarum stirpium in Observationibus nostris [vol 1] proetermissarum. Formulae aliquot remediorum Guillielmi Rondelletii, libro de Internis remediis omissae. Indices (in different European languages).
★ Brunet III 401.
♣ *Bibl. Trig. ?* 3411(v. 1) 1258(v. 2)

2121

Locke, John, 1632-1704.

De intellectu humano. In Quatuor Libris. Authore Johanne Lockio Armigero. Editio Quarta Aucta & Emendata, & nunc primum Latine reddita ... Londini, Impensis Aunshami & Johan. Churchil, 1701.

13 l., 317 (*i.e.* 309p. front. (port.) 32cm.
Tr. by Pierre Coste, *cf.* DictNatBiogr IX 1200.
1st English ed. 1690.
1st Latin ed.
★ DictTheolCath IX 850.
♣ *Stamp of Mgr Alex. de Gouvea.* 2859

2122

Locres, Ferry de, 1571-1614.

Maria Avgvsta Virgo Deipara in septem libros tribvta; Chronico & Notis ad calcem illustrata. Avctore Ferreolo Locrio Pavlinate ... Atrebati, Ex officina R. Mavdhvy, 1608.

10 l., 722 p., 1 l., 70, [17]p. incl. tables. 22cm.
Signatures : †-††⁴, A-Z⁴; AA-ZZ⁴, a-n⁴, o², p-z⁴, aa-yy⁴, A-G⁴, H², I-L⁴, M², (2 p. l. without sign.; Y₄, cc₄ blank)
p. 7, 29 lines, 164×109mm.
p. 9-16, 689-692 wanting.
Illus. t.-p.
Each part has a special t.-p.
Index at end.
Errata at end of each part.
Contents. — Encomia. — Trophaea. — Amplitudo. — Regna. — Provinciae. — Insulae. — Oppida. — Ordines. — Coenobia. — Xenodochia. — Templa. — Imagines. — Reliquiae. — Festa. — Sodalitia. — Officia. — Miracula. 1675

2123

Lohner, Tobias, *SJ,* 1619-1697.

Instructio practica septima de munere concionandi, exhortandi, catechizandi, Continens non tantùm praecepta ad artem concionandi discendam accommodata, sed etiam Ideas & Conceptus practicos pro Concionibus in Festis B. V. & SS. Dedicationis, Patrocinii, Novi Anni, Paschatis, Parasceves; item in Primitiis Sacerdotum, Peregrinationibus, Congregatione Rosarii, Funeribus & Sepulturis & apud Rusticos instituendis ... composita, typoque data à R. P. Tobia Lohner, Soc. Jesu Sacerdote ... Editio Quarta Correctior. Augustae Vindel. & Dilingae. Typis & Sumpt. Joannis Caspari Bencard, Viduae & Consort., 1738.

8 l., 551, [9]p. 17cm.
1st ed. Dilingen, 1679.
Index : p. [556]-[560]
★ Sommerv IV 1909 n° 35. 1680

2124

Longomontanus, Christian Severin, 1562-1647.

[Astronomia Danica, in duas partes distributa, quarum prima doctrinam de diurna apparente siderum revolutione, super sphaera armillari veterum instaurata duobus libris explicat; secunda theorias de motibus planetarum ad observationes D. Tychonis de Brahe, etc., ibidem duobus libris complectitur Amsterdam, 1622 ?]

2v. tables, diagrs. 24cm.
Vol. 1 wanting.

For title, etc. *cf.* NouvBiogrGén XXXI 573.
1st ed.
★ Brunet III 1154.
♣ *Bibl. Trig.?* 1840

2125

Longomontanus, Christian Severin, 1562-1647.

Cyclometria ex Lunulis reciprocè demonstrata; unde tam Areae, qvàm Perimetri circuli exacta dimensio, & in numeros diductio seqvuta est, hactenus ab omnibus Mathematicis unicè desiderata. ... Inventore Christiano S. Longomontano Regio Mathematum Professore. Hafniae, Typis Henrici Waldkirchij, 1612.

83p. incl. diagrs. 20½cm.
Signatures : A-K4, L2.
p. 10, 25 lines, 138×90mm.
Title within ornamental border.
Bound with : Apianus, P. Cosmographia, Coloniae Agripp. 1574.
♣ *Bibl. Trig. — Collegij S.J. Pekini.* 353

2126

Lopez, Luis, *OP, d. ca.* 1595.

Tractatvs de contractibvs et negotiationibvs, dvobvs contenti libris. Fratre Lvdovico Lopez ... Ordinis Praedicatorum ... Authore. In quibus quaestiones, earumque resolutiones ... proponuntur, accurateque discutiuntur, & traduntur, pressiúsque tam modernorum, quàm antiquorum opinionibus libratis, atque perpensis statuitur veritas, tam Sacrae Theologiae, quàm Iuri Canonico & Ciuili, concinnior ... Lvgdvni, Ex officina Ivntarvm, 1594.

6 l., 468, 415 (*i.e.* 419), [68]p. 24½cm.
Signatures : †4, ††2, A-Z4, Aa-Zz4, Aaa-Mmm4, Nnn2; a-o4, p6, q-z4, A-Z4, Aa-Oo4, Pp2.
p. 5, 45 lines, 185×105mm.
2 p. l. of pt. 1. bound at end of pt. 2.
1st ed. Salamanca, 1592.
Index at end.
★ Streit I 89 n° 200.
♣ *Bibl. Trig. — China adentro.* 1672

2127

Lubienitzki, Stanislaw, 1623-1675.

(Stanislai de Lubienietz Lubieniecii Rolitsii) Theatrum cometicum, Duabus partibus constans, Quarum altera ... Cometas anni 1664. & 1665. variis Virorum per Europam Clariss. ... observationibus ... descriptos, & quinquaginta novem figuris aeneis illustratos exhibet ... Altera continet Historiam ccccxv Cometarum, a tempore diluvii ad Ann. 1665. cum 25. Figuris & accurato indiculo ... eventuum eos secutorum; in qua simul Synopsis quaedam Historiae Universalis proponitur ... Amstelodami, typis Danielis Baccamude, Apud Franciscum Cuperum, 1666-68 [v. 1, 1668]

2v. illus., 19 plates (5 fold.), 2 ports., 51 tables (22 fold.), 12 diagrs. (3 fold.) 33½cm.
Added engr. ornamented t.-p. dated 1667.
Half-title (v 2.) : Systema cometicum.
1st ed. 162

2128

Lucanus, Marcus Annaeus, 39-65.

(M. Annaeus Lucanus) De bello civili, cum Hug : Grotij, Farnabij notis integris & Variorum selectiss. Accurante Corn : Schrevelio. Amstelodami, Ex Officina Elzeviriana, 1669.

8 l., 614, [146]p. fold. map. 19½cm.
Engr. ornamented t.-p.
1st ed. by Schrevel, Leyden, 1658.
1st ed. of May's Supplem., Leyden, 1640.
« Supplementum Lucani libri septem. Authore Thoma Majo, Anglo » : p. [529]-614.
« Variantes lectiones » & « Index in Lucanum » 146 p. at end.
★ Brunet III 1200.
♣ *Collegij Soc Jesv Pekini.* 3227

2129

Lucas Brugensis, Franciscus, 1549-1619.

Sermones de diversis christianae fidei mysteriis. Francisci Lvcae Brvgensis Ecclesiae Cathed. Audomaropolitanae Theologi & Decani. Antverpiae, Ex Officina Plantiniana, Apud Ioannem Moretum, 1610.

8 l., 400, [5]p. 17½cm.
Signatures : †8, A-Z8, Aa-Bb8, Cc3.
p. 3, 33 lines, 132×74mm.
« Index locorum S. Scripturae » at end.
♣ ***Bibl. Trig.*** **1797**

2130

Lucchesini, Gian Lorenzo, *SJ,* 1638-1716.

Sacra monarchia S. Leonis Magni Pontificis Maximi Passim, & ubique fulgens in polemica historia Concilii Chalcedonensis scripta a Joanne Laurentio Lucchesinio Lucensi è Societate Jesu. Ex qua in lucem profertur tota vis, quae latebat in Actis, & Authenticis Literis ad eandem Synodum pertinentibus : Et Mendacissima Pronunciata Petri Suavis Polani de Aristocratica Forma Regiminis Antiquae Ecclesiae Perpetua Novarum Ratiocinationum serie penitus evertuntur ... Cum Indice rerum locupletissimo, Romae, Typis Reverendae Camerae Apostolicae, 1693.

8 l., 380, [55]p. 22cm.
1st ed.
★ Sommerv V 154 n° 15.
♣ *Vice Proa da Chyna. — Collegio de NanKim.* 1862

2131

Lucretius Carus, Titus, *ca.* 98-55 B. C.

[T. Lucr : Cari De rervm natvra libri VI. Venetiis, In aedibvs Aldi, et Andreae soceri mense Ianvario, 1515]

8? l., 125 numb. l., 1 l. 15½cm.
Signatures : †⁸, a-p⁸, q⁶.
f. la, 30 lines, 117×62mm.
2? l. (incl. t.-p.) wanting.
Ms. marginal notes.
Spaces for initials with lower case directors only.
Title, etc. *cf.* Caption title & colophon.
1st ed. by Aldus, 1500.
Errata at end.
★ Brunet III 1218. 3043

2132

Ludolphus Saxoniensis, *OCarth,* 1295-1377.

Vita Christi Domini Servatoris nostri, a R. P. Lvdolpho Saxone, Carthvsiano, ante CCL. annos ex Sacris Euangeliis, veterumque patrum sententiis contexta, atque ita disposita, nihil vt eorum quae tum ad Historiae, ad Homiliarum totius anni rationem spectant, deesse quicquam possit. ... In quo praeter superiorem editionem, repurgatis quamplurimis mendis, designati sunt ad marginem autorum ibidem citatorum loci, per Ioannem Dadraeum ... Cum multis indicibus valde necessariis. Parisiis, Apud Michaelem Sonnivm, 1580.

8 l., 506 (*i.e.* 518) numb. l., 46 l. 35cm.
Signatures : a⁴, e⁴, a-z⁶, A-Z⁶, Aa-Zz⁶, AAa-ZZz⁶, AAA-BBB⁶.
f. 2a, 56 lines, 268×153mm.
Illus. t.-p.
1st ed. Strasburg, 1474.
✤ *Stamp : Grand Séminaire de St Flour. — Collegii Sanflorani catalogo inscriptus 1746. — Ex libris Congregationis Missionis ad usum A. Humblot St Flour 1865.* 1828

M

2133

Macchellus, Nicolaus,

(Nicolai Macchelli Medici Mutinensis) Tractatvs methodicvs et omnibvs nvmeris absolutus. De lve venerea eivsqve natvra et cavssis, et quae eam sequuntur, symptomatis, necnon singulorum curatione. Accesservnt Dispvtationes Medicae ... de febris pestilentis cognitione & cura : Avthore Gerhardo Colvmba, Medico et Philosopho Messanense. Cum geminis Indicibus, operi vtriq; accommodatissimis. Francofvrti, Excudebat Nicolaus Hoffmannus, impensis Ioannis Iacobi Porssij, 1608.

61, [6], 278, [16]p. 17½cm.
Signatures : a-d⁸, e²; A-S⁸, T³.
p. 11, 40 lines (of Macchellus'), 135×70mm.

This is not a new ed. by Nicolaus Hoffmann, but the old ed. of 1601 by Georg Beatus & Ioh. Luwig Bitschius, with a new t.-p., in our copy, bound with the latter.
Bound with : Columba, G. Dispvtationvm medicarvm de febris pestilentis cognitione libri duo cum tractatu Nicolai Macchelli De morbo Gallico, Francofvrti, 1601.
♣ *Missionis Sinensis.* 1040

2134

[Macedo, Francisco de, *OMObs*] 1596-1681.

[De clavibus Petri. Opus in quatuor libros divisum ... additis tribus controversiis de haeresi et schismate, de sacerdotio Christi, de peccato originali. Romae ? 1660 ?]

24 ? l., 629 (*i.e.* 625), [27]p. 32½cm.
Paged irregularly.
12 ? p. l. (incl. t.-p.) wanting.
Text in 2 col.
Author : Francisco de Macedo, *OMObs,* title, etc. *cf.* Running title & DictTheolCath IX 1462.
1st ed.
Contents. — **[pt. 1]** De clavibus Petri. — **[pt. 2]** De fide dogmatica mysteriorum. — **[pt. 3]** De fide dogmatica practica et usuali. —**[pt. 4]** De sacramentis. Index rerum. 3556

2135

Macha-Allah, *9th cent.*

De elementis et orbibvs coelestibvs, liber antiqvvs ac eruditus Messahalae laudatissimi inter Arabes Astrologi. Cui adiectum est scriptvm cvivsdam Hebraei de Eris seu interuallis regnorum ... Item ijsdem de rebus : Scriptvm cvivsdam Saraceni, continens prȩterea prȩcepta ad usum tabularum Astronomicarum utilissima. Quae omnia ad ueteris Archetypi lectionem diligenter collata ... publicorum studiorum utilitati, dicauit Ioachimus Hellerus apud ... Noribergam Mathematum Professor. Noribergae, excudebant Ioannes Montanus, & Vlricus Neuberus, 1549.

100 unnumb. l. incl. diagrs. 20cm.
Signatures : A⁴, a⁴, *a*⁴, †², B-Y⁴, Z².
f. [3]a, 28 lines, 147×106mm.
1st ed.
Bound with : Peckham, J. Perspectiva Communis, Norimbergae, 1542 and others. 252b

2136

— o. c.

Bound with : Zubler, L. Novvm instrumentum geometricum, Basileae, 1607 and others. 405b

2137

Maes, André, 1515*or*16-1573.

Iosvae imperatoris historia illvstrata atq. explicata ab Andrea Masio ... Antverpiae, Ex officina Christophori Plantini, 1574.

154, 350, [29]p. 33½cm.
Signatures : A-N6; a-z6, Aa-Ee6, Ff8, Gg6, Hh8 (N6 blank)
p. 5, 35 lines, 256×150mm.
Illus. t.-p.
1st ed.
Contents. — Textus libri Josue, hebraicus et graecus, cum duplici translatione latina A. Masii ex adverso, et textus Vulgatae ad imam pag. — A. Masii Annotationes, quibus editionis graecae Historiae Josue ratio modusque omnis, per capita et versus explicatur. — A. Masii Commentarius in Josuam. — Epistola Henrici a Weze Christophoro Plantino data, de morte Andreae Masii. — Indices quinque. — Nomina auctorum et librorum quibus A. Masius in scribendis istis commentariis usus est.
♣ *Bibl. Trig.* 1223

2138

Maestlin, Michael, 1550-1631.

Consideratio & obseruatio cometae aetherei astronomica, qui anno MDLXXX. mensibus Octobri, Novembri et Decembri, in alto Aethere apparuit. Item. Descriptio terribilium aliquot & portensorum [*sic*] Chasmatum, quae his annis 1580. & 1581. conspecta sunt. Authore M. Michaele Moestlino Goeppingensi ... Heidelbergae, [Excudebat Jacobus Mylius, 1581]

4 l., xxxvip., 1 l. illus. (incl. port.) 21½cm.
Signatures : A-F4.
p. v, 31 lines, 145×103mm.
Illus. t.-p.
Publ. by J. Mylius in 1581. *cf.* Colophon.
1st ed.
Bound with : Fabricius, De maculis in sole observatis, Witebergae, 1611 and others. 350d

2139

Maffei, Giovanni Pietro, *SJ*, 1533-1603.

(Io. Petri Maffeii Bergomatis e Societate Iesv) Historiarvm Indicarvm libri XVI. Selectarvm item ex India Epistolarum eodem interprete Libri IIII. Accessit Ignatij Loiolae Vita postremo recognita. Et in Opera singula copiosus Index ... Venetiis, apud Damianum Zenarium, 1589.

28 l., 281 (*i.e.* 283), 211 numb. l. 20½cm.
Signatures : a-g4, A-Z8, Aa-Mm8, Nn4 (Nn4 blank); a-z8, aa-cc8, dd3.
f. 2a, 38 lines, 154×98mm.
Illus. t.-p.
« Selectarvm epistolarvm ex India » has a special t.-p. dated 1588.
1st collected ed. Florence, 1588.
« De quinquaginta duobus e Societate Iesu, dum in Brasiliam navigant, pro catholica fide interfectis, epistolae duae Petri Diazii ad Leonem Henricium » : [pt. 2] l. 120-126.
★ Brunet III 1290. — Sommerv V 298 n° 3. — Streit IV 275 n° 1045.
♣ *Hic liber fuit emptus Romae, an. 1870, à me † L. G. Delaplace C. M. Ep. Adrian. Vic. ap. Pekin.* 2059

2140

— o. c.
[Pt. 2] l. 210-211 wanting.
♣ *NanKim.* 3398

2141

— De vita et morib. Ignatii Loiolae, qvi Societatem Iesv fvndavit, libri III. Auctore Ioanne Petro Maffeio, presbytero Societatis eiusdem ... Romae, Apud Franciscum Zanettum, 1585.

2 l., 200, [12]p. 21cm.
Signatures : †2, A-Z4, Aa-Cc4, Dd2.
p. 2, 34 lines, 159×106mm.
Port. pasted on front guard leaf.
1st ed.
Index : p. [203]-[212]
★ Brunet III 1290. — Sommerv V 296 n° 2.
♣ *Prora Gnale. — Acheté à Rome pour 50 centimes derrière la Chiesa nova -veille de la Trinité 1870- († L. G. D.)* 2950

2142

Maffei, Raffaele, 1451-1522.

(Raphaelis Volaterrani) Commentariorum vrbanorum libri octo et triginta, accvratius quàm antehac excusi. Cum variis locorum, virorum, plantarum, Indicibus recognitis. Item Oeconomicus Xenophontis, ab eodem Latio donatus. Accesserunt huic nouae editioni Indices duo, prior capitum totius operis : posterior verò rerum, ac verborum memorabilium locupletissimus. Apud Claudium Marnium, & haeredes Ioannis Aubrij, 1603.

18 l., 1496 (*i.e.* 1486) col., [32]p. 25cm.
Signatures : †-†††6, A-Z6, Aa-Zz6, AA-SS6, TT4.
Col. 13/14, 66 lines, 270×145mm.
1st ed. Rome, 1506.
★ Brunet VII 918.
♣ *Bibl. Trig.* 1104

2143

Magalhaens, Cosmo, *SJ*, 1553-1624.

(Cosmae Magaliani, e Societate Jesv, Bracarensis, S. Scripturae olim Professoris) In Mosis Cantica, et Benedictiones Patriarcharum commentariorvm libri IV. Nunc primùm in lucem editi. Quibvs accesservnt tres Indices ... Lvgdvni, Sumptibus Horatij Cardon, 1619.

18 l., 742, [61]p. 35cm.
Signatures : a6, e6, i6, A-Z6, Aa-Zz6, Aaa-Xxx6.
p. 3, 70 lines, 289×150mm.
Title printed within an engraving.
Text in 2 col.
1st ed.
★ Sommerv V 306 n° 7.
♣ *Bibl. Trig.* 1207

2144

Magini, Giovanni Antonio, 1555-1617.

(Io. Antonii Magini Patavini...) De Astrologica ratione ac usu dierum Criticorum, seu Decretoriorum; ac praeterea de cognoscendis & medendis morbis ex corporum coelestium cognitione. Opus duobus Libris distinctum : Quorum primus complectitur Commentarium in Claudij Galèni Librum Tertium de diebus Decretorijs. Alter agit de legitimo Astrologiae in Medicina vsu. His additur De annui temporis mensura in Directionibus : & de Directionibus ipsis ex Valentini Naibodae scriptis ... Venetiis, Apud Haeredem Damiani Zenarij, 1607.

10 l., 120 (*i.e.* 118) numb. l. illus. 21½cm.
Signatures : a-b[4], c[2], A-Z[4], Aa-Ff[4], Gg[2].
f. 2 a, 42 lines, 171×113mm.
Illus. t.-p.
1st ed.
Bound with : Torto, G. Presagi cotidiani, Pavia, 1602. — Bonhombra, L. Discorso astrologico, Bologna, 1607.
♣ *Iacobus Rho.* 1057

2145

— o. c.

♣ *Bibl. Trig.?* 1094

2146

— Ephemerides coelestivm motvvm Io. Antonii Magini Patavini, Ab Anno Domini 1608. vsque ad Annum 1630. secundum Copernici obseruationes accuratissimè supputatae, correctae, & auctae, Ad longitudinem inclytae Venetiarum Vrbis. Eiusdem Tractatus duo absolutissimi, nempe Isagoge in Astrologiam, & De vsu Ephemeridum denuo correcti, & insigniter aucti. Atque etiam Compendium Directionum ... Vnà cum Quadrante Directorio ... & Quadrante motus Horarii Planetarum ... Venetiis, Apud Haeredem Damiani Zenarij, 1609.

6 l., 142, 46 numb. l., 6 l., 28, 149, 152 (*i.e.* 150) numb. l, illus. (incl. diagrs.) 22cm.
Signatures : a[4], b[2], A-R[8], S[6]; A-E[8], F[6]; a[4], b[2], A-G[4]; A-S[8], T[5]; A-S[8], T[6].
f. 2a, 42 lines, 168×113mm.
Ms. marginal notes.
« Continvatio Ephemeridvm coelestivm motvvm ... Ab anno Domini 1610. vsque ad annum 1630. » dated 1607.
1st ed. Frankfort, 1608. 155

2147

— Ephemerides Caelestium Motuum Io. Antonii Magini Patavini ... Ab anno Domini 1611. vsque ad annum 1630. iuxta Copernici obseruationes accuratissimè supputatae, correctae, & auctae, Ad longitudinem Inclytae Venetiarum Vrbis. Eivsdem Tractatus Duo absolutissimi, nempè, Isagoge in Astrologiam, & De vsu Ephemeridum denuo correcti, & insigniter amplificati. Atque etiam Compendium Directionum ejusdem Auctoris pro Directionibus noua ratione, ac facili secundum rationalem modum conficiendis. Quibus additum est eiusdem Supplementum Isagogicarum Ephemeridum ... Venetiis apud haeredem Damiani Zenarij, 1612.

8 l., 142, 28, 149, 152 (*i.e.* 150) numb. l., 22cm.
Signatures : a-b[4], A-R[8], S[6]; Aa-Gg[4]; A-S[8], T[6] (T6 blank); A-S[8], T[6].
f. 2a, 42 lines, 168×114mm.
Each part has a special t.-p.
Bound with : Magini, G. A. Svpplementvm Ephemeridvm, Venetiis, 1614. 174

2148

— Novae coelestivm orbivm theoricae congruentes cum obseruationibus N. Copernici. Auctore Io. Antonio Magino Pat. Mathematicarum in Almo Bononiensi Gymnasio Professore ... Venetiis, Ex officina Damiani Zenarij, 1589.

13 l., 115 numb. l. illus. 24cm.
Signatures : a-b[4], c[5], A-Z[4], Aa-Ee[4], Ff[3].
f. 2a, 40 lines, 187×120mm.
Engr. ornamented t.-p.
1st ed.
♣ *Bibl. Trig.* 27

2149

— (Io. Antonii Magini ...) De planis triangvlis Liber Vnicus. Eiusdem De dimetiendi ratione per Quadrantem, et Geometricum Quadratum, libri quinque ... Venetiis ? Ad S ?

4 l., 40, 124 (*i.e.* 128) num. l., [8]p. incl. diagrs. 21½cm.
Signatures : †[4], A-K[4]; A-Z[4], Aa-Kk[4].
t.-p. and some pages at end spoiled.
Tabula numerorum quadratorum at end of pt. 1, and 4 p. l. of pt. 2 wanting.
1st ed.
♣ *Bibl. Trig.?* 400

2150

— Primvm Mobile Dvodecim Libris contentvm, In quibus habentur, Trigonometria Sphaericorvm, et Astronomica, Gnomonica, Geographicaq; Problemata, ac pręterea Magnvs Trigonometricvs canon ... ac Magna Primi Mobilis tabvla Ad decades Primorum Scrupulorum per utrumq; latus supputata. Auctore Io. Antonio Magino ... Bononiae, Impensis Ipsius Auctoris, 1609.

8. l., 290, 182, 21 numb. l., 1 l. incl. diagrs. 35½cm.
Signatures : †[2], b[4], c[2], A-Z[4], Aa-Zz[4], Aaa-Zzz[4], Aaaa-Bbbb[4], Cccc[6]; A-K[4], L[6], M-Z[4], Aa-Yy[4]; A-B[4], C[2], D-F[4].
f. 2b, 56 lines, 265×160mm.

Engr. ornamented t.-p.
[Pt. 2] (Lib. 5-12) has imprint : Bononiae, Apud Jo. Baptistam Bellagambam. Ad instantiam auctoris, 1609.
« Tabulae generales ad Primum mobile spectantes » has imprint : Bononiae, Apud Haeredes Joannis Rossi, 1609; and colophon : Venetiis, Apud Gratiosum Perchacinum. Ad instantiam auctoris, 1609.
1st ed.
♣ *Missionis Sinensis.* 308

2151

Magini, Giovanni Antonio, 1555-1617.
Svpplementvm Ephemeridvm, ac Tabularum Secundorum Mobilium. Io. Antonii Magini Patavini ... in qvo habentvr Ratio, & methodus ... supputandi verum motum Solis, Lunae, & Martis ex novis Tabulis secundum Tychonicas obseruationes, nunc primum accurate constructis, Venetiis, Apud Haeredem Damiani Zenarij, 1614.

8 l., 311, [1]p. incl. diagrs. 21½cm.
Signatures : †-††^{4}, A-P^{8}, Q-R^{4}, S^{6}, T-Y^{4}, Z^{6}.
p. 7, 42 lines, 170×140mm.
Ms. marginal notes.
1st ed.
Errata at beginning.
Contents. — Canones ad usum tabularum. — Appendix tabularum secundorum mobilium. — Epistolae aliquot Kepleri & Magini. — Compendium supputandarum eclipsium. — De meridianorum differentia.
Bound with : Magini, G. A. Ephemerides caelestium motuum, Venetiis, 1612. 174a

2152

— o. c.

2 p. l. wanting. (incl. « Errata »)
All errors corrected by hand.
♣ *Iacobi Rhaudensis. — in nomine Dñi.* 185

2153

— o. c.

♣ *Bibl. Trig.?* 221

2154

— Tabvlae secvndorvm mobilivm coelestivm, Ex quibus omnium syderum aequabiles, & apparentes motus ad quaeuis tempora praeterita, praesentia, ac futura mira promptitudine colliguntur, Congruentes cum observationibus Copernici, & Canonibus Prutenicis, Atque ad nouam Anni Gregoriani rationem, ac emendationem Ecclesiastici Kalendarij accommodatae. Secundum longitudinem Inclytae Venetiarum Vrbis. Authore Antonio Magino Patavino ... Venetiis, Ex Officina Damiani Zenari, 1585.

16 l., 164, 727 numb. l., 1 l. illus. (incl. tables, diagrs.) 24cm.
Signatures : †-††^{8}, A-V^{8}, X^{4}; A-Z^{8}, Aa-Zz^{8}, Aaa-Zzz^{8}, Aaaa-Yyyy^{8}.

f. 5a, 44 lines, 178×109mm.
l. 403-406 wanting.
1st ed.
Errata at beginning.
♣ *Bibl. Trig.* 243

2155

Magnum lexicon Latinum, et Lusitanum, ex diuturnis (ce)leberrimorum, eruditissimorumque philologorum observationibus depromptum, ad plenissimam scriptorum Latinorum interpretationem accommodatum. Olisipone, typis Regiae Officinae, 1780.

2 l., 654 p. 31cm.
Text in 2 col.
♣ *Ex Libris Congregationis Missionis Domûs Nankinens.* 3653

2156

— o. c. 32½cm.
3243

2157

Magnus, Joannes, 1488-1544.
Gothorvm Sveonvmqve historia avtore Io. Magno Gotho Archiepiscopo Vpsalensi. [Romae apvd Ioannem Mariam de Viottis 1554]

29 l., 787, [1]p., 1 l. woodcut illus. 28½cm.
Signatures : A-E^{6}, a-c^{4}, d-z^{6}, aa-zz^{6}, aaa-uuu^{6}, xxx^{5} (E6 blank)
p. 3, 38 lines, 216×124mm.

Some pages at end spoiled.
For imprint. *cf.* Colophon.
Title printed within a woodcut.
Ed. by author's brother Olaus Magnus. *cf.* Privilege of pope Julius III, at beginning.
1st ed.
Index at beginning
Appendix «Additio Olai Magni...» : p. 783-787.
★ Brunet III 1302.
♣ *Bibl. Trig.* 1940

2158

Maier, Michael, 1568-1622.

Arcana arcanissima hoc est Hieroglyphica Aegyptio-Graeca, Vulgo necdum cognita, ad demonstrandam falsorum apud anti(quos) deorum, dearum, heroum, animantium (& institut) orum pro sacris receptorum, origi-(nem, ex uno) Aegyptiorum artificio, quod aureũ animi & corporis medicamentum peregit, deductam; Vnde tot poëtarum allegoriae, scriptorum narrationes fabulosae & per totam Encyclopaediam errores sparsi clarissima veritatis luce manifestantur, suaeq; tribui singula restituuntur, sex libris exposita. Authore Michaele Maiero...

6 l., 285, [14]p. 19cm.
Signatures : A-Z4, Aa-Pp4, Qq2 (2 p. l. without sign.)
p. 2, 36 lines, 144×85mm.
Engr. ornamented t.-p. spoiled.
1st ed. London, 1614.
Index : p. [287]-[300]
★ Brunet III 1312.
♣ *Bibl. Trig.?* 3233

2159

— De circulo physico, quadrato : hoc est, Auro, eivsqve virtvte medicinali, svb dvro cortice instar nvclei latente; An & qualis inde petenda sit, Tractatus haud inutilis : Avthore Michaele Majero ... Oppenheimii, Typis Hieronymi Galleri, Sumptibus Lucae Jennis, 1616.

79p. 19cm.
Signatures : A-K4.
p. 12, 32 lines, 150×100mm.
1st ed.
Bound with : Antony, F. Apologia pro auro potabili, Londini, 1616 and others. 908b

2160

— Examen fvcorvm psevdo-chymicorvm detectorvm et in gratiam veritatis amantium succincte refutatorum, avthore Michaele Meiero ... Francofvrti, Typis Nicolai Hoffmanni, sumptibus Theodori de Brij, 1617.

47p. 19cm.
Signatures : A-F4.
p. 10, 37 lines, 150×100mm.
Illus. t.-p.
1st ed.
Bound with : Antony, F. Apologia pro auro potabili, Londini, 1616 and others. 908a

2161

— Jocvs severvs, hoc est, Tribvnal aeqvvm, qvo noctva regina avivm, phoenice arbitro post varias disceptationes et qverelas Volucrum eam infestantium pronunciatur, & ob sapientiam singularem, Palladi sacrata agnoscitur : Avthore Michaele Maiero Com. Pal. M. D. Francofvrti, Typis Nicolai Hoffmanni, sumptibus Theodori de Brij, 1617.

76p. 19½cm.
Signatures : A-I4, K2.
p. 24, 33 lines, 134×100mm.
Bound with : Liceti, F. De monstrorum caussis, natura, & differentiis libri dvo, Patavii, 1616 and others. 1049a

2162

— Symbola avreae mensae dvodecim nationvm. Hoc est, Hermaea sev Mercvrii festa ab Heroibus duodenis selectis, artis Chymicae vsu, sapientia & authoritate Paribvs celebrata, ad Pyrgopolynicen seu Aduersarium illum tot annis iactabundum, virgini chemiae iniuriam inferentem, confundendum & exarmandum, ... Opus ... 12. libris explicatum & traditum; figuris cupro incisis passim adiectis Avthore Michaele Maiero ... Francofvrti, Typis Antonij Hummij, impensis Lucae Iennis, 1617.

10 l., 621, [43]p. illus. 19½cm.
Signatures : †10, A-Z4, Aa-Zz4, Aaa-Zzz4, Aaaa-Oooo4.
p. 3, 26 lines, 148×98mm.
Title within engr. ornamental border.
1st ed.
Contents. — Hermetis Aegyptiorum regis symbolum. — Mariae Hebraeae symbolum. — Democriti Graeci symbolum. — Morieni Romani symbolum. — Avicennae Arabis symbolum. — Alberti Magni Germani symbolum. — Arnoldi Villanovani Galli symbolum. — Thomae Aquinatis Itali symbolum. — Raymondi Lulii Hispani symbolum. — Rocherii Baconis Angli symbolum. — Melchioris Cibinensis Vngari symbolum. — Anonymi Sarmatae symbolum. — Index & errata.
♣ *Missionis Sinensis.* 1058

2163

Maignan, Emmanuel, *OMinim,* 1601-1676.

Perspectiva horaria; sive, De horographia gnomonica tvm theoretica, tum practica libri qvator ... Autore R. P. F. Emmanvele Maignan. Tolosate, Ordinis Minimorum ... Romae, Typis & Expensis Philippi Rubei, 1648.

14 l., 705, [1]p. illus., 34 plates (2 fold.), fold. table, 9 diagrs. 33½cm.
1 p. l. missing.
Added engr. ornamented t.-p.
1st ed.
★ Brunet III 1313.
♣ *Guglielmo Fabri.* 293

2164

Maimonides, Moses, 1135-1204.

(Rabi Mossei Aegyptij) Dux seu Director dubitãtium aut perplexorum, in treis Libros diuisus, & summa accuratione Reuerendi patris Augustini Iustiniani Ordinis Praedicatorii Nebiensiũ Episcopi recognitus. Cuius index seu tabella ad calcem totius apponetur operis. Venundatur cum Gratia & Priuilegio in Triennium, ab Iodoco Badio Ascensio.

cxviii numb. l., 4 l. 32cm.
Signatures : a-m[8], n-p[6], q[8].
f. 3a, 54 lines, 240×142mm.
Woodcut ornamented t.-p.
Colophon : Finis Rabi Mossei ductoris dubitantium seu perplexorum Anno. MDXX. ad nonas Julias : Opera Iodoci Badii Ascensii.
Bound with : Titelmans, Fr. *OFM.* Paraphrastica elucidatio in sacrosancta Iesu Christi Evangelia, Parisiis, 1545.
★ Brunet III 1320. 1213a

2165

Major, Jean, *SJ,* 1543-1608.

Magnvm specvlvm exemplorvm, ex plvsqvam centvm avctoribvs ... varijsque historijs, tractatibus & libellis excerptum, ab Anonimo quodam qui circiter annum Domini 1480. vixisse deprehenditur. Opus varijs notis, Autorumque citationibus illustratum, & centum sexaginta exemplis locupletatum ... studio R. P. Ioannis Maioris Societatis Iesv theologi. Hac nouissima editione citationibus, & ex Floribus exemplorum ... R. P. Ioannis Davrovtii eiusdem Soc. Theol. selectioribus ... auctum, cui interiecta suis locis, quae in tomo secundo, qui Manipulus Exemplorum inscribebatur, necnon ea quae in Appendice ... Cvm tribvs indicibvs vtilissimis. Dvaci, Ex Officina Baltazaris Belleri, 1633.

14 l., 928, [80]p. 19½cm.
Signatures : †-†††[4], ††††[2], A-Z[4], Aa-Zz[4], Aaa-Zzz[4], Aaaa-Zzzz[4], Aaaaa-Zzzzz[4], Aaaaaa[4], a-k[4].
p. 9, 48 lines, 160×120mm.
Illus. t.-p.
Text in 2 col.
1st ed, by Major, Douai, 1603.
★ Sommerv V 380 nº 2.
♣ *Aplicado a caza de Kiam Si com Licª de N. R. P. Geral. Alurº Semedo.* 1700

2166

[Malezieu, Nicolas de] 1650-1729.

Serenissimi Burgundiae Ducis Elementa geometrica Ex Gallico sermone in Latinum translata ad usum seminarii Patavini. Accessere Quatuor Propositiones ad Trigonometriam apprime utiles. Insuper Introductio ad Algebrae applicationem ad Geometriam, auctore Gvisneo, Nunc primum latine reddita. Patavii, Ex Typographia Seminarii, Apud Joannem Manfrè, 1734.

10 l., 158, 60 p. 20 fold. diagrs. 24cm.
Author : Nicolas de Malezieu *cf.* Preface.
«... ce sont ses leçons recueillies par le bibliothécaire du duc du Maine.» — NouvBiogrGén XXXIII 45.
1st French ed. Paris, 1715.
1st ed. of «Introductio», Paris, 1705. 410

2167

Malpighi, Marcello, 1628-1694.

(Marcelli Malpighii ...) Anatome plantarum. Cui subjungitur Appendix, Iteratas & auctas ejusdem Authoris de ovo incubato Observationes continens ...Londini, Impensis Johannis Martyn, 1675.

2 l., 15p., 2 l., 82p., 1 l., 20p. 61 plates. 37cm.
Illus. t.-p.
1st ed.
★ Brunet III 1347.
♣ *PP. Gallor. S. J. Pekin.* 974

2168

Malvenda, Tomas, *OP,* 1566-1628.

De Antichristo libri vndecim F. Thoma Malvenda Setabitano Ordinis Praedicatorum Descriptore. Romae, Apud Carolum Vulliettum, 1604.

2 l., 540, [8]p. 32½cm.
Signatures : †[2], A-Z[6], Aa-Yy[6], Zz[4].
p. 3, 65 lines, 270×167mm.
Title printed within an engraving.
Text in 2 col.
1st ed.
♣ *Bibl. Trig.* 1485

2169

— De paradiso volvptatis, qvem Scriptvra Sacra Genesis secvndo et tertio capite describit, Commentarius, Fratre Thoma Malvenda Setabitano, Ordinis Praedicatorum; Descriptore. Romae, Ex Typographia Alfonsi Ciacconi, Apud Carolum Vulliettum, 1605.

4 l., 302, [22]p. 23½cm.
Signatures : †[4], A-Z[4], Aa-Rr[4].
p. 2, 46 lines, 187×118mm.
1st ed.
Indices : p. [303]-[323] 1192

2170

— o. c.

p. [321]-[324] wanting.
♣ *Bibl. Trig.?* 1193

2171

Manfredi, Eustachio, 1674-1739.

(Eustachij Manfredij) Ephemerides motuum coelestium, Ex Anno 1715 In Annum 1725. E Cassinianis tabulis ad meridianum Bononiae supputatae ... Bononiae, typis Constantini Pisarii, 1715.

2v. illus. 12 fold. maps, 2 fold. diagrs. 27cm.
Vol. 1 wanting.
1st ed. 117

2172

Manfredi, Eustachio, 1674-1739.

(Eustachii Manfredi) Introductio in Ephemerides, cum opportunis tabulis ad usum Bononiensis Scientiarum Instituti. Editio altera, In qua exempla, quae sub praeceptis proponuntur ad Ephemerides ex Anno 1751. in Annum 1762. novissime supputatas accommodata sunt; quaedam praeterea Tabulae adjectae sunt, & Stellarum Catalogus ex observationibus in Bononiensi Specula recenter habitis. Bononiae, Typis Constantini Pisarri, 1750.

xviii, [2], 143, 192p. fold. plate. 27½cm.
Ms. table pasted on inside of back cover.
Errata at beginning.
♣ *Jam ab aliquot annis, anni 1726 tomum lipsiensem acceperamus. hunc itaque R[do] P[i] Andr. Pereyra D D. Servus in X[o] humillim. C Gaubil SJ.* 50

2173

— o. c.

51

2174

— o. c.
♣ *Dono De Lisle.* 254

2175

— o. c.
Ms. table on p. 2 of pt. 2. 118

2176

— Novissimae ephemerides motuum coelestium, e Cassianis tabulis Ad Meridianum Bononiae supputatae, avctoribvs Eustachio Manfredio ... et sociis Ad usum Instituti ... In hac praecedentium ejusdem Auctoris Ephemeridum continuatione motus Planetarum ad Coelestes observationes, in Regio Parisiensi Observatorio, atque alibi, novissimè habitas, exacti emendatique sunt. Bononiae, Typis Constantini Pisarri, 1725.

2v. illus. (incl. diagrs), 15 fold. tables. 27cm.
This work is a continuation of the Ephemerides for the years 1715-1725 by the same author. *cf.* Preface.
Contents. — **t. 1.** Ex anno 1726. in annum 1737. **t. 2.** Ex anno 1738. in annum 1750. 119

2177

-- o. c.

120

2178

Manget, Jean Jacques, 1652-1742.

(Joh. Jacobi Mangeti Medicinae Doctoris ...) Theatrum anatomicum, Quô, non tantùm integra totius corporis humani in suas partes, ac minutiores particulas evoluti ... Fabrica ... retecta sistitur ... Verùm etiam quicquid ad rei anatomicae illustrationem pertinet, per ... Tabulas Aeneas bene multas nitide explicatur ... Adjectae sunt ad Calcem Operis celeberr. Barth. Eustachii Tabulae Anatomicae ab Illustrissimo Joh. Maria Lanciscio, Archiatrô Pontificio summa cum diligentia explanatae; cum indicibus necessariis. Genevae, Sumptibus Cramer & Perachon, 1716.

2v. 136 plates, port. 43½cm.
2 plates wanting.
Tab. XCIV, LXXXIII and III bound after p. xiv of « Tab. anatomicae », v. 2, p. 144, and v. 1, p. 428 respectively.
Tab. CII bound upsidedown.
Illus t.-p.
Text in 2 col.
1st ed.
★ Brunet III 1365.
♣ *PP. Gallor. SJ. Pekin.* 3384

2179

[**Manuale** precum. Coloniae, apud Jodocum Kalcovium, 1647]

500 (*i.e.* 502), 24p. illus. (incl. tables) 9½cm.
For imprint. *cf.* t.-p. of pt. 3 (p. 331), & pt. 4 (p. 461).
p. 1-2 (t.-p.) wanting.
Contents. — Officia parva et Litaniae per hebdomadam. — Exercitia pia in gratiam Catholicorum. — Exercitia Mariana, seu Officium Imm. Conceptionis, cum Litaniis, hymnis, aliisque precibus. — Medicamen spirituale contra pestem, constans quinque Psalmis, quibus accesserunt Protestationes S. Caroli Borromaei. — Officium parvum S. Theresiae Virginis Carmelitorum Excalceatorum Fundatricis. 3577

2180

Manzolli, Pier-Angelo, *1st half of 16th cent.*

(Marcelli Palingenii [*pseud.*] Poetae Doctissimi) Zodiacus vitae : Hoc Est, De hominis vita, studio, ac moribus optime instituendis, Libri XII. Editio Nova. Cum indice locupletissimo. Amstelodami, Apud Petrum le Grand, 1662.

366, [63]p. 12½cm.
p. 117-118 spoiled.
Marcello Palingenio is the anagram of Pier-Angelo Manzolli. *cf.* Feller VI 346 & NouvBiogr Gén XXXIII 334.
1st ed. Venice, 1534*ca.*
★ Brunet IV 317.
♣ *ex lib. Ill[mi] ac R[mi] D. P. Alex[i] (Mezzabarba)* 3004

2181

Marchetti, Annibale, *SJ,* 1638-1709.

De rebvs gestis Beati Aloysii Gonzagae e Societate Iesv. Avthore Annibale Marchetto ex eadem Societate. Florentiae, Typis Sereniss. M. D. 1687. Veneunt in officina Jo : Philippi Cecchij.

8 l., 374, [16]p. 16½cm.
Half-title : Vita B. Aloysii Gonzagae, A. M. D. G.
Index : p. [375]-[389]
1st ed.
★ Sommerv V 526 n° 1.
♣ *Collegij Soc. Jesv Pekini.* 2933

2182

[Marci, Johannes Marcus] 1595-1667.

[Labyrinthus, in quo via ad circuli quadraturam pluribus modis exhibetur. Pragae, Typis Vrbani Goliasch, 1654]

8? l., 120p. 2 fold. diagrs. 19cm.
t.-p. wanting.
Author : Johannes Marcus Marci, title, etc. *cf.* Epigram, preface, dedication, & AllDeutBiogr XX 302.
« Joannis Marci a Cronland Circulj Quadratura. Pragae, 1654 » (ms.) on recto of front guard leaf.
1st ed.
Errata : p. [97]-[102] 374

2183

Marcus, Joannes.

Index horarius in Tres libros distributus, Quo Construendorum horologiorum praecepta, non traduntur modò, sed etiam demonstrantur. Huic adjuncta est nova & facilis ratio mensurandi agros. Authore Joanne Marco. Londini, Apud Gulielmum Leybourn, 1662.

2 l., 277, [8]p. incl. tables, diagrs. 15cm.
♣ *Collegij S. J. Pekini.* 181

2184

Marescalchus, Marcus Antonius, *OOliv.*

(D. Marci Antonii Marescalchi Bonon.) Humanae Perfectionis secundum Naturam libri duo. In quibus miro ingenij acumine ex Arist. principijs noua mundi creatio eruitur, deq; nostri corporis & animi perfectione, breui quodam compendio, naturae potissimum rationi insistendo, Acad. & Peripa. mysteria illustrantur. Bononiae, Apud Ioannem Rossium, 1574.

8 l., 283, [1]p. 20½cm.
Signatures : a^8, A-R^8, S^6.
p. 3, 32 lines, 156×99mm.
Errata : p. 283-[284]
♣ *Bibl. Trig. ?* 2804

2185

Mariana, Juan, *SJ,* 1536-1624.

(Ioannis Marianae Hispani E Societate Iesu) Historiae De Rebus Hispaniae libri XXX. Cum Indice copioso, & explicatione vocum obscuriorum ... Mogvntiae, Typis Balthasaris Lippii, impensis heredum Andreae Wecheli, 1605.

8 l., 619, 638 (*i.e.* 738), [36]p. 23½cm.
Signatures : $†^4$, $††^4$, A-Z^4, Aa-Zz^4, Aaa-Zzz^4, Aaaa-$Hhhh^4$, $Iiii^2$; a-z^4, aa-zz^4, aaa-zzz^4, aaaa-$zzzz^4$, aaaaa-$ddddd^4$, $eeeee^3$.
p. 3, 46 lines, 188×120mm.
2v. in 1.
Text in 2 col.
1st ed. Toledo, 1592.
★ Brunet III 1422. — Sommerv V 548 n° 1.
♣ *Bibl. Trig. ?* 1857

2186

— (Ioannis Marianae è Societate Iesv) Tractatvs VII ... Nunc primum in lucem editi. Coloniae Agrippinae, Sumptibus Antonij Hierati, 1609.

4 l., 444, [16]p. illus., fold. table. 32cm.
Signatures : $†^4$, A-Z^6, Aa-Oo^6, Pp^8.
p. 3, 52, lines, 240×126mm.
Text in 2 col.
Errata at beginning.
1st ed.
Contents. — De advendu B. Jacobi Apostoli in Hispaniam. — Pro editione Vulgata. — De spectaculis. — De monetae mutatione. — De die mortis Christi. — De annis Arabum. — De morte & immortalitate. — Index.
★ Brunet III 422. — DictTheolCath IX 2338. — Sommerv V 560 n° 5.
♣ *Bibl. Trig. ?* 1936

2187

Marin, Juan, *SJ,* 1654-1725.

(R. P. Joannis Marin Oconensis, Societatis Jesu, Sacrae Theologiae Doctoris...) Theologiae speculativae et moralis Tomus Primus [-Tertius]. Cum duplici indice altero disputationum & Sectionum, altero Rerum notabilium. Venetiis, Ex Typographia Balleoniana, 1720.

3v. 34½cm.
Engr. head-pieces.
Text in 2 col.
1st ed.
Contents. — **t. 1.** De scientia Dei. De Trinitate. De praedestinatione Sanctorum. De angelis. De beatitudine et visione. De actibus humanis. De voluntate. De libero arbitrio. Index. — **t. 2.** De voto. De bonitate et malitia. De peccatis. De merito. De justificatione. De fide divina. De spe. De charitate. De Incarnatione. Index. — **t. 3.** De sacramentis. De sacr. Baptismi. De sacr. Confirmationis. De venerabili Eucharistiae sacr. De sacr. Poenitentiae. De Matrimonio. Index.
★ DictTheolCath IX 2477. — Sommerv V 581 n° 27.
♣ *Stamp of Mgr Polyc. de Souza.* **1467**

2188

Marinoni, Giovanni Francesco, *CBarn.*

Specvlvm asceticum, sacra monita Ad Vitam piè instituendam, Breuioris Theoricae studiosis, Compendiariis Tabulis, exhibens, Per Otium Religiosum D. Ioannis Francisci

Marinoni Cler. Regul. S. Pavli vulgò Barnabitae. Mediolani, Typis Iosephi Pandulphi Malatestae, 1719.

14 l., 253, [1]p. 15½cm.
Errata at end.
♣ *Ex donis Rmii P. Joanis Baptae Marchini. anno 1798, Prando & Tallado (?)* 2249

2189

Marinoni, Giovanni Giacomo de, 1676-1755.

De astronomica specula domestica et organico apparatu astronomico libri duo Reginae dicati a Joanne Jacobo Marinonio . . Viennae Austriae, Excudebat Leopoldus J. Kaliwoda, 1745.

11 l., 210, [2]p. front., illus., 46 plates (44 fold.) 35½cm.
Engr. head-pieces.
1st ed.
Errata : p. [211]-[212] 232

2190

— [De re ichnographica. Liber primus. Viennae, 1751]

8 l., 294, [2]p. illus. (incl. tables, diagrs.), fold. plate. 31½cm.
t.-p., p. 9-16, 23-32, 55-56, 65-72, 81-120, 123-126, 263-264 wanting.
Author : Giovanni Giacomo de Marinoni, title, etc. *cf.* Privilege & running title.
No second book was published.
1st ed.
Errata : p. [295]-[296] 141

2191

Marolois, Samuel, *1st half of 17th cent.*

(Samvelis Marolois, Mathematicorum sui seculi facile principis) Artis mvniendi, Sive Fortificationis pars prima [-secunda] ... Studio atque operâ Alberti Girardi, Mathematici Cl. recognita & multis notis illustrata. Amstelodami, Sumptibus ac typis Ioannis Ianssonii, 1633.

1 l., 39, 40p. fold. table, 39 fold. diagrs. 31cm.
Signatures : A-E4 (t.-p. without sign.); A-E4.
p. 27, 52 lines, 240×134mm.
6 diagrs. wanting.
1st ed. La Haye, 1615.
Contents. — **pt. 1.** De locorum regularium munitione defensiva atque offensiva. — **pt. 2.** De munitione sive fortificatione locorum irregularium.
Bound with : Vredeman, J. Perspectiva theoretica et practica, Amstelodami, 1633. 1220b

2192

— [Geometria. Amstelodami, Sumptibus ac typis Ioannis Ianssonii, 1633]

51 p. 47 diagrs. (double) 31½cm.
Signatures : A-F4, G2.
p. 41, 47 lines, 240×135mm.
The diagrs. numbered 1-42 and 1-5.
t.-p. p. 1-18, and diagr. n° 32 wanting.
Author, title, etc. *cf.* Running title, and Marolois, S. Opticae.
Edited and bound with : Marolois, S. Opticae ... Amsterdam, 1633. 566

2193

— (Samuelis Marolois ...) Opticae Sive Perspectivae, pars prima [-quarta] : continens Praeter regulas ac demonstrationes Opticae perfectissimas, Geometriae, Fortificationis, & praesertim Architecturae figuras accuratas ... Amstelodami, Sumptibus ac typis Ioannis Ianssonii, 1633.

1 l., 50 p. 80 plates (double) 31½cm.
Signatures : A-E4, F5 (t.-p. without sign.)
p. 24, 60 lines, 240×135mm.
Plates numbered 1-79.
Plates n° 2, 13, 27, 40, 52-59, 71 wanting.
Edited and bound with : Marolois, S. Geometria, Amsterdam, 1633. 566a

2194

Marques, Simão, *SJ,* 1684-1766.

Brasilia pontificia, sive Speciales facultates pontificiae, quae Brasiliae episcopis conceduntur, et singulis decenniis renovantur, cum Notationibus evulgatae, et in quatuor libros distributae per R. P. Simonem Marques Conimbricensem Societatis Jesu ... Accessit appendix Pro casibus in Brasilia reservatis cum desiderata eorum expositione ... Ulyssipone, Ex Typis Michaelis Rodrigues, 1749.

18 l., 486, 69, [1]p. 29cm.
Text in 2 col.
Port. of V. P. Ioseph Anchieta Soc. Iesv bound before t.-p.
« Forma Iuramenti professionis fidei » (4 p.) bound after p. 298.
1st ed.
Index : 69p. at end.
Errata : [1]p. at end.
★ Sommerv V 599 n° 5. — Streit III 436 n° 1259.
♣ *Stamp of Mgr Polyc. de Souza.* 2055

2195

Marracci, Ippolito, *Cler Reg MD,* 1604-1675.

Lilia Mariana sev De candidissimis sacrarvm virginvm in Mariam Deiparam Virginem & Virginitatis Principem stvdiis liber vnvs, Ex probatis Scriptoribus collectus, a P. Hippolyto Marraccio Lvcensi Congregationis Clericorum Regularium Matris Dei. Romae, Apud Dominicum Manelphium, 1651.

11 l., 374, [25]p. front. 17cm.
1st ed. Rome, 1648.
Index : p. [375]-[395]
♣ *Applicado ao Provincia da Compa de JESV na China — No Cubiculo del R Pe V Provincial. — Da caza de Vu ch'am fu.* 2617

2196

Marracci, Ippolito, *Cler Reg MD,* 1604-1675.

Polyanthea Mariana, in qua libris octodecim Deiparae Mariae Virginis Sanctissima Nomina, celeberrima & innumera Laudum Encomia, altissimae Gratiarum, Virtutum, & Sanctitatis Excellentiae, & coelestes denique Praerogativae & Dignitates Ex S. Scripturae, SS. Apostolorum omnium, SS. Patrum, & Ecclesiae Doctorum aliorumque sacrorum Scriptorum, veterum praesertim Monumentis studiosè collecta, juxta alphabeti seriem, & temporis, quo vixerunt, ordinem, utiliter disposita, Lectorum oculis exhibentur. Opera et studio Adm. R. P. Hippolyti Marraccii Lucensis, e Congregatione Clericorum Regularium Matris Dei ... Editio novissima. Coloniae Agrippinae, Apud Franciscum Metternich, 1728.

19 l., 840p. 24cm.
Text in 2 col.
1st ed. Cologne, 1683.
«Catalogus alphabeticus auctorum» at beginning.
♣ *Stamp of Mgr Polyc. de Souza.* 2381

2197

Marrier, Martin, *OSB,* 1572-1644.

Bibliotheca Clvniacensis, in qua SS. Patrum Abb. Clvn. Vitae, Miracula, Scripta. Statuta, Priuilegia Chronologiaq; duplex. Item Catalogus Abbatiarum, Prioratuû, Decanatuum, Cellarum, et Eccles. à Clun. Coenobio dependentium, unà cum Chartis, et Diplomat. donationum earumdem. Omnia Nunc primum ex M. S. Codd. collegerunt Domnus Martinus Marrier Monast. S. Martini à Campis Paris. Monachus Professus, & Andreas Qvercetanvs Turô. qui eadem disposuit, ac Notis illustrauit. Lutetiae Parisiorvm, Sumptibus Roberti Fovet, 1614.

12 l., 1832 col., [35]p., 178 (*i.e.* 172) col., [6]p. 35½cm.
Signatures: a6, e6, A-Z6, Aa-Zz6, AAa-ZZz6, AAaa-FFff6, GGgg8, HHhh-KKkk6, LLll-VVuu4, XXxx6.
Col. 17/18, 68 lines, 278×152mm.
[Pt. 2] col. 163-166 wanting.
Engr. ornamented t.-p.
Text in 2 col.
1st ed.
★ Brunet III 1468. 1930

2198

Marsham, *Sir* **John,** 1602-1685.

(D. Johannis Marshami, Angli, Equitis Aurati) Canon chronicus Aegyptiacus, Ebraicus, Graecus, et Disquisitiones. Liber non Chronologicae tantùm, sed & Historicae Antiquitatis reconditissima complexus; Londini primum A. 1672. editus; Deindè in Germaniâ recusus, nunc verò longè emendatior typis expressus, adjectis Locorum Scripturae, Auctorum, & rerum indicibus locupletissimis. Franequerae, Ex Officinâ, Leonardi Strick, 1696.

4 l., 675, [59]p. incl. front., tables. 20cm.
★ Brunet III 1474.
♣ *Guillelmo Fabri.* 1988

2199

Martialis, Marcus Valerius, 38/41-102/3.

[M. Val. Martialis Epigrammatum libri XIV. Leyden ? 1670 ?]

10? l., 794, [46]p. 19cm.
2 p. l. (incl. t.-p.) wanting.
Author: Marcus Valerius Martialis, title. *cf.* Running title.
Ed. by Cornelius Schrevel. *cf.* Epigram.
« L'année 1670 vit paraitre à Leyde l'édition de Schrevelius in-8°... elle est bien exécutée, et elle entre dans la collection *Variorum.* » — NouvBiogr Gén XXXIII 1019.
1st ed. by Schrevel, 1656.
Indices: p. [795]-[840]
★ Brunet III 1492. 3047

2200

Martinez, Matthias, *d.* 1642.

Dictionarivm tetraglotton, in quo voces Latinae omnes, et Graecae his respondentes cvm Gallica & Teutonica singularum interpretatione, ordine alphabetico proponuntur. Nouae huic editioni accesserunt plurimae voces in aliis hactenus desideratae, Graecorum nominum genera simul & genitiui, omnium etiam syllabarum dubiarum quantitas, in gratiam Poetices candidatorum, notulis supernè indicata. Studio & labore Matthiae Martinez Middelburgij. Antverpiae, Apud Ioannem Mevrsivm, 1644.

499? unnumb. l. 18½cm.
Signatures: A-Z8, Aa-Zz8, Aaa-Qqq8, Rrr3.
l. [497] & [500]-? wanting.
Text in 2 col.
1st ed. Antwerp, 1632.
« Index latinorum scriptorum » at beginning.
♣ *Franciscus Lamot sintaxanus.* 3125

2201

Martini, Carolo Antonio de.

(Caroli Antonii de Martini S. C. R. A. M. in supremo judiciorum tribunali a consiliis aulicis et P. P. O.) Positiones de Jure civitatis in usum auditorii Vindobonensis. Vindobonae, Typ. Joann. Thom. nob. de Trattnern, 1768.

8 l., 386p. 21cm.
♣ *Stamp of Mgr Alex. de Gouvea.* 3645

2202

Martini, Martino, *SJ,* 1614-1661.

Novvs Atlas Sinensis, a Martino Martinio Soc. Iesu descriptvs et Serenissimo Archidvci Leopoldo Gvilielmo Austriaco dedicatvs ... [Amsterdam, Joannes Blaeu, 1655]

5 l., 171, [25], 33, [3]p. 17 fold. maps. 42½cm.
Engr. ornamented t.-p.
Tail-pieces.
Text in 2 col.
For imprint. *cf.* « Privilegium Caesareum ».
The maps except no. 1, 2, 5, 6, 17 signed : Joannes Blaeu.
1st ed.
Contents. — Dedication, Privilegium Caesareum, &c. — Atlas Extremae Asiae sive Sinarum imperii. — Appendix de regno Japoniae. — Catalogus longitudinum ac latitudinum omnium locorum imperii Sinici. — Index rerum. — De bello Tartarico historia. — Appendix (ex epistolis R. P. Fr. Brancati, 14 Nov. 1551.) — Index historiae belli Tartarici.
★ Brunet III 1501. — Cordier 182. — Pfister 260 n° 5. — Sommerv V 649 n° 9. — Streit V 804 n° 2253.
♣ *Comprado para a Rezidentia de Chim tim fù pello P. Carlos de Rezende no Anno de 1734.*
3410

2203

Martino, Nicolaus de.

Elementa algebrae pro novis tyronibus tumultuario studio concinnata, auctore Nicolao de Martino In Illustri Lyceo Neapolitano Mathematum Professore ... Neapoli, Ex Typographia Felicis Mosca, expensis Bernardini Gessari, 1725.

2v. front., 4 diagrs. 18cm.
2? p. l. of v. 2 wanting.
Half-title : Nova algebrae elementa.
Errata at beginning and end of v. 2.
Contents. — **t. 1.** Praefatio, libri primi epitomem exhibens. Liber I, de calculo litterali, sive specioso. Appendix de numeris figuratis generum omnium. — **t. 2.** Praefatio, secundi libri epitomem exhibens. Liber II, de speciosa problematum resolutione.
385

2204

Martinus a S. Brunone, *CSP.*

Astraea judex asseclarum mundi ad Coelestes Agni Nuptias admitti postulantium causas examinans & refellens; sive De Coelo consequendo Familiare Colloquium, Carmine Elegiaco in Tres Libros cum Figuris aeneis Partitum; Cui succedit, Mantissae locô, Vertumnus vanitatis; Authore P. Martino à S. Brunone è Clericis Regul. Scholarum Piarum ... Brunae, Excudebat Franciscus Ignatius Sinapi, 1697.

25 l., 302 (*i.e.* 304)p., 4 l., 72p. 14 plates. 15½cm.
Added engr. ornamented t.-p.
Errata at end of [pt. 1]
♣ *Francisci Langeker. — Franciscus Lanecker.*
3193

2205

Martinus, Joannes, *poblacion.*

(Ioannis Martini poblacion) De vsu astrolabij compendium. Ioannis de monteregio super vsu & constructione astrolabij armillaris Ptolemei, enarratio. His accessit vsus variorum horologiorum ... Parisiis, Apud Ioannem Corbon, 1545.

27 numb. l. incl. tables, diagrs. 18cm.
Signatures : A-C8, D3.
f. 3a, 30 lines, 126×69mm.
Ms. marginal notes.
Bound with : Voegelin, J. Elementale geometricum, Parisiis, 1543 and others.
★ Brunet VII 977. 313c

2206

Martinz Mascaregnas, Ferdinandus.

(Ferd. Martinz Mascarenhas Algarbiorum Regni Episcopi) Tractatvs, De auxilijs diuinae gratiae ad actus supernaturales : in tres partes diuisus. 1. De uarijs diuinae gratiae diuisionibus 2. De gratia efficaci, et eius distinctione a non efficaci. 3. De efficacia gratiae Cum indice copiosissimo. Lvgdvni, Svmptibus Horatii Cardon, 1605.

10 l., 284, [24?]p. 17½cm.

Signatures : †^{8}, ††^{2}, A-S^{8}, T^{2}, V^{8}?
p. 2, 31 lines, 127×67mm.
Engr. ornamented t.-p.
Some pages of index at end wanting.
♣ *Bibl. Trig.?* 2757

2207

Mary, Virgin, Sodality of. *Manual.*

Manvale sodalitatis, sive Exercitivm spiritvale christianae pietatis, ex variis spiritvalibvs libellis, à Leodiensi Congregatione collectum. In gratiam, et vsvm sodalium B. Virginis Mariae. Editio secunda diligenter recognita, multisque partibus aucta. Leodii, In Officina Leonardi Streel, 1600.

503p. 14cm.
Signatures : A-X^{12}.
p. 5, 18 lines, 98×60mm.
1st ed. Liège, 1599.
★ Sommerv VIII 603-4. 2310

2208

Maso, Antonino.

Compendiariae philosophiae theatrvm sub auspicijs Eminentiss. & Reuerendiss. Principis Hieronymi Colvmnae S. R. E. Card. Amplissimi. A. D. Antonio Masò Syracusano Sem. Rom. Con. in aula Collegij Romani Publicè Expositum. Anno Domini M.DC.LIII. mense Augusti die hora 21. Romae, Typis Ignatij de Lazaris, 1653.

2v. in 1. 14cm.
4 l., 334 (*i.e.* 534), [13], 298, [6]p.
Added engr. ornamented t.-p.
On added t.-p. : Theatrum philosophicum D. Antonini Maso...
♣ *Colleg. Aquil. Da provincia do Japão.* 1690

2209

Massaria, Alessandro, 1510*ca.*-1598.

Practica medica, seu Praelectiones academicae, continentes methodvm ac rationem cognoscendi et cvrandi plerosq; omnes totius humani corporis morbos ad natiuam ac genuinam diuini Hippocratis & scientissimi Galeni mentem ... in ... Patavino Gymnasio habitae. A ... Dn. Alexandro Massaria Vicentino ... ac capitibus distinctae ... foras dantur abs Ioanne Baumanno ... Francoforti, Sumptibus Nicolai Bassaei, Typis Melchioris Hartmanni, 1601.

8 l., 968, [28]p. 23cm.
Signatures : †^{8}, A-Z^{8}, Aa-Zz^{8}, Aaa-Ooo^{8}, Ppp^{4}, Qqq^{8}, Rrr^{6}.
p. 3, 45 lines, 186×120mm.
p. 161-336 wanting.
1st ed.
Index & errata : p. [969]-[996] 999

2210

Matthaeus, Johannes.

Rationalis et empirica Thermarum Marchicarum Badensium descriptio, diversas illarvm Scatvrigines, vires et facvltates, dedvctionem, hospitiorum commoditatem, generalem & specialem in morbis particularibus vsum, nec non symptomatum in thermis contingentium curationem, continens ... Avtore D. Iohanne Matthaeo, Hesso, Medico Marchico-Badensi. Ettlingae, Ex Typographia Iohannis Philippi Spiessij, 1606.

6 l., 107p. 16cm.
Signatures : A-G^{8}, H^{4}.
p. 5, 27 lines, 108×58mm.
Bound with : Goebelius, J. Διαγραφή thermalium aquarum, Lipsiae, 1576. — Macasius, P. Von Natur, Krafft, Wirkung, Leipzig, 1616. — Mangolt, G. Fischbuch. — Ruland, M. Vom Wasserbaden, Dilingen, 1568. — Rosa, J. Beschreibung dess heylsamen Brunnen in Weissenburg, Ambberg, 1613. — Saltzmann, J. R. Beschreibung des heylsamen Badts und Bronnens Sahlbronnen, Strassburg, 1612.
♣ *Missionis Sinensis.* 1138

2211

Mauritius Hybernicus, *OFM, d. ca.* 1300.

Dictionarium Sacrae Scriptvrae Mavritii Hybernici Ordinis Minorvm Conventvalivm ... Nunc prodijt in lucem sub felicibus auspicijs ... D. D. Datthaei Zane ... Patriarchae Venet. Dalmatiaeque Primatis. Venetiis, Apud Ioan. Antonium & Iacobum de Franciscis, 1603.

2 l., 138 numb. l. 33½cm.
Signatures : A-Z^{6}.
f. 8a, 61 lines, 250×150mm.
« Finissant avec la lettre E. cette édition ne nous offre que la première partie du Dictionnaire de Maurice. » — NouvBiogrGén XXXIV 413.
1st ed.
♣ *Bibl. Trig.?* 1199

2212

Maurolico, Francesco, 1494-1575.

(D. Francisci Mayrolyci Abbatis Messanensis) Opuscula Mathematica; Nunc primum in lucem aedita, cum rerum omnium notatu dignarum. indice locvpletissimo ... Venetiis, Apud Franciscum Franciscium Senensem, 1575.

10 l., 285p., 4 l., 175, [18]p. incl. tables, diagrs. 22cm.
Signatures : a^{10}, A-R^{8}, S^{7}, T^{4}, V-Z^{8}, Aa-Gg^{8}, Hh^{9}.
p. 5, 41 lines, 168×105mm.
1st ed.
« Arithmeticorum libri duo » has a special t.-p.
Contents. — De sphaera liber unus. — Computus ecclesiasticus. — Tractatus instrumentorum astronomicorum. — Tractatus de lineis horariis. — Euclidis propositiones elementorum libri tredecimi, solidorum tertij, regularium corporum primi. — Musicae traditiones. — De lineis horariis libri tres. — Arithmeticorum libri duo.
★ Brunet III 1546. 336

2213

— o. c.

♣ *Bibl. Trig.* 428

2214

Maurolico, Francesco, 1494-1575.

(R. D. Francisci Mavrolyci ...) Theoremata de Lvmine, et Vmbra, ad perspectiuam, & radiorum incidentiam facientia ... His accesserunt Christophori Clavij è S. J. notae, asteriscis inter authoris demonstrationes distinctae. Adscriptis ad marginem fundamentis, quibus omnia innituntur. Lugduni, Apud Ludovicum Hurillion, 1613.

4 l., 94 p. incl. diagrs. 21½cm.
Signatures : ††[4], A-L[4], M[3].
p. 59, 42 lines, 171×103mm.
1st ed. Venice, 1575.
Bound with : Piccolomini, A. De sphaera libri qvatvor, Basileae, 1568.
★ Brunet III 1545.
♣ *Bibl. Trig.?* 197

2215

Mayer, Christian, *SJ,* 1584-1634.

(R. P. Christiani Mayer E Societate Iesv) Enchiridion indvstriarvm, praecipuas vitae piae ac religiosae exercitationes, quae quolibet die occurrunt, perfectè obeundi ... Coloniae, In officina Birckmannica Sumptibus Hermanni Mylii, 1634.

17 l., 824, [2]p. fold. table. 13×7cm.
Signatures : †[12], ††[6], A-Z[12], Aa-Ll[12], Mm[6] (††6 blank)
p. 3, 30 lines, 98×52mm.
1st ed.
Errata : p. [825]-[826]
★ Sommerv V 794 n° 1. 2222

2216

Mayer, Tobias, 1723-1762.

Tabulae motuum solis et lunae novae et correctae; auctore Tobia Mayer : quibus accedit Methodus longitudinum promota, eodem auctore. Editae jussu praefectorum rei longitudinariae. Londini, Typis Gulielmi et Johannis Richardson : prostat venalis apud J. Nourse, J. Mount et Th. Page, 1770.

vii, 136, cxxxp., 1 l. 25½cm.
Ed. by Nevil Maskelyne. *cf.* Preface.
1st ed. Nuremberg, 1752-53.
1st ed. by Maskelyne.
Errata at end. 250

2217

Mayr, Antonius, *SJ,* 1673-1749.

Theologia scholastica tractatus omnes in universitatibus Provinciae Germaniae Superioris Societatis Jesu tradi solitos, et quaestiones in iis praescriptas complexa. Quibus additae sunt complures aliae, recentiores etiam controversiae, authore R. P. Antonio Mayr, Soc. Jesu SS. Theol. Doctore ... Ingolstadii, Sumptibus Joannis Andr. De la Haye, 1730-32 [v. 1, 1732]

8v. 17cm.
Vol. 2, 3 have imprint : Ingolstadii, Sumptibus Joannis Andreae de la Haye, Typis Viduae Grassianae Typogr. Academ.
Vol. 4-8 have imprint : Ingolstadii, Sumptibus Joannis Andreae de la Haye, Typis Godefridi Zipper,. Typogr. Acad.
1st ed.
Contents. — [**v. 1**] Tract. I. De Deo Uno et Trino. — [**v. 2**] Tract. II, III, et IV. De Angelis, beatitudine, et actibus humanis. — [**v. 3**] Tract. V. et VI. De peccatis et gratia. — [**v. 4**] Tract. VII. De virtutibus theologicis. — [**v. 5**] Tract. VIII. De jure et justitia. — [**v. 6**] Tract. IX. De Incarnatione. — [**v. 7**] Tract. X et XI. De sacramentis in genere, et Ss. Eucharistia in specie. — [**v. 8**] Tract. XII. De Poenitentia. Index.
★ Sommerv V 807 n° 2. 1509

2218

[**Mayr, Georg,** *SJ*] 1564-1623.

Fascicvlvs sacrarvm litaniarum ex Sanctis Scriptvris & Patribus, Romae approbatus. Nunc primùm in pium usum studiosae iuuentutis Graecè redditus. Avgvstae Vindelicorvm, 1614.

3 l., [1], 342, [9]p. 12½cm.
Signatures : A-O[12], P[11].
p. 8, 27 lines, 90×52mm.
Colophon : Augustae Vindelic. excudebat Christophorus Mangius Typis S. Nicolai, 1614. Venditur ibidem à Ioanne Krugero Bibliopola.
Author : Georg Mayr, *SJ. cf.* Preface & Sommervogel IX 1070.
1st ed.
Errata at end.
★ Sommerv V 815 n° 6. 3016

2219

Mayr, Simon of Gunzenhausen, 1570-1624.

Mundus Iovialis anno M. DC. IX. detectus ope perspicilli Belgici, Hoc est, Quatuor Jovialium planetarum, cum theoria, tum tabulae, propriis observationibus maxime fundatae ... Inventore & Authore Simone Mario Guntzenhusano, Marchionum Brandenburgensium in Franconia Mathematico ... Sumptibus & Typis Ioannis Lauri Civis & Bibliopolae Noribergensis, 1614.

37 unnumb. l. incl. port. tables, diagrs. 20½cm.
Signatures : †-††[4], †††[2], A-F[4], G[3].
f. [13]a, 32 lines, 144×107mm.
Bound with : Dominis, M. de. De radiis visus et lucis, Venetiis, 1611 and others.
1st ed. 540d

2220

Mayre, Jacques, *SJ,* 1627-1694.

Liladamus ultimus Rhodiorum, primusque Melitensium equitum Magnus Magister seu Melita. Poëma heroïcum. Authore P. Iacobo Mayre, è Societate Jesu. Parisiis, Apud Nicolaum le Gras, 1685.

6 l., 590 (*i.e.* 586)p. 16½cm.
1st ed.
★ Brunet VII 991. — Sommerv V 824 nº 3.
♣ *Collegij Soc. Jesv Pekini.* 3017

2221

Mazarini, Giulio, *SJ,* 1544-1621 *or* 1622.

(David Ivly Mazzarini Societat. IHS) Centvm discvrsvs Supra psalmum L. Miserere mei Devs : et illius titulum. In quibus De peccato poenitentia et sanctitate Davidis Omniũ Verbi Diuini praeconum et auditorum bono latinè redditi adiecto quintuplici indice per Ernestvm Cholinvm Wirthium Colonien. D. Andreae Canonicum. Coloniae, Sumptibus Bernardi Gualtheri, 1612.

6 l., 776 (*i.e.* 772), [60]p. 19½cm.
Signatures : †[4], ††[2], A-Z[4], Aa-Zz[4], Aaa-Zzz[4], Aaaa-Zzzz[4], Aaaaa-Ddddd[4], Eeeee[2], a-g[4], h[2].
p. 3, 48 lines, 160×104mm.
p. 653-656 bound after p. 660.
Text in 2 col.
Colophon : Coloniae, Excudebat Stephanus Hemmerden, Sumptibus Bernardi Gualtheri, 1612.
Engr. ornamented t.-p.
1st Italian ed. Rome, 1600.
1st Latin ed. by Cholinus.
★ Sommerv V 827 nº 1. 1437

2222

Mazzotta, Nicola, *SJ,* 1669-1737.

(Reverendi Patris Nicolai Mazzotta e Societate Jesu) Theologia moralis, omnem rem Moralem absolutissime complectens Ad mentem praecipue R. P. Claudii La-Croix celeberrimi ejusdem Societatis Theologi. In hac novissima editione uberrimo rerum indice locupletata. Neapoli, Excudebat Typographus Joseph Antonius Elia, 1756.

xv, [1], 472, liv p. 37cm.
Text in 2 col.
1st ed. Naples, 1748.
Index : p. i-xlix.
★ DictTheolCath X 478. — Sommerv V 852 nº 1. 1524

2223

Medina, Juan de, *OFM,* 1490-1546.

(Io. Medinae SS. Theologiae Doctoris ...) De Poenitentia, Restitutione, & Contractibus. Praeclarvm, et absolvtvm opvs. In Duos diuisum Tomos ... Novissime editvm, et non ab innvmeris solvm, Quibus anteà scatebat, mendis repurgatum; verùm nouis insuper, ac vtilissimis Annotationibus in margine appositis; Luculentissimoq; etiam tàm Quaestionum, quàm rerum & sententiarum Indice locupletatum ... Brixiae, Apud Nouam Societatem Brixiensem, 1606.

2v. in 1. 22½cm.
13 l., 480p., 12 l., 426p.
Signatures : a[6], b[8], A-Z[8], Aa-Ff[8], Gg-Hh[4] (a4 blank); a[4], b[8], A-Z[8], Aa-Cc[8], Dd[5].
p. 2, 53 lines, 174×100mm.
Illus. t.-p.
Text in 2 col.
1st ed. Salamanca, 1545-46.
★ DictTheolCath X 485.
♣ *Bibl. Trig.* 1326

2224

Meffreth, *15th cent.*

Hortvlvs reginae, sive Sermones Meffreth, fidei catholicae in Misnia praeconis qvondam celeberrimi. Opus nunc denuo recognitum, & multis locis à mendis repurgatum ... Singvlis vero partibvs, svvs cviqve index proprivs adivnctvs est. Monachii, ex Typographia Nicolai Henrici, 1610-11.

4 l., 388, [15]p., 1 l., 499, [29]p., 1 l., 342, [8]p. 35½cm.
Signatures : †[4], A-Z[6], Aa-Hh[6], Ii[8], Kk-Ll[4]; a-z[6], aa-ss[6], tt-zz[4] (zz4 blank); Aa-Zz[6], Aaa-Eee[6], Fff-Ggg[4].
p. 5, 68 lines, 282×158mm.
2 p. l. (incl. t.-p.) spoiled.
Illus. t.-p.
Text in 2 col.
♣ *Bibl. Trig.* 2073

2225

— Hortvlvs reginae, sive Sermones Meffreth, fidei catholicae in Misnia praeconis qvondam celeberrimi. Opus nunc denuò recognitum, & multis locis à mendis repurgatum ... Singvlis vero partibvs svvs cviqve index proprivs advnctvs est. Coloniae Agrippinae, Sumptibus Antonii Hierati, 1625.

4 l., 447, [15], 575, [23], 390p. 24cm.
Signatures : †[4], A-Z[4], Aa-Zz[4], Aaa-Mmm[4]; AA-ZZ[4], AAA-ZZZ[4], AAAA-ZZZZ[4], AAAAA-FFFFF[4]; a-z[4], aa-zz[4], aaa-ccc[4].
p. 5, 59 lines, 200×131mm.
[Pt. 1] p. 177-200, 337-344 wanting.
Each part has a special t.-p.
Text in 2 col. 1695

2226

Menochio, Gio. Stefano, *SJ,* 1575-1655.

(R. P. Ioan. Stephani Menochij, Doctoris Theologi, è Societate Jesu) Commentarij totius S. Scripturae, ex optimis quibusque Authoribus collecti. Editio novissima, ab Authore postremum perlecta, emendata, & variis interpretationibus nondùm in lucem editis auta; duobus tomis comprehensa ... Lugduni, Sumptibus Francisci Comba, 1683.

2v. in 1.
8 l., 406 (*i.e.* 408)p., 1 l., 446, [4]p. 36½cm.
Illus. t.-p.
Text in 2 col.
1st ed. Cologne, 1630.
★ Brunet III 1634. — Sommerv V 948 nº 3.
♣ *Regij Seminarii Brest. Soc Jesu.* 1197

2227

Mentzel, Christian, 1622-1701.

Πίναξ βοτανώνυμος Πολύγλωττις Καθολικὸς Index nominum plantarum universalis, Diversis Terrarum, Gentiùmque Linguis, quotquot ex Auctoribus ad singula Plantarum Nomina excerpi & juxta seriem A. B. C. collocari potuerunt, ad Unum redactus ... Characteribus, Latinorum, Graecorum & Germanorum maximè per Europam usitatis conscriptus ... Accessit in calce indicis Pugillus Plantarum rariorum cum figuris aliquot aeneis, & brevibus nonnullis descriptionibus ... Adornavit & perfecit opus Christianus Mentzelius ... Berolini, Sumptibus Auctoris. Prostat apud Danielem Reichelium. Ex Officina Rungiana, 1682.

9 l., 331, [18]p. 12 plates. 32½cm.
Added engr. ornamented t.-p.
1st ed. 1056

2228

Merbès, Bon de, 1616-1684.

Summa Christiana seu Orthodoxa morum disciplina Ex Sacris Litteris, Sanctorum Patrum monumentis, Conciliorum Oraculis, Summorum denique Pontificum Decretis, fideliter excerpta ... Operâ & studio M. Boni Merbesii Mondiderini ... Parisiis, Sumptibus Antonii Dezallier, 1683.

2v. 39½cm.
Illus. t.-p.
Engr. head-pieces.
Text in 2 col.
1st ed.
★ DictTheolCath X 570.
♣ *Ex libris Beatae Mariae Castellionensis.— Stamp of Mgr Alex. de Gouvea.* 1502

2229

Mercator, Gerardus, 1512-1594.

Atlas minor Gerardi Mercatoris à I. Hondio plurimis aeneis Tabulis auctus et illustratus : denuo recognitꝰ, additisque novis delineationibus emendatus. Amsterodami, Ex Officina Ioannis Ianssonii, 1628.

4 l., 656 (*i.e.* 644)p. incl. maps. 18½×24½cm.
Signatures : †^{4}, A-Z^4, Aa-Zz^4, Aaa-Zzz^4, Aaaa-Mmmm^4, Nnnn^2, †-††^{4}.
p. 9, 33 lines, 135×168mm.
Engr. ornamented t.-p.

Text in 2 col.
1st ed. by Mercator, Duisburg, 1595.
♣ *Expurgatus iuxta Expurg. Lusit. anno 1634. — Da Vice Prouª da China.* 667

2230

— (Gerardi Mercatoris) Atlas sive Cosmographicae meditationes de fabrica mvndi et fabricati figvra. Denuò auctus. Editio quarta. Amsterodami, Sumptibus & typis aeneis Judoci Hondij, 1613.

9 l., 177p., 1 l., 178-365 (*i.e.* 367), [35]p. 149 hand-col. maps. 46½cm.
Signatures : A-B^2, C^5, D-E^4, F^5, G-Z^2, Aa-Zz^2, Aaa-Zzz^2, Aaaa-Zzzz^2, Aaaaa-Zzzzz^2, Aaaaaa-Dddddd^2, Eeeeee^4, Ffffff-Zzzzzz^2, Aaaaaaa-Zzzzzzz^2, Aaaaaaaa-Cccccccc^2, Dddddddd^4, Ffffffff-Gggggggg^2, Hhhhhhhh^4, Iiiiiiii-Llllllll^2.
p. 8, 71 lines, 330×198mm.
p. 27-30, 272-273 with a map wanting.
Some maps spoiled.
After p. 177 : Special half-title page for Belgium, with hand col. engraving.
Hand-col. engr. ornamented t.-p.
1st ed. Duisburg, 1595.
Indices at end.
★ Brunet III 1644. — DictTheolCath X 571.
638

2231

Mercator, Nicolaus, 1620-1687.

(Nicolai Mercatoris ...) Institutionum astronomicarum libri duo, de motu astrorum communi & proprio ... cum tabulis Tychonianis ... et Rudolphinis ... Quibus accedit appendix De iis, quae Novissimis temporibus Coelitus innotuerunt. Londini, Typis Gulielmi Godbid, sumtibus Samuelis Simpson, 1676.

8 l., 288, 64p. illus. 18cm.
1st ed.
Errata at beginning.
♣ *Rob. ? 1700. — Ribeyro Sanchez.* 145

2232

Merlo-Horstius, Jacobus, 1597-1644.

Paradisvs animae christianae Lectissimis omnigenae Pietatis, delitiis amaenus : Studio et operâ Iacobi Merlo Horstii Ecclae B. Mariae Virg. in Pasculo Pastoris. Editio altera longe auctior et elegantior. Col. Agrippinae, Sumpt. Ioannis Kinchii et Sociorum, 1644.

12 l., 522, [3], [3]-60p. illus. (incl. tables) 14½cm.
Engr. ornamented t.-p.
Text in 2 col.
1st ed. Cologne, 1630.
« Manuale pietatis » [3]-60p. at end.
★ Brunet III 340. 2268

2233

— Septem tvbae sacerdotales; sive Selecti septem SS. Patrvm tractatvs, I. Chrysostomi, Hieronymi, Prosperi, Gregorii M. P. Damiani, Bernardi. & P. Blesensis. Qvibvs praelati, sacerdotes, caeteriqve Clerici, ad vitae Sanctimoniam, & Ecclesiasticae Disciplinae Obseruantiam excitantur. Opus primùm à I. M. Horstio Collectum; Hâc vero Editione, diligentiùs recognitum, multisque Tractatibus Obseruationibus, ac Tabulis locupletatum. Cura & studio quorundam Sacerdotum Seminarij Ecclesiastici Parisiis erecti in Collegio Bonorum Puerorum ... Parisiis, Sumptibus Michaelis Soly, 1652.

8 l., 682, [50]p. 24cm.
Text in 2 col.
« ... De vita contemplativa (nicht dem Prosper Tiro zugehörig) ». — LThK VIII 362.
1st ed. Cologne, 1635.
Contents. — S. Bernardus. Epistolae duae praeambulae ad libros De consideratione. Libri V De consideratione ad Eugenium Papam. De moribus et officio episcoporum. De conversione ad clericos. De contemptu mundi. Sermo ad Pastores in Synodo. Sermo ad clerum in Concilio Rhemensi. Analecta. — S. Gregorius M. Liber pastoralis curae. Homilia de cura pastorali. Fragmenta ex homilia 14. in Evangelia. Epistola ad Virgilium Arelat. Episc. — S. Joannes Chrysostomus. De sacerdotio libri VI. Analecta ex variis homiliis. — S. Prosper Aquitanicus (vel Julianus Pomerius). De vita contemplativa et activa, deque virtutibus et vitiis libri III.— B. Petrus Damianus. Opuscula VIII. De dignitate sacerdotii; De fuga dignitatum ecclesiasticarum; Apologeticus ob dimissum episcopatum; De communi vita canonicorum; Contra clericos aulicos; Contra inscitiam et ignaviam clericorum; De caelibatu sacerdotum; Contra intemperantes clericos. Epistolae duae. — Petrus Blesensis. Canon episcopalis. Epistolae selectae de variis rebus ad disciplinam ecclesiasticam pertinentibus. Sermones in synodis habiti. — S. Hieronymus. Epistola ad Nepotianum. Ex epist. ad Heliodorum de morte Nepotiani. Ex epist. ad Oceanum De dotibus episcopi. Commentarius in Cap. I. Epist. ad Titum. — Index chronologicus aliorum SS. Patrum de Ecclesiastica Disciplina tractantium. — Index rerum memorabilium.
♣ *Fauleon.* 1832

2234

Mersenne, Marin, *OMinim,* 1588-1648.

(F. Marini Mersenni Minimi) Cogitata physico mathematica. In quibus tam naturae quàm artis effectus admirandi certissimis demonstrationibus explicantur. Parisiis, Sumptibus Antonii Bertier, 1644.

26 l., 224p., 4 l., 225-370 p., 8 l., 95p., 6 l., 140, [26]p. incl. tables, diagrs., musics. 24½cm.
p. 137-140 of « Ballistica » bound after t.-p.
15 p. 1. of « Hydraulica » bound after p. 40.
Each part has a special t.-p.
1st ed.
Contents. — De mensuris, ponderibus & nummis Hebraicis, Graecis & Romanis ad Gallica redactis. — De hydraulico-pneumaticis phaenomenis. — De arte nautica, seu histiodromia, & hydrostatica. — De musica historica & practica. — De mechanicis phaenomenis. — De ballisticis, seu acontismologicis phaenomenis. — Index.
★ Brunet III 1662.
♣ *Caza de hâm cheu Soct Jesu 1661.* 723

2235

— o. c.

Tractatus mechanicus, p. 47-48 duplicated; the 2nd leaf is a cancel. 804

2236

— Novarvm observationvm physico-mathematicarvm F. Marini Mersenni Minimi tomvs III. qvibvs accessit Aristarchvs Samivs De mvndi systemate. Parisiis, Sumptibus Antonii Bertier, 1647.

16 l., 62, [2], 63-235, [2]p. incl. tables, diagrs. 24½cm.
1st ed.
Contents. — Aristarchus Samius. De mvndi systemate, partibvs, & motibvs eivsdem, cum notis Ae. P. de Roberval. — Index. — Mersenne, M. Reflectiones physico-mathematicae. — Errata.
Bound with : Mersenne, M. Universae geometriae synopsis, Parisiis, 1644. 518a

2237

— Vniversae Geometriae, mixtaeqve mathematicae synopsis, et bini refractionvm demonstratarvm tractatvs. Studio & Operâ F. M. Mersenni M. Parisiis, Apud Antonivm Bertier, 1644.

16 l., 589 (*i.e.* 595)p. incl. tables, diagrs. 24½cm.
1st ed.
Contents. — Index. — Euclidis Elementa. — Petri Rami Geometria. — Archimedis varia opera. — Theodosii, Menelai, et Maurolyci Sphaerica. — Mersenni Cosmographia astronometrica. — Apollonii Pergaei Conicorum libri IV. — Sereni De sectione cvlindri. — Cl. Mydorgi Conicorum libri IV. — Contracta Pappi collatio. — Mersenni Mechanicorum libri II et Opticae libri VII.
Bound with : Mersenne, M. Novarum observationum physico-mathematicarum tomus III, Parisiis, 1647. 518

2238

Mesua, Joannes, 776-857/8.

(Ioannis Mesvae Damasceni...) Opera ... Cum Mundini, Honesti, Manardi, & Sylvii in tres priores libros obseruationibus ... His Accessere Plantarvm in libro Simplicium descriptorum imagines ex viuo expressae. Atque item Ioannis Costaei Annotationes ... Reliqua vero, quae cum Mesuae operibus exire solent, in aliud volumen coniecimus, quod nomine Supplementi in Mesven inscriptum est. Quae omnia accuratissime hac postrema editione prodeunt emendata ... Venetiis, 1602.

2v. in 1.
8 l., 246? numb. l.; 6 l., 278 numb. l., 12 l. 33cm.
Signatures : a^8, A-N^6, O^4, P-Z^6, Aa-Ii^6, Kk^8, Ll-Ss^6; a^6, Aa-Zz^8, Aaa-Lll^8, Mmm^6, Nnn^8, Ooo^4.
f. 2a, 64 lines, 266×160mm.
V. 1, l. 247-? wanting.
Text in 2 col.
V. 1 ed. by Costaeus; v. 2 by Vincentio Cogolli. *cf.* Dedications.

1st complete ed. by Costaeus. *cf.* 2nd dedication of v. 1.
Publ. by Ivntae. *cf.* Colophon.
Contents. — **v. 1.** De medicamentorum purgantium simplicium delectu et castigatione lib. I, Canones universales; lib. II. De simplicibus. — Grabadin, i. e. Compendii secretorum medicamentorum lib. I, Antidotarium; lib. II, De appropriatis. — **v. 2.** Apono, P. de. Supplementum in secundum librum Compendii secretorum. — Pedemontium, Fr. de. Supplementum in eumdem librum. — Nicolaus Praepositus. Antidotarium, cum expositionibus Joannis Platearii. — J. de S. Amando. Expositio supra Antidotarium Nicolai. — Gentilis Fulginas. De dosi medicinarum. — Tractatus Quid pro quo. — Synonyma. — Abulchasis. Liber servitoris. — Saladinus Asculanus. Compendium aromatariorum. — Albengnefit. De virtutibus simplicium medicinarum, atque ciborum. — Apuleus. De ponderibus et mensuris. — Interpretatio de ponderibus medicinae. — Jacob Alchindus. De investigandis compositarum medicinarum gradibus. — Copho. Libellus de arte medendi. — Jacobus de Partibus. Summula remediorum singulis morbis conferentium.
★ Brunet III 1675.
♣ *Bibl. Trig.* 1245

2239

Metius, Adrianus, 1571-1635.

Arithmeticae et Geometriae practica Adriani Metii Alcmar. Matheseos Profess. In Academia Frisiae Franeqverana ordin. Franequerae, Excudebat Rombertvs Doyema, Prostant in Officina Lugdunensi apud Elsevirium, 1611.

8 l., 71, 164p. illus. (incl. diagrs.), fold. table. 22½cm.
Signatures : †-††⁴, A-I⁴; A-V⁴, X².
p. 2, 36 lines, 161×115mm.
1st ed.
Errata at end.
♣ *Aplicado a Missam da Compª de Jesv da China, ou do Collº de Macao. Ir. Francisco Pereira. Coimbra 1656.* 345

2240

— o. c. 24cm.

24cm.
Bound with : Ceulen, L. van. Fundamenta arithmetica et geometrica, Lugduni Batavorum, 1615.
♣ *Bibl. Trig.?* 387

2241

— Arithmeticae libri dvo : Authore Adriano Metio Alcmariano Matheseos Professore ordinario. Franekerae, Excudebat Vldericus Balck, 1640.

1 l., 88 p. 31cm.
Signatures : A-L⁴.
p. 15, 36 lines, 150×115mm.
Title and text of 15×11½cm. mounted on folios of 30×20½cm.
Illus. t.-p.
1st ed. Franeker, 1611.
Bound with : Ryff, P. Quaestiones geometricae, Francofvrti, 1649. — Lansbergen, Ph. van. In qvadrantem tum astronomicum, tum geometricum, Middelbvrgi, 1635; Sphaera plana, à Ptolomaeo astrolabivm dicta. Middelbvrgi, 1636. — Biancani, J. Sphaera mvndi. Mvtinae, 1653; Constrvctio instrvmenti ad horologia solaria describenda peropportuni, Mvtinae, 1654.
♣ *Ad vsum F. Caroli Horatij à Castorano Regul: Obs: S. P. Fran.sci.* 294

2242

— (Adriani Metii ...) Astrolabivm, Hoc Est Astrolabii utriusque accurata descriptio, Eorundem Fabricam usumque in Astronomia, & Geographia multiplicem complectens, & per doctrinam Triang. Sphaericorum in Catholico (modo hactenus incognito) traditam, demonstrans ... Impensis Hen. Laurentij Bibliopolae Amstelodam. Franekerae, Excudebat Vldericus Balck, 1626.

8 l., 391, [1]p. incl. tables, diagrs. 16cm.
Signatures : †⁸, A-T⁸, V⁴; A-E⁸.
p.1, 25 lines, 115×70mm.
p. 305-311 bound after p. [392]
1st ed.
Errata : p. 391. 99

2243

— (Adriani Adriani Metii, Alcmariani ...) Doctrinae sphaericae Lib. V. I. De apparentiis & phaenomenis primi mobilis II. De situ cuiuslibet stellae ... III. De observatione astrorum ... IV. De distinctione & mensura globi caelestis V. De ratione construendi sciaterica ... Francofvrti, Ex Officina M. Zachariae Palthenij, 1598.

16, 208 p. incl. tables, diagrs. 16cm.
Signatures : †⁸, A-N⁸.
p. 2, 27 lines, 128×69mm.
1st ed. Frankfort, 1592.
Bound with : Beausard, P. Annvli astronomici vsus, Antverpiae, 1553. — Hornschuch, H. Ὀρθοτυπογραφία, Lipsiae, 1608. — Miverius, D. Apologia pro Philippo Lansbergio, Mittelburgi, 1602.
♣ *Bibl. Trig.* 564

2244

— (Adriani Metii ...) De genvino vsv vtrivsque globi tractatvs. Adjecta est nova Sciatericorum, & artis Navigandi ratio novis Instrumentis, & inventionibus illustrata. Franekerae, Excudebat Vldricus Balck, Sumptibus J. Jansonii, Bibliopolae Amstelodamens., 1624.

8 l., 210p., 1 l., 84p. illus. (incl. tables, diagrs.) 21cm.
Signatures : †-††⁴, A-Z⁴, Aa-Cc⁴, Dd²; a-k⁴, l².
p. 2, 34 lines, 151×120mm.
« Mensvra geographica, et vsvs globi terrestris » has a special t.-p.
1st ed. Franeker, 1611.
Bound with : Metius, A. Praxis nova geometrica, Franekerae, 1623. 54

2245

Metius, Adrianus, 1571-1635.

Institutionvm Astronomicarum Tomi Tres, In quibus praecepta & praxis per Sphaeram, cum solidam ac Planam; tum Triangulorum Doctrinam partim in Planisphaerio ... partim Numeris exhibitam, declarantur : et Exemplis Geometricarum Figurarum ... Tabulisque Astronomicis exercentur, Quibus accessit tractatus, De novis Autoris Instrumentis, & modo quo stellarum fixarum situs motusq; solis per eadem observantur, Avtore Adriano Metio Alcmariano ... Franekerae, Excudebat AEgidius Radaeus, 1606-08 [v. 1, 1608]

8 l., 264p., 4 l., 235p., 2 l., 289, [3]p., 8 l., 135, [1]p. illus. (incl. tables, diagrs.) 16½cm.
Signatures : †[8], A-Q[8], R[4]; †[4], Aa-Pp[8]; Aaa--Bbb[8], Ccc[4], Ddd-Sss[8], Ttt[4], Vvv[2] (2 p. l. without sign.); †[8], Aaaa-Hhhh[8], Iiii[4].
p. 7, 36 lines, 122×66mm.
3v. in 1.
Ms. table of contents on 2 l. at end.
1st ed. Franeker, 1605.
Errata at end. 138

2246

— Praxis nova geometrica, per vsvm circini et Regulae Proportionalis. Autore Adriano Metio Alcmariano ... Franekerae, Ex officina Vlderici Dominici Balck. Expensis Ioh. Iansonii, Bibliopol. Amstelrodami, 1623.

4 l., 47, [1]p. illus. (incl. tables, diagrs.), fold. plate. 21cm.
Signatures : †[4], A-F[4].
p. 7, 30 lines, 144×102mm.
1st ed.
Bound with : Metius, A. De genvino vsv vtrivsqve globi tractatvs, Franekerae, 1624. 54a

2247

— (Adriani Metii. ...) Primvm mobile Astronomicè, Sciographicè, Geometricè et Hydrographicè nova Methodo Explicatum in I. Sphaera II. Planisphaerio III. Triang. Sphaericis IV. Tab. Astronomicis Loxodromicis V. Lineamentis Geometricis Opus absolutum, IV Tomis distinctum. Amstelodami, Apud Ioannem Ianssonium, 1631.

12 l., 366, [2], 271, 256, 146, [14]p. incl. tables, diagrs. 20½cm.
Signatures : †-†††[4], A-Z[4], Aa-Zz[4]; A-Y[4], Z[2]; Aa-Ll[4], Mm[2]; A-Z[4], Aa-Ii[4]; A-V[4].
p. 17, 34 lines, 147×116mm.
p. 233-234 of « Doctrinae sphericae » wanting.
Engr. ornamented t.-p.
1st ed.
Errata at beginning.
★ Brunet III 1678.
♣ *Missionis Sinensis Patrum Soc. Jesv. — Veyo da Rezid[a] de Cinanfu.* 186

2248

— Vniversae astronomiae brevis, dilucida & facilis institvtio. Cujus praecepta & praxis per Sphaeram ... Triangulorum Doctrinam ... declarantur ... Opus Tomis IV. distinctum : Avtore Adriano Adriani Metio ... Franekerae, Ex Officina Aegidii Radaei, 1605-06.

8 l., 264p., 4 l., 235p., 2 l., 292p., 8 l., 135, [1]p. illus. (incl. tables, diagrs.) 16cm.
Signatures : †[8], A-Q[8], R[4]; †[4], Aa-Oo[8], Pp[6]; Aaa-Bbb[8], Ccc[4], Ddd-Sss[8], Ttt[4], Vvv[2] (2 p. l. without sign.); †[8], Aaaa-Hhhh[8], Iiii[4].
p. 7, 36 lines, 122×66mm.
4v. in 1.
Vol. 2, 4 p. l., p. 145-235 wanting.
1st ed.
Errata at end of. v. 3, 4.
♣ *Collegij S. J. Pekini.* 95

2249

Metochita, Theodorus, *d.* 1332.

(Theodori Metochitae Philosophi rarissimi) In vniversam Aristotelis natvralem philosophiam, ad instar copiosae Graecor. et Latinorvm avctorvm bibliothecae, commentaria vere avrea. Fideli dexteritate Gentiani Herveti V. Cl. ex Graeco Latinè reddita. Ravennae, Typis Christophori Roncillionei, 1614.

4 l., 675 (*i.e.* 683), [23]p. 22cm.
Signatures : †[4], a-z[4], A-Z[4], Aa-Zz[4], AA-RR[4], A-C[4] (DD4, RR4, blank)

p. 5, 40 lines, 165×96mm.
1st ed. Basel, 1559.
Index at end.
♣ *Missionis Sinensis.* 2838

THEODORI ME
TOCHITAE PHILOSOPHI
RARISSIMI IN VNIVERSAM
ARISTOTELIS
NATVRALEM PHILOSOPHIAM,
AD INSTAR COPIOSÆ GRÆCORVM, ET LATINORVM AVCTORVM BIBLIOTHECÆ,
COMMENTARIA VERE AVREA
Fideli dexteritate
GENTIANI HERVETI V. CL.
ex Græco Latinè reddita.

RAVENNÆ,
Typis Christophori Roncillionei
M. DC. XIV

2250

Meyerus, Leo, *ed.*

Fvnvs Gvilielmi Assonlevillii Bovchavtii D. A varijs adornatum. Curator Leo Meyervs Antverp. Antverpiae, Ex officina Plantiniana, Apud Ioannem Moretum, 1599.

47p. 18½cm.
Signatures : A-C[8].
p. 7, 24 lines, 143×91mm.
Bound with : Sedulius, H. S. Ludovici, Episcopi Tolosani, vita, Antverpiae, 1602 and others. 3250b

2251

Mezzavacca, Flaminio, *d.* 1704.

Ephemerides Felsineae recentiores, Flaminii de Mezavachis ... Ex mixtis Hypothesibus Clarissimorum Virorum Lansbergii, Kepleri, Bvllialdi, Cassini Et è Caelo deductis Obseruationibus Ab Anno 1675. ad totum 1684 Ad Longitudinem Bononiae ... Vnâ cùm initiali Astronomiae, Trigonometriae, & Logorithmorum Doctrina ... Recentioribus Tabulis, & facilimis Operationibus ... praemissis. Bononiae, Sumptibus Io. Fr. Dauici, apud Dominicum Mariam Ferronum, 1675.

4 l., 584 p. incl. tables, diagrs. 24cm.
1st ed.
Index and errata : p. 580-584.
« Astrologiae defectvs esse quo ad nos punctum vltimum, in gratiam amicorum » : p. 575-576. 11

2252

— Otia sive Ephemerides Felsineae recentiores, Flaminii de Mezzavachis ... Ex mixtis Hypothesibus Clarissimorum Virorum Lansbergii, Kepleri, Bvllialdi, Cassini, Et è Coelo deductis Obseruationibus Ab Anno 1684 ad Annum 1712. Ad longitudinem Bononiae ... Vna cùm initiali Astronomiae, Trigonometriae, Logorithmorum Doctrina & ... recentioribus Tabulis, ab eodem Auctore ... praemissis, & nùnc auctis ... cum tota Solarium Sciothericorum explanatione ... Bononiae, Typis Haeredum Dominici de Barberijs, Sumptibus Iosephi Antonij Dauici Turrini, 1686.

2v. illus. (incl. tables, diagrs.) 23½cm.
Ms. notes on front guard leaf and inside of back cover of v. 2.
Continuation of « Ephemerides » of 1675.
♣ *Collegij Soc. Jesv Pekini.* 110

2253

— o. c.

♣ *Aplicado à Resid[a] de Chin Kiam por ordẽ publicada pello P Vice-Prov[al] Joao de Saà.* 111

2254

— Otia sive Ephemerides Felsineae recentiores, Flaminii Mezzavacca ... cum novis moderationibus Ex mixtis Hypothesibus Clarissimorum Virorum Tychonis, Kepleri, Bullialdi, Cassini, Atque ab Observatorio Regio Parisiensi recenter habitis Observationibus Ab Anno 1701. ad totum Annum 1720. Ad longitudinem Bononiae ... Unâ cum initiali Astronomiae, Trigonometriae, Logorithmorum Doctrina ... Recentioribus Tabulis ab eodem Auctore ... praemissis ... nec non cum totâ Solarium Sciothericorum explanatione ... Bononiae, Typis Constantini Pisarij, Sumptibus Ludouici Mariae Ruinetti, 1701.

2v. illus. 23½cm.
Errata at end of each volume.
Continuation of « Ephemerides » of 1675 and of « Otia » of 1686. 112

2255

— o. c.

♣ *Rdo P. Nicolao Giampriamo S. J.* 113

2256

— o. c.

♣ *Anno Kam Hi 56 luna 1a die 4a Impõr hunc librum cum 10 alijs dono dedit P. Kiliano (vol. 1) Nankim — Vice Prou. Sinens. Collegij Nankin (vol. 2)* 114

2257

— — o. c.

Vol. 1 wanting.
♣ *Pera o Collegio de Pekim. — Collegij Societatis Jesu Pekini.* 115

2258

— o. c.

Vol. 1 wanting.
♣ *S. C.* 116

2259

Michael a S. Catharina, *AugEr.*

Trinum perfectum, via, veritas, vita. Seu Semita salutis tripartita docens, et ducens de via purgativa per veritatem illuminativam ad vitam unitivam. Ex probatioribus Auctoribus, probabilioribus opinionibus, selectioribus historiis, ponderosioribusque Sanctorum Patrum doctrinis, ac sententiis collectum ... Per Fr. Michaelem à S. Catharina, Ordinis Eremit. Discalc. S. Augustini ... Editio quarta. Augustae Vindelicorum, Sumptibus Martini Veith, 1739.

3v. in 1. 35cm.
10 l., 429, [33]p., 6 l., 440, [28]p., 6 l., 422, [33]p.
Text in 2 col.
Indices at end of each volume.
♣ *Resid^ae S. Josephi Pekini S.J.* 2361

2260

Milan, Synods of.

Acta Ecclesiae Mediolanensis, a Carolo Cardinali S. Praxedis Archiepiscopo condita, Federici Card. Borromaei Archiepiscopi Mediolani ivssv Undique diligentius collecta, & edita. Mediolani, Ex Officina Typographica quon. Pacifici Pontij, 1599.

2v. 3 fold. tables. 34cm.
Paged continuously.
5 l., 1273, [211]p.
Signatures: $\dagger^6$, A-Z^6, Aa-Zz^6, Aaa-Zzz^6, Aaaa-$Zzzz^6$, Aaaaa-$Ooooo^8$, a-r^6, s^4 ($\dagger$5, Ooooo8 blank)
p. 3, 62 lines, 250×140mm.
p. 809-810 (half-title page of pt. 5) wanting.
Each part has a special half-title page.
p. 811-826 spoiled.
Text in 2 col.
1st ed. Milan, 1582.
Contents. — **t. 1. pt. 1.** Constitutiones et decreta sex conciliorum provincialium. — **pt. 2.** Synodi dioecesanae undecim. — **pt. 3.** Edicta varia, ordinationes et decreta.— **pt. 4.** Instructiones variae circa praedicationem verbi Dei, administrationem sacramentorum, fabricam et supellectilem ecclesiasticam. Instructiones congregationum dioecesanarum, fori archiepiscopalis, cancellariae. Instructiones quaedam vulgari sermone. — **t. 2. pt. 5.** Institutiones familiae cardinalis, sodalitatis doctrinae christianae, Ss. Sacramenti, et aliarum. Regulae monialium. Institutiones seminarii. — **pt. 6.** Tabellae archiepiscoporum Mediolani, dierum festorum et vigiliarum, etc. — **pt. 7.** Litterae pastorales. — **pt. 8.** Formulae variae. Index rervm.
★ Brunet I 1120. — DictTheolCath II 2268.
♣ *Ex lib. Pekini relict. ab Il^mo R^o Pat. Alex^no.* 3579

2261

— Acta Ecclesiae Mediolanensis a B. Carolo Borromaeo S. R. E. Tit. S. Praxedis presbitero Cardinali, Archiepiscopo, condita, Federici Card. Borromaei Archiepiscopi Mediolani ivssv Undique diligentius collecta, & edita. Addita est in hac vltima editione ipsius B. Caroli Cardinalis vita; per Reverendis. D. Carolvm a Basilica Petri, Nouariensem Episcopum, confecta. Brixiae, Apud Societatem Brixiensem, 1603.

10 l., 448, 88, [72]p., 1 l., 1012p., 1 l., 228, [248]p., 4 l., 230p. 3 fold. tables. 23cm.
Signatures: $\dagger^6$, $\dagger^4$, A-Z^8, Aa-Ee^8; Aaa-Ddd^8, Eee^{12}, Fff-Iii^8, Kkk^4; $\dagger^2$, A-Z^8, Aa-Zz^8, Aaa-Qqq^8, Rrr^{10}, ($\dagger$2 blank); $\dagger^2$, A-N^8, O^{10}, a-p^8, q^4, ($\dagger$2 blank); $\dagger^4$, Aa-Oo^8, Pp^3.
pt. 2, p. 3, 52 lines, 168×107mm.
Each part has a special t.-p.
Text in 2 col.
Contents. — **pt. 1.** Decreta provinciae Mediolanensis sub B. Carolo Borromeo diversis temporibus in sex conciliis, totidemque voluminibus edita, a Caesare Speciano, Episcopo Cremonensi ad instar Decretalium Gregorii PP. IX. in unum codicem collecta. Constitutiones SS. Pontificum de quibus in supradictis Decretis fit mentio. Index rerum. — **pt. 2.** Acta synodalia dioecesana Ecclesiae Mediolanensis. — **pt. 3.** Liber memorialis ad populum civitatis et dioecesis Mediolanensis. Conciones in Synodo XI ad Clerum. Formulae variae. Index rerum. De vita et rebus gestis Caroli S. R. E. Cardinalis libri VII. Carolo a Basilica-Petri auctore.
♣ *V. Provinciae Sinensis Soc. Jesu Cat. Adscriptus.* 3570

2262

— Acta Ecclesiae Mediolanensis a S. Carolo Cardinali S. Praxedis Archiepiscopo condita, Federici Card. Borromaei Archiepiscopi Mediolani jussu Undique diligentius collecta, & postrema hac Editione aucta. Patavii, Typis Seminarii, Apud Joannem Manfrè, 1754.

2v. 3 fold. tables. 34½cm.
Paged continuously.
12 l., 700, 20, 701-1128, 150p.
Text in 2 col.
♣ *Stamp of Mgr Alex. de Gouvea.* 3569

2263

Minderer, Raymund, 1570*ca.*-1621.

(Raimvndi Mindereri Medicinae Doctoris ...) Aloedarivm marocostinvm. Augustae Vindelicorum, Apud Christoph. Mangium, 1616.

13 l., 135 (*i.e.* 235), [6]p. 15cm.

Signatures : †[8], A-P[8], Q[6].
p. 5, 25 lines, 118×64mm.
Engr. ornamented t.-p.
Publ. by Christoph. Mangius. *cf.* Colophon.
1st ed.
Index : p. [237]-[242]
♣ *Missionis Sinensis.* 1055

2264

Minderer, Raymund, 1570*ca.*-1621.

[De pestilentia liber unus. Augsburg, 1608 or 1619]

17 l., 386 (*i.e.* 384)p. 16cm.
Signatures : †[8], ††[8], A-Z[8], Aa[8] (t.-p. without sign.)
p. 2, 29 lines, 120×65mm.
t.-p. wanting.
For title, etc. *cf.* Running title & NouvBiogr Gén XXXV 593.
1st ed. Augsburg, 1608.
♣ *Bibl. Trig.?* 885

2265

Miverius, Daniel.

(Danielis MiverI) Apologia pro Philippo Lansbergio ad Iacobvm Christmannvm. In qua Prop. 16. Lib. IV. Triangulorum Lansbergii ... Itemque Regiomontani, Copernici, ac reliquorum praestantium Mathematicorum doctrina à calumniјs quas Christmannus lib. suo observationum Solarium inseruit defenditur ... Mittelbvrgi, Apud Richardum Schilders, 1602.

60 unnumb. l. incl. tables, diagrs. 16cm.
Signatures : A[4], B-H[8].
f. [6]a, 29 lines, 132×76mm.
1st ed.
Errata at end.
Bound with : Metius, A. Doctrinae sphaericae lib. V. Francofurti, 1598 and others. 564c

2266

Mizauld, Antoine, 1520-1578.

Alexikepus, seu Auxiliaris et medicus hortus, Rerum variarum, & secretorũ Remediorum accessione locupletatus, Autore Antonio Mizaldo Monlvciensi, Medico. Lvtetiae, Apud Federicum Morellum, 1575.

12 l., 107 numb. l., 5 l. 17cm.
Signatures : a[8], b[4], A-O[8].
f. 4a, 32 lines, 130×71mm.
1st ed. Paris, 1565.
Indices at beginning and end.
Bound with : Mizauld, A. Dioclis Carystii ad Antigonum epistola; Lutetiae, 1572 and others. 1785b

2267

— Dioclis Carystij Medici, ab Hippocrate famâ & ætate secundi, aurea ad Antigonum Regem Epistola, De morborum praesagiis, & eorumdem extemporaneis remediis. Ad haec, Arnaldi a Villa-Nova Medici praestantissimi Consilium ad Regem Aragonum, de salubri hortensium vsu. Antonii Mizaldi Monlvciani, Medici, cura & diligentia. Lvtetiae, Apud Federicum Morellum, 1572.

4 l., 27 numb. l., 1 l. 17cm.
Signatures : †[4], A-G[4].
f. 2b, 21 lines, 120×68mm.
Lange, Johann. De salubri usu casei : l. 26-27.
1st ed.
Bound with : Mizauld, A. Opusculum de Sena, Lutetiae, 1572; Alexikepus, seu Auxiliaris et medicus hortus, Lutetiae, 1575; Hortorum secreta, cultus et auxilia, Lutetiae, 1575; Memorabilium, utilium ac iucundorum centuriae novem, Lutetiae, 1584.
♣ *Do nouo Coll[o] da Comp[a] de Jesv em Alsama. Padroeyro S. Franc[o] Xavier. No Cubiculo do P[e] Mestre da Nauegaçao.* 1785

2268

— Hortorum Secreta, cultus, et auxilia, amoenae voluptatis, & inenarrabilis utilitatis abunde plena : rerumque variarum accessione nunc primùm aucta & illustrata. Autore Antonio Mizaldo Monluciensi, Medico. Lutetiae, Apud Federicum Morellum, 1575.

8 l., 132 numb. l. 17cm.
Signatures : A-R[8], S[4].
f. 6a, 32 lines, 130×70mm.
Index at beginning.
Bound with : Mizauld, A. Dioclis Carystii ad Antigonum epistola, Lutetiae, 1572 and others. 1785c

2269

— Memorabilium, utilium ac ivcvndorvm centvriae novem, in Aphorismos Arcanorum omnis generis locupletes, perpulchrè digestae : Avtore Anton. Mizaldo Monlvciano, Medico ... Lvtetiae, Apud Federicum Morellum, 1584.

16 l., 132 numb. l. 17cm.
Signatures : A-B[8], A-Q[8], R[4].
f. 2a, 28 lines, 132×72mm.
1st ed. Paris, 1566.
Bound with : Mizauld, A. Dioclis Carystii ad Antigonum epistola, Lutetiae, 1572 and others. 1785d

2270

— Mizaldus redivivus. Sive Centuriae XII Memorabilium, utilium ac jucundorum in Aphorismos Arcanorum omnis generis locupletes, perpulchrè digestae; partim ab Antonio Mizaldo Monluciano, Medico; partim ex aliis fide dignis probatisq auctoribus excerptae. Editio novissima, in decem Capita, melioris ordinis gratia, distributa. Noribergae, Impensis Johannis Zigeri, Typis Andreae Knorzii, 1681.

3 l., 486, [22]p. front. 14cm.
1st ed. publ. under title « Memorabilium, uti-

lium, ac jucundorum centuriae IX arcanorum, Paris, 1566.
Index at end.
♣ *PP Gallor SJ Pekin.* 3131

2271

Mizauld, Antoine, 1520-1578.

Opusculum de Sena, planta inter omnes, quotquot sunt, hominibus beneficentissima & saluberrima. Avtore Antonio Mizaldo, Monlvciano, medico. Lvtetiae, Apud Federicum Morellum, 1572.

18 numb. l., 5 l. 17cm.
Signatures : A-E⁴, F³.
f. 3a, 21 lines, 120×68mm.
1st ed.
Bound with : Mizauld, A. Dioclis Carystii ad Antigonum epistola, Lutetiae, 1572 and others.
1785a

2272

— (Antonii Mizaldi Monslvciani) Planetologia, rebvs astronomicis, medicis, et philosophicis ervdite referta : ex qva, coelestivm corporum cum humanis, et Astronomiae cum Medicina societas et harmonia ... paucis degustatur, et dilucidè aperitur. Lvgdvni, Apud Mathiam Bonhomme, 1551.

4 l., 97, [1]p. 22½cm.
Signatures : a⁴, A-M⁴, N¹.
p. 2, 33 lines, 180×100mm.
1st ed.
Bound with : Hagecius ab Hayck, T. Dialexis, Francofvrti ad Mœnvm, 1574. 262a

2273

[Modius, François] 1536-1597, *ed.*

[Scriptores bellici. Coloniae Agrippinae, apud Maternum Cholinum, 1580]

24 l., 579 (*i.e.* 379), [1]p., 1 l., 77p. illus. 15½cm.
Signatures : a-c⁸, A-Z⁸, Aa⁸, aa-ee⁸ (Aa7,8 blank)
p. 3, 29 lines, 116×65mm.
t.-p. wanting.
1 p. l. spoiled.
Ed. by François Modius. *cf.* Preface.
For title, etc. *cf.* Running title, Epistola & Thierry's catalog. p. 151.
1st ed. by Modius.
Errata : p. [580]
Contents. — Flavii Vegetii Renati Instituta rei militaris, ex commentariis Catonis, Celsi, Traiani, Hadriani & Frontini. — Sexti Julii Frontini Strategematica. — Aeliani De instruendis aciebus opus, a Theodoro Thessalonicense Latinum factum. — Modesti Libellus de vocabulis rei militaris, ad Tacitum Augustum. — Francisci Modii In F. Vegetii Renati de re militari libros IV Notae. — Loca aliquot in S. Julio Frontino obiter notata ab eodem Modio.
♣ *Bibl. Trig.* 3540

2274

Molanus, Joannes, 1533-1585.

(D. Ioannis Molani ...) Theologiae practicae compendium, per conclusiones in quinque tractatus digestum. Adiecto capitum Indice ... Coloniae, In officina Birckman. sumptib. Arnoldi Mylij, 1590.

369, [4]p. 16cm.
Signatures : A-Z⁸, Aa³.
p. 13, 35 lines, 119×64mm.
1st ed. Cologne, 1585.
Index at end.
Contents. — De poenitentia & censuris. — De Decalogo. — De virtutibus & peccatis. — De sacramentis. — De republica christiana.
★ DictTheolCath X 2088.
♣ *Bibl. Trig. ?* 1301

2275

Molerius, Elias.

Astronomicvs τῆς ψηφοφορίας Ecleipsium (solis & lunae) ἐπιλογισμός : hoc est, Accurata Descriptio, Ocularis Demonstratio, et elegantissimis Typis Illvstratio, Quae ex delineatione Ecleipsium (solis & lunae) Annorum 1605. & 1607 παραδειγματικῶς declaratur ... Cvi adivngvntvr 1. ἐπιλογισμοί planetarum ... 2. Enarratio de Planetarum Eccentris ... 3. Et Enarratio de sydere novo annorum 1604. & 1605. Avtore Elia Molerio, Helvetio ... Excudebat Iacobus Stoer, 1607.

8 l., 199, [1], 24p. illus., 3 plates. 21½cm.
Signatures : †-††⁴, A-Z⁴, Aa-Bb⁴, A-C⁴.
p. 23, 40 lines, 162×96mm.
Bound with : Fabricius, J. De maculis in sole observatis, Witebergae, 1611 and others. 350g

2276

— De sydere novo, Seu de nova Stella : quae ab 8. die Octobris anni ... 1604. inter Astra Sagittarij videri cœpit; ac annuae reuolutionis 1605. periodo proxima extincta evanuit, enarratio apodeictica. Autore Elia Molerio, Theologo, & Astronomo. Excudebat Jacobus Stoer, 1606.

24p. illus. 21½cm.
Signatures : A-C⁴.
p. 7, 40 lines, 163×99mm.
Bound with : Fabricius, J. De maculis in sole observatis, Witebergae, 1611 and others.
350e

2277

Monantheuil, Henri de, 1536-1606.

De pvncto primo geometriae principio liber. Avthore Henrico Monantholio Medico, & Mathematicarum Artium professore Regio ... Lvgdvni B. Ex Bibliopolio Commeliniano, 1600.

4 l., 35p. incl. diagr. 22cm.

Signatures : A-D4, E6.
p. 2, 36 lines, 166×100mm.
1st ed.
Bound with : Raimarus, N. De astronomicis hypothesibvs, Pragae Bohemorvm, 1597. 260a

2278

Montalto, Filippe.

(Philippi Montalto, Lusitani Medicinae Doctoris) Optica Intra Philosophiae, & Medicinae aream, De visu, de visus organo, & obiecto theoriam accuratè complectens ... Florentiae, Apud Cosmvm Ivntam, 1606.

8 l., 259 (*i.e.* 289), [5]p., 1 l. 21cm.
Signatures : †8, A-Z4, Aa-Oo4.
p. 3, 35 lines, 155×92mm.
Author's true name is Elijah de Luna, he changed it after his evasion to Italy.
Index & errata at end.
♣ *Bibl. Trig. ?* 1081

2279

Montebrunus, Franciscus.

Ephemerides novissimae motvvm coelestivm Francisci Montebruni I. V. D. Patritij Genuensis, Ad Longitudinem Inclytae Vrbis Bononiae Ab Anno 1645. ad Annum 1660 ... Ex Philippi Lansbergi ... observationibus ... supputatae. Addito etiam Tractatu de Stellis fixis, vna cum earum Longitudine ac Latitudine ad Annum 1650 ... Bononiae, Typis Io. Baptistae Ferronii, 1645.

5 l., 479, [4]p. incl. diagrs. 24cm.
Ms. marginal notes.
1st ed.
Errata at end.
♣ *Missionis Hibernicae Soctis JESV Dublinij.— Caza de ham cheu 1661 Soctis Jesu.* 198

2280

Montecuccoli, Raimondo, *Count,* 1608-1681.

Commentarii bellici Raymundi Sac. Rom. Imp. Principis Montecuccoli Juncto Artis bellicae Systemate Ex Augustissimae Bibliothecae Authographo Figuris Aeneis Illustrati, Et à quodam Societatis Jesu Sacerdote latinitate Donati, Cùm Sub Augustissimis Auspiciis Positiones ex Universa Philosophia defenderet Illustrissimus & Doctissimus Dominus March. Franciscus Raymundus de Montecuccoli ... ex praelectionibus R. P. Michaelis Bonbardi E Soc. Jesu ... Viennae Austriae, Typis Ignatii Dominici Voigt, 1718.

5 l., 216 (*i.e.* 218), [2]p. front., illus., 2 fold. diagrs. 30½cm.
1st Latin ed.
1st Italian ed. Cologne, 1704.
★ Brunet III 1849. 1154

2281

Morawski, Jana, *SJ,* 1633-1700.

Totivs philosophiae principia per qvaestiones de ente in communi Ex Praelectionibus P. Ioannis Morawski Societatis Iesu explicata. Editio secunda. Posnaniae, Typis S. R. M. Collegii Posnan. Soc. Iesu, 1682.

7 l., 288 (*i.e.* 287), [1]p. 16cm.
1st ed. Posen, 1660.
Errata at end.
★ Sommerv V 1268 nº 1 (ed. wanting)
♣ *Nankim.* 2437

2282

— o. c.

2737

2283

More, Henry, *SJ,* 1586/87-1661.

Vita et doctrina Christi Domini Notationibus, quae quotidianam diuina meditantibus materiam suggerere possunt, explicata : Iuxta quatuor Partes anni Ecclesiastici in Capita distributae per Henricvm Morvm e Societate Iesv. Antverpiae, Apud Iacobvm Mevrsivm, 1649.

617, (19)p. 13cm.
Ms. on verso of t.-p.
Ms. marginal notes.
Index (15p.) at end, the page number being indicated by hand.
1st ed.
★ Sommerv V 1306 nº 4.
♣ *Aplicado a Vice Proua da Compa de JESV da China No Cubiculo do P : Provincial. — Pr Francisco Pereira Coimbra 1656. — P. Luis de Britto. — Annona Spiritualis P. Michael Cuvelier Coloniae 1646.* 3168

2284

Morzillo, Sebastian Fox, 1523*ca.*-1560.

(Sebastiani Foxii Morzilli Hispalensis) De naturae Philosophia, seu de Platonis & Aristotelis consensione, libri V. Nunc denuô ... multô, quàm antè, correctiores editi. VVitebergae, Sumptibus haeredum Bartolemaei Vogelij & Andreae Hoffmanni, 1594.

10 l., 2-632p., 1 l. 15½cm.
Signatures : a8, A-Z8, a-q,8 r7.
p. 6, 29 lines, 118×64mm.
Colophon : VVitebergae, Typis M. Simonis Gronenbergij, 1594.
1st ed. Louvain, 1554.
Bound with : Goclenius, R. Idea philosophiae Platonicae, Marpurgi Cattorum, 1612.
♣ *Missionis Sinensis.* 2808

2285

Mouchy, Antoine de, 1494-1574.

De veritate corporis et sangvinis Christi in Missae sacrificio ratione transsvbstantiationis assertio : in qva tam Christvs Dominvs Iesvs, qvam huius corpus verum ac sanguis ratione conuersionis & transsubstantiationis panis & vini in corpus eius & sanguinem verum in Missae sacrificio verè & realiter existere demonstrantur : Antonio Monchiaceno Demochare Ressonaeo Doctore Theologo Sorbonicae familiae authore. Diuinae scripturae, sacrorum conciliorum, necnon sanctorum doctorum testimoniis haec Assertio semper firma inter orthodoxos fuisse ab initio fidei & religionis Catholicae ad haec nostra vsque tempora comprobatur amplissimè. Antverpiae, Ex officina Christophori Plantini, 1573.

468, [1]p. 16½cm.
Signatures : A-Z8, Aa-Ff8, Gg3.
p. 5, 28 lines, 130×74mm.
♣ *Bibl. Trig.?* 1368

2286

Mundella, Luigi, *d.* 1553.

Theatrvm Galeni, hoc est, Vniuersae medicinae à Medicorum Principe Galeno diffuse sparsimque traditae promptvarivm : Quo uel indicis loco in omnes Galeni libros, uel locorvm communium instar in re medica, Lector eruditus magna commoditate, nec minori facilitate utetur. Aloysii Mvndellae Brixiensis ... studio & labore per multos annos conditum, & nunc demum editum. Basileae, per Evsebivm Episcopivm, et Nicolai fratris haeredes, 1568.

686 unnumb. l. 38cm.
Signatures : a4, a-z6, A-Z6, Aa-Zz6, AAa-XXx6, YYy4.
f. [6]a, 68 lines, 278×174mm.
Texte in 3 col.
1st ed.
♣ *Bibl. Trig.?* 1037

2287

Mundinius, Mundinus.

(Mvndini Mvndinii Vincentini) Dispvtatio in tres partes divisa, In qua ea, quae de semine sunt controuersa inter Peripateticos, & Veteres Medicos, & doctissimos quosdam Neotericos accuratissime discutiuntur ... Tarvisii, Apud Aurelium Reghettinum, 1609.

6 l., 100 (*i.e.* 96) numb. l. 21½cm.
Signatures : †6, A-Z4, Aa4.
f. 2b, 36 lines, 148×91mm.
l. 101 (*i.e.* 97)-? wanting.
Errata at beginning.
Bound with : Donati, M. De medica historia mirabili, Venetiis, 1597. 878a

2288

Münster, Sebastian, 1489-1552.

Organum Vranicum. Sebastianvs Mvnstervs. Habes in hoc libro, amice lector, explicatas theoricas omnivm planetarũ, atq; eorundẽ uarios, singulos & quotidianos ad annos usq; C & ultrà expressos motus, Lunae quoq; in lumine crescentis, senescẽtis & per eclipsim deficientis, & item Solis deliquiũ patientis, omnẽ uarietatẽ : quibus omnibus cõmodi adiecti sunt canones. Basileae, apvd Henricvm Petrvm, mense Martio, 1536.

4 l., 70, [34]p., 1 l. incl. tables, diagrs. 30cm.
Signatures : †4, a-i4 (i4 blank), A-C4, D6.
p. 5, 40 lines, 222×128mm.
Illus. t.-p.
1st ed.
Bound with : Schöner, J. Opera mathematica, Norinbergae, 1551 and others. 600b

2289

[Muratori, Lodovico Antonio, 1672-1650]

(Lamindi Pritanii [*pseud.*]) De ingeniorum moderatione in Religionis negotio libri tres, ubi quae jura, quae fraena futura sint homini Christiano in inquirenda, & tradenda Veritate, ostenditur : & Sanctus Augustinus vindicatur à multiplici censura Joannis Phereponi [*pseud.*] Juxta Exemplar Parisiis Impressum Anno M.DCCXIV ... Prostant Francofurti Apud Wilhelmum Metternich, 1716.

14 l., 575 p. 18cm.
Lamindus Pritanius, *pseud.* of Lodovico Antonio Muratori, & Joannes Phereponus, *pseud.* of Jean Le Clerc; *cf.* DictTheolCath X 2551.
1st ed. Paris, 1714.
★ DictTheolCath X 2551. 1297

2290

Muret, Marc Antoine, 1526-1585.

(Marci Antonii Mureti Presbyteri, J. C. et Civis Romani) Orationes, et Epistolae, necnon Praefationes Quae exstant in Jacobi Thomasii editionibus, in usum scholarum selectae ... Accedit insuper nouus in quemque Tomum Index, non mediocri diligentia contextus. Venetiis, Apud Franciscum ex Nicolao Pezzana, 1771.

2v. front. 19cm.
« Appendix epistolarum XXXI Pauli Sacrati ad M. Antonium Muretum » : v. 2, p. 283-312.
♣ *Stamp of Mgr Alex. de Gouvea.* 3228

2291

Musarra, Giovanni Francesco, *SJ,* 1649-1718.

A. M. D. G. Astronomia breviter exposita à P. Io : Francisco Mvsarra Soc : Iesv Sicvlo Bidenensi ... Messanae, Typis D. Antonini Maffei, 1702.

4 l., 206, [33]p. illus., fold. diagr. 15cm.
1st ed.
Index & errata at end.
★ Sommerv V 1462 nº 2. 93

2292

Musgrave, William, 1655*ca.*-1721.

(Guilhelmi Musgrave M. D. ...) De arthritide anomala, sive interna, dissertatio ... Editio nova accuratior. Genevae, Apud Fratres de Tournes, 1715.

7 l., 170p. 23cm.
Text in 2 col.
1st ed. Exeter, 1707.
Bound with : Sydenham, T. Opera medica, Genevae, 1716 and others. 1072b

2293

— (Guilhelmi Musgrave M. D. ...) De arthritide symptomatica dissertatio ... Editio nova accuratior. Genevae, Apud Fratres de Tournes, 1715.

4 l., 88p. 23cm.
Text in 2 col.
1st ed. Exeter, 1703.
Bound with : Sydenham, T. Opera medica, Genevae, 1716 and others. 1072a

2294

Musschenbroek, Petrus van, 1692-1761.

Elementa physicae conscripta in usus academicos, a Petro van Musschenbroek. Lugduni Batavorum, Apud Samuelem Luchtmans, 1734.

7 l., 495p. fold. map., 20 fold. diagrs. 20½cm.
1st ed. Leyden, 1726.
♣ *Reverendo admodum Patri Polycarpo de Souza D.D.O. D. Sanchez. — Stamp of Mgr Polyc. de Souza.* 688

2295

— Elementa physicae conscripta in usus academicos, a Petro van Musschenbroek quibus Nunc primum ... accedunt ubique auctaria quamplurima, frequentissimae adnotationes Disputatio physico-Historica de rerum corporearum origine, ac demum de rebus Caelestibus Tractatus. Opera et studio Antonii Genuensis ... Editio Tertia Veneta Ad nouissimam Neapolitanam exacta, atque multis emendata atque aucta ... Venetiis, Ex Typographia Remondiniana, 1761.

2v. 18cm.
Illus. t.-p.
♣ *Stamp of Mgr Alex. de Gouvea.* 689

2296

— Elementa physicae conscripta in usus academicos a Petro van Musschenbroek. Quibus nunc primum ... accedunt ubique auctaria quamplurima, frequentissimae adnotationes, Dissertatio physico-historica De rerum corporearum origine, ac demum De rebus caelestibus tractatus opera et studio v. cl. Antonii Genuensis. Editio Quarta Veneta, Anteactis omnibus auctior, atque emendatior ... Bassani. Sed prostant Venetiis apud Remondini, 1774.

2v. 4 fold. plates, 28 fold. diagrs. 18½cm. 653

2297

Mutus, Savinius, *17th cent.*

Dialogvs Contra duas hic transcriptas Epistolas nuper editas in Prodromvm Francisci Leverae; In quo eiusdem Prodromi Doctrina, & Vsus vberrime confirmatur. Avtore Savinio Mvto. Romae, Typis Angeli Bernabò, 1664.

1 l., 63, [1]p. 32cm.
Bound with : Levera, F. Prodromvs vniversae astronomiae restitvtae, Romae, 1663 and others. 296b

2298

Mynsicht, Adrian von.

(Hadriani a Mynsicht ...) Thesavrvs et armamentarivm medico-chymicvm. In quo selectissimorvm contra quosuis morbos Pharmacorum conficiendorum secretissima ratio aperitur, vnà cum eorumdem Virtute, Vsu, & Dosi. Cui in fine adiunctum est Testamentvm Hadrianevm De Aureo Philosophorum lapide. Editio tertia emendatior. Venetiis, Apud Combi & La Noù, 1696.

16 l., 490, [42]p. illus. 17cm.
On half-title page : Hadriani a Mynsicht, Armamentarivm medico-chymicvm.
1st ed. Hamburg, 1631.
Indices : p. [492]-[536] 902

N

2299

Nacchiante, Giacomo, *OP, d.* 1569.

(Iacobi Naclanti Clvgiensis Episcopi) Opervm tomvs primvs [-secundus] ... Venetiis, apud Ivntas, 1567.

2v. in 1. 31cm.
24 l., 656p.; 8 l., 175p.
Signatures : †[4], 1-5[4], A-M[6], N[8], O-Z[6], AA-VV[6], XX-ZZ[4], AAA-OOO[4]; †-††[4], a[6], b-x[4].
p. 5, 55 lines, 248×150mm.
p. 317-318 wanting.
Some pages at end of v. 2 spoiled.
1st collected ed.
Index at beginning of each volume.
Contents. — **t. 1.** Enarrationes in Epistolam D. Pauli ad Ephesios. Enarrationes in Ep. ad Romanos; cui accedunt quinque tractationes peculiares. S. Scripturae medulla, vel Arcanorum Christi, quibus singulae mundi sunt locupletatae aetates, detectio et discussio. Enarrationes seu tractationes XVIII theologales variae. — **t. 2.** Theoremata XIIII theologica. Theoremata sexdecim metaphysica. Theoremata quindecim physica et animastica. Opus doctum ac resolutum in quatuor tractatus : de

creatione rerum, de immortalitate animae humanae, de origine contingentiae, de infinitate primi motoris.
★ DictTheolCath XI 2.
♣ *Bibl. Trig.* 1283

2300

[**Nadasi, Johann,** *SJ*] 1613-1679.

Annvs diervm illvstrivm Societatis Iesv. siue in Anni dies digestae mortes illvstres Eorum qui ex eadem Soc. Iesu, in odium fidei, pietatis, &c. ab impijs occisi, aut veneno necati; vel exilij, carceris, alijsue ærumnis confecti sunt. Romae, Typis Varesij, 1657.

2 l., 420, [20]p. 16½cm.
Author : Johann Nadasi, *SJ*. *cf.* Sommervogel IX 939.
1st ed.
Indices : p. [422]-[440]
★ Sommerv V 1529 nº 28. — Streit I 238 nº 553.
♣ *Pour Monseigneur l'Evêque de Peking recommandé au R.P. Hervieu A Macao.* — *Stamp of Mgr Polyc. de Souza.* 3015

2301

— o. c.

♣ *Applicado a Vice Proua da Compa de JESV na China.* — *A P. Ioanne Nadasi.* 3132

2302

— Annvs diervm memorabilivm Societatis Iesv. Sive Commentarius quotidianae virtutis, notabilem vnius, vel plurium in Societate vitâ functorum, virtute quapiam insignium memoriam in menses diesque quibus obiêre partitè distributam complexus. Avthore Ioanne Nadasi eiusd. Soc. Iesv. Antverpiae, Apud Iacobvm Mevrsivm, 1665.

6 l., 339, 373, [17]p. 21½cm.
2 pt. in 1.
Illus. t.-p. (copper-plate)
Text in 2 col.
1st ed.
« Index nominum, & cognominum » : pt. 2, p. [374]-[390]
★ Sommerv V 1535 nº 44. — Streit I 259 nº 600.
♣ *Applicado a ViceProua da Compa de JESV na China No Collo de Macao.* — *Da Ve Proua da China no Collo que fera em Macao.* 1569

2303

— o. c.

Illus. t.-p. (woodcut)
♣ *Stamp of Mgr Polyc. de Souza.* 3027

2304

[—] Annvs meditationvm cordis ... Romae, Typis Varesij, 1659.

2v. in 1. front. 14½cm.
2 l., 248, 216p.
Author : Johann Nadasi, *SJ*. *cf.* Sommervogel IX 939.
1st ed.
Contents. — **pt. 1.** Marianis cordibus, aspirationibus, & exemplis per sabbata singularum anni totius Dominicarum, iuxta earum Euangelia, distributa : ad occasionem è singulis Euangelijs porrigendam aliquid de Beatissima Virgine meditandi, & cum alijs colloquendi. — **pt. 2.** De vita Jesu, cordibus, aspirationibus, & exemplis in singulas anni totius Dominicas et hebdomadas distributis, Euangelia Epistolasque currentes complexus. Adventvs, et Epiphania, usque ad Dom. I. Quadragesimae.
★ Sommerv V 1531 nº 34.
♣ *No Cubiculo do RP V. Provincial.* — *A Ioanne Nadasi S. J.* — *Da V Proua da Compa de JESV No Seu nouo Collo de Macao.* 2555

2305

Nancel, Nicolas de, 1539-1610.

(Nicolai Nancelii Trachyeni Noviodvnensis ...) Analogia microcosmi ad macrocosmon; Id est, Relatio & Proportio Vniuersi ad Hominem; In qua quid in utroque dispici queat, Theologicè, Physicè, Medicè, Historicè, & Mathematicè disceptatur : vnum ad aliud refertur, confertur, & sigillatim & vniuersè explicatur; Rursus Problematicè & Demonstratiuè adstruitur, vt vix quicquam quod ad alterutrum spectet, praeteritum arguatur : sic iàm, vt Promtvarivm Vniversi, non indecorè appelletur, Omnigenis hominibus cumprimis appositum, & ad omnem literariam supellectilem accommodum. Lvtetiae Parisiorvm, Ex officina Typographica Clavdii Morelli, 1611.

6 l., 2232 (*i.e.* 2250) col., [69]p. 35cm.
Signatures : a^6, A-C^6, C^6, D-Z^6, Aa-Zz^6, Aaa-Zzz^6, Aaaa-$Zzzz^6$, AAAAA-$FFFFF^6$, $GGGGG^4$.
Col. 9/10, 66 lines, 272×140mm.
1st ed.
Index at end.
★ DictTheolCath XI 22. 1105

2306

— (Nic. Nancelii Trachyeni Noviodvnensis ...) de Immortalitate animae, velitatio aduersus Galenum. Desumpta ex eiusdem Nancelij opere, cui titulum fecit, Analogia microcosmi ad macrocosmon. Parisiis, Apud Ioannem Richerium, 1587.

6 l., 168 numb. l. 18cm.
Signatures : a^6, A-X^8.
f. 2a, 40 lines, 131×70mm.
« De legitimo partus tempore » has a special t.-p. dated 1586.
1st ed.
Errata : l. 168.
Contents. — De immortalitate animae. — An sedes animae in corde, an in cerebro problema. — De risu libellus. — De legitimo partus tempore 7, 8, 9, 10, 11 mensium.
♣ *PP Gallor SJ Pekin.* 1043

2307

Natale, Antonio, *SJ,* 1648-1701.

De caelesti conversatione in terris A Religioso Viro instituenda, seu Piarum operationum Praxis quotidiana In Diarij Oeconomiam ritè disposita a P. Antonio Natali Societatis Jesu. Opus posthumum ... Brunae, Typis Jacobi Maximiliani Svoboda, 1720-21 [pt. 1, 1721]

851, [7]p. 16½cm.
Pt. 2 and 3 have special t.-p. dated 1720.
1st ed. Palermo, 1703.
Contents. — **pt. 1.** Praxis eorum, quae quotidie obiri dolent. — **pt. 2.** Operationum praxes cuilibet hebdomadae, mensi, semestri, & anno designandae. — **pt. 3.** Documentorum corollarium singulis Societatis classibus perutilissimum. — **pt. 4.** Miscellanea. Atrium domus aeternitatis, sive Praxis praeparationis ad mortem sancte obeundam in Societate Jesu. Index & errata. — Hebdomadaria renovatio spiritus (ms. on 4p.)
★ Sommerv V 1593 n° 14. 3508

2308

Nauclerus, Johann, 1425-1510.

Chronica D. Iohannis Navcleri praepositi Tvbingensis, succinctim compraehendentia res memorabiles secvlorvm omnivm ac gentivm, ab initio Mundi vsque ad annum Christi nati M.CCCCC. Nvnc, plvrimis locis, ex ipsis, vnde desumpta sunt, authoribus emendatis, & mendis, quae irrepserant, sublatis, nouo insuper adiecto Indice, emendatiùs ac elegantiùs quàm vnquam antehac excusa. Supplementa porrò (quae vocant) rerum gestarum ad haec vsque tempora, cùm iustis voluminibus separatim edita extent, vt & emptoris commodo, & operis ipsius magnitudini seruiretur, hac editione consultò sunt praetermissa. Coloniae, Apud Geruinum Calenium, & Haeredes Iohannis Quentel, 1579.

2v. in 1.
20 l., 1123 (*i.e.* 1103)p. 33cm.
Signatures : a^6, b-c^4, d^6, A-Z^6, Aa-Zz^6, Aaa-Zzz^6, Aaaa-$Zzzz^6$.
p. 2, 58 lines, 261×145mm.
t.-p., p. [1121]-[1123] spoiled.
1st ed. Tübingen, 1514.
Indices at beginning.
★ DictTheolCath XI 45.
♣ *Ioannis de Sainct Laurens Duaceni.* 2086

2309

— Chronica D. Iohannis Navcleri praepositi Tvbingensis, svccinctim compraehendentia res memorabiles secvlorvm omnivm ac gentivm, ab initio Mundi vsque ad annum Christi nati M.CCCCC. Nvnc plvrimis locis, ex ipsis, unde desumpta sunt, authoribus emendatis, & mendis, quae irrepserant, sublatis, nouo insuper adiecto Indice, emendatiùs ac elegantiùs quàm unquam antehac excusa. Supplementa porrô (quae vocant) rerum gestarum ad haec vsque tempora, cùm iustis voluminibus separatim edita extent, vt & emptoris commodo, & operis ipsius magnitudini seruiretur, hac editione consultò sunt praetermissa. Coloniae, Apud Arnoldum Quentelium, 1614.

2v. in 1.
20 l., 1123 (*i.e.* 1103), [1]p. 33cm.
Signatures : a^6, b-c^4, d^6, A-Z^6, Aa-Zz^6, Aaa-Zzz^6, Aaaa-$Zzzz^6$.
p. 5, 57 lines, 262×148mm.
★ Brunet IV 21.
♣ *Bibl. Trig.* 2071

2310

Nausea, Friedrich, 1496-1552.

Catechismvs catholicvs Reverendi in Christo Patris ac Domini, Dn. Friderici Navseae Episcopi Viennensis, sex libris compraehensvs, iam secvndariò diligentiùs multo ac priùs, id quod sedulo collatori facilè constabit, elaboratus ... Cum indice copiosissimo, editioni huic secundariae iam primùm recèns adiecto. Coloniae, Ex Officina Haeredum Ioannis Quentel, 1553.

6 l., 654, [17]p. 32cm.
Signatures : a^6, A-Z^6, AA-ZZ^6, AAA-KKK^6.
p. 11, 43 lines, 238×144mm.
1st ed. Cologne, 1543.
Errata : p. 654.
★ DictTheolCath XI 48.
♣ *Bibl. Trig.* 1488

2311

— Ad Paulum III. Pontificem Max. Friderici Navseae Blancicampiani LL. Impp. et sacrae Theologiae Doctoris, Inuictissimi Romanorum, Hungariae, Boëmiaeque &c. regis & archiducis Austriae, &c. Ferdinandi à sacris studiis & Consiliis, &c. Rerum Conciliarium libri quinque ... Lipsiae, In Officina Nicolai VVolrab, 1538.

6 l., XL numb. l. 32cm.
Signatures : A-G^6, H^4.
f. IIa, 41 lines, 230×135mm.
1st ed.
Bound with : Dionysius Carthusianus. In omnes B. Pauli Epistolas commentaria, Coloniae, 1533 and others.
★ DictTheolCath XI 46. 1388b

2312

— Sermones Adventvales. Friderici Navseae Blancicampiani Sacrae Theologiae & LL. Impp. doctoris ... tam de tempore q̃ de sanctis Sermonum aduentualium liber. i. Sermonũ priorũ Quadragesimaliũ lib. i. Sermonum posteriorum Quadrag. lib. i. Sacrarum homiliaꝝ Fragmentorũ lib. i. Cum gratulatoria in totum opus prefatione, ad gloriosissimos & potentiss. orbis monarchas Imp. Carolum. V. & Caesarem Ferdinandum. I. Aeditio prima. Coloniae, Mense Septemb., 1536.

10 l., XLII numb. l., 4 l., LVII, LXXV (*i.e.* 81) numb. l., 1 l. 32cm.
Signatures : A^6, B^4, A-G^6; A^4, A-I^6, K^4; A-D^6, E^4, F^6, G-H^4, I-K^6, L^4, M-P^6.
f. 2a, 60 lines, 242×142mm.
Title within a woodcut ornamental border.
Publ. by Quentel. *cf.* Colophon.
« Sermones quadragesimales » dated 1544.
« Conciones Pragen. » dated 1538.
1st ed.
★ DictTheolCath XI 48.
♣ *Bibl. Trig.* 1693

SERMONES ADVENTVALES.
FRIDERICI NAVSEAE BLANCICAMPIANI
Sacrae Theologiae & LL. Impp. doctoris, inuictissimi Romanorũ, Hungariae, Boemiaeq; &c. regis & archiducis Austriae, &c. Ferdinandi, a sacris studijs & consilijs. &c. tam de tempore q̃ de sanctis
Sermonum aduentualium liber i.
Sermonũ priorũ Quadragesimaliũ lib. i.
Sermonum posteriorum Quadrag. lib. i.
Sacrarum Homiliarum Fragmentorũ lib. i.
Cum gratulatoria in totum opus praefatione, ad gloriosissimos & potentiss. orbis Monarchas Imp. Carolum. V. & Caesarem Ferdinandum I.
Aeditio prima.
Coloniae, Anno M. D. XXXVI. Mense Septẽb.
Cum gratia & priuilegio.

2313

Navar, Tiburtius, *OMRec.*

Manvdvctio ad praxim Executionis Litterarum Sacrae Poenitentiariae. Opera R. P. Tibvrtii Navar Ordinis S. Francisci Recollectorvm Aquitaniae in Gallia. Lectoris Theologiae ... Typis demandata in Commodum Episcoporum ... Quoad absolutiones, Dispensationes, Rehabilitationes Votorum Commutationes, &c. impertiendas. Addito etiam in fine modo scribendi, & recurrendi ad Sacram Poenitentiariam in casibus Sanctae Sedi reseruatis praesertim occultis. Romae, Typis Reuer. Camerae Apost., 1688.

10 l., 276 (*i.e.* 176), [7]p. 15½cm.
Index at end. 1973

2314

Neercassel, Johannes van, *OR,* 1625-1686. *ed.*

Constitutiones et decreta apostolica Praecipue utilia hoc tempore adversus quosdam abusus in materia Fidei, & Morum. Quibus Praefigitur Epistola pastoralis Episcopi Castoriensis. Editio Tertia auctior. Coloniae Agrippinae, Typis Ioan. Wilhelmi Friessemi, 1686.

217, [15], 16p. 17cm.
1st ed. 1679.
« Innocentii Papae XI Decretum quo damnantur propositiones 68 Michaëlis de Molinos » 16p. at end.
♣ *Ex libris Dni Antonij Diaz.* — *P. Guil : van der Beken Miss : Chin :* — *Da Igreja de Hoai Ngan.* 3621

2315

[Nennichen, Mathias, *SJ*] 1590-1656.

Manuale theologiae dogmaticae, Sive ad tritissimam in fidei controversiis interrogationem : Ubi scriptum est ? Catholicorum vera, Acatholicorum falsa responsio, A quodam Societatis Jesu Theologo collecta : Addita in hac ultima Editione Controversia Praeliminari De indifferentia religionis. Reimpressum Pragae, Typis Universitatis Carolo-Ferdinandeae in Collegio S. J. ad S. Clementem, 1723.

218 (*i.e.* 216), [2]p. 13½cm.
Author : Mathias Nennichen, *SJ. cf.* Sommervogel IX 1166.
1st ed. Wurzburg, 1668.
★ DictTheolCath XI 67. — Sommerv V 1623 nº 3 (ed. wanting) 1309

2316

Neri, Antonio, 1550*ca.*-1614.

(Antonii Neri Florentini) De arte vitraria Libri VII & in eosdem Christophori Merretti, M. D. & Societatis Regiae Socii, Observationes & Notae. In quibus omne gemmarum artificialium, encaustorum & lacarum artificium explicatur. Amstelaedami, Apvd Henr. Wetstenium, 1686.

18 l., 440, [16]p. 6 fold. plates. 13cm.
Added engr. ornamented t.-p.
1st Italian ed. Florence, 1612.
1st Latin ed. 1668.
« Appendix de fornacibus » : p. 421-440.
Index : p. [441]-[456]
★ Brunet IV 41. 809

2317

— o. c. 810

2318

—, o. c. 1614

2319

Neuhusius, Reinerus, 1618-*ca.*1680.

(Reineri NeuhusI JCti) Thalia Alcmariana. Sive Poematum posteriorum liber. Amstelodami, Apud Ioannem Janssonivm, 1658.

4 l., 232, [7]p. 12½cm.
Index & errata : p. [233-239]
1st ed.
♣ *Collegij S. J. Pekini.* 3002

2320

[Newton, Isaac] 1642-1727.

Arithmetica universalis : sive De compositione et resolutione arithmetica liber. Editio Secunda, In qua multa immutantur & emendantur, nonnulla adduntur. Londini; Impensis Benj. & Sam. Tooke, 1722.

2 l., 332p. incl. diagrs. 20cm.
Author : Isaac Newton & ed. William Whiston. *cf.* DictOuvrAnonym IV 1160
1st Latin ed. Cambridge, 1707.
« Appendix de aequationum constructione lineari » : p. [285]-332.
♣ *I. Newton* 1606

2321

— Optice : sive De Reflexionibus, Refractionibus, Inflexionibus & Coloribus lucis libri tres. Authore Isaaco Newton, Equite Aurato. Latine reddidit Samuel Clarke, A. M. ... Accedunt Tractatus duo ejusdem Authoris de Speciebus & Margnitudine Figurarum Curvilinearum, Latine scripti. Londini, Impensis Sam. Smith & Benj. Walford, 1706.

7 l., 348p., 1 l., 24p., 1 l., 43 (*i.e.* 47)p. illus. (incl. tables), 19 fold. diagrs. 25cm.
1st English ed. London, 1704.
1st Latin ed.
Errata at beginning.
★ Brunet IV 50.
♣ *PP Gallor SJ Pekin.* 648

2322

— Optice : sive De Reflexionibus, Refractionibus, Inflexionibus & Coloribus lucis, libri tres. Authore Isaaco Newton, Equite Aurato. Latine reddidit Samuel Clarke, S. T. P. Editio Secunda, auctior. Londini, Impensis Gul. & Joh. Innys, 1719.

2 l., xi, [1], 415, [1]p. illus. (incl. tables), 12 fold. diagrs. 23cm.
Colophon. Londini, Ex Officina Guilielmi Bowyer Typographi, Kalend. Septembr. 1718.
★ Brunet IV 50. 710

2323

— (Isaaci Newtoni Equitis Aurati) Opuscula mathematica, philosophica et philologica. Collegit partimque Latinè vertit ac recensuit Joh. Castillioneus Jurisconsultus ... Lausannae & Genevae, Apud Marcum-Michaelem Bousquet & Socios, 1744.

v. 2. illus. (incl. tables), 32 diagrs. (16 fold.) 24½cm.
The complete set consists of 3v.
Illus. t.-p.
1st ed.
★ Brunet IV 48.
♣ *Ex lib. Cong. Miss. ad us. Raph. Cic.* 793

2324

— Philosophiae naturalis principia mathematica. Auctore Isaaco Newtono ... Editio tertia aucta & emendata. Londini, Apud Guil. & Joh. Innys, 1726.

16 l., 530, [9]p. front., illus. (incl. tables, diagrs.) 25cm.
1st ed. London, 1687.
Errata at beginning.
Index : p. [531]-[536]
★ Brunet IV 49. 44

2325

— Philosophiae naturalis principia mathematica. Auctore Isaaco Newtono, Eq. Aurato. Perpetuis commentariis illustrata, communi studio PP. Thomae Le Seur & Francisci Jacquier Ex Gallicanâ Minimorum Familiâ ... Genevae, Typis Barrillot & Filii, 1739-42.

3v. incl. tables, diagrs. 26½cm.
Illus. t.-p.
Engr. head-pieces.
1st ed. by Le Seur & Jacquier.
Errata at beginning of v. 1, at end of v. 2, & v. 3, p. 536.
★ Brunet IV 49.
♣ *Stamp of Mgr Alex. de Gouvea.* 349

2326

— Philosophiae naturalis principia mathematica; auctore Isaaco Newtono, Eq. Aurato; Perpetuis Commentariis illustrata, communi studio PP. Thomae Le Seur & Francisci Jacquier, Ex Gallicanâ Minimorum Familiâ, Matheseos Professorum. Editio altera longè accuratior & emendatior ... Coloniae Allobrogum, Sumptibus Cl. & Ant. Philibert, 1760.

v. 2. illus. (incl. diagrs.) 24½cm.
The complete set consists of 4v.
♣ *Ad us. R. Cic.* 792

2327

Nicephorus Callistus Xanthopulus, *ca.*1256-1335.

(Nicephori Callisti Xanthopuli Scriptoris vere Catholici) Ecclesiasticae historiae libri decem et octo ... opera ... ac studio doctiss. viri Joannis Langi ... è Graeco in Latinum sermonem tranlati, nuncq; denuò castigatiores, & Scholiis ad marginem permultis superadditis, auctiores in lucem editi ... Accessit locuples rerum & verborum in his memorabilium Index. Adiecimus qvoqve ad Nicephorum, Magni Aurelii Cassiodori Tripartitam, quam vocant, Historiam, luculenter à mendis propè infinitis cum suo indice repurgatam. Francof. Impensis Sigismundi Feyerabendij, 1588.

8 l., 1172 col., [48], 192, [10]p., 1 l. 35½cm.
Signatures : a-b⁴, A-Z⁴, Aa-Zz⁴, Aaa-Zzz⁴, Aaaa-Cccc⁴, Dddd⁶, Eeee-Kkkk⁴; A-Z⁴, Aa⁴, Bb⁶.
Col. 5/6, 67 lines, 276×150mm.
Text in 2 col.
1st Latin ed. Basel, 1553.
★ Brunet IV 54. — DictTheolCath XI 447.
♣ *Bibl. Trig.* 2126

2328

Nicéron, Jean François, *OMinim,* 1613-1646.

(R. P. Ioannis Francisci Niceronis Parisini, ex Ord. Minim.) Thavmatvrgvs opticvs, sev Admiranda optices, per radium directum: catoptrices, per reflexum è politis corporibus, planis, cylindricis, conicis, polyedris, polygonis & aliis : dioptrices, per refractum in diaphanis. In quibus praeter Scenographiae seu Perspectiuae communis fundamenta ... certissimae quoque & expeditissimae dantur regulae, pro triplici videndi ratione directâ reflexâ & fractâ ... Pars prima De iis quae spectant ad Visionem Directam ... Lvtetiae Parisiorvm, Typis & formis Francisci Langlois, aliàs dicti Chartres, 1646.

15 l., 222p., illus., 42 diagrs. 38½cm.
No 2nd part has been publ.
1st French ed. Paris, 1638.
1st Latin ed.
Contents. — Praelvdivm geometricvm. — Thavmatvrgi optici sev Perspectivae cvriosae lib. I, II. — Scenographvm catholicvm sive instrvmentvm vniversale.
♣ *Collegij Paris. Soc. IESV.* 775

2329

Nicetas, Acominatus, *d.* 1210/20.

(D. Nicetae Choniatae, Magni Logothetae secretorum, Inspectoris, & Iudicis Veli, praefecti S. Cubiculi,) Thesavri orthodoxae fidei, libri V. Quorum primo, secundo, & tertio, iactis Christianismi fundamentis, quarto Antearianas 44. haereses, quinto Arianorum & Eunomianorum deliria confutat. Petro Morello, Turonensi, Interprete. Altera Editio, melior, Notis & Rerum insignium Indice auctior. Apud Haeredes Eustathij Vignon, 1592.

16 l., 930 (*i.e.* 632), [8 ?]p. 15½cm.
Signatures : †-††⁸, A-Z⁸, AA-RR⁸, ?.
p. 3, 36 lines, 120×60mm.
Some pages of Index at end wanting.
1st ed. Paris, 1561.
★ DictTheolCath I 317.
♣ *Bibl. Trig.* ? 2664

2330

Nicollis, Laurentius Vigilius de.

Praxis moralis qua parochi, et confessarii Doctrinâ Morali Theorico-Practica, pro eorum munere ritè exèquendo, solidè, & succintè instruuntur. In tres partes divisa ... In quibus Tractatibus omnes ferè Casus, qui Pastoribus in Exercitio Curae animarum, & Confessariis in Sacramento Poenitentiae, contingere possunt, novâ, & facili methodo ... & solidâ Doctrinâ resolvuntur ... a Laurentio Vigilio de Nicolis, Nobili Tridentino, SS. Theol. & J. U. D. ... Cum uberrimo Indice Materiarum, Casuum, & Verborum. Augustae Vindelicorum, et Graecii Sumptibus Fratrum Veith, 1735.

19 l., 416, 352, [32]p. 34cm.
Text in 2 col.
1497

2331

Nieremberg, Juan Eusebio, *SJ,* 1595-1658.

(Ioannis Evsebii Nierembergii Madritensis ex Societate Iesv) De adoratione in spiritu et veritate libri qvatvor. In quibus totius spiritualis vitae, imitationis Christi, & Theologiae mysticae nucleus eruitur, ex sanctis Patribus, & spiritualissimis viris, Diadocho, Dorotheo, Climaco, Rusbrochio, Susone, Thaulero, Kempis, & Gersone : nonnulla piè & efficaciter adduntur. Editio secvnda. Antverpiae, ex officina Plantiniana Balthasaris Moreti, 1642.

8 l., 449, [53]p. 15½cm.
1st ed. Antwerp, 1631.
Index : p. [450]-[498]
★ Sommerv V 1732 nº 10. 2248

2332

— (Joannis Eusebii Nierenbergii Madritensis, ex Soc. Jesu) De adoratione in spiritu et veritate libri quatuor, in quibus totius spiritualis vitae, Imitationis Christi, & Theologiae Mysticae Nucleus eruitur, ex SS. Patribus, & spiritualissimis, Viris Diadocho, Dorotheo, Climaco, Rusbrochio, Susone, Thaulero, Kempis, & Gersone : nonnulla pie & efficaciter adduntur. Editio post varias exteras in Germania secunda. Augustae Vindelic. sumptibus Matthaei Rieger, 1756.

10 l., 449, [55]p. 14cm.
4p. of index of another edition bound between

sign. †5 & †6.
Index : p. [450]-[504]
★ Sommerv V 1732 n° 10.
♣ *Miss. Sin. P. P. Gallorum.* 2653

2333

Nieremberg, Juan Eusebio, *SJ*, 1595-1658.

(Ioannis Evsebii Nierembergii ex Societate Iesv) De arte volvntatis, libri sex : in qvibvs Platonicae, Stoicae, & Christianae disciplinae medulla digeritur, succo omni politioris Philosophiae expresso ex Platone, Seneca, Epicteto, Dione Chrysostomo, Plotino, Iamblicho, & alijs : qvorvm Sensa subtiliora artificiosiùs ordinantur; nonnulla emendantur, plurima adduntur nouè, & argutè. Editio posterior ab eodem Authore recognita, emendata, & aucta. Lvgdvni, Sumpt. Lavrentii Anisson, & Soc. 1649.

8 l., 572, [16]p. 17½cm.
1st ed. Lyons, 1631.
Index : p. [573]-[588]
★ Sommerv V 1731 n° 9. 2811

2334

— P. Marcellvs Mastrillvs, Neapolitanvs, Societatis Iesv. Ex Marchionum S. Marciani familia. Anno M.DC.XXXIV. à S. Francisco Xaverio, ingenti miraculo, è lethali morbo vitae redditus : Anno. M. DC. XXXVII. in Iaponia pro Fide Catholica exquisitis tormentis interemptus. A. R. P. Ioanne Evsebio Nierembergio ex avthenticis Instrumentis calamo Hispanico luci datus. Nunc ab allo eiusdem Societatis latino Idiomate Orbi propositus. Addito LXXIX. Martyrvm Iaponensium syllabo. Et Capitum ac Rerum Indicibus. Dilingae, formis Academicis, 1647.

7 l., 340, [10]p. 15cm.
« Bulla Privilegiorum Fratribus Ordinis B. M. de Monte Carmelo Clemens Papa viii. » (ms.) at end.
1st Spanish ed. Madrid, 1640.
1st Latin ed.
★ Sommerv V 1742 n° 17; IV 1437 n° 22. 1723

2335

— Venenum et desuper antidotum status politici à R. P. Eusebio Nierembergio Societatis Jesu Primùm Hispanicè conscriptum, tum Italicè, nunc vero Boni publici causâ etiam Latinè redditum. Pedeponti, Typis Joannis Francisci Hanck, 1726.

117, [2]p. 16½cm.
1st Spanish ed. Madrid, 1642.
1st Latin ed. Prague, 1684.
★ Sommerv V 1745 n° 23. 1558

2336

Niphus, Augustinus, 1472/3-1550.

(Avgvstini Niphi Medices Svessani Philosophi) Svper libros priorvm Aristotelis. Commentaria castigatissima : qvae figvris quibusdam ex optimis exemplaribus desumptis, syllogismorum omnium in quacunque figura contextorum, tàm vtiles, quàm inutiles coniugationes ingeniosissimè ostendentibus, luculentiora reddita sunt : necnon quamplurimis margineis Annotationibus illustrata. Accedvnt etiam dvo lvcvlentissimi indices : Alter voces ac Res notatu dignas, Alter Capita Librorum praemonstrans. Venetiis, Apud Hieronymvm Scotvm, 1569.

6 l., 138 numb. l. incl. diagrs. 32cm.
Signatures : †6, A-Z6.
f. 2a, 73 lines, 255×159mm.
Illus. t.-p.
Text in 2 col.
1st collected ed. Venice, 1559.
♣ *Bibl. Trig. ?* 2882

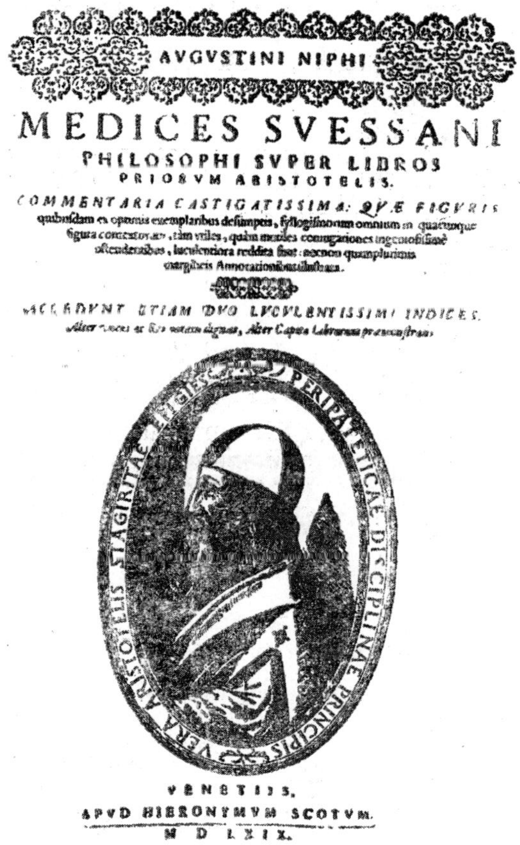

2337

Nobili, Flaminio, 1532*ca.*-1590.

(Flaminii Nobilii Lucensis, Logicae facultatis in Pisano Gymnasio quondam doctoris) Quaestiones logicae variae ... Nunc primum in Germania editę. Quibus conjunctae sunt, propter argumenti similitudinem, Philippi Scherbii, clarissimi olim in Academiâ Noricâ

Philosophi, Disputationes philosophicae ... Ambergae, Typis Schönfeldianis, 1611.

2 l., 62p.; 2 l., 178, [1]p. 19½cm.
Signatures : †2, A-H4 (H4 blank); A-Z4.
p. 9, 37 lines, 150X104mm.
« Disputationes philosophicae » dated 1603.
Errata : p. [179]
Bound with : Glaser, P. Syngramma historiae theoreticae, Argentorati, 1611. 2986a

2338

Nogueira, Luis, *SJ,* 1619-1696.

(R. P. Ludovici Nogueira è Societate Jesu) Quaestiones singulares, Experimentales, & Practicae, per quatuor disputationes distributae ... Quae omnes juxta doctrinam Sacrae Theologiae, Sacrorum Canonum, & Legum Imperialium resolvuntur. Cum Indicibus Disputationum, ac Quaestionum, Necnon Rerum Notabilium. Venetiis, Apud Paulum Balleonium, 1702.

12 l., 386, [18]p. 34cm.
Illus. t.-p.
Text in 2 col.
1st ed. Coimbra, 1698.
Contents. — Quaestiones de sacramentis ; de missis, capellanis et legatis; de censuris; de restitutione et justitia.
★ Sommerv V 1801 nº 2.
♣ *ex Libris relictis Pekini ab Illmo ac Rmo Pata Alxo.* 1510

2339

Nollius, Heinrich, *fl. 1st half of 17th cent.*

Systema medicinae hermeticae generale, In quo I. Medicinae verae fundamentum. II. Sanitatis conseruatio. III. Morborum cognitio, & Curatio. Methodo dilucidissima generaliter explicantur Ab Henrico Nollio Philochymiatro. Prostat. In nobilis Francoforti Palthenianа, 1613.

127 p. 16cm.
Signatures : A-I8, K4.
p. 9, 31 lines, 126X64mm.
« De generatione rervm natvralivm liber, 1615 »: p. 129-152.
Bound with : Dornkrel d'Eberhertz, T. Empirica, Francoforti, 1601. — Hucher, J. De prognosi medica, Lvgdvni, 1602. — Phaedro, G. Opvscula iatro-chemica, Francofvrti, 1611. — Esthius, L. Dilvcida brevis et methodica formularvm tractatio, Hanoviae, 1604. — Holtzemius, P. Essentia hellebori extracta, Coloniae Agrippinae, 1616.
♣ *Missionis Sinensis.* 891

2340

Noris, Enrico, *cardinal,* 1631-1704.

Historica dissertatio De uno ex Trinitate carne passo. Accedunt Historiae Pelagianae Henrici Noris Ab Anonymi Scrupulis Vindiciae ... Venetiis, Apud Paulum Balleonium, 1696.

328p. 18½cm.
1st ed. Rome, 1695.
Contents. — I. In historiam controversiae de uno ex Trinitate passo. — II. Apologia monachorum Scythiae ab Anonymi scrupulis vindicata. — III. Anonymi scrupuli circa veteres Semipelagianorum sectatores evulsi ac eradicati. — IV. Responsio ad Appendicem auctoris Scrupulorum. — V. Janseniani erroris calumnia sublata.
★ DictTheolCath XI 801.
♣ *Joannes Matteus Vitellonus de Esagracabal ? ex dono Abbis Psaléon ?* 1555

2341

Nova praxis construendi circinum proportionalem horographicum, eoque ritè confecto omnis generis horologia in planis regularibus, et declinantibus expeditissimè, et exactissimè delineandi, In Proximi commodum typis proposita, & Figuris instructa. Viennae Austriae, Apud Susannam Christinam, Matthaei Cosmerovij Typographi Aulici Viduam, 1695.

39 p. illus. (incl. tables), 18 fold. diagrs. 13½X18½cm.
409

2342

Nunez, Pedro, 1492-1577.

(Petri Nonii Salaciensis) Opera, quae complectvntur, primvm, dvos libros, in qvorvm priore tractantvr pvlcherrima problemata. In altero traduntur ex Mathematicis disciplinis regulae & instrumenta artis nauigandi ... Deinde, Annotationes in Aristotelis Problema Mechanicum de Motu nauigij ex remis. Postremo, Annotationes in Planetarum Theoricas Georgii Pvrbachii ... Basileae, ex officina Henricpetrina, [1566]

6 l., 307 p. incl. tables, diagrs. 31½cm.
Signatures : a6, A-Z4, Aa-Oo4, Pp6.
p. 3, 40 lines, 220X136mm.
Colophon dated 1566.
1st ed. of « De arte navigandi », Coimbra, 1546.
Bound with : Severtius, J. De orbis catoptrici principiis, Parisiis, 1590 and others.
253b

O

2343

Oberndorffer, Johann.

Apologia Chymico-Medica Practica Johan. Oberndorfferi ... Adversus illiberales Martini Rulandi Person. Medici Calumnias ... Ex Typographeo Forsteriano, 1610.

8 l., 88, [3]p. 19½cm.
Signatures : †2, A-N4.
p. 5, 38 lines, 152X98mm.
Bound with : Liceti, F. De monstrorum caussis, natura, & differentiis libri dvo, Patavii, 1616 and others. 1049g

2344

[Occo, Adolf III] 1524-1604.

[Pharmacopoeia; seu, Medicamentarium pro Republica Avgustana. Augustae Vindelicorum, excudebat Christoph. Mangus. Prostant ibidem apud Joannem Krugerum, 1613]

4 l., 23, 298, [46]p. 2 fold. tables. 32cm.
Signatures : a-h^2, A-Z^2, Aa-Zz^2, Aaa-Zzz^2, Aaaa-Bbbb^2, Bbbb^2, Cccc-Eeee^2 (Eeee$_2$ blank), a-e^2, A^6, B^7.
p. 5, 48 lines, 233×139mm.
t.-p. wanting.
Author : Adolf Occo, & ed : Raymund Minderer. *cf.* Preface.
For title, etc. *cf.* AllDeutBiogr XXIV 127 & colophon.
1st ed. Augsburg, 1564.
♣ *Bibl. Trig.* 1039

2345

Oddi, Marco, 1526-1591.

(Marci Oddi Patavini ...) De Putredine sententia Apologia Nvnc primvm in lvcem edita, in qua Clarissimorum Arcangeli Mercenarii & Thomae Erasti philosophorum disputationes excutiuntur. Cvi addita est et altera eivsdem Epistola olim Aducrsus Argenterium promulgata pro Aristotelis & Galeni placitis defendendis. Patauii, Apud Paulum Meiettum, 1585.

8 l., 52 numb. l. 20½cm.
Signatures : †-††^{4}, A-N^4.
f. 2a, 35 lines, 144×88mm.
1st ed. Venice, 1570.
Index & errata at beginning.
Bound with : Erastus, Th. De occultis pharmacorum potestatibus, Basileae, 1577.
♣ *Bibl. Trig.* 1048

2346

Oddi, Odo degli, *d.* 1559.

(Oddi de Oddis ...) In Aphorismorum Hippocratis Priores duas sectiones dilucidissima interpretatio Castigatior multò quàm antea, & locupletior ... Patavii, Apud Paulum Meietum, 1589.

4 l., 204 numb. l., 12 l. 20½cm.
Signatures : †^{4}, A-Z^4, Aa-Zz^4, Aaa-Hhh^4.
f. 2a, 38 lines, 154×92mm.
1st ed. Venice, 1572.
Index at end.
♣ *Bibl. Trig.* 993

2347

Opmeer, Petrus van, 1526-1595.

Opvs chronographicvm orbis vniversi a mvndi exordio vsqve ad annvm M. DC. XI. Continens historiam, icones, et elogia, svmmorvm pontificvm, imperatorvm, regvm, ac virorvm illvstrivm; in duos Tomos diuisum. Prior Auctore Petro Opmeero Amstelrodamo Batavo à condito Orbe ad suam vsq; aetatem bono publico a Petro fil. euulgatus. Posterior Auctore Lavrentio Beyerlinck cive et Canonico Antverpiano. Antverpiae, ex Typographeio Hieronymi Verdvssii, 1611.

2v. in 1. illus. (ports.) 2 fold. tables. 34½cm.
6 l., 516, [31], 338, [5]p.
Signatures : †^{6}, A-Z^4, Aa-Zz^4, Aaa-Rrr^4, Sss^6, †-††††^{4}; A-Z^4, Aa-Vu^4.
p. 3, 59 lines, 277×146mm.
Text in 2 col.
1st ed.
Index at end of each volume.
♣ *Bibl. Trig.* 2052

2348

Origanus, David, 1558-1628.

[... Ephemerides Brandenburgicae coelestium motuum et temporum ... in luminaribus calculo duplici Tychonico et Prutenico, in reliquis planetis Prutenico seu Copernicaeo elaboratae a Davide Origano Glacense ... Et accommodatae horizonti Francofurtano ad Viadrum ... Typis exscripsit Ioannes Eichorn, apud Davidem Reichardum Bibliopolam Stetinensem, 1609.]

3v. illus. (incl. diagrs.), fold. table. 25½cm. (v. 1 : 24½cm.)
Vol. 1, 2 p. l. (incl. t.-p.); v. 3, 18 l. at beginning and some pages at end wanting.
Title printed within an engraving.
For title. *cf.* t.-p. of v. 2.
1st ed.
♣ *Bibl. Trig.* ? 242

2349

Origenes Adamantius, 184/5-254/5.

(Origenis Adamantii Magni illivs et vetvsti Scriptvrarvm interpretis et secvndi Ecclesiae post Apostolos Magistri) Opera qvae qvidem proferri potvervnt omnia. Doctissimorum virorum studio iam olim translata, & recognita : atque multiplici indice copiosé locupletata. Nunc postremò à Gilberto Genebrardo ... partim cum Graeca veritate collata, partim libris recens versis & è regia Bibliotheca depromptis aucta ... Parisiis, 1604.

2v. in 1. 39cm.
12 l., 568 (*i.e.* 572), 560, 62p., 40 l.
Signatures : †-††^{6}, a-z^6, A-Z^6, Aa^6, Bb^4; a-z^6, aa-zz^6, AA^4; A-D^6, E^8 (E$_8$ blank); a^6, e^4, i^6, o^6, u^6, aa^6, ee^6 (ee$_6$ wanting)
p. 3, 73 lines, 294×178mm.
Text in 2 col.
« Philocalia » has a special t.-p.
40 p. l. of pt. 1 (Tabula & Index) bound at end of pt. 2.
1st ed. Paris 1574.
Contents. — **pt. 1.** Carolo IX regi Francorum epistola Genebrardi. Ejusdem Collectanea de Origenis vita. Elenchus librorum. Tabula & Index. In Genesim homiliae 17. In Exodum hom. 13. In Leviticum hom. 16. In Numeros hom. 28. In librum

Iesu Nave hom. 26. In librum Iudicum hom. 9. In lib. Regnorum hom. 1. In lib. Iob libri 3. In psalmos 36-38 hom. 9. In Cant. Canticorum hom. 6. In Esaiam hom. 9. In Hieremiam hom. 14. In Ezechielem hom. 14. Peri archon, id est de principiis lib. 4. Threni seu planctus Origenis tractatus 1. Apologia Pamphili martyris pro Origene. Ruffinus de depravatione librorum praecipuè Origenis lib. 1. De recta in Deum fide dialogus. Com. in Iob Ioach. Perionio interpr. In eundem hom. 4. — **pt. 2.** In Matthaeum tractatus 35. In Lucam hom. 39. In Ioannem tomi 32. In diversos Novi Testamenti hom. 10. In Epistolam ad Romanos libri 10. Contra Celsum libri 8. Contra Marcionistas dialogi 3, Laurentio Humfrido Anglo interprete. — Philocalia sive de Amore honesti. De Susannae historia epitome. De eadem historia Julii Africani epistola, et ad eam Origenis responsio. 1423

2350

Orlandini, Nicolo, *SJ,* 1554-1606.

Historiae Societatis Iesv prima pars avctore Nicolao Orlandino Soc.tis eivsdem Sacerdote. Romae, apud Bartholomaeum Zannettum, 1614.

4 l., 578, [38]p. 34cm.
Signatures : †4, A-Z6, Aa-Zz6, Aaa-Ddd6, Eee8.
p. 3, 55 lines, 264×151mm.
Engr. ornamented t.-p.
Colophon : Romae, Ex Typographia Bartholomaei Zannetti, 1615.
1st ed.
Index & errata : p. [579]-[615]
For the continuation see Sacchini, Francisco, *SJ.* 1570-1625. Historiae Societatis Iesv.
★ Sommerv V 1935 n° 4. — Streit I 158 n° 354.
♣ *Bibl. Trig. — V Provinciae.* 2156

2351

— o. c.

♣ *Bibl. Trig.* 1979

2352

— Historia Societatis Iesv, avthore Nicolao Orlandino, Societatis eivsdem Sacerdote. Nunc primùm in Germania in lucem edita. Accessit Index Rerum memorabilum locupletissimus. Coloniae Agrippinae, Sumptibus Antonij Hierat, 1615.

4 l., 578, [42]p. 25cm.
Signatures : †4, A-H†4, H††-Z4, Aa-Zz4, Aaa-Zzz4, Aaaa-Gggg4, Hhhh2.
p. 3, 49 lines, 200×138mm.
★ Brunet IV 231. — Sommerv V 1935 n° 4. — Streit I 159 n° 355. 1858

2353

— o. c. 24cm.

♣ *Missionis Sinensis S. J. — Veyo da Resida de Cinanfu.* 1859

2354

— o. c.

1860

2355

[**Ortelius, Abraham**] 1527-1598.

[Theatrum orbis terrarum. Auctoris aere & cura impressum absolutumque apud Aegid. Coppenium Diesth, Antverpiae 1570]

38 unnumb. l. 53 hand-colored double maps. 46cm.
Signatures : A8, a-e6.
t.-p. with front, and 3 maps wanting.
Author : Abraham Ortelius; title, etc. *cf.* Epigram, privilege and colophon.
1st ed.
Contents. — Dedication. — Adolphi Mekerchi Brvgensis frontispigii (*sic*) explicatio. — Abrahamvs Ortelivs Antverpianvs, benevolis lectorib. s. d. — Catalogvs avctorvm tabvlarvm geographicarvm. — Index tabularum huius operis. — 53 maps. — De Mona Drvidvm insvla Epistola Hvmfredi Lhvyd. — Antiqva regionvm, insularum, urbium ... nomina, recentibus eorundem nominibus explicata. — Tenor privilegii.
★ Brunet IV 242.
♣ *Abrahami Ortelii Theatrum Or. 1570.* 641

2356

— [Theatrum orbis terrarum. Antverpiae, ex officina Plantiniana, 1595]

16 l., 147 double maps. 47½cm.
3 p. l., (incl. t.-p.), 11 maps wanting.
Author : Abraham Ortelius, title, etc. *cf.* Epi-

gram & t.-p. of « Nomenclator ».
The binding does not exactly correspond with the instruction given at end of the book in « Ad libri compactorem ».
1st ed. of « Parergon », Antwerp, 1577.
Contents. — Dedicatio. — Adolphi Mekerchi Frontispicii explicatio. — Abrahamvs Ortelivs Antverpianvs ... benevolis lectoribvs s. d. — Ornatissimo viro D. Abrahamo Ortelio ... Gerardus Mercator, letter dated « Duysburgi, 22 Nouembris, 1570. — Catalogvs avctorvm tabvlarum geographicarvm. — Index tabvlarvm. — Epigrammata. — Regionvm insvlarvmqve hvivs parergi index. — Parergon (29 maps). — Theatrum (107 maps). — Nomenclator Ptolemaicvs; omnia locorvm vocabvla qvae in tota Ptolemaei Geographia occurrunt, continens : ad fidem Graeci codicis purgatus; & in ordinem non minus vtilem quam elegantem digestus. Antverpiae, ex officina Plantiniana, 1595. Abrah. Ortelij aere & cura. — De Mona Drvidvm insvla, epistola nobilis et ervditi viri Hvmfredi Lhuyd. — Privilegia. — Registrum.
★ Brunet IV 242.
♣ *Ab. Ortelii theatrum (post an. 1591)* 650

2357

Oughtred, William, 1575-1660.

Arithmeticae in nvmeris et speciebvs institvtio : qvae tvm logisticae, tvm analyticae, atqve adeo totivs mathematicae. qvasi clavis est ... Londini, Apud Thomam Harpervm, 1631.

4 l., 88p. incl. tables, diagrs. 15cm.
Signatures : A⁴, B-Γ⁸, G⁴.
p. 7, 28 lines, 120×76mm.
Running title : Clavis mathematicae.
1st ed.
Bound with : Pardies, I. *SJ*, Dissertatio de motv et natvra cometarvm, Burdigalae, 1665.
♣ *Aplicado a Missao da China no nouo Collº de Macao. Fr. Francisco Pereira. Coimbra 1656. — Nankim.* 369

2358

Outreman, Philippe d', *SJ*, 1585-1652.

Paedagogi christiani seu rectae hominis christiani institutionis, Ex Sacris Codicibus, & SS. Patribus depromptae, rationibvs, similitvdinibvs, & Historiis illustratae. Tomus primus, A. R. P. Philippo d'Outreman Valentiano, Societatis Jesv Sacerdote, recens iterum, post duodecimam, gallico idiomate, editionem, recognitus auctusque, deinde a R. P. Iacobo Broqvardt eiusdem Societatis Sacerdote, latinitate donatus ... tertia vice editus. Coloniae Agrippinae, Apud Haeredes Joannis Weidenfeld, 1681.

8 l., 907, [61]p. 16½cm.
No more published. *cf.* Preface & Sommervogel II 204, VI 36.
1st French ed. St. Omer, 1622.
1st Latin ed. Luxemburg, 1629.
Indices at end.
★ Sommerv VI 36 nº 5; II 204 nº 3.
♣ *Collegij Soc. Jesu Pekini.* 2142

2359

— o. c.
♣ *Vice Provª da China.* 2898

2360

Ovidius Naso, Publius, 43 B. C.-18 A. D.

(Pvb : Ovidii Nas.) Opera. Daniel Heinsivs textum recensuit. Amstelod. Apud Ioannem Ianssonium, 1647.

3v. in 1. 11½cm.
236p., 1 l., 246, 280p.
Engr. ornamented t.-p.
Each volume has a special t.-p.
Contents. — **t. 1.** Heroidum epistolae. Amorum libri III. De arte amandi libri III. De remedio amoris libri II. Alia opera ante exilium scripta. — **t. 2.** Metamorphoseon libri XV. — **t. 3.** Fastorum libri VI. Tristium libri V. De Ponto libri IV. Dirae in Ibin. Halieuticon fragmentum.
★ Brunet IV 272.
♣ *Applicado à Rezidª de Chin tim fu pello P. Carlo de Rezende.* 2982

2361

— (Pvblii Ovidii Nasonis) Metamorphoseon libri XV. Io. Georgivs Walchivs ad exemplar probatissimorum codicvm recensuit emendavit et copiose inlvstravit commentariis philologicis et aliis ad modvm Ioannis Min-ellii ... Lipsiae, sumpt. M. G. Weidmanni, 1731.

8 l., 1106, [4]p. front. 15cm.
p. 1079-1102 wanting.
Errata & Index : p. 1107-1110.
♣ *Collegij S. J. Pekini.* 3588

2362

— (Pub. Ovidii Nasonis) Operum Tom. 2. Metamorphoseωn Lib. XV. & In Ibin Cum notis selectiss. Variòr : Accurante Corn. Schrevelio. Lugd. Batavor. Ex Officina Petri Leffen, 1661.

v. 2. 20cm.
The complete set consists of 3v.
Some pages of index at end wanting.
Engr ornamented t.-p.
1st ed.
♣ *Dit boek behoort Joris Coljen 1698.* 3274

P

2363

Pacius, Giulio, 1550-1635.

(Ivlii Pacii a Beriga) Doctrinae Peripateticae tomi tres, Primvs Logicvs, Secvndvs Physicvs, Tertivs Politicvs, Eiusdem Logicae disputationes octo. Avreliae Allobrogvm, Excudebat Petrus de la Rouiere, 1606.

10 l., 776, [12]p. illus. 23cm.
Signatures : †⁴, ††⁶, a-z⁴, aa-zz⁴, aaa-zzz⁴, aaaa-zzzz⁴, Aaaa-Ffff⁴, Gggg².
p. 13, 39 lines, 183×110mm.
p. 153-156 bound after 160.
1st ed. 2865

2364

Padovani, Giovanni.

(Ioannis Padvanii Veronensis) De compositione, & vsu multiformium Horologiorum Solarium ad omnes totius orbis Regiones, ac situs in qualibet superficie: Opus nunc denuo ab ipso multis in locis illustratum, & auctum. Adiectae sunt praeterea peculiares Methodi ad dignoscenda stellarum loca, & supputandas quascunque tabulas, tàm per minutissimum calculum, quàm per instrumentum nunquam hactenus ab vllo excogitatę. Venetiis, Apud Franciscum Franciscium Senensem, 1582.

6 l., 267 (*i.e.* 263), [12]p. incl. tables, diagrs. 21½cm.
Signatures: †[4], A-Z[4], Aa-Mm[4].
p. A2a, 45 lines, 161×100mm.
Illus. t.-p.
1st ed.
Index at end.
♣ *Bibl. Trig.* 193

2365

Palacios, Miguel de, *16th cent.*

(Magistri Michaelis de Palatio Granatensis, Philosophiae atque Theologiae in Salmanticensi Academia olim professoris) Explanationes in dvodecim Prophetas minores, secundùm literalem, anagogicum, allegoricum & tropologicum sensum. Qvibvs immixta svnt mvlta ex Philosophia, & scholastica Theologia ... Multaque contra haereticos, maximè huius temporis, sunt intexta, ad fidei Catholicae defensionem. Salmanticae, Apud Ioannem & Andream Renaut fratres, 1593.

8 l., 624, [12]p. 29cm.
Signatures: †[8], A-Z[8], Aa-Qq[8], Rr[6].
p. 2, 54 lines, 215×124mm.
Illus. t.-p.
Text in 2 col.
1st ed.
Index: p. [625]-[636]
♣ *Bibl. Trig.* 1187

2366

Palatius, Petrus, *17th cent.*

Novae ephemerides motvvm solis Ab Anno 1664, vsque ad annum 1670. completum a Petro Palatio Brixiensi Ad longitudinem Almae Vrbis supputatae ... Secundum Tabulas Romanas motuum Solarium, & Stellarum fixarum Prodromi Francisci Leuerae ... Romae, Typis Angeli Bernabô, 1664.

6 l., 12, 60, [4]p. 32cm.
Preface by Savinius Mutus.
Errata: p. 60.
Bound with: Levera, F. Prodromvs vniversae astronomiae restitvtae, Rome, 1663 and others.
296c

2367

Paleotti, Gabriele, *cardinal,* 1524-1597.

De bono senectvtis. Avctore Gabriele Paleoto, S. R. E. Cardinale ... Antverpiae, Ex officina Plantiniana, apud Ioannem Moretum, 1598.

288, [37]p. incl. port. 19½cm.
Signatures: A-V[8], X[3].
p. 5, 23 lines, 148×82mm.
1st ed. Rome, 1595.
Index: p. [298]-[325]
♣ *Plus pertinet ad libros varioru argumentoru, quam ad alias classes libroru.* 1044

2368

Pallantieri, Gio. Paulo, *OFM, d.* 1606.

Lectiones avreae in quattuor libros Mag. sentent. In quibus, & Magistri littera accurate explicatur, & quaestiones omnes, quae a Scholasticis tractari solent, subtiliter examinantur ... Auctore R. P. M. Ioanne Paulo Pallanterio a Castro Bononiensi Min. Con. S. Theologiae Doctore ... Venetiis, Apud Ioannem Guerilium, 1599.

4v. 21cm.
Vol. 3, 4 wanting.
Vol. 1, 2 in 1.
Illus. t.-p.
1st ed. Reggio, 1593.
Errata at end of each volume.
♣ *Bibl. Trig.* 1493

2369

Pallavicino, Pietro Sforza, *SJ, cardinal,* 1607-1667.

Ars christianae perfectionis, ab Eminentissimo Cardinale Sfortia Pallavicino, è Societate Jesu assumto, tribus libris, lingua Italica, authori vernaculâ, eleganter conscripta. Deinde in commune aliarum nationum bonum, in latinum sermonem conversa: Operâ R. P. Marci Schönman Soc: dictae Sacerdotis. Nunc Juxta exemplar Moguntinum recusa ... Vetero-Pragae, Impensis Augustini Neürautter. Typis Caroli Josephi Gerzabek, 1711.

21 l., 559 (*i.e.* 591)p. 13½cm.
1st Italian ed. Rome, 1665.
1st Latin ed. Mainz, 1677.
★ DictTheolCath XI 1834.—Sommerv VI 137 nº 24; VII 854 nº 6. 2655

2370

— Vera Concilii Tridentini historia, Contra falsam Petri Suauis Polani narrationem, scripta & asserta à P. Sfortia Pallavicino, Societatis Iesv, posteà S. R. E. Cardinale Presbytero. Primùm Italico idiomate in lucem edita; deinde ab ipso Auctore aucta & recensita; ac Latinè reddita à P. Ioanne Baptista Giattino, Panormitano, eiusdem Societatis

Iesv Sacerdote. Antverpiae, Ex Officina Plantiniana Balthasaris Moreti, 1670.

3v. front. (v. 1) 26cm.
Vol. 2 wanting.
1st Italian ed. Rome, 1656.
1st Latin ed.
Index at end of each volume.
★ Brunet IV 336. — DictTheolCath XI 1833 — Sommerv VI 130 nº 21; III 1398 nº 39.
♣ *Stamp of Mgr Alex. de Gouvea.* 2137

2371

Pallavicino, Pietro Sforza, *SJ, Cardinal,* 1607-1667.

Vindicationes Societatis Iesv Quibus multorum accusationes in eius institutum, leges, gymnasia, mores refelluntur. Avctore Sfortia Pallavicino Eiusdem Societatis Sacerdote. Romae, Typis Dominici Manelphi, 1649.

12 l., 407p. 22½cm.
1st ed.
Index & errata at beginning.
★ Sommerv VI 125 nº 17.
♣ *Applicado a VProuª da Compª de JESV na China. No Cubiculo do RPe Provincial.* 2344

2372

Palma, Luis de la, *SJ,* 1559-1641.

Praxis et brevis declaratio viae spiritvalis, prout eam nos docet S. P. N. Ignativs in quatuor septimanis libelli sui Exertitiorvm spiritvalivm : Auctore R. P. Lvdovico de Palma Toletano, Societatis Iesv. Ex Hispanico vertit R. P. Iacobvs Dyck eiusdem Societatis. Editio secunda. Antverpiae, Ex officina Plantiniana Balthasaris Moreti, 1637.

311, [7]p., 1 l. 14½cm.
Signatures : A-V8.
p. 5, 19 lines, 112×66mm.
1st Spanish ed. Madrid, 1624.
1st Latin ed. Antwerp, 1629.
★ Sommerv VI 152 nº 6; III 316 nº 5. 2551

2373

Paludanus, Michael, *AugEr,* 1593-1652.

Dialectica isagoge, sive Instrvctio continens svmmatim praecipva logices capita ... conscripta a F. Michaele Palvdano Gandauensi, Ordin. Eremitarum D. Augustini, S. Theologiae Licentiato ... Antverpiae, Ex Officina Hieronymi & Ioan. Bapt. Verdvssen, 1663.

241, [6]p. 16cm.
1st ed. Antwerp, 1621. 2828

2374

Panciroli, Guido, 1523-1599.

Notitia vtraqve, dignitatvm, cvm Orientis, tvm Occidentis, vltra Arcadii Honoriiqve tempora. Et in eam Gvidi Panciroli I. V. C. ... commentarivm. Eivsdem avthoris De magistratibvs mvnicipalibvs Liber : necnon ... De Qvatvordecim vtriusque, tam veteris, quàm nouae vrbis regionibus Libellvs ... nouiter euulgatus. Nvnc novissime Francisci Rhvardesii I. V. C. ... Commentariis illustratum : & D. Gvlielmi Marani ... tribus Indicibvs non parum necessariis auctius factum. Item hvic editioni adivnximvs tractatvm De rebvs bellicis, Cum duplici Indice, vno Capitum, altero Insignium rerum copiosissimo. Vltima editio, avctior, et correctior. Lvgdvni, Ex Offi Q. H. à Porta : Apud Io. de Gabiãno, 1608.

16 l., 222 (*i.e.* 208), 25 (*i.e.* 35) numb. l., 13 l. illus. 32½cm.
Signatures : a4, a-b6, A-Z8, Aa-Bb8, Cc-Dd4, A-G4, H2, I6, a-c4.
f. 2a, 52 lines, 254×138mm.
Illus. t.-p.
Head-pieces.
Text in 2 col.
Each part has a special t.-p.
Colophon : Lvgdvni, Ex Typographia Iacobi du Creux dict. Molliard, 1607-08.
1st ed. of « Notitia », Venice, 1593.
★ Brunet IV 339.
♣ *Bibl. Trig.* 1915

2375

Panegyricae orationes antiqvis imperatoribvs Olim dictae à C. Plinio Caec. Secundo, Latino Pacato, Mamertino, Nazario, Eumenio, Ausonio, & alijs ... denuo impressae ... Venetiis, Apud Andream Baronium, 1700.

383p. 15½×8½cm. 3241

2376

Pantaleon, Heinrich, 1522-1595.

Militaris Ordinis Iohannitarvm, Rhodiorvm, avt Melitensivm eqvitvm, rervm memorabilivm terra mariqve, à sexcentis ferè annis pro republica Christiana, in Asia, Africa, & Europa contra Barbaros, Saracenos, Arabes & Turcas fortiter gestarum, ad praesentem vsq; 1581 annum, Historia Noua, libris duodecim comprehensa ... Nvnc primvm summa diligentia conscripta, & in lucem edita : Authore Henrico Pantaleone physico Basiliensi ... Basileae, 1581.

6 l., 387, [12]p. illus. (incl. port., maps) 35cm.
Signatures : †6, a-z6, A-I6, K8.
p. 2, 53 lines, 240×140mm.
1st ed.
Bound with : Guagnino, A. Sarmatiae Europeae descriptio, Spirae, 1581. 1824

2377

Pantusa, Gian Antonio, 1501-1562.

Commentaria in Epistolam ad Romanos, Io. Ant. Pantvsae Consentini ... Cum indice praecipvarum sententiarum quae in illis continentur. Nunc primum in lucem aedita ... Venetiis, Apud Damianum Zenarium, 1596.

7 l., 128 numb. l., 1 l. 21cm. ...
Signatures : †8, A-Q8, R4 (†8 blank)
f. 9a, 49 lines, 175×119mm.
Text in 2 col.
Ed. by Cesare Pantusa. *cf.* Dedication.
1st ed.
Errata at end.
Bound with : Pantusa, G. A. Opvscvla, Venetiis, 1596. 1384a

2378

Pantusa, Gian Antonio, 1501-1562.

Opvscvla omnia Ioan. Ant. Pantvsae Consentini ... Episcopi Litterensis ... In tres tomos distincta ... Nunc primum in Lucem aedita ... Venetiis, Apud Damianum Zenarium, 1596.

3 l., 233 numb. l. 21½cm.
Signatures : †3, A-Z8, Aa-Ee8, Ff9.
f. 2a, 49 lines, 176×113mm.
3v. in 1.
Text in 2 col.
Ed. by Cesare Pantusa. *cf.* Dedication.
1st ed.
Contents. — **t. 1.** De visibili ecclesia. De primatu Romani Pontificis. De sacrificiis veterum. De sacrificio missae. De merito Christi. De meritis sanctorum. — **t.2.** De libero arbitrio. De contingentia et certo numero electorum. De divina providentia. De originali peccato. De iustificatione. — **t. 3.** De lege & fide. An gratia fidei maior sit gratia sacramentali. Cur in sacramento paenitentiae imponantur opera satisfactoria. De spe. De paternitate spirituali. De specifica unitate prudentiae. An tristitia in voluntate sit passio. An intellectus sit altior potentia voluntate. An primus actus intellectus habeat causam extrinsecam. Cur virtutes morales acquisitae non praemiantur vita aeterna, & defectus puniuntur paena aeterna. De actu deliberato. De malitia actus. An peccato ex malitia certa sit annexa ignorantia. De misericordia. De delectatione. De humilitate. De valore orationis. An liceat indignari de bonis indigni. De fortitudine vera. Quomodo Deus est finis ultimus omnium rerum.
Bound with : Pantusa, G. A. Commentaria in Ep. ad Romanos, Venetiis, 1596.
♣ *Bibl. Trig.* 1384

2379

Panvini, Onofrio, *AugEr,* 1529-1568.

[De ludis circensibus libri duo et De triumpho Romanorum commentarius. Venetiis, typis Io. Baptistae Ciotti Senensis, 1600]

6 l., 136, 15p. 47? plates. 40cm.
Signatures : †6, A-R4; a-b4.
p. 5, 50 lines, 285×167mm.
t.-p., p. 1-2, and 36? plates wanting.
Some plates bound incorrectly.
For title, etc. *cf.* Running title & t.-p. of « De triumpho ».
« De triumpho » has a special ornamented t.-p.

1st ed. of « De ludis », Antwerp, 1596.
1st ed. of « De triumpho », Venice, 1573.
★ Brunet IV 350.
♣ *Bibl. Trig.* 1964

2380

Papebroch, Daniel, *SJ,* 1623-1714.

Acta vitae S. Ferdinandi, Regis Castellae et Legionis, ejus nominis tertii cum postuma illius gloria, et historia S. Crucis Caravacanae, Eodem quo ipse natus est anno MCXCVIII caelitus allatae ex Latinis ac Hispanicis Coaevorum scriptis collecta, varieque illustrata, Commentariis, Annotationibus & Iconibus, opera ac studio R. P. Danielis Papebrochii, è Societate Jesv Sacerdotis Theologi, Sicut in majori ipsius opere de Actis Sanctorum Maji, mox in lucem dando, legentur. Antverpiae, Apud Michaelem Knobbarum, 1684.

12 l., 395, [3]p. front., illus., 9 plates, 2 ports., fold. map. 22½cm.
1st ed.
« Appendix addendorum, mutandorum, corrigendorum » : p. 309-336.
★ Sommerv VI 179 nº 2; I 1644 nº 14.
♣ *Reverendo in Chro Patri P. Philippo Couplet è Societate Jesv Flandrobelga Mechliniensi anno MDCLXXXIV pro Sinensi Prov. Procuratori in Urbem felix iter, promptam expeditionem negotiorum, laetissimum regressum ad Sinas suos, et copiosam exinde animarum messem Religionisque Christianae stabilimentum apprecatur suus quondam condiscipulus Daniel Papebrochius S. I. Antverpiae. — Collegij Soc. Jesu Pekini.* 2003

2381

Pappus Alexandrinus, *fl. end of 3rd cent.*

(Pappi Alexandrini) Mathematicae collectiones a Federico Commandino Vrbinate In Latinum conuersae, & Commentarijs illustratae. In hac nostra editione ab innumeris, quibus scatebant mendis, & praecipuè in Graeco contextu diligenter vindicatae ... Bononiae, Ex Typographia HH. de Duccijs, 1660.

5 l., 490 p., 1 l. illus., plate. 29½cm.
Illus. t.-p.
Colophon dated 1658.
1st ed. Pesaro, 1588.
★Brunet IV 355. 544

2382

Parascandoli, Giunipero, *OMObs, 16th cent.*

Spicilegii evangelici ex Sanctorvm Patrvm gravissimorvmq. scriptorvm messe collecti, per omnes Qvadragesimae dies distribvti, Concionatoribus, Sacraeq Scripturae Professoribus profuturi ... Avtore A. R. P. Fr. Ivnipero Parascandolo a Neapoli Ordinis Minor : Strictior. Obser. ... Neapoli, Ex Typographia Honophrii Sauii, 1647-52.

(2381)

PAPPI ALEXANDRINI MATHEMATICAE COLLECTIONES A FEDERICO COMMANDINO VRBINATE In Latinum conuersæ, & Commentarijs illustratæ ... ET SERENISSIMO PRINCIPI LEOPOLDO GVLIELMO ARCHIDVCI AVSTRIAE, &c DICATAE.

BONONIÆ Ex Typographia HH. de Duccijs. M.DC.LX. SVPERIORVM PERMISSV.

2v. 32cm.
Vol. 1, 346 (*i.e.* 344)p.
Text in 2 col.
1st ed.
Index & errata at end of each volume.
♣ *Applicado a Vice Provincia da Compª de JESV na China.* 1208

2383

Pardies, Ignace Gaston, *SJ,* 1636-1673.

Dissertatio de motv et natvra cometarvm. Authore Ignatio Gastone Pardies Societ. Iesv. Bvrdegalae, Apud Petrvm dv Coq, 1665.

74, [6]p. illus. (incl. tables) 15cm.
1st ed.
Bound with : Oughtred, W. Arithmeticae in nvmeris et speciebvs institvtio, Londini, 1631.
★ Brunet IV 365. — Sommerv VI 200 nº 2.
369a

2384

[Partinger, Franz] *SJ,* 1674-1727.

Ratio status animae immortalis ascetice, historice, polemice commodo eorum, qui ... sacris missionibus, et concionibus Destinantur; ex Divinis Scripturis, Sanctorum Patrum Commentariis ... combinata. Praemissis singula ante Capita brevioribus Dissertationibus, quibus aut virtus commendatur, aut exagitatur vitium ... A quodam Societatis Jesus Sacerdote. Typis Universitatis Carolo-Ferdinandeae in Collegio Societatis Jesu ad S. Clementem, 1727.

716p. 16½cm.
Author : Franz Partinger, *SJ. cf.* Sommervogel IX 1269.
1st ed. Tyrnau, 1715.
Index : p. 700-716.
★ Sommerv VI 317 nº 1.
♣ *Ad usum Fr : Archangeli Mariae à S. Anna Carmelitae Excalceati.* 2172

2385

Paschetti, Bartolomeo, *fl.* 1578-1616.

De destillatione Catharro vulgô dicta. Libri tres. In quibus copiosissimè, & exactissimè de destillatione, fluxione, & catharro disputatur sequenti ordine. In Primo omnia, quae ad Destilationis exactam cognitionem pertinent, copiosè docentur. In Secundo quae pro Praeseruatione ab ipsa Destillatione Agenda, Praccauendaque sunt longa serie comprehenduntur. In Tertio Eiusdem Destillationis, siue Catharri Curatio cumulatè absoluitur. Avthore Bartholomaeo Paschetto Veronensi Medico, & Philosopho. Cum Duplici Indice. Capitum vno, Verborum, & Sententiarum altero. Venetiis, Apud Bernardum Iuntam, Io. Baptistam Ciottum & Socios, 1615.

16 l., 424p. 22½cm.
Signatures : a⁸, b-c⁴, A-Z⁴, Aa-Zz⁴, Aaa-Ggg⁴.
p. 2, 28 lines, 159×94mm.
1st ed. 1118

2386

Pasquali, Carlo, 1547-1625.

(Carolii Paschalii ...) Coronae. Opus quod nunc primùm in lucem editur distinctum X. libris; quibus res omnis coronaria è priscorum eruta & collecta monumentis continetur. Parisiis, É Typographia Petri Chevalerii, 1610.

8 l., 730, [50]p. 23½cm.
Signatures : a⁴, e⁴, A-Z⁴, Aa-Zz⁴, AAa-ZZz⁴, AAaa-ZZzz⁴, AAAaa-EEEee⁴, FFFff².
p. 2, 42 lines, 170×100mm.
Illus. t.-p. slightly spoiled.
1st ed.
Index & errata : p. [731]-[779]
♣ *Joannis de Sainct Laurent Duaceni.* 1577

2387

— (Caroli Paschalii ...) Coronae. Opus X. libris distinctum; quibus res omnis coronaria è priscorum eruta & collecta monumentis continetur. Lugduni Batavorum, Ex Officina Joannis à Gelder, 1671.

8 l., 730, [38]p. 19cm.
Added engr. ornamented t.-p.
Colophon : Lugduni Batavorum, Excudebat Abrahamus Verhoef, 1671.
Index & errata : p. [731]-[768]
★ Brunet IV 404. 1607

2388

Passe, Crispianus van, *ca.* 1565-1630.

XII. Sibyllarum icones elegantissimi, à Crispiano Passaeo Zelando delineati, ac tabulis aeneis in lucem editi. Quibus variorũ de eisdem autorum testimonia praefixa sunt ex quibus curiosus Lector, quid, quantumque de eis earumque quae vulgo circumferuntur scriptis sentiendum sit, facile cognoscere poterit. In gratiam & honorem praestantissimi ac nobilissimi herois Ioannis Liskirchii, magnificae Agrippinensis Reip. Consulis dignissimi ...[Cologne] 1601.

1 l., 2 plates, 12 ports. 31cm.
t.-p. engr.
« Variorum de eisdem autorum testimonia » are not in our copy.
Published at Cologne. *cf.* AlgDeutBiogr XXV 208.
1st ed.
Bound with : Beurrier, L. Sommaire des vies des fondateurs, Paris, 1645, and others. 3610c

2389

Passerat, Jean, 1534-1602.

(Ioannis Passeratii Professoris et Interpretis Regii) Commentarii in C. Val. Catvllvm, Albivm Tibvllvm, et Sex. Avr. Propertivm cvm tribvs accvratissimis rerum, verborum, autorum & emendationvm indicibus. Parisiis, 1608.

132 unnumb. l., 712, [64]p., 1 l. 33cm.
Signatures : a4, A-E6, F8, A-P6, A-Z6, AA-ZZ6, AAA-MMM6, NNN8, A-E6, F3.
p. 7, 65 lines, 266×145mm.
Illus. t.-p.
Text in 2 col.
1st ed.
★ Brunet IV 1679.
♣ *Bibl. Trig.* 3112

2390

Patrizzi, Francesco, 1529-1597.

(Francisci Patricii) Discvssionvm Peripateticarum tomi IV. Quibus Aristotelicae Philosophiae vniuersa Historia atque Dogmata cum Vetervm Placitis collata, eleganter & eruditè declarantur ... Basileae, Ad Perneam Lecythvm, 1581.

5 l., 3-479 (*i.e.* 471), [28]p. incl. ports. 35cm.
Signatures : †6, a4, b-o6, p3, q-z6, A-F6, G7, H-Q6, R4, S6, T8.
p. 5, 53 lines, 240×143mm.
4v. in 1.
Illus. t.-p.
1st ed. Basel, 1571.

Contents. — **t. 1.** Aristotelis vita, mores, libri, auditores, sectatores, expositores, interpretes, sectae, philosophandique ratio. — **t. 2.** Aristotelis cum Platone aliisque philosophis concordia. — **t. 3.** Aristotelis et veterum philosophorum discordia. — **t. 4.** Aristotelis dogmatum censura. Index & errata.
♣ *Bibl. Trig.?* 2851

2391

Paulus Venetus, *AugEr,* 1368*ca.*-1428.

Quadratura magistri Pauli Veneti logici ac sophiste acutissimi omnes logicalium subtilitates complectens, Francoys Regnavlt [publ. ornament] Venũdatur parrhysiis in vico divi Jacobi sub signo sancti claudii.

81 numb. l., 1 l. 27×20cm.
Signatures : a-n6, o4.
f. 3a, 66 lines, 208×68mm.
Engr. ornamented t.-p.
Text in 2 col.
Colophon : Jmpressum parrhysiis per Joannem barbier in hac arte profecto expertissimum. Impensis vero honesti viri Frãcisci regnault librarij iurati. Anno domini Millesimo quĩgentesimo decimotercio. Die vero octava Aprilis.
— Sophysmata magistri Pauli Veneti.
54 numb. l. 27×20cm.
Signatures : A-I6.
f. 2b, 66 lines, 208×68mm.
Text in 2 col.
Colophon : Impressum parrhysiis per Joannem Barbier : iussu et expensis probi viri Francisci Regnault hujus parrhysio℞ academie librarij iurati famosissimi. Anno salutis humane quingentesimo quartodecimo supra millesimum : octavo kalen. Maias.
Bound with : Pigghe, A. De aeqvinoctiorvm solsticiorumque inventione, Parisiis, 1520 and others. 411b

2392

Pawlowski, Daniel, *SJ,* 1626-1673.

Locutio Dei ad cor religiosi, In Sacra Octiduana exercitiorum spiritualium Solitudine commorantis : à R. P. Daniele Pawlowski, Societat. Jesu Theologo, conscripta. Adjunctis Exercitiis Spiritualibus S. P. Ignatii, per R. P. Jacobum Noüet S. J. explicatis ... Dilingae, Apud Joan. Casp. Bencard, 1686.

2 l., 169, [6]p. front. 13½cm.
« Exercitia spiritualia S. P. Ignatii, per R. P. Jacobum Noüet S. J. explicata » wanting.
1st ed. Kalisch, 1673.
★ Sommerv VI 397 n° 9 (ed. wanting)
♣ *Ex dono R. P. Philippi Willeman S. J. Rectoris Collegij Badensis 1687. — Collegij Peksis.* 2486

2393

— Locutio Dei ad cor religiosi, In Sacra Octiduana Exercitiorum spiritualium Solitudine commorantis : a R. P. Daniele Pawlowski, Societat. Jesu Theologo, Conscripta. Adjunctis Exercitijs Spiritualibus S .P. Ignatii per R. P. Jacobum Noüet S. J. explicatis :

& brevi Dissertatione de Humilitate R. P. Joannis Sanctij Ord. S. Bernardi. Editio Octava ..: Dilingae, Apud Joan. Caspar Bencard, 1717.

2 l., 168, [6], 125 p., front. 13cm.
« Dissertatio de Humilitate » wanting.
« Exercitia S. P. Ignatii » has a special t.-p.
★ DictTheolCath XI 810. — Sommerv VI 398 n° 9; V 1816 n° 12 (ed. wanting)
♣ *Missionis PP. S. Jesu in Sinas.* 3648

2394

Paz, Joannes de, *OP.*

Opvscvlvm, in qvo dvcenta, et septvaginta qvatvor qvaesita, a RR. PP. Missionarijs Regni Tunkini proposita, totidemque Responsiones ad ipsa continentur, Expeditae per Adm. R. P. Fr. Ioannem de Paz, Regalis Conuentus S. Pauli Cordubensis Ordinis Praedicatorum Filium ... In Illustri eiusdem S. Thomae Aquinatis Manilensi Collegio, atque Vniversitate ... Vespertinum, indeque quondàm primarium lectorem ... Rectorem, et Cancellarium ... Edit in lvcem P. Fr. Franciscvs de Acvña, eiusdem Ord. ... [Impressum Manilae anno Dni 1680. ... Per Gasparem de los Reyes Typographum Librorum dicti Collegii, atque Universitatis]

15 l., 218 numb. l., 25 l. 20½cm.
For imprint. *cf.* Colophon.
Index at end.
★ Streit I 295 n° 678.
♣ *Collegij Ham cheo fu S. J. VP. Sin. — (on cover)* 都老爺收. 1329

2395

— o. c.

3319

2396

— o. c.
Index (25 l.) wanting. 3318

2397

Pelbart de Themeswar, *OMObs, d.* 1504.

Stellarivm coronae gloriosissimae Virginis : Ipsivs lavdibvs, vt solaribvs radiis circunfulgens, & subtilissimarum quaestionum cum solutionibus fontem emittens ... R. P. F. Pelbarto de Themesvvar, Ordinis Minorum de Obseruantia Auctore. Indice, et adnotationibus in margine auctum ... Venetiis, Apud Io. Antonium Bertanum, 1586.

12 l., 230 numb. l. 21½cm.
Signatures : †⁸, ††⁴, A-Z⁸, Aa-Ee⁸, Ff⁶.
f. 2a, 53 lines, 174×108mm.
Text in 2 col.
Ed. by Angelo Rocca. *cf.* Dedication.
1st ed. Basel, *ca.* 1490.
★ Brunet IV 470.
♣ *Bibl. Trig.?* 1761

2398

Peltanus, Théodore, *SJ,* 1511-1584.

De nostra satisfactione, et pvrgatorio, libri dvo, avthore Theodoro Peltano, Societatis Iesv. Theologo ... cum copioso totius operis indice ... Coloniae, Apud Geruinum Calenium & haeredes Ioannis Quentelij, 1576.

14 l., 534p. 20cm.
Signatures : A-C⁴, D², a-z⁴, aa-zz⁴, aaa-vvv⁴, xxx³.
p. 2, 34 lines, 152×105mm.
1st ed.
★ Sommerv VI 462 n° 24.
♣ *Bibl. Trig.* 1452

2399

— [(Theodori Peltani Societatis Jesu Theologi) In Proverbia Salomonis Paraphrasis et Scholia ex SS. Patrum scriptis vulgatae editioni accommodata, et morali doctrinae concionatoribus et Catechistis perutile referta. Accedunt Observationes e Libris Singularium P. Martini de Roa Cordubensis eiusdem Societat. Cum duplici Indice. Antverpiae, ex typographeio Hieronymi Verdussi, 1606]

6 l., 445 (*i.e.* 443), [17]p. 20cm.
Signatures : †⁶, A-Z⁴, Aa-Zz⁴, Aaa-Kkk⁴, Lll⁶.
p. 13, 36 lines, 165×117mm.
t.-p. wanting.
For title, etc. *cf.* Caption title & Sommervogel VI 465.
1st ed.
1st ed. of « Singularium », Cordova, 1600.
★ Sommerv VI 465 n° 32. 1471

2400

Pelzhoffer, Franciscus Albertus, *baron von Schönau.*

Arcanorum status libri decem. Authore Francisco Alberto Pelzhoffer ... [v. 1] Labaci, Typis, Joannis Georgij Mayr, 1709; [v. 2] Francofurti, Prostant apud Johannem Adolphum, 1710.

3v. fold. plates. 20cm.
Vol. 3 (lib. 7-10) wanting.
Index at end of each volume.
Contents. — [v. 1] De statu in genere. De monarchia et officiis principum. De imperio optimatum et populi. — [v. 2] De jure legationum. De jure confoederationum. De aerario et opibus publicis.
♣ *Applicatus Residentiae S Josephi Pekini : SJ :* 725

2401

Pendasio, Federigo.

(Federici Pendasii Mantvani Philosophi ...) Physicae avditionis textvrae Libri Octo. Nvnc primvm in lvcem editi. In qvibvs Aristotelis ars observatvr. Vetus Graecorum doctrina restauratur. Arabum etiam, atque inter Latinos Primatum sensa expenduntur; Et difficilia quaeq; ac ardua explanantur. Cvm indice locvpletissimo ... Venetiis, Apud Robertum Meiettum, 1604.

32 l., 712, 210 (*i.e.* 214)p. 29½cm.
Signatures : a4, b-d6, e4, a4, b2, A-Z6, Aa-Zz6, Aaa-Nnn6, Ooo2; A-F6, G8, H-Q6, S6, T3.
p. 11, 65 lines, 233×126mm.
Illus. t.-p.
Text in 2 col.
♣ *Bibl. Trig.* 2858

2402

Pereyra, Bartholomeo, *SJ,* 1599-1650.

Paciecidos libri dvodecim. Decantatur clarissimus P. Franciscus Paciecus, Lusitanus Potilimensis, è Societate Iesv, Iaponiae Prouincialis, eiusdem Ecclesiae Gubernator, ibique viuus pro Christi fide lento igne concrematus. Anno 1626. Parentem associant qvotquot ex eadem Societate in Iapponia pro Christo gloriose occubuerunt ... Avthore P. Bartolomeo Pereira Societatis Iesu, Lusitano, Monsonensi ... Conimbricae, Expensis Emmanuelis de Carualho, 1640.

11 l., 218, [17]p. 14½cm.
Signatures : †8, ††4, A-O8, P6 (††4 blank)
p. 7, 31 lines, 106×64mm.
1st ed.
★ Sommerv VI 498 nº 1. — Streit V 552 nº 1536.
♣ *Foi do P. Ignº de Souza.* — *Stamp of Mgr Polyc. de Souza.* 3179

2403

Pereyra, Benito, *SJ,* 1535*ca.*-1610.

(Benedicti Pererii Valentini E Societate Iesu) Adversvs fallaces & superstitiosas artes, id est, De magia, de observatione Somniorum, & de Divinatione Astrologica. Et à mendis quae antea irrepserant accuratissimè repurgatus. Lvdvni, Apvd Horativm Cardon, 1603.

5 l., 253 (*i.e.* 252), [8]p. 18cm.
Signatures : A-Q8, R7.
p. 3, 33 lines, 70×135mm.
1st ed. Ingolstadt, 1591.
★ DictTheolCath XII 1217. — Sommerv VI 504 nº 4.
♣ *Bibl. Trig.* 3643

2404

— (R. P. Benedicti Pererii Valentini, e Societate Iesv :) Commentariorvm et dispvtationvm in Genesim, Tomi Quatuor. Continentes historiam Mosis ab exordio Mundi, vsq; ad obitum SS. Patriarcharum Iacobi & Iosephi; id est, explicationem totius primi & praecipui Sacr. Scriptur. libri, qui, Genesis, vulgò inscribitur ... Nunc primum in Germania, multo quam antea correctius & ornatius in lucem editum. Praefixi sunt, vniuerso operi deseruientes, Indices quatuor; Primus Argumentorum, Disputationum, & Quaestionum; Secundus Locorum Sacr. Scripturae fusè explicatorum; Tertius Rerum & verborum alphabeticus; Quartus deniq; eorum quae pertinent ad doctrinam Moralem, & usum Concionantium. Coloniae Agrippinae, Apud Antonium Hierat, 1601.

62 l., 1402 (*i.e.* 1362)p. 32cm.
Signatures : a-f6, g8, h-k6, A-Z6, Aa-Zz6, Aaa-Ddd6, Eee4, Fff-Zzz6, AAa-ZZz6, AAAa-XXXx6, YYYy5 (FFf6 blank)
p. 3, 66 lines, 242×134mm.
4v. in 1.
Illus. t.-p.
Text in 2 col.
1st ed. Rome, 1591-99.
★ Sommerv VI 502 nº 3.
♣ *Leonardi Eg ? emptus Basiliae 4 florenis.* 1248

2405

— (Benedicti Pererii Valentini, e Societate Iesv) Primus Tomus Selectarvm dispvtationvm in Sacram Scriptvram, continens super libro Exodi centum triginta septem Disputationes. Editio tertia, Nunc recèns post priores Editiones excusa, & quàm diligentissimè recognita & emendata. Lvgdvni, Sumptibus Horatij Cardon, 1607.

4 l., 501, [33]p. 25½cm.
Signatures : †4, A-Z4, AA-ZZ4, AAa-VVv4, XXx3.
p. 3, 49 lines, 200×119mm.
1st ed. Ingolstadt, 1601.
Index : p. [502]-[534]
★ Sommerv VI 504 nº 5.
♣ *Bibl. Trig.* 1231

2406

— Promptuarium jvridicvm, quod scilicet in promptu exhibebit rite, ac diligenter quaerentibus omnes resolutiones circa universum jus Pontificium, Imperiale, ac Regium, secundum quod in tribunalibus Lusitaniae causae decidi solent. Opus depromptum est praecipue ex authoribus Lusitanis, qui vocantur regnicolae ... Collégit P. D. Benedictus Pereyra Societatis Jesu Portugalensis Borbanus ...Eborae, ex Typographia Academiae, 1690.

5 l., 587p. 30cm.
Text in 2 col.
1st ed. Lisbon, 1664.
Index : p. 557-587.
★ Sommerv VI 510 nº 6.
♣ *Stamp of Mgr Polyc. de Souza.* 2053

2407

— Promptuarium theologicum morale, secundum jus commune, et Lusitanum, seu alio nomine explicatius, Svmma ex vniversa theologia morali, continens quinquaginta tractatus ... Authore Doctore Benedicto Pereyra Societatis Jesu, Portugallensi Borbano ... Eborae, Ex Typographia Academiae, 1703.

2v. 30cm.
Vol. 2 wanting.
Text in 2 col.
Half-title : R. P. Benedicti Pereyra e Societate Jesu, Theologia moralis.
1st ed. Lisbon, 1671-76.
Index at end.
★ Sommerv VI 511 n° 9.
♣ *Pa a Rezida de Chim tim fu Comprado pelo P. Carlos de Rezende. no Anno de 1743.* 3427

2408

— Prosodia in vocabularium trilingue Latinvm, Lvsitanicvm, et Castellanicvm digesta, in qva dictionvm significatio, et syllabarvm quantitas expenditur ... Authore Doctore P. Benedicto Pereyra Societatis Iesu Portugallensi Borbano ... Prodit opus in hac quinta editione locupletatum per eundem Authorem, adjectis multis dictionibus tam Latinis, quàm Lusitanis ... Vlyssipone, Ex Praelo et sumptibus Antonii Craesbeeck à Mello, 1674.

2 l., 634 (*i.e.* 544), 136, 1010 (*i.e.* 112)p. 29½cm.
Text in 2 col.
1st ed. Evora, 1634.
★ Sommerv VI 508 n° 1 (ed. wanting) 3116

2409

— Prosodia in vocabularium bilingue, Latinum, et Lusitanum digesta, in qua dictionum significatio, & syllabarum quantitas expenditur ... Auctore Doctore P. Benedicto Pereyra Societat. Jesu ... Septima editio auctior, et locupletior ab Academia Eborensi. Prodit opus in hac nova editione innumeris propemodum erroribus purgatum, pene incredibili vocabulorum, quae desiderabantur, numero auctum : è quibus sunt superaddita viginti circiter quatuor milia, à plus quam tercentis Auctoribus huc translata ... Eborae, ex Typographia Academiae, 1697.

4 l., 736, 124, 89 (*i.e.* 98)p. 35cm.
Text in 2 col.
♣ *Este Prozodia e da V. Prova da China.* 3069

2410

— Prosodia in vocabularium bilingue, Latinum, et Lusitanum digesta, in qua dictionum significatio, et syllabarum quantitas expenditur ...Auctore Doctore P. Benedicto Pereyra Societat. Jesu ... Octava edictio [*sic*] auctior et locupletior ab Academia Eborensi. ... Eborae, ex Typographia Academiae, 1711.

3 l., 970, 273p. 30½cm.
[pt. 1] p. 269-270 bound after p. 272.
★ Sommerv VI 508 n° 1. (ed. wanting) 1948

2411

— o. c.

[Pt. 1] p. 701-704 duplicate bound aiter p. 688.
p. 689-692 wanting.
★ Sommerv VI 508 n° 1 (ed. wanting)
♣ *Da V. Provincia da China.* 3072

2412

— Prosodia in vocabularium bilingue, Latinum, et Lusitanum digesta, in qua dictionum signicatio, & syllabarum quantitas expenditur ... Auctore Doctore P. Benedicto Pereyra Societ. Jesu ... Nona editio auctior, et locupletior ab Academia Eborensi. ... Eborae, ex Typographia Academiae, 1723.

3 l., 970, 275 (*i.e.* 273)p. 31cm.
Text in 2 col.
★ Sommerv VI 508 n° 1 (ed. wanting) 3071

2413

— Prosodia in vocabularium bilingue, Latinum, et Lusitanum digesta, in qua dictionvm significatio, & syllabarum quantitas expenditur ... Nona editio auctior, locupletior ab Academia Eborensi. Auctore P. D. Benedicto Pereyra Societ. Jesu ... Eborae, ex Typographia Academiae, 1741.

4 l., 1359 p. 29½cm.
Text in 2 col.
★ Sommerv VI 508 n° 1 (ed. wanting) 1932

2414

— o. c.

p. 1065-1324 wanting.
♣ *Stamp of Mgr Polyc. de Souza.* 3070

2415

— (Benedicti Pererii Valentini, e Societate Iesv.) Tertivs tomvs Selectarvm dispvtationvm in Sacram Scriptvram, Continens centum octoginta tres Disputationes super libro Apocalypsis B. Ioannis Apostoli. Adiectvs est huic tertio Tomo Liber eiusdem Auctoris viginti trium Disputationum, aduersus eos qui putauerunt, Maometem Saracenorum legislatorem fuisse verum illum Antichristvm, de quo non pauca Daniel, & Ioannes in Apocalypsi praedixerunt; pluraque a Patribus memoriae tradita sunt. Lvgdvni, svmptibvs Horatii Cardon, 1606.

4 l., 36, 578, [50], 59, [4]p. 25cm.
Signatures : †^{4}, A-D^4, E^2, A-Z^4, Aa-Zz^4, Aaa-Zzz^4, AAaa-IIii^4, KKkk^2; A-G^4, H-I^2.
p. 3, 40 lines, 192×114mm.
[pt. 2] p. 49-56 bound upside down.
1st ed.
Index & errata at end of [pt. 1]
★ Sommerv VI 505 n° 5.
♣ *Bibl. Trig.* 1210

2416

Pesantio, Alessandro.

Brevia commentaria ac dispvtationes in vniversam theologiam D. Thomae, tam Scholasticam, qvam Moralem, quae in scholis legi solet; avthore Alexandro Pesantio Romano, Philosophiae, Sacr. Theologiae, & vtriusque Juris Doctore ... Nvnc primvm in Germania edita, Et ab innumeris quibus ante scatebant, vitijs diligenti studio quorundam Theologorum Academiae Coloniensis expurgata. Accesserunt nonnullae Disputationes quae desiderari videbantur ...Cum quadruplici Indice. Coloniae Agrippinae, Sumptibus Conradi Butgenij, 1617.

30 l., 1048, [41]p. 33cm.
Signatures : †[6], a-d[6], A-Z[6], Aa-Zz[6], AAa-QQq[6], RRr[8], SSs-ZZz[6], Aaaa-Xxxx[6], Yyyy[3].
p. 3, 72 lines, 270×140mm.
Illus. t.-p. slightly spoiled.
Text in 2 col.
1st ed. Venice, 1606.
♣ *Missionis Sinensis.* 1360

2417

— (Alexandri Pesantii Romani, Philosophiae, Sacrae Theologiae, Et Vtriusque Iuris Doctoris ...) Commentaria brevia ac dispvtationes In vniversam Theologiam D. Thomae tàm Scholasticam quàm Moralem, quae in scholis legi solet; Cum quadruplici Indice : Articulorum, ac Disputationum; Authorùm; Sacrae Scripturae; rerumque notatu dignissimarum locupletissimo ... Venetiis, Apud Minimam Societatem, 1606.

32 l., 1043 (*i.e.* 1031), [71]p. 31½cm.
Signatures : a-d[8], e[8], A-Z[6], Aa-Mm[6], Nn[2], Oo[4], Pp-Zz[6], Aaa-Rrr[6], Sss[8], Ttt-Zzz[6], Aaaa-Rrrr[6], Ssss[4], Tttt-Zzzz[6], Aaaaa[6].
p. 3, 74 lines, 268×148mm.
Text in 2 col.
1st ed. 1345

2418

Petau, Denis, *SJ*, 1583-1652.

(Dionysii Petavii Aurelianensis, e Societate Jesu) Opus de doctrina temporum : Auctius hac nova editione Notis & Emendationibus quamplurimis, quas manu sua Codici adscripserat Dionysius Petavius. Cum Praefatione & Dissertatione de LXX. Hebdomadibus Joannis Harduini, S. J. P. ... Antwerpiae, Apud Georgium Gallet, 1703.

3v. front., tables, diagrs. 40½cm.
Indices at end of v. 1, 2 and most parts of v. 3.
Illus. t.-p.
Text in 2 col.
1st ed. of « Opus », Paris, 1627.
1st ed. of « Uranologion » Paris, 1630.
Contents. — **t. 1.** De anno populari Graecarum civitatum. De anno lunari. De anno veterum Aegyptiorum, Chaldaeorum, Persarum, Armeniorum et Hebraeorum. De anno solari. De cycli Paschalis et kalendarii castigatione. Cyclorum aureorum numerorum fontes et principia. Isagoge ad chronologicam doctrinam. De solis ac lunae motibus et deliquiis. — **t. 2.** De variis gentium aeris seu epochis : Periodus Juliana; Assyriorum imperii epocha; Olympiades; Aera Nabonassari; Aera Romanorum ab urbe condita. Disputationes de tempore variorum eventuum. Chronologia seu temporum series. Appendix : Veterum opuscula de Paschatis ratione. — **t. 3.** Uranologium sive systema variorum auctorum qui de sphaera ac sideribus eorumque motibus Graece commentati sunt. Variarum dissertationum libri VIII. Petavii et Jac. Sirmondi Diatribae Sirmitanae II. Libri II De lege et gratia. Elenchus Theriacae Vincentii Lenis. Dissertatio de adjutorio sine quo non, et adjutorio quo. Epistolarum libri tres.
★ Brunet IV 528. — Sommerv VI 598 n° 28; IV 91 n° 33.
♣ *PP Gallor SJ. Pekin.* 1957

2419

— (Dionysii Petavii Aurelianensis e Societate Jesu) Opus de theologicis dogmatibus, Nunc primum septem voluminibus comprehensum, in meliorem ordinem redactum, Auctoris ipsius vita, ac libris quibusdam numquam in hoc opere editis locupletatum, Francisci Antonii Zachariae ex eadem Societate Jesu Estensium Principum bibliothecae praefecti Dissertationibus, ac notis uberrimis illustratum ... Venetiis, Ex Typographia Remondiniana, 1757.

6 t. in 3. front. (t. 1) 38½cm.
Ill. t.-p. Head-pieces.
Half-title : Dionysii Petavii Aurelianensis e Societate Jesu Dogmata theologica in septem volumina distributa.
Text in 2 col.
1st ed. Paris, 1644-50.
Indices at end of each volume.
Contents. — **t. 1.** De Deo uno, Deique proprietatibus libri X. — **t. 2, pt. 1.** De SS. Trinitate lib. priores quinque. — **t. 2, pt. 2.** De SS. Trinitate lib. posteriores quinque. — **t. 3.** De angelis, de mundi opificio, de Pelagianis ac Semipelagianis, de Tridentini Concilii interpretatione et S. Augustini doctrina, de lege et gratia, de humana libertate. — **t. 4.** De Incarnatione Verbi libri priores X. — **t. 5.** De Incarn. Verbi libri posteriores VI. — **t. 6.** De potestate consecrandi, de episcoporum dignitate, deque aliis ecclesiasticis dogmatibus; de hierarchia ecclesiastica, de poenitentia publica, de praeparatione ad communionem.
★ Brunet IV 528. — DictTheolCath XII 1315. — Sommerv VI 609 n° 47.
♣ *Stamp of Mgr Alex. de Gouvea.* 1358

2420

— [(R. P. Dionysii Petavii Aurelianensis, e Societate Jesu Theologi) Rationarium temporum in partes duas, libros tredecim distributum ... Francofurti, sumptibus Joann. Beyeri, 1664]

2v. in 1. 17½cm.
8 l., 660, [96]p., 2 l., 288, [8]p.
Vol. 1, 2 p. l. incl. t.-p. wanting.
For title, etc. *cf.* t.-p. of v. 2 & Sommervogel VI 600.
1st ed. Paris, 1633.
Index at end of each volume.
★ Sommerv VI 600 nº 29. 2760

2421

Petau, Denis, *SJ,* 1583-1652.

(Dionysii Petavii Aurelianensis e Societate Jesu) Rationarium temporum in partes duas, Libros tredecim distributum. In quo aetatum omnium sacra profanaque historia Chronologicis probationibus munita summatim traditur. Editio ultima. Nonnullis accessionibus auctio facta, & ab Auctore recognita. Parisiis, Apud Sebastianum Mabre-Cramoisy, 1673.

2v. in 1. tables. 16cm.
10 l., 526 (*i.e.* 518), [76], 241, [7]p.
« Indiculus auctorum » at beginning and end of v. 1.
« Index rervm » at end of each volume.
★ Brunet IV 528. — Sommerv VI 600 nº 29.
♣ *Più dolce cibo all' alma mia non trovo.* 2008

2422

— (Dionysii Petavii Aurelianensis e Societate Jesu) Rationarium temporum Editio novissima, cui accesserunt, praeter Dissertationes & Tabulas Chronologicas antea editas, Appendix Historica usque ad annum 1748. Notae in Antiquam Historiam, praecipua illius capita illustrantes, & Tabulae Genealogicae aliquot illustrium Familiarum cum veteris tum recentioris Historiae. Venetiis, Apud Laurentium Basilium, 1758.

3v. front., tables. 19½cm.
Vol. 2 & 3 paged continuously.
« Indiculus auctorum » at beginning of v. 1.
« Index rerum » at end of v. 1 & 2.
★ Sommerv VI 602 nº 29.
♣ *Fr Alexandre Gouvea.* — *Stamp of Mgr Alex. de Gouvea.* 2040

2423

Petrus Blesensis, *ca.* 1135-1204.

[Opera Petri Blesensis, Bathoniensis quondam in Anglia Archidiaconi, et apud Cantuariensem Archiepiscopum Cancellarii. Ope et studio Joannis Busaei Noviomagi Societatis Jesu Theologi, ex pervetustis bibliothecis nunc primum in lucem producta, ac innumeris mendis colatione aliquot codicum MSS. emaculata, variisque lectionibus, notis, praefationibus, et indicibus illustrata ... Mogvntiae, ex officina typographica Joannis Albini, 1600]

20 l., 607 (*i.e.* 608), [71]p. 24½cm.
Signatures : ?, Aa-Zz4, AAa-QQq4.
p. 369, 47 lines, 190×120mm.
20 p. l. (incl. t.-p.), p. 1-368 wanting.
For title, etc. *cf.* Running title, DictTheolCath XII 1886 & Sommervogel II 426.
« Dans son édition de 1600, le P. J. Busée, induit en erreur par le titre incomplet d'un manuscrit de Louvain, donna les sermons de Pierre Comestor sous le nom de Pierre de Blois » — DictTheolCath XII 1886.
1st ed. by Busaeus.
Contents. — Sermones (21-51). — Opuscula decem : De transfiguratione Domini. De conversione S. Pauli Apostoli. Compendium super Job. De Peregrinatione Hierosolymitana acceleranda. Instructio fidei ad Soldanum Iconii. De confessione sacramentali. De poenitentia vel satisfactione. Canon episcopalis, vel Tractatus de institutione episcopi. Invectiva contra depravatorem. De amicitia christiana. Variae lectiones et notae in Epistolas Petri Blesensis. Tractatus de sacrosanctis venerabilis sacramenti Eucharistiae mysteriis. Index locorum S. Scripturae. Index rerum. Errata.
Bound with : Anastasius Bibliothecarius. Historia de vitis Rom. Pontificum, Mogvntiae, 1602.
★ DictTheolCath XII 1886. — Sommerv II 426. 2132a

2424

Petrus Chrysologus, *Saint,* 405*ca.*-450/7.

(D. Petri Chrysologi Archiepiscopi Ravennatis ...) Sermones in Evangelia de Dominicis et Festis aliqvot solemnioribus totius Anni, insignes et peruetusti. Cvm indice Evangeliorum et Epistolarvm, qvae in hoc opere enarrantur, in lucem editi. Mogvntiae, Sumptibus Ioannis Crithij, 1613.

6 l., 732p. 16cm.
Signatures : †6, A-Z8, Aa-Yy8, Zz6.
p. 3, 33 lines, 122×61mm.
1st ed. Bologna, 1534.
★ DictTheolCath XII 1917. 1429

2425

Petrus Damiani, *Saint,* 1006/7-1072.

(B. Petri Damiani Monachi Ordinis S. Benedicti ...) Operum, tomvs primvs, [— quartus] ... opera, ac stvdio Domni Constantini Caetani ... Ordinis Sancti Benedicti. Romae, Ex Typographia Aloisij Zannetti, 1606-[40]

4v. 31½cm.
Vol. 3, 4; v. 1, p. 241-350 wanting.
Vol. 1 & 2 in 1.
1st ed.
Errata at end of each volume.
Contents. — **t. 1.** Vita S. Petri Damiani. Index. Epistolarum libri octo. — **t. 2.** Sermones et Sanctorum historiae, juxta mensium distributionem. Sermones extravagantes de Sanctis. Sermones morales. Sanctorum quatuor historiae. Index.
★ DictTheolCath IV 49. 1419

2426

— (B. Petri Damiani Monachi Ordinis S. Benedicti. S. R. E. Cardinalis Episcopi Ostiensis, & Doctoris sanctissimi, ac disertissimi) Epistolarvm libri octo. Mvltis ex bibliothecis collecti, et Argumentis, Notisque illustrati, atque nunc primum excusi. Opera, ac stvdio Domini Constantini Caetani Syracvsani Monachi ... Ordinis sancti Benedicti. Cvm triplici indice. Parisiis, ex officina Nivelliana, Apud Sebastianvm Cramoisy, 1610.

24? l., 739, [159]p. 29cm.
Signatures: a-c4, D-F4?, A-Z4, Aa-Zz4, Aaa-Zzz4, AAaa-ZZzz4, AAaaa-KKkkk4, a-k4, l2.
p. 9, 44 lines, 177×106mm.
? p. l. wanting.
Text in 2 col.
1st ed. Rome, 1606.
♣ *Bibl. Trig.* 1415

2427

Petrus Galatinus, *OMin.* 1460-1540.

(P. Galatini) De arcanis catholicae veritatis libri XII. Qvibvs pleraqve religionis Christianae capita contra Ivdaeos, tam ex scriptvris veteris Testamenti authenticis, quam ex Talmudicorum commentariis, confirmare & illustrare conatus est. Item Johannis Revchlini Phorcensis, de Cabala, sev de symbolica receptione, Dialogus tribus libris absolutus. Postrema haec editio mendis innumeris expurgata mentem authoris planius exhibet. Francofvrti, Impensis Claudii Marnii haeredum, Ioannis & Andreae Marnii & Consort., 1612.

8 l., 776 (*i.e.* 768) col., [31]p. 34½cm.
Signatures: †8, A-Z6, Aa-Ll6, Mm4.
Col. 5-6, 65 lines, 265×148mm.
1st ed. Ortona, 1518.
1st ed. of « De cabala », Hagenau, 1518.
★ Brunet II 1447 — DictTheolCath VI 1052.
♣ *Nicolaus Eps Aurelianens. — Missionis PP. gallorum Societatis Jesu Pekin.* 1348

2428

Petrus Gregorius Tholosanus.

Semina atqve axiomata artivm. Ad quaslibet Scientias applicanda. Ex primo tomo Syntaxis Artis mirabilis clarissimi ac doctissimi Viri Domini Petri Gregorii Tholosani J. U. D. ac in nova Academia Lotharingica Pontis Camissonii Professoris publici jam piè defuncti, transumpta, atque in hasce tabellulas, facilioris memoriae causâ, digesta atque contracta. Per Martinvm Sebaldvm de Norico Monte ... Coloniae, Sumptibus Lazari Zetzneri, 1612.

8 l., 162, [4]p. incl. tables. 20½cm.
Signatures: †-††4, A-V4, X3.
l. ††3 a, 33 lines, 158×114mm.
p. 105-120 wanting.
Index: p. [163]-[166] 2825

2429

Petrus Lombardus, *ca.* 1100-1160

(Petri Lombardi Episcopi Parisiensis) Sententiarvm libri IIII. Post omnes omnivm editiones ex collatione diuersorum exemplarium emendatissimi, & ad singulos libros titulorum, ac ad finem rerum Indica [*sic*] copiosissimo aucti & locupletati. Venetiis, Apud Ioannem Baptistam Hugolinum, 1589.

7 l., 442 (*i.e.* 444) numb. l., 27 l. 16½cm.
Signatures: †8, A-Z8, Aa-Zz8, Aaa-Mmm8, Nnn7 (†8 blank)
f. 5a, 39 lines, 131×67mm.
« Varii articuli erronei omnium pene facultatum, in Anglia, & Parisiis studiose & auctoritatiue condemnati, cum reuocationibus eorumdem » : l. 414-442 (*i.e.* 444)
★ Brunet III 1149. — DictTheolCath XII 1972.
♣ *Del Sr Alessandro Ro.* 1341

2430

Petrus Posnaniensis, *FMObs, 17th cent.*

(R. P. F. Petri Posnaniensis Poloni Ord: Minorum obseruant.) Commentaria In Primvm librvm Sententiarum fratris Joannis Duns Scoti, Doctoris Subtilissimi. Cum indice locupletissimo. Mogvntiae, Impensis Joannis Theobaldi Schonwetteri, 1612.

11 l., 1034p. 22cm.
Signatures: †-†††4, A-Z4, Aa-Zz4, Aaa-Zzz4, Aaaa-Zzzz4, Aaaaa-Zzzzz4, Aaaaaa-Oooooo4, Ppppppp1(†††4 blank)
p. 3, 49 lines, 163×105mm.
p. 25-32 bound after p. 40.
Engr. ornamented t.-p.
Text in 2 col.
1st ed.
♣ *Bibl. Trig.* 1515

2431

Peuerbach, Georg, 1423-1461.

Theoricae novae planetarum Georgii Pvrbachii foeliter [*sic*] incipiunt ... Parisiis, Apud Christianum Wechelum, 1543.

127 p. illus., 2 fold. diagrs. 18cm.
Signatures: A-B8, C4, D-H8, I4.
p. 35, 28 lines, 119×69mm.
Ms. marginal notes.
1st ed. Nuremberg, 1472.
Bound with: Voegelin, J. Elementale geometricum, Parisiis, 1543.
★ Brunet IV 978. 313d

2432

— Theoricae novae planetarvm Georgii Pvrbachii Germani. Quibus accesserunt: Ioannis de Monte Regio Disputationes, super deliramenta Theoricarum Gerardi Cremonensis. Item Ioannis Essler Maguntini, Tractatus utilis ante LX an[-]nos conscriptus, cui Titulum fecit, Specvlvm astrologorvm, in quo Astrolog. errores, ex neglecta temporis aequatione prouenientes, ostendũtur, & multa quae ad Theoricarum, praesertim Octauae Sphaerae, intellectum faciunt, explicantur. Qvaestiones vero in Theoricas Planetarum Purbachij, authore Christiano Vrstisio Basil. eadem forma damus ... Basileae [Ex officina Henricpetrina, 1573]

8 l., 226 (*i.e.* 262)p., 9 l., 430p. illus., 12 diagrs. (6 fold.) 17cm.
Signatures : a8, A-Q8, R4; a8, A-Z8, Aa-Dd8.
p. 29, 27 lines, 104×64mm.
For imprint. *cf.* Colophon.
♣ *Bibl. Trig.?* 278

2433

Peuerbach, Georg, 1423-1461.

Tractatvs Georgii Pevrbachii svper propositiones Ptolemaei de Sinubus & Chordis. Item Compositio Tabularum Sinuum per Ioannem de Regiomonte. Adiectae sunt & Tabulae Sinuum duplices per eundem Regiomontanum. Omnia nunc primum in utilitatem Astronomiae studiosis impressa. Norimbergae apud Iohan. Petreium, 1541.

27 unnumb. l. incl. tables, diagrs. 30cm.
Signatures : A-F4, G3.
f. 5a, 53 lines, 234×143mm.
Ed. by Johann Schöner. *cf.* Preface.
1st ed.
Bound with : Schöner, J. Opera mathematica, Norinbergae, 1551. 600d

2434

Peyer, Johann Konrad, 1653-1712.

(Joh. Conradi Peyeri ...) Merycologia sive De rvminantibvs et rvminatione commentarivs. Quo primùm exponuntur rvminantivm species et differentiae, per omnia animalium genera; deinde organorum ruminationi inservientium admiranda structura detegitur, & iconibus aeri incisis ante oculos ponitur : denique de ruminatione ipsa ejusque causis ac utilitate disseritur. Basileae, Apud Joh. Lvdovicvm Koenig & Joh. Brandmyllervm, 1685.

4 l., 288, [34]p. 6 fold. plates. 21½cm.
« Appendix » : p. [259]-288.
Indices : p. [289]-[322]
1st ed.
♣ *PP gallor SJ Pekin.* 896

2435

Pfliger, Kaspar, *SJ,* 1665-1730.

Pompae funebres in Quadruplici Mausoleo olim Gloriosae Memoriae Augustissimis Majestatibus Leopoldo I. & Josepho I. Atque subinde Uni Primo Regio in Regno Bohemiae Locumtenenti Exstructae; Nec non inscriptione varia adornatae. Quibus accessit Festiva quaedam Acclamatio, & alius amoenioris simul structurae apparatus, Operâ, & studiô P. Caspari Pfliger, Soc : Jesu Sacerdotis, Quae quidem aliàs seorsim majore in folio typis edita, nunc verò conjunctim hoc in Enchiridio recusa. Vetero-Pragae, Typis Universitatis Carolo-Ferdinandeae in Collegio Societatis Jesu ad S. Clementem, 1725.

13 l., 372p. plate. 18cm.
1st collected ed.
★ Sommerv VI 662 nº 6. 1659

2436

Phaedro, Georgius.

(Magni G. Phaedronis R. de Gelleinen Hvsio Franci) Opvscvla Iatro-Chemica quatuor I. Praxis Medico-Chemica. II. Halopyrgice, siue Pestis Medica-Chemica curatio. III. Chirurgia minor. IV. Furnus Chymicus. In qvibvs non solvm difficiliorum & insanabilium morborum ratio curandi Chemica proponitur, sed etiam ipsa praeparandorum Arcanorvm doctrina, & Characteristicae, siue Coelestis Physicae Elucidatio perspicue demonstratur. Partim nunquam antehac edita, partim nunc latinitate donata prodeunt e Bibliotheca Schenckiana : Curante Ioanne Andrea Schencklo à Graffenberg, Medicinae Doctore. Francofvrtl, Typis Ioannis Wolphii, Sumptibus Antonii Humml, 1611.

4 l. ,128, [7]p. 16½cm.
Signatures : †4, A-H8, I4.
p. 53, 29 lines, 118×68mm.
Ed. by Johann Georg Schenck. *cf.* Preface.
Bound with : Burggrave, J. Biolychnium, Franekerae, 1611. 882a

2437

— o. c.

Bound with : Nollius, H. Systema medicinae hermeticae generale, Francoforti, 1613. 891c

2438

Phaedrus, *1st cent.*

Phaedri Augusti liberti, et Avieni Fabulae Cum Adnotationibus Davidis Hoogstratani. Accedunt fabulae Graecae Latinis respondentes, et Homeri Batrachomyomachia Cum Latina Versione Recens Addita. In usum Scholarum seminarii Patavini. Patavii, Expensis Josephi Ponzelli, 1729.

6 l., 241, [3]p. front. 17cm.
Front. spoiled.
1st ed. by Ponzelli.
« Appendix fabularum a Marquardo Gudio e manuscripto veteri descriptarum » : p. 177-186.
★ Brunet IV 588. 3589

2439

— o. c.

p. 181-184 wanting.
This impression is a reprint of Ponzelli's 1st ed. The dedication is dated Naples, 1734. *cf.* Dedication. 3203

2440

Philippi, Henri, *SJ*, 1575-1636.

Chronologiae Veteris Testamenti accvratvm examen Augustissimae Invictissimaeq; Domui Austriacae dicatvm. Authore R. P. Henrico Philippi Societ. Iesv Theologo Doctore ac Professore. Editvm Coloniae Agrippinae, per Ioannem Kinckium, [1637]

12 l., 258, [6]p., 4 l., 268 (*i.e.* 274), [8]p., 4 l., 263, [5], 28 p., 2 l., 92, 76 (*i.e.* 58), [2]p. illus, 16 tables. 20cm.
Signatures : a[4], ††[4], †[4], A-Z[4], Aa-Kk[4]; †[4], a-z[4], aa-ll[4], mm[4], nn[4]; a[4], a-z[4], aa-kk[4], ll[2]; A-C[4], D[2]; AA-LL[4], MM[2]; aaa-ggg[4], hhh[2] (2 p. l. without sign.)
Engr. ornamented t.-p.
t.-p. of [pt. 2] dated 1637.
1st ed.
Index at end of each part.
★ Sommerv VI 682 n° 11. 1461

2441

—[Manuale chronologicum Veteris Testamenti, auctore R. P. Henrico Philippi Societatis Jesu, Doctore Theologo ... Antverpiae, Apud Joannem Meursium, 1635]

293, [10]p. incl. tables. 16cm.
Signatures : A-T[8].
p. 17, 31 lines, 125×66mm.
t.-p. wanting.
For title, etc. *cf.* Dedication & Sommervogel VI 682.
1st ed.
Index : p. [294]-[303]
★ Sommerv VI 682 n° 9. 1455

2442

— [Qvaestiones chronologicae de annis Domini, Jvlianis et Nabonassari : et aera mundi Ivdaica apte inter se componendis, in qvib. et Calendarii Rom. explicatio cum epactis, Calendis, Nonis, Idibus; et initijs mensium, Graecorum, Syro-Chaldaeorum, Aegyptiorum, de Ferijs, Cyclis, Lunae, Solis et Indictionum. Itemque modus construendi Tabulas Connexionis aerarum. Avctore R. P. Henrico Philippi Societatis Jesu Doctore Theologo. Coloniae Agrippinensium, Apud Joannem Kinckivm, 1630]

4 l., 154 (*i.e.* 146)p. illus., 13 fold. tables, 20cm.
Signatures : †[4], A-S[4], T[4].
p. 3, 38 lines, 150×110mm.
t.-p. wanting.
For title, etc. *cf.* Approbation & Sommervogel VI 681.
1st ed.
Bound with : Philippi, H. Quaestiones chronologicae de annis nati et passi Salvatoris, Coloniae Agrippinensium, 1630.
★ Sommerv VI 681 n° 5. 3098

2443

— Qvaestiones chronologicae de annis nati et passi Salvatoris Conscriptae à R. P. Henrico Philippi Societatis Iesu Theologo ... Coloniae Agrippinensium, Apud Ioannem Kinckivm, 1630.

2 l., 107, [1]p. illus., fold. table. 20cm.
Signatures : †[2], A-N[4], O[2].
p. 2, 38 lines, 154×114mm.
Illus. t.-p.
1st ed.
Errata : p. [108]
Bound with : Philippi, H. Quaestiones chronologicae de annis Domini, Jvlianis, et Nabonassari, Coloniae Agrippinensium, 1630.
★ Sommerv VI 681 n° 5. 3098a

2444

Pianzola, Bernardino, *OMConv.*

Manualis bibliotheca historico-ethico-polemica Adversus omnes Infidelium Sectas in duos tomos distributa In qua, praemissis Vita Mahumeti, Synopsi Alcorani, & Epitome Historiae Mahumetanorum Per Dialogos Christianum inter, & Turcam Mahumetani ipsi, Increduli, et omnes alii Infideles refutantur ... Opera, et studio A. R. P. Magistri Bernardini Pianzola Olim Provincialis, & Prefecti Apostolici Missionum Ordinis Minorum Conventualium ... Venetiis, Apud Antonium Zatta, 1779.

2v. 19cm.
Vol. 2 wanting.
Errata : p. xxxii.
Contents. — **t. 1.** De Rebus, Moribus, & Religione Mahumetanorum, ac de Graecis, Armenis, Nestorianis, Judaeis, et Gentilibus. 3323

2445

Piatti, Girolamo, *SJ*, 1545-1591.

(Hieronymi Plati ex Societate Iesv) De bono statvs religiosi. Libri III. Nunc postremô recogniti, & à multis erroribus ex emendato codice repurgati ... Avgvstae Trevirorvm, Excudebat Henricus Bock, 1601.

4 l., 704, [12]p. 20½cm.
Signatures : †[4], A-Z[4], a-z[4], Aa-Zz[4], Aaa-Vuu[4], Xxx[2].
p. 3, 40 lines, 161×110mm.
1st ed. Rome, 1590.
Index : p. [705]-[716]
★ Sommerv VI 693 n° 1.
♣ *Bibl. Trig. ?* 2367

2446

Piazeski, Pawel, 1583-1649.

Praxis episcopalis et ecclesiastica omnia et singula officium, potestatemque episcopi concernentia complectens ... Pauli Piasecii, I. V. D. Proton. Apost. Archidiac. Varsaviensis studio primùm edita, ac dein jussu Sacrarum Congreg. sc. Interpretum S. Concil. Trid. negotiis Episcoporum & Regularium Praefect. ac Iudicis cùm ab aliis, tum ipsomet authore recogita [*sic*] locupletata, & ad originalia exemplaria collatis Decretis emendata. Accessit huic tertiae editioni Tract. de Iurisdictione Episcoporum Germaniae, a Christophero Wintzlero, Ryclignhusensi, I. V. Licentiato. Coloniae Agrippinae, Sumptibus Haeredum Joannis Widenfelt, Et Godefridi de Berges, 1687.

6 l., 670, [78]p. 18cm.
1st ed. Venice, 1611.
Index at end.
♣ *Stamp of Mgr Polyc. de Souza.* 3629

2447

Piccolomini, Alessandro, 1508-1578.

(Alexandri Picolhominei) De sphaera libri qvatvor ex Italico in Latinum sermonem conversi. Ejusdem Compendivm de cognoscendis stellis fixis : & de magnitudine Terrae & Aquae liber unus, itidem Latinus factus. Joan. Nicol. Stvpano Rheto interprete. Basileae, Per Petrvm Pernam, 1568.

10 l., 151, 59, [48], 65-121, [6]p. illus. (incl. tables, diagrs) 21½cm.
Signatures : †-†††^{4}, ††††^{2}, A-T^{4}, a-g^{4}, h^{2}; ††-††††††^{4}; i-q^{4}.
p. 5, 41 lines, 159×97mm.
1st Italian ed. Venice, 1540 & 1558.
1st Latin ed.
Index & errata at end.
Bound with : Maurolico, F. Theoremata de lumine et umbra, Lugduni, 1613. 197a

2448

Pichler, Vitus, *SJ*, 1670-1736.

Candidatus abbreviatus jurisprudentiae Sacrae. Hoc est, juris canonici secundum Gregorii Papae IX. libros V. decretalium explanati summa, seu Compendium, Quod In Usum maxime Discipulorum ex libris suis collegit Auctor ipse, nimirum R. P. Vitus Pichler, Soc. Jesu, SS. Canonum Doctor ... Editio secunda ... Augustae Vindel. Sumptibus Haeredum Martini Happach & Consort, 1733.

2v. plate. 16cm.
1st ed. of « Candidatus jurisprudentiae sacrae, 5v. », Ingolstadt, 1722.
1st ed. 1729.
★ Sommerv VI 713 n° 14. 3615

2449

— Theologia polemica. In duas partes divisa, quarum prior Generalia Theologiae Controversistica Fundamenta tradit, & Principia, ex quibus omnis generis Infideles, maximè Haeretici & Sectarii moderni, manifesti erroris convincvntur; Veritas è contra Catholica clarissimè proponitur & inconcussis firmatur argumentis. Posterior Exhibet materias Particulares cum Protestantibus & modernis Sectariis, maxime Lutheranis, controversas ... In lucem data a R. P. Vito Pichler, Soc. Jesu SS. Theol. & SS. Canon. Doct. Accedit in fine Examen Polemicum super Augustana Confessione cum hujus authentico textu ... Editio Quarta, & Prima in hac forma ... Augustae Vindelicorum, Sumptibus Haeredum Martini Happach, & Cons. 1733.

2v. front. (v. 1) 17½cm.
Paged continuously.
7 l., 808 p., 1 l., 809-1592, [18]p.
1st ed. Augsburg, 1711.
★ DictTheolCath XII 1609. — Sommerv VI 709 n° 8.
♣ *Stamp of Mgr Polyc. de Souza.* 1548

2450

Pico della Mirandola, Giovanni, 1463-1494.

Opera omnia Ioannis Pici, Mirandulae Concordiaeque Comitis ... Item, tomo II. Ioannis Francisci Principis ... Opera quae extant omnia ... nunc primùm summa fide et accuratione post liminio restituta, ac in corpus unum redacta ... Accesserunt etiam indices duo locupletissimi, rerum & verborum memorabilium : atq; scriptorum, quorum sententiae ... citantur. Basileae, Ex officina Henricpetrina, [1572-73]

2v. 32cm.
Colophon dated 1572-73.
1st ed. Bologna, 1496.
Contents. — **t. 1.** Jo. Pici Mirandulae vita per Jo. Franciscum Pici filium scripta. Index rerum. In Orationem Dominicam expositio. Heptaplus, id est, de sex dierum opere Geneseos libri VII. Conclusiones nongintae, Romae publice propositae. Apologia adversus eos, qui aliquot propositiones carpebant. De ente et uno. De hominis dignitate. Regulae XII ad christianae vitae institutionem. In Psalmum XV commentarius. Epistolarum liber. De astrologia disputationum libri XII. Commento sopra una canzona de amore, composta da Girolamo Benivieni. Elegia ad Florentiam, latine & italice. Reuchlin, J. De arte cabalistica. — **t. 2.** Index rerum. De studio divinae et humanae philosophiae libri II, De morte Christi et propria cogitanda libri III. Defensio de Uno et ente. De imaginatione. Physici libri duo : De appetitu primae materiae, et De elementis. De imitatione ad P. Bembum, hujusque ad Picum responsum. Theoremata XXV de fide et ordine credendi. Declaratio capitis : in Christo Pater, et Christus in nobis. Justini Philosophi Admonitorius gentium liber, Jo. Francisco Pico interprete. Heroicum carmen de mysteriis Dominicae crucis. De rerum praenotione libri IX. Examen vanitatis doctrinae gentium, et veritatis Christianae disciplinae, distinctum in VI libros. Epistolarum libri IV.
★ Brunet IV 636.
♣ *Joannes de Saint Laurens Duacenus.* 1426

2451

Pico della Mirandola, Giovanni, 1463-1494.

(Ioannis Pici, Mirandvlae Concordiaeqve comitis ... Item, tomo secvndo, Ioannis Francisci Pici principis ...) Opera quae extant omnia ... Accesserunt etiam Rerum & verborum memorabilium, atque scriptorum, quorum sententiae & opiniones quacunque de re allegantur & citantur, duo Indices locupletissimi. Editio ultima, superioribus multo correctior et locupletior. Basileae, per Sebastianvm Henricpetri, [1601]

2v. 35cm.
Vol. 2 wanting.
Colophon dated 1601.
1st ed. Bologna, 1496.
Contents. — **t. 1.** Jo. Pici Mirandulae vita, per Joannem Franciscum Pici filium scripta. Index auctorum et rerum. Heptaplus, seu de sex dierum opere Geneseos libri VII. Conclusiones nongintae, Romae publice propositae. Apologia. De ente et uno. De hominis dignitate. Regulae XII ad christianae vitae institutionem. In Psalmum XV commentarius. In Orationem Dominicam expositio. Epistolarum liber. De astrologia disputationum libri XII. Commento sopra una canzona de amore, composta da Girolamo Benivieni. Elegia ad Florentiam, latine et italice.
★ Brunet IV 636. 422

2452

Pierre de Saint Joseph, *OCist,* 1594-1662.

Idea philosophiae natvralis, sev Physica, Paucis multa complectens de iis quae spectant ad cognitionem rerum naturalium. Pars tertia totius philosophiae. Auctore D. Petro a Sancto Ioseph Fuliensi. Parisiis, Apud Georgivm Iosse, 1654.

8 l., 666 (*i.e.* 664)p. incl. front. 13½cm.
1st ed. 1033

2453

— Idea theologiae moralis. Pavcis mvlta complectens de Legibus, de Peccatis, de Virtutibus Theologicis; ac de Iustitia erga Deum, & homines. Authore D. Petro a S^{to} Ioseph Fuliensi. Editio VI. A mendis expurgata. Parisiis, Apud Georgivm Iosse, 1651.

12 l., 596, [4]p. 12½cm.
Added engr. ornamented t.-p.
1st ed. Paris, 1640.
♣ *Collegij Societatis Jesv Pekini. — Aplicado a Prov^a de Jappão em Tumkim.* 2273

2454

— Idea theologiae moralis, pavcis mvlta complectens de Legibus, de Peccatis, de Virtutibus Theologicis; ac de Iustitia erga Deum, & homines; Authore D. Petro a Sancto Ioseph Fuliensi. Editio VI. A mendis expurgata. Lvgdvni, Sumpt. Michaelis Goy et Antonii Beaviollin, 1666.

12 l., 682p. 14cm.
♣ *Aplicado à Resid^a de Chinkiam por ordem publicada pelo P. VProv^{al} Joam de Saà.* 2463

2455

— Idea theologiae sacramentalis. Pavcis mvlta complectens de Sacramentis in genere, & in specie. Editio II. A mendis accuratè expurgata. Authore D. Petro a S^{to} Ioseph, Fuliensi. Parisiis, Apud Georgivm Iosse, 1641.

12 l., 420p. 12½cm.
Added t.-p. wanting.
1st ed. Paris, 1640. 2446

2456

— Idea theologiae sacramentalis. Pavcis mvlta complectens de Sacramentis in genere, & in specie. Editio V. A mendis accuratè expurgata. Authore D. Petro a Sancto Ioseph Fuliensi. Parisiis, Apud Georgium Iosse, 1649.

12 l., 420p. 12½cm.
Bound with : Pierre de Saint Joseph, *OCist.* Theses universae theologiae, Parisiis, 1648.
♣ *Aplicado a Prov^a de Jappão em Tumkim.* 1726

2457

— Idea theologiae sacramentalis. Pavcis mvlta complectens de Sacramentis in genere, & in specie. Editio VI. A mendis quamplurimis accuratissimè expurgata. Authore, D. Petro a S. Ioseph, Fvliensi. Lvgdvni, Sumpt. Antonii Beaviollin et Michaelis Goy, 1666.

8 l., 486 (*i.e.* 484), [3] p. 14cm.
♣ *Aplicado à Resid^a de Chinkiam por ordẽ publicada pelo P. V. Prov. Joam de Saà.* 2471

2458

— Idea theologiae specvlativae, pavcis mvlta complectens de Deo, de Christo, de Angelis, & de Gratia. Editio VIII. A mendis quamplurimis accuratissimè expurgata. Authore, P. Petro a S. Ioseph, Fvliensi. Lvgdvni, Sumpt. Antonii Beaviollin et Michaelis Goy, 1666.

8 l., 528, [6]p. 14cm.
1st ed. Paris, 1640.
♣ *Aplicado à Resid^a de Chinkiam por ordẽ publicada pelo P. VProval João .de Saà.* 2316

2459

— Svmmvla casvvm conscientiae in qua agitvr de praeceptis Ecclesiae, de officio confessarii, ac de censvris. Avthore D. Petro a S. Ioseph, Fvliensi. Coloniae, Apud Constantinvm Münich, 1652.

8 l., 272p. 13½cm.
Bound with : Pierre de S. Joseph, *OCist.* Theses universae theologiae, Coloniae, 1648. 2615

2460

Pierre de Saint Joseph, *OCist,* 1594-1662.

Theses vniversae theologiae Speculatívae, Sacramentalis, & moralis. Nunc primum in Germania editae, & à mendis accuratè expurgatae. Authore D. Petro à Sto. Joseph, Fuliensi. Coloniae, Apud Constantinum Munich, 1648.

4 l., 227, [1]j. 13½cm.
Bound with : Pierre de S. Joseph, *OCist.* Summula casuum conscientiae, Coloniae, 1652. 2615a

2461

— Theses vniversae theologiae, Speculatiuae, Sacramentalis, & Moralis, Authore D. Petro a Sto Ioseph Fuliensi. Editio III. Parisiis, Apud Georgivm Iosse, 1648.

6 l., 261p. 12½cm.
p. 253-261 spoiled.
Bound with : Pierre de Saint Joseph, *OCist,* Idea theologiae sacramentalis, Parisiis, 1649. 1726a

2462

Pigghe, Albert, 1490*ca.*-1542.

(Albertvs Pighivs Campensis) De aeqvinoctiorvm solsticiorumque inuentione ... Eivsdem De ratione Paschalis celebrationis, Deque Restitutione ecclesiastici Kalendarij ... Venundantur Parisij in vico Diui Jacobi sub scuto Basiliensi [1520?]

22 numb. l., 1 l., 30 numb. l. 27cm.
Signatures : A-C6, D4, E-H6, I7.
f. 3, 40 lines, 200X120mm.
Title within a woodcut ornamented border.
Dedication of pt. 2 dated : Parrisij M.D.XX.
1st ed.
Errata at end of pt. 2.
Bound with : Duns Scotus, J, *OFM.* Quaestiones quodlibetales, Paris, 1519. — Paulus Venetus. Quadratura & Sophysmata, Paris, 1513-14.
★ DictTheolCath XII 2096.
♣ *Bibl. Trig.* 411

2463

— Apologia indicti a Pavlo III. Ro. Pont. Concilij adversus Lutheranae confoederationis rationes plerasque, quibus eidem detrahunt, nuper in orbem sparsas. Per Albertum Pighium Campensem ... Coloniae, Melch. Nov. 1538.

21 unnumb. l. 30½cm.
Signatures : A-B6, C4, D5.
f. [7]b, 47 lines, 200X123mm.
1st ed. Cologne, 1537.
Bound with : Dionysius Carthusianus. Enarrationes in libros quinque Sapientiales, Coloniae, 1536.
★ DictTheolCath XII 2096. 1391b

2464

Pignatelli, Giacomo, 1600*ca.*-1675.

(Jacobi Pignatelli e Cryptaleis in Salentinis S. Theolog. ac J. U. Doctoris) Novissimae consultationes canonicae, praecipuas controversias, Quae ad Fidem, Ejusque Regulam spectant, in quibus Errores Atheorum Infidelium, Schismaticorum, Haereticorum, & aliorum Ecclesiae Catholicae hostium referuntur et refelluntur; praesertimque illas quae circa S. Inquisitionis Tribunal versantur ... complectentes. Opus prima vice praelo commissum ... Cum Indice Consultationum singulis Tomis praefixo. Cosmopoli, Apud Dominicum Puteanum, 1711.

2v. 37½cm.
Vol. 1, p. 415-416 bound after p. 412.
Text in 2 col.
This two volumes are the continuation of Pignatelli's « Consultationes canonicae », *cf.* Preface.
1st ed.
1st ed. of Consultationes canonicae, Rome, 1668.
★ DictTheolCath XII 2110.
♣ *ex lib. relic. P. ab Illo Rmo Pata Alexno.* 2130

2465

Pilgram, Antonius, *SJ,* 1730-1793.

Ephemerides astronomicae Anni 1771. ad meridianum Vindobonensem jvssv Avgvstorvm methodo P. Maximiliani Hell, e S. J. ... Calculis definitae a P. Antonio Pilgram eiusdem Societatis. Adjecta observatione transitus Veneris aliorumque illuc pertinentium facta Wardoehusii a P. Hell et Hafiniae impressa. Viennae, Typis et sumptibus Joannis Thomae de Trattnern, 1770.

277p., 1 l., 96p. illus. (incl. diagrs.), 3 tables. 20½cm.
p. 7-8, 181-184, 265-266 wanting.
1st ed.
★ Sommerv VI 753 n° 1 (ed. wanting) 205

2466

Pinthereau, François, *SJ,* 1605-1664.

De attritionis svfficientia in Sacramento Poenitentiae, liber. In quo opinionis illius Antiquitas & Certitudo, Ex veteribus Theologis, Sanctis Patribus, Conciliis, Summis Pontificibus, & Scripturis, Aduersus Baianos ostenditur. Authore Patre Francisco Pinthereav, Societatis Iesv Theologo. Parisiis, Apud Sebastianvm Cramoisy, et Gabrielem Cramoisy, 1654.

4 l., 172, [2]p. 17½cm.
1st ed.
Errata at beginning.
★ DictTheolCath XII 2118. — Sommerv VI 828 n° 8. 2583

2467

Pinto, Hector, *Hier, d.* 1584.

(R. P. Fr. Hectoris Pinti, Lvsitani Hieronymiani ...) Opera omnia, qvae ad hvnc vsqve diem in lvcem prodierunt, in duos Tomos digesta. Novissima editio, ab innvmeris mendis, qvibvs Lvgdunensis scatebat, perpurgata : cum Indicibus copiosissimis ... Coloniae Agrippinae, Apud Ioannem Crithium, 1615-16 [v. 1, 1616]

2t. in 4v. 21cm.
Vol. 3 wanting.
Text in 2 col.
Contents. — [v. **1.**] Commentaria in Isaiam. — [v. **2.**] Commentaria in Ezechielem. — [v. **4.**] Dialogi morales imaginis christianae vitae.
Bound with (vol. 4) : Gretser J. *SJ*, Catalogus librorvm, Ingolstadii, 1612.
♣ *Bibl. Trig. ?* 1188

2468

Piscara Castaldo, Andreas, *ClReg.*

Praxis caeremoniarvm, sev Sacrorvm Romanae Ecclesiae Ritvvm Accvrata Tractatio; In qua Ecclesiae ministri cuiuscumque ordinis, in omnibus functionibus etiam Pontificalibus exactè instruuntur. Avctore D. Andrea Piscara Castaldo Neapolitano, Congreg. Cler. Reg. Presbytero Sac. Theol. Prof. Venetiis, Apud Paulum Balleonium, 1681.

8 l., 454, [22]p. incl. tables. 23cm.
Text in 2 col.
Index : p. [455]-[476]
♣ *ex lib. rel. Pekini ab Illmo ac R mo Pat Alexo .* 1595

2469

Piso, Wilhelmus, *1st half of 17th cent.*

(Gulielmi Pisonis Medici Amstelaedamensis) De Indiae utriusque re naturali et medica libri quatuordecim ... Amstelaedami, apud Ludovicum et Danielem Elzevirios, 1658.

Contents. — Piso, W. Historiae naturalis et medicae Indiae Occidentalis libri quinque. Index. — Marcgraf, G. Tractatus topographicus & meteorologicus Brasiliae, cum eclipsi solari; quibus additi sunt illius et aliorum Commentarii de Brasiliensium & Chilensium indole et lingua. — Bont, J. Historiae naturalis et medicae Indiae Orientalis libri sex, a Gulielmo Pisone in ordinem redacti, & illustrati. — Piso, W. Mantissa aromatica; sive, De aromatum cardinalibus quatuor et plantis aliquot Indicis in medicinam receptis, relatio nova. Index.
★ Brunet IV 677. 978

2470

— — o. c.

t.-p. wanting.
♣ *Missionis Sinensis Patrum Gallorum Soc. Jesu Pekin. — Ex dono D. Roberti Gray M.D. Ahn. 1697.* 1074

2471

Pistorius, Johann, *junior,* 1546-1608, *ed.*

Polonicae historiae corpvs : Hoc est, Polonicarvm rervm Latini recentiores & veteres scriptores quotquot extant, vno volumine compraehensi omnes, & in aliquot distributi Tomos. Ex bibliotheca Ioan. Pistorii Nidani D. Opvs omnibvs pernecessarivm ... ad eorum omnivm compraehendendam notitiam, quae vel ad terram, vel ad gentem, vel ad res caeteras Poloniae, & subiectarum cumq; Polonia continentium prouinciarum, pertinent. Basileae, Per Sebastianvm Henricpetri, 1582.

3v. in 1.
6 l., 255 [1]p., 5 l. 833, [1]p., 2 l., 166p., 1 l. 34 cm.
Signatures : a⁶, a-u⁶, x⁸, †⁶, A-Z⁶, Aa-Zz⁶, Aaa-Yyy⁶, Zzz⁴, AAa⁶ (AAa6 blank), AA-OO⁶ (2 p. l. without sign., MM6, NN6 blank)
p. 5, 60 lines, 258×150mm.
1st ed.
Index at beginning of v. 2.
★ Brunet IV 678.
♣ *Bibl. Trig.* 1980

2472

— Rervm Germanicarvm veteres iam primvm pvblicati Scriptores VI. In quibus praeter reliquos, Wippo de Conradi Salici Imp. Vita : & tres Antiquitatum Fvldensivm, diu desiderati libri, inueniuntur. In posterioribus tomis sequentur multa quae adhuc supersunt. Ex Reuerendiss. Nobilissimi & clariss. Viri D. Ioannis Pistorii ... bibliotheca, eruti & vindicati. Francofvrti, Apud Claudium Marnium, & heredes Ioannis Aubrii, 1607.

8 l., 754, [58]p. illus., fold. table. 33cm.
Signatures : †⁸, A-Z⁶, Aa-Zz⁶, Aaa-Xxx⁶, Yyy⁴.
p. 3, 55 lines, 265×142mm.
This collection was published in 2 vol. at Francfort in 1583-84, and this 3rd vol. was added in 1607, *cf.* Brunet IV 678.
1st ed.
Contents. — Magnum chronicon in quo cumprimis Belgicae res et familiae diligenter explicantur. — Wippo. De vita Chunradi Salici Imperatoris. — Germanicarum antiquitatum thesaurus, vel Traditionum Fuldensium libri III. — Sigismundus. Augustanum chronicon ecclesiasticum. — Mennel, J. Chronicon Constantiense. — Chronicon episcoporum Mindensium. — Index.
★ Brunet IV 678.
♣ *Bibl. Trig.* 1984

2473

Pitati, Pietro.

Compendivm Petri Pitati Veronensis ... super annua solaris, atque lunaris anni quantitate, Paschalis item solennitatis iuxta veteres Ecclesiae canones recognitione, Romaniq; Calendarii instauratione, Deq; vero passionis dominicae die; Ortv quoqve et occasv stellarvm fixarvm, in tres divisvm Tractatus ... Veronae, Apud Pavlum Ravagnanvm, 1560.

2 l., 128 numb. l., 2 l. incl. tables. 21cm.
Signatures : †⁴, A-M⁴, N².
f. 8a, 40 lines, 162×98mm.
Colophon : Impressum Veronae per Austulphum Veronensem in aedibus authoris, opera & expensis Pauli Ravagnani de Asula; Veronae quoque venundantur in apoteca Lilii rubei Pauli eiusdem. 1560.

1st ed.
Bound with : Ptotemaeus. Planisphaerium, Venetiis, 1558. — Taisnier, J. Opvscvlvm De natvra magnetis, et eivs effectibvs, Coloniae, 1562.
♣ *Sum Johannis Maioris August :* 268

2474

Pitati, Pietro.

Compendivm Petri Pitati Veronensis ... Super annua solaris atque lunaris anni quantitate, Paschalis item solennitatis ... recognitione, Romaniq; Calendarii instauratione ... Ortv qvoqve et occasv stellarvm fixarvm, in tres divisvm Tractatus ... Venetiis, Apud Dominicum Nicolinum, 1564.

130 (*i.e.* 134) numb. l., 1 l. incl. tables. 21cm.
Signatures : A^6, $B\text{-}K^8$, L^{12}, $M\text{-}Q^8$, R^5.
f. 5a, 40 lines, 161×95mm.
♣ *Bibl. Trig.* 144

2475

Pithou, Pierre, 1539-1596, *ed.*

Historiae Francorvm ab anno Christi DCCCC. ad ann. M. CC. LXXXV. scriptores veteres XI ... extrema stirpis Carolinae et Capetiorvm regvm res gestas vsque ad Philippum, D. Ludouici filium Regem, explicantes. Ex bibliotheca P. Pithoei v. cl. nvnc primum in lucem dati. Francofvrti, Apud Andreae Wecheli heredes Claudium Marnium & Ioannem Aubrium, 1596.

2 l., 504, [36]p. 33cm.
Signatures : $A\text{-}Z^6$, $Aa\text{-}Tt^6$, $Vv\text{-}Yy^4$, Aa^6 (2 p. l. without sign.)
p. 3, 55 lines, 258×137mm.
1st ed.
Contents. — Glaber, R. Ad Odilonem abbatem Cluniacensem. Historiarum libri IV. — Helgaudus. Epitoma vitae Roberti Regis. — Aquitanicae historiae fragmentum. — Fragmentum historiae Francicae a Roberto Rege, ad mortem Philippi Regis. — Sugerius. Vita Ludovici Regis, qui Grossus dictus. — Gesta Ludovici Regis, filii Ludovici Grossi. — Rigordus. Gesta Philippi Augusti, Francorum Regis.— Guillermus Brito. Philippidos libri XI.— Fragmentum continens gesta Ludovici VII Regis. — Guillermus de Nangis. Gesta S. Ludovici, Francorum Regis. — Gesta Philippi Audacis, filii S. Ludovici. — Index.
♣ *Bibl. Trig. ?* 1830

2476

Pitigiani, Francesco, *OMObs,* 1553-1616.

Svmma Theologiae specvlativae, et moralis, Necnon Commentaria In Tertium Librum Sententiarum Doct. Svbtilis Ioannis Dvns Scoti ... Complectens explicationem eorum, quae de Verbi Diuini Incarnatione, Passione, Morte, & Resurrectione à Magistro Sententiarum, & à Scoto, a Prima vsque ad Vigesimam secundam Distinctionem tractantur ... Auctore Admodum R. P. F. Francisco de Pitigianis Arretino Ordinis Minorum de Obseruantia ... Cvm dvobvs indicibvs, vno Qvaestionvm, quae in hoc volvmine explicantur, & altero Rerum notabilium ... Venetiis, apvd Baretivm Baretivm, 1613.

8 l., 521, [21]p., 1 l. 33cm.
Signatures : $†^4$, $††^4$, $A\text{-}Z^6$, $Aa\text{-}Vv^6$, Xx^4, A^6, b^4.
p. 11, 78 lines, 266×162mm.
Text in 2 col.
1st ed.
Errata : p. [522]-[523]
♣ *Bibl. Trig.* 1495

2477

Pitiscus, Bartholomaeus, 1561-1613.

Sinuum, tangentium et secantium Canon Manualis Accommodatus ad trigonometriam Bartholomaei Pitisci Grünbergensis Silesii. Heidelbergae, Typis Johan. Lancelloti, Impensis Ionae Rosae, 1613.

100 unnumb. l. 13½×7½cm.
Signatures : $A\text{-}H^{12}$, I^4.
f. [3]a, 30 lines, 106×52mm.
l. [10] wanting.
1st ed. of « Trigonometria », Heidelberg, 1595.
♣ *Pequino Missnis. — Missionis Sinensis Patrum Societatis Jesv.* 491

2478

— (Bartholomaei Pitisci ...) Trigonometriae Sive, De dimensione Triangulōr Libri qvinqve, Item Problematvm variorū nempe Geodaeticorum, Altimetricorum, Geographicorum, Gnomonicorum, et Astronomicorum : Libri Decem. Editio tertia; Cui recens accessit Problematum Architectonicorum liber unus. Francofurti, Typis Nicolai Hofmanni; Sumptibus Ionae Rosae, 1612.

4 l., 183, 270p. incl. tables, diagrs. 20cm.
Signatures : a^4, $A\text{-}Z^4$, $a\text{-}z^4$, $aa\text{-}kk^4$, ll^3.
p. 33, 32 lines, 149×104mm.
Engr. ornamented t.-p.
1st ed. Heidelberg, 1595.
★ Brunet IV 679. 481

2479

— o. c.

Ms. notes & diagr. on front guard leaf.
— Canon triangulorvm emendatissimvs, et ad vsvm accommodatissimvs; pertinens ad Trigonometriam Bartholomaei Pitisci Grunbergensis Silesii. Francofvrti, Typis Nicolai Hofmanni, sumptibus Ionae Rosae, 1612.
112 unnumb. l. 20cm.
Signatures : $A\text{-}Z^4$, $Aa\text{-}Dd^4$, Ee^2, $†^2$.
f. [3]a, 31 lines 137×110mm.
Errata at end wanting.
This volume is bound with the « Trigonometriae libri quinque ».
♣ *da companía de Jesv veyo da Rezid*ª *de Cinanfu. — Rob. Hayes his book.* 483

2480

— o. c.

t.-p. wanting.
— Canon triangulorvm emendatissimvs, et ad vsvm accommodatissimvs :...
Errata at end.
♣ *Bibl. Trig. ?* 459

2481

Platel, Jacques, *SJ,* 1603-1681.

(Reverendi Patris Jacobi Platelii e Societate Jesu ...) Synopsis cvrsvs theologici Diligenter recognita, & varijs in locis locupletata ... Editio secunda. De novo recognita, & a mendis quàm plurimis, quae in priori editione irrepserant, purgata. Duaci, Typis Viduae Baltazaris Belleri, 1688 (*i.e.* 1678)-83.

5v. front. (v. 1) 17½cm.
Vol. 4; t.-p. of v. 2 wanting.
v. 5. « Pars postrema & posthuma de sacramentis ad mentem authoris elaborata, & in multis aucta a R. P. Francisco de Fourmestraux ex eadem Societate. »
While the author published his second much enlarged edition, a reimpression of the first (Douai, 1661) appeared at Bordeaux; hence v. 1. 2, already out of press at Douai, are said : « Ed. secunda », and v. 3-5 : « Ed. tertia ». *cf.* Preface of v. 3.
1st ed. Douai, 1661.
Errata at end of v. 1, 2, 3 & at beginning of v. 5.
★ Sommerv VI 877.
♣ *P : Guil : van der Beken Miss : Chin : — Da Igreja de Hoai Ngan.* 2730

2482

— (R. P. Jacobi Platelij e Societate Jesv S. ...) Synopsis cvrsvs theologici Pars postrema & posthuma De sacramentis ad mentem Authoris elaborata, & in multis aucta a R. P. Francisco de Fourmestraux Ex eadem Societate ... Duaci, Typis Baltazaris Belleri, 1683.

v. 5. 17½cm.
The complete set consists of 5v.
Errata at beginning. 3034

2483

— (R. P. Jacobi Platelii è Societ. Jesu ...) Synopsis Totius Cursus Theologici accuratissima, Omnem Theologiae Speculativae, Practicae, Moralis & Polemicae, novâ convincendi arte ac methodo, mirâque addiscendi & retinendi facilitate Nucleum subministrans : Ac praeter Tractatum de Legibus, Iure, & Iustitia ... Aliâ ejusdem Synopsios ad expeditiorem utentium commoditatem breviori Synopsi vel compendio locupletata ... Coloniae Agrippinae, Apud Sebastianum Ketteler, 1687-88.

5 pt. in 3. 17cm.
Pt. 3 wanting.
★ Sommerv VI 878. 1735

2484

— (R. P. Jacobi Platelii e Societate Jesu ...) Synopsis Cursus Theologici diligenter recognita et variis in locis locupletata. Cui accedit Synopsis Synopseos, seu Index compendio Exhibens omnes assertiones, probationes & objectionum solutiones, quae in hac Cursûs Theologici Synopsi fusiùs explicantur. Editio novissima. Duaci, Sumptibus Viduae B. Belleri, 1706.

2 l., 636 (*i.e.* 640), [153]p. 36cm.
Text in 2 col.
★ Sommerv VI 879.
♣ *Stamp of Mgr Polyc. de Souza.* 1448

2485

Plater, Felix, 1536-1614.

De corporis hvmani Strvctvra et Vsv Felicis Plateri Bas. Medici antecessoris libri III. Tabvlis methodice explicati, Iconibvs accurate illustrati. Ex officina Frobeniana Per Ambrosium Frob. 1583.

4 l., 197, [1]p., 3 l. illus. (incl. tables), 50? plates. 29½cm.
Signatures : a⁴, A-Z⁴, Aa-Bb⁴.
f. a2b, 41 lines, 227×144mm.
Plate 13 spoiled.
« Liber tertius » has a special t.-p. It contains 50 ? plates with explanations on the opposite page; of these 48 are preserved in this copy.
Errata : p. [198]
♣ *Collegij S. J. Pekini.* 3359

2486

— (Felicis Plateri Archiatri et Profes. Basil.) Praxeos Seu de cognoscendis, praedicendis, praecauendis, curandisq; affectibus homini incommodantibus tractatvs .. Basileae, Typis Conradi Waldkirchii, 1608-9 [v. 1, 2, 1609]

3v. 16½cm.
Vol. 3, 1028 (*i.e.* 1022)p.
Index at end of each volume.
1st ed. 1602.
Contents. — **t. 1.** Liber I : Sensuum laesiones. Liber II : Motuum laesiones — **t. 2.** De doloribus liber III. — **t. 3.** De vitiis. Liber I : Corporis vitia. Liber II : Excretorum vitia.
♣ *Missionis Sinensis.* 892

2487

Platina, Bartolomeo, 1421-1481.

Historia B. Platinae de vitis Pontificvm Romanorvm, a D. N. Iesv Christo vsque ad Pavlvm II. Venetvm, Papam Longè qvàm anteà emendatior, doctissimarvmqve annotationvm Onvphrii Panuinij accessione nunc illustrior reddita. Cvi, eivsdem Onvphrii accvrata atqve fideli operâ, reliquorum quoq; Pontificum Vitae usq; ad Pium V. Pontificem Max. nunc recèns adiunctae sunt. Accessit eodem etiam auctore Romanorum Pontificum Chronicon ... Alia quoq; cùm ipsius Platinae, tum Onvphrii opuscula ... Accessere item Indices duo ... Coloniae, apud Maternvm Cholinvm, 1568.

12 l., 454 (*i.e.* 466), [32]p., 6 l., 144 (*i.e.* 146), 28, 30p. incl. tables. 30cm.
Signatures: †-††[6], A-Z[6], Aa-Qq[6], k-n[4] (Qq6 blank); †[4], A[4], B-M[6], N[4], O[3] (A4 blank); A[6], B-C[4], a-c[4], d[3].
p. 7, 49 lines, 235×137mm.
The « opuscula » of Platina mentioned in the title are wanting.
Ms. marginal notes.
1st ed. Venice, 1479.
Contents. — Platina, B. De vitis Pontificum historia. Index & errata. — Panvinio, O. Chronicon ecclesiasticum a Julii Caesaris imperio ad imp. Maximilianum II. De ritu sepeliendi mortuos apud veteres christianos, et eorundem coemeteriis. Interpretatio multarum vocum ecclesiasticarum. De stationibus urbis Romae.
★ Brunet IV 691.
♣ *ex lib. rel. ab Ill*mo *P*a *Alex*o. 2133

2488

Plautus, Titus Maccius, 254/51-184 B. C.
(M. Accl Plauti) Comoediae XX superstites, Nunc denuo, post omnium Editiones, ad fidem meliorum Codd. & inprimis vetustiss. MSS. Camerarij, seu Camerario-Palatinorum, ut & doctiss. Virorum Curas accuratiùs exactae, et Novis Commentariis illustratae: in quibus, praeter omnes omnium hujus superiorisque aevi doctorum Emendationes Interpretationesque passim editas, quamplurima è bibliothecis, sed & Variorũ privatis neque dum juris publici factis libris & litteris, nunc primùm collecta et explicata producuntur: Plautina item Fragmenta ad similem faciem concinnata, & Plauto denique Supposita: omnia Studio & industria Frid. Taubmanni, Franci. Additi sunt Indices Rerum et Verborum locupletissimi ... Apud Zachariam Schurerum, 1612.

20 l., 1320, [123]p. 24cm.
Signatures: a-b[4], ††-††††[4], A-Z[4], Aa-Zz[4], Aaa-Zzz[4], Aaaa-Zzzz[4], a-z[4], aa-zz[4], aaa-zzz[4], aaaa-tttt[4], uuuu[2].
p. 24, 56 lines, 187×132mm.
Colophon: Wittebergae, Typis Johannis Gormanni, 1612.
1st ed. 1605.
Errata at end.
★ Brunet IV 708. 3075

2489

Plinius Secundus, Caecilius, *ca.* 61-113.
(C. Plinii Caecilii Secvndi Novocomensis) Epistolarvm libri X. Eiusdem Panegyricus Traiano dictus. Cum Commentariis Joannis Mariae Catanaei, viri doctissimi. Multis Epistolis cum illarum interpretatione adiectis. Adiuncti sunt alii, ad alios Caesares Panegyrici, ad fidem vetusti exemplaris emendati. Excudebat Pavlvs Stephanvs, 1601.

14 l., 646, [28]p., 4 l., 168, 151p. 23cm.
Signatures: à, à-ààà[4], a-z[4], aa-zz[4], aaa-zzz[4], aaaa-pppp[4], qqqq[2]; †[4], A-X[4], AA-TT[4], (t.-p. without sign.)
p. 6, 53 lines, 177×109mm.
p. 521-528 wanting.
1st ed. Milan, 1506.
Index at end of [pt. 1]
★ Brunet IV 720.
♣ *pertensensa a hâmcheu.* 3022

2490

Plinius Secundus, Gaius, 23*ca.*-79.
(C. Plinii Secvndi) historiae mundi libri xxxvij ex postrema ad vetvstos codices collatione cvm annotationibvs, et indice. Parisiis, Apud Audoënum Paruum, 1543.

18 l., 671, [228]p. 36½cm.
Signatures: A-C[6], a-z[6], A-Z[6], Aa-Ii[6], Klz[6], aaa-ccc[6], ddd[8], a-k[6], I[8], A-B[6], C[8].
p. 3, 50 lines, 280×161mm.
t.-p. slightly spoiled.
Colophon: Parisiis, Excudebat Michaël Fezandat, Mense Augusto, MXLIII [*sic*]
1st ed. by Gelen, Basel, 1535.
★ Brunet VIII 256.
♣ *Joannis de Sainct Laurens Duaceni:* 1822

2491

— (Caii Plinii Secundi) Naturalis historiae libri XXXVII. Interpretatione et notis illustravit Joannes Harduinus Soc. Jesu, jussu Regis Christianissimi Ludovici Magni in usum Serenissimi Delphini. Parisiis, Apud Franciscum Muguet, 1685.

5v. 25½cm.
Vol. 5; t.-p. of v. 4 wanting.
Added engr. ornamented t.-p.
1st ed. by Jean Hardouin.
★ Brunet IV 716. — Sommerv IV 85 n° 8.
♣ *PP. Gallor SJ Pekin.* 949

2492

(Caii Plinii Secundi) Historiae naturalis libri XXXVII. Quos interpretatione et notis illustravit Joannes Harduinus e Societate Jesu, Jussu Regis Christianissimi Ludovici Magni, in usum Serenissimi Delphini. Editio altera emendatior & auctior. Parisiis, Typis Antonii-Urbani Coustelier, 1723.

2v. in 3. 11 plates. fold. maps. 39½cm.
Engr. head-pieces.
Vol. 2, pt. 2: Index.
« Index auctorum praecipuorum » at beginning of v. 1.
« Index emendationum » at end of v. 1; v. 2, pt. 1.
★ Brunet IV 716. — Sommerv IV 100 n° 64.
♣ *PP. Gallor SJ Pekin.* 986

2493

— Idea philosophiae Platonicae: Specillum naturalis radiaturae id est, Opticae: Motus Solis : Cometarum natura et Locus. Tonitruorum et fulminum memorabilia : Omnia publice in Academia Marpurgensi proposita, cum Caii Plinii liber II. superioribus annis explicandus introducetur [*sic*], A Rodolpho Goclenio Med. D. & Naturalis scientiae Prof. ord. Praefixa est in gratiam studiosorum textui periocha & summa singulorum capitum, cum adjectis ad singula capita seorsim notis marginalibus, aut. eod. Marpurgi Cattorum, Ex Officina Rodolphi Hutvvelckeri, 1612.

352 p. incl. diagrs. 15½cm.
Signatures : A-Y8.
p. 4, 25 lines, 116×60mm.
Title within ornamental border.
Bound with : Morzillo, B. F. De naturae philosophia, Witebergae, 1594. 2808a

2494

Pollenter, Johannes, *SJ,* 1637-1695.

Sexaginta quinque propositiones nuper a Sanctissimo Domino Nostro Innocentio XI. proscriptae A Societatis Jesu Theologis diu ante SS. Domini Decretum Consensu Communissimo rejectae Auctore Joanne Pollenter Antverpiensi Societatis Jesu S. Th. Prof. Lovanii, Apud Aegidium Denique, 1689.

4 l., 391, [1]p. 22cm.
1st ed.
Bound with : Du Bois, N. Ad quadraginta quinque propositiones damnatas tractatus duo, Lovanii, 1666 and others.
★ Sommerv VI 954 n° 15. 1380a

2495

Polman, Jean.

Breviarivm theologicvm, continens definitiones, descriptiones, et explicationes terminorvm theologicorvm Authore Ioanne Polmano Tubiziano, Ecclesiae Metropolitanae Cameracensis Canonico ... Editio vltima, Aucta, & à mendis Expurgata. Parisiis, Apud Carolvm Angot, 1666.

480, [68]p. 17cm.
Index : p. [481]-[546]
♣ *Guéroult curé de neuville.* 1453

2496

Polybius, *ca.* 204-122 B. C.

(Polybii Megalopolitani) Historiarvm libri priores quinq3, Nicolao Perotto Sipontino interprete. Item, Epitome sequentium librorum, usq3 ad decimum septimum, Vuolfgango Musculo interprete ... Basileae, apvd Episcopivm Iuniorem, 1557.

860, [43]p. 16½cm.
Signatures : a-z8, A-Z8, aa-kk8, ll4.
p. 10, 29 lines, 117×67mm.
1st ed. of lib. I-V by Perotti, Rome, 1473.
1st ed. of lib. VI-XVII, Basel, 1549.
Index : p. [861]-[903]
★ Brunet IV 791.
♣ *ex lib. Illmi Rmi Pae Alexi.* 1865

2497

[Pomey, François] *SJ,* 1618-1673.

(Flos) latinitatis raccolto Da' migliori Autori della Lingua Latina, E distribuito in trè Ordini dé Verbi dé No(mi e) delle Particole. Intitolato già nella prima edizione Pomariolvm Latinitatis. Per opera del P. F. P. della Compagnia di Giesv, Ora nuouamente ristampato, e purgato da molti errori. In Torino, Appresso Gio. Battista Zappata, 1687.

502p. 14½cm.
p. 443-456 bound upside down.
p. 1-10 incl. t.-p. spoiled.
Author : François Pomey, *SJ. cf.* Sommervogel IX 1075.
1st Latin ed. Douai, 1659?
Index : p. 428-502.
★ Sommerv VI 979 n° 8 (ed. wanting) 3001

2498

Pontanus, Georg Barthold, 1550 *ca.*-1616.

Avrevm breviarivm concionatorvm, sive Sermones breves in Dominicos et Festos dies totivs anni, qvibvs in fine accedvnt conciones sive adhortationes breues Nuptiales. Avthore Reverendiss. D. Georgio Bartholdo Pontano à Braitenberg ... Coloniae Agrippinae, Sumptibus Antonij Hierati, 1611.

2 l., 170p. 23cm.
Signatures : a-x4, y3.
p. 2, 47 lines, 171×112mm.
Text in 2 col.
1st ed.
♣ *Bibl. Trig.* 1671

2499

[— Scanderbegvs; Hoc est, Vita et res strenve feliciterq3 gestae Georgii Castriotae, Epiri regis, ob magna facta Scanderbegi dicti. Hanoviae ? Apud heredes, Andreae Wecheli 1609 ?]

11 l., 293p. 18cm.
Signatures : †8, ††4, A-S8, T3.
p. 3, 33 lines, 133×67mm.
t.-p. wanting.
Author : Georg Barthold Pontanus; title, etc. *cf.* Dedication, caption title, & printers device at end.
1st ed. Hanau, 1609.
Bound with : Iona Koldingensis. Daniae descriptio nova, Francofvrti, 1594. 643a

2500

Porta, Giambattista della, 1545-1615.

(Io. Baptistae Portae Lyncei Neapolitani) De aeris transmvtationibvs libri IIII. In quo opere diligenter pertractatur de ijs, quae vel ex aere, vel in aere oriuntur. Μετεωρόλογων. multiplices opiniones, qua illustrantur, qua refelluntur. Demum variarum causae mutationum aperiuntur. Romae, Apud Iacobum Mascardum, 1614.

4 l., 211, [5]p. incl. diagrs. 21½cm.
Signatures :†4, A-N8, O4.
p. 8, 40 lines, 160×110mm.
Illus. t.-p.
Colophon : Romae, Apud Bartholomaeum Zannettum, 1610.
Errata at end.
1st ed. Naples, 1609.
Bound with : Vicomercati, F. De principiis rerum naturalium, Venetiis, 1596.
♣ *Bibl. Trig.* 660

2501

Porta, Giambattista della, 1545-1615.
De hvmana physiognomonia Ioannis Baptistae Portae Neapolitani. libri IV. Qvi ab extimis, quae in hominum corporibus conspiciuntur signis, ita eorum naturas, mores & consilia (egregiis ad viuum expressis Iconibvs) demonstrant, vt intimos animi recessus penetrare videantur ... Nunc ab innumeris mendis, quibus passim Neapolitana scatebat editio, emendati, primumque in Germania in lucem editi Cum duplici Rerum & Verborum Indice longe locupletissimo. Vrsellis, Typis Cornelii Sutorii, sumptibus Ionae R[?] 1601.

8 l., 534, [57]p. illus. 18cm.
Signatures : †8, A-Z8, Aa-Oo8.
p. 7, 29 lines, 137×80mm.
t.-p. spoiled.
1st ed. Sorrento, 1586.
★ Brunet IV 825. 894

2502

— (Ioan. Baptistae Portae Neap.) De refractione opticcs parte : libri nouem ... Neapoli, Ex Officina Horatij Saluiani, Apud Io. Iacobum Carlinum, & Antonium Pacem, 1593.

230, [1]p. incl. diagrs. 20cm.
Signatures : A-Z4, Aa-Ff4.
p. 20, 38 lines, 156×103mm.
1st ed.
Bound with : Porta, G. della. I tre libri de'spiritali, Napoli, 1606.
♣ *Bibl. Trig. ?* 724

2503

Possevino, Antonio, *SJ,* 1533/4-1611.
(Ant. Possevini Mantvani Societatis Iesv) Apparatvs sacer Ad Scriptores veteris, & noui Testamenti. Eorum interpretes. Synodos, & Patres Latinos, ac Graecos. Horum Versiones. Theologos Scholasticos, quique contra haereticos egerunt. Chronographos, & Historiographos Ecclesiasticos. Eos, qui casus conscientiae explicarunt. Alios, qui Canonicum Ius sunt interpretati. Poëtas Sacros. Libros pios quocumque idiomate conscriptos. Tribus Tomis distinctus ... At post eorum finem Catalogi M. S. Codd. Graecorum, & aliorum ... Venetiis, Apud Societatem Venetam, 1606.

3v. in 1. 32cm.
16 l., 735?, 48p., 12 l., 556p., 10 l., 391, 150p., 3 l.
Signatures : †4, ††-†††6, A-Z6, Aa-Zz6, Aaa-Fff6, Ggg?-Ppp6, Qqq?2, a-d6, †-††6, A-Z6, Aa-Yy6, Zz4, Aaa4 (Zz4 blank); †4, ††6, A-Z6, Aa-Ii6, Kk4, a-n6.
p. 17, 52 lines, 250×156mm.
Vol. 1., p. 625-735? wanting.
1st ed. Venice, 1603.
Appendices : v. 1, p. 1-48; v. 2, p. [449]-556; v. 3, p. [385]-391.
★ DictTheolCath XII 2655. — Sommerv VI 1082 n° 29. 1844

2504

— (Antonii Possevini Mantuani, Societatis Iesv) Bibliotheca selecta de ratione stvdiorvm, Ad Disciplinas, & ad Salutem omnium gentium procurandam. Recognita nouissime ab eodem, et avcta, et in duos Tomos distributa. Triplex additus index, alter librorum, alter Capitum ... tertius Verborum & Rerum ... Venetiis, Apud Altobellum Salicatium, 1603.

2v. in 1. 33cm.
16 l., 530, 594, [23]p.
Signatures : a-b6, c4, A-Z6, Aa-Vv6, Xx7; A-Z6, Aa-Zz6, Aaa-Ccc6, Ddd3, A-B6.
p. 2, 52 lines, 259×143mm.
Some pages at end spoiled.
1st ed. Rome, 1593.
Contents. — **t. 1.** De cultura ingeniorum. De divina historia, sive Scriptura Sacra. De theologia scholastica, & practica, sive de studiis casuum conscientiae. De theologia catechetica. De militum, de clericorum, de religiosorum familiarum seminariis. De ratione agendi cum Graecis et Rutenis. De iuvandis haereticis. De theologia et atheismis haereticorum. De iuvandis Judaeis & Mahometanis, ac ceteris gentibus. De ratione procurandae salutis Japoniorum, & aliarum Orientalium gentium. — **t. 2.** De philosophia. De jurisprudentia. De medicina. De mathematica. De apparatu ad omnium gentium historiam. De poesi et pictura. Cicero, sive de arte conscribendi epistolas. Index & errata.
★ DictTheolCath XII 2655. — Sommerv VI 1077 n° 24. — Streit I 124 n° 262. 3065

2505

— (Antonii Possevini Mantuani Societatis Iesu) Bibliotheca selecta de ratione studiorvm... Permissv Avctoris nvnc primvm in Germania edita. Coloniae Agrippinae, Apud Ioannem Gymnicum, 1607.

2v. in 1. 31cm.
13 l., 476, 519, [39]p.
Signatures : a6, b7, A-Z6, Aa-Qq6, Rr4; A-Z6, Aa-Tt6, Vu8, A6, B8, †6.
p. 29, 59 lines, 240×135mm.

Engr. ornamented t.-p.
★ Sommerv VI 1077 nº 24. — Streit I 134 nº 292.
♣ *Bibl. Trig.* 3067

2506

Potesta, Felice, *OMObs, d.* 1702.

(R. P. Felicis Potestatis Panormitani Ordinis Minorum S. Francisci de Observantia ...) Examen ecclesiasticum, in quo universae Materiae Morales, omnesque ferè Casus Conscientiae, excogitabiles, solidè ac perspicuè resolvuntur : Cum Denunciationibus ad Monitoria atque Edicta; necnon Instructione Sacrae Poenitentiariae, Propositionibus damnatis, Examine Ordinandorum, & Arte Praedicandi ... Editio novissima, cui praeter alias additiones accessit Appendix Thesium Quesnellianarum. Venetiis, Ex Typographia Balleoniana, 1741.

3v. in 1. 25cm.
4 l., 724p.
Text in 2 col.
Appendix : p. 667-682.
Index : p. 683-724.
♣ *Ad usum Fr : Josephi Mariae à S. Theresia Carm : Disc : 1745.* 1653

2507

Pouget, François Aimé, *OR,* 1666-1723.

Institutiones catholicae in modum catecheseos. In quibus quidquid ad Religionis Historiam & Ecclesiae Dogmata, Mores, Sacramenta, Preces, Usus & Ceremonias pertinet, totum id brevi compendio ex sacris Fontibus Scripturae & Traditionis explanatur. Ex Gallico idiomate in Latinum sermonem translatae; adjectis singulis è Scripturâ & Traditione petitis probationibus & testimoniis. Auctore eodem & Interprete, Francisco-Amato Pouget, Montispessulanaeo, Presbytero Congregationis Oratorii Gallicani ... Parisiis, Apud Nicolaum Simart, 1725.

2v. 40½cm.
Vol. 1 wanting.
Cancels bound before p. 1, 157, 159, 161, 191, 205, 251, 295, 297.
Text in 2 col.
Contents. — **t. 2.** De gratia. De Sacramentis in genere & in specie. De oratione in genere; de oratione mentali et vocali. De oratione dominica et quibusdam aliis. De publicis ecclesiae precibus et officiis. De sacrificio Missae. De exorcismis et benedictionibus. De processionibus. De piis usibus fidelium arbitrio relictis. De visitatione episcopali.
★ Brunet IV 848. — DictTheolCath XII 2667. 3413

2508

— Institutiones Catholicae in modum catecheseos ... Nova editio ad Normam ultimae Editionis Parisiis excusae Anno 1725. diligenter elaborata. Nemausi, Apud Michaelem Gaude, 1765.

6v. 26cm.
Vol. 3, 4; t.-p. of v. 1 wanting.
Contents. — **t. 1.** De principiis, exordio et progressu religionis ad Christi Domini adventum. De Christo Jesu. De Spiritu Sancto & de propagatione religionis christianae. — **t. 2.** De Ecclesia. De vita christiana in genere. De peccatis in genere et in specie. De virtutibus in genere. De fide, spe & caritate. De virtutibus moralibus. — **t. 5.** De sacramentis Poenitentiae, Extremae Unctionis, Ordinis et Matrimonii. **t. 6.** De oratione in genere; de oratione mentali et vocali. De oratione dominica, et quibusdam aliis precationum formulis. De publicis ecclesiae precibus et officiis. De sacrificio Missae. De exorcismis et benedictionibus. De piis usibus arbitrio fidelium relictis. De visitatione episcopali.
♣ *Stamp of Mgr Alex. de Gouvea.* 1758

2509

[Pourchot, Edme] 1651-1734.

Institutio philosophica ad faciliorem veterum ac recentiorum philosophorum lectionem comparata. Editio secunda locupletior ... Parisiis, Apud Joannem Baptistam Coignard, 1700.

4v. 14 fold. plates, 3 fold. tables, 16 fold. diagrs. 17cm.
t.-p. of v. 2 spoiled.
Author : Edme Pourchot. *cf.* Approbation.
Errata at beginning of v. 2 and at end of v. 1, 2, 3, 4.
Contents. — **t. 1.** Logica et metaphysica. — **t. 2.** Elementa geometriae et physica generalis. — **t. 3.** Physica specialis. — **t. 4.** Ethica.
1st ed. 1695.
— Exercitationes scholasticae, in varias partes philosophiae, praesertimque in Aristotelis Metaphysicam : sive Series disputationum ontologicarum naturali ordine dispositarum, quibus praemissum est breve compendium philosophiae. Parisiis, apud Joannem Baptistam Coignard, 1700.
7 l., 400p. 17cm.
Binder's title : Philosophica. t. 5.
♣ *Edmundi Purchotii (vid. XXI p. invers)* 2826

2510

Pozzo, Agostino.

Gnomonices biformis, Geometricae, scilicet, & Arithmeticae synopsis, In quatuor partes diuisa. Quarum Quaelibet est completus Gnomonicae Tractatus, ad vsum totius Orbis Terrarum ... Syllogeo Avgvstino à Pvteo I. V. D. ac mathesiphilo. Venetiis, Typis Antonij Bosij, 1679.

12 l., 136p., 4 l., 88p., 4 l., 12, 56, [183]p. front., illus., 183 tables on 92 l., fold. diagrs. 22½cm.
Pt. 4 in Italian.
Errata at beginning of pt. 1 & 2. 479

2511

Pozzo, Andrea, *SJ,* 1642-1709.

Perspectiva pictorum et architectorum Andreae Putei e Societate Jesu ... In quâ docetur modus expeditissimus delineandi opticè omnia, quae pertinent ad Architecturam. Romae, Ex Typographia Antonii de Rubeis, 1702-23.

2v. 48 plates, 163 plans, 11 diagrs. 42½cm.
Text in Latin and Italian.
Vol. 2, plates no. 62, 80 wanting.
1st ed. Rome, 1693-1700.
★ Brunet IV 984.—Sommerv VI 1144 nº 1.
1178

2512

— [Perspectiva pictorum atque architectorum I [-II] Pars ... Quâ facillima ac expeditissima Methodus omne id quod ad Architecturam attinet, optica ratione delineandi exhibetur, inventa, designata et primum edita Romae a Fr. Andrea Puteo S. J. Nunc vero in gratiam et usum non admodum nummatorvm studiosorum hujus artis imminuto modulo contracta, atque commodior hac forma concinnata a Joanne Boxbarth Chalcographo. Augustae Vindelicorum Impensis Jeremiae Wolffi Techniopolae, 1706-19]

2v. in 1. front., 47 plates, 163 plans, 11 diagrs. 33½cm.
Vol. 1, t.-p., 1 l. (sign. Cc_2), plates no. 50, 60, 64, 66, 71, 80; v. 2, 1 l. (sign. Aa_2), some pages at end, plates no. 22-24, 46-48, 53, 60, 81-82, 87, 95, 106-108, 115-118 wanting.
Vol. 2 ed. by Georg Konrad Bodenehr.
Vol. 2 has imprint: Gedruckt bey Peter Detleffsen, 1719.
For title, etc. *cf.* Sommervogel VI 1144.
Text in Latin and German.
1st ed. by Johann Boxbarth & Georg Konrad Bodenehr.
★ Brunet IV 984.—Somerv VI 1144 nº 1.
1180

2513

Praetorius, Johannes, 1537-1616.

De Cometis, qvi antea visi svnt, et de eo, qvi novissime mense novembri apparvit, narratio ... a Johanne Praetorio Joachimico... Noribergae, [In Officina Typographica Catharinae Gerlachin, & Haeredum Johannis Montani] 1578.

11 unnumb. l. 19½cm.
Signatures: A-B^4, C^3.
f. [3]a, 40 lines, 160×107mm.
Printer's name: *cf.* Colophon.
1st ed.
Bound with: Roomen, A. van. Specvlvm astronomicvm, Lovanii, 1606, and others. 133c

2514

— Problema, quod iubet ex qvatvor rectis lineis datis qvadrilaterum fieri, quod sit in Circulo. Aliquot modis explicatum à Johan. Praetorio Ioachimico. Norinbergae, Excudebat Valentinvs Fvrmannvs, 1598.

20 unnumb. l. incl. diagrs. 18½cm.
Signatures: A-E^4.
f. [18]a, 40 lines, 160×110mm.
1st ed.
Bound with: Alsted, J. H. Elementale mathematicum, Francofvrti, 1611, and others. 549a

2515

Prierias, Sylvester, *OP,* 1456-1523.

Svmmae Sylvestrinae, qvae Svmma svmmarvm merito nvncvpatvr, Pars Prima [-Secunda] Ab Reuerendo patre Sylvestro Prierate, absolutissimo Theologo, ex sacra Praedicatorum familia ... edita. Nunc recens diligentissimè correcta. Additionibus autem, ex sacro Concilio Trident. & Catechismo, Pij V. Pont. Max. iussu edito, hac in editione in fine appositis. Petro Vendramaeno ... Authore, locupletata, & illustrata. Cum Indice bipartito, qui vti Summa bipartitus est. Lvgdvni, Apud Simphorianum Beraud, 1585.

2 l., 515, [3], 542 (*i.e.* 540), [32]p. 24cm.
Signatures: a-z^4, A-I^8, K^6 (K_6 blank), aa-zz^8, AA-MM^8, NN^6.
p. 3, 63 lines, 200×144mm.
Text in 2 col.
1st ed. Bologna, 1515.
♣ *Bibl. Trig.?* 1621

2516

Priscianese, Francesco.

Dictionarivm Ciceronianvm. Francisci Priscianensis. In quo omnia vocabvla Ciceroniana legvntvr, atqve Italice explicantvr. ... Nunc denuò impressvm, & à multis mendis castigatum. Comi, Ex Typographia Nicolai Caprani, Successoris qu. Hieronymi Frouae, 1635.

360p. 15½cm.
Signatures: A-X^8, Y^{12}.
p. 10, 40 lines, 135×86mm.
Text in 2 col. 3129

2517

Proclus, 410-485.

(Procli Lycii Diadochi Platonici ...) Elementa theologica, et physica. Opvs omni admiratione proseqvendvm. Qvae Franciscvs Patricivs de Graecis, fecit Latina. Ferrariae, Apud Dominicvm Mamarellvm, 1583.

3 l., 69 numb. l. 20cm.
Signatures: A-S^4.
f. 20a, 36 lines, 159×98mm.
1st ed.
Bound with: Zubler, L. Novvm instrumentum geometricum, Basileae, 1607 and others. 405c

2518

Ptolemaeus, Claudius, *2nd cent.*

Almagestū Cl. Ptolemei Pheludiensis Alexandrini Astronomoꝝ principis: Opus ingens ac nobile omnes Celorū motus continens. Felicibus Astris eat in luceȝ : Ductu Petri Liechtenstein Coloniēsis Germani. Anno Virginei Partus. 1515. Die 10. Ja. Venetiis ex officina eiusdem litteraria.

2 l., 152 numb. l. incl. tables, diagrs. 31½cm.
Signatures : †², a-z⁶, A⁶, B⁸.
f. 6a, 61 lines, 223×121mm.
l. 31-48 missing.
Tr. from Arabic by Gerardus Cremonensis. *cf.* EncyBrit 14th ed. XVIII 735
1st Latin ed. by Gerardus Cremonensis.
♣ *L'Almageste fut imprimé pour la première fois a Venise en 1515; voici le titre que porte cette première édition : Almagestum Claudii ... comme ci dessus ... Cette édition fut faite sur l'arabe. Le nom du traducteur ne se trouve en aucun endroit du livre; mais cette traduction diffaire (sic) beaucoup de celle de Trapezuntius; l'édition est rare; le texte grec de Ptolémée ne fut connu en Europe que dans le quinzieme siecle. Lalande t.1r page 101.* 602

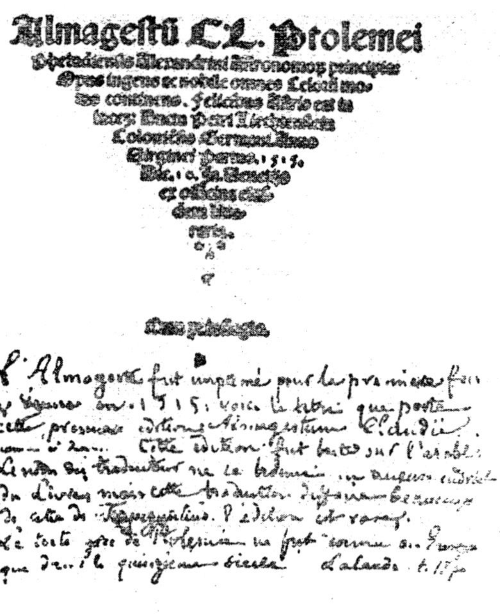

2519

— (Clavdii Ptolemaei Phelvdiensis Alexandrini) Almagestvm sev Magnae constrvctionis mathematicae opvs plane divinvm, Latina donatvm lingva ab Georgio Trapezvntio vsqveqvaq. doctissimo. Per Lvcam Gavricvm Neapolit. divinae matheseos Professorem egregivm in alma vrbe Veneta orbis regina recognitvm. Anno salvtis 1528 labente ... [calcographica Luceantonii Iūta officina Aere proprio, ac Typis excussa].

6 l., 143 numb. l. incl. tables, diagrs. 31½cm.
Signatures : A⁶, a-r⁸, s⁷.
f. 4a, 54 lines, 221×121mm.
Ms. marginal notes.
Publ. by Luceantonius Junta. *cf.* Colophon.
1st Latin ed. from Greek by Georgius Trapezuntius.
♣ *Collegij Societatis Jesu Wurzburgi N° 1581. —Missionis Sinensis, dono Collegij ejusdem.— Le texte grec de Ptolemée ne fut connu en Europe que dans le 15ᵉ siècle ... Il n'y en a jamais eu qu'une édition grecque : elle fut faite à Basle en 1538. Elle est accompagnée des commentaires de Theon d'Alexandrie, auteur du quattrieme siecle La traduction de Trapezuntius fut reimprimée en 1527. (?) Lalande t. 1ʳ page 101.* 285

2520

— (Clavdii Ptolemaei) Magnae constrvctionis liber primvs. Cum Theonis Alexandrini commentariis. Io : Baptista Porta Neap. Interprete. Neapoli, Typis Foelicis Stelliolae, 1605.

1 l., 181, [2]p. illus. 20cm.
Signatures : A-Z⁴ (t.-p. without sign.)
p. 5, 48 lines, 161×108mm.
1st ed. by Porta.
Bound with : Benedictis, G. B. de. Resolvtio omnivm Evclidis problematvm, Venetiis, 1553.—Dasypodius, K. De cometis et cometarum effectibus, Argentorati, 1578.—Salignacus, B. Arithmeticae

libri duo et algebrae totidem, Francoforti, 1593. — Frischlin, N. Carmen de astronomico horologio Argentoratensi, Argentorati, 1575.
♣ *Bibl. Trig.* 236

2521

Ptolemaeus, Claudius, *2nd cent.*
(Ptolemaei) Mathematicae constrvctionis Liber primus [-secundus] Additae explicationes aliquot locorum ab Erasmo Rheinholt Salueldensi. Lvtetiae, apud Gulielmum Cavellat, 1556.

8 l., 76, 61 (*i.e.* 62) numb. l. illus. (incl. diagrs.), 2 fold. tables. 16½cm.
Signatures : a^8, $A-I^8$, K^4; $a-h^8$.
f. 3a, 27 lines, 124×66mm.
Liber I. tr. by E. Reinholdt; Lib. II. tr. by St. Gracilis. *cf.* Prefaces.
1st Latin ed. of Lib. I. by Reinholdt, 1549.
1st ed. by Gracilis. 309

2522

(Ptolemaei) Planisphaerivm. Iordanī planisphaerivm. Federici Commandini Vrbinatis in Ptolemaei planisphaerivm commentarivs. In quo universa Scenographices ratio quam breuissime traditur, ac demonstrationibus confirmatur. Venetiis, Aldvs, 1558.

3 l., 37 numb. l., 1 l., 28 numb. l. incl. diagrs. 21cm.
Signatures : $A-K^4$, L^2 (A4 blank); $a-g^4$.
f. 4a, 25 lines, 139×88mm.
1st ed. by Commandino.
Bound with : Pitati, P. Compendium super annua solaris atque lunaris anni quantitate, Veronae, 1560 and others. 268a

2523

Puente, Luis de la, *SJ,* 1554-1624.
(R. P. Lvdovici de Ponte Vallis-Oletani, è Societate Iesv Theológi) De Christiani hominis perfectione in qvolibet eivs vitae genere. Tomi quatuor. Quorum argumenta ex S. Ruth Historia praecipuè desumpta. Latinè conversi â R. P. Melchiore Trevinnio, Eivsd. Soc. Iesu Relig. Coloniae Agrippinae, Apud Ioannem Kinckium; 1615.

4v. 20cm.
Vol. 3, 4 wanting.
Engr. ornamented t.-p. (v. 1)
Illus. t.-p. (v. 2)
1st Spanish ed. Valladolid, 1612-16.
1st Latin ed.
Contents. —**t. 1.** De variis ad catholicam fidem, gratiaeque statum vocationibus, et perfecta peccatorum conversione. De sanctis Baptismi et Confirmationis sacramentis, et perfectione, quam suscipientes profitentur. De sacramento Poenitentiae ejusque partibus, ac de perfecta vitae reformatione, ad quam illud dirigitur. De S. Eucharistiae sacramento, et excellenti perfectione, quam suscipientibus adfert. De Extremae unctionis Sacramento. Index. —**t. 2.** De providentia Dei circa distributionem statuum, officiorum et vitae rationum in republ. christiana, ac de cujusque propria perfectione. De providentia Dei circa communes tentationes adversus omnium statuum perfectionem, ac de ratione eisdem occurrendi. De perfectione reipub. circa communem agendi modum inter majores et minores, et aequales, ac in gubernatione familiarum. De perfectione statuum et officiorum insigniorum, eorum qui rempubl. secularem gubernant. De statibus matrimonii et viduitatis, et utriusque perfectione.
★ Sommerv VI 1289 n° 4; VIII 225 n° 3.
♣ *Bibl. Trig. ?* 2429

2524

[— Compendium Meditationum ... Romae, per Franciscum Corbelletum, 1637]

8 l., 621, [3?]p. 16cm.
Signatures : a^8, $A-Z^8$, $Aa-Qq^8$.
p. 15, 40 lines, 134×71mm.
3 p. l. (incl. t.-p.) and some pages at end wanting.
Ms. marginal notes.
Ed. by Pedro Ximenez, *SJ. cf.* Sommervogel VI 1282.
For title, etc. *cf.* Preface & Sommervogel VIII 1354.
1st Spanish ed. Valladolid, 1605.
1st ed. by Ximenez, Vienna, 1622?
★ Sommerv VI 1282 n° 1; VIII 1354 n° 5. 2795

2525

— Dvx spiritvalis, in qvo agitvr De Oratione, Meditatione, & Contemplatione : De Visitationibus Diuinis, Gratijsque extraordinarijs : De Mortificatione, Heroicisque actionibus, siue operibus, quae illas omnes comitantur. Avctore R. P. Lvdovico de Ponte Vallis-Oletano, Societatis Iesv. Interprete R. P. Melchiore Trevinnio eiusdem Societatis Iesv Presbytero ... Coloniae Agrippinae, Apud Ioannem Kinckium, 1613.

2v. 15½cm.
Colophon : Coloniae Agrippinae, Excudebat Stephanus Hemmerden, Sumptibus Joannis Kinckij, 1613.
1st Spanish ed. Valladolid, 1609.
1st Latin ed.
Index at end of v. 2.
★ DictTheolCath XIII 1159. — Sommerv VI 1285 n° 2; VIII 225 n° 2.
♣ *Missionis Sinensis W L (vol. 2)* 2373

2526

— (R. P. Lvdovici de Ponte e Societate Iesv) Meditationes de praecipvis fidei nostrae mysteriis, à R. P. Nicolao de Arnaya eiusdem Societatis in compendium redactae, & in septem partes diuisae. Ex Hispanico in Latinum sermonem traductae a M. M. ... Coloniae Agrippinae, Apud Ioannem Kinchivm, 1620.

27 l., 723 (*i.e.* 622), [8]p. 13cm.
Signatures : $\dagger-\dagger\dagger^{12}$, $\dagger\dagger\dagger^4$, $A-Z^{12}$, $Aa-Cc^{12}$, Dd^4 ($\dagger\dagger\dagger_4$ blank)
p. 3, 32 lines, 106×51mm.

p. 411-434 spoiled.
Half-title : Compendium meditationum.
M. M. are the initials of M. Martinez. *cf.* Sommervogel I 560.
1st Spanish ed. by Arnaya, 1612.
1st Latin ed.
★ Sommerv I 560 nº 1. 2528

2527

Puente, Luis de la, *SJ,* 1554-1624.

[Meditationes de praecipvis Fidei nostrae mysteriis, Vitae ac passionis D. N. Iesv Christi; et B. V. Mariae, Sanctorumq; et Euangeliorum toto anno occurrentium, cvm orationis mentalis circa eadem praxi. Avthore R. P. Lvdovico de Ponte Vallis-Oletano Hispanicè editae et in duos Tomos divisae. Interprete R. P. Melchiore Trevinnio, utroque Societatis Iesv Religioso. Hac editione avctae svmmariis sev synopsi singularum Meditationum, cum Indice triplici. Coloniae Agrippinae, apud Joannem Kinchium, 1636]

2v. 20cm.
Vol. 2; t.-p. of v. 1. wanting.
For title, etc. *cf.* Sommervogel VIII 224.
1st Spanish ed. Valladolid, 1605.
1st Latin ed. Cologne, 1611.
★ Sommerv VI 1271 nº 1; VIII 224 nº 1. 2046

2528

— (R. P. Lvdovici de Ponte, e Societate Iesv) Meditationvm de praecipvis fidei nostrae Mysteriis; Vitae ac Passionis D. N. Iesv Christi; B. V. Mariae, & aliquorum Sanctorum, Pars qvarta, qvae historiam complectitur universae Passionis Dominicae ... Coloniae, Apud Ioannem Kinckium, 1614.

v. 4. 15½cm.
The complete set consists of 6v.
Colophon : Coloniae, Excudebat Stephanus Hemmerden, Sumptibus Ioannis Kinckij, 1614.
★ Sommerv VI 1271 nº 1; VIII 223 nº 1.
♣ *Bibl. Trig.* 3498

Q

2529

[Quadros, Diego de, *SJ*] 1677-1746.

Caduceus theologicus, et crisis pacifica de Examine Thomistico ... opera, & studio Lic. D. Martini Ortizij (*pseud.*), Sacrae Theologiae Professoris. Matriti, [v. 1] ex Typographia Antonij Marin, 1733; [v. 2] ex Typographia Emmanuelis Fernandez, 1741.

2v. 30cm.
Martinus Ortiz pseud. of Diego de Quadros.
1st ed.
Index at end of each volume.
Contents. — **t. 1.** Pars prima respondet ad Examen Thomisticum. Secunda discutit Authores Thomistas, nempè R. Massoulié, R. Gravesonium, R. Benitez, III. Montalvan, & alios. Tertia iungit quidquid ex CC. Pontificibus, SS. Augustino, & Thoma concernit ad ea, quae tractari possunt de Gratia, et recentem alium librum de Gratia R. Benitez expendit. — **t. 2.** (Pars quarta) Appendit, et observat secundam editionem R. P. M. Fr. Caietani Benitez, in cujus introductione Caduceum multis accusat, sed fit ei plena omnium satisfactio. Triplex parergon adijcitur. I. De R. Scriptore quodam. II. De erroribus Pelagianis, & Massiliensium. III. De circulo gloriae.
★ DictTheolCath XIII 1431. — Sommerv VI 1329 nº 9.
♣ *R. A. P. Josepho Ritter Soc. J. Confessario Reginae Lusitaniae. Donô Authoris. Author quis libri fuerit, pervolve paginas Quêis calamus pandet protinùs ipse tibi.* 1475

2530

— Tractatus theologicus de Incarnatione Verbi Divini. In quo non solum omnia ea, quae ad Verbi Incarnati Mysterium pertinent, cumulatissimè disputantur; sed insuper de universa Theologia Scholastica, & Philosophia difficultates plurimae resolvuntur. Authore R. P. Didaco de Quadros, Societatis Iesu, Matritensi ...Matriti, Ex Typographia Emmanuelis Fernandez, 1734.

10 l., 603, [12]p. plate. 30½cm.
Text in 2 col.
1st ed.
Index : p. [604]-[615]
★ Sommerv VI 1330 nº 10.
♣ *R. A. P. Josepho Ritter S. J. Reginae Lusitaniae Confessario. Dono Authoris.* 1498

2531

Quaranta, Stefano, *ClReg, fl. 1st half of 17th cent.*

Svmma Bvllarii earvmve Svmmorvm Pontificvm Constitvtionvm qvae ad commvnem Ecclesiae vsvm post volumina Iuris Canonici, vsq; ad Sanctissimum D. N. D. Pavlvm Papam V. emanarunt. Avthore Stephano Qvaranta I. V. D. Canonico, & Iudice Synodali Neapolitano, cum Adnotationibus, & Additionibus eiusdem. Et Additionibus Prosperi de Avgvstino I. V. D. Presbyteri Neapolitani. Cum duplici Indice Verborum, & Titulorum, iuxta Seriem Decretalium. Accesserunt etiam quatuor Tractatus Canonici : Necnon Extrauagantium communium Liber Sextus, & alia ... Hac vltima editione magis ordinata, & Constitutionibus Apostolicis, ac Additionibus locupletata ... Venetiis, Apud Iuntas, 1614.

4 l., 527p. 21½cm.
Signatures : A⁴, A-Z⁸, Aa-Kk⁸.
p. 3, 42 lines, 170×110mm.
p. 517-520 bound after p. 524.
1st ed. Venice, 1607.
♣ *Bibl. Trig.* ? 2366

2532

Quintilianus, Marcus Fabius, *ca.* 35-95.

(M. Fabii Quinctiliani) De institutione oratoria libri duodecim, Summa cura recogniti & emendati per Petrum Burmannum V. C. ... Patavii, Excudebat Josephus Cominus, 1736.

2v. 19cm.
Paged continuously.
6 l., cli, 740, 176p.
Vol. 2 has no special t.-p.
Vol. 2 has colophon : Patavii, Excudebat Joseph Cominus, 1735.
1st ed. Leyden, 1720.
« M. Fabii Quinctiliani, ut videtur, Dialogus, An sui saeculi oratores antiquis, & quare, concedant : Cornelio Tacito vulgo inscriptus » : v. 2, p. 701-740.
Index : v. 2, p. 1-113.
« Jo. Alberti Fabricii Bibliothecae Latinae, lib. II. caput XV. De M. Fabio Quintiliano » : v. 2, p. 114-176.
★ Brunet IV 1026. 3248

R

2533

Rada, Juan de, *OFM, d.* 1606.

Controversiae theologicae Inter S. Thomam, & Scotum, In quibus pugnantes sententiae referuntur, potiores difficultates elucidantur, & responsiones ad Argumenta Scoti reijciuntur; Auctore R. P. F. Ioanne de Rada Aragonensi, Ordinis Minorum ... Indice addito Controuersiarum, & rerum memorabilium ... Venetiis, Apud Ioannem Guerilium, 1598.

18 l., 675p. 21½cm.
Signatures : †^{8}, ††^{10}, A-Z^{8}, Aa-Ss^{8}, Tt^{10}.
p. 3, 44 lines, 175×109mm.
Text in 2 col.
1st ed. Salamanca, 1586.
★ DictTheolCath VIII 799.
♣ *Bibl. Trig.* 1287

2534

Radau, Michael, *SJ,* 1617-1687.

Orator extemporaneus. Sive Artis oratoriae Bipartitum Breviarium : Auctore R. P. Michaele Radau Soc. Jesu, SS. Theologiae Doctore. non ità pridem ab ipso Auctore recognitum auctum, & à rapina Georgii Beckheri vindicatum. Editio sexta. Pragae, Typis Univers : Carolo-Ferd : in Coll : S. J. ad S. Clementem, 1713.

4 l., 435, [24]p. 13cm.
Ed. by Adamus Motkowski, *cf.* Preface.
1st ed. Amsterdam, 1655.
★ Sommerv VI 1370 n° 2 (ed. wanting)
♣ *Ex libris Floriani Josephi Ignatij Bahr A. 1722.* 2922

2535

Raguseius, Georgius.

(Georgii Ragvseii Veneti, in Patavina Academia Philosophi Ordinarii) Peripateticae dispvtationes. In quibus difficiliores Naturalis Philosophiae Quaestiones examinantur, Praecipua, obscurioraq; Aristotelis loca illustrantur. Eius animi sensa, qualiacunque tandem fuerint, ingenuè aperiuntur. Et veritas Catholicae Fidei vbiq; inuiolata seruatur ... Venetiis, Apud Petrum Dusinellum, 1613.

8 l., 530, [13]p. 32cm.
Signatures : a^{8}, A-Z^{6}, Aa-Vv^{6}, Xx^{8}, Yy^{6}.
p. 8, 53 lines, 253×150mm.
Index & errata : p. [531]-[543]
♣ *Veyo da Rezid*^{a} *de Cinanfu.* 2883

2536

Raimarus Ursus, Nicolaus, *d. ca.* 1600.

(Nicolai Raimari Vrsi Dithmarsi ...) De astronomicis hypothesibvs, sev, Systemate mvndano, Tractatvs Astronomicus & Cosmographicus ... Item Astronomicarvm Hypothesivm a se inventarum ... vendicatio et defensio ... Cum quibusdam novis subtilissimisq; Compendijs et Artificijs in planè novâ Doctrinâ sinuum & Triangulorum iterum, jamq; alterâ vice, exhibitâ ... Necnon aliquibus Exercitiis Mathematicis jucundissimis, ad solvendum omnibus ... exercitii gratia, propositis. Ac deniq; Problemata totius Processus Astronomicae observationis ... Pragae Bohemorvm, apud Autorem, 1597.

40 unnumb. l. incl. diagrs. 22cm.
Signatures : A-K^{4}.
f. [3]a, 42 lines, 167×116mm.
1st ed.
Bound with : Monantheuil, H. de. De pvncto primo geometriae principio liber, Lvgdvni, 1600.
♣ *Bibl. Trig.* 260

2537

Raimundus Lullus, 1235*ca.*-1316.

(Raymondi Lvllii Maioricani Philosophi...) Libelli aliquot chemici. Nunc primùm, excepto Vade mecum, in lucem opera Doctoris Toxitae editi ... Basileae, apvd Petrvm Pernam, 1572.

8 l., 480, (14?)p. 16cm.
Signatures : A^{8}, a-z^{8}, A-G^{8}, a^{7}.
p. 3, 30 lines, 115×64mm.
Some pages of index at end wanting.
Ms. marginal notes.
« The treatises on alchemy which bear his (Lully's) name are all apocryphal ». — EncyBrit XVII 120.
1st ed.
Contents. — Testamentum nouissimum integrum. — Elucidatio vocabulorum eius. — Vade mecum. — Compendium de transmutatione animae metallorum. — De compositione gemmarum & lapidum

preciosorum. — Epistola accurtatoria ad regem Neapolitanum. — Medicina magna. — Dialogus demogorgon.
Bound with : Raimundus Lullus. Mercuriorum liber, Coloniae Agrippinae, 1567. 1087a

2538

Raimundus Lullus, 1235*ca*.-1316.

(Raymondi Lulli ...) Mercvriorvm liber iam tandem subsidio manuscripti exemplaris perfectè editus. Item Eiusdem Apertorium, Repertorium. Artis intellectiuae Theorica & Practica, Magia naturalis, opuscula plane aurea. Coloniae Agrippinae, Apud Iohannem Birckmannum, 1567.

8 l., 381, [1]p. 16cm.
Signatures : A-Z^8, Aa-Bb^8.
p. 3, 21 lines, 113×68mm.
Ms. marginal notes.
« The treatises on alchemy which bear his (Lully's) name are all apocryphal ». — EncyBrit XVII 120.
Index at beginning.
Bound with : Raimundus Lullus. Libelli aliquot chemici, Basileae, 1572.
★ DictTheolCath IX 1110.
♣ *Simon Syrennius Sarranus in suû vsû f f Francofordi ad Menum A° 1572. — Missionis Sinensis.* 1087

2539

Ramirez, José, 1624-1692.

Via lactea, seu Vita candidissima S. Philippi Nerii Presbyteri, cunctis olim coelestem pandens viam : Nunc pulchrioribus Sacrorum Bibliorum stellulis, noviter Orbi illucescens ... Opus, per Doct. Iosephum Ramirez ... Denuo progreditur. vt hunc novum orbem illuminet, atque clarificet, transcripta, ac praelo mandata, cura, solicitudine ac studio Doct. Ioannis de la Pedrosa, Presb. Praepositi Congregationis Oratorij eiusdem S. Philippi Mexicanae ... Me(xico) Ex officina Dominae Mariae de Benavides, 1698.

19 l., 222, [12]p. front., plate. 20½cm.
Front. & t.-p. spoiled.
Errata at end. 2953

2540

Ramus, Petrus, 1515-1572.

(Petri Rami) Arithmeticae libri dvo : Geometriae septem et viginti. A Lazaro Schonero recogniti & aucti. Francofvrti, Apud Andreae Wecheli heredes, Claudium Marnium, & Ioannem Aubrium, 1599.

8 l., 240, 178, [4]p. 1 l. incl. diagrs. 24½cm.
Signatures : a-b^4, A-Z^4, a-g^4, Aa-Zz^4.
p. 2, 40 lines, 169×118mm.
1st ed. Basel, 1569.
1st ed. by Schöner, Frankfort, 1586.
Contents. — Ramus, P. Arithmeticae libri II. — Schöner, L. De numeris figuratis liber. — Ramus, P. Algebrae libri II. — Schöner, L. De logistica sexagenaria liber. — Ramus, P. Geometriae libri XXVII.
★ Brunet VIII 393.
♣ *Bibl. Trig. ?* 520

2541

— (Petri Rami) Scholarvm mathematicarvm, libri vnvs et triginta, A Lazaro Schonero recogniti & emendati. Francofvrti, Apud Andreae Wecheli heredes, Claudium Marnium, & Ioannem Aubrium, 1590.

8 l., 314, [5]p. incl. diagrs. 24cm.
Signatures : †-$††^4$, AA-ZZ^4, AAa-RRr^4.
p. 2, 42 lines, 170×120mm.
1st ed. Basel, 1569.
Errata : p. [315]-[318]
★ Brunet IV 1100.
♣ *Bibl. Trig. ?* 519

2542

Rantzau, Heinrich, 1526-1598.

(Henr. Ranzovii Prodvc. Cimbr.) Commentarivs bellicvs, libris sex distinctvs, praecepta, consilia, et strategemata, pugnae terrestris ac naualis, ex variis Eruditorum collecta scriptis, complectens. Futurus ex vltimis Authoris operibus publicandis ... Francofvrti, Apud M. Zachariam Palthenium, 1595.

4 l., 369 (*i.e.* 367)p. incl. port. 20cm.
Signatures : $†^4$, A-Z^4, Aa-Zz^4.
p. 33, 25 lines, 142×95mm.
1st ed.
♣ *Bibl. Trig. ?* 1597

2543

Rapin, René, *SJ,* 1621-1687.

(Renati Rapini Societ. Jesu) Carminum tomus primus [-secundus]. Parisiis, Excudebat Sebast. Mabre-Cramoisy, 1681.

2v. in 1. fronts. 16½cm.
8 l., 143, [12]p., 5 l., 189, [2]p.
1st ed.
Errata at end of v. 2.
★ Sommerv VI 1453 n° 36.
♣ *Collegij Societatis Jesu Pekini.* 2603

2544

— o. c.

2v. fronts. 17cm. (v. 2: 15½cm.)
Vol. 1, « Epistola » (6 l.) wanting.
♣ *Coll : fut : Casal. Soc. Jesu. — Collegij Soc. Jesu Pekini.* 3149

2545

— o. c. 15½cm.

Vol. 2 wanting.
♣ *Missionis Pechinensis Soc. Jesu in Sinis.* 3150

2546

Raulin, Jean, *OSB,* 1443-1514.

(R. P. F. Ioannis Ravlin, Ordinis Cluniacensis, Sacrae Theol. Professoris ...) Opera quae inveniri potvervnt, omnia. In varios Sermonum Tomos divisa ... Antverpiae, Apud Ioannem Keerbergivm, 1612.

6v. 20½cm.
Vol. 5, 6 wanting.
Vol. 1, 2 in 1.
Illus. t.-p. (v. 1)
Text in 2 col.
Each volume has a special t.-p.
1st ed.
Index at beginning of each volume.
Contents. — **t. 1.** Sermones de Adventu. — **t. 2.** Sermones dominicales. Sermones in variis Universitatis Parisiensis processionibus proclamati. Quaestio Vesperiarum. — **t. 3.** Sermonum quadragesimalium pars prima. — **t. 4.** Sermonum quadragesimalium pars secunda.
♣ *Bibl. Trig.* 1791

2547

Ray, John, 1627-1705.

Historia Plantarum Species hactenus editas aliasque insuper multas noviter inventas & descriptas complectens. In qua agitur primô De Plantis in genere, Earumque Partibus, Accidentibus & Differentiis; Deinde Genera omnia tum summa tum subalterna ad Species usque infimas, Notis suis certis & Characteristicis Definita, Methodo Naturae vestigiis insistente disponuntur; Species singulae accurate describuntur, obscura illustrantur, omissa supplentur, superflua resecantur, Synonyma necessaria adjiciuntur, Vires denique & Usus recepti compendiô traduntur. Auctore Joanne Raio ... Londini, Typis Mariae Clark, Prostant apud Henricum Faithorne, 1686-1704.

3v. 36½cm.
Paged continuously (v. 1, 2)
Vol. 3 was published as a supplement of the first two volumes by Sam. Smith & Benj. Walford in London, 1704.
1st ed.
« Historia stirpium ins. Luzonis & reliquarum Philippinarum, a R .P. Geo. Jos. Camello, S. J. » and « D. Jos. Pitton Tournefort ... Corollarium institutionum rei herbariae » are at end of v. 3.
Index at beginning of v. 1 and end of v. 2, 3.
★ Brunet IV 1124.
♣ *Dono Societ. Regiae Anglicae.* 981

2548

Raynaud, Théophile, *SJ,* 1587-1663.

Scalae A visibili Creatura ad Deum. R. P. Theophili Reynaudi, Soc. Iesu. Theol. Lugduni, Sumptibus Claudij Landry, 1624.

12 l., 415p. 15½cm.
Signatures : †^{12}, A-R^{12}, S^{4}.
p. 3, 27 lines, 110×53mm.
Engr. ornamented t.-p.
1st ed.
★ Sommerv VI 1519 n° 3.
♣ *Caza de ham cheu.* 2449

2549

Rebbe, Nicolas de.

Opus de dignitatibus et officiis ecclesiasticis aliquot libros continens. Auctore Nicolao de Rebbe S. R. E. Protonotario. S. Th. Doctore, & Canonico insignis Ecclesiae Collegiatae S. Petri Insvlis Flandriae. Duaci, Ex Officina Baltazaris Belleri, 1612.

4 l., 72, 83, [7]p. 21½cm.
Signatures : †^{4}, A-I^{4}; A-K^{4}, L^{5}.
p. 2, 36 lines, 164×107mm.
« Index auctorum » at beginning.
Edited and bound with : Rebbe, N. de. Tractatus de utilitate lecturae theologicae, Duaci, 1611 and others. 2687b

2550

— Tractatvs de vtilitate lectvrae theologicae in ecclesiis metropolitanis, cathedralibvs, collegiat. et regvlaribvs. Et de praebendae theologalis origine, et primaeva fvndatione. Auctore Nicolao de Rebbe S. R. E. Protonotario, Doctore Theologo ... E varijs monumentis, Concilijs, Canonistis, Arrestis, seu rebus iudicatis, Consultationibus, Bullis, & maximè Decisionibus recentibus S. Congregationis Interpretum Concilii Tridentini. Dvaci, Ex Officina Baltazaris Belleri, 1611.

4 l., 32 p. 21½cm.
Signatures : a^{4}, A-D^{4}.
p. 5, 36 lines, 164×108mm.
Index and errata of the 3 books, edited at the same time, are found at end of « Opus de dignitatibus ».
Edited and bound with : Rebbe, N. de. Tractatus theologicus de residentia beneficiatorum quorumlibet, Duaci, 1611; Opus de dignitatibus et officiis ecclesiasticis, Duaci, 1612. 2687

2551

— Tractatvs theologicvs de residentia beneficiatorvm qvorvmlibet, et lectvra S. Scriptvrae in ecclesiis Canonicorvm et Regvlarivm. Auctore Nicolao de Rebbe S. R. E. Protonotario, Doctore Theologo ... In quo plurima scitu necessaria, de ordinatione distributionum quotidianarum, & de poenis non residentium, iuxta Concilium Trident. & expressas decisiones S. C. Interpretum eiusdem Concilii continentur. Dvaci, Ex Officina Baltazaris Belleri, 1611.

3 l., 3-32p. 21½cm.
Signatures : a^{2}, E$_{2-4}$, F-H^{4} (t.-p. without signature)
p. 4, 36 lines, 164×107mm.
Edited and bound with : Rebbe, N. de. Tractatus de utilitate lecturae theologicae, Duaci, 1611 and others. 2687a

2552

Reggio, Vincenzo, *SJ,* 1545-1614.

[Evangelicarum dilvcidationvm libri VIII ... In totidem Enchyridii Evangeliorũ libros In quib. vita Dñi N. ex 4 Evangelistis desũpta continetur, habita, quãtum fieri potuit, temporũ ac locorũ ratione quib. ea quae narrantur, verosimilius accidisse creduntur, suis Scholijs, Theorijs, ac Digressionibus illustrata Authore R. P. Vincentio Regio Sec. Iesv Theol ... Coloniae, Sumptibus Bernardi Gualtheri, 1615-16]

3v. in 2. 34½cm.
Vol. 1, t.-p., col. 433-480 wanting.
Text in 2 col.
These three volumes contain only «libr. I-V»; books VI-VIII have not been published.
For title, etc. *cf.* Sommervogel VI 1591.
1st ed.
Index at end of each volume.
★ Sommerv VI 1591 n° 2.
♣ *Bibl. Trig.* 1222

2553

Regiomontanus, Johannes, 1436-1476.

Epitome in Almagestum Ptolomei. Venice, Joh. Hamman de Landoia, 1496.

Folio. a[10], b[8], c[6], d[8], e[6], f[8], g[6], h[8], i[6], k[8], l[6], m[8], n[6], o[6], p[8]: 108 leaves, without foliation or pagination. [Sign. b4b.] 49 lines: 207×119mm. Type: bastard roman: 84mm. 13 large initials, measuring 58×58mm. to the divisions into books. Chapters capitals of 6 lines in depth (some of 8 or 10 lines). Headlines, giving the numbers of the books; without catchwords; full-page illustration 256×168mm. [Sign. a3b]. 279 diagrams on margins Printers device [Sign. p7b] measuring 61×57 mm.

[Sign. a_1a: block print title:] Epytoma Joãnis// De mõte regio In// almagestũ ptolo// mei. [Sign. a_2a: begins:] Cl. Ptolemei alexandrini Astronomoꝝ principis// ἐσ μεγαλην συνταξιν id est in Magnam Con// structionẽ Georgii purbachii: eiusqꝫ di-// scipuli Johannis de Regio monte// Astronomicon Epitoma// Reverendissimo in Christo patri ac dño dño Bessarioni: episcopo Tuscu// lano. sancte Romane ecclesie Cardinali: patriarche Constantinopolitano// Johannes germanus de Regio monte se offert devotissimum. [Sign. a_4a: begins:] Liber Primus Universalis ambitus totius Terre ad totum// Celum considerationes que necessario presupponende erant// premittit ... [Sign. p_7b, lines 19-32: Colophon:]. Explicit Magne Compositionis Astronomicon Epitoma// Johannis de Regio monte Impensis non minimis: cu// raqꝫ ⁊ emendatione non mediocri virorum prestan-// tiũ Casparis Grossch: ⁊ Stephani Roemer.// Opera quoqꝫ ⁊ arte impressionis mirifi-// ca viri solertis Johannis hãman de Landoia: dictus hertzog: feli// cibus astris expletum.// Anno a prima rerum ethereãrũ circuitione. 8480. Sole// in parte sextadecima virginis gradiente. In hemi-// spherio Veneto: Anno salutis. 1496. currente:// Pridie Caleñ. Septembris Venetiis:// Maximiliano Romanorum rege// primo faustissime imperante.//

Ed. princeps. 312×208mm. Bound in brown leather; within binding 6 blank leaves, 4 of them japanese paper. 4 ms. diagrams [Sign. c6a, b & k3a.] and marginal notes from several hands. Foliation ms. 295

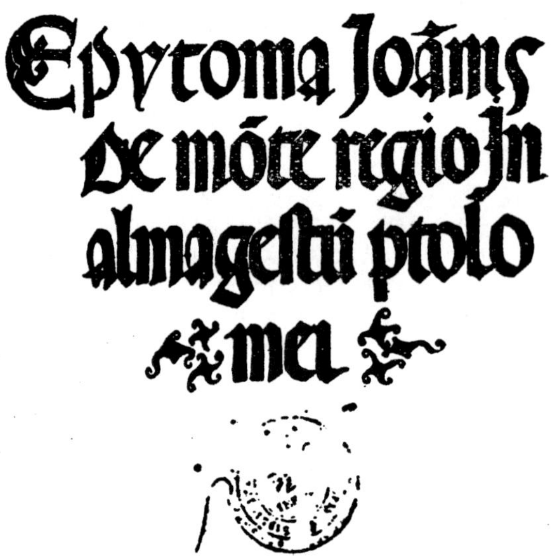

2554

— Scripta clarissimi Mathematici M. Ioannis Regiomontani, de Torqueto, Astrolabio armillari, Regula magna Ptolemaica, Baculoqꝫ Astronomico, & Obseruationibus Cometarum, aucta necessarijs, Ioannis Schoneri Carolostadij additionibus. Item. Obseruationes motuum Solis, ac Stellarum tam fixarum, qꝫ erraticarum. Item. Libellus M. Georgij Purbachij de Quadrato Geometrico ... Norimbergae, apud Ioannem Montanum & Vlricum Neuber, 1544.

4 l., 84 numb. l., 5 l. incl. tables, diagrs. 21cm.
Signatures: A-X[6], Y[5].
f. 1b, 34 lines, 148×105mm.
Ms. marginal notes.

1st ed.
Errata at end.
♣ *China.* 352

2555

Regiomontanus, Johannes, 1436-1476.

(Ioannis de Monte Regio ...) Tabvlae directionvm profectionumq;, non tàm Astrologiae iudiciariae, quàm tabulis instrumentisq; innumeris fabricandis vtiles ac necessariae. Denuô nunc editae, & pulchriore ordine dispositae, multisq; in locis emendatae. Eivsdem Regiomontani Tabula sinvvm, per singula minuta extensa, vniversam sphaericorum triangulorum scientiam complectens. Accesservnt his Tabvlae ascensionvm obliquarum, à 60. gradu eleuationis poli, vsque ad finem quadrantis : per Erasmvm Reinholdvm Salueldensem supputatae. VVitebergae, Imprimebantur in Officina Typographica Matthaei VVelack, 1584.

4 l., 156, 31? numb. l. 20½cm.
Signatures : A⁴, Bb-Vv⁸, Xx⁴, Aaa-Ggg⁴.
f. 8a, 38 lines, 160×118mm.
3? l. at end wanting.
l. 139-140 bound after l. 142.
Ed. by Andreas Schato. *cf.* Preface.
1st ed. Nuremberg, 1475.
♣ *De Pû cheu.* 107

2556

— (Iohannis de Monte Regio ...) Tabvlae directionvm profectionumque, totam rationem primi motus continentes, & non tam Astrologiae judiciariae, quàm tabulis instrumentisque innumeris fabricandis utiles ac necessariae. Denuô nunc editae, & pulchriore ordine dispositae, multisq; in locis emendatae. Eivsdem Regiomontani Tabvla sinvvm ... Accesservnt his Tabvlae ascensionvm obliquarum, à 60. gradu elevationis poli, usque ad finem quadrantis : per Erasmum Reinholdum Salveldensem supputatae. VVittebergae, Imprimebantur in Officina Typographica Laurentii Seuberlichs, Impensis Samuelis Selfisch, 1606.

4 l., 24 numb, l., 327p. 20½cm.
Signatures : A⁴, B-Z⁸, Aa⁸, Bb⁴.
p. 11, 38 lines, 156×120mm.
Ed. by Andreas Schato. *cf.* Préface.
♣ *Bibl. Trig.* 26

2557

Regnault, Valère, *SJ,* 1545-1623.

(R. P. Valerii Reginaldi e Societate Iesv) Theologia moralis, Siue Praxis fori poenitentialis, dvobvs tomis comprehensa. Editio novissima. Ab ipso authore recognita, et mvltis in locis aucta ... Coloniae Agrippinae, Apud Ioannem Kinchivm, 1642.

8 l., 1151, [71]p. 36½cm.
Text in 2 col.
Half-title : R. P. Reginaldi e Societat. Iesv. Praxis fori poenitentialis.
1st ed. Lyons, 1616.
Index at end.
★ Sommerv VI 1593 nº 2.
♣ *Stamp of Mgr Polyc. de Souza.* 1650

2558

— (R. P. Valerii Reginaldi e Societate Jesu) Theologia practica, et moralis, omnem fori poenitentialis praxim dvobvs tomis complectens. Ab avthore ante obitvm recognita et avcta. Editio novissima ... Coloniae Agrippinae, Apud Ioannem Henningivm, 1653.

8 l., 1151, [71]p. 37cm.
Bound in 2 v.
Text in 2 col.
Half-title page of v. 1. bound at beginning of v. 2.
Half-title : R. P. Valerii Reginaldi e Societat. Iesu Praxis fori poenitentialis.
1st ed. publ. under title : « Praxis fori poenitentialis », Lyons, 1616.
Index at end of v. 2.
★ Sommerv VI 1594 nº 2.
♣ *Colleg. Soc. Jes. Pekin. 1747. Ex Dono Excell^mi Episcop. Pekin.* 1637

2559

Renieri, Vincenzo, *OOliv. d.* 1648.

Tabvlae Mediceae secvndorvm mobilivm vniversales Quibus per vnicum prosthaphaereseon orbis Canonem Planetarum calculus exhibetur Non solum Tychonicè iuxta Rudolphinas Danicas & Lansbergianas, sed etiam iuxta Prutenicas Alphonsinas & Ptolemaicas Avthore D. Vincentio Renerio Genvensi Olivetano ... Florentiae, Typis nouis Amatoris Massae, & Laurentij de Landis, 1639.

2 l., xxxvi, 316p. incl. diagrs. 33cm.
Signatures : a c⁴, d⁶, A-Z⁶, Aa⁶, Bb⁴, cc³, Cc⁶ (2 p. l. without sign.)
p. xxxiv, 58 lines, 255×142mm.
1st ed.
♣ *Collegij Societatis Jesu Pekini.* 216

2560

— o. c. 33½cm.
Ms. marginal notes. 217

2561

— Tabvlae motuum coelestivm vniversales ... Ferdinandi II. Auspiciis primo editae, & Mediceae nuncupatae. Nunc vero auctae, recognitae, atque ... D. Bernardini Fernandez De Velasco, & Touar ... jussu, ac sumptibus recusae. Quibus Planetarum calculus iuxta praecipuos Astronomiae restauratores, Alphonsum Regem, Copernicum, atq; Tychonem facili methodo exhibetur, & Alphonsini, Prutenici, Danici, Rudolphini Lansbergianique Canones continentur. Authore D. Vincentio Renerio Genvensi Olivetano ... Florentiae, Typis Amatoris Massae Foroliuien., 1647.

4 l., lx, 364 (*i.e* 374)p. incl. diagrs. 33cm.
♣ *D. Antoninus Maria Trigona Baro S. C. Societati Iesu Sinensi.* 259

2562

Reusner, Elias, 1555-1612.

Stratagematographia Sive Thesavrvs bellicvs, docens, qvomodo bella ivste et legitime suscipi, recte & prudenter administrari, commode & sapienter confici debeant; Ex latissimo & laetissimo Historiarum campo Herculeo labore erutus ab Elia Revsnero Leorino ... Cum eivsdem Synopsi, & gemino Indice locupletissimo, altero Historiarum, altero Rerum memorabilium ... Francofvrti ad Moenum, E Collegio Musarum Nouenarum Paltheniano, 1609.

18 l., 532, [14]p. 19½cm.
Signatures: †-††^{4}, †-††^{4}, †††^{2}, A-Z^4, Aa-Zz^4, Aaa-Vvv^4, Xxx^4, Yyy^4, Zzz^3.
p. 5, 38 lines, 156×104mm.
6p. of index at end spoiled.
♣ *Bibl. Trig. ? — Authore damnato. Permittit^r^ si expurget^r^.* 1602

2563

Reuss, Christianus Fridericus.

Compendivm botanices systematis Linnaeani conspectvm ejvsdemqve applicationem ad selectiora plantarvm Germaniae indigenarvm vsv medico et oeconomico insignivm genera eorvmqve species continens. Adornavit Christianvs Fridericvs Revss ... Vlmae, svmtv Stettiniano, 1774.

4 l,. 26p., 1 l., 27-445, [23]p. 10 fold. plates. 19cm.
Index at end.
♣ *Stamp of Mgr Alex. de Gouvca.* 1095

2564

Reynerus ab Andringa.

Doctrina non Universitatis Lovaniensis, sed qvorumdam privatorvm, Seu Gummari Huygens, Francisci van Vianen, & similium, Conformis Doctrinae in P Gabriëlis Proscriptae, & repugnans Doctrinae S. Caroli Borromaei, Catechismo Romano, Patribus, Principiis Logicae, & Theologiae Scholasticae ... Authore Reynero ab Andringa olim Theologiae Moralis Professore. Moguntiae, Typis Francisci Bovrgeat, 1681.

6 l., 121p., 1 l. 15½cm.
Bound with: Bourgogne, A. F. de, *SJ.* Praxis communissima, remittendi et retinendi peccata, Moguntiae, 1675. 3492a

2565

Rhazes, 852-932.

(Abvbetri Rhazae Maomethi ... summi medici) Opera exquisitiora, quibus nihil utilius ad actus practicos extat, omnia enim penitus quae habet aut Hippocrates obscuriora, aut Galenus fusiora, fidelissimè doctissimeq; exponit, & in lucem profert. Per Gerardvm Toletanvm medicum Cremonensem, Andream Vesalium Bruxellensem, Albanvm Torinum Vitoduranum, latinitate donata, ac iam primũ quàm castigatissimè ad uetustum codicem summo studio collata & restaurata ... Basileae, In officina Henrichi Petri.

24 l., 590p., 1 l. 27½cm.
Signatures: a-d^6, A-Z^6, Aa-Zz^6, AA^6, BB-CC^4, DD^6.
p. 2, 54 lines, 193×122mm.
Colophon: Basileae, Per Henrichvm Petrvm, 1544.
Contents. — Index. — De arte medendi compendiosa introductio. — Decem libri ad regem Mansorem. — Liber divisionum — De antidotis in librum diuisionum. — De affectibus iuncturarum. — De morbis infantium. — Aphorismorum libri sex. — Antidotarius, in quo continentur compositiones plurium medicinarum, ad diuersas dispositiones & multorum oleorum. — De praeservatione ab aegritudine lapidis. — De sectionibus, cauterijs, & ventosis. — De facultatibus partium animalium.
★ Brunet IV 1263.
♣ *Bibl. Trig. ?* 2261

2566

Rheinholdt, Erasmus, 1511-1553.

Primvs liber tabvlarvm directionvm ... His insertvs est Canon fecundus ad singula scrupula quadrantis propagatus. Item Nova tabvla climatum & Parallelorum, item umbrarum. Appendix Canonvm secvndi Libri Directionum, qui in Regiomontani opere desiderantur. Avtore Erasmo Rheinholdo Salueldensi ... Tvbingae, Apud haeredes Vlrici Morhardi, 1554.

52 unnumb. l., 236 (*i.e.* 226) numb. l. 22½cm.
Signatures: α-ν^4, A-Z^4, a-z^4, Aa-Kk^4, Ll^2.
f. [9]a, 39 lines, 148×107mm.
Bound with: Rheinholdt, E. Prvtenicae tabvlae coelestivm motvvm, Tvbingae, 1562. 398

2567

— Prvtenicae tabvlae coelestivm motvvm. Auctore Erasmo Reinholdo Salueldensi ... Tvbingae, per Vlricvm Morhardum, 1551.

8 l., 63, 13, 143 numb. l., fold. table. 21cm.
Signatures: α-β^4, Aa-Tt^4, Vv^6 (Vv6 blank); A-Z^4, a-m^4, n^3.
f. 6a, 40 lines, 152×101mm.
Ms. marginal notes.
Ms. notes on recto of front guard leaf.
1st ed.
Errata at end; all errors being corrected by hand.
♣ *Da missam da China. Ur^s^. — V. Bad.* 53

2568

Rheinholdt, Erasmus, 1511-1553.

Prvtenicae tabvlae coelestivm motvvm. Avtore Erasmo Reinholdo ... Tvbingae, Apud Vidvam Vlrici Morhardi, 1562.

8 l., 68, 13, 143 numb. l. 2 tables (1 fold.) 22½cm.
Signatures: α-β^4, Aa-Tt^4, Vv^6 (Vv6 blank); A-Z^4, a-m^4, n^3.
f. 6a, 40 lines, 153×102mm.
Errata: l. 143.
Bound with: Rheinholdt, E. Primvs liber tabvlarvm directionvm, Tvbingae, 1554. 398a

2569

— Prutenicae tabvlae coelestivm motvvm, Avtore Erasmo Reinholdo. VVitebergae, Imprimebat Matthaeus VVelack, 1585.

8 l., 68, 13, 142 numb. l. 2 fold. tables. 21cm.
Signatures: †-††^{4}, A-T^4, V^6 (V6 blank); Aa-Zz^4, Aaa-Mmm^4, Nnn^2.
f. 6a, 40 lines, 165×102mm.
Sign. V3-4 bound after sign. Aa4.
Each part has a special t.-p.
Ms. marginal notes.
Ed. by Kaspar Strubius. *cf.* « Ad lectorem ». 304

2570

Rheita, Antonius Maria Schyrleus de, *OCap,* 1597-1660.

Ocvlvs Enoch et Eliae sive Radivs sidereomysticvs ... avthore R. P. F. Antonio Maria Schyrleo de Rheita Ord. Capvcinorvm ... Opus ... Quo omnium Planetarum veri motus, stationes, & retrocessiones, sine vllis epicyclis & aequantibus, tam in Theoria Tychonica, quàm Copernicana ... demonstrantur exhibenturque ...Hisce accesservnt ... Probabilissima causa fluxus & refluxus Oceani. Ratio breuis conficiendi Telescopium astronomicum ... Planetologium mechanicum ... Antverpiae, Ex Officina Typographica Hieronymi Verdvssii, 1645.

2v. illus. (incl. tables), 6 plates, 4 diagrs. 31cm.
Vol. 2 wanting.
Added engr. ornamented t.-p.
1st ed.
♣ *Collegij Soc. J. Pekini.* 214

2571

Rhenanus, Joannes.

Solis e pvteo emergentis : sive Dissertationis chymiatechnicae libri tres. In quibus totius Operationis Chymicae methodus practica, Materia lapidis philosophici, & nodus soluendi eius, operandique, vt & clavis operum Paracelsi, qua abstrusa explicantur, deficientia supplentur. Cum praefatione Chymiae veritatem asserente. Authore Ioanne Rhenano, Medico ... Francofvrti, Impensis Antonij Hummij, 1613-15.

12 l., 80 (*i.e.* 78), 31, 24p. fold. table. 19cm.
Signatures: a-c^4, A-K^4, a-d^4, Aa-Cc^4 (K4 blank)
p. 3, 33 lines, 154×104mm.
Title printed within an engraving.
Preface is bound at end, and pt. 2 and 3 are in reversed order.
Bound with: Anthony, F. Apologia pro auro potabili, Londini, 1616 and others. 908c

2572

Rhodes, Alexandre de, *SJ,* 1591-1660.

[Tvnchinensis historiae libri dvo. quorvm altero status temporalis hujus Regni, altero mirabiles evangelicae Praedicationis progressus referuntur. Coepta per patres ex Societate Iesv, ab Anno 1627. ad Annum 1646. Authore P. Alexandro de Rhodes, Auenionensi, eiusdem Societatis Presbytero; Eorum quae hic narrantur teste oculato. Lvgdvni, Sumptib. Ioan Bapt. Devenet, 1652]

8 l., 89, [200]p. incl. map. 23cm.
5 p. l. (incl. t.-p.), p. 199-200 wanting.
4p. of « Index capitvm » bound at end.
For title, etc. *cf.* Approbation & Sommervogel VI 1719.
1st Italian ed. Rome, 1650.
1st Latin ed.
★ Brunet IV 1268. — Sommerv VI 1719 n° 4. — Streit V 569 n° 1652. 3408

2573

Rhodius, Ambrosius, 1577-1633.

Optica Ambrosii Rhodii, Kembergensis, Philosophiae ac Medicinae Doctoris, & Mathematum Professoris in Academia Leucorea. Cui additus est Tractatus. De crepvsculis. VVitebergae, Typis Laurentij Seuberlich, Impensis Samuel Seelfisch, 1611.

17 l., 418, 65 (*i.e.* 63), [1]p. incl. diagrs. 16cm.
Signatures: A^{10}, B-X^8, Z^8, Aa-Ff^8; A-D^8.
p. 5, 20 lines, 110×64mm.
1st ed.
♣ *Bibl. Trig.?* 695

2574

Ribadeneira, Pedro de, *SJ,* 1527-1611.

Princeps christianvs adversvs Nicolavm Machiavellum, caeterosq; huius temporis Politicos, a P. Petro Ribadeneira nvper Hispanicè, nunc Latinè a P. Ioanne Orano utroqve Societatis Iesv Theologo editus ... Mogvntiae, Sumptibus Conradi Butgenij, 1604.

8 l., 564 (*i.e.* 554). [5]p. 17cm.
Signatures: †^{8}, A-Z^8, Aa-Mm^8.
p. 3, 31 lines, 126×63mm.
1st Spanish ed. Madrid, 1595.
1st Latin ed. Antwerp, 1603.
★ Sommerv V 1927 n° 2.
♣ *Collegij S. J. Pekini.* 2789

2575

Ribadeneira, Pedro de, *SJ,* 1527-1611.

Vita Ignatii Loiolae qvi Religionem Clericorum Societatis Iesv instituit. A Petro Ribadeneira sacerdote Societatis eiusdem pridem conscripta, & nunc denuô recognita & locupletata ... Madriti, Apud viduam Alphonsi Gomezij, 1586.

4 l., 347 numb. l., 13 l. 14½cm.
Signatures : †[4], A-Z[8], Aa-Yy[8].
f. 10a, 27 lines, 109×68mm.
l. 1-8, 73 wanting.
1st ed. Naples, 1572.
Index & errata at end.
★ Sommerv VI 1726 n° 2.
♣ *Ao Colleg° de Macao.* 2958

2576

— Vita Ignatii Loiolae, qvi Religionem Clericorum Societatis Iesv instituit : a Petro Ribadeneira Sacerdote Societatis eiusdem conscripta, & nunc denuô Anno 1589. Romae recognita & locupletata. Ingolstadii, Ex Officina Typographica Davidis Sartorii, 1590.

8 l., 514, [29]p. 16cm.
Signatures : A-Z[8], Aa-Mm[8].
p. 3, 32 lines, 119×68mm.
Index & errata : p. [521]-[543]
★ Sommerv VI 1726 n° 2. 2699

2577

— Vita B. IgnatI Societatis Iesv Fvndatoris Latinograeca. Ex Hispanica, quam R. P. Gaspar Quartemont eiusdem Societatis Latine reddidit. Interprete Georgio Mayr ex eadem Societate. Augustae Vindelicorum, 1616.

5 l., [1], 324, [1]p. 13½×7cm.
Signatures : †[6], A-N[12], O[6].
p. 4, 29 lines, 106×53mm.
Engr. ornamented t.-p.
Colophon : Augustae Vindelic. apud Christophorum Mangium, 1615.
Author : Pedro de Ribadeneira, *SJ*. *cf*. Dedication.
1st Spanish ed. Madrid, 1583.
1st Latin ed. by Quartemont, Ypres, 1612.
1st Greek ed.
★ Brunet IV 1271. — Sommerv VI 1331 n° 1; V 816 n° 9. 2592

2578

Ricchieri, Lodovico, 1450*ca*.-1525.

(Lodovici Caelii Rhodigini) Lectionvm antiqvarvm libri XXX. Tam varia inexhaustaque abstrusarum ac reconditiorum rerum & vocum explicatione referti, tantoque vsui Graeci Latinique sermonis studiosis futuri, vt Thesavrvs vtriusque linguae publicus iure dici possit. Qui magno omnium commodo in tres Tomos sunt dispertiti. Cum Indice duplici, vno capitum, altero vocum & rerum,

locupletissimo. Lvgdvni, Apud Sebastianum Honoratum, 1560.

3v. 16cm.
Continued by Gio. Maria Goretti & Camillo Ricchieri. *cf*. Vol. 2, p. 450 & 650.
1st ed. Venice, 1516.
★ Brunet IV 1269.
♣ *Joãis de Sainct Laurens Duaceni.* 3222

2579

Riccioli, Giovanni Battista, *SJ,* 1598-1671.

Almagestvm novvm astronomiam veterem novamqve complectens observationibvs aliorvm, et propriis Nouisque Theorematibus, Problematibus, ac Tabulis promotam, in tres tomos distribvtam ... Avctore P. Ioanne Baptista Ricciolo Societatis Iesv Ferrariensi ... Bononiae, Ex Typographia Haeredis Victorij Benatij, 1651.

2v. fronts., illus. (incl. tables), 2 fold. plates. 36½cm. (v. 1 : 36cm.)
t. 1. publ. in 2. pt.
t. 2 & 3 have not been published.
Illus. t.-p. (v. 2)
Text in 2 col.
1st ed.
Index & errata at end of each volume.
Contents. — **v. 1.** De sphaera mundi in communi. De sphaera elementari. De sole. De luna. De eclipsibus. De stellis fixis. De planetis minoribus. Appendix. — **v. 2.** De cometis. De novis stellis. De mundi systemate : De creatione et natura caelestium corporum; De motibus ac motoribus caelestium corporum; De systematibus mundi terram immotam supponentibus; De systemate terram motam supponente; De systemate mundi harmonico. Problemata generalia : Trigonometriae antiquae et novae, seu linearis, et logarithmicae compendium; Probl. primi mobilis; Probl. temporis; Probl. geographica; Probl. parallaxium, cum theorematibus; Probl. refractionum.
★ Brunet IV 1277. — DictTheolCath XIII 2664. — Sommerv VI 1798 n° 3. 238

2580

— o. c.

38cm. (v. 2 : 36cm.)
♣ *PP Gallor S. J. Pekin.* 210

2581

— o. c. 36½cm.

Vol. 1, 2 p. l. (incl. t.-p.), plate; v. 2, front. wanting.
♣ *pertence a Kiâm cheu.* 237

2582

— o. c. 36cm.

Vol. 1, p. 757-764; v. 2 wanting. 248

2583

— Astronomiae reformatae tomi dvo, qvorum prior observationes, hypotheses, et fvndamenta tabvlarvm, Posterior praecepta pro vsu Tabularum Astronomicarum, et ipsas Tabulas Astronomicas CII continet ... Avctore P. Ioanne Baptista Ricciolo, Societatis Iesv. Ferrariensi. Bononiae, Ex Typographia Haeredis Victorii Benatii, 1665.

7 l., xii, 374p., 4 l., 35, [1], 128p. illus. (incl. tables, diagrs.), 2 fold. plates. 37cm.
2v. in 1.
Added illus. t.-p.
1st ed.
★ Brunet IV 1277. — Sommerv VI 1801 n° 9.
♣ *Ve Prouae Sinensis Soctis Iesu.* 166

ASTRONOMIA
REFO...ATA
Sere... D.
FERDINANDVM MARIAM
BAVARIÆ ETC
DVCEM.

BONONIÆ, MDCLXV.
Ex Typographia Hæredis Victorij Benatij.
SVPERIORVM PERMISSV.

2584

— o. c.

♣ *PP Gallor S. J. Pekin.* 167

2585

— Chronologiae reformatae et ad certas conclvsiones redactae tomvs primus [-qvartvs] ... Avctore R. P. Io. Baptista Ricciolio Ferrariensi Societatis Iesv ... Bononiae, Ex Typographia Haeredis Dominici Barberij, 1669.

4v. in 1. fronts. 36½cm.
xv, [4], 404, [4]p., 2 l., 235, [1], 326, [2]p.
Paged continuously (v. 3-4)
Vol. 2, p. 233-235 bound after p. 216.
1st ed.
Half-title : Chronologiae reformatae tomi tres.
Contents. — **t. 1.** De mensibus annis et calendariis praecipuarum nationum. De connexione insigniorum epocharum temporis cum epocha Christi, adjectis tabulis concordantiae pro annis Olympiadum, Urbis, Nabonassari, Alexandri M. & Iezdagirdae. De Graecorum, Latinorum et Romanorum epochis. De annis regum Asiae et Egypti antiquorum. De annis et epochis Hebraeorum inter se et cum epocha Christi connectendis. De annis mundi conditi ejusque aetatibus usque ad epocham Christi. De anno et die nativitatis et mortis Christi ac Deiparae Virginis Mariae. De annis post passionem Domini insignioribus. — **t. 2.** Chronicon pro annis mundi, juxta LXX Interpretes, connectendis cum annis ante vulgarem epocham Christi. Chronicon juxta Hebraicam editionem, quam secuta est Vulgata Latina. Chronicon magnum ab initio mundi usque ad ortum Abrahae juxta LXX; inde usque ad Christum,juxta utramque editionem; et post Christum, usque ad annum 1666. — **t. 3.** Catalogi personarum illustriorum. pt. 1. Patriarchae, Prophetae, etc. Vet. Testamenti. Summi Pontifices, episcopi. pt. 2. Reges Asiae et Europae. pt. 3. Persecutores, haeresiarchae, concilia etc. — **t. 4.** Index alphabeticus et chronicus 1. personarum insigniorum ante Christum, 2. post Christum natum, 3. rerum memorabilium ab orbe condito ad A. D. 1666.
★ Brunet IV 1277. — Sommerv VI 1804 n° 18.
♣ *Ve Prouae Sinensis Soc. Iesu.* 1963

2586

— Geographiae et hydrographiae reformatae libri dvodecim ... Auctore Reu. P. Io. Baptista Ricciolio Ferrariensi Societatis Iesv. Bononiae, Ex Typographia Haeredis Victorij Benatij, 1661.

10 l., 640p. front., illus. (incl. tables, diagrs) 37cm.
p. 209-210, 601-602, & 605-606 bound after p. 224, 604 & 608 respectively.
Text in 2 col.
1st ed.
Index & errata : p. 635-640.
Contents. — Isagoge ad geographiam universam. — De mensuris intervallorum. — De itineribus mensurandis, et locorum insignium itinerariis, intervallis, regnorumque, provinciarum et insularum magnitudine, et navigationibus. — De locorum distantiis mathematice mensurandis. — De trina quantitate globi terrae-aquei. — De altitudine turrium, montium et nubium, deque altitudine objecti visibilis, et amplitudine horizontis physici, demumque de altitudine libramenti aquarum defluentium, ac recta ratione demetiendi earum declivitatem. — De latitudine locorum terrestrium, et iis, quae illam consequuntur, videlicet climatum, dierum,umbrarumque diversitate. — De longitudine geographica, meridianorumve distantia inter sese, et ab uno primo. — Latitudines et longitudines locorum totius orbis terrae insigniorum alphabetico ordine, cum synonymia eorum vulgari ac Latina. — De mari, navigandi arte, et navibus. — Nomina lo-

corum, Latina vulgaribus et vulgaria Latinis respondentia. — Crux geographica. — Index & errata.
★ Brunet IV 1277. — Sommerv VI 1800 n° 6. 740

2587

— o. c. 37½cm.
♣ *Applicº à Prov de Japão.* 739

2588

— o. c.
♣ *Nankim.* 1183

2589

— o. c. 36½cm.
♣ *D. Antoninus Maria Trigona Baro S. C. Societati Iesu Sinensi.* 741

2590

— Geographiae et hydrographiae reformatae, Nuper recognitae, & Auctae, Libri Duodecim, avctore R. P. Io. Baptista Ricciolio Ferrariensi Societatis Iesv ... Venetiis, Typis Ioannis La Noù, 1672.
8 l., 691 (*i.e.* 695)p. incl. tables, diagrs. 36cm.
Illus. t.-p.
Text in 2 col. 231

2591

— Prosodia Bononiensis reformata Et ex duobus Tomis in vnum ab ipso Auctore redacta, Nec sola Rudimenta Prosodiae pro Tironibus, sed Prosodiam Maiorem absolutè tamen prouectis necessariam continens Vnà cum selectis Poetarum Versibus, ad confirmandam Syllabarum quantitatem & Triplici vt antea Indice Vocabulorum, Novissimè ex relictis ab auctore praedefuncto correctionibus, & additionibus correcta, & aucta. Avctore P. Io. Baptista Ricciolio Societatis Iesv Ferrariensi. Venetiis, Apud Paulum Balleonium, 1674.
7 l., 724 (*i.e.* 728)p. 15cm.
1st ed. Bologna, 1639.
★ Sommerv VI 1798 n° 1.
♣ *Collegij Soctis Jesv Pekini.* 3216

2592

Riccius, Io. Aloysius.
Praxis avrea et qvotidiana rervm fori ecclesiastici Complectens varias vtriusque iuris resolvtiones In qua quicquid in Curiis Ecclesiasticis, & Secularibus frequentius occurrere solet, dilucidè, ac succinctè continetur ... Authore Io. Aloysio Riccio Viro Patritio, & Canonico Neapolitano. Cum triplici Indice, primus quidem materias sub Resolutionibus collectas; secundus Argumenta resolutionum ipsarum; ultimus res notatu dignas facillime, ac miro ordine demonstrat. Coloniae Allobrogvm, Apud Philippvm Albert, 1621.
12 l., 607, [63]p. 22½cm.
Signatures: †-†††⁴, A-Z⁴, Aa-Zz⁴, Aaa-Zzz⁴, AAaa-GGgg⁴, †-††††††††⁴.
p. 5, 47 lines, 188×108mm.
Text in 2 col.
♣ *Stamp of Mgr Polyc. de Souza.* 2322

2593

Ridolphinus, Petrus.
(Petri Ridolphini I. C. ...) De Ordine Procedendi in Iudicijs in Romana Curia, Praxis Recentior. In qua Monitoria, Citationes, Intimationes, Sententiae Appellationes, Commissiones, caeterique actus ...Necnon eorum formulae opportunae, ac tela Iudiciaria, in causibus [*sic*], in quibus illa requiritur, mirum in modum traduntur, & enucleantur ... Opus tripartitò diuisum ... Cui accesserunt, Constitutiones. Innocentiana, Gregoriana, & Urbana ... In hac verò quarta Veneta editione praeter nonnullas animaduersiones, & nouuas [*sic*] allegationes, quibus aucta & illustrata, accuratissimè quoque est à mendis recognita. Venetiis, Apud Zachariam Conzatti, 1696.
4 l., 200 (*i.e.* 192), 160, 88, 120, 99p., 33cm.
Half-title: Petri Ridolphini Praxis recentior.
Index at end. 2025

2594

Riegger, Paul Joseph de, 1705-1775.
(Pauli Josephi a Rieger ...) Institutionum jurisprudentiae ecclesiasticae Pars I [-IV] ... Editio prima Veneta novis indicibus locupletata, Cui accedunt nunc primum Antonii Augustini Archiep. Tarrac. de Emend. Gratiani Dialog. Libri duo cum Stephani Baluzii, & Gerh. Mastrichtii Notis. Venetiis, Sumptibus Heredis Nicolai Pezzana, 1777.
4v. 18½cm.
1st ed. Vienna, 1764.
Contents. — **pt. 1.** Principia juris ecclesiastici communis, ejusque adminicula. — **pt. 2.** Prolegomena, in quibus brevis historia juris ecclesiastici traditur. Decretalium Gregorii IX libri I et II. — **pt. 3.** Decretalium Gregorii IX liber III. — **pt. 4.** Decretalium Gregorii IX libri IV et V.
— Antonii Augustini Archiep. Tarraconensis de Emendatione Gratiani Dialogorum libri duo, cum Stephani Baluzii et Gerh. Mastrichtii notis. Curante M. Jos. Ant. de Riegger ... Venetiis, Sumptibus Heredis Nicolai Pezzana, 1777.
2v. 18½cm.
1st ed. Tarragone, 1587.
♣ *Stamp of Mgr Alex. de Gouvea.* 3636

2595

Riolan, Jean, 1577-1657.
[Encheiridion anatomicum et pathologicum. Paris? 1658]
10 l., 471 (*i.e.* 465), [24]p., 24 l. 24 plates. 18½cm.

3 p. l. (incl. t.-p.) wanting.
For title, etc. *cf.* Caption title & NouvBiogrGén XLII 306.
1st ed. Paris, 1648.
Index at end. 1051

2596

Risner, Friedrich, *d.* 1580.

Opticae libri quatuor ex voto Petri Rami novissimo per Fridericum Risnerum ejusdem in Mathematicis adjutorem olim conscripti, Nunc demum ... in usum & lucem publicam producti. Editio iterata ... Cassellis, Excudente VVilhelmo VVesselio, Prostant Francofurti apud Iohannem Bernerum, 1615.

10 l., 259p. incl. diagrs. 20cm.
Signatures: a-b⁴, c², A-Z⁴, Aa-Ii⁴, Kk².
p. 9, 30 lines, 142×90mm.
Ed. by Nicolaus Crugius. *cf.* Dedication.
1st ed. Cassel, 1606. 646

2597

— o. c.

647

2598

— o. c.

t.-p. wanting. 388

2599

Ritter, Joseph, *SJ,* 1698-1761.

Vita, et virtutes Mariae Annae Portugalliae, et Algarbiae Reginae ... Conscripta a P. Josepho Ritter, Societatis Jesu Sacerdote, SS. Theologiae Doctore. Viennae Austriae, Litteris Joannis Thomae Trattner, 1756.

8 l., 252, [4]p. front. (port.) 20½cm.
1st ed.
★ Sommerv VI 1876 n° 5. 2929

2600

— o. c.

2930

2601

Rittershausen, Konrad, 1560-1613.

Ivs Ivstinianevm, Hoc est, Novellarvm Imp. Ivstiniani Avg. Expositio Methodica, Auctore Cvnrado Rittershvsio p. m. IC. excellentissimo: Antecessore Acad. Norim. Altorphiae celeberrimo. Praemissa sunt inclytarum aliquot Academiarum Germaniae, Virorumque clarissimorum, elogia de hoc opere egregia & perhonorifica: Accesserunt & singulis capitibus sua summaria, Lectori magnam commoditatem allatura. Argentorati, Sumptibus Lazari Zetzneri, 1615.

12 l., 718p. 22cm.
Signatures: a-c⁴ A-Z⁴, Aa-Zz⁴, Aaa-Zzz⁴, Aaaa-Vvvv⁴, Xxxx³.
p. 13, 43 lines, 175×117mm.
1st ed. 2343

2602

Rivière, Lazare, 1589-1655.

(Lazari Riverii ...) Opera medica universa qvibvs continentvr. I. Institutionum Medicarum, libri quinque. II. Praxeos Medicae, libri septemdecim. III. Observationum Medicarum & curationum insignium, Centuriae quatuor, cum observat. ab aliis communicatis rarioribus. Editio ultima auctior et correctior ... Francofurti, Sumptibus Johannis Petri Zubrodt, Typis Pauli Hummii, 1669.

3 l., 194, [6]p., 1 l., 195-554, [2]p., 1 l., 555-700p., 1 l., 39p. incl. tables. 33½cm.
3v. in 1.
Paged continuously.
Illus. t.-p.
Text in 2 col.
Ed. by Johann Daniel Horst. *cf.* Dedication.
1st ed. Lyons, 1663.
Index at end. 976

2603

— (Lazari Riverij ...) Opera medica universa; quibus continentur, I. Institutionum Medicarum, Libri quinque. II. Praxeos medicae, Libri septemdecim. III. Observationum Medicarum, Centuriae quatuor. Quibus accedunt observationes variae ab aliis communicatae: Itémque observationes infrequentium morborum. Ac denique ipsissima Arcana Riverij plenè revelata. Omnia non tantùm ab ipsomet Authore ultimo revisa, emaculata, locupletata; sed etiam à Johanne Daniele Horstio, adornata, necnon à Joh. Jacobo Doebelio recensita. Nunc vero singula peculiaribus suis indicibus illustrata. Lugduni, Sumpt. Joannis-Antonii Huguetan & Soc., 1679.

8 l., 604, [35]p. incl. front., tables. 36½cm.
Illus. t.-p.
Text in 2 col.
« Arcana Lazari Riverii » is an apocryphal from Bernardino Cristini. *cf.* NouvBiogrGén XLII 344.
★ Brunet IV 1322.
♣ *PP Gallor SJ Pekin.* 969

2604

— o. c.

♣ *Dono accepi a F. Georgio Hungareti S. J. Goae 1694. — Non prohibetʳ. — Collegij Societatis Jesu Pekini. — Vice provinciae Sin. S. J. — in usum P. K. S.* 970

2605

Rodericus Zamorensis, *fl.* 1465.

Specvlvm omnium statvvm totivs orbis terrarvm, Imperatoris, Papae, Regvm, Cardinalium, Patriarcharum ... Sortem generis humani, eiusque commoda & incommoda representans; avctore Roderico Episcopo Zamorensi ... Cui ob similem materiam est adiunctum Macabri Specvlvm morticinvm.

Vtrumque recensitum et editum ex Bibliotheca V. N. Melchioris Goldasti Haiminsfeldii &c. Hanoviae, apud Heredes Ioan. Aubrii, 1613.

20 l., 277, [1]p. 23cm.
Signatures : a-e4, A-Z4, Aa-Ll4, Mm3.
p. 3, 36 lines, 169×108mm.
« Speculum morticinum » ed. by Pierre Desrey.
Colophon : Hanoviae, Typis VVechelianis apud haeredes Joh. Aubrii, 1613.
1st ed. Strasburg, 1507.
♣ *Bibl. Trig.* 1594

2606

Rodriguez, Alonzo, *SJ,* 1537-1616.

Exercitivm perfectionis et virtvtum christianarvm, Auctore R. P. Alphonso Rodericio Vallisoletano Societatis Iesu Sacerdote, in tres partes distributum, Interprete Matthia Martinez ... Editio tertia emendata et recognita ad exemplar hispanicvm et alias Translationes, per PP. Societatis Iesv Cum novo indice rerum, item concionibus et Exhortationibus accommodato. Coloniae Agrippinae, Apud Ioannem Antonivm Kinchivm, 1657.

v. 1. 21cm.
The complete set consists of 3 volumes.
Our copy contains only 4 of the 8 treatises of vol. 1.
p. 199 added in ms.
Index at beginning.
1st Spanish ed. Seville, 1609.
★ Sommerv VI 1961.
♣ *Ex libris congregationis missionis ad usum* 3646

2607

Rodriguez, Manuel, *OFM,* 1550*ca.*-1613.

Compendivm qvaestionvm regvlarivm R. admodum P. Emanvelis Roderici Lusitani, S. T. Lectoris Prou. S. Iacobi Reg. Obseruant. Ordin. Minor. Diffinitoris. Ad commodiorem usum per Aphorismos ordine alphabetico digestũ. Opera ac studio quorumdam Fratrum Minorum Recollectorum Prou. D. Andreae. Valencenis, Apud Ioannem Vervliet, 1616.

6 l., 527, [1]p. 10½cm.
1st ed. of « Quaestiones regulares et canonicae, 3v. », Salamanca, 1598.
1st ed.
★ DictTheoCath XIII 2762. 3614

2608

Rohault, Jacques, 1620-1675.

(Jacobi Rohavlti) Tractatvs physicvs Gallice emissvs Et Recens Latinitate donatvs Per Th. Bonetvm D. M. Genevae, Sumptibus Ioannis Hermanni Widerhold, 1674.

23 l., 762, [79]p. 17 fold. diagrs. 17½cm.
Ms. marginal notes.
1st French ed. Paris, 1671.
1st Latin ed.
Index : p. [763]-[841]
The ornament on t.-p. cut out and replaced by another.
♣ *Constitit 1 fl. — G. Brand 1679.* 697

2609

Roias, Joannes de, *16th cent.*

(Illustris uiri D. Ioannis de Roias) Commentariorum in Astrolabium quod Planisphaerium uocant, libri sex nunc primùm in lucem editi. His additus est index capitum ac rerum, quae toto opere continentur, locupletissimus. Lvtetiae, Apud Vascosanum, 1550.

12 l., 282, [12]p. illus. (incl. tables, diagrs.) 22½cm.
Signatures : a-c4, A-Z4, Aa-Ll4, Mm6, Bb6 (Mm6 blank)
p. 5, 29 lines, 166×102mm.
1st ed.
♣ *Bibl. Trig.* 175

2610

Rome. Collegium Germanicum.

Ex vniversa philosophia Theses Sub faustissimis auspicijs Eminentissimi, ac Reverendissimi Principis Palvtii Cardinalis Alterii S. R. E. Camerarii Collegij Germanici, & Vngarici Protectoris. Ibidem pro lavrea philosophica Propugnatae a Carolo Ferdinando S. R. I. Comite de Lodron ... anno M. DC. LXXXII. Romae, Typis Angeli Bernabò, 1682.

2 l., 58p. front. 34cm.
p. 1-2 wanting. 3525

2611

Rondelet, Guillaume, 1507-1566.

(Gvlielmi Rondeletii ...) Libri de Piscibus Marinis, in quibus verae Piscium effigies expressae sunt ... Postremò accesserunt Indices necessarij. Lugduni, Apud Matthiam Bonhomme, 1554.

8 l., 583, [23]p. illus. (incl. port.) 34½cm.
Signatures : a?, A-H6, I-K4, L-Z6, Aa-Zz6, AA-BB6, CC-DD4, EE-FF6 (t.-p. without sign.)
p. 13, 42 lines, 250×138mm.
1st ed.
★ Brunet IV 1372. 940

2612

Roomen, Adriaen van, 1561-1615.

In Archimedis circvli dimensionem Expositio & Analysis. Apologia pro Archimede ad Clariss. virum Iosephum Scaligerum. Exercitationes cyclicae contra Iosephum Scaligerum, Orontium Finaeum, & Raymarum Vrsum, in decem Dialogos distinctae. Avthore Adriano Romano Eqvite Aurato ... Wvrcebvrgi, 1597.

2 l., 112p. illus. 37cm.
Signatures : A-Z2, AA-EE2, (2 p. l. without sign.)

p. 56, 73 lines, 299×191mm.
1st ed.
Bound with : Serlio, S. Architectvrae liber septimvs, Francofvrti, 1575.
♣ *Collegij Societatis Jesu Pekini.* 1162

2613

Roomen, Adriaen van, 1561-1615.
(Adriani Romani) Canon triangvlorvm Sphaericorum, Breuissimus simul ac facilimus quamplurimisq; exemplis opticè proiectis illustratus, in gratiam Astronomiae, Cosmographiae, Geographiae, Horologiographiae, &c. Studiosorum iam primùm editus. Accessere plenioris vsus ergô. Tabvlae sinvvm, tangentivm, et secantivm ex opere Rdi. atq. Eximij Patris Christophori Clavij S. I. Mathematici celeberrimi desumptae. Mogvntiae, Ex Officina Joannis Albini, 1609.

6 l., 9-315p., 4 l., 91, [1]p. incl. tables, col. diagrams. 24½cm.
Signatures : a^6, $b-e^4$, f^2, $g-z^4$, $aa-rr^4$, $†^4$, $A-L^4$, M^2.
Sign. a; b, 26 lines, 170×126mm.
Clavius' « Tabulae sinuum » has a special t.-p. dated 1607.
1st ed.
Bound with : Proclus. Chrestomathia poetica, Hanoviae, 1615. 1230a

2614

— Ideae mathematicae pars prima, sive Methodvs polygonorvm, qva Laterum, perimetrorum & arearum cujuscunque polygoni investigandorum ratio exactissima & certissima; unà cum circuli quadratura continentur. Avthore Adriano Romano Lovaniensi ... Antvverpiae, Apud Ioannem Keerbergium, 1593.

8 l., 128p. incl. tables. 20cm.
Signatures : $†-††^4$, $A-Q^4$.
Sign. †† a, 43 lines, 157×112mm.
1st ed. 361

2615

— Ovranographia sive Caeli descriptio. In qua praeter alia, coelorum numerus & ordo methodo inquiruntur, omniaque ea quae ad primum caelum, primumque mobile ab eo distinctum spectant, dilucidè explicantur, nominibusque aptè fictis distinguuntur ... Avthore Adriano Romano Lovaniensi. Lovanii, Ex officina Joannis Masij, 1591.

4 l., 56p. incl. tables. 19½cm.
Signatures : $A-H^4$.
p. 23, 37 lines, 145×98mm.
1st ed.
Bound with : Roomen, A. van. Specvlvm astronomicvm, Lovanii, 1606 and others. 133a

2616

— Parvvm theatrvm vrbivm siue vrbivm praecipvarvm totivs orbis brevis & methodica Descriptio. Authore Adriano Romano ... Francofvrti, Ex Officina Typographica Wolffgangi Richteri, sumptibus omnium heredum Nicolai Bassaei, 1608.

4 l., 365 (*i.e.* 371), [25]p. incl. maps. 19½cm.
Signatures : $†^4$, $A-Z^4$, $Aa-Zz^4$, $Aaa-Ccc^4$, Ddd^2.
p. 7, 29 lines, 133×97mm.
Some pages of index bound incorrectly.
1st ed. Frankfort, 1595.
Index at end.
♣ *Bibl. Trig.* 25

2617

[— Pyrotechnia, hoc est de ignibus festivis, jocosis, artificialibus et seriis, variisque eorum structuris, libri duo, ex scriptoribus latinis, italis et germanis collecti et redacti, auctore Adriano Romano. Herbipoli et Francofurti, in officina paltheniana, 1611]

71p. illus. 22cm.
Signatures : $A-H^4$; $I-K^2$.
p. 5, 28 lines, 152×96mm.
t.-p. wanting.
Author, title, imprint etc. *cf.* Thierry's Catalog p. 119, and Brunet I 54.
Bound with : Gentilini, E. Instrvttione di artiglieri, Venetia, 1598.
★ Brunet I 54.
♣ *Bibl. Trig. ?* 755

2618

— Specvlvm astronomicvm, sive Organvm forma mappae expressvm : In qvo licet immobili Omnes qvi in Primo caelo, Primoqve mobili spectari solent motus, per Canones ea de re conscriptos ... repraesentantur. Avthore A. Romano ... Lovanii, Ex officina Ioannis Masij. Sumptibus Authoris. Prostat Francofurti apud Levinum Hulsium, 1606.

151, [1]p. incl. tables, diagrs. 19½cm.
Signatures : $A-T^4$.
p. 5, 25 lines, 141×100mm.
1st ed.
Bound with : Roomen, A. van. Ovranographia, Lovanii, 1591. — Bagdedin, M. De svperficiervm divisionibvs, Pisavri, 1570. — Praetorius, J. De cometis, Noribergae, 1573. — Wincklerus, N. Cometa Pogonias, Noribergae, 1578. — Gemma C. Stellae peregrinae, Lovanii, 1573.
♣ *Bibl. Trig.* 133

2619

— Svppvtatio ecclesiastica Secundum novam et antiqvam Calendarii rationem. Huic accessit Theoria Calendariorum. Authore A. Romano ... Wircebvrgi, Apud Georgium Fleischmann, 1595.

2 l., 52, 80p. incl. tables. 20cm.
Signatures : $A-F^4$, G^2 (2 p. l. without sign.); $A-K^4$.
pt. 2, p. 39, 35 lines, 140×98mm.
1st ed.
Bound with : Dudith, A. De cometarvm signi-

ficatione commentariolus, Basileae, 1579. — Floridus, A. Tractatvs de annis climatericis, ac diebus criticis, Patavij, 1612.
♣ *Bibl. Trig.* 404

2620

Rosignolo, Bernardino, *SJ,* 1547-1613.
De disciplina christianae perfectionis pro triplici hominum statu, incipientium, Proficientium et Perfectorum : Ex sanctis Scripturis et Patribus Libri Quinque Diligenter recogniti et emendati. Bernardino Rosignolio Vlmetano, Ex Societate Jesv Auctore. Lvgdvni, svmptibvs Horatii Cardon, 1604.

12 l., 766 (*i.e.* 768), [87]p. 17½cm.
Signatures : †8, ††4, A-Z8, Aa-Zz8, Aaa-Bbb8, C8, DDd-GGg8, HHh4.
p. 3, 39 lines, 128×68mm.
Index at end spoiled.
Engr. ornamented t.-p.
1st ed. Ingolstadt, 1600.
★ Sommerv VII 161 n° 2.
♣ *Missionis Sinensis Patrum Soc. Jesv.* — *Veyo da Rezida de Cinanfu.* 2078

2621

[Rosmer, Paulus, *SJ,* 1605-1664]
Conclusiones theologicae ex auctoribus quibusdam excerptae et in Alma Universitate Graecensi Societatis Jesu propugnatae a Reverendo Patre Chrysostomo Scupina ... Ordinis S. Benedicti ... Graecii, ex officina Francisci Widmanstadii, 1654.

8 l., 895p. 15½cm.
Full page illus. on verso of t.-p.
Author : Paulus Rosmer, *SJ. cf.* Sommervogel III 1695.
★ Sommerv III 1695 n° 102; VII 165 n° 2. 1319

2622

Rossi, Giovanni Vittorio, 1577-1647.
(Iani Nicii Erythraei) Exempla virtutum et vitiorum. Editio Tertia. Juxta exemplar Coloniae Ubiorum impressum, 1676.

7 l., 352, [16]p. front. 17cm.
Engr. ornamented t.-p.
Ianus Nicius Erythraeus is the adopted name of Giovanni Vittorio Rossi.
1st ed. Cologne, 1644.
♣ *Ex libris Fr : Josephi Mrae à ... Car : Discalc : 1745.* 2326

2623

Rossi, Girolamo de, 1539-1607.
De destillatione, Hieronymi Rvbei Ravenn. liber : In quo Stillatitiorum liquorum, qui ad Medicinam faciunt, methodus ac uires explicantur : Et Chemicae artis ueritas, ratione, & experimento comprobatur. Iampridem ab innumeris mendis repurgatus, & in usum studiosorum editus. Basileae, per Sebastianvm Henricpetri, [1585]

4 l., 290, [5]p. illus. 16cm.
Signatures : †4, A-S8, T4.
p. 3, 30 lines, 122×71mm.
Colophon dated 1585.
1st ed. Ravenna, 1582.
Index : p. [290]-[295]
♣ *Missionis Sinensis.* 918

2624

— Italicarvm et Ravenatvm historiarvm Hieronymi Rvbei libri XI. In quibus variae Italiae perturbationes, & rerum commutationes à priscis vsque ad nostra tempora vberrimè, & fidelissimè explicantur. Cvm indice locvpletissimo ... Venetiis, Apud Io. Antonium & Iacobum Franciscios Senenses, 1603.

4 l., 828, [55]p. 30cm.
Signatures : †4, A-Z6, Aa-Zz6, Aaa-Zzz6, a-d6, e4.
p. 3, 46 lines, 222×134mm.
1st ed. Venice, 1572.
♣ *Bibl. Trig.* 1911

2625

[Roszfeld, Johann] 1551-1626.
[Antiquitatum Romanarum corpus absolutissimum. In quo praeter ea quae Ioannes Rosinvs delineaverat : Infinita supplentur, mutantur, adduntur. ex Criticis & omnibus vtriusque linguae auctoribus collectum : Poëtis, oratoribus, historicis, Iurisconsultis, qui laudati, explicati, correctique: Thoma Dempstero à Muresk. I. C. Scoto auctore. Paris, Jean le Bouc, 1611-13]

? l., 828 (*i.e.* 816), [71]p. 34cm.
Signatures : †?, A-Z6, Aa-Zz6, Aaa-Yyy6, A-I4.
p. 31, 68 lines, 279×150mm.
? p. l. (incl. t.-p.), p. 1-24 wanting.
Text in 2 col.
For title, etc. *cf.* Privilege, & Thierry's catalog. p. 57.
1st ed. Basel, 1583.
1st ed. by Dempster.
Contents. — De regionibus urbis et populi Romani ordinibus. — De diis et eorum templis. — De sacerdotiis. — De anno, mensibus et diebus. — De ludis, mensis sive conviviis, vestibus, nuptiis et funeribus. — De comitiis. — De magistratibus. — De legibus. — De judiciis. — De militia.
♣ *Bibl. Trig.* 1884

2626

Rotario, Tomaso Francisco, *OBarn.*
Apparatus interrogationum, & responsionum pro examine clerici Promovendi ad Ordines, ad Beneficia simplicia; necnon ad Canonicatum, vel Poenitentiariam, ad Conciones, & ad Beneficium Curatum super generalia officia Parochi; autore P. D. Thoma Francisco Rotario Astensi Clerico Regulari S. Pauli Barnabita ... Venetiis, Ex Typographia Balleoniana, 1751.

373p. 15½×9cm.
Half-title : Apparatus Pro Examine clericorum.
Index : p. 363-373. 2604

2627

Royal society of London, The.

Acta philosophica Societatis Regiae in Anglia. Anni ... Auctore Henrico Oldenburgio Soc. Reg. Secr. Anglicè conscripta, & in Latinum versa Interprete C. S. Amstelodami, Apud Henricum & Theodorum Boom, 1672-81.

6v. illus., 49 plates (32 fold.), fold. map, 9 fold. tables, 12 diagrs. (3 fold.) 13½cm.
Library has: No. 1-9 (1665); 10-22 (1666); 23-32 (1667); 33-44 (1668); 45-56 (1669); 57-68 (1670).
Added engr. ornamented t.-p. (N°. 1)
Tr. by Christoph Sand. *cf.* DictOuvrAnonym IV 1139.
★ Brunet V 925. 889

2628

Royen, Adrianus van.

(Adriani van Royen, M. D. ...) Florae Leydensis Prodromus, exhibens plantas quae in horto academico Lugduno-Batavo aluntur. Lugduni Batavorum, Apud Samuelem Luchtmans, 1740.

36 l., 538, [30]p. fold. plan, fold. table. 20½cm.
Index: p. [539]-[568]
♣ *PP Gallor SJ. Pekin.* 1110

2629

Rubeus, Archangelus.

Incarnationis opvs Videlicet Distinctiones in Tertium Sententiarum librum. In qvibvs non solvm de Incarnatione pertractatvr; sed etiam de Conceptione Virginis, Adoratione imaginum, Gratia, Scientia, Merito, ac Passione Christi, Fide, Spe, Charitate, Virtutibus Cardinalibus, Donis, Virtutum connexione, Connexione vitiorum, Praeceptis decalogi, Mendacio, Periurio, Iuramento, Lege veteri. Et denique in eis quicquid à Magistro, & Doctoribus in tertio peragitur; facilè, breuiter, & exactè habetur ... Avctore D. Archangelo Rvbeo Cremonensi ... Romae, Apud Guilielmum Facciottum, 1614.

10 l., 315, [1]p. 33cm.
Signatures: a^6, b^4, A-Z^6, Aa-Cc^6, Dd^2.
p. 3, 46 lines, 260×154mm.
Text in 2 col.
1st ed.
Index at beginning.
Errata: p. [316]
♣ *V. provinciae.* 1322

2630

Rubio, Antonio, *SJ,* 1548-1615.

[Commentarii] In libros Aristotelis De anima. Avctore Patre Antonio Rvbio Rodensi Societatis Iesv, sacrae Theologiae in Mexicana Academia Doctore ... Madriti, Apud Ludovicum Sanchez, 1616.

4 l., 640 (*i.e.* 608), [8]p. 21½cm.
Signatures: $†^4$, A-Z^8, Aa-Pp^8, Rr^3, Qq^4, 2 l. without sign.
p. 5, 49 lines, 176×113mm.
Text in 2 col.
Title of this work should be: « Commentarii in libros Aristotelis De anima ». *cf.* « Licentia patris provincialis » & Sommervogel VII 283; the word Commentarii having probably been cut off by the binder.
1st ed. Alcala de Henares, 1611.
★ Sommerv VII 283 n° 6 (ed. wanting)
♣ *Missionis Sinensis PP. Soc. Jesv Veyo da Rezida de Cinanfu.* 2845

2631

— [(R. P. Antonii Rvvio Rodensis, Doctoris Theologici Societatis Jesu ...) Commentarii in libros Aristotelis Stagyritae de ortu, et interitu rerum naturalium, seu de generatione, et corruptione earum: Vna cum dubiis et quaestionibus hac tempestate in Schola agitari solitis ... Matriti, Excudebat Andreas Grande, 1615]

4 l., 554 (*i.e.* 534)p., 1 l., [8]p. 20½cm.
Signatures: $†^4$, A-Z^4, Aa-Zz^4, Aaa-Xxx^4, q^4.
P. 11, 46 lines, 167×107mm.
4? p. l. (incl. t.-p) wanting.
Text in 2 col.
Author: Antonio Rubio, *SJ,* title, etc. *cf.* Caption title, colophon, & Sommervogel VII 282.
1st ed. Madrid? 1608?
Index at end.
★ Sommerv VII 282 n° 5. 3153

2632

— (P. R. Antonii Rvvio Rodensis, Doctoris Theologi, Societatis Iesv ...) Commentarii in octo libros Aristotelis de Physico auditu seu Auscultatione: Vnà cum dubijs & quaestionibus hac tempestate agitari solitis. Nvnc primvm in Gallia editi, cum duplici Indice; quorum vnus quaestiones in ea discussas continet, alter res omnes consideratione dignas comprehendit. Lvgdvni, Apud Ioannem Pillehotte, 1611.

8 l., 804, [9]p. 17cm.
Signatures: $†^8$, A-Z^8, Aa-Zz^8, Aaa-Ddd^8, Eee^7.
p. 3, 43 lines, 143×77mm.
1st ed. Madrid, 1605.
★ Sommerv VII 282 n° 4. 2701

2633

Rudius, Eustachius, 1551-1611.

(Evstachii Rvdii Vtinensis ...) De affectib. externarum corporis humani partium libri septem. In qvorvm primis qvinqve de morbis; in duobus reliquis de Symptomatibus quàm accuratè disseritur; vtrisque & Chirurgis, & Physicis communes, & vtilissimi ... Indice non modo capitvm, sed etiam sententiarvm, dignarumq; obseruatu rerum locuplete, &

exacto illustrata ... Venetiis, Apud Ioan. Antonium & Iacobum de Franciscis, 1606.

2 pt. in 1. 33cm.
4 l., 200 numb. l., [43]p, 4 l., 54 numb. l., [14] p.
Signatures : a⁴, A-Z⁶, Aa-Oo⁶; a⁴, A-I⁶, K⁷.
f. 2a, 60 lines, 256×137mm.
Illus. t.-p.
♣ *Bibl. Trig. ?* 963

2634

Rudius, Eustachius, 1551-1611.

De Morbis occvltis, et venenatis, Libri Quinque. Evstachio Rvdio Vtinensi avctore ... In quibus haec Medicinae pars reliquarum omnium praestantissima, & utilissima, quae hactenus tenebris circumsepta iacuit, soloq; empirico ritu tractata fuit, ad lucem, & certam rationalem methodum reuocatur ... Venetiis, Apud Thomam Baglionum, 1610.

6 l., 227p. 32½cm.
Signatures : †⁴, A-T⁶.
p. 7, 70 lines, 254×134mm.
Illus. t.-p.
1st ed.
Index at beginning.
♣ *Bibl. Trig. ?* 1097

2635

Ruland, Martin, 1569-1611.

Alexicacvs chymiatricvs : pvris pvtis, mendaciis, atqve calvmniis atrocissimis Ioannis Oberndorferi, Quibus, Laruatus ille medicus, Apologiam suam, chymico-medicam practicam nequissimo ausu iniuriosissime consarcinauit; Oppositus Asserendae veritatis, & famae integritatis suae iure, A Martino Rvlando, Phil. et Med. D. ... Missus ab Auctore Francofurtum, prostat apud Palthenium, 1611.

4 l., 111p. 19½cm.
Signatures : †⁴, A-O⁴.
p. 3, 38 lines, 153×102mm.
1st ed.
Bound with : Liceti, F. De monstrorum caussis, natura, & differentiis libri dvo, Patavii, 1616 and others. 1049h

2636

— De morbo Vngarico recte cognoscendo et foeliciter curando. Tractatus novvs recognitus & auctus, tum curationibus historicis, tum quaestionibus hactenus inter Medicos controversis. Auctore Martino Rvlando Phil. & Medic. Doctore ... Lipsiae, Sumtibus Iacobi Apelii, 1610.

9 l., [1], 743, [34]p., 1 l. 16cm.
Signatures : A-Z⁸, Aa-Zz⁸, Aaa-Ccc⁸, Ddd⁷.
p 2, 29 lines, 121×60mm.
1st ed. Frankfurt, 1600.
Index : p. [744]-[774]
Errata : p. [777]
♣ *Missionis Sinensis.* 887

2637

— De perniciosae lvis Vngaricae tecmarsi et cvratione, tractatvs. Historicis cvris atque obseruationibus triginta, nec non quaestionibus aliquot homogeneis locupletatus. Avctore post Devm Opt. Max. Martino Rvlando F. Medico Ratisponensi ... Francoforti, Typis Romani Beati, sumptibus Nicolai Bassaei, 1600.

252, [16]p. 17½cm.
Signatures : A-Q⁸, R⁶.
p. 15, 32 lines, 131×73mm.
1st ed.
Index : p. [253]-[267]
Bound with : Bright, T. Hygieina, Francofurdi, 1588 and others. 899c

2638

Ruppius, Heinrich Bernhard.

(Henr. Bernh. Rvppii) Flora Ienensis sive Envmeratio plantarum, tam sponte circa Ienam, et in locis vicinis nascentivm, qvam in hortis obviarvm, methodo conveniente in classes distribvta, figvrisque rariorvm aeneis ornata : in vsvm Botanophilorvm Ienensivm edita mvltisqve in locis correcta et avcta. Francofvrti & Lipsiae, apud Ernestvm Clavd. Bailliar, 1726.

4 l., 311, [125]p. 3 fold. plates, fold. table. 17½cm.
Indices & errata : p. [317]-[436]
♣ *Resid. P. P. gall. Soc. Jes. Pekin.* 822

2639

Ruysbroeck, Joannes van, *CanReg,* 1293-1381.

(D. Ioannis Rvsbrochii sanctissimi divinissimiqve contemplatoris) Opera Omnia : a R. F. Laurentio Surio Carthusiano, ex Belgico Jdiomate in Latinum conuersa, & denuo quam diligentissimè recusa ... Coloniae, Apud Arnoldum Quentelium, 1609.

8 l., 754, [25]p. 22cm.
Signatures : †a-†aa⁴, a-z⁴, aa-zz⁴, aaa-zzz⁴, aaaa-zzzz⁴, aaaaa-eeeee⁴, fffff².
p. 5, 46 lines, 170×108mm.
p. 65-72 wanting.
1st Latin ed. by Surius, Cologne, 1552.
Contents. — D. Joannis Rusbrochii vita. — Summa totius vitae spiritualis. — Speculum salutis aeternae. — In Tabernaculum Moysis commentaria. — De praecipuis quibusdam virtutibus. — De fide et judicio. — De quatuor tentationibus. — De septem custodiis. — De septem gradibus amoris. — De nuptiis spiritalibus. — De perfectione filiorum Dei. — Regnum amantium Deum. — De vera contemplatione. — Epistolae septem. — Cautiones duae. — Samuel sive Apologia. — Oratio.
★ DictTheolCath XIV 411.
♣ *Bibl. Trig. ?* 3045

2640

Ryff, Petrus.

Quaestiones geometricae, in Euclidis & P. Rami Στοιχειωσιν ; In usum Scholae Mathematicae collectae, à Doctore Petro Ryff, Basil. ... Quibus Geodaesiam adjecimus per usum Radii Geometrici. Francofvrti, Sumptibus Johannis Pressii, Typis Caspari Roetelii. Anno 1649.

1 l., 135p. illus. (incl. tables, diagrs.) 31cm.
Signatures : A-R4 (t.-p. without sign.)
p. 47, 36 lines, 148×102mm.
p. 1-4, 111-112 wanting.
p. 43-44 bound after p. 110.
Text : 17×12½cm. , mounted on folio of 30×20½cm.
Bound with : Metius, A. Arithmeticae libri duo, Franekerae, 1640 and others. 294a

S

2641

Sa, Manoel de, *SJ,* 1530-1596.

Aphorismi Confessariorvm, ex Doctorvm sententiis collecti. Auctore Emanvele Sa Doctore Theologo Societatis Iesv. Adiecti sunt difficillimis quibusque sententiis auctores sui. Editio altera recognita. Antverpiae, Ex Officina Ioachimi Trognaesij, 1599.

327, [8]p. 13cm.
Signatures : A-O12.
p. 17, 37 lines, 97×56mm.
Illus. t.-p.
1st ed. Venice, 1595.
Index : p. [329]-[335]
★ DictTheolCath XIV 426. — Sommerv VII 349 n° 1.
♣ *V. proae.* 49

2642

— Aphorismi confessariorvm ex doctorum sententijs collecti. Avtore Emanvele Sa Doctore Theologo Societatis Iesv. In Collegio Iaponico eiusdem Societatis, 1603.

2 l., 221 numb. l., 3 l. 16½cm.
Signatures : A-Z8, Aa-Ee8, Ff2.
f. 3a, 25 lines, 118×72mm.
Ms. notes on front and back guard leaves.
Index at end.
★ Sommerv VII 349 n° 1. — Laures 39 n° 21. 2894

2643

— Notationes in totam Scriptvram Sacram : Qvibvs omnia fere loca difficilia, breuissimè explicantur : Tum variae ex Hebraeo, Chaldaeo, & Graeco lectiones indicantur ... Auctore Emanvele Sa, D. Theologo, Societatis Iesv. Lvgdvni, Sumptibvs Horatii Cardon, 1609.

4 l., 534, [102]p. 26cm.
Signatures : †4, A-Z4, Aa-Zz4, AAa-ZZz4, AAaa-KKkk4, LLll2.
p. 25, 59 lines, 196×126mm.
Title printed within an engraving.
Text in 2 col.
1st ed. Antwerp, 1598.
« Phrases Scriptvrae, ordine alphabetico », « Index totivs Scriptvrae copiosvs », & « Selectae quaedam Scriptvrae sententiae ordine alphabetico » at end.
★ DictTheolCath XIV 425. — Sommerv VII 353 n° 3.
♣ *Coll. Nanchinensi. P. Huberti a S. Laurẽtio.* — *V. prouae.* 1176

(2642)

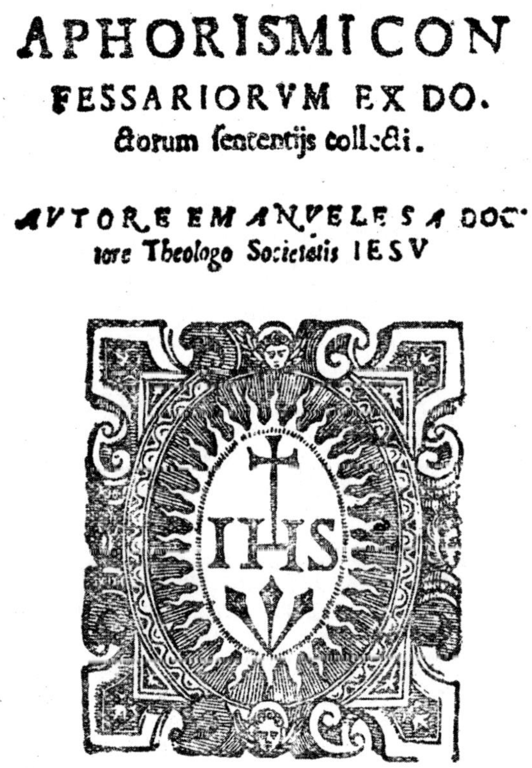
APHORISMI CON
FESSARIORVM EX DO.
ctorum sententijs collecti.
AVTORE EMANVELE SA DOC-
tore Theologo Societatis IESV
IHS
IN COLLEGIO IAPONICO
eiusdem Societatis, cum facultate
Ordinarij, & Superiorum.
Anno Domini. 1603.

2644

— (R. P. Emmanvelis Sa D. T. Societat. Iesv) Notationes in Totam Scripturam sacram ... Nvnc demvm a qvodam eivsdem Societatis, secundum Biblia vulgatae editionis, Sixti V. & Clem. VIII. recognitum & emendatum; nec non sacer textus characterum varietate distinctus. Lvgdvni, Sumptibus Philippi Borde, Lavrentii Arnavd, & Clavdii Rigavd, 1651.

2 l., 532p. 36cm.
p. 527-528 bound after p. 530.
Illus. t.-p.
Text in 2 col.
Indices : p. 458-532.
★ Sommerv VII 353 n° 3. 1215

2645

Sacchini, Francisco, *SJ,* 1570-1625.

Historiae Societatis Iesv pars qvarta siue Everardvs. Auctore R. P. Francisco Sacchino Societatis eiusdem Sacerdote. Romae, Typis Dominici Manelphij, 1652.

2 l., 289, [15]p. 34cm.
Index at end.
This is the 3rd of 4 volumes published by Sacchini in continuation of Orlandini's « Historiae Societatis Jesu pars prima, sive Ignatius, Rome, 1615 ».
1st ed.
★ Brunet IV 231. — Sommerv VII 366 n° 6. — Streit I 225 n° 528.
♣ *Da Vice Prov*a *da China.* 2157

2646

Sacro Bosco, Joannes de, *fl.* 1230.

[Sphaera mundi cum variis commentariis. Impressio Veneta per Ioannem Rubeum & Bernardinũ fratres Vercellenses ad instantiam iunctae de iunctis florentini Anno Domini M. ccccc. VIII. die VI. mensis maii]

4 l., 98, 65 numb. l. incl. diagrs. 30½cm.
Signatures : a⁴, b-i⁸, k⁶, kk⁶, l-m⁸, n⁶; A-G⁸, H⁹.
f. 3a, 58 lines, 242×163mm.
Ms. marginal notes.
Ed. by Bartolomeo Vespucci. *cf.* Sylvius' letter to editor (f. a3b).
For imprint. *cf.* Colophon.
1st ed. by Vespucci.
Contents. — Sacro Bosco, J. de. Sphericum opusculum cum expositione D. Francisci Capuani de Manfredonia et Annotationibus Bartholomaei Vespucii hinc inde intersertis. — Lefèvre d'Etaples, J. Commentarii in astronomicum J. de Sacrobosco. — Ailly, P. d'. Quaestiones XIV in Sphaeram subtilissimae. — Grosseteste, R. Sphaerae compendium. — Regiomontanus, J. Disputationes contra Cremonensia in planetarum theoricas deliramenta. — Peuerbach, G. Theorica nova planetarum. 475

2647

— Sphaera Ioannis de Sacrobosco typis avctior, quàm antehac, atq; ex diligenti manu scriptorum impressorumque codicum collatione castigatior; praemissa Philippi Melanchthonis doctiss. praefatione, qua vtilitatem astrologicae scientiae, & Christiano homini non negligendam scitè probat. Parisiis, Apud Guilielmum Richardum, 1545.

52 unnumb. l. incl. diagrs. 18cm.
Signatures : A-F⁸, G⁴.
f. [3]a, 26 lines, 123×67mm.
Ms. marginal notes.
Colophon : Parisiis, Excudebat Ioannes Lodoicvs Tiletanvs. Mens. Febrvar, 1545.
Spaces for initials with directors left blank.
Melanchton's preface is dated : mense Augusto, anno 1540.
1st ed. by Melanchton? *cf.* Smith 236.
Bound with : Voegelin, J. Elementale geometricum, Parisiis, 1543 and others. 313b

SPHAERA IOANNIS DE SACROBOSCO TYPIS AVCTIOR, quàm antehac, atq; ex diligenti manu scriptorum impressorumque codicum collatione castigatior, PRAEMISSA PHILIPPI Melanchthonis doctiss. praefatione, qua vtilitatem astrologicae scientiae, & Christiano homini non negligendam scitè probat.

PARISIIS, Apud Gulielmum Richardum, in pingui Gallina, ex adverso Collegij Cameracensis. 1545.

2648

— Sphaera Ioannis de Sacro Bosco, emendata. In eandem Francisci Iunctini Florentini, Eliae Vineti Santonis, & Alberti Heronis Scholia ... Antverpiae, Apnd [*sic*] Petrum Bellerum, 1582.

8 l., 327p. illus., fold. plate. 16cm.
Signatures : †⁸, A-V⁸, X⁴.
p. 3, 35 lines, 124×68mm.
Ed. by Giuntini, Francesco. *cf.* Dedication.
1st ed. by Giuntini, Florence, 1564.
Contents. — Sacro Bosco, J. de. Sphaera. — De altitudinis poli cognitione. — Tabella civitatum ali-

quot insigniorum secundum longitudinem & latitudinem. — De quantitate diei et noctis, ortu et occasu solis. — De festis mobilibus. — Nunez, P. Annotatio in extrema verba capitis de climatibus. — Regiomontanus, J. Expositio XXII ex libro tertio Epitomes in Almagestum Ptolemaei. — Alfraganus. De ortu & occasu planetarum. — De ortu poetico. — Proclus. De eclipsibus. — Sacro Bosco, J. de. Computus ecclesiasticus. Arithmetica, sive Algorismus. — Valeriano, P. Compendium in sphaeram.
Bound with : Peuerbach, G. Theoricae novae planetarvm, Coloniae Agrippinae, 1581. 92a

2649

Sailly, Thomas, *SJ,* 1558-1623.

[Thesaurus precum et Exercitiorum spiritualium, In usum praesertim Sodalitatis Partheniae : Auctore R. P. Thoma Saillio Soc. Jesv Presbytero : Additae breues Apologiae, eidem subseruientes. Antverpiae, Ex officina Plantiniana, Apud Joannem Moretum, 1609]

16 l., 561, [8]p. 17½cm.
Signatures : †-††⁸, A-Z⁸, Aa-Mm⁸.
p. 9, 32 lines, 127×66mm.
2 p. l. (incl. t.-p.), 30 l. (illustrations?) wanting.
For title, etc. *cf.* Privilege & Sommervogel VII 405.
★ Brunet V 32. — Sommerv VII 405 nº 7. 2327

2650

Saint-Jure, Jean Baptiste, *SJ,* 1588-1657.

Meditationes de praecipvis et gravissimis veritatibvs fidei Accomodatae ad tres Vitas Purgatiuam, Illuminatiuam & Vnitiuam. Operâ R. P. Ioannis Baptistae Sant Iure è Societate Iesv Gallicè conscriptae Nunc Latinitate donatae Interprete R. P. Michaele Cuvelier, eiusdem Societatis Iesv Sacerdote ... Monachii, Typis Lvcae Straub. Sumptibus Ioannis VVagneri, 1646.

12 l., 283p. front. 13×7½cm.
On half t.-p. : Lvx veritatibvs fidei accensa.
1st French ed. Paris, 1637.
1st Latin ed.
Bound with : Barry, P. de, *SJ.* Triduum hagiophylae, Monachii, 1646.
★ Sommerv VII 421 nº 3; II 1751 nº 4.
♣ *Collegij Societatis Jesu Ingolstadij 1646. — Vᵉ Prouᵃᵉ Sinensis.* 2301

2651

Saint-Vincent, Grégoire de, *SJ,* 1584-1667.

(R. P. Gregorii à Sto. Vincentio ex Societate Iesu) Opus geometricum posthumum ad mesolabium per rationum proportionalium novas proprietates. Finem operis mors authoris antevertit. Gandavi, Typis Balduini Manilii, 1668.

11 l., 297 (*i.e.* 291), [1]p. incl. front. diagrs. 37cm.
1st ed.
Errata at end.
★ Sommerv VII 442 nº 5.
♣ *R. P. Ferdinando Verbiest Societatis Jesu mittit R. P. Manderscheidt ex Poenitentiar(ia) Romana S. Petri. — Da V Provᵃ da China.* 585

2652

Saint-Foi, Timothée de, *pseud.*

Confvtatio fravdum et argvmentorvm qvibvs D. de Saint Victor in libello suo Le pretendu ennemi de Dieu C. 2. persvadere conatvr Quod Jansenius Iprensis in pseudo-Augustino suo non docuerit Propositiones quinque damnatas ab Innocentio X. et Alexandro VII. sed earum contradictorias. Authore Timotheo à S. Fide Theologo. Coloniae, Apud Hermannum Dehmen, 1680.

2 l., 25, [1]p. 20cm.
1st ed.
Bound with : Sainte-Foi, T. de. Quaestio facti, Coloniae, 1680. 2083a

2653

[—] Qvaestio facti quam appellare hodie placuit An propositiones quinque ab Innocentio X. et Alexandro VII. damnatae Tradantur in Augustino Cornelii Iansenii Episcopi Iprensis discussa et demonstrata Per D. de Marandé ... Per R. P. Franciscum Annatum Soc. Iesu ... Per R. P. D. Amelote de Saintes S. Theol. Doctorem è Congregatione Oratorij D. N. Iesu Christi. Contra Audaces conatus libelli nuperrime apud Belgas in lucem protrusi & Lovanii atque Bruxellis palam venditi. In quo Capite II. contenditur Jansenium in Augustino suo non docuisse Propositiones quinque damnatas; sed earumdem Contradictorias. Coloniae, Apud Hermannum Dehmen, 1680.

2 l., 156, [6]p. 20cm.
Index & errata at end.
Author : Timothée de Sainte-Foi. *cf.* Sommervogel I 400.
1st ed.
Bound with : Sainte-Foi, de. Confutatio fraudum et argvmentorvm, Coloniae, 1680. 2083

2654

Sala, Angiolo, 1570*ca.*-1637.

(Angeli Salae Vicentini ...) Opera medicochymica qvae extant omnia. Frustulatim hactenus, diuersisque linguis excusa, nunc in vnum collecta, latinoque idiomate edita. Editio postrema auctior & emendatior. In qua praeter correctionem crassissimorum errorum plusquam mille locis commissorum in nouissima editione Francofurtensi, integra capita sparsim Gallicè aut Germanicè expressa, latinitate donata reperies. Huic ultimae editioni accessit tractatus peculiaris Angeli Salae de erroribus Pseudochymicorum & Galenistarum, multùm desideratus, & nunquam nisi seorsim editus. Addito indice rerum & verborum locupletissimo. Rothomagi, Sumptibus Ioannis Berthelin, 1650.

4 l., 449 (*i.e.* 745), [13]p., 2 l., 3-50p. illus 23½cm.
Added engr. ornamented t.-p.
Text in 2 col.
1st collected ed. Frankfort, 1647.
Contents. — Anatome essentiarvm vegetabilivm — Hidraeleologia. — Tartarologia. — Saccharologia. — Septem planetarvm terrestrivm Spagirica recensio. — Chrysologia. — Aphorismorvm chymiatricorvm synopsis. — Processvs de auro potabili. — Anatomia antimonii. — Anatomia vitrioli. — De natura et proprietate vitrioli. — Tractatus de peste. — Descriptio antidoti pretiosi. — Ternarius emeticorum. — Ternarius bezoardicorum. — Ternarius laudanorum. — Exegesis chvmiatrica. — Tentzel, A. Myrothecium. — Appendix myrothecii. — Pulvis rosae vitae. — Index rerum et verborum. — Tractatus duo : De variis tum chymicorvm, tum Galenistarum erroribus.
♣ *PP Gallor SJ Pekin.* 1059

2655

— (Angeli Salae ...) Anatomia Vitrioli, in duos tractatus diuisa : In quibus vera ratio Vitrioli in diversas substantias resolvendi accuratissime traditur. Accedit arcanorum complurium ex substantiis istis deductorum, tum ad conservandam valetudinem, tum ad propulsandam grauissimorum morborum vim & intemperiem Sylva Ex Italica in Latinam linguam translata, studio & opera I. P. C. R. Avreliae Allobrogvm, Prostant in Officina Fabriana, 1609.

8 l., 34p., 7 l., 35-75 p., 1 l. 14cm.
Signatures : A-D[12], E[6].
p. 3, 27 lines, 107×60mm.
1st ed.
Errata at end.
Bound with : Sala, A. Septem planetarum terrestrium spagirica recensio, Amsterodami, 1614.
♣ *Missionis Sinensis, J. T.* 1062

2656

— Septem planetarvm terrestrium Spagirica recensio. Qua perspicve declaratur ratio nominis Hermetici, analogia metallorum cum microcosmo, eorum praeparatio vera & vnica, proprietates & vsus medicinales. Authore Angelo Sala Vincentino Veneto. Amsterodami, Apud Wilhelmum Ianssonium, 1614.

98 (*i.e.* 96)p. 14cm.
Signatures : A-D[12].
p. 9, 26 lines, 104×66mm.
1st ed.
Bound with : Sala, A. Anatomia vitrioli, Aureliae Allobrogum, 1609. 1062a

2657

Salamo, Simon.

Regula cleri, ex Sacris Litteris, Sanctorum Patrum monimentis, Ecclesiasticisque sanctionibus excerpta studio et opera Simonis-Salamo, et Melchioris Gelabert, Presbyterorum, Doctorum & Missionariorum Dioecesis Elnensis Ad Normam Quintae Editionis Parisiensis J. Barbou anni 1770. Cui accessit Praeparatio proxima ad mortem ... Bassani, Prostant Venetiis, apud Remondini, 1795.

xvi, 442p. 16½cm.
♣ *Pekini.* 2289

•2658

Salian, Jacques, *SJ,* 1558-1640.

Annales ecclesiastici Veteris Testament [*sic*] In quibus res gestae ab Orbe condito ad Christi Domini natiuitatem, & mortem, per annos ferè singulos digeruntur. & explicantur. Qvibvs connexi svnt Annales Imperii Assyriorvm, Babyloniorvm, Persarvm, Graecorvm, atque Romanorvm. Quantum ex sacris, prophanisque Scriptoribus agnosci, atque ordinari potuerunt. Avctore Iacobo Saliano Avenionensi, Societatis Iesv Presbytero. ... Lvtetiae Parisiorvm, Ex officina Nivelliana, Sumptibus Sebastiani Cramoisy, 1611-24.

6v. illus., 2 fold. plans. 42½cm.
Added engr. ornamented t.-p.
Engr. head-pieces.
Vol. I publ. in 1619. *cf.* Sommervogel VII 467.
Index at end of each volume.
Contents. — **t. 1.** Ab orbe condito ad ortum Mosis, 4052-1590. — **t. 2.** A nativitate Mosis ad Samuelem prophetam, 1589-1154. — **t. 3.** A Saule rege ad Roboam, 1153-994. — **t. 4.** A divisione regni Israelitici ad Zorobabelem, 993-537. — **t. 5.** Ab imperio Cyri ad Oniam III Pontificem, 536-175. — **t. 6.** A regno Antiochi Epiphanis ad Christi Domini mortem, 174 B.C.-34 A.D.
★ DictTheolCath XIV 1034. — Sommerv VII 467 n° 1.
♣ *PP Gallor S. J. Pekin.* 2000

2659

— Annalium ecclesiasticorvm Veteris Testamenti Epitome, Ab ipsomet eorum Auctore Iacobo Saliano Societatis Iesv Presbytero, fideliter accuratéque confecta. In qva, sicvt et in ipsis Annalibvs, res sacrae prophanaeque quintuplicis Imperij, ab Orbe Condito ad Christi Domini Natiuitatem, & receptum in caelum, per annos ferè singulos digeruntur, & explicantur. Rothomagi, Sumptibus Ioannis Berthelin, 1646.

6 l., 1106 (*i.e.* 1108),[38]p. 37cm.
Text in 2 col.
1st ed. Paris, 1635.
Index at end.
★ Sommerv VII 469 n° 8. 2424

2660

Salignac, Bernard.

(Bernardi Salignaci Bvrdegalensis) Arithmeticae libri duo, et algebrae totidem, cum demonstrationibus. Francofvrti, Apud heredes Andreae Wecheli, Claudium Marnium & Joann. Aubrium, 1593.

4 l., 152 (*i.e.* 150)p., 1 l. 2 fold. tables. 20cm.
Signatures: A-H4, K-X4.
p. 7, 32 lines, 153×102mm.
1st ed. Frankfort, 1580.
Bound with: Ptolemaeus, C. Magnae constructionis liber primus, Neapoli, 1605 and others.
★ Smith 359. 236c

2661

Salmanticenses.

(Collegij Salmanticentis FF. Discalceatorum B. Mariae de Monte Carmeli Primitivae Observantiae) Cursus theologiae moralis ... Accessere Propositiones, a Summis Pontificibus utroque Alex. VII. & VIII. necnon Innocentio XI. novissimè damnatae, earumque notulae sub signo propriis in locis, prout visum fuit decursu Operis opportunum ... Matriti, Ex Officina Regia, apud Iosephum Rodriguez de Escobar, 1714-18 [v. 1, 1717]

6v. 35cm.
Vol. 6 wanting.
Text in 2 col.
Vol. 1, 4. ed. 1717, v. 2, 5. ed. 1717; v. 3, 5. ed. 1718; v. 4, 5. ed. 1718; v. 5, 1. ed. 1714.
Index at end of each vol.
1st ed. Salamanca, 1665-1714.
1st ed. of complete work, Madrid, 1717-24.
Contents — **t. 1.** De Sacramentis in genere. De baptismo. De confirmatione. De eucharistia. De sacrificio missae. De poenitentia. De extrema-unctione. Per R. P. F. Franciscum a Iesu Maria. — **t. 2.** De sacramento ordinis, in cuius fine de ecclesiasticorum obligationibus, privilegijs, & immunitate agitur. De matrimonio. De censuris, tam in communi, quam in particulari: vbi de alijs poenis ecclesiasticis agitur, aliaque plura miscentur vtilissima. Per R. P. F. Andream a Matre Dei. — **t. 3.** De legibus. De iustitia, & jure. De restitutione. De contractibus. Per R. P. F. Andream a Matre Dei. — **t. 4.** De statu religioso. De horis canonicis. De voto, & iuramento. De privilegijs. De simonia. Per R. P. F. Andream a Matre Dei. — **t. 5.** De principijs moralitatis. De primo praecepto decalogi, vbi de fide, spe, charitate, & religione, nec non de vitijs his virtutibus oppositis. De secundo praecepto decalogi, vbi de adiuratione. De tertio praecepto decalogi, vbi de ecclesiae praeceptis. Per R. P. F. Sebastianum a Sancto Ioachim.
★ DictTheolCath XIV 1030.
♣ *Ad usum P. P. Carm: Disc: (vol. 3)* 1512

2662

Saminiati, Federigo.

(Federici Saminiati Patricii Lvcensis) Tabulae astronomicae. Quibus facilè omnia capita, quae ad vsvm sphaerae primi mobilis praecipiuntur, confici possint. His quoque accesservnt, Fvndamentvm, Apodixis, causa ac demonstratio, nec non supputandi Methodus absolutissima, quibus Astronomiae studiosus ... omnes tabulas primi motus condere possit ... Antverpiae, Ex Officina Typographica Martini Nutij, 1599.

8 l., 242? p. illus., 3 fold. diagrs. 22½cm.
Signatures: †-††4, A-Z4, Aa-Gg4, Hh4,?
p. 15, 38 lines, 175×126mm.
p. 243-? wanting.
♣ *Bibl. Trig.?* 228

2663

Samrez, Henri de, *SJ,* 1540-1610.

Sacra chronologia a mvndo condito ad Christvm R. P. Henrico Samerio Luxemburgensi, Societatis Iesv, Authore. Antverpiae, Apud Hieronymum Verdussen, 1608.

2 l., 67 (*i.e.* 65), [1]p. incl. tables. 31cm.
Signatures: A4, B-D2, E-F4, G-H2, I4, K2, L4, M1 (2 p. l. without sign.)
p. 3, 44 lines, 250×155mm.
p. 13-16 wanting.
Illus. t.-p.
1st ed.
Errata at end.
★ Sommerv VII 504 nº 1. 1234

2664

Sanchez, Tomas, *SJ,* 1550-1610.

Dispvtationvm de sancto Matrimonii sacramento, tomi tres. Auctore Thoma Sanchez Cordubensi, è Societate Iesv. Editio haec postrema Superiorum auctoritate correcta: in qua, praeter vitam Auctoris, locorum, quò faciliùs inueniantur, citationes charactere distinctae sunt. Tomus hic continet libros sex: quorum I. agit de Sponsalibus; II. de Essentia & consensu matrimonij in genere; III. de Consensu clandestino; IV. de Consensu coacto; V. de Consensu conditionato; VI. de Donationibus inter coniuges, sponsalitia largitate, & arris. Antverpiae, Apud Heredes Martini Nvtii, & Ioannem Mevrsivm, 1617.

v. 1. 36½cm.
The complete set consists of 3v.
Text in 2 col.
1st ed. Madrid, 1602.
★ DictTheolCath XIV 1075. — Sommerv VII 532 nº 1.
♣ *He da Provincia do Japao.* 3425

2665

— Opvs morale in praecepta Decalogi, R. P. Thomae Sanchez Cordvbensis Societatis Iesv Theologi. Cvm indice capitvm, & altero rerum & verborum copiosissimo ... Antverpiae, Apud heredes Martini NvtI, & Ioannem Mevrsivm, 1614.

2v. in 1. 37½cm.
8 l., 348, 396, [39]p.
Signatures: †8, A-Z6, Aa-Ff6; AA-ZZ6, AAa-MMm6, NNn8.
p. 5, 73 lines, 300×175mm.

4p. (sign. MM3-4) of index duplicate.
Text in 2 col.
Colophon : Typis Gerardi Wolsschatl & Henrici Aertsl, 1614.
1st ed. Madrid, 1613.
★ DictTheolCath XIV 1076. — Sommerv VII 534 n° 2. 1530

2666

Sande, Duarte de, *SJ,* 1531-1600.

De missione Legatorvm Iaponensium ad Romanam curiam, rebusq; in Europa, ac toto itinere animaduersis dialogvs ex ephemeride ipsorvm Legatorvm collectvs & in sermonem Latinvm versus ab Eduardo de Sande Sacerdote Societatis Iesv. In Macaensi portu Sinici regni in domo Societatis Iesv, 1590.

4 l., 412, [24]p. 19cm.
Signatures : A-Z4, Aa-Ii4, Kk6, Ll-Zz4, a-f4, A-C4.
p. 3, 35 lines, 138×104mm.
Some pages of index bound incorrectly.
Ed. by Alessandro Valignani. *cf.* Dedication « alumnis Seminariorum Japonensium ».
1st ed.
Index & errata : p. [413]-[436]
★ Laures 11 n° 3. — Pfister 45 n° 2. — Sommerv VII 546 n° 2. — Streit IV 464 n° 1718. 2888

DE MISSIONE LEGATORVM IAPONENſium ad Romanam curiam, rebuſq; in Europa, ac toto itinere animaduerſis

DIALOGVS

EX EPHEMERIDE IPSORVM LEGATORVM COLLECTVS, & IN SERMONEM LATINVM VERSVS ab Eduardo de Sande Sacerdote Societatis IESV.

In Macaenſi portu Sinici regni in domo Societatis IESV cum facultate Ordinarij, & Superiorum.
Anno 1590.

2667

Sanders, Nicholas, 1530*ca.*-1581.

De Clave David sev Regno Christi libri sex contra calvmnias Acleri pro visibili Ecclesiae Monarchia. Avctore Nicolao Sandero Anglo, sacrae Theologiae professore. Romae, Apud Georgium Ferrarium, 1588.

8 l., 396p. 22cm.
Signatures : †-††⁴, A-Z⁴, Aa-Zz⁴, Aaa-Ccc⁴, Ddd².
p. 19, 36 lines, 165×98mm.
Ed. by Filippo de Sega. *cf.* Dedication.
1st ed.
★ DictTheolCath XIV 1092.
♣ *Bibl. Trig. ?* 2427

2668

— De clave David sev Regno Christi libri sex, contra calvmnias Acleri pro uisibili Ecclesiae Monarchia, avctore Nicolao Sandero Anglo, sacrae Theologiae professore. VVircebvrgi, Apud viduam Henrici Aquensis, 1592.

132?p. 34cm.
Signatures : A-L⁶,?
p. 15, 59 lines, 263×161mm.
p. 85-108, 133-? missing.
Ed. by Filippo de Sega. *cf.* Dedication.
1st ed. Rome, 1588.
Bound with : Sanders, N. De visibili monarchia Ecclesiae libri VIII, Wircebvrgi, 1592. 1520a

2669

—[De visibili monarchia Ecclesiae. libri VIII. VVircebvrgi, Apud viduam Henrici Aquensis Episcopalis typographi, 1592]

6 l., 808, [11]p. 34cm.
Signatures : †⁶, A-Z⁶, AA-VV⁶, XX⁸, YY⁶.
p. 3, 60 lines, 268×160mm.
t.-p., p. 625-636 wanting.
For title *cf.* caption title.
For imprint *cf.* « De clave David sev regno Christi lib. sex », bound with this work
1st ed. Louvain, 1571.
Bound with : Sanders, N. De clave David sev regno Christi lib. sex, VVircebvrgi, 1592.
★ DictTheolCath XIV 1091.
♣ *Bibl. Trig. ?* 1520

2670

Sandt, Maximilianus van der, *SJ*, 1578-1656.

(R. P. Maximiliani Sandaei E Societ. Iesv Doct. Theol.) Stoa siue Porticvs Amantium, Colentium, Imitantium Christvm Crvcifixvm. Centvria X. & vltima, cum IX. praecedentibus De Crvcifixo Honorato. Coloniae Agrippinae, Apud Ioannem Kinchivm, 1649.

10 l., 376 (*i.e.* 372), [16]p. 12½cm.
p. 135?-138 wanting.
1st ed.
Index & errata at end.
★ DictTheolCath XIV 1089. — Sommerv VII 564 n° 47. 2533

2671

Sannazaro, Jacopo, 1458-1530.

(Jacobi, sive Actii Synceri Sannazarii, Neapolitani...) Poemata Ex antiquis Editionibus accuratissimè descripta, Nunc denuô correctiora, & Ab aliquibus minus seriis expurgata. Adduntur etiam imitationes poëticae P. Famiani Strada Societatis Jesu. Coninbricae, Ex Typ. in Regali Artium Collegio Soc. Jesu, M. CC. XXXIII. [*sic*]

8 l., 198, 24p. 13½cm.
[pt. 1]p. 155-158 wanting.
1st ed. Naples, 1526.
Contents. — De partu Virginis libri tres. — De morte Christi lamentatio. — Eclogae VI. — Elegiarum libri tres. — Epigrammaton libri tres. — Index rerum. — Strada, F. *SJ.* Poemata selecta. — Guiniggi, V. *SJ.* Poema.
★ Brunet V 127.
♣ *Foi do P. Ign° de Sousa.* 3170

2672

Sarnano, Constanzio, *OFM, cardinal, d.* 1595.

Conciliatio dilvcida omnivm controversiarvm, quae in doctrina duorum summorum Theologorum S. Thomae & subtilis Ioannis Scoti passim leguntur. Addito non sine maxima accessione in vniuersam Theologiam, praeclaro Directorio. Avctore Illvst.mo ac Reverend.mo D. D. F. Constantio Sarnano S. R. E. Cardinale Amplissimo. Romae, Apud Dominicum Basam, 1589.

4 l., 255, [20]p. 24cm.
Signatures : †⁴, A-Z⁴, Aa-Kk⁴, Ll⁶.
p. 57, 48 lines, 172×108mm.
Illus. t.-p.
1st ed.
Index : p. [257]-[275]
♣ *Bibl. Trig.* 1655

2673

Sarzosius, Franciscus.

Novvs commentarivs in aeqvatorem planetarum. Prior fabricam aeqvatoris complectitvr, posterior vsvm atque vtilitatem ... Avthore Francisco Sarzosio ... Parisiis, Apud Bartholomaeum Macaeum, 1591.

41 numb. l., 1 l. incl. tables, diagrs. 29½cm.
Signatures : a-g⁶.
f. 5a, 44 lines, 229×135mm.
Illus. t.-p.
Colophon : Excudebat Petrus Cheualier.
Bound with : Gallucci, G. P. De fabrica et vsv hemisphaerii, Venetiis, 1596 and others. 130b

2674

Sasbout, Adam, *OFM,* 1516-1553.

(Fr. Adami Sasbovt Delphii Theologi ...) Opera omnia nvnc itervm excvsa, et diligenter emendata, non nihil etiam avcta. Cvm indice novo, verborvm et rerum memorabilium locupletissimo ... Coloniae Agrippinae, apvd Vidvam Ioannis Birckmanni, 1575.

18 l., 701, [1]p. 31½cm.
Signatures : †-†††6, A-Z6, Aa-Zz6, Aaa-Mmm6. Nnn3.
p. 9, 61 lines, 246×133mm.
Text in 2 col.
1st collected ed. Cologne, 1568.
Errata : p. 695.
Contents. — In Esaiam Prophetam commentaria. — In omnes D. Pauli, & quorundam aliorum Apostolorum epistolas explicatio. — Opus homiliarum. — Oratio quodlibetica, demonstrans veram Christi ecclesiam. — Oratio funebris, in obitum D. Tilmanni, Praesidis Collegii Pontificii, in Academia Lovaniensi. — Homeri Iliados A Rhapsodiae translatio.
★ DictTheolCath XIV 1127.
♣ *Bibl. Trig.* 1249

2675

Sautel, Pierre Just, *SJ,* 1613-1662.

Lusus poetici allegorici. Sive Elegiae oblectandis animis, & moribus informandis accommodatae : In tres Libros distributae. Auctore P. Petro Justo Sautel è Societate Jesu. Pragae, Typis Vniversit : Carolo-Ferd. in Coll : Societ : Jesu ad S. Clementem, 1684.

6 l., 143p. 13cm.
Illus. t.-p.
1st ed. Lyons, 1656.
★ Sommerv VII 666 n° 2.
♣ *Ex libris Floriani Josephi Bahr Poetae 1722.* 2980

2676

[**Savile,** *Sir* **Henry**] 1549-1622, *ed.*

Rervm Anglicarvm scriptores post Bedam praecipvi, ex vetvstissimis codicibvs manvscriptis nvnc primvm in lvcem editi ... Adiecta ad finem Chronologia. Cum Indice Rerum ac verborum memorabilium locupletissimo. Francofvrti, Typis Wechelianis apud Claudium Marnium & heredes Ioannis Aubrij, 1601.

916, [90]p. incl. tables. 36½cm.
Signatures : A-Z6, Aa-Zz6, Aaa-Zzz6, Aaaa-Ffff6, Gggg8, a-g6, h3.
p. 9, 59 lines, 283×150mm.
Ed. by Sir Henry Savile. *cf.* Preface.
« This edition [Frankfort, 1601] is full of errors, amounting at times to downright unintelligibility ». — DictNatBiogr XVII 858.
1st ed. London, 1596.
Contents. — Willielmus Malmesburiensis. De gestis regum Anglorum lib. V. Historiae novellae lib. II. De gestis Pontificum Angl. lib. III. — Henricus Huntindoniensis. Historiarum lib. VIII. — Rogerus Hovedenus. Annalium pars prior & posterior. — Ethelwerdus. Chronicorum lib. IV. — Ingulphus Croylandensis. Historiarum lib. I.
★ Brunet V 156.
♣ *Bibl. Trig.* 1975

2677

Savonarola, Girolamo, *OP,* 1452-1498.

(Hieronymi Savonarolae Ferrariensis ...) Trivmphvs Crucis, sive De veritate Fidei. Libri IV. Recens in lucem editus. Lugduni Batavorum, Ex Officina Ioannis Maire, 1633.

5 l., 3-399p. 12½cm.
Signatures : †4, A-Q12, R8.
p. 7, 28 lines, 93×51mm.
Ms. notes on t.-p. and half-title page.
1st ed. Florence, 1497.
★ Brunet V 161. — DictTheolCath XIV 1222.
♣ *Aplicado ao Collº da Compa de JESV Macao na China No Cubiculo do Pe Provincial. — Francisco Pereira de la Cerda faleceo na Comp. Coimbra. 1656. — Cuno Cubiculo do Pe Reitor.* 2236

2678

— (Hieronymi Savonarolae Ferrariensis) Trivmphvs Crvcis, sive De veritate Fidei. Libri IV. Et Meditatio eiusdem in Psalmum Miserere. Romae, Typis Sacrae Congregat. de Propag. Fide.

5 l., 497p. 15cm.
♣ *Carm : Discal :* 2205

2679

— o. c.

Ms. notes on recto of front guard leaf. 1725

2680

Savot, Louis, 1579-1640.

(Ad nobilissimvm virvm Gotofridvm de Pontac libellorvm svpplicum in Regiâ Magistrum clarissimum.) Nova, seu verius Noua-antiqua de causis colorvm sententia. Auctore Ludouico Sauotio in Academia Parisiensi Medicinae Baccalaureo. Eiusdem. De Tetragoni Hippocratici significatione contra Chymicos obseruatio. Parisiis, Ex officina Plantiniana, Apud Hadrianvm Perier, 1609.

16p., 4 l., 23 numb. l. 18½cm.
Signatures : A8; a4, A-B8, C7.
p. 6, 32 lines, 128×66mm.
« De tetragoni Hipporratici [*sic*] significatione » is bound before « Noua seu verius Nova antiqua de causis colorum sententia ».
1st ed.
Bound with : Chassins, G. De natura sive de mundo libri octo, Lugduni, 1614 and others. 1114b

2681

Scaliger, Giulio Cesare, 1484-1553.

(Ivlii Caesaris Scaligeri) Exotericarvm exercitationvm liber XV. De svbtilitate, ad Hieronymvm Cardanvm. In fine duo sunt Indices : Prior breuiusculus, continens sententias nobiliores; alter opulentissimus, pene omnia complectens. Lvgdvni, Sumptibus Viduae Antonii de Harsy, 1615.

8 l., 897, [75]p. illus. 17½cm.
Signatures : a^8, $A-Z^8$, $AA-ZZ^8$, $AAA-OOO^8$, PPP^6.
p. 5, 42 lines, 140×81mm.
« Cet ouvrage est qualifié de livre quinzième, parce que l'auteur voulait faire croire qu'il avait déjà écrit quatorze traités aussi volumineux ». — NouvBiogrGén XLIII 449/450.
1st ed. Paris, 1557.
♣ *Da V. Prou^a da Compania de Jesv Veyo da Rezid^a de Cinanfu.* 2809

2682

Schaevius, Heinrich, 1624-1661.

Heinrici Schaevii, D. P. Caes. & Gr. L. ac Poës. Profess.) Sceleton geographicum In usus Poëticos & Historicos adornatum. Editio Quarta. Mindae, Impensis Thomae Henrici Hauensteinii, Typis Johannis Pileri, 1679.

2 l., 14, [10]p. incl. tables. 33cm.
1st ed. Brunswick, 1662.
Index : p. [15]-[24]
Bound with : Sturm, J. C. Scientia cosmica, Norimbergae, 1684. 1031

2683

Schalling, Jakob.

(Jacobi Schallingi Winshemio-Franci) *Οφθαλμια* sive Disquisitio Hermetico-Galenica de natura ocvlorvm eorumque visibilibvs characteribus, morbis & remediis ... Augentrost, Darinn von Natur, sichtbaren Bildnissen, Kranckheiten vnd Artzeneyen der Augen trewlich vnd fleissig gehandelt wird ... Erffurdt, In Verlegung Johann Bischoffs, 1615.

5 l., 169 (*i.e.* 179)p. 33cm.
Signatures : $†^4$, $A-P^6$ (t.-p. without sign.)
p. 27, 53 lines, 248×138mm.
Title printed within an engraving.
Text in Latin and German on opposite pages. 1036

2684

Schardt, Christian, *SJ,* 1691-1754, *praeses.*

Decimae ex vinea Engaddi In qua Sponsus Sanguinum torcular calcavit Solus Collectae Sive Decem Christi patientis mysteria Ad literam secundum SS. Patres accuratè explicata, Elogiis, & Symbolis Illustrata. Totidem Exhortationibus explanata, Annexa cuilibet accomoda, Et Utili Quaestione morali vel Polemica Cum subjectis thesibus ex universa theologia. *[On verso of t.-p.]* Quas in ... Universitate Olomucensi Societatis Jesu, sub rectoratu ... P. Georgii Slezina ... Praeside ... R. P. Christiano Schardt e Societate Jesu ... Pro Suprema Doctoratvs Theologici Laurea Publicae Disputationi proposuit D. Ignatius Kontek Moravus Neo-Stadiensis ... Olomucii in Metropoli Moraviae, typis Francisci Antonii Hirnle, 1733.

5 l., 282, [14]p. 20½cm.
1st ed.
Index : p. [289]-[296]
★ Sommerv VII 713 n° 2. 2414

2685

Scheiner, Christoph, *SJ,* 1575-1650, *praeses.*

Disqvisitiones mathematicae, de controversiis et novitatibvs astronomicis. Quas svb praesidio Christophori Scheiner, de Societate Jesv ... pvblice dispvtandas posvit, propvgnavit, Mense Septembri, die ... Ioannes Georgivs Locher ... Ingolstadii, Ex Typographeo Ederiano apud Elisabetham Angermariam, 1614.

1 l., 90, [3]p. incl. diagrs. 21cm.
Signatures : $A-M^4$.
p. 7, 31 lines, 148×97mm.
1st ed.
Bound with : Scheiner, C. *SJ.* Exegeses fvndamentorvm gnomonicorvm, Ingolstadii, 1615; Sol elliptic. Avgvstae Vindelicorvm, 1615. — Gloriosus, J. Ad theorema geometricvm, Venetiis, 1613.
★ Sommerv VII 737 n° 3.
♣ *Bibl. Trig. ?* 191

2686

— Exegeses fvndamentorvm gnomonicorum Quas In Alma Ingolstadiensi Academia praeside Christophoro Scheinero, Societatis Iesv ... Publicae Disputationi exponebat ... Ioannes Georgius Schönperger ... Mense Septembri, die 26 ... Ingolstadii, Ex Typographeo Ederiano, apud Elisabetham Angermariam, Viduam, 1615.

4 l., 86, [2]p. illus. (incl. tables), 3 fold. diagrs. 21cm.
Signatures : $A-M^4$.
p. 8, 38 lines, 154×98mm.
1st ed.
★ Sommerv VII 737 n° 6.
♣ *Collegii Soctis Jesu Lovanij 1631.* 220

2687

— o. c.

Bound with : Scheiner, C. *SJ.* Disqvisitiones mathematicae, Ingolstadii, 1614 and others. 191a

2688

[—] De macvlis solarib. Et stellis circa Iouem errantibus, accvratior disqvisitio, ad Marcvm Velservm ... Perscripta. Interiectis obseruationum delineationibus. Avgvstae Vindelicorvm, Ad insigne pinus, 1612. Idib. Septembr.

52 p. incl. diagrs. 21½cm.
Signatures : $A-F^4$, G^2.
p. 9, 31 lines, 146×106mm.
Author : Christoph Scheiner, *SJ. cf.* Sommervogel IX 1007.

1st ed.
Bound with : Fabricius, J. De maculis in sole observatis, Witebergae, 1616 and others.
★ Sommerv VII 735 n° 2. 350e

2689

Scheiner, Christoph, *SJ,* 1575-1650.

Ocvlvs hoc est : Fvndamentvm opticvm, in qvo ex accvrata ocvli anatome, abstrvsarvm experientiarvm sedvla pervestigatione, ex inuisis specierum visibilium tam euerso quam erecto situ spectaculis, necnon solidis rationum momentis radivs visvalis ervitvr; sva visioni in ocvlo sedes decernitvr; angvli visorii ingenium aperitvr ... Avctore Christophoro Scheiner, Soc. Iesv. &c. Oeniponti, Apud Danielem Agricolam, 1619.

5 l., 254p. illus. (incl. diagrs.), plate. 20cm.
Signatures : ††², A-Z⁴, A-I⁴.
p. 3, 35 lines, 162×108mm.
1st ed.
★ Sommerv VII 738 n° 7.
♣ *Collegij Soctis Monachij 1637.* 720

2690

— o. c.

Bound with : Cysat, J. B. *SJ.* Mathemata astronomica, Ingolstadii, 1619. 719

2691

— Refractiones coelestes, sive Solis elliptici phaenomenon illvstratvm; in qvo variae atque antiqvae astronomorvm circa hanc materiam difficultates enodantur, dubia multiplicia dissoluuntur, via ad multa recondita eruenda sternitur ... Avctore Christophoro Scheiner, Societ. Iesv Presbytero ... Ingolstadii, Ex Officina Typographica Ederiana, apud Elisabetham Angermariam, 1617.

5? l., 132, [29]p. incl. tables, diagrs. 19½cm.
Signatures : A-V⁴, X⁶.
p. 15, 39 lines, 157×114mm.
1 ? p. l., p. 1-14 wanting.
1st ed.
Index & errata : p. [135]-[161]
★ Sommerv VII 737 n° 5. 778

2692

— Rosa Vrsina sive Sol ex admirando facvlarvm & Macularum suarum Phoenomeno varivs, necnon Circa centrum suum & axem fixum ab occasu in ortum annua, circaq. alium axem mobilem ab ortu in occasum conuersione quasi menstrua, super polos proprios, Libris quatuor mobilis ostensus, a Christophoro Scheiner Germano Svevo, e Societate Iesv ... Bracciani, Apud Andream Phaeum, 1626-30.

19 l., 784 (*i.e.* 834), [36]p. illus. (incl. diagrs.) 36½cm.
Signatures : a-b⁶, c⁴, A-E⁶, F⁴, G-R⁶, aa-ss⁶, tt⁴, vv-xx⁶, yy⁴, Aaa-Zzz⁶, Aaaa-Mmmm⁶, (3 p. l. without sign.; F₄, R₆, Iiii₆ blank)
p. 5, 55 lines, 262×156mm.
Paged irregularly.
Illus. t.-p.
Text in 2 col.
1st ed.
Index & errata at end.
★ Sommerv VII 738 n° 8.
♣ *Missionis Sinensis PP. Gallorum Soctis Jesu 1698 Pekin.* 290

2693

— Sol ellipticus : Hoc est Nouum & perpetuum Solis contrahi soliti phaenomenon, quod nouiter inuentum ... Principi ... Maximiliano ... offert, dicat, donat, Christophorus Scheiner Societatis Iesv ... Avgvstae Vindelicorvm, Typis Christophori Mangij, 1615.

2 l., 34, [1]p. incl. tables, diagrs. 21cm.
Signatures : A-E⁴.
p. 14, 38 lines, 156×114mm.
1st ed.
Errata at end.
Bound with : Scheiner, C. *SJ.* Disqvisitiones mathematicae, Ingolstadii, 1614 and others.
★ Sommerv VII 737 n° 4. 191b

2694

[—] Tres epistolae de macvlis solaribvs, Scriptae ad Marcvm Velservm ... Cum observationum iconismis. Avgvstae Vindelicorvm, Ad insigne pinus, 1612.

8 unnumb. l. fold. diagr. 21½cm.
Signatures : A-B⁴.
f. [3]a, 33 lines, 155×108mm.
Author : Christoph Scheiner, *SJ. cf.* Sommervogel IX 1396.
1st ed.
Bound with : Fabricius, J. De Maculis in sole observatis, Witebergae, 1611 and others.
★ Sommerv VII 735 n° 1. 350c

2695

Schenck von Grafenberg, Johann Georg, *d.* 1620.

Biblia iatrica Siue Bibliotheca medica, macta, continvata, consvmmata, qva velvt favissa, avctorum in Sacra Medicina scriptis cluentium, Reiq; Medicae Monumentorum, ac Diuitiarum Thesaurus cluditur. Avctore Ioanne Georgio Schenckio a Grauenberg ... Francofvrti, Typis Ioannis Spiessij, sumptibus verò Antonî Hummij, 1609.

6 l., 517 (*i.e.* 511)p. 16½cm.
Signatures : †⁶, ††², A-Z⁸, Aa-Ii⁸ (†3.6 blank)
p. 7, 30 lines, 120×65mm.
1st ed.
Bound with : Jordan, T. De aquis medicatis Moraviae, Francofurdi, 1586. — Fabricius, F. Thermae Aquenses, Coloniae Ubiorum, 1616.
♣ *Missionis Sinensis.* 1131

2696

Schenck von Grafenberg, Johann Georg, *d.* 1620, *ed.*

Exotericorvm experimentorvm ad varios morbos. Centvriae VII. In qvibvs remedia rara, selecta & comprobata, ad morbos omnis generis tutò percurandos, ex probatissimis nostri saeculi Medicis, qui ... docenda faciendaqꝫ Medicina inclaruêre, diligenti opera congesta, exhibentur. Nunc primvm è Schenckiana Bibliotheca publici iuris facta, à Ioanne Georgio Schenckio, à Grafenberg ... Francofvrti, Typis Ioannis Spiessij, sumptibus Gothofredi Tampachij, 1607.

22 l., 454p. 15½cm.
Signatures : †-†††[8], A-Z[8], Aa-Ee[8], Ff[3].
p. 13, 30 lines, 122×67mm.
Indx at beginning.
1st ed. 1089

2697

— [Observationvm medicarum, rararum, novarum, admirabilium, et monstrosarum, tomus ... Multa & varia lectione comquisitus, a Ioanne Schenckio a Grafenberg, apud Friburgum Brisgoiorvm Medico. Cum illustrivm nostrae aetatis medicorum anecdotis compluribus et nunquam publicatis exemplis memorabilibus, eorundemque Catalogo & Indice. Francofvrti E Paltheniana, Sumtibus Jonae Rhodii, 1600.]

2v. 19½cm.
Vol. 1., t.-p. & some pages of index at end wanting.
For title, etc. *cf.* t.-p. of v. 2.
1st ed. Basel and Freiburg, 1584-97.
Contents. — **t. 1.** Observationes medicae de capite, rarae et admirandae. De partibus vitalibus thorace contentis. De partibus natvralibvs nutritioni seruientibus, & imo ventre conclusis. — **t. 2.** De partibus genitalibus. De partibus externis. De febribus, morbis epidemicis, pestilentibus & contagiosis. De venenis.
♣ *Missionis Sinensis (vol. 2)* 1003

2698

Scherer, Heinrich, *SJ,* 1628-1704.

Atlas Marianus sive Praecipvae totivs orbis habitati imagines et statuae magnae Dei Matris beneficiis ac prodigiis inclytae succincta historia propositae, et mappis geographicis expressae. Auctore P. Henrico Scherer, Societatis Jesu Sacerdote ... Monachii, Sumpt. Joannis Caspari Bencard, Typis, Mariae Magdalenae Rauchin Viduae, 1702.

4 l., 130, [12]p. front., 23 double maps. 27½cm.
Text in 2 col.
1st ed.
Index & errata : p. [131]-[142]
Bound with : Scherer, H. *SJ.* Geographia naturalis, Monachii, 1703 and others.
★ Sommerv VII 766 n° 1. 615b

2699

— Geographia hierarchica sive Statvs ecclesiastici Romano-Catholici per orbem vniversvm distributi svccincta descriptio historico-geographica. Authore P. Henrico Scherer, Societatis Jesu. Monachii, Sumptibus Joannis Caspari Bencard, Typis, Mariae Magdalenae Rauchin, Viduae, 1703.

4 l., 257, [15]p. front., 21 double maps. 27½cm.
Some pages of index bound incorrectly.
Text in 2 col.
1st ed.
Bound with : Scherer, H. *SJ.* Geographia naturalis, Monachii, 1703 and others.
★ Sommerv VII 766 n° 1. 615a

2700

— Geographia naturalis sive Fabrica mundi svblvnaris ab Artifice et Avthore naturae inventa et elaborata : stylo geographico exhibita. A P. Henrico Scherer, Societatis Jesu. Monachii, Sumptibus Joannis Caspari Bencard, Typis Mariae Magdalenae Rauchin Viduae, 1703.

6 l., 137, [7]p. front., 3 double plates, 8 double maps. 27½cm.
Text in 2 col.
1st ed.
Index & errata : p. [138]-[144]
Bound with : Scherer, H. *SJ.* Geographia hierarchica, Monachii, 1703; Atlas Marianus, Monachii, 1702.
★ Sommerv VII 766 n° 1.
♣ *Collegij S. J. Pekini.* 615

2701

— Geographia politica. Sive Historia geographica exhibens totivs orbis terraqvei statvm et regimen politicum cvm adiectis potissimarvm nationvm, regnorvm ac provinciarum geniis et typis geographicis. Authore P. Henrico Scherer, Societatis Jesu. Monachij, Sumptibus Joannis Caspari Bencard, Typis Mariae Magdalenae Rauchin, Viduae, 1703.

4 l., 481 (*i.e.* 841), [35]p. front., 22 plates, 37 doubles maps. 28cm.
Text in 2 col.
1st ed.
Index at end.
★ Sommerv VII 766 n° 1.
♣ *Collegij S. J. Pekini.* 616

2702

Scheunemann, Henning, *1st half of 17th cent.*

Hydromantia Paracelsica, Hoc est, Discvrsvs philosophicvs de novo fonte in Saxonia Electorali circa oppidvm Annebergam reperto, olim S. Annae fons dicto, scriptvs ab

Henningo Schevnemanno ... Prostat Francofvrti in officina Zachariae Palthenij, 1613.

6 l., 114p., 1 l. 19½cm.
Signatures : †4, ††2, A-O4, P2.
p. 3, 31 lines, 144×99mm.
Colophon : Francofurti ad Maenum, Typis & sumptibus Zachariae Palthenij, 1615.
1st ed.
Bound with : Liceti, F. De monstrorum caussis, natura, & differentiis libri dvo, Patavii, 1616 and others. 1049d

2703

Scheunemann, Henning, *1st half of 17th cent.*

Medicina reformata, sev Denarivs hermeticvs philosophicvs medico-chymicvs, Henningi Schevnemanni Halberstad. Saxonis ... In Quo mira brevitate dilvcide docetur, decem Entibus omnium morborum radices, productiones, transplantationes, astra, signa, indicationes et curationes compleri & absolui. Francofvrti, Typis et Impensis Ioannis Bringeri, 1617.

122, [2]p. 14½cm.
Signatures : A-G8, H6.
p. 7, 26 lines, 118×64mm.
1st ed.
Bound with : Sala, A. Emetologia, Delphis, 1613 and others. 3548a

2704

— Paracelsia Henningi Schevnemanni Semipolitani Saxonis ... De morbo mercvriali contagioso, qvem pestem vvlgvs nominat, ex qvintvplici Ente, Dei nimirùm, astrorum, pagoyi, venenj & Naturae prognato : in qva vera cvrandi ratio recensetvr. Babenbergae, excvsa per Antonivm Horitzivm, 1608.

3 l., 66p. fold. table. 19½cm.
Signatures : A-I4.
p. 3, 36 lines, 144×77mm.
Bound with : Unzer, M. De lue pestifera, Hallae Saxonum, 1615 and others. 1147d

2705

— Paracelsia Henningi Schevnemanni ... De morbo svlphvreo cagastrico, quem Febrem vulgus nominat, ex quintuplici ente, Dei nimirum, astrorum, pagoyi, veneni & naturae prognato. In qua omnes ejvs species & vera curandi ratio recensentur. Francofvrti, Sumptibus Nicolai Steinij, 1610.

12 l., 144p. fold. table. 14½cm.
Signatures : A-K8, L4.
p. 5, 30 lines, 121×68mm.
1st ed.
Bound with : Sala, A. Emetologia, Delphis, 1613 and others. 3548b

2706

[Scheybl, Johann] 1494-1570.

[Sex libri geometriae Euclidis priores, una cum regulis algebrae. Basileae, per Ioannem Heruagium, 1550]

? l., 315p. illus. (incl. diagrs., tables) 24½cm.
Signatures : A-Z4, Aa-Pp4, Qq6.
p. 221, 50 lines, 228×136mm.
? p. l., (incl. t.-p.) wanting.
Euclids' text in Greek and Latin.
Author : Johann Scheybl; title, etc. *cf.* Colophon.
Contents. — Brevis regularum algebrae descriptio, una cum demonstrationibus geometricis, auctore Ioanne Scheubelio. — Euclidis elementorum geometricorum liber primus-sextus.
♣ *Da China.* 541

2707

Schildere, Louis de, *SJ,* 1606-1667.

De principiis conscientiae formandae tractatvs sex Tum in Iure naturae ac Diuino, tum in humano, canonico ac ciuili fundati. Avthore Lvdovico de Scildere Brugensi, Societatis Iesv ... Antverpiae, Apud Iacobum Meursium, 1664.

8 l., 776, [37]p. 16cm.
Illus. t.-p.
1st ed.
Index & errata : p. [777]-[813]
★ DictTheolCath XIV 1283. — Sommerv VII 785 n° 24. 1300

2708

Schöner, Andreas, 1528-1590.

Gnomonice Andreae Schoneri Noribergensis, Hoc est : de descriptionibvs horologiorvm sciotericorvm omnis generis, proiectionibus circulorum Sphaericorum ad superficies ... Item delineationibus quadrantum, annulorum, &c. Libri tres. His addita svnt eivsdem avtoris : Gnomonices Mechanices ... libellus. De inuentione lineae Meridianae ... De compositione Astrolabii ... Omnia recens nata & edita. Noribergae, Apud Ioannem Montanum, & Vlricum Neuberum, 1562.

6 l., CVIII numb. l. illus. (incl. tables), 3 fold. diagrs. 31cm.
Signatures : A-T6.
f. IIIIb, 44 lines, 229×137mm.
Illus. t.-p.
Ms. marginal notes.
1st ed.
★ Brunet V 216.
♣ *Ernestj Varoldt J Cons. Babalibij ? — Missionis Sinensis.* 212

2709

→ O. C. 30cm.

Bound with : Schöner, J. Opera mathematica, Norinbergae, 1551 and others. 600a

2710

Schöner, Johann, 1477-1547.

Opera mathematica Ioannis Schoneri Carolostadii in vnvm volvmen congesta, et pvblicae vtilitati studiosorum omnium, ac celebri famae Norici nominis dicata. Impressa Norinbergae, in officina Ioannis Montani & Vlrici Neuberi, 1551.

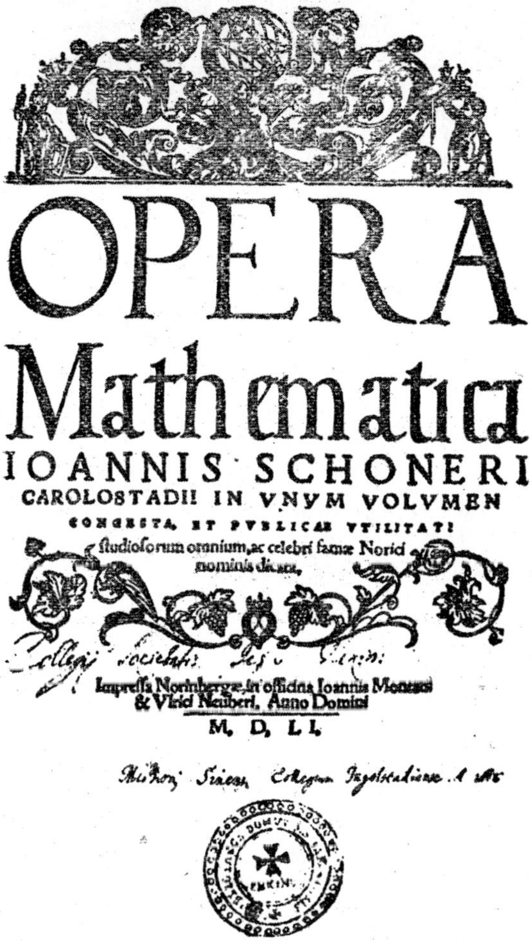
OPERA Mathematica IOANNIS SCHONERI CAROLOSTADII IN VNVM VOLVMEN CONGESTA, ET PVBLICAE VTILITATI studiosorum omnium, ac celebri famae Norici nominis dicata.

Impressa Norinbergae, in officina Ioannis Montani & Vlrici Neuberi, Anno Domini M. D. L I.

10 l., CCXXVIII (*i.e.* 222), CLXXII (*i.e.* 169) numb. l., 3 l., LIIII numb. l., 1 l., illus. (incl. tables, diagrs.) 32cm.

Signatures: a6, b4, A-Z6, Aa-Cc6, Dd-Ee8, Ff-Mm6, Nn8; 1-136, 148, 15-196, 20-214, 22-286, 293; a3, a-h6, i7.

f. IXa, 49 lines, 223×133mm.

The last three articles and part of « Aequatorium astronomicum » (l. XXX-LIIII) wanting.

Ed. by Andreas Schöner. *cf.* AllDeutBiogr XXXII 297.

1st ed.

Contents. — Praefatio D. Philippi Melanchthonis — Isagoge astrologiae iudiciariae. — De indiciis natiuitatum libri tres. — Tabulae resolutae. — De usu globi coelestis. — De compositione globi coelestis. — De usu globi terrestris. — De compositione globi terrestris. — Libellus de distantijs locorum per numeros, & instrumentum inuestigandis. — De constructione torqueti. — In constructionem atque usum rectanguli, siue radij astronomici, annotationes. — In fabricam & usum magnae regulae Ptolemaei annotationes. — Horarij cylindrini Canones. — Aequatorium astronomicum. — [Planisphaerium, seu metheoroscopium. — Organum Vranicum. — Instrumentum impedimentorum lunae.]

★ Brunet V 216.

♣ *Ex libris Petri Obernburger. — Missioni Sinensi Collegium Ingolstadiense. A. 1616. — Collegij Societatis Jesv Pekini.* 563

2711

— o. c.

Preface and first three articles (l. I-CCXXVIII, I-LXXXVI) wanting.

Bound with : Schöner, A. Gnomonice, Norinbergae, 1562. — Münster, S. Organum Vranicum, Basileae, 1536. — Apianus, P. Instrvmentvm sinvvm sev primi mobilis, Norinbergae, 1541. — Regiomontanus, J. Tractatvs, Norinbergae, 1541. — Apianus, P. Folivm popvli, Ingolstadii, 1533; Instrument Buch, Ingolstadii, 1533.

★ Brunet V 216.

♣ *Collegij Societatis Jesu Pekini.* 600

2712

[**Schott, André,** *SJ*] 1552-1629, *ed.*

[Hispaniae illustratae seu Rerum urbiumque Hispaniae, Lusitaniae, Aethiopiae et Indiae scriptores varii. Partim editi nunc primum, partim aucti atque emendati ... Tomis aliquot divisi. Opera et studio doctorum hominum. Accessit rerum memorabilium et verborum index copiosissimus] Francofurti, apud Claudium Marnium et haeredes Johannis Aubrii, 1603-8.

4v. illus. 36cm. (v. 1 :35cm.; v. 3 : 34cm.)

Vol. 1, t.-p.; v. 2, p. 1059-1062, 1085-1088, 1119-1120 wanting.

For title, etc. *cf.* Sommervogel VII 880.

Vol. 1 & 2, ed. by André Schott, *SJ.*; v. 3, by Johann Pistorius; v. 4 by François Schott. *cf.* Preface.

Title varies (v. 3, 4)

1st ed.

« Ioannis Marianae Hispani e Soc. Iesv. Historiae Hispanicae appendix lib. XXI-XXX » 346p. at end of v. 4 (continuation of his Historiae de reb. Hisp. libri XX, ibid. v. 2, p. 207-801).

Index at end of each volume.

Errata at end of v. 2.

★ Brunet V 218. — Sommerv VII 880 n° 22.

♣ *Bibl. Trig.* 2114

2713

— (And. Schotti, S. I.) Observationvm hvmanarvm lib. V. Quibus Graeci Latiniq; Scriptores, Philologi, Poetae, Historici, Oratores, & Philosophi emendantur, supplentur, & illustrantur. Ejusdem Nodi Ciceron. variorvmqve lib. IV. Item Caroli Langi In Ciceron. Annota. Ejusdemq; Carmina lectiora. Seorsim vero edita Procli Chrestomathia Poetica, cum scholiis And. Schotti, & Petr. Ioan. Nunnesii. Hanoviae, Typis Wechelianis, apud haeredes Johannis Aubrii, 1615.

8 l., 468, [51]p. incl. port. 24cm.

Signatures : †-††⁴, A-Z⁴, Aa-Zz⁴, Aaa-Ttt⁴.
p. 27, 39 lines, 182×130mm.
« Procli Chrestomathia poetica » mentioned in the title is bound with Roomen, A. van. « Canon » and others.
1st collected ed.
Index at end.
★ Sommerv VII 888 n° 40.
♣ *Bibl. Trig ?* 3023

2714

Schott, Kaspar, *SJ*, 1608-1666.

(P. Gasparis Schotti e Societate Jesu ...) Arithmetica practica ac specialis; E Cursu Mathematico ejusdem Auctoris extracta, & hac secundâ editione in usum Juventutis Mathematum Studiosae proposita, Sumptibus Viduae Joan. Godefridi Schönwetteri ... Herbipoli, Excudit Jobvs Hertz, 1662.

6 l., 211, [5]p. incl. tables. 17cm.
Editor's preface dated 1 Februarij 1663.
★ Sommerv VII 909 n° 9. 506

2715

— (P. Casparis Schotti Regiscuriani e Societ. Jesu ...) Cursus mathematicus, sive Absoluta omnium mathematicarum disciplinarum encyclopaedia, In Libros XXVIII. digesta, eoque ordine disposita, ut quivis ... proprio Marte addiscere possit. Accesserunt in fine Theoreses mechanicae novae Additis Indicibus locupletissimis Francofurti ad Moenum, Sumptibus Joannis Martini Schönvvetteri, 1699.

7 l., 621 (*i.e.* 660), [55]p. illus., 8 plates, fold. table. 33 diagrs. (1 fold.) 33½cm.
Added engr. ornamented t.-p.
Text in 2 col.
1st ed. Würzburg, 1661.
Contents. — Introductio in omnes mathematicas disciplinas. — Arithmetica practica. — Geometria. Euclidis sex libri primi. — Trigonometria elementaris. — Trigonometria practica. — Compendium brevissimum trigonometriae. — Geometria practica. — Astronomia elementaris. — Astronomia theorica. — Astronomia practica. — Astrologia. — Chronographia. — Geographia. — Hydrographia. — Horographia. — Mechanica. — Statica. — Hydrostatica. — Hydrotechnia, sive De machinis hydraulicis. — Optica. — Catoptrica. — Dioptrica. — Architectura militaris. — Polemica offensiva et defensiva. — Tactica hodierna. — Harmonia seu Musica. — Algebra. — Logarithmi. — Divisio nova mathematicarum disciplinarum. — Kochannski, A. Analecta, sive theoreses mechanicae novae. — Index rerum. — Elenchus omnium definitionum ac propositionum sex priorum librorum Euclidis.
★ Brunet V 219. — Sommerv VII 908 n° 6. 297

2716

[—] Joco-seriorum naturae et artis, sive Magiae naturalis centuriae tres. In quibus Curiosa vix unquam edita tractantur. Liber omnibus gratus. Avctore Aspasio Henischio. Cui accessit Diatribe de Crucibus, [1666?]

3 l., 363, [8]p. illus. (incl. tables), 22 plates (1 fold.), 1 diagr. 20½cm.
Added engr. ornamented t.-p.
Some pages of index at end bound incorrectly.
Author : Kaspar Schott, *SJ*. *cf.* Sommervogel IX 1126.
Author of « Diatribe de Crucibus » : Athanasius Kircher, *SJ*. *cf.* his t.-p.
« Candido lectori liber » dated 1666 (in chronogram)
★ Brunet V 220. — Sommerv VII 911 n° 13. 897

2717

— (P. Gasparis Schotti Regis-curiani, e Societate Jesu ...) Magia universalis naturae et artis, Sive Recondita Naturalium & Artificialium rerum Scientia ... Opvs qvadripartitum ... Cum Figuris Aeri incisis ... Bambergae, Sumpt. Joh. Martini Schönwetteri, Bibliopolae Francofurtensis, 1677 [v. 2, 1657]

4v. illus., 50 plates, 9 tables, 30 diagrs., 2 musics. 21½cm. (v. 2 : 20½cm.)
Added engr. ornamented t.-p. (v. 1, 3, 4)
Vol. 2, 1st ed.
Added t.-p. of v. 2 dated 1658.
1st ed. Würzburg, 1657-59.
Index at end of each volume.
Contents. — **pt. 1.** Optica. — **pt. 2.** Acoustica. — **pt. 3.** Mathematica. — **pt. 4.** Physica.
★ Brunet V 219. — Sommerv VII 905 n° 3.
♣ *PP Gallor SJ Pekin.* 796

2718

— (P. Gasparis Schotti Regiscuriani, e Societate Jesu ...) Mechanica hydraulico-pnevmatica ... Opus bipartitum, Cujus Pars I. Mechanicae Hydraulico-pneumaticae Theoriam continet. Pars II. Ejusdem Praxim exhibet, Machinasque Aquarias innumeras ... exponit. Accessit Experimentum novum Magdeburgicum, quo vacuum alij stabilire, alij evertere conantur. Sumptu Heredum Joannis Godefridi Schönvvetteri, bibliopol : Francofurtens., Excudebat Henricus Pigrin Typographus Herbipoli, 1657.

15 l., 488, [15]p. illus. (incl. diagrs. musics), 44 plates (4 fold) 21½cm.
p. 81-88 bound after p. 72.
Added engr. ornamented t.-p.
Index & errata : p. [489]-[502]
★ Brunet V 219. — Sommerv VII 904 n° 2.
♣ *Missionis Sinensis PP. Gallorum Soc. Jesu. Pekin.* 802

2719

— (P. Gasparis Schotti Regis Curiani e Societate Jesu ...) Physica curiosa, sive Mirabilia naturae et artis libris XII. comprehensa, Quibus pleraque, quae Angelis, Daemonibus, Hominibus, Spectris ... &c. rara, arcana, curiosaq; circumferuntur, ad Veritatis trutinam expenduntur ... Cum figuris aeri incisis ... Editio altera auctior. Herbipoli, Sumptibus Joannis Andreae Endteri & Wolfgangi Jun. Haeredum. Excudebat Jobus Hertz, 1667.

28 l., 1389, [23]p. 63 plates (7 fold.) 21½cm.
Added engr. ornamented t.-p.
1st ed. Würzburg, 1662.
Contents. — Mirabilia Angelorum ac Daemonum. — Mirabilia spectrorum. — Mir. hominum. — Energumenorum. — Monstrorum. — Portentorum. — Mirabilia animalium in genere. — Mirabilia animalium terrestrium. — Animalium volatilium. — Animalium aquatilium. — Meteorum. — Mirabilia miscellanea.
★ Brunet V 219. — Sommerv VII 909 n° 8.
♣ *PP. Gallor SJ. Pekin.* 657

2720

Schott, Kaspar, *SJ,* 1608-1666.

(P. Gasparis Schotti Regiscuriani e Societate Jesu ...) Technica curiosa, sive Mirabilia artis, libris XII. comprehensa; Quibus varia Experimenta, variaque Technasmata Pnevmatica, Hydraulica, Hydrotechnica, Mechanica, Graphica, Cyclometrica, Chronometrica, Automatica, Cabalistica, aliaque Artis arcana ... proponuntur ... Cum figuris aeri incisis ... Sumptibus Johannis Andreae Endteri, & Wolfgangi Junioris Haeredum, Excudebat Jobvs Hertz Typographus Herbipoli, Prostant Norimbergae apud dictos Endteros, 1664.

21 l., 1044, [16]p. illus. (incl. port.) 52 plates (pt. fold.), 2 tables, 4 diagrs. 21½cm.
Added engr. ornamented t.-p.
1st ed.
Index & errata : p. [1045]-[1058]
« Catalogus librorum à P. Gaspare Schotto Societatis Jesu, hactenus editorum » : p. [1059]-[1060]
★ Brunet V 219. — Sommerv VII 910 n° 11.
772

2721

Schreckenfuchs, Erasmus Oswald, 1511-1579.

(Eras. Osvvaldi Schreckenfuchsii) Commentaria in Nouas Theoricas Planetarum Georgii Purbachii, qvas etiam brevibvs tabvlis pro eliciendis ... motibvs ... Planetarum, Item tabulis conjunctionum ... illustravit ... Philippi insuper Imsseri Medici & Mathematici in ejusdem Purbachij Theoricas, tabulis utilissimis adjectis. Basileae, Per Henrichvm Petri, [1556].

8 l., 424? (*i.e.* 416?)p. incl. tables. diagrs. 22cm.
Signatures : a⁴, b-c², A-N⁶, O⁴, P-R?², S⁶, T⁴, V?², X-Y⁶, Z⁴, Aa²,Bb-Mm⁶, Nn⁴, Oo-Qq⁶, Rr²?
p. 2, 42 lines, 232×139mm.
p. 165-176 (3 double tables?), 197-200 (1 double table?), 425 (*i.e.* 417)-? wanting.
Illus. t.-p.
Colophon dated 1556.
1st ed.
♣ *Bibl. Trig.* 164

2722

Schulting, Cornelius, 1540*ca.*-1604.

Confessio Hieronymiana, ex omnibvs germanis B. Hieronymi operibvs optima fide collecta, et per locorvm theologicorvm capita, perspicva methodo, in qvatvor tomos distribvta. Opera studioque Cornelii Schvltingi Steinvvichii, Sacrae Theologiae Licentiati ... Coloniae Agrippinae, In officina Birckmannica, sumptibus Arnoldi Mylij, 1585.

22 l., 398p., 7 l., 399-652p., 6 l., 653-806p., 6 l., 807-950, [10]p. 36cm.
Signatures : α-β⁶, γ⁶, δ⁴, A-Z⁶, Aa-Ii⁶, Kk⁸;†⁷, aa-vv⁶, xx⁸; †⁶, Aaa-Nnn⁶; †⁶, Aaaa-Mmmm⁶, Nnnn⁵ (Kk8, xx8, Nnn6 blank)
p. 5, 67 lines, 272×142mm.
4v. in 1.
Text in 2 col.
1st ed.
Contents. — **t. 1.** De principiis theologicis. — **t. 2.** De justitia Christiana amissa et recuperata, et de locis communibus, huic argumento annexis et affinibus. — **t. 3.** De Ecclesiae sacramentis et affinibus. — **t. 4.** De igni emendatorio, Sanctorum cultu, imaginibus, jejunio, coelibatu, variisque ceremoniis et ritibus ecclesiasticis antiquis.
♣ *Pa o Pe Simao da Cunha.* 1374

2723

Scorso, Francisco, *SJ,* 1593-1656.

Lativm Christianvm sive Latinae elocvtionis vocabvla, et phrases Ad res Ecclesiae Christianae explicandas accommodata ... Avctore Francisco Scorso Panormitano Soc. Iesv ... Secunda editio ab eodem Auctore recognita. & nova methodo & magna rerum, & dictionum copia locupletata. Cum Indice triplici; vno Italico, duobus Latinis copiosissimis. Panormi, Ex Typographia Petri de Isola, 1655.

1 l., 22, 706 (*i.e.* 696), 87, [3]p. 13½×7½cm.
Added engr. ornamented t.-p.
1st ed. Palermo, 1648.
Errata at end.
★ Sommerv VII 962 n° 5.
♣ *Collegij Soc : Jesv Pekini. — Ex dono Patii Alliataq.* 2578

2724

Scortia, Giovanni Battista, *SJ,* 1553-1627.

De sacrosancto Missae Sacrificio libri qvatvor. Qvibvs ex theologica doctrina, Canonico ciuilique iure, rerum gestarum probata narratione, & Chronologia, vniversa, quae ad tantum Mysterium pertinent, explicantur, & probatissimis testimoniis confirmantur. Avctore P. Ioanne Baptista Scortia Genuensi

Theologo Societatis Iesv. Nvnc primvm in lvcem emissi, & quinque Indicibus pernecessariis insigniti. Lvgdvni, Sumptibus Horatij Cardon, 1616.

7 l., 466, [51]p. 24½cm.
Signatures : †⁴, ††², A-Z⁴, AAa-SSs⁴, TTt³ (t.-p. without sign.)
p. 3, 48 lines, 198×118mm.
1st ed.
★ DictTheolCath XIV 1728. — Sommerv VII 965 nº 1.
♣ *Bibl. Trig.* ? 1541

2725

Scrieck, Adriaen van, *b.* 1560.

(Adriani Scrieckl Rodorni) Monitorvm secvndorvm libri V. Quibus Originum Rerumq; Celticarum & Belgicarum Opvs suum nuper editum, altiùs et auctiùs è fontibus Hebraicis, ipsâq; Rerum Origine deducit, probat, firmatq; ... Admirandae Celtarum Antitiquitatis [*sic*] & hactenus inauditae & inanimaduersae Obseruationes de vera et falsa origine monimentum, sive Europa rediviva. Ypris Flandrorum, Ex Officina typographica Francisci Belletti, 1615.

12 l., 63, [60]p. 31½cm.
Signatures : a⁴, e⁴, i⁴, A-O⁴, P⁶.
p. 5, 52 lines, 244×135mm.
1st ed.
Indices at end.
Bound with : Scrieck, A. van. Van t'beghin der eerster volcken van Evropen, t'Ypre, 1614.
★ Brunet V 242. 2134a

2726

Scriverius, Petrus, 1576-1660, *ed.*

V. Inl. Fl. Vegetii Renati Comitis, aliorvmqve aliqvot vetervm De Re Militari libri. Accedunt Frontini Strategematibus eiusdem auctoris alia opuscula. Omnia emendatiùs, quaedam nunc primùm edita à Petro Scriverio. Cum Commentariis aut Notis God. Stewechii & Fr. Modii. Ex Officina Plantiniana Raphelengij, 1607.

4 l., 102, [9], 123, 208p., 6 l., 347, 24, [31]p. illus. 23½cm.
Signatures : †⁴, A-O⁴, aa-pp⁴, qq²; Aa-Zz⁴, Aaa-Ccc⁴, a-z⁴, aa-yy⁴; a-c⁴, Aa-Dd⁴.
p. 5, 33 lines, 180×115mm.
1st ed.
Contents. — Vegetius, F. V. R. Institutorum rei militaris libri V. — Cato. M. P. etc. De re militari fragmenta. — Aelianus, Cl. Tactica. — Polybius. Tractatio de militia & castrametatione Romanorum. — Hyginus, C. J. Gromaticus. — De rebus bellicis liber cum figuris. — Modestus. De vocabulis militaribus. — Ruffus. Leges militares. — Frontinus, S. J. Strategematicon. De aquaeductibus Romae commentarius, & de iisdem constitutiones imperiales. De re agraria, cum Aggenni Vrbici commentario. De limitibus, scriptum nunc primum editum. Item, Legis Maniliae aliquot capita, & quaedam alia. De coloniis, cum luculenta accessione. — Stewechius, G. & Modius, F. Commentaria & notae in Vegetium & Frontinum de Re militari.
♣ *Bibl. Trig.* ? 1592

2727

— o. c.

Cancel of Vegetius p. 11-14 inserted. 1593

2728

Sebunde, Raymundus de, *d.* 1432.

Theologia natvralis, sive Liber creatvrarvm. Auctore venerabili viro Magistro Raymvndo de Sebvnde, in Artibus & Medicina Doctore, & in sacra pagina Egregio Professore. Lvgdvni, Sumptibus Petri Compagnon, 1648.

4 l., 678, [26]p. 18cm.
1st ed. Deventer, 1487.
Index : p. [679]-[700]
★ Brunet V 9. — DictTheoCath X 2340. 2281

2729

Sedulius, Henricus, *OFM,* 1549-1621.

Sancti Lvdovici Caroli II. Regis Siciliae filii, ex Ordine Minorvm Episcopi Tolosani vita. F. Henricus Sedulius ex tenebris eruit, stilo & Commentario illustrauit. Antverpiae, Ex officina Plantiniana, Apud Joannem Moretum, 1602.

115, [1]p., 1 l. 18½cm.
Signatures : A-G⁸, H⁴.
p. 5, 27 lines, 146×74mm.
1st ed.
Errata at end.
Bound with : Assonville, G. d'. Atheomastix, Antverpiae, 1598. — Meyerus, L. Funus Gulielmi Assonlevillii, Autverpiae, 1599. — Ysla. Regla de la Orden y cavalleria de S. Santiago, Anveres, 1598. — Mendoza, F. de. Theorica y practica de guerra, Anveres, 1596.
★ DictTheolCath XIV 1768. 3250

2730

Segneri, Paolo, *SJ,* 1624-1694.

Homo christianus in sua lege institutus. Sive Discursus morales quibus totum hominis christiani officium explicatur; Quidque is fugere, quid agere debeat, quàm exactissimè traditur. Authore R. P. Paulo Segneri Societatis Jesu ... Editio quarta Latina, priore multô emendatior Et Authoris non ita pridem vitâ functi Elogio auctior. Additae, praeter Indicem Rerum, Tabulae, quae docent, quis quolibet Dominico, aut Festo per annum die Discursus ad dicendum pro Concione serviat ... Augustae Vindelicorum & Dilingae, Sumptibus Joannis Caspari Bencard, Viduae et Filii, 1725.

3v. front. 20cm.
Vol. 3 wanting.
Text in 2 col.

Tr. by Max Rassler, *SJ*. *cf*. Sommervogel VII 1076.
1st Italian ed. Florence, 1686.
1st Latin ed. Dilingen, 1694.
★ Sommerv VII 1076 nº 15; VI 1469 nº 6. 1764

2731

Segneri, Paulo, *SJ*, 1624-1694.
Institutio Parochi Liber qvo pastor animarum id muneris recens aggressus docetur, et quae officii sui partes sint et qua via ac ratione eas possit adimplere. In lucem datus a R. P. Paulo Segneri è Societate Jesu, ex Italico Latinum fecit R. P. Maximilianus Rassler, ex eadem Societate ... Augustae Vindelicorum & Dilingae, Sumptibus Joannis Caspari Bencard, 1699.

4 l., 192 (*i.e.* 196), [2]p. 20cm.
Text in 2 col.
1st Italian ed. Florence, 1692.
1st Latin ed. Augsburg, 1696.
Bound with : Segneri, P. Instructio poenitentis, Aug. Vindel, 1699 and others.
★ Sommerv VI 1470 nº 8; VII 1076 nº 17. 1787b

2732

— [Instructio confessarii, sive Opusculum in quo traditur praxis cum fructu administrandi Sacramentum Poenitentiae ... Authore R. P. Paulo Segneri e Societate Jesu ... Tyrnaviae, Typis Academicis, 1697]

? l., 214p. 13cm.
? l., (incl. t.-p.) wanting.
Tr. by Johann Pathatich, *SJ*, *cf*. Sommervogel VI 349.
For title, etc. *cf*. Running title & Sommervogel VI 349.
1st Italian ed. Brescia, 1672.
1st Latin ed. Ratisbon, 1683.
★ Sommerv VI 349 nº 3; VII 1058 nº 7.
♣ *P. Pattinara. — Veyo la Rezid^a de Cinanfu. — Ve Prou^a da China.* 3511

2733

— Instructio confessarii, sive Opusculum, in quo traditur praxis cum fructu administrandi sacramentum Poenitentiae. Avctore R. P. Paulo Segneri è Societate Jesu, Italico primùm idiomate conscriptum, nunc verò ab alio ejusdem Societatis Sacerdote Latinitati donatum ...Augustae Vindelicorum & Dilingae, Sumptibus Joannis Caspari Bencard, 1699.

1 l., 78p. 20cm.
Text in 2 col.
Bound with : Segneri, P. Instructio poenitentis, Aug. Vindel. 1699 and others.
★ Sommerv VI 349 nº 3; VII 1058 nº 7. 1787a

2734

— Instructio poenitentis sive Opusculum, in quo traditur praxis rite peragendi confessionem sacramentalem, gratiam Dei recuperandi, eamque conservandi. Avctore R. P. Paulo Segneri è Societate Jesu. Italico primùm idiomate conscriptum, nunc verò Latinitati donatum ... Augustae Vindelicorum & Dilingae, Sumptibus Joannis Caspari Bencard, 1699.

2 l., 69, [1]p. 20cm.
Text in 2 col.
1st Italian ed. Bologna, 1669.
1st Latin ed. Dilingen, 1696.
Bound with : Segneri P. *SJ*. Instructio confessarii, Aug. Vindel. 1699; Institutio parochi, Aug. Vindel. & Dilingae, 1699.
★ Sommerv VII 1055 nº 6. 1787

2735

— (R. P. Pauli Segneri e Societate Jesu) Quadraginta sermones per Verni Jejunii tempus, Florentiae, aliisque Italiae Urbibus dicti, post plures editiones ex Italico idiomate Latinitate donati à R. P. Udalrico Dirrhaimer, ejusdem Societatis. Editio quarta ... Augustae Vind. & Dilingae, Sumptibus Joannis Caspari Bencard, Viduae & Consortum, 1735.

11 l., 541, [25]p. front. 20½cm.
Text in 2 col.
1st Italian ed. Florence, 1679.
1st Latin ed. Dilingen, 1693.
Index : p. [542]-[566]
★ Sommerv III 99 nº 9 (ed. wanting) 1789

2736

Selecta Latini sermonis exemplaria e scriptoribus probatissimis ad christianae juventutis usum olim collecta nunc vero jussu Regis Fidelissimi Josephi I. instauratis bonarum artium studiis ad Lusitanorum adolescentium bonum denuo in lucem edita. Olisipone, Ex Typographia Regia, 1800.

v. I. 15cm. 3307

2737

[Selvagio, Giulio Lorenzo] 1728-1772.
Institutionum canonicarum libri tres ad usum studiosae juventutis. Neapoli, Excudebat Josephus de Dominicis, 1766.

2v. 18½cm.
Vol. 2 wanting.
Author : G. Lorenzo Selvagio. *cf*. other copies of the same work.
1st ed. 3626

2738

— Institutionum canonicarum libri tres ad usum Seminarii Neap. Auctore Julio Laurentio Selvagio Presbytero Neap. In eodem Seminario Juris Utriusque Lectore. Editio Tertia Patavina, omni diligentia & cura emendata. Patavii, Typis Seminarii, Apud Joannem Manfrè, 1782.

3v. in 2. 16cm.
1st ed. Naples, 1766. 2714

2739

— o. c.

♣ *Calado.* 2715

2740

Selvagio, Giulio Lorenzo, 1728-1772.

Institutionum canonicarum libri tres, ad usum Seminarii Neap. Auctore Julio Laurentio Selvagio Presbytero Neap. in eodem Seminario J. U. Lectore. Editio quinta, Omni diligentia, & cura emendata ... Venetiis, Typis Dominici de Mazo, 1794.

3v. in 2. 17cm.
♣ *Stamp of Mgr Alex. de Gouvea.* 2709

2741

— o. c.

♣ *Stamp of Mgr Alex. de Gouvea.* 3628

2742

Semery, André, *SJ,* 1630-1717.

Triennivm philosophicvm quod P. Andreas Semery Remvs e Societate Iesv In Collegio Romano Philosophiae iterum Professor dictabat Secunda hac editione ab Authore recognitum & auctum ... Romae, Sumptibus Felicis Caesaretti, 1682.

3v. fold. plate. 15½cm.
Colophon : Romae, Ex Typographia Michaelis Herculis, 1682.
1st ed. Rome, 1674.
Index and errata at end of each volume.
★ Sommerv VII 1115 n° 1.
♣ *Fr. Lucij. — Collegij Soc : Jesv Pekini.* 2769

2743

— o. c.

2770

2744

Seneca, Lucius Annaeus, 3 B.C.-65 A.D.

(L. & M. Annaei Senecae) Tragoediae, Cum Notis Th. Farnabii. Lvgdvni Sumpt. Phil. Borde, Laur. Arnaud & Cl. Rigaud. 1657.

4 l., 363p. 14cm.
Engr. ornamented t.-p.
1st ed. by Farnaby, London, 1613.
Contents. — Medea. — Hippolytus. — Oedipus. — Troas. — Agamemnon. — Hercules furens. — Thyestes. — Thebais. — Hercules Oetaeus. — Octavia.
♣ *N. M. Collij Brayds Soc : Jesu. — P. Faūlat. — Veyo da Rezida de Cinanfu.* 2974

2745

— (L. & M. Annaei Senecae) Tragoediae, cum notis Th. Farnabii. Amsterdami, Apud Iohannem Blaeu, 1665.

4 l., 363p. 13½cm.
Engr. ornamented t.-p.
★ Brunet V 286.
♣ *Coll : fut : Casal : Soc : Jesu.* 3454

2746

— (L. Annaei Senecae) Tragoediae Cum Notis Farnabii. Amstelodami, Ex officina Janssonio-Waesbergiana, 1678.

4 l., 363p. 14cm.
Engr. ornamented t.-p.
♣ *Collegij S. J. Pekini.* 2984

2747

Sennert, Daniel, 1572-1637.

Institutionum medicinae libri V : Auctore Daniele Sennerto ... VVitebergae, Apud Zachariam Schurerum. Typis VVolfgangi Meisneri, 1611.

12 l., 1194, [40]p. illus. (port.) fold. plates. 20½cm.
Signatures : a-c^4, A-Z^4, Aa-Zz^4, Aaa-Zzz^4, Aaaa-Zzzz^4, Aaaaa-Zzzzz^4, Aaaaaa-Zzzzzz^4, Aaaaaaa-Lllllll^4, Mmmmmmm^2, a-e^4.
p. 3, 39 lines, 162×113mm.
Text in 2 col.
1st ed.
Index & errata at end.
♣ *Bibl. Trig. ?* 1066

2748

— Quaestionum medicarum controversarum Liber : Cui accessit Tractatus de pestilentia. Autore Daniele Sennerto, Vratislaviensi ... VVitebergae, Ex Officina Martini Henckelii, 1610.

8 l., 478 (*i.e.* 476), [1]p. 16cm.
Signature : †^{8}, A-Z^8, Aa-Ff^8, Gg^7.
p. 5, 26 lines, 121×68mm.
1st ed. Wittenberg, 1609.
Errata at end. 1819

2749

Serarius, Nicolas, *SJ,* 1555-1609.

Mogvntiacarvm rervm ab initio vsqve ad Reverendissimvm et Illvstrissimvm hodiernvm Archiepiscopum, ac Electorem, Dominum D. Ioannem Schwichardvm, libri qvinqve. Auctore Nicolao Serario Societatis Iesv, SS. Theologiae Doctore ... [Mogvntiae, Apud Balthasarum Lippium, 1604]

8 l., 980, [14]p. illus., 7 plates (1 fold.) 24cm.
Signatures : †-††^{4}, A-Z^4, Aa-Zz^4, Aaa-Zzz^4, Aaaa-Zzzz^4, Aaaaa-Zzzzz^4, Aaaaaa-Iiiiii^4, Kkkkkk^2.
p. 35, 36 lines, 166×144mm.
2 plates wanting.
The plate after p. 732 bound upside down.
t.-p. spoiled.
For imprint. *cf.* Sommervogel VII 1138.
1st ed.
Index at end.
★ Sommerv VII 1138 n° 20.
♣ *Bibl. Trig. ?* 2057

2750

Serarius, Nicolas, *SJ,* 1555-1609.

Opvscvlorvm theologicorvm R. P. Nicolai Serarii Rambervillani Societatis Iesv Theologi, tomi tres ... Mogvntiae, Excudebat Ioannes Albinvs, 1611.

3v. in 1. 33½cm.
4 l., 370, 82, 337 (*i.e.* 345), [6]p.
Signatures : †4, A-Z6, Aa-Hh6 (Hh6 blank); A-G6 (G6 blank); A-S6, T4, V-Z6, Aa-Ff6, Gg4.
p. 7, 60 lines, 245×138mm.
Text in 2 col.
1st collected ed.
Contents. — **t. 1.** Iosuani sacerdotes. De poenitentia Salomonis. Naaman Syrus. Trihaeresium. Minerual. Rabbini duo. Herodes. De Apostolis. De S. Paulo et Iuda proditore. S. Kilianus. Par sanctorum Comitum. — **t. 2.** Prothyron Paulinum. Symbolum Athanasianum. Disputatio de legibus. De extrema vnctione. De catholicorum cum haereticis matrimonio. — **t. 3.** Contra Franciscum Puccium Filidinum lib. 2. Litaneutici 2. De processionibus. Orationes Lutheroturcicae. De Lutheri magistro. Apologiae pro Lutheri magistro Alogia. Lutherus Theosdotus remissus. De magistro Caluini. Logi logi &c. Index.
★ DictTheolCath XIV 1912. — Sommerv VII 1143 n° 38.
♣ *Bibl. Trig.* 1499

2751

[Sergardi, Lodovico] 1660-1726.

(Q. Sectani) Satyrae in Phylodemum Cum notis variorum. Coloniae, Apud Joannem Selliba, 1698.

CLXIVp., 1 l. 15cm.
Q. Sectanus & Phylodemus : pseud. of Lodovico Sergardi & Giovanni Vincenzo Gravina respectively. *cf.* NouvBiogrGén XLIII 119.
1st ed. Naples (Rome), 1694.
★ Brunet V 256. 2996

2752

Serlio, Sebastiano, 1475-1552.

(Sebastiani Serlii Bononiensis) Architectvræ liber septimvs. In qvo mvlta explicantvr, qvae architecto variis locis possunt occurrere, tum ob inusitatam situs rationem, tum si quando instaurare, siue restituere aedes, aut aliquid pridem factum in opus adhibere, aut caetera huiusmodi facere necesse fuerit ... Ad finem adiuncta sunt sex palatia ichnographia & orthographia variis rationibvs descripta, quae ruri à magno quopiã Principe extrui possint. Eodem autore. Italice & Latine. Il settimo libro d'Architettura di Sebastiano Serglio ... Ex Mvsaeo Iac. de Strada S. C. M. Antiqvarii, Civis Romani. Francofvrti Ad Moenvm, Ex officina typographica Andreae Wecheli, 1575.

6 l., 243p. incl. plans. 37cm.
Signatures : a6, A-Z4, Aa-Ff4, Gg6.
p. 1, 48 lines, 281×197mm.
The first six books were published by the author between 1537-51.
Text in 2 col.
1st ed.
Bound with : Roomen, A. van. In Archimedis circvli dimensionem expositio & analysis, Wvrcebvrgi, 1597.
★ Brunet V 304. 1162a

2753

Settala, Ludovico, 1552-1633.

(Lvdovici Septalii Patricii Mediolanensis) Commentariorvm in Aristotelis Problemata tomus I. [-II] ... Francofvrti, Apud Claudium Marnium & heredes Ioannis Aubrii, 1602-7.

2v. in 1. port. 35cm.
3 l., viii, 380, [15]p., 4 l., 279, [9]p.
Signatures : †3, ††4, A-Z6, AA-HH6, II4, a8; †4, A-Z6, Aa6.
p. 5, 58 lines, 268×152mm.
Index at end of each volume.
♣ *Bibl. Trig.* 2854

2754

Severt, Jacques, *d. ca.* 1628.

De Orbis catoptrici sev Mapparvm mvndi principiis, descriptione, ac vsv, libri tres. Quorum postremos duos in huiusmodi Cosmographicorum Planisphaeriorum gratiam, ex cimmericis tenebris primus in lucem studiosè vocaui, vtpote qui omni ferme hominum generi, cunctisque scientiis expeditiora multô ... adferunt commoda, eaque festiuissima & faciliori opera ex eruditissimi Guilelmi Postelli Mappae quàm ex reliquarum vsu depromenda. Accesserunt etiam multa Libro primo, cùm recèns evulgata, tum nonnullorum Authorum mendis repurgata, adaucta ... Cum Elencho ad calcem locupletissimo. Authore Iacobo Severtio Belli-jocensi ... Parisiis, Apud Baltasarem Morellum, 1590.

6 l., 332 (*i.e.* 232), [13]p. illus. (incl. tables, diagrs.) 32cm.
Signatures : a6, A-Z4, Aa-Gg4, Hh3.
p. 3, 45 lines, 262×146mm.
1st ed.
Bound with : Apianus, P. Folium popvli, Ingolstadii, 1533. — Nuñez, P. Opera, Basileae, 1566.
♣ *Bibl. Trig.* 253

2755

Siemienowicz, Casimirus.

Artis magnae artilleriae pars prima Auctore Casimiro Siemienowicz Equite Lithuano olim Artil : Reg : Polon : Propraefecto. Amsterodami, Apud Ioannem Ianssonivm, 1650.

v. l. illus. (incl. tables), 22 plates, 2 diagrs. 32cm.
According to preface the book has 2 volumes.
10 plates wanting.
Engr. ornamented t.-p.
★ Brunet V 377.
♣ *Caza de Cham cheu.* 2076

2756

Sigonio, Carlo, 1524-1584.

(Caroli Sigonii) Fasti Consvlares, ac trivmphi acti a Romvlo Rege vsqve ad Ti. Caesarem. Eiusdem In Fastos et trivmphos, id est in vniversam Romanam historiam Commentarius. Item De Nominibus liber. Hanoviae, Typis Wechelianis apud Claudium Marnium & heredes Ioan Aubrii, 1609.

1 l., XXVIII, 371, [1]p. 33½cm.
Signatures : a^4, b^6, c^4, A-Z^6, AA-HH^6 (t.p. without sign.)
p. 9, 54 lines, 260×142mm.
1st ed. Modena, 1550.
Bound with : Sigonio, C. Historiarum de Occidentali Imperio libri XX, Francofurti, 1593 and others.
★ Brunet V 380. 1978a

2757

— (Caroli Sigonii) Historiarvm de Occidentali Imperio Libri XX ... Pertexitur autem in illis historia ab anno recuperatae Salutis CCLXXXIIII, vsqꝫ ad annum DLXV. Et absoluitur Indice rerum, & verborum copiosissimo. Francofvrti, Apud heredes Andreae Wecheli, Claudium Marnium & Ioann. Aubrium, 1593.

358, [18]p. 33½cm.
Signatures : A-Z^6, Aa-Gg^6, Hh-Ii^4.
p. 7, 55 lines, 260×138mm.
1st ed. Bologna, 1577.
Bound with : Sigonio, C. Fasti consulares, Hanoviae, 1609; Historiarum de regno Italiae quinque reliqui libri, Francofurti, 1591.
♣ *Bibl. Trig. ?* 1978

2758

— (Caroli Sigonii) Historiarum de regno Italiae Libri Viginti... Qui libri Historiam ab anno DLXX usque ad MCCLXXVI, quo Règnum interiit, & libertas Italiae redempta est, continent. Accessit praeter alias editiones, rerum memorabilium Index locupletissimus. Hanoviae, Typis Wechelianis apud haeredes Claudii Marnii, 1613.

4 l., 359, [24]p. 34cm.
Signatures : †^{4}, A-Z^6, AA-II^6.
p. 3, 55 lines, 262×144mm.
This volume contains only fifteen « libri », the remaining five being published after the author's death by A. Caprara under the title « Historiarum ... quinque reliqui libri ». The latter vol. is owned by the library and bound with the author's « Historiarum de Occ. Imp. libri XX, Francofurti, 1593 ».
1st ed. Bologna, 1574.
♣ *Bibl. Trig.* 1965

2759

— (Caroli Sigonii) Historiarvm de regno Italiae Quinque reliqui Libri ... Qui libri nunc primum editi, quindecim de eodem Regno antea vulgatos sequuntur, & narrationem ab anno 1200 vsque ad 1286 perficiunt, quo iura ipsius Regni occiderunt, & in libertatem Italia vindicata est. Index rerum & verborum copiosissimus adiectus. Francofvrti, Apud heredes Andreae Wecheli, Claudium Marnium & Ioann. Aubrium, 1591.

125, [21]p., 1 l. 33½cm.
Signatures : a-l^6, m-n^4.
p. 9, 55 lines, 261×146mm.
For the preceding books (I-XV) see the author's « Historiarum ... libri XX, Hanoviae, 1613 ».
Ed. by Alessandro Caprara. *cf.* Dedication.
Bound with Sigonio, C. Historiarum de Occidentali Imperio libri XX, Francofurti, 1593 and others. 1978b

2760

Sitius, Franciscus.

Dianoia astronomica, optica, physica, Qua Syderei Nuncij rumor de Quatuor Planetis a Galilaeo Galilaeo Mathematico Celeberrimo recens perspicilli cuiusdam ope conspectis, vanus redditur. Avctore Francisco Sitio Florentino ... Venetiis, Apud Petrum Mariam Bertanum, 1611.

72?p. incl. diagrs. 22cm.
Signatures : A-I^4,?.
p. 13, 29 lines, 165×105mm.
p. 73-? wanting.
Bound with : La Galla, J. C. De phoenomenis in orbe lvnae physica disputatio, Venetiis, 1612 and others. 89a

2761

Sluse, René François de, 1622-1685.

(Renati Francisci Slusii) Mesolabvm seu Duae mediae proportionales inter extremas datas per circulum et per infinitas hyperbolas, vel ellipses et per quamlibet exhibitae, Ac Problematum omnium solidorum effectio per easdem curvas. Accessit pars altera De analysi, et Miscellanea. Leodii Eburonum, Apud Guilielmum Henricum Streel, 1668.

4 l., 181, [1]p. incl. diagr. 20cm.
1st ed. 1659.
Errata : p. [182] 379

2762

Smet, Hendrik, 1537-1614.

Prosodia Henrici Smetii, Medicinae D. promtissima, qvae syllabarvm positione & Diphthongis carentium qvantitates, Sola veterum Poëtarum auctoritate, adductis exemplis demonstrat. Lvgdvni, Svmptibvs Ant. de Harsy, 1617.

8 l., 19, 458, [9]p. 18cm.
Signatures : †^{8}, ††^{10}, A-Z^8, Aa-Ee^8, Ff^{10}.
p. †2 b, 35 lines, 143×83mm.
p. 241-244 and p. 249-252 bound after p. 248 and p. 256 respectively.
1st ed. 1599.
♣ *Ex donatione Domini Dni Dimitrei Axendrewskil accepi librum istum Aō Dni 1671 Xbris 15 Dnica.* 3156

2763

Snellius, Willebrord, 1581-1626.

(Wilebrordi Snellii) Apollonivs Batavvs, seu, Exsuscitata Apollonii Pergaei περι διωρισμενης τομης Geometria. Lvgodini, Excudebat Iohannes a Dorp, 1608. Prostant apud Iohannem Maire.

37p. incl. diagrs. 20½cm.
Signatures : A-D4, E3.
p. 5, 27 lines, 154×108mm.
1st ed.
Bound with : Dasypodius, K. Heron mechanicus, Argentorati, 1580 and others. 815b

2764

— (Willebrordi Snellii à Royen R. F.) Tiphys Batavvs, sive Histiodromice. De navium cursibus, et re navali. Lvgdvni Batavorvm, Ex Officinâ Elzeviriana, 1624.

30 l., 109p., 1 l., 62 p., 1 l. incl. 2 plates, tables, diagrs. 19cm.
Signatures : †6, ††-†††††††4, A-O4, a-c4, d2, e-h4, i2.
p. 15, 32 lines, 148×103mm.
4 p. l. (sign, †3-6) bound incorrectly.
4 p. (sign. i1-2) of [pt.2] incl. errata, are bound between the p. l.
Ms. marginal notes.
Ms. table on recto of back guard leaf.
1st ed.
★ Brunet V 420. 701

2765

Soarez, Cipriano, *SJ,* 1524-1593.

De arte rhetorica libri tres, ex Aristotele, Cicerone & Quintiliano praecipuè deprompti. Ad exemplar Romanum ipsius auctoris; omnibus, mendis purgati, & plurimorum locorum citatione locupletati. Auctore Cypriano Soario, Sacerdote Societatis Iesv. Additio [*sic*] rerum notabiliorum auctiore indice. Subijciuntur etiam eiusdem Rhetorices tabulae perbreues ... Lugdvni, Sumptibus Gvlielmi Valfray, 1636.

218, [36], 80?p. 11½cm.
Signatures : A-Q8 (Q8 blank); A-E8?
p. 15, 28 lines, 92×52mm.
p. 81-? of « Tabulae » wanting.
1st ed. Coimbra, *ca.* 1560.
★ Sommerv VII 1331 n° 11 (ed. wanting) 3141

2766

— De arte rhetorica libri tres ex Aristotele, Cicerone, et Qvintiliano praecipuè deprompti. Autore Cypriano Soarez Sacerdote Societatis Iesv. Antverpiae, Apud Iacobvm Mevrsivm, 1653.

8 l., 192p. 15cm.
Bound with : Alvarez, M. *SJ.* Grammatica, Antverpiae, 1671 and others.
★ Sommerv VII 1331 n° 1 (ed. wanting) 3223f

2767

Society of Jesus. *Bohemia.*

Fons inexhaustus immortalis gloriae publicae salutis Augustarum Virtutum, & Gratiarum Augustissimus Romanorum Imperator Carolus Sextus Germaniae, Hispaniae, Hungariae, & Bohemiae Rex, &c. &c. Praeprimis quidem Recepto in augustissimum caput Haereditario ejusdem Regni Diademate, Subinde verò Universi Regni, Fidelisque Populi Piis votorum laureolis devotissimè coronatus. Jungente humillimum quoque studium Ejusdem subjectissimae Devotionis Minimae Societatis Jesu per Bohemiam Provincia. 1723...

284 (*i.e.* 286)p. front., illus. 41cm.
Engr. head-pieces.
1st ed.
★ Sommerv I 1590 n° 3. 2089

2768

Society of Jesus. *Instituta & constitutions.*

Canones Congregationum generalium Societatis Iesv. Cvm aliis nonnvllis ad praxim pertinentibus. Romae, In Collegio Rom. eiusdē Societat., 1606.

7 l., 151p.; 13, 66, [2]p. 17cm.
Signatures : †7, A-I8, K4; A8 (A8 blank); A-D8; E2.
p. 3, 29 lines, 118×65mm.
Title printed within a woodcut.
1st ed. Rome, 1573.
Index at beginning.
« Formula Cong. Procuratorum. Formula Congr. provincialis, Romae, Ex typographia Varesii, 1684 » (66 p.) bound at end.
Bound with : Aquaviva, C. Ratio studiorum, Romae, 1606 and others.
★ Sommerv V 95. — Portillo 48. 2890b

2769

— Canones Congregationum Generalium Societatis Iesv. Cum formulis omnium Congregationum, auctoritate septimae recognitis, & auctis, & regulis Vicarij, Assist. &c. Romae, In Collegio Romano eiusdem Societatis, 1616.

94, [18]p. 17cm.
Signatures : A-G8.
p. 9, 29 lines, 118×61mm.
Title with woodcut ornamental border.
Index : p. [95]-[112]
★ Sommerv V 96. — Portillo 48.
♣ *P. Frci Rougemont S. Jesu.* 2735

2770

— Canones Congregationvm generalivm Societatis Iesv. Antverpiae, Apud Joannem Meursium, 1635.

80, [15]p. 15½cm. [Corpus Institutorum Societatis Iesv, n° 6]
Signatures : A-F8.
p. 5, 29 lines, 119×66mm.
For series title. *cf.* Sommervogel V 81.
1st ed. Rome, 1573.
Index : p. [81]-[95]

Bound with : Society of Jesus. *Instituta & constitutions.* Decreta Congregationum generalium, Antverpiae, 1635 and others.
★ Sommer V 81. — Portillo 48. 2658a

2771

— o. c. 16½cm. 3489a

2772

Society of Jesus. *Instituta & constitutions.* Compendivm facvltatvm, et indvlgentiarvm, Quae Religiosis Societatis Iesv, & aliis Christi fidelibus, in Indiarum Orientalium, & Occidentalium Prouincijs conceduntur. Romae, In Collegio Rom. ejusdẽ Societat. 1606.
46, [1]p. 16½cm.
Signatures : A-C8.
p. 6, 29 lines, 122×71mm.
Title printed within a woodcut.
Running title : Compendium Indicum.
1st ed, Rome, 1580.
Index : p. [4]
Bound with : Society of Jesus. *Instituta & constitutions.* Literae Apostolicae, Romae, 1606 and others.
★ Sommerv V 93.— Streit I 132 n° 285. 2891b

2773

COMPENDIVM

INDICVM.

In quo continentur facultates, & aliæ gratiæ a Sede Apostolica Societati Iesu in partibus Indiarũ concessæ, earum que vsus præscribitur.

GOAE

In Collegio D. Pauli Societatis Iesu.
M.D.LXXXI.

— Compendivm Indicvm. In quo continentur facultates, & aliae gratiae a Sede Apostolica Societati Jesu in partibus Indiarũ concessae, earumque vsus praescribitur. Goae, In Collegio D. Pauli Societatis Iesu, 1581.
liii, [1]p. 15½cm.
Signatures : A-C8, D4.
p. viii, 21 lines, 119×68mm.
Bound with : Society of Jesus. *Instituta & constitutions.* Compendium privilegiorum, Romae, 1584.
★ Sommerv V 92 (ed. wanting) 2877a

2774

— Compendivm privilegiorvm, et gratiarvm Societatis Iesv. Romae, In Collegio eiusdem Societatis, 1584.
145, [5]p. 15½cm.
Signatures : A-I8, K4.
p. 4, 30 lines, 120×67mm.
1st ed.
Index & errata : p. [148]-[150]
Bound with : Society of Jesus. *Instituta & constitutions.* Compendium Indicum, Goae, 1581.
★ Portillo 46. — Sommerv V 92. 2877

2775

— o. c.
Ms. marginal notes and corrections.
Bound with : Society of Jesus. *Instituta & constitutions.* Formulae Congregationum, Romae, 1616.
★ Sommerv V 92. — Portillo 46.
♣ *Ve proae Chynae. — Nankim.* 3485.

2776

— Compendivm privilegiorvm, et gratiarvm Societatis Iesv. Romae, In Collegio Rom. eiusdẽ Societat, 1606.
176, [5]p. 16½cm.
Signatures : A-L8, M3.
p. 4, 26 lines, 122×70mm.
Title printed within a woodcut.
Index : p. [178]-[181]
Bound with : Society of Jesus. *Instituta & constitutions.* Literae Apostolicae, Romae, 1606 and others.
★ Sommerv V 93. — Portillo 46. 2891a

2777

— Compendivm privilegiorvm et gratiarvm Societatis Iesv. Antverpiae, Apud Ioannem Mevrsivm, 1635.
164, [3]p. 16cm. [Corpus Institutorum Societatis Iesv. n° 2]
Signatures : A-K8, L4.
p. 4, 26 lines, 122×67mm.
For series title. *cf.* Sommervogel V 81.
Index : p. [165]-[167]
Bound with : Society of Jesus. *Instituta & constitutions.* Litterae Apostolicae, Antverpiae, 1635.
★ Sommerv V 81. — Portillo 46. 2659a

2778

— o. c. 15½cm. 3493a

2779

— o. c. 16cm.

p. 17-32 bound before t.-p.
Note inserted between p. 6 & 7 and bound upside down. 2785a

2780

— o. c.

2786a

2781

— o. c. 16½cm.

Bound with : Society of Jesus. *Instituta & constitutions.* Instrvctiones ad Provinciales et Svperiores Societatis, Antverpiae, 1635. — Aquaviva, C.*SJ.* Indvstriae pro Superioribus, Antverpiae, 1635; Instrvctio pro Superioribus, Antverpiae, 1635. 2833

2782

Society of Jesus. *Instituta & constitutions.* Compendium privilegiorum, et gratiarum Societati Jesu a Sancta Sede Apostolica concessarum ... Pragae, Typis Universitatis Carolo-Ferdinandeae in Collegio Societatis Jesu ad Sanctum Clementem, 1703.

4 l., 222, [7]p. 13½×7½cm.
1st ed. Rome, 1584.
Index : p. (223)-(229)
★ Portillo 46. — Sommerv V 93.
♣ *Collegij S. J. Pekini.* 3458

2783

— Compendium privilegiorum, et gratiarum, quae religiosis Societatis Jesu, et aliis Christi fidelibus In utriusque Indiae Regionibus commorantibus A Summis Pontificibus conceduntur. Romae, In Officina Komarekiana, 1730.

70p. 16cm.
Running title : Compendium Indicum.
1st ed. Rome, 1580. *cf.* n° 2772.
★ Sommerv V 93. — Streit I 403 n° 860.
♣ *Aplicado à Rezida de Chimtimfu pello P. Carlos de Rezende.* 3453

2784

— o. c.

3613

2785

— Compendium privilegiorvm, et gratiarvm, qvae religiosis Societatis Iesv, et aliis Cristi [*sic*] fidelibvs In utriusque Indiae Regionibus commorantibus. A Svmmis Pontificibvs concedvntvr. Romae Superiorum Permissu 1730. Manilae iterum anno 1736, Typis Soc. Iesv.

2 l., 75p. 15½cm.
Running title : Compendium Indicum.
★ Sommerv V 93 (ed. wanting) 2831

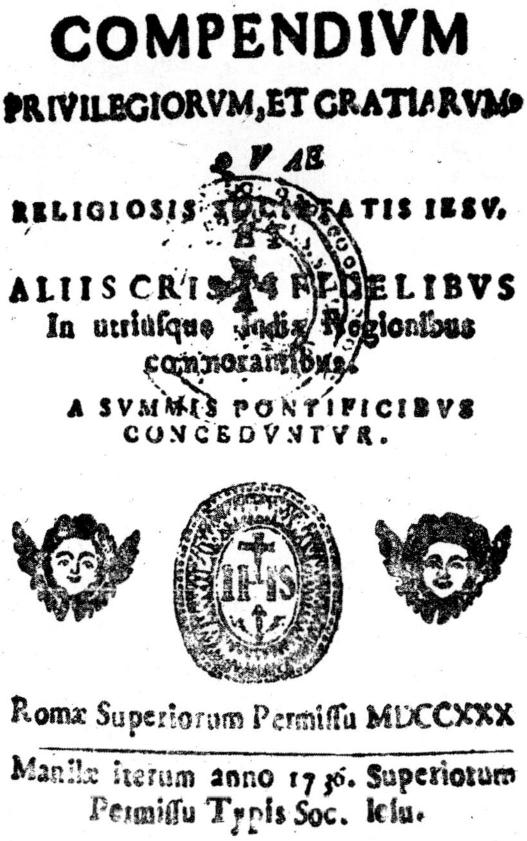
COMPENDIVM
PRIVILEGIORVM, ET GRATIARVM, QVAE
RELIGIOSIS SOCIETATIS IESV,
ET
ALIIS CRISTI FIDELIBVS
In utriusque Indiae Regionibus
commorantibus
A SVMMIS PONTIFICIBVS
CONCEDVNTVR.
Romae Superiorum Permissu MDCCXXX
Manilae iterum anno 1736. Superiorum
Permissu Typis Soc. Iesu.

2786

— Constitvtiones Societatis Iesv Cum earum Declarationibus. Romae, In Collegio eiusdem Societatis, 1583.

309, [69]p. 17cm.
Signatures : A-T^{8}, V^{4}, †-†††^{8}, ††††^{10}.
p. 5, 30 lines, 122×71mm.
Engr. ornamented t.-p.
Tr. by Joao Polanco, *SJ. cf.* Sommervogel V 75.
1st ed. Rome, 1558.
Bound with : Society of Jesus. *Instituta & constitutions.* Regulae Societatis Jesu, Romae, 1607.
★ Sommerv V 78 (ed. wanting) — Portillo 46.
♣ *Proua de Jappão.* 2140

2787

— Constitutiones Societatis Iesv et Examen cum declarationibus. Antverpiae, Apud Ioannem Mevrsivm, 1635.

368, [76]p. 16cm. [Corpus Institutorum Societatis Iesv, no. 3]
Signatures : A-Z^{8}, Aa-Dd^{8}, Ee^{6}.
p. 9, 30 lines, 122×62mm.
For series title. *cf.* Sommervogel V 75.
★ Portilli 46. — Sommerv V 81.
♣ *Ve Prouae Sinensis Soc. Jes.* 2120

2788

— o. c.

2121

2789

— o. c.

♣ *Assistentia Germaniae. — Veyo da Rezida de Cinanfu.* 2122

2790

Society of Jesus. *Instituta & constitutions.* Corpvs Institvtorvm Societatis Iesv in dvo volvmina distinctvm : accedvnt praeter ea, qvae editio novissima Pragensis continet Epistolae Praepositorvm Generalivm, et Catalogvs provinciarvm, domorvm, collegiorvm etc. eivsdem Societatis ... Antverpiae, apud Iohannem Mevrsivm, 1709.

2v. 20cm.
Vol. 2 has no common t.-p.
Each part has a special t.-p.
1st collected ed. Antwerp, 1635.
Contents. — **v. 1.** Litterae Apostolicae, quibus institutio, confirmatio, et varia privilegia continentur Soc. Jesu. Constitutiones Soc. Jesu et examen cum declarationibus. Regulae Soc. Jesu, auctoritate septimae Congregationis Generalis auctae. Decreta Congregationum Generalium S. J. Canones Congr. Generalium S. J. Formulae Congregationum in quarta Generali Congr. confectae et approbatae, in sequentibus recognitae et auctae. Ratio atque institutio studiorum S. J. — **v. 2.** Ordinationes Praepositorum Generalium, communes toti Societati. Compendium privilegiorum et gratiarum S. J. Instructiones ad Provinciales et Superiores. R. P. Claudii Aquavivae Industriae pro Superioribus. Ejusdem Instructio pro Superioribus. S. Ignatii Exercitia spiritualia. Directorium in Exercitia spiritualia. Epistolae Praepositorum Generalium. Index generalis in omnes libros Instituti S. J. Catalogus provinciarum S. J. Supplementum ad Corpus Institutorum.
★ Sommerv V 81. — Portillo 56. — Streit I 351 n° 781.
♣ *Collegij Soc. Jesu Pekini. 1736.* 1893

2791

— Decreta Congregationvm generalivm Societatis Iesv. Secunda editio. Romae, In Collegio Romano eiusdem Societatis, 1616.

4 l., 560, [30]p.; 25, [4], 6, [2], 70, [13]p. 17cm.
Signatures : a⁴, A-Z⁸, Aa-Oo⁸; A-B⁸; A⁴; A-D⁸; E⁴; a⁶.
p. 2, 30 lines, 123×70mm.
Title within woodcut ornamental border.
1st ed. Rome, 1568.
Contents. — Ad Patres provinciales. — Index. — Decreta septem priorum Congr. generalium. — Index rerum. — Decreta Congr. gen. undecimae, index, Romae, Ex typographia Varesii, 1662. — Canones Congr. gen. undecimae & index, Romae, Ex typ. Varesii, 1662. — Decreta Congr. gen. duodecimae, Romae, Typis Varesii, 1683.— Index.
★ Sommerv 96. — Portillo 48.
♣ *Aplicado à Resida de Chin Kiam por orde publicada pello P. VProval João de Saà.* 3487

2792

— Decreta Congregationvm generalivm Societatis Iesv. Antverpiae, Apud Ioannem Meursium, 1635.

474, [30]p.; 79, [9], 25, [4]p. 16½cm. [Corpus Institutorum Societatis Iesv, n° 5]
Signatures : A-Z⁸, Aa-Hh⁸, Ii⁴; A-E⁸, F⁴; A⁸, B⁷.
p. 15, 30 lines, 120×67mm.
For series title. *cf.* Sommervogel V 81.
Contents. — Index. — Decreta septem priorum Congregationum. — Index rerum. — Decreta Congregationis octavae, nonae, decimae. — Index harum trium Congr. — Decreta Congr. generalis undecimae. — Index.
Bound with : Society of Jesus. *Instituta & constitutions.* Canones Congregationum generalium Soc. Iesu, Autverpiae, 1635; Formulae Congregationum in quarta generali Congr. confectae, Antverpiae, 1635.
★ Sommerv V 81. — Portillo 48.
♣ *Nankim. — Ve Prouce Sinensis Soc. Jes.* 3489

2793

— Decreta Congregationvm generalivm Societatis Iesv. Antverpiae, Apud Ioannem Meursium, 1635

474, [30]p. 15½cm. [Corpus Institutorum Societatis Iesv, n° 5]
Signatures : A-Z⁸, Aa-Hh⁸, Ii⁴.
p. 15, 30 lines, 124×66mm.
For series title. *cf.* Sommervogel V 81.
Index : p. [475]-[504]
Bound with : Society of Jesus. *Instituta & constitutions.* Canones Congregationum generalium, Antverpiae, 1635; Formulae Congregationum, Antverpiae, 1635.
♣ *Da VProva da China.* 2658

2794

— [Decreta Congregationum generalium Societatis Jesu. Rome, 1687-89]

1 l., 41, [7], 33, [6], 23, [1], 39, [5], 45-54, [2], 70, [10], 30, [2], 93, [7], 66, [2], 13, 48, 8, 16, 16p., 2 l., 60 (*i.e.* 70)p. 16cm.
t.-p. wanting.
Index at end of most parts.
Contents. — Decreta & Canones Congr. VIII, IX, X, XI, XII, XIII. Indices. (Colophon : Romae, Ex Typographia Iacobi Antonij de Lazzaris Varesij, 1687, 1688). — Indiculus Decretorum. Editio Secunda auctor [*sic*] & emendatior, Romae, typis Varesii, 1687. — Formula Congregationis provincialis, (Colophon : Romae, Ex Typ. Iacobi Antonij de Lazzaris Varesij, 1687). — Formula Congregationis Procuratorum; Ordinatio pro studiis superioribus; Regulae a Patribus revisoribus observandae; Censurae et praecepta; Instructio pro administratione rerum temporalium. — Formula Congregationis generalis, Romae, typis Dom. Ant. Herculis, 1689.
★ Somerv V 96 (ed. wanting) — Portillo 48.
3495

2795

— Epistolae Praepositorvm Generalivm ad Patres et Fratres Societatis Iesv. Romae, In Collegio Romano eiusdem Societatis, 1615.

4 l., 396p.; 31, 20, 15p. 17cm.
Signatures : †⁴, A-Z⁸, Aa⁸, Bb⁶; A-B⁸; A¹⁰; A⁸ (Bb7-8 blank)

p. 2, 30 lines, 124×71mm.
Title within woodcut ornamental border.
3 letters of Vitelleschi, Mutio, SJ, bound et end.
1st Italian ed. Rome, 1606.
1st Latin ed. Ypres, 1611.
★ Sommerv V 113. — Streit I 159 n° 357. 3488

2796

Society of Jesus. *Instituta & constitutions.*
Epistolae Praepositorum Generalium ad Patres et Fratres Societatis Jesv. Antverpiae, Apud Joannem Meursivm, 1635.

448, [8]. 15½cm. [Corpus Institutorum Societatis Iesv, n° 14]
Signatures : A-Z⁸, Aa-Ee⁸, Ff⁴.
p. 4, 21 lines, 117×65mm.
For series title. *cf.* Sommervogel V 81.
Index : p. [449]-[456]
★ Sommerv V 81. — Streit I 198 n° 462. 2660

2797

— o. c.

p. 4, 21 lines, 121×68mm.
♣ *Assistentiae Germaniae. — Veya da Rezid^a^ de Cinanfu.* 2771

2798

— o. c. 16cm.
Contains also additional letters (221 p.) up to 1656.
♣ *Nankim. — Ve Prou^ae^ Sinensis Soc. Jes.* 3546

2799

Epitome Institvti Societatis Iesv. Romae, Ex Typographia Dominici Antonij Herculis, 1689.

xxiv, 741p. 15½cm.
Comp. by Curzio Sesti, SJ. *cf.* Sommervogel V 112.
1st ed.
Index and errata : p. 683-741.
★ Sommerv V 112. — Portillo 63.
♣ *Ex dono P. Emanuelis Ferreyra Patri Antonio da Sylva. — P^a^ de Jupao. — Applicatum collegio V Provae Vrbis Ham cheu 1721.* 2147

2800

— o. c.

♣ *Prou^a^ de Jappão.* 2148

2801

— o. c.

♣ *Douro do P. Joam Pereyra.* 2150

2802

— o. c.

p. 713-714, 727-730, 741 wanting. 2149

2803

— Epitome Instituti Societatis Jesu. Bruxellis, Ex Typographia Petri van de Velde, 1690. Juxta Exemplar Romae Impressum 1689.

xvi, 647 (*i.e.* 627), [1]p. 16½cm.
Index & errata at end.
★ Sommerv V 112. — Portillo 63.
♣ *Emptus Ulissipone in Collegio S. Antonij S. J. à Pre Procuratore prov^ae^ Lusitanae ad quem Romà multa huiusmodi exẽplaria missa erant. An. 1691.* 2151

2804

— o. c.

♣ *Da V Provincia da China. Da Igreja de Hoai Ngan.* 2152

2805

— o. c.

♣ *PP Gallor SJ Pekin.* 2153

2806

— Epitome Instituti Societatis Jesu. Pragae, Typis Universitatis Carolo-Ferdinandeae, in Collegio Societatis Jesu ad S. Clementem, 1726.

10 l., 583, [73]p. 15½cm.
Index : p. [584]-[656]
★ Sommerv V 112 (ed. wanting) — Portillo 63. 2158

2807

— Formulae Congregationvm in qvarta generali Congregatione Confectae, & aprobatae; in sexta, & septima recognitae, & auctae. Romae, In Collegio Romano Societatis Iesv, 1616.

134, [10]p. 16½cm.
Signatures : A-I⁸.
p. 8, 30 lines, 123×70mm.
Title within woodcut ornamental border.
1st ed. Rome, 1581.
Contents. — Formula Congregationis generalis. — Formula Congr. provincialis. — Formula Congr. procuratorum. — Formula Congr. ad eligendum Vicarium Societatis. — Officium Vicarii generalis. — Regulae Assistentium. Regulae Admonitoris Praepositi Generalis. — Regulae Secretarii Societatis. — Regulae Substitutorum Secretarii. — Index. (printed in italics)
★ Sommerv V 98. — Portillo 50.
♣ *Aplicado à Resida de Chin Kiam por ordem publicada pello P Vproval.* 3486

2808

— o. c.

134, [10]p.; 14p. 17cm.
Signatures : A-I⁸; a⁸.
Index : p. [137]-[144] printed in roman.
« Corrigenda » [14 p.] bound at end.
Bound with : Aquaviva, C. SJ. Ratio studiorum, Romae, 1606 and others. 2890a

2809

— Formulae Congregationvm in quarta generali Congregatione Confectae, & aprobatae; in sexta, & septima recognitae, & auctae. Romae, In Collegio Romano Societatis Iesv, 1616.

134, [10]p.; [24]p.; 22p., 1 l., 10p., 3 l.; 13, [1]p. 17cm.
Signatures : A-I[8], A[12]; A[12]; A[12] (A12 blank); A[8] (A7-8 blank); A[7].
p. 34, 30 lines, 122×69mm.
Title within woodcut ornamental border.
Contents. — Formula Congregationis generalis. — Formula Congr. ad eligendum Vicarium Societatis. — Officium Vicarii generalis. — Regulae Assistentium. — Regulae Admonitoris Praepositi Generalis. — Regulae Secretarii Societatis. — Regulae Substitutorum Secretarii. — Index (printed in roman). — Regulae Procuratoris provinciae (Romae, typographia Dominici Antonii Herculis, 1693). — Regulae Socii Provincialis. — Regulae Socii Magistri novitiorum (Romae, typographia Dominici Antonii Herculis, 1693). — Regulae instructoris Patrum tertiae probationis.
Bound with : Society of Jesus. *Instituta & constitutions.* Compendivm privilegiorvm, Romae, 1584. 3485a

2810

Society of Jesus. *Instituta & constitutions.*
Formvlae Congregationvm in quartâ generali Congregatione confectae et approbatae in sextâ & septimâ recognitae et avctae. Antverpiae. Apud Ioannem Mevrsivm, 1635.

136, [8]p. 15cm. [Corpus Institutorum Societatis Iesv, n° 7]
Signatures : A-I[8].
p. 7, 30 lines, 123×66mm.
For series title. *cf.* Sommervogel V 81.
Index : p. [137]-[144]
Bound with : Society of Jesus. *Instituta & constitutions.* Decreta Congregationvm generalivm Societatis Iesv, Antverpiae, 1635.
★ Sommerv V 81. — Portillo 50. 2658b

2811

— o. c.
Bound with : Aquaviva, C. *SJ.* Instrvctio pro Superioribus, Antverpiae, 1635; Indvstriae pro Superioribus, Antverpiae, 1635.
♣ *V Prou[ae] Sinensis Societatis Jesv. Veyo da Rezid[a] de Cinanfu.* 2619

2812

— o. c.
♣ *Vice Pr.* 2783

2813

— o. c.
♣ *Caza de Ham cheu. — Nankim.* 2784

2814

— Formvlae Congregationvm in quartâ generali Congregatione confectae et approbatae in sextâ & septimâ recognitae et avctae. Antverpiae, Apud Ioannem Mevrsivm, 1635.

136, [8]p.; 18, [4], 6, [2]p.
Signatures : A-I[8]; A[8], B[4], A[4].
p. 7, 30 lines, 121×67mm.

Contents. — Index. — Formulae. — Index. — Canones Congregationis generalis octavae, nonae, decimae. — Index. — Canones Congr. generalis undecimae. — Index.
Bound with : Society of Jesus. *Instituta & constitutions.* Decreta Congregationum generalium Soc. Iesu, Antverpiae, 1635 and others. 3489b

2815

— Index generalis in omnes libros Instituti Societatis Iesv. Antverpiae, Apud Ioannem Mevrsivm, 1635.

291p. 16½cm. [Corpus Institutorum Societatis Iesv, n° 16]
Signatures : A-S[8], T[2].
p. 6, 36 lines, 124×68mm.
Text in 2 col.
For series title. *cf.* Sommervogel V 81.
1st ed.
Errata : p. 289-290.
« Formula votorvm simplicivm » : p. 291.
♣ *Assistentiae Germaniae. — Veyo da Rezid[a] de Cinanfu.* 3545

2816

— o. c.
Bound with : Society of Jesus. *Instituta & constitutions.* Indicvlvs decretorvm, Romae, 1662.
♣ *Pertence a casa de Yam cheu, onde estaõ algũnos otros tomos. — V. Prou[ae] Sinensis Soc. Jes.* 3543

2817

— o. c.
♣ *V. Prou[ae] Sinensis Soc. Jesu.* 3544

2818

— Indicvlvs decretorvm easdem res tractantivm In Congregationibvs generalibvs Societatis Iesv Confici iussus à Congregatione VIII. Decreto XIV. Romae, Typis Heredum Manelphi Manelphij, 1653.

108, [4]p.; 41, [7], 8, [4], 33, [6], 8, [4], 13, [2], 3, [1]p. 16½cm.
1st ed.
Contents. — Indiculus decretorum decem priorum Congregationum generalium, cum indice. — Decreta et Canones Congr. generalium octavae, nonae, et decimae, cum suis indicibus.
★ Portillo 50. — Sommerv V 98 (ed. wanting)
♣ *Caza de Ham cheu.* 3494

2819

— Indicvlvs decretorvm easdem res tractantivm In Congregationibvs generalibvs Societatis Iesv Confici iussus à Congregatione VIII. Decreto XIV. Editio secunda auctior & emendatior. Romae, Typis Varesij, 1662.

93, [5]p., 8, 14, 41, [7], 33, [6], 13, [2], 25, [4], 18, [4], 6, [2], 35, 48, 40, 55, 63p.
Index at end of each part.
Contents. — Indiculus decretorum. — Regulae

pro revisoribus librorum. — Censurae et praecepta hominibus Societatis imposita. — Decreta Congr. general. VIII, IX, X, XI, cum suis indicibus. — Canones Congreg. general. VIII. IX. X. XI. cum indicibus. — Ordinatio pro studiis superioribus. — Epistola R. P. N. Generalis Mutii Vitelleschi, Romae, 15 Nov. 1639. — Epistola prima R. P. N. Vincentii Carrafae, Romae, typis Manelphi Manelphii, 1646. — Epistola R. P. N. Francisci Piccolominei, Romae, 28 Oct. 1650. — Epistola R. P. N. Goswini Nickel, Romae, 30 Sept. 1653.
★ Portillo 50. — Sommerv V 98.
♣ *V Prouae Sinensis Soctis Jesu.* 3490

2820

Society of Jesus. *Instituta & constitutions.*
Indicvlvs decretorvm easdem res tractantivm In Congregationibvs generalibvs Societatis Iesv Confici iussus à Congregatione VIII. Decreto XIV. Editio Secunda auctior & emendatior. Romae, Typis Varesij, 1662.

93, [5]p. 16½cm.
Index : p. [94]-[98]
Bound with : Society of Jesus. *Instituta & constitutions.* Index generalis in omnes libros Instituti Societatis Iesv, Antverpiae, 1635. 3543a

2821

— o. c.

3544a

2822

— Institutum Societatis Jesu Ex Decreto Congregationis Generalis decimae quartae Meliorem in ordinem digestum, Auctum, Ac denuò recusum ... Pragae, Typis Universitatis Carolo-Ferdinandeae in Collegio Societatis Jesu ad S. Clementem, 1705.

2v. 28cm.
Text in 2 col.
1st collected ed. Antwerp, 1635.
Contents. — **v. 1.** Litterae Apostolicae. Compendium privilegiorum. Examen & Constitutiones. Regulae. Decreta Congregationum. Canones Congregationum. Censurae & praecepta. Indiculus decretorum. — **v. 2.** Formulae Congregationum. Ratio studiorum. Ordinationes Generalium. Instructio pro Superioribus P. Claudii Aquaviva. Instructiones ad Privinciales Industriae P. Claud. Aquaviva. Exercitia spiritualia S. Ignatii. Directorium in Exercitia. Index generalis.
★ Portillo 56. — Sommerv V 82.
♣ *Nankim.* 3394

2823

— o. c.
29½cm. 1922

2824

— o. c.
2v. in 1. 29½cm.
♣ *Residentiae S. Josephi. Pekini.* 1929

2825

— Instrvctiones ad Provinciales, et Svperiores Societatis. Avctoritate Congreg. VII. vt directiones tantum seorsim impressae. Romae, In Collegio Romano eiusdem Societatis, 1616.

128, [8]p. 16cm.
Signatures : A-H^8, I^4.
p. 7, 30 lines, 123×69mm.
Title within woodcut ornamental border.
Index : p. [129]-[136]
1st ed.
★ Sommerv V 112.
♣ *Collegii S. J. Pekini. — P. Frci Rougemont S. Jesu.* 2736

2826

— Instrvctiones ad Provinciales et Svperiores Societatis. Auctoritate Congregationis VII. vt Directiones tantùm, seorsim impressae. Antverpiae, Apud Ioannem Mevrsivm, 1635.

112, [8]p. 16cm. [Corpus Institutorum Societatis Iesv, n° 8]
Signatures : A-G^8, H^4.
p. 8, 30, lines, 123×66mm.
For series title. *cf.* Sommervogel V. 81.
Index : p. [113]-[120]
Bound with : Society of Jesus. *Instituta & constitutions.* Compendium privilegiorvm, Antverpiae, 1635 and others.
★ Sommerv V 81. 2833a

2827

— o. c.

Bound with . Society of Jesus. *Instituta & constitutions.* Ordinationes Praepositorvm, Antverpiae, 1635 and others. 2618a

2828

— o. c.

3496a

2829

— Instrvctiones et ordinationes toti Societati commvnes, ad Provinciales, & Superiores eiusdem. In sexta Congregatione generali partim ab eadem approbatae, partim ad Praepositum Generalem delatae, & cum Patribus Assistentibus recognitae. Neapoli, Ex Typographia Tarquinij Longi, 1609.

8 l., 118p., 1 l. 17cm.
Signatures : A-H^8, I^4.
p. 3, 30 lines, 122×66mm.
Colophon dated 1608.
Index at beginning.
Bound with : Aquaviva, C. *SJ.* Instructio pro Superioribus, Romae, 1606 and others.
★ Sommerv V 111. 2155c

2830

— Litterae Apostolicae, qvibvs institvtio, confirmatio, Et varia Priuilegia continentur

Societatis Iesv. Romae, In Collegio Romano eiusdem Societatis, 1615.

11 l., 327p. 17cm.
Signatures : a^{12}, A-T^{8}, V^{12}.
p. 2, 29 lines, 119×70mm.
Title within woodcut ornamental border.
1st ed. Rome, 1559.
Index at beginning.
★ Portillo 45. — Sommerv V 89.
♣ *P. Frci Rougemont S. Jesu.* 2169

2831

Society of Jesus. *Instituta & constitutions.*
Litterae Apostolicae, qvibvs institvtio, confirmatio, Et varia Priuilegia continentur Societatis Iesv. Antverpiae, Apud Ioannem Mevrsivm, 1635.

384, [19]p. 16½cm. [Corpus Institutorum Societatis Iesv, nº 1]
Signatures : A-Z^{8}, Aa-Bb^{8}, Cc^{2}.
p. 8, 30 lines, 123×66mm.
For series title. *cf.* Sommervogel V 81.
Index : p. [385]-[403]
Bound with : Society of Jesus. *Instituta & constitutions.* Compendivm privilegiorvm, Antverpiae, 1635.
★ Portillo 45. — Sommerv V 81. 2785

2832

— o. c.

♣ *Nankim.* 2786

2833

— o. c.

384, [19]p.; 15p. 16cm.
Signatures : A-Z^{8}, Aa-Bb^{8}, Cc^{2}; A^{8}.
« Constitvtio Alexandri Papae VII. super regimine Superiorum Societatis Iesv, Romae, ex typographia R. Cam. Ap. 1663 » bound at end.
♣ *Nankim. — V. Prouae Sinensis Soc. Jes.* 2659

2834

— o. c. 15½cm.

p. 337-352 bound after p. 368.
p. 17-18, 31-32 (duplicate) bound at end.
♣ *applicado a caza de Ham cheu. — Nankim.* 3493

2835

— Literae Apostolicae, qvibvs variae facvltates Et indulgentiae religiosis Societatis Iesv & aliis Christi fidelibus in Indiarum Orientalium & Occidentaliũ prouincijs cõceduntur. Romae, In Collegio Rom. eiusdẽ. Societat. 1606.

147, [4]p. 16½cm.
Signatures : A-I^{8}, K^{4}.
p. 4, 30 lines, 122×70mm.
Title printed within a woodcut.
1st ed. Rome, 1585.
Bound with : Society of Jesus. *Instituta & constitutions.* Compendivm privilegiorvm, Romae, 1606; Compendivm Indicvm, Romae, 1606.
★ Portillo 46. — Sommerv V 87 (ed. wanting) — Streit I 132 nº 1606.
♣ *Aplicado à Resida de Chin Kiam por ordem publicada pello P. V Proval Joao de Saà.* 2891

2836

— Ordinationes Praepositorvm Generalivm commvnes toti Societati. Auctoritate V. Congregationis generalis recognitae & contractae. Romae, In Collegio Societatis Iesv, 1595.

4 l., 41, [171]p. 16cm.
Signatures : A^{4}, A-C^{8}, A^{3}, A^{4}, A^{6}, A^{3}, A^{7}, A^{2}, A^{2}, A^{2}, A^{1}, A^{7}, A^{4}, A^{5}, A^{2}, A^{2}, A^{3}, A^{2}, A^{3}, A^{6}, A^{4}, A^{8}, A^{3}, A^{3}.
p. 3, 30 lines, 122×70mm.
Index : p. [42]-[48]
Contains also additional instructions publ. later.
1st ed.
★ Portillo E 51-52. — Sommerv V 109.
♣ *Nankim.* 3483

2837

— Ordinationes Praepositorum Generalivm Instrvctiones, & Formulae Communes toti Societati. Auctoritate V. Congregationis generalis recognitae. Romae, In Collegio Rom. eiusdẽ Societat. 1606.

8 l., 266, [35]p. 17cm.
Signatures : †^{8}, A-T^{8} (†1 blank)
p. 5, 30 lines, 122×70mm.
Title printed within a woodcut.
Index : p. [267]-[301]
Contents. — Ad superiores Soc. Iesv. — Index Ordinationum. — Ordinationes communes toti Societati. — Instructiones ex variis V. Congr. deputationibus editae. — Aliae instructiones a R. P. Aquaviva ad provincias missae, annis 1597-1606. — Formulae ex variis V. Congr. deputationibus editae. — Index.
Bound with : Aquaviva, C. *SJ.* Instrvctio pro svperioribvs, Romae, 1606 and others.
★ Portillo E 51-52. — Sommerv V 111. 2155b

2838

— o. c.

Bound with : Ignatius de Loyola, *Saint.* Regulae Societatis Iesu, Romae, 1607. 2170a

2839

— o. c.

2 l. (incl. t.-p.) wanting.
♣ *ViceProvae.* 2171

2840

— Ordinationes Praepositorvm Generalivm, Communes toti Societati; Auctoritate Septimae Congregationis Generalis contractae. Romae, In Collegio Romano eiusdem Societatis, 1616.

187, [10]p. 17cm.

Signatures : A-M8, N4.
p. 13, 29 lines, 119×61mm.
Title within woodcut ornamental border.
Index : p. [189]-[198]
★ Portillo E 51-52. — Sommerv V 112. 2144

2841

— o. c.

Bound with : Aquaviva, C. *SJ.* Instructio pro Superioribus, Romae, 1606 and others. 2155d

2842

Society of Jesus. *Instituta & constitutions.*
Ordinationes Praepositorvm Generalivm. Communes toti Societati, Avctoritate Septimae Congregationis Generalis contractae. Antverpiae, Apud Ioannem Mevrsivm, 1635.

146, [9]p.; 13p. 16cm. [Corpus Institutorum Societatis Iesv, n° 4]
Signatures : A-K8; A8 (K7-8 blank)
p. 10, 30 lines, 122×67mm.
« Censvrae et praecepta » bound at end.
For series title. *cf.* Sommervogel V 81.
Bound with : Society of Jesus. *Instituta & constitutions.* Instrvctiones ad Provinciales et Svperiores Societatis, Antverpiae, 1635. Aquaviva, C. *SJ.* Instrvctio pro Superioribus, Antverpiae, 1635; Indvstriae pro Superioribus eiusdem Societatis ad curandos animae morbos, Antverpiae, 1635.
★ Portillo E 51-52. — Sommerv V 81.
♣ *Residentiae Yam cheu. — V. Prouae Sinensis Soc. Jes.* 2618

2843

— o. c.

♣ *Collegij Nankinensis. — V. Prouae Sinensis Soc. Jes.* 3496

2844

— Regvlae Societatis Iesv. Romae, In Collegio Rom. eiusdē Societat., 1607.

23 l., 296, [2]p. 17cm.
Signatures : a-c8, A-S8, T6 (C8 blank)
p. 2, 29 lines, 118×67mm.
Title printed within a woodcut.
Tr. by Joao Polanco, *SJ cf.* Sommervogel V 99.
1st ed. publ. under title : « Quaedam ex Constitutionibus Societatis Iesu excerpta », Rome, 1567.
Bound with : Aquaviva, C. *SJ.* Ratio atqve institvtio stvdiorvm Societatis Iesv, Romae, 1606.
★ Sommerv V 103.
♣ *Vic. provae Chynae. — Nankim.* 2168

2845

— o. c.

Bound with : Society of Jesus. *Instituta & constitutions.* Constitutiones Societatis Iesu, Romae, 1583. 2140a

2846

— o. c.

t.-p. wanting.
Bound with : Society of Jesus. *Instituta & constitutions.* Ordinationes Praepositorum generalium, Romae, 1606. 2170

2847

— Regvlae Societatis Iesv. Dilingae, Formis Academicis, apud Melchiorem Algeyer, [1620?]

249, [1], 18p. 11cm.
Signatures : A12, B6, C12, D6, E12, F6, G12, H6, I12, K6, L12, M6, N12, O5; †6, ††3.
p. 5, 22 lines, 73×30mm.
Errata : p. [250]
« Monita generalia, qvae ad religiosam nostrorum directionem spectant, et ab omnibus observanda sunt », 18p. at end.
Bound with : Ignatius de Loyola, *Saint,* Exercitia spiritualia, Dilingae, 1620.
★ Sommerv V 104.
♣ *Domus Probationis Soctis Jesv Vienae ad S. Annam 1697 ?* 3518

2848

— Regvlae Societatis Iesv. Avctoritate Septimae Congregationis Generalis auctae. Antverpiae, Apud Ioannem Mevrsivm, 1635.

276, [49]p. 15cm. [Corpus Institutorum Societatis Iesv, n° 15]
p. 9, 30 lines, 121×67mm.
For series title. *cf.* Sommervogel V 81.
Index : p. [277]-[325]
★ Sommerv V 81.
♣ *Domûs Pekinensis PP. Gallorum Soc. Jes.* 3452

2849

— Regulae Societatis Jesu. Repressae Sumptibus S. Annae Soc. Jesu Viennae Austriae. Typis Joannis Georgii Schlegel, Universitatis Typographi, 1712.

166, [2], 147, [5]p. 13½cm.
Ms. notes on back guard leaf.
« Exercitia spiritualia S. P. Ignatii Lojolae » 147p. at end.
★ Sommerv V 104.
♣ *Nota : R. S. Iesu cum deviso Nomen Domini laudabile expressae s. excusae sunt Mussiponti in Collegio S. Jesu. Typis Melchioris Bernardi Universitatis Typographi 1614. Cum facultate Superiorum.* 3622

2850

Society of Jesus. *Passau.*
Historico polemica brevis instructio De Haeretica Paschasij Quesnelli Doctrina Per Dogmaticam Clementis XI. Sum. Pont. Constitutionem Unigenitus merito fulminata ... Additâ demum Bullâ ipsa, Unigenitus, cum explicatione veneni in centum & una Propositionibus damnatis contenti. D. D. Sodalibus Sub Titulo in Coelos assumptae Deiparae, in Archi-Ducali Soc. Jesu Collegio Passavij congregatis in Xenium oblata, Typis Haeredum Höllerianor. 1723.

351, [9]p. 13½cm.

« C'est une réimpression de : Synopsis Quesnellismi... Voir mon Dict. des Anonymes, col. 949 ». — Sommerv VI 337.
1st ed. Heidelberg, 1719.
★ Sommerv VI 337 n° 8. 1313

2851

Solenander, Reiner, 1524-1601.
Consiliorvm medicinalivm Reineri Solenandri, Bvdericensis, Doctoris ... Sectiones quinque. Qvarvm prima ante annos trigintaocto, à Joanne Francisco de Gabiano Lugduni edita, & cum Consiliis celeberrimi Medici Ioannis Montani in 16 excusa. Reliquae quatuor ab Avctore iam recens additae. Editio secunda. Hanoviae, Typis Wechelianis apud Claudium Marnium & heredes Ioan. Aubrii, 1609.
10 l., 516, [24]p. 25cm.
Signatures : †^{6}, ††^{4}, A-Z^{6}, Aa-Yy^{6}.
p. 3, 55 lines, 264×136mm.
1st ed. Leyden, 1571.
Index : p. [517]-[540]
♣ *Bibl. Trig.* 1160

2852

Soto, Domingo de, *OP,* 1494-1560.
De ivstitia et ivre libri decem. Reuerendi P. F. Dominici Soto, Segobiensis, Ord. Praed. ... Libri profectò eruditissimi, nunc autem postremò post omnes omnium editiones, summo studio, fide, exactaq; diligentia recogniti. Quibus recens accessit Liber octavus, de Iuramento, & adiuratione. Septimò nimirum in Sextum reiectio [*sic*], Cum gemino Indice, altero Quaestionum, & Articulorum, altero Rerum & Sententiarum insignium, eoq; longè locupletissimo. Venetiis, Apud Petrum Mariam Bertanum, 1608.
32 l., 1006p. 22cm.
Signatures : a-d^{8}, A-Z^{8}, Aa-Zz^{8}, Aaa-Qqq^{8}, Rrr^{7}.
p. 5, 54 lines, 177×105mm.
p. 101-108 bound incorrectly.
Text in 2 col.
1st ed. Salamanca, 1556.
♣ *Bibl. Trig.* 1324

2853

Sotto-Maior, Luis, *OP.*
(F. Lvdovici Sotto-Maior ex Ord. Praedicatorvm ...) Commentarivs, in priorem ac posteriorem Pavli Apostoli Epistolam ad Timothaevm, Et item In Epistolam eiusdem Apostoli ad Titvm. Praeterea duos Indices adiecimus, quorum alter sacrae Scripturae locos, postremus verò res & verba complectitur. Editio prima. Parisiis, Apud Michaëlem Sonnium, 1610.
20 l., 2546 (*i.e.* 1636) col., [24]p. 34½cm.
Signatures : a^{4}, a-b^{6}, c^{4}, A-Z^{6}, Aa-Zz^{6}, Aaa-Zzz^{6}, Aaaa^{4}, Bbbb^{3}.

Col. 5/6, 68 lines, 276×159mm.
1st ed.
♣ *Bibl. Trig.* 1282

2854

Sousa, Antonio de, *OP.*
Opvscvlvm circa Constitutionem Svmmi Pontificis Pauli V. in Confessarios ad actus inhonestos foeminas in Sacramentali Confessione allicientes. Cum additionibus ex Sanctissimi D. N. Papae Gregorij XV. Constitutione nouissima. Nonnullae etiam difficultates ad alia Apostolica decreta contra non praesbyteros Missas celebrantes, ac confessiones audientes enodantur ... Autore Fr. Antonio de Sousa Vlyssiponensi ex Praedicatorum familia ... Vlyssip., Ex officina Gerardi à Vinea, 1623.
8 l., 276 (*i.e.* 278), [34]p. 20cm.
Signatures : †^{8}, A-T^{8}, V^{4}.
p. 17, 34 lines, 160×105mm.
Text in 2 col.
Index & errata et end.
♣ *Da Ve Pro^a da China.* 1365

2855

Spach, Israel, 1560-1610.
Gynaeciorvm sive De mvliervm tvm commvnibvs, tvm gravidarvm, parientivm, et pverperarum Affectibvs & Morbis, libri Graecorvm, Arabvm, Latinorvm vetervm et recentivm qvotqvot extant, partim nuc primùm editi, partim verò denuô recogniti, emendati, necessarijs Imaginibvs exornati, & optimorum Scriptorum autoritatibus illustrati, Opera & studio Israelis Spachii Med. D. & Profess. Argentinensis. Avtorvm catalogvm post praefationem inuenire licet. Additi sunt etiam Indices Capitum, Rerum ac Verborum in his memorabilium locupletissimi & fidelissimi ... Argentinae, Sumptibus Lazari Zetzneri, 1597.
16 l., 28, 1080 (*i.e.* 1082), [33]p. incl. tables. 33cm.
Signatures : †-††^{6}, †††^{4}, a^{6}, b^{8}, a-q^{6}, r^{8}, s-z^{6}, A-Z^{6}, Aa-Vv^{6}, Xx^{4}, Yy-Zz^{6}, AA-ZZ^{6}, AAA^{6}.
p. 11, 57 lines, 246×148mm.
1st ed.
★ Brunet V 470.
♣ *Bibl. Trig.* 3386

2856

— Nomenclator scriptorvm medicorvm. Hoc est : Elenchvs eorvm, qvi artem medicam svis scriptis illvstravnt, secvndvm locos communes ipsius Medicinae; cum duplici Indice & rerum & authorum. Conscriptus ab Israele Spachio Argentinensi Doctore & Professore Medico. Francofvrti, Ex officina Typographica Martini Lechleri, Impensis Nicolai Bassaei, 1591.

8 l., 215, [39]p. 16½cm.
Signatures : †[8], A-P[8], Q[7].
p. 3, 30 lines, 122×65mm.
1st ed.
♣ *Missionis Sinensis.* 1088

2857

Spach, Israel, 1560-1610.
Nomenclator Scriptorum philosophicorvm atqve Philologicorvm. Hoc est : Succincta recensio eorvm, qvi philosophiam omnesqve eivs partes qvouis tempore idiomatéue vsq; ad annum 1597 descripserunt, illustrarunt, & exornarunt, methodo artificiosa secundum locos communes ipsius Philosophiae, cum duplici Indice, Rerum vno, Autorum altero. Collecta & digesta ab Israele Spachio Med. D. & Professore Ordinario Argentinensi ... Argentinae, Apud Antonium Bertramum, 1598.

10 l., 727, [100]p. 16cm.
Signatures : †[8], ††[2], A-Z[8], Aa-Zz[8], Aaa-Eee[8], Fff[6].
p. 5, 30 lines, 124×65mm.
Errata at end.
♣ *Missionis Sinensis.* 2823

2858

Spanner, André, *SJ,* 1639-1694.
Polyanthea sacra, ex universae Sacrae Scripturae utriusque Testamenti figuris, symbolis, testimoniis, nec non e selectis Patrum, aliorumque authorum, Sententiis, eruditis Interpretationibus, Similitudinibus, rarisque Historiis collecta, et copiosis, exquisitisque materiis moralibus de virtutibus et vitiis Pro Concionibus efformandis adornata ... Labore & Studio R. P. Andreae Spanner, è Societate Jesu ... Venetiis, Sumptibus Michaelis Hertz, 1709.

2v. 33cm.
Illus. t.-p.
Text in 2 col.
1st ed. Augsburg, 1702.
Indices at end of each volume.
— Auctarium polyantheorum sacrorum ex manuscriptis R. P. Andreae Spanner è Societate Jesu... Venetiis, Sumptibus Michaelis Hertz, 1710.
4 l., 139, [17]p.
Illus. t.-p.
Text in 2 col.
Ed. by Bartholomaeus Mayer, *SJ. cf.* Preface.
1st ed. Nish, 1704.
Indices at beginning & end.
Bound with the 2nd v. of « Polyanthea sacra ».
★ Sommerv VII 1419 n° 1 (ed. wanting) 1742

2859

Speculi aulicarum atque politicarum Observationum, libelli octo, Quorum seriem sequens pagina exhibet ... Nunc denuò accuratiùs concinnati atque aediti. Procvrante Lazaro Zetznero, 1610.

52 l., 496, [68]p. fold. table. 13½cm.
Signatures : A-Z[12], Aa-Dd[12], Ee[10].
p. 3, 29 lines, 96×55mm.
Ms. notes on verso of front guard leaf.
Contents. — Furius, F. Idea consiliarii. — Colli, H. Consiliarius. Palatinus sive Aulicus. Nobilis. — Pascolo, D. de. Aulicus politicus. — Guicciardini, F. Hypomneses politicae. Sententiae selectiores ex Historia Italica. — Affelen. J. ab. Vir politicus. — Jaroslaus, L., baron a Smirziz. De consiliariis florilegium politicum. — Index.
♣ *Hipolitus a Collibus cuius sunt tres tractatus huius libri author damnatus 1ae classis est; sed ibi non fit mentio horū tractatuum.* 3457

2860

Spieghel, Adrianus van den, 1578-1625.
(Adriani Spigelii Brvxellensis ...) De hvmani corporis fabrica Libri Decem, Tabulis XCIIX aeri incisis elegantissimis, nec antehac visis exornati ... Opvs posthvmvm. Daniel Bvcretivs Vratislaviensis Philos. & Medic. D. Francofvrti, Impensis & Caelo Matthaei Meriani, 1632.

8 l., 390, [21], 221p. illus. 22½cm.
Signatures : †-††[4], A-Z[4], Aa-Zz[4], Aaa-Eee[4], Fff[2]; A-Z[4], Aa-Dd[4], Ee[3].
p. 5, 42 lines, 170×125mm.
Engr. ornamented t.-p.
Full-page illus. with explanations on opposite pages.
Illus. has title : Ivlii Casserii Placentini ... Tabulae anatomicae LXXIIX.
1st ed. Venice, 1627.
Index at end of the text.
♣ *Collegij Pekinensis Societatis Jesu.* 3362

2861

— (Adriani Spigelii Brvxellensis Philosophi ac Med. Pat.) Isagoges in rem herbariam Libri Duo ... Patavii, Apud Paulum Mei(ettum), Ex Typographia Laurentij Pasqua(ti) [1606]
8 l., 138, [14]p. 19½cm.
Signatures : a-b[4], A-T[4].
p. 13, 34 lines, 154×85mm.
4 p. l., (incl. t.-p.) spoiled.
Colophon dated 1606.
1st ed.
Errata at beginning.
Index : p. [139]-[151]
Bound with : Bratti, G. Discorso della vecchia et nvova medicina, Venetia, 1592. 1137

2862

Spielmann, Jacques Renaud, 1722-1783.
(Jac. Reinholdi Spielmann, Phil. & Med. D. ...) Institutiones chemiae praelectionibus academicis adcommodatae. Editio altera, revisa, aucta, polita. Argentorati, apud Johannem Godofredum Bauerum, 1766.

6 l., 350, [70]p. fold. table. 20½cm.
1st ed. Strasburg, 1763.
Indices & errata : p. [351]-[420]
♣ *Stamp of Mgr Alex. de Gouvea.* 674

2863

Spinelli, Pietro Antonio, *SJ*, 1555-1615.
Maria Deipara Thronvs Dei. De Virginis Beatissimae Deiparae Mariae lavdibvs praeclarissimis. Sub typo diuini throni in Apoc. cap. 4 adumbratae : deq; pietate, ac deuotione, qua eadem Deipara à nobis colenda est; opvs ex Sacris Litteris, Sanctis Patribus, ac Rationibus Theologicis deprompturn. Accessit Appendix. cuius tractatus, ac quadruplicem totius operis Indicem versa pagina indicabit. Avctore Petro Antonio Spinello Neapolitano e Societate Iesv ... Neapoli, Ex Typographia Tarquinij Longhi, 1613.

16 l., 816, [40]p. 33cm.
Signatures : †-††^{6}, †††^{4}, A-Z^6, Aa-Zz^6, Aaa-Xxx^6, Yyy^8, Zzz^6, Aaaa-Bbbb^6.
p. 7, 54 lines, 258×150mm.
Illus. t.-p.
Appendix has a special t.-p.
p. 159-160, 163-164 and p. 185-186 bound after p. 162, 166 and 188 respectively.
1st ed.
Errata (2 p.) at end.
★ Sommerv VII 1443 n° 4. 2338

2864

Sponde, Henri de, 1568-1643.
Annales sacri Henrici Spondani Appamiarum Galliae Narbonensis Episcopi, a mundi creatione ad eiusdem Reparationem. Editio in Germania prima. Coloniae Agrippinae, Sumptibus Viduae Arnoldi Hierat, 1640.

4 l., 284, [27]p. 37cm.
Signatures : a^4, A-Z^6, Aa^4, Bb^6, Cc^8.
p. 3, 74 lines, 305×170mm.
Title printed within an engraving.
Text in 2 col.
Half-title : Epitome Annalivm sacrorum Henr. Spondani.
1st ed. Paris, 1637.
Bound with : Baronius, C. *OR, cardinal.* Annales ecclesiastici ex XII tomis Caesaris Baronii in epitomen redacti, Coloniae Agrippinae, 1640. 1931

2865

Sprecher, Fortunat, 1585-1647.
Pallas Rhaetica, armata et togata. Ubi primae ac priscae Inalpinae Rhaetiae verus situs, bella, & politia, cum aliis memorabilibus, singulari brevitate, fideq; verè historicâ, ex optimis Scriptoribus & monumentis adumbrantur : authore Fortunato Sprechero à Berneck ... Basileae, Typis Joh. Jacobi Genathii, 1617.

8 l., 298, [44]p., 1 l. 20cm.
Signatures : a-z^4, A-Y^4.
p. 5, 32 lines, 146×90mm.
Title within ornamental border.
1st ed.
Index & errata : p. [299]-[342]
♣ *Missionis Sinensis.* 2036

2866

Stadius, Johannes, 1527-1579.
Ephemerides Joannis Stadii Leonnouthesij, ab anno a Virgineo partu 1584[-1606]

322 unnumb. l. 20cm.
Signatures : Ooooo-Zzzzz^4, Aaaaaa-Zzzzzz^4, Aaaaaaa-Zzzzzzz^4, Aaaaaaaa-Zzzzzzzz^4, Aaaaaaaaa^4, Bbbbbbbbb^2.
Ms. notes on t.-p.
♣ *Antverpiae. De Toledo a Antverpia ha de differenca hua hora e 7 minutas segundo este author.* 176

2867

Stanyhurst, Richard, 1547-1618.
Hebdomada Mariana, Ex Orthodoxis Catholicę Romanę Ecclesiae Patribus collecta : In memoriam septem festorum Beatissimae Virginis Mariae, per singulos hebdomadae dies distributa. Auctore Richardo Stanihursto Hiberno ... Antverpiae, Ex Officina Plantiniana, Apud Ioannem Moretum, 1609.

208 (*i.e.* 210)p., 1 l. illus. 14cm.
Signatures : A-P^8, Q^{10} (Q$_9$ blank)
p. 5, 17 lines, 100×56mm.
Illus. t.-p.
1st ed. 2577

2868

Statius, Publius Papinius, 45*ca.*-96.
(Publii Papinii Statii) Sylvarum lib. V. Thebaidos lib. XII. Achilleidos lib. II. Notis Selectissimis in Sylvarum libros Domitii, Morelli, Bernartii, Gevartii, Crucei, Barthii, Joh. Frid. Gronovii Diatribe. In Thebaidos praeterea Placidi Lactantii, Bernartii, &c. Quibus in Achilleidos accedunt Maturantii, Britannici, Accuratissime illustrati a Johanne Veenhusen. Lugd. Batav. Ex Officina Hackiana, 1671.

16? l., 882, [30]p. illus. 19½cm.
1 p. l. wanting.
1st ed. by Veenhusen, Leyden, 1661.
Index : p. [883]-[912]
★ Brunet V 512.
♣ *Collegij Societatis Jesu Pekini.* 3010

2869

Stempelius, Gerard.
Vtrivsqve astrolabii tam particvlaris qvam vniversalis fabrica et vsvs. Sine vllius Retis, aut Dorsi adminiculo. Avctoritate, avspiciis, et impensis Ser.^{mi} Principis Ernesti Electoris Coloniensis, Dvcis Bavariae, &c. Studio verò, & industria D. Gerardi Stempelij Goudani, & M. Adriani Zelstij. in lucem iam primum emissa. Leodii, Typis Christiani Ouvverx, 1602.

8 l., 40 (*i.e.* 32), 40, 99, [17]p. incl. tables. 20½cm.
Signatures : †^{4}, A-E^4; A-E^4; A-N^4, ††^{4}, †††^{2}.

p. 2, 38 lines, 150×108mm.
Right top corner of the book spoiled.
Colophon : Exemplaria prostant Coloniae, apud haeredes Francisci Hohenbergij. 319

2870

Stengel, Johann Peterson.

Gnomonica universalis, sive Praxis amplissima Geometricè describendi horologia solaria stabilia ... et portatilia, in figuris 233. expressa, auctore Joan. Peterson Stengel Sueco, Nunc latinitate donata ab alio quodam philo-gnomonico. Ulmae, Typis & sumtibus Mathaei Wagner, 1679.

1 l., 262, [10]p. front., illus., 5 plates, 100 diagrs. 16½cm.
1st German ed. 1675.
1st Latin ed. 86

2871

Stephanus, Joseph, *d.* 1604.

(Josephi Stephani. Valentini Episcopi. Oriolani) De. bello. sacro. religionis cavssa. svscepto ad. libros. Machabaeorum commentarii ... Tomus. primus Adjecta. Disputatione. De. vnica. religione Ad. Vetus. Dictum Salvs. populi. suprema. lex. esto ... Oriolae. in. Palatio. Episcopali. Per. Didacum. de. la. Torre. 1603.

17 l., 366 numb. l., 26 l. 20½cm.
Signatures : †-†††[4] A-Z[4], Aa-Zz[4], Aaa-Zzz[4], Aaaa-Zzzz[4], Aaaaa-Fffff[4] (5 p. l. without sign.)
f. 2a, 34 lines, 161×102mm.
l. 246-247 wanting.
« Prodiit tantum tomus I » — Hurter III 186.
Index & errata at end. 2191

2872

Stevin, Simon, 1548-1620.

Hypomnemata mathematica, Hoc est eruditus ille pulvis, in quo se exercuit Illvstrissimvs, illvstrimo & antiquissimo stemmate ortus Princeps, ac Dominus, Mauritius Princeps Auraïcus ... A Simone Stevino conscripta, & è Belgico in Latinum à VVil. Sn. conversa. Lvgdvni Batavorvm, Ex Officinâ Ioannis Patii, 1605-8 [t. 1, 1608]

5t. in 2. illus. (incl. tables, diagrs.) 30cm.
t. 2, p. 43-44, 111-112, 123-124, 155-156; t. 4, p. 53-54, 79-80, 157-160; t. 5, pt. 1. p. 3-4, pt. 2, p. 1-2, 13-14 wanting.
Ms. marginal notes.
1st ed.
Contents. — **t. 1.** De cosmographia. — **t. 2.** De praxi geometrica. — **t. 3.** De optica. — **t. 4.** De statica. — **t. 5.** Miscellanea.
★ Brunet V 535.
♣ *M. Ch. — Collegij Soc. Jesu Pekini (vol. 2)* 577

2873

Stifel, Michael, 1487-1567.

Arithmetica integra, Authore Michaele Stifelio, Cum praefatione Philippi Melanchthonis. Norimbergae apud Iohan. Petreium, 1544.

6 l., 319 numb. l., 3 l. incl. tables, diagrs. 21½cm.
Signatures : α^4, β^2, a-z[4], aa-zz[4], AA-KK[4], LL[6].
f. 13a, 33 lines, 145×105mm.
f. 1 of Melanchton's preface wanting.
Ms. marginal notes.
1st ed.
★ Brunet V 537. — Smith 223-227.
♣ *Missionis Sinensis.* 420

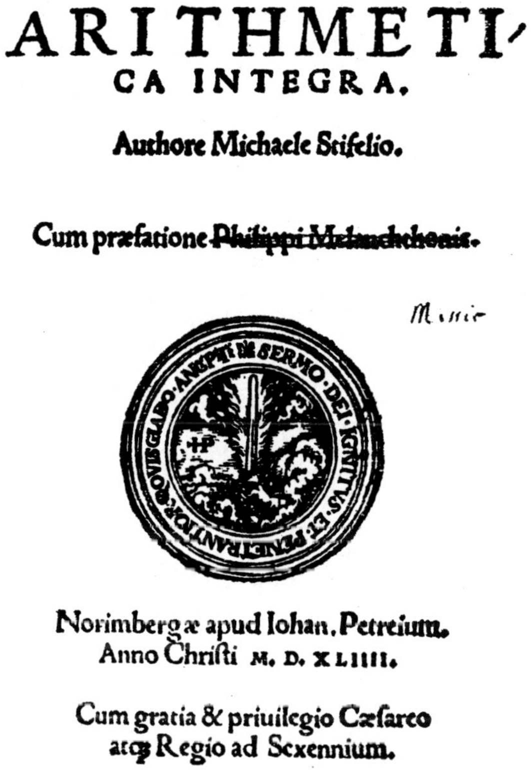
ARITHMETICA INTEGRA.
Authore Michaele Stifelio.
Cum præfatione Philippi Melanchthonis.
Norimbergæ apud Iohan. Petreium.
Anno Christi M. D. XLIIII.
Cum gratia & priuilegio Cæsareo atque Regio ad Sexennium.

2874

Stocker, Johann.

Empirica, siue Medicamenta varia, experientia divtvrna comprobata et stabilita, contra plerosque omnes corporis humani morbos, tam internos, quam externos, in duos libros distributa : sagacissimè primum inuenta, & adhibita prudentissimè à D. Ioanne Stockero, Medico olim Vlmensi celeberrimo : iam recens in lucem edita, Operâ & studio Tobiae Dornkreilii Doctoris Medici Lvnaebvrgensis Reip. ordinarii. Francoforti, Typis Melchioris Hartmanni, impensis Nicolai Bassai, 1601.

8 l., 228p., 1 l. 16cm.
Signatures : †[8], A-O[8], P[3].
p. 6, 29 lines, 117×68mm.
1st ed.
Bound with : Nollius, H. Systema medicinae hermeticae generale, Francoforti, 1613 and others. 891a

2875

Stöffler, Johann, 1452-1531.

Cosmographicae aliqvot descriptiones Ioannis Stofleri Iustingeñ Mathematici insignis. De sphaera Cosmographica, hoc est de Globi terrestris, artificiosa structura. De dvplici Terrae proiectione in planum, hoc est, qua ratione comodius chartae Cosmographicae, quas Mappas mundi uocant, designari queant. Omnia recens data per Io. Dryandrvm Medicum & Mathematicum. Marpurgi apud Eucharium Ceruicornum, 1537.

20 unnumb. l., illus., 5 fold. diagrs. 20cm.
Signatures : A-E4.
f. [6]a, 31 lines, 140×102mm.
Title within woodcut ornamental border.
Errata at end.
Bound with : Peckham, J. Perspectiva communis, Nurimbergae, 1542 and others. 252a

2876

— Elvcidatio fabricae vsvsqve Astrolabii, Ioanne Stoflerino Iustingensi authore : Cui multa & diligens accessit recognitio vnà cum schematum negotio accommodatorum, exactissima expressione. Adiectus est index rerum & verborum copiosissimus. Lvtetiae, Apud Gulielmum Cauellat, 1553.

8 l., 172 numb. l. illus. (incl. tables) 16½cm.
Signatures : a8, A-X8, Y4.
f. 3a, 27 lines, 165×71mm.
Ed. by Guillaume Cavellat. *cf.* Preface.
1st ed. Oppenheim, 1512.
★ Brunet V 548. 66

2877

— Elvcidatio fabricae vsvsqve astrolabii, Ioanne Stoflerino Ivstingensi avthore : Cvi, perbrevis eivsdem Astrolabii declaratio, a Iac. Koebellio adiecta est. Cum diligente recognitione, vnà cum schematum negotio accommodatorum, exactissima expressione. Adiectus est index rerum & verborum copiosissimus. Coloniae Agrippinae, Apud Henricum Falchenburg, 1594.

8 l., 172, 31 numb. l., 1 l. illus., fold. plate, 2 fold. tables. 15½cm.
Signatures : †8, A-X8, Y4, a-d8.
p. 3, 30 lines, 120×67mm.
Colophon : Coloniae Agrippinae, Typis Lamberti Andreae, 1594.
★ Brunet V 547. 91

2878

Strada, Famiano, *SJ,* 1572-1649.

(Famiani Stradae Romani e Societate Iesv) De Bello Belgico decas prima Ab Excessu Caroli V. Imp. an. MDLV Vsque ad initia Praefecturae Alexandri Farnesii Parmae, ac Placentiae Ducis an. MDLXXVIII. [Romae, Ex typographia haeredum Francisci Corbelletti, 1632]

5 l., 374, [88]p. front., 11 double plates. 34½cm.
Signatures : a5, A-Z4, Aa-Zz4, Aaa-Lll4, Mmm3.
p. 3, 42 lines, 240×134mm.
28p. (sign. Fff-Hhh4, Mmm1-2) of index, colophon, and all plates wanting.
For imprint & collation. *cf.* Sommervogel VII 1607.
1st ed.
p. 139-144, 183-186 bound upside down.
★ Brunet V 557. — Sommerv VII 1607 n° 10.
♣ *Ex lib. relictis Pni ab Rdo Dno Pa Alexno.* 2070

2879

— (Famiani Stradae Romani, è Soc. Jes.) De bello Belgico decas prima, Ab Excessu Caroli V Vsque ad initia Praefecturae Alexandri Farnesii Parmae Placentiaeque Ducis III. Editio postrema, correctior & accuratior. Iuxta Exemplar Romae impressum Apud Hermannum Scheus. 1648.

4 l., 530, [107]p. 12 ports. 14×8cm.
Index : p. [531]-[637]
★ Sommerv VII 1609 n° 10.
♣ *Aplicado a Missao da Compa de Jesv da China. Fr. Francisco Pereira. 1656. Ao Pe Pe Martim Martinez. — Caza de Ham cheu.* 2013

2880

— (Famiani Stradae Romani e Societate Iesv) De Bello Belgico decas secvnda Ab initio Praefecturae Alexandri Farnesii Parmae Placentiaeqve Dvcis III an. MDLXXVIII Vsque ad an. MDXC ... [Romae, Ex Typographia Haeredum Francisci Corbeletti, 1647]

5 l., 480, [56]p. 19 fold. plates, map. 35cm.
Signatures : †5, A-Z4, Aa-Zz4, Aaa-Ooo4, a-g4.
p. 3, 42 lines, 241×130mm.
8 plates wanting.
For imprint. *cf.* Colophon.
1st ed.
Index : p. [481]-[530]
« Voces aliquot militares in hoc opere vsurpatae » : p. [531]-[532]
★ Brunet V 557. — Sommerv VII 1609 n° 10.
♣ *Ex lib. relictis ab Illmo Rmo Pca Alexno.* 2069

2881

Strada, Octavius de, *fl. 2nd half of 16th cent.*

De vitis imperatorvm et caesarvm Romanorvm, tam occidentalivm qvam orientalivm, nec non vxorvm et liberorvm eorvm, item tyrannorum omnium, qui diuersis temporibus Romanum Imperium attentare & occupare conati sunt, inde a C. Jvlio Caesare, primo Monarcha, vsque ad D. N. Imperatorem, Caesarem Matthiam, vnà cum eorum effigiebus & symbolis; illis quidem ex probatissimis tam Latinis quam Graecis Authoribus depromptis, his vero ex antiquissimis numismatibus aureis, argenteis & aeneis bonâ fide delineatis, & ad viuum, quoad eius fieri potuit, expressis. Opvs ... olim Incredibili labore, sumptu magno, peregrinationibus multis, iisque periculosis Octavii de Strada à Rosberg, civis Romani ... congestum & adornatum : Nunc vero ... publici iuris factum Cvra et impensis Octavii de Strada à Rosberg, Domini Avthoris piae memoriae, filij & haeredis. Francofvrti ad Moenvm, Imprimebat Johannes Bringervs, 1615.

6 l., 514, [8]p. illus., plate. 32cm.
Signatures : †6, A-Z6, Aa-Vv6, Xx3.
p. 2, 35 lines, 223×127mm.
1st ed.
Index : p. [515]-[522]
♣ *Bibl. Trig.* 1807

2882

Strauch, Aegidius, 1632-1682.

(Ægidii Strauchii ...) Astrognosia, synoptice et methodice, in usum gymnasiorum & academiarum adornata. Addita Sunt asterismorum et planetarum schemata, aereis laminis expressa. Editio secunda, priori multo auctior. Wittebergae, Sumptibus Haered. D. Tobiae Mevii, & Elerdi Schumacheri, 1668.

4 l., 208p. 2 fold. plates, 32 tables (15 fold.), fold. diagr. 14×8cm.
1st ed. Wittenberg, 1659.
♣ *Viceprov. Sinensis S. J. ad usum P. Ki S.* 72

2883

— Tabulae per universam mathesin, summopere necessariae, diu et vehementer desideratae hactenus, nunc in forma compendiaria, in qva nunqvam visae, opera et studio Aegidii Strauchii Professoris Wittebergensis, editae. Wittebergae, Sumptibus autoris, Ex officina Typographicâ Johannis Rônneri, 1662.

23? l., 551, [1]p. 15½cm.
p. l. bound incorrectly.
Ms. notes on back guard leaf.
Ms. marginal notes.
Errata at beginning. (corrected by hand in the text)
1st ed. 430

2884

— (Aegidii Strauchii ...) Tabulae sinuum tangentium logarithmorum Et per universam mathesin. Auctiores & Correctissimae. In hac nova Editione Accessêre Leonh : Christ : Sturmii Prof : P. Math. Guelpherb : Tabulae Plane Novae Architectonicae, Fortificatoriae, Geometricae & pro Circino proportionali. Impress : Amstelodami. Prostat apud Chr. Heinr. Schumacher, 1700.

6 l., 13-32, 562 (*i.e.* 564), [3]p., 1 l., 101, [1]p. incl. front. tables. 15½cm.
[Pt. 2] has title : Vade mecum architectonicum.
Bibliography : [pt. 2] p. 82-92. 498

2885

Streete, Thomas.

Astronomia Carolina, nova theoria motuum coelestium ... cum ... Tabulis et Praeceptis pro calculo Eclipsium &c. composita à Thoma Streete Anglo. Quam ... in Latinam linguam transtulit Joh. Gabriel Doppelmayr ... & Appendicis loco addidit Tabulas Rudolphinas à Joh. Baptista Morino ... redactas. Noribergae, Sumtibus Andreae Ottonis, Typis Johannis Ernesti Adelbulneri, 1705.

4 l., 213, 70, [2]p. illus., 2 fold. diagrs. 20½cm.
Ms. marginal notes.
All errors corrected by hand according to the errata at end.
1st English ed. London, 1661. 108

2886

Stucki, Johann Wilhelm, 1521-1607.

Antiqvitatvm convivialivm libri III. In qvibvs Hebraeorvm, Graecorum, Romanorum aliarumque nationum antiqua conviviorum genera, mores, consuetudines, ritus ceremoniaeq; conviviales atque etiam alia explicantur; & cum iis, quae hodie cùm apud Christianos, tum apud alias gentes, à Christiano nomine alienas, in usu sunt conferuntur : multa Grammatica, Physica, Medica, Ethica, Oeconomica, Politica, Philosophica denique atque Historica cognitu jucunda simul & utilia tractantur : plurima sacrorum prophanorumq; Auctorum veterum loca obscura illustrantur, corrupta emendantur : deniq; desperatus deploratusq; nostrorum temporum luxus atq; luxuria gravi censura damnatur. Auctore Jo. Guilielmo Stuckio, Tigurino. Auctoris ipsius curâ auctior, melior & longè emendatior : Cum totius operis Indice novo eoque copiosissimo. Francofvrti, In officina Andreae Cambierij, 1613.

20 l., 419 numb. l. 31½cm.
Signatures : α-β6, γ8, a-z6, A-Z6, Aa-Zz6, AA5.
f. 1 b, 51 lines, 235×142mm.
Illus. t.-p.
1st ed. 1582.
★ Brunet V 571.
♣ *Bibl. Trig.* 1850

2887

Sturm, Johann Christoph, 1635-1703.

(Joh . Christoph. Sturmii P. P.) Mathesis enucleata ... Excusa Noribergae, Typis & Impensis Wolfgangi Mauritii Endteri, 1689.

20 l., 474, [4]p. 1 fold. table, 29 diagrs. (9 fold.) 17cm.
Ms. notes on back guard leaf.
3 ms. diagrs. with solutions mounted on p. 193, 199 and 317.
1st ed. 507

2888

— o. c.

p. 433-434 and 437-438 bound after p. 436 and 440 respectively.
Ms. notes on guard leaves and inside of covers.
♣ *Collegij Soc. J. Pekini.* 500

2889

Sturm, Johann Christoph, 1635-1703.

(Joh. Christophori Sturmii ...) Mathesis juvenilis Perae Wagenseilianae ad Editoris petitum subjuncta ... Accessit Consilium de mathesi in Scholarum Trivialium & Gymnasiorum Classes omnes, etiam puerorum legere discentium infimas ... introducenda ... Prostat Norimbergae, apud B. Johannis Hoffmanni Viduam & Engelbertum Streckium, Typis excudit Henricus Meyer, 1699-1701.

2v. illus. (incl. tables), 21 plates (1 fold.), 12 plans (9 fold.), 77 diagrs. (1 fold.) 17½cm.
1st ed.
Contents. — **t. 1.** Arithmetica. Geometria. Trigonometria. Architectura militaris. Architectura civilis. Scientia statica & mechanica. — **t. 2.** Optica cum catoptrica & dioptrica. Astronomia cum usu globorum, theorica & eclipsiographia. Horographia seu gnomonica. 499

2890

— Scientia cosmica sive astronomia tam theorica quam sphaerica, paucis tabulis in usum incipientium comprehensa aeneis schematismis et problematibus variis, usum coelestis globi edocentibus illustrata a Joh. Christophoro Sturmio, Math. et Phys. in inclyta Altdorfina P. P. Norimbergae, Sumptibus Wolfgangi Mauritii Endteri, 1684.

32p. illus. (incl. tables), 2 fold. diagrs. 33cm.
1st ed. Altdorf, 1670.
Bound with : Schaevius, H. Sceleton geographicum in usus poeticos & historicos adornatum, Mindae, 1679. **1031a**

2891

Suarez, Francisco, *SJ,* 1548-1617.

Commentariorvm ac dispvtationvm in Tertiam Partem Divi Thomae Tomus Primus [-Quintus] ... Avthore P. Francisco Svarez, è Societate Iesv in Collegio eivsdem Societatis Academiae Salamanticensis sacrae Theologiae Professore. Editio postrema. Nunc postremo ab ipso Authore recognita, & in omnibus ferè gravioribus disputationibus plurimum aucta & locupletata. Lvgdvni, Sumptibus Horatij Cardon, 1613-15 [v. 1, 1614]

5v. 37cm.
Vol. 4, 5; v. 3, p. 1117-1128 wanting.
Text in 2 col.
1st ed. 1590-1603.
★ Sommerv VII 1662 n° 1.
♣ *Bibl. Trig.* 1372

2892

— (R. P. Francisci Svarez, Granatensis, e Societate Iesv ...) Defensio Fidei Catholicae et Apostolicae adversvs Anglicanae sectae errores. Cvm Responsione ad Apologiam pro ivramento fidelitatis, & Praefationem monitoriam Serenissimi Iacobi Magnae Britanniae Regis ... Mogvntiae, Sumptibus Hermanni Mylii Birckmanni. Excudebat Balthasar Lippius, 1619.

6 l., 448 (*i.e.* 436). [14]p. 34½cm.
Signatures : †[6], A-Z[6], Aa-Oo[6], Pp[3].
p. 5, 75 lines, 287×155mm.
p. 253-264 bound upside down.
1st ed. Coimbra, 1613.
Contents. — Quantum Anglicana secta a fide Catholica dissideat. — De peculiaribus erroribus quos rex Angliae profitetur. — De Summi Pontificis supra temporales reges excellentia et potestate. — De immunitate ecclesiastica. — De Antichristo, cuius nomen et personam per calumniam Protestantes Pontifici attribuunt. — De juramento fidelitatis regis Angliae. — Index.
★ Sommerv VII 1672 n° 12.
♣ *V. Pa da China.* 1359

2893

— (R. Patris, Francisci Svarez, e Societate Iesv) Metaphysicarvm dispvtationvm in qvibvs et vniversa natvralis theologia ordinate traditvr, et qvaestiones ad omnes duodecim Aristotelis libros pertinentes, accuratè disputantur, tomi dvo, Cvm quinque indicibvs ... Coloniae, Excudebat Franciscus Heluidius, 1608.

2v. in 1. 34cm.
4 l., 468, 516, [68]p.
Signatures : †[4], A-Z[6], Aa-Qq[6]; a-z[6], aa-zz[6], aaa-bbb[6], ccc[4].
p. 7, 87 lines, 288×153mm.
Illus. t.-p.
Text in 2 col.
1st ed. Salamanca, 1597.
★ Sommerv VII 1665 n° 4.
♣ *Bibl. Trig. ?* 2904

2894

— (Doctoris Fran. Svares Granatensis e Societate Iesv ...) Prima pars summae Theologiae de Deo Vno & Trino. In tres praecipvos tractatvs distributa cum variis Indicibus. Opus de nouo in lucem editum, & à mendis, quàm accuratissimè repurgatum. Lvgdvni, Sumptibus Horatij Cardon, 1607.

32 l., 591p. 36cm.
Signatures : a[6], e[6], i[6], o[6], u-uu[4], a-z[6], A-Z[6], AA-BB[6], CC-DD[4].
p. 5, 69 lines, 286×157mm.
Text in 2 col.
1st ed. Lisbon, 1606.
★ Sommerv VII 1669 n° 8.
♣ *Bibl. Trig.* 1347

2895

Suarez, Francisco, *SJ,* 1548-1617.

Theologiae R. P. Francisci Suarez e Societate Jesu summa seu compendium, à R. P. Francisco Noël ejusdem Societatis concinnatum, & in Duas Partes Divisum. Duobusque Tractatibus adauctum; primo de Justitia & Jure, secundo de Matrimonio ... Coloniae, Sumptibus Fratrum de Tournes, 1732.

2v. in 1. 38cm.
6 l., 538p., 4 l., 631, 50, [4[p.
Text in 2 col.
1st ed. Madrid. 1732.
« Pour en faire un cours complet, le P. Noël a ajouté en appendice un extrait de Lessius *de Justitia et Jure,* et un autre du P. Sanchez *de Matrimonio.* » — Pfister 418.
★ Pfister 418 n° 11. — Sommerv V 1793 n° 12 (ed. wanting)
♣ *Stamp of Mgr Polyc. de Souza.* 1403

2896

— (Doctoris Francisci Svarez Granatensis, de Societate Iesv ...) Varia opvscvla theologica ... Editio vltra praecedentes exquisita, & à mendis repurgata. Cum Indice gemino, vno locorum sacrae Scripturae, altero rerum. Lvgdvni, Sumptibus Horatij Cardon, 1611.

8 l., 816, [32?]p. 24½cm.
Signatures : †⁴, ††⁴, a-z⁴, aa-zz⁴, aaa-zzz⁴, aaaa-zzzz⁴, aaaaa-nnnnn⁴, ooooo².
p. 5, 40 lines, 186×108mm.
4 p. at end wanting.
1st ed. Madrid, 1599.
Contents. — De concursu, motione, & auxilio Dei. — De scientia Dei futurorum contingentium. — De auxilio efficaci. — De libertate diuinae voluntatis. — De reuiuiscentia meritorum. — De iustitia Dei. — Indices.
★ Sommerv VII 1666 n° 5.
♣ *V. Prouce.* 1528

2897

Suarez de Paz, Gonzalo.

(Gonzali Svarez de Paz, Vtrivsqve Ivris Doctoris ...) Praxis ecclesiasticae et secvlaris, Cum Actionum formulis & actis processuum Hispano sermone compositis Tomi Tres. Cvm indice materiervm, libellorum, petitionum, Interrogatoriorum, sententiarum, aliorunq; actuum iudicialium : nec non locorum ex iure Ciuili, Pontificio & Regio explicatorum. Procvrante Zacharia Palthenio Doctore ac Librario in Republ. Francofurtensi, 1613.

4 l., 349, [33]p. 33cm.
Signatures : †², A-Z⁶, Aa-Ii⁶ (2 p. l. without sign.)
p. 3, 64 lines, 268×150mm.
Text in 2 col.
♣ *Ad usum Carmm Discm. — Hunc librum à RR. PP. Carmelitis Reinaldo & Wolfgango año 1731 in Europam remeantibus emit P. Ignatius K. — Collegij S. J. Pekini 1736.* 2096

2898

Suffren, Jean, *SJ,* 1571-1641.

(R. P. Ioannis Svffreni è Societate Iesv) Circvs perfectionis sive Exercitia spiritvalia Per dies aliquot decurrenda. Cum Appendice de confessione generali. Ex Gallico Latinè reddita. Monachii, Typis Lvcae Stravb. Sumptibus Ioannis VVagneri, 1648.

4 l., 380p. front. 13cm.
Tr. by Michel Cuvelier, *SJ. cf.* Approbation.
« Le Circus perfectionis du P. Cuvelier est tiré du vol. II. du tome I. de l'Année Chrétienne du P. Suffren. » — Sommervogel VII 1699.
1st French ed. Paris, 1641.
1st Latin ed.
★ Sommerv II 1751 n° 5. 2405

2899

Surius, Laurentius, *O Carth,* 1522-1578.

Homiliae, sive Conciones praestantissimorvm Ecclesiae Catholicae doctorvm, in totivs anni Evangelia, ab Albino Flacco Alcvino ivssu Caroli Magni primùm acri iudicio collectae, & subinde ab alijs non parùm auctae. Quibus accessêre in totius aeque anni Epistolas, Conciones exegeticae, opera F. Laurentij Surij Carthusiani ex praecipuis Patribus accuratè congestae : cuius etiam studio Homiliae hactenùs editae ab innumeris sunt mendis vindicatae, permultae suis authoribus inscriptae : loca etiam annotata, vnde pleraeque omnes sumptae sint. Denique iam recèns totum opus ab eodem recognitum, & aliquot locis auctum est. Patrvm, e qvibvs hae Conciones depromptae sunt, Catalogum proxima offendes pagina. Accessit rervm et sententiarvm index copiosissimvs. Coloniae, apvd Maternvm Cholinvm, 1576.

5 l., 1082, [49]p. 32½cm.
Signatures : †⁵, a-z⁶, A-Z⁶, Aa-Zz⁶, Aaa-Zzz⁶, Aaaa⁶, Bbbb-Cccc⁴.
p. 3, 60 lines, 242×142mm.
Text in 2 col.
1st ed. Cologne, 1569.
♣ *Bibl. Trig.* 1743

2900

Swieten, Gerard, *baron van,* 1700-1772.

(Gerardi van-Swieten Med. Doct.) Commentaria in Hermanni Boerhave Aphorismos de cognoscendis et curandis morbis ... Venetiis, Typis Jo. Baptistae Pasquali, 1746.

v. 2.
The complete set consists of 5v.
Text in 2 col.
1st ed. Leyden, 1741-72.
★ Brunet V 1081. 1060

2901

— (Gerardi van Swieten Med. Doct.) Commentaria in Hermanni Boerhaave Aphorismos de cognoscendis et curandis morbis... Lugduni Batavorvm, Apud Johannem et Hermannum Verbeek, 1749-55.

5v. 25½cm.
Vol. 4 & 5 wanting.
Vol. 1, 3. ed. 1752; v. 2, 2. ed. 1749; v. 3, 2. ed. 1755.
Colophon : E typographia Dammeana.
♣ *Iste Liber pertinet ad bibliothecam Stephani Johannidis Nobilissimi Domini De Pace Ducis Tevia-schow. Anno 1780 Junii 20 die.* 1061

2902

Sydenham, Thomas, 1624-1689.
(Thomae Sydenham Med. Doct ...) Opera medica. Editio Novissima variis variorum Praestantissimorum Medicorum Observationibus quàm maximè illustrata & aucta ... Cum Elenchis Rerum & Indicibus Necessariis. Genevae, Apud Fratres de Tournes, 1716.

24 l., 815, [25]p. incl. front. (port.) 23cm.
v2. in 1.
1st ed. London, 1685.
Bound with : Musgrave, W. De arthritide symptomatica, Genevae, 1715; De arthritide anomala, sive interna, Genevae, 1715.
★ Brunet V 604.
♣ *Petri Quillebeuf.* 1072

2903

Sylvius, Franciscus, 1581-1649.
(Francisci Sylvii, a Brania Comitis, S. Theologiae Doctoris in Academia Duacena) Opera omnia, sex tomis comprehensa ... Antverpiae, Apud viduam et filium Joannis Baptistae Verdussen, 1695-98 (v. 1, 1698)

6v. 35½cm.
Text in 2 col.
1st ed.
Index at end of each volume.
Contents. — **t. 1.** Commentaria in totam Primam Partem D. Thomae Aquinatis (Editio novissima). — **t. 2.** Commentaria in totam Primam Secundae S. Thomae (Editio quarta correctior). — **t. 3.** Commentaria in totam Secundam Secundae S. Thomae (Editio quarta correctior). — **t. 4.** Commentaria in Tertiam Partem S. Thomae & in ejusdem Supplementum centesima quaestione auctum (Editio sexta, recognita et emendata). — **t. 5.** Varia Opuscula, scilicet De primo motore; De statu hominis post peccatum; Orationes theologicae; Apologia pro S. Thoma Aquinate; Oratio theologica de Sanctissimae Trinitatis festo celebrando; Libri sex de praecipuis fidei nostrae controversiis, quibus subjungitur Appendix diversarum haereseon, & Resolutiones variae. — **t. 6.** Varia commentaria in Genesim & Exodum jam pridem edita, nunc vero emendatiora : item in Leviticum & Numeros hactenus inedita. Recensebat et auctoris vita, atque notis ... illustravit Fr. Norbertus d'Elbecque O. P. 1344

2904

[**Szdellar, Johann Franz,** *SJ*] 1685-1745.
Colloquium Magistri Cum Discipulo Super Systemate Praedestinationis Divinae Altero Thomistico, Altero Scholae Societatis Jesu. Tyrnaviae, Typis Academicis Societatis Jesu, 1727.

35, [5]-40, 20, 83, 42p. 16cm.
Author : Johann Franz Szdellar, *SJ. cf.* DeutAnomymLexic I 334.
« Substantia ejus Authorem habet ... Patrem Gabrielem Daniel Societatis Jesu Theologum, qui in Literis ad Natalem Alexandrum Gallico idiomate scriptis ... de Auxiliis Gratiae Divinae ... juxta Scholam Societatis Jesu explicat...) — Ad Lectorem.
1st ed.
★ Sommerv VII 1748 n° 5. 1291

T

2905

Tacquet, André, *SJ,* 1612-1660.
Opera mathematica R. P. Andreae Tacqvet Antverpiensis e Societate Iesv demonstrata et propvgnata a Simone Lavrentio Veterani ex Comitibvs Montis-Calvi. In Collegio Societatis Iesv Lovanii anno M.DC. LXVIII. mense novemb : Antverpiae, apvd Iacobvm Mevrsivm, 1669.

30 l., 356, [1]p., 1 l., 303, 168, [3]p. illus. (incl. tables), port., 87 diagrs. 33cm.
1 p. l., 3 diagrs. wanting.
Engr. ornamented t.-p.
Engr. head-pieces.
Ms. marginal notes.
Ms. notes on back guard leaf and inside of covers.
1st ed.
Errata at end.
Contents. — Astronomiae libri octo cvm appendice. — Geometriae practicae libri tres. — Opticae libri tres. — Catoptricae libri tres. — Architectvrae militaris liber vnvs. — Cylindricorvm et anvlarivm libri qvinqve. — Dissertatio physico-mathematica de circvlorvm volvtionibvs.
★ Brunet V 641. — Sommerv VII 1810 n° 7. 315

2906

— *o. c.* 34cm.

1 p. l., 1 l. at end wanting.
♣ *Collegij Ham cheu fu Provinciae Che Kiam Soc. Jesu. 1713. — P : Guil : van der* **Beken** *Miss : Chinensis. — Hunc librum mihi P^ri^ Petro van Hamme misit, utpote Brugis ad me missum a R^do^ Domino Antonio Dias Clerico. —* **Hunc librum** *à R. P. Petro van Hamme mihi cum* **licentia** *R. P. Antonij da Sylva Vice Provincialis* **dono** *datum applico Cum facultate ejusdem V* **Prolis Collegio** *Ham cheo fu Provinciae Che Kiam.* **Chim Kiam** *fu 28 Maij 1713 Romanus Hinderer S. J. — Collegij Ham cheo fu Prov : Che Kiam in Sinis. Vice Prov Sinensis Societatis Jesv. 1713.— (on cover)*
武昌府天主堂王老爺收. 湘潭十一月十四. 316

2907

— o. c. 33cm.

« Positiones mathematicae selectae ex operibvs R. P. Andreae Tacqvet Societatis Iesv, dvm eadem Opera demonstrabit et propvgnabit illvstrissimvs D. Simon Lavrentivs Veterani ... Praeside R. P. Henrico de Prince Societatis Iesv ... » 1 l., 15, [7]p. bound after the dedication.

♣ *P. Guil : van der Beken Miss : Chinensis donavit P. Kiliano Stumpf. — Collegij Societatis Jesu Pekini Vice-prouinciae Sinensis Soc. J. ad usum P. K. Stumpf.* 317

2908

— o. c. 33cm.

t.-p., « Optica, Catoptrica, Architectura militaris, Cylindricorum et annularium libri », & « Dissertatio de circulorum volutionibus » wanting. 324

2909

— o. c. 34cm.

t.-p., « Cylindricorum et annularium libri » & « Dissertatio de circulorum volutionibus » wanting. 325

2910

— o. c. 33cm.

9 p. l., « Cylindricorum et annularium libri », & « Dissertatio de circulorum volutionibus » wanting.

♣ *Missionis Sinensis PP Gallorum Societatis Jesu. — Pekin.* 326

2911

Tacquet, André, *SJ,* 1612-1660.

(R. P. Andreae Tacquet Antverpiensis, e Societate Jesu ...) Opera mathematica ... Editio Secunda Priori Nitidior & Emendatior. Antverpiae, Apud Henricum & Cornelium Verdussen, 1707.

17 l., 553 (*i.e.* 547)p. 87 fold. diagrs. 35cm.
Bound in 2 vol.
Added engr. ornamented t.p.
Illus. t.-p.
Text in 2 col.
★ Sommerv VII 1810 n° 7. 558

2912

— o. c.

560

2913

— Arithmeticae theoria et praxis avctore Andrea Tacqvet e Societate Iesv Matheseos Professore. Editio secvnda correctior. Antverpiae, Apud Iacobvm Mevrsivm, 1665.

4 l., 383, [4]p. diagr. 15½cm.
1st ed: Louvain, 1656.
★ Sommerv VII 1810 n° 6.
♣ *Nan Kim.* 433

2914

— Arithmeticae theoria et praxis, auctore Andrea Tacquet e Societate Iesu, Matheseos Professore. Editio ultima correctior. Bruxellis, Apud Franciscvm Foppens, 1683.

4 l., 383 ,[4]p. 15½cm.
★ Sommerv VII 1810 n° 6.
♣ *Da Igreja de Hoai Ngan; da V. Prova da China.* 423

2915

— (Andreae Tacquet Soc. Iesu Matheseos Prof.) Arithmeticae theoria et praxis. Editio ultima, praecedentibus emendatior, & figuris, Annotationibus, aliisque ad faciliorem usum adaucta. Amstelaedami, Apud Franciscvm van-der Plaats, 1704.

6 l., 530p. 3 fold. tables, 9 fold. diagrs. 15½cm.
★ Sommerv VII 1810 n° 6. 432

2916

— (Andreae Tacquet e Societate Iesv) Cylindricorvm et annvlarivm libri IV. item de Circvlorum volutione per planvm dissertatio physlomathca ...Antverpiae, Apud Iacobvm Mevrsivm, 1651.

10 l., 284, [4]p. 18 fold. diagrs. 22cm.
Engr. ornamented t.-p.
1st ed.
Errata at end.
For the continuation see Tacquet, André, *SJ.* Cylindricorvm et annvlarivm liber qvintvs, Antverpiae, 1659.
★ Sommerv VII 1806 n° 3. 534

2917

— (Andreae Tacqvet Antverpiensis e Societate Iesv) Cylindricorvm et annvlarivm liber qvintvs Addendus ad quatuor priores anno 1651. editos. Antverpiae, Apud Iacobvm Mevrsivm, 1659.

2 l., 78 p., 1 l. 3 fold. diagrs. 23½cm.
1st ed.
★ Sommerv VII 1806 n° 3. 533

2918

— Elementa geometriae planae ac solidae. Qvibvs accedvnt selecta ex Archimede theoremata. Avctore Andrea Tacqvet Societatis Iesv ... Antverpiae, Apud Iacobvm Mevrsivm, 1654.

12 l., 350, [10]p. 6 fold. diagrs. 16cm.
1st ed.
« Appendix qua demonstratur ex falso posse directè deduci verum » : p. [351]-[358]
Errata : p. [359]
★ Sommerv VII 1807 n° 5. 435

2919

— o. c. 15½cm.

1 p. l. wanting.
♣ *Ve Provinciae Sinensis Soctis Jesv AD 1657.* 436

2920

Tacquet, André, *SJ,* 1612-1660.

Elementa geometriae planae ac solidae. ... Editio secunda correctior. Antverpiae, Apud Iacobvm Mevrsium, 1665.

12 l., 350, [9]p. 6 fold. diagrs. 16cm.
Ms. notes on guard leaves and inside of covers.
Ms. marginal notes.
♣ *Applicado a Prov de Jappão.* 497

2921

— o. c. 15½cm.

♣ *P. Carli van Beken Miss : Chin : — Da Igreja de Hoai Ngan.* 496

2922

— Elementa geometriae planae ac solidae. ... Editio tertia correctior. Antverpiae, Apud Iacobvm Mevrsivm, 1673.

12 l., 350, [9]p. 6 fold. diagrs. 16cm. 438

2923

— Elementa geometriae planae ac solidae. ... Editio nova. Amstelaedami, Apud Henricum Wetstenium, 1683.

8 l., 350, [10]p. 6 fold. diagrs. 16cm.
Illus. t.-p. 437

2924

— Elementa geometriae planae ac solidae, quibus accedunt selecta ex Archimede theoremata. Auctore Andrea Tacquet Societatis Jesv ... In hac nova editione inserta est Trigonometria plana ejusdem auctoris, & Sphaerica aliundè desumpta. Patavii, Ex Typographia Seminarii, 1694.

7 l., 364 p. 17 fold. diagrs. 17½cm.
« Selecta ex Archimede theoremata » has a special t.-p. dated 1691.
« Trigonometria sphaerica » is taken from the « Encyclopaedia » of Gasp. Schott, *SJ.*
★ Sommerv VII 1807 n° 5 (ed. wanting)
♣ *Comprado pa a Rezida de Chim tim fu pello P. Carlos de Rezende no anno 1734.* 440

2925

Tagliacozzi, Gasparo, 1546-1599.

(Gasparis Taliacotii Bononiensis) De Curtorum Chirurgia per insitionem. Libri dvo ... Apud Gasparem Bindonum, [1597]

14 l., 94, 95, 47, [30]p. illus. 32cm.
Signatures : †^{6}, ††^{8}, A-H^6 (H6 blank), Aa-Hh^6, Aaa-Ddd^6, a-b^6, c^3.
p. 9, 56 lines, 247×143mm.
Engr. ornamented t.-p.
1st ed.
Dedication dated 1597.
« Viva cvrtarvm narivm, avrivm, labiorvm, tradvcis cvtanei; instrvmentorvmqve, ac deligationvm, qvae chirvrgicae hvic' insitioni deservivnt, delineatio annexis vna tabvlis alphabetico ordine ... ob oculos constituentibus. » : 47 p. 983

2926

Taisnier, Jean, 1509-*after*1562.

Opvscvlvm perpetva memoria dignissimvm, de natvra magnetis, et eivs effectibvs. Item : De motu continuo. Demonstratio proportionũ motuum localium, contra Aristotelem & alios Philosophos. De motu alio celerrimo, hactenus incognito. Authore Joanne Taisnierio Hannonio ... Coloniae, Apud Ioannem Birckmannum, 1562.

2 l., 80 (*i.e.* 86)p. illus. port. 21cm.
Signatures : A-K^4, L^5.
p. 3, 27 lines, 147×96mm.
Ms. marginal notes.
1st ed.
Bound with : Pitati, P. Compendium super annua solaris atque lunaris anni quantitate, Veronae, 1560 and others. 268b

2927

Tamburini, Tomaso, *SJ,* 1591-1675.

(R. P. Thomae Tamburini e Societate Jesu) Opera omnia ... Venetiis, Typis Stephani Curtij, 1683.

8 l., 303p., 4 l., 506 (*i.e.* 508)p. 33½cm.
Head-pieces.
Illus. t.-p.
Text in 2 col.
1st ed. Venice, 1678.
Index at end of each part.
Contents. — Explicatio Decalogi (1st ed. Venice, 1614). — De sacramentis. De contractibus. De censuris et irregularitate. De Bulla Cruciatae (1st ed. Palermo, 1663). — De Confessione (1st ed. Rome, 1647.) — De Communione (1st ed. Rome, 1648). — De sacrificio Missae (1st ed. Milan, 1614).
★ Sommerv VII 1836 n° 5.
♣ *Catalogo Bibliotechae Residae Lusitanae Prae adscriptus.* 1666

2928

— (R. P. Thomae Tamburini e Societate Jesu) Opera omnia ... Lugduni, Sumpt. Fr. Anissoniorum & Joan. Posuel, 1689.

2v. 36½cm.
Text in 2 col.
Contents. — [v. 1.] Explicatio Decalogi. De Confessione. De Communione. De sacrificio Missae. — [v. 2.] De sacramentis. De contractibus. De censuris et irregularitate. De Bulla Cruciatae. Germana doctrina authoris, a nonnullis impugnationibus vindicata (1st ed. Palermo, 1666).
★ Sommerv VII 1836 n° 5. 1544

2929

Tamburini, Tomaso, *SJ,* 1591-1675.

Methodvs expeditae Commvnionis tvm pro sacerdotibvs, Tum pro omnibus fidelibus communicaturis. Liber vnicvs avctore P. Thoma Tambvrino, Siculo Caltanisettensi Theologo Societatis Iesv; In quo omnes ferè conscientiae casus ad Eucharistiae Sacramentum quà ministrandum, quà suscipiendum spectantes breuiter clareque, ac, vt plurimum, benigne deciduntur. Opvscvlvm avctoris secvndvm. noua editio. Antverpiae, Apud Iacobvm Mevrsivm, 1656.

6 l., 222, [27]p. 13×7½cm.
1st. ed. Rome, 1648.
Index : p. [223]-[249]
★ Sommerv VII 1832 n° 2. 2478

2930

— Moralis theologiae tractatus duplex, alter De methodo expeditae confessionis, alter De Compendio Bullae Cruciatae Lusitaniae Concessae; ultimo accessit Syllabus omnium propositionum a Summis Pontificibus post Concilium Tridentinum damnatarum ab anno 1567. usque ad annum 1714. Conimbricae, Ex Typographia in Regali Artium Collegio Societatis Jesu, 1714.

2 l., 157, 40?, 41-157p. 21½cm.
Index : p. 145-157.
« De compendio Bullae cruciatae » and part of « Syllabus omnium propositionum » (p. 41-?) wanting; a duplicate copy of p. 41-157 from « De methodo expeditae confessionis » is bound in their place.
Text in 2 col.
1st collected ed. Coimbra, 1712.
★ Sommerv VII 1831 n° 1 (ed. wanting)
♣ *Nankim.* 1330

2931

Tanner, Mathias, *SJ,* 1630-1692.

Societas Jesu usque ad sanguinis et vitae profusionem militans, in Europa, Africa, Asia, et America ... sive Vita, et mors eorum, qui Ex Societate Jesu in causa Fidei, & Virtutis propugnatae, violentâ morte toto Orbe sublati sunt. Auctore R. Patre Mathia Tanner è Societate Jesu, SS. Theologiae Doctore. Pragae, Typis Universitatis Carolo-Ferdinandeae, in Collegio Societatis ad S. Clementem, per Joannem Nicolaum Hampel Factorem, 1675.

8 l., 548, [4]p. front., ports. 28½cm.
Text in 2 col.
1st ed.
Index and errata at end.
★ Sommerv VII 1860 n° 9.

♣ *Aplicado à Resid^a de ChinKiam por ordem publicada pello P. V Prov^al Joao de Saà. — ayera? de Tum Tam.* 3661

2932

Terentius Afer, Publius, *1st half of 2nd cent.*

(Publii Terentii) Comoediae sex, Quibus accedunt notae marginales Joh. Minellii. Roterodami, Typis Regneri Leers, 1702.

9 l., 3-540, [42]p. 13½cm.
Engr. ornamented t.-p.
1st ed. by Minell, 1665.
Contents. — Andria. — Eunuchus. — Heautontimorumenos. — Adelphi. — Phormio. — Hecyra. — Index.
♣ *Foi do P. Ig^no de Souza.* 3215

2933

Tertullianus, Quintus Septimius Florens, 160*ca.*-240.

(Q. Septimii Florentis Tertvlliani) Opera ad vetvstissimorvm exemplarivm fidem sedvlo emendata, diligentia Nic. Rigaltii I. C. cvm eivsdem annotationibus integris, & Variorum commentariis, seorsim anteà editis. Ph. Priorivs argumenta & Notas in libros omnes, de nouo adjecit, & dissertationem apprime utilem concinnauit. Accedvnt Novatiani tractatvs, de Trinitate, & Cibis Iudaicis, cum notis, vt editione Pamelij. Lvtetiae Parisiorvm, Impensis Societatis Typographicae, 1664.

34 l., 735 (*i.e.* 727), [1]p. 38cm.
Illus. t.-p.
1st ed. by Pamelius, Paris, 1584.
1st ed. by Rigault, Paris, 1634.
Contents. — Pamelius, J. Tertulliani vita. — Paradoxa. — Proverbiales formulae. — Apologeticus adversus gentes. — Ad nationes. — De testimonio animae. — Ad Scapulam. — De spectaculis. — De idololatria. — De corona. — De pallio. — De poenitentia. — De oratione — Ad martyres. — De patientia. — De cultu feminarum. — Ad uxorem. — De virginibus velandis. — Adversus Judaeos. — De praescriptione haereticorum. — De baptismo. — Adversus Hermogenem. — Adversus Valentinianos. — De anima. — De carne Christi. — De resurrectione carnis. — Adversus Marcionem. — Adversus Praxeam. — De exhortatione castitatis. — De monogamia. — De fuga in gersecutione. — De jejuniis. — De pudicitia. — Indices. — Novatiani tractatus de Trinitate, et Cibis judaicis.
★ Brunet V 728.
♣ *Stamp of Mgr Alex. de Gouvea.* 1427

2934

— o. c. 44cm.
♣ *PP Gallor S J Pekin n° 405.* 1582

2935

Tesauro, Emanuele, 1591-1677.

Elogia Patriarcharum, et Christi Iesu Dei-Hominis. Emanvelis Thesauri Patritii Taurinensis, et Aloysii Juglaris e Societate Jesu. Quibus ob praestantiam & antiquitatem adjunctum est Testamentum XII. filiorum Jacob, Longissimo tempore Judaeorum invidia ab usu Christianorum subtractum & absconditum, abhinc vero annis CCCXXII. Latinitate donatum ab Episcopo Lincolinensi Roberto II. Coloniae Agrippinae, Sumptibus Francisci Metternich, 1711.

5 l., 3-232p., 6 l., 147p. 18cm.
1st ed. of Giuglaris, Genua, 1641.
Index : p. 137-147.
Contents. — Mundi pueritia, pastores. Mundi adolescentia, milites. Mundi juventus, duces. Mundi virilitas, reges. Mundi senectus, solitarii. Nova aetas, sancti. — Testamentum duodecim Patriarcharum. — Giuglaris, L. Christus Jesus.
★ Sommerv III 1473 n° 11.
♣ *Stamp of Mgr Polyc. de Souza.* 2972

2936

Tesauro, Emanuele, 1591-1677.

(Emanuelis Thesauri, Comitis ...) Idea argutae et ingeniosae dictionis, Ex Principiis Aristotelicis sic eruta, ut in universum arti oratoriae, & inprimis lapidariae atqve symbolicae inserviat. Accessêre ab Autore adjecti Tractatus duo; Alter de argutis Concionatorum Enthymematis, Alter de Emblematis. Omnia nunc primum ex Italico Latinè conversa. Francofurti & Lipsiae, Sumptibus Joan. Melchioris Süstermanni, 1698.

12 l., 734, [16]p. 20½cm.
« per Casparum Corberum humaniorum literarum in Academia Julia Professorem » : (ms.) on t.-p. after « Latinè conversa ».
1st Italian ed. Turin, 1654.
Index : p. [735]-[750] 2839

2937

— (D. Emmanvelis Thesavri Comitis ...) Inscriptiones Quotquot reperiri potuerunt; opera, et diligentia Emanvelis Philiberti. Panealbi ... Cum eiusdem Notis, & Illustrationibus. Innumeris mendis Authoris manu expurgatę. Multisque Inscriptionibus, & Indice perutili Rerum notabiliorum aucta ... Venetiis, Typis Iosephi Prodocimi, 1679.

8 l., 606 (*i.e.* 604), [12]p. 16cm.
Contents. — Funebres apparatus. — Natalitiae pompae. — Sacrae celebritates. — Literarii apparatus. — Publicae principum receptiones. — Regiarum aedium ornamenta. — Publicarum thesium parerga. — Illustrium virorum elogia. — Rerum locorumque inscriptiones. — Historicae inscriptiones, id est Patriarcharum genealogia. — Inscriptiones adstrictae numeris. 3184

2938

Tessari, Ludovico.

Chymiae elementa in aphorismos digesta a Ludovico Tessari Philosophiae ac Medicinae Doctore P. B. P. Et Academiae Imperialis Florentinae Socio. Accedit ejusdem Prodromus de phlogisto in coloranda corporum superficie. Venetiis, Apud Franciscum ex Nicolao Pezzana, 1772.

xvi, 143, [1]p. 3 fold. tables. 19cm.
1st ed.
Index & errata : p. 136-[144]
♣ *Stamp of Mgr Alex. de Gouvea. — Para ouzo de Fr. Alex° Gouvea Relig° 3°.* 791

2939

Theodosius Tripolita, *1st cent.* B. C.

(Theodosii Tripolitae) De. diebvs et. noctibvs libri. dvo de. Vaticana. Bibliotheca deprompti. Scholijs antiquis : & figuris illustrati : & nunc primùm de Graeca lingua in Latinam conuersi. A. Iosepho. Avria. Neapolitano. Romae, Apud Ioannem Martinellum, 1591.

12 l., 114p., 1 l. incl. diagrs. 21cm.
Signatures : †-†††[6], A-O[4], P[2].
p. 5, 34 lines, 160×97mm.
Colophon : Romae, Apud Iacobum Ruffinellum, 1591.
1st ed. 105

2940

Theologia speculativa dogmatica, & moralis In sex Tomos distributa. Quorum duo Speculativam continent, quatuor Moralem. Patavii, Ex Typographia Seminarii, Apud Joannem Manfrè, 1735.

6v. 16½cm.
Vol. 6 wanting.
« Ad usum Seminarii Petrocorensis » ... Ad editionem tertiam Parisiensem » on t.-p. of each volume.
Index at end of each volume. 1685

2941

Thomas, Antoine, *SJ,* 1644-1709.

Synopsis mathematica complectens varios tractatus quos huius scientiae tyronibus et missionis Sinicae candidatis breviter et clare concinnavit P. Antonivs Thomas è Societate Iesv ... Duaci, Typis Michaelis Mairesse, 1685.

2v. illus. (incl. tables), 38 fold. diagrs. 17½cm.
1st ed.
Contents.— **pt. 1.** De arte numerandi. De geometria elementari. De geometria practica. De sphaera. De geographia. De hydrographia. De aquarum fluxu. De musica. Index & errata. — **pt. 2.** Index & errata. De optica. De statica. De horologiis. De triangulis sphaericis. De astrolabiis. De kalendario. De astronomia.
★ Pfister 406 n° 1. — Sommerv VII 1977 n° 5.
♣ *(vol. 1) P. Verjus Franc° M^ae^ Spinola. — Collegij Soc. Jesu Pekini. — (vol. 2) Da V Provincia da China pertence à Igreja de Hoai Ngan.* 550

2942

— o. c.

♣ *(vol. 1) Da V Provª da China pertence à Igreja de Hoai Ngan. — (vol. 2) Ex dono Prs Joseph Suarez. — Fua applicado à V provª da China.* 494

2943

Thomas a Kempis, *Can Reg,* 1379/80-1471.

Opvscvla avrea, vereq; lucidissima, Venerabilis Thomae de Kempis, Canonici Regvlaris. In quibus suauissimi flores vberrimique virtutum fructus, ad coenobiticam prȩsertim vitam mirum in modum conducentes, cumulatissimè excipiuntur. Quibus D. Vincentij Praedicatorum Ordinis, De Spirituali vita pientissimum Opus nuper accessit. Venetiis, apud Iuntas, 1576.

360 numb. l., 7 l. 12cm.
Signatures : A-Z8, Aa-Yy8, Zz7.
f. 4a, 36 lines, 95×51mm.
6 p. at end spoiled.
Colophon : (Ex)cudebat Petrus Dehuchinus, Sumptibus dictorum de Ivntis.
Contents. — De disciplina claustralium. — Soliloquium. — Sermones. — Dialogus novitiorum. — Epistolae. — De paupertate, humilitate & patientia. — De vera compunctione cordis. — Hortulus rosarum. — Vallis liliorum. — Manuale parvulorum. — Doctrinale iuvenum. — Hospitale pauperum. — Annotatio de vita autoris. — Vincentius Ferrerius, *OP.* De spirituali vita. — Jesu Christi vita, figuris et Prophetarum oraculis declarata.
2540

2944

Thomas Aquinas, *OP, Saint,* 1226?-1274.

[Opera omnia] Antverpiae, Apud Ioannem Keerbergium, 1612.

v. 1, 2, 3, 4, 5, 15, 16 in 3.
The complete set consists of 18 v.
Each volume has a special illus. t.p.
Text in 2 col.
The collective-title page wanting.
1st ed. Rome, 1570-71.
Contents.— **t. 1.** Vita D. Thomae Aquinatis. Expositio in primum, & secundum Perihermenias, imperfecta tamen, cum duplici textus interpretatione, antiqua scilicet, & Argyropili. Expositio in primum & secundum Posteriorum Analyticorum, cum duplici textus interpretatione, ut supra. — **t. 2.** Expositio in Octo libros de physico auditu, cum duplici textu. In quatuor libros de Coelo & Mundo, commentaria, imperfecta tamen, cum duplici textu. In primum & secundum de Generatione, cum duplici textus translatione antiqua scilicet & Francisci Vatabli. — **t. 3.** Expositio in quatuor libros Meteororum, cum duplici textus interpretatione, antiqua scilicet, & Francisci a Vicomercato. In tres libros de Anima, cum duplici textus translatione antiqua, & Michaelis Soffiani. In Parva naturalia, duplici adiecto textu, antiquo, & Nicolai Leoniceni. — **t. 4.** Expositio in duodecim libros Metaphisices, cum duplici textus interpretatione, antiqua, & D. D. Bessarionis, Cardinalis Niceni. Tractatus de ente, & essentia, cum commentarijs D. D. Tho. de Vio Caietani, Cardin. S. Systi. Expositio in librum de Causis. — **t. 5.** Expositio in decem libros Ethicorum ad Nicomacum, cum duplici textus translatione, antiqua, & Ioan. Argyropili. In octo libros Polyticorum, cum duplici textus interpretatione, antiqua scilicet, per sectiones proprijs restituta locis & Leonardi Aretini. — **t. 15.** Catena aurea in quatuor Euangelia, ex dictis Sanctorum Patrum mero artificio connexa. — **t. 16.** Commentaria in omnes D. Pauli Apostoli Epistolas, & Sermones pro diebus dominicis, & pro Sanctorum solemnitatibus per annum, antehac nunquam impressi.
★ Brunet V 824.
♣ *Bibl. Trig. — Collegii Ham-cheu Societatis Jesu (vol. 3)* 1394

2945

— (Divi Thomae Aquinatis Doctoris Angelici Ordinis Praedicatorum) Opera. Editio altera Veneta ad plurima exempla comparata, & emendata. Accedunt Vita, seu Elogium eius, a Iacobo Echardo diligentissime concinnatum, & Bernardi Mariae de Rubeis in singula Opera Dissertationes praeviae ... Venetiis, Cudebat Simon Occhi, 1775-88.

t. 1, 2, 5, 11, 12, 17, 18, 20, 28 in 8.
The complete set consists of 28 t.
Text in 2 col.
t. 5 on cover lettered t. IV; t. 11, t. VIII; t. 12, t. IX; t. 17, t. XIII; t. 18, t. XIV; t. 20, t. XVI; t. 28, t. XXI.
1st ed. by Rossi, Venice, 1745-60.
Contents. — **t. 1.** Commentaria in librum Job. in Psalmos LI, & in Canticum Canticorum. — **t. 2.** Comment. in Esaiam, & in Hieremiam, eiusque Threnos. — **t. 5.** Catena aurea in Lucae & Joannis Evangelia. — **t. 11.** Comment. in tertium librum Sententiarum. — **t. 12.** Comment. in XXII distinctiones libri quarti Sententiarum. — **t. 17.** Quaestiones novem postremae de Veritate, & Quaestiones quodlibetales. — **t. 18.** Quatuor libri de Veritate catholicae fidei contra gentiles. — **t. 20.** Summae theologicae Prima pars. — **t. 28.** Index rerum ab M usque ad Z, & Index locorum S. Scripturae.
★ Brunet V 824.
♣ *Stamp of Mgr Alex. de Gouvea.* 3406

2946

— Opvscvla omnia divi Thomae Aquinatis Doctoris Angelici, Quae ita magno studio ab innumeris vitijs sunt castigata, atque ita foeliciter suae pristinae integritati restituta, vt nunc primùm ab Authoris sui manu in lucem emitti videantur. His etiam adiecimus in omnium Theologorum gratiam eiusdem Divi Thomae Commentaria, in Cantica Canticorvm, Iob, Ioannem, et Apocalypsim, nunc demùm maiori fide, ac studio, quàm antehac unquàm castigatissima facta ... Lugduni. Apud Haeredes Iacobi Iuntae, 1562.

20 l., 993, [18]p. 33cm.
Signatures: †8, ††6, †††6, a-z8, A-Z8, AA-QQ8, RR10.
p. 7, 80 lines, 266×164mm.
Text in 2 col.
♣ *Nankim. — Collegio de Macao.* 1387

2947

Thomas Aquinas, *OP, Saint,* 1226?-1274.
Quaestiones dispvtatae S. Thomae Aqvinatis Doctoris Angelici, De Potentia Dei, De Malo, De Spiritualibus Creaturis, De Anima, De Daemonibus, De Angelis, De veritate, Et pluribus alijs Quaestionibus, vt in Tabula continetur. Nvper singvlorvm articvlorvm cvvislibet quaestionis conclusionibus ad commodum studiosorum appositis quam diligentissime exornatae, & innumeris erroribus expurgatae. Omnivm quaestionvm ac singvlorvm articulorum ad omnem materiam adiecti sunt Indices. Lvgdvni, Apvd Gvlielmvm Rovillivm, 1586.

4 l., 346 numb. l. 35½cm.
Signatures: †4, A-Z8, Aa-Tt8, Vv10.
f. 4a, 84 lines, 279×159mm.
Text in 2 col. 3462

2948

— Summa contra gentiles. Venice, Franciscus von Hailbronn and Nikolaus von Frankfurt, *within* 1473-77.

[a-z10, A-E10 (E10 wanting)] without signatures. 279 leaves: without foliation or pagination. Text in 2 col. [Sign. (a2b):] 42 lines: 150×105mm. Type: roman: 72mm. 1 large initial measuring 42×41mm., at beginning of 1st book, 3 capitals measuring 25×25mm. on head of 3 following books, without directors; many smaller spaces of 3 lines in depth, without directors. Without headlines; catchwords; illustrations; printer's ornaments; or printer's device.

[Sign. (a_1a): begins:] **Incipit liber pm9 de v̄itate catholice// fidei ꝫ errores gẽtiliu. editus a vene-// rabili frẽ Thoma de Aqno de ordine// fratrum predicatoꝝ doctore egregio.//** [Sign. (E_9b), lines 35-41: colophon:] **Explicit q̄rt9 liber ꝛ totalis tractatus// de v̄itate catholice fidei ꝫ errores gen// tiliū. edit9 a venerabili frẽ Thoma de// Aqno ordis fratꝝ p̄dicatorū doctore// egregio. Imp̄ssus Venetijs ꝑ Francis-// cū de Hailbrun ꝛ Nicolaū de Franck-// fordia socios. Laus deo.//**

204×153mm. Bound in Chinese blue cloth. The large illuminated capital on Sign. [a1a] is supplied in colors on a gold background; the other 3 larger initials and the smaller capitals have been nicely filled in red and blue alternating; without paragraph marks. Manuscript headlines in black added to books 2-4. Date: Within the years 1473-77. Fr. von Hailbronn (Franz Renner) printed in Venice from 1471 to 1483, and was associated with Nikolaus von Frankfurt during the years 1473-77. (*cf.* AllDeutBiogr XXVIII 228) 3600

2949

— Summa contra gentiles. Venice, Franciscus von Haibronn and Nikolaus von Frankfurt, *within* 1473-77.

[†6, a-z10, A-E10 († a, E10 blank] without signatures. 286 leaves: without foliation or pagination. Text in 2 col. [Sign. (a2b):] 42 lines: 150×105mm. Type: roman. 72mm. 1 space for large initial of first book measuring 48×48mm., 3 measuring 26×26 on following 3 books, without directors; many smaller spaces of 3 lines in depth, without directors. Without headlines; catchwords; illustrations; printer's ornaments; or printer's device.

[Sign. ($†_1$b), line 1: begins:] **Incipit tabula capituloꝝ libri contra// gentiles beati Thomé de Aquino ...** [Sign. (a_1a): begins:] **Incipit liber pm9 de v̄itate catholice// fidei ꝫ errores gẽtiliū. editus a vene-// rabili frẽ Thoma de Aqno de ordine// fratrum predicatoꝝ. doctore egregio.//** [Sign. (E_9b), lines 35-41: colophon:] **Explicit q̄rt9 liber ꝛ totalis tractatus// de v̄itate catholice fidei ꝫ errores gen// tiliū. edit9 a venerabili frẽ Thoma de// Aqno ordis fratꝝ p̄dicatorū doctore// egregio. Imp̄ssus Venetijs ꝑ Francis-// cū de Hailbrun ꝛ Nicolaū de Franck-// fordia socios. Laus deo.//**

190×148mm. Bound in parchment. The large space for the initial of 1st book has been left blank. The smaller spaces have been crudely filled in red. Some of the initials are wrong. Paragraph marks in red have also been inserted. Sign. [r4] missing, text has been supplied on 4 leaves ms. Last leaf [E10] blank. Owners name at bottom of Sign. [a1a]: Joannis Donati Mezzafalce. Date: Within the years 1473-77. Fr. von Hailbronn (Franz Renner) printed in Venice from 1741 to 1483, and was associated with Nikolaus von Frankfurt during the years 1473-77. (*cf.* AllDeutBiogr XXVIII 228)
♣ *Stephani.* 3601

2950

(Divi Thomae Aquinatis Doctoris Angelici) Svmma catholicae fidei contra gentiles, cvm commentariis F. Francisci Ferrariensis, ordinis Praedicatorum Generalis Magistri: Hac noua editione plurimis in locis correctior. Venetiis, Apud Haeredem Hieronymi Scoti, 1589.

16 l., 535 numb. l. 32½cm.
Signatures: †8, ††8, A-Z8, AA-ZZ8, AAA-VVV8, XXX7.
f. 4a, 79 lines, 262×162mm.
l. 473-480 duplicate bound after l. 496.
l. 497-504 wanting.
Text in 2 col.
1st ed. Venice, 1524. 1396

2951

Thomas Aquinas, *OP, Saint,* 1206?-1274.

Svmma contra gentes S. Thomae Aqvinatis, Doctoris Angelici Ordinis FF. Praedicatorvm. In qva, libris qvatvor, Catholica Fides in omnes orthodoxae Ecclesiae perduelles acerrimè propugnatur. Ad fidem Romani codicis collata, a multis etiam, quae in superioribus impressionibus irrepserant mendis vindicata, typisque aptioribus longè quàm antea vnquam excussa. Bvrdigalae, Apud Petrvm Maffre, 1664.

18 l., 910 (*i.e.* 906)p. 16½cm.
Text in 2 col.
Right bottom corner spoiled.
Errata at end.
♣ *Stamp of Mgr Alex. de Gouvea. — Ad usum F. Francisci Marie a Ferrerijs pedemontensis Strict Observae Missioni Aplicj in Imperio Sinarum.*
2758

2952

— Svmma sacrae theologiae, in qva qvicqvid in vtroqve Testamento continetur, vt doctè, ita & piè & fideliter per Quaestiones, & Responsiones explicatur, Divo Thoma Aqvinate Doctore Angelico autore, in tres potissimùm Partes quatuor Tomis contentas, diuisa. Cvivs prima pars hoc primo tomo pertractatur, Reuerendissimi Thomae A Vio Caietani. ... Commentarijs illustrata. Cui ... adiecimus eiusdem Diui Thomae Tractatum de Dei omnipotentia, Praescientia, Praedestinatione : Thomae etiam à Vio Quaestiones aliquot de Infinitate intensiua, ac Tractatum de nominum Analogia, de Potentia neutra, & conceptu Entis, omni cura ac studio emendata, Huic ... recèns accesserunt tùm Supplementum Tertiae Partis, tùm ad marginem luculentae Annotationes; tùm etiam ... ad singularum Quaestionum Articulos compendiosae conclusiones. Qvodlibetorvm praeterea volumen ... nunc primum adjectum fuit. Indices rerum omnium singularium ... Antverpiae, Apud Viduam & Haeredes Ioannis Stelsij, 1568.

v. 1. 33cm.
p. 291-292, 301-302 duplicate.
p. 293-294, 299-300 wanting.
Text in 2 col.
Colophon : Antverpiae, Typis Ioannis Withagij.
1st ed. of Cajetanus' commentaries, Lyons, 1540.
♣ *Da VProua da China da Compa de Jesus.*
1411

2953

— [Summa sacrae theologiae S. Thomae Aquinatis, cum Commentariis R. D. Thomae de Vio Cajetani Cardinalis S. Xysti] Lugdvni, apvd Gvlielmvm Rovillivm, 1588.

5v. 40½cm.
Vol. 1 wanting.
For title, etc. *cf.* t.-p. of v. 2.
1st complete ed. bv Cajetanus, Lyons, 1540.
Contents. — **t.2.** Prima Secundae, ad Romanvm exemplar diligenter recognita. — **t. 3.** Secunda Secundae. — **t. 4.** Tertia Pars. Supplementum eiusdem Tertiae Partis, ex D. Thomae scriptis excerptum. Quodlibetorum volumen. — **t. 5.** Summae theologicae D. Thomae Sex indices. Index ad Commentaria Cajetani. Tres indiculi; primus ad D. Thomae Quodlibetales quaestiones refertur; alter ad opuscula Cajetani; tertius ad Chrysostomi Iavelli Commentaria in Primam Partem. Opuscula omnia Thomae de Vio Caietani Cardinalis, in tres distincta tomos. Tractatus quidam contra modernos Martini Lutheri sectatores. D. Thomae Tractatus de Praescienta & Praedestinatione (1st ed. Lyons, 1588). Ejusdem In librum B. Dionysii De divinis nominibus explanatio. Hunnaeus, A. De Sacramentis Ecclesiae Christi axiomata adjunctis schematibus (1st ed. Antwerp, 1570). Ejusdem Brevissimus Catechismus catholicus cui recens accessit Summae theologicae B. Thomae Aq. locorum notatio (1st ed. Antwerp, 1570). 3460

2954

— Svmma theologica S. Thomae Aqvinatis, divinae volvntatis interpretis, Ordinis Praedicatorvm : in qva Ecclesiae Catholicae doctrina vniversa, & quicquid in veterum Patrum monumentis est dignum obseruatu ... explicatur, in tres partes ab avctore svo distribvta. Post Lovaniensivm atqve Dvacensivm Theologorvm insignem operam, nouis adhuc mendis castigata, vitiatis Sanctorum Patrum citationibus repurgata, integrioribus ijsdem citationibus superadditis; ita vt suum primaeuum nitorem, vel nunc habeat, vel ad eum proximè accedat. In hac quidem nouissimâ Editione omnia diligentiùs recognita. Lvgdvni, Sumpt. Ioannis Girin, & Francisci Comba, 1663.

8 l., 264p., 4 l., 264p., 8 l., 403p., 6 l., 444, 20, [98]p. 38cm.
Illus. t.-p.
Text in 2 col.
1st Louvain ed. Antwerp, 1575.
Indices at end.
« Augvstini Hvnnaei De sacramentis Ecclesiae Christi axiomata, qvibvs B. Thomae Aqvinatis doctrina de iisdem sacramentis ... ad summam breuitatem memoriae gratissimam reuocatur » & « Brevissimvs catechismvs catholicvs » 20p. at end.
♣ *Stamp of Mgr Polyc. de Souza.* 1551

2955

Thomas de Charmes, *O Cap,* 1703-1765.

(Rev. Pat. Thomae ex Charmes ...) Compendium theologiae universae, ad usum examinandorum. Editio in Germania quarta, emendatior et auctior, juxta S. Augustini principia ... Augustae Vindelicorum, Sumptibus Matthaei Rieger p. m. Filiorum, 1779.

4 l., 586, [13]p. 17cm.
Binder's title : « Charmes Theologia t. 8. »
1st ed. Nancy, 1750. 1774

2956

Thomas de Charmes, *O Cap,* 1703-1765.
(Rev. Pat. Thomae ex Charmes ...) Theologia universa ad usum sacrae theologiae candidatorum ... Editio in Germania tertia ... Augustae Vindelicorum, Sumptibus Mathaei Rieger, et Filiorum, 1774.

7v., plate. 17½cm.
Vol. 1, 2 wanting.
1st ed. Nancy, 1750.
Contents. — **t. 3.** De Incarnatione et Gratia. — **t. 4.** De actibus humanis. De legibus. De variorum statuum obligationibus. — **t. 5.** De virtutibus. — **t. 6.** De peccatis, sacramentis in genere, Baptismo, Confirmatione et Eucharistia. — **t. 7.** De Poenitentia, Extrema-Unctione, Ordine et Matrimonio. 1780

2957

— o. c.

v. 4, 5, 6. 17½cm. 1782

2958

Thomassin d'Eynac, Louis de, *OR,* 1619-1695.
Vetus et nova Ecclesiae disciplina circa beneficia, & beneficiarios, in tres partes distributa, Variisque Animadversionibus locupletata; authore, eodemque interprete Ludovico Thomassino Oratorii Gallicani Presbytero. Accedit Tractatus beneficiarius Fr. Caesarii Mariae Sguanin Pro indemniter salvandis juribus Sanctae Matris Ecclesiae quoad beneficia ecclesiastica. ... Opus ex Sanctis Patribus, ex Conciliis, Ex quorumque temporum Historiis decerptum. Editio postrema, cum Parisiensi accuratissime collata. Venetiis, typis Petri Savioni, 1773.

3v. 38½cm.
Vol. 2, p. 465-466, 479-480 bound after p. 456.
Text in 2 col.
1st French ed. Paris, 1678-79.
1st Latin ed. Paris, 1688.
Contents. — **t. 1.** De primo cleri ordine, seu de episcopatu et omnibus ejusdem gradibus. De ordine cleri secundo, et beneficiorum. De capitulis, conventibus; de congregationibus sive clericalibus sive monasticis. — **t. 2.** De vocatione et ordinatione clericorum; de patronatu; de irregularitatibus & scholis. De episcoporum electione, confirmatione, ordinatione, cessione, resignatione, translatione. De pluralitate beneficiorum; de commendis : de dispensationibus; de praecipus episcoporum officiis. — **t. 3.** De bonis Ecclesiae temporalibus. De eorum distributione. De canonico et pio eorumdem usu. Mansi, J. D. *CRMD.* In librum I. Thomassini animadversiones. Index. Sguanin, C. M. *OSBMV.* Tractatus beneficiarius pro salvandis Ecclesiae juribus.
♣ *Stamp of Mgr Alex. de Gouvea.* 2094

2959

Thyraeus, Petrus, *SJ,* 1546-1601.
Daemoniaci, Hoc est : De obsessis a spiritibvs daemoniorvm hominibvs, liber vnvs. In qvo Daemonvm obsidentivm conditio; Obsessorvm hominum Status : rationes & modi quibus Obsessis Daemones exiguntur : ... & his similia, discutiuntur & explicantur, Avthore Petro Thyraeo Societatis Iesv ... Editio secunda, correctior, auctior, & exemplis facta illustrior. Coloniae Agrippinae, Ex Officina Mater. Cholini, sumptib. Gosuini Cholini, 1598.

6 l., 207 (*i.e.* 203)p. 20cm.
Signatures : †⁴, ††², A-Z⁴, Aa-Bb⁴, Cc².
p. 25, 40 lines, 160×98mm.
1st ed. Cologne, 1594.
Bound with : Thyraeus, P. Loca infesta, Coloniae Agrippinae 1598.
★ Sommerv VIII 15 nº 15. 2723a

2960

— Loca infesta, Hoc est : De infestis, ob molestantes daemoniorvm et defvnctorvm hominvm spiritvs, locis, liber vnvs. In qvo spiritvvm infestantivm genera, conditiones ... hisq; similia discutiuntur & explicantur. Avthore Petro Thyraeo Novesiensi. Societatis Iesu ... Accessit eiusdem Libellus de Terricvlamentis nocturnis, quae hominum mortem solent portendere. Coloniae Agrippinae, Ex Officina Mater. Cholini, sumptibus Gosuini Cholini, 1598.

8 l., 352p. 20cm.
Signatures : †-††⁴, A-Z⁴, Aa-Xx⁴.
p. 5, 40 lines, 162×98mm.
Ms. marginal notes.
1st ed.
Bound with : Thyraeus, P. Daemoniaci liber unus, Coloniae Agrippinae, 1598.
★ Sommerv VIII 16 nº 20.
♣ *Johannis de (Sainct) Laurens (Duaceni).* 2723

2961

Tiran, Jacques, *SJ,* 1626-1694.
Missionarius seu Vir apostolicus in suis excursionibus spiritualibus, in Urbibus & oppidis, ad Dei gloriam, & salutem animarum susceptis ... Auctore P. Jacobo Tiran Societatis Jesv Theologo ...Lugduni, Apud Leonardum Plaignard, 1692.

2v. 19cm.
1st ed.
Index and errata at end of each volume.
★ Sommerv VIII 29 nº 3.
♣ *Este Livro foi tirado da Livraria da Rezidencia de Pekim com licença do Rl. R. P. VProal Joseph Espinha neste anno 1766 (vol. 1)* — ***Stamp of Mgr Alex. de Gouvea (vol. 2).*** 3650

2962

Tiraqueau, André, 1480*ca.*-1558.

(Andreae Tiraquelli Regii in Curia Parisiensi Senatoris) Semestria in Genialivm diervm Alexandri ab Alexandro Iurisperiti Neapolitani, lib. VI. Cum Indice Capitum, Rerumque & Verborum locupletissimo. Lvgdvni, Apud Haeredes Gulielmi Rouillij, 1614.

6 l., 748 (*i.e.* 754), [72]p. incl. port. 37cm.
Signatures: †6, A-Z6, AA-ZZ6, AAA-ZZZ6.
p. 5, 67 lines, 298×174mm.
1st ed. Lyons, 1586.
♣ *Bibl. Trig.* 3085

2963

Tirinus, Jacobus, *SJ,* 1580-1636.

(R. P. Iacobi Tirini Antuerpiani è Societate Jesu) Commentarius in Sacram Scripturam, Duobus Tomis comprehensus: Primo quidem, post varia prolegomena; Vetus ferè Testamentum: Altero, duodecim Prophetae Minores, Machabaeorum liber uterque, ac Novum Testamentum explanantur. Editio novissima, prioribus longe emendatior. Cum Indicibus quinque secundo Tomo subnexis ... Lugduni, Sumptibus Joannis Girin, & Bartholom. Riviere, 1683.

2v. in 1. 6 fold. tables. 36½cm.
8? l., 64, 528p., 2 l., 378 (*i.e.* 372), 245 (*i.e.* 247)p.
1? p. l. wanting.
Illus. t.-p.
Engr. head-piece.
Text in 2 col.
1st ed. Antwerp, 1632.
★ Sommerv VIII 49 n° 1.
♣ *PP. Gallor. SJ. Pekin.* 1226

2964

— (R. P. Iacobi Tirini Antverpiani e Societate Iesv) In S. Scriptvram commentarivs dvobvs tomis comprehensus, qvibvs explicantvr hoc primo post varia prolegomena Vetvs fere Testamentvm: Altero XII. Prophetae Minores, Machabaeorum liber Primus & Secundus, & Novum Testamentum. Subnectuntur indices quinque. Antverpiae, Apud Viduam & Haeredes Hieronymi Verdussen, 1688.

2v. fold. map, 6 double tables. 35cm.
Paged continuously.
8 l., 1281 (*i.e.* 1289), [350]p.
Text in 2 col.
★ Sommerv VIII 49 n° 1. 1233

2965

— (R. P. Iacobi Tirini Antuerpiani, è Societate Jesu,) Commentarius in Sacram Scripturam ... Editio novissima, prioribus longe emendatior, Cum Indicibus quinque secundo Tomo subnexis ... Lugduni, Apud Ioannem Baptistam de Ville, 1690.

2v. in 1., 6 fold. tables. 38½cm.
6 l., 64, 528p., 2 l., 378 (*i.e.* 372), 245 (*i.e.* 247)p.
Illus. t.-p.
Text in 2 col.
★ Sommerv VIII 49 n° 1.
♣ *Missionis Sinensis Patrum Gallorum Soc. Jesu. — Stamp of Mgr Polyc. de Souza.* 1228

2966

— (R. P. Jacobi Tirini S. J. Antuerpiani) In universam Sacram Scripturam commentarius tribus tomis comprehensus, Atque Indicibus omnino sex auctus. Editio omnibus locupletior, et emendatior, Cui praeter Sacrorum Bibliorum textum ad primum Antuerpiense exemplar restitutum adcedunt Prolegomena uberiora, ac selecta; Levini Lemnii Libri duo, alter de Similitudinibus, ac Parabolis quae in Bibliis ex herbis atque arboribus desumuntur, alter de Astrologia; Francissi Ruei D. M. Insulani Liber de Gemmis aliquot, iis praesertim, quarum D. Joannes Apostolus in Apocalypsi meminit; Notationes praeterea quamplurimae alterius ex eadem Societate Jesu Presbyteri, qui praestantissimum opus auxit, correxit, illustravit ... Venetiis, Sumptibus Joannis Antonii Pezzana, 1785-86.

3v. fold. map, 6 fold. tables. 38½cm.
Illus. t.-p.
Indices at end of v. 3.
1st ed. by Zaccaria, Venice, 1759.
★ Sommerv VIII 50 n° 1, VIII 1400 n° 60. 1281

2967

Titelmans, Franciscus, *OMCap,* 1498-1537.

Compendium natvralis philosophiae. Libri dvodecim de consideratione rerum naturalium, earumq; ad suũ Creatorem reductione, Per fratrem Frãciscum Titelmãnum Hasselensem, Ordinis Fratrum Minorũ, sanctarum scripturarũ apud Louanienses praelectorem. Parisiis, Apud Ioannem Roigny, 1543.

16 l., 227 numb. l. 17cm.
Signatures: AA-BB8, A-Z8, a-e8, f3.
p. 11, 39 lines, 127×71mm.
1st ed. Antwerp, 1535.
Index at beginning.
♣ *Collegij Germanici.* 2753

2968

— Dialecticae considerationis libri sex. Aristotelici Organi summam, hoc est, totius Dialectices ab Aristotele tractatę complectentes, videlicet, De Praedicabilibus. De Praedicamentis. De Interpretatione, siue Enuntiatione. De Syllogismo. De locis Dialecticis. De locis Sophisticis. F. Francisco Titelmanno Hassellense, ordinis fratrum Minorum, sanctarũ Scripturarum apud Louanienses praelectore, authore. Lvgdvni, Apud Ioannem Frellonium, 1557.

436p., 1 l. illus. 17½cm.
Signatures : a-z8, A-D8, E3.
p. 9, 39 lines, 126×72mm.
Colophon : Lvgdvni, excudebat Ioannes Frellonius, 1551.
Ms. marginal notes.
1st ed. Antwerp, 1534.
♣ *Liber Casperi Schottij...? fuit antehac. Nunc Viennae Austriae Joannis Baptistae Braueri Phiae Mag : Pre : I : Medae studiosi Erfurtensis Thuringi Anno 1623 mense Martio.* 2872

2969

Titelmans, Franciscus, *OMCap,* 1498-1537.
Paraphrastica Elucidatio in sacrosancta Iesu Christi Evangelia secvndvm Matthaevm et Ioannem, additis annotationibvs in loca difficiliora. Authore D. Francisco Titelmanno Hassellensi, Ordinis Fratrum Minorum. Duo haec Euangelia duntaxat extant huius authoris Paraphrasi explicata. Parisiis, Apud Mathurinum Dupuys, 1545.

6 l., 104 numb. l. 32cm.
Signatures : †2, a-q6, r8.
f. 3a, 64 lines, 254×142mm.
1st ed.
This copy contains only « Elucidationem in Evangelium secundum Matthaeum ».
Index at beginning.
Bound with : Maimonides. Dux seu director dubitantium aut perplexorum, [Paris] 1520.
♣ *Bibl. Trig?* 1213

2970

Tixier, Jean, 1480*ca*-1524.
Epithetorvm Ioannis Ravisii Textoris epitome, ex Hadr. Ivnii Medici recognitione. Accesservnt Eiusdem Rauisij synonyma poëtica, multò, quàm priùs, locupletiora. Antverpiae, Ex officina Christophori Plantini, 1569.

480p. 12½cm.
Signatures : A-Z8, Aa-Gg8.
p. 6, 27 lines, 88×61mm.
1st ed. by Tixier, Paris, 1518.
« Avctorum et Poetarum ... nomina » : p. 453-456.
Appendix : p. 460-480. 3209

2971

— (Joh. Ravisii Textoris Nivernensis ...) Officina, Sive Theatrvm histor. et poeticum, ex Nat. Comite, Linocerio et Gyraldo. Cum gemino Indice, ad perfectionem illustratum, & nova hac editione à J. Jac. Grassero Civ. Rom. cum augmento exornatum. Basileae, Sumptibus Joannis Regis, 1663.

53 l., 943, [73]p. 17cm.
1st ed. Paris, 1522.
« Grasseri :Catalogus Universitatum, et celebriorum Academiarum, passim in Europa constitutarum » (23 p.) at beginning.
« Cornucopiae Joannis Ravisii Textoris epitomes : p. 869-943.
♣ *Stamp of Mgr Polyc. de Souza.* 2756

2972

Toledo Francisco, *SJ, cardinal,* 1532-1596.
(D. Fr. Toleti, Societatis Iesv) Commentaria; vna cvm qvaestionibvs, In vniuersam Aristotelis Logicam. Multò accuratiùs, diligentiùsque nunc denuò excusa. Adiecto Indice Quaestionum. Editio qvarta. Lvgdvni, Apud Clavdivm Morillon, 1608.

823, [6]p. illus. 17cm.
Signatures : a-z8, A-Z8, AA-EE8, FF7.
p. 5, 42 lines, 140×73mm.
1st ed. Rome, 1572.
★ Sommerv VIII 67 n° 3. 2750

2973

— [(Francisci Toleti e Societate Jesu. S. R. E. Presbyteri Cardinalis) De instructione Sacerdotum et peccatis mortalibus libri octo, qui in prioribus editionibus ex autographo antea correcti, et aucti, nunc etiam correctiores et auctiores redditi sunt. Accessit huic postremae editioni Tractatus de Sacro Ordine a Martino Fornario eiusdem Societatis compositus ... Lugduni, apud Horatium Cardon, 1611]

12 l., 1024, [59]p. 18cm.
Signatures : †8, ††4, A-Z8, Aa-Zz8, AAa-YYy8 (YYy7-8 blank).
p. 9, 41 lines, 134×73mm.
t.-p. and 2 p. l. wanting.
For title, etc. *cf.* Privilege & Sommervogel VIII 74.
1st ed. Lyons, 1599.
Index at end.
— Annotationes ad Instrvctionem Sacerdotvm Francisci Toleti, Card. è Societate Iesv ... ab Andrea Victorello Bassanensi ex gravissimis Auctoribus excerptae ... Denuo impressae & emendatae. Lvgdvni, Sumptibus Horatij Cardon, 1611.
12 l., 250, [18]p.
Signatures : †8, ††4, A-Q8, R6.
p. 64, 39 lines, 130×69mm.
Bound with « De instrvctione ».
1st ed. 1604.
★ Sommerv VIII 74 n° 8.
♣ *Ad usum Mattheji Ripa. — Comprado pa a rezida de Chim tim fu pello P. Co de Rezende aos 10 de Julio de 1734.* 3440

2974

— (Francisci Toleti e Societate Iesv S. R. E. Presbyteri Cardinalis) De instrvctione sacerdotvm et peccatis mortalibvs lib. VIII. Quibus suis locis interiectae accesserunt annotationes & additiones Andreae Victorelli, necnon P. Martini Fornarii eiusdem Societatis de Ordine tractatus. Hac nouissima editione ex Romanis exemplaribus, & aliis vbicumque impressis, necnon autographis correctiores, auctiores, & citationibus characterum varietate distinctis, ornatiùs editi, ut germanam ad auctoris mentem Svmmam casvvm conscientiae quilibet absolvtissimam sibi polliceri audeat. Opera R. P. Richardi Gibboni eiusdem Societatis Theologi. Cum Indicibus nouis capitum & rerum memorabilium locupletissimis. Dvaci, Ex Typographia Baltazaris Belleri, 1617.

16 l., 1214, [82]p. 18cm.
Signatures : a^8, e^6, A-Z^8, Aa-Zz^8, Aaa-Zzz^8, Aaaa-$Mmmm^8$.
p. 5, 42 lines, 143×74mm.
★ Sommerv VIII 74 n° 8 (ed. wanting)
♣ *Missionis Sinensis Patrum Societatis Jesv. — Veyo da Rezid^a de Cinanfu.* 1340

2975

— o. c. 2457

2976

Toledo, Francisco, *SJ, cardinal,* 1532-1596.

[(Francisci Toleti Doctoris Theologi Cordubensis, e Societate Jesu) In Sacrosanctum Joannis Evangelium Commentarii. Adjecti sunt tres indices, unus rerum, alter eorum Scripturae locorum qui vel ex professo vel obiter explicantur, tertius haeresum quae in hoc volumine confutantur ... Romae, Ex typographia Vaticana, 1589-90 (v. 1, 1590)]

2v. in 1. 24½cm.
2 l., 620, 344, [70]p.
Signatures : A-Z^4, Aa-Zz^4, Aaa-Zzz^4, Aaaa-$Gggg^4$, $Hhhh^6$; a-z^4, aa-zz^4, aaa-eee^4, fff^3.
p. 21, 60 lines, 194×114mm.
Vol. 1, t.-p., p. 9-16 wanting.
Vol. 1, p. 177-192 spoiled.
For title, etc. *cf.* Sommervogel VIII 69/70 & t.-p. of vol. 2.
1st ed. Rome, 1588.
★ Sommerv VIII 69 n° 7. 1379

2977

—(D. Fr. Toleti, e Societate Iesv) In tres libros Aristotelis De Anima commentarii. Vnà cum Quaestionibus, Emendatiores nunc facti, & ducentis amplius locis, quibus anteà manci extabant, ex Authoris manuscripto restituti. Accessit hactenus desideratus rerum quae in eisdem tractantur Index copiosus. Lvgdvni, Sumptibus Sib. à Porta, 1591.

20 l., 602 (*i.e.* 600)p. 17½cm.
Signatures : a^8, e^8, i^4, a-z^8, A-O^8, P^6.
p. 5, 42 lines, 141×77mm.
1st ed. Venice, 1574.
★ Sommerv VIII 68 n° 4.
♣ *Bibl. Trig.?* 2752

2978

Tornielli, Agostino, *Can Reg,* 1543-1622.

Annales sacri et profani, ab orbe condito, ad evndem Christi passione redemptvm, cum Sacrosanctae Scriptvrae et Ethnicorum collatis inter se ad veritatem temporibus vere ordinateque dispositi. Avctore Avgvstino Torniello, Novariensi, Congregationis S. Pauli Clerico Regulari. Opvs eximivm illvstr. Cardinalis Baronii Annalibus praeuium & connexum, intricatissimas tam veterum, quam recentium Auctorum quaestiones dissoluens, nunc primum editum. Cvm figvris aeneis ... Francofvrti, Typis Nicolai Hoffmanni, sumptibus viduae Iacobi Fischeri, 1616.

2v. in 1. illus. (incl. tables), 10 plates (5 double), 5 maps (4 double), 9 plans (7 double), diagr. 38cm.
7 l., 484 (*i.e.* 485)p., 2 l., 420, [39]p.
Signatures : †^{6}, A-Y^6, Z^8, Aa-Qq^6, Rr^8; ††^{2}, AA-NN^6, OO^8, PP-ZZ^6, AAA-LLL^6, MMM^4, a-b^6, c^8 (t.-p. without sign.)
p. 3, 71 lines, 294×156mm.
Illus. t.-p.
Text in 2 col.
1st ed. Milan, 1610.
Index at end of v. 2.
♣ *Da Casa di Todos os Santos di Ham cheu.* 1983

2979

Torrecilla, Martin de, *OMCap, d.* 1709.

Propugnaculum ortodoxae fidei adversvs qvosdam veritatum catholicarum hostes, eas labefactare conantes. Authore Fr. Martino a Torrecilla, Sacrae Theologiae Olim Lectore, Ordinis Minorum S. Francisci Capuccinorum ... Matriti, Ex Officina Antonij Roman. A costa de los Herederos de Gabriel de Leon, 1698.

10 l., 514 (*i.e.* 512)p. 29cm.
Title within an ornamental border
Text in 2 col.
1st ed.
Index at end.
♣ *D. PP. Oss^ti Francescani nella Prov. Pekino e Xantung.* 1477

2980

Torres, Jeronimo, *SJ,* 1527-1611.

Confessio Avgvstiniana in libros qvatvor distribvta, et certis capitibus locorvm theologicorvm, qvi svnt hodie scitv dignissimi, comprehensa : ex omnibus B. Avrelii Avgvstini libris in vnum opus bona (fide) ac studio singulari redacta per D. Hieronymvm Torrensem, Societatis Iesv Theologum, & Academiae Dilinganae Professorem. Secvnda editio non solvm emendatior, sed etiam tertia parte iam avctior et locvpletior ... Index triplex est, primus capitum & propositionum : alter rerum & sententiarum illustrium : tertius sacrarum Scripturarum ... Dilingae apud Sebaldvm Mayer, 1569.

17 l., 284 numb. l., 33 l. 32cm.
Signatures : α^4, β^6, γ^8, A-Z^6, a-z^6, Aa^8, Bb-Ff^6, Gg^3.
f. 4a, 53 lines, 236×139mm.
l. 247-252 bound after l. 264.
Text in 2 col.
1st ed. Dilingen, 1567.
Errata at end.
★ Sommerv VIII 127 n° 3.
♣ *Societatis JESV Dilingae. — Missionis Chinensis dono Collegij Dilingani 1616.* 1362

2981

Torsellini, Horatio, *SJ,* 1544-1599.

Libellvs de particvlis Latinae orationis Horatio Tursellino Romano è Societate Iesv. Authore. Recens recognitus & nonnihil auctus ... Romae, Apud Heredes Francisci Corbelletti, 1648.

394 (*i.e.* 400), [182]p. 11cm.
p. 5-8 slightly spoiled.
1st ed. Rome, 1598.
Indices at end.
♣ *Jo : Laurearus.* 3056

2982

— De vita Francisci Xaverii, Qui primus è Societate Iesv in Indiam & Iaponiam Euangelium inuexit, libri sex Horatii Tvrsellini, è Societate Iesv, Ab eodem aucti et recogniti. Antverpiae, Ex Officina Ioachimi Trognaesij, 1596.

7 l., 605, [15]p. port. 15½cm.
Signatures : †^{8}, A-Z^8, a-p^8, q^6.
p. 3, 30 lines, 118×64mm.
Illus t.-p.
1st ed. Rome, 1593.
Index : p. [606]-[620]
★ Sommerv VIII 140 n° 7. — Streit IV 290 n° 1091.
♣ *Soctis Jesv. Miss. Sinens. — NanKim. — Ve Proua^e Sinensis.* 2636

2983

— (Horatii Tvrsellini e Societate Iesv) De vita Francisci Xaverii Qui primus e Societate Iesv in Indiam & Iaponiam Euangelium inuexit. Libri sex. Denuo ab ipso Authore recogniti, & pluribus locis vehementer aucti. Quibus accesserunt eiusdem Xaverii Epistolarum libri qvatvor. Romae, Ex Typographia Aloysij Zannetti, 1596.

6? l., 318, [2]p., 3 l., 161, [1]p., 1 l. port. 22cm.
Signatures : †^{6}, A-Z^4, Aa-Rr^4; †^{3}, A-T^4, V^6.
p. 7, 40 lines, 164×100mm.
1? p. l. & port. wanting.
« Francisci Xaverii Epistolarum libri qvatvor. » translated by Horatio Torsellini.
1st Latin ed. of « Epistolarum ».
Index at end.
Errata at end of each part.
★ Sommerv VIII 140 n° 7. — Streit IV 290 n° 1090.
♣ *Japão.* 2673

2984

— o. c.
1? p. l. & p. 53-56 of « Epistolarum » wanting.
♣ *V. P. Sin. S. J.* 2912

2985

Tournefort, Joseph Pitton de, 1656-1708.

(Josephi Pitton Tournefort Acquisextiensis ...) Institutiones rei herbariae. Editio altera, Gallica longe avctior, quingentis circiter Tabulis aeneis adornata. Parisiis, E Typographia Regia, 1700.

3v. 489 plates. 24½cm.
Engr. head-pieces (v. 1)
Vol. 2 & 3 have special engr. ornamented t.-p.
1st French ed. Paris, 1694.
Index & errata at end of v. 1.
« Corollarium Institutionum rei herbariae, in quo Plantae 1356 in orientalibus regionibus observatae recensentur, et ad genera sua revocantur » : 58p. at end of v. 1.
Contents. — t. 1. Text. — t. 2, 3. Plates.
★ Brunet V 903. 928

2986

Tournely, Honoré de, 1658-1729.

Praelectiones theologicae De sacramento Matrimonii. Quas in scholis Sorbonicis habuit Honoratus Tournely, Sacrae Facultatis Parisiensis Doctor ... Accessit ejusdem Authoris brevior tractatus de Censuris. Parisiis, Apud Viduam Raymundi Mazieres, & Joannem-Bapt. Garnier, 1730.

xxvij, [5], 696p. 20cm.
« Praelectiones theologicae » published in 16 volumes, Paris, 1725-30.
1st ed. 1529

2987

— Praelectiones theologicae de Sacramento Ordinis. Quas in scholis Sorbonicis habuit Honoratus Tournely, Sacrae Facultatis Parisiensis Doctor ... Parisiis, Apud Viduam Raymundi Mazieres, & Joannem-Bapt. Garnier, 1729.

xxx, [4], 692p. 20cm.
« Praelectiones theologicae » published in 16 volumes, Paris, 1725-30.
1st ed.
Errata : p. 692.
♣ *PP Gallor SJ Pekin N. 203.* 3409

2988

Trent, Council of. 1545-1563. *Acts and decrees.*

Sacros. Concilii Tridentini canones et decreta. Item Declarationes Cardinalivm Concilii interpretvm : ex vltima recognitione Ioan. Gallemart. Quibus iam primum accesserunt, non editae etiam quaedam hactenus, aut indigestae, nunc ad sedes suas reductae. cum Citationibvs Ioannis Sotealli Theol. & Horatij Lucij I. C[ti]. nec non Remissionibvs P. Augustini Barbosa, &c. ... Coloniae Agrippinae, Sumptibus Antonii Hierati, 1620.

8 l., 745, [162]p. 19cm.
Signatures: †[8], A-Z[8], Aa-Zz[8], Aaa-Kkk[8], Lll[6].
p. 15, 37 lines, 152×84mm.
Indices at end.
1st ed. by Gallemart, 1615.
★ DictTheolCath VI 1096.
♣ *Missionis Sinensis Patrum Societatis Jesv.— Veyo da Rezid[a] de Cinanfu.* 2725

2989

Trent, Council of. 1545-1563. *Acts and decrees.*

Sacrosancti Concilii Tridentini canones et decreta. Item Declarationes Cardinalivm Concilii interpretvm, ex vltima recognitione Ioan. Gallemart. ... Tvrnoni, Apud Clavdivm Michaelem, 1621.

8 l., 745, [165]p. 19cm.
Signatures: †[8], A-Z[8], Aa-Zz[8], Aaa-Kkk[8], Lll[7].
p. 15, 37 lines, 152×83mm.
Indices at end. 2676

2990

— Concilium Tridentinum, Cum Declarationibus Cardinalium ejusdem Interpretum ex ultima recognitione Joannis Gallemart, Et Citationibus Joannis Sotealli Theol. ... Et Indice librorum prohibitorum ... Annotationibusque Practicis Cardinalis de Luca ... & proscriptione propositionum usque ad Alexandrum VIII. Cum duobus Indicibus. Editio novissima supra quascumque alias locupletata. Cui permultas Constitutiones Pontificum ad varia Concilii Capita, & appendicem propositionum usque ad Clementem XIV. Apposuit Aloysius Guerra, in Patavino Lycaeo Professor ... Venetus, Sumptibus Heredis Nicolai Pezzana, 1780.

lxxx, 744p. 26½cm.
2v. in 1.
Index: p. 563-598, 718-744.
« Index auctorum et librorum prohibitorum », p. 523-546.
♣ *Stamp of Mgr Alex. de Gouvea.* 2033

2991

— Sacrosancti et Oecumenici Concilii Tridentini Pavlo III. Ivlio III. et Pio IV PP. MM. celebrati Canones et Decreta. Quid in hac editione praestitū sit sequens Philippi Chiffletii, Abb. Balernensis ... Praefatio indicabit. Lvgdvni, sumpt. Philp. Borde L. Arnaud et Pet. Borde, 1669.

12 l., 346, [80]p. 14½cm.
1st ed. by Chifflet, Antwerp, 1640.
Engr. ornamented t.-p.
♣ *Coll. Ham cheo fu SJ. 1712.* 3620

2992

— Sacrosancti concilii Tridentini Paulo III. Julio III. et Pio IV. PP. MM. Celebrati canones, & decreta ... Venetiis, Apud Nicolaum Pezzana, 1757.

9 l., 462, [48]p. 14½cm.
Ed. by Philippe Chifflet. *cf.* Preface.
♣ *Ex libris Dominici Mariae Perardi a Busano Diaconi 1769.* 3619

2993

— Sacrosanctum concilium Tridentinum Cum Citationibus ex utroque Testamento, Juris Pontificii Constitutionibus, aliisque S. Rom. Eccl. Conciliis. Ultima hac Editione quam absolutissimum. Accessere ad calcem XXVI. Juris antiqui Constitutiones, quae nominatim ab hoc Concilio innovantur. Patavii, Ex Typographia Seminarii, Apud Joannem Manfrè, 1768.

431p. 17½cm.
Index p. 405-431. 3625

2994

Trigault, Nicolas, *SJ,* 1577-1628.

De Christiana expeditione apvd Sinas svscepta ab Societate Jesu, ex P. Matthaei

Riccii eiusdem Societatis Commentariis, Libri V. ad S. D. N. Pavlvm V. In quibus Sinensis Regni mores, leges atque instituta, & nouae illius Ecclesiae difficillima primordia accurata & summa fide describuntur. Auctore P. Nicolao Trigavtio Belga ex eadem Societate. Editio recens ab eodem Auctore multis in locis aucta & recognita. Lvgdvni, Sumptibus Horatii Cardon, 1616.

8 l., 608 (*i.e.* 628), [10]p. fold. plan. 22cm.
Signatures : a^{4}, e^{4}, A-Z^{4}, Aa-Zz^{4}, Aaa-Zzz^{4}, Aaaa-Kkkk^{4}, Llll^{3}.
p. 7, 34 lines, 164×103mm.
Engr. ornamented t.-p.
Colophon : Lvgdvni, Ex Typographeio Ioannis Iullieron, 1616.
1st ed. Augsburg, 1615.
Index at end.
★ Brunet V 946. — Cordier 809. — Sommerv VIII 239 n° 6. — Streit V 717 n° 2095.
♣ *Aplicado à Resid^a de Chin Kiam por ordem publicada pello P. VProv^cl João de Saà.* 267

2995

[Trigault, Nicolas, *SJ*] 1577-1628.

Regni Chinensis descriptio. Ex varijs Authoribus. Lvgd. Batav. Ex Offic. Elzeviriana, 1639.

4 l., 365, [9]p. illus. 11½×6cm.
Signatures : †^{4}, A-Z^{8}, Aa^{3}.
p. 5, 25 lines, 85×41mm.
Engr. ornamented t.-p.
Author : Nicolas Trigault. *SJ. cf.* Running title & Sommervogel IX 1275.
« Le titre courant de tout l'ouvrage est : Nic. Trigavt. de Reg. Chinae, car il est entièrement tiré de son livre : De expeditione apud Sinas suscepta, sauf deux additions : Additamentum à Purchasio Anglo, p. 288-296, et Ex Itinerario Marci Paulo de Venetiis, p. 355-365 ». — Sommervogel VIII 239.
1st ed.
★ Cordier 23. — Sommerv VIII 239 n° 6.
♣ *C Clarret Can^cus Aven.* 3356

2996

— Vita Gasparis Barzaei Belgae e Societate Iesv B. Xaverii In India Socij. Avctore P. Nic. Trigavlt Eiusdem Societatis Sacerdote. Antverpiae, Ex Officina Ioach. Trognaesij, 1610.

7 l., 338, [20]p. 16cm.
Signatures : †^{8}, A-Y^{8}, Z^{3} (†$_{8}$ blank)
p. 3, 30 lines, 122×63mm.
Illus. t.-p.
1st ed.
Index : p. [339]-[356]
★ Sommerv VIII 238 n° 2. — Streit V 55 n° 134.
2935

2997

— O. C. 15½cm.

♣ *Sti Andreae.* — *Stamp : D. Prob Rom S. J.*
3343

2998

— Vita Gasparis Barzaei Belgae e Societate Iesv : B. Xaverii in India Socij. Auctore P. Nic. Trigavlt, eiusdem Societatis Sacerdote. Coloniae, Sumptibus Bernardi Gualtheri, 1611.

6 l., 424 (*i.e.* 422), [22]p. 13cm.
Signatures : †^{6}, A-S^{12}, T^{6}.
p. 3, 27 lines, 98×48mm.
Illus. t.-p.
Index & errata at end.
★ Sommerv VIII 238 n° 2. — Streit V 61 n° 157.
2880

2999

Trithemius, Johannes, *OSB,* 1462-1516.

[(Ioannis Trithemii Spanhemensis primvm, deinde D. Iacobi in Svbvrbano Herbipolensi, abbatis ervditissimi) Opera pia et spiritvalia, qvotqvot vel olim typis expressa, vel M. SS. reperiri potvervnt; a R. P. Ioanne Bvsaeo Societatis Iesu Theologo in omnivm religiosae vitae cvltorvm gratiam diligenti studio conquisita, et in unum volumen, mendis expurgatis, redacta ... Mogvntiae, ex Typographeo Ioan. Albini, 1605]

9 l., 1226p. 32½cm.
Signatures : †^{6}, ††^{4}, A-Z^{6}, Aa-Zz^{6}, Aaa-Zzz^{6}, Aaaa-Zzzz^{6}, Aaaaa-Iiiii^{6}, Kkkkk^{7} (††$_{4}$ blank)
p. 5, 55 lines, 260×143mm.
Paged irregularly.
Text in 2 col.
t.-p. wanting.
For title, etc. *cf.* Dedication, Sommervogel II 428, & Thierry's catalog. p. 72
1st ed. by Busaeus.
Contents. — Historica relatio de J. Trithemii vita, moribus, et scriptis. — Chronicon monasterii S. Jacobi apud Herbipolim. — De viris illustribus Ordinis S. Benedicti libri IV. — Commentarius in regulam S. Benedicti. — Sermonum ad monachos libri duo. — De triplici regione claustralium, et spirituali exercitio monachorum. — De religiosorum tentationibus libri duo. — De vitiis proprietatis monachorum. — De laude scriptor manualium. — Institutio vitae sacerdotalis. — De vanitate et miseria humanae vitae. — Liber lugubris de statu et ruina monastici ordinis. — Orationes in annuo conventu abbatum O. S. B. reformationis Bursfeldensis habitae. — Epistolarum ab anno 1486 usque ad 1491 scriptarum liber unus. — Liber de visitatione monachorum. — Modus et forma celebrandi capitulum provinciale. — De miraculis B. Mariae semper Virginis in ecclesia nova prope Dittelbach factis, libri duo. — De miraculis in Urticeto juxta Heilbronnam ad invocationem B. Mariae V. factis, libri tres. — Index rerum. 1845

3000

— (Joannis Trithemii Abbatis Peapolitani, quondam Spanheymensis) Ad Maximilianum I. Caesarem. Libri Polygraphiae VI. Quibus praeter clavem et observationes Adolphi à Glauburg Patritij Francofurtensis accessit noviter eiusdem Authoris Libellus de septem

Secundeis seu intelligentiis orbes post Deum moventibus, cum aliquot epistolis ex opere Epistolarum utilissimis ... Argentorati, Sumptibus Lazari Zetzneri, 1613.

612p., 1 l., 90p. 16cm.
Signatures : A-Z^{8}, Aa-Xx^{8}.
p. 5, 29 lines, 118×70mm.
1st ed. of Polygraphia, Oppenheim, 1518. 3210

3001

Turlot, Nicolas, *d.* 1651.

Thesavrvs doctrinae Christianae avctore R. D. Nicolao Tvrlot, S. Theologiae Licentiato ... Brvxellae, Apud Franciscvm Foppens, 1668.

4 l., 752 (*i.e.* 750), [18]p. 22½cm.
Engr. ornamented t.-p.
On added t.-p. : « Editio nova ».
Text in 2 col.
1st French ed. Liege, 1631.
Index at end.
♣ *NanKim.* 1718

3002

Turnebe, Adrien, 1512-1565.

(Adriani Tvrnebi) Adversariorum tomi III, triginta libris distincti : in qvibvs variorvm avctorvm loca intricata explicantvr, obscvra dilucidantur & vitiosa restituuntur ... Additi praeterea indices tres copiosissimi, unus Rerum et Verborum Latinorum : alter Graecorum . tertius Auctorum qui explicantur aut emendantur. Omnia vero in hac postrema editione svmma fide ac diligentiâ recognita & emendata ... Argentorati, Sumptibus Lazari Zetzneri, 1599-1604 [v. 1, 1604]

3v. in 1.
4 l., 376 col., 2 l., 377-860 (*i.e.* 840) col., 2 l., 869-1134 col. [94]p. 33½cm.
Signatures : †^{4}, a-p^{6}, q^{4}, r-z^{6}, A-M^{6}, N^{4}, O-Z^{6}, Aa^{6}, Bb^{8}, Cc-Ii^{6}.
Col. 37/38, 65 lines, 269×150mm.
1st ed. Paris, 1564-73.
Spondanus, J. In A. Turnebi Adversariorum libros quaedam observationes : at end of t. 3.
★ Brunet V 977.
♣ *China adentro. — Revisus est hic liber. — Bibl. Trig.* 3120

U

3003

Uffenbach, Peter, 1566-1635, *ed.*

Thesavrvs chirvrgiae, continens praestantissimorvm avtorvm Vtpote Ambrosii Parei Parisiensis. Ioannis Tagavltii Ambiani Vimaci. Iacobi Hollerii Stempani. Mariani Sancti Barolitani. Angeli Bolognini. Michaelis Angeli Blondi. Alphonsi Ferrii Neapolitani. Iacobi Dondi. Et Gvilelmi Fabritii Hildani. Opera Chirurgica in qvibvs non solvm perfectissima, tvmores praeter natvram, vulnera, vlcera, luxationes & fracturas ratio curandi; Verum etiam humani corporis singularumq; partium exactissima anatome; Curationes item multorum aliorum affectuum, rarae obseruationes & varia medicamenta ad chirurgiam pertinentia demonstrantur. Ante hac qvidem disiunctim edita; Nunc vero In vnum collecta & ab omnibus mendis repurgata, per Petrum Uffenbachium ... Francofvrti, Prodit typis Nicolai Hoffmanni, Impensa Iacobi Fischeri, 1610.

6 l., 1164, [18?]p. illus. (incl. port., tables) 34½cm.
Signatures : †^{6}, A-Z^{6}, Aa-Zz^{6}, Aaa-Zzz^{6}, Aaaa-Zzzz^{6}, Aaaaa-Fffff^{6}, Ggggg^{3}.
p. 9, 64 lines, 262×147mm.
p. 1153-1154 & some pages of index at end wanting.
Paré's Opera tr. by Jacques Guillemeau.
Chinese names added on some illustrations.
1st ed. 3590

3004

Ugolini, Bartolomeo, 1540*ca.*-1610.

Tractatus de simonia (in)genere, mentali, conventionali et reali. Bartholomaeo Ugolin(o) Jurisconsulto ... auctore. Nunc primum in lucem editus ... Venetiis, Apud Haeredem Hieronymi Scotti, 1599.

14 l., [271]p. 33cm.
Signatures : a^{6}, b^{8}, A-Y^{6}, Z^{4}.
p. 9, 62 lines, 252×158mm.
Text in 2 col.
t.-p. and some pages at end spoiled.
1st ed.
♣ *Bibl. Trig.* 1652

3005

Unzer, Mathias, 1581-1624.

(D. O. M. A. Matthiae Untzeri ...) *Ιερονοσολογια* chymiatrica. Hoc est Epilepsiae Seu Morbi Sacri, accuratissima, juxta Hippocratico-Galenica atq; Hermetica principia, descriptio, Eiusdemque per Remedia elegantissima ac probatissima cùm Dogmaticorũ, tùm Chymicorum, methodica Curatio. Duobus libris comprehensa. Et boni publici gratiâ, nunc in lucem edita. Halae-Saxonum, Typis exscripsit Christophorus Bismarcus, 1616.

10 l., 255, [1]p. 18cm.
Signatures : †-††^{4}, †††^{2}, A-Z^{4}, Aa-Ii^{4}.
p. 3, 25 lines, 133×94mm.
Title within woodcut ornamental border.
1st ed.
Bound with : Unzer, M. De nephritide, Halae Sax., 1614. 1109a

3006

— (D. O. M. A. Matthiae Untzeri ...) *Κατοπτρον λοιμωδες*. Hoc est, De lue pestifera

Libri tres. Varijs cum Veterum, tum Recentium Medicorum, Philosophorum, Historicorum, ac Chijmicorum doctrinis, Observationibus exemplis atq; remedijs illustrati nouiterq; in lucem editi. Hallae Saxonum [excudebat Christoph. Bismarcus] 1615.

8 l., 271, [1]p. 19½cm.
Signatures : a-b^4, A-Z^4, Aa-Ll^4.
p. 11, 30 lines, 138×97mm.
Engr. ornamented t.-p.
1st ed.
Errata : p. [272]
Bound with : Brunheymer, S. D. Disputatio medica de peste, Friburgi Brisgoiae, 1615. — Rhenanus, J. Antidotarium pestilentiale, Franckfurt, 1613. — Camerarius, J. Synopsis commentariorum de peste, Lich, 1597. — Scheunemann, H. De morbo mercuriali contagioso, quem pestem vulgus nominat, Babenbergae, 1608.
♣ *Missionis Sinensis.* 1147

3007

Unzer, Mathias, 1581-1624.

(D. O. M. A. Mathiae Untzeri ...) De nephritide seu renum calculo. Florilegium medico-chymicvm in duos Libros tributum ... Quorum Prior veram Essentiam ac naturam Nephritidis, ejusq; causas, differentias, Signa, Prognostica, nec non προφύλαξιν ac θεραπειαν methodicè ac nervosè explicat, adjunctis unâ octo Quaestionibus Medicis jucundissimis, cognituq; summè necessarijs : Posterior verò, omnis generis Medicamenta ex Vegetabilium, Animalium ac Mineralium Classe eruta; eaq; tùm Simplicia tùm Composita; Nova & Vetera; Galenica & Hermetica, certo ordine distributa, exhibet & ob oculos ponit .:. Halae Sax. Prostat apud Ioach. Krusiken, 1614.

8 l., 239p. 18cm.
Signatures : †^{4}, †^{4}, A-Z^4, Aa-Gg^4.
p. 11, 30 lines, 138×97mm.
1st ed.
Bound with : Unzer, M. Ιερονοσολογια chymiatrica, Halae-Sax., 1616. 1109

V

3008

Valdes, Alonso Eneco de.

Tractatvs eleemosynae, ex visceribvs et medvlis vtriusq; Iuris excerptus non sine magno labore & singulari industria Iurisperiti Licentiati Alphonsi Eneci de Valdes, necnon aduocati supremo in Senatu incolae illustris oppidi de Madrid ... Madriti, Apud viduam Alphonsi Gomezij, 1588.

6 l., 94 (*i.e.* 96), numb. l., 10 l. 29cm.
Signatures : A-F^8, G^{10}, H-L^8, M^6, †^{10} (6 p. l. without sign.)
f. 2a, 38 lines, 220×148mm.

Illus t.-p.
Text in 2 col.
1st ed.
♣ *Bibl. Trig.* 1474

3009

Valentia, Gregorio de, *SJ,* 1551-1603.

[(Gregorii de Valentia Metimnensis, è Societate Iesv, Sacrae Theologiae in Academia Ingolstadiensi, Professoris) Commentariorvm theologicorvm tomi IIII. in quibus omnes Quaestiones quae continentur in Summa Theologica D. Thomae Aquinatis, ordine explicantur ac suis etiam in locis controversiae omnes fidei elucidantur ... Editio postrema ab Auctore nunc ultimûm diligentissimè accuratissimèque emendata multisque in locis locupletata : et ultra praecedentes editiones, nitori suo reddita] Lvgdvni, Sumptibus Horatij Cardon, 1609.

v. 2, 3. 37½cm.
Title printed within an engraving.
Text in 2 col.
For title. *cf.* Sommervogel VIII 397.
1st ed. Ingolstadt, 1591-97.
Index at end of each volume.
★ Sommerv VIII 397 n° 37.
♣ *Bibl. Trig.* 1649

3010

Valeriano, Giampietro, 1477-1558.

(Joannis Pierii Valeriani Bellvnensis) Hieroglyphica, Seu de sacris Aegyptiorum, aliarumque gentium literis Commentarij, libris Quinquaginta octo digesti : Quibus additi sunt duo Hieroglyphicorum libri, Caelij Augustini Curionis : Ejusdem Pierii Pro Sacerdotum Barbis Declamatio, & Poëmata varia. Cum diversis Hieroglyphicis Collectaneis ... Accesserunt in hac postrema Editione Hori Apollinis Hieroglyphicorum libri duo : item Hieroglyphicorum, Emblematumque Medicorum Δωδεκακρουνος : Authore Ludovico a Casanova ... Lvgdvni, Apud Paulum Frellon, 1626.

21 l., 644, [44]p., 1 l., 15-100 (*i.e.* 98), [11], 211, 88p., 2 l., 140 (*i.e.* 138), [8]p., 1 l. illus. 37cm.
Signatures : †^{8}, ††^{6}, †††^{8} (†††8 blank), A-Z^6, Aa-Zz^6, AAa-GGg^6, HHh^4, IIi-LLl^6, MMm^4; a-g^6, h^8, i^6; AAAa-RRRr^6, SSSs^4; A-L^4; †^{2},a-r^4, s^6.
p. 3, 61 lines, 297×170mm.
Title printed within an engraving.
Each book has a special t.-p.
t.-p. of « Pro sacerdotum barbis » and « Poemata » dated 1621.
1st ed. of Valeriano's Hieroglyphica, Basel, 1556.
1st ed. of Curioni's Hieroglyphica, Lyons, 1579.
★ Brunet V 1042.
♣ *Missionis PP. Gallorum Societatis Jesu Pekin.* 3437

3011

— Pro sacerdotvm barbis, ad clariss. Cardinalem Hippolytvm Medicem, declamatio.

Avtore Ioanne Pierio Valeriano Bellvnensi, prius Romae cum Clementis VII. Pontif. Max. Priuilegio emissa. Accesserunt Varia poemata dimidia parte auctiora. Francofurti ad Moenum, Excudebat Erasmus Kaempffer, 1613.

123p. 24½cm.
Signatures : a-p4, q2.
p. 5, 49 lines, 197×138mm.
Text in 2 col.
1st ed. Rome, 1531. 3030

3012

Valerio, Luca, 1552-1618.

De centro gravitatis solidorvm libri tres. Lvcae Valerii Mathematicae, & Ciuilis Philosophiaé in Gymnasio Romano professoris. Romae, Typis Bartholomaei Bonfadini, 1604.

4 l., 80, 92, 94p. incl. diagrs. 21½cm.
Signatures : †4, A-K4; A-K4, L6; A-L4, M3.
p. 19, 34 lines, 160×102mm.
1st ed.
♣ *Bibl. Trig.?* 536

3013

Valerius Maximus, *1st cent.*

(Valerii Maximi) Factorum, et dictorvm memorabilivm libri novem. Fidelissimis ervditissimorvm virorvm Oliverii, scilicet Arziganensis, Iodocique Badii Ascensij commentariis enarrati, Quibus addita sunt quattuor & viginti exempla, nuper Aldi Manutij industria inuenta, eiusdemque Ascensij commentariis exornata. Cum dvplici indice, altero capitvm, altero eorum, quae toto opere notatu digna visa sunt. Insvnt praeter Theophili viri ervditissimi perutiles lucubrationes ... Adjvnctis etiam avctoritatibvs Dionysii, Livii, Ivstini, Plvtarchi, & multorum aliorum ... Qvae omnia recenti hac nostra editione diligentissime expolita sunt accuratissimeque elaborata. Venetiis, Apud Ioannem Mariam Bonellvm, 1565

9 l. 231 numb. l. 31cm.
Signatures : †6, ††4, a-z8, A-E8, F7 (††4 blank)
f. 2a, 77 lines, 249×162mm.
Text in 2 col.
♣ *Bibl. Trig.* 3029

3014

Valladier, André, 1565-1638.

(F. Andreae Valladerii, Abb. S. Arnulphi Regij Ecclesiastae : Ord. S. Benedicti) Partitiones Oratoriae seu De Oratore perfecto ... Parisiis, Ex officina Petri Chevalier, 1621.

30 l., 858, [29]p. 16 fold. tables. 17½cm.
Signatures : a8, e8, i4, o9, A-Z8, Aa-Zz8, Aaa-Ggg8 (t.-p. without sign.).
p. 3, 33 lines, 133×65mm.
7 tables wanting.
Engr. ornamented t.-p.
Index at end.
1st ed.
★ Sommerv VIII 407. 3325

3015

Vallo, Giovanni, *OMConv, 16th cent.*

Lectvra absolvtissima Super Formalitatibus Scoti, R. F. Io. Vallonis Minoritae Conuentualis, cvm indice locupletissimo marginibusq; nonnullis ex fonte Scotistarum excerptis. Florentiae, Apud Georgium Marescotum, 1580.

6 l., 473, [45]p. illus., fold. table. 17½cm.
Signatures : A6, A-Z8, Aa-Ii8, Kk3.
p. 3, 30 lines, 122×64mm.
1st ed. Naples, 1533.
Errata at end. 2751

3016

Valtrini, Giovanni Antonio, *SJ,* 1558-1601.

(Ioannis Antonii Valtrini, Romani, Societatis Iesv) De re militari Veterum Romanorum libri septem. Coloniae Agrippinae, In Officina Birckmannica, sumptibus Arnoldi Mylij, 1597.

7 l., 506, [20]p. 15½cm.
Signatures : A-Z8, Aa-Kk8, Ll6.
p. 3, 33 lines, 121×65mm.
1st ed.? « Publié à l'insu de l'auteur, 1617 ? » -Sommerv. VIII 430 n° 2.
Index & errata : p. [507]-[526]
★ Sommerv VIII 430 n° 2. 2763

3017

Valverde, Juan.

Anatome Corporis Humani, avctore Joanne Valverdo Nunc primùm à Michaele Columbo latine reddita, et Additis nouis aliquot tabulis exornata. Venetiis, studio et industria Ivntarvm, 1607.

17 l., 340 (*i.e.* 339)p. illus., port. 32½cm.
Signatures : a-b6, c5, A-Z6, Aa-Dd6, Ee8.
p. 2, 57 lines, 235×130mm.
Engr. ornamented t.-p.
Index at beginning.
1st Spanish ed. Rome, 1556.
1st Latin ed. Venice, 1589.
★ Brunet V 1068
♣ *Vega.* 3381

3018

[Vanni, Giovanni Francesco, *SJ*] 1638-1709.

Exegeses physico-mathematicae, De Momentis Gravium, de Vecte, ac de Motu aequabiliter accelerato. Romae, Ex Typographia Rev. Cam. Apost. 1685.

4 l., 118p. fold. diagr. 17cm.
Illus. t.-p.
Author : Giovanni Francesco Vanni, *SJ. cf.* Sommervogel IX 1063.
1st ed.
★ Sommerv VIII 453 n° 5. 758

3019

— o. c. 16cm.
♣ *P. A. Tinassii. — Collegij Societatis Jesu Pekini.* 757

3020

Varoli, Costanzo, 1543-1575.

(Constantii Varolii ...) Anatomiae, Siue De resolvtione corporis hvmani ad Caesarem Mediouillanum libri IIII : A Ioan. Baptista Cortesio ... nunc primum editi; ac V. C. Hieronymo Mercvriali ... ab eodem nuncupati. Eiusdem Varolii & Hier. Mercvrialis De neruis Opticis, nonnullisque aliis, prętcr communem opinionē in humano capite obseruatis, Epistolae. Cum Indice copiosissimo. Francofvrti, Apud Ioannem Wechelum & Petrum Fischerum consortes, 1591.

4 l., 184p. illus. 19cm.
Signatures : †4, A-K8, L4, M8.
p. 3, 36 lines, 144×77mm.
« De neruis opticis » has a special t.-p.
1st ed.
♣ *Missionis Sinensis.* 968

3021

Vasco Castello, Pedro.

Exercitationes medicinales, ad omnes thoracis affectvs, decem Tractatibus absolutae ... Quibus perquàm multae nouae difficultates Medicae, ac Physicae tam Theoricae quam practicae, discutiuntur, & penè innumera Hippocratis, Galeni, aliorumq; Medicinae procerum loca pugnantia conciliantur, difficilia explanantur, & ad vsus medicos reducuntur ... Authore Petro Vasco Castello Doctore Medico, ac Philosopho Lusitano. Tolosae, Sumptibus Ioannis Petri Charlot, 1616.

22 l., 944?p. 23cm.
Signatures : a-e4, f2, A-Z4, Aa-Zz4, Aaa-Zzz4, Aaaa-Zzzz4, Aaaaa-Zzzzz4, Aaaaaa-Cccccc4?
p. 3, 42 lines, 175×104mm.
p. 273-280, 945-? wanting.
Illus. t.-p.
1st ed.
♣ *Bibl. Trig.?* 1091

3022

Vazquez, Gabriel, *SJ,* 1549 *or* 1551-1604.

Commentariorvm, ac dispvtationvm in Primam Partem S. Thomae tomvs primvs [-secundus] ... Avctore P. Gabriele Vazquez Bellomontano Theologo, Societatis Iesv. Nvnc primùm in Germania excusus. Ingolstadii, Excudebat Andreas Angermarivs, Impensis Ioannis Hertsroy, 1609.

2v. 32½cm.
Vol. 2 wanting.
Text in 2 col.
1st ed. Alcala, 1598.
Index at end.
★ Sommerv VIII 515 nº 2.
♣ *Bibl. Trig.* 1399

3023

— Commentariorvm, ac dispvtationvm in Primam Secvndae Sancti Thomae tomvs primvs [-secundus] ... Avctore P. Gabriele Vazquez Bellomontano Theologo Societatis Iesv. Nvnc secundò in Germania excusus. Ingolstadii, Excudebat Andreas Angermarivs, Impensis Haeredum Martini Nvtii, Et Ioannis Hertsroy, 1611.

2v. 32½cm.
Vol. 2 wanting.
Text in 2 col.
1st ed. Alcala, 1599.
★ Sommerv VIII 515 nº 2.
♣ *Bibl. Trig.* 1398

3024

— Commentariorvm, ac dispvtationvm in Tertiam Partem S. Thomae Tomvs primvs. Avctore P. Gabriele Vazqvez Bellomontano Theologo, Societatis Iesv. Nunc primum in Germania excusus ... Ingolstadii, Excudebat Andreas Angermarivs, Impensis Haeredum Martini Nvtii, & Ioannis Hertsroy, 1610.

v. 1. 32cm.
The complete set consists of 4 v.
Text in 2 col.
Ed. by Luis de la Palma, *SJ, cf.* Dedication.
1st ed. Alcala, 1609-15.
Indices at end.
★ Sommerv VIII 515 (ed. wanting)
♣ *Bibl. Trig.* 1386

3025

— Commentariorvm, ac dispvtationvm in Tertiam Partem Sancti Thomae Tomus Tertius, A quaestione septvagesima tertia vsque ad octuagesimam tertiam. Avctore Patre Gabriele Vazquez Bellomontano, Theologo Societatis Iesv ... Cum tribus Indicibus ... Editio novissima ... Lvgdvni, Sumptibus Iacobi Cardon, 1631.

v. 3. 37½cm.
The complete set consists of 4 v.
Illus. t.-p.
Text in 2 col.
Vol. 3 ed. by Bartolomeo Perez' de Nueros, *SJ. cf.* Dedication.
Index at end.
★ Sommerv VIII 515 nº 2.
♣ *PP. Gallor S. J. Pekin.* 3522

3026

— (Patris Gabrielis Vazquez Bellomontani Theologi Societatis Iesv) Opuscula moralia De Eleemosyna, Scandalo, Restitutione, Pignoribus & Hypothecis. De Testamentis, Beneficiis Redditibus Ecclesiasticis. Antverpiae, Apud Petrum & Ioannem Belleros, 1621.

605, [35]p. 35½cm.
Signatures : A-Z6, Aa-Zz6, Aaa-Fff6, Ggg8.
p. 9, 70 lines, 281×146mm.
t.-p. spoiled.
1st ed. Alcala, 1617.
Indices : p. [606]-[640]
★ Sommerv VIII 416 (ed. wanting) 1346

3027

Veken, Franciscus van der, *SJ,* 1596-1664.
In canonem sacrificii Missae, Vti & reliquas eiusdem Partes, brevis ac lvcvlenta, & ad pietatem vtilis expositio. Per R. P. Franciscum van der Veken è Soc. Iesv Doct. Theol. Coloniae, Apud Ioannem Kinchivm, 1644.

226, [6]p. 12½cm.
1st ed.
Bound with : Veken, F. van der, *SJ.* Sex actus primarum virtutum, Coloniae, 1645; Paraphrasis in orationem Anima Christi, Coloniae, 1645; Paraphrasis evcharistica in initium Evangelii sec. Johannem, Coloniae, 1649.
★ Sommerv VIII 537 n° 1.
♣ *Aplicado ao Coll° de Macao. — Da V Prouª da Cina no Coll° que fera em Macao.* 1550

3028

[—] Paraphrasis evcharistica in Initivm Evangelii secvndvm Ioannem, Piè & vtiliter post Sacrificium Missae, vel sacram Communionem meditanda. Avthore Sacerdote Theologo Soc. Iesv. Coloniae, Apud Ioannem Kinchivm, 1649.

54p. 12½cm.
Author : Franciscus van der Veken, *SJ. cf.* Sommervogel VIII 538.
1st ed.
Bound with : Veken, F. van der, *SJ.* In Canonem sacrificii Missae brevis expositio, Coloniae, 1644 and others.
★ Sommerv VIII 538 n° 5. 1550c

3029

[—] Paraphrasis in Orationem Pijssimam Anima Christi sanctifica me, &c. Apta quae recitetur post Sacrificium vel Communionem. Authore Sacerdote Theologo Societatis Iesv. Coloniae Agrippinae, Apud Ioannem Kinchivm, 1645.

47p. 12½cm.
Author : Franciscus van der Veken, *SJ. cf.* Sommervogel VIII 538.
1st ed.
Bound with : Veken, F. van der, *SJ.* In canonem sacrificii Missae brevis expositio, Coloniae, 1644 and others.
★ Sommerv VIII 538 n° 3. 1550b

3030

— Sex actvs primarvm virtvtvm II. Hymnvs pverorvm in gratias post Missam. III. Psalmvs Miserere pro Poenitente Christiano Breui Paraphrasi illustrati Per R. P. Franciscvm van der Veken è Soc. Iesv SS. Th. Doctorem. Coloniae Agrippinæ, Apud Ioannem Kinchivm, 1645.

6 l., 107p. 12½cm.
p. 81-88 wanting.
1st ed.
Bound with : Veken, F. van der, *SJ.* In Canonem sacrificii Missae brevis expositio, Coloniae, 1644 and others.
★ Sommerv VIII 538 n° 2. 1550a

3031

Velosillo, Fernando, *d.* 1578.
Advertentiae theologiae scolasticae, In B. Chrysost. & quatuor Doct. Ecclesiae. Quibus praecipuae Sacrae tum Scripturae, tum Theologiae dubitationes soluuntur, ac materiae hoc potissimum seculo controuersae diligenter pertractantur, praedictique Patres à calumniatoribus eruditissimè defenduntur. Auctore Illustriss. & Reuerendiss. Ferdinando Vellosillo Episcopo Lvcensi ... Apposito Indice generali totius operis serie Alphabetica digesto ... Venetiis, Sub Ecclesiae Signo, 1601.

10 l., 558p. 32½cm.
Signatures : †⁴, ††⁶, A-Z⁶, Aa-Zz⁶, Aaa³.
p. 3, 71 lines, 255×152mm.
Illus. t.-p.
Text in 2 col.
Colophon : Venetiis, Ex Typographia Andreae Muschij, 1601.
1st ed. Alcala, 1585.
♣ *Bibl. Trig.* 1496

3032

Verricelli, Angelo Maria, *CRTh, d.* 1656.
Qvaestiones morales Vt Plurimùm nouae, ac peregrinae, sev Tractatvs de Apostolicis Missionibvs ... Avctore D. Angelo Maria Verricelli Congregationis Clericorum Regularium Presbytero, Theologo, & V. I. D. Venetiis, Apud Franciscum Baba, 1656.

14 l., 872, [47]p. 32½cm.
Text in 2 col.
Half-title : Angeli Mariae Verricelli De Apostolicis missionibus.
« Eine erste Sammlung moraltheologischen Fragen gab der Autor 1653 heraus; doch enhält sie keine missionstheologischen Gegenstände ». — Streit I 238 n° 546.
1st ed.
Contents. — De fide. — De charitate. — De legibus. — De priuilegiis regularium in partibus infidelium. — De justitia. — De sacramentis. — De justa Indorum debellatione. — Miscellanei. — De facultatibus missionariorum Sacr. Congreg. — De aliquibus priuilegiis regularium pro partibus infidelium reuocatis ex nouissimis decretis. — S. Congr. Recognitiones auctoris ad suas quaestiones. — Appendix in qua accurate disputatur : An hodie apud Graecos perseuerent veri sacerdotes et episcopi? — Index.
★ Streit I 238 n° 546.
♣ *Vice Provinciae Soctis Jesu. — Caza de Ham cheu Soctis Jesu 1661.* 1413

3033

— o. c.

♣ *Stamp of Mgr Polyc. de Souza.* 1631

3034

Vicarius, Bartholomaeus.

De aegrotantivm optimo assistente, eivsqve officio in singvlis morbis, libri III. Bartholomaeo Vicario, Medico, Auctore ... Cum Indice Capitum, & rerum omnium locupletissimo. Romae, apud Georgium Ferrarium, 1591.

6 l., 171, [11]p. 20cm.
Signatures : †⁶, A-Z⁶.
p. 5, 41 lines, 170×106mm.
Errata at end.
♣ *Missionis Sinensis.* 931

3035

Vicomercatus, Franciscus.

(Francisci Vicomercati Mediolanensis) De principiis rervm natvralivm Libri Tres. Nvnc primvm in lvcem editi ... Venetiis, Apud Franciscum Bolzetam Bibliopolam Patauinum, 1596.

4 l., 147 numb. l. 21½cm.
Signatures : a⁴, A-S⁸, T³.
f. 2a, 35 lines, 164×100mm.
1st ed.
Bound with : Porta, G. della. De aeris transmutationibus, Romae, 1614. 660a

3036

Viegas, Blasio, *SJ,* 1554-1599.

[Commentarii exegetici in Apocalypsim Ioannis Apostoli. Avtore Blasio Viegas Lusitano Eborensi Societatis Iesv. Doctore Theologo ... Eborae, Apud Emmanuelem de Lyra, 1601]

35? l., 856p. 31½cm.
Signatures : †⁵, †⁴, †-†††††⁴, ††††††⁶, A-Z⁴, Aa-Zz⁴, Aaa-Zzz⁴, Aaaa-Zzzz⁴, Aaaaa-Ppppp⁴.
p. 9, 51 lines, 238×122mm.
t.-p. wanting.
4 p. l. bound upside down.
p. 852-856 spoiled.
Text in 2 col.
For title, etc. *cf.* Caption title & Sommervogel VIII 652.
Ed. by Fernando Rebelli, *SJ. cf.* Preface.
1st ed.
Indices & errata at beginning.
★ Sommerv VIII 652 nº 1.
♣ *Bibl. Trig.* 1266

3037

Viète, François, 1540-1603.

Ad problema Quod omnibus Mathematicis totius orbis construendum proposuit Adrianvs Romanvs, Francisci Vietae Responsum. Parisiis, Apud Iametivm Mettayer, 1595.

2 l., 13 numb. l., 3 l. incl. tables, diagrs. 29½cm.
Signatures : A-D⁴ (2 p. l. without sign.)
f. 9a, 37 lines, 191×133mm.
1st ed.
Errata at beginning.
Bound with : Gallucci, G. P. De fabrica et vsv hemisphaerii, Venetiis, 1596 and others. 130f

3038

— o. c. 23cm.

Bound with : Viète, F. Mvnimen adversus nova cyclometrica, Parisiis, 1594 and others. 526a

A D P R O B L E M A

Quod omnibus Mathematicis totius orbis
conſtruendum propoſuit

ADRIANVS ROMANVS

FRANCISCI VIETÆ
Reſponſum.

PARISIIS,

Apud IAMETIVM METTAYER
Typographum Regium.

3039

— o. c. 24cm.

t.-p. & index of « Geronimo Fabrizio's De locvtione » (4 l.) bound at end.
Bound with : Viète, F. Psevdo-mesolabum, Parisiis, 1595 and others. 509a

3040

— (Francisci Vietae) Apollonivs Gallvs, Seu, Exsuscitata Apollonii Pergaei ΠΕΡΙ ΕΠΑΦΩΝ Geometria. Ad V. C. Adrianvm Romanvm Belgam. Parisiis, Excudebat David le Clerc, 1600.

2 l., 13 numb. l. incl. diagrs. 23cm.

Signatures : A2, B-D4, E1.
f. 4b, 41 lines, 186×133mm.
1st ed.
Ms. solutions bound between l. 11 &12.
Bound with : Viète, F. Mvnimen adversus nova cyclometrica, Parisiis, 1594 and others.
★ Brunet V 1213. 526c

3041

Viète, François, 1540-1603.

(Francisci Vietae Fontenaeensis) De aeqvationvm recognitione et emendatione tractatvs dvo, Quibus nihil in hoc Genere simile aut secundum, huic aeuo hactenus visum. Parisiis, Ex Typographia Ioannis Laqvehay, 1615.

6 l., 135, [1]p. incl. table, diagrs. 23cm.
Signatures : a4, e2, A-R4.
p. 17, 38 lines, 178×112mm.
Ed. by Alexander Anderson. *cf.* Dedication.
1st ed.
« Appendix, ab Alexandro Andersono operi subnexa » : p. 131-135.
Bound with : Anderson, A. Ad angularium sectionum analyticen theoremata *καθολικώτερα*, Parisiis, 1615; *Αιτολογία* pro Zetetico Apolloniani problematis, Parisiis, 1615; Vindiciae Archimedis, Parisiis, 1616; Supplementum Apollonii redivivi, Parisiis, 1612.
★ Brunet V 1213.
♣ *Missionis Sinensis.* 489

3042

— o. c. 29½cm.
Bound with : Gallucci, G. P. De fabrica et vsv hemisphaerii, Venetiis, 1596 and others. 130c

3043

— Mvnimen adversvs nova Cyclometrica, Seu, *ΑΝΤΙΠΕΛΕΚΥΣ.* Ex Geometricis Schediasmatis Francisci Vietae. Parisiis, Apud Iamettivm Mettayer, 1594.

7 numb. l., 1 l. incl. diagrs. 23cm.
Signatures : A-B4.
f. 4b, 39 lines, 194×136mm.
1st ed.
Errata at end.
Bound with : Viète, F. Ad problema Adriani Romani responsum, Parisiis, 1595; Psevdo-Mesolabum, Parisiis, 1595; Apollonius Gallus, Parisiis, 1600.
★ Brunet V 1213.
♣ *Missionis Sinensis.* 526

3044

— Psevdo-mesolabvm et alia quaedam adiuncta capitvla, Ex Geometricis Schediasmatis Francisci Vietae. Parisiis, Apud Iamettivm Mettayer, 1595.

19 numb. l. incl. diagrs. 29½cm.
Signatures : A-D4, E3.
f. 9b, 41 lines, 191×134mm.
Illus. t.-p.
1st ed.
Errata at end.

Bound with : Gallucci, G. P. De fabrica et vsv hemisphaerii, Venetiis, 1596 and others.
★ Brunet V 1213. 130c

3045

— o. c. 24cm.
Bound with : Viète. F. Ad problema quod proposuit Adr. Romanus responsio, Parisiis, 1595. 509

3046

— o. c. 23cm.
Bound with : Viète, F. Mvnimen adversus nova cyclometrica, Parisiis, 1594 and others. 526b

3047

— (Francisci Vietae) Supplementum geometriae. Ex opere restitutae Mathematicae Analyseos, seu Algebrâ novâ. Tvronis, Excudebat Iametivs Mettayer, 1593.

1 l., 21? numb. l. incl. diagrs. 29½cm.
Signatures : Aa-Cc4, Dd-Gg2, Hh?
f. 18b, 51 lines, 236×147mm.
l. 1-12, 22-? wanting.
Supplement to « In artem analyticam isagoge, Tours, 1591. »
Errata at end.
Bound with : Gallucci, J. P. De fabrica et vsv hemisphaerii, Venetiis, 1596 and others. 130d

3048

Vigel, Nikolaus, 1529-1600.

(Nicolai Vigelii de Dreisa Hessorum, Iurisconsulti) Digestorum ivris civilis libri quinquaginta, in septem Partes distincti : Nunc denuô ab ipso Autore recogniti, & multis in locis emendati. Cvm indicibvs ... Basileae, Ex officina Oporiniana, 1584.

v. 1. 32½cm.
The last leaf bound upside down.
Text in 2 col.
1st ed. Basel, 1568-71.
Errata at beginning.
♣ *Bibl. Trig.* 2111

3049

Viguerius, Joannes, *OP.*

Institvtiones ad christianam theologiam, Sacrarvm, Literarvm, vniversalivmqve conciliorvm authoritate, necnon Doctorum Ecclesiasticorum eruditione confirmatae ... opera atque industria eruditissimi uiri F. Ioannis Vigverii Granaten. Apud Tholosam Praedicatorum ordini adscripti, sacrae Theologiae Doctoris & Professoris ... Venetiis, In vico Sanctae Mariae Formosae, 1560.

456 unnumb. l. 20½cm.
Signatures : A4, B-C8, A-Z8, Aa-Zz8, Aaa-Hhh8, Iii4.
f. [32]a, 53 lines, 171×104mm.
Index at beginning.
♣ *A ouzo do P. Frej Xpuaõ Dasumpsaõ.* 1491

3050

Vincart, Jean, *SJ,* 1593-1679.

(R. P. Ioannis Vincartii Gallobelgae Insulani e Societate Jesu) Sacrarum heroidum epistolae. Editio tertia ... Monachii, Sumptibus Joannis Wagneri, & Joannis Hermanni à Gelder, Typis Sebastiani Rauch, 1675.

1 l., 181, [2]p. illus. 12½cm.
p. 169-170 wanting.
1st ed. Tournai, 1640.
★ Sommerv VIII 821 nº 4. 2978

3051

Virgilius Maro, Publius, 70-19 B. C.

P. Virgilius Maro. accurante Nic. Heinsio Dan. Fil. Lugd. Batavorum, Ex Officina Hackiana, 1672.

366p. 12×6½cm.
Engr. ornamented t.-p.
1st ed. by Heinsius, Amsterdam, 1664.
« Culex » & « Ceiris » : p. 343-366.
★ Brunet V 1290. 2395

3052

— (Pub. Virgilii Maronis) Opera, Cum Annotationibus Johannis Minellii, Roterodami, Apud Viduam Arnoldi Leers, 1681.

12 l., 664, [28]p. 14cm.
Added engr. ornamented t.-p.
1st ed. by Minell, Rotterdam, 1666.
Index : p. [665]-[692] 3049

3053

— (P. Virgilii Maronis) Opera. Notis novissimis illustravit Carolus Ruaeus Soc. Jesu. Jussu Christianissimi Regis, ad usum Serenissimi Delphini. Nova Editio longè auctior, & emendatior. Cum Appendice de Diis, & Heroibus Poëticis, ad Poëtarum intelligentiam necessaria ... Parisiis, Apud Fratres Barbou, 1729.

16 l., 278p., 2 l., 279-590, [2], 23, [1]p. front., fold. map. 17cm.
2v. in 1.
1st ed. by La Rue, Paris, 1675.
Contents. — **t. 1.** La Rue, C. de. Ad Serenissimum Delphinum epistola. P. Virgilii vita, incerto auctore. La Rue, C. de. P. Virgilii historia descripta per consules. Testimonia veterum de Virgilio. Bucolica. Aeneidos, lib. 1-3. — **t. 2.** Aeneidos lib. 4-12. Appendix de diis et heroibus.
★ Brunet V 1290. 3081

3054

— (Pub. Virgilii Maronis) Opera. Ad usum scholarum Veronensium. Veronae, Excudebat Petrus Antonius Bernus, 1738.

360p. 3617

3055

Viringus, Joannes Walterius, *b.* 1539.

(Doctoris Ioannis VV. Viringi Presbyteri, et Canonici Atrebatensis) De ieivnio, et abstinentia medico-ecclesiastici Libri quinque ... Rigiaci Atrebativm, Ex officina Gvlielmi Riverii, 1597.

12 l., 157, [3]p. 20cm.
Signatures : †-†††⁴, A-V⁴.
p. 5, 27 lines, 153×90mm.
Illus. t.-p.
1st ed.
♣ *Vice Prov.* 2628

3056

Vitruvius Pollio, Marcus, *1st cent.* B. C.

(M. Vitrvvii Pollionis) De architectvra libri decem, cvm Commentariis Danielis Barbari ... mvltis aedificiorvm, horologiorvm, et machinarvm descriptionibvs, & figuris, unà cum indicibus copiosis, auctis & illustratis ... Venetiis, Apud Franciscum Franciscium Senensem & Ioan. Crugher Germanum, 1567.

10 l., 375p. illus. (incl. plans) 30cm.
Signatures : a⁶, b⁴, A-Z⁶, AA-GG⁶, HH⁸.
p. 3, 60 lines, 244×146mm.
1st Latin ed. by Barbaro.
1st Italian ed. by Barbaro, Venice, 1556.
♣ *Bibl. Trig.?* 1152

3057

[— De architectura libri decem ... Accesserunt Gulielmi Philandri Castilionij, civis Romani, annotationes castigatiores, & plus tertia parte locupletiores. Lugduni, Apud Joannem Tornoesium, 1586]

8 l., 460, [28?]p. illus. (incl. plans, port.), plate. 24cm.
Signatures : a-b⁴, a-z⁴, A-Z⁴, aa-pp⁴,?
p. 3, 39 lines, 188×115mm.
t.-p. & some p. of index at end wanting.
Some pages at beginning and end badly spoiled.
Author : Marcus Vitruvius Pollio; title, etc. *cf.* Privilege & Thierry's catalog. p. 125.
1st ed. by Philandrier, Lyons, 1552.
★ Brunet V 1327.
♣ *Bibl. Trig.?* 1167

3058

Viva, Domenico, *SJ,* 1648-1726.

Damnatae theses ab Alexandro VII. Innocentio XI. & Alexandro VIII. Necnon Jansenii Ad Theologicam trutinam revocatae juxta pondus Sanctuarii. Editio septima sedulò expolita, atque Indicibus locupletata, In qua Michaelis Baji, Michaelis de Molinos, aliaeque Theses superiore Saeculo profligatae in calce operis recensentur, & nonnullae discutiuntur. Annectiturque Enchiridion olim typis datum de Jubilaeo, praesertim Anni Sancti. Auctore P. Dominico Viva Societatis Jesu ... Patavii, Ex Typographia Seminarii, Apud Joannem Manfrè, 1715.

10 l., 679p. 24cm.
Text in 2 col.

1st ed. of « Damnatae theses » Naples, 1708.
1st ed. of « De jubileo » Naples, 1699.
Index : p. 156-162, 334-340, 515-521, 562-564.
Appendices : p. 522-561, 669-675.
★ Sommerv VIII' 861 n° 4.

3059

Vivaldo, Martino Alfonso, *Can Reg.*

Candelabrvm avrevm Eccles. Sanctae Dei, Ivssv Svperiorvm. Recognitum & emendatum, & post recognitionem quarto impressum, nouisque summarijs nunc primum locupletatum. In qvatvor partes divisvm ... Auctore Reverend. Admod. D. Don Martino Alfonso Viualdo Hispano I. C. ... Venetiis, Apud Georgium Variscum, 1611.

28 l., 826 p., 1 l. 22cm.
Signatures : †[4], a-f[4], A-Z[8], Aa-Zz[8], Aaa-Eee[8], Fff[6].
p. 11, 48 lines, 169×103mm.
Text in 2 col.
Index at beginning.
Contents. — **pt. 1.** De sacramentis Ecclesiae. — **pt. 2.** De censuris et explicatione Bullae Coenae. — **pt. 3.** De poenis ecclesiasticis. — **pt. 4.** De novem legum speciebus cum earum materiis.
♣ *Bibl. Trig.* 2430

3060

— (Ioannis Lodovici Vivis, Valentini) De Veritate Fidei Christianae libri V. In quibus de Religionis nostrae fundamentis, contra Ethnicos, Iudaeos, Agarenos, sive Mahumetanos, & perverse Christianos plurima exactissime disputantur. Editio nova. Lugduni Batavorum, Ex Officina Ioannis Maire, 1639.

12 l., 676, [19]p. 13½cm.
Signatures. †[12], A-Z[12], Aa-Ff[12].
p. 3, 31 lines, 103×56mm.
1st ed. Basel, 1543.
Index : p. [679]-[695] 1292

3061

Vlack, Adriaen, *d. aft.* 1655.

Tabvlae sinuum, tangentivm, et secantivm, et logarithmi sinvvm, tangentivm, & Numerorum ab unitate ad 10000. Cum methodo facillimâ, illarum ope, resoluendi omnia Triangula Rectilinea & Sphaerica, & plurimas Quaestiones Astronomicas. Ab A. Vlacq. Editio ultima emendata & aucta, Lvgdvni, Apud Ioannem Thioly, (ex typographia I. Carteron) 1670.

1 l., 56, [288]p. 17½cm.
Added engr. ornamented t.-p.
Ms. notes on inside of covers.
1st ed. in « Arithmetica Logarithmica », Gouda, 1628.
♣ *P. A. Laval carissimo in Chrō P. Provana (cancelled)* 425

3062

— Tabulae sinuum, tangentivm, et secantium, et logarithmi ... Ab A. Vlacq. Editio ultima emendata & aucta. Amstelaedami, Apud Henricum & Viduam Theodori Boom, 1706.

48, [284]p. diagrs. 16½cm. 426

3063

— Trigonometria artificialis : sive Magnvs canon triangvlorvm logarithmicvs, Ad Radium 100000,00000, & ad dena Scrupula Secunda, ab Adriano Vlacco Goudano Constructus. Cui Accedunt Henrici Briggii ... Chiliades Logarithmorvm Viginti pro numeris naturali serie crescentibus ab Vnitate ad 20000. Govdae, Excudebat Petrus Rammasenius, 1633.

3 l., 52, [408]p. incl. tables, diagrs. 34½cm.
Signatures : A-F[4], G[2] (3 p. l. without sign.); A[4], B-Z[6]; A-L[6], M[2].
p. 4, 56 lines, 265×146mm.
1st ed.
★ Brunet V 1003.
♣ *Ex Libris Stephanj Svarez. Ao 1668.* — *Orent Rdi Patres Deum, pro peccatore Joanne Engeler sacerdote germano 1672 13 martii, Vlyssobena.* — *V. Prouae Sinensis.* 470

3064

Voegelin, Johann, *d.* 1549.

Elementale geometricum, ex Euclidis Geometria, à Ioanne Voegelin Haylpronnensi, ad omnium Mathematices studiosorum utilitatem decœrptum. Parisiis, Apud Christianum Wechelum, 1543.

36 unnumb. l., illus. (incl. diagrs.) 18cm.
Signatures : A-D[8], E[4].
f. [6] a, 28 lines, 118×52mm.
Ms. marginal notes.
1st ed. 1538.
Bound with : Glareanus, H. L. De VI arithmeticae practicae speciebus, Parisiis, 1543. — Sacro Bosco, J. de Sphaera, Parisiis, 1545. — Martinus, J. P. De usu astrolabii, Parisiis, 1545. — Peuerbach, G. Theoricae novae planetarum, Parisiis, 1543.
♣ *P. Dacontes (?)* — *Sū Guielmi Christiani, medici Aurelii.* 313

3065

Voellus, Jean, *SJ,* 1541-1610.

(R. P. Ioan. Voelli, Societatis Iesv) Generale artificivm orationis cuiuscunque componendae, longè facilimum, & De ratione conscribendi Epistolas praeceptiones vtilissimæ. Accessere, Regulae artificiosae pronunciationis, actionis, ex Cicerone potissimum & Quintiliano singulari iudicio collectae. Coloniae Agrippinae, In officina Birckmannica sumptibus Arnoldi Mylij, 1597.

1 l., 234, [1]p. 11½cm.
Signatures : A-O[8], P[7].
p. 3, 33 lines, 92×51mm.

1st ed. Lyons, 1588.
Errata at end.
★ Sommerv VIII 872 n° 1.
♣ *Veyo da Rezida da Cinanfu.* 2487

3066

Voellus, Jean, *SJ,* 1541-1610.

De horologiis sciothericis libri tres Ioanne Voello Sacerdote Soc. Jesu auctore Valmoncelotano. Turnoni, Apud Claudium Michaelem & Thomam Soubron, 1608.

12 l., 364, [3], 160, [24]p. incl. tables, diagrs. 21½cm.
Signatures: a4, e4, i4, A-Z4, Aa-Zz4, a-z4.
p. 3, 30 lines, 144×93mm.
Engr. ornamented t.-p.
1 p. l. spoiled.
1st ed.
★ Sommerv VIII 873 n° 3. 80

3067

Vogler, Johann, *SJ,* 1610-1676, *praeses.*

Problema gnomonicvm de horologio universali divrno ac noctvrno ... Propositum publicè in Catholicâ & Electorali Universitate Ingolstadiensi, explicante ac defendente ... Ioanne Georgio Mändl ... Praeside Ioanne Voglero Soc. Iesv ... Mense Augusto, Anno Christi, 1659. Ingolstadii, Apud Ioan. Ostermayer.

6 l., 92, [7]p. illus. (incl. tables.), 3 fold. diagrs. 15cm.
1st ed.
★ Sommerv VIII 886 n° 1.
♣ *Collegij S. J. Pekini.* 94

3068

Voisin, Joseph de, 1610*ca.*-1685.

Theologia Ivdaeorvm sive Opus, in quo rem ipsam, quae nunc Christiana religio nuncupatur, etiam apud Antiquos fuisse, priusquam Christus veniret in carne, ex Hebraeorum libris ostenditur. Errores vero, quos post natum Christum Iudaei per fraudem, & malitiam attulerunt, coarguuntur. Auctore Iosepho de Voisin Burdigalensi. Parisiis, Apud Mathvrinvm Henavlt, et Ioannem Henavlt, 1647.

lvi, [8], 333, [49]p. 22½cm.
1st ed.
Errata & indices: p. [334]-[381]
♣ *PP Gallor S J Pekin N. 201.* 1542

3069

Vols, Ernst, *SJ,* 1650-1720.

Institutionum mathematicarum libri tres authore R. P. Ernesto Vols, e Societate Jesu ... Viennae Austriae, Typis Jo. Georgii Schlegel, Scalpro Jacobi Georgii Schmuzer, 1714.

4 v. illus. (incl. tables), 89 diagrs. 21cm.
1st ed.
Contents. — [v. 1.] De scientia mathematica. De elementis geometricis. De proportionibus quantitatum. De elementis sphaericis. De trigonometria elementari, plana & sphaerica. De regulis trigonometriae. De architectura militari. — [v. 2.] De proeliminaribus sphaericarum partium definitionibus. De cosmographia. De geographia. De hydrographia. De horographia. De astrolabiis. — [v. 3.] De solis et lunae motibus. De calculo horum motuum. De refractione & parallaxi. De lunarium et solarium eclipsium calculo. De motibus cometarum. De calendario ecclesiastico. — [v. 4.] Syllabus tabularum arithm. Tabulae figurarum pertinentium ad libros III. Inst. math.
★ Sommerv VIII 903 n° 5. 539

3070

Voorst, Everard van, 1597-1663.

(Everardi Vorstii Medicinae Professoris) Oratio funebris in obitvm V. N. et Cl. Caroli Clvsii Atrebatis. Accesserunt variorvm epicedia. [Lugduni Batavorum] In Officina Plantiniana Raphelengij, 1611.

24p. 35cm.
Signatures: A-C4.
p. 5, 42 lines, 275×151mm.
1st ed.
Bound with: Lécluse, C. de. Exoticorum libri decem, Lugduni Batavorum, 1605 and others.
1073b

3071

Vossius, Gerard Johannes, 1577-1649.

(Gerardi Ioannis Vossii) De theologia gentili, et physiologia christiana; sive, De origine ac progressv idololatriae, ad veterum gesta, ac rerum naturam, reductae; deqve natvrae mirandis, quibus homo adducitur ad Deum ... Amsterdami, Apud Ioh. & Cornelivm Blaev, 1641.

2v. 20cm.
Paged continously.
Ms. marginal notes.
1st ed.
Index at end of each book.
Edited with: Maimonides. De idololatria, Amsterdami, 1641.
★ Brunet V 1373. 1293a

3072

Vossius, Isaac, 1618-1689.

(Isaaci Vossii) De Septuaginta interpretibus, eorumque tralatione & chronologia dissertationes. Hagae-Comitum, Ex Typographia Adriani Vlacq, 1661.

12 l., 439p. 23cm.
1st ed.
Contents. — De LXX interpretibus et eorumdem translatione. — Chronologia sacra. — Canon chronologicus. — De vera aetate mundi dissertatio. — Castigationes ad objecta Georgii Hornii. — Castigationum auctarium. — Ad Andream Colvium epistola. — Responsio ad objecta Christiani Schotani. — Ad lectorem.
♣ *Missionis Sinensis Patrum Gallorum Societatis Jesu Pekin. — PP Gallor S. J. Pekin.* 1201

3073

Vredeman de Vries, Jan, 1527-1604.

Architectvra Praeclara & eximia scientia complectens quinque modos aedificiorum seu fabricarum : nimirum rationem aedificandi Thvscam, Doricam, Ionicam, Corinthiacam, & Compositam, quarum hîc vnaquaeque posita est cum regulis fundamentalibus & demonstrativis, vt perfectè absolvi queant juxta debitam Symmetriam ac proportionem, consentaneè magna ex parte cum doctrina & praeceptionibus Vitrvvii. Heic itidē adjuncta sunt multa magnifico luxu & opere constucta [*sic*] monumenta ad normam antiquitatis, nec non quaedam aedificia seu structurae ex ratione horum temporum ... Haec omnia ex invento Iohannis Vredeman Phrisii, & Pavli Vredemanni ejus filij. Henric. Hondivs scvlps. et exc.

9 unnumb. l. ? plates. 27×34cm.
According to Brunet (V 1386) this work should contain 36 plates; 15 only are preserved in our copy.
Title printed within an engraving.
1st ed. 1565.
Bound with : Kaseman, R. Architecturalehr, Cöllen, 1615.
★ Brunet V 1386. 3593

3074

— (Ioannis Vredemanni Frisii ...) Architectura : continens Quinque ornamenta Architecturae, scilicet Atticvm, Ionicvm, Doricvm, Corinthivm, & compositvm : Item Regulas, demonstrationes ac figuras perfectissimas ... Studio atque opera summi Mathematici Samvelis Marolois recognitum atque illustratum. Amstelodami, Sumptibus ac typis Ioannis Ianssonii, 1633.

10 unnumb. l. ? plans on double pages. 31cm.
Signatures : A1, B2, C-Z, AA-DD (AA-CC and EE-? wanting; (t.-p. without sign.)
f. [3]b. 41 lines, 234×135mm.
According to Brunet (V 1386) this work should contain 36 plates; 13 only are preserved in our copy.
Bound with : Vredeman, J. Perspectiva theoretica et practica, Amstelodami, 1633 and others.
★ Brunet V 1386. 1220a

3075

— Perspectiva theoretica ac practica. Hoc est, Opvs opticvm absolvtissimvm : Continens aedificiorum, templorum, pergularum aliarumque structurarum perfectissima fundamenta, icones atque delineamenta : Iuxta veterum ac recentiorum Autorum doctrinam accurate exaratum Studio atque opera Ioannis Vredemanni Frisii; Multis verò notis illustratum per Samvelem Marolois ... Amstelodami, Sumptibus ac typis Ioannis Ianssonii, 1633.

1 l., 24 p. 75 diagrs. on double-pages. 31cm.
Signatures : A-C4 (t.-p. without sign.)
p. 24, 52 lines, 238×134mm.
30 diagrs. wanting.
1st ed. 1604.
Bound with : Vredeman, J. Architectura, Amstelodami, 1633. — Marolois, S. Ars muniendi, sive fortificationis, Amstelodami, 1633.
★ Brunet V 1386.
♣ *Collegij Paquinensi in China.* 1220

3076

W

Wagner, Franz, *SJ,* 1675-1748.

Historia Leopoldi Magni Caesaris Augusti. Authore Francisco Wagner, Societatis Jesu Sacerdote ... Augustae Vindelicorum, [v. 1] Sumptibus Georgii Schlüter & Martini Happach, Typis Petri Detleffsenii, 1719; [v. 2] Sumptibus Martini Happach & Franc. Xav. Schlüter, 1731.

2v. fronts. (v. 1) 23cm.
1st ed.
★ Sommerv VIII 943 n° 9. 1885

3077

Walle, Jacques van de, *SJ,* 1599-1690.

(Iacobi Wallii e Societate Iesv) Poematvm libri novem. Editio tertia. Antverpiae, Ex officina Plantiniana Balthasaris Moreti, 1669.

13 l., 3-393, [2]p. 14cm.
1st ed. Antwerp, 1656.
★ Somerv VIII 967 n° 11. 3005

3078

Wantier, Pierre, *SJ,* 1616-1693.

Diligendi Dei causae petitae ex elucente in beneficiis supernaturalibus admiranda ejus misericordia, et in beneficiis naturalibus mira sapientia, benignitate; potentia Auctore R. P. Petro Wantier è Societate Jesu. Duaci, Typis Baltazaris Belleri, 1683.

8 l., 338, [6]p. 17cm.
1st ed.
Errata at end.
★ Sommerv VIII 989 n° 1.
♣ *Da Igreja de Hoai Ngan da V Prova de China.* 2244

3079

Warenius, Heinrich, *fl. end of 16th cent. Praeses.*

Νοσολογια sev, Adfectuum humanorum curatio Hermetica et Galenica, Thesibus comprehensa, ac ... in Academia Rostochiense disceptata, Praeside Henrico VVarenio ... Post obitum autoris in usum Medicinam discentium collecta et publicata studio & opera Joachimi Tanckij ... Lipsiae, Excudebat Michaël Lantzenberger, Sumtibus Iohannis Rosae, 1605.

11 l., 240 p. 14½cm.
Signatures : †[8], ††[4], A-P[8], (††4 blank)
p. 3, 29 lines, 116×66mm.
1st ed.
Bound with : Sala, A. Emetologia, Delphis, 1613 and others. 3548d

3080

Warner, John, *SJ,* 1628-1692.

Ecclesiae primitivae clericvs : cujus gradus, edvcatio, tonsura, chorus, vita communis, vota, hierarchia, exponuntur. Authore Joanne Warnero Societatis Jesu olim S. T. Professore ... 1686.

4 l., 233p. 21½cm.
Ms. marginal notes.
1st ed.
Errata : p. 233.
★ Sommerv VIII 993 n° 1.
♣ *Collegij Societatis Jesv Pekini.* 2674

3081

Wecker, Johann Jakob, 1528-1586.

De secretis libri XVII. Ex variis authoribus collecti methodiceque digesti, & tertiùm iam aucti per Ioan. Iacobvm Vveckervm ... Accessit Index locupletissimus ... Basileae, ex Officina Pernea, 1587.

4 l., 902, [33]p. illus. 15cm.
Signatures : †[4], a-z[8], A-Z[8], Aa-Mm[8], Nn[4].
p. 25, 35 lines, 115×65mm.
Ms. on t.-p., on back guard leafs and inside of back cover.
1st ed. Basel, 1560.
♣ *Ad usum F. Archangeli Mrae à S. Anna Carmelitae Excalceati.* 1092

3082

Weigel, Erhard, 1625-1699.

(Erhardi Weigelii P. P.) Cosmologia Nucleum Astronomiae & Geographiae, ut & Usum Globorum, tum vulgarium, Tum novis adornationibus & compendiis instructorum, quos inde dixeris globos Correctos & Perpetuos, succinctè tradens. Jenae, Sumptibus Johannis Meyeri, 1680.

2 l., 44, [8]p. Illus. (incl. tables), fold. diagr. 20cm.
1st ed.
♣ *Collegij Soc[tis] Jesv Pekini.* 194

3083

Weinhart, Ferdinand Karl, *fl. end of 17th cent.*

Nucleus universae medicinae a Ferdinando Carolo VVeinhart Philosophiae ac Medicinae Doctore, &c. Excerptus, & in tres partes distributus ... Editio tertia Patavina. Patavii, Typis Seminarii, Apud Joannem Manfrè, 1739.

3v. 17½cm.

? p. l. (incl. t.-p., preface & index) of v. 1 wanting.
For title, etc. *cf.* t.-p. of v. 2.
1st ed. Padua, 1715. 1082

3084

Weitbrecht, Josias, 1702-1747.

Syndesmologia sive Historia ligamentorvm corporis hvmani qvam secvndvm observationes anatomicas concinnavit et figvris ad obiecta recentia advmbratis illvstravit Josias Weitbrecht D. M. ... Petropoli, Ex typographia Academiae Scientiarvm, 1742.

14 l., 276p. 26 fold. plates. 26cm.
Illus. t.-p.
Engr. head-pieces.
1st ed.
Errata at beginning.
♣ *PP. Gallor S. J. Pekin. Dono Academiae Petropolit.* 1077

3085

— o. c.

1078

3085 b

Welser, Marcus, 1558-1614.

De Maculis in sole animadversis &c. *see* **Batavus,** n° **957**

3086

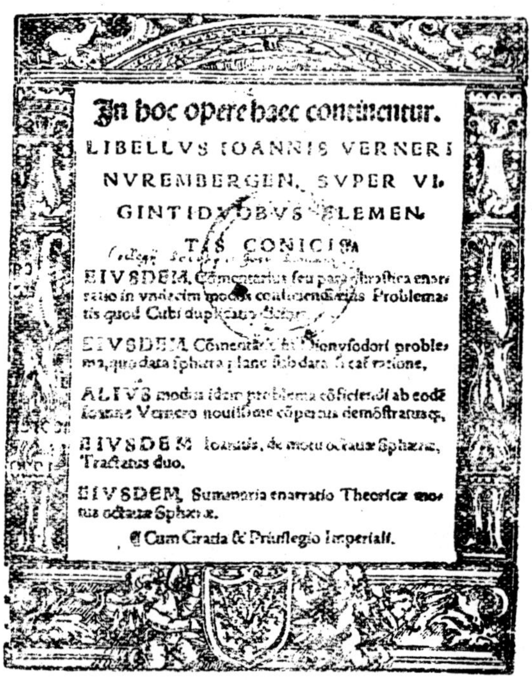
Jn hoc opere haec continentur.
LIBELLVS IOANNIS VERNERI NVREMBERGEN. SVPER VIGINTIDVOBVS ELEMENTIS CONICIS.
EIVSDEM, Cõmentarius seu paraphrastica enarratio in vndecim modos conficiendi eius Problematis quod Cubi duplicatio dicitur.
EIVSDEM. Cõmentatio in Dionysodori problema, quo data sphaera plano sub data secat ratione.
ALIVS modus idem problema cõficiendi ab eodẽ Ioanne Vernero nouissime cõpertus demõstratusq;.
EIVSDEM Ioannis, de motu octauae Sphaerae, Tractatus duo.
EIVSDEM, Summaria enarratio Theoricae motus octauae Sphaerae.
Cum Gratia & Priuilegio Imperiali.

Werner, Johannes, 1468-1528.

Jn hoc opere haec continentur. Libellvs Ioannis Verneri Nvrembergen. svper vigintidvobvs elementis conicis. Eivsdem. Cõmentarius ... in vndecim modos conficiendi eius

Problematis quod Cubi duplicatio dicitur. Eivsdem. Cõmentatio in Dionysodori problema, quo data sphaera plano sub data secatur ratione, Alivs modus idem problema cõficiendi ab ecdẽ Ioanne Vernero nouissime cõpertus demõstratusq;, Eivsdem Ioannis, de motu octauae Sphaerae, Tractatus duo. Eivsdem. Summaria enarratio Theoricae motus octauae Sphaerae ... [Impressvm Nvrembergae per Fridericum Peypus, Impensis Lucae Alantsee Ciuis & Bibliopolae Vienneñ. Anno 1522]

99 unnumb. l. incl. tables, diagrs. 20½cm.
Signatures : a-b⁸, c-y⁴, z³.
f. [2]a, 35 lines, 157×109mm.
Title within a woodcut ornamental border.
For imprint. *cf.* Colophon.
1st ed.
♣ *Collegij Societatis Jesu Lovanii. — Sinensi Missioni donavit.* 553

3087

Wessely, Fabian, *SJ,* 1684-1729.

(Faviani Wessely è Societate Jesu Concionatoris) Orationes paraeneticae ad domesticos Dictae Pragae ad Sanctum Clementem. Vetero-Pragae, Typis Joachimi Francisci Kameniczky, 1727.

6 l., 213, [45]p. 16½cm.
1st ed.
Index : p. [214]-[258]
★ Sommerv VIII 1083 nº 4. 1874

3088

Whiston, William, 1667-1752.

Praelectiones astronomicae Cantabrigiae in Scholis Publicis Habitae, a Gulielmo Whiston ... Quibus Accedunt Tabulae plurimae astronomicae Flamstedianae Correctae, Halleianae, Cassinianae, Et Streetianae ... Cantabrigiae Typis Academicis. Londini, Impensis Benj. Tooke. 1707.

1 l., 459, [1]p. incl. tables, diagrs. 19½cm.
p. 271-272 (dupl.) bound after p. 274.
1st ed.
Errata : p. [460] 136

3089

Wild, Johann, *OFM,* 1495-1554.

Epitome sermonvm Reverendi D. Ioannis Feri Dominicalivm vtrivsqve cvm hyemalis tvm aestivalis partis, conscripta, et diversis temporibvs Anno M.D. LVI. in Cathedrali Vuormatiensi Ecclesia maxima ex parte pro concione habita : per Ioannem à Via Doctorem Theol. eiusdem Concionatorem Catholicum : Nunc primùm in lucem aedita. Hvic adiectae svnt eruditissimae eiusdem D. Ioannis Feri in Threnos Hieremiae Prophetae Conciones, nostris temporibus, quibus miserimè religio Christiana afficitur, accommodatissimae : Nunquam item antehac aeditae ... Coloniae, Apud haeredes Arnoldi Birckmanni, 1561.

4 l., 90(*i.e.* 91), 144 (*i.e.* 143), 44 numb. l. 32cm.
Signatures : †⁴, A-O⁶, P⁸ (P8 blank); a-o⁶, p¹⁰, q-y⁶, z⁴, Aa⁴ (Aa4 blank); A-F⁶, G-H⁴.
f. 2a, 48 lines, 233×132mm.
♣ *Bibl. Trig.* 1620

3090

Willis, Thomas, 1621*or*1622-1675.

(Thomae Willis Med. Doct.) Opera omnia, Nitidius quàm unquam hactenus edita, plurimum emendata, Indicibus rerum copiosissimis, ac distinctione characterum exornata. Studio & Opera Gerardi Blasii, M. D. ... Amstelaedami, Apud Henricum Wetstenium, 1682.

9 l., 182 (*i.e.* 180) p., 4 l., 123, 146, [4] p., 2 l., 41, [3] p., 4 l., 210, [8] p., 4 l., 295 (*i.e.* 298), [6] p., front., 34 plates. 25½cm.
Bound in 2 v.
Added engr. ornamented t.-p.
Text in 2 col.
1st ed. Geneva, 1680.
1st ed. by Blasius.
Contents. — De fermentatione. — De febribus — De urinis. — Cerebri anatome. — Nervorum descriptio et usus. — De morbis convulsivis. — De scorbūto. — De affectionibus hystericis et hypochondriacis. — De sanguinis accensione. — De motu musculari. — De anima brutorum : pars physiologica, & pars pathologica. — Pharmaceutica rationalis, sive De medicamentorum operationibus in corpore humano.
♣ *PP Gallor S J Pekin.* 1102

3091

— Pharmaceutice rationalis. Sive Diatriba de medicamentorum Operationibus in humano Corpore. Authore Tho. Willis ... E Theatro Sheldoniano, Prostant apud Robertum Scott bibliopolam Londinensem, 1674.

16 l., 330, [10]p. 6 fold. plates. 21½cm.
Illus. t.-p.
« Elenchus rerum » at beginning.
Index : p. [331]-[340]
1st ed.
♣ *Missionis Sinensis PP. Gallorum Soc. Jesu. Pekin.* 930

3092

Wilson, John.

Principia trigonometriae Succinctè demonstrata, Auctore Joanne Wilson Scoto. Lugduni Batavorum, Apud Petrum Van der Aa, 1718.

4 l., 52p. 3 fold. tables, 2 fold. diagrs. 16½cm.
Illus. t.-p.
1st ed.
♣ *Stamp of Mgr Alex. de Gouvea.* 501

3093

Winckler, Nicolaus, *16th cent.*

Cometa Pogonias qui anno labente 1577. mense novembri et decembri apparvit, demonstratus ... Avtore D. Nicolao Vuincklero, Halae Sueuorum physico ... Noribergae [Excudebatur in Officina Typographica Catharinae Gerlachin & Haeredum Johannis Montani] 1578.

12 unnumb. l. incl. diagrs. 19½cm.
Signatures: A-C⁴.
f. [3]b, 40 lines, 160×107mm.
Publ. by C. Gerlachin, etc. *cf.* Colophon.
1st ed.
Bound with: Roomen, A van, Specvlvm astronomicvm, Lovanii, 1606 and others. 133d

3094

Wing, Vincent, 1619-1668.

Astronomia Britannica: in qua Per Novam, Concinioremꝗ Methodum, hi quinꝗ Tractatus traduntur ... I. Logistica astronomica ... II. Trigonometria ... III. Doctrina sphaerica ... IV. Theoria planetarvm ... V. Tabvlae novae astronomicae ... Congruentes cum Observationibus accuratissimis Nobilis Tychonis Brahaei. Cui accessit Observationum Astronomicarum Synopsis Compendiaria, ex quâ Astronomiae Britannicae certitudo affatim elucescit ... Cui additur Postscriptum de Refractione ... Authore Vincentio Wing, Mathem. Londini, Typis Johannis Macock, Impensis Georgii Sawbridge, 1668-69 [pt. 1, 1669]

11 l., 3-244, [2], 369 (*i.e.* 371)p. front., illus. (incl. diagrs.) 32½cm.
Each part has a special t.-p.
1st ed. 1652. 182

3095

Wit, Fredericus de.

Novissima et accuratissima XVII provinciarum Germaniae Inferioris Tabula. Amstelodami, Ex Officina Frederici de Wit [1666]

19 hand-col. double maps. 53cm.
Map [3] dated 1666. 3434

3096

Witwicki, Stanislaus.

Grammatica aliàs Literatvra Eiusq; Constructiones ad Dogmata Christiano Politico Moralia, Revocatae in gratiam Studiosae ac Diaecesanae Iuventutis per nos Stanislavm in Magna Witwica Witwicki, Dei & Apostolicae Sedis Gratia Episcopum Luceoriensem & Brestensem Anno Domini M.DC.LXXXVII. in Lucem edita. Varsaviae, Typis Caroli Ferdinandi Schreiber.

3 l., 160, vi, 161-332 (*i.e.* 330)p. 16cm.
♣ *Collegij S. J. Pekini.* 3186

3097

Witzel, Georg, 1501-1573.

(Dn. Georgii Wicelii) Postilla, hoc est, Enarratio Epistolarvm et Evangeliorvm de tempore et de Sanctis per totum annum, Latinè reddita per Gerardum Lorichium Hadamariensem, Recognita per eundem & aucta, iamq; tertiò diligentissimè omnium excusa. Cum vniuersis quae priores habuerunt Editiones, videlicet Gemina Authoris Praefatione, Indice locupletissimo, Sectionibus Lorichij, Preculisq; Vuicelij super Epistolas & Euangelia de Tempore, Latinitate per Barthol. Laurentem donatis. Coloniae, Ex Officina Haeredum Iohannis Quentel, procurante Sophia eius uidua, 1557.

22 l., 991p. 32cm.
Signatures: A⁴, B-D⁶, A-Z⁶, aa-zz⁶, aaa-ggg⁶, hhh⁴, iii-zzz⁶, aaaa-hhhh⁶, iiii⁴, kkkk-nnnn⁶, oooo-pppp⁴.
p. 9, 57 lines, 234×138mm.
Text in 2 col.
Bound with: Witzel, G. Qvadragesimales Wicelii conciones, Coloniae, 1559.
♣ *Bibl. Trig.* 1227

3098

— Qvadragesimales Wicelii conciones, hoc est, Exegemata sev expositiones Evangeliorvm, Epistolarvm, aliarumq; Lectionum, Epistolicè in sacro Missae officio diebus Quadragesimalibus publicè legi canive solitarum ... editae nunc tertiò diligentiùs multo ac priùs: Autore Georgio Wicelio seniore, interprete autem M. Gerhardo Lorichio Hadamarien. Cum annotationibus (quas vocant) marginalibus, ab interprete ipso in vsum publicum adiectis. Cum indice item locupletissimo ... opera Barth. Laurentis studiosè aggesto ... Coloniae, apud Haeredes Ioannis Quentel, & Geruinum Calenium, 1559.

4 l., 290, [16]p. 32cm.
Signatures: A⁴, a-z⁶, aa⁶, bb⁴, cc⁵.
p. 5, 57 lines, 234×140mm.
Text in 2 col.
Bound with: Witzel, G. Postilla, Coloniae, 1557. 1227a

3099

Wolf, Christoph, 1683-1739.

(Jo. Christophori Wolfii ...) Bibliotheca Hebraea, Sive Notitia tvm avctorvm Hebr. cvjvscvnqve aetatis, tvm scriptorvm, quae vel Hebraice primvm exarata vel ab aliis conversa svnt, ad nostram aetatem deducta. Accedit in calce Jacobi Gaffarelli Index Codicum Çabbalistic. Mss. quibus Jo. Picus, Mirandulanus Comes. usus est. Hamburgi & Lipsiae, Impensis Christiani Liebezeit, 1715.

v. 1. front. 22cm.

The complete set consists of 4v.
1st ed.
Index & errata at end.
★ Brunet V 1472.
♣ *PP Gallor SJ Pekin.* 3443

3100

Wolff, Christian, 1679-1754.

Cosmologia generalis, methodo scientifica pertractata, qva ad solidam, inprimis Dei atqve natvrae, cognitionem via sternitvr. Avtore Christiano Wolfio ... Francofvrti, & Lipsiae, prostat in officina Libraria Rengeriana, 1731.

8 l., 448, [9]p. fold. diagr. 21½cm.
1st ed.
♣ *Reverendis Patribus Ignatio Koeglero Tribunalis Mathematici Praesidi, Andreae Pereyrae Carolo Slavicek S. J. Missionariis in Collegio Occidentali Lusitanico D. D. C. Theophilus Sigefridus Bayer Regiomontanus, Academicus Petropolitanus.* 2796

3101

— Elementa matheseos universae ... Autore Christiano Wolffio ... Halae Magdebvrgicae, prostat in Officina Libraria Rengeriana, 1717.

2v. front., illus., 18 fold. plates, fold. table, 31 fold. diagrs. 21cm.
Vol. 2 wanting.
1st ed. Halle, 1713-15.
Contents. — **t. 1.** De methodo mathematica brevis commentatio. Elementa arithmeticae. Elementa geometriae. Elementa trigonometriae planae. Elementa analyseos mathematicae tam finitorvm, quam infinitorvm. Elementa mechanicae et staticae. Elementa hydrostaticae. Elementa aerometriae. Elementa hydravlicae. Index. 776

3102

— (Christiani Wolfii ...) Elementa matheseos universae ... Editio nova, priori multo auctior et correctior. Genevae, Apud Marcum-Michaelem Bousquet & Socios, 1732-35.

4v. front. (v. 1), 24 fold. plates, fold. table, 88 fold. diagrs. 25cm.
Vol. 4 wanting.
Vol. 1, 2, 3 in 2.
Engr. head-pieces.
Text in 2 col.
Contents. — **t. 1.** Methodus mathematica, arithmetica, geometria, trigonometria plana, & analysis, tam finitorum quam infinitorum. — **t. 2.** Mechanica, statica, hydrostatica, aerometria, hydraulica. — **t. 3.** Optica, perspectiva, catoptrica, dioptrica, sphaerica, & trigonometria sphaerica, astronomia tam sphaerica, quam theorica. 779

3103

— o. c.

v. 1. 25cm. 780

3104

Worm, Olaüs, 1588-1654.

Museum Wormianum. Seu Historia rerum rariorum, Tam Naturalium, quam Artificialium, tam Domesticarum, quam Exoticarum, quae Hafniae Danorum in aedibus Authoris servantur. Adornata ab Olao Worm ... Variis & accuratis Iconibus illustrata. Amstelodami, Apud Lvdovicvm & Danielem Elzevirios, 1655.

6 l., 389, [3]p. front., port. 37½cm.
Ed. by Wilhelmus Worm. *cf.* Dedication.
1st ed.
Index : p. [390]-[392]
★ Brunet V 1478.
♣ *PP Gallor SJ Pekin.* 971

3105

Wyttenbach, Daniel, 1706-1779.

Compendium theologiae dogmaticae et moralis, in usum tyronum adornatum, in quo veritates tum ordine naturali dispositae tum locis Scripturae S. in textu origin. appositis, probatae exhibentur, auctore Dan. Wyttenbach ... Francofurti ad Moenum, Apud Joh. Benjam. Anpreae, 1754.

18 l., 580, [40]p. 17½cm.
p. 385-400 duplicate.
1st ed.
Index : p. [581]-[620] 1438

Z

3106

Zabarella, Giacomo, 1532-1589.

(Iacobi Zabarellae Patavini) De rebvs natvralibvs Libri XXX. Quibus Quaestiones, quae ab Aristotelis Interpretibus hodie tractari solent, accurate discutiuntur. Cum triplici Indice; vno Librorum, altero Capitum omnium Librorum, tertio Rerum omnium notatu dignarum, quae toto Volumine continentur. Editio Qvarta ... Coloniae, Sumptibus Lazari Zetzneri, 1601.

8 l., 1076 col., [30]p. 25cm.
Signatures : †[8], A-Z[8], AA-MM[8], NN[4].
Col. 5/6, 62 lines, 195×120mm.
Text in 2 col.
1st ed. Padua, 1589. 2835

3107

Zacutus *Lusitanus,* 1575-1642.

(Zacvti Lvsitani, Medici, & Philosophi praestantissimi) Opera omnia In Duos Tomos Divisa ... Editio postrema a mendis pvrgatissima. Lvgdvni, Sumptibus Ioannis-Antonii Hvgvetan, & Gvillielmi Barbier, 1667.

2v. front. (v. 1) 36cm.
Text in 2 col.

1st ed. Amsterdam, 1641-42.
Contents. — **t. 1.** Medicorum principum historia. De capitis affectibus. De vitalium, & naturalium partium affectibus. De uteri, genitalium, & inferiorum partium affectibus. De febrium essentia, differentiis, causis, signis, prognosi, & curatione. De venenis, morbis venenosis, & antidotis. De iis quae certam sibi sedem non determinant. Spicilegium anatomicum. — **t. 2.** Praxis historiarum. Introitus ad praxim. Pharmacopoea. De curatione morborum capitis. De curatione morborum vitales ac naturales partes infestantium. De morborum muliebrium curatione. De curatione febrium. De symptomatum febrium curatione. Index rerum et verborum. Praxis medica admiranda. 1115

3108

Zahn, Johann, *O Praem.* 1641-1707.

Oculus artificialis teledioptricus sive Telescopium, ex Abditis rerum Naturalium & Artificialium principiis protractum novâ methodo, eâque solidâ explicatum ac comprimis è triplici fundamento Physico seu Naturali, Mathematico Dioptrico et Mechanico, seu Practico stabilitum ... Authore R. P. F. Joanne Zahn, Carolopolitano ... Ordinis Praemonstratensis ... Herbipoli, Sumptibus Quirini Heyl, 1685-86.

9 l., 190 (*i.e.* 218)p., 4 l., 271p. 5 l., 281p., front. (port.), illus., 27 plates (2 double), 8 tables (1 fold., 7 double), 2 double diagrs. 33cm.
Added engr. ornamented t.-p., front., p. 3-6 wanting.
1st ed.
★ Brunet V 1519.
♣ *Bibliothecae Collegii Soc. Jesu Pekini. — Missionis Sinensis S.J. (ad) usum P. Kiliani Stumpf.* 291

3109

— o. c.

9 l., 190 (*i.e.* 218)p., front., illus. (incl. diagrs.) fold. tables. 34cm.
This copy contains only « Fundamentum physicum seu naturale ». 269

3110

Zamora, Gaspar de, *SJ,* 1558-1621.

Sacrorvm Bibliorvm concordantiae Per Gasparem De Zamora Hispalensem è Societate Iesv ... Romae, Apud Haeredem Bartholomaei Zannetti; 1627.

6 l., 1142p. 36cm.
Signatures : †⁶, A-Z⁶, Aa-Zz⁶, Aaa-Zzz⁶, Aaaa-Zzzz⁶, Aaaaa-Bbbbb⁶, Ccccc⁷.
p. 3, 107 lines, 283×187mm.
« Concordantiae partium invariabilium » wanting.
Illus. t.-p.
Text in 4 col.
Half-title : Concordantiae Sacrorvm Bibliorvm.
1st ed.
★ Brunet V 1522. — Sommerv VIII 1455 n° 1.
♣ *Stamp of Mgr Polyc. de Souza. — Empta 18 $ anno a partu Virgineo 1658º. Vae vobis quia tulistis clavem scientiae, et ipsi non introistis. Luc. ij. 52. Quaerite ut abundetis. 1 Cor. 14. 12. — Savinianus franciscus Bollogne 1739. — Maçon Canonicus Senonensis Ad altare beatae Virginis 1658. hic liber emptus 18 $.* 1236

3111

Zanardus, Michael, *OP.*

Commentaria cvm quaestionibvs In Duodecim Libros Metaphysicae Aristotelis. In quibus maxima claritate, breuitate, & facilitate, praecipuę non solum Metaphysicę, sed & totius Philosophiae difficultates examinantur, & resoluuntur, iuxta Angelici Doctoris Sententiam. Defenditurq; supradicti S. Doctoris doctrina ab antiquis, & recentioribus impugnatoribus. Per F. Michaelem Zanardvm Bergomensem, ex Vrgnano; S. Theol. Lect. Ordinis Praedicatorum ... Venetiis, Apud Ambrosium, & Bartholomaeum Dei, Fratres, 1615.

11 l., 494p. 22cm.
Signatures : a-c⁴, A-Z⁴, Aa-Zz⁴, Aaa-Ppp⁴, Qqq³ (Cc₄ blank)
p. 3, 49 lines, 174×109mm.
Text in 2 col.
1st ed.
Index & errata at beginning.
♣ *Bibl. Trig.* 2840

3112

Zanotti, Eustachio, 1709-1782.

Ephemerides motuum caelestium Ex anno MDCCLI. in Annum MDCCLXII. ad meridianum Bononiae supputatae. Auctoribus Eustachio Zanotto Bononiensis Scientiarum Instituti Astronomo, et sociis ad usum Instituti. Bononiae, Typis Constantini Pisarri, 1750.

6 l., 383p. illus., 4 fold. tables. 27½cm.
1st ed. 33

3113

— o. c.

34

3114

— o. c.

29cm. 35

3115

— Ephemerides motuum caelestium Ex Anno 1787 in Annum 1798 ad meridianum Bononiae supputatae ad usum Instituti. Bononiae, Ex typographia Instituti Scientiarum; 1786.

iv, 336 (*i.e.* 360)p. front., (incl. tables), fold. map. 27½cm.
Continued by Petronio Matteucci. *cf.* Preface.
1st ed. 13

3116

— o. c.
Map wanting. 12

3117

Zara, Antonio.

Anatomia ingeniorvm et scientiarvm sectionibvs qvattvor comprehensa. Avctore Antonio Zara Aqvileiensi Episcopo Petinensi. Venetiis, Ex Typographia Ambrosij Dei, & Fratrum, 1615.

4 l., 592, [72]p. incl. plate, port. 22½cm.
Signatures: a⁴, A-D⁴, E-Z⁸, Aa-Qq⁸, Rr-Zz⁴, Aaa-Bbb⁴.
p. 3, 42 lines, 168×103mm.
Index & errata: p. [593]-[664]
Illus. t.-p. 2818

3118

Zaragoza, Joseph, *SJ,* 1627-1679.

Geometriae magnae in minimis. Pars tertia, de solidis. Avthore R. A. P. Iosepho Zaragoza, Valentino Societatis Iesv ... Prima editio. Toleti: Apud Franciscum Calvo, 1674.

v. 3, 12 diagrs. 20½cm.
The complete set consists of 3v.
★ Sommerv VIII 1467 nº 8. 513

3119

Zeisoldus, Johannes.

De notitiis naturalibus dissertatio, In qua notitiae insitae sive innata(e) efficacissimis argumentis, tùm ex Aristotel(e) petitis, tum ab adversa parte suppeditatis, refutantur & ad objectiones pro notitiis illis afferri solitas solid(e) respondetur, veraq; de notitiis naturalibus sententia proponitur, propositaq; tam ex ratione, quam ex Scriptura Sacra firmiter probatur, nec non Bb. Patrum, Theologorum & Philosophorum, testimoniis confirmatur; Auctore Johanne Zeisoldo, Phys. in Inclyta Salana Profes. Publ. Jenae, Sumtibus Christiani Guth Typis Caspari Freyschmidii, 1654.

7 l. 461 (*i.e.* 464)p. 15½cm.
Errata at end. 2814

3120

Zeno, *Saint, fl.* 362-380.

(Sancti Zenonis Episcopi Veronensis) Sermones. Nunc primum, qua par erat, diligentia editi, Alienis nimirum separatis ac in Appendicem rejectis, codicibusque compluribus consultis, inter quos Remensi scripto ante annos circiter mille, per March. Scipionem Maffejum in Gallia conlato. Recensuerunt Et dissertationibus perpetuisque adnotationibus illustrarunt Petrus et Hieronymus fratres Ballerinii Presbyteri Veronenses. Veronae, Typis Seminarii, Apud Augustinum Carattonium, 1739.

6 l., cxc p., 1 l., 432p. 2 facsims. 31½cm.
Illus. t.-p.
Engr. head-piece.
1st ed. by Ballerini.
Index: p. 417-432.
Appendix: p. [291]-350.
★ Brunet V 1532.
♣ *Stamp of Mgr Alex. de Gouvea.* 1716

3121

Zerola, Tomaso.

Praxis episcopalis, in qua Episcoporvm non tantvm, eorvmqve Vicariorum munus; sed Parochorum etiam & conscientiarum directorium concernentium casuum ac dubiorum indices occurrentium resolvtiones ... quàm brevissimè continentur. Auctore Reverendiss. D. Thoma Zerola, Beneventano, Episcopo Minorensi ... Pars prima [-secunda] Cui hac ultima editione accedit Formularium episcopale D. Avgvstini Barbosae. J. U. D. ... Addita quoque Mantissa Apostolicarum Constitutionum ad longum inserta, & Decretum Propositionum à S. D. N. Innocentio XI. anno 1679. damnatarum. Coloniae Agrippinae, Sumptibus Petri Ketteler, 1680.

2 v. 21cm.
Text in 2 col.
Index at end of each volume.
♣ *Stamp of Mgr Polyc. de Souza.* 2329

3122

[Zetl, Paulus, *SJ*] 1679-1740.

Exercitia spiritualia primae hebdomadae, Ad Mentem S. P. Ignatii de Loyola, Cum suis Instructionibus, Annotationibus, Additionibus, Regulis &c. Ad communem Statûs Ecclesiastici, ac Saecularis Utilitatem accuratè explicata, et dominis sodalibus ac pactistis Congregationis Majoris Academicae Ingolstadii Honoris & Amoris ergò distributa ... Ingolstadii, Typis Viduae Grassianae, 1727.

4 l., 400, [6]p. 16cm.
Author: Paulus Zetl, *SJ, cf.* Sommerv IX 507.
1st ed.
★ Sommerv VIII 1496 nº 9. 3507

3123

Zetzner, Lazarus, *ed.*

Theatrum chemicum praecipuos selectorum auctorum tractatus de chemiae et lapidis philosophici Antiquitate, veritate, jure, praestantia, & operationibus, continens ... in Sex partes seu volumina digestum; singulis voluminibus. suo auctorum et librorum Catalogo primis pagellis: rerum verô & verborum Indice postremis annexo ... Argentorati, Sumptibus heredum Eberh. Zetzneri, 1659-60.

6v. illus. fold. table, 3 fold. diagrs. 18½cm.
Vol. 6 wanting.

1st ed. Strasburg, 1602-22.
★ Brunet V 773.
♣ *Estos seis tomos chimicos Applicados a V Provincia na China da Compª de IESV. 1680.* 788

3124

Zimara, Marco Antonio, *d.* 1532.

(Marci Antonii Zimarae ...) Tabula dilucidationum in dictis Aristotelis & Auerrois, opvs lvcvlentissimvm, et nvnc stvdio curaque diligentissima cuiusdam Viri ... purgatum, atq; recognitum ... Venetiis, Ioan. Gryphivs Excudebat, 1552.

166 numb. l. 30½cm.
Signatures : A-Z^6, Aa-Dd^6, Ee^4.
fol. 4a, 72 lines, 257×160mm.
Text in 2 col.
Bound with : Aristoteles Stagirita : Opera; Venetiis, 1552, v. 11. 3438a

3125

— Theoremata. Marci Antonii Zimarae ... Theoremata, seu memorabilium Propositionum limitationes : cum additionibus ab ipso auctore post primam impressionem factis ... Nunc post omnes alias editiones expurgationesque accuratissime suis meritis restituta. Cum indice locupletissimo ... Venetiis, Ioan. Gryphius Excudebat, 1553.

4 l., 77 (*i.e.* 92) numb. l. 30½cm.
Signatures : †^{4}, A-O^6, P^8.
f. 4a, 72 lines, 254×158mm.
Text in 2 col.
Bound with : Aristoletes Stagirita : Opera, Venetiis, 1552, v. 11. 3438b

3126

Zubler, Leonhart.

Fabrica et vsvs Instrvmenti chorographici: qvo mira facilitate describuntur Regiones & singulae partes earum, veluti Montes, Vrbes, Castella, Pagi, Propugnacula, & similia. Additae svnt, Praeter duo Instrumenta homogenea, XV. Formae aeneae fabricam & usum Instrumentorum quasi in synopsi proponentes. Omnia Germanicè descripta à Leonharto Zvblero, & Latio donata ac recognita, ad communem Chorographiae studiosorum usum, a Casparo Wasero, Tig. Impensis Ludovici Regis, Bibliopolae Basiliensis, 1607.

2 l., 34p. illus. 20cm.
Signatures : †^{2}, a-c^4, d^5.
p. 20, 34 lines, 151×99mm.
Title printed within an engraving.
1st Latin ed.
Bound with : Zubler, L. Novvm instrumentum geometricum, Basileae, 1607 and others. 405a

3127

— Novvm instrumentvm geometricvm: quo rervm mensvrabilivm Longitudo, Altitudo, Latitudo & Profunditas, hactenus inaudito compendio, etiam ab Arithmeticae imperitis, quàm certissimè mensurantur : Germanicè primùm descriptum & editum a Leonharto Zvblero : nunc verò Latio donatum, ad communem Geodaesiae studiosorum utilitatem, à Casparo Wasero, Tig. Interspersae sunt XXII. Formae aeneae elegantissimae. Impensis Ludovici Regis, Bibliopolae Basiliensis, 1607.

4 l., 58p. illus. 20cm.
Signatures : †^{4}, A-F^4, G^5.
p. 6, 34 lines, 152×99mm.
Title printed within an engraving.
1st Latin ed.
Bound with : Zubler, L. Fabrica et usus instrumenti chorographici, Basileae, 1607. — Macha-Allah. De elementis et orbibus coelestibus, Noribergae, 1549. — Proclus. Elementa theologica, et physica, Ferrariae, 1583.
♣ *Bibl. Trig.* 405

3128

Zucchi, Nicolo, *SJ,* 1586-1670.

Nova de machinis philosophia In qua, Paralogismis Antiquae detectis, explicantur Machinarum vires Vnico Principio, singulis immediato Avthore Nicolao Zvcchio Parmensi Societatis Iesv ... Accessit exclusio vacui contra noua experimenta, contra vires Machinarum. Promotio Philosophiae Magneticae Ex ea nouum argumentum contra systema Pvthagoricum ... Romae, Typis Haeredum Manelphij, 1649.

6 l., 227, [1]p. illus. (incl. diagrs.) 21cm.
p. 65-72 bound after p. 80.
1st ed. Paris, 1646.
Errata at beginning.
★ Sommerv VIII 1526 nº 5. 707

3129

— o. c. 20½cm.

p. 1. bound incorrectly. 708

3130

— Nova de machinis philosophia Vnico illis omnibus Communi Principio constituta, additis annotationibvs XX, Quibus Complentur Defenduntur Stabiliuntur contenta in illa. Avthore Nicolao Zvcchio Societatis Iesv ... Romae, Ex Typographia Varesij, 1669.

2 l.; 183 (*i.e.* 173), [1]p. 4 diagrs. 29½cm.
Ms. on back guard leaf and inside of back cover.
Errata at end.
★ Sommerv VIII 1526 nº 5.
♣ *V Prouªe Sinensis.* 280

3131

— Optica philosophia experimentis et ratione A fundamentis constituta, Nicolai Zvcchii Parmensis è Societate Iesv ... Lvgdvni, apud Gvillelmvm Barbier, Typogr. Regium. 1652.

2 v. illus. (incl. diagrs), plate. 22cm.
Vol. 2 wanting.
Illus. t.-p.
1st ed.
Errata at beginning.
★ Sommerv VIII 1527 n° 6.
♣ *Soctis Jesv Lovanij 1654 PB.* 761

3132

— o. c.
Vol. 2; v. 1, p. 45-46 wanting. 762

3133

Zuniga, Diego de, *OSA. fl. ca.* 1600.

(Didaci Stvnicae Avgvstiniani Salmanticensis, Sacrae Theologiae Magistri) de Vera Religione in omnes sui temporis Haereticos, Libri tres. Qvibvs haereses singulae his sexaginta annis in Ecclesia natae, methodo ac ratione dispositae, necessaria demonstratione conuincuntur, & omnia aduersariorum argumenta magna cura conquisita explicantur ... Quibus accessit Index copiosus rerum, & locorum scripturae quae citantur ... Salmanticae, Excudebat Mathia (s Gastius) 1577.

4 l., 400, [54?]p. 29cm.
Signatures: †^{4}, A-Z^6, Aa-Ii^6, Kk^8, a^6, b^4, e d^6? c^5?
p. 3, 44 lines, 210×129mm.
Text in 2 col.
t.-p. spoiled.
Part of index at end (L-Z) wanting. Our copy gives there a partial index (I-Z) of Zuniga's book « In Zachariam prophetam », mentioned in the Approbation.
1st ed. 1511

3134

Zwinger, Theodor, 1533-1588.

Morum philosophia poetica ex Veterum utriusque linguae Poetarvm thesauris Cognoscendae Veritatis & Exercendae Virtvtis ergo à Theod. Zvingero Basil. Octodecim Libris methodice deducta ... Basileae, apud Episcopios, 1575.

v. 1. 18cm.
1st ed.
Contents. — [**v. 1.**] Prolegomena. Titulorum series & index alphabeticus. Auctorum index. Lib. I. De animo humano. Lib. II. De corporis humani bonis atque malis. Lib. III. De fortuitis bonis atque malis. Lib. IV. De moderatione et immoderatione. 3249

3135

— Theatrvm hvmanae vitae Theodori Zuingeri Bas. Tertiatione Nouem Volvminibvs locupletatum, interpolatum, renouatum. Cum tergemino Elencho, Methodi scilicet, Titulorum et Exemplorum ... Basileae, per Evsebivm Episcopivm, 1586.

29 v. in 7, tables. 37cm.
Paged continuously.
t.-p. of v. 8 spoiled.
Text in 2 col.
Colophon dated 1587.
1st ed. 1556.
Contents. — **v. 1.** Animi bona & mala. — **v. 2.** Corporis bona & mala. — **v. 3.** Fortuita bona & mala. — **v. 4.** De habitibus organicis sive facultatibus logicis. — **v. 5.** De philosophicis habitibus theoricis. — **v. 6.** De philosophicis habitibus practicis. — **v. 7.** Habitus intelligentiae practici. — **v. 8.** De fortitudinis et contrariorum vitiorum speciebus. — **v. 9.** De temperantia & intemperantia circa voluptates corporis. — **v. 10.** De moderatione et immoderatione circa pecunias et opes. — **v. 11.** Circa gloriam et honores. — **v. 12.** Circa iram et vindictam. — **v. 13.** De veritatis praticae studio, de simulatione et dissimulatione. — **v. 14.** De humanitate et contrariis vitiis, blanditia et morositate. — **v. 15.** De urbanitate et contrariis vitiis, scurrilitate et rusticitate. — **v. 16.** De justitia religiosa. — **v. 17.** De injustitia religiosa. — **v. 18.** De justitia profana. — **v. 19.** Injustitia profana distributiva & correctiva. — **v. 20.** De mechanicis habitibus. **v. 21.** De instrumentis actionum et passionum humanarum. — **v. 22.** De beatitudine et miseria humana. — **v. 23.** De locis humanarum actionum et passionum. — **v. 24.** De tempore humanas actiones & passiones mensurante. — **v. 25.** De vita hominis solitaria. — **v. 26.** De vita hominis academica. — **v. 27.** De vita religiosa. — **v. 28.** De vita politica. — **v. 29.** De oeconomica. Quatuor indices.

♣ (vol.1) *Joannis de Saint Laurens Duaceni.* — *Cum hoc opus magna ex parte ex damnatorum Auctorum scriptis collectum sit, cautè ab omnibus legendum, nominaque ipsorum publicè praesertim & honorificè, minimè citanda, aut referenda. Quare ne ea in re errare contingat, quoties incidat nomen auctoris, dubitetque lector, an damnatus sit, ad auctores primae classis recurrat. Expurgat.* — (vol. 2) Ex libris: *Ex Bibliotheca D. Ioannis a Sancto Lavrentio S.R.E. Protonotarii, Ecclesiae collegiatae D. Virg. apvd Lensenses in Arthesia Decani, ac Regii Graecarum litterarum in Academia Duacensi Professoris ordinarij, quam moriens P. Hvberto a S. Laurentio fratri suo testamento legavit; Hic ... Societatis Iesv Collegio totam assignavit.* 1713

A

3136

Accademia del Cimento, *Florence,* 1657-1667.

Saggi di natvrali esperienze fatte nell' Accademia del Cimento sotto la protezione del Serenissimo Principe Leopoldo di Toscana e descritte dal segretario di essa Accademia. Seconda edizione. In Firenze, Nella Nuova Stamperia di Gio : Filippo Cecchi, 1691.

6 l., cclxix, [17]p., 1 l. illus. 36cm.
Illus. t.-p.
Engr. head-pieces.
1st ed. Florence, 1666.
Index at end.
★ Brunet V 29.
♣ *PP Gallor SJ Pekin.* 764

SAGGI
DI NATVRALI
ESPERIENZE
FATTE NELL' ACCADEMIA
DEL CIMENTO
SOTTO LA PROTEZIONE
DEL SERENISSIMO PRINCIPE
LEOPOLDO DI TOSCANA
E DESCRITTE DAL SEGRETARIO DI ESSA ACCADEMIA
SECONDA EDIZIONE.

IN FIRENZE,
Nella Nuova Stamperia di Gio: Filippo Cecchi. MDCXCI.
CON LICENZA DE' SUPERIORI

3137

Agnelli, Giuseppe, *SJ,* 1621-1706.

Arte di goder l'ottimo contenvta negli Esercizii spiritvali di Santo Ignazio di Loiola fondatore della Compagnia di Giesv. Ed' osservata dal Padre Gioseppe Agnelli Della medesima Compagnia. In Roma, Nella Stamperia di Gio : Giacomo Komarek Boëmo, 1695.

4 l., 56, 320 p. front., 11 plates. 22½cm.
The complete work consists of 4 parts, published separately under different titles. Peculiar title of this pt. 1 is found after « Prospetto di tutta l'opera etc ». p. [69] : Arte di conoscer l'ottimo osservata nelle meditazioni proposte nella prima settimana.
Text in 2 col.
Some pages spoiled.
1st ed. Rome, 1685.
Index at end.
★ Sommerv I 68 nº 6.
♣ *Admod. R. P. P. Isidoro Luci Miss° Cinesi Author donat. — Collegio de Nan kim.* 3479

3138

— Arte di elegger l'ottimo Osseruata nelle Meditazioni proposte nella seconda settimana degli Esercizii spiritvali di Santo Ignazio di Loiola, dal Padre Gioseppe Agnelli Della Compagnia di Giesv. In Roma, Nella Stamperia di Gio : Giacomo Komarek, 1689.

2nd part of Agnelli's « Arte di goder l'ottimo ».
1 l., 495 p. 3 plates. 22cm.
p. 179-182, 315-318, 338-342 wanting.
Text in 2 col.
1st ed.
Index at end.
♣ *Vic. proª de Chyna. — Collegio de Nan kim.* 2671

3139

— Arte di stabilire l'elezzione dell'ottimo, osservata nelle meditazioni proposte nella terza settimana degli esercizii spiritvali di Santo Ignazio di Loiola, dal Padre Gioseppe Agnelli Della Compagnia di Giesv. In Roma, Nella Stamperia di Gio : Giacomo Komarek, 1690.

3rd part of Agnelli's « Arte di goder l'ottimo ».
1 l., 466 (*i.e.* 464)p. 1 plate. 21½cm.
Text in 2 col.
1st ed.
Index at end.
♣ *Vic. proª de Chyna. — Collegio de Nan kim.* 2693

3140

— Arte facile di pratticare l'elezzione dell'ottimo osservata nelle meditazioni proposte nella qvarta settimana degli esercizii spiritvali di Santo Ignazio di Loiola, dal Padre Gioseppe Agnelli Della Compagnia di Giesv. In Roma, Nella Stamperia di Gio : Giacomo Komarek Bohemo, 1693.

4th part of Agnelli's « Arte di goder l'ottimo ».
1 l., 672 p., front., 4 plates. 22cm.
Front. and 2 plates wanting.
Text in 2 col.
1st ed.
Index at end.
♣ *Nan kim.* 2689

3141

— o. c.

♣ *Nan kim.* 2690

3142

— o. c.

♣ *Vic. pro^a de Chyna.* 2691

3143

Agostino di Vivo, *AugEr.*

Stvdio di vera sapientia, nel qvale s'avisa come si deve portar l'hvomo nella vita, Infirmità, & Morte; Acciò sano ben viua, infermo sia patiente, & morendo vinca gl' assalti rabbiosi de Demoni ... Composto dall'invtil servo di Giesv Christi, Fr. Agostino di Viuo da Napoli, Eremita Agostiniano. Con due Tavole, vna delli Capitoli, & l'altra delle Materie; Et vn breue Compendio dell'istesso Autore nel fine, per souuenire à chi stà ne gl'estremi. In Brescia, A instantia di Marc' Antonio Belpiero, 1604.

32 l., 613, 29, [1]p. 22cm.
Signatures : $\dagger^6$, a-c^8, d^2, A-Z^8, Aa-Qq^8, Rr^{10}.
p. 2, 40 lines, 160×105mm.
p. 369-384 bound upside down.
Index at beginning. 2412

3144

Alberti, Leandro, *OP,* 1479-1552.

Descrittione di tvtta l'Italia & Isole pertinenti ad essa, Di Fra Leandro Alberti Bolognese. Nella quale si contiene il sito di essa, l'origine, & le Signorie delle Città, & de'castelli ... Aggiontoui di nuouo, à suoi luochi, tutto quello, ch'è successo sino l'anno 1581. Et di più ripurgata da infiniti errori, & accresciuta d'altre Additioni in margine, da M. Borgaruccio Borgarucci ... Con le sve tavole copiosissime. In Venetia, Appresso Gio. Battista Porta, 1581.

32 l., 96 numb. l., 4 l., 501 (*i.e.* 503) numb. l. 22½cm.
Signatures : $\dagger^4$, a-c^8, d^4, A-M^8, N^4; A-Z^8, Aa-Zz^8, Aaa-Qqq^8, Rrr^7.
f. 3a, 42 lines, 168×108mm.
1st ed. Bologna, 1550. 635

3145

Albrizio, Luigi, *SJ,* 1579-1655.

Prediche del Padre Lvigi Albrizio Piacentino della Compagnia di Giesv Predicatore di S. Santità... In Venetia, Per Francesco Baba, 1651.

20 l., 375 p. 22½cm.
p. 144-152 spoiled.
Text in 2 col.
1st ed. Rome, 1645.
Indices at beginning.
★ Sommerv I 139 n° 4 (ed. wanting)
♣ *Vice Provinciae Sinensis Soctis Jesv. — Caza de Ham cheu.* 1794

3146

Amico, Carlo d'.

Bilancio spiritvale dell' anima in cvi si tratta D' Esercitij, Meditationi, e Discorsi adornati con deuote curiosità, tanto della Diuina Scrittura, quanto ancora della Mistica Theologia diuisi in dieci giorni, Con alcun' altre pie Considerationi all' istessa materia appartenenti per raccoglier l'Anima in sante Solitudini ... Composto da Don Carlo d'Amico Sacerdote Palermitano, Dottore di Sacra Theologia ... In Palermo, Per Domenico d'Anselmo, 1671.

10 l., 368p. 21cm.
Errata at beginning. 2277

3147

[Ancina, Giovenale] *OR,* 1545-1604.

Tempio armonico della Beatissima Vergine N. S. fabricatoli per opra del R. P. Giouenale A. P. della Congreg. dell' Oratorio. Prima parte à tre voci stampata in Roma da Nicolo Mutij, 1599.

3 v. 21½cm.
3 voices in separate v.
v. 1, 4 p. l. wanting.
v. 2, 3, t.-p. wanting.
Engr. t.-p. (v. 1)
Musics (ms.) pasted on back guard-leaf of each volume.
Author : Giovenale Ancina, *OR. cf.* Dedication.
1st ed.
Ancina wrote the text of these hymns; authors of the music are given at head of each piece.
3430

3148

Andrea della Croce, Giovanni, *d.* 1580.

Cirvgia vniversale e perfetta di tutte le parti pertinenti all' ottimo Chirurgo, Di Gio. Andrea dalla Croce Medico Venetiano, Nellaquale Si contiene la Theorica, & Prattica di ciò, che può essere nella cirvgia necessario ... Aggivntovi di nvovo in qvest' vltima impressione, oltre li dissegni di tutti gl'Istromenti Antichi, & Moderni in tal arte necessarij, le Figure de Cavterii & Anatomia, con le dichiarationi del medesimo Auttore. Con la Tauola de' Capitoli di ciascun Libro. In Venetia, Appresso Roberto Meglietti, 1605.

10 l., 319 numb. l. illus. (incl. ports.) 31cm.
Signatures: a^6, b^4, $A\text{-}Z^8$, $Aa\text{-}Qq^8$, Rr^7.
f. 3a, 68 lines, 244×137mm.
1st Latin ed. Venice, 1573.
1st Italian ed. Venice, 1574. 872

3149

Andrea della Croce, Giovanni, *d.* 1580.

Cirvgia universale, e perfetta Di tutte le parti pertinenti all' ottimo Chirurgo ... Con due Tauole, la prima de Capitoli, & la seconda di tuto quello, che si contiene nell' Opera. In Venetia, Appresso Nicolò Pezzana, 1661.

8 l., 540 p. illus. 33cm. 942

3150

Antidotario Romano Latino, e Volgare. Tradotto da Ippolito Ceccarelli. Li ragionamenti, e le Aggiunte dell' eletione de' Semplici, e Pratica delle compositioni. Con le Annotationi del Sig. Pietro Castelli Romano e trattati della Teriaca Romana, e della Teriaca Egittia. Con l'aggiunte di molte Ricette ultimamente publicate dal Collegio de Medici di Roma. In Questa noua impressione accresciuto con l'aggiunta del Memoriale, Calendario per li Spetiali, e Lista Rerum Petendarum. Con indici copiosissimi. In Venetia, Presso Gio: Francesco Valuasense, 1678.

12 l., 335 p. 22½cm.
Text in 2 col.
Castelli's «Memoriale» has a special t.-p.
♣ *Pri Dom° Parrenino.* 870

3151

Appiani, Paolo Antonio, *SJ,* 1639-1709.

Vita di S. Emidio Vescovo d'Ascoli, e Martire; Con un Ragguaglio della stessa Città, occasionato da S. Valentino Martire suo Diacono, Primo Scrittore delle Gesta del Santo. Composta da Paolo Antonio Appiani della Compagnia di Gesu... Edizione seconda con Aggiunta, e Correzzion dell' Autore. In Roma, nella Stamperia del Bernabò, 1704.

8 l., 402, [29] p. plate, port. 18cm.
1st ed. Rome, 1702.
Index & errata: p. [407]-[431]
★ Sommerv I 477 n° 8. 2941

3152

Aquila, Francesco, *engr.*

Raccolta di vasi diversi formati da illustri artefici antichi e di varie targhe Soprapposte alle Fabbriche piu insigni di Roma Da celebri Architetti Moderni ... Da Lorenzo Filippo de Rossi. Data in Luce da Domenico de Rossi Erede di Gio. Giacomo in Roma, alla Pace, 1713. Disegnata, e intagliata da Francesco Aquila.

1 l., plates on 50 l. 38×49cm.
t.-p. engr.
1st ed.
Bound with: Bartoli, P. S. Admiranda Romanarum antiquitatvm. Romae, 1693.
★ Brunet IV 1406. 3435

3153

Arnigio, Bartolomeo, 1525-1577.

Le diece veglie di Bartolomeo Arnigio. De gli ammendati costvmi Dell' humana Vita. Nelle quali non sol si tratta di quelle Vertù, ch'à viuer nella luce di Dio, & de gli Huomini bisogneuoli sono: ma etiandio si flagellano acerrimamente que' Vitij, che più de gli altri trasuiano dal camino della vera Gloria, & guastano la Gratia Ciuile ... In Treviso Appresso Vangelista Deuchino, 1602.

4 l., 700, [11]p. 20cm.
Signatures: $\dagger^4$, $A\text{-}Z^8$, $Aa\text{-}Xx^8$, Yy^4.
p. 3, 38 lines, 153×96mm.
1st ed. Brescia, 1577.
Index: p. [701]-[711]
★ Brunet I 491.
♣ *Bibl. Trig.?* 3097

3154

Astolfi, Giovanni Felice, *beginning of 17th cent.*

Della officina istorica di Gio. Felice Astolfi. Libri III. Nella quale si spiegano Essempi notabilissimi, Antichi, & Moderni, à Virtù, & à Diffetto pertinenti ... Con vn'Aggivnta delle più curiose Istorie e de' più vaghi Essempi, che si possano legger nel proposito di Costumi ... In Venetia, Appresso i Sessa, 1605.

14 l., 531p. illus. 21½cm.
Signatures: a^8, b^6, $A\text{-}Z^8$, $Aa\text{-}Ii^8$, Kk^{10}.
p. 11, 41 lines, 164×103mm.
p.* 35, 36, 49, 50, 55, 56, 103-106, 133, 134, 147, 148, 155, 156, 181, 182, 205, 206, 213, 214, 231, 232, 247-250, 361, 362 wanting.
1st ed.
Indices at beginning. 1989

3155

Auria, Antonio, *SJ, d.* 1713.

Le massime della s. patienza Stabilite con discorsi morali, con Autorità de' Santi Padri, E della Sacra Scrittura, E confermate con gl'Essempj de'Santi dal Padre Antonio Auria Della Compagnia di Giesv. In Napoli, Appresso Michele-Luigi Muzio, 1710.

12 l., 208 (*i.e.* 308)p. 15×8½cm.
1st ed.
★ Sommerv I 661 n° 3. 2509

3156

Auria, Antonio, *SJ, d.* 1713.

Meditationi degli Esercitii spiritvali di S. Ignatio, Divise in quattro Settimane, Spiegate e distese dal P. Antonio Avria Della Compagnia di Giesu ... In Napoli, presso il De Bonis, 1695.

2v. 15cm.
1st ed.
Errata at end of each volume.
★ Sommerv I 662 n° 4 (ed. wanting) 2648

3157

Auriemma, Tomaso, *SJ,* 1614*ca.*-1671.

Affetti scambievoli tra' la Vergine Santissima, e' svoi devoti, Dimostrati da questi con ossequij; da Maria Con gratie, e fauori singolari, in particolare nelle sette sue Feste. Dati in lvce da Tomaso Avriemma Della Compagnia di Giesv; Di nuouo ristampati con aggiunte fatte dal medesimo Autore. Divisi in dve parti ... Venetia, Per Nicolò Pezzana, 1678-79 [v. 1, 1679]

2v. in 1. 15½×8cm.
444, 431, [1]p.
1st ed. Naples, 1657.
Index: v. 1, p. 419-444; v. 2, p. 416-431.
★ Sommerv I 663 n° 3. 2668

3158

— Stanza dell' anima nelle piaghe di Giesv. Nella quale si raccontano alcuni favori, e gratie Fatte dal Crocifisso a gli habitatori di questa Stanza. E scritte da Tomaso Auriemma della compagnia di Giesù. In Palermo, per il Bossio, 1670.

8 l., 275, [13]p. 15cm.
1st ed. Naples, 1651.
Index: p. [276]-[286]
★ Sommerv I 663 n° 2 (ed. wanting) 2573

3159

Avvertimenti a' confessori Aggiugnendosi a questi con Ordine Alfabetico il Censurarum sylloge con varj decreti, e Bolle Pontificie Utilissime per l'amministrazione del Sacramento della Penitenza; Stampato già in Roma ... e ristampato a beneficio del Clero della Città, e Diocesi di Brescia, con l'aggiunta De' Decreti Episcopali ... che non si trovano nelle Costituzioni Sinodali. In Brescia, Dalle Stampe di Gian-Maria Rizzardi [*ca.* 1751]

4 l., 304 p. 21½cm.
The last document p. 299 is dated 15 Maii 1751.
1704

B

3160

Barattieri, Giov. Baptista, *middle of 17th cent.*

Architettvra d'acqve di Gio. Battista Baratteri Ingegnero ... Con le Figure ad ogni Capo de i sudetti... Piacenza, [v. 1] nella Stampa Camerale di Gio. Bazachi, 1656; [v. 2] nella Stampa Ducale di Giouanni Bazachi, 1663.

2 v. illus. (incl. tables, diagrs.), plate. 32cm. (v. 2: 29cm.)
Ms. notes on back guard leaves and inside of back cover.
Ms. marginal notes.
Colophon of v. 1 dated 1655.
1st ed. Piacenza, 1650.
Errata at beginning of each volume.
Index: v. 2, p. 289-296.
♣ *Collegij S. J. Pekini.* 1134 (v. 1) 1135 (v. 2)

3161

— o. c.

Vol. I wanting.
♣ *Collegij S. J. Pekini.* 1136

3162

Barbaro, Daniele, 1513-1570.

La pratica della perspettiva di Monsignor Daniel Barbaro eletto patriarcha d'Aquileia ... Con due tauole, vna de' capitoli principali, l'altra delle cose piu notabili contenute nella presente opera ... In Venetia, Appresso Camillo, & Rutilio Borgominieri fratelli, 1569.

1 l., 195 (*i.e.* 193)p., 6 l. incl. illus., diagrs. 30½cm.
Signatures: A-O⁴, P⁶, Q-Z⁴, Aa⁴, Bb⁶ (Aa4 blank)
p. 13, 52 lines, 235×154mm.
Woodcut head-pieces.
1st ed.
♣ *Non prohibetr: Em S. Paolo 16 Octubro 1608.—Da caza di Hamcheu.* 3656

3163

Bardi, Girolamo, 1544*ca.*-1593.

Sommario overo Età del mondo chronologiche, Nelle quali della creation (e d' Adam) o sino all' Anno MDLXXX (I di) Christo, Breuemente si racconta la origine di tutte le Genti, il Pricipio di tutte le Monarchie, di tutti i Regni, Republiche, & Principati. La Salutifera Incarnatione di Christo, con la successione de' Sommi Pontefici Romani ... Con la particolar narratione delle dette cose successe d'Anno in Anno, nel Mondo. Fatto da Girolamo Bardi Fiorentino ... In Venetia, Appresso i Giunti, 1581.

4v. in 2. 22½cm.
Paged continuously (v. 2-4)
Vol. 1, t.-p. spoiled.
1st ed.
♣ *Bibl. Trig.* 1890

3164

Barozzi, Francesco, 1538*ca.-after* 1587.
Il nobilissimo et antiqvissimo givoco Pythagoreo nominato Rythmomachia cioé battaglia de consonantie de nvmeri ... Et al presente per Francesco Barozzi Gentil'huomo Venetiano in lingua volgare in modo di Paraphrasi composto. In Venetia, Appresso Gratioso Perchacino, 1572.

2 l., 24 numb. l. incl. tables, diagrs. 20cm.
Signatures: A-F^4, G^2.
f. 3a, 36 lines, 163×103mm.
1st ed.
Errata: l. 24.
Bound with: Botero, G. La primavera, Torino, 1607 and others.
★ Brunet I 662. 684a

3165

Barry, Paul de, *SJ,* 1587-1661.
La divotione a S. Gioseppe Grandemente amato, & amabile frà tutti li Santi doppo Giesv, e Maria; et l'assistenza, con cui soccorre i suoi diuoti, e quei, che l'inuocano. Composta dal R. P. Paolo de Barry della Compagnia di Giesv. Traportata nell' Italiana fauella da vn Religioso ... In Milano, Per Federico Agnelli, 1671.

6 l., 103 (*i.e.* 203)p. 14½cm.
1st French ed. Lyons, 1640.
★ Sommerv I 950 n° 9 (ed. wanting)
♣ *P. Diego le Faure. — Nankim.* 2314

3166

— o. c.

♣ *Nankim. Ve Proua da China.* 2391

3167

— o. c.

♣ *P. Felippe Grimaldi. — Collegij S. J. Pekini.* 2392

3168

— o. c.

♣ *P. Luys Bulho.* 2473

3169

[—] La Filosofia del vero christiano Ouero Pensaci bene. Che contiene vn modo facile, e sicuro di saluarsi. Tradotta dal Francese dal Priore di S. Alessandro di Lvcca. In Milano, Appresso Francesco Vigone, 1668.

3? l., 171, [1]p. 11½×6cm.

1? p. l., & p. 73-74, 109-110, 117-118, 127-128, 141-142, 155-156 wanting.
Author: Paul de Barry, *SJ. cf.* DictOuvrAnonym III 830.
1st French ed. Lyons, 1645.
1st Italian ed. Bologna, 1666.
Bound with: Louis François d'Argentan, *OM Cap.* Il Christiano interiore, Milano, 1666.
★ Sommerv I 954 (ed. wanting) 3514a

3170

— L'eternità consigliera. Del R. P. Daniello Bartoli della Compagnia di Giesv. In Bologna, Per gli Heredi di Carlo Zenero, 1653.

6 l., 341 (*i.e.* 331), [2]p. front. 15cm.
1st ed.
Errata: p. [332]
★ Sommerv I 971 n° 8.
♣ *Nankim.* 2460

3171

— L'Eternità consigliera. Del R.^{do} P.^{re} Daniello Bartoli Della Compagnia di Giesù. In Venetia, Per Francesco Baba, 1654.

7 l., 331p. front. 15×8cm.
★ Sommerv I 972 n° 8.
♣ *P. Gattinara. — Nankim. da Ve Proua da Compa na China.* 2511

3172

— Della geografia trasportata al morale. Parte prima, del P. Daniello Bartolli della Compagnia di Giesu. Roma, Appresso Egidio Ghezzi, 1664.

18 l., 476, [2]p. 16×9cm.
« Cette première édition a la table des deux autres parties, qui n'ont pas paru (signature †5,6); aussi les éditions suivantes n'ont plus *Parte prima.* » — Sommervogel I 975.
1st ed.
★ Sommerv I 975 n° 14.
♣ *Applicado a V Proua de Compa de Jesv na China.* 595

3173

— Del ghiaccio e della coagvlatione trattati del P. Daniello Bartoli della Compagnia di Giesv. Roma, per il Varese, 1681.

4 l., 230, [8]p. 22cm.
1st ed.
Index p. [231]-[238]
★ Sommerv I 981 n° 31. 683

3174

— Dell'historia della Compagnia di Giesv L'Asia descritta dal P. Daniello Bartoli della medesima Compagnia. Parte prima... In Genova, Nella Stamperia di Benedetto Guasco, 1656.

4 l., 894, [10]p. front. 21½cm.
p. 465-472 bound upside down.
Text in 2 col.

The second and third parts publ. under titles: « Il Giappone » and « La Cina » respectively. *cf.* Sommervogel I 974.
1st ed. Rome, 1653.
Index: p. [895]-[904]
★ Brunet I 683. — Sommerv I 970 n° 7. — Streit V 149 n° 413.
♣ *Applicado a caza de Ham cheu.* 1944

3175

Bartoli, Daniello, *SJ,* 1608-1685.

L'hvomo al pvnto Cioè l'Hvomo in pvnto di morte. Considerato dal P. Daniello Bartoli Della Compagnia di Giesv. In Roma, Appresso Egidio Ghezzi, 1667.

6 l., 605, [1]p., 1 l. 16cm.
1st ed.
★ Sommerv I 976 n° 16.
♣ *Da caza de Vu cham fu. — Da V. Proa da China.* 2502

3176

— Missione al Gran Mogor del P. Ridolfo Aqvaviva della Compagnia di Giesv. Sua Vita e Morte, e d' altri quattro Compagni vccisi in odio della Fede in Salsete di Goa. Descritta dal P. Daniello Bartoli della medesima Compagnia ... In Milano, Appresso Lodouico Monza, 1664.

4 l., 193, [3]p. 13cm.
1st ed. Rome, 1663.
★ Brunet I 683. — Sommerv I 975 n° 13. — Streit V 159 n° 462.
♣ *Esse liuro me empressou o Pe Philippe Feschi Revo.* 2421

3177

— La poverta contenta Descritta, e Dedicata a' ricchi non mai contenti Dal P. Daniello Bartoli Della Compagnia di Giesv. [Roma, Appresso Domenico Manelfi, 1650]

5 l., 383, [1]p. 16½cm.
Engr. ornamented t.-p.
For imprint. *cf.* Colophon.
1st ed.
★ Sommerv I 967 n° 4.
♣ *Da Ve Proua da China.* 2006

3178

— La ricreatione del savio in discorso con la natvra e con Dio. Libri dve del P. Daniello Bartoli della Compagnia di Giesù. In Roma, Nella Stamperia d'Ignatio de' Lazzeri, 1659.

7 l., 558, [26]p. plate. 16½cm.
1st ed.
Index and errata: p. [559]-[584]
★ Sommerv I 974 n° 10.
♣ *Nankim.* 2282

3179

— La ricreatione del savio in discorso con la natvra e con Dio. Libri dve del P. Daniello Bartoli della Compagnia di Giesù ... In Milano, Appresso Lodovico Monza, 1660.

8 l., 558, [12]p. 14½cm.
1 p. l. (front.?) wanting.
Index: p. [559]-[569]
★ Sommerv I 974 n° 10.
♣ *Ex libris Matthei Posateri. — Domus Prob.is de?* 1756

3180

— [La] Ricreation [*sic*] del savio in discorso con la natvra, e con Dio. Libri dve Del Padre Daniello Bartoli Della Compagnia di Giesù ... In Bologna, per Gio: Recaldini, 1668.

8 l., 677, [27]p. 15×7½cm.
All p. l. spoiled.
Index: p. [678]-[704]
★ Sommerv I 974 n° 10. 2472

3181

— Dell'Vltimo, E Beato Fine dell'hvomo libri dve del Padre Daniello Bartoli Della Compagnia di Giesv ... In Venetia, Presso Paolo Baglioni, 1670.

18 l., 575p. 15cm.
1st ed. Rome, 1670.
★ Sommerv I 978 n° 18. 2219

3182

— Della vita del P. Vincenzo Carafa. Settimo Generale della Compagnia di Giesv. Scritta dal P. Daniello Bartoli Della medesima Compagnia. Libri dve. In Genova, Per Bened. Guasco, 1652.

2 l., 353, [4]p. 14×8cm.
1st ed. Rome, 1651.
Errata: p. [355]
★ Sommerv I 970 n° 6.
♣ *Applicado a Vice Proue da Compa de Jesv na China.* 2925

3183

— Della vita del Padre Vincenzo Carafa Settimo Generale della Compagnia di Giesv. Scritta dal P. Daniello Bartoli della medesima Compagnia. Libri dve. In Bologna, Per l'Herede del Benacci.

488p., 1 l. 10½cm.
★ Sommerv I 970 n° 2.
♣ *Nankim.* 2926

3184

Bartolomeo da Saluzzo, *OMObs.* 1558-1617.

Le sette trombe per risvegliare, Il Peccatore à Penitenza Con molti casi horribili auuenuti a peccatori. Et i punti della Passione di N. Signore, distribuiti per tutte l'hore della notte, e del giorno. Opera ... Composta dal diuotiss. R. P. Fra' Bartolomeo da Salvzzo Min. Osseruante Riformato. In Genova, Gio : Battista Scionico, 1711.

336p. illus. 15½×8cm.
p. 193-240 bound after p. 288.
1st ed. Bergamo, 1612.
★ DictHGE VI 1026. 2587

3185

Bassi, Martino, *fl. 16th cent.*

Dispareri in materia d' architettvra, et perspettiva. Con pareri di eccellenti, et Famosi Architetti, che li risoluono. Di Martino Bassi Milanese. In Bressa, Per Francesco, & Pie. Maria Marchetti Fratelli, 1572.

53, [1]p. 12 plans. 20½cm.
Signatures : A-G⁴.
p. 15, 38 lines, 150×99mm.
1st ed.
★ Brunet I 694. 1813

3186

Beeke, Herman van der, *2nd half of 15th cent.*-1520.

Elvcidario poetico, Nel quale sono contenute l' Historie, Fauole, Isole, Regioni, Città, Fiumi, & i Monti più famosi con altre cose di questa maniera ... Raccolto per Hermano Torrentino, Et di Latino tradotto in Volgare, da M. Horatio Toscanella. In Venetia, Appresso Lucio Spineda, 1618.

286 (*i.e.* 280)p. 15cm.
Signatures : A-Q⁸, R⁷.
p. 6, 29 lines, 117×71mm.
1st Latin ed. Deventer, 1498.
1st Italian ed. 1559 ?
♣ *Andrea Agliata Baron della Roccella et Bonfornello. — Ex dono Datii Vespasiani Alliatae. — Collegii Soc. J. Pekini.* 3208

3187

Bellarmino, Roberto, *SJ, Saint,* 1542-1621.

Dichiaratione della dottrina christiana, Composta per ordine di N. S. Papa Clemente VIII. di fel. memoria. Dal R. P. Roberto Bellarmino Sacerdote della Compagnia di Giesù ... In Genova, Per Gio : Ambrosio de' Vincenti, 1665.

284 (*i.e.* 234), [6]p. 13cm.
1st ed. Rome, 1598.
★ Sommerv I 1182 n° 14 (ed. wanting)
♣ *Aplicado à Resida de Chinkiam por orde publicada pello P. V Proval Joao de Saà.* 1754

3188

— Dichiaratione piv copiosa della dottrina christiana Composta per Ordine di N. S. Papa Clemente VIII. Dal R. P. Roberto Bellarmino Sacerdote della Comp. di Giesv ... Riuista & approuata dalla Congregatione della Riforma ... In Roma, Appresso Luigi Zannetti, 1600.

274, [2]p. 14½×7½cm.
Signatures : A-L¹², M⁶.
p. 11, 27 lines, 110×53mm.
1st ed. Rome, 1598.
Bound with : Ledesma, D., *SJ.* Modo per insegnar la dottrina christiana, Roma, 1573.
★ Brunet I 743. — DictTheolCath II 584. — Sommerv I 1182 n° 14; VIII 1798 (ed. wanting) 2526

3189

Belli, Silvio, *d.* 1757.

(Silvio Belli Vicentino) Della proportione, et proportionalità Communi Passioni del Quanto. Libri tre ... In Venetia, Appresso Francesco de' Franceschi Sanese, 1573.

4 l., 40 numb. l. 20cm.
Signatures : †⁴, A-K⁴.
p. 3, 22 lines, 140×89mm.
1st ed.
Errata : l. 40.
Bound with : Botero, G. La primavera, Torino 1607 and others. 684b

3190

[**Benedictis, Giovanni Battista de**] *SJ,* 1622-1706.

Difesa de'missionarii Cinesi Della Compagnia di Giesv. In risposta All' Apologia de' PP. Domenicani Missionarii della Cina, Intorno à gli onori di Confusio, e de'Morti; opera di un Religioso Teologo della medesima Compagnia. In Colonia, Per il Berges, 1700.

553, [6]p. 15cm.
Author : Giovanni Battista de Benedictis, *SJ.* *cf.* Sommervogel IX 1027.
1st ed.
Errata : p. 559.
★ Cordier 877. — Sommerv I 1301 n° 10. — Streit VII 20 n° 2065. 2602

3191

Benincasa, Rutilio, 1555-*ca.*1626.

Almanacco perpetvo di Rvtilio Benincasa Cosentino, Illustrato, e diuiso in Cinque Parti, da Ottavio Beltrano ... Con due copiosissime Tauole ... In Venetia, Presso il Miloco, 1688.

12 l., 516 (*i.e.* 518), 140 (*i.e.* 142)p. illus. (incl. tables, diagrs.) 16½cm.
Pt. 5, « Trattato d'aritmetica » has a special t.-p. dated 1686.
♣ *Veyo da Rezida de Cai fum fu.* 183

3192

Bentivoglio, Guido, *cardinal,* 1579-1644.

Della Gverra di Fiandra descritta dal Cardinal Bentivoglio ... In Venetia, Appresso Francesco Baba, 1640.

3 v. 25½cm.
t.p. of v. 1 & 2 wanting.
1st ed. Cologne, 1633-39.
Index at end of each vol.
★ Brunet I 778.
♣ *Ex lib. r. Pekini ab Illmo ac Rmo Pa Alexno. (vol. 3)* 1878

3193

— Historia della gverra di Fiandra Descritta dal Cardinal Bentivoglio ... In Venetia, Per Michiel Miloco, 1668.

3 pt. in 1. 22½cm.
2 l., 226, [13]p., 1 l., 146, [7], 207, [8]p.
Index at end of each part.
★ Brunet I 778.
♣ *Ex lib. relic. Pni ab Illmo Rmo Pa Alexno.* 1877

3194

Bianchi, Andrea, *SJ,* 1587-1657.

Passione di Christo figvrata ed historica in trenta sermoni descritta ed in tre trattati divisa ... Del Padre Andrea Bianchi Genovese Della Compagnia di Giesv. In Genova, Nella Stamperia di Benedetto Guasco, 1655.

3 l., 426, [11], 427-436p., 6 l., 269, [1]p. 13½cm.
pt. 3 has a special title: « Passione di Christo in dodici sermoni distinta ... In Genova Per Gio: Maria Farroni, ad instanza di Bennedetto Guasco, 1651 ».
1st ed. Genoa, 1652.
Index: [11]p. & pt. 2, p. 427-436.
★ Sommerv I 1439 n° 14.
♣ *V Provinciae Sinensis Soctis Jesu.* 2044

3195

Bianchi, Antonio Maria, *OMObs, comp.*

L'eternit(à) della glori(a) coronata dagl'allori delle mvse Italiane, e Latine. Composizioni In Morte dell' Illustriss. & Eccellentiss. Sig. Girolamo Garzoni raccolte ... Dal Reuerendissimo Padre Antonio Maria Bianchi di Venezia, Min. Osseru ... In Venezia, Presso Andrea Poletti, 1688.

10 ? l., 192, 108p. 19cm.
Half-title page ? wanting.
Errata at beginning.
♣ *Collegij Societatis Jesv Pekini.* 3229

3196

Bible. *N. T. Italian. Protestant ed.*

Il Nvovo Testamento di Giesv Cristo Nostro Signore Dell' Originale Greco fedelmente vulgarizato da Giovan Gotlobbe Glicchio. In Altenbvrgo e Lipsia, Presso di Paolo Emmanvello Richter, 1743.

8 l., 683, [5]p. 16cm.
Engr. ornamented t.-p. 1431

3197

— [Il nuovo Testamento]

1 ? l., 661, [429]p. incl. musics. 12½cm.
t.-p., [pt. 1] p. 1-2, 23-26; [pt. 2] p. [1-2] wanting.
[pt. 1] p. 517-550 spoiled.
Contents. — Il nuovo Testamento. — Sessanta Salmi di David, tradotti in rime volgari Italiane, accompagnati col canto. — La forma delle orationi ecclesiastiche. — La forma d' amministrare il battesimo. — Il modo di celebrare la Santa Cena. — Il modo di celebrare il santo matrimonio. — Della visitatione degli ammalati. — Oratione privata. — Il catechismo. — Alcune pie orationi. — Confessione di fede. — Parafrase sopra' l Salmo CXXX.
♣ *Ce livre est des Protestants.* 3428

3198

Binet, Etienne, *SJ,* 1569-1639.

Consolatione dell' anime desolate, e che si trovano nell' Aridità, & Abbandonamento, Con vn Specchio dell' indicibili abbandonamonti di Giesu Christo. Scritta dal Padre Stefano Binet, della Compagnia di Giesv in Lingua Francese, e voltata nell' Italiana da vn Padre dell' istessa Compagnia. In Venetia, Presso i Bertani, 1640.

6 l., 274p. 14cm.
Signatures: a⁶, A-L¹², M⁵.
p. 3, 34 lines, 109×52mm.
p. 189-190 spoiled.
Tr. by Joseph Fozi, *SJ. cf.* Sommervogel IX 993.
1st French ed. Paris, 1626.
1st Italian ed. Rome, 1635.
★ Sommerv I 1497 n° 25 (ed. wanting)
♣ *Caza de Ham cheu Soc. Jes.* 2270

3199

— Il ritratto de divini favori fatti a S. Gioseppe e della Santa Famiglia di Giesv Christo. Del Padre Stefano Binetti della Compagnia di Giesv. Tradotto della Lingua Francese nell' Italiana dal Sig. Alessandro Cenami Priore di S. Alessandro di Lucca ... In Roma, Per Vital Mascardi, Ad Instanza di Francesco Giuliani, 1640.

6 l., 179, [1]p. 14×8cm.
Signatures: †⁶, A-G¹², H⁶.
p. 2, 33 lines, 110×51mm.
1st French ed. Paris, 1639.
1st Italian ed.
★ Sommerv I 1504 n° 44.
♣ *Nankim da Ve Proua da China.* 2269

3200

Binet, Etienne, *SJ,* 1569-1639.

La vera Pratica del santo amor di Dio del R. P. Stefano Binetti Della Compagnia di Giesv. Tradotta dalla lingua Francese nell' Italiana dal Sig. Alessandro Cenami Priore di S. Alessandro Maggiore di Lucca ... In Roma, Per Andrea Fei, Ad Instanza di Gio. Antonio Bertani, 1642.

8 l., 629p., 1 l. 15×8cm.
1st French ed. Mons, 1623.
1st Italian ed. Rome, 1638.
★ Sommerv I 1494 n° 16. (ed. wanting)
♣ *De PP. Ossti de S. Franco in Pekino e Xan tung.* 2010

3201

Biringuccio, Vanucci, *fl.* 1550.

Pirotechnia del signor Vannvccio Biringvccio Senese, Nella quale si tratta non solo della diuersità delle Minere, ma anco di quanto si ricerca alla pratica di esse, e che s'appartiene all' arte della fusione, ò getto de metalli ... Nuouamente corretta, e ristampata, con le Figure appropriate à suoi luoghi, e due Tauole l'vna de Capitoli, e l'altra delle cose Notabili ... In Bologna, per Gioseffo Longhi, 1678.

16 l., 630p. illus. 15½cm.
1st ed. Venice, 1540.
★ Brunet I 954. 932

3202

Boccone, Paolo, 1633-1704.

Osservazioni natvrali ove si contengono Materie Medico-Fisiche, e di Botanica, Produzioni Naturali, Fosfori diversi, Fuochi sotterranei d'Italia, & altre curiosità. Disposte in trattati familiari da D. Paolo Boccone ... In Bologna, per li Manole(?)si Stamp. Camer., 1684.

7 l., 3-400, [10]p. 2 plates. 15½×8½cm.
1st ed. 812

3203

Bonhombra, Lodovico.

Discorso astrologico Delle mutationi de' tempi, & de i più notabili accidenti sopra l'Anno 1607. Di Lodovico Bonhombra. Di nuouo restampato, & accresciuto. In Bologna, Appresso Gio. Battista Bellagamba, 1607.

32p. 22cm.
Signatures : A-D4.
p. 7, 40 lines, 165×97mm.
Bound with : Magini, G. A. De astrologica ratione ac usu dierum criticorum, Venetiis, 1607 and others. 1057b

3204

Bonini, Filippo-Maria, *b.* 1612.

Il Tevere incatenato overo L'Arte di frenar l' acque correnti ... Dell' Abbate Filippo Maria Bonini, Vicario Generale di Pelestrina. Con le Tauole de' Capitoli, delle figure, e delle cose più notabili. In Roma, Nella Stampa di Francesco Moneta, A spese dell' Autore, 1663.

9 l., 422, [19]p. front., illus. 24½cm.
Ms. notes on the back guard leaf & inside of back cover.
Ms. marginal notes.
1st ed.
♣ *Collegij Societatis Jesu Pekini.* 726

3205

Bonucci, Antonio Maria, *SJ,* 1651-1728.

La corona caduta overo Giesû nel sepolcro, Oggetto di puro cordoglio alla Solitudine di Maria Vergine, E Stimolo di vera compunzione alle Anime Christiane; Rappresentato in quattro Discorsi morali ... Da Antonio Maria Bonucci Della Compagnia di Giesù. In Roma, nella Stamperia del Bernabò, 1704.

6 l., 141p. 22½cm.
Portrait wanting?
1st ed.
★ Sommerv I 1765 n° 6. 1760

3206

Bonvicino, Valeriano.

Matematiche discipline Per vso della illvstrissima Accademia Delia di Padoua : dove in sei trattati Breuemente si ristringono aritmetica, geometria, trigonometria pratiche, fortificazione, sfera, e geografia. Di Valeriano Bonvicino Lettore di Filosofia nello Studio di Padova, e delle Mathematiche Militari nella sodetta Accademia. In Padova, Per gli Eredi di Paolo Frambotto, 1666.

5 l., 201, [2]p. illus., 3 fold. tables, 3 fold. diagrs. 21½cm.
1st ed.
Errata : p. [202]-[203]
♣ *Anno Kam Hi 56 luna 1a, die 4a Impr hunc librum cum 10 aliis dono dedit P. Kiliano.* 535

3207

Borgia, Alessandro, 1682-1764.

Omelie dette da Alessandro Borgia Arcivescovo e Principe di Fermo In varie Funzioni Pontificali nella stessa Città dall' Anno MDCCLIII. fino alla Festa dell' Assunta del MDCCLVIII ... In Fermo, Per Filippo, e Fabio Maria Lazzarini, 1759.

xx, CCCXLVIIp. 25½cm.
1st ed. (?)
♣ *1771. Donato da Monse Stefano Borgia Segrio di Propaganda nipote dell' autore per uso di Missionari, che sono in Pekino.* 1732

3208

[**Borgo, Carlo,** *SJ*] 1731-1794.

Memoria cattolica da presentarsi a Sua Santità. Opera postuma ... Cosmopoli, 1780.

189p. 20cm.
Author : Carlo Borgo, *SJ. cf.* Sommervogel IX 1176.
1st ed.
Errata : p. 189.
★ Sommerv I 1797. 2992

3209

Botero, Giovanni, 1540-1617.

La primavera del Signor Giovanni Botero. Al Serenissimo Carlo Emanvelle, Dvca di Savoia, &c. In Torino, Per Gio. Domenico Tarino, 1607.

3 l., 98p. 20cm.
Signatures : †[4], A-M[4], N[2], (†4, N2 blank)
p. 80, 27 lines, 155×105mm.
p. 35-38 wanting.
Text of Botero printed in italics.
« Annotationi di Gio. Antonio Barroeri, del Mondovi, sopra la Primavera del Signor Giovanni Botero » has a special t.-p.
Bound with : Barocci, F. Rythmomachia, Venetia, 1572. — Belli, S. Della proportione et proportionalita, Venetia, 1573. — Mei, G. La musica antica e moderna, Venetia, 1602. — Beham, S. Warhafftige beschreibung alter fürneme künsten, Franckfurt am Mayn, 1605.
♣ *Bibl. Trig. ?* 684

3210

Boudon, Henri Marie, 1624-1702.

La vita nascosta con Giesv in Dio ... Composta da Henrico Maria Budone Dottor in Teologia ... Tradotta dalla lingua Francese nell' Italiana dal R. P. Marc' Antonio Paggi Camaldolo. In Genova, Per Antonio Casamara, 1684.

6 l., 396p. 13½×7½cm.
1st French ed. Paris, 1676. 2479

3211

Braschi, Giovanni Battista, 1664-1727.

Idea del pulpito mitrato o sia del Vescovo che predica la parola di Dio In cui si tratta dell' obbligo, che tengono li sacri Pastori di predicare sovente da sè stessi al Popolo alla loro cura commesso E del modo facile per metterlo in esecuzione. Opera nuova di Monsignor Gio : Battista Braschi Arcivescovo di Nisibi ... In Roma, Nella Stamperia della Reverenda Camera Apostolica, 1725.

xx, 331, [21]p. 34½cm.
p. 155-158 wanting.
« Appendice Di varie cose, appartenenti alla materia„ & assunto del presente Libro : p. 231-331.
Index : p. [333]-[353]
♣ *Stamp of Mgr Alex. de Gouvea.* 1728

3212

Bratti, Giovanni.

Discorso della vecchia et nvova medicina, Nel quale si ragiona delle cose ritrouate à nostri secoli, & particolarmente dell' Oro Artificiale. Dell' Eccellentis. D. delle Arti M. Giovanni Bratti Ivstinopolitano ... In Venetia, Appresso Paolo Meietti, 1592.

2 l., 5-42 (*i.e.* 44) numb. l. 19½cm.
Signatures : A[2], B-I[4], K[8].
f. 6a, 35 lines, 165×98mm.
2 p. l. bound after l. 7.
l. 39-42 spoiled.
Bound with : Spieghel, A. van den. Isagoges in rem herbariam libri duo, Patavii, 1606. 1137a

3213

Breve notizia dell' abito, e corona de' Sette Dolori col sommario Dell' Indulgenze concedute a' Servi, e Divoti della SS. Vergine Addolorata. In Napoli, Nella Stamperia de' Socj Domenico Langiano, e Domenico Vivenzio, 1745.

6 l., 11-194p. 16×9cm.
Ms. notes on recto of back guard leaf.
«Officium Septem Dolorum B. Mariae Virginis»: p. 155-194.
♣ *Ad usum D. Vitalis Kuo.* 2440

3214

Brusoni, Girolamo, *1st half of 17th cent.*

[Delle historie d' Italia, raccoltè, et scritte da Girolamo Brusoni dal 1625 fino al 1670. In Venezia, Gio. Maria Panciritti, 1671]

14 l., 970 (*i.e.* 972), [2]p. 23cm.
t.-p. and 1 p. l. wanting.
Ms. marginal notes.
For title & imprint. *cf.* Caption title & dedication.
1st ed.
Index at beginning.
Errata : p. [972] 2100

3215

Buffier, Claude, *SJ,* 1661-1737.

Geografia universale esposta nei differenti metodi, che possono abbreviare lo Studio, e facilitar l' uso di questa Scienza, col soccorso de' Versi Artificiali; dal P. Buffier Della Compagnia di Gesù. Reveduta, corretta, e accresciuta de' cangiamenti di dominio successi ultimamente negli Stati dell' Europa : 2. d' una Prefazione sopra il metodo d'apprender la Geografia, e sopra i libri fatti in questa materia : 3. d'una Tavola de' nomi dei Paesi in Italiano ed in Latino co' loro gradi di longitudine, e di latitudine ... Quarta edizione, Col Trattato della Sfera del medesimo Autore. In Venezia, Appresso Francesco Pitteri, 1747.

12 l., 444p. 19? fold. maps. 15½cm.
1? map wanting.
1st French ed. Paris, 1715-16, 2v.
★ Sommerv II 352 nº 26 (ed. wanting) 597

3216

Buffier, Claude, *SJ,* 1661-1737.

Geografia universale Esposta ne' differenti Metodi, che possono abbreviare lo Studio, e facilitar l' uso di questa Scienza ... Sesta edizione. Col Trattato della Sfera del medesimo Autore, e Rami nuovi. In Venezia, Presso Francesco Pitteri, Si Vende la Benedetto Gessari, 1760.

12 l., 442, [2]p. 19 fold. maps. 16½cm.
★ Sommerv II 352 nº 26 (ed. wanting) 596

3217

Buonanni, Filippo, *SJ,* 1638-1725.

Ricreatione dell' occhio e della mente Nell' Osseruation' delle Chiocciole, Proposta a' Curiosi delle Opere della Natura Dal P. Filippo Buonanni della Compagnia di Giesù. Con quattrocento, e cinquanta figure di Testacei diuersi, sopra cui si spiegano molti curiosi Problemi. In Roma, per il Varese, 1681.

9 l., 384, [15]p., 5 l. 110 plates. 25cm.
Added engr. ornamented t.-p.
The plates and each « class » preceded by engr. ornamented t.-p.
1st ed.
The plates are given in the fourth part with a special engr. t.-p. and engr. added t.-p. while each class of shells is preceded by a special engr. half-title page.
★ Brunet I 1085.—Sommerv II 377 nº 2.
♣ *Collegij Societatis Jesu Pekini.* 913

3218

Buoni, Tommaso.

Della Famosissima compagnia della Lesina, dialogo, capitoli, e ragionamenti. Con la giunta d'vna nuoua Riforma, Additione, & Assottigliamento in tredici Punture della punta d'essa Lesina. Alla quale s'è rifatto il Manico in trenta modi, & dopò quelli in venti altri, venuto meno per l'vso continuo de' Fratelli. Appresso poi si danno cinquantacinque Ricordi di Filocerdo de' Risparmiati. Et in fine tredici Spaghi di M. Vncino Tanaglia, & la Cassettina da riporui la Lesina. Doue si tratta di noui, & vtilissimi precetti dati dalla Compagnia à suoi Massai. Con la tavola delle cose piv notabili. Raccolti dal' Economo della Spilorceria. In Trivigi, Appresso Fabritio Zanetti, 1601.

4 l., 113, [3]p. 21cm.
Signatures: a^4, A-G^8, H^2.
p. 4, 40 lines, 165×102mm.
Author: Tommaso Buoni. *cf.* Brunet II 1175.

1st ed. Ferrare, 1590?
Bound with: Soderini, G. V. Coltivazione delle viti, Firenze, 1600.
★ Brunet II 1175. 1086a

3219

Bussato, Marco.

Giardino di agricoltvra di Marco Bvssato da Ravenna, nel qvale, con bellissimo ordine, si tratta di tutto quello, che s'appartiene à sapere à vn perfetto Giardiniero: E s'insegna per pratica la vera maniera di piantare, & incalmare arbori, e viti di tutte le sorti, & i varij e diuersi modi ch'in ciò si tengono ... In Venetia, Appresso Sebastian Combi, 1599.

4 l., 71 numb. l., 4 l. illus. 20½cm.
Signatures: a^4, A-I^8, K^3.
f. 1b. 35 lines, 164×99mm.
1st ed. Venice, 1592.
★ Brunet I 1419.
♣ *Da libra da China demo ? Vnico.* 834

C

3220

Campadelli, Giovanni Battista.

Discorsi sacri morali Adattati alla capacità d' ogni genere di persone sopra le domeniche dell' anno. Opera di Gio: Battista Campadelli Sacerdote Padovano Dottore di Sacra Teologia ... In Venezia, Appresso Gio: Battista Recurti, 1757.

4 l., 566, [14]p. 26cm.
Text in 2 col.
Index: p. [567]-[580] 1731

3221

—Discorsi sacri sopra varie feste, divozioni, ed altre materie morali. Opera di Gio: Battista Campadelli Sacerdote Padovano Dottore di Sacra Teologia ... Quarta edizione. In Venezia, Appresso Gio: Battista Recurti, 1755.

viii, 320?p. 24½cm.
p. 321-? wanting.
Text in 2 col.
« Trattenimento spirituale sopra il buon uso della lingua... »: p. 303-319.
Index at end, all pages but one wanting. 1733

3222

Caracciolo, Pasqual.

[La gloria del cavallo, opera dell' Illust. Sig. Pasqual Caracciolo, Divisa in dieci libri]

34 l., 520, 4, 521-969, [1]p. 20cm.
Signatures: a-g^4, h^6, A-Z^8, AA-II^8, KK^{10}, LL-ZZ^8, AAA-OOO^8, PPP^5.
p. 5, 38 lines, 160×104mm.
t.-p. wanting.
Ms. marginal notes.

Ms. title on front guard leaf.
For title. *cf.* Caption title and Venice ed. of 1608.
Indices at beginning.
1st ed. Venice, 1566.
★ Brunet I 1569.
♣ *Andrea Agliata Baron della Roccella et Bonfornello. — Collegij S. J. Pekini.* 3402

3223

Caracciolo, Pasqual.

La gloria del cavallo, opera dell' Illvst. Sig. Pasqval Caracciolo. Diuisa in dieci Libri : Ne' quali, oltre gli ordini appartenenti alla Caualleria, si descriuono tutti i particolari, che sono necessarij nell' alleuare, custodire, & curar Caualli; accomodandoui essempi tratti da tutte l'Historie antiche, e moderne Di nuouo ricorretta, e ristampata : & in quest' vltima edittione aggiunteui le postille, e tre libri di Gio. Antonio Cito Napolitano, ne' quali si tratta delle infirmità, che auuengono al Cauallo, & al Bue, co' rimedij di esse. Con dve tavole copiosissime, vna delle cose Notabili, & l' altra delle cose Medicinali. In Venetia, Appresso Bernardo Giunti, Gio. Battista Giotti, & Compagni, 1608.

34 l., 520, 4, 521-969, [1]p., 4 l., 136p. 19½cm.
Signatures : †⁴, ††⁶, a-c⁸, A-Z⁸, AA-ZZ⁸, Aaa-Ooo⁸, Ppp⁵; †⁴, A-H⁸, I⁴.
p. 7, 39 lines, 159×103mm.
p. 1-4 (sign. KK5.6) bound after p. 966.
1st ed. of G. A. Cito's « Del conoscere le infermita », Venice, 1590. 1657

3224

[Caraffa, Vincenzo] *SJ,* 1585-1649.

Fascetto di mirra ouero Considerationi sopra le piaghe di Christo Del Padre Luigi Sidereo [*pseud.*] della Compagnia di Giesù. In Roma, & Palermo, per Giuseppe Bisagni, 1656.

6 l., 318, [6]p. 13½×7cm.
Luigi Sidereo is pseud. of Vincenzo Caraffa. *cf.* Sommervogel VII 1189.
1st ed. Rome, 1635.
★ Sommerv II 708 n° 1 (ed. wanting)
♣ *Ex dono Datii Vespni Allliatae. — Collegij S .J. Pekini.* 2393

3225

Carraffa, Tomaso, *OP.*

Dicerie poetiche overo Vaghissime descrittioni, & Discorsi Accademici. Del M.R.P.F. Tomaso Carraffa Dominicano ... Nuouamente accresciute di molte Dicerie, e Discorsi, che rendono questa Impressione la più copiosa, e la più perfetta d' ogni altra sin hora Stampata. In Venetia, Presso Cristoforo Tomasini, 1652.

502p. 13½cm.
Index : p. [4]-[12]
♣ *V. Proae.* 3137

3226

Carsughi, Ranieri, *SJ,* 1647-1709.

Meditazioni dell' eccellenze della Madonna SS.ma per li Sabati, Di tutto l' Anno. Composte dal P. Ranieri Carsughi Della Compagnia di Giesù. In Roma, Nella Stamperia di Antonio de' Rossi, 1705.

220, [5]p. 15½cm.
1st ed.
Errata : p. [225]
★ Sommerv II 783 n° 5. 2246

3227

Casalicchio, Carlo, *SJ,* 1626-1700.

Gli stimoli al santo timor de Dio. Cavati da scelte historie Dello Sdegno Diuino. Vsato contro diuersi Peccatori nel punto della morte. Dal P. Carlo Casalicchio Della Compagnia di Giesù ... Parte prima. Seconda impressione. In Napoli, Per Giacinto Passaro, 1671.

6 l., 606 (*i.e.* 542), [6]p. illus. 19cm.
27 full-page illus. ? wanting.
An augmented ed. has been published, Venice, 1748. *cf.* Sommervogel : II 795.
1st ed. Naples, 1669.
★ Sommerv II 795 n° 1.
♣ *Nankim. — V Prouae Sinensis Soc. Jesu.* 2806

3228

Casati, Paolo, *SJ,* 1617-1707.

Fabrica et vso del Compasso di Proportione, Doue insegna à gli artefeci il modo di fare in esso le necessarie diuisioni, E con varij Problemi vsuali mostra l' vtilità di questo Stromento, Paolo Casati della Compagnia di Giesv, Dando le ragioni, & apportando le dimostrationi di tutte le operationi nella Fabrica, e nell' Vso ... Accresciuta notabilmente in questa seconda Editione dal medesimo Authore. In Bologna, Per Gioseffo Longhi, 1685.

4 l., 235, [2], 236-250p. illus. (incl. tables), 4 fold. diagrs. 21cm.
Ms. contents on verso of front guard leaf.
1st ed. Bologna, 1664.
★ Sommerv II 801 n° 5.
♣ *P. Kiliano Stumf. — Ex dono Pris Amiani in itinere Maccaensi. — Vice prov. Sinensis S. J. — Ad usum P.K.S.* 466

3229

— o. c.

♣ *Collegij Soc. Jesv Pekini.* 372

3230

— o. c.

467

3231

Castelli, Benedetto, *OSB,* 1577-1644.

Della misvra dell' acqve correnti di D. Benedetto Castelli Abbate ... In questa terza edizione accresciuta del Secondo libro, e di molte curiose Scritture non piu stampate ... In Bologna, per gli HH. del Dozza, 1660.

10 l., 184p. incl. front., diagrs. 21½cm.
Ms. notes on inside of back cover and verso of back guard leaf.
1st ed. of « Della misvra dell' acque correnti », Rome, 1628.
1st ed. of « Demostrazioni geometriche ».
« Demostrazioni geometriche della misvra dell' acqve correnti » (dated 1659) : p. 59-184.
★ Brunet I 1625.
♣ *Collegij Societatis Jesv Pekini.* 698

3232

Cataneo, Girolamo.

Dell' arte militare libri cinqve, ne' qvali si tratta il modo di fortificare, offendere, et diffendere vna fortezza : Et l'Ordine come si debbano fare gli Alloggiamenti campali; & formare le Battaglie, Con l' essamine de' Bombardieri, & di far fuochi arteficiati. Di Girolamo Cataneo Novarese ... In Brescia, Appresso Pietro Maria Marchetti, 1584.

6 l., 80, 35, 30 numb. l., 1 l., 29 numb. l., 2 l., 39 numb. l., 1 l. incl. plans, tables, diagrs. (pt. fold.) 21cm.
Signatures : A-B^{8}, C-V^{2}, X^{4}, Y ?-Z ?^{2}, Aa?-Ee^{2}, Ff^{4}, Gg?^{6}, AA-CC^{4}, DD^{2}, EE^{4}, FF-GG^{2}, HH-II^{4}, KK^{5}; AAA-CCC^{4}, DDD^{5}, EEE^{6}, FFF-GGG^{4}; AAAA^{6}, BBBB-DDDD^{8}, AAAAA^{6}, BBBBB-EEEEE^{8}, FFFFF^{4} (6 p. l. without signatures)
f. 2b, 34 lines, 156×108mm.
Pt. 1, l. 17-20, 23-50, 57-60, 65-68, 77-78; pt. 2, l. 16-17; pt. 3, l. 23 wanting.
Each part has a special t.-p.
Colophon : In Brescia, Appresso Tomaso Bozzola, 1584.
1st ed. Brescia, 1564.
★ Brunet I 1655.
♣ *Alfonso Guerro Marchese di Monbello. — Ex libr. Il.mi ac Rmi Patae Alexi.* 1598

3233

Cattaneo, Carl' Ambroggio, *SJ,* 1645-1705.

Massime eterne Proposte in varie Lezioni per chi si ritira Negli Esercizj Spirituali di S. Ignazio. Opera postuma del Padre Carl' Ambroggio Cattaneo Della Compagnia di Gesù. In Milano, Nelle Stampe di Giuseppe Agnelli, 1728.

332, [4]p. 15½cm.
A ms. medical prescription on verso of back guard leaf.
1st ed. Rome, 1724.
★ Sommerv II 894 n° 6. 2553

3234

Caussin, Nicolas, *SJ,* 1583-1651.

La corte santa, O' Istitutione Christiana de Grandi, del P. Nicolo Cavsino Della Compagnia di Giesù ... [pt. 1] In Bologna, Per l' Herede di Vittorio Benacci, 1654; [pt. 2] In Bologna, Per Giacomo Monti, e Carlo Zenero, 1642.

v. 1, 2. 14cm.
The complete set publ. in 5 v.
Half-title [pt. 1] : Le opere del P. Nicolo Cavsino della Compagnia di Giesv stampate in Italia...
Colophon [pt. 1] : Bologna, Per Carlo Zenero, 1652.
1st French ed. Paris, 1624 or 1625.
Contents. — **pt. 1.** Motivi, c'hanno le persone di qualità alla christiana perfettione. Impedimenti c'hanno nel camino di salute. Pratica delle virtu. Il politico infelice. La pietà fortunata. — **pt. 2.** L'huomo di stato. Il cavaliere. La Dama di corte.
★ DictTheolCath II 2043. — Sommerv II 914.
♣ *Vice prov.* 3455

3235

— Effemeride astrologica, et historica del P. Nicolò Cavsino della Compagnia di Giesv ... Tradotta dalla lingua Latina nell' Italiana ... In Bologna, Per Carlo Zenero, 1652.

12 l., 477p. incl. tables. 14×7cm.
1st Latin ed. Paris, 1650.
1st Italian ed.
★ Sommerv II 922 n° 23. 2068

3236

— Elogio del Ré Lvigi Decimo Qvarto Dio-dato, composto dal P. Nicolo Cavsino della Compagnia di Giesv ... Portato de Francese in Italiano da Gioanni Cristophia ... In Bologna, Per Carlo Zenero, 1653.

6 l., 90, [1]p. 14×7cm.
1st French ed. Paris, 1651.
1st Italian ed.
Bound with : Caussin, N. Il trionfo della pietà, Bologna, 1652 and others.
★ Sommerv IX 15. 2447b

3237

— L'Imperio della ragione sopra le passioni. Del Padre Nicolò Causino della Compagnia di Giesù. Portato dal Francese nell' Italiano Dal Padre Carlo Antonio Berardi dell' istessa Compagnia ... In Bologna, Per Carlo Zenero, 1645.

23 l., 1011p. 14½×7½cm.
Bound in 2v.
This work is a translation of « La Cour Sainte, t. 3 : L'empire de la raison sur les passions ».
1st French ed. Paris, 1640.
1st Italian ed.
Index : p. 985-1011.
★ Sommerv II 916.
♣ *Vice prov.* 2834

3238

Caussin, Nicolas, *SJ,* 1583-1651.

La sapienza evangelica Per Trattenimento Spirituale nel tempo della Quaresima, del P. Nicolo Cavsino Della Compagnia di Giesù. Tradotta dalla lingua Francese nella Italiana da vn Padre della medesima Compagnia ... In Bologna, Per Carlo Zenero, 1652.

12 l., 407p. 14×7½cm.
Half-title : La Qvaresima del Padre Nicolo Cavsino.
Tr. by Sebastiano Bellucci, *SJ. cf.* Sommervogel IX 1302.
1st French ed. Paris, 1635.
1st Italian ed. Rome, 1647 ?
Bound with : Caussin N. La sapienza evangelica nel sacro tempo dell' avvento. Bologna, 1652.
★ Sommerv IX 1302. 2475a

3239

— La sapienza evangelica Per Trattenimento Spirituale nel Sacro tempo dell' Avvento, opera del P. Nicolò Cavsino Della Compagnia di Giesù. Tradotta dalla lingua Francese nella Italiana da vn Padre della medesima Compagnia ... In Bologna, Per Carlo Zenero, 1652.

155p. 14×7½cm.
Tr. by Sebastiano Bellucci, *SJ, cf.* Sommervogel IX 1302.
1st French ed. Paris, 1644.
1st Italian ed. Rome, 1647.
Bound with : Caussin, N. La sapienza evangelica nel tempo della Quaresima, Bologna, 1652. 2475

3240

— Il trionfo della pieta Alla Gloria dell' Armi del Rè, & all' amabile riduttione delle Anime erranti. Opera del R. P. Nicolo Cavsino Della Compagnia di Giesv, Tradotta dalla lingua Francese nell' Italiana da D. Paolo Casappi. In Bologna, Presso Carlo Zenero, 1652.

18 l., 272, [1]p. 14×7cm.
1st French ed. Paris, 1628.
1st Italian ed.
Index : p. 241-272.
Bound with : Caussin, N. Angelus pacis, Bologna, 1652; Elogio del Rè Luigi Decimo Quarto, Bologna, 1653.
★ Sommerv II 918 n° 9. 2447

3241

Caviari, Andrea.

Ritiramento spiritvale Per impiegare in bene dell' Anima Otto, ouero dieci giorni Nella Consideratione delle Verità Eterne all' Idea de gli Esercitij spirituali di Sant' Ignatio Loiola. Reso facilissimo alle persone, tanto secolari, quanto Religiose. Dedicato a Gesv, ed a Maria da Andrea Caviari Sacerdote Veronese ... Venetia, Apresso Nicolò Pezzana, 1685.

8 l., 400 (*i.e.* 396)p. incl. front., plates. 18cm.
Appendix : p. 394-400.
♣ *Veyo da Rezid^a da Cinanfu.* 1992

3242

Cepari, Virgilio, *SJ,* 1564*ca.*-1631.

Vita del Ven. Giovanni Berchmans Fiammingo Religioso della Compagnia de Giesù Descritta dal P. Virgilio Cepari Della medesima Compagnia. In Roma, Nella Stamperia del Bernabò, 1717.

147 (*i.e.* 247)p. port. 16½cm.
1st ed. Rome, 1627.
★ Sommerv II 961 n° 6. 2924

3243

Cervantes Saavedra, Miguel de, 1547-1616.

Vita e azioni dell' Ingegnoso Cittadino D. Chisciotte della Mancia, di Michel di Cervantes Saavedrà; Tradotta dal Spagnuolo in Italiano, da Lorenzo Franciosini Fiorentino. Quinta Edizione, Diligentemente corrected, migliorata, ed accresciuta della Vita dell' Autore novellamente Tradotta; ommessa nelle precedenti Edizioni ... In Venezia, Appresso Gugielmo Zerletti, 1755.

4v. 18½cm.
1st Spanish ed. Madrid, 1605 and 1615.
★ Brunet I 1752. 3234

3244

Cesarii, Domenico.

Qvaresimale di Domenico Cesarii da Fossombrone ... Opera nuoua, vtile, e piena d' eruditione, per le materie morali cauate dalle viscere de gli Euangelij, auttorità de i Santi Padri, e luochi del Sacro Testo. Con tre tavole copiosissime ... In Venetia, Per Giunti e Baba, 1646.

38 l., 557p. 22cm.
p. 121-136, 537-544 wanting.
Text in 2 col.
♣ *Vice p^ae Sinensis Soc^ti Jesu. — Ad usum P. Martini Mart : S. J. — Caza de Ham cheu.* 1809

3245

Christian Doctrine, Sodality of, Manual.

Ordini Con li quali deuono essere regolate le Scole della Santissima Dotrina Christiana, Et Instituto de laici secolari con suoi Oratorij per aggiuto di essa ... In Venetia, Per Francesco Busetto, 1685.

244 (*i.e.* 208), 144 p. front., 6 fold. plates, fold. table. 14½×8cm.
5 of the 6 plates included in pagination.
p. 31-32, 51-52 wanting.
« Regole della Compagnia della Dottrina christiana » p. 13-144 at end.
♣ *A. Cabrini.* 3403

3246

Ciampoli, Giovanni Battista, 1589-1643.

Prose di Monsignor Giovanni Ciampoli ... In Venetia, Per Zaccaria Conzatti, e Fratelli, 1661.

xxiv, 384?p. 14½cm.
385-?p. missing.
♣ *P. Faillat. — Veyo da Rezida de Cinanfu.* 3162

3247

Cito, Antonio, *SJ,* 1700-1777.

Vita, e virtù dell' Imperadrice Guglielmina Amalia : Descritte in Compendio dal P. Antonio Cito Della Compagnia di Gesù. Vienna d' Austria, Appresso Gio. Pietro van Ghelen, 1744.

12 l., 506, [4]p. front. 17cm.
1st ed.
Appendices A-K. Prayers, reflexions, resolutions, etc. : p. 413-506.
★ Sommerv II 1191 n° 1. 2934

3248

Clavius, Christoph, *SJ,* 1537-1612.

Arithmetica prattica Composta dal molto R. P. Christoforo Clavio Bambergense Della Compagnia di Giesv, Et tradotta da Latino in Italiano dal Sigr. Lorenzo Castellano Patritio Romano. Reuista dal medesimo P. Clavio con alcune aggiunte. In Venetia, Presso I Givnti, 1652.

4 l., 279, [13]p. incl. diagrs. 16cm.
1st Latin ed. Rome, 1584.
1st Italian ed. Rome, 1586.
★ Sommerv II 1216 n° 4.
♣ *Nankim.* 357

3249

Colliado, Luigi.

Prattica manvale dell' artiglieria, opera historica, politica, e militare, Doue principalmente si tratta dell' eccellenza, & origine dell' Arte Militare, e delle Machine vsate da gli antichi ... E nel fine d'vn molto copioso, & importante Essamine de' Bombardieri ... Composta da Luigi Colliado Ingegnero del Real' Essercito di S. Maesta Catolica in Italia ... In Milano, per Filippo Ghisolfi, & ad instanza di Gio. Battista Bidelli, 1641.

8 l., 328p. illus., 23 fold. plates, 4 fold. diagrs. 26½cm.
Ms. notes on inside of back cover and on guard leaves.
♣ *Collegij S. J. Pekini.* 711

3250

Commines, Philippe de, *sire d' Argenton,* 1445-1509.

Delle memorie di Filippo di Comines, Caualiero, & Signore d' Argentone, Intorno alle principali attioni di Lodouico Vndicesimo e di Carlo Ottauo suo figliuolo, amendue Rè di Francia. Libri VIII ... In Mil(ano). Per Gio. Batt. Bid(elli). 1623.

26 l., 583p. 17½cm.
Signatures : a-b8, c10, A-Z8, Aa-Mm8, Nn12.
p. 3, 38 lines, 137×75mm.
Title printed within an engraving.
1st French ed. Paris, 1523.
★ Brunet II 192.
♣ *Ex l. r. ab Illo Pa Alexo.* 1927

3251

Corelli, Arcangelo, 1653-1713.

Sonate à tre, due violini e violone col basso per l'organo di Arcangelo Corelli da Fusignano detto Il Bolognese ... Dernière edition à laquelle on a ajouté le Portrait de feu Arcangelo Corelli. A Amsterdam, chez Estienne Roger & Michel Charles Le Cene.

2v. 30½cm.
Port.; pt. 1 (violino primo), opera 1, p. 17-18; opera 2, t.-p. p. 11-12 wanting.
Contents. — Opera prima : 12 sonate. — Opera seconda : 12 sonate di camera. — Opera terza : 12 sonate. — Opera quarta : 12 sonate di camera. 3639

3252

Costo, Tomaso, 1560*ca.*-1630.

Il segretario all' uso moderno, Nel quale vi sono le Formole d' ogni genere di Lettere, con il modo di spedire Patenti per gl' Officiali, e Governatori di diverse parti. Aggiuntovi Un' Annotazione à Tomase Costo da Giacinto Granozio Amadeo. Con nuova Aggiunta di lettere amorose del Clinca e del Gabrieli. In Venezia, Ad Istanza de' Guerigli, 1721.

192p. 14½cm.
1st ed. Naples, 1604.
♣ *Ex : libris : Massimiliani Josephi Dengott ? Montis Sabillei ? Comitis de Gueffstan ? Gem : Rom : Con : 1725.* 3178

3253

Crasset, Jean, *SJ,* 1618-1692.

Considerazioni cristiane Per tutti i giorni dell' Anno cogli Evangelj di tutte le Domeniche, del P. Giovanni Crasset Della Compagnia di Gesù; Poste in miglior ordine, ed accresciute di un breve Compendio della vita e virtù dell' Autore. Tradotte dalla Lingua Francese nell' Italiana ... Venezia, Nella Stamperia Baglioni, 1728.

4v. front. (v. 1) 16cm.
1st French ed. Paris, 1683.
1st Italian ed. Venice, 1713.
★ Sommerv II 1636; IX 147 (ed. wanting) 2360

3254

Crescentio, Bartolomeo, *d.* 1602.

Navtica Mediterranea Di Bartolomeo Crescentio Romano... Nella quale si mostra la fabrica delle Galee Galeazze, e Galeoni con tutti i lor armamenti, vfficij et ordini, et il modo di far uogar una Galea a tutti i transiti del Mar con solo uinti remieri. Si manifesta l'error delle Charte mediterranee, e degli Astrolabij e Balestriglie ... S' insegna l'arte del nauigar nell' uno, e l'altro Mare, leuando molti errori che sono in uso ... Vi è il Calendario Nautico, e Romano, e molti uaghi Istrumenti appartenenti alla Nauigatione ... Si mostra il modo di spiantar i Corsari, e uincer il Turco ... In Roma, appresso Bartolomeo Bonfadino, 1601.

4 l., 556, [10], 63, [1]p. illus. (incl. table, diagrs.), fold. plate, fold. plan. 24½cm.
Signatures : †⁴, A-Z⁴, Aa-Zz⁴, Aaa-Zzz⁴, Aaaa-Bbbb⁴, A-H⁴ (Bbbb4 blank)
p. 4, 29 lines, 188×116mm.
Plate wanting.
Engr. ornamented t.-p.
Colophon dated 1602.
Index & errata : p. [557]-[566]
Appendix : « Portolano della maggior parte de' lvoghi; da stantiar navi, et galee in tutto il Mare Mediterraneo, con le sui trauersie, & luoghi pericolosi » 63p. at end.
★ Brunet II 418.

♣ *Reverendo admodum Patri Nicolao Trigavtio Belgae, primo è Societate Jesv ex Regno Chinensi Romam redeunti, & hinc eodem abiturienti, Amico carissimo & obseruandissimo gratulatur Joannes Faber Medicus, & Simpliciarius Pontificius Anno 1616 calendis Maij.*
Ito redito vias iterum felicibus astris
Sinarum ignotis tu solus nuper ab oris
Ex sociis, Christi spargunt qui Semina in agro
Gentili, nostrum redijsti primus in orbem;
Care Deo, dilecte mihi, sic itur ad Astra.
Salve Christiadvm Genitor Nicolae, minister
Verbi operisque Dei, cari fac cura Sodalis,
Dimidij vitae nostrae, quem ducis ad Indos,
Sit tibi, neu capiat vos vestri oblivio Fabri,
Si quando aeterno libatis sacra Tonanti.
— Rndo adm P. Nicolao Trigavtio Societatis Jesv, & Joanni Terrentio eiusd : Societ : Amicis dulciss : pro Sinensi itinere in sui memoriam librum hunc donabat Joannes Faber, Medicus, & Simpliciarius Pontificius. — Missionis Sinensis. 612

3255

— o. c.

♣ *Bibl. Trig.* 613

3256

Crispini, Giuseppe, *d.* 1721.

Trattato della visita pastorale ... Nel quale si dà il modo facile di Visitare, e di essere Visitati, e di eseguire i Decreti della Visita. Divisa in tre parti ... Parte seconda, e terza. Composto da Monsig. Giuseppe Crispino vescovo d'Amelia. Estratto dall' Opera di questo medesimo Autore, intitolata Il buon vescovo Ubbidiente agli Avvertimenti Pastorali della Santità di N. S. Papa Innocentio XI... Seconda impressione... In Roma, A spese di Felice Cesaretti, e Paribeni, per Domenico Antonio Ercole, 1695.

xxxii, 472p. 23cm.
Half - title : La visita pastorale di Monsignor Giuseppe Crispino ...
Contents — **pt. 1.** Della visita preparatoria — **pt. 2.** Della visita attuale, locale, e reale. — **pt. 3.** Della visita personale del clero, e del popolo. — Index.
♣ *Ex lib. relic. Pekini ab Ill*mo *ac R*mo *Pat*a *Alex*o *an. 1721 initio Martij.* 2382

3257

— o. c.

Half-title page wanting. 2383

3258

Il **Curioso** appagato ne' suoi dubbj circa il Giansenismo. [Torino, Nella Stampa di Pietro Giuseppe Zappata, 1713]

104p. 16cm.
For imprint. *cf.* Colophon. 1343

D

3259

Davanzati Bostichi, Bernardo, 1529-1606.

Scisma d'Inghilterra con altre operette del Signor Bernardo Davanzati Bostichi, gentiluomo Fiorentino; Tratte dall' Edizion Fiorentina del MDC.XXXVIII. Citata dagli Accademici della Crusca nel loro Vocabolario; e ora con somma diligenza rivedute, e ricorrette. Edizione II. affatto simile alla prima. In Padova, Presso Giuseppe Comino, 1754.

3 l., 222p., 1 l. front., plate. 19½cm.
1st ed. Rome, 1600.
Contents. — Scisma d' Inghilterra. — Notizia de' cambj. — Lezione delle Monete. — Orazione in morte del Granduca Cosimo I. — Accusa data dal silente al travagliato. — Orazione sopra i provveditore dell'accademia degli Alterati. — Coltivazione Toscana delle viti, e d' alcuni arbori.
★ Brunet II 533. 1847

3260

[Dechamps, Etienne Agard, *SJ*] 1613-1701.

Cristiano Ritirato A fare gli Esercitij Spirituali di S. Ignatio Loiola Operetta Nella quale praticamente si mostra, come possano darse vtilmente otto, ò dieci giorni alla Meditatione delle Verità eterne. Pvblicata da Antonio Riccardi Con la Bolla d'Alessandro Settimo, che concede Indulgenza Plenaria, à chi in essi Esercitij s'impiega ... In Venetia, Appresso Giuseppe Maria Ruinetti, 1689.

287, [5]p. 16½cm.
Antonius Ricardus, pseud. of Etienne Agard Dechamps. *cf.* DictTheol Cath IV 176.
Errata at end.
★ Sommerv II 1863.
♣ *P. Jo : Paulo Gozzano In Sinicum Imperium proficiscenti, Vt, quoties ex annuis laboribus Ad solidam quietẽ se receperit, Memor sit apud Deũ Peccatoris miserrimi Thomas Cerra S. Jesu Hanc exercitiorũ spliũ praxim Amoris sui pignus donat, Atque inde animarum lucrũ quotannis uberrimum augurtur. Anno 1689. 14. Oct.*
Paulule, deserere Italiam qui sustinet ultro, Pauxillus quamvis, maximus ille mihi est.
— Pozzani pr la China. 2684

3261

[Dolmi, Bonifacio, *SJ?*] *18th cent.*

Seconda Memoria cattolica contenente Il trionfo della Fede e Chiesa, de Monarchi e Monarchie, e della Compagnia di Gesù e sue Apologie, con lo sterminio de' lor nemici ... Opera divisa in tre tomi e parti, e postuma in una richiesta già e gradita da Clemente XIII. Nella nuova Stamparia camerale di Buonaria, 1783-84.

3v. 20cm.
Author : Bonifacio Dolmi, *SJ? cf.* Sommervogel IX 1306.
« Stampa alla macchia che si crede fatta nel convento di Bonario di Cagliari. Si crede che l' autore ne sia stato Bonifacio Dolmi, exgesuita. » (Catal. della Bibliot. sarda del Cav. Lodovico Baille (Cagliari, 1844)p. 229 n. 653) Le P. de Backer (art. Borgo, Ch.,) l' attribue au P. Bruno Marti; mais ce jésuite était mort depuis 1777. » — Sommervogel III 122.
1st ed.
Errata : v. 3, p. 163-164.
★ Sommerv III 122 nº 1. 3011

3262

Dottrine false ed erronee sopra le dve podestà l'ecclesiastica, e la secolare tratte da dve libri del Padre Antonio Pereira Prete, e Teologo della Congregazione dell' Oratorio di Lisbona e confvtate con opportvne annotazioni ... In Fvligno, Per Giovanni Tomassini, 1783.

xii, [1], 264p. 18½cm. 2291

E

3263

Estella, Diego de, *FMObs,* 1524-1578.

Il dispreggio delle vanita del mondo. Del Reuerendo P. F. Diego di Stella dell' ordine di S. Francesco osseruante. Diviso in tre parti. Nuouamente tradotto della Spagnuola nella Italiana da Gieremia Foresti. In Venetia, Appresso Bartholomeo Simbeni, 1580.

206 numb. l., 4 l. 12½cm.
Signatures : A-R[12], S[6].
f. 4a, 33 lines, 110×50mm.
1st Spanish ed. Salamanca, 1574.
♣ *Del P. J. Antonio Frosulone Franciscano. — F. Nicolao Agostino da Rimini. — Questo libro costa soldi 16.* 2476

3264

Estienne, Charles, 1504-1564.

Agricoltvra, et casa di villa di Carlo Stefano Gentil' huomo Francese. Nvovamente tradotta dal Cavalier Hercole Cato. Di nuouo ristampata, et aggivntovi il trattato Dell' Eccellenza di far vini, & l' Instruttione di piantar Spargiere di Gio. Battista Croce. Con tre tavole, vna de capitoli; L'altra delle cose più notabili; & la terza delle cose più appertenenti alle Medicine. In Torino, Per Gio. Domenico Tarino, 1609.

20 l., 711 p., 1 l. illus. 17½cm.
Signatures : †-††[8], †††[4], A-Z[8], Aa-Xx[8], Yy[6].
p. 3, 18 lines, 148×89mm.
Index at beginning.
1st French ed. Paris, 1564.
★ Brunet II 1074.
♣ *Bibl. Trig. — Pertence à Livraria de Nantam em Peikim.* 1120

3265

Euclides, *3rd cent. B. C.*

La Prospettiva di Evclide ... Tradotta dal R.P.M. Egnatio Danti Cosmografo del Seren. Gran Duca di Toscana. Con alcune sue Annotationi de' luoghi piu importanti. Insieme Con La Prospettiva Di Eliodoro Larisseo Cavata della Libreria Vaticana, e tradotta dal medesimo nuouamente data in luce. In Fiorenza, Nella Stamperia de' Giunti. 1573.

4 l., 104, ? p. 21cm.
Signatures : †^{4}, A-N^4.
p. 2, 40 lines, 154×93mm.
Part of Euclid's and the whole of Eliodorus' book wanting. 3660

F

3266

Ferrari, Giovanni Battista, *SJ,* 1584-1655.

Flora ouero Cultvra di fiori Del P. Gio. Battista Ferrari Sanese della Comp. di Giesù Distinta in Quattro Libri E trasportata dalla lingua Latina nell' Italiana da Lodouico Aureli Perugino. In Roma Per Pier' Ant. Facciotti, 1638.

7 l., 520 (*i.e.* 516), [27]p. illus., plate. 23cm.
Signatures : †^{4}, ††^{3}, A-Z^4, Aa-Zz^4, Aaa-Xxx^4, Yyy^6.
p. 3, 30 lines, 172×105mm.
p. 233-234, 375-376 wanting.
Engr. ornamented t.-p.
Ed. by Claudio Aureli. *cf.* Dedication.
1st Latin ed. Rome, 1633.
1st Italian ed.
★ Sommerv III 678 nº 6.
♣ *Collegij Soc Jesu Pekini.* 854

3267

Fiammelli, Gio. Francesco.

I qvesiti militari di Gio. Francesco Fiammelli Fiorentino Matematico. Fattigli in diversi tempi da diversi Principi, e gran personaggi, e da lui risoluti con esempi, e con l' esperienza fatta insù la guerra, e con cose da esso ritrouate per mettersi in esecuzione, e a comune beneficio con diligenza serbati, e ora messi in luce. Con dve tavole Vna de qvesiti e l' altra delle cose notabili. In Roma, Appresso Carlo Vullietti, 1606.

4 l., 212, [18]p., 1 l. 22cm.
Signatures : †^{4}, A-Z^4; Aa-Ff^4.
p. 3, 30 lines, 171×113mm.
1st ed.
Errata at end.
♣ *Bibl. Trig.* 1560

3268

Filippi, Paolo, *end of 16th cent.*

I complimenti di Paolo dalla Briga, Segretario de' Ser^{mi} Principi di Sauoia. Scritti gia da lvi in nome dell' Eccellentiss. Sig. Marchese d'Este. E ridotti à sette Libri ... Di nuouo dall' Autore medesimo migliorati, accresciuti ... Impressione qvarta. In Torino, Per Gio. Domenico Tarino, 1608.

8 l., 342, [18]p. 18cm.
Signatures : †^{8}, A-Y^8, Z^4.
p. 31, 34 lines, 138×75mm.
Contents. — Lettere di visita, congratulatione, condoglienza, ringratiamenti, raccomandatione, raguagli e complimenti misti. — Vita del Marchese Filippo d'Este. — Rime di P. Filippi.
♣ *Fran... ? Spinola.* 3183

3269

[Fioravanti, Leonardo] *d.* 1588.

[I capricci medicinali. Venezia, Valentino Mortali, 1665]

16 l., 393 (*i.e.* 363), [1]p. 16cm.
2 p. l. (incl. t.-p.) wanting.
Author : Leonardo Fioravanti, title, etc. *cf.* Preface.
1st ed. 1568.
★ Brunet II 1262. 871

3270

Fleury, Claude, 1640-1723.

Catechismo istorico, che Contiene in ristretto la Istoria Santa, e la Dottrina Cristiana del Signor Claudio Fleury, Sacerdote, Abate di Loc-Dieu, ec. Tradotto dalla lingua Francese nella Italiana, Ed in questa ultima edizione corretto, ed accresciuto ... In Venezia, Appresso Lorenzo Baseggio, 1757.

2v. in 1. 19½cm.
128, 176p.
1st French ed. 1683.
1st Italian ed. 1705. 2060

3271

Fontana, Carlo, 1634-1714.

Utilissimo trattato dell' acque correnti diviso in tre libri, nel quale Si notificano le Misure, ed Esperienze di Esse. I Giuochi, e Scherzi, li quali per mezzo dell' Aria, e del Fuoco, vengono operati dall' Acqua ... Con una esatta notizia di tutto quello, ch' e stato operato intorno alla condutture dell' Acqua di Bracciano ... Dal Cavalier Carlo Fontana ... Roma, Nella Stamparia di Gio. Francesco Buagni, 1696.

8 l., 176, [4], 177-196, [10]p., 1 l. illus., 2 fold. plans. 36cm.
Index : p. [197]-[206]
1st ed.
★ Brunet II 1329.
♣ *Comprado p^a Chim tim fu pello P. Carlos de Rezende em 1734.* 1157

3272

Fontana, Domenico, 1543-1607.

Della trasportatione dell' obelisco Vaticano

et delle fabriche di Nostro Signore Papa Sisto V, fatte dal Cavallier Domenico Fontana architetto di Sva Santita Libro Primo. Roma, Appresso Domenico Basa, 1590.

v. 1. incl. plates. 42cm.
l. 49, 53 wanting.
Engr. t.-p.
1st ed. Rome, 1589.
Index & errata at end.
★ Brunet II 1329.
♣ *Paulus Rhaudensis. — Collegij Societatis Jesv Pekini.* 1173

3273

Fontana, Fulvio, *SJ,* 1649-1723.

Quaresimale di Fulvio Fontana Sacerdote, e Missionario della Compagnia di Gesù ... In Venezia, Presso Andrea Poletti, 1711.

8 l., [297]p. 21½cm.
p. 1-32, 291-297 wanting.
Text in 2 col.
1st ed.
★ Sommerv III 850 n° 6. 1792

3274

Fontanini, Giusto, 1666-1736.

Della eloquenza Italiana Ragionamento di Giusto Fontanini Steso in una Lettera all' Illustriss. Sig. Marchese Giangiuseppe Orsi Aggiuntovi un Catalogo delle opere più eccellenti, che intorno alle principali arti, e facoltà sono state scritte in lingua Italiana. Roma, per Francesco Gonzaga, 1706.

159, [1]p. 24½cm.
1st ed.
Index : p. 149-159.
★ Brunet II 1330. 3199

3275

Franciscus Salesius, *Saint,* 1567-1622.

Trattato dell' amor d' Iddio. Composto dall Illustriss. Sig. Francesco di Salles, Vescouo, e Principe di Geneua ... Tradotto di Francese in Italiano da Daniello de Nobili, Nobile Luchese ... In Milano, Per Antonio Malatesta, 1662.

v. 1. 12×6cm.
700 (*i.e.* 720)p.
1st French ed. Lyons, 1616. 3316

3276

— Il direttore delle Religiose, Cauato dalle opere di Monsignor Francesco di Sales, Vescouo, e Prencipe di Gineura ... Roma, A spese di Ermanno Scheus, 1645.

6 l., 386, [8]p. 10½×5½cm.
p. 321-328 wanting.
Colophon : In Roma, Per Lodouico Grignani, 1645.
Tr. by Antonio Barberini, *OMCap, cardinal. cf.* Dedication.
1st French ed. Lyons, 1628. 2454

3277

— Introdvttione alla vita divota composta da S. Francesco di Sales Vescovo di Geneva in lingua Francese, Et trasportata nell' Italiana da vn Religioso desideroso d' acquistare la vera diuotione ... In Milano, Appresso Lodouico Monza, 1665.

23 l., 657, [13]p. front. 11½×5½cm.
1st French ed. Lyons, 1609. 2539

3278

[Frigimelica Roberti, Girolamo]

Irene tragedia Per Musica Da Rappresentarsi nel Teatro Grimano di San Gio : Grisostomo l'anno M.DCXCV ... In Venetia, Per il Nicolini, 1695.

69p. 15½cm.
Author : Girolamo Frigimelica Roberti. *cf.* Dedication. 3177

3279

Frisi, Paolo, 1727-1784.

Opuscoli filosofici ... In Milano, appresso Giuseppe Galeazzi, 1781.

4 l., 118p. 21cm.
1st ed.
Contents. — **I.** Delle influenze meteorologiche della luna. — **II.** Dei conduttori elettrici. — **III.** Dell' azione dell' olio nell' acqua. — **IV.** Del calore superficiale, e centrale della terra. — **V.** Dei fiumi sotterranei. 800

G

3280

Galilei, Galileo, 1564-1642.

Opere di Galileo Galilei Linceo nobile Fiorentino ... In questa nuoua editione insieme raccolte, e di varij Trattati dell' istesso Autore non più Stampati accresciute ... In Bologna, Per gli HH. del Dozza, 1656.

2v. front., illus., fold. plate. 21½cm.
Each part has a special t.-p.
Augm. & ed. by Carlo Manolessi, *cf.* Preface.
Table of contents at beginning of v. 1.
★ Brunet II 1461. 19

3281

— Opere di Galileo Galilei Nobile Fiorentino Accademico Linceo ... Nuova edizione. Coll' aggiunta di varj Trattati dell' istesso Autore non piu dati alle stampe ... In Firenze, Nella Stamp. di S. A. R. Per Gio : Gaetano Tartini, e Santi Franchi, 1718.

3v. illus., fold. plates, port. 25cm.
Illus. t.-p. (v. 1)
Ed. by I. G. Bottari *cf.* NouvBiogrGén XIX 268.
1st ed. by Bottari.
Errata at end of each volume.
Table of contents at beginning of each volume.
★ Brunet II 1461.
♣ *Do Bispo de Nankim.* 557

3282

Galilei, Galileo, 1564-1642.

Difesa di Galileo Galilei nobile Fiorentino ... Contro alle Calunnie & imposture di Baldessar Capra Milanese, Usategli si nella Considerazione Astronomica sopra la nuoua Stella del M DC IIII. come (& assai più) nel publicare nuouamente come sua inuenzione la fabrica, & gli vsi del Compasso Geometrico, & Militare, sotto il titolo di Vsus & fabrica Circini cuiusdam proportionis, &c. ... In Venetia, Presso Tomaso Baglioni, 1607.

41 numb. l., 2 l. incl. diagrs. 22cm.
Signatures : A-K^4, L^3.
f. 3a, 37 lines, 176×124mm.
1st ed.
Errata at end.
Bound with : La Gaila, J. C. De phoenomenis in orbe lvnae, Venetiis, 1612, and others. 89b

3283

— Discorso al Serenissimo Don Cosimo II. Gran Dvca di Toscana Intorno alle cose, che Stanno in sù l' acqua, ò che in quella si muouono, di Galileo Galilei ... Seconda editione, In Firenze, Apresso Cosimo Giunti, 1612.

2 l., 77, [1]p., 1 l. incl. diagrs. 22cm.
Signatures : $†^2$, A-K^4.
p. 2, 39 lines, 156×98mm.
1st ed. Florence, 1612.
Bound with : Piccolomini, A. Parafrasi sopra le Mecaniche d' Aristotile, Roma, 1582.
★ Brunet II 1461. 696a

3284

— Istoria e dimostrazioni intorno alle macchie solari e loro accidenti, comprese in tre lettere scritte all' Illvstrissimo Signor Marco Velseri ... Dal Signor Galileo Galilei ... In Roma, Appresso Giacomo Mascardi, 1613.

2 l., 164p. incl. port., tables, diagrs. 21½cm.
Signatures : A^6, B-S^4, T^6, V^4.
p. 3, 36 lines, 170×114mm.
1st ed.
Errata : p. 164.
Bound with : Apianus, Phil. De vtilitate trientis, Tvbingae, 1586 and others.
★ Brunet II 1462. 77a

3285

[Gallo, Agostino] 1499-1570.

[Le vinti giornate dell' agricoltura, e de' piaceri della villa]

8 l. 256 ?p. 20½cm.
Signatures : a^8, A-Q^8,?.
p. 9, 40 lines, 165×104mm.
t.-p., p. 243-254, 257-? wanting.
Author : Agostino Gallo & title. *cf.* Caption title.
1st ed. Venice, 1569.
Index at beginning.
★ Brunet II 1467. 1284

3286

Garcia, Francisco, *SJ,* 1641-1685.

Istoria Della Conuersione alla nostra Santa Fede dell' Isole Mariane, dette prima de' Ladroni, Nella Vita, Predicatione, e morte gloriosa per Christo del Venerabile P. Diego Lvigi di Sanvitores, E d' altri suoi Compagni della Compagnia di Giesù. Scritta nell' idioma Castigliano dal P. Francesco Garzia, E tradotta nell' Italiano con l' accrescimento di notitie dal Padre Ambrosio Ortiz Della medesima Compagnia. In Napoli, Per Camillo Cauallo, e Michele Luigi Mutij, 1686.

11 l., 663, [1]p. plate. 22cm.
Colophon dated 1687.
1st Spanish ed. Madrid, 1683.
1st Italian ed.
Errata : p. [656]
★ Sommerv III 1214 n° 17; V 1961 n° 2.
♣ *P. Thyrso Gonzalez General de la Compa alos Pes de la Mission della China en Pekin. — Collegij Socīis Jesv Pekini.* 3024

(3284)

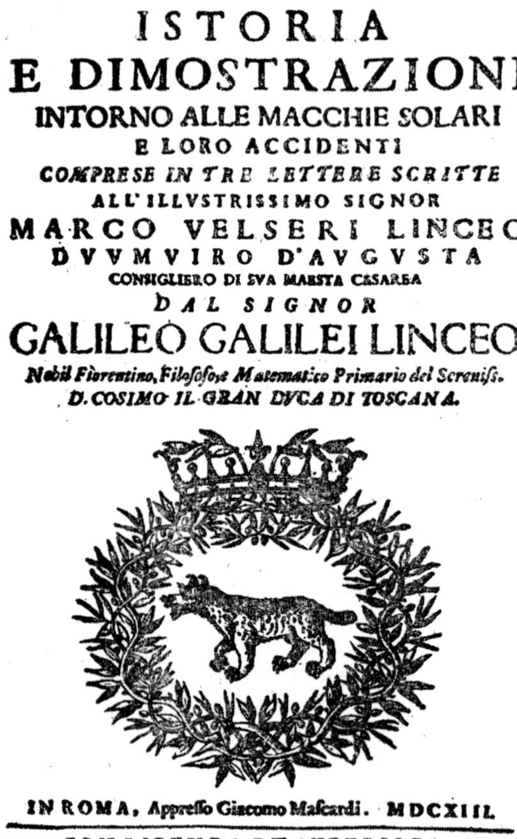

ISTORIA
E DIMOSTRAZIONI
INTORNO ALLE MACCHIE SOLARI
E LORO ACCIDENTI
COMPRESE IN TRE LETTERE SCRITTE
ALL' ILLVSTRISSIMO SIGNOR
MARCO VELSERI LINCEO
DVVMVIRO D'AVGVSTA
CONSIGLIERO DI SVA MAESTA CESAREA
DAL SIGNOR
GALILEO GALILEI LINCEO
Nobil Fiorentino, Filosofo, e Matematico Primario del Sereniss.
D. COSIMO II. GRAN DVCA DI TOSCANA.

IN ROMA, Appresso Giacomo Mascardi. MDCXIII.
CON LICENZA DE' SVPERIORI.

3287

Garzoni, Thomaso, 1549-1589.

La piazza vniversale di tvtte le professioni del mondo, Nuouamente ristampata, & posta in luce da Thomaso Garzoni da Bagnacauallo. Aggiuntoui in questa nuoua Impressione alcune bellissime Annotationi à Discorso per Discorso ... In Venetia, Appresso Tomaso Baglioni, 1610.

12 l., 403 numb. l. 22½cm.
Signatures: a^4, b^8, $A\text{-}Z^8$, $Aa\text{-}Zz^8$, $Aaa\text{-}Ddd^8$, Eee^3.
f. 2a, 44 lines, 176×108mm.
1st ed. 1585.
Index at beginning.
★ Brunet II 1497.
♣ *Bibl. Trig.* 945

3288

Gazzotti, Pietro.

Historia delle gverre d' Evropa Arriuate dall' Anno 1643. sino al 1680. Descritta da D. Pietro Gazzotti ... Venetia, Appresso Nicolò Pezzana, 1681.

2v. 22cm.
Ms. marginal notes.
Index at beginning of each volume.
♣ *Ex lib. relic. Pekini ab Ill^o ac R^o P^a Alex^o.* 1924

3289

Gemelli-Careri, Gio. Francesco, *ca.* 1651-1725.

Giro del mondo del Dottor D. Gio. Francesco Gemelli Careri. Nuova edizione accresciuta, ricorretta, e divisa in nove volumini. Con un Indice de' viaggiatori, e loro opere ... In Venezia, Appresso Giovanni Malachin, A spese di Giulio Maffei, 1719.

9v. plates. 18½cm.
Vol. 1, 4. 8 & v. 7, p. 177-? wanting.
Library has another set, of ed. 1728, containing v. 1, 3, 4.
« Quod in hoc deest post paginam 176, tomus 8 supplere incipit a pag^a 177 » (ms.) on verso of front guard leaf of v. 7.
Vol. 5 has imprint: Venezia, Presso Giovanni Malachin, 1719.
1st ed. Naples, 1699-1700.
Contents. — **t. 2.** Nella Persia. — **t. 3.** Nell' Indostan. — **t. 5.** Nell' Isole Filippine — **t. 6.** Nella Nuova Spagna. — **t. 7.** Prima parte de' Viaggi per Europa divisati in varie lettere famigliari scritte al Sig. Consigliere Amato Danio. — **t. 9.** Aggiunta a' viaggi di Europa.
★ Cordier 2091. — Streit VI 61 n° 227. 644

3290

— Giro del mondo del Dottor D. Gio: Francesco Gemelli Careri Nuova edizione accresciuta, ricorretta, e divisa in nove volumini. Con un Indice de' Viaggiatori, e loro opere ... Venezia, Presso Sebastiano Coleti, 1728.

v. 1, 3, 4. plates. 17½cm.
The complete set consists of 9v.
Vol. 3, p. 87-90 & one plate wanting.
Index at end.
Contents. — **t. 1.** Nella Turchia. — **t. 3.** Nell' Indostan. — **t. 4.** Nella Cina.
★ Cordier 2091. — Streit VI 77 n° 288.
♣ *Ad usum F. Archangeli Mr^ae à S. Anna Carm^ae Exc^ti. — Jorge Luis Per^a. — Fran^co Alex^e da Cunha Lobo (vol. 3, 4)* 645

3291

Gentilini, Eugenio.

Instrvttione di artiglieri, di Evgenio Gentilini da Este; Doue si contiene la Esamina vsata dallo Strenuo Zaccaria Schiavina, Con vna gionta dell' Auttore, nellaquale copiosamente dichiara, quanto nell' Esamina si comprende: Et vn Discorso fatto dal medesimo sopra le Fortezze, trattando con il Capitan Marino Gentilini suo fratello, Ingegniero della Sereniss. Republica Veneta ... In Venetia, Appresso Francesco de' Franceschi Senese, 1598.

7 l., 104 numb. l. illus. 21½cm.
Signatures: a^4, b^3, $A\text{-}Z^4$, $Aa\text{-}Cc^4$.
f. 2a, 35 lines, 166×104mm.
Illus. t.-p.
1st ed.
Bound with: Roomen, A. van. Pyrotechnia, Francfort, 1611. 755a

3292

Giovio, Paolo, 1483-1552.

Delle istorie del svo tempo di Mons. Paolo Giovio da Como, Vescovo di Nocera, Tradotte da M. Lodouico Domenichi ... Con vna Selua di varia Istoria di Carlo Passi, nella quale si ha piena notitia delle cose più rare, che sono state ricordate sommariamente da esso Monsignor Giovio. Et vn Supplimento del Signor Girolamo Rvschelli, fatto sopra le medesime Istorie. Et vn' Indice de' nomi antichi, & moderni, delle città, castella, prouincie, popoli ... Con la tauola, & le postille in margine, che in esse Istorie si contengono. In Venetia, Al Segno della Concordia, 1608.

v. 1. 21cm.
The complete set consists of 3 v.
p. 537-540 bound after p. 544.
« Sei libri aggivnti alla prima parte » are bound after « libro decimoottavo ».
1st Latin ed. Florence, 1550-52.
1st Italian ed. of pt. 1, Florence, 1551.
1st Italian ed. of pt. 1 & 2, Venice, 1568.
★ Brunet III 583.
♣ *Bibl. Trig.?* 3564

3293

Girardi, Felice, *SJ,* 1612-1665.

[Diario delle cose più illustri seguite nel mondo, diviso in quattro parti. Composto dal

P. Felice Girardi della Compa di Gesù ... In Napoli, appresso Roberto Mollo, 1653]

4 pt. in 2. 20½cm.
Pt. 2, 324 (*i.e.* 328)p.
t.-p. of pt. 1 wanting.
For title, *cf.* Caption title & Sommervogel III 1445 n° 4.
1st ed.
Errata at end of v. 2.
★ Sommerv III 1445 n° 4.
♣ *Ex dono Datii Alliatae (vol. 2)* 622

3294

Giuglaris, Luigi, *SJ,* 1607-1653.

Avvento del Padre Lvigi Givglaris della Compagnia di Giesv, con altre Prediche insigni ... In Milano, Appresso Lodouico Monza, 1668.

8 l., 216p. 21½cm.
Text in 2 col.
1st ed.
Index at beginning.
★ Sommerv III 1476 n° 22.
♣ *Collegij Soc. Jesu.* 1673

3295

— Qvaresimale del Padre Lvigi Givglaris della Compagnia di Giesv ... In Milano, Appresso Lodouico Monza, 1665.

8 l., 407p. 22½cm.
Text in 2 col.
1st ed.
Index at beginning.
★ Sommerv III 1475 n° 21.
♣ *Collegij Soc. Jesu.* 1788

3296

— Teatro dell' eloqvenza del Padre Lvigi Givglaris della Compagnia di Giesv. Nel quale si contengono diuersi Panegirici, Discorsi Sacri, Sermoni, e Lettioni sopra la Passione di N. S. ne' Venerdi di Quaresima ... In Milano, Appresso Lodouico Monza, 1672.

6 l., 268p. 22½cm.
Text in 2 col.
1st ed.
Index at beginning.
★ Sommerv III 1476 n° 23.
♣ *P. Faillat. — Veyo da Rezida de Cinanfu.* 1759

3297

Giustinelli, Pietro, *SJ,* 1579-1630.

Antidoto, Ouer Remedio salvtare, contra Le Compagnie cattiue, Parlare dishonesto, Comedie, Rappresentationi, e Libri poco honesti, Con vn breue Trattato del modo di bene studiare, e far profitto nelle lettere. Accresciuto di nouo dall' Autore di molte cose. Diviso in cinque Parti. Composto dal R. P. Pietro Giustinelli Bresciano della Compagnia di Giesv ... In Milano, Per l' her. di Pacifico Pontio & Gio. Battista Piccaglia, 1620.

8 l., 407 (*i.e.* 409), [5]p. 11cm.
Signatures: A^8, A-Z^8, Aa-Bb^8, Cc^7.
p. 3, 26 lines, 85×54mm.
1st ed. Modena, 1609.
★ Sommerv III 1485 n° 2. 2445

3298

Gotti, Vincenzo Ludovico, *OP, Cardinal,* 1664-1742.

La vera Chiesa di Cristo dimostrata da' segni, e da' dogmi Contra i due Libri di Giacomo Picenino intitolati Apologia per i Riformatori, e per la Religione Riformata, e Trionfo della vera Religione. Opera del Padre Fr. Vincenzo Lodovico Gotti dell' Ordine de' Predicatori ... In Bologna, per Costantino Pisarri, 1719.

2v. in 3. 24cm.
Vol. 1, p. xiii-xvi wanting.
Illus. t.-p.
Head-pieces.
1st ed.
Index: v. 2, pt. 2, p. 489-539.
Errata at end of each volume.
★ DictTheolCath VI 1503. 1526

3299

Goudar, Lodovico.

Nuova grammatica Italiana, e Francese di Lodovico Goudar, quinta impressione Riveduta, corretta, ed accresciuta dall' autore D'una Raccolta di molte voci Francesi, le quali hanno varj significati. In Milano, Nella Stamperia di Giambattista Bianchi, 1759.

4 l., 384p. 17cm.
« Trattato della pronunzia Francese » : p. 366-384.
♣ *Ad usum Fr. Archangeli Mrae à S. Anna Carm. Exti.* 3235

3300

— Nuova grammatica Italiana, e Francese de Lodovico Goudar Accresciuta dall' Autore d'una Raccolta di Verbi, e voci Francesi, che hanno varj significati. Novissima Edizione più corretta, ed arricchita, con nuovi Dialoghi, e varie Lettere di moderni Autori, coll' aggiunta delle maniere diverse di parlare sopra tutti i tempi, e i modi delli due Verbi Ausiliarj Avere, ed Essere. In Venezia, A Spese della Società, 1772.

430p. 16cm.
♣ *Amato.* 3213

3301

Grandi, Lasaro.

Alfabeto di secreti medicinali, et altri cvriosi, e Diletteuoli d' ogni materia. Del Sig. Lasaro Grandi Doctore di Medicina. Et in questa seconda impressione aggiontoui dallo stesso Autore numerosi altri Secreti di consolatione. In Salvzzo, Per il Valauri, Ad Instanza di Gio. Battista Fontana, 1680.

4 l., 286p. 14½cm.
Illus. t.-p.
Index : p. 283-286.
♣ *Resid. S. Josi Pekini.* 1030

3302

Granelli, Giovanni, *SJ,* 1703-1770.

Prediche quaresimali, e panegirici di Giovanni Granelli della Compagnia di Gesu. Terza edizione. In Venezia, Appresso Tommaso Bettinelli, 1775.

iv, 354p., 1 l. 23½cm.
Text in 2 col.
1st ed. Modena, 1771.
★ Sommerv III 1676 nº 15. 1734

3303

Grattarola, Marco Aurelio.

Svccessi maravigliosi della veneratione di S. Carlo Cardinale di S. Prassede, & Arciuescouo di Milano. Dati in luce da M. Aurelio Grattarola Oblato della Congreg. de' SS. Ambrogio e Carlo ... In Milano, Per l' Her. di Pacifico Pontio & Gio. Battista Piccaglia, 1614.

8 l., 606, [26]p. 23½cm.
Signatures : †8, A4, B-Z8, Aa-Rr8.
p. 3, 45 lines, 181×118mm.
Engr. ornamented t.-p.
Index : p. [607]-[632] 2038

3304

Grisone, Federico, *16th cent.*

Ordini di cavalcare, et modi di conoscere le nature de' Caualli, di emendare i lor vitij, & d' ammaestrargli per l' uso della guerra, & giouamento de gli huomini : con varie figvre di morsi, secondo le bocche, & il maneggio che si vuol dar loro. Del Sig. Federico Grisone, gentil'huomo Napolitano. Di nuouo migliorati, & accresciuti di postille, & di Tauola. Aggiungeuisi vna Scielta di notabili auuertimenti, per fare eccellenti razze, & per rimediare alle infermità de' Caualli ... In Venetia, Appresso gli Heredi di Luigi Valuassori, & Gio. Domenico Micheli, 1584.

6 l., 112, 71, [11]p. illus. 20cm.
Signatures : †6, A-G8, A-K4, L2.
p. 3, 41 lines, 168×109mm.
The « varie figure di morsi » are wanting. Our copy contains only a folio from another book (p. 153-56) representing 4 bits.
1st ed. Naples, 1550.
★ Brunet II 1759.
♣ *Bibl. Trig.?* 678

3305

Guadagno, Gio. Lorenzo, *comp.*

Thesoro della dottrina di Christo N. S. diviso in dve parti, che contiene la dichiaratione della Legge Euangelica, e de' principali Misteri della Nostra Santa Fede, e delle Festi solenni di Christo, della B. Vergine ... Raccolto da D. Gio. Lorenzo Guadagno Napolitano Theologo. Arrichito molto in questa nostra vltima Impressione, & aggiontoui la Terza Parte ... Composta dal R.P.D. Felice Astolfi Canonico del Saluatore. Et in fine alcuni Aforismi molto necessarij alla Confessione. Con tre Tauole, vna delle Materie, & due delle cose Principali che in quest' Opera si contengono. In Venetia, Appresso il Brigna, 1663.

4 l., 504p. 17cm.
Index at beginning.
Pt. 3 has a special t.-p.
★ DictHGE IV 1193.
♣ *F. Simpliciano. — De PP. Min. Ossti di S. Franco in Pek° e Xantung.* 1776

3306

[Gusta, Francisco, *SJ***]** 1744-1816, *ed.*

Aneddoti del ministero di Sebastiano Giuseppe Carvalho. Conte di Oeyras Marchese di Pombal sotto il regno di Giuseppe I. Re di Portogallo. Per servire di supplemento alla Vita del Medesimo ... 1787.

2v. front. (port.) 21½cm.
Colophon (v. 2) : La presente Opra in due Tomi si vende in Venezia presso Pietro Savioni al Ponte de' Baretteri all' Insegna della Nave.
Ed. by Francisco Gusta, *SJ.* & tr. by Carlo di Porzia, *SJ. cf.* Sommervogel IX 937, VI 1048, & III 1964.
1st ed. Warsaw, 1784 ?
★ Sommerv III 1964 nº 4. 1895

3307

— Vita de Sebastiano Giuseppe di Carvalho, e Melo March. di Pombal Conte di Oeyras ec. Segretario di Stato e primo Ministro del Re di Portogallo D. Giuseppe I. ... 1781.

5v. 17½cm.
Vol. 1 wanting.
Author : Francisco Gusta, *SJ. cf.* Sommervogel IX 1374.
1st ed.
Errata : at end of v. 2, 4, 5.
★ Sommerv III 1962 nº 4. 3046

H

3308

Habert, Louis, 1636-1718.

Pratica del sacramento della penitenza, ovvero Metodo per amministrarlo utilmente, stampato per ordine di Monsignore Vescovo Conte di Verdun, per servire à confessori della sua diocesi. Opera di Lodovico Habert Sacerdote, Dottore dell' Università di Sorbona. Nuova edizione riveduta, corretta, ed accresciuta dall' Authore in Parigi l' anno

1722. Ed ora tradotta dal Franzese. In Palermo, Nella Stamperia di Francesco Valenza, 1744.

472 (*i.e.* 470), [1]p. 20cm.
1st French ed. Blois, 1688.
Index at end. 2728

3309

Hautin, Jacques, *SJ,* 1599-1671.

Patrocinio dell' anime del pvrgatorio. Opera nvova Scritta in Latino del P. Giacomo Hautino della Compagnia di Giesù. Volgarizzata Da vn Padre della medesima Compagnia... In Milano, Nelle stampe di Federico Agnelli, 1672.

4 l., 252p. front., 7 plates. 16½cm.
3 plates wanting.
Ed. by Giuseppe Anturini, *SJ. cf.* Sommervogel IX 1233.
Tr. by Gio. Battista Manni, *SJ. cf.* Sommervogel I 446 n° 6.
1st Latin ed. Liege, 1664.
1st Italian ed.
Index : p. 241-252.
★ Sommerv IV 154 n° 7; I 446 n° 6.
♣ *P. Pattinara. — Da Ve Provincia da China.* 2503

3310

— o. c.

5 plates wanting.
♣ *Nankim.* 2458

3311

Hero Alexandrinus, *1st cent.* B. C. ?

(Di Herone Alessandrino) De gli avtomati, ouero Machine se moventi. Libri due, Tradotti dal Greco da Bernardino Baldi Abbate di Guastalla. Nuovamente ristampato con ogni diligenza riccoretto ... In Venetia Appresso Gio. Battista Bertoni, 1601.

47 numb. l., 1 l. illus. 20cm.
Signatures : A-M4.
f. 4b, 32 lines, 146×100mm.
Engr. ornamented t.-p.
1st ed. Venice, 1589.
♣ *Alexri Rhauds J.C. M. Ch. D. D.* 691

3312

— Spiritali di Herone Alessandrino Ridotti in lingua Volgare da Alessandro Giorgi da Vrbino. In Vrbino, Appresso Bartholomeo, e Simone Ragusij fratelli, 1592.

4 l., 82 numb. l. illus. 20cm.
Signatures : a4, A-V4, X2.
f. 7b, 37 lines, 152×105mm.
Ms. marginal notes.
1st ed.
★ Brunet III 129. 752

3313

Herrera, Gabriel-Alfonso de, *1st half of 16th cent.*

Della agricoltvra tratta da diversi scrittori. Dal Sig. Gabriello Alfonso d'Herrera. Et tradotta di lingva Spagnuola in Italiana. Da Mambrino Roseo da Fabriano. Nella qual si contengono le regoli, i modi, & l' vsanze, che si osseruano nell' arare la terra, & piantar le vigne, & gli alberi, gouernare i bestiami, & fare ottimamente, cioche all' Agricoltura s'appartiene. Con la tavola de i capitoli. In Venetia, Appresso Lucio Spineda, 1608.

4 l., 274? numb. l. 19cm.
Signatures : †4, A-Z8, Aa-Ll8, Mm2?
f. 2a, 39 lines, 156×102mm.
l. 258-263, 273, 275-? wanting.
l. 267 bound after l. 240.
1st Spanish ed. Alcala, 1513.
1st Italian ed. Venice, 1557.
★ Brunet III 131.
♣ *Pallavicino pr la China.* 1045

I

3314

Imperato, Ferrante, 1556-1621.

Dell'historia natvrale di Ferrante Imperato Napolitano. Libri XXVIII. Nella qvale ordinatamente si tratta della diversa condition di miniere, e pietre. Con alcune historie di Piante, & Animali; sin' hora non date in luce. In Napoli, Nella Stamparia à Porta Reale. Per Costantino Vitale, 1599.

12 l., 791p. illus., fold. plate. 28½cm.
Signatures : a-c4, A-Z6, Aa-Zz6, Aaa-Vuu6.

p. 11, 38 lines, 219×136mm.
Illus. t.-p.
1st ed.
Indices at beginning.
★ Brunet III 431.
♣ *Missionis Chinensis. — Collegij Societatis Jesv Pekini.* 946

3315

Intorcetta, Prospero, *SJ,* 1626-1696.
Compendiosa narratione Dello Stato della Missione Cinese, cominciãdo dall' Anno 1581. fino al 1669. Offerta in Roma. Alli Eminentissimi Signori Cardinali della Sacra Congregatione de Propaganda Fide. Dal P. Prospero Intorcetta della Compagnia di Giesù, Missionario, e Procuratore della Cina : con l'aggiunta de' Prodigij da Dio operati; e delle Lettere venute dalla Corte di PeKino con felicissime nuoue. In Roma, Per Francesco Tizzoni, 1672.

126, [2]p. 16cm.
1st ed.
Errata at end.
Contents. — Compendiosa narratione dello stato della Missione Cinese, dall' anno 1581 fino al 1669. — Catalogo dei 30 sacerdoti, che nella Corte di Pekino furono presentati à giudici. — Catalogo de' prodigii succeduti nella Cina sotto l'imperio de' Tartari, cosi ne preludii, come nel decorso di quest' ultima persecutione. — Lettera de' Padri L. Buglio, F. Verbiest, e G. Magaglianes, che la scrisse a 2 di Genuaro 1669 dalla Città di Pekino à Padri cacciati in esilio nella provincia di Cantone. — Lettera del P. Christiano Herdtrich. S. J. scritta dalla Cina à 23 di Novembre 1670 al P. Prospero Intorcetta.
★ Sommerv IV 643 n° 7.—Streit V 849 n° 2405.
♣ *Nankim. — Ve Prouae Sinensis Soc. Jes. — P. Felippe Grimaldi.* 3335

3316

— o. c.

♣ *Ve Prouae Sinensis Soc. Jes. P. Ferdinando Verbiest.* 3336

3317

— o. c.

♣ *Ve Prouae Sinensis Soc. Jes. — P. Germano Macret.* 3337

3318

— o. c.

♣ *Nankim.* 3338

3319

— o. c.

3339

3320

Istruzione per i novelli confessori, Nella quale si sminuzza tutta la Pratica del Sagramento della Penitenza, Opera d'un Ecclesiastico, che si esercita nelle Missioni.

Parte seconda. In cui si compendiano le Dottrine, e li Casi, che possono avvenire con ogni sorta di persone, e si dichiarano diverse Bolle Apostoliche appartenenti ad esse. In Lucca, Per Leonardo Venturini, 1744.

v. 2. 15cm. 3284

3321

Izquierdo, Sebastian, *SJ,* 1601-1681.
Mezzi necessarij per saluarsi dal P. Sebastiano Izqvierdo della Compagnia di Giesv. Proposti in Ispagnuolo. Et esposti in Italiano da vn'altro Padre della stessa Compagnia. In Roma, per il Varese, 1674.

600p. 13cm.
1st Spanish ed. Rome, 1674.
1st Italian ed.
★ Sommerv IV 703 n° 7.
♣ *Isidorus Lui?* 2294

J

3322

[José Maria d'Evora, *OMObs*]
Compendio della vita di S. Giacomo della Marca Minore Osservante dell' Ordine di S. Francesco ... In Roma, Nella Stamperia di Giorgio Placho a S. Marco, 1726.

8 l., 211p. 2 ports. 16½cm.
Author : José Maria d' Evora, *OMObs. cf.* Dedication & CathEncy VIII 279.
1st ed.
♣ *Ad vsũ Fr. Joan. Anti de Portu Ferrajo Regul. Obstiae.* 2932

3323

Juan de Jesus Maria, *OCarm.* 1564-1615.
Disciplina claustrale, o Pratica de gl'atti della vita Religiosa. Per farli con spirito, e perfezione, la quale s'osserva frà Carmelitani Scalzi. Composta dal M.R.P.F. Giovanni di Gesu Maria Già Maestro de' Novizj in Roma. Aggiuntovi in questa Edizione il Sentenziario del B.P. Gio : della Croce Carmelitano Scalzo. In Venezia, Per Luigi Pavino, 1724.

216p. 12½×6½cm.
♣ *Ad usum F. Archangeli Mariae a S. Anna C.D.* 2493

L

3324

La Colombière, Claude de, *SJ,* 1641-1682.
Divozione al Sagro Cvore di Nostro Signore Giesv Cristo, Cauata dalle Opere del V. Padre Claudio de la Colombiere della Compagnia di Giesù; E con questa nuoua impressione, doppo trè altre forastiere, dedi-

cata a S. A. Serenissima la Sig[ra] Principessa di Vavdemont Anna Elisabetta nata Principessa di Lorena &c. In Milano, Per Federico Agnelli, 1698.

6 l., 493, [9]p. front., plate. 14½×8cm.
1st Italian ed. Naples, 1696.
★ Sommerv II 1316 n° 6 (ed. wanting)
♣ *Veyo da Rezid[a] de Cinanfu.* 2580

3325

Lana-Terzi, Francesco, *SJ,* 1631-1687.

Prodromo Ouero saggio di alcune inuentioni nuoue premesso all' arte maestra Opera che prepara il P. Francesco Lana Bresciano della Compagnia di Giesv. Per mostrare li piu reconditi principij della Naturale Filosofia, riconosciuti con accurata Teorica nelle piu segnalate inuentioni, ed isperienze sin' hora ritrouate da gli scrittori di questa materia & altre nuoue dell'autore medesimo ... In Brescia, Per li Rizzardi, 1670.

4 l., 252p. 14 plates, music, 5 diagrs. 30½cm.
1st ed.
★ Brunet III 823.—Sommerv IV 1442 n° 3.
♣ *Da V Proi[a] da China da Comp[a] de Jesus.* 690

3326

— o. c.

Ms. marginal notes.
♣ *Collegij Societatis Jesv Pekini.* 734

3327

— o. c. 34½cm.

♣ *V. Provinciae Sinensis.* 735

3328

La Palisse, C. de.

Breve, perfetta, e nvova grammatica Francese del Signor C. de la Palisse Dottor in ambe le Leggi, & Avocato &c. ... In Venezia, Per Domenico Lovisa, 1717.

4 l., 142(*i.e.* 144), [1], 3-136p. incl. tables. 16cm.
♣ *Ad uso di Fra Bernardino M[a] da Scala della Regolar Osza del P. S. Franc[co]. — Ex dono R. P. Simpliciani de Canegrato Reg. Obs[ae] S. Franc[i].* 3207

3329

La Primaudaye, Pierre de, *b.* 1545.

Nvova Academia Francese Nella quale si discorre della creatione del Mondo, & di tutte le sue Parti ... & della Generatione, & corrutione di tutte le cose, & della vera essenza, & virtù Diuina, & eterna. Di Pietro della Primaudaye ... E da lui data in luce in lingua Francese sotto titolo di Terza Parte, Et nuouamente trasportata nella nostra Italiana, per Alessandro Rauerio da Cesena. Con tre copiosissime Tauole ... In Venetia, Appresso Sebastiano Combi, 1610.

20 l., 343p. 22cm.
Signatures: a-e[4], A-X[8], Y[4].
p. 5, 47 lines, 169×107mm.
1st French ed. Paris. 1577-94.
★ Brunet III 837. 1116

3330

Lazari, Alberto.

Motivi e cavse Di tutte le Guerre principali, Mutatione de' Regni, Republiche, Dominij, e Signorie. Svccesse in Evropa, Asia, et Africa. Dall' Anno 1494. sino al tempo presente. Descritte, e divise in sei parti Dall' Academico Carmelita Alberto Lazari, Tra gl' Offuscati Cesenatensi l'Appannato ... In Venetia, Appresso Gio: Battista Catani, 1669.

v. 1, 2. front. 21cm.
Of the 6 parts stated in the title, library has only pt. 1, 2 (1494-1560)
Index at beginning of each volume.
♣ *Ex lib. rel. P[i] ab Ill[mo] ac R[mo] Pat[a] Alex[o].* 1863

3331

Ledesma, Diego, *SJ,* 1519-1575.

Modo per insegnar la dottrina christiana. Composto per il Dottore Ledesma, della Compagnia di Giesv. In Roma, Per gli Haeredi d' Antonio Blado, 1573.

62 (*i.e.* 63) numb. l., 3 l. incl. musics. 14×7½cm.
Signatures: A-E[12], F[6].
f. 4 a, 26 lines, 104×47mm.
1st ed.
Bound with: Bellarmino,R. *Saint.* Dichiaratione piu copiosa della dottrina christiana, Roma, 1600.
★ Sommer IV 1651 n° 6. 2526a

3332

Lelonotti, Odomenigico.

Dell' angvstie del peccatore, Trauagliato dalla vicina Morte, e dal pericolo d' Eterna dannatione, per l' abuso della Christiana Fede. Trattato primo Hipomnistico, cioè esortatorio à penitenza de Odomenigico Lelonotti Da Fanano. Publicato ad istanza dell' Illustrissimo Signore Lelio Ottonelli conte di Tregnano ... Con due Indici, vno de' Capi, l'altro delle Materie. In Fiorenza, Nella Stamperia di Gio: Antonio Bonardi, 1655.

6 l., 384, [1]p. 21½cm.
On half-title page: Il peccatore angvstiato dalla vicina morte per l' abvso della Christiana fede.
Index & errata: p. 371-[385]
♣ *Caza de Ham cheu Soctis Jesu.* 2345

3333

Lemene, Francesco, *Conte de,* 1634-1704.

Dio Sonetti ed hinni consagrati al Vicedio Innocenzo Vndecimo Pontefice Ottimo Massimo Dal Signor Francesco de Lemene. In Milano, & in Parma, Per Giuseppe dall' Oglio & Ippolito Rosati, 1684.

4 l., 192p. 16½cm.
♣ *Vice Prov.* 2505

3334

Lémery, Nicolas, 1645-1715.

Corso di chimica Del Signor Nicolò Lemery, Ch'insegna il modo di fare l' Operationi, che sono usuali nella Medicina, con metodo facilissimo, E Raggionamenti sopra ciascuna Operatione. Tradotto dall' ultima Editione Francese, La qual è stata molto aumentata dall' Autore, Et arrichita d'VIII. Figure in Rame. In Venetia, appresso Gio: Gabriele Hertz, 1700.

13 l., 782p. illus. (incl. diagrs), fold table. 16cm.
Added engr. ornamented t.-p.
On added t.-p.: Chimica del Sig. Lemerij.
1st French ed. Paris, 1675. 700

3335

Lomazzo, Giovanni Paolo, 1538-1600.

Trattato dell' arte della pittvra, scoltvra, et architettvra, di Gio. Paolo Lomazzo Milanese Pittore, Diuiso in sette libri. Ne' qvali si discorre De la Proportione De' Moti, De' Colori, De' Lumi, De la Prospettiua, De la pratica de la Pittura, et finalmente de le Istorie d'essa Pittura. Con vna tauola de' nomi de tutti li Pittori, Scoltori, Architetti, & Matematici Antichi, & Moderni ... In Milano, Per Paolo Gottardo Pontio, A instantia di Pietro Tini, 1585.

20 l., 700 (*i.e.* 698)p., 1 l. 22cm.
Signatures: †[8], ††[12], A-Z[8], Aa-Vv[8], Xx[6].
p. 3, 35 lines, 162×103mm.
1st ed.
Errata at end.
★ Brunet III 1148.
♣ *Bibl. Trig.?* 1132

3336

Lonchamps, Jean Alexandre.

La nvova, e plv accvrata grammatica delle tre lingve Italiana, Spagnvola, e Franzese, cioè, la Franzese, e l'Italiane del già Eccellente Signor Giouanni Alessandro Lonchamps, e la Spagnuola del già Famoso Sig. Lorenzo Franciosino ... Con l'Aggiunta dell' Interprete Sinottico, Quarto Libro del Sig. Angelo da Firenze ... In Bracciano, Nella Ducale Stamperia di Iacomo Fei d'Andrea figliolo, 1656. A spese di Francesco Arigone ...

4 l., 132p., 2 l., 78p. 2 l. 16½cm.
Our copy contains only Italian and French grammar.
♣ *V. Provinciae Sinensis Soc. Jesu.* 3574

3337

Loschi, Alfonso, *Conte.*

Compendi historici Del Conte Alfonso Loschi In questa Sesta Impressione regolati, & accresciuti dall' Autore con aggionta de più memorabili successi di Europa, e Leuante sino l' anno MDCLXVIII ... In Vicenza, Appresso Giacomo Amadio, [1668]

2 v. in l. fronts., 15 fold. tables. 23cm.
7 l., 466, [6]p.; 6 l., 376p.
Date of publ. *cf.* Dedications and t.-p. of pt. 2.
Pt. 2 has a special title: Comentari di Roma e serie degl' Imperatori sino a Leopoldo Ignatio.
Ms. marginal notes.
Index at end of each part.
♣ *Ex li. rs P. ab Illmo ac R^mo P^a Alex^o.* 1871

3338

[Lottini, Giovanfrancesco]

[Avvedimenti civili. In Fiorenza, Appresso Bartolomeo Sermartelli, 1574]

14? l., 245, [2]p. 22cm.
Signatures: a?-c[4], d[2], A-Z[4], Aa-Hh[4].
p. 3, 39 lines, 165×108mm.
4? p. l. (incl. t.-p.) wanting.
Author: Giovanfrancesco Lottini; title, etc. *cf.* Caption title & colophon.
Ms. marginal notes.
Index at beginning.
Errata at end.
♣ *Ex lib. relic. ab Ill^o ac R^o D P^a Alex^o.* 1599

3339

[Louis François d'Argentan, *OMCap*] 1615-1680.

Il christiano interiore, overo La conformità Interiore, che deuono hauere li Christiani con Giesù Christo. Opera tradotta dalla Lingua Francese nell' Italiana ... In Milano, Per Francesco Vigone, 1666.

12 l., 718, [20]p. 11½×6cm.
p. 491-494 wanting.
Author: Louis François d' Argentan, *OMCap. cf.* DictOuvrAnonym I 592.
Tr. by Alessandro Cenami. *cf.* DictTheolCath IX 961.
1st French ed. Rouen, 1660.
1st Italian ed. Bologna, 1665.
Bound with: Barry, P. de, *SJ.* La filosofia del vero christiano, Milano, 1668.
♣ *P. Pattinara. — Veyo da Rezid^a de Cinanfu. — Ve Prov^a da China.* 3514

3340

[—] Il christiano interiore, Ouero la conformità interiore, che deono hauere li Christiani con Giesù Christo. Accresciuto con la Filosofia del vero christiano; Opere tradotte dal Francese in Italiano dal Signor Alessandro Cenami Priore di S. Alessandro di Lucca ... Bologna, Per gli Heredi di Euangelista Dozza, 1666.

5 l., 633, [10]p. front., illus. 14½cm.
Author of « La filosofia del vero christiano »: Paul de Barry, *SJ. cf.* Dict OuvrAnonym III 830.
1st French ed. of « La filosofia del vero christiano », Lyons, 1665.
1st Italian ed.
♣ *S. felice Mar^a Espinha Menaca? nel Mon^ro di N^sa Sig^ra della Miser^a Genen...* 2510

3341

Louis François d'Argentan, *OMCap,* 1615-1680.

Esercitii del christiano interiore, Ne quali s' insegnano le pratiche per conformare il nostro interiore à quello di Giesù Christo, E per viuere della sua vita. Composti dal Padre Luigi Francesco d' Argentano Capuccino In lingua Francese, e nouellamente tradotti nell' Italiana ... In Genova, Per Benedetto Celle, 1670.

2v. 14×7cm.
Tr. by Antonio de Rapallo, *OMCap. cf.* Dict TheolCath IX 962.
1st French ed. Paris, 1664.
1st Italian ed.
♣ *Collegij Soc^tis Jesu Pekini.* 2649

3342

Lunadoro, Girolamo.

Relatione della Corte di Roma, E de' Riti da osseruarsi in esta, e de' suoi Magistrati, & Offitij, con la loro distinta giurisdittione. Dal Sig. Caualier Girolamo Lunadoro già data in luce. Di nuouo accresciuta, ampliata ... In Roma, Per Angelo Barnabò, Erede del Manelfi, 1654.

6 l., 355, [29]p. 13½cm.
Index : p. [356]-[384]
♣ *Applicado a Vice Provincia da Comp. de Jesu da China. Fr. Francisco Pereira Coimbra 20 Agosto 1656. No Cubiculo do P^e V Provincial.* 2228

3343

Luys de Granada, *OP,* 1505-1588.

Epitome ouero Compendio dell' Introdvttione del Simbolo della fede, del R.P.F. Lvigi di Granata, Nel quale sotto breuità si contiene tutto quello, che dal medesimo auttore nel Simbolo è stato scritto. Da Lui nuouamente dato in luce con aggivnta d' vn trattato per insegnare i misterij della nostra Fede à gl' Infedeli. Et Tradotto dalla Lingua Spagnuola nella Thoscana per Camillo Camilli ...Venetia, Appresso Damian Zenaro, 1590.

14 l., 334, 44 p. illus. 21½cm.
Signatures : a⁶, a⁸, A-X⁸, A⁴, B⁸, C¹⁰ (X8 blank)
p. 3, 41 lines, 166×103mm.
Illus. t.-p.
Running title : Quinta parte del simbolo.
« Breve trattato » has a special t.-p.
1st Spanish ed. of « Introduccion al simbolo », Salamanca, 1582.
★ Streit I 82 n° 184 (Breve trattato)
♣ *Ex lib. relic. Pekini ab Illmo ac R^mo Pat^a Alex^o.* 1767

3344

— Della introdvttione al Simbolo della fede. Parti qvattro ... Del R. P. M. F. Lvigi di Granata, dell' Ordine di S. Domenico Traslata di Lingua Castigliana in Tosca dal S. Filippo Pigafetta. Et dal medesimo conforme al testo nuouamente corrette. In Venetia, Appresso Pietro Maria Bertano, 1623.

4 pt. in 1. 22½cm.
195, 210 (*i.e.* 200), 158p., 4 l., 223p.
Signatures : A-L⁸, M¹⁰; A-M⁸, N⁴; A-K⁸ (K8 blank); a⁴, A-O⁸.
p. 15, 50 lines, 180×113mm.
Text in 2 col.
♣ *Ex lib. relic. P^ni ab Illmo R^mo P^a Alex^no.* 1656

M

3345

Maggi, Carlo Maria, 1630-1699.

Rime varie di Carlo Maria Maggi Accademico Faticoso. Nuouamente ristampato ... In Milano, Nella Stampa di Carlo Giuseppe Quinto, 1689.

10 l., 348p. 15½cm.
1st ed. Florence, 1688.
♣ *P. Faillat.—Veyo da Rezid^a de Cinanfu.* 3135

3346

Magini, Giovanni-Antonio, 1555-1617.

Moderne tavole di geografia, Dalle quali, secondo, che hoggidi si troua l' Vniuerso, vedesi la faccia del Mondo, tutte le sue Parti, Prouincie, Regioni, e ciascuni suoi Imperij, & altri Dominij, Con espositioni ampissime dell' Eccellentiss. Sig. Gio. Ant. Magini Padovano ... Tradotte dal R. D. Leonardo Cernoti Vinitiano Canonico di S. Salvadore. [Venice, 1598]

2 l., 20-212, [30] numb. l., 37 maps. 31cm.
Signatures : A-Z⁶, Aa-Ll⁶, Mm⁹, a-e⁶.
Fol. 21a, 50 lines, 240×140 mm.
18 l. (sign. A-C⁶) incl. t.-p. wanting.
The above title is the half-title of pt. 2.
According to Brunet IV 956 Cernoti's translation of Magini's work « Commentarius in Geographiam et Tabulas Ptolemaei » contains the Italian version of Ptolemy's text. This part is wanting in our copy.
All maps, save the 1st, included in pagination.
Place & date of publication. *cf.* Brunet, ib.
1st Latin ed. Cologne, 1597.
1st Italian ed.
★ Brunet IV 956. 666

3347

Mansueto di Brembilla, *OFM.*

L'infermiere in pratica sopra la cura di tutti li morbi del corpo umano overo Compendio di arte medica diviso in cinque Parti ... Data in luce da Fra Mansueto di Brembilla Bergamasco ... Con l' Indice de' Capitoli, che si contengono in quest' Opera ... In Venezia, Apresso Domenico Lovisa. 1728.

8 l., 547, [5]p. 23½cm
Text in 2 col.

Errata : p. [550]-[552]
♣ *Ad usum P. Archangeli Mrae à S. Anna Carmelae Discalcti.* 917

3348

Marchetti, Annibale, *SJ,* 1638-1709.

La terrena beatitudine saggio, e caparra della celeste. Opera del P. Annibale Marchetti Della Compagnia di Giesù divisa in tre libri, Ne' quali si dimostra il modo di accordare in un medesimo soggetto la felicità di questa vita, e dell' altra. In Roma, Per Gaetano Zenobj, 1704.

6 l., 350, [18]p. 23cm.
Index and errata : p. [351]-[368]
1st Latin ed. Macerata, 1696.
1st Italian ed.
★ Sommerv V 527 n° 2. 2368

3349

Marin, Michel Ange, *OMinim,* 1697-1767.

Il Baron Van-Esden ovvero La republica degl' increduli opera del P. Michelangelo Marin dell' Ordine de Minimi Dall' Idioma Franzese Tradotta Divisa in Capitoli, di Sommarj e di Tavole Accresciuta per un teologo Toscano ... Lucca, Nella Nuova Stamperia di Giuseppe di Jacopo Simoni, 1765-66.

3v. 21½cm. (v. 3 : 21cm.; v. 2 : 20cm.)
1st French ed. Toulouse, 1762. 2803

3350

Martellino, Giuseppe.

Metodo facile, e pratico per l' ajuto de' moribondi. Cavato dalla Sacra Scrittura, Santi Padri, e da diversi Autori. Dal Dottore D. Giuseppe Martellino Paroco della Chiesa di S. Giorgio, Ottava edizione. In Venetia, Appresso Andrea Poletti, [1694?]

431p. 16cm.
« Reimprimatur » dated 1694.
Index : p. [422]-431. 2356

3351

Martini, Lorenzo, *SJ,* 1608-1681.

Giardino Di varij Fiori di virtù, e Frutti di attioni heroiche Operate da alcuni Padri, e Fratelli della Compagnia di Giesv Composto, e compilato dal P. Lorenzo Martini della Compagnia di Giesv. In Roma, presso il Varese, 1672.

12 l., 696p. 16cm.
Index and errata at beginning.
1st ed.
★ Sommerv V 646 n° 6.
♣ *V Prouae Sinēsis Soc. Jes.* 1972

3352

— o. c.

♣ *Missionis Sinensis Soc. Jesv. — Veyo da Rezida de Cinanfu. — V Prouae Sinensis.* 2178

3353

— o. c.

♣ *V Prouae Sinensis Soc. Jes.* 2283

3354

— o. c.

♣ *V Prouae Sinēsis Soc. Jes.* 2558

3355

Mascardi, Agostino, 1591-1640.

Discorsi morali di Agostino Mascardi Sù la Tauola di Cebete Tebano. In questa nostra impressione corretti, e migliorati. In Venetia, Per Francesco Baba, 1653.

18 l., 542, [31]p. 14×7½cm.
Fol. 1 (half-title page?) wanting.
1st ed. Venice, 1627.
♣ *V. Prouae.* 2778

3356

— Prose vvlgari Di Monsignor Agostino Mascardi ... Divise in dve parti. Aggiuntovi li Saggi Accademici, e di più in questa ultima stampa l' Oratione per l' Elettion in Rè de' Romani di Ferdinando d' Austria, non più stampata. In Venetia, Per Francesco Baba, 1653.

9 l., 552p., 2 l., 264, [24]p. port. 14×7½cm.
Fol. 1 (half-title page?) wanting. 3181

3357

Massei, Giuseppe, *SJ,* 1626-1698.

Vita del Venerabil Servo di Dio, et esimio teologo P. Francesco Svarez della Compagnia di Giesv, scritta dal P. Gioseppe Massei Della medesima Compagnia. Roma, Per Domenico Antonio Ercole, 1687.

10 l., 253 (*i.e.* 249), [1]p. 22cm.
1st ed.
Errata at end.
★ Sommerv V 706 n° 2.
♣ *Aplicado à Resida de Chin kiam por ordē publicada pelto P. V Proval Joao de Saa.* 2039

3358

— o. c.

♣ *Collegij Soc. Jesv Pekini.* 2927

3359

— Vita di S. Francesco Saverio Apostolo dell' Indie Della Compagnia di Giesù. Scritta dal P. Givseppe Massei Della medesima Compagnia. Seconda editione Riueduta, e coretta dall' istesso Autore. In Roma, Per Ignatio de' Lazari, 1682.

10 l., 428p. 22½cm.
1st ed. Rome, 1681.
Index : p. 400-428.
★ Sommerv V 705 n° 1. — Streit V 185 n° 556.
♣ *Residentiae Yam cheu.* 1970

3360

Massei, Giuseppe, *SJ,* 1626-1698.

Vita di S. Francesco Saverio Apostolo dell' Indie Della Compagnia di Giesv. Scritta dal P. Givseppe Massei Della medesima Compagnia. Terza editione ... In Bologna, Per l' Erede di Vittorio Benacci, 1684.

14 l., 547, [1]p. 15×8cm.
Index & errata : p. 511-[548]
★ Sommerv V 706 nº 1. — Streit V 191 nº 581.
♣ *Nankim.* 2448

3361

Matthioli, Pietro Andrea, 1500-1577.

I Discorsi di M. Pietro Andrea Matthioli Sanese ... Nelli sei libri Di Pedacio Dioscoride Anazarbeo della materia Medicinale Hora di nvovo dal svo istesso avtore ricorretti, & in piu di mille luoghi aumentati. Con le figure grandi tutte di nuouo rifatte, & tirate dalle naturali & uiue piante, & animali, & in numero molto maggiore che le altre per auanti stampate. Con due Tauole copiosissime spettanti l' una à ciò, che in tutta l' opera si contiene, & l' altra alla cura di tutte le infirmità del corpo humano ... In Venetia. Appresso Vincenzo Valgrisi, 1568.

88 l., 672p. illus., port. 36½cm.
Signatures : ✝-✝✝6, ✝✝✝4, a-l6, m7, A-Z6, Aa-Zz6, Aaa-Kkk6 (d6 blank)
p. 3, 62 lines, 284×165mm.
p. 673-? (lib. 3-6) wanting.
Ms. marginal notes in Chinese.
1st ed. Venice, 1544.
Errata at beginning.
★ Brunet III 1539.
♣ *S. C.* 1123

3362

— I Discorsi di M. Pietro Andrea Matthioli Sanese ... nei sei libbri di Pedacio Dioscoride Anazarbeo della materia Medicinale : dal suo stesso autore innanzi la sua morte ricorretti, & in più di mille luoghi aumentati. Con le figure tirate dalle naturali, e vive Piante & Animali in numero molto maggiore, che le altre per avanti stampate. Con due Tavole copiosissime : l' una à ciò, che in tutta l' Opera si contiene : e l' altra alla cura di tutte le infermità del corpo humano. In Venezia, Presso Nicolò Pezzana, 1712.

76 l., 851p. illus. 34½cm.
Text in 2 col.
Half-title : Erbario del Matthioli.
♣ *Comprado para Chimtim fu pello P. Carlos de Rezende em 1734.* 1008

3363

Medina, Pedro de, *b. ca.* 1510.

Arte del navigare dell' Eccel. Dottor Pietro da Medina. Nella quale copiosamente si tratta tutto quello, che appartiene alla Nauigatione, e sua cognitione. In oltre le regole, dichiarationi, noui & secreti, & auisi necessarij al nauigare ... Di nouo ampliata, & corretta ... In Venetia, Appresso Tomaso Baglioni, 1609.

7 l., 137 numb. l. incl. tables, diagrs. 21cm.
Signatures : A-b4, A-Q8, R10 (b4 blank)
f. 2a, 29 lines, 164×111mm.
1st Spanish ed. Valladolid, 1545.
★ Brunet V 1572.
♣ *Bibl. Trig.* 480

3364

Mei, Girolamo.

Discorso sopra la mvsica antica e moderna, di M. Girolamo Mei Cittadino ed Accademico Fiorentino ... In Venetia, Appresso Gio Battista Ciotti, 1602.

12 unnumb. l. 20cm.
Signatures : A-C4.
l. [3]a, 29 lines, 166×98mm.
Text printed in italics.
Bound with : Botero, G. La primavera, Torino, 1607 and others. 684c

3365

Meyer, Cornelius.

L'arte Di restituire à Roma la tralascita Nauigatione del suo Teuere. Divisa in tre parti : 1. Gl' impedimenti, che sono nell' alueo del Teuere da Roma à Perugia, e suoi rimedij. 2. Le difficoltà, che sono nella Nauigatione del Teuere da Roma sino al Mare, e suoi rimedij. 3. Nella quale si discorre perche Roma è stata fabricata, e mantenuta sù le sponde del Teuere, e si tratta d' alcun' altre propositioni proficue per lo Stato Ecclesiastico. Dell' ingegniero Cornelio Meyer Olandese Dell' Academia Fisicomatematica Romana. In Roma, Nella Stamperia del Lazzari Varese, 1685.

91 unnumb. l., 15p. illus. 40½cm.
Without signatures.
Added illus. t.-p.
Appendix : « Sac. Congr. Riparum Tyberis Romana remunerationis pro illustriss. D. Cornelio Meyer. Memoriale. [colophon] Romae, ex typographia Rev. Cam. Apost. 1685 » 15 p. at end.
♣ *Collegij Societatis Jesu Pekini.* 1633

3366

Michelini, Famiano.

Trattato della direzione de' fivmi Nel quale si dimostrano da' suoi veri principi i modi più sicuri, e meno dispendiosi di riparare a' danni, che sogliono farsi dall' Acque. Di D. Famiano Michelini, Filosofo, e Mathematico ... In Firenze, Nella Stamperia della Stella, 1664.

8 l., 151, [1]p. 24cm.
Ms. marginal notes.

Errata : p. 151.
♣ *Ex dono Cosmi 3ij Magni Etruriae Ducis Missioni Sinensi per P. Philippum Grimaldi eiusdem Proc.rem anno Sal. 1689. die 19. jun. Florentiae. — Collegij Societatis Jesv Pekini.* 551

3367

Miloni, Francesco.

L'Ecclesiastico in Corte E l'Instituzione, che gli sarà opportuna a farui profitto. Dell' Abbate Francesco Miloni ... In Roma, Per Gio : Francesco Buagni, 1693.

12 l., 676, [36]p. 25cm.
Index & errata : p. [677]-[712]
♣ *Ex lib. Illmi ac Ri D. Patae Alexi.* 2385

3368

[Montecatini, Balthasar] *SJ*, 1651-1720.

L'inganno nascosto nel disinganno, e discoperto Da un Padre della Compagnia di Giesù in risposta ad un libro intitolato Il disinganno, composto Da un Religioso dell' Ordine de' Predicatori. Parte prima, In cui si manifestano gl' inganni nelle false citazioni, e interpretazioni de testi degli Autori Giesuiti. In Colonia, 1702.

2 l., 418 (*i.e.* 408)p. 16½cm.
Author : Balthasar Montecatini, *SJ. cf.* Sommervogel IX 1117.
« Il disinganno » was written by Tabaglia. *cf.* Sommervogel I 1308.
1st ed. Cologne, 1701.
No second pt. has been published.
Errata : p. 415-418.
★ Cordier 878. — Sommerv V 1240 n° 3. — Streit VII 64 n° 2238. 3378

3369

Morabito, Antonio Saverio, *SJ*, 1691-*after* 1766.

Il devoto di Maria Immacolata Guidato nella divozione verso la di lei Purissima Concezzione Con la pratica de' Dodici Sabbati precedenti al Giorno Festivo : Proposto dal P. Antonino Saverio Morabito Della Compagnia di Giesu ... In Palermo, Per Gaspare Bayona, 1721.

2 l., 303, [4]p. 13cm.
★ Pfister 663. 3512

3370

— o. c.

3513

3371

Moretti, Tomaso.

Trattato dell' artiglieria di Tomaso Moretti ... In Brescia, Per Gio. Battista Gromi, 1672.

6 l., 55, [1]p. illus. (incl. diagrs.), tables. 20½cm.
♣ *Collegij Societatis Jesv Pekini. — Proua do Japão.* 1071

3372

Musso, Cornelio, *OMConv*, 1511-1574.

Delle prediche quadragesimali Del Reuerendiss. Mons. Cornelio Musso Vescouo di Bitonto, Sopra l'Epistole & Euangeli correnti, per i giorni di Quaresima, e per li due primi giorni di Pasqua. E sopra il Cantico di Maria Vergine per li Sabbati. Con la vita dell' avttore, Et due Tauole l' vna delle Prediche, l' altra delle cose più notabili. Aggiuntuoi di nuouo vna terza Tauola delle auttorità della sacra scrittura, dall' istesso Auttore citate, e dichiarate ... In Vinetia, Nella Stamperia de' Giunti, 1596.

v. 1. 25cm.
Head-pieces.
1st ed. of collected sermons, 1554. 2139

N

3373

Natoli, Francesco.

Delle gratie e miracoli operati Dall' Apostolo dell' Indie S. Francesco Saverio. In Podami Terra di Calabria, Relatione di D. Francesco Natoli, Raccolta Per ordine di Mons. Illustriss. Vescovo di Mileto Seconda editione. In Genova, Per Benedetto Guasco, 1654.

6 l., 272p., 1 l. 12½cm.
♣ *Missionis Sinensis Soctis Jesv AD. 1657.* 2968

3374

Nepveu, François, *SJ*, 1639-1708.

Dell' amore di Gesù e de' mezzi per acquistarlo Trattato Scritto nell' Idioma Francese dal P. Francesco Nepueu Della Compagnia di Gesù Tradotto, e ristampato in occasione delle S. Missioni del P. Paolo Segneri Della medesima Compagnia Aggiuntovi Un Ristretto della Divozione al Sacro Cuore di N. S. Gesù Cristo, cavata dalle Opere del P. Claudio la Colombiere della Compagnia di Gesù. In Roma, per Generoso Salomoni, 1762.

276p. 11½×6cm.
p. 241-250 spoiled.
1st French ed. Nantes, 1684.
1st Italian ed. Lucca, 1707.
★ Sommerv V 1627 n° 3; VII 1090 n° 1. 2408

3375

Neri, Antonio, 1550 *ca.*-1614.

L'arte vetraria distinta in libri sette, del R. P. Antonio Neri Fiorentino. Ne quali si scoprono, effetti marauigliosi, & insegnano segreti bellissimi, del vetro nel fvoco & altre cose curiose. In Firenze, Nella Stamperia de' Giunti, 1612.

4 l., 114, [6]p. 21½cm.

Signatures : †⁴, A-P⁴.
p. 3, 39 lines, 158×93mm.
1st ed.
★ Brunet IV 41.
♣ *Ex libris Haitien.— di F. Angelo di Borgo S. Siro Min. Oss. Riffor. di S. Franco et Mis. Apos. di S. C. di Propag. Pavese.* 156

3376

Nieremberg, Juan Eusebio, *SJ,* 1595-1658.

La differenza Frà il temporale, e l' eterno Opera del Padre Gio. Evsebio Nieremberg della Compagnia di Giesv. Trasportata dalla Spagnuola alla Italiana da vn Religioso della medesima Compagnia. Venetia, Per li Baba, 1663.

11 l., 498p. front. 14cm.
Tr. by Antonio Giulio Brignole Sale, *SJ. cf.* Sommervogel IX 1028.
1st Spanish ed. Madrid, 1640.
1st Italian ed. Venice, 1654.
★ Sommerv V 1740 n° 15; II 166 n° 1. 2464

3377

— Pratica del Cathechismo Romano, e della Dottrina Christiana Cauata principalmente dalli Cathechismi de Pio V. e Clem. VIII. composti conforme al Decreto del Sacro Conc. Trid. da leggersi ogni Domenica, & ogni giorno di festa al Popolo. Composta dal P. Giovanni Evsebio Nieremberg Della Compagnia di Giesù in lingua Spagnuola. Tradotta da vn diuoto della medesima Compagnia nella Italiana ... In Genova, Per Benedetto Guasco, 1656.

6 l., 418p., 4 l., 504p. 14½×8cm.
2 pt. in 1.
1st Spanish ed. Madrid, 1640.
★ Sommerv V 1741 n° 16 (ed. wanting)
♣ *da Casa de Vu cham.— V Proua da China.* 1783

3378

— Pratica del Cathechismo Romano e della Dottrina Christiana ... In Venetia, Appresso Steffano Curti, 1681.

6 l., 573p. 15cm.
2 pt. in 1.
★ Sommerv V 1741 n° 15 (ed. wanting) 1802

3379

Nyel, Louis, *SJ,* 1622-1685.

Vita del P. Anna Francesco di Bovò Della Compagnia di Gesù. Scritta in Francese dal P. Lvigi di Nyel Della Compagnia di Gesv Tradotta in Italiano dal P. Annibale Adami Della medesima Compagnia ... In Roma, Per Angelo Bernabò, 1684.

8 l., 199p. 16cm.
p. 49-60 bound incorrectly.
1st French ed. Paris, 1682.
1st Italian ed.
★ Sommerv V 1853 n° 1; I 49 n° 12. 2963

O

3380

[Oddi, Longaro degli, *SJ***]** 1685-1773, *ed.*

Vita del venerabil Servo di Dio P. Giuseppe Anchieta Della Compagnia di Gesù detto L' Apostolo del Brasile cavata Da' Processi Autentici formati per la sua Beatificazione Da un Sacerdote della medesima Compagnia. In Roma, Nella Stamperia Komarek al Corso, 1738.

8 l., 307, [2]p. port. 18cm.
Ed. by Longaro degli Oddi, *SJ, cf.* Sommervogel V 1864 n° 2.
★ Sommerv V 1864 n° 2.— Streit III 432 n° 1244. 1991

3381

— o. c.

Port. wanting. 2931

3382

Oddi, Muzio, 1569-1639.

De gli horologi solari trattato, di Mvtio Oddi da Vrbino. In Venetia, Per il Ginammi, 1638.

4 l., 235, [1]p. illus. (incl. diagrs., tables) 23cm.
Signatures : A⁴, A-O⁸, P⁶.
p. 3, 24 lines, 136×84mm.
Illus. t.-p.
1st ed.
Errata at end.
♣ *Ex lib. relic. Pni ab Illmo ac Rmo Pata Alexno .* 58

3383

Oliva, Giovanni Paolo, *SJ,* 1600-1681.

Qvaranta sermoni detti in varii lvoghi sacri di Roma da Gio. Paolo Oliva della Compagnia di Giesv. In Roma, Presso il Varese, 1670.

4 l., 808, [20]p. 24cm.
Text in 2 col.
1st ed.
Index & errata : p. [809]-[828]
★ Sommerv V 1886 n° 3.
♣ *Nankim.* 1667

3384

Orlandini, Nicolo, *SJ,* 1554-1606.

Vita del P. Pietro Fabro della Compagnia di Giesv, Primo Compagno di S. Ignatio Loiola. Scritta in Latino dal P. Nicolo Orlandini, E tradotta da Erminio Tacito [*pseud.*] In Bologna, Per l'Herede del Benacci.

8 l., 340, [3]p. 10½cm.
Signatures : †⁸, A-N¹², O¹⁶.
p. 3, 31 lines, 80×40mm.
Erminio Tacito *pseud.* of Terentio Alciati, *SJ, cf.* Sommervogel IX 1412.
1st Latin ed. Lyons, 1617.
1st Italian ed. Rome, 1629.
★ Sommerv V 1935 n° 5; I 147 n° 3. 3006

P

3385

[Pacivolo, Luca] *OFM*, 1445*ca.-after* 1509.

[Summa de Aritmetica, Geometria, Proportioni, e Proportionalita. Et per esso paganino di novo impressa. In Tusculano ... 1523]

8 l., 224, 76 numb. l. illus. (incl. tables, diagrs.) 31½cm.
Signatures: 1-8 (2-4 numb.), A-Z8, †-††8, †††10, AA14; AA-HH8, II-KK6.
f. 2a, 56 lines, 225×131mm.
p. l. 1 & 8 wanting.
According to Smith's Rara arithmetica (p. 58), the pagination is 9 l., 223, 75 numb. l. but « De Morgan has shown that there are slight differences between the copies printed in 1523, proving that a second impression was necessary in that year ».
Author: Luca Pacivolo, title, imprint. *cf.* Dedication and colophon of Tractatus Geometriae.
Colophon of pt. 1: Et si sequ'eti pti pncipali Geoe. finis decima nouembris ipositus fuerit: huic tamen pti die vigesima eiusde impositus fuit. Mo. cccclxliiij. Per eosdem correctore ⁊ imprressorem vt in fine Geoe. hetur.
Colophon of pt. 2: Pervenuti ... al desiderato fine de lo intento nostro ... Con spesa e diligentia, E opifitio del prudente homo Paganino de Paganini da Brescia. Nella excelsa cita di Venegia ... Neli anni de nostra Salute M.cccc.lxliiij. adi. 10. de Novembre ... Frater Lucas de Burgo sancti Sepulchri Ord. Minorum ... hanc summam Arithmetice ⁊ Geometrie Proportionumq; & proportionalitum [*sic*] edidit. Ac impressoribus asistens die noctuq; proposse manu propria castigavit. Et per esso paganino di novo impressa. In Tusculano ... Finita adi. xx. Decembre, 1523. 3583

3386

Palafox de Mendoza, Juan de, 1600-1659.

Il pastore della notte buona Opera del servo di Dio Giovanni di Palafox Vescovo di Osma, Tradotta dallo Spagnuolo nell' Italiano dal Canonico Gio: Jacomo Fatinelli ... In Roma, Presso Francesco Gonzaga, 1712.

18 l., 235, [12]p. 18½cm.
1st Spanish ed. Bruxelles, 1655.
1st Italian ed.
Index: p. [237]-[247] 2749

3387

Palladio, Andrea, 1518-1580.

I qvattro libri dell' architettvra di Andrea Palladio. Ne' quali, dopò un breue Trattato de' cinque ordini, & di quelli auertimenti, che sono più necessarij nel fabricare; si tratta delle case private, delle Vie, dei Ponti, delle Piazze, dei Xisti, & de' Tempij ... In Venetia, Appresso Bartolomeo Carampello, 1601.

67, 78, 46p., 1 l., 133, [1]p. illus. 33cm.
Signatures: A6, B-H4; AA-KK4; AAA-FFF4; AAAA-QQQQ4, RRRR3 (KK4 blank)
p. 9, 55 lines, 262×170mm.
Each part has a woodcut ornamented t.-p.
1st ed. Venice, 1570.
★ Brunet IV 320.
♣ *Missionis Sinensis Patrum Societatis Jesu. — Veyo da Rezida de Cinanfu.* 1141

3388

Pallavicino, Nicolo Maria, *SJ*, 1621-1692.

L'evidente merito della fede cattolica ad essere credvta per vera. In cui si dimostra la verità di quelli articoli, che sono fondamento non solo della vera Religione, ma di qualunque Religione ... Si rende aperta la conformità, che hanno con la diritta ragione tutti i Misterij più arcani de' quali ci è Maestra ... Opera del P. Nicolò Maria Pallavicino Della Compagnia di Giesv. In Roma, Nella Stamparia di Gio: Giacomo Komarek, 1689.

10 l., 519p. 22½cm.
1st ed.
Index: p. 507-519.
★ Sommerv VI 118 no 6.
♣ *Jo: Laureatus.* 1622

3389

— O. C.

♣ *P Claudius Phylippus Grimaldus oret quaeso pro indignissimo servo suo Hieronymo Ma Cattaneo SJ. — Collegij Societatis Jesv Pekini.* 1623

3390

Pallavicino, Pietro Sforza, *SJ, cardinal* 1607-1667.

Del bene libri quattro del Cardinale Sforza Pallavicino della Compagnia di Giesv. Con la nota in fine di ciascun libro delle conclusioni principalmente stabilite in esso. E con un Indice abbondante delle Materie. Terza impressione. In Venetia, Appresso Lorenzo Basegio, 1698.

8 l., 433, [38]p. 21½cm.
1st ed. Rome, 1644.
★ Sommerv VI 122 nº 12.
♣ *Ex lib. relictis ab Illº ac Rmo Pata Alexº.* 2797

3391

Palma, Luis de la, *SJ,* 1559-1641.

Istoria della Sagra Passione, cavata da qvattro Evangelii Scritta in Lingua Spagnuola dal P. Lvigi de la Palma Della Compagnia di Giesù, & tradotta nell' Italiana da vn Religioso della medesima Compagnia ... In Napoli, Per Nouello de Bonis, 1670.

6 l., 322p. 15×8cm.
1st Spanish ed. Alcala, 1624.
1st Italian ed.
★ Sommerv VI 152 nº 14.
♣ *P. Pattinara.—Da Ve Proua da China.* 2590

3392

Panigarola, Francesco, *OMObs,* 1548-1594.

Il predicatore di F. Francesco Panigla. Minore osseruante Vescovo d' Asti, Ouero, Parafrase, Commento, e Discorsi intorno al libro dell' Elocutione di Demetrio Falereo. Oue vengono i precetti, e gli essempi del dire, che già furono dati a' Greci, ridotti chiaramente alla prattica del ben parlare in prose Italiane ... Con due Tauole, vna delle questioni, e l' altra delle cose più notabili ... In Venetia, Appresso Bernardo Giunti, Gio. Battista Giotti, & Compagni, 1609.

20 l., 36, 256 (*i.e.* 254), 950 (*i.e.* 952)p. incl. port. 23cm.
Signatures : †6, a-b4, c6, a-b8, c2; A-Q8; A-Z8, Aa-Zz8, Aaa-Nnn8, Ooo4.
p. 3, 49 lines, 175×108mm.
2 pt. in 1.
Cancels for p. 563-564, 569-570 of pt. 2 bound between p. l. of pt. 1.
Ed. by Stefano da Milano, *OMObs. cf.* Dedication & Preface.
1st ed.
♣ *Bibl. Trig.* 1808

3393

Panvini, Onofrio, *AugEr,* 1530-1568.

La cronologia ecclesiastica del Rever. P. F. Onofrio Panvinio Veronese, Frate Eremitano di Santo Agostino; dall' imperio di C. Givlio Cesare Dittatore, sino all' Imperator Cesare Massimiliano II. d' Avstria ... Tradotta nuouamente dalla lingua Latina nell' Italiana, supplita, & ampliata dall' Anno MDLXVI sino al M.D.XCII. Dal R. M. Bartholomeo Dionigi da Fano ... In Venetia, Presso Bernardo Basa, e Barezzo Barezzi, 1592.

8 l., 192p. 21½cm.
Signatures : a6, A-M8.
p. 13, 48 lines, 164×97mm.
2 p. l. wanting.
1st Latin ed. Cologne, 1568.
Bound with : Platina, B. Delle vite de' Pontifici. 2426a

3394

Passerone, Ludovico.

Gvida geografica, o vero Compendiosa descrittione del globo terreno, Premessa vna breue notitià di tuto l'Vniuerso. Di D. Ludouico Passerone di Lantosca Dottor di Teologia, e d' ambe Leggi. In Torino, Per Bartolomeo Zapata, 1672.

7 l., 383, [1]p. incl. front., diagrs. 15½×8½cm. 606

3395

Patrignani, Giuseppe Antonio, *SJ,* 1659-1733.

[Della vita del Padre Antonio Tommassini della Compagnia di Giesù scritta dal Padre Giuseppe Antonio Patrignani della medesima Compagnia Libri due ... Firenze, Nella stamperia di Michele Nestenus, 1719]

? l., 192p. front. 23cm.
? p. l. (incl. t.-p.) wanting.
For title, etc. *cf.* Caption title & Sommervogel VI 363 nº 12.
1st ed.
★ Sommerv VI 363 nº 12. 3095

3396

Patrizzi, Francesco, 1529-1597.

Della nvova geometria di Franc. Patrici libri XV. Ne' quali con mirabile ordine, e con dimostrazioni à marauiglia più facili, e più forti del le vsate si vede che le Mathematiche per via regia, e più piana che da gli antichi fatto nõ si è, si possono trattare ... In Ferrara, Per Vittorio Baldini, 1587.

4 l., 227, [2]p. incl. diagrs. 20½cm.
Signatures : †4, A-Z4, Aa-Ee4, Ff3.
p. 11, 22 lines, 140×94mm.
1st ed.
Errata at end.
♣ *Bibl. Trig.* 380

3397

[Pedrini, Paolo Felipe Theodorico, *CM.***]** 1671-1746.

Sonate a violino col basso del Nepridi, Opera terza. Parte prima. Ms. 18th cent.

78 p. 28½×21cm. the text being 16½×20cm.
Author's name is slightly concealed under anagram Nepridi.
p. l. t.-p., verso blank, 73 p. of music, 3 blank p.
Contents. — **pt. 1.** Sonata I-VIII. — **pt. 2.** Preludii, Allemande correnti Sarabande Gavotte Minuetti e Pastorale; Sonata IX-XII. 3584

3398

Perini, Lodovico.

Geometria pratica, In cui, oltre i Principj di essa, vi sono molti Insegnamenti intorno alle varie Misure di Terre, Acque, Fieni, Pietre, Grani, Fabbriche, ed altro ... da Lodovico Perini pubblico ingegnere, ed architetto Veronese. Settima edizione, Nella quale, oltre la divisione de' Terreni, si sono aggiunte ora per la prima volta da un dotto Professore Critiche Annotazioni, nuovi calcoli, e curiose pratiche ... In Bassano, a spese Remondini di Venezia, 1773.

160 p. illus. 2 fold. diagrs. 21½cm.
♣ *Stamp of Mgr Alex. de Gouvea.* 351

3399

Petrarca, Francesco, 1304-1374.

[Il Petrarca, corretto da Lodovico Dolce, et alla sua integrità ridotto. In Vinegia, appresso Gabriel Giolito de' Ferrari, 1560]

396 p. 12½cm.
Signatures : A-Q12, R6.
p. 31, 32 lines, 102×44mm.
p. 1-26 (incl. t.-p.?) wanting.
For title. *cf.* Brunet IV 551.
Imprint, etc. *cf.* t.-p. of pt. 2. « I trionfi ».
1st ed. by Dolce, Venice, 1547.
Contents. — **[pt. 1.]** Rime in vita di M. Laura. Sonetti e canzoni in morte di M. Laura. — **[pt. 2]** Trionfo d'amore. Trionfo della castita. Trionfo della morte. Trionfo della fama. Trionfo della Divinita. Capitolo di M. Francesco Petrarca, da lui medesimo rifiutato. Rime del medesimo rifiutate da lui. Sonetti del medesimo pur rifiutati. Canzone di M. Guido Cavalcanti. Canzone di Dante. Canzone di Messer Cino da Pistoia. Tavola.
★ Brunet IV 551. 3456

3400

Piccolomini, Alessandro, 1508-1578.

Parafrasi di Monsignor Alessandro Piccolomini Arcivescovo di Patras, Sopra le Mecaniche d' Aristotile, tradotta da Oreste Vannocci Biringucci, Gentilomo Senese ... In Roma, per Francesco Zanetti, 1582.

127, [5]p. incl. diagrs. 21½cm.
Signatures : A-Q4, R2.
p. 5, 39 lines, 157×99mm.
1st Latin ed. Venice, 1565.
1st Italian ed.
Index at end.
Bound with : Galilei, G. Discorso intorno alle cose, che stanno in sù l'aqua, o che in quella si muouono, Firenze, 1612.
♣ *M. Ch.* 696

3401

Pinamonti, Gio. Pietro, *SJ,* 1632-1703.

Opere del Padre Gio : Pietro Pinamonti Della Compagnia di Gesù, con un breve ragguaglio della sua vita. In Venezia, Presso Nicolò Pezzana, 1714.

12? l., 917 (*i.e.* 925), [7]p. 23½cm.
4 p. l. wanting.
Text in 2 col.
1st collected ed. Bologna, 1698.
Contents. — Breve ristretto della vita del P. G. P. Pinamonti. — Esercizi spirituali di S. Ignazio. — La via del cielo appianata. — La religiosa in solitudine. — Lo specchio che non inganna. — La vera sapienza. — Il cuor contrito. — La croce alleggerita. — L'Inferno aperto al cristiano. — L'albero della vita. — Il sacro cuore di Maria Vergine. — La causa de'ricchi. — Le leggi dell'impossibile. — La vocazione victoriosa. — La sinagoga disingannata. — Bolla del Papa Clemente XI. a favore degli Ebrei. — Breve compendio della doctrina cristiana. — Il direttore della perfezione cristiana. — Exorcista rite edoctus. — Index.
★ Sommerv VI 791 nº 21. 2034

3402

— Esercizii spirituali di S. Ignazio proposti alle persone secolari, Che bramano con questo santo Ritiramento, di eleggere, ò di migliorare il loro stato. Da Gio : Pietro Pinamonti Della Compagnia di Gesù. In Venetia, Appresso Combi, & La Noù, 1699.

520(*i.e.* 518), [6]p. illus. 15cm.
Illus. t.-p.
★ Sommerv VI 772 nº 4 (ed. wanting)
♣ *Veyo da Rezida de Cinanfu.* 2441

3403

Pinelli, Luca, *SJ,* 1542-1607.

Gersone Della perfettione religiosa, e dell' obligo, che ciascuno Religioso hà di acquistarla. Composto dal Padre Lvca Pinelli della Compagnia di Giesv. In Napoli, Appresso Gio. Iacomo Carlino, 1600.

450, [30]p. 13½×7cm.

Signatures : A-V12.
p. 7, 30 lines, 99×51mm.
1st ed.
« Meditationi per la settimana » : p. [457]-[480]
★ Sommerv VI 808 n° 10.
♣ *Missionis Sinensis Patrum Soc. Jesu. — Veyo da Rezida de Cinanfu.* 2258

3404

Pinelli, Luca, *SJ,* 1542-1607.

Trattato del valore, et meravigliosi frvtti della S. Messa. Composto Dal Padre Luca Pinelli di Melfi della Compagnia di Giesù ... In Napoli, nella stamperia di Felice Stigliola à Porta Reale, 1606.

364, [8]p. 13½×7½cm.
Signatures : A6, B-Q12.
p. 11, 25 lines, 100×57mm.
1st ed.
★ Sommerv VI 814 n° 16.
♣ *Da compania de Jesu. — Veyo da Rezida de Cinanfu.* 2525

3405

Pini, Valentino, *CanReg.*

Fabrica de gl' horologi solari Nella quale si trattano non solo Instrumenti per dissegnare horologi sopra ogni superficie di muro, ma anco si danno regole per fabricare altri Horologi portatili, cosi per seruitio del giorno, come della notte. Di don Valentino Pini Canco. Regre. della Congne. del Salvatre, ... In Venetia, Appresso Marco Gvarisco, 1598.

4 l., 46 numb. l., 4 l. incl. tables, diagrs. 32½cm.
Signatures : †4, A-M4, N2.
f. 8a, 50 lines, 238×139mm.
Engr. ornamented t.-p.
Index & errata at end.
Bound with : Cherubini, S. Thavmalemma chervbicvm catholicvm, Venetiis, 1598.
♣ *Collegij Soctis Jesu Pekini.* 273

3406

[Platina, Bartolomeo] 1421-1481.

Delle vite de' Pontefici]

32? l., 418 numb. l. incl. ports. 22cm.
Signatures : a-d8, A-Z8, Aa-Zz8, Aaa-Fff8, Ggg2.
f. 2a, 43 lines, 174×109mm.
16 p. l. (incl. t.-p. ?) wanting.
For title. *cf.* Running title.
1st Latin ed. Venice, 1479.
Contents. — Tavola delle cose piu notabili. Indice brevissimo de' Pontefici Romani. — Platina, B. & Panvini, O. Vite de Pontifici (Di Giesu Christo - Paolo II) — Panvini, O. Continuation (Sisto IV - Pio IV) — Cicarelli, A. Continuation (Pio V - Gregorio IV) — Supplement (Innocentio IX & Clemente VIII)
Bound with : Panvini, O. *AugEr.* La cronologia ecclesiastica, Venetia, 1592. 2426

3407

Plutarchus, *ca.* 46-120.

Vite di Plvtarco Cheroneo de gli hvomini illvtstri [*sic.*] Greci et Romani. Tradotte per M. Lodovico Domenichi, & altri. Et diligentemente confrontate co' testi Greci per M. Lionardo Ghini. Per abbellimento e vaghezza delle quali, oltre a Sommarij del Domenichi ... vi habbiamo inserti gli argomenti, & le annotationi del Sansovino; & l' habbiamo adornate di figure tratte dal naturale; Il tutto di nuouo ricorretto, & riscontrato co' Testi piu autentichi. Con la Vita dell' Auttore descritta da Thomaso Porcacchi. Con due tauole ... In Venetia, Appresso Bartolomeo de gli Alberti, 1607.

2v. illus. 22cm.
Vol. 2; v. 1, p. 75-76 & [1-4] of index wanting.
1st ed. by Domenichi, Venice, 1555.
★ Brunet IV 741. 3269

3408

Politi, Adriano, *fl. 1st half of 17th cent.*

Dittionario Toscano Compilato dal Signor Adriano Politi, Gentilhuomo Senese, Di nuouo ristampato, corretto, & aggiuntoui assaissime Voci ... In Venetia, Appresso il Barezzi, 1655.

8 l., 741, [23]p. 16½cm.
Text in 2 col.
1st ed. Venice, 1615.
« Indice delle voci del dialetto Senese » at end.
♣ *Ex dono Datii Alliatae. — Collegij Societatis Jesu Pekini.* 3279

3409

— Dittionario Toscano, Compilato dal Signor Adriano Politi, Gentilhvomo Senese. Di nuouo ristampato, corretto, & aggiuntoui assaissime Voci ... In Venetia, Appresso Benedetto Milocho, 1678.

8 l., 741, [22]p. 16½cm.
Text in 2 col.
« Indice delle voci del dialetto Senese » at end.
♣ *P. Faillat.* 3157

3410

Pomey, François, *SJ,* 1618-1673.

Indice vniversale, Nel quale si contengono i Nomi di quasi tutte le cose del Mondo, delle Scienze, e delle Arti, co' loro termini principali. Del Padre Francesco Pomei Della Compagnia di Giesv. Portato dal Francese nell' Italiano, ed in questa nuoua edittione dal Traduttore accresciuto, ed arricchito ... Venetia, Appresso Nicolò Pezzana, 1684.

6 l., 396p. 14½×8cm.
Ms. marginal notes.
1st French ed. Lyons, 1667.
1st Italian ed. Venice, 1682.
Index at beginning.
★ Sommerv VI 989 n° 13 (ed. wanting) 3139

3411

Ponce di Leone, Basilio, *AugEr.* 1570-1629.

Discorsi nvovi Sopra tutti gli Euangelii della Quaresima. Del molto Reuerendo Padre Fra Basilio Ponce di Leone Spagnuolo dell' Ordine di Sant' Agostino ... Ne' qvali si contengono espositioni letterali, opinioni, e resolutioni de' Sacri Dottori, dichiarationi di molte Profetie; e per ogni Euangelio vi sono varij Discorsi, ouero Prediche ... Con due Tavole, vna de' luoghi della Sacra Scrittura, e l'altra delle cose più notabili. Tradotti dalla lingua Spagnuola nella Italiana da Ottavio Cerrvto da Casale di Monferrato ... In Venetia, Appresso i Sessa, 1614.

2 v. in 1. 23cm.
27 l., 654p., 27 l., 758p.
Signatures : a-c⁸, A-Z⁸, Aa-Ss⁸ (3 p. l. without sign.); a-c⁸, A-Z⁸, Aa-Zz⁸, Aaa⁸, Bbb⁴ (3 p. l. without sign.)
p. 3, 49 lines, 175×106mm.
Text in 2 col.
1st Spanish ed. Salamanca, 1608.
♣ *Bibl. Trig.* 1786

3412

— o. c.
Vol. 1 wanting. 1920

3413

Porretti, Ferdinando.

Prosodia della lingua Latina che forma la seconda parte della gramatica Già uscita per la prima volta l'Anno 1729 ... Opera di. D Ferdinando Porretti Dott. Teol ... Sesta edizione Ridotta a maggior chiarezza, ed accresciuta con nuova giunta del medesimo Autore. In Padova, Per Giambatista Conzatti, 1744.

212, [1]p. 16×9cm.
Ms. marginal notes.
« Catalogo d'alcune Voci » : p. 193-212. 3169

3414

Porta, Giambattista della, 1537 *ca.*-1615.

Della fisonomia dell' hvomo del' Sig. Gio. Battista della Porta Napolitano. Libri Sei. Tradotta da Latino in volgare, e dall' istesso autore, accresciuta di figure, & di luoghi necessarij à diuerse parte dell' opera ... In Napoli, Appresso Gio. Giacomo Carlino, e Costantino Vitale, Ad instanza di Saluatore Scarano, 1610.

4 l., 346 (*i.e.* 348)p. illus. 33cm.
Signatures : a⁴, A-Z⁶, Aa-Ff⁶.
p. 11, 51 lines, 243×155mm.
p. 37-42, 49-52, 221-222, 267-268, 309-312, 327-328 wanting.
Tr. by Giovanni de Rosa. *cf.* Brunet IV 826.
1st Latin ed. Sorrento, 1586.
1st Italian ed. Naples, 1598.
★ Brunet IV 826. 1566

3415

— Della magia natvrale del Sig. Gio. Battista della Porta Linceo Napolitano. Libri XX. Tradotti di Latino in volgare, con l' aggiunta d' insiniti altri secreti, e con la dichiaratione di molti, che prima non s'intendeuano ... In Napoli, Appresso Gio. Iacomo Carlino e Costantino Vitale, 1611.

4 l., 725 (*i.e.* 741), [1]p. illus. 20½cm.
Signatures : †⁴, A-Z⁴, Aa-Zz⁴, Aaa-Zzz⁴, Aaaa³.
p. 3, 38 lines, 154×100mm.
Tr. by Giovanni de Rosa. *cf.* Caption title.
1st Latin ed. (complete in XX books), Naples, 1589.
★ Brunet IV 826. 972

3416

— I tre libri de' spiritali di Giovambattista della Porta Napolitano. Cioè D' inalzar acque per forza dell' aria. In Napoli, Appresso Gio. Iacomo Carlino, 1606.

98p., 2 l. incl. diagrs. 20cm.
Signatures : A-L⁴, M⁷.
p. 9, 38 liues, 155×100mm.
Bound with : Porta, G. della. De refractione optices parte : libri nouem, Neapoli, 1593.
★ Brunet IV 826. 724a

3417

Prola, Giuseppe Maria, *SJ,* 1658-1732.

Tributo di varj ossequii in onore di S. Giuseppe Proposto a' suoi Divoti da Giuseppe Maria Prola della Compagnia di Giesv ... In Roma, per il Bernabò, 1713.

247p. 15½cm.
1st ed.
★ Sommerv VI 1244 nº 5.
♣ *Dell emo Sacrip. par Fr G. B. di Serravalle.* 2516

3418

Prosperi, Giovanni Tiberio.

Delle maravigliose grazie de S. Luigi Gonzaga In Todi, e sua Diocesi dall' anno 1725, in cui fù acclamato Protettore, sino a tutto il. 1732. Relazione giuridica Dell' [illegible] Gio : Tiberio Prosperi De' Conti di Lameto, Protonotario Apostolico a ciò deputato : E Sentenza Dell' Illustmõ, e Revmõ Monsignor Vescovo Ludov[illegible] Anselmo Gualterio. In Todi, Per Giuseppe Rocchi, 1735.

368, [16]p. 14cm.
Index & errata : p. [369]-[385]
« Relazione d'un successo prodigioso in una Noce detta di S. Lvigi Gonzaga » at end.
♣ *Collegij S. J. Pekini.* 2962

3419

Puente, Luis de la, *SJ,* 1554-1624.

Meditationi del Padre Lodovico da Ponte Della Compagnia di Giesv Sopra i Principali Misterii della Nostra Fede, della Vita, e Passione del N. Sig. Giesù Christo, e della B. Vergine Maria, e de' Santi, e Vangeli correnti. Con la pratica dell' oratione mentale: divise in sei parti. Tradotte dalla Lingua Castigliana nella Toscana dal Signor Givlio Cesare Braccini da Lvcca. Con li suoi Indici ad ogni Parte; & vn' altro delle cose più principali, che si contengono nella presente Opera. In Venetia, Per Mattio Garbizza, 1709.

6 v. 16½cm.
Vol. 2 wanting.
1st Spanish ed. Valladolid, 1605.
1st Italian ed. by Braccini, Rome, 1620.
★ Sommerv VI 1278. 2704

3420

Putignani, Niccolo.

Istoria della vita, de' miracoli e della traslazione del gran taumaturgo S. Niccolo arcivescovo di Mira. Padrone e Protettore della Città, e della Provincia di Bari. Scritta da Niccolo Putignani Canonico ... In Napoli, Nella Stamperia Raimondiana, 1771.

4 l., 586, [5]p. front., port. 24½cm.
Index & errata: p. 575-[588.]
♣ *1771. Donato da Mensig[re] Stefano Borgia Segr[io] di Propaganda per uso di Missionarii che sono in Pekino.* 2001

R

3421

Rainaldi, Giuseppe.

Cibo dell' anima ovvero Dell' Orazione Mentale. Pratica ordinata alla Passione di Cristo Signor nostro per tutti li giorni del Mese di Giuseppe Rainaldi. Con sette brevissime Meditazioni de' Beneficii Divini per li sette giorni della Settimana. Con nuova aggiunta d' altre Meditazioni. Venezia, Ad istanza di Niccolò Taglini, 1700.

312p. 11 cm.
Bound with: Spisani, F. Novena ad honore de S. Filippo Neri, Bologna, 1691. 2535

3422

Ramelli, Agostino, 1531*ca.*-1590.

Le diverse et artificiose machine del Capitano Agostino Ramelli dal Ponte della Tresia Ingegniero del Christianissimo Re di Francia et di pollonia. Nellequali si contengono uarij et industriosi Mouimenti, degni digrandissima Speculatione, per cauarne beneficio infinito in ogni sorte d' operatione; Composte in lingua Italiana et Francese. A parigi in casa del' autore, 1588.

16 l., 338 numb. l. illus. 35½cm.
Signatures: †-††^{8}, A-S^8, T^6, V-Z^8. A-D^8, E^4, F^2, G^4, H^2, I^4, K^2, L^6. M^4, N^2, O^4, P^2, Q^4, R-X^8, Y^4, Z^2, Aa^2, Bb^8, Cc^4, Dd^2, Ee^4, Ff^2, Gg^6, Hh^6, Ii^6, Kk^2.
f. 1 b, 32 lines, 206×145mm.
Engr. ornamented t.-p.
1st ed.
★ Brunet IV 1095. 760

3423

[Ramusio, Giambattista, 1485-1557]

[Primo Volvme, & Terza Editione Delle Navigationi Et Viaggi raccolto gia da M. Gio. Battista Ramvsio, & con molti & vaghi discorsi, da lui in molti luoghi dichiarato & illustrato... Con Tre Tavole di Geographia in disegno, che hanno le marine, secondo le Carte da navigare de Portoghesi, & fra terra, secondo gli scrittori che hanno descritto li detti viagi. Con due Indici, l' uno delli nomi de gli auttori ... L' altro delle cose piu notabili di Geographia ... In Venetia nella stamperia di Givnti, 1563]

? l., 34, 386 (*i.e.* 387) numb. l. 3 fold. maps, illus. 31½cm.
Signatures: a?, b-d^8, e^{10}; a-u^8, x^{10}, y-z^8, aa-zz^8, aaa-bbb^8, ccc?
f. 3b, 55 lines, 254×153mm.
? p. 1. (incl. t.-p.) and p. 387-end wanting.
l. 161 double-numb.
For title, imprint, etc. *cf.* Streit I 40 n° 91.
According to Brunet IV 1100 the 3rd (1563) and 4th (1588) editions have the same collation, as given above; but 3th ed. only contains the 3 maps: these maps are found in our copy.
1st ed. of vol. 1, Venice, 1550.
Contents. — Descrittione dell' Africa, & del paese del Prete Ianni, con varij viaggi, dalla Citta di Lisbona, & dal Mar Rosso insino à Calicut, & all'

isole Molucche, Et la Navigatione attorno il Mondo. Con la Relatione dell' isola Giapan : Et alcuni capitoli appartenenti alla Geographia.
★ Brunet IV 1100. — Streit I 40 n° 91. 575a

3424

— Secondo Volume Delle Navigationi et Viaggi raccolto gia da M. Gio. Battista Ramvsio ... Aggiuntoui in questa vltima editione la Descrittione dell' vna e dell' altra Sarmatia, con i successi in esse sino a tempi nostri occorsi. Con l' Indice diligentemente ordinato delle cose piu notabili ... In Venetia, Appresso i Giunti [1583]

18 numb. l., 10 l., 256, 90 numb. l. 32cm.
Signatures : 1^8, 2^6, 3^4, 4^6, 5^4;A-Z^8, AA-II^8; A-X^4, Y^6.
f. 3a, 54 lines, 242×150mm.
2 p. l. (sign. 17-8) wanting.
Colophon dated 1583.
Ms. marginal notes.
1st ed. of vol. 2, Venice, 1559.
Contents. — Historia delle cose de Tartari, descritta da M. Marco Polo & da Hayton Armeno. Varie descrittioni del' Indie Orientali, della Tartaria, della Persia, Armenia, Mengrelia, Zorzania, & altre Provincie. Viaggio della Tana. Con la Descrittione de' nomi de' Popoli, Città, Fiumi & Porti, & molte altre narrationi, cosi dello stato de' Moscouiti, Sciti, & Circassi, come d' altre genti barbare, et il naufragio di M. Pietro Quirino gentilhuomo Venctiano.
★ Brunet IV 1100. — Streit I 63 n° 143.
♣ *l'an 1559.* 575b

3425

Reina, Tomaso, *SJ,* 1579-1653.

Prediche Qvaresimali di Tomaso Reina Milanese Della Compagnia di Giesv ... In Roma, Appresso gl' Eredi di Francesco Corbelletti, 1649.

2v. front. 23cm.
1st ed.
Index at end of v. 2.
★ Sommerv VI 1635 n° 1.
♣ *Ex dono Datii Vespasiani Alliatae (vol. 2)* 1697

3426

Rho, Giovanni, *SJ,* 1590-1662.

Delle orazioni sacre di Giovanni Rho Della Compagnia di Giesv sopra la divina Scrittvra ... In Venetia, Per il Baba, 1652.

2v. 23cm.
Vol. 2 wanting.
« Indice de' titoli » bound before t.-p.
1st ed.
Contents. — **pt. 1.** l' Essamerone.
★ Sommerv VI 1715 n° 23. 2154

3427

— Sabati del Giesv di Roma overo Esempli della Madonna di Giovanni Rho Della Compagnia di Giesù. In Bologna, Per Gio : Recaldini, 1680 [?]

4? l., 806p. 15½cm.
17 p. l. wanting.
t.-p. spoiled.
1st ed. Rome, 1655.
★ Sommerv VI 1716 n° 24. 2541

3428

— Della Santissima Evcaristia Orazioni XXX. di Giovanni Rho Della Compagnia di Giesv. In Roma, Nella Stamperia di Ignatio de' Lazari, 1657.

10 l., 531, [20]p. 22½cm.
Half-title : L'Evcaristia.
1st ed.
★ Sommerv VI 1716 n° 26. 1763

3429

Rocca, Bernardino.

[Del Governo della Militia di M. Bernardino Rocca Piacentino ... In Vinetia, appresso Gabriel di Ferrarii, 1570.]

3 pt. in 1.
30 l., 477, [3]p.; 18? l., 232p.; 16? l., 263, [1]p. 21cm.
Signatures : $†^4$, b-g^4, A-Z^8, AA-GG^8; †-$††^8$, †††?, A-O^8, P^4; a-d^4, A-Q^8, R^4.
p. 3, 38 lines, 159×102mm.
Pt. 1, t.-p.; pt. 2, 2? p. l.; pt. 3, 4? p. l. & p. 1, 2 wanting.
For title, etc. *cf.* t.-p. of pt. 2.
Under the above title two works of Rocca : « Dell' imprese militari » and « Del governo militare » were publ. together by Porcacchi in his collection « Collana historica ». *cf.* Preface of pt 2.
♣ *Bibl. Trig.* 3533

3430

Romoli, Domenico.

La singolare dottrina di M. Domenico Romoli sopranominato Panunto, Dell' vfficio dello Scalco, de i condimenti di tutte le viuande, le stagioni che si conuengono a tutti gli animali, vccelli, & pesci, Banchetti di ogni tempo, & mangiare da apparecchiarsi di di, in di, per tutto l' anno a Prencipi. Con la dichiaratione della qualità delle carni di tutti gli animali, & pesci & di tutti le viuande circa la sanità. Nel fine vn breue trattato del reggimento della sanità ... In Venetia, Presso Gio. Battista Bonfadino, 1593.

12 l., 376 numb. l. 15½cm.
Signatures : a^8, b^4, A-Z^8, Aa-Zz^8, Aaa^8.
f. 2 a, 29 lines, 117×71mm.
♣ *Bibl. Trig.* — *Caza de Ham cheu.* 1122

3431

Rosignoli, Carolo Gregorio, *SJ,* 1631-1707.

L'elettione dell' amico, overo Il pro e' l contra Delle Bvone, e delle Male Compagnie. Opera di Carlo Gregorio Rosignoli della

Compagnia di Giesv ... In Milano, Per Giuseppe Pandolfo Malatesta, 1699.

14 l., 267p. front. 13cm.
1st ed.
Index : p. 257-267.
★ Sommerv VII 155 nº 12.
♣ *Veyo da Rezid^a de Cinanfu.* 2485

3432

Rosignoli, Carolo Gregorio, *SJ,* 1631-1707.
L' elettione della morte overo La gran sorte di morir bene, o male in mano dell' huomo. Discorsi. Del P. Carlo Gregorio Rosignoli della Compagnia di Giesv ... In Milano, & In Parma, Per Alberto Pazzoni, e Paolo Monti, 1694.

12? l., 393, [1]p. 15cm.
1 p. l. (blank?) wanting.
1st ed. Milan, 1693.
★ Sommerv VII 154 nº 8.
♣ *Veyo da Rezid^a de Cinanfu.* 2267

3433

— Notizie memorabili degli Esercizi Spirituali di Sant' Ignazio Fondatore della Compagnia di Giesv, Raccolte dal Padre Carlo Gregorio Rosignoli della medesima Compagnia ... Seconda edizione accresciuta. In Bologna, Per il Longhi, 1699.

6 l., 359p. incl. port. 13½×7½cm.
1st ed. Milan, 1685.
Index : p. 351-359.
★ Sommerv VII 149 nº 4. 2022

3434

— La pieta osseqviosa Alle Feste principali dell' Anno : overo Scelta di belle attioni praticate da' divoti nelle primarie Solennità : Raccolte Dal P. Carlo Gregorio Rosignoli della Compagnia di Giesv ... Nuoua editione accresciuta. In Milano, Per Carlo Antonio Malatesta, 1689.

11 l., 361, [6]p. 18? plates. 14cm.
All plates wanting.
1st ed. Milan, 1684.
★ Sommerv VII 147 nº 3 (ed. wanting)
♣ *P. Andreas Grimaldi dono...?* 2652

3435

— La pieta osseqviosa Alle Feste principali dell' Anno ... Nuoua editione accresciuta. In Milano, Nelle Stampe dell' Agnelli, 1699.

11 l., 402, [3]p. 20? plates. 14cm.
All plates save 1 wanting.
★ Sommerv VII 147 nº 3.
♣ *Veyo da Rezid^a de Cinanfu.* 1997

3436

— La pieta osseqviosa alle Feste principali dell' anno ... In Venetia, Appresso Lorenzo Baseggio, 1699.

12 l., 312p. illus. 15½×8½cm.
★ Sommerv VII 147 nº 3 (ed. wanting)
♣ *Colleg. S. J. Pekini.* 2461

3437

— La saggia elettione overo Auuertimenti Per ben eleggere lo Stato della Vita, Raccolti Dal P. Carlo Gregorio Rosignoli della Compagnia di Giesv ... Sesta Editione Accresciuta. In Milano, Per Carlo Antonio Malatesta, 1692.

12 l., 396p. front. 14½cm.
1st ed. Bologna, 1670.
Index : p. 377-396.
★ Sommerv VII 146 nº 1.
♣ *Veyo da Rezid^a de Cinanfu.* 2357

3438

— Verita eterne esposte in lettioni Ordinate principalmente per li giorni degli Esercizj Spirituali. Raccolte, Dal P. Carlo Gregorio Rosignoli Della Compagnia di Giesv ... In Bologna, per Pier Maria Monti, 1689.

8 l., 344p. 14×7½cm.
1st ed. Milan, 1688.
★ Sommerv VII 149 nº 6. 2221

3439

— Verità eterne esposte in lettioni Ordinate principalmente per li giorni degli Esercizj Spirituali. Raccolte Dal P. Carlo Gregorio Rosignoli della Compagnia di Giesù ... In Bologna, per Piermaria Monti.

8 l., 440, [3]p. 16? plates. 14½×8½cm.
All plates wanting.
♣ *Veyo da Rezid^a de Cinanfu.* 1998

3440

— Verità eterne esposte in lezioni Ad uso principalmente degli Esercizj spirituali Raccolte dal P. Carlo Gregorio Rosignoli Della Compagnia di Giesù; Ed in questa nuova Edizione ridotte alla più pura Lezione Dal Celebre Signor Gianantonio Volpi Publ. Prof. dello Studio di Padova. In Venezia, Nella Stamperia Remondini, 1763.

232p. 16cm.
★ Sommerv VII 150 nº 6 (ed. wanting) 2666

3441

[Rusca, Pietro]
[Il maestro di givochi piacevoli. In Milano, Nella Stampa di Donato Ghisolfi A spese di Giam-Battista Cetti, 1743]

viii, 198, [10]p. illus. 19½cm.
t.-p. and illus. wanting.
For title. *cf.* Caption title.
Imprint. *cf.* Colophon.
Author : Pietro Rusca. *cf.* « Sonetto » p. VIII.
Ed. by Giam-Battista Cetti. *cf.* Prefaces.
♣ *Pietro Rusca Il Maestro di Givochi piacevoli. —Ad usum Fr : Archangeli Mrae à S. Anna Carmelitae Excalceali.* 859

3442

Rusconi, Giovanni Antonio, *d.* 1586/90.

Della architettvra di Gio. Antonio Rvsconi, Con Centosessanta Figure Dissegnate dal Medesimo, Secondo i Precetti di Vitruuio, e con chiarezza, e breuità dichiarate Libri dieci In Venetia, Appresso i Gioliti, 1590.

6 l., 143, [1]p. illus. 30cm.
Signatures : a-c^2, A-Z^2, AA-NN^2.
p. 20, 34 lines, 218×158mm.
p. 135-136 wanting.
Title printed within a woodcut.
Woodcut head-pieces.
1st ed.
Index at beginning.
Errata at end.
★ Brunet IV 1463.
♣ *Non prohibetr. Cm S. Paolo, 16 Octubro 1608.—Collegii S. J. Pekini.* 1143

S

3443

Sagredo, Giovanni, 1616*ca-end of 17th cent.*

Memorie istoriche de monarchi Ottomani, di Giovanni Sagredo Caualier, e Procurator di S. Marco. Qvinta impressione con nvova aggivnta ... In Venetia, A Spese di Antonio Tiuani, 1697.

6l., 834?p. 19cm.
p. 833-834? wanting.
Ms. marginal notes.
1st ed. Venice, 1677.
Index : p. 777-834?
♣ *Ex lib. rel. Peki ab Illo ac Ro Pa Alexo.* 1864

3444

Salici, Gio. Andrea.

Compendio d' vtilissime osservationi nella lingva volgare, di D. Gio. Andrea Salici di Como. Di nuouo ristampato, ricorretto, & accresciuto dall' Autore ... In Vinegia, Presso Altobello Salicato, 1607.

94 (*i.e.* 96)p. 16cm.
Signatures : A-F^8.
p. 5, 50 lines, 133×80mm. 3189

3445

Saluthio, Bartolomeo da, *OMObs*, d. 1617.

Scvola del divino amore. Doue l' Amoroso Maestro Giesù, insegnia all' Anima, bramosa del suo Santo Amore, quello, che deue fare per acquistarlo. Operetta Deuota, & vtile per tutti i buon Christiani; Et in Particolare vtilissima per quelli, che vogliano, da douero seruire à Dio loro Signore. Composta dal molto R. P. F. Bartolomeo da Saluthio, Minore Osseruante Reformato ... In Roma, Appresso Bartolomeo Zannetti, Ad istanza di Pietro Paulo Giuliani, 1608.

17 l., 7-340 numb. l., 1 l. plate. 11½×6cm.
Signatures : †^{12}, A-Z^{12}, Aa-Ee^{12}, Ff^{14}. (†6 blank)
f. 14 a, 32 lines, 84×38mm. 2239

3446

Sanuto, Livio, *ca.* 1530-1586.

Geografia di M. Livio Sanvto distinta in XII libri. Ne' quali, oltra l' esplicatione di molti luoghi di Tolomeo, e della Bussola, e dell' Aguglia, si dichiarano le Prouincie, Popoli, Regni, Città, Porti, Monti, Fiumi, Laghi, e Costumi dell' Africa. Con XII tauole di essa Africa in dissegno di rame. Aggiuntiui de piu tre indici da M. Giovan Carlo Saraceni. In Vinegia, Appresso Damiano Zenaro, 1588.

22 l., 146 numb. l. 12 double maps. 42½cm.
Signatures : b-f^4, A-Z^4, AA-MM^4, NN^6.
f. 14a, 51 lines, 329×198mm.
l. 1-12 wanting.
Engr. ornamented t.-p.
Errata at beginning.
★ Brunet V 136. 787

3447

Saporiti, Giuseppe Maria.

Pastorali avvertimenti proposti al suo clero da Giuseppe Maria Saporiti Arcivescovo di Geneva. In Genova, Nella Stamperia Lerziana, 1746.

viii, 236, [5]p. 23½cm.
Errata at end.
♣ *Vitalis Kuo.* 2321

3448

Scamozzi, Vincenzo, 1552-1616.

Dell' idea della architettvra vniversale di Vincenzo Scamozzi architetto Veneto ... Con varii disegni. E dve indici copiosissimi, l' vno de' capi, e l' altro delle materie ... In Venetia, presso l' avtore, 1615.

2 l., 218 (*i.e.* 224)p., 2 l., 219-352, (31)p., 6 l., 172p., 2 l., 173-279 (*i.e.* 269)p., 2 l., 271-370 p. 5? l. illus. 35cm.
2v. in 1.
Signatures : A-G6, H4, a3, I-K6, L-M2, N-R6, S4, T-X2, Y8 (2 p. l. without sign., H4 blank); a2, Z6, Aa-Ii6, Kk-Ll4, a-b6, c4 (Ll4 blank); †6, A-B6, C4, D2, E-O6, P8; a2, Q-Z6; Aa-Gg6, Hh-Ii4, †5 ? (2 p. l. without sign.)
p. 9, 56 lines, 273×172mm.
Some pages of index at end of pt. 2 wanting.
Added engr. ornamented t.-p.
Engr. head-pieces.
Each libr. has a special t.-p.
Pt. 1 contains libr. 1-III; pt. 2 libr. VI-VIII; only 6 libr. having been published. *cf.* Feller VII 474.
Colophon : In Venetia, Per Giorgio Valentino, 1615 (pt. 1)
1st ed.
★ Brunet V 180. 1163

3449

Scanavacca, Bartolomeo, *OR.*

Novissima inventione Per dissegnare con grandissima facilità, e prestezza Horologi Solari, Italiani, Babilonici, e Francesi. Con alcune Tavole, nelle quali immediate si vede ogni giorno del l'Anno in perpetuo Il nascer del Sole ... Data in luce à commun beneficio dal Molto R. P. D. Bartolomeo Scanavacca Della Congregatione, de' Preti Secolari di S. Filippo Neri di Padova ... In Padova, Nella Stamperia del Seminario, Per Bernardo Luciani, 1688.

136p. 22cm.
1st ed.
♣ *Di P. Angelo di Borgo S. Siro Pavese.* 282

3450

Scappi, Bartolomeo.

Opera di Bartolomeo Scappi M. Dell' arte del cvcinare, con laquale si può ammaestrare qual si voglia Cuoco, Scalco, Trinciante, o Mastro di Casa : divisa in sei libri ... Con le Figure che fanno di bisogno nella Cucina ... Aggiontoui nuouamente il Trinciante, & il Mastro di casa ... In Venetia, presso Alessandro Vecchi, 1610.

3 l., 282?, 39 numb. l. 13 plates (1 fold.), port. 20cm.
Signatures : a4, A-Z8, Aa-Oo8?, A-B6, C-E8, F4 (F4 blank)
f. 3a, 41 lines, 164×114mm.
l. 283-? of « Libro sesto », l. 1-12 of « Il Trinciante », & the whole of « Il mastro di casa » wanting.
Plates printed on both sides.
Author of « Trinciante » : Vincenzo Cervio *cf.* Running title.
1st ed. of Scappi's Opera, Florence, 1570.
1st ed. of Cervio's Trinciante, Venice, 1581.
1st collected ed. Venice, 1605. 727

3451

Schinosi, Francesco, *SJ,* 1650-1723.

Istoria della Compagnia di Giesu, Appartenente Al Regno di Napoli; descritta da Francesco Schinosi, della medesima Compagnia ... In Napoli, Nella Stampa di Michele Luigi Mutio, 1706.

2v. 21½cm.
Vol. 2 wanting.
Illus. t.-p.
1st ed.
Index & errata at end.
★ Sommerv VII 787 n° 1. 1945

3452

Segneri, Paolo, *SJ,* 1624-1694.

Concordia tra la fatica e la qviete nell' orazione. Espressa Ad un Religioso in una Risposta da Paolo Segneri della Compagnia di Giesv. In Firenze, Per Ipolito della Nave, 1680.

7 l., 355, [8]p. 15cm.
1st ed.
Errata at end.
★ Sommerv VII 1072 n° 11.
♣ *Collegij Societatis Jesu Pekini.* 2566

3453

— Concordia tra la fatica e la qviete nell' orazione ... In Bologna, Per Gio. Recaldini, 1681.

11 l., 360p. 13½×7½cm.
★ Sommerv VII 1072 n° 11.
♣ *Coll. Brayd. Soc. Jesu Mediol. Pro Missione Sinica. — Veyo da Rezida de Cinanfu.* 2398

3454

— Il confessore istrvito, In cui si dimostra à vn Confessore la pratica di amministrare con frutto il Sagramento della Penitenza. Opera data in luce da Paolo Segneri Della Compagnia di Giesv ... In Bologna, Per Gioseffo Longhi, 1683.

6 l., 203p. 14×7½cm.
1st ed. Brescia, 1672.
★ Sommerv VII 1057 n° 7.
♣ *Aplicado à Resida de Chin Kiam per ordẽ publicada pello P. Vice Proval Joao de Saà.* 2226

3455

— Il confessore istruito. Operetta, In cui si dimostra a un Confessor novello la pratica di amministrare con frutto il Sagramento della Penitenza. Data in luce dal P. Paolo Segneri Della Compagnia di Giesù ... In Venetia, Per Andrea Poletti, 1705.

180p. 15½cm.
Bound with : Segneri, P. *SJ.* Il penitente instruito, Venetia, 1705.
★ Sommerv VII 1057 nº 7.
♣ *Coll. Pekin. S. J.* 2224

3456

Segneri, Paolo, *SJ,* 1624-1694.
Il cristiano instrvito nella sva legge Ragionamenti morali dati in lvce da Paolo Segneri Della Compagnia di Giesv ... In Firenze, &, in Milano, Nelle stampe dell' Agnelli [1687]

3 pt. in 5. 15½cm.
1st ed. Florence, 1686.
Index at end of [v. 5]
★ Brunet V 260. — Sommerv VII 1074 nº 15. 2720

3457

— Il cristiano instrvito nella sva legge Ragionamenti morali di Paolo Segneri Della Compagnia di Giesv ... In Venezia, Presso Paolo Baglioni, 1687.

3 pt. in 1. 24cm.
8 l., 295, 216, 354, [42]p.
Text in 2 col.
Index at end of pt. 3.
« Rammemorazione del gravissimo debito che hanno i parochi di pascer le anime con la parola divina » : [5]p. at end.
★ Sommerv VII 1074 nº 15.
♣ *Al P. Franc° Saverio Filippucci dª Compª d Giesu. — Collegij Soc. Jesv Pekini.* 2387

3458

— Il divoto di Maria Vergine istruito ne' motiui, e' ne' mezzi che lo conducono à ben seruirla. Opera data in luce da Paolo Segneri Della Compagnia di Giesv ... In Venetia, Apresso Gio : Battista Indrich, 1678.

5 l., 188, [2]p. 14×8cm.
1st ed. Bologna, 1677.
★ Sommerv VII 1064 nº 9 (ed. wanting)
♣ *Aplicado à Residª de Chin Kiam per ordē publicada pello P. Vice Provªl Joao de Saà.* 2402

3459

— Il divoto di Maria Vergine istrvito Ne' motiui, e ne' mezzi che lo conducono à ben seruirla. Opera data in lvce dal P. Paolo Segneri Della Compagnia di Giesv ... In Torino, Per Bartolomeo Zappata, & Gio. Batista Casabianca, 1679.

192p. 14½cm.
★ Sommerv VII 1064 nº 9.
♣ ***P. Laval carissimo in Chro P. Provana.*** **2225**

3460

— o. c.

2401

3461

— L'incredvlo senza scvsa Opera di Paolo Segneri della Compagnia di Giesv dove si dimostra Che non può non conoscere quale sia la verà Religione, chi vuol conoscerla. In Firenze, Nella Stamperia di S. A. S. 1690.

6 l. 462, [14]p. 23½cm.
1st ed.
Index & errata : p. [463]-[473]
★ Sommerv VII 1076 nº 16.
♣ *Collegij Societatis Jesv Pekini.* 2369

3462

— L' incredvlo senza scvsa Opera di Paolo Segneri della Compagnia di Giesv, dove si dimostra Che non può non conoscere quale sia la vera Religione, chi vuol conoscerla ... In Firenze, & in Milano, Nelle stampe de l' Agnelli, 1690.

10 l., 756, [26]p. 16cm.
This copy is a reprint by Agnelli in Milan of the 1st ed. publ. the same year in Florence. *cf.* « Reimprimatur ».
Index : p. [757]-[782]
★ Sommerv VII 1076 nº 16 (ed. wanting)
♣ *P. Faillat. — Veyo da Rezidª de Cinanfu.* 2376

3463

— L' incredvlo senza scvsa Opera di Paolo Segneri Della Compagnia di Giesv. Dove si dimostra Che non può non conoscere quale sia la vera Religione, chi vuol conoscerla. In Venezia, Presso Paolo Baglioni, 1690.

6 l., 284, [11]p. 23cm.
Text in 2 col.
Index : p. [285]-[295]
★ Sommerv VII 1076 nº 16. 1790

3464

— La manna dell' anima, overo Esercizio Facile insieme, e fruttuoso Per chi desidera in qualche modo di attendere all' Orazione. Proposto dal P. Paolo Segneri Della Compagnia di Giesù. Per tutti i giorni dell' anno ... [vol. 1] In Milano, Appresso Lodouico Monza, 1675. [v. 2, 1680; v. 3, 1680; v. 4, 1683; v. 5, 1684]

5v. 14½cm.
1st ed. Bologna, Florence, & Milan, 1673-80.
Indices : v. 5, p. 38-202.
♣ *Coll. Brad. Soc. Jesu. — Collegij S. J. Pekini (vol. 1) — Aplicado à Residª de Chin-kiam por ordem publicada pello P. V Proªl Joao de Saà. (vol. 2) — Nankim (vol. 3) — Collegij Societatis Jesu Pekini (vol. 5)* **2597**

3465

— La manna dell' anima, overo Esercizio Facile insieme, e fruttuoso Per chi desidera in qualche modo di attendere all' Orazione. Proposto dal P. Paolo Segneri Della Compagnia di Giesù. Per tutti i giorni dell' anno ... [vol. 1] In Milano, Appresso Lodouico Monza, 1679. [v. 2, 1684; v. 3, 1680; v. 4, 1683]

5v. 14½cm.
Vol. 5 has imprint: In Venetia, Per Antonio Bosio à S. Maria Formosa, 1683.
Indices: v. 5, p. 39-192.
♣ *Aplicado à Resida de Chin kiam por ordem publicada pello P. V Proval Joao de Saà. (vol. 1, 3, 4, 5) — Gozano pr la Cina (vol. 2)* 2596

3466

Segneri, Paolo, *SJ,* 1624-1694.
La manna dell' anima, overo Esercitio Facile insieme, e fruttuoso, per chi desidera in qualche modo attender all' Oratione. Proposto dal P. Paolo Segneri Della Compagnia di Giesv. Per tutti i giorni dell' anno ... In Bologna, per Giacomo Monti. [1685?]

5v. 14½cm.
Dedication dated 1685.
Vol. 5 bound with vol. 1.
Indices at end of v. 2 & 5.
★ Brunet V 260. — Sommerv VII 1059 n° 8.
♣ *Veyo da Rezida de Cinanfu.* 2377

3467

— Il mostro di tvtti i mostri overo La gravezza del peccato mortale espressa Con dodici Ragionamenti tratti dal Cristiano Instruito del Padre Paolo Segneri Della Compagnia di Giesù ... In Bologna, per Pier-maria Monti, 1692.

4 l., 7-520 (*i.e.* 420)p. 15cm.
Index: p. 502-520. 2204

3468

— Panegirici sacri di Paolo Segneri Della Compagnia di Gesv. In questa nuoua Impressione accresciuti. In Venetia, Presso Steffano Curti, 1679.

456p. 14½×8cm.
1st ed. Bologna, 1664.
★ Sommerv VII 1051 n° 5. 1753

3469

— Panegirici sacri di Paolo Segneri della Compagnia di Gesv. In questa nuoua impressione accresciuti ... In Firenze, Per Piero Matini, 1684.

8 l., 372p., 1 l., 373-738 (*i.e.* 728), [2]p. 15½cm.
2 pt. in 1.
★ Sommerv VII 1051 n° 5.
♣ *Gozano pr la Cina.* 1784

3470

— Panegirici sacri di Paolo Segneri della compagnia di Giesv. In questa nuoua Impressione accresciuti ... In Bologna, Per Bartolomeo Recaldini, e Giulio Borzaghi, 1687.

7 l., 710p. 15½×8cm.
2 pt. in 1.
★ Sommerv VII 1051 n° 5 (ed. wanting)
♣ *Comprato in Milano 30. — P. Faillat. — Veyo da Rezida de Cinanfu.* 1752

3471

— Panegirici sacri di Paolo Segneri della Compagnia di Giesv. In questa nuoua Impressione accresciuti ... In Venetia, Presso Stefano Curti, 1687.

372p., 1 l., 373-728 (*i.e.* 718)p. 15×8cm.
2 pt. in 1.
★ Sommerv VII 1051 n° 5. 1751

3472

— Il penitente istrvito a ben confessarsi, Operetta Spirituale, Da cui ciascuno puô apprender il modo certo di ritornare in gratia del suo Signore, e di manteneruisi. Data in luce dal P. Paolo Segneri, Della Compagnia di Giesv ... In Parma & In Bologna, Per Giacomo Monti, Ad instanza di Gioseffo Longhi, 1681.

167p. 14×7½cm.
1st ed. Bologna, 1669.
★ Sommerv VII 1053 n° 6 (ed. wanting)
♣ *Aplicado à Resida de Chin kiam por ordem publicada pello P. V Proval Joao de Saà.* 2442

3473

— Il Penitente instruto A ben Confessarsi, operetta spirituale, Da cui ciascuno può apprender il modo certo di ritornar in gratia del suo Signore, e di mantenervisi. Data in luce dal P. Paolo Segneri Della Compagnia di Giesù ... In Venetia, Per Andrea Poletti, 1705.

144p. 15½cm.
Bound with: Segneri, P. *SJ.* Il confessore istruito, Venetia, 1705.
★ Sommerv VII 1053 n° 6 (ed. wanting) 2224a

3474

— Qvaresimale di Paolo Segneri della Compagnia di Giesv. In Bologna, Per gli Heredi di Gio. Recaldini, 1684.

7 l., 544 (*i.e.* 534)p. 21cm.
1st ed. Florence, 1679.
Index at end.
★ Brunet V 260. — Sommerv 1067 n° 10 (ed. wanting) 1772

3475

— Qvaresimale di Paolo Segneri della Compagnia di Giesv ... In Milano, Per Camillo Corrada, 1685.

8 l., 544 (*i.e.* 534)p. 22½cm.
Index: p. 526-544.
★ Sommerv VII 1067 n° 10 (ed. wanting) 1766

3476

Segneri, Paolo, *SJ,* 1624-1694.

Qvaresimale di Paolo Segneri della Compagnia di Giesv. In Milano, Presso Giuseppe Marelli, 1689.

8 l., 434, [14]p. 22½cm.
Text in 2 col.
Index : p. [435]-[448]
★ Sommerv VII 1067 n° 10 (ed. wanting)
♣ *Collegij Societatis Jesv Pekini.* 1833

3477

— Qvaresimale di Paolo Segneri della Compagnia di Giesv ... In Milano, Nelle stampe dell' Angelli. Ad instanza di Giacinto Brena, 1694.

8 l., 444p. 23cm.
Text in 2 col.
Index : p. 431-444.
★ Sommerv VII 1067 n° 10 (ed. wanting)
♣ *Veyo da Rezidª de Cinanfu.* 722

3478

Semedo, Alvare, *SJ,* 1585-1658.

Relatione della grande monarchia della Cina del P. Alvaro Semedo Portvghese della Compagnia di Giesv ... Romae, Sumptibus Hermanni Scheus, 1643.

4 l., 309, [14]p. port. 20cm.
Title printed within an engraving.
Colophon : In Roma, Nella Stamperia di Lodouico Grignani, 1643.
Tr. by Gio-Battista Giattini, *SJ. cf.* Sommervogel VII 1114.
1st Portuguese ed. Madrid, 1641.
1st Italian ed.
Index at end.
Contents. — **pt. 1.** Dello stato temporale della Cina. — **pt. 2.** Della Christianita della Cina.
★ Cordier 24. — Sommerv VII 1114 n° 4; IV 1395 n° 11. — Streit V 780 n° 2182. 3317

3479

— O. C. 21cm.
♣ *Acheté pour 50 centimes derrière la Chiesa nuova veille de la Trinité, 1870 Rome. † L. G. D.*
田主敎 3647

3480

Senault, Jean François, *OR,* 1601-1672.

L' vso delle passioni del Rev. Padre Francesco Seno, diviso in dve parte. Tradotto dalla Lingua Francese nell' Italiana dal conte Alberto Caprara. In Bologna, Per il Longhi, 1703.

510, [6]p. 15cm.
1st Italian ed. Bologna, 1662.
1st French ed. Paris, 1641.
★ Brunet V 274.
♣ *Ad usū Fr. Raynaldi.* 2293

3481

Society of Jesus. *Instituta & constitutions.*

Lettere de' Prepositi generali A' Padri e Fratelli della Compagnia di Giesù. In Roma, nel Collegio Romano, 1606.

4 l., 302p.; 31, 48, 55, 49-221, 39p. 17cm.
Signatures : a^4, A-S^8, T^7; A-B^8; A-C^8, D^4; D-N^8, O^7; A-B^8, C^4.
p. 2, 31 lines, 127×70mm.
Title printed within a woodcut.
Letters bound after p. 302 are subsequent additions.
Two editions were published in the same year; this is a copy of the 2nd ed. *cf.* Sommervogel V 116.
Contents. — Lettere de N. B. P. Ignatio Dell' vbidienza. Della perfettione religiosa.—Lettera del R. P. Giacomo Lainez Della grandezza dello spirito. — Lettere del R. P. Fr. Borgia. De' mezi per la conservatione dello spirito della Compagnia. — Lettere del R. P. Euerardo Mercuriano De' ricordi per il buon gouerno. — Lettere dell R. P. Claudio Acquauiua. — Epistola R. P. Vitelleschi, Romae, 2 Januarii 1617. — Epistola eiusdem, Romae, 15 Novemb. 1639. — Epistola R. P. Piccolominei, Romae, 28 Oct. 1650. — Epistola prima R. P. Vinc. Carrafae. — Epist R. P. Piccolominei (eadem ac supra) — Epistola R. P. Goswini Nickel, Romae, 30 Sept. 1653. — Altera ejusdem Romae, 16 Nov. 1656. — Lettera del Padre Nostro Generale Gio. Paolo Oliva, Roma 8 di Settembre, 1666, Roma, presso il Varese, 1666.
★ Sommerv V 116. — Streit I 132 n° 286.
♣ *Provª de Jappao. — Nankim.* 3484

3482

Society of Jesus. Milan.

La Divocione al Sacr.^{mo} Cuore di Gesù Cristo Proposta A' Fratelli della Congregazione Maggiore nell' Università di Brera ... In Milano, Per Giuseppe Mazzucchelli Successore Malatesta, 1766.

307, [1]p. front. 15cm.
Front. wanting.
★ Sommerv V 1088. 2215

3483

Soderini, Giovan Vettorio, 1526-1596.

Trattato della coltivazione delle viti, E del frutto che se ne può cauare. Del S. Gioan Vettorio Soderini Gentil' hvomo Fiorentino. E la Coltiuazione Toscana Delle Viti, e d' Alcuni Arbori del S. Bernardo Davanzati Bostichi Gentil' Hvomo Fiorentino. Aggiuntaui la difesa del popone dell' Eccellentiss. Dottore Sig. Lionardo Giachini. In Firenze, Per Filippo Givnti, 1600.

4 l., 128, [7]p.; 2 l., 45, [2]p.; 4 l., 20p. 21cm.
Signatures : †4, A-R4; †2, Aa-Ff4; Aa-Cc4, Dd2.
p. 3, 39 lines, 157×90mm.
1st ed.
Index at end of pt. 1.
Bound with : Lesina, Trivigi, 1601.
★ Brunet V 425. 1086

3484

Solis, Antonio de, 1610-1686.

Istoria della conquista del Messico della popolazione, e de' progressi nell' America Settentrionale Conosciuta sotto nome di Nouva Spagna scritta in Castigliano da Don Antonio de Solis ... e tradotta in Toscano da un' Accademico della Crusca. In Firenze, Nella Stamperia di S. A. S. Per Gio : Filippo Cecchi, 1699.

16 l., 763p. front., illus. 26½cm.
Illus. t.-p.
Engr. head-pieces.
1st Spanish ed. Madrid, 1684.
Index & errata : p. 741-762.
★ Brunet V 430.
♣ *Ex libris Excellae suae Palae Alexni Legi Apci.* 1887

3485

Spatafora, Placido, *SJ,* 1628-1691.

Prosodia Italiana, overo L' Arte con l'vso degli accenti nella volgar fauella d' Italia, accordati dal Padre Placido Spadafora [*sic*] Palermitano, della Compagnia di Giesv. Con la giunta nel fine di tre brieui trattati : l' vno della Zeta, e sua varietà; l' altro dell' E, ed O, chiusi ed aperti. Il terzo della buona, e rea pronuntia nelle due lingue, Italiana, e Latina. Seconda impressione Corretta, e megliorata. In Venetia, Appresso Pietro d' Orlandi, 1684.

10 l., 622 (*i.e.* 620)p. 16½cm.
Text in 2 col.

1st ed. Palermo, 1682.
★ Sommerv VII 1420 nº 2.
♣ *P. Faillat. — Veyo da Rezida de Cinanfu.* 3173

3486

Spinola, Fabio Ambrosio, *SJ,*1593-1671.

Delle meditationi sopra le feste di Nostra Signora, e de' Santi principali di tvtto l'anno Distese dal Padre Fabio Ambrosio Spinola Della Compagnia di Giesv ... In Genova, Per Benedetto Celle, 1663.

2 v. 13½×7½cm.
« Aggiunta di nuove meditationi sopra altre feste de' Santi, con una Novena sopra S. Francesco Saverio » : v. 2, p. 245-326.
1st ed. Genoa, 1658.
★ Sommerv VII 1450 nº6 (ed. wanting)
♣ *Da V Proua da China.* 2422

3487

— Delle meditationi sopra la vita di Giesv Signor Nostro, per ciascvn giorno Distese dal Padre Fabio Ambrosio Spinola Della Compagnia di Giesv ... In Genova, Per Benedetto Celle, 1667.

2v. 13½×7½cm.
1st ed. Genoa, 1652-53.
★ Sommerv VII 1450 nº 6 (ed. wanting)
♣ *Da V Proua da China.* 2522

3488

Spisani, Francesco, *OR.*

Novena spirivale Ad honore del Glorioso S. Filippo Neri Proposta da Francesco Spisani Della Congregazione dell' Oratorio Alle Anime desiderose di haverlo Protettore in vita, ed Auvocato in morte. In Bologna, per gl' Eredi del Pisarri, 1691.

42 p., 1 l. 11×5½cm.
Bound with : Rainaldi, G. Cibo dell' anima, Venezia, 1700. 2535a

3489

Storia di Don Filippo Pardo arcivescovo di Manile Nell' Isole Filippine. In Lugano, MDCCLX. Nella Stamperia Privilegiata della suprema superiorita' Elvetica nelle Prefetture Italiane.

102 (*i.e.* 112)p. 17cm.
★ Streit VI 308 nº 1129. 3658

3490

Stradiotti, Carlo, *SJ,* 1644-1724.

Della vita del P. Francesco di Geronimo, della Compagnia di Gesv, libri due. Scritta dal Padre Carlo Stradiotti, Della medesima Compagnia ... Napoli, & in Milano, Presso Domenico Bellagatta, 1719.

12? l., 313, [2]p. 17cm.
1? p. l. wanting.
1st ed. Naples, 1719.
★ Sommerv VII 1618 nº 2. 2942

3491

Surin, Jean Joseph, *SJ,* 1600-1665.

Catechismo spiritvale In cui si contengono li principali mezzi per arriuare alla perfettione. Composto da Givseppe Svrini Sacerdote. Diviso in dve tomi ... Tradotto dalla lingua Francese nell' Italiana dall' Abbate Pellegrino Maregini ... In Bologna, per Gioseffo Longhi, 1675.

2v. 14×7½cm.
1st French ed. 1657.
1st Italian ed.
★ Sommerv IV 1367; VII 1717 nº 5.
♣ *Author hujus libri est P. Joannes Josephus Seurin Soctis Jesu Gallus Burdigalensis. et hunc accepi dono Goae 1738 à P. Antonio Gabelsperger, qui inde abivit Missionarius in Mogor, ubi mortuus est.* 2647

T

3492

[Tabaglia, Maria, *OP*]

Il disinganno contraposto Da un Religioso dell' Ordine de' Predicatori alla Difesa De' Missionarii Cinesi della Compagnia di Giesù, Opera d' un Religioso Teologo della medesima Compagnia. Et ad un' altro Libriciuolo intitolato: Esame dell' Autorità, e vera intelligenza delle Testimonianze delli Scrittori Gisuiti allegate in prova del Fatto da' moderni Impugnatori de' Riti Cinesi ... In Colonia, per il Berges, 1701.

2v. 16cm.
Author: Maria Tabaglia, *OP. cf.* Cordier 878.
1st ed.
Author of «Difesa»: Gio Battista de Benedictis, *SJ. cf.* Cordier 877. Author of «Esame»: Balthasar Montecatini, *SJ. cf.* Cordier 878.
Errata at end of v. 1 wanting.
★ Cordier 878.—Streit VII 49 nº 2182.-3.
♣ *Fr. Josephi Chr. à S. Frà Carm. Disc. (vol. 2)* 3330

3493

— o. c.

Vol. 2 wanting.
♣ *Coll. Parmensis Soc. Jesu rel.* 3331

3494

Tagault, Jean, *d.* 1545.

Institvtione di cirvgia di Giovanni Tagavltio Medico ilvstre, Distinta in Libri Cinque. Aggiuntoui il Sesto Libro della materia di Cirugia, di Giacomo Hollerio ... Con due Tauole l'una de' Capitoli; l'altera delle cose

... In Venetia, Appresso Giacomo Cornetti, 1585.

20 l., 421 (*i.e.* 413) numb. l. illus. 15cm.
Signatures: a-b^8, c^4, A-Z^8, Aa-Zz^8, Aaa-Eee^8, Fff^6.
f. 2a, 29 lines, 116×68 mm.
1st Latin ed. Paris, 1543.
1st Italian ed. Venice, 1550.
♣ *M. A. R.* 1028

3495

Tanara, Vincenzo, *d. ca.* 1667.

L' economia del cittadino in villa del Sig. Vincenzo Tanara. Libri VII. In questa Quarta impressione riueduta, & accresciuta in molti luoghi, con l'aggiunta delle qualità del Cacciatore ... In Bologna, Per gli Eredi del Dozza, 1658.

4 l., 624, [14]p., 1 l. illus. 21cm.
p. 357-364 bound incorrectly.
Illus. t.-p.
1st ed. Bologna, 1644. 1128

3496

Tanaron, Pietro Paolo.

Opere Chirurgiche de Pietro Paolo Tanaron ... Rivisto, corretto, e considerabilmente accresciuto. In Lucca, Per Giuseppe Rocchi, 1763-64.

4 v. 23cm.
Vol. 3 wanting.
♣ *Francesco Larzi.* 1098

3497

— L' ostetricia ovvero l' Arte di raccogliere i parti E di soccorrere le Donne nelle Malattie, che accompagnano la loro Gravidanza, ed in quelle che soppravvengono loro dopo il Parto; e di sollevare i Bambini nelle loro Malattie dopo la Nascita. Opera ... di Pietro Paolo Tanaron Dottore di Medicina ... Firenze, Nella Stamperia di Giuseppe Allegrini, e Comp., 1768.

4 l., 286, (6?) p. 9 plates, port. 21cm.
? p. l., port., 6 plates, p. 107-112, 129-164, 173-240, & some pages at end wanting.
♣ *Caroli Fabri Mas derealis?* 1084

3498

Tarcagnota, Giovanni, *end of 15th cent.*-1566.

Delle historie del mondo di M. Gio. Tarchagnota, Lequali con tutta quella particolarità, che bisogna, contengono quanto dal principio del Mondo sino à tempi nostri è successo, Cauate da' piu degni, è piu graui auttori, che habbiano ò nella lingua Greca, ò nella Latina scritto ... In Venetia, [v. 1] per Michele Tramezzino, 1562; [v. 2] Appresso i Giunti, 1598.

v. 1, 2. 25cm. (v. 1 : 22½cm.)
The 1st ed. was in 3 parts : pt. 1, 2 written by Tarcagnota, and pt. 3 by Mambrino Roseo de Fabriano. *cf.* Privilege of emperor Ferdinand (v. 1, sign. a3)
Some pages at end of v. 2 wanting.
1st ed. Venice, 1562.
Index at beginning of each volume.
♣ *Ex lib. relic. ab Illmo ac Rmo Pata Alexo.*
1942

3499

Tarcagnota, Giovanni, *end of 15th cent.*-1566.

Delle historie del mondo di M. Gio. Tarcagnota. Lequali contengono quanto dal principio del mondo è successo sino all' anno della nostra Salute MDXIII. Cavate da piu degni, e piu graui autori, che habbiano, ò nella lingua Greca, ò nella Latina scritto. Con l' aggiunta della Quinta Parte di Bartholomeo Dionigi da Fano, nuouamente posta in luce ... In Venetia, Appresso Giorgio Varisco, 1610.

v. 1, 2. 22½cm.
The complete set of this ed. consists of 5 pt.
Title printed within a woodcut.
Index at beginning of each volume.
♣ *Bibl. Trig.?* 1943

3500

Tartaglia, Nicolo, 1506-1559.

Opere del famosissimo Nicolo Tartaglia cioè Quesiti, Noua scientia, Trauagliata Inuentione, Ragionamenti sopra Archimede. Nelle qvali copiosamente si spiega. L' Arte di Guerreggiare, cosi in Mare, come in Terra ... E l' arte ancora del perfetto Bombardiero ... Si dimostra di più vn modo nuouo e mirabile di fabricare, & vsare, diuerse sorti di Square, & di Bussole ... Et il Trattato de Insidentibus aquae ... In Venetia, Al Segno del Lione, 1606.

3 l., 48, 284 (*i.e.* 286), 72, 52p. illus. (incl. diagrs.), plate, fold. plan. 21cm.
Signatures : A3, a-c8; A-S8 (S8 blank); A-D8, E4; A-D8, E2.
p. 5, 41 lines, 168×111mm.
« Trattato de Insidentibus aquae » wanting.
Each part has a special t.-p.
1st collected ed.
★ Brunet V 660.
♣ *Jacs Rs.* 950

3501

— La Nuova Scientia de Nicolo Tartaglia con una gionta al terzo Libro ... [Stampata in Venetia per Nicolo de Bascarini a istantia de l' Autore, 1550]

4 l., 32 numb. l. illus., fold. plate. 21cm.
Signatures : †4, A-H4.
f. 17b. 42 lines 169×108mm.
Illus t.-p.
Imprint. *cf.* Colophon.
1st ed. Venice, 1537.
Bound with : Tartaglia, N. Qvesiti et inventioni diverse, Venetia, 1554 and others.
★ Brunet V 660. 3471a

3502

— La prima [-sesta] parte del General trattato di nvmeri, et misvre di Nicole Tartaglia ... In Vinegia per Curtio Troiano dei Nauo, 1556-60.

6 pt. in 3. illus. 30½cm.
t.-p. of pt. 2, 3 wanting.
Illus. t.-p.
1st ed.
Contents. — **pt. 1.** Arithmetic. — **pt. 2.** Algebra. — **pt. 3-6.** Geometry.
★ Brunet V 660. 416

3503

— Qvesiti et inventioni diverse de Nicolo Tartaglia, di novo restampati con vna gionta al sesto libro, nella quale si mostra duoi modi di redur una Città inespugnabile ... Appresso de l' avttore, 1554.

128 numb. l. illus., plate. 21cm.
Signatures : A-Z4, AA-II4.
f. 9 a, 41 lines, 165×108mm.
Colophon : In Venetia, per Nicolo de Bascarini, ad instantia et requisitione, & à proprie spese de Nicolo Tartaglia Autore, 1554.
Illus. t.-p.
1st ed. 1550.
Bound with : Tartaglia, N. La nuova scientia, Venetia, 1550; Regola generale da sulevare con ragione e misura, 1551; Ragionamenti sopra la sua travagliata inventione, Venetia, 1551. 3471

3504

— Ragionamenti de Nicolo Tartaglia sopra la sva travagliata inventione. Nelli quali se dechiara uolgarmente quel libro di Adchimede Siracusano Intitolato. De insidentibus aquae, Con altre speculatiue pratiche da lui ritrouate sopra le materie, che stano, & chi non stano sopra lacqua, Vltimamente se assegna la ragione, et causa naturale di tutte le sottile, et oscure particularità dette, et dechiarate nella detta sua trauagliata inuẽtione cõ molte altre da quelle dependenti. Appresso di Lautore. [Stampata in Venetia per Nicolo Bascarini à instantia & requisitione & à proprie spese de Nicolo Tartaglia Autore, 1551]

24 unnumb. l. illus. 21cm.
Signatures : A-F4; A4.
f. [14]a, 42 lines, 167×108mm.
Illus. t.-p.
Imprint. *cf.* Colophon.
1st ed.
Bound with : Tartaglia, N. Qvesiti et inventioni diverse, Venetia, 1554 and others. 3471c

3505

Tartaglia, Nicolo, 1506-1559.

Regola generale da svlevare con ragione e misvra nõ solamẽte ogni affondata Naue : ma una Torre Solida di Mettallo. Trouata da Nicolo Tartaglia ... intitolata la Travagliata inventione. Insieme cõ un artificioso modo di poter andare, & stare p lõgo tẽpo sotto acqua ... Giontoui anchor un trattato, di segni delle mutationi dell' aria, ouer di tẽpi materia nõ men utile, che necessaria, a Nauiganti, & altri, [1551]

20 unnumb. 1. illus. 21cm.
Signatures : a-e4 (e4 blank).
f. [3]b, 42 lines, 166×108mm.
Illus. t.-p.
Privilege dated 1551.
« Svpplimento de la Travagliata inventione de Nicolo Tartaglia » (4 unnum. 1.) bound after « Ragionamenti de Nicolo Tartaglia ».
Bound with : Tartaglia, N. Qvesiti et inventioni diverse, Venetia, 1554 and others. 3471b

3506

Tasso, Torquato, 1544-1595.

La Gerusalemme liberata di Torquato Tasso. In Venezia, Appresso il Remondini, 1756.

3 1., [v], xx, 520p. front. 14cm.
Engr. ornamented t.-p.
1st complete ed. Parma, 1581.
★ Brunet V 664.
♣ *Esta correcto conformamando a Expurgatorio de Portugal... 18 de Ago de 1759. Fr. Nivo da Assam ...?* 3195

3507

Tavernier, Jean Baptiste, 1605-1689.

Viaggi nella Tvrchia, nella Persia, e nell' Indie Fatti sei volte nello spatio di quaranta anni per tutte le strade, che si possono tenere per Mare, e per Terra, da Gio : Battista Tavernier Barone d' Avbonne; Stampati in lingua Francese, ed ora tradotti da Giovanni Lvetti sacerdote Francese. Fatti stampare in Italiano da Givseppe Corvo libraro. Divisi in dve parti ... In Roma, Stampati sotto la direzione di Givseppe Corvo Libraro, 1682.

2v. 7 plates. 25cm.
Vol .2 p. 105-112 wanting.
1st French ed. Paris, 1676-77.
Index at end of each volume.
Errata at end of v. 2.
★ Brunet V 681.
♣ *Ex lib. rel. ab Illmo ac Rmo D Pa Alexo.* 599

3508

Terzago, Niccolo.

Istruzione pratica sopra La fedele amministrazione del Sacramento della Penitenza A tenore della Dottrina del Rituale Romano, Composta da Monsignor Niccolo Terzago Vescovo di Narni ... Con giunta de' Canoni Penitenziali, e dei delitti da denunciarsi al Tribunale del S. Officio. In Roma, A spese di Simone Occhi, 1766.

480p. 15cm.
Index : p. 421-434.
♣ *Stamp of Mgr Alex. de Gouvea.* 2589

3509

— Istruzione pratica sopra La fedele amministrazione del Sacramento della Penitenza ... In Roma, Nella stamperia di S. Michele, 1769.

468p. 17cm.
Index : p. 426-434. 2563

3510

Tesauro, Emanuele, 1591-1677.

Il cannocchiale Aristotelico o sia Idea dell' argvta et ingeniosa elocvtione Che serue à tutta l' Arte oratoria, lapidaria, et simbolica Esaminata co' Principij del divino Aristotele Dal Conte & Caualier Gran Croce D. Emanvele Tesavro Patritio Torinese. Quinta Impressione. In Torino, Per Bartolomeo Zauatta, 1670.

3 1., 740, [30]p. fronts. 36cm.
1st ed. Turin, 1654.
Index : p. [741]-[770]
♣ *Exmi P. D. Caroli Am. Mezzabarba Pat. Alex. Leg. Aplci ad Sinas.* 2848

3511

— La filosofia morale derivata dall' alto fonte del grande Aristotele Stagirita, dal Conte, et Cavalier Gran Croce Don Emanvele Tesavro, Patritio Torinese. In Torino, Per Bartolomeo Zapata, 1670.

3 1., 3-532, 22p. 36½cm.
Approbation & Privilege dated Martij 1671.
1st ed.
Index at end. 2849

3512

— La filosofia morale derivata dall' alto fonte del grande Aristotele ... In Bologna, Per Gioseffo Longhi.

6 1., 707p. illus. 15½×7cm.
Index : p. 649-707.
♣ *Gozani pr la China. — Coll. Sat. Casal. Soc. Jesu. — Veyo da Rezida de K'ai fum fu.* 2780

3513

— Historia dell' avgvsta citta di Torino Del Conte, e Caualiere Gran Croce D. Emanvele Tesavro, Proseguita da Gio. Pietro Giroldi Protonotario Apostolico ... In Torino, Per Bartholomeo Zappata, 1679.

6 1., 514, [22]p. 36½cm.
1st ed.
A 2nd volume, continuation by Fr. M. Ferrero

de Lauriano, was published in 1712. *cf.* Brunet V 730.
Index at end.
★ Brunet V 730.
♣ *Ex lib. relictis Pekini ab Ill.mo R.mo Pa Alexo.* 1908

3514

Theti, Carlo.

Discorsi delle Fortificationi, Espugnationi, & difese delle Città, & d' altri Luoghi. Di Carlo Theti, Diuiso in Libri Otto. Oue difusamente si dimostra quali debbano essere i siti delle Fortezze, le Forme, i Recinti, Fossi, Baloardi, Castelli, & altre cose à loro appartenenti, con le figure di esse. Hora di nouo in questa vltima impressione ricorretti, & ampliati ... In Vicenza, Ad instanza di Giacomo de Franceschi, 1617.

2 l., 210 (*i.e.* 208) p. illus., 11 plans (10 double) 36½cm.
Signatures: A-C6, D8, E6, F8, G4, H-L6, M3? N-S2, T5? V2, X-Z6, Aa-Cc6. (2 p. l. without sign.)
p. 2, 58 lines, 273×174mm.
Illus. t.-p.
♣ *Michele Antonio Senevilla.* 1634

3515

Torsellini, Horatio, *SJ,* 1544-1599.

Ristretto dell' historie del mondo del Padre Horatio Torsellini Della Compagnia di Giesv Col Supplemento di Lodouico Aurelij Perugino Traduttore dell' Opera. Con la Seconda Parte di Bernardo Oldoini Genouese sino l' anno MDCL. Accresciuto in questa vltima Impressione sino l' anno M.DC.LXXIV. In Venetia, Presso Zaccaria Conzatti, 1674-75. [pt. 1, 1675]

12? l., 504, 250 (*i.e.* 252), 69, [3], 68? p. incl. ports. 15½cm.
Pt. 1, 1 p. l.; pt. 3, p. 1-24; pt. 4, p. 69-? wanting.
1st Latin ed. Rome, 1598.
1st Italian ed. Perugia, 1623.
Index at beginning of pt. 1 and at end of pt. 2, 3, 4.
★ Sommerv VIII 156 no 11 (ed. wanting) 2768

3516

Torto, Girolamo.

Presagi cotidiani, perpetvi, Generali & particolari, vtili, & giouueuoli ad ogni sorte di persone, di Girolamo Torto cittadino Pavese. In Pavia, Per Andrea Viani, 1602.

4 l., 32p. 21½cm.
Signatures: a4, A-B8.
p. 3, 42 lines, 168×108mm.
Bound with: Magini, G. A. De astrologica ratione ac usu dierum criticorum, Venetiis, 1607 and others. 1057a

3517

Tosi, Clemente, *OSilv.*

Il gentilesimo confvtato Volvme primo [-secondo] ... Opera non meno utile, che curiosa ... Del P. Abbate D. Clemente Tosi della Congreg. de' Monaci Siluestrini dell' Ord. di S. Bened. ... In Roma, Per Michele Ercole, 1669.

2v. 2 ports. 22½cm.
Port. (v. 2) wanting.
Titles within ornamental border.
On added t.-p.: Dell' India Orientale Descrittione geografica, et historica.
1st ed.
Contents. — **v. 1.** Introduttione e motivo dell' opera. Descrittione dell' Imperio Mogolano. Qualità del Gran Mogol. Discorsi XIV per la conversione alla fede christiana de' regni del Gran Mogol. Iter Ferrariense quod D. Cl. Tonsus Abbas Roma Ferrariam habuit. Indice delle materie. — **v. 2.** Motivi per la continuatione di quest' opera. Descrittione dell' India extra Gangem. Regno di Arracan, overo imperio del Mogo. Regno del Pegù. Regni di Brama e di Siammom. Regno di Siam; di Cambogia; del Lao overo de Langioni; della Cocincina; del Tunchino. Imperio della China. Discorsi per confutare gli errori di quei gentili, et per convertirli alla fede di Christo. Epigrammata varia. Indices.
★ Streit V 169 no 491. 3357

3518

— o. c.

2 p. l.: Half-title and added title « Dell' India, etc. » wanting.
♣ *Da V Prova da China da Compa de Jesus. — Nankim.* 617

3519

— L' India Orientale Descritione Geografica, & Historica Volvme secondo Doue si tratta della parte extra Gangem ... E si descriuono le qualità de Prencipi che li signoreggiano, li costumi, Religioni, e ricchezze de' Popoli che vi habitano. Con la Confutatione dell' Idolatri e superstitioni, & altri loro errori. Del P. Abbate D. Clemente Tosi della Cong. di S. Siluestro dell' Ordine di San Benedetto ... In Roma, Per Felice Cesaretti, 1676.

2 v. 23cm.
Vol. 1 wanting.
★ Streit V 177 no 525.
♣ *De PP. Ossti di S. Franco della Prov. Pekino e Xan tung.* 2189

3520

Trombelli, Giovan-Crisostomo, *CanReg.*, 1697-1784.

Vita, e culto de SS. Genitori di Maria Vergine Gioachimo, ed Anna Opera di D. Giovan-Grisostomo Trombelli Bolognese Ex-Generale de' Canonici Regolari della

Congregazione Renana di S. Salvatore ... In Bologna, A S. Tommaso d' Aquino, 1768.

viii, 120p. 26cm.
1st ed.
♣ *1771. Donato da Monsige Stefano Borgia Segrio di Propaganda per uso di Missionari che sono in Pekino.* 1969

3521

Trombelli, Giovan-Crisostomo, *CanReg.* 1697-1784.

Vita, e culto di S. Giuseppe sposo di Maria Vergine, e padre putativo di Gesù Cristo Salvator nostro. Opera di D. Giovan-Grisostomo Trombelli Bolognese Ex-Generale de' Canonici Regolari della Congregazione Renana di S. Salvatore ... In Bologna, Nella Stamperia del Longhi, 1767.

1 l., 286 (*i.e.* 296)p. 26½cm.
1st ed.
♣ *1771. Donato da Monsige Stefano Borgia Segrio di Propaganda per uso di Missionari che sono in Pekino.* 1981

3522

Tucci, Stefano, *SJ,* 1540-1597.

Il Cristo Giudice tragedia sacra ... Opera del P. Stefano Tucci Della Compagnia di Giesù Da Monforte ... Tradotta dal verso Latino nell' Italiano da Antonio Cutrona Siracusano ... Con l' Aggiunta dell' Introduttione all' Opera, fatta dal medesimo Tradutore. In Roma, Per Domenico Ant. Ercole, 1698.

154, [2]p. 15cm.
1st Latin ed. Rome, 1673.
1st Italian ed.
Errata at end.
★ Sommerv VIII 263.
♣ *Mihi dono dedit Venerabilis Dns Josephus Andrada. — Ad usum D. Vitalis Josephi Kuo, Sinēsis Sacerdot. Sac. Familiae J. C.* 3130

V

3523

Verciulli, Francesco, *SJ,* 1611-1694 .

Prediche panegiriche e morali della Beatissima Virgine Maria del Padre Francesco Vercivlli della Compagnia di Giesv ... In Roma, Per Bartolomeo Lupardi, 1672.

8 l., 392p. 15½cm.
1st ed.
Errata at beginning.
★ Sommerv VIII 588 nº 3.
♣ *Da V Provª da China da Compª de Jesus. —Nankim.* 2561

3524

— o. c.

♣ *Da V Provª da China da Compª de Jesus.* 1722

3525

— o. c.

♣ *Da V Provª da China da Compª de Jesus.* 1775

3526

— o. c.

p. 130-143 incorrectly made up.
♣ *Da caza de Vu cham fu. — Da V Provª da China da Compª de Jesus.* 2584

3527

Vergilio, Polidoro, *ca.* 1470-1555.

(Polidoro Virgilio d' Vrbino) De l' origine e de gl' inventori de le leggi, Costumi, Scientie, Arti, et di tutto quello che a l'humano uso conuiensi, con la espositione dil Pater nostro : Ogni cosa di Latino in uolgar tradotto, con la Tauola di cio che si contiene ne l' opera ... In Vinegia, Appresso Gabriel Giolito de Ferrari, 1545.

8 l., 257 numb. l., 1 l. 15½cm.
Signatures : ✝⁸, A-Z⁸, Aa-Hh⁸, Ii¹⁰.
f. 2a, 28 lines, 117×66mm.
Ms. marginal notes.
1st Latin ed. Venice, 1499.
★ Brunet V 1136.
♣ *Ex lib. Illmi Rmi Pae Alexni.* 756

3528

Verle, Gio. Battista.

Anatoma artifiziale dell' occhio vmano, Inventata, e fabbricata nuovamente da Gio. Battista Verle Veneziano ... In Firenze, per il Vangelisti, 1679.

1 l., 45, [2]p. fold. plate. 13×7cm.
Illus. t.-p
Added engr. ornamented t.-p.
♣ *Collegij Soc. Jesu Pekini.* 927

3529

Viani, *OSBMV,* 1690-1738.

Storia delle cose operate nella China Da Monsignor Gio : Ambrogio Mezzabarba Patriarca d'Alessandria, Legato Appostolico in quell' Impero, e ultimamente Vescovo di Lodi, scritta dal Padre Viani dei Servi di Maria Confessore del Prelato suddetto, e suo Compagno nella prefata Legazione. In Venezia, Nella Stamperia Fenziana, 1760.

xvi, 188p. 16½cm.
1st ed. Paris, 1739.
★ Cordier 921. — Streit VII 357 nº 3488.
♣ *Stamp : Biblioteca communitativa di Bologna. — Stamp : Coll. Lucian. Cl. Rr. S. D... niae.* 3369

3530

Vignola, Giacomo Barrozzi da, 1507-1573.

Le dve regole della prospettiva pratica di M. Iacomo Barozzi da Vignola Con i comentarij del R. P. M. Egnatio Danti dell' ordine de Predicatori ... [Roma, Nella Stamperia della Reueren. Camera Apostolica] 1611.

4 l., 145, [5]p., incl. diagrs. 36cm.
Signatures : †[4], A-S[4], T[3].
p. 33, 61 lines, 251×163mm.
p. 59-60 wanting.
Engr. ornamented t.-p. spoiled.
For imprint. *cf.* Colophon.
1st ed. Rome, 1583.
★ Brunet V 1220. 1150

3531

— Le dve regole della prospettiva pratica di M. Iacomo Barozzi da Vignola, Con i Comentarij del Reuer. P. Maestro Egnatio Danti Dell' Ord. de' Predic. ... epilogate da Givseppe Tibvrtio Vergelli Nobile di Ricanati ... Diuise in due Libri, vno del discorso l' altro delle Figure. In Roma, per il Mascardi, 1684.

4 l., 3-78, [5]p., 2 l., 7 plates, 10 plans, 31 diagrs. 32cm.
Plate nº 36 wanting.
Pt. 2 (Plates) has a front., and the same t.-p. as pt. 1, but dated 1682.
♣ *F. Lucio.* 1146

3532

Villacastin, Thomas de, *SJ,* 1570-1649.

Manvale d' esercitii spiritvali Per fare Oratione mentale. Composto dal Padre Tomaso Villacastin della Compagnia di Giesv, Tradotto dalla lingua Spaguuola nell' Italiana. In Napoli, Per Lazzaro Scoriggio, 1633.

53, 523, [9]p. 11½cm.
Signatures : A-B[12], D[4], (D4 blank); a[8], b-y[12], z[6].
p. 9, 26 lines, 86×44mm.
Tr. by Tomaso Mascambruno, *SJ*, *cf.* Sommervogel IX 1165.
1st Spanish ed. Valladolid, 1612.
1st Italian ed. by Mascambruno.
★ Sommerv VIII 762 nº 2. 2208

3533

[Villars la Faye, Simon de]

La scienza delle persone di corte, di spada, e di toga, del Signore di Chevigni, Accresciuta di varj Trattati da H. P. de Limiers ... ed arricchita di molte Figure in Rame. Traduzione dal Francese di Selvaggio Canturani ... Venezia, Nella Stamperia Baglioni, 1720.

4v. front. [v. 1], 24 fold. maps, 30 tables, 12 illus. 16½cm.
13 maps, 14 tables and 1 illus. wanting.
Sieur de Chevigny, pseud. of Simon de Villars la Faye. *cf.* DictTheolCath XII 2118.
Contents. — **t. 1.** Della religione. Dell' astronomia. Della geografia. — **t. 2.** Continuazione della geografia. Della cronologia. Della storia generale et particolare. — **t. 3.** Continuazione della storia. Della logica. Degl. interessi de' principi. — **t. 4.** Della legge privata e pubblica. Del maneggio o arte di cavalcare. Della guerra. Delle fortificazioni. Della marina. Del blasone. Delle favole e d' alcune massime per la corte.
♣ *Ad usum Fris Philippi Me Sęrrati Ord. Serv. B. M. V.* 1112

3534

Villegas, Alonso de.

Nvovo leggendario della vita di Maria Vergine Immacolata Madre de Dio, Et delli Santi Patriarchi, & Profeti dell' antico Testamento delli quali tratta, & fa mentione la Sacra Scrittura ... Dato per auanti in luce in Lingua Spagnuola, sotto titolo di Flos Sanctorum Seconda Parte. Per il R. Sig. Alfonso de Villegas di Toledo, Teologo, e Predicatore. Et nuouamente con molto studio dalla Spagnuola, nella volgar lingua Italiana tradotto per il Reuer. D. Giulio Cesare Valentino Piovano di Carpeneto. Con due Tauole, l'vna delle vite che si scriuono, l'altra delle auttorità della Sacra Scrittura ... In Venetia, Appresso Gio. Battista Ciotti, 1613.

16 l., 798p. 22cm.
Signatures : a-b[8], A-Z[8], Aa-Zz[8], Aaa-Ccc[8], Ddd[7].
p. 3, 50 lines, 178×113mm.
Text in 2 col.
1st Spanish ed. Madrid, 1562.
♣ *Nankim.* 3127

3535

Vita di S. Gio : Francesco Regis Della Compagnia di Gesù. Descritta da un Religioso della medesima Compagnia Coll' aggiunta degli Atti della sua Canonizazione Cavati dalla Segretaria della Sacra Congregazione de' Riti. In Roma, per Antonio de' Rossi, 1737.

116, [4]p. port. 18cm. 2955

3536

Vitruvius Pollio, Marcus, *1st cent.* B.C.

I dieci libri dell' architettvra di M. Vitrvvio, tradotti et commentati da Monsig. Daniel Barbaro ... da lui riueduti & ampliati; & hora in piu commoda forma ridotti. In Venetia, Appresso Francesco de' Franceschi Senese, 1584.

4 l., 505p. incl. plans, tables, diagrs. 25cm.
Signatures : †[4], A-N[8], O-P[4], Q[8], R[4], S[1], T[4], X[8], Y[4], Z[8], Aa-Nn[8].
p. 3, 48 lines, 195×132mm.
p. 51-54, 125-128, 209-216, 459-460, 463-464, 471-474 wanting.
Title printed within a woodcut.
1st ed. by Barbaro, Venice, 1556.
Index : p. 500-505.
★ Brunet V 1330.
♣ *Non prohibetr em S. Paolo 1608. 18 Octobro.* 1153

3537

Vives, Juan Luis, 1492-1540.

Colloguj di Gio : Lodovico Vives Latini, e Italiani Tradotti da un sacerdote Fiorentino per esercizio dell'una e dell'altra lingua ... In Firenze, Nella Stamper. di Giuseppe Manni. Per il Carlieri, 1708.

xiii, [1], 413p. illus. 15cm.
Text in 2 col.
1st ed. Basel, 1538. 2571

3538

Viviani, Vincenzio, 1622-1703.

Discorso al Serenissimo Cosimo III. Grandvca di Toscana Intorno al difendersi da' Riepimenti, e dalle Corrosioni de' Fiumi Applicato ad Arno in vicinanza della Città di Firenze, di Vincenzio Viviani matematico di S. A. S. Scritto nel Dicembre del 1687. In Firenze, Nella Stamperia di Piero Matini, 1688.

2 l., 72p. 24½cm.
1st ed.
♣ *Collegij Societatis Jesv Pekini.* 3218

3539

[—] ... Formazione, e misvra di tvtti cieli Con la struttura, e quadratura esatta dell' intero, e delle parti di un nuovo Cielo ammirabile, e di uno degli antichi delle Volte regolari degli Architteti. Curiosa esercitacione matematica di V. V. Vltimo Scolare del Galileo Accademico Fiorentino Il Rinvigorito Accademico della Crusca ... In Firenze, nella Stamperia di Piero Matini, 1692.

xiv, 32, [1]p. incl. diagrs. 24½cm.
Author : Vincenzio Viviani. *cf.* NouvBiogrGén XLVI 325.
At head of title : Al Serenissimo Principe di Toscana.
1st ed.
♣ *Ex dono P. I Bonani Soc. J. Roma Pekinū transmissus ad P. Philip. Grimaldi Collegij Astronomici Presidem.* 853

X

3540

Ximenes, Lionardo, *SJ,* 1716-1786.

I sei primi elementi della geometria piana A cui si aggiugne alcun saggio de' molti usi, che le proposizioni elementari somministrano alla fisica, alla meccanica, all' astronomia, e ad altre parti dell matematica di Leonardo Ximenes della Compagnia di Gesù, Geografo di S. M. I. In Venezia, Presso Giambatista Albrizzi q. Girol, 1752.

XXXII, 354 (*i.e.* 336)p. 20½cm.
1st ed.
★ Sommerv VIII 1342 nº 10. 502

Z

3541

Zanoni, Bernardino, *SJ,* 1537-1620.

Libro della vita della Beatiss. Vergine, et delle sve heroiche virtv, et titoli. Con alcuni Dialoghi, & altre deuotioni à lei pertinenti. Composto dal P. Bernardino Zanoni da Reggio di Lombardia, della Compagnia di Giesv. In Genova, Per Givseppe Pavoni, 1613.

8 l., [5]-660 (*i.e.* 598), [2]p. 13½cm.
Signatures : A[12], a[6], B-Z[12], Aa-Bb[12].
p. 11, 23 lines, 105×50mm.
1st ed.
Errata at end.
★ Sommerv VIII 1461 nº 4. 2966

3542

Zarlino, Gioseffo, 1517-1590.

De tvtte l'opere del R. M. Gioseffo Zarlino da Chioggia ... ch'ei scrisse in bvona lingva Italiana; già separamente poste in luce : hora di nuouo corrette, accresciute, & migliorate, insieme ristampate ... In Venetia, Appresso Francesco de' Franceschi Senese, 1588-89. [v. 1, 1589]

4v. in 2. illus. (incl. tables, diagrs., musics), fold. plate. 32½cm. (v. 2 : 31½cm.)
1st collected ed.
Index at beginnong of v. 1, 2, and at end of v. 3.
Errata at beginning of each volume.
Contents. — **v. 1.** Istitutioni harmoniche divise in quattro parti (1st ed. 1558). — **v. 2.** Dimostrationi harmoniche divise in cinque ragionamenti (1st ed. 1571). — **v. 3.** Sopplimenti musicali, partiti in otto libri. — **v. 4.** Trattato della patienza. Discorso sopra il vero anno & giorno della morte di Giesv Christo N. S. Informatione della origine del R. P. Capuccini. Risolutioni d'alcuni dubii sopra la correctione dell' anno di Giulio Cesare.
★ Brunet V 1528.
♣ *M. Ch.* 1142

3543

Zucchelli, Antonio, *OMCap, b.* 1663.

Relazioni del viaggio e missione di Congo Nell' Etiopia Inferiore Occidentale, del P. Antonio Zvcchelli da Gradisca, Predicatore Capuccino della Provincia di Stiria, e già Missionario Apostolico in detto Regno ... In Venezia, Per Bortolameo Giavarina, 1712.

9 l., 438, [43]p. 22cm.
1st ed.
Errata at end.
★ Brunet V 1544.
♣ *Ex libris Andreae Pillepied Indig. Sacerdotis.*
590

3544

Zucchetta, Giovanni Battista, *b.* 1550.

Prima parte della arimmetica di Gio. Battista Zvchetta cittadino Genovese. Per la quale con mirabile ordine, & nuoue Regole si risolue con marauigliosa facilità ogni dubbio mercantesco Con vn Trattato che risolue qualunque quesito bisognoso à Zecchieri, Orefici, & Argentari. Copiosa di Postille, & Tauole ... In Brescia, per Vincenzo Sabbio, 1600.

13 l., 412, [4]p. incl. port., tables. 35cm.
Signatures: †[6], ††[7], A-Z[6], Aa-Ll[6], Mm[4].
p. 5, 36 lines, 230×142mm.
p. 99-100, 105-106, 291-292, 297-298 wanting.
Engr. ornamented t.-p.
No second part has been published.
1st ed.
Errata at end.
★ Brunet V 1544.—Smith 425.
♣ *Aplicado à Resid[a] de Chin kiam por ordẽ publicada pello P V Prov[al] Joam de Saà.* 567

PORTUGUESE SECTION

A

3545

Advertencias criticas, e apologeticas Sobre o juizo, que nas materias do B. Raymundo Lullo Formou o D. Apolonio Philomuso, E communicou ao publico em a resposta ao Retrato de Morte-Cor, que contra o Autor do verdadeiro Methodo de estudar escreve o Reverendo Doutor Alethophilo Candido de Lacerda ... Coimbra, Na Officina de Antonio Simoens, 1752.

122p. 20cm.
Bound with : Manoel do Cenaculo. Dissertaçao theologica, Lisboa, 1758. 3534a

3546

Agostinho de Sancta Maria, *OSA,* 1642-1728.

Celeste, e devota Filothea, e thesouro de espirituaes riquezas de Santos Exercicios, com que as almas devotas pòdem crescer muyto nas virtudes, & no amor, & devoçaõ de Jesus, & de Maria. E das muytas graças, e indulgencias com que se podcraõ enriquecer, confirmadas com muytos, & prodigiosos exemplos, que offerece ... Fr. Agostinho de Santa Maria Ex-Vigario Geral da Congregaçao dos Agostinhos Descalcos de Portugal, natural de Estremoz. Lisboa Occidental, Na Officina de Antonio Pedrozo Galram, 1727.

4 l., 151p. 20½cm.
★ DictAM I 1136. 2209

3547

Alberti, Domenico Stanislao, *SJ,* 1655-1731.

Lirio florido S. Luiz Gonzaga Da Companhia de Jesu venerarado pelos seus Devotos com varios obzequios. Propostos em Italiano pelo P. Domingos Stanislao Alberti Traduzidos em Portuguez pelo P. Antonio Xavier Morabito Ambos da mesma Companhia. Lisboa Occidental, Na Offic. de Ant. Isid. da Fons, 1739.

174p. 9½cm.
1st Italian ed. Palermo, 1704.
Bound with : Gallifet, J. de, *SJ.* Devoçam ao SS. Coraçao, Lisboa, 1735 and others.
★ Sommerv I 122 nº 9 (ed. wanting) 3552c

3548

Alcala y Herrera, Alonso de, 1599-*after* 1651.

Iardim anagrãmatico e divinas flores Lvsitanas, Hespanholas, e Latinas contem seis centos e oitenta & tres Anagrammas em prosa, & verso, & seis Hymnos Chronologicos dividese em seis opvscvlos nas tres Lingues ... Avtor Alonso de Alcala y Herrera natural da Inclyta Cidade de Lisboa. Em Lisboa, Na officina Craesbeeckiana, 1654.

12 l., 274, [8] p. illus. 20cm.
Engr. ornamented t.-p.
1st ed.
Errata at beginning.
♣ *Da V Proua da China no Collº que serà em Macao. — Da V Prouª da China.* 3172

3549

Almeyda, Feliciano de, *d.* 1726.

Cirurgia reformada, dividida em dous tomos : o primeyro se divide em tres partes, segundo a ordem das tres regiões do corpo humano; o segundo vay dividido em tres livros, em os quaes se trata em geral de todas as feridas, apostemas, chagas, &c. ... Author o licenciado Feliciano de Almeyda ... Lisboa Occidental, Na Officina de Antonio Pedrozo Galram, e a sua custa impresso, 1738.

14 l., 530p. 30½cm.
2v. in 1.
1st ed. Lisbon, 1715.
Index : p. 509-530. 832

3550

Andrada, Jacinto Freyre de, 1597-1657.

Vida de Dom João de Castro qvarto Viso-Rey da India. Escrita por Iacinto Freyre de Andrada. Impressa por ordem de seu Neto o Bispo Dom Francisco de Castro Inquisidor Gèral neste Reyno ... Em Lisboa, Na Officina Craesbeeckiana, 1651.

4 l., 444, [48]p. 26½cm.
1st ed.
Index : p. [445]-[492]
★ Brunet I 265. — Streit V 142 nº 393. 2029

3551

— Vida de D. João de Castro IV. Viso-Rey da India. Escrita Por Jacinto Freyre de Andrada. Primeyro tomo das suas obras. Lisboa, Na Officina de Domingos Rodrigues, 1747.

8 l., 518 p. port. 15cm.
p. 289-304 wanting.
Index : p. 463-518. 2943

3552

Andrada, Jacinto Freyre de, 1597-1657.

Vida de Dom João de Castro, quarto Viso-Rey da India. Por Jacinto Freyre de Andrada. Nova ediçao, acrescentada da Vida do autor. Paris, Vendese em Lisboa em casa de Dudeux, 1769.

xx, 483 p. 16½cm.
Ed. by Pierre Gendron. *cf.* Dedication.
Index : p. [465]-483.
♣ *Stamp of Mgr Alex. de Gouvea.* 2956

3553

Antonio de Padua e Bellas, *OFM.*

Thesouro de prégadores dividido em varios sermões universaes, donde se tirão Sermões particulares, assim para muitos Santos juntos, como para cada hum em particular; comprehendendo tambem alguns Sermões communs para todas as Domingas que não forem destinadas a solemnidade de algum Mysterio, e outros tambem communs para as Festas de Nossa Senhora, em que não se solemnizar algum dos seus Mysterios. Author Fr. Antonio de Padua e Bellas, Menor Reformado da Provincia da Arrabida ... Lisboa, Na typografia Rollandiana, 1786.

2v. 15cm.
« Taboa alfabetica dos Santos » : v. 1, p. 316-319; v. 2, p. 424.
♣ *Stamp of Mgr Alex. de Gouvea.* 1876

3554

Araujo, Jozé Boreas de, 1667-1743.

Discursos da ignorancia, em que se duvida do fogo elemental, e se define o material, e em consequencia se difficulta a mayor parte da filosofia Peripatetica, que offerece com varios problemas, e copiosos indices à censura dos cientes, e ao juizo dos curiosos Joseph Boreas de Araujo ... Lisboa Occidental, Na Officina de Miguel Rodrigues, 1740.

2 v. illus., diagr. 21½cm.
1st ed. 682

3555

Argote, Ieronymo Contador de, *CRTh,* 1676-1749.

Regras da lingua Portugueza, espelho da lingua Latina, Ou disposiçaõ para facilitar o ensino da lingua Latina pelas regras da Portugueza ... Pelo Padre Dom Jeronymo Contador de Argote, Clerigo Regular ... Muyto accrecentada, e correcta. Segunda impressaõ. Lisboa Occidental, Na officina da Musica, 1725.

12 l., 356, [4]p. 14½cm. 3240

3556

— Vida, e milagres de S. Caetano Thiene, Fundador dos Clerigos Regulares, composta pelo Padre Dom Jeronymo Contador de Argote Clerigo Regular ... Lisboa Occidental, Na Officina de Pascoal da Sylva, 1722.

12 l., 532, [37]p. 21cm.
Index & errata : p. [541]-[569]
♣ *PP Gallor SJ Pekin.* 2954

3557

Aspilcueta, Martim, 1492-1586.

Manval de Confessores & penitentes, Que clara & breuemente contem a vniuersal decisam de quasi todas as duuidas q̃ em as confissoes soem occorrer dos peccados, absoluções, restituyções, censuras, & irregularidades. Composto por ho muyto resoluto, & celebrado Doutor Martim de Azpilcueta Nauarro ... Acrecentado agora por ho mesmo Doutor, cõ as determinações de muytas duuidas, que despoys da outra reformaçam lhe forã mandadas ... As outras em cinco comentarios, de vsuras, cambios, Symonia mental. Defensam do proximo, De furto notauel, & irregularidade. Com seu Reportorio copiosissimo ... Impresso en Coimbra, por Ioam de Barreyra, 1560.

8 l., 750p., 1 l., 168, [71]p. 20½cm.
Signatures : A^8, A-Z^8, Aa-Zz^8, &^{8}; a-k^8, l^4, aa-bb^8, c-d^8, e^4.
p. 5, 42 lines, 161×91mm.
1st ed. Salamanca, 1552.
♣ *Stamp of Mgr Polyc. de Souza.* 1768

3558

Ayres, Francisco, *SJ,* 1597-1664.

Theatro dos trivmphos divinos contra os disprimores hvmanos, moralizado aos pregadores, proporcionado à via pvrgativa, illuminativa, & unitiva, de hũa alma com Deos. Dividido em qvatro partes Pello Padre Francisco Ayres da Companhia de Iesv ... Em Lisboa, Por Paulo Craesbeck, 1658.

10 l., 600, [20]p. illus. 19cm.
Text in 2 col.
1st ed.
Index & errata : p. [601]-[620]
★ Sommerv I 716 n° 2.
♣ *P. Francisco Cardozo.* 1676

3559

Azevedo Fortes, Manoel Soares de.

Tratado do modo o mais facil, e o mais exacto de fazer as cartas geograficas, assim da terra, commo do mar, e tirar as plantas das Praças, Cidades, e edificios com instrumentos, e sem instrumentos, para servir de instrvçam à fabrica das Cartas Geograficas da Historia Ecclesiastica, e Secular de Portugal. Tirado Dos Melhores Authores, e composto por Manoel de Azevedo Fortes, Academico da Academia Real da Historia ... Lisboa Occidental, Na Officina de Pascoal da Sylva, 1722.

16 l., 200p. 7 fold. diagrs. 15cm.
Half-title : Tratado de modo de fazer as cartas geograficas.
1st ed. 624

3560

Azevedo, Fr. Manoel de, *OCarm.*

Correcçâo de abvsos introdvzidos contrao o verdadeiro methodo da medicina. Em tres Tratados. O primeiro Do grande proveito, que a todos faz o exercicio; & de quanto proveitosas sao as purgas no principio das enfermidades. O segvndo. De como convem as sangrias dos pês, primeiro que as dos braços, nas enfermidades que cometem cabeça, & coração. O terceito. De conhecimento, & curação da febre maligna, com os rèmedios mais particulares, & experimentados para melhor se curar; & do modo mais conveniente, & proveitoso para se fazerem as juntas de Medicos : E para se curarem com mais brevidade todas as chagas, & feridas de qualquer qualidade que sejão. Pello Dovtor Frey Manoel de Azevedo Religioso da Ordem de Nossa Senhora do Carmo. Lisboa, Na Officina de Diogo Soares de Bulhoens, 1668.

15 l., 467, [32]p. 20cm.
Index : p. [469]-[499] 838

B

3561

Barros, André de, *SJ,* 1677*ca.*-1754.

Vida do apostolico Padre Antonio Vieyra Da Companhia de Jesus, chamado por antonomasia o grande : acclamado no mundo Por Principe dos Oradores Evangelicos, Prégador Incomparavel dos Augustissimos Reys de Portugal, Varaõ esclarecido em Virtudes, e Letras Divinas, e Humanas; Restaurador das Missoes do Maranhaõ, e Pará ... Pelo P. André de Barros Da Companhia de Jesus. Lisboa, Na nova Officina Sylviana, 1746.

13 l., 686p. port. 30½cm.
Engr. head-pieces.
1st ed.
Index : p. 673-686.
Errata : p. [672]
★ Sommerv I 927 nº 7. — Streit III 435 nº 1258.
1962

3562

Beja, Jeronymo de, *SJ,* 1662-1739.

Compendiosa explicaçaõ das virtudes, Especialmente das tres theologaes Fe, Esperança, e Caridade, Com a instrucçaõ da praxe de quando, e como se haõ de faser os seus actos, ordenada Em forma de Dialogo Entre hum Instructor, e hũ Instruido Pelo P. Jeronymo de Beja da Companhia de Jesu. Coimbra, No Real Collegio das Artes da Cõpanhia de Jesu, 1733.

12 l., 395p. 13½×7cm.
1st ed.
Errata at beginning.
★ Sommerv I 1131. 2275

3563

Bella, Joao-Antonio dalla.

Noticias historicas, e praticas acerca do modo de defender os edificios dos estragos dos raios, compiladas pelo doutor João Antonio Dalla Bella, lente de filosofia experimental na Universidade de Coimbra ... Lisboa, Na regia officina typografica, 1773.

8 l., 88p. fold. plate. 21cm.
Half-title : Modo de defender os edificios dos estragos dos raios.
♣ *Para ouzo de Fr Alexandre Gouvea Relig° 3°. — Stamp of Mgr Alex. de Gouvea.* 816

3564

Bernardez, Manoel, *OR,* 1644-1710.

Exercicios espirituaes, e meditações da via purgativa; sobre a malicia do peccado, vaidade do Mundo, miserias da vida humana, & quatro Novissimos do Homem. Com hũa instruçaõ breve do modo pratico, com que os principiantes pôdem exercitar a Oraçaõ mental, & resoluçaõ das principaes duvidas, que nella occorrem. Divididas em duas Partes. Escritas Pelo P. Manoel Bernardez, da Congregaçaõ do Oratorio de N. S. d' Assumpçaõ da Cidade de Lisboa. Accrescentadas nesta segunda impressaõ com hum Index das cousas notaveis ... Lisboa, Na Officina de Manoel & Joseph Lopes Ferreyra, 1706-07.

2v. 20½cm.
Text in 2 col.
1st ed. publ. in March 1706; ours is the second edition publ. in November 1706.
♣ *Collegij Pekin S. J. 1754.* 2323

3565

Bezout, Étienne, 1730-1783.

Curso de mathematicas para uso do Corpo Real d' Artilheria e da Marinha, por Monsieur Bezout da Academia Real das Sciencias de Paris ... III. parte, que contém a Mechanica, traduzida em Portuguez ... por Custodio Gomes de Villas-boas ... Lisboa, Na Regia Officina Typografica, 1786.

2v. 10 fold. plates, 2 fold. tables, 13 fold. diagrs. 17½cm.

1st French ed. Paris, 1770-72.
« Appendix I. Do movimento dos projecteis no meio resistente » : v. 2, p. 225-267.
« Appendix II. Applicaçâo dos principios geraes de mechanica às questôes da marinha » : v. 2, p. 268-368.
Errata : v. 1, p. [382]-[390]; v. 2, p. [369]-[372] 681

3566

Bezout, Etienne, 1730-1783.

Elementos de trigonometria plana; por M. Bezout da Academia Real das Sciencias de Pariz &c. Traduzidos do Francez. Coimbra, Na Real Officina da Universidade, 1774.

iv, 100p. 2 fold. diagrs. 17cm.
Abstract from « Cours de mathématique à l' usage des gardes du pavillon et de la marine », 4 v. Paris, 1764-67; and « Cours de mathématique à l'usage du corps royal de l'artillerie » 4 v. Paris, 1770-72. *cf.* Preface.
♣ *Para ovzo de Fr Alexandre Gouvea Relig° da 3a Ordem de N.P. S. Franco. — Stamp of Mgr Alex. de Gouvea.* 359

3567

[Bodler, Johann, *SJ*] 1620-1698.

Vida do Serenissimo Principe Eleitor D. Felippe Wilhelmo, Conde Palatino do Rheno, Archithesoureiro do Imperio Romano ... Pay da rainha N. Senhora D. Maria Sofia Isabella, A quem a dedica per seus Religiosos a Provincia de Portugal da Companhia de Jesus. Lisboa, Na Officina de Miguel Deslandes, 1692.

12 l., 303p. 6 fold. tables. 20cm.
Author : Johann Bodler, *SJ*, & tr. Francisco de Mattos, *SJ*. *cf.* « Licenças da Ordem ».
1st German ed. Dillingen 1690.
1st Portuguese ed.
Errata at beginning.
« Genealogia Da Ascendencia da Rainha N. Senhora » : p. 249-284.
Index : p. 285-303.
★ Sommerv I 1566 n° 8; V 742 n° 1. 2949

3568

Bossut, Charles, 1730-1815.

Tratado de hydrodynamica por M. Bossut da Academia Real des Sciencias de Parîs ... Traduzido e abbreviado do Francez. Coimbra, Na Real Officina de Universidade, 1775.

xv, 326p. illus. (incl. tables), 14 fold. diagrs. 21cm.
1st French ed. Paris, 1771.
Errata : p. xv.
♣ *Para ouzo de Fr Alexandre Gouvea Relig° 3°.—Stamp of Mgr Alex. de Gouvea.* 675

3569

Botelho Chacon, Thome.

Compendio breviſsimo da theologia moral Mais necessaria na praxe de Confessores, & Penitentes, &c. Resumido Pelo Doutor Thome Botelho Chacon, Arcediago da Sancta Sé d'Evora. Em Lisboa, Na Officina de Migvel Deslandes, 1682.

7 l., 255p. 15cm.
Added t.-p. engr. with ornament. 1306

3570

Brito Freyre, Francisco de, *d.* 1692.

Nova Lusitania, historia da guerra Brasilica ... Por Francisco de Brito Freyre. Decada primeira. Lisboa, na officina de Joam Galram, 1675.

8 l., 460, [39]p. front. 33½cm.
Index [39]p. bound at end of « Viage da Armada da Companhia do Commercio ».
1st ed.
Bound with : Brito Freyre, F. de. Viage da armada da Companhia do Commercio, 1655.
★ Brunet I 1265. 1977

3571

— Viage da Armada da Companhia do Commercio, e frotas do estado do Brasil. A cargo do General Francisco de Brito Freyre. Impressa por mandato de el Rey nosso Senhor. Anno. 1655.

4 l., 64p. 33½cm.
The index of « Nova Lusitania » bound at end.
1st ed. Lisbon, 1657.
Bound with: Brito Freyre, F. de. Nova Lusitania, Lisboa, 1675. 1977a

3572

Burlamaqui, Jean Jacques, 1694-1748.
Elementos do direito natural, compostos por Joaõ Diogo Burlamaqui, Conselheiro de Estado, e Professor de Direito Natural, e Civil : Traduzidos em Portuguez ... por Jozé Caietano de Mesquita ... Lisboa, Na Officina de Miguel Rodrigues, 1768.

2v. in 1. 16cm.
16 l., 188p., 1 l., 285p.
1st Portuguese ed.
1st ed. of « Principes du droit naturel », Geneva, 1747.
♣ *Ex libris Ro... Josephi Rodericii Pitaj Arinhori...? Vive carens vitio, tanquam si cras moriturus, Vive vacans studio, tanquam semper duraturus.* 3634

C

3573

Cacegas, Luis de, *OP.*
Vida de D. Fr. Bertolameu dos Martyres Da Ordem dos Prègadores, Arcebispo, & Senhor de Braga Primàs das Espanhas. Repartida em seis liuros com a solenidade de sua tresladação. Por Fr. Luis de Cacegas da mesma Ordem, & Cronista della na Prouincia de Portugal. Reformada em estilo & ordem, & ampleada em sucessos & particularidades de nouo achadas por Fr. Luis de Sousa da mesma Ordem & filho do Conuento de Bemfica. Lisboa, Na Officina de Miguel Rodrigues, 1763.

2v. front. 15cm.
♣ *Stamp of Mgr Alex. de Gouvea.* 1606

3574

Caminha, Gregorio Martins.
Tratado da forma dos libellos, e das allegaçoens judiciaes & do processo do juizo secular, & Ecclesiastico, & dos contratos, com suas glosas, do Licenciado Gregorio Martins Caminha, Reformado de novo cõ addições, & annõtaçoes copiosas ... compostas pello Doutor Joam Martins da Costa, avogado na Corte ... Coimbra, Na Offecina de Joseph Antunes da Sylva, 1711.

4 l., 232p. 30cm. 2027

3575

Campos, Manoel de, *SJ, b.* 1681.
Elementos de geometria plana, e solida, segundo a ordem de Euclides ... Accrescentados com tres uteis Appendices : o primeiro da Logistica das Proporções : o segundo dos Theoremas selectos de Archimedes : e o terceiro da Quadratriz de Dinostrato, para quadrar o Circulo, e tri-secar o Angulo. Para uso da Real Aula Da Esfera do Collegio de Santo Antão da Companhia de Jesus de Lisboa Occidental ... Por ... o Padre Manoel de Compos, Da mesma Companhia. Lisboa Occidental, Na officina Rita-Cassiana, 1735.

20 l., 333p., 1 l. front., 9 fold. diagrs. 21cm.
1st ed.
Errata : p. [335]
★ Sommerv II 602 nº 3; VIII 1972.
♣ *Pª a Rezidª de Chim tim Fu. Comprado pelo P. Carlos de Rezende no Anno 1743.* 383

3576

— Trigonometria plana, e esferica com o canon trigonometrico Linear, e Logarithmico : tirada dos authores mais celebres, que escreverão sobre esta materia : e regulada pelas impressões mais correctas, que atéqui tem sahido. Para uso da Real Aula da Esfera do Collegio de Santo Antão da Companhia de Jesus de Lisboa Occidental ... Por ... o P. Manoel de Campos, Da mesma Companhia ... Lisboa Occidental, Na officina de Antonio Isidoro da Fonseca, 1737.

12 l., 212, [284]p. 7 fold. diagrs. 20½cm.
Diagrs. no. 1-3 wanting.
1st ed.
★ Sommerv II 603 nº 5. 441

3577

Cardim, Antonio-Francisco, *SJ,* 1596-1659.
Elogios, e ramalhete de flores borrifado com o sangve dos Religiosos da Companhia de Jesu, a quem os tyrannos do Imperio de Iappaõ tiraraõ as vidas por odio da Fè Catholica. Com o catalogo de todos os Religiosos, & seculares, que por odio da mesma Fè foraõ mortos naquelle Imperio, atê o anno de 1640. Pelo Padre Antonio Francisco Cardim da Companhia de Iesu ... Em Lisboa, Por Manoel da Sylua, 1650.

6 l., 380p. 87 plates. 20cm.
27 plates & p. 43-46, 155-156 wanting.
1st Latin ed. Rome, 1646.
1st Portuguese ed.
Errata at beginning.
★ Brunet I 1574. — Laures 150 nº 312. — Sommerv II 740 nº 3. — Streit V 564 nº 1570.
♣ *Vice-provinciae Sinensis.* 3320

3578

Carneiro, Antonio, *SJ,* 1662-1737.
Meditaçoens da payxaõ de Jesu Christo nosso Redemptor. Compostas Pelo Padre Antonio Carneyro da Companhia de Jesus.

Lisboa Occidental, Na Officina de Miguel Rodrigues, 1729.

11 l., 454p. 14×8cm.
1st ed.
★ Sommerv II 757 nº 8.
♣ *Stamp of Mgr Polyc. de Souza.* 2302

3579

Carneiro, Antonio, *SJ,* 1662-1737.
Santuario mental, em que, pelas festas, e Santos de cada dia, se propõem meditaçoens para todo o anno ... Pelo Padre Antonio Carneyro da Companhia de Jesu. Lisboa, Na Officina Real Deslandesiana, 1714.

8 l., 791p. 15½cm.
1st ed.
Errata (sign. †8) at beginning.
★ Sommerv II 757 nº 2. 2600

3580

— o. c.

8 l., 792p. 15cm. 2642

3581

Castro, Estevam de, *SJ,* 1575-1639.
Breve aparelho, e modo facil pera aivdar a bem morrer hum Christão, com a recopilação da materia de testamentos & penitencia, varias oraçoẽs deuotas, tiradas da Escritura sagrada, & do Ritual Romano de N. S. P. Paulo V. Composto pello Padre Esteuão de Castro Sacerdote professo da Companhia de Iesus. Acrecentado nesta segũda impressaõ pello mesmo Autor ... Em Lisboa, Por Mattheus Pinheiro, 1627.

16 l., 241 (*i.e.* 221) numb. l. 14cm.
Signatures: †8, †8, A-Z8, Aa-Dd8, Ee5.
f. 2a, 22 lines, 103×66mm.
l. 17-18 and l. 21-22 bound after l. 20 and l. 24 respectively.
1st ed. Lisbon, 1621.
★ Sommerv IX 10.
♣ *Pera o Pe Nicolao Longobardo do Pre João Roiz. — Missionis Sinensis PP Soc Jesu. — Veyo da Rezida de Cinanfu. — Proua de Japão.* 1432

3582

— Breve apparelho, e modo facil pera ajudar a bem morrer hum Christão. Com a recopilação da materia de testamentos, & penitencia; varias Oraçoẽs devotas, tiradas da Escriptura Sagrada, & do Ritual Romano de N. S. P. Paulo V. Composto pelo Padre Estevão de Castro, Sacerdote professo da Companhia de Iesu. Acrescentado nesta segunda impressaõ pello mesmo Autor. Em Evora, Na Officina da Universidade, 1672.

12 l., 336p. 14cm.
Ms. notes on recto of front guard leaf.
Library has 3 copies of 3 different impressions publ. in the same year.
★ Sommerv II 861 nº 1.
♣ *Stamp of Mgr Polyc. de Souza. — Antonio de Souza.* 2531

3583

— o. c.

12 l., 336p. 14½cm. 2564

3584

— o. c.

12 l., 336p. 15½cm. 1516

3585

— Breve aparelho, e modo facil, Para ajudar a bem morrer hum christam. Com a recopilaçaõ da materia de testamentos, & penitencia, varias oraçoẽs devotas, tiradas da Escrittura Sagrada, & do Ritual Romano de N. S. P. Paulo V. Composto pelo Padre Estevam de Castro, Sacerdote Professor da Companhia de Jesu. Accrescentada a devoçaõ de varias Missas. Lisboa, Na Officina de Miguel Manescal, 1677.

16 l., 272 ?p. 14cm.
p. 273-? wanting.
★ Sommerv II 861 nº 1.
♣ *D V. Proua.* 2462

3586

Castro, Francisco de, *SJ,* 1567-1632.
Reformaçaõ Christã a assim do peccador, como do virtuoso, composta em Castelhano pelo P. Francisco de Castro da Companhia de Jesus, natural de Granada; offerecida, e dedicada em Portuguez a Jesu Christo Redemptor nosso. Lisboa, Na Officina de Antonio Pedrozo Galraõ, 1716.

5 l., 631 (*i.e.* 621), [1]p. 15cm.
1st Spanish ed. Seville, 1628.
1st Portuguese ed.
★ Sommerv II 863 nº 3. 2065

3587

— o. c.

2286

3588

Castro Sarmento, Jacob de, 1692-1762.
Theorica Verdadeira Das mares, Conforme à Philosophia do incomparavel cavalhero Isaac Newton ... A que se ajunta, Come Introducçam no principio, huma breve Relaçam da vida, e descubrimentos deste immortal, e Illustre Philosopho : E a o fim, em forma de Apendix, a Demonstraçam, de que a Lua se retem no seu Orbe pela força da Gravidade. Pelo Dr. Jacob de Castro Sarmento ... Londres, 1737.

2 l., v-xvp., 4 l., 136p. front., illus., 2 fold. diagrs. 25½cm.
1st ed.
« Gloza dos termos » : p. [124]-136.
Errata at beginning.
♣ *Stamp of Mgr Polyc. de Souza.* 150

3589

[Cenaculo Villasboas, Manoel do] *d.* 1814.
Cuidados literarios do prelado de Beja em graça do seu bispado. Lisboa, Na officina de Simão Thaddeo Ferreira, 1791.

4 l., 552, [2]p. 22½cm.
Author : Manoel do Cenaculo Villasboas. *cf.*
Caption title.
Illus. t.-p.
Errata at end.
♣ *Stamp of Mgr Alex. de Gouvea.* 3197

3590

— o. c.
♣ *Stamp of Mgr Alex. de Gouvea.* 3198

3591

— Dissertaçaõ theologica, historica, critica Sobre a Definibilidade do Mysterio da Conceiçaõ Immaculada de Maria Santissima. Pelo Padre Fr. Manoel do Cenaculo, Doutor Conimbricense ... Lisboa, Na Officina de Joseph da Costa Coimbra, 1758.

9 l., x, 248, [38]p. 20cm.
Bound with : Advertencias criticas, Coimbra, 1752.
♣ *Para ouzo de Fr. Alexandre Gouvea, Relig° 3°. — Stamp of Mgr Alexandre de Gouvea.* 3534

3592

— Instrucção pastoral do Excellentissimo e Reverendissimo Senhor Bispo de Béja ao clero, e ordenandos da sua diecese. Lisboa, Na regia officina typografica, 1784.

385p. 17½cm.
Author : Manoel do Cenaculo Villasboas. *cf.*
Caption title. 2634

3593

[—] Instrucção pastoral do Excellentissimo, e Reverendissimo Bispo de Béja sobre a modestia dos vestidos do clero. Lisboa, Na Offic. de Simão Thaddeo Ferreira, 1792.

117p. 16cm.
Author : Manoel do Cenaculo Villasboas. *cf.*
Caption title.
♣ *Stamp of Mgr Alex. de Gouvea.* 2506

3594

— o. c.
2702

3595

Christovao de Lisboa, *OMCap. d.* 1652.
Consolaçaõ de afflictos, e alivio de lastimados. Dialogo entre dous filosofos, Vacrisso, e Pontonio, no qval mostra Vacrisso por forma de Argumento, o justo, e devido sentimento, que deve haver nas adversidades humanas; o que Pontonio pertende reprovar ... Ideado pelo Illustrissimo D. Fr. Christovao de Lisboa Da Ordem do Serafico P. S. Francisco ... Por Francisco Luiz Ameno. Lisboa, Na Officina de Antonio Isidoro da Fonseca, 1742.

11 l., 192p. 14½cm. 2567

3596

Coelho, Manoel Rodrigues.
Pharmacopea Tubalense chimico-galenica ... Em que se faz nam so' huma reflexam physica sobre os principios dos mixtos, expondo depois a diffiniçaõ de ambas as Pharmacopèas, e as opperações, em que se dividem, com os objectos della inteiramente explicados. Mas tambem se mostra hum diccionario com muitas vozes, e termos de ambas as Pharmàcias, e a explicaçaõ dos mais versados Synonomos, com que em diversos idiotismos se pedem os simpleces medicinaes; e finaliza com a indagaçaõ dos tres Reynos Animal, Vegetal e Mineral, com algumas objecções propostas, e decididas à cerca dos medicamentos deste tam dilatado Imperio. Author Manoel Rodrigues Coelho, ... Lisboa Occidental, Na Officina de Antonio de Sousa da Sylva, 1735.

11 l., 336p., 3 l. 337-896p. 30cm.
2 v. in 1.
Text in 2 col.
Index at beginning & p. 875-896.
Errata at beginning of each vol. 1124

3597

Collet, Pierre, *CM,* 1693-1770.
Tratado de moral, por Pedro Collet, Theologo, e Sacerdote da Congregaçaõ da Missaõ; ou Obrigações das pessoas do mundo, Obra utilissima a todos os Ecclesiasticos, e Pais de Familias. Lisboa, Na Offic. Patriarcal de Francisco Luiz Ameno, 1786.

8 l., 488p. 15cm.
1st French ed. Paris, 1763.
1st Spanish ed. Lisbon, 1768. 1302

3598

— o. c.
♣ *Stamp of Mgr Alex. de Gouvea.* 1303

3599

Compendio de doctrina christâm. 1775.
115, [1]p. 17cm. 2667

3600

Concil Goano. 1567-1606 ms. *18th cent.*

Fol., 30×20½cm., the text being *ca.* 25½×15 ½cm. 132 l. (incl. 3 blank ones at beginning and 16 at end.) 34-37 lines.
Ms. has no title but a binders title : « Concil. Goano », and begins « O Primeiro Concilio Provincial celebrado em Goa no anno de M. D. L. XVII. »
Contents. — O primeiro Concilio provincial celebrado em Goa no anno de MDLXVII. (Dom Jorge Temudo, arcebispo de Goa, Primaz das Indias). — Segundo Concilio sendo Arcebispo Primaz da India o Sr D. Gaspar no anno 1575. — Terceiro Concilio sendo Arcebispo o Rmo Sr D. Fr. Vicente da Fonseca, no anno 1585. — Quarto Concilio celebrado no anno de 1592 por Rmo Sor Dom Matheus Arcebispo de Goa. — Concilio quinto, pelo Illmo e Rmo Sr D. Fr. Aleixo de Menezes, Arcebispo Metropolitano, no anno de 1606.
♣ *Stamp of Mgr Alex. de Gouvea.* 3657

3601

Cordeyro, Antonio, *SJ,* 1640-1722.

Loreto Lusitano, Virgem Senhora da Lapa, residencia milagrosa do Real Collegio de Coimbra, da Companhia de Jesvs, em a provincia da Beyra Bispado de Lamego, verdadeyra, & puramẽte de novo historiada por seu zeloso devoto o padre Antonio Cordeyro Da mesma Companhia de Jesus ... Lisboa Oriental, Na Officina de Felipe de Sousa Villela, 1719.

8 l., 298p. 28cm.
1st ed.
★ Sommerv II 1437 nº 5.
♣ *Nan kim.* 1985

3602

— o. c. 27cm.

t.-p. and some pages at beginning spoiled.
♣ *Ao Pe Mel Mendez.* 1880

3603

Correa Valente, Manoel, *CM,* 1735-1804.

Instrucção da doutrina Christã, Que mandou fazer o Serenissimo Senhor Infante D. Pedro Para o uso do Grão Priorado do Crato pelo Padre Manoel Correa Valente, Sacerdote da Congregação da Missão. Com hum Appendix de alguns exercicios importantes, e hum Compendio da mesma Instrucção para os meninos. Lisboa, Na Officina de Miguel Manescal da Costa, Impressor do Santo Officio, 1767.

11 l., 235p. 14½cm.
♣ *Stamp of Mgr Alex. de Gouvea.* 3631

3604

Costa e Sà, Jose Anastasio da.

Triunfo da innocencia : poema epico ... por José Anastasio da Costa e Sa' Lisbonense ... Lisboa, Na offic. de Filippe da Silva e Azev. 1785.

4 l., 271p. incl. port. 15½cm.
♣ *Stamp of Mgr Alex. de Gouvea.* 3123

3605

[Croiset, Jean, *SJ***]** 1656-1738.

Retiro espiritual para hum dia de cada mez. Obra muito util para toda a sorte de pessoas, e principalmente para aquelles, que desejão segurar huma boa morte. Traduzido da lingua Franceza ... Quarta edição mais correcta, e exacta. Lisboa, na Regia Officina Typografica, 1781.

2 v. 17cm.
Author : Jean Croiset, *SJ. cf.* Sommervogel IX 1286.
1st French ed. Lyons, 1694.
1st Portuguese ed. Lisbon, 1764.
★ Sommerv II 1670 nº 3. 2734

3606

Curvo Semmedo, Joâo, 1635-1719.

Polyanthea medicinal, Noticias Galenicas, e chymicas, repartidas em tres tratados ... por João Curvo Semmedo ... Terceyra vez impressas & augmentadas. Lisboa, Na Officina de Antonio Pedrozo Galram, 1716.

31 l., 879 (*i.e.* 875), 32, [2]p., 1 l., 11p. front., 2 ports. 30cm.
1st ed. Lisbon, 1713.
« Index dos authores » at beginning.
Index : p. 751-879.
« Memorial de varios simplices que da India Oriental, da America, & de outras partes do mundo vem ao nosso Reyno para remedio de muytas doenças, no qual se acharáõ as virtudes de cada hum, & o modo com que se devem usar » & « Manifesto que o doutor Joam Curvo Semmedo, medico, morador em Lisboa, faz aos amantes da saude, & attentos às suas consciencias » at end.
♣ *Collegij S. J. Pekini A. C. 1741.* 965

3607

— Polyanthea medicinal ... Quinta vez impressa por seu filho Or. Ignacio Curvo Semmedo. Lisboa Occidental, Na Officina dos Herdeiros de Antonio Pedrozo Galram, 1741.

30 l., 879 (*i.e.* 875), 32, [2]p., 1 l., 11p. front., 2 ports. 30cm.
« Index dos authores » at beginning.
Index p. 759-879.
« Memorial de varios simplices ... at end. 966

D

3608

Damoiseau de Monfort, Maria Carlos Theodoro, 1768-1846.

Ephemerides nauticas, ou Diario astronomico para 1801. Calculadas ... no Observatorio Real da Marinha, pelo ajudante do mesmo observatorio, Maria Carlos Theodoro Damoiseau de Monfort ... Lisboa, Na typographia da Academia R. das Sciencias, 1799.

2 l., 162 ?p. 22cm.
p. 95-96, 163-? wanting.
1st ed. 48

3609

Devoto instruito na vida, e na morte com exercicios de piedade, que suavizaõ a Lei do Senhor, e facilitaõ o caminho da Santa Devoçaõ. Por Hum Religiozo Menor, natural do Arcebispado de Braga. Lisboa, Na Offic. de Antonio Rodrigues Galhardo, 1781.

1 l., xiv, 357, [2]p. 15cm.
Errata at end.
♣ *Stamp of Mgr Alex. de Gouvea.* 2568

3610

Dias, Miguel, *SJ,* 1636-1724.

Ultimo instante entre a vida, e a morte, Considerado à luz dos desenganos, que o peccador moribundo conceberá, fazendo reflexaõ sobre a sua vida passada, sobre o seu estado presente, & sobre a sua sorte futura. Author o P. Miguel Dias Da Companhia de Jesu ... Coimbra, no Real Collegio das Artes da Companhia de Jesus, 1720.

12 l., 227p. 12½cm.
1st ed. Lisbon, 1716.
Index : p. 222-227.
Errata at beginning.
★ Sommerv III 39 nº 2. 2444

3611

— Ultimo instante entre a vida, e a morte ... Coimbra, No Real Collegio das Artes da Companhia de Jesu, 1720.

12 l., 227p. 13½×7½cm.
This is a corrected reprint of the Coimbra 1720 ed.
Index : p. 222-227.
★ Sommerv III 39 nº 2. 2483

3612

Ducreux, Gabriel Marin, 1743-1790.

Os seculos christãos, ou Historia do christianismo, No seu estabelecimento, e progressos : escrita em Francez pelo Abbade Ducreux, Conego de Igreja de Auxerre, e traduzide em Portuguez por *** ... Lisboa, Na Typografia Rollandiana, 1780-84.

6v. 10 fold. tables. 19½cm.
Vol. 2, p. 353-368 bound after p. 128.
1st French ed. Paris, 1775-77.
Half-title : Historia ecclesiastica.
♣ *Stamp of Mgr Alex. de Gouvea.* 1897

3613

[Dusault] *OSB.*

Avisos, e reflexoens, sobre o que deve obrar hum Religioso para satisfazer ao seu Estado, Muito efficazes para animar a quem o tem abraçado, e desempenhar a sua vocação ... Escrita em Francez por hum religioso beneditino da Congregaçaõ de S. Mauro, E traduzida em Portuguez. Nova ediçaõ mais correcta, e mais ampla, que as precedentes ... Lisboa, Na Typografia Rollandiana, 1778.

4 v. in 2. 16½cm.
« Catalogo dos livros impressos a cûsta de Francisco Rollan » at end of v. 4.
Ms. table of contents of v. 1 & 2 on back guard leaves of v. 1.
Author : Dusault, *OSB.* cf. DictOuvrAnonym I 367.
1st French ed. Toulouse, 1708.
♣ *Stamp of Mgr Alex. de Gouvea.* 2716

E

3614

Evora, Diocese of. *Constitutions.*

Constituicoens do Arcebispado de Evora, Originalmente feitas por Mandado do Illmo e Rmo. Senhor D. Joaõ de Mello Arcebispo do dito Arcebispado Año de 1565. Nouamente impressas por Ordem do Exmo e Rmo Senhor D. Fr. Miguel de Tavora Da Ordem dos Eremitas de S. Agostinho Arcebispo de Evora. Evora, Na Officina da Universidade, 1753.

10 l., 284, [3]p. 30cm.
Illus. t.-p.
Index : p. [286]-[287]
♣ *Stamp of Mgr Alex. de Gouvea.* 2411

F

3615

Fernandez, Manoel, *SJ,* 1614-1693.

Alma instruida na dovtrina, e vida Christã, Pello Padre Mestre Manoel Fernandes, da Companhia de Jesu ... Lisboa, Na Officina de Miguel Deslandes, 1688-90.

3v. front. 29½cm.
Vol. 3 wanting.
1st ed.
Index at end of each volume.
★ Sommerv III 649 nº 2.
♣ *Residencia de Xam haj (vol. 1) — Da VProvincia de Compª de Jesv na China (vol. 2)* 2138

3616

Ferreyra, Antonio, 1626-1697.

Luz verdadeyra, e recopilado exame de toda a cirurgia ... Author o Licenciado Antonio Ferreyra, Cirurgiaõ ... Acrecentado nesta quarta impressam com huma Nova Pratica do mesmo Author, com todos os accidentes que pódem sobrevir ás feridas. Lisboa, Na Officina de Valentim da Costa Deslandes, & à sua custa impresso, 1705.

10 l., 527 (*i.e.* 567)p. 19½cm.
Ms. notes on verso of t.-p.
1st ed. Lisbon, 1670.
Index p. 441-460, 420-421, 519-527. 1032

3617

Fonseca Henriques, Francisco da, *fl. 1st half of 18th cent.*

[Soccorro delphico, que a os clamores da natureza humana, para total profligaçam de seus males, offerece o doutor Francisco da Fonseca Henriques]

14 l., 829, 2-7, [49]p. 29½cm.
t.-p. wanting.
For title. *cf.* Caption title.
Index at end. 1214

3618

Fonseca, Joam da, *SJ,* 1632-1701.

Escola da doutrina christam, Em que se ensina o que he obrigado a saber o Christam. Ordenada por modo de Dialogo entre dous Estudantes hum Filozofo, por nome Marcelino, & outro Theologo, por nome Diodoro, Com exemplos accomodados as materias, que se tratam. Composta pello Padre M. Joam de Fonseca, Religiozo da Companhia de Jesu ... Evora, na Officina de Vniversidade, 1688.

4 l., 477, [3]p. 19½cm.
1st ed.
★ Sommerv III 836 nº 3.
♣ *Do novo Noviciado da India. — Dado pello Prior de S. Miguel de Cintra Anio Duarte da Fonca.* 1770

3619

— o. c. 20cm.
2252

3620

— o. c. 20½cm.
♣ *Do P. Domingos de Britto.* 2253

3621

— Instrucçam espiritual, para antes, e depois da Sagrada Communhaõ, Que importa muito, para iradiante na virtude, & reforma das vidas, & costumes, cummungar muitas veses ... Com exemplos accommodados á materia, & Colloquios ... Composta pelo P. M. Joam da Fonseca, Religioso da Companhia de Jesu ... Lisboa, Na Officina de Miguel Manescal, 1689.

12 l., 469 (*i.e.* 471)p. 15cm.
1st ed.
★ Sommerv III 836 nº 5. 2041

3622

— o. c.
♣ *Nan kim.* 2547

3623

— Norte espirival da vida christam pello qval se deve governar, o que deseja acertar com o caminho da perfeiçam, fiado na Divina Providencia, & conformandose em tudo com a Divina Vontade. Composto pello P. M. Ioam da Fonseca, Religioso da Companhia de IHS. Dividido em tres tratados, com exemplos accommodados às materias de que se trata. Em Coimbra, Na Officina de Joseph Fereyra, 1687.

8 l., 312, [7]p. 15cm.
p. 81-96 duplicate.
1st ed.
★ Sommerv III 836 nº 1. 2542

3624

— Sylva moral, e historica, que contem a explicaçam, & discursos moraes de diversas materias, confirmados com seis centurias de exemplos escolhidos, & historias selectas ... Composta pelo Padre Mestre Joam da Fonseca Religioso da Companhia de Jesv. Lisboa, Na Officina de Miguel Manescal, 1696.

14 l., 736p. 20cm.
1st ed.
Index & errata at beginning.
★ Sommerv III 836 nº 8.
♣ *Applicado à Missao do Mayssur pelo P. I. d. Pr.* 1769

3625

— o. c.

10 l., 736, [8]p. 20cm.
Index & errata : p. [737]-[744]
♣ *Applicado à Provincia de Jappam. — Do P. Dos de Britto.* 2672

3626

Franciscan Third Order. *Lisbon.*

Academia celebrada pelos religiosos da Ordem Terceira de S. Francisco do Convento de N. Senhora de Jesus de Lisboa no dia da solemne inauguração da estatua equestre del Rey Dom José Primeiro Nosso Senhor. Lisboa, na Regia Officina Typografica, 1775.

5 l., 8, 42, [6], 12, [16], 8, 8, [32], 29, [3]p. (24 of them blank). 30 cm.
1st ed. 3289

3627

Franciscan Third Order. *Portugal.*

Disposições do superior provincial para a observancia regular, e literaria da Congregaçaõ da Ordem Terceira de S. Francisco destes reinos, Feitas em os annos de mil setecentos sessenta e nove, e setenta ... Lisboa, Na Regia Officina Typographica, 1776.

v. I. 33½cm.
Text in Portuguese and Latin.
♣ *Stamp of Mgr Alex. de Gouvea.* 2726

3628

[Franco, Antonio] *SJ*, 1662-1732.

Imagem do Collegio Apostolico no glorioso Padre S. Antonio de Padua, Nos treze dias da sua devaçaõ, Por hum Religioso seu devoto da Companhia de Jesu. Evora, Na Imprensa da Universidade, 1716.

47p. 9½cm.
Author: Antonio Franco, *SJ*. *cf.* Sommervogel IX 1113.
1st ed. Lisbon, 1709.
Bound with: Gallifet, J. de, *SJ*. Devoçam do SS. Coraçaô, Lisboa, 1735 and others.
★ Sommerv III 934 nº 3. 3552b

3629

Freire, Francisco Jozé, *OR*, 1713-1773.

Elogio de D. Francisco Xavier Mascarenhas, Cavalleiro Professo na Ord. de Christo, Coronel ... por Francisco Jozé Freire. Lisboa: Na Officina de Antonio Isidoro da Fonseca, 1742.

16 l., 126p. 21cm. 2951

G

3630

[Galliffet, Joseph de, *SJ***]** 1663-1749.

[Devoçam do SS. Coraçaõ. Lisboa, De Sousa, 1735]

32p. illus. 9½cm.
t.-p. wanting.
Author: Joseph de Galliffet, *SJ*. title, etc. *cf.* Thierry's catalog. p 78b
Bound with: Novena de S. Francisco Xavier, Lisboa, 1600. — Franco, A. *SJ*. Imagem do Collegio Apostolico S. Antonio, Evora, 1716. — Alberti, D. *SJ*. Lirio florido S. Luiz Gonzaga, Lisboa, 1739. — Novena da S.ta Luzia, Lisboa, 1744.
★ Sommerv III 1128. 3552.

3631

Galvao, Francisco Fernandez, 1554-1610.

[Sermoẽs do Doutor Francisco Fernandez Galuão, arcediago de Cerveira. Lisboa, Christovao Garcia Froes, 1611]

6 l., 284 numb. l., 24 l. 20½cm.
Signatures: q^6, A-Z^8, AA-MM^8, NN^4, a-c^8.
f. 2a, 34 lines, 159×94mm.
Text in 2 col.
Title, etc. *cf.* « Priuilegio ».
Ed. by Amador Vieira. *cf.* Dedication.
1st ed.
Errata at beginning. 2706

3632

Gazeta de Lisboa Occidental. Lisboa, 1734-98.

Library has: 1734; 1742; 1754; 1755; 1789; 1797; 1798.
Publisher varies: 1734, 1754, 1755. Pedro Ferreira. — 1742. Luiz Jozé Correa Lemos. — 1789. 1797. 1798. Regia officina typografica. 1624

3633

Gentili, Giuseppe, *SJ*, 1675-1759.

Vida da Veneravel Madre Rosa Maria Serio de Santo Antonio, Carmelita da antiga Observancia ... Escrita pelo Padre Jozé Gentil Da Companhia de Jesu ... E traduzida de Italiano em Portuguez pelo Padre D. Jeronymo Contador de Argote Clerigo Regular. Lisboa, Na Officina de Francisco da Sylva, 1744.

16 l., 440p. port. 21cm.
1st Italian ed. Rome, 1738.
Index: p. 423-440.
★ Sommerv III 1327 nº 3. 2938

3634

— o. c.

2939

3635

Gessner, Salomon, 1730-1788.

Idyllios, e poesias pastoris de Salmão Gessner; traduzidos em verso Portuguez ... Por Joaquim Franco de Araujo Freire Barbosa. Lisboa, Na Of. de Simão Thaddeo Ferreira, 1784.

173p. 15cm.
1st German ed. 1758.
♣ *Stamp of Mgr Alex. de Gouvea.* 3164

3636

— o. c.

♣ *Stamp of Mgr Alex. de Gouvea.* 3165

3637

Gil da Gama, Leonarda.

Astro brilhante em Novo Mundo, Fragrante Flor do Paraiso plantada no jardim da America, historia panegyrica, e Vida prodigiosa de Sta Rosa de Sta Maria ... Escrita por Dona Leonarda Gil da Gama, natural da Serra de Cintra. Lisboa Occidental, Na Officina de Pedro Ferreira, 1733.

8 l., 332, [3]p. 15½cm.
Errata at beginning. 2959

3638

Godinho, Manoel, 1632-1712.

Vida, virtvdes, e morte Com opiniaõ de Santidade do Veneravel Padre Fr. Antonio das Chagas Missionario Apostolico neste reyno, da Ordem de S. Francisco ... Escrevia o P. Manoel Godinho, &c. ... Lisboa, Na Officina de Miguel Deslandes, 1687.

14 l., 410 (*i.e.* 412)p. 20cm.
1st ed. 3096

3639

Guerreiro, Fernão, *SJ,* 1550-1617.

Relaçam annval, das covsas qve fizeram os Padres da Companhia de Iesvs na India, & Iapão nos annos de 600 & 601. & do processo da conuersaõ, & Christandade da quellas partes : tirada das cartas gêraes que de lâ vierão pello Padre Fernão Guerreiro da Companhia de Iesvs. Vai diuidida em dous liuros, hum das cousas da India, & outro do Iapam. Em Euora, por Manoel de Lyra, 1603.

11 numb. l., 1 l., 13-259p. 19½cm.
Signatures : A^4, $B\text{-}R^8$, S^4.
p. 4, 33 lines, 153×102mm.
1st ed.
Errata : p. 259.
★ Brunet II 1794. — Laures 110 nº 156. — Sommerv III 1913 nº 1. — Streit V 16 nº 4.
♣ *Do Japao.* 3322

3640

Gusman, Alexandre de, *SJ,* 1629-1724.

Escola de Bethlem, Jesvs nascido no presepio. Pello P. Alexandre de Gusmam da Companhia de Jesu da Provincia do Brazil ... Evora, Na Officina da Vniversidade, 1678.

8 l., 321, [4]p. 19½cm.
1st ed.
★ Sommerv III 1960 nº 1.
♣ *Collegij Pekinensis Soctis Jesu.* 2346

H

3641

Heineccius, Johann Gottlieb, 1681-1741.

Elementos de filosofia moral de Joam Gottlieb Heineccio Tirados do Latim em Linguagem da Ediçao de Napoles de 1765. Por Bento Jozé de Sousa Farinha, Professor Regio de Filosofia, e Socio da Academia das Sciencias de Lisboa. Lisboa, Na Of. de Joze da Silva Nazareth, 1785.

3 l., 3-128p. 14½cm.
1st Latin ed. Amsterdam, 1729.
♣ *Stamp of Mgr Alex. de Gouvea.* 2552

3642

— o. c.

♣ *Stamp of Mgr Alex. de Gouvea.* 2774

3643

— o. c.

♣ *Stamp of Mgr Alex. de Gouvea.* 2775

3644

Helvetius, Jan-Adriaen, 1661*ca.*-1727.

Tratado das mais frequentes enfermidades, e dos remedios mais proprios para as curar ... Escrita em Francez pelo famoso Medico Adriano Helvecio ... traduzido na lingua Portugueza, e accrescentado com hum numerosissimo Catalogo de plantas Medicinaes com os seus nomes proprios em Portuguez, Latim, e Francez ... o traductor desta obra Antonio Francisco Da Costa. Lisboa, Na Officina de Miguel Rodrigues, 1747.

2v. 20½cm.
Vol. 2 wanting.
462 (*i.e.* 464)p.
1st French ed. Paris, 1703.
Index at end. 1085

3645

Hevenesi, Gabriel, *SJ,* 1656-1715.

Arte da boa morte, ou Devoçaõ quotidiana para com a Virgem Santissima Mãy de Deos, util para conseguir todos os bens espirituaes, e utilissima para alcançar huma feliz morte, Offerecida aos devotos da V. S. na lingua Latina Pelo R. P. Gabriel Hevenesi Da Companhia de Jesu, E traduzida na Portugueza Pelo R. P. Manoel dos Anjos Da mesma Companhia ... Coimbra, No Real Collegio das Artes, Da Companhia de Jesu, 1732.

8 l., 552p. front. 15½cm.
1st Latin ed. Vienna, 1695.
1st Portuguese ed.
★ Sommerv IV 349 nº 22; I 397 nº 2.
♣ *Stamp of Mgr Polyc. de Souza.* 2201

3646

— o. c.

2470

3647

— o. c.

Front. wanting. 2202

3648

— o. c.

Front. wanting. 2469

J

3649

Jornal encyclopedico dedicado â Rainha nossa Senhora, e destinado para instrucção geral com a noticia dos novos descobrimentos em todas as sciencias, e artes ... Lisboa, Na Offic. de Filippe da Silva e Azevedo, 1788-89.

2v. 16½cm. (1789 : 15cm)
t.-p. of 1789 spoiled.
Library has : Agosto 1788; Junho 1789. 3542

3650

Joseph de Jesus Maria, *OCarm.*

Thesouro Carmelitano manifesto, e offerecido aos Irmaõs, e Irmãs da Veneravel Ordem Terceyra da Rainha dos Anjos, Mãy de Deos, Senhora do Carmo, pelo Padre Presentado Fr. Joseph de Jesus Maria, Commissario da mesma Terceyra Ordem no Covento do Carmo de Lisboa. Lisboa Occidental, Na Officina de Miguel Rodrigues, 1730.

6 l., 253, [2]p. front. 15½cm.
« Catalogo dos Authores » : p. 246-253. 2548

3651

Jozé de Santa Maria de Jesus.

Brados do pastor às suas ovelhas, Obra espiritual dividida em duas partes; Na primeira se contèm quarenta Praticas doutrinaes ... Na segunda hum Espelho de Dezengano para peccadores confiados ... por D. Fr. Jozé de Sta. Maria de Jesus, Missionario Apostolico do Seminario de Varatojo, e Bispo de Cabo Verde. Lisboa Occidental, Na Officina de Manoel Fernandes da Costa, 1731.

10 l., 177p., 5 l., 185-388p., 1 l. fold. plate. 20½cm.
♣ *Stamp of Mgr Polyc. de Souza.* 2295

3652

Junta de Providencia Literaria, *Lisbon.*

Estatutos da Universidade de Coimbra compilados debaixo da immediata e suprema inspecção de el Rei D. José I. nosso senhor pela Junta de Providencia Literaria creada pelo mesmo Senhor para a restauração das sciencias, e artes liberaes ... ultimamente roborados por Sua Magestade na sua lei de 28 de Agosto deste presente anno de 1772. Lisboa, na Regia Officina Typografica, 1773.

v. I. 3. 17½cm.
Contents. — [v. 1] Do curso theologico. — [v. 3] Do curso medico. Do curso mathematico. Do curso filosofico.
★ Brunet II 1068.
♣ *Stamp of Mgr Alex. de Gouvea.* 3276

L

3653

Lacroix, Pierre-Firmin, *d.* 1786.

Tratado de moral; ou As obrigações do homem A respeito de Deos, da Sociedade, e de si mesmo. Escrito em Francez por M. La-Croix, Clerigo da Congregaçaõ da Doutrina Christã, Professor de Filosofia na Universidade de Tolosa, &c. E traduzido em vulgar por Manoel Joseph da Silveira Lara ... Lisboa, Na Officina Patriarcal de Francisco Luiz Ameno, 1782.

2 v.
1st French ed. Carcassonne, 1767.
Index : v. 2, p. 262-307.
♣ *Stamp of Mgr Alex. de Gouvea.* 1298

3654

Lambert, Joseph, 1654-1722.

A verdadeira voz do pastor, ou Homilias sobre os Evangelhos de todas as Domingas do Anno : Traduzidas do Francez de José Lambert, Doutor de Sorbona, e Prior de S. Martinho de Palaiseau ... Lisboa, Vende-se na loge de Borel, e Companhia, Na Offic. de José de Aquino Bulhoes, 1786.

6 v. 15cm.
Vol. 2, 6 have imprint : Lisboa ... Na Officina da Academia Real das Sciencias; v. 3, 4 have imprint : Lisboa ... Na Of. Patr. de Francisco Luiz Ameno.
1st French ed. Paris, 1693-97.
♣ *Ex dono Dmni Borja ad Reverendissimum Dmnum Josephum Riberium. — Borja.* 1855

3655

[Lambert La Plaigne, Bernard, *OP*] 1738-1813.

Dissertaçao sobre o Estado religioso. Em que se mostra qual he o seu espirito, qual a sua origem, os seus progressos, os serviços, que tem feito a Igreja, e a Sociedade, a sua utilidade actual : e em que se trata dos bens dos Religiosos, e da Reforma, que podem ter as Ordens Monasticas. Composta na lingua Franceza pelo Abbade de B.*** e pelo Abbade de B. B.***, Advogado no Parlamento. Traduzida na Portugueza por hum amigo da verdade. Lisboa, Na Of. Patr. de Franc. Luiz Ameno, 1786.

xvi, 319p. 15cm.
Author : Bernard Lambert La Plaigne, *OP. cf.* DictOuvrAnonym I 1057.
1st French ed. 1778.
♣ *Stamp of Mgr Alex. de Gouvea.* 2257

3656

Larraga, Francisco, *OP.*

Promptuario da theologia moral ... Composto em Castelhano pelo M.R.P. Fr. Francisco Larraga ... da Ordem dos Prégadores. Traduzido em Portuguez ... pelo Padre Manoel da Sylva Morales Presbytero do Habito de S. Pedro ... Coimbra, Na Officina da Antonio Simoens Ferreyra, 1735.

12 l., 726p. 21½cm.
Text in 2 col.
1st Spanish ed. Pamplona, 1708.
Index : p. 719-726.
♣ *Stamp of Mgr Polyc. de Souza.* 1327

3657

[Lasne d'Aiguebelles, *chevalier de*]

Religião do coração, exposta nos sentimentos, que inspira a terna piedade, com breves elevações a Deos, proporcionada a' s differentes situações, em que o coração pode a char-se. Para o uso das pessoas do seculo. Obra escrita em Francez pelo Cavalleiro de** Traduzida em Portuguez por Fr. A. de P. E. B. Religioso da Provincia da Arrabida. Lisboa, na Regia Officina Typografica, 1781.

xxx, 368p. 16cm.
Author : Chevalier de Lasne d'Aiguebelles. *cf.* DictOuvrAnonym IV 242.
1st French ed. Paris, 1767.
♣ *Stamp of Mgr Alex. de Gouvea.* 2657

3658

Lemos Faria e Castro, Damiao Antonio de, 1715-1789.

Historia geral de Portugal, e suas conquistas ... Por Damiaō Antonio de Lemos Faria e Castro ... Lisboa, Na Typografia Rollandiana, 1786-89.

14 v. 15½cm.
Vol. 10, p. 145-160 bound upside down.
Errata at end of v. 3, 6.
The 1st ed. appeared in 14 vol. (*cf.* Dedication p. 3); the complete work in 20 vol. was publ. at Lisbon in 1804 (Brunet III 973)
1st ed.
★ Brunet III 973.
♣ *Stamp of Mgr Alex. de Gouvea.* 1906

3659

Lespagnol, Gaugier, *OR.*

Director espiritual, que ensina hum methodo facil para viver santamente, composto pelo Doutor Gaugerico Lespagnol Do Ducado de Flandes, e Padre da Congregação do Oratorio, Traduzido por outro Padre da mesme Congregação, Lisboa, Na regia officina typografica, 1780.

xvii, 378p. 13×7½cm.
1st French ed. Rouen, 1632. 2489

3660

Leytam, Francisco, *SJ,* 1631-1715.

Remedio de peccadores, exercicio de justos, Contem duas partes : a primeira trata do Exercicio da Confissão, a segunda do exercicio da Communhão, Composto pello P. D. Francisco Leytam da Companhia de Jesu ... Evora, na Officina da Universidade, 1687.

2 l., 530, [18]p. 13cm.
1st ed. Evora 1678.
★ Sommerv IV 1768 n° 1. 2238

3661

Lima, Luiz Caetano de, *CRTh.,* 1671-1757.

Geografia historica de todos os estados soberanos de Europa, Com as mudanças, que houve nos seus Dominios, especialmente pelos tratados de Utrecht, Rastad, Baden, da Barreira, da Quadruple Alliança, de Hannover, e de Sevilha; e com as Genealogias das Casas reynantes, e outras muy principaes ... Composta Por D. Luiz Caetano de Lima, Clerigo Regular ... Lisboa Occidental, Na Officina de Joseph Antonio da Sylva, 1734-36.

2 v. illus. (incl. tables, diagrs.), plate, 11 maps (7 fold.) 29½cm.
Engr. head-pieces.
1st ed.
Contents. — **t. 1.** Tratado da geografia astronomica. Geografia historica de Portugal. — **t. 2.** Geogr. hist. de Portugal (continued). Appendix. I. Das ilhas do Oceano Atlantico, pertencentes a Portugal. Appendix II. Dos titulos, com que se distinguem os grandes, e principaes senhores de Portugal, no presente anno de 1735. Appendix III. Lista dos fogos que ha nas terras de Portugal. Pelo Marquez de Abrantes. 625

3662

— o. c.

4 maps wanting. 626

3663

Liturgy and ritual. Breviary. Office of Blessed Virgin. *Portuguese.*

Horas Marianas, ou Officio menor da SS. Virgem Maria Nossa Senhora, instituido, reformado, e approvado pela santa Igreja, e exposto no idioma Portuguez Para espiritual consolaçaō dos que ignorão a Lingua Latina : Setima impressão Mais accrescentada pelo mesmo author Fr. Francisco de Jesus Maria Sarmento ... Lisboa, na Regia Officina Typographica, 1781.

12 l., 310, [2]p. 13½cm.
Bound with : Sarmento, F. Formulario de orações e devoções, Lisboa, 1781. 2199

3664

Liturgy and ritual. Martyrology. *Portuguese.*

Martyrologio Romano dado a luz por mandado do Papa Gregorio XIII. E novamente accrescentado por authoridade do Papa Clemente X. Ajuntou-se a esta edição A memoria de todos os Santos, que ate o presente foraō canonizados pelos Summos Pontifices. Traduzido de Latim em Portuguez por alguns Padres da Companhia de Jesu. Impresso a primera vez em Coimbra no anno de 1591, em oitava segunda vez em Lisboa, com alguns additamentos, no anno 1681, em quarto, et agora emendado, e accrescentado copiosamente. Lisboa, Na Regia Officina Sylviana, e da Academia Real, 1748.

2 l., xlii (*i.e.* lii), 417, 121, [1]p. incl. tables. 21½cm.
Illus. t.-p.
Tr. by Alvarez Lobo, *SJ.* *cf.* Sommervogel IX 1169.
1st official ed. 1584.
« Martyrologio Lusitano » : p. 339-410.
« Martyrologio dos Santos da Companhia de Jesus » : p. 411-417.
Index : [pt. 2], p. 1-109.
Errata : [pt. 2], p. 119.
★ Sommerv IV 1893 n° 2. 1643

3665

Liturgy and ritual. Ritual. Excerpts. *Portuguese.*

Director funebre reformado para se officiar, e administrar com perfeição o Sacrosanto Viatico, Extrema-Unção aos enfermos, Enterro, Officio de Defuntos, Procissão das Almas, e outras funções pertencentes aos mortos Com o proprio Canto, que nellas se deve observar, segundo o Ritual Romano de Paulo V. Decretos Apostolicos, &c. que compoz Fr. Verissimo dos Martyres, Religioso da Terceira Ordem ... Quarta impressão correcta, e accrescentada por Fr. Francisco de Jesus Maria Sarmento ... Lisboa, na Regia Officina typografica, 1780.

2 l., 315p. incl. musics. 20cm. 1600

3666

— o. c.

1601

3667

Lopes Correa, Joao.

Castello forte contra todas as infirmidades, que perseguem o corpo humano, e Thesouro universal, aonde se acharàõ os remedios para ellas ... No qual se acharàõ diffiniçoens, causas, finaes, prognosticos, curas, e todos os symptomas de qualquer infirmidade Cirurgica, Como tambem se acharàõ nelle todos os nomes das infirmidades, e dos medicamentos, hervas, plantas, e mineraes, deduzidos da lingua Grega, Latina, Barbara, e mais linguas na nossa lingua Portugueza ... Author João Lopes Correa, cirurgiaõ ... Lisboa Occidental, Na officina da Musica, 1723.

2 v. 28½cm. (v. 2, 30½cm.)
Text in 2 col.
Vol. 2 has imprint : Lisboa Occidental, Na Officina de Pedro Ferreyra, 1726.
Subtitle varies.
Index at end of each volume. 947

3668

Lucena, Ioam de, *SJ,* 1550-1600.

Historia da Vida do Padre Francisco de Xavier, E doque fizerao na India os mais Religiosos da Companhia de Iesu Composta pelo Padre Ioam de Lucena da mesma Companhia Portugues natural da Villa de Trancoso. Impressa per Pedro Crasbeeck, Em Lisboa, 1600.

4 l., 668p., 669-672 numb. l., 673-908, [38]p. plate, 2 ports. 27½cm.
Signatures : A-Z^8, Aa-Ss^8, Tt^{10}, Vv-Zz^8, Aaa-Kkk^8, Lll^6, †^{8}, ††^{4} (4 p. l. without sign.)
p. 3, 38 lines, 217×140mm.
Engr. ornamented t.-p.
Text in 2 col.
1st ed.
Index & errata at end.
★ Sommerv V 159 n° 1. — Streit I n° 1. 76

3669

— o. c.

2 p. l. (incl. t.-p.), 2 ports,, p. 907-908, & [38]p. at end (table of contents, index, & errata) wanting.
p. 907-908 supplied by a ms.
♣ *Veyo da Rezida de Cinanfu.* 1946

3670

Luis da Natividade, *OFM.*

Divindade do Filho de Deos hvmanado Iesvs Christo Redemptor, e Salvador do mvndo. Mostrada nos encomios divinos com qvc a Igreja Catholica a festeja nos dias classicos de suas solemnidades. ... Com hvma declamaçam sobre o Pellote del Rey Dom Ioao o I. de boa memoria, intitulada. Retrato de Portugal Castelhano. Com tres indices ... Avtor Fr. Lvis da Natividade lente que foi da Scriptura sagrada frade minor ... Em Lisboa, Na officina de Lourenço de Anveres. A custa de Manoel Pereira, 1645.

v. 1. 576 (*i.e.* 586)p. 29cm.
p. 373-374 bound after p. 376.
Illus. t.-p.
Text in 2 col.
Errata at beginning. 2260

M

3671

Macarronea Latino-Portugueza. Quer dizer : Apontoado de versos macarronicos Latino-Portuguezes, que alguns Poetas de bom humor destilarao do alambique da cachimonia para desterro da melancolia. A que se ajunta hum segundo apontoado de algunas obras em verso, e prosa, alinhavadas na linguagem Portugueza, e goarnecidas de conceitos arrastados, e frazes estiradas, para Instrucçao de Novatos buçaes, e desfastio de Leitores leigos. Terceira impressam Accrescentada com o Sabio em mez e meio, e a segunda parte a Economia; e algunas outras Obras. Porto, Na Officina de Antonio Alvarez Ribeiro, 1791.

4 l., 7-362, [2]p. 15½cm.
Contents. — **pt. 1.** Duarte Ferraô, A. Palito matrico. Calouriados. Queixas contra a Poesia. Bisnaga escolastica. — Rasteyro, B. Brinctio poetica. — Duarte Ferraô, A. Nariz enganado e desenganado. Ad D. Felicem de Negreiros. — Serram de Castro, A. Sabonete Delphico. — Calhabeidos. — Rapaziaticum certamen. — Alegratica descriptio. — Caramunhatio Beberronica in Mosquitum. Jurgium inexorabile. — Fallacia marabuti. — Negreiros, F. de. Elegia. — Duarte Ferraô, A. Lagartiados. Caloiriados. — **pt. 2.** Contrapezo da Macarronea. Feiçao à moderna. Conselhos para os Novatos. — Mendicanimachia. Flores, A.R. Freyo metrico para Novatos. — J. F. D. S. Systema metrico moderno. — Queixas de hum estudante. — O sabio em meze meio. A economia.
★ Brunet III 1267.
♣ *Do Pe. Jose Nunes Ribro.* 3124

3672

Malagrida, Gabriel, *SJ,* 1689-1761.

Juizo da verdadeira causa do terremoto, que padeceo a Corte de Lisboa, no primeiro de novembro de 1755. Pelo Padre Gabriel Malagrida da Companhia de Jesus, Missionario Apostolico. Lisboa, Na Officina de Manoel Soares, 1756.

31, [4]p. 20cm.
1st ed.
★ Sommerv V 395 nº 3. 2278

3673

Manoel da Assumpçam, *AugEr. 1st half of 18th cent.*

Crepar xaxtrer orth, bhed, xixio gurur bichar. Fr. Manoel da Assumpçam, Leqhiassen, o buzhaiassen Bengallaté Baoal dexe; xon hazar xat xoho pointix bossor Christor zormo bade. Bhetton coril o boro tthacurque D. Fr. Miguel de Tavora Evorar xohorer Arcebispo. Lisboate, Francisco da Sylvar Xaze, 1743. [On f. 2] Cathecismo da Doutrina christãa Ordenado por modo de Dialogo em Idioma Bengalla, e Portuguez pelo Padre Fr. Manoel da Assumpçam, Religioso Eremita de Santo Agostinho, e actualmente Reitor da Missaõ de S. Nicolâo de Tolentino em Bengalla ... Lisboa : Na Offic. de Francisco da Sylva, M. DCC. LXIII.

8 l., 391p. 15cm.
Date MDCCLXIII may be a misprint for MDC CXLIII?
« Es ist noch nicht gelungen, ein gedrucktes Exemplar ausfindig zu machen; bekannt ist nur das MS des Werkes. » — Streit VI 223.
Contents. — **pt. 1.** Da explicaçao diffusa de toda a Doutrina Christâa. — **pt. 2.** Das Oraçoens da Doutrina, e tudo quanto deve saber de memoria hum Christâo.
★ Streit VI 223 nº 753. 2970

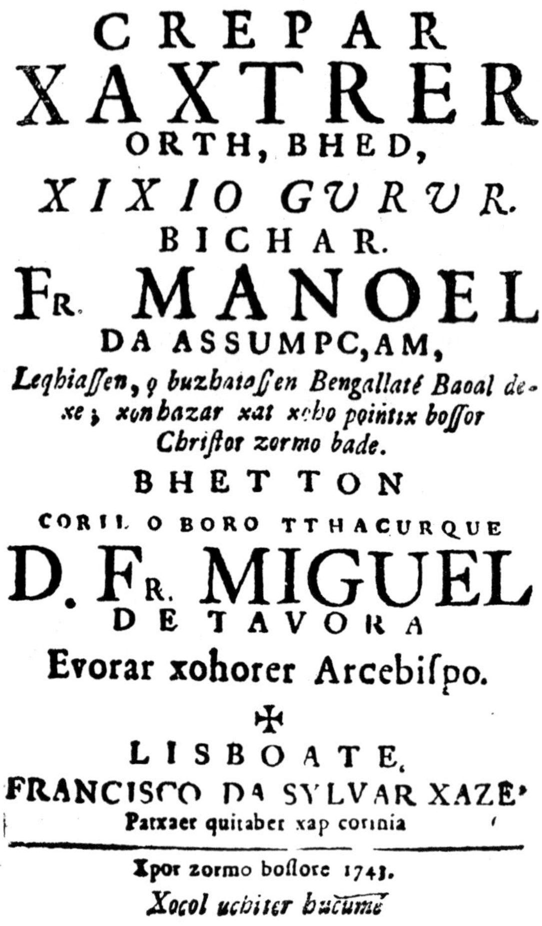
CREPAR
XAXTRER
ORTH, BHED,
XIXIO GURUR.
BICHAR.
FR. MANOEL
DA ASSUMPC,AM,
Leqhiassen, o buzhaiassen Bengallaté Baoal dexe; xon hazar xat xoho pointix bossor Christor zormo bade.
BHETTON
CORIL O BORO TTHACURQUE
D. FR. MIGUEL
DE TAVORA
Evorar xohorer Arcebispo.
✠
LISBOATE,
FRANCISCO DA SYLVAR XAZE,
Patxaer quitaber xap corinia
Xpor zormo bosfore 1743.
Xocol ucbiter bucume

3674

Manoel de Maria Santissima.

Devoto instruido na vida, e na morte ... Terceira Ediçaõ mais correcta por seu proprio author Fr. Manoel de Maria Santissima Missionario Apostolico, e Guardiaõ de Varatojo. Lisboa, Na Officina de Antonio Gomes, 1787.

xvi, 471p. 15cm.
Index : p. 461-471.
♣ *Stamp of Mgr Alex. de Gouvea.* 2545

3675

Marcos de Lisboa, *OFM, d.* 1591.

Primeira parte das Chronicas da ordem dos frades Menores do seraphico padre sam Francisco, seu instituidor & primeiro ministro geral. Qve se pode chamar, Vitas patrum dos Menores. Conta dos principios & primeiros sanctos padres desta sagrada religiam.

Nouamēte copilada & ordenada dos antigos liuros & memoriaes da ordem, per frei Marcos de Lisboa frade menor da prouincia de Portugal. Contem esta primeira parte dez liuros em que he diuisa, pera mayor clareza da hystoria, Como na volta desta folha se vera. [Lisboa em casa de Ioannes Blauio de Colonia, 1557]

ccxciv numb. l. 26½cm.
Signatures: A-Z⁸, Aa-Nn⁸, Oo⁶?
f. xb, 46 lines, 223×148mm.
l. ix, cclxxxvii-ccxciv wanting.
Title within a woodcut ornamental border.
Text in 2 col.
For imprint. *cf.* Streit I 33.
1st ed.
Errata at beginning.
★ Streit I 33 nº 80.
♣ *Pe Vice Proual da China.* 3268

Nemo mihi molestus sit, ego enim stigmata Domini Iesu in corpore meo porto, Gratia Domini nostri Iesu Christ cũ spũ vestro fratres Amen.
PRIMEIRA PARTE DAS CHRONICAS da ordem dos frades Menores do seraphico padre sam Francisco, seu instituidor & primeiro ministro geral.
QVE SE PODE CHAMAR, Vitas patrum dos Menores. Conta dos principios & primeiros santos padres desta sagrada religiam. Nouamēte copilada & ordenada dos antigos liuros & memoriaes da ordem, per frei Marcos de Lisboa frade menor da prouincia de Portugal.
CONTEM ESTA PR'IMEIRA PARte dez liuros em que he diuisa, pera mayor clareza da hystoria, Como na volta desta folha se vera.
COM PRIVILEGIO Real.

3676

Maria de Jesus, 1602-1665.

Maria Santissima, Mystica Cidade de Deos. Breve compendio da vida, e mysterios de Maria, que nas obras da Veneravel Madre Soror Maria de Jesus de Agreda se contèm. Recopilaçaõ das mesmas obras, que traduzidas na lingua Portugueza, inclue sũmmariamente as Virtudes, dons, e graças, com que o Eterno Pay honrou neste Mundo a Trindade Soberana de Jesu, Maria, Joseph, a quem as offerece, as consagra, e as dedica hum seu devoto, natural de Lisboa Occidental. Lisboa Occidental, Na Officina da Musica, 1730.

12 l., 423p. 21cm.
1st ed. of «Mystica civdad de Dios», Madrid, 1670.
Ed. by Manoel Alvares dos Reys. *cf.* Approbation. 2214

3677

Marie, Joseph François, 1738-1801.

Tratado de mechanica por M. Maria da Caza, e Sociedade de Sorbonna, Censor Regio ... Traduzido do Francez. Coimbra, Na real officina da Universidade, 1775.

xvi, 359 p. illus. (incl. tables), 4 fold. plates, 8 fold. diagrs. 21cm.
Ms. marginal notes.
Errata: p. xv-xvi.
Marie's «Traité de mécanique» is an enlarged ed. of La Caille's «Leçons élémentaires de mécanique».
1st ed. by La Caille, Paris, 1743.
1st ed. by Marie, Paris, 1774.
♣ *Stamp of Mgr Alex. de Gouvea.* 799

3678

Mattos, Francisco de, *SJ,* 1636-1720.

Sermoens varios qve pregov o muyto reverendo Padre Mestre Francisco de Mattos, da Companhia de Jesus. Lisboa, Na Officina de Antonio Pedroso Galraõ, 1701.

2 l., 228p. 20cm.
Text in 2 col.
1st ed. Lisbon, 1699.
Index: p. 217-228.
★ Sommerv V 743 nº 8.
♣ *Pe Fran. Cardoso.* 1744

3679

Mendes, Antonio Felix, *b.* 1705

Grammatica da lingua Latina, reformada, e accrescentada por Antonio Felix Mendes, Professor Regio em a Corte, para uso das escolas destes Reinos, e suas Conquistas ... Mais accrescentada, e correcta. Lisboa, Na officina de Felippe da Silva, e Azevedo, 1784.

104p. 15cm. 3160

3680

Monteiro, Diego de, *SJ,* 1561-1634.

Meditações dos Attribvtos Divinos compostas Pello Venerauel, e Deuoto P. Diogo Monteiro da Companhia de Iesv ... Obra postvma. Dasse no principio noticia do Autor com hum Compendio de sua Sancta Vida, e Morte, composto Pello P. Nuno da Cunha ... Em Roma, Na Officina de Angelo Bernabò, 1671.

5 l., 68p., 1 l., 344, [4]p. plate. 16½cm.
1st ed.
★ Sommerv V 1242 nº 3.
♣ *Ve Prouae Sinensis Soc. Jesu. — Veyo da Rezida de Cinanfu.* 2061

3681

— o. c.

2231

3682

Monteyro, Manoel, *SJ,* 1599-1680.

Compendio de meditaçoens, pera todo o anno. Sobre os principaes misterios de nosta Santa Fè, Vida, Payxam, & morte de Christo nosto Redemptor, & da Beatissima Virgem Maria māy sua, & S. N. Dividido em dovs tomos ... Offereceo a Rainha N. S. O. P. Manoel Monteyro da Companhia de Iesv ... Com tres Indices, hum das Meditaçoens, outro das Domingas ferias, & festas de Santos, o terceyro das cousas principaes pera beneficio de Prègadores ... Em Lisboa, Na Officina Craesbeeckiniana, 1649-50.

2v. 14½cm.
1st ed.
Errata at beginning of v. 2.
★ Sommerv V 1252 nº 1.
♣ *Da V. Provincia da China da Compa de Jesus (vol. 2)* 2712

3683

Morato Roma, Francisco.

Luz da medicina, pratica racional, e methodica, guia de infermeiros, directorio de principiantes. Autor o Dovtor Francisco Morato Roma, Medico ... Lisboa, Por Antonio Crasbeeck de Mello, 1672.

8 l., 428p. 20½cm.
Index : p. 420-428.
Bound with : Texeira, A. Epitome das noticias astrologicas, Lisboa, 1670. 1107

3684

— Luz da medicina, Pratica Racional, e Methodica, guia de enfermeyros. Directorio de principiantes, & summario de remedios pera podeir acodir, & remediar os achaques do corpo humano, começando do mais alto da cabeça, & descendo a theo mais baixo das plantas dos pès; ... Composto pello Doutor Francisco Morato Roma, Medico ... Accrescentado nesta ultima impressaõ como Compendio de varios remedios de Cirurgia, recopilado do Thesouro de Pobres, & outros Autores, por Gonçalo Rodrigues de Cabreyra. Coimbra, No Real Collegio das Artes de Companhia de Jesu, A custa de Antonio Simoens Ferreyra, 1726.

12 l., 464p. 21½cm.
Index : p. 457-464.
♣ *Ad usum P. Archangeli Mrae à S. Anna Carmae Discalti.* 1023

3685

Morelli, Giovanni Battista, *OMObs.*

D. O. M. Luzeiro Evangelico Que mostra à todos os Christaõs das Indias orientais o caminho vnico, seguro, & certo da recta Fè, para chegarem ao porto da salvaçaõ eterna, ou Instrucçaõ dos principais Artigos da Religiaõ christaõ controvertidos, os quais se explicaõ com claridade, & se provaõ com evidencia pela Escritura sagrada, pelos sacros Concilios, & santos Padres dos primeiros seculos ... Pelo R. P. Fr. Joaõ Bauptista Morelli de Castelnovo Menor Observ. Ref. de Provincia Romana, Missionario Apostolico pola Sac. Congregacion de Propaganda Fide ... Escrita em S. Thome Cidade da India oriental, 1708 & impressa em Mexico Cidade da India occidental, 1710.

18 l., 492, [3]p. 21cm.
Title within ornamental border.
Errata at end.
★ Streit VI 28 nº 116; I 354 nº 786. 2166

3686

A morte suave, e santa, ou Preparação para a morte, obra recopilada dos Santos Padres e de gravissimos authores em piedade, e letras. I. e II. Parte ... Lisboa, na Officina Typografica, 1781.

8 l., 344p. 15cm.
♣ *Stamp of Mgr Alex. de Gouvea.* 2662

N

3687

[Nepveu, François, *SJ*] 1639-1708.

Espirito do Christianismo, ou Conformidade do christao com Jesu Christo, traduzido do Francez em Portuguez. Segunda Ediçao correcta, e emendada. Lisboa, Na Typografia Rollandiana, 1782.

8 l., 326p. 14½cm.
Author : François Nepveu, *SJ. cf.* Sommervogel V 1632.
★ Sommerv V 1632 nº 10 (ed. wanting) 2194

3688

— o. c.

♣ *Stamp of Mgr Alex. de Gouvea.* 2195

3689

— o. c.

♣ *Stamp of Mgr Alex. de Gouvea.* 2530

3690

Neri da Silva, Agostinho.

Nova grammatica da lingua Ingleza, ou A arte de fallar, e escrever com propriedade, e correcção o idioma Inglez ... Composta por Agostinho Neri da Silva. Lisboa, Na Regia Officina Typografica, 1779.

3 l., x, 263p. 16½cm.
♣ *Stamp of Mgr Alex. de Gouvea.* 3133

3691

Nieremberg, Juan Eusebio, *SJ,* 1595-1658.

Differença entre o temporal, e eterno : Crisol purificatorio de desenganos com a memoria da Eternidade, & consideraçaõ dos Novissimos do homem, & principaes Mysterios Divinos, 'Pe lo Padre Joam Eusebio Nieremberg da Companhia de Jesu. Tradusido de Castelhano em Portuguez ... Lisboa, Na Officina de Joam Galram. Tradusido, & impreço à sua custa, 1692.

6 l., 478, [46]p. 20cm.
1st Spanish ed. Madrid, 1640.
Index : p. [501]-[524]
★ Sommerv V 1740 nº 15 (ed. wanting)
♣ *Applicado pello P. Carlos de Rezende a Rezidª de Chin tim fu.* 1644

3692

Novena da gloriosa Virgem, e Martyr Sta Luzia, singular protectora da vista, Para alcançar de Deos por sua intercessaõ as graças, que se desejaõ. Começa esta Novena aos 4 de Dezembro, na Igreja do Collegio de Santo Antão da Companhia de Jesus. Lisboa, Na Regia Officina Sylviana, 1744.

71p. 9½cm.
Bound with : Gallifet, J. de, *SJ.* Devoçam do SS. Coraçao, Lisboa, 1735 and others. 3552d

3693

Novena de S. Francisco Xavier Apostolo do Oriente, para alcançar por sua intercessaõ as graças que se desejaõ. Começa aos tres de Março na Igreja do Collegio de S. Antaõ da Companhia de Jesus ... Em Lisboa, Na Officina de Miguel Manescal, 1699.

111p. 9½cm.
Bound with : Gallifet, J. de, *SJ.* Devoçam do SS. Coraçaõ, Lisboa, 1735 and others. 3552a

3694

Noydens, Benito Remigio, *CRM.* 1630*ca.*-1685.

Promptuario moral, de questoens pratticas, & casos repentinos na Theologia Moral, para exame de Curas, & Confessores ... Composto antes em Castelhano pelo P. Bento Remigio Noydence ... E de novo tradusido, & emendado pelo Licenciado Manoel de Faria ... Accrescentado com as diffinições dos Sacramẽtos. Duodecima impressaõ. Lisboa, Na Officina de Manoel Lopes Ferreira, 1691.

4 l., 488p. 14cm.
« Verba sanctissima contra fulgura et tempestates. Oratio contra pestem. Tractatus de exorcizandis obsessis a daemonio » p. [446]-488. 2661

3695

— o. c.

1 p. l. wanting. 2374

O

3696

Oliva, Giovanni Paolo, *SJ,* 1600-1681.

Carta de N. P. Geral Ioam Pavlo Oliva Aos Padres, e Irmãos da Companhia de Iesv. Da Importancia, e Fidelidade dos que Informam, e Propoem pera os Gràos, e Gouernos da Companhia. Em Roma, Na Officina de Franc. Tizzoni, 1672.

41p. 17½cm.
1st ed.
★ Sommerv V 1889 nº 6D.
♣ *Nankim.* 2585

P

3697

Pamplona, Manoel Antonio.

Devoção pratica ou Method de desaggravos do Santissimo Coraçaõ de Jesus Por meio daquellas mesmas acções, que faz, ou deve fazer qualquer Catholico. Pelo P. Manoel Antonio Pamplona. Lisboa, na Regia Officina Typografica, 1782.

4 l., 372, [2]p. 15cm.
« Appendice. De algumas indulgencias, que se podem lucrar cada mez » : p. 364-372. 2549

3698

Paulino de S. Joseph, *AugEr.*

Bibliotheca secreta de prégadores, Fundada, e erigida no Breviario, e Missal Romano : Donde se podem com facilidade formar; nam so diversos Quaresmaes, Dominicaes, Annuaes, e Santoraes, mas tambem muytos, e varios Discursos extraordinarios, em diversas occurrencias de tempos, e necessidades ... Dada a lus pelo M. R. P. Fr. Paulino de S. Joseph Theologo, e Pregador, Agostinho Descalço ... Traduzida da lingua Italiana, na nossa Portugueza por Fr. Manoel de S. Joam Baptista, Agostinho tambem Descalço ... Lisboa Occidental, Na Offic. de Bernardo Da Costa, 1727.

14 l., 560p. 15cm.
Index : p. 516-560. 1919

3699

Pereira de Figueiredo, Antonio, *OR,* 1725-1797.

Collecçaõ das palavras familiares Latina, e Portugueza, Feita pelo Padre Antonio Pereira Da Congregaçaõ do Oratorio de Lisboa Para o uso das Escolas de Portugal, e suas Conquistas ... Terceira impressaõ mais correcta que as primeiras. Lisboa, Na Officina de Miguel Manescal da Costa, 1759. (Antonii Pereriae De Congregatione Oratorii Olisiponensis) Collectio verborum familiarium cum Lusitanorum, tum Latinorum, Scholarum usui Pro tota Lusitania ejusque Coloniis ... Tertia editio prioribus emendatior. Olisipone, Ex Praelo Michaelis Manescal da Costa, 1759.

12 l., 165, [2]p. 15cm. 3161

3700

— Compendio dos escritos e doutrina do Veneravel Joaõ Gerson, Cancellario da Universidade de Pariz, Chamado por Antonomasia o Doutor Christianissimo. Seu author Antonio Pereira de Figueiredo ... Lisboa, Na Officina de Antonio Vicente da Silva, 1769. Vendese em casa de Joaõ Jozé Bertrand.

1 l., liii, 205p. 17cm.
1st ed.
♣ *Stamp of Mgr Alex. de Gouvea.* 3078

3701

Pereyra, Joao, *SJ,* 1646-1715.

Exhortaçoens domesticas feytas nos collegios, e cazas da Companhia de Jesus, de Portugal, & Brasil. Compostas pelo P. Joaõ Pereyra Da Companhia de Jesus ... Coimbra, No Real Collegio das Artes da Companhia de Jesus, 1715.

12 l., 638 (*i.e.* 640)p. 21cm.
Text in 2 col.
1st ed.
Indices at end.
★ Sommerv VI 512 n° 1.
♣ *Pa o P. Polycarpo de Souza da Compa de Jesus que lho offereça hum Irmão da mesma Compa. — Stamp of Mgr Polyc. de Souza.* 1771

3702

Perier, Alessandro, *SJ,* 1651-1730.

Desengano dos peccadores Necessario a todo genero de Pessoas ... Obra composta em discursos moraes pelo Padre Alexandre Perier da Companhia de Jesus Missionario da Provincia do Brasil. Em Roma, Na Officina de Antonio Rossis, 1724.

16 l., 439, [14]p. front., 15 plates. 23cm.
1st ed.
Index : p. [441]-[454]
★ Sommerv VI 533 n° 1. 1765

3703

Peronnet, *CanReg.*

O Christão enfermo, e moribundo, conformando-se a Jesus Christo nas differentes circumstancias da sua Paixão, e da sua Morte. Extrahido, e abbreviado da Obra, que sobre este assumpto compoz na Lingua Franceza Mr. Peronnet, Conego Regular, e Prior Curado de Santo Ambrosio de Melun. Por Fr. Francisco, de Jesus Maria Sarmento, Ex-Ministro Provincial da Sagrada Ordem Terceira da Penitencia, &c. &c. ... Terceira impressaõ mais accrescentada ... Lisboa, na Regia Officina Typographica, 1781.

x, 11-216p. 13½cm. 2259

3704

Pimentel, Luis Serrao, *17th cent.*

Methodo Lvsitanico de desenhar as fortificaçoens das Praças Regulares, & Irregulares, fortes de campanha, e ovtras obras pertencentes a architectura militar distribuido em duas partes operativa e qualificativa ... por Lvis Serraõ Pimentel ... Em Lisboa, Na Impressaõ de Antonio Craesbeeck de Mello, 1680.

9 l., 666, [10]p. illus., 13 plates, 5 fold. tables, 23 fold. diagrs. 30cm.
Added engr. ornamented t.-p.
Ms. on front guard leaf.
« Trigonometria practica rectilinea » : p. 547-644.
« Compendio De alguns problemas da geometria practica » : p. 645-666.
Index : p. [667]-[675]
Errata at end (corrected by hand) 1164

3705

Pimentel, Manoel, 1650-1719.

Arte de navegar, em que se ensinam as regras praticas, e o modo de cartear pela Carta plana, & reduzida, o modo de graduar a Balestilha por via de numeros, & muitos problemas uteis à Navegaçaõ; & Roteiro das viagens, e costas maritimas de Guinè, Angola, Brasil, Indias, & Ilhas Occidentaes, & Orientaes, Agora nouamente emendado, & accrescentadas muitas derrotas novas, por Manoel Pimentel ... Lisboa, Na Officina Real Deslandesiana, 1712.

6 l., 575, [1]p. illus. (incl. tables), 3 plates (1 fold.), 18 plans. 30cm.
1st ed. Lisbon, 1699.
Index & errata : p. 568-575.
★ Brunet IV 656. 774

3706

Pimentel, Manoel, 1650-1719.

Arte de navegar, em que se ensinão as regras praticas, e os modos de cartear, e de graduar a Balestilha por via de numeros, e muitos problemas uteis à navegação, e Roteiro das viagens, e costas maritimas de Guiné, Angola, Brazil, Indias, e Ilhas Occidentaes, e Orientaes, Novamente emendado, e accrescentadas muitas derrotas ... por Manoel Pimentel ... Lisboa, Na Officina de Miguel Manescal da Costa, 1762.

6 l., 603, [1]p. illus., 3 plates (1 fold.) 18 plans. 30cm.
Index & errata : p. 595-603. 1585

3707

Pinamonti, Giovanni Pietro, *SJ,* 1632-1703.

Exercicios Espirituaes de S. Ignacio, Propostos as pessoas seculares Pello R. Padre Joaõ Pedro Pinamonti da Companhia de Jesu, Traduzidos Da lingua Italiana na Portugueza Pello R. Padre Miguel de Amaral Da mesma Companhia de Jesu ... Coimbra, No Real Collegio das Artes da Companhia de Jesu, 1726.

8 l., 486p. 15cm.
1st Italian ed. Bologna, 1698.
1st Portuguese ed.
— « Verdades eternas, expostas Em liçoens, ordenadas principalmente pera os dias dos Exercicios Espirituaes, pello R. Padre Carlos Gregorio Rosignoli Da Companhia de Jesus, Traduzidas da lingua Italiana na Portugueza, Pello R. Padre Miguel de Amaral Da mesma Companhia de Jesu, applicada cadahuma liçaõ pera cadahum dos oito dias dos Exercicios Espirituaes » : p. 291-486.
1st Italian ed. Milan, 1688.
1st Portuguese ed.
★ Sommerv VI 774 nº 4; I 262 nº 1.
♣ *Stamp of Mgr Polyc. de Souza.* 2315

3708

Poemas lyricos de hum natural de Lisboa. Lisboa, Na Offic. de Simão Thaddeo Ferreira, 1787.

224p. 14½cm.
♣ *Stamp of Mgr Alex. de Gouvea.* 3147

3709

— o. c.
♣ *Stamp of Mgr Alex. de Gouvea.* 3148

3710

Pomey, François, *SJ,* 1618-1673.

Indiculo universal contêm distinctos em suas classes os nomes de quazi todas as couzas, que hà no mundo, & os nomes de todas as artes, & sciencias. Indiculus universalis ... Feito Francez Latino pelo P. Francisco Pomey da Companhia de Jesus ... Feito novamente Luzitano Latino, & acrescentado, como mostram as estrellinhas, pelos Religiozos da Companhia de Jesus, Estudantes de Rhetorica; no anno de 1697, pera o seu uzo de fallar Latim. No fim tem Indice Portuguez, cujo numero he o das marges. Evora, Na Officina de Universidade, 1716.

10 l., 438, 15, (15)p. 14cm.
Tr. by Antonio Franco, *SJ. cf.* Sommervogel IV 1116.
« Tratado breve das medidas, pezos, & moedas. Pello P. Manoel Alvares da Companhia de Jesus », 15 p. at end.
1st French ed. Lyons, 1667.
★ Sommerv VI 989; III 933 nº 2. 3128

3711

Potesta, Felice, *OMObs, d.* 1702.

Exame ecclesiastico, no qual se contèm Todas as materias da Theologia Moral, e se resolvem com toda a clareza quasi todos os casos da consciencia. Com as denunciaçoens, que se devem fazer em razaõ dos Ministros, e Edictos. Instrucçam da sagrada Penitenciaria, Proposiçõєs condenadas, exame de Ordinandos, e Arte de prègar ... Composto em Latin Pelo muito Reverendo Padre Mestre Fr. Felix Potestas ... da Ordem dos Menores da Observancia de S. Francisco ... Traduzido em Portuguez pelo P. Manoel da Sylva Moraes, Presbytero do Habito de S. Pedro ... Lisboa Occidental, Na Officina de Pedro Ferreira, 1731.

4 l., 606 (*i.e.* 596), 183, [8], 116p. 30½cm.
3v. in 1.
Text in 2 col.
♣ *Stamp of Mgr Polyc. de Souza.* 1651

3712

Prola, Giuseppe Maria, *SJ,* 1658-1732.

Tributo de varios obsequios à honra de S. Joseph, proposto aos seus devotos pelo Padre Joseph Maria Prola da Companhia de Jesv. Na Lingua Italiana, e agora traduzido na Portugueza por ordem de hum devoto do mesmo Santo. Lisboa Occidental. Na Officina de Pascoal da Sylva, 1723.

207 p. 16cm.
Tr. by Jozé Barbosa, *CRTh. cf.* Sommervogel VI 1244.
1st Italian ed. Rome, 1713.
1st Portuguese ed.
★ Sommerv VI 1244. 2042

3713

— Tributo de varios obsequios à honra de S. Joseph, proposto aos seus devotos pelo Padre Joseph Maria Prola da Companhia de Jesu Na Lingua Italiana, e agora traduzido na Portugueza por ordem de hum devoto do mesmo Santo. Lisboa Occidental, Na Officina de Pascoal da Sylva, 1724.

207 p. 16cm.
« Methodo do exercicio, que se deve fazer no dia da festa do glorioso Patriarga S. Joseph » (2 l.) bound after p. 106. 2572

3714

— o. c.
2020

3715

[Puente, Luis de la, *SJ*] 1554-1624.
Compendio de meditaçoens distribuidas em dous tomos para todo o anno sobre os principaes Mysterios de nossa santa fé, Vida, Paixaõ, e Morte de Christo nosso Redemptor, e da beatissima Virgem Maria Māy sua, e Senhora nossa. Offereceo a Rainha N. S. o P. Manoel Monteyro da Companhia de Iesv. Lisboa, Na Officina Craesbeeckiana, 1649-50.

2v.
Vol. 1 wanting.
Author : Luis de la Puente, *SJ*. *cf.* « Prologo ».
Author of the Compendium of Puente's Meditations : Nicolas de Arnaya, *SJ*. *cf.* Sommervogel I 559.
For title, etc. *cf.* Sommervogel V 1252.
1st Spanish ed. by Arnaya, 1612.
1st Portuguese ed.
Errata at beginning.
Index at end.
★ Sommerv V 1252 nº 1. 2794

3716

— Meditaçoens dos Mysterios De nossa Santa Fé. Cõ a practica da Oraçaõ Mental sobre elles Compostas pelo Padre Luis de la Puente, Religioso da Companhia de Jesu, natural de Valhadolid. Traduzidas em Portuguez Pelo Padre Manoel de Coimbra, beneficiado na Igreia da Magdalena ... Lisboa, na offisina de Joao Galrram, 1686-87.

2v. 21cm.
Vol. 2, 883 (*i.e.* 887) p.
Title printed within an engraving.
Text in 2 col.
1st Spanish ed. Valladolid, 1605.
1st Portuguese ed.
Index at end of each volume. 2280

Q

3717

Quental, Bertholameu do, *OR*, 1626-1698.
Meditaçoens da gloriosa Resurreyçam de Christo Senhor Nosso, Sua admiravel Ascençaõ, amorosa descida do Espirito Santo, & finissimos excessos do Divinissimo Sacramento, Com a Direcçaõ para a Oraçaõ mental, & mais exercicios Espirituaes, compostas pelo P. Bertholameu do Quental, Preposito da Congregaçaõ do Oratorio de Lisboa. Em Lisboa, Na Officina de Miguel Deslandes, 1683.

8 l., 318p. 16cm.
The complete work was published at Lisbon 1666-95 in 6 vols., ours being the third volume. *cf.* Prologo & NouvBiogrGén XLI 300. 3441

3718

Quintanaduenhas, Antonio de, *SJ*, 1599-1651.
Breve instrucçam de Ordinandos, compendio das cousas, que devem guardar, e saber em suas Ordens, e se lhes perguntam nos exames desda primeira Tonsura atè o Sacerdocio. Com hum Appendis do Exame dos Confessores, e Pregadores Composto em lingua Castelhana pello Padre Antonio de Quintanaduenhas da Companhia de Jesu, e traduzido na lingua Portugueza por hum Religiozo da mesma Companhia. Lisboa Occidental, Na Officina de Pedro Ferreyra, 1727.

8 l., 296 p. 15½cm.
Tr. by Simao Estevens, *SJ*. *cf.* Sommervogel IX 963.
1st Spanish ed. Sevile, 1640.
1st Portuguese ed.
Index : p. 291-296.
Errata at beginning.
★ Sommerv VI 1346 nº 1; III 462 nº 1. 2501

R

3719

Rego, Francisco-Xavier do.
Tratado completo da navegaçaõ que contém as proposiçoens e praticas da Geometria, hum tratado da Esfera, e Astronomia, as Taboadas do movimento do Sol ... as regras geraes da Navegaçaõ pelas cartas hydrograficas, ou de marear, pelo Quarto de reducçaõ, pelos senos, e logarithmos; tudo claramente, e explicado ... por Francisco Xavier do Rego. Lisboa, Na Officina de Antonio Vicente da Silva, 1764.

8 l., 504p. illus. (incl. tables), 3 plates, 3 maps, 3 diagrs. 21cm.
2 plates, 3 maps, and 1 diagr. wanting.
✠ *Ex libris Congregationis Missionis.* 1101

3720

— Tratado completo da navegaçaõ ... por Franisco [*sic*] Xavier do Rego. Lisboa, Na Officina de Joaõ Antonio da Silva, 1779.

7 l., 504p. illus. (incl. tables), 3 fold. plates, 3 fold. maps, 3 fold. diagrs. 20½cm. 1603

3721

Reposta apologetica ao poema intitulado O Uruguay, composto por Jose Basilio da Gama e dedicado a Francisco Xavier de Mendonca Furtado, irmaõ de Sebastiao José de Carvalho, Conde de Oeyras, e Marquez de Pombal. Lugano, 1786.

300, [1]p. 19cm.
Errata at end. 3659

3722

Rodriguez, Alonzo, *SJ,* 1537-1616.

Exercicio de perfeyçaõ, e virtudes Christans ... Traduzida de Castelhano em Portuguez por hum religiozo Amante do aproveytamento das Almas. Composta pelo V. P. Affonso Rodrigues, da Companhia de Jesus ... dividida em tres partes, e com indices muy copiozos, e necessarios ... Lisboa Occidental, Na Officina de Antonio Pedrozo Galram, A' custa de João Rodrigues de Carvalho, 1730.

6 l., 258, 253, 264p. 30cm.
Text in 2 col.
Tr. by Pedro de Santa Clara, *OMObs. cf.* Sommervogel VI 1962.
1st Spanish ed. Seville, 1609.
1st Portuguese ed.
★ Sommerv VI 1962. 1729

3723

— Exercicio de perfeiçaõ, e virtudes Christans ... Traduzida de Castelhano em Portuguez por hum religioso Amante do aproveitamento das almas. ... Lisboa Occidental, Na Officina de Antonio Pedrozo Galram, A' custa de Joaõ Rodrigues de Carvalho, 1730.

4 l., 258, 253, 264p. 30cm. 2410

S

3724

Salgado, Vicente, *TertOM.*

Conjecturas sobre huma medalha de bronze com caracteres desconhecidos, e com os Latinos Vetto, achada no lugar da Troya de fronte da villa de Setuval por Fr. Vicente Salgado, Prégador Geral da Congregação da Terceira Ordem de S. Francisco de Portugal. Lisboa, Na Offic. de Simão Thaddeo Ferreira, 1784.

72p. 17cm. 1613

3725

Sarmento, Francisco de Jesus Maria. *ed.*

Formulario de orações, e devoções, com algumas instrucções previas para diversos exercicios de piedade. Por Fr. Francisco de Jesus Maria Sarmento ... Lisboa, na Regia Officina Typographica, 1781.

262, [2]p. 13½cm.
Bound with : Liturgy & ritual. Breviary. Horas Marianas, Lisboa, 1781. 2199a

3726

— Historia geral da Igreja Christã desde o seu nascimento até o fim do mundo, E seu ultimo Estado triunfante, e glorioso no Ceo. Extrahida principalmente do Apocalypse de S. Joaõ Evangelista, E confirmada por varias Predições dos Santos Profetas do Antigo Testamento; segundo o que até agora se tem escripto, e explicado melhor a este respeito. Por Fr. Francisco de Jesus Maria Sarmento, Ex-Geral da Santa Congregaçaõ da Sagrada Ordem Terceira da Penitencia, &c. &c. ... Lisboa, Na Offic. da Acad. Real das Scienc. 1786-87.

4v. 15cm.
Vol. 2 has imprint : Lisboa, Na Offic. de Antonio Rodrigues Galhardo.
Index : v. 4, p. 181-260.
♣ *Stamp of Mgr Alex. de Gouvea.* 1903

3727

— o. c.

t.-p. of v. 4 spoiled.
♣ *Stamp of Mgr Alex. de Gouvea.* 2722

3728

[**Scupoli, Lorenzo,** *CRTh.*] 1530-1610.

[Combate espiritual do Veneravel Padre Lourenço Scupoli, primeira & segunda parte. Lisboa? 1707?]

21? l., 492, [11]p. 14½cm.
2? p. l. (incl. t-p.) wanting.
Author : Lorenzo Scupoli, *CRTh;* tr. : Thomas Bequeman, *CRTh;* title, etc. *cf.* Licenças & privilege.
Author of « Estrada do paraiso ou Da paz interior » : Juan de Bonilla, *OFM;* author of « Dores mentaes de Jesu Christo » : Battista da Varano, *OM. cf.* Pourrat, Spirit. chr. III 358.
1st Italian ed. Venice, 1589.
Contents. — **pt. 1.** Combate espiritual. — **pt. 2.** Appendiz do Combate espiritual. — Juan de Bonilla, *OFM.* Estrada do Paraiso, ou Da paz interior. — Battista da Varano, *OM.* Das dores mentaes de Christo na sua payxao. — Do modo de consolar, & ajudar os enfermos a bem morrer.
♣ *Stamp of Mgr Alex. de Gouvea.* 2669

3729

Sequeira, Angelo de.

Livro do vinde, e vede, e do sermam do dia do juizo universal, em que se chama a todos os viventes para virem, e verem Humas leves sombras do ultimo dia o mais tremendo, e rigoroso do mundo ... Pelo ... Angelo de Sequeira Pobre Missionario Apostolico ... Lisboa, Na Officina de Antonio Vicente da Silva, 1758.

11 l., 255, [2]p. 19½cm.
Indices and errata : p. 221-[256].
♣ *Ad usum F. Archangeli Mrae à S. Anna. Carm. Excti.* 3221

3730

Sermons.

[570]p. 20½cm.
This volume contains 13 sermons on various subjects (2 manuscript, 11 printed in fascicules and edited between 1614-1676) and 15 poetical and rhetorical essays (2 printed, 13 manuscript).
Contents. — Albuquerque, Diego de, *OFM,* Sermon para eligir Ministro Provincial de la prov. de Andaluzia, 8 Nov. 1614 (Sevilla; 16 numb. l.) — Siqueira, Bento de, *SJ.* Sermo que pregou dia do Patriarcha S. Francisco, 4 Oct. 1648 (Coimbra, 1651; 31 p.) — Vieyra, Antonio, *SJ.* Sermon gratulatorio pello felice nacimento da Prinzeza, 1669 (Evora, 1669; 24p.); Sermon do Mandato (ms. 28p.) — Soares, Pedro. Sermâo do Mandato na Misericordia de Porto, 1670 (Coimbra, 1673; 23p.) — Vieyra, Antonio, *SJ.* Sermâo da IIª Dom. do Advento 1650 (ms. 13p.) — Falcam de Souza, Hieronymo. Sermâo do dia do Juizo (Coimbra, 1676; 15p.) — Almeida, Christovam d'. Sermam do dizagravo de Christo Sacramentado (Lisboa, 1671; 22p.) — Naxara, Manuel de, *SJ.* Sermon del Santissimo Sacramento (10 l. incomplete) — Da Cruz, Lourenço. *PaulErm.* Sermam do dizagravo no Templo de Santa Engracia (Lisboa, 1661; 20p.) — Pinto da Cunha, Antonio. Sermam da Assumpçao (Lisboa, 1670; 21p.) — Siqueira, Bento de, *SJ.* Sermo em a festa do Anio Custodio do Reyno de Portugal IIIº Dom. de Julho 1642 (Coimbra, 1651; 30p.) — Soto, Francisco de, *SJ.* Sermo de las honras que la ciudad de Malaga hizo a su Obispo, 4 Sept. 1614 (Malaga, 1614; 24 l.) Salgado, Pero. Dialogo gracioso, que o Marques de Terracuça General de Castella fez na campanha de cidade de Eluas, 28 Nov. 1644 (Lisboa, 1645; 8 l.) — Pina de Melo, Bernardo de. Comedia famosa del Luzero del Oriente S. Francisco de Xavier (Coimbra, 1657; 50 p.) — Elogium Serᵐⁱ Joannis Quarti Lusitaniae regis. (ms. 10p.) — Joannes de Saldanha apud Schalabim a P. Emanuele de Andrade in Iº Gymnasio excipitur (ms. 16p.) — Excipiuntur in Iº Gymnasio Olysiponensi Japonici principes (ms. 20p.) — Fontis S. Xaverij descriptio (ms. 8p.) — Francisci Remandi Elegiae (ms. 31p.) — Oratio panegyrica Illᵐⁱ D. Emanueli Pereira de Mello habita 7º cal. Maias 1673. (ms. 17p.) — Epigrammata selecta ex variis A. A. (ms. 11p.) — Cançao Real em q se distribue ou descreve o Real Convento de S. Clara de Coimbra (ms. 11p.) — Besides some minor pieces.
♣ *Arñopᵉ Aluaro Gonçales, en la Companía de Jesus.* 3002

3731

Severino de S. Modesto, *pseud.*

Conversaçaõ familiar, e exame critico, Em que se mostra reprovado o Methodo de estudar, que com o titulo de Verdadeiro, e additamento de util à Republica, e à Igreja, e proporcionado ao estylo, e necessidade de Portugal Expoz em dezeseis Cartas o R. P. Frey **** Barbadinho Da Congregaçaõ de Italia : E tambem frivola a Reposta do mesmo Reverendo as solidas Reflexoens Do P. Frey Arsenio da Piedade, Religioso Capucho. Author o P. Severino de S. Modesto, Presbytero ... Valensa, Na Officina de Antonio Balle, 1750.

10 l., 561, [3]p. 21cm.
Errata at end.
♣ *Stamp of Mgr Alex. de Gouvea.* 3200

3732

Silva, Joseph Antonio da, *18th cent.*

Geografia moderna precedida de hum pequeno Tratado da Esfera e Globo Terrestre: ornada de varias passagens de Historia Natural, Politica, e Commerciante. Com Taboadas das Longitudes, e Latitudes, das principaes Cidades, Villas, Portos, Cabos, e Ilhas do Mundo; e no fim de toda a Obra outra Alfabetica dos nomes dos Lugares comprehendidos nesta Geografia. Por Joseph Antonio da Silva Rego ... Lisboa, Na Offic. Patriarc. de Francisco Luiz Ameno, 1780-90.

7 v. incl. tables. 15½cm.
Errata at end of v. 2, 4 and at beginning of v. 3.
Contents. — **t. 1.** Noçoes preliminares relativas a esfera e globo. Portugal. Hespanha. — **t. 2.** França. — **t. 3.** Inglaterra, Escossia e Irlanda. Provincias dos Paizes Baixos. Dinamarcka e Norwega. Ilhas da Islanda, de Ferroer, e da Groenlanda. Suecia. — **t. 4.** Italia. Suissa. — **t. 5.** Alemanha. Austria. Hungria. — **t. 6.** Russia. Turquia e Persia. — **t. 7.** Asia. Africa.
♣ *Stamp of Mgr Alex. de Gouvea.* 629

3733

Society of Jesus, *Coimbra.*

Paraizo mystico, descuberto em hum sagrado exercicio que contempla a Christo N. Salvador agonizante na cruz E a sua dolorosissima Mãy; Por cujo meio Alcançaõ copiosissimas graças para bem morer, os Irmaõs e Irmans desta veneravel Irmandade de N. Senhora da Boa Morte Erigada na Igreja da Companhia de Jesus em Coimbra : No Real Collegio das Artes da mesma Companhia de Jesus, 1742.

118 p. incl. musics. 15cm. 2741

3734

Society of Jesus. *Instituta & constitutions.*

Regras da Companhia de Jesus. Impressas com Licença do Supremo Conselho da S. Inquisiçam, & de Ordinario. Em Evora, Por Manoel de Lyra Impressor, 1603.

112 p. 14½cm.
Signatures : A-G⁸.
p. 7, 23 lines, 91×53mm.
1st Latin ed. Rome, 1567.
1st Portuguese ed. 1582.
★ Sommerv V 109. 2145

3735

— o. c. 3506

3736

Society of Jesus. *Instituta & constitutions.*

Regras da Companhia de Iesv impressas com licença dos Inquisidores, E dos Superiores da mesma Cõpanhia. Em Rachol [India], Nas Casas da Cõpanhia, 1674.

70 (*i.e.* 71) numb. l. 14½cm.
1st Latin ed. Rome, 1567.
1st Portuguese ed. 1582.
★ Sommerv V 109 (ed. wanting) 3191

REGRAS DA
Companhia de
IESV
IMPRESSAS COM LI-
cença dos Inquisidores,
E dos Superiores da
mesma Cõpanhia.
EM RACHOL.
Nas Casas da Cõpanhia.
Anno 1674.

3737

Society of Jesus. *Rio de Janeiro.*

Oraçaõ panegirica a' veneravel imagem do glorioso Patriarca S. Francisco de Assiz, que no frontispicio da fonte da cerca do Collegio do Rio de Janeiro, por voto especial do mesmo Santo, mandou collocar em 20 de Fevereiro de 1740 o muito Reverendo Padre Mestre Simaõ Marques da Companhia de Jesus, ... Disse-a hum Theologo da mesma Companhia de Jesus, que entre os Devotos de Saõ Francisco

de Assiz naõ quer outro nome, mais que o de Anonymo. Lisboa, Na Regia Officina Sylviana, e da Acad. Real, 1742.

10 l., 23, 49p. 24cm.
« Opera Latina Colendissimo Minorum Parenti, D. Francisco Assinati, Cujus Imaginem ... ex speciali voto praefixit ... R. P. Simon Marquius Societatis Jesu ... die 20 Februarii anni 1740, Ab Alumnis Humaniorum Literarum cultoribus elaborata ». 49p.
♣ *Stamp of Mgr Polyc. de Souza.* 1669

3738

Sousa, Francisco de, *SJ,* 1649-1712.

Oriente conquistado a Jesu Christo pelos Padres da Companhia de Jesus da Provincia de Goa ... Ordenada pelo P. Francisco de Sousa Religioso da mesma Companhia de Jesus. Lisboa, Na Officina de Valentim da Costa Deslandes, 1710.

2v. front., 3 plates. 30cm.
2 plates wanting.
1st ed.
Index at beginning of each volume.
★ Brunet V 465. — Sommerv VII 1404 nº 5. — Streit VI 29 nº 118.
♣ *Nankim. — Applicado ao Collegio de Nankim.* 1938

3739

Sylva, Antonio da, *SJ,* 1604-1666.

Sol do Oriente S. Francisco Xavier Da Companhia de Jesu. Novamente tirado a luz pelo P. M. Antonio da Sylva da mesma Companhia Portuguez, natural d'Aveyro. Do qual, como em breve Mappa, descreve os dez annos de sua milagrosa vida no Oriente. Lisboa, Na officina de Antonio Craesbeeck de Mello, 1665.

8 l., 562 (*i.e.* 560)p. 10cm.
« Novena de S. Francisco Xavier » : p. [521]-562.
1st ed.
Index at end.
★ Sommerv VII 1729 nº 1. — Streit V 163 nº 472.
♣ *do Collº de Macao da V. Provincia da China.* — *Veyo da Rezidª de Cinanfu.* 2536

3740

Silva, Joseph Soares da.

Memorias para a historia de Portugal, que comprehendem o governo del rey D. Joaõ o I. do anno de mil e trezentos e oitenta e tres, até o anno de mil e quatrocentos e trinta tres ... Approvadas pela Academia Real da Historia Portugueza. Escritas pelo Academico Joseph Soares da Sylva ... Lisboa Occidental, Na Officina de Joseph Antonio da Sylva, 1730-34.

4v. fronts., illus. 28½cm.
Paged continuously (v. 1-3).

Vol. 3 p. 1117-1124 wanting.
Illus. t.-p.
Eng. head-pieces.
1st ed.
Index at end of v. 4.
Errata at beginning of v. 4.
★ Brunet V 385. 1912

T

3741

Tavares de Velles Guerreiro, Joao.
Jornada, Que o Senhor Antonio de Albuquerque Coelho Governador, e Capitam geral Da Cidade do Nome de Deos de Macao na China, Fes de Goa athe chegar a ditta Cid[e] Dividida em duas partes Offerece esta obra a Sua Senh[oria] O Capitam Joam Tavares de Velles Gu[erreiro] Seo menor servidor.

1 fold. l., 186 p. (p. 186 blank) 22cm.
p. 5, 25 lines, 182×125mm.
Block-book on Chinese paper, printed on one side of folded leaves.
Besides pagination, the leaves bear numbers in chinese figures at bottom of the fold (1-93, t.-p. unnumb.)
t.-p. slightly spoiled.
★ Cordier 2319. 3638

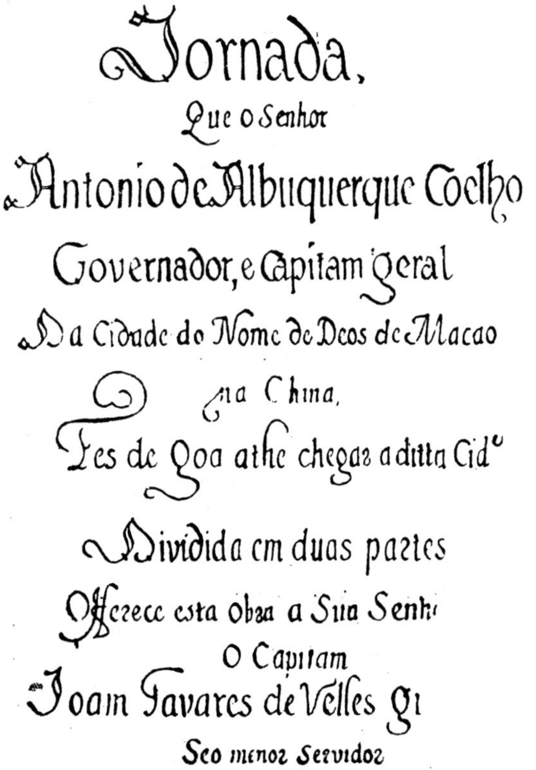
Jornada,
Que o Senhor
Antonio de Albuquerque Coelho
Governador, e Capitam geral
Da Cidade do Nome de Deos de Macao
na China,
Fes de Goa athe chegar a ditta Cid[e]
Dividida em duas partes
Offerece esta obra a Sua Senh
O Capitam
Joam Tavares de Velles Gu
Seo menor Servidor

3742

Texeira, Antonio, *OST.*
Epitome das noticias astrologicas para a medicina ... Por Fr. Antonio Texeira, mestre & Padre da provincia da Ordem da Santissima Trindade, & Redempçam de Captiuos, em os mesmos Reynos. Em Lisboa, Na Officina de Ioam da Costa, 1670.

4 l., 407 (*i.e.* 399), [15]p. 20½cm.
Some pages at end bound incorrectly.
Index & errata at end.
Bound with : Morato Roma, F. Luz da medicina, Lisboa, 1672. 1107a

3743

Thomas de Jesu, *AugEr,* 1529-1582.
Trabalhos de Jesus ... compostos por Fr. Thomé de Jesus Da Ordem dos Eremitas de Santo Agostinho da Provincia de Portugal cativo em Berberia ... Quarta Impressão. Lisboa, Na Regia Officina Typografica, 1781.

2v. 15cm.
1st ed. Lisbon, 1602-9.
♣ *Stamp of Mgr Alex. de Gouvea.* 2710

3744

Trent, Couneil of. 1549-1569. *Acts and decrees.*
O sacrosanto, e ecumenico concilio de Trento Em Latim, e Portuguez ... Lisboa, Na Officina Patriarc. de Francisco Luiz Ameno, 1781.

2v. 15cm.
Tr. by Joao Baptista Reycend. *cf.* Dedication.
1st Portuguese ed. 3627

V

3745

Valle Carneyro, Carlos do, *ed.*
Horas Portuguezas do Officio da Virgem Nossa Senhora, e Ramilhete manual de diversas oraçoens, offerecido ... por Carlos do Valle Carneyro ... Na Officina de Domingos Carneyro, 1712.

23 l., 494, [10], 24 p. front., illus. 13½cm.
« Exame de conciencia, & modo facil para fazer confissam geral. Ordenado pelo P. Diogo de Areda » : p. 457-476.
« Officio de Santa Anna Mây da Virgem Maria N. S. traduzido do original Latino pelo Beneficiado Francisco Leytao Ferreyra » : 1-24p. at end. 2477

3746

Vasconcellos, Paulino Cabral de.
Poesias de Paulino Cabral de Vasconcellos, Abbade de Jazente. Porto, Na Officina de Antonio Alvarez Ribeiro, 1786.

2 l., 245p. 15cm.
A 2d vol. was published in 1787.
1st ed.
♣ *Stamp of Mgr Alex. de Gouvea.* 3145

3747

— o. c.

♣ *Stamp of Mgr Alex. de Gouvea.* 3146

3748

Vasconcellos, Simao de, *SJ*, 1597-1671.

Chronica da Companhia de Jesv do estado do Brasil : e do qve obrarão sevs filhos nesta parte do novo mvndo. Tomo primeiro Da entrada da Companhia de Jesv nas partes do Brasil. E dos fvndamentos qve nellas Lançârão, & continuarão seus Religiosos em quanto alli trabalhou o Padre Manoel da Nobrega Fundador, & primeiro Prouincial desta Prouincia, com sua vida, & morte digna de memoria : e Algvas noticias antecedentes curiosas, & necessarias das cousas daquelle Estado, pello Padre Simão de Vasconcellos da mesma Companhia ... Lisboa, Na Officina de Henrique Valente de Oliueira, 1663.

6 l., 188, 528, [12]p. 33½cm.
Libr. 1, p. 179-184 wanting.
No second volume has been published.
Text in 2 col.
« Versos do Padre Ioseph de Anchieta em louuor da Virgem » : p. 481-528 (text in Latin).
1st ed.
★ Sommerv VIII 485 nº 2; I 310 nº 2. — Streit II 759 nº 2425.
♣ *Collegij Macaensis Soc. Jesu. — Nankim.* 1950

3749

Vega, Christoval de, *SJ*, 1595-1672.

Casos raros da confissaõ com regras, e modo facil para fazer huma boa confissaõ geral, ou particular. E hvmas advertencias para ter perfeyta contriçaõ, & para se dispor bem em o artigo da morte. Compostos em Castelhano pelo muyto R. P. Christovam da Veyga da Companhia de Jesu e novamente tradusidos ... Lisboa, Na Officina de Felippe de Sousa Villela, 1710.

4 l., 378, [5]p. 15cm.
p. 129-144 bound after p. 224.
Tr. by Balthazar Guedes. *cf.* Sommervogel VIII 524.
This work is also attributed to P. Jér. Lopez and P. Diego de Sanvitores *cf.* Sommervogel VIII 522.
1st Spanish ed. Valencia, 1653.
1st Portuguese ed. Coimbra, 1673.
★ Sommerv VIII 524 nº 3. 1290

3750

Veiga, Eusebio da, *SJ*, 1717-1798.

Planetario Lusitano Para o anno de 1757, ... calculado para o meio dia do tempo verdadeiro no Meridiano de Lisboa, pelo P. Eusebio da Veiga Da Companhia de Jesus ... Lisboa, Na Officina de Miguel Manescal da Costa, 1756.

10 l., 150, [4], 151-152p. illus. (incl. tables) 17½cm.
Ms. on 6 l. preceding the t.-p.
1st ed.
★ Sommerv VIII 531 nº 4. 139

3751

Verge, Joao Bautista, *OR*.

Memorial da Missão ou Meditações quotidianas para todos os dias da semana seu author o P. Joao Bautista Verge Da Congregação do Oratorio de Valença Traduzidas na lingua Portugueza por José Ferràs Gramosa Presbytero do Habito de S. Pedro. Lisboa, Na Regia Officina Typographica, 1786.

132p. 13×7cm.
♣ *Este livro me deo Sr Padre Gregorio da Cruz na dia 17 do Dezembro Anno do 1792.* 2234

3752

Vieira, Antonio, *SJ*, 1608-1697.

Arte de furtar, espelho de enganos, theatro de verdades, mostrador de horas minguadas, gazua geral Dos Reynos de Portugal ... Composta no anno de 1652. Pelo Padre Antonio Vieyra ... Correcta, e emendada de muitos erros; e assim tambem a verà o curioso leytor com as palavras, e regras, que por inadvertencia faltarão na passada impressaõ. Amsterdam, Na Officina de Martinho Schagen, 1744.

12 l., 409p. front. 20½cm.
p. 261-342 paged irregularly.
1st ed. Amsterdam, 1652.
★ Sommerv VIII 672 nº 33.
♣ *Stamp of Mgr Polyc. de Souza.* 2696

3753

— Historia do futuro. Livro anteprimeyro prologomeno a toda a historia do Futuro, em que se declara o fim, & se provaõ os fundamentos della. Materia, Verdade, & Utilidades da Historia do Futuro. Escrito pelo Padre Antonio Vieyra da Companhia de Jesus ... Lisboa Occidental, Na Officina de Antonio Pedrozo Galram, 1718.

18 l., 379p. 20½cm.
1st ed.
Indices : p. 357-379.
Errata at beginning.
★ Sommerv VIII 668 nº 20. 2940

3754

Voltaire, François Marie Arouet de, 1694-1778.

Os Scythas Tragedia de Mr. Maria Francisco Arouet de Voltaire Do idioma Francez para o Portuguez por Albino de Sousa Coelho, e Almeida ... Lisboa, Na Offic. de Jozé de Aquino Bulhões, 1781.

117p. 15½cm.
1st ed. 1767.
« A menina instruida, entremez » : p. 99-117.
3212

W

3755

[**Wagner, Franz,** *SJ*] 1675-1748.

Vida, e virtudes heroycas da Augustissima Emperatriz Leonor Magdalena Thereza, Esposa de Leopoldo o Grande, Emperador dos Romanos ... Composta por hum Religioso da Companhia de Jesus, Traduzida de Alemaõ em Portuguez por D. Joaõ Leopoldo Baraõ livre de Seegh ... Lisboa Occidental, Na Patriarcal Officina da Musica, 1727.

17 l., 487p. port. 23½cm.
Engr. head-pieces.
« O Padre Esteuao Dinarich, Provincial que foy da Companhia de Jesus ... se entende ser o que escreveu em Vienna da Austria, na lingua Latina, esta Vida ... Quasi ao mesmo tempo sahio huma traducçao na lingua Alemâa, feita tambem por hum Religioso Anonymo da mesma Companhia. » — Prologo do traductor.
« Cette attribution est fausse : l'auteur est le P. Fr. Wagner. » — Sommervogel III 85.
1st Latin ed. Vienna, 1720.

1st German ed. Vienna, 1721.
1st Portuguese ed.
Errata at beginning.
★ Sommerv VIII 944 nº 11.
♣ *Applicatus Residae S Josephi Pekini 1730.*
2945

3756

— o. c.

2946

3757

— o. c.

2947

Y

3758

Young, Edward, 1683-1765.

Noites selectas de Young, traduzidas do Inglez em Portuguez por Joseph Manoel Ribeiro Pereira, Bacharel ... Traducçaõ augmentada com o Poema do Juizo ultimo do mesmo Author. Lisboa, Na Offic. Patriarc. de Francisco Luiz Ameno, 1782.

4 l., xiv, 257p. 15cm.
1st English ed. 1742-45.
♣ *Stamp of Mgr Alex. de Gouvea.* 3163

SPANISH SECTION

A

3759

Aefferden, Francisco de.

El atlas abreviado, ò Compendiosa geographia del mundo antiguo y nuevo, Conforme à las ultimas Pazes Generales del Haya, ilustrada con qvarenta y dos mapas. La Dedica al Atlante Catholico D. Carlos Segundo el Rey ... Don Francisco de Afferden, doctor en ambos Derechos ... Tercera edicion. En Amberes, Por Henrico y Cornelio Verdussen, 1709.

5 l., 230, [2]p. hand-col. front., 43 fold. hand-col. maps. 18cm.
Index : p. 225-230.
♣ *Stamp of Mgr Polyc. de Souza.* 628

3760

[—] El atlas abreviado ò El nuevo compendio de la Geografia Universal, Politica, Historica, i Curiosa, segun el estado presente del Mundo, illustrado con quarenta i tres Mapas, i enriquecido con un breve Tratado de la Geografia Antigua mui util para los Curiosos de la Historia Antigua. Por Don Francisco Giustiniani, P. R. En Leon de Francia, Por Jaime Certa, 1739.

2 v. 42 fold. maps, fold. table. 19cm.
This work is a new ed. of Aefferden' s Atlas, enlarged & corrected by Francisco Giustiniani. *cf.* Preface. 627

3761

Andrade, Alonso de, *SJ,* 1590-1672.

Itinerario historial qve deve gvardar el hombre para caminar al cielo. Dispvesto en treinta y tres grados, por los treinta y tres años de la vida de Christo Nuestro Redemptor, y las virtudes que en ellos exercitò. Por el Padre Alonso de Andrade, de la Compañia de Iesus, natural de Toledo ... Primera, segunda, y tercera parte en que aora se añade el Tercero Tomo que antes andaua à parte con titulo de Patrocinio de N. Señora;y por ser todos exemplos de la Virgen, ha parecido juntarlos todos en vn tomo. En qve se pone vna breve cronologia de toda la vida de Christo, y los grados de sus virtudes, hasta los diez y nueue años de su edad. Con tres indices copiosos de toda la obra, al fin de la Segunda Parte. En Madrid, En la imprenta real, A costa de Gabriel de Leon [1674]

4 l., 514, [22], 218, [3]p. 29½cm.
Text in 2 col.
Date of publ. *cf.* t.-p. of pt. 2.
1st ed. Madrid, 1648.
1st ed. of « Patrocinio de Nuestra Señora » Madrid, 1664.
★ Sommerv I 320 nº 8 (ed. wanting) 2339

3762

Augustinus Aurelius, *Saint,* 354-430.

Meditaciones, Soliloquios, y Manual del glorioso Doctor de la Iglesia, San Agustin. Traducidas por el Padre Pedro de Ribadeneyra, de la Compagnia de Jesus ... En Amberes, En Casa de Juan Bautista Verdussen, 1720.

9 l., 398, [13]p. 12½×6½cm.
p. 225-244 wanting.
1st ed. Medina del Campo, 1553.
★ Sommerv VI 1724 nº 1 (ed. wanting) 2404

B

3763

Barkman, André.

Compendio del deseoso, y por otro nombre Espejo de religiosos, Que fue compuesto por un Religioso de la Orden del D. Maximo San Hieronymo. Recopilado por Andre Barkman natural de Rippen em Dennemark. Coimbra, No Real Collegio das Artes da Companhia de Jesu, 1715.

335p. incl. front., illus. 10½×5cm.
1st ed. 2409

3764

Barzia y Zambrana, Joseph de.

Compendio de los sinco tomos del Despertador christiano ... su author el D. Don Ioseph de Barzia, y Zambrana ... Em Lisboa, Na Officina de Migvel Deslandes, A custa de Antonio Leyte Pereyra, 1684.

8 l., 476p. 17½cm.
« Aplication de los Sermones de todo el Despertador a los Evangelios de Adviento, Septuagesima, y Quaresma » : p. 419-476.
♣ *Nankim.* 1796

3765

— o. c.

♣ *Collegij Societatis Jesu Pekini.* 2262

3766

— Despertador Christiano de sermones doctrinales, sobre particulares assumptos, dispuesto para que buelva en su acuerdo el pecador, y vença el peligroso letargo de sus culpas, animandose a la penitencia ... Sv autor el Doctor D. Joseph de Barzia, y Zambrana ... Lisboa, Na Officina de Migvel Deslandes, A' custa de Antonio Leyte Pereira, 1685.

5 v. 20cm.
Text in 2 col.
Title of v. 5 adds the words : « Tomo V, en qve se descubre el origen, y remedio de las calamidades publicas ».
Imprint varies : [v. 2] ... Deslandes Segunda vez Impresso à custa de Antonio Leite Pereira, 1682. [v. 3] Deslandes, A custa de Francisco de Sousa, & Antonio Leyte Pereira, 1681. [v. 4] Lisboa, A custa de Antonio Leyte Pereira, 1682. [v. 5] 1683.
Index at end of each volume.
♣ *Este livro pertence a Igra de Xam hai da China (vol. 1, 2, 3) — Collegij Societatis Jesu Pekini (vol. 4, 5)* 2675

3767

— o. c.
1805

3768

Barzia y Zambrana, Joseph de.

Despertador christiano, Marial de varios sermones de Maria Santissima N. S. en svs festividades en orden a excitar en los Fieles la devocion, amor, imitacion de la Reyna de los Angeles, y hombres. Sv avthor el ilvstrmo señor Don Joseph de Barzia y Zambrana ... Lisboa, Na Officina de Miguel Deslandes. A custa de Antonio Leyte Pereyra, 1693.

8 l., 632p. 20cm.
Text in 2 col.
Index : p. 600-632.
♣ *Collegij Societatis Jesu Pekini.* 1810

3769

— Quaresma de sermones doctrinales, duplicados, para todos los Domingos, Miercoles, y Viernes, y algunas otras Ferias, con Remissiones copiosas al Despertador Christiano de Sermones enteros para los mismos dias ... Sv avtor el Doctor D. Joseph de Barzia y Zambrana ... En Lisboa, En la Imprenta de Theotonio Craesbeeck de Mello, A costa de Antonio Leyte Pereyra, 1686-88.

3 v. 20½cm.
Vol. 3, 456 (*i.e.* 446)p.
Vol 2, p. 327-328 and p. 331-332 bound after p. 324 and 326 respectively.
Text in 2 col.
Title varies slightly (v. 3)
Vol. 3 has imprint : Lisboa, En la Imprenta de Miguel Deslandes.
Index : v. 1, p. 441-451; v. 2, p. 407-414; v. 3, p. 442-456. 1795

3770

Bellarmino, Roberto, *SJ, Saint,* 1542-1621.

Declaracion copiosa de la dotrina christiana, compvesta por orden del Beatissimo Padre Clemente VIII. por el Padre Roberto de Belarmino de la Cõpañia de Iesus, Cardenal que es de la S. Iglesia ... Traduzida de lengua Italiana en Castellana por Luis de vera, Secretario del Duque de Mõteleõ. Y del proprio añadida en esta ultima impression, una Lucha, o combate espiritual del alma co sus afectos desordenados. Con adiciones de exẽplos al fin de los capitulos por el Maestro Sebastian de Lirio ... Em Lisboa, Por Mathias Rodrigues [1631 ?]

12 l., 208 numb. l., 15 l., 65 (*i.e.* 63) numb. l. 14½cm.
Signatures : †12, A-Z8, Aa-Dd8, Ee7; A-G8, H7.
f. 2a, 29 lines, 119×73mm.
« Lucha » dated 1630.
1st Italian ed. 1598.
1st Spanish ed. by Luis de Vera, Valencia, 1619.
★ Sommerv I 1194; VIII 1801 (ed. wanting)
2384

3771

Bible. *O. T. Psalms. Spanish. Protestant ed.*

Los Psalmos de David y otros. Amsterdam, En Casa de Iacob Wachter, 1625.

2 l., 230 (*i.e.* 330)p. 12cm.
Signatures : A-N12, O11.
p. 19, 25 lines, 100×58mm. 1458

3772

— o. c.
1459

3773

Boneta y Laplana, José, 1638-1714.

Gritos del pvrgatorio, y medios para acallarlos, libro primero, y segundo ... Compvesto por el doctor Joseph Boneta Racionero de la santa Metropolitana Iglesia de Zaragoza, y Doctor en sagrada Theologia Con una nouena, y otras especiales Devociones nuevamente añadidas. Sale a lvz septima vez a devocion del Señor Licenciado D. Joseph Antonio Pavon ... En el convento de N. P. S. Francisco de Manila, Por Francisco de los SS. 1711.

8 l., 244 (*i.e.* 251), 24 p. front., illus. 20cm.
1st ed. Saragosse, 1689.
♣ *Ad usum F. Caroli Horatij à Castorano Reg : Obs : S. P. Franci. — De PP. Ossti di S. Franco nelle Prove Pekino e Xan tung.* 2433

3774

Bremundan, Francisco Fabro, *2nd half of 17th cent.*

Floro historico de la gverra movida por el Svltan de los Turcos Mehemet IV. contra el Avgvstissimo Leopoldo Primero, Emperador de Romanos, &c. el año M.DCLXXXIII [-M.DCLXXXVII]. Tradvcido de Italiano en

Castellano, y añadido de los sucessos posteriores à la liberacion de Viena, por Don Francisco Fabro Bremvndan ... En Madrid, En la Imprenta de Bernardo de Villa Diego, A costa de Sebastiã de Armendariz, 1684-88.

4 v. 20½cm.
Added engr. ornamented t.-p.
Vol. 2, 3, 4 have imprint : En Madrid, En la Imprenta de Antonio Roman.
Bremundan translated vol. 1 from an anonymous Italian relation; he is author to vol. 2-4.
♣ *De PP Ossti di S. Franco nelle Prove Pekino e Xantung.* 1891

C

3775

Cassani, José, *SJ,* 1673-1750.

Glorias del segundo siglo de la Compañia de Jesus, dibuxadas en las vidas, y elogios de algunos de sus varones ilustres en virtud, letras, y zelo de las almas, que han florecido desde el año de 1640, primero del segundo Siglo, desde la aprobacion de la Religion. Escritas por el P. Joseph Cassani, de la misma Compañia ... en el orden de varones ilustres, obra, que empezò el V. P. Juan Eusebio Nieremberg ... En Madrid : Por Manuel Fernandez, 1734-36.

3v. 31cm.
Text in 2 col.
« Cet ouvrage commencé par le P. Nieremberg (v. 1-4) fut continué par le P. de Andrade (v. 5, 6) et poursuivi par le P. Joseph Cassani (v. 7-9) ». — Sommervogel I 326.
1st ed.
Errata at beginning of each volume.
★ Sommerv II 814 n° 8. — Streit I 414 n° 876. 1961

3776

— Historia de la provincia de la Compañia de Jesus del nuevo reyno de Granada en la America, descripcion, y relacion exacta de sus gloriosas missiones en el reyno, Llanos, Meta, y Rio Orinoco, almas, y terreno, que han conquistado sus missioneros para Dios, aumento de la Christiandad, y extension de los dominios de Su Mag. Catholica. Su author el Padre Joseph Cassani, Religioso de la misma Compañia ... En Madrid, En la Imprenta, y Libreria de Manuel Fernandez, 1741.

14 l., 618, [1]p. fold. map. 31cm.
p. 41-44 (duplicate) are bound in place of the missing pages 33-36.
Text in 2 col.
1st ed.
★ Brunet I 1616. — Sommerv II 815 n° 12. — Streit III 126 n° 450. 1937

3777

Castro, Francisco de, *SJ,* 1567-1632.

Christiana reformacion, assi de el pecador, como de el virtvoso ... Por el Padre Francisco de Castro de la Compañia de Jesus, Natural de Granada. Sexta impression. Lisboa, Por Antonio Craesbeeck de Mello, 1666.

4 ? l., 666 (*i.e.* 646), [9]p. 15cm.
1 p. l. wanting.
1st ed. Seville, 1628.
★ Sommerv II 863 n° 3. 2504

3778

Castro Palao, Hernandez de, *SJ,* 1581-1633.

Manval del christiano, de varias consideraciones para el exercicio santo de la oracion. Compvesto por el Padre Hernando de Castro natural de Leon, Religioso professo de la Compania de Iesus ... Dividese esta obra en tres partes. En la primera, se ponen las meditaciones del fin para que el hombre fue criado, y termino, que ha de tener. En la segunda, se trata de la vida de Christo N. S. y de la Santissima Virgen Maria su madre, y de algunos particulares Santos. En la tercera, de lo que es Dios en si, y es para nosotros. Y rematase con vn exercicio quotidiano, que todo Christiano, especialemente Religioso, deue tener ... En Valladolid, Por la viuda de Iuan Lasso de las Peñas, 1633.

12 l., 488, [14]p. 19cm.
Signatures : †[8], ††[4], A-Z[8], Aa-Hh[8], Ii[3].
p. 3, 38 lines, 158×94mm.
Text in 2 col.
1st ed.
Index : p. [489]-[501]
★ Sommerv II 869 n° 2.
♣ *Aplicado pera A Prouᵃ de Jappao.* 1703

3779

Chirino, Pedro, *SJ,* 1557-1635.

Relacion de las Islas Filipinas i de lo qve en ellas an trabaiado los Padres dae la Compañia de Iesvs. Del P. Pedro Chirino de la misma Compañia Procurador de aquellas Islas. En Roma, Por Estevan Paulino, 1604.

2 l., 196, [4]p. 23cm.
Signatures : A-Z[4], Aa-Bb[4]. (2 p. l. without sign.)
p. 4, 40 lines, 164×108mm.

Author used this copy to prepare a new ed. Besides a new ms. preface (2 l.) and many marginal notes & corrections in the text, it contains at end 12 l. of additions and 55 l. of a continuation (chap. 84-98).
1st ed.
★Sommerv II 1148 nº 1.—Streit V 246 nº 690.
588

RELACION
DE LAS ISLAS FILIPINAS
I DE LO QVE EN ELLAS
AN TRABAIADO
Los Padres de la Compañia
de IESVS.
DEL P. PEDRO CHIRINO
de la misma Compañia Procurador
de aquellas Islas.
EN ROMA,
Por Esteuan Paulino, Año de MDCIV.
Con licencia de los Superiores.

3780

Cienfuegos, Alvare, *SJ,* 1657-1739.

La heroyca vida, virtudes, y milagros del grande S. Francisco de Borja, antes Dvqve Qvarto de Gandia; y despues Tercero General de la Compañia de Jesvs. Escrivela el maestro Alvaro Cienfvegos de la misma Compañia ... En Madrid, Por la Viuda de Juan Garcia Infanzon, 1717.

6 l., 594 (*i.e.* 598), [9]p. 30cm.
Title within ornamented border.
Text in 2 col.
1st ed. Madrid, 1702.
Errata at beginning.
★ Sommerv II 1182 nº 2.
♣ *Ignacio de Souza.—Stamp of Mgr Polyc. de Souza.* 2026

3781

Corella, Jayme de, *OMCap,* 1657-1699.

Practica de el confessonario, y explicacion de las sesenta y cinco proposiciones condenadas por la Santidad de N. S. P. Inocencio XI. Sv materia, los casos mas selectos de la theologia moral, Sv forma, un dialogo entre el confessor, y penitente. Dezima octava impression. Nuevamente reconocida, y mejorada por su autor, sobre todas las impressiones antecedentes ... el R. mo P. Fr. Jayme de Corella, Capvchino ... En Madrid, en la Imprenta de Juan Garcia Infançon, A costa de los Herederos de Gabriel de Leon, 1698.

1 l., xxvi, [16], 493 (*i.e.* 491)p. illus. 30cm.
Text in 2 col.
Index : p. 447-493.
Errata : p. xi-xii.
♣ *Paxael S.x O Bspo de Pechin (on cover)—D. PP. Ossti Francescani delle Provᵉ Pekino, e Chan tung. J. Gio. Antº di P. Ferraio.* 1478

3782

Couplet, Philippe, *SJ,* 1622-1693.

Historia de vna gran señora, christiana de la China, llamada Doña Candida Hiù. Donde, con la ocasion qve se ofrece, se explican los vsos destos Puebles, el establecimiento de la Religion, los procederes de los Missioneros, y los exercicios de piedad de los nuevos Christianos, y otras curiosidades, dignas de saberse. Escrita por el R. P. Felipe Cvplet, de la Compañia de Jesus, Missionero de la China ... En Madrid, En la Imprenta de Antonio Roman, 1691.

8 l., 246, [2]p. fold. plate, fold. port. 15½cm.
Title within ornamental border.
Tr. by Josef Lopez Echaburu y Alcaraz, *SJ. cf.* Sommervogel II 1563.
1st French ed. Paris, 1688.
1st Spanish ed.
Errata at beginning.
★ Cordier 833.—Pfister 310 nº 8.—Sommerv II 1563 nº 8.—Streit V 915 nº 2649.
♣ *Ex dono Pris Jacobi Moërs cum Madrito Ulyssipponem veniret cum aliquot libris Pris Ph. Couplet. Ad usum P. K. S.* 3380

3783

— o. c. 14½cm.
Port. wanting.
♣ *Collegij Soc. J. Pekini.* 3379

E

3784

Estella, Diego de, *OFM,* 1524-1578.

De la vanidad del mundo. Hecho por el R. P. F. Diego de Estella, de la Orden de Sant Francisco. Con licencia y approbacion del Consejo General de la sancta Inquisicion, 1576.

3 pt. in 1. 15cm.
3 l., 246 numb. l., 2 l., 249 numb. l., 3 l., 252 numb. l., 1 ? l.
Signatures : †⁴, A-Z⁸, Aa-Hh⁸; a-z⁸, aa-hh⁸, ii⁴; A-Z⁸, Aa-Hh⁸, Ii⁵?

f. 1 a, 30 lines, 116×66mm.
t.-p. of pt. 1. pt. 3, l. 202-207, 209-216 and some leaves at end of pt. 3 wanting.
Ms. Table of contents on 4 l. bound at beginning of pt. 1.
For title, etc. *cf.* t.-p. of pt. 2.
Colophon : Fve impresso en la officina de Antonio Ribero, 1576.
1st ed. 1574. 2900

3785

Euclides, *3rd cent.* B. C.

La perspectiva y especvlaria de Euclides. Traduzidas en vulgar Castellano, y dirigidas a la S. C. R. M. del Rey don Phelippe nuestro Señor. Por Pedro Ambrosio Onderiz su criado. En Madrid, En casa de la viuda de Alonso Gomez, 1585.

4 l., 60 numb. l., 2 l. incl. diagrs. 20cm.
Signatures : A-O4, P6. (4 p. l. without sign.)
f. 2 a, 31 lines, 147×98mm.
Illus. t.-p.
1st ed. by Onderiz.
Errata at end.
♣ *Missionis Sinensis.* 376

F

3786

Faria y Sousa, Manoel de, 1590-1649.

Imperio dela China, y cultura Evangelica en el, Por los Religiosos de la Compañia de Jesus. Sacado de las noticias del Padre Alvaro Semmedo de la propria Compañia. Por Manoel de Faria y Sousa, Cavallero de la Orden de Christo ... Lisboa Occidental, en la officina Herreriana, 1731.

9 l., 252p. port. 30cm.
Ed. by Miguel Lopes Ferreira. *cf* Sommervogel VII 1114.
1st ed. of Semedo's « Relaçao », Madrid, 1641.
1st ed. of Faria's « Imperio », Madrid, 1642.
Index : p. 247-252.
★ Brunet V 273. — Sommerv VII 1114 n° 4. — Streit VII 274 n° 3154.
♣ *Stamp of Mgr Polyc. de Souza.* 3382

3787

Flores, Antonio Rodrigues.

Antiepitome ou Antilegista desforçado Dialogos criticos ou colloquios jocoserios Sobre a controversia entre canonistas, e Legistas acerca das Conezias Doutoraes da Universidade de Coimbra ... Por Antonio Rodrigues Flores Guarda da mesma Universidade. Salamanca, En la Officina de la Viuda de Antonio Ortiz Galhardo, 1737.

8 l., 225p., 1 l. 20cm.
Errata at end.
♣ *Stamp of Mgr Polyc. de Souza.* 2279

3788

Fuente la Peña, Antonio de, *OMCap.*

El Ente dilucidado Discurso vnico noviss° q̃ muestra ay en naturalª Animalᵉˢ irracionales invisibles, y qualeˢ sean Por el Rᵐᵒ P. F. Antonio de Fuēte la peña Exprouincial de Castilla. En Madrid En la emprª Real, 1676.

9 l., 486 (*i.e.* 476), [19]p. 20cm.
Engr. ornamented t.-p.
Text in 2 col.
Errata at beginning.
Index at end. 1010

3789

Fuente Pierola, Geronimo de la.

Tyrocinio pharmacopeo, methodo medico y chimico. En el qual se contienen los canones de Ioanes Mesue Damaceno, y su explicacion ... comprobada con el Proemio de Dioscorides, y otros Autores; como los Canones de preperaciones, por preguntas, y respuestas. Ponese assimismo el Proemio de Dioscorides traducido en Castellano Tyronibus; y vn Antidotario Medico, y Chimico ... Compuesto por Geronimo de la Fuente Pierola ... En Zaragoza : Por los herederos de Diego Dormer, 1695.

4 l., 236 (*i.e.* 234), [10]p. 29cm.
Text in 2 col.
Index : p. [242]-[246]
1st ed. Madrid, 1659. 1083

G

3790

Garau, Francisco, *SJ,* 1640-1701.

El sabio instruido de la naturaleza, en qvarenta maximas Politicas, y Morales. Ilvstradas Con todo genero de erudicion Sacra, y Humana. Por el R. P. Francisco Garau, de la Compañia de Iesvs ... Primera parte sacale a luz Jacinto Dou, ciudadano honrado de Barcelona. Và al fin un Indice de Materias predicables. En Lisboa, En la Imprenta de Theotonio Craesbeeck de Mello, A su costa Impresso, y de Antonio Leyte Pereira, 1687.

2v. in 1. 30½cm.
10 l., 277, [8]p., 4 l., 367, [10]p.
Vol. 1, p. 139, 140 bound after p. 142.
Title varies.
Half-title (v. 1) : El sabio. Maximas del Padre Garav.
1st ed. Barcelona, 1675-80.
★ Sommerv III 1194 n° 1.
♣ *Stamp of Mgr Polyc. de Souza.* 2884

3791

Garcia, Francisco, *SJ,* 1641-1685.

Dia lleno, exercicios devotos, para gastar el dia en seruicio de Dios. Por el Padre Francisco Garcia, de la Compañia de Iesvs ... En Madrid, Por Iuan Garcia Infançon, 1682.

8 l., 393, [6]p. 15cm.
1st ed.
Errata at beginning.
★ Sommerv III 1213 nº 15. 2543

3792

[Godigno, Nicolas, *SJ*] 1559-1616.

Vida del Bienaventvrado Padre Gonzalo de Sylueira, Sacerdote de la Compagnia de Iesvs, martirizado en Monomotapa, Ciudad en la Cafraria. Tradvcida de Latin en Castellano por Bernardo de Cienfuegos ... En Madrid, Por Luis Sanchez, 1614.

4 l., 100 numb. l. 21½cm.
Signatures : †⁴, A-M⁸, N⁴.
p. 2, 28 lines, 157×91mm.
Author : Nicolas Godigno, *SJ. cf.* Sommervogel IX 1374.
1st Latin ed. Lyons, 1612.
1st Spanish ed.
★ Sommerv III 1520 nº 1.
♣ *Da Missão da China.* 2928

3793

[Gracian,Baltazar, *SJ*] 1601-1658.

Obras de Lorenzo Gracian, divididas en dos tomos, en el primero contiene El Criticòn, tratando en la primera Parte de la Niñez, y juuentud : en la segunda de la Varonil Edad : y en la tercera de la Vejez. El Discreto. El Politico Fernando el Catholico. El Heroe. En el segvndo, La Agudeza y Arte de Ingenio. Oraculo manual y arte de prudencia. En el fin añadimos El Comulgatorio de varias Meditaciones de la Sagrada Comunion, por el P. Baltazar Gracian. En Amberes En casa de Geronymo y Iuanbaut. Verdussen, 1669.

2v. 23cm.
Vol. 2, 2 p. l. (incl. t.-p.) wanting.
Added engr. ornamented t.-p.
Each part has a special t.-p.
« Gracian jugea à propos de faire paraitre tous ses écrits sous le nom de son frère Lorenzo qui vivait à Séville » — NouvBiogrGén XXI 470.
1st collected ed. Antwerp, 1652.
★ Brunet II 1687. — Sommerv III 1654 nº 9. 3246

3794

[—] Obras de Lorenzo Gracian ... Vltima Impression, mas corregida, y enriquecida de Tablas. Barcelona, Por Jayme Surià [1700]

2v. 21cm.
Vol. 1 wanting.
Ms. notes on verso of back guard leaf.
Publ. in 1700. *cf.* Sommervogel III 1655.
Contents. — **t. 2.** La agudeza, y arte de ingenio. El discreto. El politico Don Fernando el Catolico. Meditaciones varias, para antes, y despues de la Sagrada Communion, Selvas de el año.
★ Sommerv III 1655 nº 9.
♣ *Este livro he pª o P. Polycarpo de Souza Pechim. — Stamp of Mgr Polyc. de Souza.* 3271

H

3795

Heister, Lorenz, 1683-1758.

Instituciones chirugicas, ò Cirugia complete universal, donde se tratan, con la mayor claridad, todas las cosas pertenecientes à esta Ciencia, tanto de las Doctrinas antiguas, como de las modernas. Ilustrada con gran numero de Laminas finas ...Trabajo, y estudio, en que por espacio de quarenta Años se empleò el desvelo del Doctor Don Lorenzo Heister ... Traducida de la lengua Latina, y añadida, segun la ultima impression del Autor, por D. Andres Garcia Vasquez ... En Madrid, Por Carlos Rey, 1747-48.

2v. 24 plates (23 fold.), port. 22cm.
1st German ed. 1718.
Errata at beginning & index at end of each volume.
« Bibliotheca chirurgica » : v. 1, p. i-lxiv. 1264

I

3796

Ignatius de Loyola, *Saint,* 1491*or*95-1556.

Exercicios espiritvales de N.P.S. Ignacio, Como se hacen y practicar en las Casas de la Cōpañia de IHS. Con Licencia del Ordinario en Manila, 1665.

1 l., 302 (*i.e.* 307)p. 15cm.
1st Latin ed. Rome, 1548.
1st Spanish ed. Rome, 1615.
★ Sommerv XII 238. — MHSJ Ign 701. 2569

3797

Imitatio Christi. *Spanish.*

[Contemptus mundi, nueuamente romançado. Salamanca, por Mathias Gast, 1571]

12 l., 212 (*i.e.* 202) numb. l. 14cm.
Signatures : A-R¹², S¹⁰.
f. 2a, 28 lines, 112×49mm.
t.-p. wanting.
For title, etc. *cf.* Colophon.
Tr. of « De Imitatione Christi » by Luys de Granada, *OP. cf.* DictTheolCath IX 956.
1st Spanish ed. Seville, 1538.
« Siguen se vnas oraciones y exercicios de deuocion muy prouechosos, Recopilados de diuersos y graues auctores » l. 174-212.
♣ *Luys de Granada. Libro del menosprecio del mundo. Salamanca 1571.* 3115

3798

Imitatio Christi. *Spanish.*

Contemptvs mvndi, nveuamente romançado, y corregido. Añadiose el Calendario, y vn breue tractado de Oraciones y exercicios de deuocion muy prouechosos. Recopilados de diuersos autores, por el R.P.F. Luys de Granada, de la orden de Sancto Domingo. En Seuilla, en casa dela biuda muger de Alonso Escriuano, 1577.

14 l., 3-269 numb. l., 7 l. illus. 13½×7½cm.
Signatures : A-Z[12], &[12].
f. 4a, 25 lines, 110×45mm.
Translation of « De Imitatione Christi », by Luys de Granada, *OP*. *cf*. DictTheolCath IX 956.
1st Spanish ed. Seville, 1538. 2625

3799

Imitatio Christi. *Spanish.*

Los IV. libros de la Imitacion de Christo, y menosprecio del mundo, Compuestos en Latin por el venerable Tomas a Kempis, Canonigo reglar de San Agustin, y tradu(zidos) nuevamente en Español por el P. Iuan Eusebio Nieremberg, de la Compañia de Jesus. Van añadidos los Dictamenes de Espiritu y perfeccion, sacados de las Obras del mismo P. Iuan Eusebio. Nueva Impression con lindas Figuras. En Amberes, Por Henrico y Cornelio Verdussen, 1715.

13 l., 456p. 5 plates. 11×6cm.
Added engr. ornamented t.-p.
1st Spanish ed. by Nieremberg. Antwerp, 1656.
★ Brunet III 428. — Sommerv V 1759 n° 45.
2276

3800

Isla. *16th cent.*

Regla de la Orden y cavalleria de S. Santiago de la espada. Con la glosa y declaracion del Maestro Ysla, Freyle de la misma orden ... Va añadida una Tabla de las materias, con un Tratado de Nobleza, compuesto por el Doctor Francisco de la Portilla, Freyle de la mesma orden ... En Anveres, En la Emprenta Plantiniana, 1598.

225, [13]p., 1 l. 18½cm.
Signatures : A-O[8], P[6].
p. 19, 37 lines, 147×80mm.
2 l. (sign. N†[2]) inserted after p. 192.
Illus. t.-p.
« Tratado de la Nobleza » : p. 195-225.
Bound with : Sedulius, H, *OFM*. S. Ludovici episcopi Tolosani vita, Antverpiae, 1602 and others.
3250c

J

3801

Juan Baptista de Madrigal, *OMObs.*

Instrvccion espiritval, y tesoro del alma. Compvesto por Fray Ivan Baptista de Madrigal, Predicador y Guardian del Conuento de San Bernardino de Madrid ... En Madrid, En casa de Pedro Madrigal, 1603.

16 l., 236 numb. l., 16 l. 15½cm.
Signatures : †-††[8], A-Z[8], Aa-Hh[8], Ii[4].
f. 2a, 23 lines, 108×63mm.
Errata at beginning.
♣ *Ex dono Patij Aliatae.* 2496

L

3802

Liturgy and ritual. Breviary. Offices of the Holy Week. *Spanish.*

Oficio de la Semana Santa segun el missal y breviario Romano. Que se publicaron por mandado de Su Santidad Pio V. y se reconocieron por comission de Su Santidad Clemente VIII. y Urbano VIII. En Amberes, en La Emprenta Plantiniana, 1730.

539, [1]p. illus. 17½cm.
Illus. t.-p. 3635

3803

Liturgy and ritual. Ritual. *Spanish.*

Ritval para la recta Administracion de los Santos Sacramentos, y demas funciones Sagradas pertenecientes à los Parrocos. Conforme al Ritual Romano publicado por la Santidad de Paulo V. Dispuesto con las notas, y privilegios concedidos a los Ministros de las Indias. Por el M. R. P. M. Fr. Francisco Sanchez, de la Orden de Predicadores ... En Mexico, por Doña Maria de Benavides Viuda de Juan de Ribera, 1689.

2 l., 158 (*i.e.* 160), [4]p.
1st ed. by Sanchez, Manila, 1669.
« Bulas, y Breves, por virtud de las quales los religiosos de las Ordenes Mendicantes se occupan en todas las partes del mundo en la conversion de los Infieles, Herejes, y Cismaticos » p. 139-158.
★ Streit II 639 n° 2255.
♣ *Ad usum Matthei Ripa.* 3537

3804

Luys de Granada, *OP*, 1505-1588.

Gvia de peccadores : en la qval se trata copiosamente de Las grãdes riquezas, y hermosura dela Virtud : y del camino que se ha de lleuar para alcançarla. Compuesto por Fray Luys de Granada, De la Orden de Sancto Domingo ... [Lisboa?] Por Antonio Aluarez, 1594.

8 l., 356, numb. l., 4 l. 14½cm.
Signatures : A-Z[8], AA-ZZ[8].
f. 2a, 30 lines, 117×69mm.
1st ed. *ca.* 1555-56. 55

3805

— (Primera [-Qvarta] parte de la) Introdvction del symbolo de la Fe, en la qual se trata de la Creacion del mundo para venir por las criaturas al conoscimiento del Criador, y de sus diuinas perfectiones. Compuesta por el R. P. Maestro F. Luys de Granada de la orden de S. Domingo ... En Salamanca, Por les herederos de Mathias Gast, 1583.

4 pt. in 1. 30cm.
10 l., 187, [2], 221, [2], 153, [2], 215, [4] p.
Signatures: $\dagger^{10}$, A-M^{8} (M8 blank); Aa-Oo^{8}; Aaa-Iii^{8}, Kkk^{6}; Aaaa-Nnnn^{8}, Oooo^{6}.
p. 4, 48 lines, 230×138mm.
Text in 2 col.
1st ed.
Errata at end.
♣ *De Sebastiano Serrano (?)* 1638

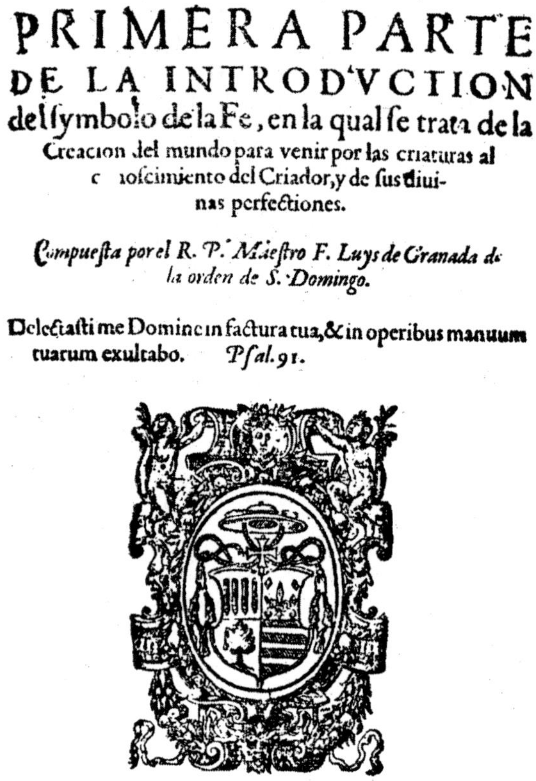
PRIMERA PARTE
DE LA INTRODVCTION
del symbolo de la Fe, en la qual se trata de la
Creacion del mundo para venir por las criaturas al
conoscimiento del Criador, y de sus diuinas perfectiones.
Compuesta por el R. P. Maestro F. Luys de Granada de la orden de S. Domingo.
Delectasti me Domine in factura tua, & in operibus manuum tuarum exultabo. *Psal. 91.*
EN SALAMANCA
Por los herederos de Mathias Gast.
M. D. LXXXIII

3806

Luys de Granada, *OP,* 1505-1588.

Memorial de la vida Christiana: en el qual se enseña todo lo que vn Christiano deue hazer dende el principio de su conuersion, hasta el fin de la perfection: repartido en siete tratados. Compuesto por el R.P.F. Luys de Granada, de la orden de Sancto Domingo ... En Salamanca, En casa de Domingo de Portonarijs, 1573.

2v. in 1. illus. 14½cm.
16 l., 452, [8]p., 343 numb. l., 5 l.
Signatures: $\dagger^{8}$, A-Z^{8}, aa-ff^{8}, gg^{6}; A-Z^{8}, Aa-Vv^{8}, Xx^{4}.
p. 3, 27 lines, 111×67mm.
Vol. 1, p. 353-452 and 8 unnumb. p. bound after v. 2, l. 184.
Vol. 2, l. 185-343 and 5 unnumb. l. bound after v. 1, p. 352.
Vol. 2, l. 89 wanting.
Granada had published before, at Lisbon, a short ed. of the Memorial. *cf.* « Al Christiano lector », l. 6b.
1st enlarged ed. Salamanca, 1566. 1628

M

3807

Maria de Jesus, 1602-1665.

Mystica Civdad de Dios, milagro de Sv Omnipotencia, y abismo de la gracia, Historia Divina, y vida de la Virgen Madre de Dios, Reyna, y Señora nuestra Maria Santissima, Restauradora de la culpa de Eua, y Medianera de la gracia. Manifestada en estos vltimos siglos por la misma Señora a su Esclaua Sor Maria de Iesus, Abadesa de el Conuento de la Inmaculada Concepçion, de la Villa de Agreda ... En Madrid, Por Bernardo de Villa-Diego, 1670.

4v. 30½cm.
v. 4 and t.-p. of v. 1 wanting.
For title, *cf.* t.-p. of v. 2.
Ed. by Joseph Ximenez Samaniego, *cf.* DictTheol Cath I 627.
This copy contains only the text of Maria d'Agreda, without Samaniego' s « Prologo galeato », « Relacion de la vida de sor Maria Jesus », and the « Notas ».
1st ed.
♣ *Aplicado à Resida de Chinkiam por ordem publicada pelo P. VProvincial Joao de Saà.* 2081

3808

— Mystica Ciudad de Dios, milagro de Su Omnipotencia, y Abismo De La Gracia, historia Divina, y vida de la Virgen Madre de Dios, Reyna, y señora Nuestra Maria Santissima, Restauradora de la culpa de Eva, y Medianera de la Gracia ... manifestada en estos ultimos siglos por la misma Señora a Su Esclava, Sor Maria de Iesus, Abadesa de el Convento de la Inmaculada Conception de la Villa de Agreda ... Lisboa, En la Emprenta de Theotonio Damaso de Mello, 1685.

3 v. front., port. 30cm.
« Prologo galeato » and « Relacion de la vida de sor Maria de Jesus » (127 l.) by Joseph Ximenez Samaniego, at beginning of vol. 1.

« Notas a la Ia parte de esta Historia » (146 p.) by Samaniego, and « Notas a la IIa & IIIa parte » (147-204 & 205-236 p.) by Juan Sendin Calderon, at end of respective vol.
♣ *Collegii Pekins. S.J.* 2163

3809

Maria de Jesus, 1602-1665.

Mystica ciudad de Dios, milagro de sv omnipotencia, y abismo de la gracia, Historia divina, y vida de la Virgen, Madre de Dios, Reyna, y Señora nvestra, Maria santissima, restavradora de la cvlpa de Eva, y Medianera de la Gracia; manifestada en estos vltimos siglos por la misma Señora à su Esclava sor Maria de Jesvs, abadesa del convento de la Inmacvlada Concepcion de la villa de Agreda ... En Sevilla, Por Jvan Francisco de Blas, 1698.

3 v. port., 10 plates. 30cm.
v. 1, 8 l., 140 (*i.e.* 136), 339 (*i.e.* 335), 104 p.; v. 2, 4 l., 338, 182 (*i.e.* 168), 282, 40 p.; v. 3, 2 l., 414 (*i.e.* 412) 24 p.
Text in 2 col.
6 plates wanting.
« Prologo galeato » and « Relacion de la vida de sor Maria de Jesus » (140 p.) by Joseph Ximenez Samaniego, at beginning of vol. 1.
« Notas a la Ia parte » (104 p.) by Samaniego, and « Notas a la IIa & IIIa parte (40 & 24 p.) by Juan Sendin Calderon, at end of respective vol.
♣ *Pertinet ad Ecclesiam S. Mariae de Ara celi et S. P. Franci civit : Fung ciang fu Prov : Xan tung. — Ad usũ P. Joannis Baptae ab Iliceto Ord. M. — et deinde Fris Caroli Horatij à Castorano Reg : Observae S. P. Francisci.* 2211

3810

Marin, Iuan, *SJ,* 1654-1725.

Vida, virtvdes, y missiones del Venerable P. Geronimo Lopez Missionero Apostolico De la Compañia di Iesvs De la Prouincia de Aragon. Compuesta por el P. Iuan Marin de la misma Compagñia ... En Roma, por el Varesio, 1682.

7 l., 222, [2]p. port. 21½cm.
1st ed.
Errata : p. [204] 3077

3811

[**Martinez de la Parra, Juam,** *SJ*] 1655-1701.

Lvz de verdades catholicas, y explicacion de la doctrina Christiana. Qve segvn la costvmbre de la Casa Professa de la Compañia de Jesvs de Mexico, todos los Jveves del año se platica en sv Iglesia. Dala a la estampa el Padre Alonso Ramos de la mesma Compania ... En Sevilla, por Juan Francisco de Blas, 1699.

3 v. ports. 20cm. (v. 2 : 19½cm; v. 3 : 21 cm.)
Some pages at end of v. 1 wanting.
Text in 2 col.
« Il (Ramos) a publié sous son nom le 1er vol. de la Luz ... du P. Martinez de la Parra ». — Sommerv VI 1436.
Title of vol. 2, 3 varies : « todos los jueves del año ha Explicado en sv Iglesia El Padre Jvan Martinez de la Parra ».
1st ed. Mexico, 1691.
Index at end of each volume.
★ Sommerv V 636 nº 7 (ed. wanting) 1804

3812

— Luz de verdades catholicas, y explicacion de la doctrina christiana, que siguiendo la costumbre de la casa professa de la Compañia de Jesus de Mexico, todos los jueves de el año, ha explicado en su iglesia el Padre Juan Martinez de la Parra, professo de la misma Compañia, Contiene tres tratados. I. La Explicacion de la Doctrina Christiana. II. Los Mandamientos del Decalogo. III. Los Santos Sacramentos en comun. Corregida, y enmendada in esta ultima impression ... En Madrid, en la Imprenta de Manuel Fernandez, à costa de Juan Gomez Bot, 1732.

8 l., 434, [22]p. 31cm.
3. pt. in 1.
Text in 2 col.
Index : p. [435]-[456]
★ Sommerv V 636 nº 7 (ed. wanting) 1831

3813

— Luz de verdades catholicas, y explicacion de la doctrina christiana, que siguiendo la costumbre de la casa professa de la Compañia de Jesus de Mexico, todos los jueves de el año, ha explicado en su iglesia, el P. Juan Martinez de la Parra, professo de la misma Compañia ... Corregido, y enmendado en esta ultima impression ... En Madrid, en la Imprenta Real, por Don Miguèl Francisco Rodriguez, 1737.

3pt. in 2. 21cm.
Text in 2 col.
« Cinco Sermones, que en la Quaresma del año de 1691. predico el mismo Padre Juan Martinez de la Parra » : v. 2, p. 485-559.
★ Sommerv V 636 nº 7.
♣ *Stamp of Mgr Polyc. de Souza.* 1803

3814

Mayans y Siscar, Gregorio, 1699-1781.

Rhetorica de Don Gregorio Mayans i Siscar ... Segunda edicion. En Valencia, Por Josef i Thomas de Orga, 1786.

2v. 17½cm.
Vol. 1, p. 385-388 bound after p. 116 of index.
1st ed. Valencia, 1757.
Index at beginning of v. 1.
★ Brunet III 1556.
♣ *Stamp of Mgr Alex. de Gouvea.* 3201

3815

Medrano, Joseph Manuel de, *OP*.

Breve resvmen historial qve contiene las noticias, qve de nvestro SS. Padre Benedicto XIII. se han pvblicado en varios papeles, desde su nacimiento, hasta su dichosa exaltacion al Pontificado. Y vn diario de los tres años qve ha governado felizmente la Iglesia. Con vn tratado de los privilegios, que ha Concedido à la Orden de Predicadores. Escrito por el M.R.P. Presentado F. Ioseph Manuel de Medrano Predicador General, y Chronista de la Orden de Predicadores ... Impresso con privilegio en Madrid, y nuevamente en Manila en el Collegio, y Vniversidad de S. Thomas por Geronimo Correa de Castro, 1729.

9 l., 361, [15]p. 2 ports. 20½cm.
1st ed. Madrid, 1727. 2077

3816

Mendoza, Bernardino de, *2nd half of 16th cent.*

Theorica y practica de gverra, Escrita Al Principe Don Felipe Nvestro Señor, Por Don Bernardino de Mendoça. En Anveres, En la Emprenta Plantiniana, 1596.

175, [3]p., 1 l. 18cm.
Signatures : A-K^8, L^{10}.
p. 5, 27 lines, 145×82mm.
1st ed. Madrid, 1577.
Bound with : Sedulius, H. S. Ludovici Episcopi Tolosani vita, Antverpiae, 1602 and others.
★ Brunet III 1622. 3250d

3817

Miralles, Christoval de, *SJ*, 1635-1708.

Libro, y elogio anagramatico del Nombre Misteriosso de S. Rosa de S. Maria Por el P. Xptoual de Miralles dela Compañia de Iesvs. Impresso en Manila en la Imprenta de la Compañia de Iesvs por D. Lucas Manūbas, 1697.

8 l., 326p. illus. 13cm.
p. 17-24 wanting.
1st ed.
★ Sommerv V 1123 nº 1.
♣ *P. Saa.* 2146

3818

Moréri, Louis, 1643-1680.

El gran diccionario historico, o Miscellanea curiosa de la historia sagrada y profana, que contiene en compendio la historia fabulosa de los Dioses, y de los Heroes de la Antiguedad Pagana : las vidas y las acciones notables de los Patriarchas, Juezes, y reyes de los Judios, de los Papas, de los santos Martyres y Confessores, de los Padres de la Iglesia ... Emperadores, Reyes ... de los Autores antiguos y modernos ... El establecimiento y el progresso De las Ordenes Religiosas y Militares ... La historia de los Concilios generales y particulares ... Traducido del Frances de Luis Moreri. Con amplissimas Adiciones ... por Don Joseph de Miravel y Casadevante de la Real Academia de la Historia ... En Paris, A costa de los libreros privilegiados, y en Leon de Francia, de los Hermanos Detournes, 1753.

8 v. in 10. illus. 39cm.
Text in 2 col.
Ms. marginal notes.
1st French ed. Lyons, 1674.
★ Brunet III 1901.
♣ *Stamp of Mgr Alex. de Gouvea.* 1956

N

3819

Navarrete, Domingo Fernandez, *OP*, 1610-1689.

[Tratados historicos, politicos, ethicos, y religiosos de la Monarchia de China. Descripcion Breve de aqvel imperio, y exemplos raros de Emperadores, y Magistrados del. Con Narracion difvsa de varios svcessos, y cosas singulares de otros reynos, y diferentes Navegaciones. Añadense los Decretos Pontificios, y proposiciones calificadas en Roma para la Mission Chinica, y vna Bula de N.M. S.P. Clemente X. en fauor de los Missionarios. Por el P. Maestro Fr. Domingo Fernandez Navarrete ... En Madrid : En la Imprenta Real. Por Iuan Garcia Infançon. A costa de Florian Anisson, 1676]

10 l., 518, [25]p. 29½cm.
8 p. l. (incl. t.-p.) wanting.
Text in 2 col.
For title, etc. *cf.* Privilege & Cordier 31/32.
1st ed.
Index : p. [519]-[543]
Errata at beginning.
★ Brunet IV 24. — Streit V 861 nº 2440. 3396

3820

Nieremberg, Juan Eusebio, *SJ*, 1595-1658.

Obras christianas del P. Ivan Evsebio Nieremberg, de la Compania de Jesvs ... Corregidas, y enmendadas en esta vltima impression ... En Madrid, en la Imprenta Real. A costa de la viuda de Francisco de Robles, 1664-65 [v. 1, 1665]

3 v. 29cm.
Text in 2 col.
Vol. 3 has title : Obras philosophicas.
Cover-title : Obras philosop. Tom. I, II, III.
1st ed. publ. under title : « Obras christianas espirituales y filosoficas », Madrid, 1651.
Errata at beginning of v. 1.

Contents. — **t. 1.** De la diferencia entre lo temporal, y eterno. Del aprecio, y estima de la divina gratia. Practica del Catecismo Romano, y doctrina Christiana. Exemplos de la doctrina Christiana. Partida a la eternidad, y preparacion para la muerte. Santos exercicios, y oraciones de los enfermos, Libro de la vida, Jesus crucificado. Autoridades Latinas. Indices. — **t. 2.** Vida divina. De la hermosura de Dios. De la aficion, y amor de Jesus. De la aficion, y amor de Maria. Prodigio del amor divino. De la adoracion en espiritu, y verdad. De la perfeccion religiosa. Consuelo de almas escrupulosas. Consejos espirituales. Codicia santa de gracia. De la constancia en la virtud. Alimento de amor divino. Soliloquios. Exercicio de afectuoso amor de Dios. Combite de alabancas divinas. Sacrificio de amor. Flores espirituales. Autoridades Latinas. Indices. — **t. 3.** Obras y dias. Epistolario. Dictamenes varios. Causa, y remedio de los males publicos. Recuerdo para remedio de los tiempos presentes. Devocion, y patrocinio de S. Miguel. Corona virtuosa. Virtud coronata. Curiosa filosofia. Oculta filosofia. Prolusion a la dotrina, y historia natural. Del nuevo misterio de la piedra Iman. Volcanes maravillosos. Autoridades Latinas. Index.

★ Sommerv V 1754 nº 38.

♣ *Stamp of Mgr Alex. de Gouvea.* 2881

3821

[Nieremberg, Juan Eusebio, *SJ*] 1585-1658.

[Apricio y estima de la divina gracia qve nos merecio el Hijo de Dios con su Passion, y muerte. 1643?]

2? l., 564, [72]p. 20½cm.
t.-p. wanting.
Some pages at beginning spoiled.
Text in 2 col.
For title. *cf.* Caption title.
« Censura » dated : Barcelona, 1643.
1st ed. Madrid, 1638.
★ Sommerv V 1736 nº 14 (ed. wanting). 2352

3822

— De la diferencia entre lo temporal, y eterno. Crisol en desengaños, con la memoria de la Eternidad, postrimerias humanas, y principales Misterios diuinos. Por el Padre Iuan Eusebio Nieremberg, de la Compañia de Iesus ... En Lisboa. En la Emprenta de Pablo Craesbeck, 1653.

4 l., 464, [56]p. 20cm.
Text in 2 col.
1st ed. Madrid, 1640.
Index : p. [493]-[520]
★ Brunet IV 77. — Sommerv V 1740 nº 15 (ed. wanting) 2627

3823

— De la diferencia entre lo temporal, y eterno. ... Por el Padre Juan Eusebio Nieremberg, de la Compañia de Jesvs. En Ebora, En la Officina de la Vniversidad, 1678.

8 l., 477 (*i.e.* 479), [54]p. 20½cm.
Index at end.
★ Sommerv V 1740 nº 15 (ed. wanting)
♣ *Stamp of Mgr Polyc. de Souza.* 2347

3824

— o. c. 2348

3825

— De la diferencia entre lo temporal y eterno ... Por el Padre Juan Eusebio Nieremberg, de la Compañia de Iesvs. Nueva Impression, corregida de muchas erratas, y enriquescida con muy lindas Estampas. En Amberes, Por Geronymo Verdussen, 1684.

7 l., 655, [77]p. 8? plates. 18cm.
4? plates wanting.
Index : p. [685]-[732]
★ Sommerv V 1738 nº 15. 2635

3826

— De la hermosvra de Dios, y sv amabilidad por las infinitas perfecciones del ser Divino. Compvesto por el P. Ivan Eusebio Nieremberg, de la Compañia de Iesvs ... En Madrid, Por Maria de Quiñones, A costa de Francisco de Robles, 1648.

4 l., 358, [10]p. 20½cm.
1st ed. Madrid, 1641.
Index : p. [359]-[368]
★ Sommerv V 1743 nº 18 (ed. wanting) 2694

3827

Noydens, Benito Remigio, *CRM,* 1630*ca.*-1685.

Practica de cvras, y confessores, y doctrina para penitentes : en qve con mvcha ervdicion, y singular claridad se tratan todas las materias de la Theologia Moral : por el Padre Benito Remigio Noydens, Antverpiense ... Dezimaseptima edicion. Escrita secvn el orden, y decreto general, expedido de nuestro Santissimo Padre Alexandro Septimo, sobre las quarenta, y cinco proposiciones condenadas ... En esta vltima impression va añadido al fin el Decreto de los Casos Reservados a la Santa Inquisicion, y las 65. Proposiciones condenadas por nuestro Sãtissimo Padre Innocencio XI. ... En Lisboa, En la Emprenta de Migvel Manescal, 1680.

2 l., 540 (*i.e.* 528), [26]p. 30½cm.
Text in 2 col.
Index at end.
♣ *Stamp of Mgr Polyc. de Souza.* 1476

O

3828

Oliver y Fullana, Nicolas de.

Recopilacion historica de los reyes, guerras, tumultos, y rebeliones de Vngria, Desde su poblacion por les Hunnos, hasta el año presente 1687. espacio de mas de mil y ducientos. Resumida en estilo breve, claro, y comprehensivo, de Autores graves, antiguos, y modernos, Relaciones antiguas, y verdaderas. Ilustrada con la Descripcion de Ungria, Reynos, y Provincias dependientes ... Por el Sargento Mayor Don Nicolas de Oliver y Fvllana, Cosmographo ... En Colonia, Por Baltazar ab Egmont, 1687.

8? l., 253p. 20cm.
2? p. l. wanting.
♣ *De PP Ossti di S. Franco nelle Prove Pekino e Xan tung.* 1990

3829

Oraculo de la Europa, consultado por los principes de ella sobre los negocios presentes politicos, y militares. Traducido del Francès al Castellano, por el Licenciado Don Joseph Lorenzo de Arenas, Presbytero, &c. ... En Madrid, En la Imprenta del Reyno, [1744?]

8 l., 222 (*i.e.* 230)p. 15cm.
Approbation dated 1744.
♣ *Stamp of Mgr Polyc. de Souza.* 3214

3830

Ormaza, Joseph de, *SJ,* 1617-1676.

Sermones a diversos assvmptos, predicados por el Padre Ioseph de Hormaza, de la Compania de Iesus, en la ciudad de Segovia ... Da los a la estampa D. Migvel Perez de Lara, Canonigo de la S. Iglesia de Segouia ... En Madrid, En la Imprenta del Reyno, A costa de Gabriel de Leon, 1671.

8 l., 335 [*i.e.* 433] [28?]p. 20½cm.
Some pages of index at end wanting.
Text in 2 col.
1st ed.
★ Sommerv V 1946 nº 4.
♣ *Col. Pekin. S. J. 1754. — Pe Joam de Saà.* 1793

3831

Owen, John, 1560 *ca.*-1622.

Agvdezas de Ivan Oven tradvcidas en metro Castellano. Ilvstradas, con adiciones, y notas, por Don Francisco de la Torre, Caualero de la Orden de Calatrava ... En Madrid, [pt. 1] por Francisco Sanz, 1674; [pt. 2] por Antonio Gonçalez de Reyes, 1682.

2 v. 21cm.
Latin text given with the translation.
2nd vol. ed. by Joseph Carlos Garcez Boil y de la Sierra.
Appendix : « Monastica ethica politica » by Miguel Verino, *cf.* v. 2, p. 293-334.
Errata at beginning of each volume.
1st collected Latin ed. Amsterdam, 1624.
1st Spanish ed.
1st ed. of Verino' s « Monastica », Florence, 1487.
★ Brunet IV 300.
♣ *Foi do P. Igno de Sousa.* 3247

P

3832

[Las **Parabolas** que Christo Señor nuestro predico]

? l., 492, 522, 492 (*i.e.* 480) col., (70?)p. 29cm.
Signatures : A-Z^8, Aa-Hh^8, Ii^6, A-P^8, †^{4}, ††^{6}, §^{4} §§-§§§^{8}, §§§§^{4}.
Col. 5/6, 47 lines, 224×134mm.
Title supplied by hand on front guard leaf.
? p. l. (incl. t.-p.) and some pages at end wanting. 3348

3833

Pawlowski, Daniel, *SJ,* 1626-1673.

Locucion de Dios al coraçon de el religioso en el retiro sagrado de los Exercicios Espirituales, compuesta en Latin por el R. Padre Daniel Pawlowski De la Compañia de Jesus ... Traducida en Castellano por un Religioso de la misma Compañia. En Lisbona Occidental, En la Imprenta de Antonio Pedrozo Galram, 1736.

4 l., 192p. 18cm.
1st Latin ed. Kalisch, 1673.
1st Spanish ed. 1695.
★ Sommerv VI 399 nº 9. 2497

3834

— o. c. 17½cm.
2498

3835

— o. c.
2499

3836

— o. c.
2500

3837

— Locucion de Dios al corazon de el religioso ... Coimbra, En el Real Colegio de las Artes de la Compañia de Jesus, 1739.

4 l., 288p. 15cm. 2494

3838

— o. c.

♣ *Agostinho da Sylva.* 2495

3839

Peña Montenegro, Alonso de la.

Itinerario para parochos de Indios, en que se tratan las materias mas particulares, tocantes à ellos, para su buena Administracion : compuesto por el Ilustrissimo, y Reverendissimo Señor Doctor Don Alonso de la Pena Montenegro, Obispo del Obispado de San Francisco del Quito ... Nueva edicion purgada de muchos yerros. En Amberes, Por Henrico y Cornelio Verdussen, 1698.

28 l., 697 (*i.e.* 701), [87]p. 20½cm.
Text in 2 col.
1st ed. Madrid, 1668.
Index : p. [702]-[788]
★ Streit I 325 nº 736. 2413

3840

Peña Montenegro, Alonso de la.

Itinerario para parochos de Indios ... Nueva edicion purgada de muchos yerros. En Amberes, Por la Viuda de Henrico Verdussen, 1737.

28 l., 701, [87]p. 21½cm.
Text in 2 col.
Index : p. [702]-[788]
★ Streit I 271 nº 622 (ed. wanting)
♣ *Stamp of Mgr Polyc. de Souza.* 1674

3841

— o. c.

28 l., 697 (*i.e.* 701), [87] p. 21½cm.
♣ *Stamp of Mgr Alex. de Gouvea.* 3299

3842

Pinelli, Luca, *SJ,* 1542-1607.

Tratado de la perfeccion religiosa, y de la obligacion que todos los religiosos tienen de aspirar a ella. Compuesto en Italiano por el P. Lucas Pinelo de la Compañia de Iesus, y en otra segun gunda [*sic*] edicion corregido, y añadido por el mismo autor. Traducido por el P. Pablo Ioseph de Arriaga de la misma Compañia ... En Madrid, Por Iuan de la Cuesta, 1608.

8 l., 344 numb. l. 11cm.
Signatures : †^{8}, A-Z^{8}, Aa-Vu^{8}.
f. 2a, 24 lines, 83×51mm.
1st Italian ed. Naples, 1601.
1st Spanish ed. Valladolid, 1604.
★ Sommerv VI 1947 nº 1.
♣ *Collegio de Macao.* 2466

3843

Porres, Manuel de.

Medvla de cirugia, y examen de cirvjanos, Compvesto Por el Doct. Don Manuel de Porres, Cirujano de su Magestad ... Corregido, y añadido en esta tercera impression ... En Madrid : Por Francisco Martinez Abad, [1721 ?]

12 l., 199p. incl. port. 16cm.
The latest « Licencia » dated 1721. 952

3844

Poza, Iuan Baptista, *SJ,* 1588-1659.

Practica de ayvdar a morir para qve qualquiera q̃ supiere leer pueda ayudar y consolar a los enfermos. Por el Padre Iuan Baptista Poza ... de la Compañia de Iesus ...

Impresso, en Manila, por Tomas Pimpin 1636.

88 l., 159 [*i.e.* 169] numb. l., 4 l. 13½×7½cm.
Signatures : †-††††^{8}, †e-†k^{8}, †l^{4}, A-V^{8}, X^{13} (4 p. l. without sign.)
f. 3a, 24 lines, 102×50mm.
1st ed. Madrid, 1619.
★ Sommerv VI 1135 (ed. wanting) 2523

3845

— o. c.

2524

3846

— Practica de ayvdar a bien morir. Por el Padre Iuan Baptista Poça, de la Compañia de Iesus. Agora nueuamente añadido muchos exemplos de Santos. Decima Impression. En Barcelona, En la Emprenta administrada por Sebastian de Cormellas Mercader. Y à su costa, 1647.

2 l., 198 numb. l. 15cm.
« Tablas, o indices sumarios de motiuos, y exemplos, y autoridades. Por el Maestro Ivan de Fuen Santa » : l. 171-198.
★ Sommerv VI 1135 (ed. wanting)
♣ *Pe Cos Carlos Braga (on cover)* 3501

3847

Puente, Luys de la, *SJ,* 1554-1624.

Gvia espiritval, en qve se trata de la oracion, meditacion, y contemplacion : De las diuinas visitas, y gracias extraordinarias : De la fortificacion [*sic*] y obras heroycas que las acompañan. Compvestas por el Padre Lvis de la Puente Religioso de la Compañia de Iesvs, natural de Valladolid. Dividese en quatro tratados ... En Valladolid, Por Iuan de Bostillo, A costa de Antonio Coello, y vendese en su casa, 1609.

4 l., 909 (*i.e.* 901), [57]p. 21cm.
Signatures : †^{4}, A-Z^{8}, Aa-Hh^{8}, Ii^{4}, A-Z^{8}, Aa-Bb^{8} (Bb$_{8}$ blank), †-†††^{8}, ††††^{4}.
p. 5, 38 lines, 158×89mm.
Title and 3 p. l. are from the 1st ed., but text is from the 2nd, as proved by the correction of all Erratas (f. 2b) and by the colophon : En Madrid, Por la Viuda de Alonso Martin. A costa de Domingo Gonçalez, 1614.
1st ed. Valladolid, 1609.
Index at end.
★ Sommerv VI 1283 nº 2. 2428

R

3848

Raetken, Ulrick.

Gramatica o Instrucion Pàra qvien desèa deàprendèr perfectaménte à Leér, Escrivir, i Pronunciàr, la Léngua Españóla. compuèsta por Ulrique Raetken ... Grammatica, ofte

Onderwysinge, Voor die begeerigh zijn om perfect te leeren Lesen, Schryven en Pronunceeren, de Spaensche Tale. uyt gegeven door Ulrick Raetken ... t' Amsterdam, voor Jacob van Leest, 1653.

5 l., 277, [7]p., 1 l. 14cm.
Text (Spanish and Dutch) in 2 col.
Colophon : t' Amsterdam, Uyt de Druckery van Kornelis de Bruyn, 1653.
Errata at end. 3054

3849

Relacion historica Del año 1686. Tocante al estado, sucessos, y progressos de la Liga Sagrada contra Turcos. Formada de las vltimas cartas del Norte, è Italia ... Por Sebastian de Armendariz, En la Imprenta de Antonio Roman.

17-138 l., 31p., 139-156 l., 2 l., 157-200 l., 2 l. 20cm.
Library has Feb. 12 - Dec. 17.
Fascicles are signed D-Z, Aa-Ii. Sign. E, O, T, Aa, Dd, Ee, Hh wanting.
« Diario pvntval de qvanto ha passado en el famoso sitio de Bvda » : 31p. bound after l. 138.
« Copia de carta escrita de Sambor en la Rusia, en 6. de Octubre 1686 » : 4 p. bound after l. 156.
« Cvrioso testamento Fatto dalla Real Città di Bvda nella sva agonia, Venetia, 1686 » : 3 p. bound after l. 200. 3571

3850

Ribadeneira, Pedro de, *SJ,* 1527-1611.

Flos Sanctorvm, o Libro de las vidas de los Santos. Escrito por el Padre Pedro de Ribadeneira, de la Compañia de Iesus, natural de Toledo ... En el qval se contienen las vidas de Christo nuestro Señor, y de su Santissima Madre : y de todos los Santos de que reza la Iglesia Romana, por todo el año ... En Barcelona, Por Sebastian de Cormellas, y a su costa, 1623.

2v. 30½cm.
Vol. 2 wanting.
Text in 2 col.
1st ed. Madrid, 1599.
Index at beginning.
★ Sommerv VI 1738 nº 9. 2102

3851

—[Flos Sanctorum, o Libro de las Vidas de los Santos. En la qual se contienen las vidas de muchos Santos de todos estados, que communmente llaman Extravagantes. Escrito por el Padre Pedro de Ribadeneira de la Compañia de Jesus, natural de Toledo. Y a la fin de la segunda Parte van añadidas muchas vidas de Santos, que hazen la Tercera parte, escritas por el Padre Eusebio Nieremberg de la misma Compañia de Jesus ... En Barcelona, en la Emprenta administrada por Sebastian de Cormellas Mercader. Y a su costa, [1640]

3 pt. 31cm.
Pt. 1 & t.-p. of pt. 2 wanting.
Pt. 2 & 3 in 1.
Woodcut head-pieces.
Text in 2 col.
Colophon on p. 642 : En Barcelona, en la Emprenta administrada por Sebastian de Cormellas Mercader, 1640.
Approbation dated 1643.
For title, etc. *cf.* Approbation & Sommervogel VI 1378, nº 9.
Index at beginning.
« Vida del Glorioso S. Honorato Arçobispo de Arles ... Compuesta por el P. Honorato Rio de la Compañia de Iesus ...» : p. 643-650.
★ Brunet IV 1270. — Sommerv VI 1378 nº 9; 1862. 2103

3852

Ribera, Fulgencio Afan de.

Virtud al uso, y mystica a la moda, destierro de la hypocresia, en phrase de exortacion a ella : Embolismo moral, en el que se epactan las afirmativas proposiciones en negativas; y las Negaciones en Afirmaciones. Su autor, D. Fulgencio Afan de Ribera. Assumpto, y Thema de esta Obra, Don Alexandro Giron, instruyendo a su hijo el hermano Carlos de el Niño Jesus ... En Madrid, Se hallarà en la Libreria de Fernando Monge, 1734.

12 l., 70 [1]p. 15½cm. 2438

3853

Rodriguez, Alonzo, *SJ,* 1537-1616.

Exercicio de perfeccion, y virtudes christianas. Su autor el V. Padre Alonso Rodriguez, de la Compañia de Jesus, natural de Valladolid. Dividido en tres partes ... En Madrid, en la Imprenta de Juan de Ariztia, y à su costa, 1721.

8 l., 600, [48]p. 31cm.
Text in 2 col.
1st ed. Seville, 1609.
Index : p. [601]-[648]
★ Sommerv VI 1947 nº 1.
♣ *Stamp of Mgr Polyc. de Souza.* 2378

3854

— Exercicio de perfeccion y virtudes Christianas. Sv avtor el V. Padre Alonso Rodrigvez, de la Compañia de Iesvs, natural de Valladolid. Dividido en tres partes ... Vltima impression, mas corregida, y enriqvecida de tablas. In Barcelona, en la Imprenta de Maria Marti, Viuda, 1726.

2 l., 600, [59]p. 31cm.
Text in 2 col.
★ Sommerv VI 1947 nº 1 (ed. wanting) 1717

3855

— o. c.

♣ *Applicado ao Collº de S. José em Macao da V Prova da China.* 2379

3856

— o. c.

t.-p. wanting. 3529

3857

Rodriguez, Alonzo, *SJ,* 1537-1616.

Exercicio de perfeccion ... ultima impression, que và corregida conforme al original del año de 1606, que hizo el Autor ... Barcelona, Por Pedro Escudèr Impressor, 1747.

8 l., 600, [48]p. 28cm.
Text in 2 col.
Index : p. [601]-[648]
★ Sommerv VI 1947 nº 1 (ed. wanting) 2213

S

3858

Salazar, Simon de, *OP.*

Promptuario de materias morales, en principios, y reglas para examen, y sucinta noticia de los que en breue se dessean exponer para Confessores. Por el Padre Fr. Simon de Salazar, ... Orden de Predicatores; Y aora nuevamente añadido, y corregido por el P. M. Fr. Manuel Blanco, de la misma Orden ... Lleua de nueuo al fin de este Libro el Decreto de los casos reservados à la Santa Inquisicion ... Y en esta vltima impression van añadidas las quarenta y cinco proposiciones condenadas, segun el Decreto de N. SS. P. Alexandro VII. y las sesenta y cinco condenadas por Decreto de N. SS. P. Inocencio XI. En Barcelona, por Antonio Lacaualleria, 1680.

4 l., 329, [30]p. 15½cm.
Indices : p. [330]-[359]
♣ *Aplicado à Residª de Chinkiam por ordem publicada pello P. VProval João de Saa.* 1304

3859

Salazar y Hontiveros, Juan Joseph de.

Glorias de España, plausibles en todos siglos hasta el presente, que se demuestran à un Moderno, con varios Puntos historicos, y diversas Poesias, heroycas, y Sagradas. Por Don Juan Joseph de Salazar y Hontiveros, Arcipreste ... En Madrid, en la Imprenta de la Viuda de Juan de Ariztia, 1736.

20 l., 31, 2-11, 32-207p. 21cm.
«El Martyr San Victores de Cerezo, antigua Ciudad de España, su vida, y nacimiento» : p. 75-188. 1925

3860

Sanchez, Pedro, *SJ,* 1526-1609.

Libro del reyno de Dios, y del camino por donde se alcança. Confirmado con exemplos y sentencias de Santis. Dirigido a los Padres Sacerdotes de la Compañia de Iesus; por el padre Doctor Pedro Sanchez de la misma Compagñia ... En Madrid, por la biuda de P. Madrigal, 1594.

4 l., 965, [74]p. 21½cm.
Signatures : †⁴, A-Z⁸, Aa-Zz⁸, Aaa-Ttt⁸.
p. 5, 24 lines, 154×97mm.
Added engr. ornamented t.-p.
★ Sommerv VII 529 nº 1.
♣ *Da Provincia de Japaõ.* 1701

3861

Sanchez Reciente, Juan.

Tratado de trigonometria nautica, y de la construccion, y uso de las Escalas Plana, y Artificial, y de la Tabla de Partes Meridionales, y algunos Problemas curiosos, que ... dispone Don Juan Sanchez Reciente, Presbytero ... En Sevilla, En la Imprenta de los Recientes, 1742.

6 l., 243, [1]p. illus. (incl. tables), fold. diagr. 15cm.
Bound with : Sanchez Reciente, J. Tratado de trigonometria plana general, Sevilla, 1742. 424a

3862

— Tratado de trigonometria plana general, con la construccion, y uso de las Tablas de los Logarithmos, y del Canon Trigonometrico de Senos, Tangentes, y Secantes logarithmicas ... Dispuesto por Don Juan Sanchez Reciente ... En Sevilla : En la Imprenta de los Recientes, 1742.

10 l., 165, [102]p. illus., fold. diagr. 15cm.
Bound with : Sanchez Reciente, J. Tratado de trigonometria nautica, Sevilla, 1742. 424

3863

[Sanvitores, Diego Luis de] *SJ,* 1627-1672.

El Apostol de las Indias, y nvevas gentes San Francisco Xavier de la Compañia de Iesvs. Epitome de svs apostolicos hechos, virtudes, enseñança, y prodigios antiguos, y nuevos. Contienese lo principal en la Bvla de su Canonizacion, que se pone à la letra traducida de Latin en romãce, y en Epistolas, è Instrucciones que escriviò el mismo Santo. Lo demas se resume de varios Authores, y relaciones authenticas, en q̃ se refieren muchos milagros, y favores nuevos ... singularmente desde 1651. hasta 1660 ... Mexico, En la Imprenta de Augustin de Santistevan y Francisco Lupercio, 1661.

10 l., 101 [*i.e.* 100], 112, 100, 96, [16]p. 21cm.
Author : Diego Luis de Sanvitores, *SJ*. *cf.* Sommerv IX 944, 1431.
1st ed.
Index and errata at end.
★ Sommerv VII 616 nº 14; IX 944, 1431.— Streit V 157 nº 452. 2788

3864

Sardinha Mimoso, Juan.

Relacion de la real tragicomedia con qve los Padres de la Compañia de Iesvs en su Colegio de S. Anton de Lisboa recibieron a la Magestad Catolica de Felipe II. de Portugal, y de su entrada en este Reino. cō lo que se hizo en las Villas, y Ciudades en que entrò. Recogido todo verdaderamente ... Por Iuan Sardina Mimoso Sacerdote, natural de Setubal ... Impresso en Lisboa por Iorge Rodriguez, 1620.

2 l., 163 numb. l., 1 l. 19cm.
Signatures : A-V^8, X^4 (2 p. l. without sign.)
f. 2a, 30 lines, 140×82mm.
« Le P. de Sousa n'est auteur que de la tragédie qui y est insérée ... La Relacion est du prêtre portugais J. Sardinha Mimoso. » — Sommervogel VII 1405.
1st ed.
Errata at end.
♣ *Do Bispo de Japão. 1621.* 3273

3865

Segneri, Paolo, *SJ*, 1624-1694.

El Christiano instruido en su ley. Discursos morales, y doctrinales. Dados a luz en lengua Toscana por el Reverendissimo P. Pablo Señeri, de la Compañia de Jesvs ... y tradvcidos en idioma Castellano por don Juan de Espinola Baeza Echaburu ... Corregido, y enmendado en esta vltima impression; y con Indice de las cosas mas notables, que se encuentran en èl ... Barcelona : Por Jayme Svrià Impressor, en la calle dela Paja, 1719. Vendese en su misma casa ... Y a sus costas.

4 v. 21½cm.
Vol. 1 wanting.
Vol. 4 has imprint : Barcelona : En la imprenta de Jvan Piferrer Librero, 1719. Vendese en su casa ... Y a sus costas.
Don Juan de Espinola Baeza : *pseud.* of Joseph Lopez Echaburu y Alcaraz, *SJ*. *cf.* Sommervogel VII 1076.
1st Italian ed. Florence, 1686.
1st Spanish ed. Madrid, 1693.
★ Brunet V 260.— Sommerv VII 1076 nº 15; III 324 nº 4 (ed. wanting) 1841

3866

— El cura instruido. Obra, en que se le muestra a qualquier Cura nuevo la obligacion que le incumbe, y el cuydado que ha de poner en cumplirla. Dada a luz en la lengua Toscana por el Reverendissimo Padre Pablo Señeri, de la Compañia de Jesus ... Y tradvcida en la Castellana por D. Juan de Espinola Baezo Echaburu ... En Madrid, Por Francisco del Hierro A cvsta de Francisco Laso, 1713.

4 l., 521, [7]p. 21½cm.
D. Juan de Espinola Baeza Echaburu *pseud.* of Joseph Lopez Echaburu y Alcaraz, *SJ*. *cf.* Sommervogel VII 1076.
1st Italian ed. Florence, 1692.
★ Sommerv VII 1078 nº 17; III 325 nº 5. 2431

3867

— El devoto de la Virgen Maria, instrido en los motivos, y en los medios, que le conducen a servirla bien. El espejo, que no engaña; y La verdadera sabiduria. Obras, que diô a luz el reverendissimo Padre Pablo Señeri, de la Compañia de Jesvs ... y traduxo de el idioma Italiano al Castellano D. Juan de Espinola, Baeza, Echaburu ... Madrid, a costa de Francisco Lasso, 1610.

8 l., 236p. 21½cm.
Each book has a special t.-p.
« Ces deux ouvrages, (El espeio & La verdadera sabiduria) publiés sous l'anonyme, ont été souvent, dans leurs traductions, attribués au P. Segneri; ils sont du P. Pinamonti. » — Sommervogel VII 1088.
1st Italian ed. of « El devoto », Bologna, 1677; « El espejo », Florence, 1686; « La verdadera », Venice, 1683.
★ Sommerv VII 1065 nº 9; III 326 nº 8 2389

3868

— Mana del alma, o Exercicio facil, y provechoso para quien desea darse de algun modo à la Oracion. Propuesto por el M. R. P. Pablo Señeri, de la Compañia de Jesvs ... para todos los dias del Año. Y traducido de Ytaliano en Español por el Doctor Francisco de Rofran ... Añadese al fin de ella El infierno abierto, discurso postumo del mismo Autor. En Madrid, A costa de Francisco Laso, 1717.

4 v. 21½cm.
Francisco de Rofran, *pseud.* of Francisco Ferrando, *SJ*.
1st Italian ed. Bologna, 1673-80.
1st Spanish ed. Madrid, 1702.
Index at end of each volume.
Errata at beginning of each volume.
★ Sommerv VII 1062 nº 8; III 663 nº 3. 2349

3869

— Quaresma del Padre Pablo Señeri, de la Compañia de Jesus ... Traducida de la lengua Toscana en la Castellana por el Doctor Antonio de las Casas ... En Madrid, En la Imprenta Real. A costa de Joseph Rodriguez y Escobar, 1717.

2v. 21½cm.
Text in 2 col.
1st Italian ed. Florence, 1679.
1st Spanish ed. Madrid, 1697.
The nine first sermons are translated by Echaburu y Alcaraz, Josef Lopez, *SJ*, the remaining by Dr Antonio de las Casas. *Cf.* « El traductor al lector », vol 1, fol. ††4. 1811

3870

Segneri, Paolo, *SJ,* 1624-1694.

Sagros panegyricos del Padre Pablo Señeri de la Compañia de Jesvs ... Traducidos del idioma Toscano en el Castellano por un apassionado al Autor ... En Valencia : por Joseph Garcia, [1720]

7 l., 366, [17]p. 21cm.
Text in 2 col.
Preface dated 1720.
Tr. by Raimond Mascarell y Rubi. *cf.* Sommervogel VII 1052.
1st Italian ed. Bologna, 1664.
1st Spanish ed.
Index at end.
★ Sommerv VII 1052 n° 9. 1812

3871

Serrano, Andres, *SJ,* 1655-1711.

Feliz memoria de los siete principes de los Angeles Assistentes al throno de Dios, y estimulo â su vtilissima devocion. Miguel, Gabriel, Rafael, Uriel, Sealtiel, Jehudiel, Barachiel. Por el P. Andres Serrano de la Compania de Jesus, Cathedratico de Prima de Theologia en el Collegio de S. Ygnacio de Manila ... Con licencia en Mexico por Juan Joseph Guillena Carrascoso, 1699.

14 l., 240 (*i.e.* 241), (32)p., 19 numb. l. plate. 20cm.
« Sermon panegyrico en la dedicacion de una capilla a los Santos siete Principes, que predico Don Joseph de Altamirano y Cervantes »; and « Sermon en la dedicacion de la misma capilla, qve predicô Padre Andres Serrano » at end.
★ Sommerv VII 1150 (ed. wanting)
♣ *Collegij S. J. Pekini.* 2529

3872

Stafford, Ignatius, *SJ,* 1599-1642.

Elementos mathematicos : por el Padre Ygnacio Stafford De la Compañia de Iesvs. A la nobleza Lvsitana : En la Real Academia Mathematica, del Collegio de S. Anton De la Compañia de Iesvs de Lisboa. En Lisboa, En la imprenta de Mathias Rodrigues, 1634.

6 l., 188p., incl. diagrs. 14½cm.
Signatures : A-L8, M6 (6 p. l. without sign.)
p. 2, 28 lines, 116×68mm.
Added engr. ornamented t.-p.
1st ed.
Errata at beginning.
★ Sommerv VII 1473 n° 2. 354

3873

— o. c.

Added engr. ornamented t.-p. wanting.
♣ *V. Pro^ae Chinensis.* 355

3874

Suarez, Buenaventura, *SJ,* 1678-1756.

Lunario de un siglo Que comienza en Enero del año de 1740., y acaba en Diziembre del año de 1841. en que se comprehenden ciento y un años cumplidos. Contiene los aspectos principales de Sol, y Luna ... y la noticia de los Eclipses de ambos Luminares, que seran visibles por todo el Siglo en estas Missiones de la Compañia de Jesus en la Provincia del Paraguay. Regulada, y aligada la hora de los Aspectos, y Eclipses al Meridiano del Pueblo de los esclarecidos Marty res San Cosma, y San Damian ... En Lisboa, En la Imprenta de Francisco da Silva, 1748.

8 l., 204p. 22½cm.
1st ed.
★ Sommerv VII 1660 n° 1.
♣ *J. E.* 229

3875

— o. c.

184

T

3876

Torre, Francisco de la.

El peregrino atlante S. Francisco Xavier Apostol del Oriente Epitome historico, y panegyrico de sv vida, y prodigios. Escrivelo Don Francisco de la Torre, Cavallero del Habito de Calatrava. Y se ofrece al Patriarcha S. Ignacio de Loyola Por Domingos Carneyro, y a su Costa Impresso. Em Lisboa, 1674.

4 l., 276p. plate. 20½cm.
Text in 2 col.
♣ *Ao R. P^e ViceProu^al na China; o P^e Luis de Britto.* 2952

3877

Tosca, Thomas Vicente, *OR.*

Compendio mathematico, en que se contienen todas las materias mas principales de las Ciencias, que tratan de la Cantidad. Que compuso el Doctor Thomas Vicente Tosca, Presbytero de la Congregacion del Oratorio de S. Felipe Neri de Valencia. Segunda impression. Corregida, y enmendada de muchos yerros de Impression, y Laminas, como lo verà el curioso ... En Madrid En la Imprenta de Antonio Marin, 1727.

9 v. front., illus., 8 tables, 140 diagrs. 17½cm.
Vol. 7, 9; 30 diagrs., 1 table wanting.
Added engr. ornamented t.-p.
Contents — **t. 1.** Geometria elementar. Arithmetica inferior. Geometria practica. — **t. 2.** Arithmetica superior. Algebra. Musica. — **t. 3.** Trigonometria. Secciones conicas. Maquinaria. — **t. 4.** Statica. Hidrostatica. Hidrotecnia. Hidrometria. — **t. 5.** Arquitectura civil. Montea y canteria. Arquitectur militar. Pirotechnia y artilleria. — **t. 6.** Optica. Perspectiva. Catoptrica. Dioptrica. Metheoros. — **t. 8.** Astronomia practica. Geographia. Nautica. 504

3878

— o. c.

Vol. 3, 5; 46 diagrs., 2 tables, front. wanting.
Contents. — **t. 7.** Astronomia. — **t. 8.** Astronomia practica. Geographia. Nautica. — **t. 9.** Gnomonica. Ordenacion del tiempo. Astrologia. 505

3879

Trautson von Falkenstein, Johann Joseph *count,* 1707-1757.

Methodo de la novena, y decena de San Francisco Xavier. Qve escribiò en Latin el Ilvstrissimo Don Jvan Joseph Travtson, Conde del Sacro Romano Imperio, y Canonigo de Trento. Tradvcida en Español por el Doctor D. Diego Svarez de Figveroa ... De orden de la serenissima señora doña Maria Francisca Xavier, Barbara, Princessa de Asturias ... En Sevilla, por Pedro Joseph Diaz, [1733]

14 l., 381p. port. 15cm.
Dedication dated 1733.
★ Sommerv IV 340 (ed. wanting)
✤ *Auctor hujus libri est P. Gabriel Hevenesi Soc. Jesu, Hungarus, bis per Austriam Provincialis & per 11 annos Novitiorum Magister.* 2626

V

3880

[Valdivielso, Joseph de]

[Vida, Excelencias y muerte del gloriosissimo patriarca esposo de nuestra Senora san Joseph. En Lisboa, Por Pedro Crasbeeck, 1615]

12 l., 354 numb. l., 2 l. 13cm.
Signatures : ††^{8}, A-Z^{8}, Aa-Xx^{8}, Yy^{4} (4 p. l. without sign.)
f. 2a, 24 lines, 106×60mm.
t.-p. wanting.
For title. *cf.* Brunet V 1032.
Author : Joseph de Valdivielso; imprint, etc. *cf.* Licenças & colophon.
1st ed. 1602
★ Brunet V 1032. 3142

3881

Vega Carpio, Lope Felix de, 1562-1635.

Pastores de Belen, prosas y versos divinos, de Lope de Vega Carpio ... En Brvsselas, Por Roger Velpio y Hvberto Antonio, 1614.

10 l., 636, [1]p. 14cm.
Signatures : A-Z^{12}, Aa-Dd^{12}, Ee^{5}.
p. 5, 27 lines, 108×61mm.
1st ed. Madrid, 1612.
★ Brunet V 1109.
♣ *Miss. Sin. PP. Gall. Soctis Jesu Catal. Adscr.* 3231

3882

Vidal, Joseph, *SJ,* 1630-1702.

Espada aguda de dolor que tuvo en su tierno corazon, y purissima alma atravesada todo el tiempo de su vida la mejor, y mas afligida Madre por las excessivas penas de su Hijo Jesus, celebrada con festivos regocijos en el Cielo; y à imitacion suya con especial, y tierna devocion en la tierra, dedicala A la misma Señora, dolorosa ... el P. Ioseph Vidal, Prefecto de su Congregacion fundada en el Colegio de S. Pedro, y S. Pablo de la Compañia de Iesus ... En Mexico, por Dona Maria de Benavides, Viuda de Iuan de Ribera, 1692.

30 l. 239 numb. l., 8 l. front. 14½cm.
1st ed.
Index at end.
★ Sommerv VIII 648 n° 7. 2544

3883

Villalobos, Henrique de, *OFM, d.* 1637.

Svmma de la theologia moral, y canonica ... Compvesta por el P. Fray Henriqve de Villalobos, Lector de Theologia Iubilado de S. Francisco el Real de Salamanca ... [v. 1] En Valencia, por la v(ivda) (de) (Iuan)

(Chrys)ostomo G(arriz), A costa de Claudio Mace, 1629; [v. 2] En Lisboa, Por Pedro Craesbeeck, (a) costa de Domingos Martines, 1627.

2v. 28½cm. (v. 1 : 26cm.)
Vol. 1, p. 71-74 wanting.
t.-p. of v. 1 spoiled.
Vol. 1, Corregida, y emendada por el mesmo avctor en esta quinta impression.
1st ed. Salamanca, 1623.
Index at end of each volume.
♣ *D. PP. Ossti di San Francesco (vol. 1) — Al uso de fr. Franco de S. Dieos menorita de nrō Pe S. Franco (vol. 2)* 2113

Z

3884

[**Zurita y Castro, Jeronimo**] 1512-1580.

[Historia del Rey Don Hernando el Catholico. Saragossa, 1579]

2 v. 27cm.
Library has v. 1.
7 l., 351 numb. l.
Signatures : †7, A-Z6, Aa-Zz6, AAa-MMm6, NNn3.
f. 2a, 46 lines, 219½ × 136mm.
Text in 2 col.
t.-p. wanting.
For title, etc. *cf.* Caption title and Dedication.
This work forms the 2 last vol. of Zurita' s Anales de la corona de Aragon, Saragossa, 1562-1579. *cf.* Dedication : « A esta obra se le dio titulo diferente de los Anales ».
1st ed.
★ Brunet II 445. 3287

CONTIENESE EN ESTE QVINTO TOMO, LOS CINCO LIBROS PRIMEROS DE LA HISTORIA DEL REY DON HERNANDO EL CATHOLICO, y en ellos se trata delas cosas que sucedieron siendo Rey de Castilla, desde el fin de la conquista del Reyno de Granada, hasta la muerte de la Reyna Catholica.

GERMAN SECTION

A

3885

Abriss Nutzlicher Gespräch bey und mit einem Krancken : Auch Ubungen, Vnd Anmuthungen verschiedener Tugenden Eines Krancken, und Sterbenden; zusammen getragen, und in Druck gegeben von Einem Minderen Bruder der Reformirt=Chur=Bayrischen Provinz ... München, Gedruckt bey Johann Jacob Vötter, 1753.

7 l., 253, [1]p. 16cm.
Errata : p. [154]
♣ *Monachii ad PP. Franciscanos Bibl.* 2292

3886

Apianus, Petrus, 1495-1552.

Instrument Buch, durch Petrum Apianum erst von new beschriben. Zum Ersten ist darinne begriffen ein newer Quadrant, dardurch Tag vnd Nacht, bey der Sonnen, Mon, vnnd andern Planeten, auch durch ettliche Gestirn, die Stunden, vnd ander nutzung, gefunden werden. Zum Andern, wie man die höch der Thürn, vnd anderer gebew, des gleichen die weyt, brayt, vnd tieffe, durch die Spigel vnd Instrument, messen soll. Zum Dritten, wie man das wasser absehen oder abwegen soll ... Zum Vierden, sindt drey Instrument, die mögen in der gantzen welt bey Tag vnd bey Nacht gebraucht werden ... behalten alle zu gleich jre Lateinische nämen. Zum Fünfften wie man künstlich durch die Finger der Hände die Stund in der Nacht, on alle Instrument erkhennen soll. Zum Letzten, ist dariñ ein newer Messtab, des gleichen man nendt den Jacobs stab, dardurch auch die höch, brayt, weyt, vnd tieffe, auff newe art gefunden wirt. Ingolstadii, 1533.

54 unnumb. l. illus. 30cm.
Signatures : †, A^5, B-N^4.
f. [2]b, 46 lines, 205×139mm.
Illus. t.-p.
1st ed.
Bound with : Schöner, J. Opera mathematica, Norinbergae, 1551 and others. 600f

3887

— (Petri Apiani) Newe vnd wolgegründte vnderweisung aller Kauffmanns Rechnvng, in dreyē Büchern. Mit schönen Regeln vñ Fragstücken begriffen. Sonderderlich was forteil vñ behendigkeit in der Welsche Practica vnnd Tolleten gebraucht wirdt, Dessgleichen vormals weder in Teutscher noch in Welscher

Sprach nie gedruckt. Jetzundt von neuwem mit fleiss vberrechent, ynnd widerumb zu recht bracht ... Getruckt zu Franckfurt am Mäyn, Bey Christian Egenolffs Erben, 1580.

192 unnumb. l. incl. diagrs. 16cm.
Signatures : A-Z^8, a^8, ?
f. [6]a, 28 lines, 114×64mm.
l. [193]-? wanting.
Ed. by Simon Jacob. *cf.* Vorred ann Leser.
1st ed. Ingolstadt, 1527.
1st ed. by Simon Jacob, 1564.
Bound with : Krafft, J. Ein neuwes... Rechenbuch, Franckfurt, 1591.
♣ *Missionis Sinensis.* 365

3888

Augustinus Aurelius, *Saint,* 354-430.

Drey Bücher des H. Augustini Bischoffs und Kirchenlehrers Meditationes, Soliloqvia, vnd Manvale zu Latein genant. Darinnen Christliche Catholische und andächtige Gebett und Gottselige Betrachtungen begriffen. Zu mehrung Geistlicher Andacht trewlich verteutscht Durch den Ehrwürdigen Hern Joannem Schwayger unser Lieben Frawen zu Franckfurt am Mäin Scholastern. Getruckt zu Cölln, In verlag und Druckerey Wilhelm Friessems, 1663.

2 l., 468, 90, [14]p. 14½cm. 2233

3889

Avancini, Nicola, *SJ,* 1612-1686.

Leben und Lehr Unsers Hern Jesu Christi, Auss den vier Evangelisten zusammen getragen, Und Erstlich In Lateinischer Sprach auff alle Tag dess Jahrs Betrachtung-weiss getheilet, Durch R. P. Nicolaum Avancinum : Soc. Iesv. Anjetzo aber in die Teutsche Sprach versetzt, Und mit angehengtem kurtzen Unterricht zu betrachten, nach Inhalt dess güldenen Büchleins der geistlichen Ubungen dess H. Vatters Ignatij Loyolae, der Soc. Iesu Stiffters, vermehret worden Durch einen gemelter Soc. Iesv Priester ... Duderstatt, bey Johan Westenhoven, 1672.

2v. 13½cm.
Tr. by Joachim Häring. *cf.* Preface.
1st Latin ed. Vienna, 1665.
Index : v. 2, p. 543-[549]
★ Sommerv I 675 (ed. wanting) 3033

B

3890

Bapst, Michael, 1540-1603.

(Michaëlis Bapsts von Rochlitz) Ivniperetvm oder Wacholder garten, Darinnen zu befinden : Wie man aus diesem edlen Gewechse, Wasser, Extracten, Gehl vnd Salien, durch die Spargierische vnd Chymistische Kunst bereiten vnd zurichten soll. Sampt gründlichem vnd nützlichem vnterricht, wie die bereite Artzneyen, inn vnd ausserhalb des Menschlichen Cörpers, zu allerley Gebrechen vnd Kranckheiten wol vnd erspriesslichen gebraucht werden mögen. Aus vieler hochgelehrter Ertzte, vnd vornehmer Artisten Bücher, auch Experientz zusammen getragen, Jetzo aber nach des Autoris (seligen) Tod vbersehen vnnd in Druck verfertiget Durch Ioachimum Tanckium, D. Eissleben, Gedruckt, In vorlegung Henningi Grossen, 1605.

4 l., 268, [11]p. 19cm.
Signatures : ✝^{4}, A-Z^4, Aa-Mm^4.
p. 2, 31 lines, 140×98mm.
1st ed. Eisleben, 1601.
Index : p. [269]-[279]
Bound with : Helbach, F. Olivetum, Franckfurt, 1605. 1108a

3891

Barry, Paul de, *SJ,* 1587-1661.

Heiliges Jahr, Das ist, Underweisung für Philagia, das gantze Jahr heiliglich zuzubringen : Darinnen die schöneste vnd leichteste geistliche Vbungen vnd Andachten ördentlich fürgehalten werden ... Frantzösisch beschrieben von R. P. Paulo de Barry, Und ins Teutsch versetzt von R. P. Martino Sibenio, beyden der Societät Jesv Priestern. Editio tertia, auctior & emendatior ... Gedrukt zu Cölln, In Verlag Johan Wilhelm Friessems, 1667.

848, [12]p. 20½cm.
Text in 2 col.
1st French ed. Lyons, 1641.
1st German ed. Cologne, 1651.
★ Sommerv I 951 n° 10. 3122

3892

[**Becher, Johann Joachim**] 1625-1682.

Gründliche Nachricht von der Viehe-Zucht, dem Acker-Bau, Wiesewachs und Fischerey, Samt Genauer Ausrechnung aller hierzu benöthigten Unkosten, und verhoffentlichen Nutzens oder Vortheil, also, dass selbige, statt eines General-Unterrichts, bey dergleichen Verrichtung zu gebrauchen. Vormahls ... entworffen, Anietzo aber, Als eine nützliche Zugabe Des Klugen Haus-Vaters zum Druck befördert. Leipzig, verlegts Jacob Schuster, 1738.

3 l., 557-823, [1]p., 7 l., 837-1142 (*i.e.* 1144), [112]p. illus. 13½cm.
t.-p. is inserted and pasted on first page of pt. 3 & 4.
Binder's title : Bechers Kluger Haus Vater III. & IV. t.

Contents. — **pt. 3.** Dritter Theil des Klugen Haus-Vaters, oder Wohlerfahrner Rosse-und Vieh-artzt. Handgriff der Haushaltungs-Kunst. Monatliche und nutzliche erinnerung — **pt. 4.** Geheimes Jäger-Cabinet. Der verständige Land-Advocat, oder des klugen Haus-Vaters nützliche und nöthige Rechts-und andere Formularien. Anhang. D. Richardi Loweri, des welt-berühmten Englischen Medici, Haber-Beschreibung, zu allerhand kranckheiten. Register. (Index to the 4 parts of Becher's Klugen Haus-Vater) 3509

3893

Ein **Begründter** vnd verständiger Bericht Von dem Feldmessen, Wie man Aecker, Wisen, Gärten, Höltzer vnd andere Grundstuck ... messen, auch dieselbige in etliche gleiche oder vngleiche Thail abthailen sol ... Item, wie man die weite von einem ort zum andren ... messen, auch derselben Reuier vnnd wie sie zu Land gelegen, auff das Pappir reissen sol. Mit einem kurtzen vnderricht, wie man dise Messerey an allen Orten leichtlich brauchen künde. Gedruckt zu München, durch Nicolaum Heinricum, 1616.

6 l., 207, [1]p. illus. (incl. diagrs.), fold. table. 18½cm.
Signatures : ✝^{6}, A-Z^4, Aa-Cc^4.
p. 2, 33 lines, 158×107mm.
Bound with : Alsted, J. H. Elementale mathematicum, Francofvrti, 1611 and others. 549c

3894

Beham, Hans Sebald, 1500-1550.

(Sebalden Böhems) Warhafftige beschreibung aller fürneme Künsten, wie man Malen vnd Reissen lernen soll, Nach rechter Proportion, Mass vnnd Austheilung dess Circkels ... Getruckt zu Franckfurt am Mayn, in Verlegung Vincentii Steinmeyers, 1605.

26? unnumb. l. illus. (incl. diagrs.) 20 cm.
Signatures : A-F^4, G^2.
f. [26]a, 17 lines, 96×104mm.
3 l. (C4, D1, G1) wanting.
1st ed. Frankfort, 1552.
Bound with : Botero, G. La primavera, Torino, 1607 and others. 684d

3895

Bion, Nicolas, 1652-1733.

(Nicolai Bion ...) Neu=eröffnete Mathematische Werck=Schule, Oder Gründliche Anweisung, Wie die Mathematische Instrumenten Nicht allein schicklich und recht zu gebrauchen, sondern auch auf die beste und accurateste Manier zu verfertigen, zu probiren, und allezeit in guten Stand zu erhalten. Aus dem Französischen in das Teutsche übersetzet, und nach der neu=verbesserten Französischen Edition, Bey dieser Dritten Auflage vermehret, von Johann Gabriel Doppelmayz, P. P. Nürnberg, bey Peter Conrad Monath, 1726.

8 l., 432p., 4 l., 48 p., 6 l., 176p. incl. front., tables. 22cm.
1st French ed. Paris, 1709.
1st German ed. Nuremberg, 1713.
« Weitere Eröffnung der neuen mathematischen Werck=Schule, in welcher sowol die Zubereitung als der Gebrauch verschiedener anderer mathematischen, absonderlich der zur Geometrie und Optique gehörigen Instrumenten, die im besagten Auctore nicht zu finden ... deutlich vor Augen geleget und erkläret werden von Johann Gabriel Doppelmayr. 1727 ». 48p.
« Dritte Eröffnung der neuen mathematischen Werck=Schule, in welcher Die Zubereitung und der Gebrauch verschiedener astronomischen Instrumenten beschrieben wird, von Johann Gabriel Doppelmayr. 1728. » 176p. 576

3896

Böckler, Georg Andreas, *fl. 2nd half of 17th cent.*

Theatrum machinarum novum, das ist : Neu=vermehrter Schauplatz der Mechanischen Künsten, Handelt von allerhand Wasser = Wind = Ross = Gewicht = und Hand Mühlen, Wieselbige zu dem Frucht=Mahlen, Papyr = Pulver=Stampff=Segen=Bohren =Walcken = Mangen, und dergleichen anzuordnen. Beneben Nützlichen Wasser = Künsten ... Alles mit grosser Mühe und sonderbarem Fleiss, auch meistentheil aus eigner Erfahrung, dem Liebhaber dieser Künste zusammen getragen und colligirt Durch Georg Andream Böcklern, Arch. & Ingen. Nürnberg, In Verlegung Paulus Fürsten, Kunst-und Buchhändl. Sel. Wittib und Erben. Gedruckt bey Christoff Gerhard, 1673.

6 l., 44p. 154 plates. 35½cm.
Added engr. ornamented t.-p.
1st ed. Nurenberg, 1661.
♣ *Emptus Coloniae Agrippinae 1689. — Veyo da Rezida de Cinanfu. — Vice provinciae Sinensis S. J. ad usum P. K. S.* 771

3897

Bodenehr, Johann Georg, 1631-1704. *engr.*

Sac. Imperii Romano Germanici Geographica Descriptio. Teutschland Mit Angrenzenden Königreich-und Provinzien ... In 32. auffeinander zutreffende Tabellen vorgestellet. Sambt einem Vorbericht, und Anzeig aller darin benamsten Königreich, Chur-Geist-und Weltlichen Fürstenthumer, Graf-und Herrchafften, &c. Einem darauss gezogenem kurzen Entwurff dess Heil. Röm. Reichs grenzen, der 10. Reichs Creisen, und darein gehörigen vornemsten Ständen, und dann zu end angehengtem Aussführlichen Register aller vorgekommenen Länder, Flüss, Stätt und Orten. Augspurg, Bey Hans Georg Bodennehr Kupfferstechern, 1677.

45 ununmb. l. fold. plate, 34 double-page maps (pt. hand-col.) 16½×7cm.
Double-page engr. added t.-p. with ornament.
♣ *Collegij Soc. Jesu Pekini.* 1267

3898

Botero, Giovanni, 1540-1617.

Aller Keyser, Könige, und fürnemsten Fürsten der gantzen Welt, Macht, Reichthumb und Einkommen. Darauss erlernet werdē mag, in welchem theil der Welt ein jeder gesessen, wie weit sich seine Landschafft erstrecke ... Erstlich durch den Hochgelehrten Herrn Johannem Boterum den Veneser in Italienischer Sprach ausführlich und der lenge nach beschrieben : jtzund aber aus der verdolmetschung desselben, die fürnembste, nützlichste und nöhtigste Materien aussgezogen, und in gegenwertiges Handtbüchlein verfasset, durch Matthis Quaden Formschneider. Erstlich zu Cölln, Nun aber zum andern mal durch Laurentz Albrecht Buchhändlers in Lübeck Verlegung gedruckt, 1604.

8 l., 144p. 15½cm.
Signatures : A-K[8].
p. 7, 30 lines, 124×70 mm.
1st Italian ed. Rome, 1591.
1st German ed. Cologne, 1601.
♣ *Este libro que manda a V. R. o P. Ferdo ...?* 2550

3899

Bourrit, Marc-Théodore, 1735-1815.

(Herrn Bourret) Schilderung seiner Reise nach den Savoyischen Eisgebirgen. Aus dem Französischen mit Anmerkungen und Zusätsen ... Gotha, bey Carl Wilhelm Ettinger, 1775.

10 l., 9-184, [6]p. 22cm.
2 pt. in 1.
Both pt. have illus. t.p.
Tr. by Heinrich August Ottocar Reichard. *cf.* DeutAnonymLex I 256.
1st French ed. Geneva, 1773.
1st German ed. 610

3900

Bramer, Benjamin, 1588-*after* 1648.

Beschreibunge vnd Vnderricht, Eines Neuwen leicht vnd sehr bequemen Instruments zum Grundtlegen, vnd Theylung der Circkel linien. Erfunden, und den Liebhabern dieser Künste zu gefallen an Tag gegeben, Von Benjamin Bramero ... Gedruckt zu Marpurg Bey Paul Egenolff, 1616.

32p. incl. diagrs. 20½cm.
Signatures : A-D[4].
p. 7, 25 lines, 144×103mm.
Bound with : Hulsius, L. Mechanische Instrumenten, Franckfurt, 1604 and others. 429c

3901

Brentel, Georg.

Cylinder Solaris concavus, Das ist, Ein holer innwendiger Cylinder oder Seule, Gemacht auff die Polus Höhe 47. 48. 49. g. ... Durch Georgen Brentel, Burger vnd Mahler in Laugingen. Getruckt zu Lauingen, durch M. Iacob Winter, 1615.

12 p. incl. tables. 20½cm.
Signatures : A^6.
p. 11, 37 lines, 144×99mm.
p. 5-8 bound after p. 12.
Title within a woodcut ornamental border.
Bound with : Hulsius, L. Mechanische Instrumenten, Franckfurt, 1604 and others. 429d

3902

Bringer, Johann, *1st half of 17th cent. ed.*

Occvlta philosophia Von den verborgenen Philosophischen Geheimnussen der heimlichen Goldblumen vnd Lapidis Philosophorum, was derselbige : vnd wie zu Erlangung dessen zu procediren, aussführlicher Bericht in einem Philosophischen Gespräch verfasset, sampt Der Schmaragd Taffel, Paraboln, Symbolis, vnd 18. sonderbaren Figuren, der hochberühmten Philosophen Hermetis Trismegisti, vnd F. Basilii Valentini durch welche diese Kunst der Philosophischen Goldblumen vollkomlich erkläret an Tag gegeben. Gedruckt zu Franckfurt am Mayn, durch Johann Bringern. 1613.

4 l., 78 p. illus. 19cm.
Signatures : $†^4$, $A-I^4$, K^3.
p. 5, 33 lines, 152×104mm.
Bound with : Anthony, F. Apologia pro auro potabili, Londini, 1616 and others. 908e

3903

Brunn, Lucas.

Praxis perspectivae Das ist : Von Verzeichnungen ein aussführlicher Bericht, darinnen das jenige was die Scenographi erfordert, begrieffen, vnd in welchen allerley dinge vff allerley Stände in ein Perspectivischen auffzug zu bringen gelehret, auch das was wundersam hierbey sich begeben kan, erkläret wird ... dargegeben, vnd vmb jedermans Nutzen willen in die Deutsche Sprach verfertiget Durch Lucas Brunnen, de Monte Sanct. Annae. Nürmberg, Bey Simon Halbmeyer. Vnd Gedruckt zu Leipzig Bey Lorentz Kober, 1615.

6 l., 60p. 14 plates, 12 diagrs. 31cm.
Signatures : $†^4$, $††^2$, $A-G^4$, H^2.
p. 5, 42 lines, 233×136mm.
2 plates wanting.
Bound with : Lencker, H. Perspectiva, Nürmberg, 1571. 1159a

C

3904

Camerarius, Joachim, 1500-1574.

Synopsis commentariorvm de peste. Das ist, Kurtzer, Doch beständiger Begriff, dreyer Aussbündiger Tractätlein, von der Pestilentz, deren Natur, Praeservation, Curation ... Von Dreyen Vornehmen Hochgelahrten Medicis, Als D. Hieronymo Donzellino Veronensi, D. Ioanne Philippo Ingrassiae Italis : Vnd dann von dem vortrefflichen weitberhümbten Herrn D. Ioachimo Camerario Noribergensi Medico zum fleissigsten beschrieben. Deren Zweye erste auss Italianischer in Lateinische Sprach durch jetzt gedachten Herrn Camerarium, &c. transferirt : Das dritte, von jhme selbsten Latinè begriffen, vor dieser Zeit aussgangen. Nunmehr aber in diesen gefährlichen Pestilentzischen Läufften, Männiglichen zu bessern Vnderricht, Durch einen der Medicin Liebhaber, mügliches Fleisses, ins Teutsch vbersetzt : Sampt Beygefügter, der Venediger in Jahren, etc. 76 vnd 77. publicirter Pestilentz Ordnung ... Alles auss ... H. Camerarii &c. Translation ... Getruckt zu Lich in der Grafschafft Solmss, Durch Nicolaum Erbenium, 1597.

7 l., 93, [1]p. 19½cm.
Signatures : $a-b^4$, $A-L^4$, M^3 (b_4 blank)
p. 5, 36 lines, 147×100mm.
1st ed. of Donzellini's «De natura ... febris pestilentis», Venice, 1570.
1st ed. of Ingrassia's «Informatione del pestifero morbo», Palermo. 1576.
Bound with : Unzer, M. De lue pestifera, Hallae-Saxonum, 1615 and others. 1147c

3905

[Cuba, Johann] *end of 15th cent.*

Kreutterbuch, vonn aller Kreuter, Bäum, Gesteud, vñ Frücht Deszgleichen der Gethier, edlen gesteyn, Metal und anderer Simplicien vnnd Stucken der Artznei, Natürlichem nutz vnd gebrauch. Mit aller deren fleissiger Beschreibung, und leblichen Abconterfeytungen. Distillierzeug und bericht, Kostbarliche Wasser zubrennen, halten und gebrauchen. Alles über vorige Edition Gebessert und gemehrt. Inhalt dreier fleissigen furgestelten Register ...Franckfurt am Meyn, Bei Christian Egenolph [1546]

16 l., ccxlii numb. l. hand-colored illus. 30cm.
Signatures : $†-††^6$, $†††^4$, $A-Z^6$, $a-q^6$, r^8.
f. lxiii b, 52 lines, 230×136mm.
Hand-colored illus. t.p.
Author : Johann Cuba, *cf.* Preface.
Date of publ. *cf.* Colophon.
1st Latin ed. 1484.
♣ *Bibl. Trig. ?* 1216

D

3906

Dryander, Johann, *end of 15th cent.*-1560.
Sonnawern allerhandt künstlich zumachen, An die Maurn vnd Wende. Auff eyn ebne vnd gleichen platz. An die seitten eyns viereketen vnd würffelechten klotz, Truncus genant. Compass zů der Sonnen gerecht zubereyten. Auffs new vbersehen vnd gebessert, durch D. Ioan Dryander Medicum Marpurgensem. [Getruckt zu Marpurg, Durch Christianum Egenolphum] 1543.

12 unnumb. l. incl. tables, diagrs. 20cm.
Signatures : a-c⁴.
f. [2]a, 30 lines, 144×108mm.
l. [8] (sign. b4) wanting.
Illus. t.-p.
For imprint *cf.* Colophon.
Bound with : Joannes Pisanus, Perspectiva communis, Nurimbergae, 1542 and others. 252d

3907

SPHERAE MATERIALIS.
Siue globi cœlestis. (Das ist)
Des hymels lauff gründtliche außle-
gung/ so vil zur anleytung der Astro
nomie dienet/ mit vilen nützlichen regeln verfaßt/
durch IOHAN DRYANDERN/ genent
Eychman/ ordinarien Medicum/ der löblichen Uni-
versiteten Marpurg/ von newem ver-
deütscht vnnd ann tag bracht.

— Sphaerae materialis Siue globi coelestis. (Das ist) Des hymels lauff gründtliche auszlegung, so vil zur anleytung der Astronomie dienet, mit vilen nützlichen regeln verfast, durch Johan Dryandern, genent Eychman ... von newem verdeutscht vnnd ann tag bracht. [Getruckt zu Marpurg, Sub Rectoratu Joannis Dryandri, 1539]

32 unnumb. l. incl. tables, diagrs. 20cm.
Signatures : A-H⁴.
f. [4]a, 26 lines, 131×98mm.
Illus. t.-p.
For imprint *cf.* Colophon.
1st ed.
Bound with : Joannes Pisanus, Perspectiva communis, Nurimbergae, 1542 and others. 252c

E

3908

Englisch, Wilhelm, *SJ, d.* 1747.
Kostbahrer Todt der Heiligen, oder Gantz auserlesene, denen Gesunden annemmliche, denen Krancken ersprüssliche, denen Sterbenden aber nothwendige Tugends-Ubungen, in Latein verfasst, und hinterlassen von P. Guilielmo Englisch, S.J.... zum Druck beförderet von P. Maximiliano Dufrene, S. J. ... Jetzt aber ... aus dem Latein in das Deutsche übersetzt ... Mindelheim, gedruckt, und zu finden bey Johan Peter Steiner, 1756.

136p. 16½cm.
1st Latin ed. Augsburg and Innsbruck, 1748.
1st German ed.
★ Sommerv III 269 n° 18. 2599

3909

Epimetheus, Franciscus.
Pandora : Das ist, Die edlest Gab Gottes, oder der werde vnd heilsame Stein der Weysen, mit welchem die alten Philosophi, auch Theophrastus Paracelsus, die vnvolkommene Metallen durch gewalt des Fewrs verbessert : sampt allerley schedliche und unheilsame kranckheiten jnnerlich vnnd euserlich haben vertrieben. Ein Guldener Schatz, welcher durch einen Liebhaber dieser Kunst, von seinen Vndergang errettet ist worden und ... jetzt widerumb in Truck verFertiget. Getruckt zu Basel, Durch Sebastianum Henricpetri, [1598]

8 l., 317p., 1 l. illus. 12cm.
Signatures : †⁸, A-V⁸.
Author's name [pseud.?] *cf.* Caption title.
Ed. by Hieronymus Reusner. *cf.* Preface.
Colophon dated 1598.
« Synonima » : p. 267-317.
Bound with : Figulus, B. Pandora magnalium naturalium, Strasburg, 1608. 1054a

F

3910

Fachs, Modestin, *fl.* 1567.
Probier Büchlein, Darinne Gründlicher bericht vormeldet, wie man alle Metall, und

derselben zugehörenden Metallischen Ertzen und getöchten ein jedes auff seine eigenschafft und Metall recht Probieren sol. Dessgleichen lehr vnnd vnterricht, der rechten Probier Oefen, Gewichten, Capellen und Flüssen. Zusampt angehengtem bericht, aus der heiligen Schrifft, vnd erfahrung durch die Proba, was vorzeiten die alten Patriarchen, Römer und Jüden zu Babylon, Jerusalem und an den Grentzen derselben Länder für vnd nach der Geburt Christi, biss zu dem 1569. Jahre, für Gewichte, Schrot, Korn und Gepräge zu den alten Müntzen gebraucht vnd genommen haben ... Durch weylandt H. Modestin Fachsen ... [Gedruckt zu Leipzig, durch Zachariam Berwald, 1595]

12 l., 236, [9]p., 1 l., fold. plate. 15½cm.
Signatures : a8, b4, A-P8, Q3.
p. 3, 25 lines, 115×66mm.
For imprint. *cf.* Colophon.
Ed. by Ludwig Wolfg. Fachs. *cf.* Preface.
1st ed. 1567.
Index : p. [238]-[246]
Edited and Bound with : Fachs, M. Rathsams Bedencken und Erklerung, Leipzig, 1595.
Bound with : Meyer, G. Bergwercks Geschöpff, Leipzig, 1595. — Helmreich, A. Kunstbüchlein wie man die Weine bewahren sol, Leipzig, 1608.
♣ *Collegij S. J. Pekini. — Missionis Sinensis.*
1020

3911

Fachs, Modestin, *fl.* 1567.

Rathsams Bedencken vnd Erklerung, Auff etlicher rahten vnnd angeben, das die Müntz Hernn geringere Müntzen sollen schlagen lassen : Auch das die gemeinen Kauff Silber so gar hoch gesteigert werden, und was durch der frembden Müntz-Meister Handelung diesen Landen für vnaussbleiblicher Schaden vnnd cusserste Verderb zugefüget wird. Gestelt dürch Modestin Fachsen, etc. [Leipzig, In Vorlegung Henningi Grossen, 1595]

[1], 58, [1]p. 15½cm.
Signatures : †4, R-T8, V6.
p. 4, 25 lines, 115×70mm.
1st ed. 1568?
Bound with : Fachs, M. Probier Büchlein, Leipzig, 1595 and others. 1020a

3912

Faulhaber, Johann, 1580-1635.

Ein sehr nützlicher New erfundener Gebrauch eines Niderländischen Instruments zum Abmessen vnnd Grundtlegen mit sehr geschwindem Vortheil zu Practiciren ... Durch Johann Faulhabern ... Getruckt zu Franckfurt am Mayn, Bey Wolffgang Richtern, in Verlegung Anthonij Hummen, 1610.

6p. 20½cm.
Signatures : A3.
p. 5, 33 lines, 152×98mm.
Title within an ornamental border.
1st ed.
Bound with : Hulsius, L. Mechanische Instrumenten, Franckfurt, 1604 and others. 429b

3913

— New Geometrische vnd Perspectiuische Inuentiones. Etlicher sonderbahrer Instrument, die zum Perspectiuischen Grundreissen der Pastyen vnnd Vestungen ... gebrauchsam seynd. Auss demonstriertem vnnd bewehrtem Fundament zusammen geordnet, und mit verständlichen Kupfferstücken in Truck gegeben : Durch Johann Faulhabern ... Getruckt zu Franckfurt am Mayn, bey Wolffgang Richtern, in Verlegung Anthonj Hummen, 1610.

38p. illus. 20½cm.
Signatures : A-D4, E3.
p. 5, 27 lines, 155×99mm.
Title printed within an engraving.
1st ed.
Bound with : Hulsius, L. Mechanische Instrumenten, Franckfurt, 1604 and others. 429a

3914

Figulus, Benedictus, *ed.*

Pandora magnalium naturalium aurea et Benedicta, De Benedicto Lapidis Philosoph. Mysterio. Darinnen Apocalypsis des ... Aegyptischen Königs und Philosophi, Hermetis Trismegisti; von vnserm Teutschen Hermete, dem ... Philosopho Trismegisto A. Ph. Theophrasto Paracelso &c. verdolmetschet; wie auch Tinctura Physicorum Paracelsica, mit einer ... Erklerung des ... Philosophi, Alexandri von Süchten ... Sampt Seiner Al. v. S. angehengten 3 Vnderschiedlichen Tractetlein ... wie auch Anderen Ejusdem materiae Corollariis ... jetzo publiciret. Durch Benedictum Figulum, Utenhoviatem, Fr : P. ... Getruckt zu Straszburg, inn Verlegung Lazari Zetzeners, 1608.

16 l., 292, [1]p. 15cm.
Signatures : †-††8, A-S8, T3.
p. 2, 29 lines, 118×62mm.
Contents : — Prolocutrix sermo dedicatorius. — Liber Apocalypseos Hermetis, Theo. Paracelso interprete, De supremo mundi secreto, etc. — Mecina Alexandri a Süchten. — Dialogus Al. a Süchten. — Ex libro De tribus facultatibus Al. a Süchten. — Explicatio Tincturae physicorum Theo. Paracelsi ab Al. a Süchten. — Tractetlein von Lapide philosophorum Anonymi. — Rythmi Germanici, von diesem hogen Tinctur werck, Anonymi authoris. — De auro potabili Theo. Paracelsi.
♣ *Missionis Sinensis.* 1054

3915

Friedel, David, *b.* 1689.

Die verderbte Medicin, oder XXV. Curieuse Materien und Abhandlungen, Darinnen gezeiget werden : Viele Missbräuche und Irthümer in der Medicin, So wohl auf Seiten derer Medicorum, als der Patienten ... Nebst Einer Anweisung, wie die Curen, nach der Lehre Bohnii, Rivini, Stahls, und anderer Excellenten Männer, gewissenhaffter und sicherer anzustellen ... sammt Einer kurtzen Specification, von denen Kräfften und Gebrauch einiger eigenhändig elaborirten besondern Artzneyen, aus eigner Erfahrung herausgegeben von David Friedeln...Zittau und Leipzig, verlegts Johann Jacob Schöps, 1722.

8 l., 571 (*i.e.* 567), [55]p. 17½cm.
1st ed.
Index at end.
♣ *Collegij Pekin S. J. 1727.* 959

3916

Fugger, Johann Jakob, 1516-1575.

Spiegel der Ehren des Höchstlöblichsten Kayser und Königlichen Erzhauses Oesterreich oder Ausführliche Geschicht Schrift ... von Derer aus diesem Haus Erwählter Sechs Ersten Römischen Käysere ... mit Käys. Rodolphi I. Geburts Jahr 1212 anfahend, und mit Käys. Maximiliani I. Todes Jahr 1519 sich endend. Erstlich vor mehr als C. Jahren verfasset, Durch Den Wohlgebornen Herrn Johann Jacob Fugger, Herrn zu Kirchberg und Wissenhorn ... Nunmehr aber ... Aus dem Original neuüblicher ümgesetzet, und in richtige Zeit-rechnung geordnet, aus alten und neuen Geschichtschriften erweitert...und in Sechs Bücher eingetheilet, Durch Sigmund von Birken ... Nürnberg, Bey Michael und Johann Friderich Endtern, 1668.

18 l., 3-1416, [34]p. front., illus. (incl. maps, tables), 2 plates, 8 ports. 33cm.
Port. V.; p. 517-518 wanting.
Text in 2 col.
1st ed. by Birken.
Index & errata : p. [1417]-[1450] 1921

G

3917

Garcia, Francisco, *SJ,* 1641-1685.

Leben Oder Scheinbare Tugend Und Wunderthaten Des Heiligen Francisci Xaverii, Societatis Jesu, Erstlich in Spanischer Sprach geschriben Von P. Francisco Garzia, Societatis Jesu. Anjetzo aber In das Teutsche übersetzet von einem andern Priester gemeldter Societät. Wienn, gedruckt bey Johann Georg Schlegel.

4 l., 266?p. 13½×8cm.
p. 267-? wanting.
1st Spanish ed. Madrid, 1672.
1st German ed. Vienna, 1745.
★ Sommerv III 1211 n° 5 (ed. wanting) — Streit VI 123 n° 457. 2467

3918

Gottschaldt, Johann Jakob, 1688-*after* 1748.

(M. Johann Jacob Gottschaldts, Pastoris zu Schöneck) Sammlung von allerhand auserlesenen Lieder-Remarquen In Sechs Theilen abgefasset. Und mit nöthigen Register versehen. Leipzig, Verlegts Johann Christian Martini, 1748.

8 l., [1224]p. incl. musics. 18cm.
Each part has a special t.-p.
Illus. t.-p.
1st ed.
Bibliography : p. [1101]-[1117] 3204

3919

[Grasseus, Johannes] *16th cent.*

Arcani artificiosissimi aperta arca. Das ist: Der allergrösten und künstlichsten Geheimnüssen der Natur eröffneter und offstehender Kasten. Darinnen von der waren Materia ... unfehlbaren Erkantnuss, aus welchem ... der Lapis Philosophicus ... entspringet ... gehandelt wirdt. Beneben der rechten und warhafftigen Physica Naturali Rotvnda, durch eine visionem Chymicam cabalisticam gantz verständtlich beschrieben ... Franckfurt bey Johann Bringern, 1617.

219 p. 15½cm.
Signatures : A-N⁸, O⁶.
p. 5, 20 lines, 115×70mm.
Author : Johannes Grasseus. *cf.* Latin ed. of the book in n° **1791**, Heilman. J. Theatri chemici vol. VI., p. 294 & 333.
Bound with : Kieser, F. Cabala chymica, Mülhausen, 1606. 1012a

3920

Grosse, Henning, *junior,* 1553-1621, *ed.*

Theatri machinarum Vierter [-Sechster] Theill ... Merertheils auss Italian : vnd Frantzoss : Sprach mit fleiss transferirt, Dürch Hieronymum Megiserum ... in Drück geordnet vnd vorlegt võ Henning Grossen den Jüngern ... Leipzig, 1613-14.

2v. 80 plates. 16×19cm.
Each part has an engraved ornamented t.-p.
Vol. 1; pl. n° 22, 25-28; pt. 6, p. 165-? wanting.
The 1st vol. (pt. 1-3) was compiled by Heinrich Zeising and published by H. Grosse in 1612. *cf.* Preface of pt. 4.
This work is partly based on Ramelli's : « Le diverse et artificiose machine » (Library has the 1st ed. Paris, 1588). *cf.* Preface of pt. 5.
All plates are in disorder; they bear a current handwritten number beginning from 75. This number is reported at the head of the text explaining each plate. 3563

3921

Grot, Joachim Christian, 1733-1800.

(Joachim Christian Grots, Pastors bey der deutschen Katharinenkirche) Kanzelvorträge über die Blattereinimpfung veranlasst durch das jährliche Dankfest wegen ihres glücklichen Erfolgs an Ihro Kaiserlichen Majestät Katharina der Zweyten, und an Sr. Kaiserlichen Hoheit Paul Petrowitsch, nebst einem Beytrage zur Geschichte der Blattereinimpfung in Russland, und einem Anhange über die Tödtlichkeit der Pockem in Petersburg ... [1780]

XLVIII, 440p. 20cm.
p. I-II, XIII-XIV, XXXVII-XXXVIII, XLVII-XLVIII, 39-42, 85-86, 107-108, 151-152, 197-198, 231-234, 257-258, 295-296, 321-322 wanting.
p. 3-4 spoiled.
Dedication dated 1780.
The 11 Kanzelreden held in the years 1769-1777.
3313

3922

Guarinonius, Hippolytus, *b. ca.* 1572.

Die Grewel der Verwüstung Menschlichen Geschlechts, In sieben unterschiedliche Bücher vnd vnmeidenliche Hauptstucken, sampt einem lustigen Vortrab, abgetheilt. Neben vor : mit : vnd nachgehenden, sowol Natürlichen, als Christlich : vnd Politischen darwider streittbaren Mittlen ... gestellt Durch Hippolytum Guarinonium, Art. & Med. Doctorem ... Ingolstatt, Getruckt bey Andreas Angermayr, 1610.

36 l., 1330, [2]p. incl. port. 33½cm.
Signatures : a-f⁶, A-H⁶, I⁸, K-Z⁶, Aa-Ii⁶, Kk⁷, Ll-Zz⁶, Aaa-Zzz⁶, Aaaa-Zzzz⁶, Aaaaa-Rrrrr⁶, Sssss⁴, Ttttt⁵.
p. 6, 50 lines, 249×142mm.
Illus. t.-p.
1st ed.
Index at beginning.
Errata at end.
♣ *Bibl. Trig.?* 2856

H

3923

Hanedi, Resene Gribronte Runeclus, *pseud.*

Steganologia & Steganographia nova. Geheime Magische, Natürliche Red vnd Schreibkunst, Einem in der nähe vnd ferne ... etwas verborgens vnnd geheimes zu eröffnen, durch Reden, Schreiben vnd mencherley Instrumenta; Item wie verborgene Schrifften zu machen, auffzulösen, vnd mit sonderlichen Künsten zu schreiben ... publicirt vnd an tag gegeben durch Resene Gribronte Runeclus Hanedi, der natürlichen Künste sonderbaren Liebhaber. Nürnberg, inn verlegung Simon Halbmayers.

8 l., 299, [5]p. 15½cm.
Signatures : †⁸, A-T⁸.
p. 3, 26 lines, 116×70mm.
Colophon : Gedrukt zu Nürnberg, durch Balthasar Scherffen.
Errata : p. [304]
♣ *Missionis Sinensis.* 766

3924

Helbach, Friederich.

Oenographia, Weinkeller oder Kunstbuch vom Wein, Das ist : Ausführliche vnd eigentliche Beschreibung der edlen Gabe Gottes, dess Weins, seiner Natur, Eygenschafft vnd Tugendt ... darinnen auch angezeigt wirdt alles was vom Weinstock, Wein vnd desselbigen Artzney mag gesagt werden. Sampt nützlichem vnd wolgegründtem Bericht aller Kräuterwein, vnd geärtzten Weinen ... Auss vielen berühmpten Scribenten zusammengetragen vnd in drey Büchern ... beschrieben Durch M. Fridericum Helbachium Eckhartshusanum. Getruckt zu Franckfort am Mayn, bey Matthias Beckern, in verlegung Peter Kopffen, 1604.

9 l., 328, [16]p. 19cm.
Signatures : †-††⁴, †††², A-Z⁴, Aa-Uu⁴ (††† blank)
p. 6, 32 lines, 150×105mm.
Indices : p. [329]-[344]
Bound with : Knaust H. Fünff bücher von der wunderbaren kunst bier zu brawen, Erffurde, 1614.
♣ *Bibl. Trig.?* 3089

3925

— Olivetvm. Das ist, Kunstbuch, darinnen gründtlicher vnd aussführlicher Bericht gezeigt wird, wie man auss allen Erdtgewächsen, Metallen vnd andern natürlichen dingen, die zwey edelsten stück in der Artzney, als Oel vnd Saltz. nach Alchymistischer arth extrahiren vnd machen könne : Darinnen auch beschrieben werden alle Oel vnd Saltz, so durch grossen fleiss vieler vornehmer Medicorum zu vnser zeit in wolbestelten Apothecken zu finden, auch von berühmpten Medicis, Wundtärtzten, Apotheckern vnd Alchymisten gebraucht werden : Auss vielen Autoribus, auch noch vngedruckten Alchymistischen Schrifften zusammen getragen, und in zweyen Büchern fleissig beschrieben, Durch M. Fridericum Helbachium, Eckhartshusanum. Gedruckt zu Franckfurt am Mayn, bey Johann Saur, in Verlegung Peter Kopffen, 1605.

9 l., 165, [11]p. 19cm.
Signatures : A-Z⁴, Aa⁴, Bb¹.
p. 2, 32 lines, 148×102mm.
Indices : p. [166]-[176]
Bound with : Bapst, M. Iuniperetum, Eisleben, 1605.
♣ *Missionis Sinensis.* 1108

3926

Hellwig, Christoph, 1663-1721.

Der Curieuse und vernünfftige Zauber Artzt Welcher lehret und zeiget, wie man nicht alleine ex triplici regno curieuse Artzneyen verfertigen, Sondern auch per sympathiam et antipathiam, transplantationem, amvleta et magiam natvralem, oder vermeynte Hexerey, Die vornehmsten Kranckheiten des menschlichen Leibes glücklich curiren könne. Aus berühmter Medicorum und Physicorum Schrifften zusammen getragen, mit artigen Recepten und Historien, nebst nöthigen Registern ans Licht gestellet von Valentino Kräutermann [*pseud*] Franckfort und Leipzig, Verlegts Ernst Ludwig Niedt. in Arnstadt, 1725.

7 l., 320 [16]p. front. 18cm.
Index : p. [324]-[336]
Valentin Kräutermann is the *pseud.* of Christoph Hellwig. 957

3927

Helmreich, Andreas, *fl.* 1587.

Kunstbüchlein Wie man die Weine halten vnd für allen zufallen bewahren, den brechhafftigen vnnd abgefallenen Wein, wiederumb zu recht bringen, allerley Kräuter und Gewürtzte Wein, Bier und Weinessig machen sol ... Item, Mit etlichen schönen guten Stücken und Künsten gemehret und verbessert, vnnd zum andern mal aussgangen. Durch Andream Helmreich ... [Leipzig, Bey vnnd in verlegung Nickel Nerlichs, 1608]

86 unnumb. l. 15½cm.
Signatures : A-K8, L6.
f. [2] b, 21 lines, 116×70mm.
Imprint. *cf.* Colophon.
1st ed. 1587 ?
Bound with : Fachs, M. Probier büchlein, Leipzig, 1595 and others. 1020c

3928

Hübner, Johann, 1668-1731.

Curieuses und reales Natur=Kunst=Berg =Gewerck und Handlungs=Lexicon, Darinnen nicht nur Die in der Philosophie, Physic, Medicin, Botanic, Chymie, Anatomie, Chirurgie und Apothecker=Kunst ... Sondern auch alle in Handel und Wandel, ingleichen in Jure und vor Gerichten vorfallende ... Wörter ... gründlich und deutlich erkläret, auch an vielen Orten nützliche Realien mit eingemischet seyn. Alles dergestalt eingerichtet, dass man dieses als einen andern Theil des Realen Staats=Conversation=und Zeitungs =Lexici ... gebrauchen kan. Die dritte Auflage, mit allem Fleiss verbessert und mit mehr als tausend Articuln vermehret. Nebst einer ausführlichen Vorrede Herrn Johann Hübners. Zusamt einem Anhange, darinnen allerhand der Kauffmannschafft dienliche Sachen enthalten sind, wie auch einem Register. [Leipzig] Verleget von Joh. Fried. Gleditschens seel. Sohn, 1717.

6 l., 1808 col., [42]p. front. 21½cm.
Text in 2 col.
1st ed. Leipzig, 1712. 3224

3929

— Reales Staats=Zeitungs-und Conversations-Lexicon, Darinnen so wohl Die Religionen und geistlichen Orden, die Reiche und Staaten, Meere ... die Linien Deutscher hoher Häuser ... Als auch Andere in Zeitungen und täglicher Conversation vorkommende aus fremden Sprachen entlehnte Wörter ... klar und deutlich beschrieben werden, Die neundte Auflage, darinnen die Geographischen Beschreibungen mit Fleiss rectificiret und vermehret, auch alles biss auf gegenwärtige Zeit continuiret worden ... Nebst einem Anhange, vollständigen Registern, und einer ausführlichen Vorrede Herrn Johann Hübners ... Verlegts Johann Fiedrich Gleditschens seel. Sohn, in Leipzig, 1719.

7 l., 2092 col., [50]p. front. 21½cm.
Text in 2 col.
1st ed. Leipzig, 1704.
For the continuation see Hübner, J. Curieuses und reales Natur-kunst-berg-gewerck und handlungs-lexicon. 3225

3930

— Reales Staats=Zeitungs-und conversations-lexicon ... Die dreyzehende Auflage, darinnen die Geographischen Beschreibungen mit Fleiss rectificiret und vermehret, auch alles bis auf gegenwärtige zeit continuiret und bey denen meisten Articuln die Lateinische Benennung beygesetset worden, ... Nebst vollständigen Registern, und einer ausführlichen Vorrede Herrn Johann Hübners Johann Friedrich Gleditschens seel. Sohn, Leipzig, 1729.

7 l., 2206 col., [49]p. front. 22cm.
Text in 2 col. 3226

3931

Hulsius, Levinus, *d.* 1606.

(Erster [-Vierdter] Tractat) Der Mechanischen Instrumenten Levini Hvlsii ...Franckfurt, 1603-5 [v. 1, 1604]

2 l., 123, 20, 29, 23p., illus. (incl. diagrs.), plan, fold. table. 20cm.
Signatures : A-Q4, A-B4, C2, A-D4 (D4 blank); A-C4.
p. 3, 33 lines, 153×104mm.
Illus. t.-p.
Each part has a special t.-p.

Author in his preface announces 15 treatises.
Bibliography : p. 6-11.
1st ed.
Contents. — Erster Tractat. Bericht dess newen geometrischen gruntreissenden Instruments, Planimetra genendt (In Verlegung dess Authorn). — Ander tractat. Unterricht dess newen Büchsen Quadrants und dess Visierstabs (Gedruckt durch Wolffgang Richtern.). — Dritter Tractat. Unterricht dess Jobst Burgi Proportional circkels (In Verlegung Levini Hulsii). — Vierdter Tractat. Beschreibung dess Instruments Viatorii oder Wegzählers (Gedruckt bey Wolffgang Richtern).
Bound with : Faulhaber, J. Newe geometrische Inventiones, Franckfurt am Mayn, 1610; Ein Niderländisches Instrument zum Abmessen und Grundtlegen, Franckfurt am Mayn, 1610. — Bramer, B. Instrument zum Grundtlegen, und Theylung der Circkel Linien, Marpurg, 1616. — Brentel, G. Cylinder solaris concavus, Lauingen, 1615.
♣ *Bibl. Trig.* 429

J

3932

Jacob, Simon, *d.* 1564.

[Rechenbuch Simon Jacobs. Getruckt zu Franckfurt am Mayn, bey Matthes Beckern, In Verlegung Christian Egenolphs Erben, anno 1600]

11 l., 349 numb. l. incl. tables, diagrs. 19cm.
Signatures : A-Z⁴, a-z⁴, Aa-Zz⁴, Aaa-Xxx⁴.
f. 3a, 30 lines, 140×105mm.
5 p. l. (incl. t.-p.) wanting.
For title, etc. *cf.* Running title & colophon.
1st ed. Frankfort, 1560.
Bound with : Sybrand Hansz. Tractatus geometricus, Amsterdam, 1617.
★ Smith 298.
♣ *Bibl. Trig.* 419

K

3933

Kaseman, Rudger.

Architectvralehr seivlen bochg nachg reichtier mas vnd semeitrei avsteilvng deir fvnf svlen Tvscana, Dorica, Ionica, Corintica composita gar fleisichg avsz dien anteiqvitetien giezogien vnd nveileichg in koffeir giemacht 1615 Rotgervs Kaseman inventor. Gietrvckt zo Collen bei Iohan Bvchsenmacher. [1615]

2 l., 19 plans. 27×34½cm.
Engr. ornamented t.-p.
Colophon : Gedrukt zu Cöllen bey Johann Büssemacher, 1615.
Bound with : Vredeman de Vries, J. Architectvra. 3593a

3934

Khunrath, Conradus.

Medulla destillatoria et medica, quartum aucta et renovata. Das ist(Gründliches und Vielbewehrtes Destillier vnd Artzner buch ... auffs newe zum Vierdten mal trewlich revidirt, in eine richtige Ordnung gebracht, und mehr als die helffte vermehret und gebessert : Durch Conradum Khunrath Lipsensem. und jetzt von einem Hochgelehrten und Vornemen erfahrnen der Artzney vnd Chymiae, &c. menniglichen zu gutem in Druck befördert ... Hamburg, Ex Bibliopolio Frobeniano, 1614.

6 l., 12 numb. l., 13-628, [35]p. 20cm.
Signatures : a⁴, b², A-Z⁴, Aa-Zz⁴, Aaa-Zzz⁴, Aaaa-Pppp⁴, Qqqq².
f. 6a, 33 lines, 153×115mm.
Index : p. [629]-[663]
1st ed. 1605. 967

3935

Kieser, Franz, *ed.*

Cabala chymica. Concordantia chymica. Azot philosoph. solificatum. Drey unterschiedliche, Nützliche, und zuvor nie aussgegangene Tratätlein, ohn welcher Hülff niemandt in Ewigkeit Chymiam veram verstehen, noch das summum Arcanum erlernen wirdt. In welcher I. Der rechte Grundt vnnd Fundament aller natürlichen und vbernatürlichen Dingen erkläret wirdt. Im II. Viel schöner Vergleichungen vnnd Vbereynstimmungen etlicher alten und newen Philosophischen Schrifften, von wahrer Bereytung dess Philosophischen Steins, colligiret von H. Alexandro von Süchten ... Im III. Augenscheinliche Erklärung aller vnd jeder Particularitäten ... ad conficiendum Azot Philosoph. necessaria, So Georgius Clettus ... in Missiven communiciert. Jetzo aber ... an Tag geben von Francisco Kiesero ... Mülhausen, Bey Martin Spiessen, In Verlegung Johann Spiessen etc., 1606.

12 l., 581, [1]p. 15½cm.
Signatures : †⁸, ††⁴, A-Z⁸, Aa-Nn⁸, Oo³.
p. 2, 26 lines, 120×66mm.
Bound with : Grasseus, J. Arcani artificiosissimi aperta arca, Franckfurt, 1617.
♣ *Missionis Sinensis.* 1012

3936

Kirch, Gottfried, 1639-1710.

Neues und gewisses Wunder am Hiñel, Welches künftig geschehen wird in der Nacht zwischen dem 21. und 22. Aug. Alten (31. Aug. und 1. Sept. Neuen) Kalenders, des 1676 Jahrs nach Christi Geburt ... Mit Fleiss berechnet, und männiglich zum besten herauss gegeben von Gottfried Kirchen. St. Annenberg, gedruckt und zu finden bey David Nicolai. [1676]

12 unnumb. l. illus. 21cm.
Signatures : A-C⁴.
f. [3]a, 32 lines, 148×114mm.

Illus. t.-p.
For date of publication *cf.* f. A2b « in gegenwärtigem 1676 ».
Bound with : Kirch. G. Annus I.-X. Ephemeridum motuum coelestium, Lipsiae. 288a

3937

Kirchmayr, Matthias.

Grammatick oder Unterricht der Teutsch und Welschen Sprach. Zusammen gesetzet von Matthias Kirchmayr Sprachmeister, Vnd in dieser neven Auflag auf das möglichste verbessert, und vermehret. Triend, Druckts Joannes Baptista Monauni.

6 l., 260p. 16cm.
Title in Italian : Gramatica della lingua Todesca ed Italiana. 3176

3938

Knaust, Heinrich, *16th cent.*

Fünff Bücher, Von der Göttlichen vnd Edlenn Gabe, der Philosophischen, hochthewren vnd wunderbaren Kunst, Bier zu brawen. Auch von Namen der vornemesten Biere, in gantz Teutschlanden, vnd von derer Naturen, Temperamenten, Qualiteten, Art vnd Eigenschafft ... Jetzo aber auffs newe vbersehen, vnd in viel wege, vber vorige Edition, gemehret und gebessert Durch Herrn Heinricum Knaustium, beyder Rechten Doctorem. Gedruckt zu Erffurde, durch Nicolaum Schmuck, 1614.

6 l., 83p. 19cm.
Signatures : †[4], ††[2], A-K[4], L[2].
p. 3, 31 lines. 142×111mm.
2 p. l. (sign. ††1, 2) bound after p. 80.
1st ed. Erfurt, 1575.
Bound with : Helbach, F. Oenographia, Frankfort am Mayn, 1604. 3089a

3939

Krafft, Johann.

Ein Neuwes vnd wolgegründtes Rechenbuch, von mancherley Kauffmanns Händel, durch die Welsche Practick, mit mancherley Müntzsorten practiciert vnd auffgelösst, neben erfindung alle Extractiones Radicis zusuchen, vnd behend zu erlernen. Dergleichen dieselbigen noch niemaln im Truck gesehen worden. Durch Johañ Krafft, Bürger zu Memmingen, ... in Truck verfertigt, etc, Franckf. bey Christ. Egen. Erben, 1591.

268 numb. l. 2 fold. tables. 16cm.
Signatures : A-Z[8], a-k[8], l[4].
f. 7a, 26 lines, 122×72mm.
Illus. t.-p.
Colophon : Getruckt zu Franckfurt am Mayn, Bey Christian Egenolffs Erben, In verlegung Barbarae, weilandt Doct : Johannis Cnipij, vnd Mariae, weilandt Pauli Steinmeyers, beyder nachgelassenen Wittiben, Anno 1591.
1st ed.
Bound with : Apianus. P. Newe vnd wolgegründte underweisung aller kauffmanns Rechnung, Franckfurt, 1580. 365a

3940

Kraus, Johann Ulrich, 1645-1719.

Biblisches Engel-ū. Kunst Werck, alles das jenige, Was in Heiliger Göttlicher Schrifft Altes und Neuen Testaments Von den Heiligen Engeln Gottes ... zu finden ist ... Mit Fleiss zusammen getragen, in Küpffer gestochen und verlegt von Johann Ulrich Krausen ... in Augspurg, 1705.

1 l., front., 30 plates. 38cm.
Engr. t.-p.
1st ed. 1694.
Bound with : Kraus, J. U. Historische Bilderbibel, Augspurg, 1705. 1665a

3941

— Historischer Bilderbibel ... Erster [-fünfter] Theil gezeichnet und in Kupffer gestochen von Johann Ulrich Kraussen. In Augspurg, 1705.

5 l., 141 plates. 38cm.
Plates no. 2, 36, 129 wanting.
Each part has a special engr. t.-p.
1st ed. Augsburg, 1700.
Bound with : Kraus, J. U. Biblisches Engel-und Kunst Werck, Augspurg, 1705. 1665

3942

Kurtzer Begriff Von der wahren Andacht zu dem Hochwürdigen Hertzen Jesu unsers Welt-Heylands. Begreiffend die Antrib, und Ubungen diser Andacht mit einem kleinen Officio, Litaney, und andere Gebetten ... Sampt einem zusatz wie man nutzlich das Hoch-würdigste Altars-Sacrament könne besuchen, die H. Mess anhören, und dises höchste Gut empfangen, auss dem Frantzösischen in das Teutsch versetzt. Durch R. P. Thadeum Schvvaller Capitularen dess Fürstl. Gottshauss Einsidlen ... Getruckt Jn Einsidlen, Durch Johann Heinrich Ebersbach, 1700.

3 l., 413, [8]p. front. 13cm. 2237

L

3943

La Hire, Philippe de, 1640-1718.

Astronomische Tabellen des Herrn De La Hire. Mit einer neuen, ausführlichen und deutlichen Beschreibung, vor alle Astronomische Rechnungen; Absonderlich aber, wie Mond-und Sonnen-Finsternisse, auf ein leichte geometrische Art berechnet : und wie nach Keppleri Methode, die Sonnen-Finsternisse, als Erd-Finsternisse, vorgestellet werden ... in teutscher Sprache heraus gegeben, von Johann Albrecht Klimm. Nürnberg, verlegt und zu finden, bey Joh. Christoph Weigeln, Kunsthändlern. Gedruckt, bey Lorenz Bieling, 1725.

6 l., 43, [1], 243, [1]p. 16 diagrs. 22½cm.
1st Latin ed. Paris, 1702.
1st German ed. 395

3944

— o. c.

Tables & diagrs. wanting. 284

3945

Lehmann, Christoph, 1570-1638.

Florilegivm Politicvm Avctvm Das ist, Ernewerter Politischer blümen Garten mit Lüstigen neuen Sprüchwörtern Italianischen und Fransöszischen Sententien ietzo vermehrt und in Vier Theil abgetheilt. Franckf : bey Ioh. Gottfriedt Schönwett. Wittib undt Erben, 1662.

1 l., 5-954, [4], 504p. 15cm.
Pt. 1, 2, 3 in 1; pt. 4 wanting.
Pt. 2 & 3 have special t.-p.
Pt. 1 & 2 paged continuously.
Engr. ornamented t.-p.
1st ed. Frankfort, 1630-42.
Index at end of pt. 2. 2879

3946

Lencker, Hans, *d.* 1585.

Perspectiva Hierinnen auffs kürtzte beschrieben, mit exempeln eröffnet vnd an tag gegeben wird, ein newer besonder kurtzer, doch gerechter vnnd sehr leichter weg, wie allerley ding, es seyen Corpora, Gebew, oder was möglich zuerdencken vnd In grund zulegen ist, verruckt oder vnuerruckt, ferner in die Perspectyf gebracht werden mag, on einige vergebliche linie, riss vñ puncten, &c. dergleichen weg bisshero noch nit bekant gewesen, Durch Hansen Lencker ... Gedruckt zu Nürmberg, durch Dietrich Gerlatz, 1571.

6 l., XXIX numb. l. illus., 2. fold. diagrs. 31cm.
Signatures : a^4, aa^2, B-G^4, H^2, I^3.
f. II a, 39 lines, 222×136mm.
Illus. t.-p.
1st ed.
Bound with : Brunnen, L. Praxis perspectivae, Leipzig, 1615. 1159

3947

Leupold, Jacob, 1674-1727.

Theatrum arithmetico-geometricum, Das ist : Schau = Platz der Rechen und Mesz = Kunst, Darinnen enthalten Dieser beyden Wissenschafften nöthige Grund = Regeln und Handgriffe so wohl, als auch die unterschiedene Instrumente und machinen ... Alles aber ist mit vielen deutlichen Figuren in 45 Kupffer=platten begreifflich gemachet und vorgestellet von Jacob Leupold. Mathematico und Mechanico ... Zufinden bey dem Autore und Joh. Friedr. Gleditschens seel. Sohn. Leipzig, gedruckt bey Christoph Zunkel, 1727.

7 l., 300 (*i.e.* 200), [4]p. illus., 45 plates. 28½cm.
This volume is the 7th part of Leupold's «Theatrum machinarum : oder Schauplatz des Grundes mechanischer Wissenschaften, Leipzig, 1724-27» — Brunet III 1033.
1st ed.
Index at end. 580

3948

Liturgy and ritual. Martyrology, *German.*

Römisches Martyrologivm Erstlich Auss Befelch Jhro Päbstl. Heiligkeit Gregorii XIII. In Lateinischer Sprach verfast, vnd der Kirchen offentlich zulesen übergeben : auss derselben in die Teutsche von Conrado Vetter der Societet Jesu Priestern übersetzt. Darnach Mit Willen dess auch Römischen Pabsts Vrbani VIII. Widerum übernommen, verbessert, vnd gegemehrt : durch Georgium Heserum, auss gemelter Societet Jesu, nach der jüngsten Römischen Ordnung widerum in den Druck verfertiget ... Gedruckt und verlegt zu München, durch Johann Jäcklin, 1707.

4 l., 295 (*i.e.* 291), [105]p. 20cm.
1st official ed. 1584.
1st ed. by Vetter, Dillingen, 1599.
1st ed. by Heser, Munich, 1670.
Index at end. 1546

M

3949

Macasius, Paulus.

Von Natur, Krafft, Wirckung vnd gebrauch des Egrischen gebreuchlichen Sewrlings. Aus der andern Lateinischem edition Dem Einfeltigen zu gut, in vnser Teutsche Muttersprach klärlich vbersetzet, durch Paulum Macasium ... Leipzig, Typis Grosianis, 1616.

8 l., 143, [1]p. 16cm.
Signatures : A-K^8.
p. 3, 20 lines 112×67mm.
Colophon : Leipzig, Typis Grosianis. Gedruckt durch Justum Jansonium, 1616.
Bound with : Matthaeus, J. Thermarum Marchicarum Badensium descriptio, Ettlingae, 1606 and others. 1138b

3950

Mangolt, Gregorius.

Fischbuch Von der natur vnd eigenschafft der vischē, insonderheit deren so gefangen werdend im Bodensee, vnd gemeinlich auch in anderen seen vnd wasseren, durch den wolgeleerten Gregorium Mangolt beschribē, vormals nie gesähen. Item ein ander büchlin, wie man visch vnd vögel fahen sölle, mit dreyssig neüwen vnnd bewärten Recepten. Auch zu was zeyten im gantzen jar ein yeder visch am beste sye...

44 p. illus. 16cm.
Signatures : A-B8, C6.
p. 4, 25 lines, 114×68mm.
« Ein ander Büchlein » wanting.
Bound with : Matthaeus, J. Thermarum Marchicarum Badensium descriptio, Ettlingae, 1606 and others. 1138c

3951

Matthioli, Pietro-Andrea, 1500-1577.

[Von der Kreutter Beschreibung, Natur und Würckung. Prag, bei Georg Melantrich, 1563]

38 l., 575 numb. l. illus., port. 34½cm.
Signatures : 1-56, 68, A-Z6, a-z6, Aa-Zz6, Aaa-Zzz6, Aaaa-Cccc6, Dddd5.
f. 13a, 51 lines, 272×162mm.
t.-p., l. 14, 17, 571 wanting.
For title, imprint, etc. *cf* Preface, running title & colophon.
Preface dated 1563.
Tr. and ed. by Georg Handsch, *cf.* Preface.
Ms. marginal notes.
1st Italian ed. Venice, 1544.
1st German ed.
♣ *Hanns Amman Natural Wichnensis de Austria. — Ex libris Stephani Soarez Ao 1668. — Da V. Proua da China.* 1352

3952

Meyer, Georg, 1533-1606.

Bergwercks Geschöpff, vnd wunderbare Eigenschafft der Metal früchte. Darinnē gründlicher bericht der Gebirge, Gestein, Genge und derselben anhengenden safften, krefften und wirckung, als an Gold, Silber, Kupffer, Zinn, Bley, Quecksilber, Eisen, und anderen Mineralien. Auch wie die Edlen Gestein, so wol die Metals arten geferbet, erkand, vnd mit Gottes Wort verglichen werden ... In Druck verfertiget Durch Georgen Meyern. [Gedruckt zu Leipzig, durch Abraham Lamberg, In verlegung Henning Grossen] 1595.

8 l., 168, [5]p. 15½cm.
Signatures : A-L8, M7.
p. 3, 25 lines, 112×66mm.
For imprint. *cf.* Colophon.
1st ed.
Bound with : Fachs, M. Probier büchlein, Leipzig, 1595 and others. 1020b

3953

Minderer, Raymund, 1570 *ca.*-1621.

Neu verbesserte Kriegs=Artzney, Das ist: Wol=erfahrne und Gemeine Hand=Stücklein Der Edlen Artzney-Kunst, Welche in behender Kriegs-Begebung, allen und jeden Rittern, und Officiren, wie auch gemeinem Soldaten und Knechten zu sonderbahrem Nutz an Tag gegeben, Samt angehängtem rähtlichen Gutachten, von der schwebenden Soldaten-Sucht, durch Weiland Raymundum Minderer ... Nürnberg, In Verlegung Johann Andreas Endters, und Wolffgang, desz Jüngern, seel. Erben, 1667.

394, [86]p. 13½cm.
This book was written in German but first published in Latin. *cf.* AllDeutBiogr XXI 766.
1st Latin ed. Augsburg, 1620.
Index : p. [395]-[408]
♣ *Ve Prouae Sinensis.* 1034

N

3954

Neues und ausführliches Dictionarium, Oder Teutsch-Frantzösisch-und Lateinisches Wörter-Buch, Worin Alle gebräuchliche Wörter, und zierliche Redens-Arten, in Teutscher, Frantzösischer und Lateinischer Sprache enthalten ... in dieser neuen Auflage um ein grosses verbessert und vermehret Franckfurt, Verlegts Reinhard Eustachii Möllers seel. Witwe, 1757.

496p. 20cm.
p. 321-336 bound incorrectly.
Text in 2 col. 3154

P

3955

[Pachelbel von Gehag, Johann Christoph]

Entdeckte Grufft Natürlicher Geheimnisse, Das ist : Gewisse, nicht in blosser Speculation bestehende, sondern durch viele Experimente bewährte künste die Land-Güter mercklich zu verbessern, den Ackersmann reich zu machen und zu allen Uberfluss zu verhelffen; ... Nebst einem Anhang ... ans Licht gestellet, A.D.F.V. Franckfurt und Leipzig, Zu finden bey Christoph Julius Hoffmann, 1718.

4 l., 120, [8]p. front. 21cm.
Author : Johann Christoph Pachelbel von Gehag. *cf.* DeutAnonymLex II 241.
Index : p. [121]-[128] 768

3956

Paruta, Paolo, 1540-1598.

(Des Edlen und pro Numine Politicorum gehaltenen Venetianers Paulus Paruta) Politischer Discurse Erstens und Anderes Buch,

Von Der Griechen, Römer und Europeer byss auff des Keysers Carolus Quintus mit dem Türckischen Keyser Soliman vor Wien gehaltenes Feld-Lager, Stats=und Kriegs Händeln. Auffs neue übersehen, Corrigirt und mit einem neuen Discurse vermehrt Der Gestürtzte Hochmuht genandt ... Gedeutschet von Samuel Sturmen, J. C. Leiptzigern. Gedruckt zu Bremen, bey Berthold de Villiers Erben, in Verlegung Peter Köhler, 1664.

1 l., 660, 522, [4], 80p. 13cm.
Ms. on inside of front cover.
1st Italian ed. Venice, 1599.
★ Brunet IV 392. 3232

3957

[Pinamonti, Gio. Pietro] *SJ,* 1632-1703.
Wahre Weissheit, Oder Sehr nutzliche Betrachtungen, Die heylsambe Forcht Gottes zu erlangen. Aussgetheilt Auff jeden Tag der Wochen, von einer Ordens=Persohn auss der Gesellschaft Jesu. Sambt einem Anhang der jenigen Stuck, so zu einer rechten Beicht gehören. Getruckt zu München, bey Joh. Lucas Straub, 1704.

4 l., 117, [4]p. 13×7½cm.
This work is a translation of Gio. Pietro Pinamonti's « La vera sapienza ». *cf.* Sommervogel IX 1379 & VI 763/4.
★ Sommerv VI 763 nº 1. 2743

3958

Poetius, Joh. Mich.
(Jo. Mich. Poetii) Gründliche Anleitung zu der ... Arithmetischen Wissenschafft, Vermittelst einer Parallelen Algebra, Worinnen zugleich von Gebrauch derer Rechnungen in Facultäten und Disciplinen auch von unterschiedenen Arithmetischen Instrumenten und Machinen gehandelt wird. Samt einer Anatomia numerorum von 1-10000. Franckfurt und Leipzig, bey Joh. Ernst Fritschen, 1728.

8 l., 501, [2], 48p. illus., fold. table. fold. diagr. 17½cm.
1st ed. 417

3959

Politicus sine Exemplo, Oder Kurtzer Begriff der Kriegs-und Staats=Handlungen, Seiner Hoheit Olivier Cromwels, Lord Protectors, In Engell-Schott-und Irrland. Sambt beygefügter Beschreibung seiner Person, und Erzehlung der Ehren Aembter, zu welchen er, zeit seiner Regierung, unterschiedliche Personen erhebt. Avs dem Englischen in das Teutsche übersetzt. Nürnberg, In Verlegung Johann Taubers, Gedruckt bey Christoph Gerharden, 1663.

1 l., 519, [29]p. plate. 14×8cm.
Index : p. [520]-[548]
Bound with : Rechts Ansprüche, 1668 and others. 3237b

3960

Popp, Johann, *b.* 1577.
Kurtzes Handbuchlein vnd Experiment Vieler Artzeneyen, von allerhand Thieren, Gewürmen, von Vögeln, vnd Fischen, auch von Gewächsen, Steinen, Mineralien ... von dem Autore auss der Signatur erfahren, und zusammen getragen, welches zuvor noch niemals in Druck aussgegangen, allen Kunstliebenden zu sondern gefallen in den Druck verfertiget, Durch Johann Poppen ... Destilatorn zu Coburgk ... Gedruckt zu Franckfurt, Bey Egenolph Emmeln, In vorlegung Simonis Schambergers, 1617.

221, [9]p. 14½cm.
Signatures : A-O⁸, P³.
p. 7, 26 lines, 118×67mm.
Index : p. [222]-[230]
Bound with : Sala, A. Emetologia, Delphis, 1613 and others. 3548e

R

3961

Rechts Ansprüche, Hoher Potentaten und Republicken. In welchen Vieler Käysern, Bäpste, Königen, Fürsten und Herrschafften Erb=und Zufalls=Recht an unterschiedliche Königreiche und Fürstendthümer erwiesen und von vielen Jahren her erzehlet wird. Gedruckt in Jahr Christi 1668.

6 l., 306p. front. 14cm.
Bound with : Staats Grund-regeln, 1668. — Politicus sine exemplo, Nürnberg, 1663. 3237

3962

Rhenanus, Johannes.
Antidotarium Pestilentiale Das ist : Kurtzer, doch vollkommener, vnd wolgegründeter Discurs von der grawsamen Seuche der Pestilentz, ihrem Vrsprung, Würckungen, vnd Chur ... Dessgleichen Ein aussfürlicher Bericht, welcher gestalt diese Seuche mit vortrefflichen bewerten, so wol Chimischen, als gemeinen Artzneyen, sicherlich, vnnd heylsamlich abzuwenden vnd zu Curiren, Jetzund ... in Truck verfertiget Durch Ioannem Rhenanum, Medicvm. Gedruckt zu Franckfurt, bey Wolffgang Richtern, in Verlegung Anthonj Hummen, 1613.

54p. 19½cm.
Signatures : A-F⁴, G³.
p. 9, 32 lines, 148×101mm.
Bound with : Unzer, M. De lue pestifera, Hallae-Saxonum, 1615 and others. 1147b

3963

Rosa, Johannes.

Kurtze vnd Eigentliche Beschreibung, Dess Heylsamen Brunnen vnd Wildbads, in dess H. Römischen Reichs Statt Weissenburg am Norggaw entspringent : Vnd von dreyer berümhter Stätt Ordinariis vnd hierzu beschriebenen Medicis : Als D. Ioachimo Camerario Norimbergensi : D. Alberto Menzelio Prof. Ingolstadiensi : vnd dann hieunten benanten Authore : Probirt. Darinnen Von dessen Natur, Eigenschafft, Würckung, rechtmessigen Gebrauch, vnd denen Kranckheiten, in welchen es nützlichen kan angewandt werden, gehandelt würdt : Neben angezogenen Exempeln vnd Observationibus, welche die erfahrung an Tag gebracht, Durch Iohannem Rosam ... [Gedruckt in der Churfürstlichen Statt Amberg, Durch Michael Forster] 1613.

1 l., 84p., 1 l. 16cm.
Signatures : A-E[8], F[4],
p. 5, 24 lines, 108×63mm.
For imprint. *cf.* Colophon.
Bound with : Matthaeus, J. Thermarum Marchicarum Badensium descriptio, Ettlingae, 1606 and others. 1138e

3964

Rost, Johann Leonhard, 1688-1727.

Der Aufrichtige Astronomvs Welcher von verschiedenen, so wol zur Doctrina sphaerica als zur Bewegung der Cometen und zu den Observationibus astronomicis gehörigen Materien, einen ausführlichen Unterricht ertheilet. Dabey er ... lehret : Wie man die Eclipses primi Satellitis Jovis durch blosses Addiren erforschen; Dessgleichen alle Mond-und Sonnen-Finsternisse ... sehr genau anzeigen soll ... an das Licht gestellet und durch viele Figuren begreiflicher gemacht von Johann Leonhard Rost ... Nürnberg, Bey Peter Conrad Monath, 1727.

7 l., 336, 24, [8]p. front., illus. (incl. tables), fold. plate, 13 fold. diagrs. 23cm.
1st ed.
Index at end. 199

3965

Rothen, Johann Philipp.

Der sichere und allezeit fertige Chirurgus, oder Kurtze Anleitung zur Wund-Artzney-Kunst ... Sowol aus selbst eigener Experientz, als auch den bewährtesten Autoribus, nach der alten und neuen Theoria, sonderlich aber der heutiges Tages üblichen Praxi eingerichtet. Nebst einem vollständigen Lexicon chirurgicum, oder neuen chirurgisch-latein-teutschen Wörter = Buch. Abgefasset und zusammen getragen von Johann Philipp Rothen. Lübeck und Wissmar, Verlegts Johann Christian Schmidt, 1720.

9 l., 688, [16], 94p. 10 plates. 17½cm.
Added engr. ornamented t.-p.
Index (16p.) bound before the t.-p.
♣ *Collegij Pekini S. J. 1727.* 955

3966

Ruland, Martin, *senior,* 1532-1602.

Vom Wasserbaden drey Theyl. Der Erst : Durch welliche Wasser vnd Bäder inwendige vnd ausswendige kranckheit (so nach ordnung des Alphabets erzelt) mögen vnnd sollen geheylt werden. Der Ander : Von krafft der süssen vnnd Metallischen Wassern in gemein. Item von Namen, ort vnnd krafft der Bäder des Teutschen Landes. Der dritt : Wie man sich vor, in vnnd nach dem baden halten soll. Alles mit grossem fleyss vnd arbeyt beschryben, Durch D. Martinum Rulandum, von Freysingen ... [Getruckt zu Dilingen, durch Sebaldum Mayer] 1568.

7 l., 47 numb. l. 16cm.
Signatures : A-F[8], G[2].
f. 3a, 23 lines, 108×66mm.
For imprint. *cf.* Colophon.
Bound with : Matthaeus, J. Thermarum Marchicarum Badensium descriptio, Ettlingae, 1606 and others. 1138d

3967

Rummel, Johann Konrad, 1574-1630.

Gründliche Beschreibung Des Newerbauten Minerischen Bads Der Churf. Stadt Newenmarckt in der Obern Pfaltz ... Durch tägliche erfahrung unnd Spagyrische observation männiglich zu wolfart an tag geben : Von Johanne Chunrado Rhumelio Nehrlingensi ... Gedruckt in ... Amberg, durch Michaeln Forstern, 1598.

1 l., 21p. 19½cm.
Signatures : A-C[4].
p. 3, 33 lines, 150×103mm.
1st ed.
Bound with : Liceti, F. De monstrorum caussis, natura, & differentiis libri dvo, Patavii, 1616 and others. 1049e

S

3968

Saltzmann, Johann Rudolph.

Kurtze beschreibung, Des heylsamen Badts and Bronnens der Sahlbronnen, oder Sehlbacher Bad genant, In der Herrschafft Hohen Göroltzeck im Schutterthal gelegen, Auch eigentliche erzehlung seines gehalts Krafft vnd würckung. vnd Welchermassen dasselb zu vielen vnderschiedlichen Kranckheiten vnd Gebrechen dess Leibes mit nutz zugebrauchen ... sampt Angehengten drey nohtwendigen Fragen den Saurbronnen betreffent. Durch Ioannem Rodolphum Saltzmannum ... Strassburg, In Verlägung Latzari Zetzners, 1612.

54p. 16cm.
Signatures: A-C8, D3.
p. 7, 26 lines, 117×65mm.
Bound with: Matthaeus, J. Thermarum Marchicarum Badensium descriptio, Ettlinguae, 1606 and others. 1138f

3969

Scheffer, Vitus, *SJ*, 1648-1717.

Auserlesneste Gasterey Im Brod des Lebens. Denen andächtigen Christen Durch gewöhnlige Fronleichnams = Predigten, Bevor Zu sonderem Seelen=Trost in Bresslau gehalten, Und Dann zum geistligen Nachgeschmack, und völligem Vergnügen beschrieben Von P. Vito Scheffer, Priestern und Predigern der Gesellschafft Jesu. Gedruckt zu Glatz bey Andr. Franc. Pega, durch Caspar Rudolph Müllern, 1703.

4 l., 59p. 18½cm.
1st ed.
Bound with: Scheffer, V. *SJ*. Gesellschafft und Gastmahl der büssenden Sünder mit Jesu, Neys, 1704; Coena magna, Das grosse Abendmahl, Glatz, 1704: Ultima coena, das Letzte Abendmahl, Galtz, 1704; Der schmertzlige Kinds-Tauff Jesu, Glatz, 1704; Geistliges Bau-Werck, oder aufferbaulige Fastenpredigten, Glatz, 1704. 2631

3970

— Coena magna Das Grosse Abendmahl, So In dem Allerheiligsten Mess=Opffer angerichtet Und In der Heiligen Communion genossen wird. Diesem Hochwürdigsten Sacrament des Altars zu Ehren, und andachtigen Christen zu Nutzen erkläret, In gewöhnligen Fron=Leichnams—Predigten Durch P Vitum Scheffer, der Societät Jesu Priestern. Glatz, Druckts Caspar Rudolp Müller, 1704.

58p. 18½cm.
Bound with: Scheffer, V. *SJ*. Auserlesneste Gasterey, Glatz, 1703 and others. 2631b

3971

— Geistliges Bau=werck, oder Aufferbaulige Fasten=Predigten vom Heiligsten Leyden, Tod, und Urstände Christi Jesu Zur Aufferbauung Christliger Seelen vorgestellet von P. Vito Scheffer, der Societät Jesu Priestern. Glatz, Druckts Caspar Rudolph Müller, 1704.

6 l., 168p. incl. port. 18½cm.
« Prophetiae R. P. Martini Stredonii, Societatis Jesu, Cum fama pietatis Brunae Anno 1649. piè defuncti »: 3 p. at beginning.
Bound with: Scheffer, V. *SJ*. Auserlesneste Gasterey, Glatz, 1703 and others. 2631e

3972

— Gesellschafft und Gastmahl der büssenden Sünder, mit Jesu; Im Gottes=Hauss, Bey dem Gnaden-Tisch des Hochwürdigsten Sacraments dess Altars. Zu sonderbahrem Trost denen Büssenden Hertzen angedeutet in gewöhnligen Fronleichnams = Predigten Von P. Vito Scheffer, der Societet Jesu Priestern. Neys, Gedruckt bey Joseph Schlögel, [1704]

3 l., 50, 8p. 18½cm.
Approbation dated 1704.
« Lob-Rede (Titulô plenissimô.) Caroli V. Weyland durchläuchtigsten Hertzogens zu Lothringen, &. &. Als sein Leichnam zur Oesterlichen Zeit aus Tyrol erhoben, und nach Lothringen überbracht worden. Gehalten auff der Vestung Spielberg, Anno 1700 ... Durch P. Vitum Scheffer, der Societet Jesu Priestern »: 8 p. at end.
Bound with: Scheffer, V. *SJ*. Auserlesneste Gasterey, Glatz, 1703 and others. 2631a

3973

— Der schmertzlige Kinds=Tauff Jesu, Des Heylands der Welt, Uber den Spruch Christi: Baptismô habeo baptizari, &c. Ich soll mit einem Tauff getauffet werden, In gewöhnligen Fasten=Predigten Zu Ehre des Erlösers und Reinigung der erlöseten Seelen gehalten Von P. Vito Scheffer, Priestern aus der Gesellschaft Jesu. Gedruckt zu Glatz bey Andr. Franc. Pega, durch Caspar Rudolph Müllern, 1704.

4 l., 166p., 1 l. 18½cm.
1st ed.
Bound with: Scheffer, V. *SJ*. Auserlesneste Gasterey, Glatz, 1703 and others.
★ Sommerv VII 724 n° 15. 2631d

3974

— Ultima coena Das Letzte Abendmahl, Oder Heyllsambe Predigten durch die Acht Täge des Allerheiligsten Fronleichnam Fests, Auff ein glückseeliges Hinscheiden, erstlich von der sündligen, und endlich von der sünnligen Welt, allen von Christo beruffenen Seelen zu gvtter Letzt. Gehalten Durch P. Vitum Scheffer, der Societät Jesu Priestern. Glatz, Drukts Caspar Rudolph Müller, 1704.

60p. 18½cm.
Bound with: Scheffer, V. *SJ*. Auserlesneste Gasterey, Glatz, 1703 and others. 2631c

3975

[Schmidt, Johann Georg]

Curiöse Speculationes bey Schlaf-losen Nächten, Werden in Unterschiedlichen Gesprächen fürgestellet, Und handeln von allerhand curiösen sowohl politischen, theologischen, medicinischen, physicalischen, und dergleichen Dingen; also Dass ein ieder curiöser Liebhaber etwas zu seiner Vergnügung darinnen finden wird. Zu eigener nächtlicher Zeit=Verkürtzung aufgezeichet von einem Liebhaber der Immer Gern Speculirt. Chemnitz und Leipzig, Bey Conrad Stösseln, 1707.

8 l., 3-857 (*i.e.* 849), [31]p. front., illus. 16½cm.
Each part has a special t.-p.
Author: Johann Georg Schmidt. *cf.* DeutAnonym Lex IV 104.
Index at end.
1st ed.
♣ *Dieses buch habe von H. Mullern in St Petersbourg die 24 august gelönt 1725 FF Moathe.* 765

3976

Sems, Johan.

Von dem gebrauch der Geometrischen Instrumenten. Durch welchen gelehrt wird alle lengen, braiten, weiten, vnd tieffen, so wol ohne calculation, als mit hulff der selben abmässen ... Alles durch Iohan Sems vnd Iohan Pietersz Dou, in Niderländischer Sprach beschrieben. Nun aber ... in Hochteutsch vertiert Durch Sebastianum Curtium Arithmeticum ... Getruckt zu Ambsterdam, bey Wilhelm Jansz.

7? l., 122, (3)p. illus. (incl. tables), 3 diagrs. (2 fold.) 20cm.
Signatures : A-Q^4, R^6.
p. 41, 33 lines, 152×110mm.
Bound with : Sems, J. Practica des Landmessens, Ambsterdam, 1616. 3565

3977

— Practica des Landmessens : Darinnen gelehrt wirdt, wier man alle recht und krumseitige Land, Wäldt, Baumgärten und andere Felder ... messen soll ... Alles durch Johan Sems, und Johan Pietersz Dou ... componiert und in Niederländischer sprach in Druck gegeben. Nun ... in Hochteutsch gebracht : Durch Sebastianum Curtium ... Gedruckt zu Ambsterdam, bey Wilhelm Jansz, 1616.

8 l., 282? p. incl. tables. 20cm.
Signatures : †-††^{4}, A-Z^4, Aa-Ll^4, Mm^5?
p. 2, 33 lines, 152×110mm.
p. 283-? wanting.
Illus t.-p.
1st Dutch ed. Leyden, 1600.
1st German ed.
Bound with : Sems, J. Von dem Gebrauch der geometrischen Instrumenten, Amsterdam. 3565a

3978

Serlio, Sebastiano, 1475-1552.

(Seb. Serlii) Von der Architectur Fünff Bücher : Dariñ die gantze lobliche vnd zierliche Bawkunst, sampt den Grundlegungen vnd Auffzügen manigerley Gebäuwen ... deutlich erklert wirdt ... Jetzundt zum ersten auss dem Italiänischen vnd Niderländischen

... in die gemeine hochteutsche Sprache, auffs fleissigst verwendet vnd vbergesetzt. Getruckt zu Basel, In verlegung Ludwig Königs, 1609.

4 l., XIV, XXVII, LXXIII numb. l., 1 l., LXXI numb. l., 1 l., XVI numb. l. illus. 38 cm.
Signatures : †^{4}, A-C^4, D^2; A-G^4 (G4 blank); A-R^4, S^6; A-S^4; A-D^4.
f. †3a, 47 lines, 257×152mm.
pt. 4, l. 69 wanting.
Title printed within a woodcut.
Each part has a special t.-p.
1st German ed.
« The 5 first books of Architecture were publ. separately by the author between 1537-51; the 1st complete ed. in 5 books is dated Venice 1551. The Italian ed., Venice 1584, is the 1st complete ed. in 7 books. The Dutch version, used by the German translator, was publ. at Antwerp 1553. » — Brunet V 304.
★ Brunet V 304. 1169

3979

Siniscalchi, Liborio, *SJ,* 1674-1742.

Des Ehrwürdigen Vatters Liborius Siniscalchi der Gesellschaft Iesu Priestern) Marianisches Schmertzen-Buch; Das ist: Geistreiche Betrachtungen, anmuthige Seuffzer, auserlesene Exempel von der schmertzhafften Mutter auf alle Sambstäg des gantzen Jahrs nebst Morgen=Abend=Mess=Beicht= und Communion = Gebettern, dann besondern Andachten auf alle Fest = Täg Mariä durch das gantze Jahr ... Dritte Auflâge in einer Ubersetzung hervorgegeben von Petro Obladen, Regulirten Chor-Herrn des H. Augustini ... Augspurg, verlegts Matthäus Rieger, 1756.

lxx, 448, 112, [4]p. 17½cm.
Head-pieces.
1st ed. publ. under title : « Il Martyrio del cuore di Maria addolorata », Naples, 1735.
1st ed. by Obladen, Augsburg & Constance, 1753.
★ Sommerv VII 1229 n° 4. 956

3980

Smith, John, 1580-1631.

Viertzehende Schiffart, oder Gründliche vnd warhaffte Beschreibung dess Neuwen Engellandts, einer Lanschafft in Nordt Indien, eines Theils in America, vnter dem Capitein Johann Schmidt ... Beneben einem kurtzen Discurss, wie es ihme auff der Reise ergangen ... alles nechst abgelauffenen 1616. Jahrs. Durch einen Liebhaber der Historien auss dem Englischen in Hoch Teutsch versetzt. Gedruckt zu Franckfurt am Mayn, In verlegung der Hülsischen, 1617.

4 l., 62p. 19½cm.
Signatures : A-H^4, I^3.
p. 3, 32 lines, 147×97mm.
Illus. t.-p.
Colophon : Gedruckt zu Frankfurt am Mayn,

Bey Hortmann Palthenio, 1617.
1st English ed. London, 1616.
1st German ed.
Bound with : Liceti, F. De monstrorum causis, natura, & differentiis libri dvo, Patavii, 1616 and others. 1049b

Viertzehende Schiffart/ Oder

Gründliche vnd warhaffte Beschreibung deß Neuwen Engellandts/ einer Landschafft in Nordt Indien/ eines Theils in America/ vnter dem Capitein Johann Schmidt/ Rittern/ Admiral derselben Landtschafft/auch dem glücklichen Fortgang so er mit Sechs Schiffen deren Orts gehabt.

Beneben einem kurtzen Discurß/ wie es jhme auff der Reise ergangen/ von den Frantzosen gefangen/ vnd der Gefängnuß erlediget/ vnnd wie es jtzo daselbst beschaffen/ alles nechst abgelauffenen 1616. Jahrs.

Durch einen Liebhaber der Historien auß dem Englischen in Hoch Teutsch versetzt.

Gedruckt zu Franckfurt am Mayn/ In verlegung der Hülsischen. Im Jahr Christi 1617.

3981

Society of Jesus, *Munich.*

Erstes Jubel Jahr oder Hundert Jährige Weltgang, Von dem Hochlöblichen Collegio der Gesellschafft Jesu zu München Jm Jahr 1697. den 7. Julij glücklich beschlossen, Und durch folgende Freuden=Octav in gemelter Societet Hochansehnlichem Gotts=Haus bey S. Michael ... feyerlich begangen, Auch von Hoch=und wol=Ehrwurdiger Geistlichkeit auss allen benachbarten Ordens=Ständen Mit Acht auserlesnen Lob- und Ehren=Predigen ... herrlich gezieret ... Verlegt durch Johann Hermann von Geldern seel. Wittib, und Erben. Getruckt bey Maria Magdalena Rauchin, Wittib.

5 l., 281p. front., 3 fold. plates. 21cm.
★ Sommerv V 1421 n° 265. 2037

3982

Staats Grund=Regeln, Hoher Potentaten und Republicken. In welchen nebens vielen Discursen und Anmerckungen des Herrn von Rohan zu befinden, Wie alle Könige, Fürsten und Herrschafften ihr Maxime jederzeit in acht genommen, auch offt auss den Augen gestellet haben ... 1668.

4 l., 292p. 14cm.
Bound with : Rechts ansprüche, 1668 and others. 3237a

3983

Stahl, Georg Ernst, 1660-1734.

Der medicinischen Eröffnung Erster [-Anderer] Havpt-Theil, bestehend in Zwölff Schlüsseln, durch welche die Gebrechen des menschlichen Leibes, wie auch die Cur derselben nach der Allerneuesten Stahlinischen, sonderlich beliebten Lehr-Art ... vorgezeiget werden ... Leipzig, verlegts Johann Christoph Coerner, 1724-25.

16 l., 2540 (*i.e.* 2594), [11]p. 18½cm.
2 pt. in 1.
p. 1961-2062 wanting.
Ms. contents on 6 l. bound at end.
Index at end of pt. 1.
This book is a collection of 23 articles separately publ. between 1722-25 under the title : « Erste [Andere, etc.] Eröffnung des wahrhafftigen Schlüssels zu der richtig-und gründlichen Erkäntniss derer menschlichen Leibes-Gebrechen etc. ».
♣ *Collegij Pekin. S. J. 1727.* 987

3984

Stengel, Johann Peterson.

Gnomonica universalis, Oder Aussführliche Beschreibung Der Sonnen Uhren, Darinnen Allerhand Gattungen derselben in 233. Figuren vorgestellet, und wie sie auf allerley flachen Ebnen, so wol unter der Sphaera Recta als Obliqua, Geometrisch aufgerissen werden; Samt einem Anhang, wie man die Reflex-Uhren aufreissen soll; Wie auch Von allerhand beweglichen, so wol Universal- als Particular- Sonnen- Uhren ... beschrieben, und in Druck gegeben, Durch Johann Peterson Stengel, Suecum. Ulm, Druckts und verlegts Matthaeus Wagner, 1694.

3 l., 277, [7]p. front., illus., 5 plates, 117 diagrs. (1 fold.) 16cm.
1st ed. 1675. 2703

3985

Sturm, Leonhard Christoph, 1669-1719.

Kurtzer Begriff Der gesambten Mathesis Bestehend in V. Theilen ... mit neuen Anmerkungen kurtz. und zu weiterem Nachsinnen untermenget. Von Leonhard Christoph Sturm ... Franckfurt an der Oder, Verlegts Jer. Schrey und Joh. Chr. Hartmann, 1707.

5 t. in 2 v. illus. (incl. tables), 24 plates, 15 plans, (2 fold. double), 92 diagrs. (2 fold.) 16½cm.

Added engr. ornamented t.-p.
Contents. — [1] t. 1. Universal Mathesis. Wissenschafft der Zahlen, Grösse und Maass, Schwere und Bewegung. Algebra. t. 2. Rechenkunst. Messkunst. Militar-Baukunst. Civil-Baukunst. Artillerie. Mechanica. — [v. 2.] t. 3. Astronomie. Geographie. Chronologie. t. 4. Beschreibung der Sonnenuhren. Optica. Perspectiv. t. 5. Anhang von allerhand nöthigen mathematischen Tabellen. 414

3986

Suchten, Alexander von, *fl.* 1546-1560.

Antimonii Mysteria Gemina. Alexandri von Suchten. Das ist, Von den grossen Geheimnussen dess Antimonij, in zweene Tractat. Derer einer die Artzeneyen zu anfallenden menschlichen Kranckheiten offenbahret, Der Ander aber, wie die Metallen erhöhet und in verbesserung vbersetzt werden ... zu vindiciring seines Lobs und ruhms publiciret worden. Durch Johann Thölden, Hessum. Leipzig, In vorlegung Jacob Apels, 1604.

530 (*i.e.* 542), [17]p. illus. 17cm.
Signatures : A-Z^8, Aa-Mm^8 (Ll8 blank)
p. 13, 21 lines, 114×64mm.
Colophon : Gedruckt zu Leipzig, bey Valentin am Ende, Typis Heraedum Beyeri.
1st ed. by Toxites, Strassburg, 1570.
Index & errata at end.
Contents. — Thölde. J. Vorrede. De laude et viribus antimonii. — Toxites, M. Vorrede. — Suchten, A. von. De antimonio primus tractatus. — Toxites, M. Defension Schrifft. — Thölde, J. Erleuterung des ersten tractats De mysteriis antimonii. — Suchten, A. von. Tractatus secundus, De antimonio vulgari. — Thölde, J. Erleuterung des andern Tractats von dem Antimonio.
♣ *Missionis Sinensis.* 951

3987

Sybrand, Hanss.

Tractatvs geometricvs, Darinen hundert schöne, ausserlesene, liebliche Kunst Quaestiones, Durch welche allerley Longi : Plani : vnd Solidi-metrische Messung, sehr künstlich zu thun vnd zu verrichten seind ... Von Herrn Sybrand Hanss, Rechenmaister zu Ambsterdam Niederländisch beschrieben. Jetzt ... mit beygesetztem vnterricht der Surdischen und Binomischen zaln ... in Hochteütsch Transferiert, durch Sebastianum Curtium ... Gedruckt zu Ambsterdam bey Wilhelm Janss, 1617.

12 l., 122?p. incl. diagrs. 19cm.
Signatures : †-†††^{4}, A-P^4, Q^1,?
p. 3, 30 lines, 151×109mm.
p. 107-120, 123-? wanting.
Bound with : Jacob, S. Ein new und wolgegründt Rechenbuch, Franckfurt, 1600. 419a

T

3988

Tanck, Joachim, 1567-1609.

Promptuarium alchemiae, Das ist : Vornehmer gelarten Philosophen und Alchimisten Schrifften und Tractat, von dem Stein der Weisen, samt künstlichen Alchimistischen Handgriffen, und bewerten schönen, bereittungen allerley Artzneyen, auss den Animalien, Vegetabilien, Mineralien und Metallen ... Den Liebhabern dieser Kunst ... zusammen getragen und publicirt, durch Joachimum Tanckium ... Gedruckt zu Leipzig, In verleg: Henning Grossn, des ältern, 1610.

40 l., 320, [15], 377 (*i.e.* 365)p. illus., fold. table. 15½cm.
Signatures : 1-5^8, A-X^8; A-Z^8 (T6 blank)
p. 3, 24 lines, 112×68mm.
« Appendix Primi Tomi Promptvarii Alchymiae; Das ist : Etliche alte Ausserlesene Philosophische Schrifften vnd Tractätlein Vom Stein der Weisen so Lapis Philosophorum genennet wirdt » : p. 1-377 at end.
♣ *Missionis Sinensis.* 1011

3989

Thomas de Jesu, *AugErm,* 1529-1582.

Aerumnae Jesu, das ist : Betrangnussen Unsers Erlösers Christi dess Herrn, Welche Er von seiner Emfängnus an, biss in seinen Todt erlidten. Beschriben in Portugesischer Sprach von V. P. F. Thoma de Jesu, Ordinis Eremitarum S. Augustini in der Gefängnus wegen dess Catholischen Glaubens bey denen Mohren zu Mechinès. Auss dem zu Rom, mit Verlaub Urbani VIII, gedruckten Welschen Exemplar R. P. Ludovici Flori der Societet Jesu, Anjetzo in das Teutsche übersetzet, Durch R. Wolfgangum Eder, Erwehnten Ordens FF. Eremitarum S. Augustini der Bayrischen Provintz. Mit vierfachen zu End gesetzten Register ... München, In Verlegung Johann Wagners, vnd Johann Hermanns von Geldern, Gedruckt bey Sebastian Rauch, 1678.

32 l., 979, [80]p. incl. front. 21cm.
1st Portuguese ed. Lisbon, 1602-09.
1st Italian ed. Rome, 1634.
♣ *S. Mariae in Camentz Anno 1706.* 1507

3990

Thurneisser zum Thurn, Leonhard, 1531-1596.

Archidoxa, Dorin der recht war Motus, Lauff vnd Gang, auch heimligkeit, Wirckung vnd Krafft, der Planeten, Gstirns, vnd gantzen Firmaments Mutierung, vnd ausziechung aller Subtiliteten, vnd das Fünffte wesen, auss den Metallen, Mineralien, Kreytren, Wurtzen, Selten, Steinē, vnd aller andren wesenlichen dingen, Heimlikait des Buchs aller Naturlichen Elementischen vnd Menschlichen Sachen Hantierung, Könst, Gwerb, Arten, Eigenschaften, vnd in summa, viel verborgner Mysterien, der Medicin, Alchimey, vnd anderer freyen Künsten sampt dem auszug, vnd Verstandt des Astrolabij, vnd aller Zircklen Caracter, vnd Zeichen ... Zum andern mal vnd jetz von newen gemert, vnd sampt dem verstand der Caracter an tag geben, Durch Leonhart Thurneisser zum Thurn ... Gedruckt zu Berlin im Grawen Closter, 1575.

8 l., 60 numb. l., 14 l., 2-156 numb. l., 1 l. incl. ports. 31½cm.
Signatures : †⁶, †², A-K⁶, L²;†⁶, ††⁴, A-Z⁶, Aa-Bb⁶, Cc⁸.
Sign. †4a, 42 lines, 230×122mm.
Ms. notes on recto of front guard leaf.
1st ed. Münster, 1569.
Errata at end of each part.
♣ *Ex libris : Leonhard Heijss. V. M. — Missionis Sinensis.* 298

3991

Triphyllodacnus, Wilhelm.

Gifftiager, Das ist: Von vrsach, reynigung, bewahrung vnd Cur Pestilentzischer lufft, furnemer Artzten rath vnd bedencken, mit angehencktem vnterschied der Schüler Paracelsi vnd Galeni, in der Cvr gemelter Kranckheyt Desgleichen Wider allerley Gifft ... auss den Schrifften der Hochgelehrten vnd weltberümpten Artzten : Dioscoridis Anazarbaei Ferdinandi Ponzetti. Hieronymi Cardani. Conradi Gesneri. Theophrasti Paracelsi. Ioannis Molbani. Vnd anderen mehr vertiert. zusamen gezogen, vnd in ein ordnung gebracht, vor nie in teutsch gesehen. Durch Wilhelmum Triphyllodacnum. Getruckt zu Franckfurt [am Mayn, bey Martin Lechler, in verlegung Sigmund Feyrabends vnd Simon Hüters] 1567.

10 l., 142 numb. l., 8 l. 15cm.
Signatures : A-V⁸.
p. 3, 24 lines, 111×62mm.
Printed & publ. by M. Lechler, S. Feyrabend & S. Hüter *cf.* Colophon.
1st ed.
Index & errata at end.
♣ *Collegii Societatis Jesu Oenipontani 1616. dono P. Georgij Kern. — Missionis Sinensis.* 736

W

3992

Welper.

Neu-vermehrte Welperische gnomonica Oder Gründlicher Unterricht Und Beschreibung, Wie mam alle regulare Sonnen-ühren auf ebenen Orten leichtlich aufreissen ... &c. kunstmässig verfertigen soll. Zum Drittenmahl aufgeleget und mit dem vierten Theil vermehret ... Nebst einem Anhang, der Kunstreiche Uhrmacher genannt ... aus dem Englischen in das Teutsche übersetzet, durch einem Liebhaber der Mathematischen Wissenschaften. Nürnberg, getruckt bey Johann Michael Spörlin seel. Wittib, Zu finden bey Joh Christoph Weigel, 1708.

5 l., 200, 38p. illus. (incl. tables), 34 diagrs. 37cm.
[pt. 2] p. 7-8 wanting.
Added engr. ornamented. t.-p.
Plates bound before t.-p.
« Anhang » by William Derham. *cf.* DictNatBiogr V 842. 601

3993

Wilhelm, Johann.

Architectura civilis, Oder Beschreibung und Vorreissung vieler vornehmer Dachwerck, als hoher Helmen, Creutzdaecher, Wiederkehrungen, Welscher Hauben, auch Kelter, Fallbrücken : Item, allerley Pressen, Schnecken oder Windelstiegen und andern dergleichen Mechanischen Fabrichen ... an Tag gegeben von Johann Wilhelm ... Nürnberg, In Verlegung Paul Fürstens seel : Wittib und Erben. Gedruckt daselbst bey Christoph Gerhard, [1668]

2 v. in 1. 71 plates. 34½cm.
8, 6 unnumb. l.
1 l. of pt. 2 bound before the t.-p.
Title within ornamental border.
Dedication dated 1668.
♣ *Hic mei ... (bleeded) post huius mortem diu mansit Goae cum alijs in manibus F. Minachi, et tandem venit Pekinum. — Collegij S. J. Pekini.* 1161

3994

Wittich, Johannes, 1537-1597.

Sylva experimentorvm probatissimorvm tàm simplicium quàm compositorum. Das ist Experiment Buch Vieler auszerlesener, bewerter und offt versuchter Artzneymittel, von einfachen, so wol zusammengesatzten Stücken, für allerhand Gebrechen und Kranckheiten, des gantzen Menschlichen Leibes, der Männer, Weiber und Kinder. In vier unterschiedliche Theil abgetheilet. Auss den Schrifften der allergelärtesten Scribenten ... ordentlich zusammen bracht, Durch M. Johannem Wittichium Vinariensem. Leipzig, [bey und in verlegung Nicol. Nerlichs, 1607]

12 l., 259, [8]p., 4 l., 270, [1]p., 4 l., 274, [1]p., 4 l., 242, [1]p. illus. 19cm.

Signatures : a-c4, A-Z4, A-I4, K6; †4, a-z4, aa-ll4; †4, AA-ZZ4, AAA-KKK4, LLL6; †4, A-Z4, Aa-Ff4, Gg6.
p. 21, 31 lines, 144×94mm.
Each part has a special t.-p.
Publ. by N. Nerlichs in 1607. *cf.* Colophon.
1st ed.
♣ *Missionis Sinensis.* 1002

3995

Der **wolbewährte** Kräuter Arzt, welcher In allerhand Kranckheiten, Wunden und Schäden, so wol bey erwachsenen Manns= und Weibs=Personen, als auch bey kleinen Kindern ... durch geringe und sichere Mittel, baldige Hülffe und erwünschte Genesung verschaffen kan. Allen Nothleidenden zum besten an das Licht gestellet von G. C. W. Franckf. u. Leipzig, bey Joh. Albrecht, 1725.
4 l., 334p. front. 17cm.
♣ *Collegij Pekin S. J. 1727.* 954

3996

Woyt, Johann Jacob, 1671-1709.
Die Curiöse Chirurgie, Das ist, Chirurgischen Abhandlung vieler höchst=nützlichen Materien ... Alles zum fernern Aufnehmen und Untersuchen der Chirurgie, wie auch grossen Nutzen der Wund-Aertzte, zusammen getragen, mit vielen Beschreibungen rarer Artzney-Mitteln gezieret, und in den Druck gegeben von Johann Jacob Woyt ... Dresden, bey Johann Jacob Wincklern, 1715.
7 l., 512p. front. 17cm.
♣ *Collegij Pekin. S. J. 1727.* 958

GREEK SECTION

A

3997

Aelianus, Claudius, *fl. beginning of 3rd cent.*

Κλαυδίου Αἰλιανοῦ περὶ ζώων ἰδιότητος βιβλίον (Clavdii Aeliani) De animalivm natura libri XVII. Petro Gillio Gallo & Conrado Gesnero Heluetio interpretibus. Accessit Index locupletissimus. Coloniae Allobrogum, 1616.

6 ? l., 1018, [94]p. 12cm.
Signatures : †^{6} ?, a-z^{8}, A-Z^{8}, aa-zz^{8}, AA^{9}.
p. 2, 35 lines, 95×55mm.
2 ? p. 1. wanting.
Text in 2 col.
1st Latin and Greek ed. by Gesner, Zürich, 1556.
★ Brunet I 61.
♣ *Collegii S. J. Pekini. — auctore dãnato versio vero haec permissa. — Ex dono Datii Vespasiani Alliatae.* 895

3998

Aphthonius, *3rd or 4th cent.*

Progymnasmatum eloquentiae partes tres ... Ad Aphthonium Sophistam observabat in Illustri Stetinensium Paedagogio : nunc bono, si quod inde futvrum est, publico edi voluit M. Antonius Burchardus Lubecensis L. L. Prof. ... Annexa est sylvula exercitiorum pleniusculè descriptorum, vel Dispositionum ut vocant, ad (140) Editio tertia. Stetini, Typis Kelnerianis, Impensis Johannis Echornij, 1612.

3 pt. in 1. 19½cm.
10 l., 205 (*i.e.* 199)p., 4 l., 180 (*i.e.* 178), [1]p., 10 l., 292 (*i.e.* 297), [6]p.
Signatures : a-b^{4}, c^{2}, A-Z^{4}, Aa-Bb^{4}; †^{4}, A-Y^{4}, Z^{2}; †-††^{4}, †††^{2}, A-Z^{4}, a-p^{4}.
p. 12, 34 lines, 142×99mm.
Text in Greek and Latin.
Errata at end of each part. 2987

3999

Appianus Alexandrinus, *fl. 2nd. cent.*

Ἀππιανοῦ Ἀλεξανδρέως Ῥωμαϊκά (Appiani Alexandrini) Rom. historiarvm, Punica, siue Carthaginiensis, Parthica, Iberica, Syriaca, Mithridatica, Annibalica, Celticae & Illyricae fragmenta quaedam. Item, De bellis ciuilibus libri V. Henr. Steph. annotationes in quasdam Appiani historias, & in conciones per totum opus sparsas. Excudebat Henricus Stephanus, 1592.

6 l., X, 767, 72, [34] p. 34cm.
Signatures : †^{6}, ††^{6}, a-z^{6}, aa-zz^{6}, aaa-zzz^{6}, aaaa^{6}, a^{6}, e^{6}, i^{5}.
p. 6, 58 & 46 lines, 270×130 mm.
Text in 2 col.
1st ed. by Charles Estienne, 1551.
Index & errata : p. [73]-[106]
★ Brunet I 356.
♣ *Bibl. Trig. ?* 1825

4000

Archimedes, *ca.* 287-212 B. C.

Ἀρχιμήδους τοῦ Συρακουσίου, τὰ μέχρι νῦν σωζόμενα, ἅπαντα. (Archimedis Syracvsani Philosophi ac Geometrae Excellentissimi) Opera, quae quidem extant, omnia, multis iam seculis desiderata, atq; à quàm paucissimis hactenus uisa, nuncq; primùm & Graecè & Latinè in lucem edita ... Adiectà quoq; sunt Evtocii Ascalonitae in eosdem Archimedis libros Commentaria, item Graecè & Latinè, nunquam antea excusa ... Basileae, Ioannes Heruagius excudi fecit, 1544.

4 l., 139p., 4 l., 163p., 2 l., 65, 68p., 1 l. incl. diagrs. 31½cm.
Signatures : †^{4}, *α-π*^{4}, *ρ*^{6}, ††^{4}, a-t^{4}, v^{6}; *Α-Θ*^{4}, *Ι*^{3}; Aa-Hh^{4}, Ii^{3}.
p. 9, 52 lines, 232×133mm.
Ms. marginal notes.
1st ed.
Contents. — De sphaera & cylindro libri II. — Circuli dimensio. — De conoidibus & sphaeroidibus. — De lineis spiralibus. — Planorum aequeponderantium inventa, vel centra gravitatis planorum. — De harenae numero. — Quadratura parabolae. — Evtocii Ascalonitae Commentarius in primum & secundum Archimedis de sphaera & cylindro; In circuli dimensionem; In primum & secundum aequeponderantium.
★ Brunet I 384.
♣ *M. C.* 302

4001

Aristophanes, *ca.* 448-385 B. C.

Ἀριστοφάνους Κωμῳδίαι ἕνδεκα. ... (Aristophanis) Comœdiae vndecim, cum scholiis antiqvis, Quae studio & opera Nobilis viri Odoardi Biseti Carlaei sunt quamplurimis locis accuratè emendata, & perpetuis nouis Scholiis illustrata. Ad quae etiam accesserunt eiusdem in duas posteriores noui Commentarij : operâ tamen & studio Doctissimi viri D. Aemilij Francisci Porti Cretensis filij ex Biseti autographo exscripti & in ordinem digesti ... Avreliae Allobrogvm, Svmptibvs Caldorianae societatis, 1607.

18 l., 916, [27]p. 33½cm.

Signatures : †-†††[6], A-Z[6], Aa-Zz[6], Aaa-Zzz[6], Aaaa-Iiii[6], Kkkk[4].
p. 3, 65 lines, 273×149mm.
[4]p. of index (Sign. Kkkk2,3) bound incorrectly.
Text in 2 col.
1st ed. by Portus.
Index : p. [917]-[943]
★ Brunet I 452.
♣ *Bibl. Trig.* 3114

4002

Aristoteles Stagirita, 384-322. B. C.
(Aristotelis) Mechanica Graeca, emendata, Latina facta, & Commentariis illustrata. Ab Henrico Monantholio Medico, & Mathematicarum artium Professore Regio ... Parisiis, Apud Ieremiam Perier, 1599.

20 l., 208 ? p. incl. diagrs. 22½cm.
Signatures : a[4], e[4], i[4], o[4], u[4], A-Z[4], Aa-Cc[4].
p. 2, 36 lines, 168×100mm.
p. 209-? wanting.
Illus. t.-p.
1st ed.
Index at beginning. 482

4003

— *Αριστοτελους Φυσικης Ακροασεως βιβλια θ* (Aristotelis Stagiritae, Peripateticorvm Principis) Naturalis auscultationis libri VIII. Ivl. Pacivs a Beriga cum Graecis tam excusis quam scriptis codicibus accuratè contulit, Latina interpretatione auxit & commentariis analyticis illustravit. Adjectus est geminus Index : alter librorum, tractatuum, & capitum : alter rerum & verborum in toto opere memorabilium. Hanoviae, Typis VVechelianis apud Claudium Marnium & haeredes Iohan. Aubrii, 1608.

12 l., 992 (*i.e.* 984)p. illus. 16cm.
Signatures : †[4], †[8], a-x[8], †[8], †[8], A-Z[8], Aa-Pp[8], Qq[4].
p. 3, Greek & Latin, 30/39 lines, 121/130×71mm.
1st ed. by Pacius, 1596.
♣ *Collegij Mussipontani Societ. Jesu.* 2805

4004

— *Αριστοτελους Οργανον.* **(Aristotelis Stagiritae Peripateticorvm principis) Organvm,** Hoc est, libri omnes ad Logicam pertinentes, Graecè & Latinè. Ivl. Pacivs recensuit ... Additi sunt Indices tres : vno tractatuum & capitum, altero Graecorum verborum, tertio rerum memorabilium. Editio Tertia. Tot locis emendata & aucta, vt noua editio videri possit. Accessit eiusdem Pacii in vniuersum Organum Commentarius Analyticus, nunc primum in lucem editus. Genevae, Ex Typis Vignonianis, 1605.

9 l., 3-895p. incl. tables, diagrs. 23½cm.
Signatures : †[8], A-Z[8], Aa-Zz[8], Aaa-Kkk[8].

p. 5, 48 lines, 193×104mm.
1st ed. by Pacius, Morgiis, 1584.
★ Brunet I 462. 2842

4005

Astronomica vetervm scripta isagogica Graeca & Latina. Auct. Graeci, Procli Sphaera. Arati Solensis Phenomena, & Prognostica. Leontivs Mechanicvs de constructione Arateae Sphaerae. His tribus adiuncta est interpretatio Latina, in qua verbum de verbo expressum est. Latini. Aratea Phaenomena cum poetica interpretatione M. T. Ciceronis, Festi Rvfi Auieni. Germanici Caes. cū cōmentariis incerti auct. Vetervm Poetarum Fragmenta Astronomica. C. IvlI Hygini Poeticon Astronomicon. Opus non Astronomiae solum, sed & Poeseos studiosis apprime utile. In officina Sanctandreana, 1589.

1 l., 170 (*i.e.* 172), 303, [1]p. illus. 17½cm.
Signatures : †[2], A-K[8], L[6]; A-T[8] (†2 blank)
p. 7, 29 lines, 118×37mm.
★ Brunet I 533. 449

B

4006

Barlaamus, *Monachus,* 1290*ca*-1348.
Βαρλααμου του μοναχου Λογιστικη· βιβλιοις εξ... νυν πρωτον εκδοθεισα προς Ιοαννου του Χαμβηρου Αγγλου... **(Barlaami Monachi)** Logistica; nvnc primvm Latinè reddita, & Scholiis illustrata, à Ioanne Chambero Collegij Etonensis apud Anglos socio ... Parisiis, Apvd Gvillelmvm Avvray, 1600 (M.VI.C.)

95, [4], 12, 186, [2]p. incl. tables, diagrs. 24cm.
Signatures : A-M[4], M[6]; a[4], e[2]; A-Z[4], Aa[2].
p. 7, 25 lines, 182×121mm.
Colophon (pt. 1) : E typographia Steph. Preuosteau, in via Aurigarum, e regione trium Crescentium, 1599.
1st ed. Strasburg, 1592.
1st ed. by Chamber, Paris, 1594.
★ Brunet I 656. — DictHGE VI 817-34.
♣ *Bibl. Trig.?* 493

4007

Bible. *N. T. Polyglot. [Greek & Latin]*
Novvm Testamentvm Graece, cvm vvlgata interpretatione Latina Graeci contextus lineis inserta. Quae quidem interpretatio, cùm à Graecarum dictionum proprietate discedit, sensum, videlicet, magis quàm verba exprimens, in margine libri est collocata : atque alia Ben. Ariae Montani Hispalensis operâ è verbo reddita, ac diuerso characterum genere distincta, in eius est substituta locum. Antverpiae, Ex officina Christophori Plantini, 1583.

371 numb. l., 5 l. 19½cm.
Signatures : A-Z^8, Aa-Zz^8, aa^8.
f. 4a, 46 lines, 143×70mm.
The Complutensian text was first publ. in 1520.
★ Brunet V 738. 1212

4008

Bible. *N. T. Greek. Complutensian text.*

Της Καινης Διαθηκης απαντα. Nouum Iesu Christi D. N. Testamentum. Antverpiae, Ex officina Christoph. Plantini. 1574.

670, [1]p. 11×6½cm.
Signatures : *a*-ω^8, *A*-Σ^8.
p. 4, 32 lines, 84×39mm.
The Complutensian text was first publ. in 1520.
♣ *M. Joannis de S. Laurens Duaceni ex dono Eximii M. nri B. Linter (?) magnifici Universitatis Rectoris. — Pars est editionis Complutensis sacrorum Bibliorum. — Ut nemo sy non Franciscus Verhaer (?) Ultraiec. S. Th. Lic. Bartholomaeo Petro Lintr (?)* 1443

C

4009

Clemens, Titus Flavius Alexandrinus, 140/50-215/6.

Κλημεντος Αλεξανδρεως τα ευρισκομενα (Clementis Alexandrini) Opera quae extant, Recognita & Illustrata per Joannem Potterum, Episcopum Oxoniensem. Oxonii, E Theatro Sheldoniano, Sumptibus Georgii Mortlock, 1715.

2v. 39½cm.
Paged continuously.
8 l., 642p., 1 l., 643-1060 (*i.e.* 1050)p. 2 l., 206, [50]p.
Illus. t.-p. (v. 1)
1st ed. by Potter.
Contents. — **t. 1.** Veterum de Clemente Alexandrino testimonia. Cohortatio ad gentes. Paedagogus. Stromatum libri 1-4. — **t. 2.** Stromatum libri 5-8. Quis dives salvetur. Excerpta ex scriptis Theodoti et doctrina, quae orientalis vocatur, ad Valentini tempora spectantia, Epitomae. Ex scripturis Propheticis Eclogae. Fragmenta. Variantes lectiones. Epistolae de scriptis Clementis. Indices. Gentiani Herveti Aurelii Commentarius in Clementis Alexandrini opera. Index rerum.
★ Brunet II 93.
♣ *PP. Gall. S. J. Pekin. n. 402.* 1409

4010

Constantin, Robert, *d.* 1605.

Lexicon Graecolatinvm Rob. Constantini. Secunda hac editione, partim ipsivs avthoris, partim Francisci Porti & aliorum additionibus plurimùm auctum, tum quanta fieri potuit diligentia recognitum ... [Geneva] Excvdebant Haeredes Eustathii Vignon & Iacobus Stoer, 1592.

2v. 36cm.
Vol. 2 wanting.
Text in 2 col.
1st ed. Geneva, 1562.
★ Brunet II 237.
♣ *Bibl. Trig.?* 3171

4011

Cyrillus Alexandrinus, *Saint, d.* 444.

(S. Cyrillus Patriarcha Alexandrinus) In XII Prophetas. Ex Biblioth. Vatic. et Bauar. A Jacobo Pontano Societ. Jesu Graecè, et Latinè nunc primum editus ... Cum notis, et Indice. Ingolstadii, Ex typographio Adami Sartorii, 1607.

12 l., 1768 col., [19]p. 35cm.
Signatures : †-††^{6}, A-Z^6, a-z^6, Aa-Zz^6, AA-EE^6, FF-GG^4.
Col. 27-28, Greek and Latin, 54/60 lines, 260×150mm.
Engr. ornamented t.-p.
1st ed. by Pontanus.
★ Sommerv VI 1015 n° 15.
♣ *Bibl. Trig.* 1252

D

4012

Diogenes Laërtius, *3rd cent.*

Λαερτιου Διογενους Περι βιων δογματων και αποφθεγματων των εν φιλοσοφία ευδοκιμησαντων βιβλια Ι′. (Laertii Diogenis) De vitis dogmatis et apophthegmatis eorvm qvi in philosophia clarvervnt libri X. Thoma Aldobrandino interprete. Cum Adnotationibus eiusdem. Romae, Apud Aloysium Zanettum, 1594.

4 l., 303, 125, [18]p. 31½cm.
Signatures : †^{4}, A-Z^6, Aa^6, Bb^8; a-s^4.
p. 3, Greek & Latin, 52/60 lines, 249×159mm.
Duplicates of p. 291-292, 301-302 are substituted for p. 293-294, 299-300.
Text in 2 col.
Ed. by Pietro Aldobrandini. *cf.* Dedication & « Lectori ».
1st ed. of Aldobrandini's translation.
« Index autorum » at beginning.
Index rerum & errata at end.
♣ *Bibl. Trig.* 2855

4013

Dionysius Periegetes, *3rd or 4th cent.*

(Dionysij Alexandrini) De sitv orbis Liber, Graecè, & Latinè ad uerbum ... Vnà cum Evstathii Thessalonicensis archiepiscopi Cōmentariis longè doctiss. nunc primùm in Latinum sermonē conuersis, ac plurimis locis castigatis per Bernardvm Bertrandvm Rheginum Galloprouincialem. Adiectus est locuples rerum & uerborum memorabilium index ... Basileae, Per Ioannem Oporinum [1556]

291, [28]p. 17½cm.
Signatures : A-V^8.
p. 9, 34 lines, 127×72mm.
Date, *cf.* Colophon.

1st ed. Paris, 1547.
« Index auctorum » : p. 25.
Errata at end.
Bound with : Lessius, L. Hygiasticon, Antverpiae, 1614, and others. 1050c

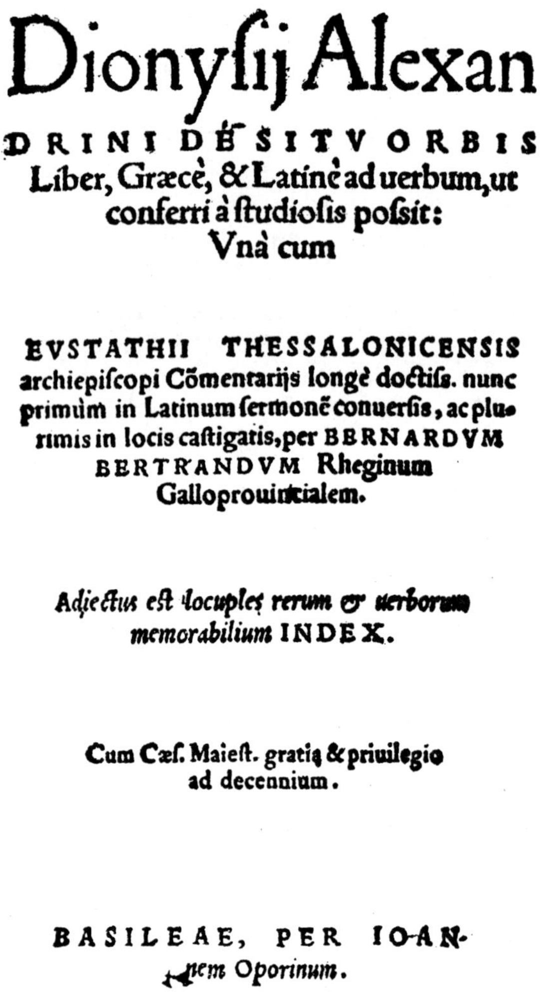
Dionysij Alexan
DRINI DE SITV ORBIS
Liber, Græcè, & Latinè ad uerbum, ut
conferri à studiosis possit:
Vnà cum

EVSTATHII THESSALONICENSIS
archiepiscopi Cõmentarijs longè doctiss. nunc
primùm in Latinum sermonẽ conuersis, ac plu-
rimis in locis castigatis, per BERNARDVM
BERTRANDVM Rheginum
Galloprouincialem.

Adiectus est locuples rerum & uerborum
memorabilium INDEX.

Cum Cæs. Maiest. gratia & priuilegio
ad decennium.

BASILEAE, PER IOAN-
nem Oporinum.

E

4014

Epictetus, *b. ca.* 60.

(Epicteti Stoici Philosophi) Encheiridion Item, Cebetis Thebani Tabula De vita humana prudenter instituenda. Accessere, Simplicij in eundem Epicteti libellum doctissima Scholia. Arriani commentariorum de Epicteti disputationibus libri quatuor. Item nonnulla eiusdem argumenti, in studiosorum gratiam. Omnia Hieronymo Wolfio interprete, cum eiusdem Annotationibus. Cum locuplete rerum ac verborum in singulis memorabilium indice. Coloniae, In officina Birckmannica, Sumtibus Arnoldi Mylij, 1595-96 [v. 1, 1596]

3v. 17cm.
Vol. 3 wanting.
Vol. 1, 2 in 1.
Text in 2 col. (v. 1)
1st ed. Basel, 1560. 3281

4015

— (Epicteti) Enchiridion, hoc est, Pugio : sive Ars humanae vitae correctrix. Item Cebetis Thebani Tabula, Qua vitae humanae prudenter instituendae ratio continetur : Graecè & Latinè ... Parisiis, Sumptibus Sebastiani Cramoisy, 1623.

213p. 10½×5½cm.
Signatures : A-N⁸, O³.
p. 12, 48 lines, 79×40mm. 3421

4016

— (Epicteti) Enchiridion, et Cebetis Tabula, Graecè, & Latinè. Lvgdvni Batavorvm, Ex officina Ioannis Maire, 1634.

2 l., 379p. 9½cm.
Signatures : †², A-Z⁸, Aa⁶.
p. 19, 19 lines, 63×32mm.
Contents. — Epicteti Enchiridion. — Cebetis Thebani Tabula. — Notae in Epicteti Enchiridion et Cebetis Tabulam. — Sortitus animarum, ex Eris Pamphylii narratione, quae extat decimo libro Politicorum Platonis. — Ex Hipparcho Pythagoraeo, De animae tranquillitate.
♣ *Collegij Soctis Jesu Lovanij.* 3020

4017

— *Επικτητου Ενχειρίδίον, Κεβητος Θεβαιου Πίναξ,|Θεοφραστου Ηθικοὶ Χαρακτῆρες, Προδικου Ηραχλης, Καὶ Μ. Τ. Κικερωνος περὶ της Φυγῆς Διάλογος.* **(Epicteti) Enchiridion, Cebetis** Thebani Tabula, Theophrasti Characteres ethici, Prodici Hercules, et M. T. Ciceronis de Exilio dialogus. Cum versione Latina. Denuo recognita & notis illustrata. Oxonii, E Theatro Sheldoniano, 1680.

6 l., 99, 79, 25, [3], 3-12, 9p. 15½cm.
« Notae » : 9p. at end. 3196

4018

Estienne, Henri, *junior,* 1528-1589.

Lexicon Graecolatinum, seu, Epitome Thesauri Graecae linguae ab Henrico Stephano constructi, quae hactenus sub nomine Ioh. Scapvlae prodiit : Lexicon sanè vltra praecedentes editiones, innumeris dictionibus, è probatis autoribus petitis, locupletatum : Duplici Methodo constans : una Naturali ... qua ex Primitivorum & Simplicium fontibus Deriuata atque Composita dilucidè deducuntur : altera mere Alphabetica adscriptis numeris, qua, tanquam Indice, minus exercitatis ostenditur, ubi in illa Naturali methodo singulae voces inveniantur ... Accesserunt opuscula per quàm necessaria, de dialectis, de investigatione thematum, & alia. Accessit & Index earum vocum quibus haec editio ultra praecedentes locupletata fuit. Apud Petrum & Jacobum Chouët, 1616.

688 unnumb. l. 23½cm.
Signatures: †8, ††4, A-Z8, AA-VV8, XX2, AAa-ZZz8, AAaa2, A-L8, M4, a-f8, g4.
f. [6] b, 72 lines, 196×122mm.
Title within woodcut ornamental border.
Text in 2 col.
1st ed. Geneva, 1572.
1st ed. by Scapula, Basel, 1579.
★ Brunet V 181. 3028

4019

Euclides, *3rd cent.* B. C.

Ευκλειδου Οπτικα καὶ Κατοπτρικά. (Euclidis) Optica & catoptrica, nvnqvam antehac graece aedita. Eadem Latine reddita per Ioannem Penam Regium Mathematicum. His praeposita est eiusdem Ioannis Penae de vsu Optices praefatio ... Parisiis, Apud Andream Wechelum, 1557.

10 l., 48p., 2 l., 64p. incl. diagrs. 21½cm.
Signatures: aa4, bb6, A-Z4, A2, B-I4.
p. 2, 27 lines, 164×95mm.
1st ed.
Bound with: Lansberghe, P. Triangvlorum geometriae libri qvatvor, Lvgdvni Batav. 1591.
★ Brunet II 1091.
♣ *Bibl. Trig.* 511

4020

Euripides, 480-406 B. C.

[Tragoediae quae extant, cum latina Guliel. Canteri interpretatione; scholia doctor. virorum in septem Euripidis tragoedias: accesserunt Jo. Brodaei, Guil. Canteri, Casp. Stiblini, Aem. Porti annotationes, cum indicibus. Excudebat Paulus Stephanus, 1602.]

4? l., 747, 846, 136 p., 26 unnumb. l., 215p. 23cm.
Signatures: A-Z4, AA-ZZ4, AAA-ZZZ4, AAAA-ZZZZ4, AAAAA4, BBBBB2; a-z4, aa-zz4, aaa-zzz4, aaaa-zzzz4, aaaaa-ooooo4; a-r4; †-††††4; †-††4, †††2; A-Z4, AA-DD4.
p. 10, 42 lines, 186×114mm.
t.-p. and p. 1-8 wanting.
Text in Greek and Latin.
The 7 tragedies of pt. 1 with Greek Scholia from Arsenius.
For title, imprint, etc *cf.* Brunet II 1096.
Format, collation, contents of our copy are identical to those of the ed. by P. Stephanus 1602. as given in Brunet.
Index in Euripidem at end, but misbound after Portus Notae. Index in Annotatores (8 l.) wanting.
« La version latine n'est point de Canter, comme l'indique le frontispice, mais d'Aemilius Portus »- (Brunet, ib.).
Contents. — **pt. 1.** Hecuba. Orestes. Phoenissae. Medea. Hippolytus. Alcestis. Andromache. — **pt. 2.** Supplices. Iphigenia in Aulide. Iphigenia in Tauris. Rhesus. Troades. Bacchae. Cyclops. Heraclidae. Helena. Ion. Hercules furens. Electra. Danae (fragmentum). — Brodeau, J. Annotationes. Canter, G. In Euripidem notae. Portus, A. Notae. Index in Euripidem. Stiblinus, G. In Euripidis tragoedias praefationes et annotationes.
★ Brunet II 1097.
♣ *Bibl. Trig.?* 3093

G

4021

Gale, Thomas, 1635*ca.*-1702, *ed.*

Opuscula mythologica physica et ethica. Graece et Latine. ... Amstelaedami, apud Henricum Wetstenium, 1688.

12 l., 752, [8]p. 21cm.
Greek and Latin in parallel columns.
Added engr. ornamented t.-p.
Ed. by Thomas Gale. *cf.* Preface.
1st ed. Cambridge, 1671.
Contents. — Palaephatus. De incredibilibus historiis. Fragmenta. — Heraclitus. De incredibilibus. — De incredibilibus. — Eratosthenes. Catasterismi. — Cornutus. De natura deorum. — Sallustius. De diis et mundo. — Homeri poëtae vita. — Heraclides Ponticus. Allegoriae Homeri. — Ocellus Lucanus. De universo. — Timaeus Locrus. De anima mundi et natura. Theophrastus. Notationes morum. — Demophilus. Similitudines. — Democrates. Aureae sententiae. — Secundus Atheniensis. Sententiae. — Sextus Cheronensis. Sententiae. — Ex quorundam Pythagoreorum libris Fragmenta de philosophia morali. — Index
★ Brunet IV 198.
♣ *Missionis Sinensis PP. Gallorum Soc. Jesu. Pekin.* 2822

4022

[Gretser, Jacob, *SJ*] 1562-1625.

Rvdimenta lingvae Graecae, In vsum Studiosorum tertiae Classis Grammatices Societatis Iesv. Antverpiae, Apud Iacobvm Mevrsivm, 1673.

45, [1]p. 15cm.
Author: Jacob Gretser, *SJ. cf.* « Summa privilegii ».
1st ed. Ingolstadt, 1593.
Bound with: Alvarez, M. *SJ.* Grammatica, Antverpiae, 1671, (inserted between book 2 and 3) and others. 3223a

H

4023

Heliodorus, *3rd cent.*

Ηλιοδωρου Αιθιοπικων βιβλια δεκα (Heliodori) Aethiopicorvm libri X. Ad fidem Mss. ab Hieronymo Commelino emendati, multis in locis aucti, eiusdémque Notis illustrati. Accessit huic editioni Sententiarum ex hoc opusculo collectarum series. Item rerum insigniorum Index. Lvgdvni, Apvd vidvam Ant. de [Harsy] 1611.

8 l., 582, [33]p. 17½cm.
Signatures : †[8], A-Z[8], Aa-Pp[8], Qq[4].
p. 5, Greek and Latin, 34/42 lines, 140×75mm.
t.-p. and some p. l. spoiled.
Greek and Latin in parallel columns.
Colophon : Ex typographia Iacobi Mallet, & Petri Marniolles.
Tr. by Stanislaw Warschewiczki. *cf*. Caption title.
1st ed. Basel, 1534.
★ Brunet III 87. 3104

4024

Hero Alexandrinus, *1st cent.* B. C. ?
(Heronis Ctesibii) Belopoeeca hoc est Telifactiva, Bernardino Baldo Vrbinate Gvastallae Abbate illvstratore et interprete Item Heronis vita eodem avctore. Augustae Vindelicorum, Typis Davidis Franci, 1616.

2 l., 76 (*i.e.* 75)p. illus. (incl. diagrs.) 21cm.
Signatures : A-K[4].
p. 70, 32 lines, 152×104mm.
Text in Greek and Latin.
1st ed.
★ Brunet III 129.
♣ *Missionis Sinensis.* 680

4025

Hippocrates, 460-*ca.*385 B. C.
Του μεγαλου Ιπποκρατους παντων των ιατρων κορυφαιου τα ευρισκομενα (**Magni Hippocratis** medicorvm omnivm facile principis), Opera omnia qvae extant in VIII sectiones ex Erotiani mente distributa. Nvnc recens Latina interpretatione & Annotationibus illustrata, Anvtio Foesio Mediomatrico Medico Avthore : Adiecta sunt ad VI sectionem Palladij Scholia Graeca in lib. *Περὶ ἀγμῶν*, nondum antea excusa, & nunc primùm latinitate donata. His praeterea accessere variae in omnes Hippocr. lib. Lectiones Graecae ... Cum indice quadrvplici longe amplissimo & utilissimo. Francofvrti, Apud Andreae Wecheli heredes, Claud. Marnium, & Ioan. Aubrium, 1595.

6 l., 30p., 31-50 col., 27p., 28-41 col., 42-214p., 215-232 (*i.e.* 224) col., 94p., 95-158 col., 99p., 100-145 col., 1 l., 257p., 258-383 col., 1 l., 212p., 213-253 (*i.e.* 254) col., [1]p. 361 (i.e. 357)p., 362-393 col., [1], 33p., 34-45 col., [47]p. 37½cm.
Signatures : a[6], A-B[6], C-D[4]; AA-RR[6], SS[4]; a-k[6], l[4] (l4 blank) aa-kk[6], ll[2]; aaa-zzz[6], aaaa-dddd[6], (dddd6 blank); aAa-sSs[6], tTt[4], vVv[6] (vVv6 blank); AAA[4], BBB-ZZZ[6], AAAA-GGGG[6], HHHH[4], IIII[6] (IIII6 blank); aaaA-bbbB[6], cccC-dddD[4], †[4], eeeE-fffF[6], gggG-hhhH[4].
p. 3, Greek and Latin, 51/62 lines, 297/295×183mm.
1st ed. by Foës.
★ Brunet III 170. 1382

4026

— *Του μεγαλου Ιπποκρατους παντων των ιατρων κορυφαιου τα ευρισκομενα.* (**Magni Hippocratis** medicorvm omnivm facile principis), Opera omnia qvae extant, In VIII Sectiones ex Erotiani mente distributa. Nvnc denvo Latina interpretatione & Annotationibus illustrata, Anvtio Foesio Mediomatrico medico avthore : Adiecta sunt ad VI. Sectionem Palladii Scholia Graeca in librum *περὶ ἀγμῶν* & sua latinitate donata. His praeterea accessere variae in omnes Hippocr. libb. Lectiones Graecae ... antea quidem partim Frobeniano Codici, partim verbosissimis Galeni Commentariis : nunc autem ipsissimis textus paginis ac lineis summo cum labore applicatae ... Omnia nunc ab innumeris, quibus prior scatebat editio, vitiis repurgata. Cum Indice Qvadrvplici longe amplissimo & vtilissimo. Francofvrti, In Officina Danielis ac Davidis Aubriorum, et Clementis Scleichij. 1624.

6 l., 1344, [45]p. 39cm.
Signatures : †[6], A-Z[6], Aa-Zz[6], Aaa-Zzz[6], Aaaa-Zzzz[6], Aaaaa-Vvvvv[6], Xxxxx[4], x-xx[6], xxx[7].
p. 3, Greek & Latin, 55/67 lines, 321×186 mm.
1st ed. by Foes, Francfort, 1595.
★ Brunet III 170.
♣ *Ex libris Sebastiani Lainssant Medici Parisiensis. — PP Gallor S J Pekin.* 1017

I

4027

Iamblichus Chalcidensis, *d. ca.* 330.
Ιαμβλιχου Χαλκιδεως τῆς κοίλης Συρίας λόγοι δύο (**Iamblichi Chalcidensis ex Syria coele**) De vita Pythagorae, & Protrepticae orationes ad Philosophiam lib. II. Nunquam hactenus visi : nunc verò Graecè & Latinè primùm editi cum necessariis castigationibus & notis, Iohanne Arcerio Theodoreto Frisio Authore & Interprete. In Bibliopolio Commeliniano, 1598.

2 l., 224, 22, [2]p. 20½cm.
Signatures : †[2], A-Z[4], Aa-Ee[4], a-c[4].
p. 3, Greek & Latin, 33/34 lines, 156×116mm.
Text in 2 col.
Ms. on verso of front guard leaf.
Colophon : Excudebat Aegidius Radaeus Ordinum Frisiae typographus Franekerae, 1598.
1st ed.
Errata at end.
« Protrepticae orationes ad Philosophiam » wanting.
★ Brunet III 493.
♣ *PP. Gallor SJ Pekin.* 2799

J

4028

Joannes Chrysostomus, *Saint,* 347*ca.*-407.
Βιβλιον του εν αγιοις πατρος ημων Ιωαννου αρχιεπισκοπου Κωνσταντινουπολεως του Χρυσο-

στομου, τὸ ὀνομαζόμενον απανθίσματα. (S. Patris nostri Ioannis Archiepiscopi Constantinopolitani cognomento Chrysostomi liber, qui appellatur) Flores siue Florilegia. In qvo continentvr homiliae XXXIII. ex variis & fermè omnibus D. Chrysostomi operibus ... cum adiecta latina interpretatione ... editae Studio & opera R. P. Balthasaris Etzelii Bremensis, Societatis Iesv ... Mogvntiae, Typis & sumptibus Ioannis Albini, 1603.

4 l., 571, [11]p. 20½cm.
Signatures : †^{4}, A-Z^{4}, Aa-Zz^{4}, Aaa-Zzz^{4}, Aaaa-Cccc^{4}, Dddd^{3}.
p. 3, 35 lines, 163×108mm.
1st ed.
Errata & Index : p. [572]-[582]
★ Brunet III 536. — Sommerv III 481 n° 1. 1405

4029

Joannes Stobaeus, *2nd half of 5th cent.*

Κερας Αμαλθειας Ιωαννου του Στοβαιου εκλογαι αποφθεγματων και υποθηκων. (Ioannis Stobaei) Sententiae, ex thesavris Graecorvm delectae, Cyri Theodori dialogvs, De Amicitiae exilio. Opvscvlvm Platoni adscriptvm, De Ivsto. Alivd eivsdem, An virtvs doceri possit. Huic editioni accesserunt eivsdem Ioannis Stobaei Eclogarvm physicarvm et ethicarvm libri dvo. Item Loci commvnes sententiarvm, collecti per Antonium & Maximum monachos, atque ad Stobaei locos relati. Subiunctis Capitum, Auctorum, Verborum & Rerum locupletissimis Indicibvs. Avreliae Allobrogvm, Pro Francisco Fabro, Bibliopolo Lugdunensi, 1609.

3 pt. in 1. 34½cm.
12 l., 632, [29]p., 6 l., 207, 305, [7]p.
Signatures : a-b^{6}, A-Z^{6}, Aa-Zz^{6}, AA-FF^{6}, GG^{4}, HH-II^{6}, KK^{4}; †^{6}, A-Q^{6}, R^{8}; Aa-Zz^{6}, Aaa-Ccc^{6} (KK4 blank)
p. 2, 58 lines, 276×150mm.
Text in 2 col.
Each part has a special t.-p.
Tr. by Wilhelmus Canter; *cf.* Prefaces and t.-p. of pt. 2.
1st collected ed. Francfort, 1581.
★ Brunet V 545.
♣ *Bibl. Trig.* 2905

4030

Josephus, Flavius, *ca.* 37-100.

Φλαβιου Ιωσηπου Ιεροσολυμιτου ιερως τα ευρισκομενα. (Flavii Iosephi Hierosolymitani Sacerdotis) Opera quae extant, nempe Antiqvitatvm Ivdaicarvm Libri XX. Sigismundo Gelenio interprete. De bello Ivdaico Libri VII. (interprete, vt vulgò creditum est, Rufino Aquileiensi) quibus Appendicis loco accessit liber De vita Iosephi. Adversvs Apionem libri II. ex interpretatione Rufini à Gelenio emendata. De Machabaeis, seu de imperio rationis Liber I. cum paraphrasi Erasmi Roterodami. Quae Graecolatina editio Graecorum Palatinae Bibliothecae manuscript. Codicum collatione castigatior facta est. Cvm indice locvpletissimo. Avreliae Allobrogvm, Excudebat Petrus de la Rouiere, 1611.

4 l., 1102, [26]p. 33½cm.
Signatures : †^{4}, A-Z^{6}, Aa-Zz^{6}, Aaa-Mmm^{6}, Nnn^{4}, Ooo-Zzz^{6}, Aaaa-Yyyy^{6}, Zzzz^{8}, †^{6}, ††^{8} (Zzzz8 blank)
p. 3, 58 lines, 275×152mm.
p. 387-398 wanting.
Illus. t.-p.
Text in 2 col.
1st Greek ed. Basel, 1544.
★ Brunet III 569.
♣ *Bibl. Trig.* 2085

K

4031

Kircher, Konrad, *d.* 1622.

Concordantiae Veteris Testamenti Graecae, Ebraeis vocibvs respondentes, *πολυχρηστοι* Simvl enim et Lexicon Ebraicolatinum, Ebraicograecum, Graecoebraicum : genuinam vocabulorum significationem, ex Septuaginta duorum, vt vulgo volunt, interpretum ... translatione petitam : homonymiam ac synonymiam Graecam & Ebraeam : quin & Ebraismorum variorum explanationem Graecam : Graecismorum elocutionem Ebraeam ... authore Conrado Kirchero Augustano. Francofvrti, Apud Claudium Marnium, & heredes Iohannis Aubrii, 1607.

2 v. 24cm.
Vol. 2 and some pages of v. 1 wanting.
Text in 2 col.
1st ed.
★ Brunet III 666. 1205

L

4032

Lect, Jacques, 1560-1611, *ed. & tr.*

Οι της ηρωικης ποιησεως παλαιοι ποιηται παντες Poetae Graeci veteres carminis heroici scriptores, qvi extant, omnes ... Apposita est e regione Latina interpretatio. Notae item & variae lectiones margini adscriptae. Cura & recensione Iac. Lectii. V. Cl. Accessit & Index rerum & verborum locupletissimus. Aureliae Allobrogum, Sumptibus Caldorianae Societatis, 1606.

11 l., 739, 624, [45]p. 33½cm.
Signatures : †^{4}, ††^{8}, A-Z^{8}, Aa-Dd^{8}, Ee^{6}, Ff-Zz^{8}, †††^{4}; Aaa-Zzz^{8}, Aaaa-Ssss^{8}, Tttt^{7} (†3 blank)
p. 3, 70 lines, 278×150mm.

Illus. t.-p.
Text in 2 col.
Colophon : Avreliae Allobrogvm, excudebat Petrus de la Roiere, 1606.
1st ed.
Contents. — Homerus. — Hesiodus. — Orpheus. — Callimachus. — Aratus. — Nicander. — Theocritus. — Moschus. — Bion. — Dionysius. — Coluthus. — Tryphiodorus. — Musaeus. — Theognis. — Phocylides. — Pythagorae aurea carmina cum fragmentis aliorum. — Apollonius Rhodius. — Oppianus. — Cointus Smyrnaeus. — Nonni Dionysiaca.
★ Brunet IV 757.
♣ *Bibl. Trig.* 3113

4033

Lucianus Samosatensis, *ca.* 120-180.

Λουκιανου απαντα (Lvciani Samosatensis) Opera, quae quidem extant, omnia, Graecè & Latinè, in quatuor Tomos diuisa : vnà cvm Gilberti Cognati, et Joannis Sambvci annotationibvs vtilissimis : narratione item de Vita & Scriptis Authoris Jacobi Zvingeri : Adiectis suo loco Tractatuum elenchis, & rerum ac verborum Indicibus. Editio nitidissima ... Basileae, Per Sebastianvm Henricpetri, [1563 ?]

v. 1. 16cm.
The complete set consists of 4 v.
Preface dated 1563.
Index at end.
♣ *Bibl. Trig. ?* 3575

N

4034

Nicetas Acominatus, *d.* 1210/20.

(Nicetae Acominati Choniatae ...) Imperii Graeci historia, ab anno M. C. XVII. in quo Zonaras desinit, vsque ad annum M. CC. III. libris XIX. descripta : quorum ordo praefationes sequitur. Iterata editio Graecolatina, Hieronymo Wolfio Oetingensi interprete, cui accesserunt Breuiaria singulis libris praefixa. Perpetuae ad marginem Notae morales ac politicae. Gnomologia & Chronologia historica. Axiomatum & Rerum insignium Indices. Apud haeredes Eustathij Vignon, 1593.

8 l., 699 (*i.e.* 701) p., 1 l. incl. tables. 23½cm.
Signatures : †8, A-Z8, AA-ZZ8, AAA2.
p. 13, Greek & Latin, 40/47 lines, 190×109mm.
Text in 2 col.
1st ed. by Wolf, 1558.
♣ *Bibl. Trig. ?* 1889

P

4035

Pasor, Georg, 1570-1637.

Lexicon Graeco-Latinvm in Testamentvm Novvm Domini Nostri Jesu Christi, Vbi Omnium vocabulorum tam appellativorum themata, quam nominum propriorum Etyma, exquisitè indicantur & Grammaticè resolvuntur. Cum indice Graecarvm et Latinarvm N. T. vocum accuratissimo... Autore Georgio Pasore. Amstelodami, Apud Ioannem Janssonium, 1641.

12 l., 542 (*i.e.* 544), [101]p. 16cm.
The whole book is wormholed.
1st ed. Herborn, 1620.
♣ *Hunc librum ex Resida n. in Tiliopu Pekinū tulit Pr Bouvet et deinde tradidit pri Kilio.* 3190

4036

Philostratus Lemnius, *ca.* 170-245.

(Philostrati Lemnii) Opera qvae exstant. Philostrati Ivnioris Imagines, et Callistrati Ecphrases. Item Evsebii Caesariensis Episcopi Liber contra Hieroclem, qui ex Philostrati historia aequipararat Apollonium Tyanem Saluatori nostro Iesv Christo. Graeca Latinis è regione posita; Fed. Morellvs Professor et Interpres Regivs cvm mnss. contvlit, recensvit : et hactenus nondum Latinitate donata, vertit... Parisiis, Apud Marcvm Orry, 1608.

6 l., 614 (*i.e.* 908), [28?]p. 34½cm.
Signatures : a6, A-Z6, Aa-Qq6, Rr8, Ss-Zz6, Aaa-Eee6, Fff4, Ggg-Zzz6, Aaaa-Ffff6, Gggg4, e4, i4, A6.
p. 5, Latin and Greek, 47/37 lines, 273/272×156mm.
? pages of index at end wanting.
Text in 2 col.
1st ed.
Contents. — Philostratus Lemnius. De vita Apollonii Tyani. — Eusebius Caesariensis. Liber contra Hieroclem. — Philostratus Lemnius. Vitae sophistarvm. Heroica. Imagines. — Philostratus, F. Imagines. Callistratus. Expositiones statvarum. — Philostratus Lemnius. Epistolae. — Index.
♣ *Bibl. Trig. ?* 1853

4037

Plato, 427-347 B.C.

Του θειου Πλατωνος απαντα τα σωζομενα (Divini Platonis) Opera omnia qvae exstant. Marsilio Ficino interprete. Graecus contextus quam diligentissimè cum emendatioribus exemplaribus collatus est : Latina interpretatio à quamplurimis superiorum editionum mendis expurgata. Argumentis perpetuis, & commentarijs quibusdam eiusdem Marsilij Ficini, ijsque nunc multò emendatiùs quàm antehac editis, totum opus explanatum est atque illustratum ... Vita Platonis à Diogene Laertio copiosissime descripta : item pereruditum Timaei Locri opusculum (quo Latina exemplaria carebant) aliaque plurima non contemnenda, huic editioni accesserunt. Adiectus est Index rerum omnium locupletissimus. Lvgdvni, Apud Guillelmvm Laemarium, 1590.

14 l., 849, [30]p. 38cm.
Signatures : †[6], ††[8], A-Z[6], Aa-Zz[6], Aaa-Zzz[6], Aaaa-Cccc[6], Dddd[8].
p. 3, Greek & Latin, 74/82 lines, 300×170mm.
Text in 2 col.
1st ed. Florence, 1483-84.
★ Brunet IV 695.
♣ *Bibl. Trig.* 2846

4038

PLOTINI
PLATONICORVM
CORYPHÆI
OPERA, QVÆ EXTANT
OMNIA
Per celeberrimum illum
MARSILIVM FICINVM
FLORENT.
Ex antiquissimis Codicibus Latine translata, & eruditissimis Commentariis illustrata.
Cum Indice rerum Ethicarum, Physicarum, & Metaphysicarum copiosissimo.
BASILEÆ
IMPENSIS LVDOVICI REGIS
M DC XV

Plotinus, 204-270.

(Plotini Platonicorvm coryphaei) Opera, qvae extant omnia Per celeberrimum illum Marsilivm Ficinvm Florent. Ex antiquissimis Codicibus Latine translata, & eruditissimis Commentariis illustrata. Cum Indice rerum Ethicarum, Physicarum, & Metaphysicarum copiosissimo. Basileae, Impensis Lvdovici Regis, 1615.

18 l., 773 (*i.e.* 771), [42]p., 1 l. 33½cm.
Signatures : a-c[6], a-z[6], A-Z[6], Aa-Rr[6], Ss[8], Tt[6], Vv-Xx[8].
p. 5, Greek & Latin, 67 lines, 258/254×144mm.
Illus. t.-p.
1st Latin ed. by Ficino, Florence, 1492. 2852

4039

Ελληνες ποιηται παλαιοι, τραγικοι, κωμικοι, λυρικοι, επιγραμματοποιοι,

Poetae Graeci veteres, tragici, comici, lyrici, epigrammatarii, Additis Fragmentis ex probatis authoribus collectis, nunc primùm Graecè & Latinè in vnum redacti corpus. Coloniae Allobrogvm, Typis Petri de la Rouiere, 1614.

2v. in 1. 35cm.
7 l., 3-1022, 753p.
Signatures : †[6], A-Z[6], AA-ZZ[6], AAa-ZZz[6], AAaa-PPpp[6], QQqq[8] (QQqq8 blank), A-Z[6], AA-ZZ[6], AAA-QQQ[6], RRR[5].
p. 13, 69 lines, 282×156mm.
Illus. t.-p.
Text in 2 col.
Contents. — **t. 1.** Sophocles, Tragediae septem. Euripides, Tragediae XIX. Aeschylus, Tragediae VII. Aristophanes, Comoediae XI. Ezechiel, Eductio Hebraeorum. — **t. 2.** Pindarus, Olympia, Pythia, Nemea, Isthmia. Lyricorum poetarum carmina. Lycophron, Alexandra sive Cassandra. Synesius, Hymni. Gregorius Nazianzenus, Odae. Joannes Damascenus, Hymnus in Theogoniam. Margunius, M. Hymni anacreontici. Philes M. Versus de animalium proprietate. Georgius Pisida, Opus sex dierum. Tzetzes, J. Variarum historiarum liber. Florilegii variorum epigrammatum libri VII. Joannes Damascenus, Carmina IV. Geometres, J. In Beatissimam Dei Genitricem hymni. Clemens Alexandrinus, In Christum Servatorem hymnus. Incerti in Poedagogum.
★ Brunet IV 757.
♣ *Bibl. Trig.* 3068

4040

Proclus, 410-485.

(Procli) Chrestomathia poetica, Interprete & Scholiaste Andrea Schotto Antuerp. Accessere & Notae Pet. Ioan. Nvnnesii Valentini : Item Fragmentvm scriptoris incerti, anteà Censorino tributum, & cum eius De die natali libro continenter impressum, Nunc correctius & aliquot capitibus ex veteri libro additis auctius editum a Lvd. Carrione Brugensi : Cum Notis eiusdem Nunnesii, Hanoviae, Typis Wechelianis, apud haeredes Iohannis Avbrii, 1615.

102p. 24½cm.
Signatures : A-M[4], N[3].
p.7, Latin & Greek, 47/40 lines, 190/189×131mm.
1st ed. Frankfort, 1590.
Bound with : Roomen, A. van. Canon triangulorum sphaericorum, Moguntiae, 1609.
★ Sommerv VII 875 n° 7.
♣ *Bibl. Trig.* 1230

S

4041

Schott, André, *SJ,* 1552-1629.

Παροιμιαι Ελληνικαι. Adagia sive Proverbia Graecorum ex Zenobio seu Zenodoto Diogeniano & Svidae collectaneis. Partim edita nunc primùm partim Latinè reddita, scholiisque parallelis illustrata, ab Andrea Schotto Antverpiano, Soc. Iesv Presbytero. Antverpiae Ex officina Plantiniana, Apud Viduam & Filios Ioannis Moreti, 1612.

10 l., 702p., 1 l. 25½cm.
Signatures : †^{4}, ††^{6}, A-Z^4, Aa-Zz^4, AA-ZZ^4, aa-tt^4.
p. 15, Greek & Latin, 35/34 lines, 185/182×128mm.
Some pages at end spoiled.
Illus. t.-p.
Text in 2 col.
1st ed.
« Index proverb. graecorvm » : p. 646-680.
« Index proverbiorum » : p. 681-702.
★ Brunet I 45. — Sommerv VII 885 n° 33.
3090

4042

Schrevel, Cornelius, 1615-1664.

(Cornelii Schrevelii) Lexicon manuale Graeco-Latinum, in Studiosae Juventutis gratiam, cum ab ipso Autore, tùm ab aliis Eruditis Viris saepè jam excusum; Editio novissima, Superioribus Batavicis, Anglicanis, Parisinisque Editionibus locupletior & emendatior. Rhothomagi, Ex Typographia privilegio distincta, 1779.

4 l., 1305 (*i.e.* 1303)p. 20cm.
Text in 2 col.
Colophon : Ex typographia Barbou.
1st ed. Leyden, 1654.
♣ *Duparc.* 3083

4043

Simplicius, *6th cent.*

(Simplicii) Commentarius In Enchiridion Epicteti, Ex Libris veteribus emendatus. Cum Versione Hieronymi Wolfii, et Cl. Salmasii Animadversionibus, et Notis Quibus Philosophia Stoica passim explicatur, & illustratur. Quae accesserunt, sequens pagina indicabit.-[*On verso of t.-p.*] Praefatio Danielis Heinsii ad Theodorum Graswinckelium. Cebetis Tabula Graece, Latine, Arabice : eiusdemque Delineatio aeri incisa. Aurea Carmina Pythagorae cum paraphrasi Arabica quam recensuit & in latinum convertit Iohannes Elichmannus, M. D. Praefatio Cl. Salmasii in Cebetis Tabulam Arabicam, & Pythagorae Carmina aurea Arabice versa. Accessit Index in Simplicium copiosissimus. — Lugduni Batavorum, Typis Iohannis Maire, 1640.

10 l., 332, [12]p., 1 l., 329, [23]p., 17 l., 88, 15p. fold. plate. 20½cm.
Signatures : †-††^{4}, †††^{2}, A-Z^4, Aa-Vv^4; A-Z^4, Aa-Xx^4 (t.-p. without sign.); †-††††^{4}, †††††^{1}, A-L^4, A-B^4.
p. 3, 37 lines, 151×104mm.
Plate wanting.
Each part has a special t.-p.
1st collected ed. by Saumaise.
★ Brunet II 1012.
♣ *Ao P. Jo Adamo do P. Martino Marti.* 2836

4044

— o. c.

Some p. l. spoiled.
♣ *Caza de Ham cheu P Martinus Soctis Jesu.*
2837

4045

Sylburg, Friedrich, 1536-1596.

Romanae historiae scriptores Graeci minores; qvi partim ab Vrbe Condita, partim ab Avgvsto Imperio, res Romanas memoriae prodiderunt ... Pars noui nunc, pars emendatiores in lucem exeuntes; addita Graecis ex aduerso interpretatione Latina; Adnotationibus item, & gemino rerum verborumque Indice amplissimo, Graeco ac Latino : Opera & studio Friderici Sylburgii Veterensis. Tomus tertius. Francofvrdi, Apud Andreae Wecheli heredes, Claudium Marnium & Ioann. Aubrium, 1590.

4 l., 1052, 69, [1]p. incl. tables. 36½cm.
Signatures : †^{4}, A-H^4, I-Z^6, a-z^6, Aa-Zz^6, Aaa-Hhh^6, Iii-Zzz^4, Aaaa-Bbbb^4, Cccc-Dddd^6, Eeee-Mmmm^4, Nnnn^3.
p. 87, Greek & Latin, 46/57 lines, 268/270×150mm.
p. 27-30 bound after p. 112.
The complete set publ in 3 v. under title : « Romanae historiae auctores veteres », comprising Latin and Greek writers.
Text in 2 col.
1st ed.
Contents. — Fasti Graeci ac Latini. — Eutropius, cum Graeca Paeanii metaphrasi. — Dionis Epitome per Ioann. Xiphilinum facta. — Herodianus. — Zosimus. — Juliani Caesares. — Olympiodori excerpta. — E Suida excerptae Caesarum vitae. — Imperatorum Romanorum & Constantinopol. series chronologica duplex. — Indices.
★ Brunet V 244.
♣ *Bibl. Trig.* 3523

4046

[Synesius, *ca.* 373-414]

Συνεσιου επισκοπου Κυρηνης απαντα τα ευρισκομενα (Synesii Episcopi Cyrenes) Opera qvae extant omnia nunc primum Graecè et Latine coniunctim edita, subsidio et liberalitate reuerendiss. Episcoporum et cleri vniuersi Franciae Regni ... Lvtetiae, Typis Regiis apud Cl. Morellvm, 1612.]

427, 66p. 34cm.
Signatures : ?, H-Z[6], Aa-Gg[6], ?
p. 93, Greek & Latin, 46/56 lines, 270/267×68/75mm.
p. 1-84 (incl. t.-p.) and 359-? wanting.
For title, etc. *cf.* Sommervogel VI 590 n° 5.
Tr. by Denis Petau, *SJ*. *cf.* NouvBiogrGen XLIV 744.
Contents. — Calvitii encomium. — Aegyptius, sive de Providentia. — Homilia in psalm. LXXIV. — De insomniis. — Epistolae, numero CLV. — Opuscula tria, et hymni decem. — Nicephori Gregorae patriarchae Constantinopolitani explicatio in librum Synesii De Insomnia, ex versione Antonii Pichonii.
★ Sommerv VI 590 n° 5. 1425

T

4047

Thevenot, Melchisedech, 1620-1692, *ed.*

Veterum mathematicorum, Athenaei, Bitonis, Apollodori, Heronis, Philonis, et aliorum opera, Graece et Latine pleraque nunc primum edita. Ex Manuscriptis Codicibus Bibliothecae Regiae. Parisiis, ex Typographia Regia, 1693.

xvi, 365 (*i.e.* 355), [9]p. illus. (incl. plans, diagrs.) 44cm.
Some pages at end spoiled.
Engr. head-and tail pieces.
Text in 2 col.
Ed. by Melchisedech Thevenot & Philippe de La Hire. *cf.* Preface.
1st ed.
Contents. — Athenaeus. De machinis. — Apollodorus. Poliorcetica. — Philo Byzantinus. De telorum constructione, libri IV & V. — Bito. De constructione bellicarum machinarum et catapultarum. — Hero Alexandrinus. De constructione et mensura manubalistae. — Ctesibius, Belopoeeca, id est, Telifactiva. — Hero Alexandrinus. Spiritalia. — Aleotti, G. B. Quatuor theoremata adjuncta Spiritalibus Heronis. — Hero Alexandrinus. De automatorum fabrica. — Africanus, S. Julius. *Κεστοι. Οπως χρη τον της πολιορχουμενης πολεως στρατηγον &.* — Baldi, B. In Heronis Belopoeeca scholia. De Iulio Africano quaedam observanda. — Boivin de Villeneuve, J. Notae & variae lectiones ad J. Africanum.
♣ *PP. Gallor. S. J. Pekin.* 571

4048

Thucydides, *b. ca.* 471 B. C.

Θουκυδιδου του Ολορου, περι του Πελοποννησιακου πολεμου βιβλια οκτω, (Thvcydidis Olori filii,) De bello Peloponnesiaco libri octo. Iidem Latinè, ex interpretatione Lavrentii Vallae, ab Henrico Stephano nuper recognita, Quam Æmilius Portus, Francisci Porti Cretensis F. paternos commentarios accuratè sequutus, ab infinita grauissimorum errorum multitudine nouissimè repurgauit, magnaq; diligentia passim expolitam innouauit ... Francofvrti, Apud heredes Andreae Wecheli, Claudium Marnium, & Ioan. Aubrium, 1594.

8 l., 631, [1]p., 568 col., [47]p. 35cm.
Signatures : α-β[4], A-Z[6], Aa-Zz[6], Aaa-Fff[6], Ggg[4]; aa-zz[6], aaa-ddd[6], eee[4]
Sign. β2 b, Greek & Latin, 66/67 lines, 268/273×154mm.
p. 1. and some pages at beginning spoiled.
Text in 2 col.
1st ed. by Aemilius Portus.
Contents. — Marcellinus. De Thucydidis vita et genere dicendi. — Thucydides. De bello Peloponnesiaco libri VIII. — Portus, F. In Thucydidem commentarii, & Appendix ad hos commentarios. — Chytraeus, D. Chronologia Thucydidis. — Indices & errata.
★ Brunet V 844.
♣ *Bibl. Trig.* 1849

W

4049

Wolf, Hieronymus, 1516-1580, *ed.*

(Demosthenis et Aeschinis, Principum Graeciae Oratorum) Opera, cvm vtrivsqve avtoris vita, et Vlpiani Commentariis, ex postrema recognitione Graecolatina sex codicum tam impressorum, quam manuscriptorum, à mendis repurgata, doctissimisque notis illustrata, Per Hieronymvm Wolfivm Oetingensem ... Avreliae Allobrogvm, Excudebat Petrus de la Rouiere, 1607.

21 l., 744, 499 (*i.e.* 491), [34]p. 35cm.
Signatures : †[6], ††-†††[8] (†6 **blank**), **a-b[8], c[2], d3-8, e-g[8], †[8], h-m[8], †[8], n-z[8], aa-yy[8], zz[4]; a-t[8], v[4], x-z[8], Aa-Gg[8], Hh[10], †[8], ††[9].**
p. 3, Greek & Latin, 59/69 lines, 282/277×160mm.
5 v. in 1.
Text in 2 col.
Contents. — **t. 1.** Demosthenis Orationes politicae XVII.-Diuarchi contra Demosth. Oratio. Demosthenis & Aeschinis epistolae. Exordia concionum LXV. Demosth. Oratio funebris una, et altera amatoria. — **t. 2.** Orationes Aeschinis et Demosthenis adversariae. — **t. 3.** Demosth. Orationes forenses publicae X. — **t. 4.** Orationes forenses privatorum contractuum XXX. — **t. 5.** Ulpiani Rhetoris Praefatio, & enarrationes XVIII. praecipuarum Demosth. orationum. Vita Demosth. et Aeschinis a variis descripta autoribus. Ad Ulpiani commentarios accessiones ex codice Luteciano. In orationum Demosth. loca quaedam Annotationes ex Gul. Budaei, Des. Erasmi aliorumque eruditorum elucubrationibus collectae. Castigationes ac diversae lectiones in orationes Demosth. per Vincentium Obsopaeum collectae. Annotationes Hier. Wolfii in Demosth. orationes. Index rerum.
★ Brunet II 588.
♣ *Bibl. Trig.* 3110

4050

— o. c.

t.-p. wanting.
♣ *Bibl. Trig?* 3111

X

4051

Xenophon, *ca.* 430-352 B.C.

Ξενοφωτος τα ευρισκομενα (Xenophontis, phisophi et imperatoris clarissimi,) qvae exstant opera, in dvos tomos divisa : Graece multo quam ante castigatius edita, adiecta etiam ad marginem scripturae discrepantia : Latine tertia nunc cura ita elucubrata, vt noua pene toga prodeant : Noua insuper Adpendice sic illustrata, ut quamplanissima deinceps eorum lectio sit futura : Opera Ioannis Levnclavii Amelbvrni. Accesserunt Aemilij Porti, Fr. Porti C. Fil. Notae; & Index Graecus verborum phrasiùmque obseruatu dignarum. Additus item in calce alius Index rerum & verborum memorabilium; à fronte, tomi vtriusque & nouae Adpendicis Leunclauianae Catalogus. Francofvrti, Apud Andreae Wecheli heredes, Claudium Marnium, & Ioan. Aubrium, 1596.

6 l., 1013p., 1014-1313 col., [57]p. 34½cm.
Signatures : †^{6}, A-Z^{6}, Aa-Zz^{6}, AA-ZZ^{6}, AAa-OOo^{6}, PPp-ZZz^{4}, AAaa^{4}, BBbb-FFff^{6}, GGgg^{4}, CCcc-DDdd^{4}, EEee^{5}.

p. 3, Greek & Latin, 46/57 lines, 267/270×146mm.
Text in 2 col.
1st ed. Basel, 1568.
Bound with : Lazius, W. Historicarum commemorationum rerum Graecarum lib. dvo, Hanoviae, 1605.

★ Brunet V 1490.
♣ *Bibl. Trig.* ? 1843a

DUTCH SECTION

4052

Barbette, Paulus, 1629-1699.

Chirurgie Nae de hedendaegsche Practijk beschreven door Paulus Barbette, der Medicijnen Doctor, en Practisijn t'Amsterdam. Den derden Druck, Met verscheyden nieuwe stoffen en genees-middelen vermeerdert. t'Amsterdam, By Jacob Lescaille, 1663.

10 l., 219, 167p. illus. 16½cm.
Added t.-p. engr.
1st ed. Amsterdam, 1655.
Contents. — Chirurgie : I. Van de handwercken. — II. Van de geswellen. — Van de wonden. — Van de sweeren. — III. Anatomia practica : Van de deelen in t'gemeen. — Van het hooft. — Van de borst. — Van de buyck. — Van d'uyterlyke leden.
Bound with : Barbette, P. Pest-beschryving, Amsterdam, 1664. 823

4053

— Pest-beschryving, Door Paulus Barbette, der Medicynen Doctor en Practisijn t'Amsterdam. Den derden Druck, met Historische Aenmerckingen vermeerdert. t'Amsterdam, By Jacob Lescaille, 1664.

60, [1]p. 16½cm.
Bound with : Barbette, P. Chirurgie, Amsterdam, 1663. 823a

4054

Bible. *Dutch. Protestant ed.*

Biblia dat is De gantsche H. Schrifture vervattende alle de Canonycke Boecken des Oudẽ en des Niewen Testaments. Nu Eerst, Door last der Hoogh-Mog Heeren Staten Generael van de Vereenigde Nederl. en volgens t Besluyt van de Synode Nationael gehouden tot Dordrecht in de Iaren 1618. ende 1619. Uyt de Oorspronckelijcke Talen in onse Neder-landtsche Tale getrouwelijck over-geset. Tot Amsterdam, Gedruckt by Paulus van Ravesteyn, 1652.

20 l., 230 numb. l., 2 l., 84 numb. l., 2 l., 99 numb. l., [228], 37, [1]p. 15½cm.
Engr. ornamented t.-p.
Each book has a special t.-p.
Ms. on front and back guard leaves.
Contents. — **pt. 1.** Inhoudt aller boecken des Ouden en Nieuwen Testaments. Register van alle de canonijcke boecken, capittelen, ende folien. Het Oude Testament (Genesis-Cantica). De prophetien der Propheten (Jesaia-Malachia). — **pt. 2.** Het Nieuwe Testament. — **pt. 3.** De CL. Psalmen des Propheten Davids, met eenige andere lof-sangen : uyt den françoyschen dichte in nederlandschen overgeset door Petrum Dathenum, mitsgaders De christelicke catechismus : als oock de liturgie, ofte de formulieren van de bedieninge der h. sacramenten, Bevestinge der Kerckendienaren, Oeffeninge der Kercklicke-tucht, Siecken-troost, ende Christelicke gebeden gelijck deselve in de Gereformeerde Kercken gebruyckt worden.
1st ed. 1637.
★ Brunet I 901.
♣ *Maria vander Hidden. Anno 1660. Den 6en December. In Dorp Sinckan (Formose)* 3451

4055

Binnart, Martinus.

Biglotton amplificatum Sive Dictionarium Teutonico-Latinum novum. Omnibus hactenus editis ejusdem generis Dictionariis multò perfectius ... Operà & labore Martini Binnart. Hac editione mendis quam plurimis expurgatum, Dictionibusque non paucis locupletatum. Amstelodami, Ex Officina Abrahami à Somern, 1648.

268 unnumb. l. 19½cm.
l. [126] spoiled.
« Onomasticum » : l. [265]-[268]
♣ *P Guil : van der Beken Miss : Chin : — Da Igreja de Hoai Ngan.* 3202

4056

Ceulen, Ludolph van, 1540-1610.

Van den circkel, Daer in gheleert werdt te vinden de naeste Proportie des Circkels-Diameter teghen synen omloop ... Noch de Tafelen Sinvvm, Tangentivm, ende Secantivm, met het ghebruyck van dien ... Ten laetsten, van Interest, met alderhande Tafelen daer toe dienende ... Tweede editie. Van nieus oversien, ende van alle voorgaende fauten verbetert, ende eyndelick vermeerdert met dry Tractaetgens, waer in door den Autheur wederlegt werden, beyde inventien vande quadrature des Circkels, uytgegeven door Symon vander Eycke ... Alles door Lvdolf van Cevlen, geboren in Hildesheym beschreven, ende in druck ghebracht. Ghedruckt tot Leyden, By Ioris Abrahamsz. vander Marsse, Voor Ioost van Colster, 1615.

4 l., 114, 56 numb l. incl. tables, diagrs. 25½cm.
Signatures : †^{4}, A-K^4, L^2, M-Z^4, Aa-Ff^4; A-O^4.
f. 1 b, 42 lines, 195×136mm.
Half-title : Lvdolf van Cevlen Vanden cirkel, ende interest.
1st ed. 1596.
♣ *Bibl. Trig.* 472

4057

Decker, Ezechiel de.

Nievwe telkonst, inhovdende de logarithmi voor de ghetallen beginnende van 1 tot 10000, ghemaeckt van Henrico Briggio ... Mitsgaders De Tafel van Hoeckmaten ende

Raecklynen door het ghebruyck van Logarithmi, de Wortel zijnde van 10000,0000 deelen, gemaeckt van Edmund. Guntero ... Welcke ghetallen eerst ghevonden zijn van Ioanne Nepero Heer van Merchistoun : Ende 'tgebruyc daer van is ... cortelick aenghewesen, Door Ezechiel de Decker ... Ter Govde, By Pieter Rammaseyn, 1626.

4 l., 51p., 132 unnumb. l. incl. tables, diagrs. 18½cm.
Signatures : †4, A-C8, D2; A-K8, L4, M2;A-E8, F6.
p. 3, 31 lines, 142×85mm.
[5]p. of ms. at end.
t.p. of Briggs' Tables. (sign. A1) wanting.
1st ed.
♣ *Joannes Bapta de Brauwere 1669.* 529

4058

Dictionarivm Tevtonico-Latinvm novvm Reformatum & commodiori vsui iuuentutis accommodatum. Editio novissima Auctior & emendatior ... Antverpiae, Ex Officina Hieronymi Verdvssii, 1653.

422 unnumb. l. 16cm.
Test in 2 col.
« Nomenclatura nominum propriorum urbium, regionum, flvviorvm, insvlarvm, montivm, et popvlorvm » : l. [416]-[422] 3230

4059

Engelgrave, Henri, *SJ,* 1610-1670.

Meditatien ofte Soete bemerckinghen op het bitter lyden Christi door P. Henricvs Engelgrave Priester der Societeyt Iesv. t'Antwerpen, By Michiel Cnobbaert, 1677.

4 l., 325, [1]p. 15½cm.
1st ed. Antwerp, 1670.
★ Sommerv III 397 n° 4. 2290

4060

Goos, Pieter, *engr.*

De Zee-Atlas, Ofte Water-wereld, Waer in vertoont werden alle de zee-kusten Van het bekende des aerd-bodems. Seer dienstigh voor alle Heeren en Kooplieden, Als oock voor alle Schippers en Stuurlieden. Gesneden, gedruckt en uytgegeven t'Amsteldam, By de weduwe van Pieter Goos, in de Zee-Spiegel, 1676.

9 numb. l. 30 fold. maps. 45½cm.
Title printed within an engraving.
Ms. marginal notes.
Text in 2 col.
1st ed.
♣ *Anno 1679 den 1 Junij is desen atlas gekocht voor 3 guld.* 632

4061

Holwarda, Johannes Phocylides.

Friesche sterrekonst, Ofte Een korte, doch volmaeckte astronomia, met de Nuttigheden

van dien ... Uyt eygene Speculatien uytgewerckt, Door Joh. Phocylides Holwàrda ... Tot Harlingen, Gedruckt by Jan Hessels, 1652. (v. 2, 1651)

8 l., 365, [1]p., 1 l., 359, [9]p. diagrs., tables (1 fold.) 15cm.
2 v. in 1.
Errata at end.
♣ *Joañes Bapta de Brauwere.* 56

4062

Lansbergen, Philippus van, 1561-1632.

Astrolabivm, dat is Philippi Lansbergii Verklaringhe Van de Platte Sphaere van Ptolomaeus, anders Astrolabium ghenaemt ... Tot Middelbvrch, By Zacharias Roman, 1635.

4 l., 40 p. 19½cm.
Signatures : A-E4 (4 p. l. without sign.)
p. 13, 42 lines, 145×108mm.
Colophon : Ghedruckt te Haerlem, By Adriaen Roman, 1635.
Bound with : Lansbergen, P. van. Astronomisch en geometrisch quadrant, Dordrecht, 1659. 39a

4063

— (Philippi Lansbergii) Astronomisch en Geometrisch quadrant; Mitsgaders des selfs onderwijs ... In desen laetsten druck van nieuws oversien, en van merckelijcke fauten gebetert, en met verscheyde Voorstellen vermeerdert, nevens het maken des selven Quadrants. Door Mattheus van Nispen. Tot Dordrecht, Voor Mattheus van Nispen, 1659.

4 l., 46, [2]p. illus. 19½cm.
Colophon : Gedruckt by Nicolaes de Vries, 1659.
Errata at end. 39

4064

— (Philippi Lansbergii) Beshryvinge der vlacke sonne-wysers; In de welcke alderley soorte van Sonne-wijsers, die op eenig vlack connen werden beschreven, wis-constelick vertoont worden. Vyt het Latyn vertaelt door Jacob Mogge. Tot Middelburgh, By Zacharias Roman, 1666.

2 l., 54, [2]p. incl. diagrs. 28½cm.
p. 47-48 wanting.
Colophon : Tot Middelburgh, Gedruckt by Thomas Berry, 1666. 38

4065

Lastman, Cornelis Janszoon.

(Lastmans) Beschrijvinge van de kvnst der stver-lvyden, Daer in Door seeckere Gront-regelen getoont wordt Hoe die selve Kunst na 't behooren ghebruyckt; En langs soo meer magh gebetert worden. Ende Tot dien eynde sijn hier by ghestelt de Tafelen van de Hoeckmaten, Raecklijnen, ende Snijlijnen. Met een grondige Instructie des drie-hoecks reeckeningh ... Door Cornelis Jansz. Lastman, van Vlielandt ... t' Amsterdam, Ghedruckt voor Symon Cornelisz. Lastman, 1657.

232 p. incl. tables, diagrs. 24½cm.
Illus. t.-p.
Text in 2 col.
p. 217-224 bound after p. 232.
1st ed. 1642.
♣ *Aplicado à Resid[a] de Chin kiam por ordem publicada pello P. V Prov[ai] João de Saà.* 306

4066

Medina, Pedro de, *b. ca.* 1510.

De Zee=vaert oft Conste van ter Zee te varen, van den Excellenten Pilote Meester Peeter de Medina Spaignaert ... Wt den Spaensche ende Françoysche in onse Nederduytsche tale ouergheset, ende met Annotatien verciert, by M. Merten Eueraert Brug. Met noch een ander nieuwe onderwijsinghe, op de principaelste puncten der nauigatien, van Michiel Coignet. T' Amstelredam, By Cornelis Claesz, 1589.

84 numb. l., 3 l., 22 numb. l. incl. tables, diagrs. 19½cm.
Signatures: A-Y4 (Y4 blank); Aa-Dd4, Ee6.
f. 4b, 48 lines, 165×115mm.
Illus. t.-p.
Approbation dated 1579.
1st Spanish ed. Valladolid, 1545. 98

4067

Perduyn, Gislenus, *SJ,* 1630-1708.

Twee-en-vyftigh meditatien op het alderheylighste Sacrament des Autaers, Seer dienstigh tot het verwecken der devotie in de ghene, die wekekijcks Communiceren. Verdeelt in twee deelen ... Op-g(he)draghen voor een n(i)euw-jaer door P. (G)islenus Perduyn, Priester (d)er Societeyt Jesu. Tot Brugghe, Ghedruckt by Joos vander Meulen, 1684.

3 l., 144p., 2 l., 177, [3]p. 15cm.
2 pt. in 1.
t.-p. slightly spoiled.
1st ed.
Errata at end.
★ Sommerv VI 490.
♣ *Da Igreja de Hoai Ngan.* 2011

4068

Rembrantsz, Dirck, *ca.* 1615-1677.

Nederduytsche astronomia, Dat is: Onderwijs van den Loop des Hemels ... Hier by gevoeght een Aen-Hangh, dienende tot naeder verklaeringhe over den Loop des Hemels. Als oock eenighe Voorbeelden der Son-Eclipsen, welcke rekening door verscheyden voorbeelden ghetoont wordt ... Beschreven door Dirck Rembrantsz. van Nierop ... Ende nu met den tweeden Druck, overghesien, verbetert ende vermeerdert, by den zelfden Autheur, als oock een gedruckten Planeet-Wyser. t'Amsterdam, By Gerrit van Goedesbergh, 1658.

7 l., 205 (*i.e.* 207), 65 (*i.e.* 63), 112, [1]p. incl. tables, diagrs. (1 fold.) 22½cm.
Added engr. ornamented t.-p.
Errata at end.
1st ed. Harlingen, 1653. 71

4069

Scrieck, Adriaen van, *b.* 1560.

Van t'beghin der eerster volcken van Evropen, in-sonderheyt vanden oorspronck ende saecken der Neder-landren, XXIII boecken, Met betoon vande dwalinghen der Griecken ende Latinen op t' selue Beghin ende den ghemeynen Oorspronck ... Afbeleet vanden Beghinne, totten tijd van Carolus Magnus; ende besluytende ouer de 4900 iaeren. Beschreven door Adriaen van Scrieck, Heere van Rodorne. t'Ypre, by François Bellet, 1614.

20 l., 560, [318]p., 1 l. port. 31½cm.
Signatures : †⁴, ††-†††⁶, ††††⁴, A-Z⁶, Aa-Zz⁶, Aaa⁴, a-p⁶, q⁸, r-z⁶, aa-bb⁶, cc⁸.
p. 3, 53 lines, 244×138mm.
Added engr. ornamented t.-p. with title in Latin : Originvm rervmq. Celticarvm et Belgicarvm libri XXIII.
Prefaces, Dedication, & Indices at end also in Latin.
Bound with : Scrieck, A. van, Monitorum secundorum libri V. Ypris Flandrorum, 1615.
★ Brunet V 241.
♣ *Bibl. Trig. — Rdo in Christo Patri ac D. Patri Nicolao Trigautio, Rectori, et Patribus Collegij Socs. JESU in Sina, sacris Orientis sideribus : Auctor. D. D.* 2134

4070

Stevin, Simon, 1548-1620.

De beghinselen des waterwichts beschreven dver Simon Stevin van Brugghe. Tot Leyden, Inde Druckerye van Christoffel Plantijn, By Françoys van Raphelinghen, 1586.

81 (*i.e.* 71)p. incl. diagrs. 22½cm.
Signatures : Aa-Ii⁴.
p. 25, 42 lines, 166×102mm.
1st ed.
Bound with : Stevin, S. De beghinselen der weeghconst, Leyden, 1586 and others. 704b

4071

— De beghinselen der weeghconst beschreven dver Simon Stevin van Brugghe. Tot Leyden, Inde Druckerye van Christoffel Plantijn, By Françoys van Raphelinghen, 1586.

17 l., 95 p. incl. diagrs. 22½cm.
Signatures : aA-cC⁴, dD⁶, A-M⁴ (dD6 blank)
p. 27, 42 lines, 165×102mm.
1st ed.
Bound with : Stevin, S. De Weeghdaet, Leyden, 1586; De beghinselen des waterwichts, Leyden, 1586. 704

4072

— De weeghdaet beschreven dver Simon Stevin van Brugghe. Tot Leyden, Inde Druckerye van Christoffel Plantijn, by Françoys van Raphelinghen, 1586.

43p. incl. diagrs. 22½cm.
Signatures : A-E⁴, F².
p. 10, 42 lines, 166×102mm.
1st ed.
Bound with : Stevin, S. De beghinselen der weeghconst, Leyden, 1586 and others. 704a

4073

Sucquet, Antoine, *SJ,* 1574-1627.

Den wech des eevwich levens Beschreven int Latyn, door P. Antonius Sucquet, overgeset door P. Gerardus Zoes, beyde Priesters der Societeyt Jesv, Door den Aucteur van niews oversien en vermeerdert. Met beelden verlicht door Boëtius A. Bolsvert. T' Antwerpen, by Hendrick Aertssens, 1643.

8 l., 881 (*i.e.* 899), [37]p. 32 plates. 18cm.
Engr. ornamented t.-p.
1st Latin ed. Antwerp, 1620.
1st Dutch ed. Antwerp, 1623.
★ Brunet V 578. — Sommerv VIII 1515 n° 5 (ed. wanting)
♣ *Vice provinciae Sinensis Soctis Jesu. — Dono Dris Joannis Cools et D. Hendricae Spruyt Coniugum. Librae (?) 12 mart. 1673.* 2419

4074

Vekiti, Turanus.

Het catholyck memory-boeck : in welck veel plaetsen soo uyt de H. Schrifture, als uyt de Oudt-vaders, die geleeft hebben in de eerse vier hondert Jaren na de geboorte Christi, worden verhaelt, met verscheyden redenen, tot bevestinge van het Catholijck, Apostolijck, Roomsch Geloof. Byeen vergadert, ende bedeylt in vier Boecken : door Turano Vekiti, Doctor in beyde Rechten. Den derden druck seer verbetert ende vermeerdert. Tot Loven, By Bernardyn Maes, 1643.

8 l., 1057 (*i.e.* 1053), [16]p. 16cm.
Errata at beginning.
Index at end. 2686

ENGLISH SECTION

4075

Bankes, Thomas.

... A new, royal, authentic, and complete system of universal geography, antient and modern : including All the late important discoveries made by the English, and other celebrated navigators of various nations ... And containing every important, interesting, valuable and entertaining discovery throughout the whole of Captain Cook's voyages round the world ... By the Reverend Thomas Bankes, Vicar of Dixton ... Edward Warren Blake, Esq. And Alexander Cook... Enriched with upwards of One Hundred and Fifty beautiful Engravings ... London, Printed for C. Cooke.

1 l., ii, 990p., 2 l. front., 85 plates, 3 ports., 22 fold. maps. 39½cm.
Text in 2 col.
At head of title : By the King's Royal Licence and Authority.
Index : p. 981-990. 598

4076

[Doncker, Hendrik]

The lightning columne, or Zea-mirrour, contaigning the Zea-Coasts of the Western navigation, Setting forth in divers necessarie Sea-Cards all the Ports, Rivers, Bayes, Roads, Depths and Sands ... Gathered Out of the experience and practice of divers Pilots and Lovers of the famous Art of Navigation. At Amsterdam, Printed by Jacob and Casparus Loots-man, 1682.

1 l., 32p., 2 l., 88p. illus. (incl. tables, diagrs.), 29 fold. maps. 45½cm.
Illus. t.-p.
Authors : Hendrik Doncker, Kaspar Lootsman, and Hendrik Goos. *cf.* Privilege.
1st ed. 639

4077

Harris, John, 1666*ca.*-1719.

Lexicon technicum : Or, An universal English Dictionary of arts and sciences : Explaining not only the Terms of art, but the arts Themselves ... By John Harris ... London : Printed for Dan. Browne, Tim. Goodwin, John Walthoe, John Nicholson, Ben Tooke, Dan. Midwinter, and Tho. Ward, 1710-16 [v. 1, 1716]

2v. front., illus. (incl. tables, diagrs.), 14 plates (8 fold.). 34½cm.
Vol. 1, 3rd ed.; v. 2, 2nd ed.
1st ed. London, 1704. 738

4078

Haselden, Thomas, *d.* 1740.

The seeman's Daily Assistant, being A Short, Easy and Plain Method of keeping a journal at sea ... By Thomas Haselden ... London, Printed for Mess. Mount & Page, 1782.

vi p., 1 l., 160 p. incl. tables. diagrs. 20cm.
p. 97-102 omitted in pagination, p. 105-110 reduplicated.
♣ *Stamp of Mgr Alex. de Gouvea.* 69

4079

Hodgson, James, 1672-1755.

The doctrine of fluxions, founded on Sir Isaac Newton's method, Published by Himself in his tract upon the quadrature of curves. By James Hodgson, F. R. S. ... London, Printed for the author, by T. Wood in Christ-Hospital, 1736.

xvi, 452, [11]p. incl. diagrs. 26½cm.
Engr. head-pieces.
1st ed. 406

4080

Hooke, Robert, 1635-1703.

Micrographia : or Some Physiological Descriptions of minute bodies made by magnifying glasses. With Observations and Inquiries thereupon. By R. Hooke ... London, Printed by Io. Martyn, and Ja. Allestry, 1665.

18 l., 246, [10]p. illus. (incl. tables), 37 plates (pt. fold.), fold. diagr. 29½cm.
Plate no. 4, 12 wanting.
Illus. t.-p.
1st ed.
★ Brunet III 300.
♣ *Aplicado à Resid^a de Chinkiam por ordem publicada pello P. VProv^al Joao de Saà.* 851

4081

[Maskelyne, Nevil] 1732-1811, *ed.*

The Nautical Almanac and astronomical ephemeris, for the year 1785 [and 1786] Published by Order of the Commissioners of Longitude. London, Printed by William Richardson, Printer; and sold by J. Nourse, and Mess. Mount and Page, 1780-81.

2 v. in 1. 22cm.
8 l., 167, [3]p.; 8 l., 167 p.
Ed. by Nevil Maskelyne. *cf.* Preface.
♣ *Stamp of Mgr Alex. de Gouvea.* 28

4082

[Maskelyne, Nevil] 1732-1811, *ed.*

Tables requisite to be used with the nautical ephemeris for finding the latitude and longitude at sea. Published by order of the Commissioners of Longitude. The second edition, corrected and improved. London : Printed by William Richardson; and sold by C. Nourse and Mess. Mount and Page, 1781.

viii, 173 p., 1 l., 64, [3] p. 24cm.
Ed. by Nevil Maskelyne in collaboration with William Wales and George Witchell. *cf.* Preface.
1st ed. 1766.
Appendix : « A correct and easy method of clearing the apparent distance of the moon from a star or the sun of the effects of refraction and parallax, by Nevil Maskelyne » : p. [49]-54.
♣ *Stamp of Mgr Alex. de Gouvea.* 23

4083

New-House, Daniel.

The whole art of navigation : containing, The Application of geometry and astronomy to the Practice of plain and Mercator's Sailing; both performed either with, or without the Logarithms. The Description and Use, at large, of the most Necessary Instruments for Observations at Sea. The Explanation of Sea-Terms, in an Alphabetical Order. The Method of finding the Variation of the Compass by the Sun's Azimuth and Amplitude; as also keeping a Sea-Journal, and the several Ways of Correcting the Dead-Reckoning, &c. With the most Useful tables in navigation. The Whole delivered in a very easy and familiar Stile, by Way of Dialogue between a tutor and his scholar. The Third Edition, Corrected. By Captain Daniel New-House. London, Printed for Richard Mount, 1708.

4 l., 300, [40]p. incl. tables, 2 fold. diagrs. 24cm.
« A Table of Logarithms » at end.
♣ *Anno Kam Hi 56 luna Ia die 4a Impr hunc librum cum alijs 10 dono dedit Patri Kiliano.* 1654

4084

Newton, Isaac, 1643-1727.

The chronology of ancient kingdoms amended. To which is Prefix'd, A Short Chronicle from the First Memory of Things in Europe, to the Conquest of Persia by Alexander the Great. By Sir Isaac Newton. London; Printed for J. Tonson and J. Osborn and T. Longman, 1728.

xiv, [2], 376p. 3 fold. plans. 25cm.
Engr. head-pieces.
Ed. by John Conduitt. *cf.* Dedication.
1st ed.
★ Brunet IV 50. 1881

4085

Ogilby, John, 1600-1676.

Africa : being an accurate description of the regions of Aegypt, Barbary, Lybia, and Billedulgerid, The land of Negroes, Guinee, Aethiopia, and the Abyssines, With all the Adjacent Islands, either in the Mediterranean, Atlantick, Southern, or Oriental Sea, belonging thereunto ... Collected and translated from most Authentick Authors, And Augmented with later Observations, Illustrated with Notes, and Adorn'd with peculiar Maps, and proper Sculptures, by John Ogilby ... London, Printed by Tho. Johnson for the Author, 1670.

8 l., 767, [1]p. illus., 38 plates, port., 13 fold. maps, 8 tables. 42cm.
Engr. head-pieces.
This volume, the 1st part of a Description of the whole World, is translated from O. Dapper. *cf.* DictNatBiogr XIV 910 and Ogilby's Preface.
On cover : Ogilbys Atlas vol I.
The complete Atlas consists of 7 vol.
1st Dutch ed. by Dapper, Amsterdam, 1668.
1st ed. by Ogilby.
★ Brunet IV 174. 640

4086

Ralphson, James.

A Mathematical dictionary : or, A Compendious Explication of all Mathematical Terms, Abridg'd from Monsieur Ozanam, and Others. With a Translation of his Preface; and an Addition of several easie and useful Abstracts ... To which is added, an Appendix ... Also the Definition and Use of the Principal Mathematical Instruments, and the Instruments themselves curiously Engraven on Copper. Written by J. Ralphson, F. R. S. London, Printed for J. Nicholson and T. Leigh and D. Midwinter, 1702.

3 l., 40, [78], 26, 18p. illus. (incl. tables), fold. plate, 2. fold. diagrs. 17½cm. 391

4087

Sloane, *Sir* **Hans,** 1660-1753.

A voyage To the Islands Madera, Barbados, Nieves, S. Christophers, and Jamaica, with the Natural History of the Herbs and Trees, Four-footed Beasts, Fisches, Birds, Insects, Reptiles, &c. Of the last of those Islands. To which is prefix'd An introduction, Wherein is an Account of the Inhabitants, Air, Waters, Diseases, Trade, &c of that Place; with some Relations concerning the Neighbouring Continent, and Islands of America. Illustrated with the Figures of the Things describ'd ... By Sir Hans Sloane M. D. ... In two volumes ... London, Printed by B. M. for the Author, 1707-25.

2 v. 284 double plates (pt. fold.), fold. map. 35cm.
1st ed.
Contents of v. 1 : v. 2, p. 397-398.
Index : v. 2, p. 401-499.
★ Brunet V 410.
♣ *Dono Societ. Regiae Angliae.* 1004

4088

Smith, Robert, 1689-1768.

A compleat system of opticks, In Four Books, viz. A popular, a Mathematical, a Mechanical, and a Philosophical Treatise, To which are added, Remarks upon the Whole, by Robert Smith LL. D. ... Cambridge, Printed for the Author, and sold there by Cornelius Crownfield, and at London by Stephen Austen, and Robert Dodsley, 1738.

2 v. illus. (incl. tables), 15 fold. plates, 68 fold. diagrs. 26cm.
Paged continuously.
3 l., vi, [8], 280p., 1 l., [281]-455, 171, [13]p.
1st ed.
★ Brunet V 413.
♣ *Polycarpus Episcopus Pekinensis Donavit Collo Soc. Jes. Pekin, anno 1749.* 709

4089

Thornton, John.

The English pilot. The third book. Describing the Sea-Coasts, Capes, Headlands. Straits ... The Islands, Bays, Roads, Harbours, and Ports in the Oriental Navigation. Shewing the Properties and Nature of the Winds and Moussons in those Seas ... The setting of the Tides and Currents; the Ebbing and Flowing of the Sea. Also A New Table of Variations; and a Correct Table of Longitudes and Latitudes ... New and exact large Draughts of Ports, Islands, and Descriptions; Gathered from the Practice and Experience of divers Able and Expert Navigators of our English Nation. Divided into Three Parts ... Collected ... by John Thornton, Hydrographer. London, Printed for Rich. and Will. Mount, and Tho. Page, 1716.

76 p., illus. 39 maps (3 fold., 35 double) 48½cm.
Text in 2 col.
♣ *William Dwyer Janry. 19. 1719. — Ce livre fut acheste à Canton en 1722 par (name cancelled) — PP Gallor S. J. Pekin.* 1103

4090

Wakely, Andrew.

The Mariner's Compass rectified : Containing Tables, shewing the True Hour of the Day ... With the Description and Use of those Instruments most in Use in the Art of Navigation ... By Andrew Wakely, Math. Carefully Corrected, and very much Enlarged with many useful Additions. By J. Atkinson ... London, Printed for William Mount and Thomas Page, 1743.

282 p. incl. tables. 17cm.
Ms. notes on back guard leaf. 29

4091

Wingate, Edmund, 1596-1656.

(Mr. Wingate's) Arithmetick; containing a plain and familiar method For Attaining the Knowledge and Practice of Common Arithmetick. The Tenth Edition, very much enlarged. First composed by Edmund Wingate ... Afterwards ... Enlarged ... carefully Revised ... by John Kersey ... London, Printed for J. Philips, by Taylor [?] and J. Knapton, 1699.

6 l., 544 (*i.e.* 520) p. incl. tables. 16½cm.
t.-p. spoiled.
1st ed. London, 1630. 554

4092

Wright, Edward, 1558?-1615.

Certaine Errors in Navigation Detected and Corrected By Edw. Wright. With Many additions that were not in the former edition as appeareth in the next pages. Printed by Felix Kingstô at London, 1610.

26 l., 472 (*i.e.* 464), 122, [20]p. incl. tables. diagrs. 19½cm.
Signatures : $\dagger^{10}$, $\dagger\dagger^{8}$, A-Z^{8}, A-P^{8} (O_8 blank)
p. 5, 32 lines, 145×85mm.
Engr. ornamented t.-p.
1st ed. London, 1599.
★ Brunet V 1481.
♣ *Missionis Sinensis.* 798

HEBREW SECTION

4093

Bible. *Polyglot.*

Biblia Hebraica. Eorvndem Latina interpretatio Xantis Pagnini Lvcensis, Benedicti Ariae Montani Hispal. & quorundam aliorum collato studio, ad Hebraicam dictionem diligentissimè expensa. Accesservnt Libri Graecè scripti, qui vocantur Apocryphi; cum interlineari interpretatione Latina ex Bibliis Complutensibus petita. [2d title] Novvm Testamentvm Graecvm, cum vulgata interpretatione Latina Graeci contextus lineis inserta : Quae quidem interpretatio cùm à Graecarum dictionum proprietate discedit, sensum, videlicet, magis quàm verba exprimens, in margine libri est collocata : atque alia Ben. Ariae Montani Hispalensis operâ è verbo reddita, ac diuerso characterum genere distincta, in eius est substituta locum. Accesservnt & huic editioni Libri Graecè scripti, qui vocantur Apocryphi; cum interlineari interpretatione Latina ex Bibliis Complutensibus deprompta. Avreliae Allobrogvm, Excudebat Petrus de la Rouiere, 1609.

14 l., 183, [1], 283, 84, 203, 134 (*i.e.* 130)p., 4 l., 186p. 38½cm.
Signatures : †[4], ††[10], A-O[6], P[8]; a-x[6], y-z[8], aa-gg[6]; AA-RR[6]; Aa-Pp[4], Qq[5]; †[4], A-Y[4], Z[5].
p. 3, 36 lines, 315×162mm.
Text in 2 col.
1st ed. of Pagnino's version, Lyons, 1527.
« Tirage à part du 7e vol. de la polyglotte d'Anvers » (Brunet)
★ Brunet I 857. 1337

4094

[**Buxtorf, Johannes,** *senior,* 1564-1629]

[Lexicon Hebraicum et Chaldaicum cum brevi Lexico Rabbinico Philosophico, 1607]

? l., 960, (62?)p. 18cm.
Signatures : a-z[8], A-Z[8], Aa-Qq[8], Rr[7]; (Oo8 duplicate).
p. 34, 32 lines, 132×66mm.
?p. 1. (incl. t.-p.), p. 1-32, and some pages of index at end wanting.
p. 353-356 bound after p. 360; p. 361-364 bound after p. 368.
Ms marginal notes.
From a phrase in « Conclusio monitoria » p. 959, it appears that the author of this Lexicon is the same person as the author of « Thesaurus grammaticus linguae Hebraicae », i.e. J. Buxtorf.
For title. *cf.* EncyclBrit IV 193.
Contents. — Lexicon Hebraicum et Chaldaicum. — Lexicon breve Rabbinico Philosophicum. — Conclusio monitoria cum Sylloge vocum Rabbinicarum. — Index vocum Latinarum Lexici Hebraici et Chaldaici. 3262

4095

Maimonides, Moses, 1135-1204.

(R. Mosis Maimonidae) De idololatria liber, cum interpretatione Latina & Notis Dionysii Vossii. Amsterdami, Apud Ioh. & Cornelivm Blaev, 1641.

1 l., 174, [1]p. 20cm.
Signatures : †[1], A-Y[4].
p. 3, 39 lines, 161×102mm.
Text in Hebrew and Latin.
1st Latin ed.
Errata at end.
Bound with : Vossius, G. J. De theologia gentili et physiologia christiana, Amsterdami, 1641. 1293

POLISH SECTION

4096

Catholish Kershanskiga Vuka peissme, Katére se Per Kershánskimo vuko, Boshyh potyh, per svétimu Missiónu; Inu slasti per svétimo Francisco Xaverio Na Strashe Górniga Gradu Fare nuznu poyo. Kir ie vsaki dan sa vsákiga Romária Popólnoma Odpustik enkrat v'letu. V' Nemshkim Gradzu, Per Widmanstadianskih Erbizhah, 1729.

266, [6]p. incl. musics. 15½cm.
Errata : p. [272] 2607

4097

Solski, Stanislas, *SJ,* 1623-1701.

Architekt Polski. to iest Navka Vlzenia wszelkich ciezarow Vzywania potrzebnych Máchin, ziemnych y wodnych. Stáwiánia ozdobnych Kosciolow málym kosztem. O proporcyi rzerzy wysoko stoiacych. O wschodách y páwimentách ... O Fortyfikácyi. Y o inszych trudnosciách Budowniczych ... Przez X Stanisawa Solskiego. Societatis Jesv. w Krákowie, w Drukárni Mikolaia Alexandra Schedla, 1690.

3 l., 200p., illus. (incl. tables), 20 plates. 31cm.
Text in 2 col.
Ms. notes on back cover.
1st ed.
★ Sommerv VII 1374 n° 7.
♣ *Collegij Soc. J. Pekini.* 397

4098

Solski, Stanislas, *SJ,* 1623-1701.

Geometra Polski, to iest Navka rysowania, podzialv, przemieniania, y rozmierzania Liniy, Angulow, Figur, y Bryl pelnych ... Przez X. Stanislawa Solskiego, Societatis Jesu. w Krâkowie, w Drukârni Gerzego y Mikolaia Schedlow, 1683-86.

14 l., 288p., 3 l., 152p., 2 l., 204p. illus., table, 20 diagrs. 28cm.
3 v. in 1.
Vol. 2 & 3 have imprint : w Krakowie Roku w Drukârni Mikolaia Alexandra Schedla.
1st ed.
Half-title : Geometra y architekt Polski.
★ Sommerv VII 1374 n° 4.
♣ *Collegij Soc. Jesu Pekini.* 307

SLAVONIC SECTION

4099

Joseph, *5th Patriarch of Moscou,* 1642-1652.

[Slavonic grammar, 1648]

376 numb. l. 24cm.
t.-p. wanting.
« Achieved 6 dec. 3th year of Tsar Alexis Michaelowitz, and 6th year of the Patriarch of Moscou Joseph », *cf.* Preface.
Ms notes on guard leaves and covers.
Latin translation added to Index of christian names, f. 351-363. 3663

SUPPLEMENT

4100

Imitatio Christi, *French.*

L'imitation de Jesus-Christ. Traduction nouvelle. Par le Pere Lallemant, de la Compagnie de Jesus. Nouvelle Edition. A Paris, Chez Hippolyte-Louis Guerin & Louis-François Delatour, 1756.

viii, 418, [6]p. 10½cm.
1st French ed. by Lallemant, Paris, 1740.
★ Brunet III 425. — DictTheolCath VIII 2458. — Sommerv IV 1397 n° 26. 2407

4101

Turlot, Nicolas, *d.* 1651.

Le vray thresor de la doctrine chrestienne descovvert ... Recueilly & mis en lumiere par Nicolas Tvrlot, Docteur en Theologie, & Curé de Namur, en faueur des Pasteurs Missionnaires, & de tous ceux qui ont Charge d'ames ... Vnziesme & derniere Edition, augmentée d'vne Table nouuelle, & d'vne Adresse spirituelle, pour bien faire la Confession Generale ... A Paris, Chez Michel Soly, 1653.

2 pt. in 1. 23cm.
4 l., 348, 424, [64]p.
Text in 2 col.
1st ed. Liège, 1631.
Index at end.
♣ *V Proae Sinensis. — Nankim.* 3662

INDEX A

Names of authors, translators, compilers, editors, etc. (individuals or societies), and also of *old* publishers or printers, down to the year 1640 (with place of print in brackets).
For authors of the Holy Scripture *Cf.* Index B, under Bible O. T. and N. T.

A

B

C

D

E

F

I

J

K

L

N

T

U

V

W

X

Y

Z

INDEX B

Titles and subjects of books. — Persons, although *subjects* (in biographies, panegyrics etc.) are found in Index A, with the annotation : Biogr. etc. — Books, when *subjects* (in commentaries, refutations etc.) are given under their author's name in Index A, except for books of the Holy Scripture.

B

C

E

F

G

H

I

J

K

L

M

N

T

U

V

W

Z

圖書在版編目(CIP)數據

北堂圖書館藏西文善本目録/ 北京遣使會編.—北京:國家圖書館出版社,2008.11
(2024.12 重印)
ISBN 978-7-5013-3614-2

Ⅰ. ①北… Ⅱ. ①北… Ⅲ. ①外文—善本—圖書目録—北京市 Ⅳ. ①Z838

中國版本圖書館 CIP 數據核字(2008)第 026758 號

書　　名 北堂圖書館藏西文善本目録
著　　者 北京遣使會　編
責任編輯 殷夢霞　王燕來
重印編輯 程魯潔

出版發行 國家圖書館出版社(北京市西城區文津街 7 號　100034)
(原書目文獻出版社　北京圖書館出版社)
010-66114536　63802249　nlcpress@ nlc.cn(郵購)
網　　址 http://www.nlcpress.com
印　　裝 河北三河弘翰印務有限公司
版次印次 2008 年 11 月第 1 版　2024 年 12 月第 3 次印刷

開　　本 889×1194　1/16
印　　張 46.25

書　　號 ISBN 978-7-5013-3614-2
定　　價 1500.00 圓